NOMOSSTUDIUM

Joachim Rückert | Ralf Seinecke [Hrsg.]

Methodik des Zivilrechts – von Savigny bis Teubner

2. Auflage

Dr. Lena Foljanty, Goethe-Universität, Frankfurt am Main | **PD Dr. Ralf Frassek,** Martin-Luther-Universität, Halle-Wittenberg | **Dr. Thorsten Hollstein,** Jurist in der Steuerverwaltung, Bad Homburg | **Prof. Dr. Hans-Peter Haferkamp,** Universität zu Köln | **Prof. Dr. Dr. Dr. h.c. Christian Kirchner,** LL.M. (Harvard), Humboldt-Universität, Berlin | **Dr. Frank Laudenklos,** Rechtsanwalt und Partner bei Freshfields Bruckhaus Deringer LLP, Frankfurt am Main | **Jutta C. Manegold geb. Oldag,** Rechtsanwältin, Düsseldorf | **Prof. Dr. Felix Maultzsch,** LL.M. (NYU), Goethe-Universität, Frankfurt am Main | **Thomas Pierson, M.A.,** Goethe-Universität, Frankfurt am Main | **Dr. Michael Rohls,** LL.M. (Berkeley), Rechtsanwalt und Partner bei Freshfields Bruckhaus Deringer LLP, München | **Prof. Dr. Joachim Rückert,** Goethe-Universität, Frankfurt am Main | **Philipp Sahm,** Europäisches Hochschulinstitut, Florenz | **Birgit Schäfer,** Goethe-Universität, Frankfurt am Main | **Ralf Seinecke, M.A.,** Goethe-Universität, Frankfurt am Main | **Dr. Marion Träger,** Rechtsanwältin, Ulm | **Dr. Wilhelm Wolf,** Präsident des Landgerichts Gießen

Nomos

Die Deutsche Nationalbibliothek verzeichnet diese Publikation in
der Deutschen Nationalbibliografie; detaillierte bibliografische
Daten sind im Internet über http://dnb.d-nb.de abrufbar.

ISBN 978-3-8329-7082-6

2. Auflage 2012

Vorwort

Die erste Auflage dieses Einführungsbandes in juristische Methodenfragen erschien im Jahre 1997 als „Fälle und Fallen in der neueren Methodik des Zivilrechts seit Savigny" unter Mitarbeit von Frank Laudenklos, Michael Rohls und Wilhelm Wolf. Sie wurde im Ganzen überarbeitet und grundlegend zu einer umfassenden Lehrbuchdarstellung erweitert. Dabei blieben die eigenständige Konzeption und die ursprünglichen Beiträge erhalten. Diese Beiträge wurden alle durchgesehen und um neuere Literatur ergänzt.

Diese Methodendarstellung soll anleiten zum selbstständigen Umgang mit Methodenfragen. Dazu dienen verschiedene Zugriffe, die zusammen ihren besonderen Sinn ergeben, aber auch separat benutzt werden können. Am Anfang stehen zwölf knappe Methodenregeln. An sechzehn Beispielen werden die Hauptpositionen der neueren Methodik seit Savigny in ihren originären Kontexten vorgeführt. Drei Berichte erweitern den juristischen Methodenblick um ökonomische und vergleichende Perspektiven. Das Resümee bilanziert diese Studien.

Der historische Überblick erzählt die Geschichte der juristischen Methode seit Savigny neu. Das war notwendig. Die letzten großen Methodenerzählungen von Boehmer, Wieacker und Larenz, die 1950/51, 1952 und 1960 vorgelegt wurden, waren vom Kampf gegen das liberale 19. Jahrhundert geprägt. Die Verdammungsurteile sprach man schon seit Beginn des 20. Jahrhunderts. Sie hallen als ungeprüfte Vorurteile bis heute nach, obwohl sie längst widerlegt sind. Der Methodenkampf war immer auch ein politischer Kampf um die Rechtsmacht. Gesetzgeber, Justiz und Rechtswissenschaft streiten um diese Macht bis heute. Deshalb sind Methodenfragen stets auch Verfassungsfragen. Diese Fragen berühren natürlich nicht nur das Zivilrecht. Ein ähnlicher Zugriff auf Rechtsbegriff und Methoden im Strafrecht und im öffentlichen Recht wäre wichtig. Das lässt sich jedoch nicht in einem Band bewältigen.

Großer Dank gilt zuletzt etlichen Studenten, Mitarbeitern und Kollegen, die freigiebig Energie, Enthusiasmus, Texte und Diskussionen beisteuerten. Für die zweite Auflage war dies vor allem und in sehr vielem Ralf Seinecke. Er hat eine Reihe wichtiger Erweiterungen erfolgreich angeregt und alle Texte kritisch mitdurchgesehen. Sein Name erscheint deswegen auch als Mitherausgeber. Philipp Sahm hat die neuere Literatur umsichtig erschlossen. Audrey Bouffil hat wesentlich geholfen bei den Korrekturen und Andreas Engelmann hat gründlich und genau die Register erstellt. Dr. Johannes Rux und Sabrina Preisinger vom Nomos Verlag danken wir für wiederholten freundlichen Ansporn.

Frankfurt, im Mai 2012   Joachim Rückert

Inhalt

Vorwort   5

I. EINFÜHRUNG   9
   von Joachim Rückert

II. ZWÖLF METHODENREGELN FÜR DEN ERNSTFALL   23
   von Joachim Rückert und Ralf Seinecke

III. SECHZEHN EXEMPEL UND DREI BERICHTE   35

   Methode und Zivilrecht beim Klassiker Savigny (1779–1861)   35
   von Joachim Rückert

   Methode und Rechtslehre bei Georg Friedrich Puchta (1798–1846)   73
   von Hans-Peter Haferkamp

   Methode und Zivilrecht bei Bernhard Windscheid (1817–1892)   97
   von Joachim Rückert

   Methode und Zivilrecht beim „Begriffsjuristen" Jhering (1818–1892) 123
   von Ralf Seinecke

   Methode und Zivilrecht bei Philipp Heck (1858–1943)   151
   von Jutta Manegold (geb. Oldag)

   Methode und Zivilrecht bei Hans Carl Nipperdey (1895–1968)   175
   von Thorsten Hollstein

   Methode und Zivilrecht bei Heinrich Lange (1900–1977)   191
   von Wilhelm Wolf

   Methode und Zivilrecht bei Karl Larenz (1903–1993)   213
   von Ralf Frassek

   Methode und Zivilrecht bei Franz Wieacker (1908–1994)   235
   von Marion Träger

   Methode und Zivilrecht bei Josef Esser (1910–1999)   261
   von Birgit Schäfer

   Methode und Zivilrecht bei Helmut Coing (1912–2000)   285
   von Lena Foljanty

Methode und Zivilrecht bei Rudolf Wiethölter (geb. 1929)   309
von Michael Rohls

Methode und Zivilrecht bei Bernd Rüthers (geb. 1930)   326
von Thomas Pierson

Methode und Zivilrecht bei Claus-Wilhelm Canaris (geb. 1937)   350
von Ralf Seinecke

„Juristische Methodik" bei Friedrich Müller (geb. 1938)   387
von Frank Laudenklos

Methode und (Zivil-)Recht bei Gunther Teubner (geb. 1944)   408
von Philipp Sahm

Methode und Zivilrecht in der ökonomischen Analyse des Rechts   431
von Frank Laudenklos

Methodiken für die judikative Rechtsfortbildung im Zivilrecht:
die institutionenökonomische Perspektive   449
von Christian Kirchner

Grundstrukturen der englischen Case Law-Methodik   470
von Felix Maultzsch

IV. DIE SCHLACHTRUFE IM METHODENKAMPF – EIN HISTORISCHER
ÜBERBLICK   501
von Joachim Rückert

V. RESÜMEE   551
*von Frank Laudenklos, Michael Rohls und Wilhelm Wolf mit Ergänzungen
von Joachim Rückert und Ralf Seinecke*

VI. BIBLIOGRAPHISCHES UND LEKTÜREMPFEHLUNGEN   571
von Joachim Rückert

Die Autorinnen und Autoren   579

Personenregister   581

Stichwortverzeichnis   585

I. EINFÜHRUNG

von Joachim Rückert

Übersicht

I.	Die drei Defizite	10
II.	Neue Methoden?	16
III.	Unsere dreifache Fragestellung	20
IV.	Ohne Zynismus	21
V.	Was noch?	22

Dieser Band ist nicht das Ergebnis planvoller Bearbeitung eines sonnenklaren Defizits. **1** Am Anfang stand einfach ein Frankfurter Seminar „Zur neueren Methodik des Zivilrechts" im Sommer 1994. Die Seminarbeiträge förderten überraschend starke Defizite zu Tage und erarbeiteten eine Reihe fruchtbarer Einsichten. Die Idee, dies zu fixieren, konzentrierte sich darauf, drei offenbare Defizite zu vermindern. Das bleibt auch für die neue Auflage wichtig. Nach wie vor soll der Band nicht zuletzt beweisen, dass selbstständiges Studieren lohnt. Der Band bietet daher vor allem dreierlei:

■ **historische Treue**, d.h. zuerst die möglichst schlichte, historisch treue Darstellung zu anerkannt wesentlichen, originalen Methodenkonzepten, die aktuelle Würdigungen erst fair fundiert;

■ **dogmatische Tests**, d.h. konkrete dogmatische Tests an Beispielen, da Methodik sonst unverbindlich abstrakt und schwer verständlich bleibt;

■ **verfassungshistorische Reflexion**, d.h. normativ angelegte Analysen der Methodenkonzepte auf ihren Bezug zu den Anforderungen im Verfassungsstaat der Neuzeit. Denn juristische Methodik würde sonst nur als letztlich irrelevantes Verfahrensbeiwerk bei der Normgewinnung betrachtet werden. Davon wollen wir nicht ausgehen.

Am Ende wird der Leser nicht mit den sechzehn Exempeln und drei Berichten alleingelassen, er erhält auch ein eigens verfertigtes RESÜMEE und den nötigen HISTORISCHEN ÜBERBLICK. Für „Juristische Entdecker"[1] und deutschsprachige „Zivilrechtslehrer in Berichten ihrer Schüler"[2] gibt es bereits Zusammenstellungen. Hier stehen nun Methodenwandel und Verfassungswandel im Zentrum. Sie werden vom Anfang der juristischen Moderne seit ca. 1800 bis heute an wesentlichen Positionen dazu vorgestellt. Daraus sollte sich etwas lernen lassen. **2**

Für die weitere **Vorschau** genügt der Blick in die INHALTSÜBERSICHT. Thema sind dort **3** gewiss nicht alle wichtigsten, aber doch einige gewichtige und generell, also nicht nur im Zivilrecht, methodenprägende Juristen seit dem überall benutzten Klassiker Savigny (geb. 1779). Aus einer ursprünglich weit üppigeren Palette, auf der vor allem auch die Farben von Endemann (jr.), Fikentscher, Pawlowski und Bydlinski glänzten, musste streng und unseren begrenzten Kräften entsprechend ausgewählt werden. Sonst drohte ein unverdaulicher Umfang. Hier schrieb nun die Enkel- und Urenkelgeneration über ihre

---

1 So der Band: Zivilrechtliche Entdecker, hg. von *Th. Hoeren*, München 2004.
2 So die Serie von *S. Grundmann* und *K. Riesenhuber* (Hg.), Deutschsprachige Zivilrechtslehrer des 20. Jahrhunderts in Berichten ihrer Schüler – Eine Ideengeschichte in Einzeldarstellungen, Bd.1, Berlin 2007, Bd. 2, 2010.

Großväter und Urgroßväter. Ihre Unbefangenheit erwies sich als ungemein förderlich. In dieser neuen Auflage konnten die begriffsjuristischen Prügelknaben Puchta und Windscheid, der glänzende Polemiker Jhering und aus dem 20. Jahrhundert Nipperdey, Coing, Rüthers, Canaris und Teubner einbezogen werden. Analysen zu Dernburg oder Bekker und Lotmar, Endemann (F.) und Oertmann erschienen nach wie vor verzichtbar, da dazu einiges vorliegt, teilweise auch unter unserer besonderen Fragestellung nach dem Verfassungsbezug.[3] Das gilt inzwischen auch für Martin Wolff, Heinrich Lehmann und Hedemann.[4] Die Beiträge der so oft erinnerten Freirechtsbewegung und von Westermann (sr.) wurden nur in den neuen HISTORISCHEN ÜBERBLICK unter IV. aufgenommen. Das hat darin eine Berechtigung, dass diese Bewegung keine eigentliche Methodenlehre entwickeln wollte, obwohl Eugen Ehrlich mit seiner „Logik des Rechts" (1918, 2.A. 1925) darüber hinausging.

4 Gewiss finden sich immer noch so manche ‚Lücken'. Methodisch steckt darin natürlich das Problem, von welcher Ganzheit man ausgeht. Denn erst durch die Vorstellung einer Ganzheit entsteht die Vorstellung einer Lücke. Z.B. gehören in der Regel Fenster zu einem Haus. Lücken entstehen erst bei Beschädigungen dieser Ganzheit. Für die Methodengeschichte möchten wir keine Ganzheit behaupten. Es kam dafür einfach darauf an, einen Durchgang zum Problem **Methodenfragen als Verfassungsfragen** vorzulegen, der die Erfahrungen damit offenlegt und bereitstellt für unser Weiterdenken. Wie wird im Verfassungsstaat der Neuzeit im Kontext von Grundrechten, Gewaltenbalance, Demokratie, Parlament, Rechtstaat und Sozialstaat die Rolle der mächtig ausgebauten Justiz bestimmt? Wie reflektieren das Methode und Rechtsbegriff? Dieses Problem halten wir für zentral, gestern wie heute. Dafür bot sich reichlich Stoff für einen Durchgang seit Savigny, der so noch nicht gegangen wurde. Mit Savigny war einzusetzen, da er die juristische Reform hin zur Moderne nach 1789 wesentlich mitbegründete. Dieser Weg musste an konkreten Juristen-Personen entlang führen. Denn man muss das originale Ganze der Methodenkonzeptionen in **Wissenschaft und Leben** ansteuern, wie es in den Menschen selbst wirklich wurde und wird. Mit bloß biographischer Vorliebe hat dies nichts zu tun. Auch Wissenschaftstheorie und Logik und Rechtstheorie sind nichts Ewiges. Es geht um ein Minimum an historischer Tiefe und Plastik, ohne das Erfahrungen nicht lebendig werden können.

5 Im übrigen will diese Einführung nichts vorwegnehmen. Sie soll nur die eingangs angedeuteten Defizite näher belegen und vor allem die Einheit der Fragestellung explizieren.

I. Die drei Defizite

6 Genauer betrachtet handelt es sich um drei unterschiedliche, aber gleich gründliche Defizite.

---

3 Siehe S. *Hofer*, Zwischen Gesetzesbindung und Juristenrecht – Die Zivilrechtslehre Friedrich Endemanns (1857–1936), Baden-Baden 1993; W. *Süß*, Heinrich Dernburg – Ein Spätpandektist im Kaiserreich. Leben und Werk, Ebelsbach 1991; M. *Kriechbaum*, Dogmatik und Rechtsgeschichte bei Ernst Immanuel Bekker, Ebelsbach 1984, kurz und aktualisiert *diess.* jetzt in:Greifswald – Spiegel der deutschen Rechtswissenschaft 1815 bis 1945, hg. von J. Lege, Tübingen 2006; *Philipp Lotmar*, Schriften zu Arbeitsrecht, Zivilrecht und Rechtsphilosophie. Hg. und eingeleitet von J. *Rückert*, Frankfurt/M. 1992; R. *Brodhun*, Paul Wilhelm Oertmann (1865–1938). Leben, Werk, Rechtsverständnis sowie Gesetzeszwang und Richterfreiheit, Baden-Baden 1999.

4 Siehe die Arbeiten von A. *Depping*, Das BGB als Durchgangspunkt. Privatrechtsmethode und Privatrechtsleitbilder bei Heinrich Lehmann (1876–1963), Tübingen 2002, Chr. *Wegerich*, Die Flucht in die Grenzenlosigkeit. Justus Wilhelm Hedemann (1878–1963), Tübingen 2004, Th. *Hollstein*, Die Verfassung als „Allgemeiner Teil". Privatrechtsmethode und Privatrechtskonzeption bei Hans Carl Nipperdey (1895–1968), Tübingen 2007, Th. *Hansen*, Martin Wolff (1872–1953). Ordnung und Klarheit als Rechts- und Lebensprinzip, Tübingen 2009.

I. Einführung

Als erstes gibt es noch **zu viel Schweigen** über die **Methodenrichtungen seit 1945**. Es fehlt 7 einfach an genauerer, geschichtlich treuer und kontextbewusster Auffassung dieser unserer „eigenen Zeit", kurz: an zeitgeschichtlicher Verarbeitung, trotz einiger Anfänge.[5] Unser Interesse daran nimmt die eigenen Väter und Großväter – Mütter gab es nicht – vollständiger, in größerem Zusammenhang, mit mehr Abstandsbewusstsein und im jeweiligen Verfassungskontext ernst. Sie sollen nicht anhand einzelner Äußerungen im unvermeidlich ideenpolitischen Sofort-Diskurs oder in schnellen Erledigungen aufgehen.[6] Dieses Defizit ist relativ leicht behebbar.

Zum zweiten befinden wir uns aber in **erheblichen Illusionen**. Sie sind viel schwerer zu 8 erkennen und aufzulösen als die Defizite. Die Positionen seit Savigny bis ca. 1950 scheinen zuverlässig bekannt, sind aber fast nur aus zweiter und weiterer Hand geläufig. Das wäre nicht weiter belangvoll, wenn die erste Hand verlässlich wäre. Das ist sie aber nicht. Denn unsere erste Hand, die ‚Klassiker‘, sind nicht verlässlich. *Larenz'* und *Wieackers* zu Recht vielgerühmte Darstellungen, also der „historisch-kritische" Teil der „Methodenlehre" von 1960[7] und die „Privatrechtsgeschichte der Neuzeit",[8] daneben auch *Boehmers* „Grundlagen der bürgerlichen Rechtsordnung"[9] sind Geist vom Geiste ihrer Zeit – nicht verwunderlich, aber doch belangvoll, wenn ‚ihre Zeit‘ eben 1933 begann und 1945 nicht endete. In der Tat blieben sich beide Autoren viel treuer als meist angenommen. In ihren weitgreifenden Deutungen zu Gestalt und Kritik der juristischen Moderne und Methode seit 1789 und vor allem zum entscheidenden „liberalen" 19. Jahrhundert hielten sie ihre massiv-polemischen Anfänge auch gegen die neuen Verfassungs- und Rechtslagen seit 1949 viel mehr fest als in ihrer Zivilrechtsdogmatik. Sie hatten nämlich nach 1933 den Kampf gegen die ungeliebten Erbschaften und Bindungen, die

---

5 Siehe, weit über den Titel hinaus, *F. Wieacker*, Privatrechtsgeschichte der Neuzeit unter besonderer Berücksichtigung der deutschen Entwicklung, Göttingen, zuerst 1952, 2.A. 1967, im Kern unverändert; *K. Larenz*, Methodenlehre der Rechtswissenschaft, 1960, Teil I, zuletzt 6.A.1991, vgl. 5.A. Berlin 1983, 117–177 – insoweit unverändert; stark in beider Spuren bleiben z.b. die verbreiteten Werke von *H. Schlosser*, Grundzüge der Neueren Privatrechtsgeschichte (1949, 1975), 10.A. Heidelberg 2005, § 10; *F. Müller*, Juristische Methodik (1971), 7.A. Berlin 1997, Teil 222; *F. Bydlinski*, Juristische Methode und Rechtsbegriff (1982), 2.A. Wien 1991, Teil 2, *F. Haft*, Aus der Waagschale der Justitia. Eine Reise durch 4000 Jahre Rechtsgeschichte (1986), 4. A. München 2009; – unabhängiger der Überblick von *U. Neumann*, Rechtsphilosophie in Deutschland seit 1945, in: Rechtswissenschaft in der Bonner Republik. Studien zur Wissenschaftsgeschichte der Jurisprudenz, hg. von B. Simon, Frankfurt a.M. 1994, S. 145–187. Der „zivilrechtliche" Beitrag dort von *Chr. Joerges*, Die Wissenschaft vom Privatrecht und der Nationalstaat, S. 311–363, widmet sich weniger der Methodik als der privatrechtlichen Substanz des Zivilrechts. Schwer zu würdigen ist *W. Fikentscher*, Methoden des Rechts in vergleichender Darstellung, Bd. 3, Tübingen 1976: einerseits eine monumentale Vergewisserung aus einer Hand (796 S.), aber überwiegend nicht aus erster Hand und zu sehr Synthese vor der Analyse, s. etwa seine „Übersicht über moderne rechtsmethodische Entwicklungen", 446–452.

6 Vgl. etwa *Fikentschers* Stellungnahme zu Wiethölter: „juristischer Negativismus" (s.u. bei *Rohls* Rn. 882 ff.). Oder die neueste Absicht, bei Rohls vor allem Missverständnis zu Wiethölter zu finden zu wollen (dazu u. im HISTORISCHEN ÜBERBLICK bei Rückert Rn. 1493, Fn. 61).

7 *Larenz* (wie Fn. 5), nicht mehr enthalten in der Studienausgabe seit 1992.

8 *Wieacker* (wie Fn. 5).

9 *G. Boehmer*, Grundlagen der bürgerlichen Rechtsordnung, Bd. 1: Das bürgerliche Recht als Teilgebiet der Rechtsordnung, Tübingen 1950; Bd. 2, Abt. 1: Dogmengeschichtliche Grundlagen des bürgerlichen Rechtes, 1951; Abt. 2: Praxis der richterlichen Rechtsschöpfung; auch *ders.*, Einführung in das bürgerliche Recht (1954), 2. Aufl. 1965; dazu jetzt wesentlich *I. Kauhausen*, Nach der ‚Stunde Null'. Prinzipiendiskussionen in Privatrecht nach 1945, Tübingen 2007, besonders S. 50 ff, 168 ff.

sie dem 19. Jahrhundert zuschrieben, überaus gründlich geführt.[10] Dabei sehen wir einmal ab von allerdings nicht ganz kleinen dogmatischen Fragen wie faktischer Vertrag, Geschäftsgrundlage, Sozialadäquanz im Deliktsrecht, objektive Auslegung, normative Auslegung der Willenserklärungen, Vertrauenshaftung als Prinzip und ähnlichen „Materialisierungen" – sie alle stehen für Relativierungen des Zivilrechts und eines strengeren Rechts. Einiges davon wird in den dogmatischen Beispielen bei jedem Artikel genauer aufgenommen.

9 Diese schwerwiegende Behauptung lässt sich an einigen **Stichproben** schnell bestätigen. Sie ergeben offene Abwehr, zeitgemäße Umdeutung nach 1933 und beredtes Schweigen nach 1945. Man lese nur *Wieacker* und *Larenz* zu Kant und Savigny, gar zu Puchta, Jhering, Gerber, Bekker, Windscheid, Lotmar, Stammler, Enneccerus, Oertmann, Heck oder anderen, um nur die für zivilistischen Methodenkonzepte interessanteren Namen zu nennen. Sie erscheinen alle mehr oder weniger als ungute Formalisten. Die Sympathien liegen anderswo, etwa bei dem Dialektiker Hegel (*1770), dem „Zweck"-Jhering (*1818), dem „Genossenschaftsprediger" Gierke (*1841), dem „Lebendrechtler" Eugen Ehrlich (*1862), dem Neuhegelianer Julius Binder (*1870), dem „Korporativ-Arbeitsrechtler" Hugo Sinzheimer (*1875), dem Freirechtler Hermann U. Kantorowicz (*1877), den metaphysischen Rechts-Phänomenologen Adolf Reinach (*1883) und Gerhart Husserl (*1893), den materialen Wertphilosophen Max Scheler (*1874) und Nicolai Hartmann (*1882), dem materialen Rechtsdenken Hans Welzels (*1904) oder dem freieren Ansatz der sog. Topik in der Jurisprudenz bei Theodor Viehweg (*1907).

10 Mit der Gewähr bei *Larenz* oder *Wieacker* verlässt man sich also auf überaus **werthaltige Erzählungen**. Sie waren erklärtermaßen einem durchdringenden Kampf geschuldet, der kaum noch der unsere sein kann und bei der Verwendung dieser Texte viel kritischer bewusst sein muss: dem Kampf gegen individuelle Autonomie, gegen juristischen Liberalismus, gegen repräsentative Demokratie und Privatrecht, gegen ‚formalen' und parlamentarischen Rechtsstaat, gegen altmodisch gesetzesgebundene Auslegung, gegen „Positivismus", gegen professionellen „Formalismus", gegen „bürgerlichen" Egalitarismus und „blutleeren" Rationalismus, gegen „undeutschen" Pandektismus und römischrechtliche angebliche Volksfremdheit, kurz: gegen eine vor allem gesetzestexttreue, insoweit neutrale und professionelle Justiz und gegen eine möglichst unparteiische, analytische Rechtswissenschaft – dafür standen vor 1933 die sog. allgemeine Rechtslehre des Jheringschülers Adolf Merkel bis zu Felix Somló, die Stammlersche kritische Rechtsphilosophie und im ganzen der juristische Empirismus und die Metaphysikkritik seit Kant. Dass dieser Kampf für eine „Wertungsjurisprudenz" eigener Art geführt wurde, bedarf

---

10 Vgl. dazu unten die Beiträge von *Frassek* zu Larenz und *Traeger* zu Wieacker, Rn. 580 ff. u. 656 ff. Speziell zu Wieackers *Privatrechtsgeschichte* jetzt *J. Rückert*, Geschichte des Privatrechts als Apologie des Juristen – Franz Wieacker zum Gedächtnis, in: Quaderni fiorentini per la storia del pensiero giuridico moderno 24 (1996) 531–562 und *ders.*, Privatrechtsgeschichte der Neuzeit: Genese und Zukunft eines Faches?, in: Franz Wieacker. Historiker des modernen Privatrechts, hg. von *O. Behrends* und *E. Schumann*, Göttingen 2010. Demnächst eingehend *V. Winkler*, Der Kampf gegen die Rechtswissenschaft. Franz Wieackers „Privatrechtsgeschichte der Neuzeit" von 1967, demnächst Diss. iur. Frankfurt am Main.

kaum noch der Belege.[11] Er wird hier an den Beispielen Lange, Larenz und Wieacker anschaulich einbezogen. Dass er aber zugleich unsere Rechtsgeschichts- und Methodenbilder, etwa die über „Pandektenwissenschaft und industrielle Revolution" (Wieacker 1968/69)[12] immer noch fundamental einseitig prägt zugunsten eines gemeinschafts- und volksbetonten Lebens- oder Wirklichkeitsbezugs, der kaum noch der unsere ist und sein sollte, muss viel bewusster beachtet werden.[13] Nur so werden die schmerzlichen Erfahrungen damit heilsam.

In der Zusammenschau lässt sich drittens eine **beklemmende neue Perspektive** benennen, aber damit auch der Punkt und die Richtung, sie zu überwinden. Sie betrifft den Wert von Methode überhaupt. Die nationalsozialistische Justiz wird seit *Rüthers* (1968) mit den beiden Stichworten „methodisch an sich einwandfreie unbegrenzte Auslegung" und dennoch „entartetes Recht" begriffen. Die Auslegungsmethode hätte also mit der Entartung nichts zu tun gehabt. Differenzierungen und Einwände kamen hinzu.[14] Dass diese beiden Stichworte aber selbst noch zu viel vom antiliberalen Kampfeserbe transportieren, wurde kaum erwogen. Wenn nämlich nach 1933 eine methodisch einwandfrei durchgeführte ‚Entartung' des Rechts vorgelegen hat, dann war auch nach 1945 nur die ‚Entartung' zu tilgen und die einwandfreie Methode konnte fortgeführt werden. Problematische Kontinuitäten kommen so gar nicht erst in den Blick. Als Unrechtsträger erscheint dann nicht die Methode, sondern nur die jeweilige Wertsubstanz, d.h. der konkrete Politikhintergrund, erst das verwerfliche NS-Programm, dann das heilende Grundgesetz. In dieser Sicht erscheint Methode als leere Form für beliebige Inhalte. Der berühmte Titel „Unbegrenzte Auslegung" wäre der Tenor ihres Todesurteils – denn wozu eine solche formale Korrektheit, die inhaltlich irrelevant bleibt? Die Form wird dabei jedoch zu sehr vom Inhalt isoliert. Auch wenn Rechtsordnungen in der Tat Wertordnungen sind und deren Wertsubstanz folgen, so Rüthers' allgemein anerkannte Prämisse,[15] muss dieser Wertbezug juristische Methode noch nicht zur leeren Form machen. Ganz abgesehen von ihrer Funktion als Undeutungsbremse, die auch Rüthers annimmt,[16] kommt es dann da-

11

---

11 Zur reichhaltigen Forschung bes. *M. Stolleis*, Recht im Unrecht. Studien zur Rechtsgeschichte des Nationalsozialismus, Frankfurt a.M. 1994; spezieller zum Zivilrecht immer noch grundlegend *B. Rüthers*, Die unbegrenzte Auslegung. Zum Wandel der Privatrechtsordnung im Nationalsozialismus (1968), 6.A. 2005, *ders.*, Entartetes Recht. Rechtslehren und Kronjuristen im Dritten Reich (1988), 2.A. München 1989, dtv 1994; zum Strafrecht nach wie vor *K. Marxen*, Der Kampf gegen das liberale Strafrecht, Berlin 1975; zur Methodendiskussion lehrreich *K. Anderbrügge*, Völkisches Rechtsdenken, Berlin 1978, und für die Umsetzung *R. Schröder*, „... aber im Zivilrecht sind die Richter standhaft geblieben!". Die Urteile des OLG Celle aus dem Dritten Reich, Baden-Baden 1988, bes. 208ff. (methodische Aspekte), 280 f. (zus.fd. zu den bereichsspezifisch differenzierten Ergebnissen). Speziell zu den polemischen Deutungsmodellen, ihrer Kampfrichtung, Antithetik und Logik *J. Rückert*, Das „gesunde Volksempfinden" – eine Erbschaft Savignys?, in: ZSGerm 103 (1986) 199–247, hier 224–231; zur Weimarer und NS-Zeit generell wichtig O. *Lepsius*, Die gegensatzaufhebende Begriffsbildung, München 1994.
12 So ein vielzitierter Titel von *Wieacker*, zuerst in: Jur.Jb 9 (1968/69) 1–28, erneut 1974 in *ders.*, Industriegesellschaft und Privatrechtsrechtordnung, 55–79 (dort datiert auf 1966).
13 Dazu. kritisch *J. Rückert*, Autonomie des Rechts in rechtshistorischer Perspektive, Hannover 1988; jetzt auch hier in HISTORISCHEN ÜBERBLICK, unten Rn. 1421 ff. u. 1432 ff.
14 *Rüthers* (wie Fn. 11); bereichsspezifisch differenzierende Ergebnisse bei *Schröder* (wie Fn. 11); kritische Diskussion der zentralen Rüthers-These, unbegrenzt und methodisch einwandfrei' bei *K. Luig*, Macht und Ohnmacht der Methode, NJW 1992, 2536–39. Luig belegt erhebliche Unterschiede im Methodischen und findet viel gar nicht ‚einwandfreies' Urteilen, die Rechtsperversion sei nicht methodenneutral erfolgt. Die Folgerungen liegen auf der Hand, dazu sogleich im Text.
15 Zu dieser Prämisse bes. deutlich *Rüthers*, Entartetes Recht, München 1988, 207 f.
16 Dazu *Pierson* unten Rn. 922 ff.

Rückert

rauf an, ob und wie die Methode selbst zur Wertordnung zählt oder nicht.[17] Wer Methode als bloßes Instrument ohne Eigenwert benutzt, folgt schon einer bestimmten, methodenpolemischen Wertordnung, in der Formen und Methoden letztlich als leer erscheinen. In liberal-rechtsstaatlichen Ordnungen gehört jedenfalls auch eine ‚korrekte‘, d.h. rationale und kontrollierbare Methode zum Bestand der juristischen Sicherungen gegen Freiheitsgefährdungen, seien sie empirisch auch noch so gefährdet durch illoyale Juristen und andere. Deswegen wurde schon zu Beginn dieser Verfassungskonstellation die „Form" mit gutem Grund als „geschworene Feindin der Willkür" und „Zwillingsschwester der Freiheit" (Jhering)[18] gepriesen.

12   Die etwas andere Zusammenschau öffnet folgende Perspektive auf unsere Zeitgeschichte nach 1945: Auch nach 1945 verliefen die allgemeinen ideologischen **Fronten erstaunlich kontinuierlich antiliberal und -rational.** Wesentliche Positionen nach 1945, z.B. die Deutungen des deutschen „Unrechtsstaates", christliches Neonaturrecht wie profaner Neoidealismus, materiale Wertphilosophie, neue Lebensphilosophie und (metaphysisch aufgeladene) Hermeneutik, marxistische, jungsozialistische und antibürgerliche Kritiker, sie alle, also ganz überwiegend die deutsche „Rechtsphilosophie in der Nach-Neuzeit" (*Kaufmann* 1990),[19] ließen die antiliberale ideologische Front meist auch die ihre sein. Mit ‚Positivismus‘ und ‚Gesetzesknechtschaft‘ bekämpfte man die alten Gegner, auch wenn man es kaum noch so drastisch sagte wie der soziologisierende Freirechtler Ernst Fuchs vor 1933.[20] Die überaus kritische Sicht des Liberalen am 19. Jahrhundert bei *Larenz* und *Wieacker* kam diesen Geschichts- wie Gegenwartsperspektiven nach wie vor und nun hochgelehrt und seriös ausgearbeitet entgegen.

13   Die Art und Breite dieses folgenreichen **antiliberalen Konsenses** zeigt besonders prägnant **Wieackers** prominenter Karlsruher Vortrag über „Gesetz und Richterkunst. Zum Problem der außergesetzlichen Rechtsordnung" von 1957/58.[21] Mit nachdrücklicher Sympathie für das Neue des 20. Jahrhunderts wird berichtet von „sozialer Alterung der Kodifikation" (d.h. des BGB von 1900), von Wandel in den Wertungen, vom richterlichen Beruf zu „fürsorglicher Gestaltung von Lebensverhältnissen und damit zur Wohlordnung sozialer und wirtschaftlicher Zustände", von „Abdankung des Gesetzgebers zugunsten eines sozial gestaltenden Richters", von entsprechender Judikatur, von der „Anerkennung unbedingt verpflichtender außergesetzlicher Bewertungsmaßstäbe" wenigstens als „Maximen", von „selbstbewußter und lebensvoller Rechtsprechung", von einem „Umbau der Rechtsquellenlehre". Kritik gilt nur einem gewissen Zuviel an Moral, an „anspruchsvolleren partiellen Wertungen".[22] 1967 kennzeichnet er in seiner Privatrechtsgeschichte das Gesamtbild der neueren Privatrechtsentwicklung ganz einverstanden als Relativierung der Privatrechte, sozialethische Bindung und Abkehr vom Formalismus des 19. Jahrhunderts – dagegen fällt kein vorbehaltloses Wort über Menschenrechte, Freiheitsgrundrechte, Grundrechte überhaupt, richterliche Gesetzesbindung. Alle

---

17 In diesem Sinne vertritt Rüthers auch den Satz „Methodenfragen sind Verfassungsfragen", so zuletzt und prägnant in: Rechtstheorie 40 (2009) 2153–283; aber auch schon in ders., Rechtstheorie, München (1999), 5.A. als *Rüthers/Fischer/Birk* 2011, § 20 A III 4, § 25 B.

18 R. Jhering, Geist des römischen Rechts auf den Stufen seiner Entwicklung, Teil II 1 (1854), 4.A. 1880, 471.

19 Siehe den lehrreichen Überblick von *A. Kaufmann*, Rechtsphilosophie in der Nach-Neuzeit – eine Abschiedsvorlesung, Heidelberg 1990, 2.A. 1992; auch *A. Ollero*, Rechtswissenschaft und Philosophie. Grundlagendiskussion in Deutschland, Ebelsbach 1978.

20 Dazu jetzt im Historischen Überblick Rn. 1407 ff..

21 *Wieacker* 1958, auch in *ders.*, Ausgewählte Schriften II, Frankfurt 1983, 41–58.

22 *Wieacker* 1958/1983, 41, 42, 43, 49, 56, 53.

„Entartung" wird dem „Positivismus" zugeschoben.[23] In seinem Methodenkonzept nach 1950 sucht Wieacker eine ambivalente Vermittlung.[24]

Ähnlich feierte **Larenz** noch 1960 in seiner Methodenlehre „die nun erreichte freiere Stellung der Gerichte gegenüber dem Gesetz ... (als) vielleicht den bedeutendsten ... Fortschritt der Rechtsentwicklung ... seit dem Abschluss der ‚Kodifikation'", also als Superlativ seit 1900.[25] Erst eine Art Re-Import auch eigener, anderer Traditionen über die englische, analytische Rechtstheorie von *Hart*, dann über den ‚liberalen' *Rawls* und auch *Dworkin*, verschob hier einiges deutlicher. Die Geschichtsbilder zu Recht und Methode hinken dieser Verschiebung in Sachen Methode freilich noch weit nach. Dabei würde die längere, historische Perspektive vieles besser erklären und zu wahren Erfahrungen führen.

Aber die Mühlen der Geschichte mahlen langsam. So blieb bis heute in den Geschichtsbildern der wesentliche sog. Auslegungs**kanon besonders stabil**. Immer noch entfalten die Savignyschen Auslegungs-*canones* von 1840, die Puchtasche sog. Begriffsjurisprudenz von 1838 oder die Freirechtsbewegung von um 1910 ein bisweilen merkwürdig anmutendes Klassik-Eigenleben in den Bahnen eben von *Larenz* und *Wieacker*.[26] Das neue, gerechtere Bild der sog. Begriffsjurisprudenz und ihres Formalismus ist kaum verarbeitet, das positive Bild der Freirechtsbewegung lebt von Legenden. Auch die selbstständigsten Berichte werten Savignys bedeutende allgemeine Rechtshermeneutik immer noch verblüffend einseitig aus, da sie den Kontext und damit den Ort und die Grenzen seiner berühmten *canones*-Formulierungen nicht wahrnehmen.[27] Ein neuer Blick in Savignys Text von 1840 enthüllt einen in Wahrheit viel spannenderen Tatbestand: ein keineswegs un-‚modernes' deutliches Problembewusstsein im Angesicht des seit 1789 werdenden demokratischen Verfassungsstaats. In diese zu Unrecht abwertende Tendenz gehört auch die berühmte große Erzählung, man befinde sich in einer „Nach-Neuzeit" (*A. Kaufmann* 1990), denn „Das Ende der Neuzeit"(*Guardini* 1950) sei etwa um 1950 eingetreten. Auch damit wird dem wirkmächtigen 19. Jahrhundert eine bessere neue Zeit entgegen gestellt. So fragwürdig geschichtsspekulativ diese Prägungen sind, sie enthalten eine ernste Frage: die Frage nach unserer Identität als Neuzeit und Moderne, nach unseren Kontinuitäten und Diskontinuitäten. Die philosophische Zeugenreihe, die Kaufmann für dieses Neuzeit-"Ende" benennt, lautet *Jaspers, Heidegger, Habermas, Apel*[28] Die Einseitigkeit dieser Zeugenreihe liegt auf der Hand. Das ruft nach besserer Beweisaufnahme. Denn diese Gewährsleute teilen eine bestimmte philosophische Richtung, so

---

23 Siehe etwa *Wieacker* (wie Fn. 6) 539, 560 f.

24 Zu Wieackers juristischer Methode nun *Träger*, unten Rn. 656 ff.

25 *Larenz* 1960 (wie Fn. 5) 278. Nicht mehr so entschieden in späteren Auflagen.

26 Man vgl. etwa *A. Kaufmann*, Problemgeschichte der Rechtsphilosophie, in: *ders., W. Hassemer* (Hg.), Einführung in Rechtsphilosophie und Rechtstheorie der Gegenwart (1976), 6.A. Karlsruhe 1994, 67 f., 134–142, ebenso 7.A. 2004, 56 f. 72 f.,111 ff., 121 f., unverändert 8. A. 2010, oder *R. Zippelius*, Juristische Methodenlehre, 5.A. München 1990, 20, 38–41; ebenso 10.A. 2006; trotz sonst anderen Ansatzes typisch auch *P. Koller*, Theorie des Rechts. Eine Einführung, Wien/Köln 1992, 195 f.

27 Siehe etwa *Müller*, Methodik (wie Fn. 5) 81 ff., oder *A. Rinken*, Einführung in das juristische Studium, 2.A. München 1991, 232–242. Typisch für bloße Reminiszenz *K.F. Röhl*, Allgemeine Rechtslehre, Köln usw.,1994, 109; aus der Geschichtsliteratur etwa *Schlosser* (wie Fn. 5) 10.A. 2005, §§ 6 IV u. VI, 10 I, III, IV; richtiger, aber folgenlos *U. Schroth* bei *Kaufmann/Hassemer* (wie Fn. 26) 270 ff., 279; mehr jetzt bei *Th. Vesting*, Rechtstheorie, München 2007. Er behauptet aber (S. 99), es gehe Savigny (in System I 207) bei Auslegung um „laufende Anpassung der Rechtsregeln an immer neue Fälle". Savigny will dort aber „das Gesetz in seiner Wahrheit erkennen ... durch Anwendung eines regelmäßigen Verfahrens", ersichtlich etwas ganz anderes; anders dann *Vesting* 104 ff., freilich mit der wieder unrichtigen Behauptung, Teleologie komme bei Savigny nicht vor (107); dazu wie Savigny Teleologie anerkennt und zähmt unten Rn. 145.

28 *Kaufmann*, Nach-Neuzeit (wie Fn. 19) 3.

sehr sie sich untereinander unterscheiden. Nicht Kants kritische Erkenntnistheorie und praktische Philosophie leiten hier, sondern existenzialistische und konsenstheoretische, letztbegründende Versuche, diesen metaphysikkritischen Kant und seine globalen Fortbildungen zu überwinden. Die kantische „Allgemeinheit des Gesetzes" wird wieder einmal bloß formal genannt, d.h. um ihr rechtlich substantielles Freiheitsideal[29] verkürzt. En passant wird sie als Leitvorstellung verabschiedet, wie schon bei Hegel 1802/03.[30] Sie sei der „Temporalität enthoben" und könne dem immer rascheren Wandel ihrer Umwelt (mit *Luhmann*) nicht gerecht werden.[31] Also: weil Wandel, deswegen Rechtssystemversagen, deswegen freiere Methoden, deswegen Richterrecht, usw. – trifft das wirklich zu? Soll das unser Ausgangspunkt sein? Oder handelt es sich um legitimatorische Selbstreferenzen für freieres Rechten?

16 Diese Vorstellungen, die den Juristen über *Larenz, Wieacker, Boehmer* und ihre zahllosen Epigonen als maßgebende Kontinuitäten vermittelt werden, gilt es jedenfalls als **wissenschaftsgeschichtliche Fesseln** aufzuklären, damit die Klassiker wieder zu ihrer Klassik kommen und wir zur Spezifik unserer Gegenwart. Unbefangenere Zuwendung zu den Originalen in ihren Kontexten ist unsere Aufgabe und daher führt unser Zugriff über wesentliche Positionen und Personen. Die Zusammenhänge und Folgerungen im Ganzen sind dann Gegenstand des Resümees und des historischen Überblicks.

II. Neue Methoden?

17 Immer interessieren Methodenkonzeptionen auch deswegen, weil sie zugleich den **Gegenstand** konstituieren – und umgekehrt. Das kann hier nicht erkenntnistheoretisch vertieft werden. Die übliche Trennung schadet aber einer kritischen Auseinandersetzung mit dem einen wie dem anderen. Ein galileischer Apfel als Methode ergibt eine neue ‚Natur' als Gegenstand, der Savignysche Glaube an „natürliche" Verhältnisse ergibt einen positiven, „wahrhaft historisch" zu füllenden Rechtsglauben, freirechtliches Rechtsschöpfen ergibt ein neues, „nichtstaatliches" Recht. Die Probleme der Methodenlehre sind nicht nur Probleme der Methoden, des Ranges, der Eindeutigkeit der Worte, der subjektiv-historischen Auslegung, der Folgenerwägung, der Lücken und Fortbildungslegitimation usw. Nicht zufällig enthalten zivilistische Methodenkonzeptionen offensichtlich **Privatrechtstheorie und Verfassungstheorie**. Man ist seit langem und jedenfalls seit den dezidierten „Abschied(en) vom BGB" (*Schlegelberger* 1937)[32] auf der Suche nach „zeitgemäßer Privatrechtstheorie" (*Kübler* 1975).[33] Hören wir einige besonders gewichtige Stimmen seit 1945: Zuerst ging es um die „Wiederherstellung des Privatrechts" (*Hallstein* 1946),[34] zugleich schon um ein „sozialistisch geprägtes" Privatrecht (*Raiser*

---

29 *I. Kant,* Metaphysische Anfangsgründe der Rechtslehre (1797), Einleitung Rechtslehre § B/A S. 33: „nach einem allgemeinen Gesetze der Freiheit", auch A 34, 45 und öfter; zu den Rezeptionsverwicklungen dabei zusammenfassend J. Rückert, Von Kant zu Kant? „Stufen der Rezeption Kants in der Rechtswissenschaft seit Savigny", in: Neukantianismus und Rechtsphilosophie, hg. von Robert Alexy u.a., Baden-Baden, 2002, S. 89–109.
30 Dazu *J. Rückert,* Formalismus und vergleichbare Konzepte zum 19. Jahrhundert, in: Deutsche Rechtswissenschaft und Staatslehre ..., hg. von R. Schulze, Berlin 1990, 169–174.
31 *Vesting* (wie Fn. 27) 107.
32 Repräsentativ *F. Schlegelberger*, Abschied vom BGB (Vortrag am 25.1.1937), Berlin 1937 – er war Justizstaatssekretär.
33 *F. Kübler,* Über die praktischen Aufgaben zeitgemäßer Privatrechtstheorie (= Jur. Studiengesellschaft Karlsruhe, 119), Karlsruhe 1975.
34 *W. Hallstein,* Wiederherstellung des Privatrechts, in: Südd.Jur.Zeitung 1 (1946) S. 1–7, auch separat 1946 erschienen – H. war damals prominenter Rektor der Frankfurter Universität, dann nach 1958 1. EWG-Präsident.

Rückert

1946),[35] mit mehr „Sozialismus der Freiheit" (*Wesenberg* 1954),[36] oder ein wenigstens nicht „besitzbürgerliches" Recht (*Wieacker* 1949).[37] Später versuchte man es enger juristisch und dogmatisch direkter mit einer Begrenzung zu „Vertragsfreiheit heute" (*Raiser* 1958).[38] Bald trat eine gewisse Ratlosigkeit ein, da man einen „Realitätsverlust des liberalen Erklärungsmodells" (*Kübler* 1973)[39] zu sehen meinte. Jedenfalls waren die Inhalts- und Gegenstandsvorstellungen klar privatrechtskritisch,[40] die Methode war dabei sekundär und gewiss nicht klassisch-juristisch gemeint.

Wenig später suchte man in den 1960er Jahren ausdrücklich neue Ufer in neuer Methode. Auch dazu sind die großen Schlachten geschlagen – mit wiederum unklarem Ergebnis. Anders als noch in *Larenz*' „Methodenlehre der Rechtswissenschaft" (1960) und in *Essers* „Vorverständnis und Methodenwahl in der Rechtsfindung" (1970) sowie seiner „Methodik des Privatrechts" (1972)[41] oder als in *Coings* „Juristische Methodenlehre" (1969/1972)[42] steht das ehemalige Prunk- und Reizwort „Methodenlehre" nun im Niedergang: Es ist marginalisiert[43] oder nur noch kritisch präsent,[44] oder zerflossen zu fünf Bänden über „Methoden des Rechts in vergleichender Darstellung",[45] oder überfordert in einer schon konturlos pluralistisch-rechtspragmatischen „Methodenlehre für Juristen",[46] studienpraktisch domestiziert zur „Methodenlehre für Jura-Studenten"[47] oder allzu universal auf den „Rechtsbegriff" und die „Verwirrung" in den „Grundfragen der Jurisprudenz" bezogen.[48] Etwas jüngere Konzeptionen nennen sich anders, z.B. „Be-

18

---

35 *L. Raiser*, Der Gleichheitsgrundsatz im Privatrecht, in: Zs f. Handelsrecht 111 (1948 [aber Vortrag von 1946]) 75–101, hier 100.

36 *G. Wesenberg*, Neuere deutsche Privatrechtsgeschichte, 1.A. Lahr 1954, 223 (im Schlusssatz), nicht mehr in späteren Auflagen.

37 *Wieacker*, Keine Wiederauferstehung des Besitzbürgers, jetzt in *ders.*, Zivilistische Schriften (1934–1942)[aber bis 1976], hg. von Chr. Wollschläger, Frankfurt a.M. 2000.

38 *L. Raiser*, Vertragsfreiheit heute, in: Jur.zeitung 13 (1958) S. 1–8. Vgl. weitere gewichtige Stimmen wie *F. von Hippel*, Zum Aufbau und Sinnwandel unseres Privatrechts (Vortrag auf der Zivilrechtslehrertagung vom 19.10. 1955), Tübingen 1957, mit positiver Grundeinstellung, aber starker Betonung der Defizite (vgl. 60 f.); *F. Wieacker*, Das Sozialmodell der klassischen Privatrechtsgesetzbücher und die Entwicklung der modernen Gesellschaft (Vortrag vor dem BGH), Karlsruhe 1953, mit der Feststellung einer „neuen ‚sozialrechtlichen' Ordnung" (S. 31 des Neudrucks in *ders.*, Industriegesellschaft und Privatrechtsordnung, Frankfurt/M. 1974). Überblick für nach 1945 jetzt bei *J. Rückert*, Das BGB und seine Prinzipien: Aufgabe, Lösung, Erfolg, in: Historisch-kritischer Kommentar am BGB, hg. von M. Schmoeckel, J. Rückert u. R. Zimmermann, Bd. 1, Tübingen 2003, S. 34–122, hier Rn 91ff., 99ff., 115 zu den Lehrbüchern.

39 *Kübler* (wie Fn. 33) 33.

40 Etwas ambivalent schon bei *Hallstein* (wie Fn. 34) 7: „Aufgabe des Privatrechts um nichts weniger sozial als die des öffentlichen Rechts".

41 Zuerst in Enzyklopädie der geisteswissenschaftlichen Arbeitsmethoden, hg. von M. Thiel, 11. Lieferung: Methoden der Rechtswissenschaft, Teil I, 3–37.

42 *H. Coing*, Juristische Methodenlehre, Berlin 1972 – ein Auszug aus der 2. A. 1969 der „Grundzüge der Rechtsphilosophie" (1950, 5.A. 1993), vgl. dort Kap. VI: Das juristische Denken; weniger eingehend die 1.A. 1950 Kap. 8: Die Rechtswissenschaft. Schon die inhaltlichen Verschiebungen wären von hohem Interesse. Coing hält ein Art Mittelweg zwischen Freiheit und strenger begrifflicher Bindung, i.E. aber doch sehr richterfreundlich und „das Recht" überhöhend, s. jetzt unten *Foljanty*, Rn. 810 ff., und im Historischen Überblick, Rn. 1432 ff.

43 In dem umfassenden Band von *Kaufmann/Hassemer/Neumann* (wie Fn. 26) erhält sie kein eigenes Kapitel, sie wird zu „Hermeneutik" und „Argumentationstheorie"; *Zippelius* (wie Fn. 26) und *Müller* (wie Fn. 5) sind scheinbare Ausnahmen, da die Erstauflagen schon 1971 bzw. 1976 konzipiert waren.

44 Siehe etwa *Rinken*, Einführung (wie Fn. 27) 256–58, 263; *Koller* (wie Fn. 26) 17; *Müller* (wie Fn. 5) 24.

45 *W. Fikentscher*, Tübingen 1975–1977.

46 *H.-M. Pawlowski*, Methodenlehre für Juristen. Theorie der Norm und des Gesetzes (1981), 2.A. Heidelberg 1991.

47 *K. Adomeit*, Rechtstheorie für Studenten. Normlogik – Methodenlehre – Rechtspolitologie (1979), 3.A. Heidelberg 1990, 8off.; 5.A. mit *S. Hähnchen*, 2008.

48 *F. Bydlinski*, Juristische Methodenlehre und Rechtsbegriff, Wien 1982.

gründungslehre"[49] oder „Wissenschaftstheorie für Juristen"[50], „Theorie der Argumentation" oder „Argumentationslehre"[51] und neuerdings „Allgemeine Abwägungslehre".[52] Oder sie betonen vollends den Gegenstand statt und vor der Methode.[53] Diese Abwahl des Problems Methode erscheint verfehlt, es sitzt immer auch im Gegenstand und ist mit Recht nicht beiseite gelegt.[54]

19 Wo findet man hier einen klärenden Ausweg? Soll die Feststellung stehen bleiben, dass es eben nur um die „Funktionen der Ziviljustiz" und des Privatrechts gehe, die vom (Wieder-)Aufstieg des Interventionsstaates eben „am schärfsten" getroffen seien?[55] Oder sollte Methodenlehre in allgemeiner Abwägungslehre aufgehen und damit in der Sache verschwinden?[56] Oder bringt die allgemeine Ernüchterung wenigstens eine Aussicht auf einige – illusionslos bescheidene – Ergebnisse, auf Prolegomena einer erneuerten Methodik? Eben diese Frage will unser Band voranbringen, mit jedem Beitrag als eigenem Baustein, im würdigenden Resümee (Rn. 1511 ff.) und im historischen Überblick (Rn. 1357 ff.).

20 Immerhin liegt ein eindrucksvoller Gewinn der neueren juristischen Methodendiskussion in der wissenschaftlichen Entfaltung einer **am Gegenstand Verfassung orientierten Methodenlehre**. Dies zeigte sich etwa seit der Tagung der Staatsrechtslehrer von 1961,[57] dann an *Krieles* „Theorie der Rechtsgewinnung" von 1967 und *Müllers* „Juristischer Methodik" (seit 1976, in der Sache aber schon seit 1966). Für zivilistische Methodenkonzeptionen ist dieser Fortschritt jedoch prekär. Wenn zivilistische Methodik sich ihm nur unterzuordnen und anzupassen hätte, wie es bisweilen klingt und wie es im allesumfassenden „Verfassungsstaat der Neuzeit" (*C. J. Friedrich* 1953) plausibel scheint, wäre die originär zivilistische Fragestellung Geschichte geworden. Von irgendeiner Autonomie des Privatrechts könnte keine Rede mehr sein.

21 Es ist aber nicht ausgemacht, dass die Gegenstände **Verfassung und Privatrecht** heute ohne Weiteres in eins fallen und fallen sollen. Dafür liegt dem Rechtshistoriker wenigstens die Reminiszenz an das feudale Ancien Regime vor 1789 und seine ähnliche Rechtseinheit zu nahe. Dagegen eben wurde unser modernes Privatrecht erkämpft.[58] Zwar plä-

49 *H.-J. Koch* u. *H. Rüßmann*, Juristische Begründungslehre. München 1982.
50 *M. Herberger* u. *D. Simon*, Wissenschaftstheorie für Juristen, Frankfurt a.M. 1980.
51 *R. Alexy*, Theorie der juristischen Argumentation, Frankfurt a.M. 1972, 10. A. 2008; *U. Neumann*, Juristische Argumentationslehre, Darmstadt 1986.
52 *L. Michael*, Methodenfragen der Abwägungslehre. Eine Problemskizze im Lichte von Rechtsphilosophie und Rechtsdogmatik, in: Jahrbuch des öff. Rechts der Gegenwart 48 (2000) 169–203.
53 *S. Smid*, Einführung in die Philosophie des Rechts, München 1991, zur Methode immerhin 34ff.; *P. Koller*, Theorie des Rechts. Eine Einführung, Wien u.a. 1992, vgl. dort kritisch über Methodenversuche 171, 194; *K. Seelmann*, Rechtsphilosophie, München 1994, mit ausdrücklichem Verzicht (§ 4 A 3, S. 94), ebenso 5.A. 2010, S. 95.
54 Siehe *R. Wank*, Die Auslegung von Gesetzen, Köln 1997, 5. A. 2011; *E. A. Kramer*, Juristische Methodenlehre, Bern/München/Wien 1998, 2.A. 2005; *J. Vogel*, Juristische Methodik, München 1998; *B. Rüthers*, Rechtstheorie, München 1999, Kap. 4: Rechtsanwendung, §§ 20–25, 6. A. 2011; *Th. Vesting*, Rechtstheorie, München 2007, § 6: Interpretation.
55 So die Verlaufsdeutung bei *D. Simon*, Die Unabhängigkeit des Richters, Darmstadt 1975, 173.
56 Dazu jetzt *J. Rückert*, Abwägung – die juristische Karriere eines unjuristischen Begriffs, in JZ 66 (2011), S. 913–923.
57 Über „Prinzipien der Verfassungsinterpretation" mit Referaten von *P. Schneider* und *H. Ehmke*, gedruckt in den VVdStL 20, Berlin 1963. Informativ der Sammelband von *R. Dreier* u. *F. Schwegmann*, Probleme der Verfassungsinterpretation. Dokumentation einer Kontroverse, Baden-Baden 1976.
58 Dazu jetzt näher *Rückert* 2003 (wie Fn. 37) Rn. 72ff.

dierte man inzwischen kraftvoll für „Sozialautonomie" statt Privatautonomie[59] und gegen die mühsam erkämpfte Unterscheidung von Privatrecht und öffentlichem Recht.[60] Aber schon das Problem der sog. Drittwirkung der Grundrechte, das durch einige jüngere Verfassungstexte[61] und Entscheidungen[62] neu entfacht wurde, stellt die alte juristische Frage: hier Bürger-Bürger, dort Bürger-Staat, unvermindert neu. Der Unterschied ist eben nicht im Rechtswegestaat erledigt und auf eine Zuständigkeitsfrage geschrumpft. Es ist nicht plausibel oder gar erwiesen, dass der privatrechtsgeprägte Begriff von Recht als Abgrenzung möglichst freier Willenssphären von Individuen – oder aktueller, aber enger, der *property rights* – im heutigen ‚Interventionsstaat' oder Grundrechtsstaat überflüssig wäre, dass Öffentliches Recht eigentlich Privatrecht erübrige, dass alles Recht ohnehin vom Staat komme, dass Privatrecht die gleiche Justiz und Rechtsmethode erfordere wie das eher eigenständig verteilende und eingreifende öffentliche Recht, usw. Im Gegenteil erscheinen Unterschiede in Aufgabe und Funktion der Rechtsbereiche und ihrer Methodiken offensichtlich und beachtenswert.[63] Es wäre wenig plausibel, dass Intervention die Ziele und Funktionen freien Privatrechts einfach mitverordnen könnte. Oder sie wäre dann nicht mehr ‚Intervention', sondern Garantie des notwendigen Funktionsrahmens für Privatrecht, mit bestimmten Bedingungen und Grenzen aus diesem Ziel. Zu wenig geklärt ist die hier wesentliche, positive Rolle von Grundrechtsregeln zur Ermöglichung von Privatrecht, immerhin einem eigenständigen Verfassungsziel, wie es Art. 2 GG mit der alles konstituierenden allgemeinen Handlungsfreiheit nahelegt.

---

59 *Eike Schmidt,* Von der Privat- zur Sozialautonomie, in: JZ 1980, S. 153–161. Ähnliche Tendenz mit Bilanzierung bei *U. Spellenberg,* Vom liberalen zum sozialen Privatrecht?, in: Recht im sozialen Rechtsstaat, hg. von M. Rehbinder, Opladen 1973, S. 23–67; schärfer zugespitzt bei *G. Brüggemeier,* „Zeitgemäße Privatrechtstheorie" als Aufgabe, in: Arch.f.Rechts- und Sozialphilos. 64 (1978) S. 87–95, mit der Forderung nach einer „kritischen Theorie des Sozialstaats als einer materialen Verfassungstheorie" und einem „Entwurf eines gesamtgesellschaftlichen Rahmenplans". „Privatrechtstheorie" schrumpft auf dessen „Bestandteil" (94 f.). Mit ähnlicher Tendenz für „eine umfassende Ethisierung des Privatrechts" *P. Derleder,* Privatautonomie, Wirtschaftstheorie und Ethik des rechtsgeschäftlichen Handelns, in: Festschrift für R. Wassermann zum 60. Geburtstag, Neuwied 1985, S. 643–658, bes. S. 656. Ethisierung des Rechts als eine Reaktion auf die sog. soziale Frage war ein Hauptthema schon des späten 19. Jhs.
60 Zur sehr unterschiedlichen Bedeutung dieser Unterscheidung je nach politisch-sozialem Kontext jetzt *J. Rückert,* Das BGB und seine Prinzipien (wie Fn. 38), S. 34–122, Rn. 72 ff.
61 *Brandenburgische Verf.* v. 20.8.1990, Art. 5 I: Die den Einzelnen und gesellschaftlichen Gruppen in dieser Verfassung gewährleisteten Grundrechte binden Gesetzgebung, vollziehende Gewalt, Rechtsprechung und, soweit diese Verfassung das bestimmt, auch Dritte als unmittelbar geltendes Recht. *Entwurf des Runden Tisches* v. 4.4.1990, Art. 40 I: Die Menschen- und Bürgerrechte dieser Verfassung binden Gesetzgebung, vollziehende Gewalt, Rechtsprechung und, soweit die Verfassung dies vorsieht, auch Dritte unmittelbar; zu verbinden mit Art. 1 II 1: Jeder schuldet jedem Anerkennung als Gleicher.
62 Vor allem die sog. Handelsvertreter- und die Bürgschaftsentscheidung des BVerfG v. 7.2.1990 und 19.10.1993, E 81, 242 u. 89, 214, die eine reiche Debatte auslöste. Bes. lehrreich die sehr prinzipienbewusste Analyse von *S. Hofer,* Vertragsfreiheit am Scheideweg, München 2006.
63 Für getrennte Erörterung der Justizfunktionen daher *Simon* (wie Fn. 37) 168ff., ähnlich *Rinken* (wie Fn. 27) 263; vgl. schon *Larenz* (wie Fn. 5) 253, oder nun *Rüthers/Fischer* 2010 (wie Fn. 17) § 20 B IV, oder vom Verfassungsrecht her *K. Hesse,* Grundzüge des Verfassungsrechts der Bundesrepublik Deutschland, 1.A. 1966, 20. A. 1999, § 2: besondere Natur der Grundrechtssätze. s. dazu und zur Prinzipiennatur näher unten im HISTORISCHEN ÜBERBLICK, Rn. 1462. Unterschiede legen auch wichtige Rspr.untersuchungen nahe, s. zum Strafrecht *U. Neumann,* Positivistische Rechtsquellenlehre und naturrechtliche Methode. Zum Alltagsnaturrecht in der juristischen Argumentation, in: Rechtspositivismus und Wertbezug des Rechts, hg. von R. Dreier, Stuttgart 1990, 141–151, bes. 145ff. (strafrecht aber ergebnisbezogen), ähnlich zum Arbeitsrecht *M. Schlachter,* Auslegungsmethoden im Arbeitsrecht – am Beispiel von § 87 Abs. 1 BetrVerfG, Göttingen 1987; anders zum Zivilrecht, wieder anders zum Kartellrecht, siehe z.B. *W. Seiler,* Höchstrichterliche Entscheidungsbegründungen und Methode im Zivilrecht, Baden-Baden 1991, zus.fd. 23, 171ff., 188ff. u. *M. Reichelt,* Die Absicherung teleologischer Argumente in der Zivilrechtsprechung des Bundesgerichtshofes. Eine empirisch-deskriptive Analyse, Berlin 2011, wieder anders zum Europarecht, s. *W. Kilian,* Europäisches Wirtschaftsrecht, 4.A. 2010, Rz. 349ff.

22 Wie dem auch sei – jedenfalls muss in dieser Lage die **verfassungsrechtliche und verfassungspolitische Verankerung** heutigen Privatrechts mitbedacht werden – und dies nicht nur in politischen „Winken", wie man sie schon in Savignys mit Recht berühmtem „System" (1840–49) fand (so Altmeister *G. Hugo* 1842).[64] Das bewusste Fragen auch danach erscheint vielleicht zivilrechtlich ungewohnt, ist aber heute unverzichtbar. Es ist um so angebrachter, als die erkenntnistheoretische, logische und argumentationstheoretische Seite der Rechtsmethodik seit den sechziger Jahren immer intensiver diskutiert wird.[65] Arbeiten über „Die Methode der richterlichen Gesetzesauslegung als staatsrechtliches Problem"[66] haben dagegen erstaunlich wenig Resonanz gefunden.[67]

III. Unsere dreifache Fragestellung

23 Die Durchführung dieser weitgreifenden Erkenntnisinteressen kann nur mit konkreteren Fragen gelingen. Rechtsumsetzungsregeln kommen nicht ohne Juristen aus. Mit Blick auf die überall tragenden verfassungspolitischen Nährböden, auf denen Juristen stets stehen, war vor allem zu beachten, an welche Juristen und an welche juristische Rolle eigentlich die überlieferten Methodensätze adressiert waren. Waren damit gemeint

1) Aussagen über **fallentscheidende Rechtsanwendung** oder praktische Rechtswissenschaft (Modellfall Richter, Kommentar, praktische Dogmatik) oder

2) Aussagen über **wissenschaftliche Rechtsanalyse** (Modellfall Wissenschaft als freie Rechtsforschung, Juristenrecht, Professorenrecht) oder

3) Aussagen über **rechtskritische Behandlung** des Rechts (Modellfall Rechtspolitik, Gesetzgebung, Rechtsverbesserung)?

24 Erst mit diesen Unterscheidungen kommt der verfassungspolitische Nährboden der Methodensätze zum Vorschein, auf dem sich dann die älteren Sätze mit der Gegenwart verbinden lassen. Ein ertragreicher Bezugsrahmen entsteht und Problemgeschichte wird möglich. Savigny und Heck[68] sind dafür Paradefälle. Erst die analytische Trennung dieser drei Aussagenbezüge kann auch zeigen, ob die Ebenen etwa bewusst *nicht* getrennt wurden. So verband Savigny vor dem Hintergrund seines juristischen Idealismus Richterrolle und Wissenschaftsrolle im Zeichen wahrer Rechtserkenntnis. Und er trennte beides, insoweit modern, sehr deutlich von kritisch-politischer Rechtsverbesserung.[69] Heck trennte dagegen die Rollen von Justiz und Rechtswissenschaft sehr bewusst und wies nur den Richtern die Arbeit am unmittelbar maßgeblichen Recht zu. Neuere befassen sich bisweilen nur noch mit fallentscheidender Rechtsanwendung und Rechtskritik oder nur mit Rechtskritik.[70]

---

64 *G. Hugo*, Rez. zu Savigny, System, V 1841, in: Gött. Gel. Anzeigen 1842, 1 ff., S. 1.
65 Vgl. oben bei Fn. 41 ff.; siehe etwa zu den klassischen *canones D. Buchwald*, Die *canones* der Auslegung und rationale juristische Begründung, in: ARSP 79 (1993) 16–47, mit doch kargem Ergebnis: Die *canones* verbessern die Erfolgschancen rationaler Begründung, sie helfen bei der Auffindung der erforderlichen Argumente (46 f.). Der Rechtswissenschaft und nicht der hier gesuchten zivilistischen Methodik gilt das an sich nützliche, historisch weitausgreifende Buch von *I. Mittenzwei*, Teleologisches Rechtsverständnis, Berlin 1988. Siehe im übrigen jetzt unten den Historischen Überblick, Rn. 1476 ff.
66 So immerhin die eindringliche Diss. von *W. Gitter*, Tübingen 1960, XVIII u. 199 S. – freilich schon nur im Typoskript verfügbar.
67 Vgl. etwa die sehr eigenständig-interessante Arbeit von *M. Bertelmann*, Die ratio decidendi zwischen Gesetzesanwendung und Rechtsbildung anhand höchstrichterlicher Rechtsprechung, Diss. iur. Bonn 1975, 215 S.
68 Siehe unten Rn. 428 ff.
69 Siehe unten Rn. 151.
70 Näher dazu jetzt den Historischen Überblick unten Rn. 1447 ff.

Wegen dieser evident **verfassungspolitischen Einbettungen** gerade der Methodenaussagen müssen die Kontexte der Schreiber und ihrer Schriften zur Kontrolle und Anleitung bewusst sein und bleiben, um nicht falschen Bezügen und Argumenten ausgeliefert zu sein. Ein Minimum an Werkgeschichte und Biographie gehört also zu jeder Methodengeschichte. Den frühen Savigny der sog. *Methodenlehre* und den späten des *System* unterscheidet man z.b. mit Recht, aber noch viel zu abstrakt. Die verfassungspolitischen Umstände waren 1802/03 und nach 1840 ganz verschiedene; der Professor konnte 1842 zum Minister werden. Hecks Methodensätze bedeuten 1912 und 1930 anderes als 1936, Larenz' Beiträge 1938 anderes als 1960, die Wiethölters 1968 anderes als bald danach und heute – so banal wie zu wenig beachtet. Hier wird es an allen sechzehn Beispielen beachtet. 25

Zur Einheit der Fragestellung gehört nicht zuletzt auch ihre Erweiterung auf ein **dogmatisches Beispiel**. Daran wird getestet, was von den allgemeineren Methodensätzen in einer konkreten Umsetzung übrigbleibt. Durchweg erwies sich das als sehr aufschlussreich, etwa für die Culpalehre, d.h. die Verschuldenslehre bei Savigny, die Aufwertungsrechtsprechung bei Heck, für das faktische Vertragsverhältnis bei Larenz und Esser, für die Geschäftsgrundlagen-Lehre bei Lange, für das Unternehmensrecht bei Wiethölter – usw., für die Eigentumsblockaden bei Müller – usw. 26

Die Beiträge über die **ökonomische Analyse des Rechts, die Institutionenökonomik** und die **case law-Methodik** fügen sich diesen Fragen zunächst wenig. Sie betreffen an sich ebensowenig unmittelbar zivilistische Methodenkonzeptionen wie der Beitrag über *Friedrich Müllers* verfassungsrechtlich orientierte Methodik. Dennoch geben sie notwendige Ausblicke. Die ökonomische Analyse nimmt unter Zivilisten inzwischen so viel Interesse ein, dass ein klärender Beitrag wichtig schien. Zusammen mit der Institutionenökonomik erscheint sie als eine Art Metatheorie des Privatrechts. D.h. sie kann viel erklären, ohne dem Recht etwas vorschreiben zu wollen. Das gilt auch für den Vergleich zur case law-Methodik. Damit kommen wichtige alternative Methodiken in den Blick. 27

Müllers verfassungsrechtliche Orientierung hat zu der derzeit vielleicht ausgefeiltesten „Juristischen Methodik" geführt und ist gerade durch ihre bewusste Akzentuierung der normativen Seite von juristischer Methode auffallend. Deswegen wurde sie in diesen Band einbezogen, der das normative Element ähnlich betont. Müller bietet zudem ein zivilistisches Beispiel.[71] Allerdings bleiben wir bei der originären Fassung von 1995 stehen. Die späteren Auflagen entwickeln das Konzept weiter, sind aber eher schwerer vermittelbar. Ein wichtiger Aspekt bei diesen Ausgriffen ist auch, dass sie ein wenig beitragen können, erstaunliche disziplinäre Wahrnehmungssperren zu überwinden. Es ist nämlich nicht Ausnahme, sondern die Regel, dass sich die Methodenliteratur sehr einseitig zivilrechtlich, strafrechtlich oder öffentlich-rechtlich und neuerdings europarechtlich orientiert und zitiert. Das hat seinen guten Sinn, soweit fachmethodische Fragen betroffen sind. Für allgemeinere Fragen schlägt es bisweilen geradezu in Ignoranz um, da insbesondere die rechtstheoretische und rechtshistorische Forschungsarbeit oft nur sehr fragmentarisch wahrgenommen wird. 28

IV. Ohne Zynismus

Der Alltag des Entscheidens prägt als realer die juristische Praxis und als fiktiver inzwischen die Universität. Das gilt für das richterliche Urteilen ebenso wie für das anwaltliche 29

---

71 Siehe unten Rn. 1109 ff.

Begutachten. Sollte man also die Praxis ihrer Methode überlassen? Das wäre normativ und politisch-sozial verfehlt. Rechtspraxis darf sich nicht selbst, sondern muss dem geltenden Recht genügen. Ohne allgemeine Regeln nur von Fall zu Fall zu arbeiten, würde die erstrebte gerechte Gleichbehandlung hemmen und wäre auch mangels Routine schlicht zu mühsam. Die theoretische Reflexion der eigenen Praxis stößt nicht selten an Berufs- und Standesbefangenheiten. Methodenkonzeptionen müssen also interessieren und taten dies auch stets. Nach wie vor gilt der *Nutzen der überkommenen Auslegungskanones* als „grundsätzlich immer noch beste Lösung"[72] und die „Fähigkeit zu methodischem Arbeiten" als „unverzichtbare und maßgebliche Voraussetzung" für Erfolg.[73] Es hilft nichts, kritisch im „Vorverständnis... in der Rechtsfindung" zu verharren, wie es unter der berühmt gewordenen Flagge „Vorverständnis" Esser 1970 getan hatte.[74] Nicht selten begegnet auch der verbreitete, subtile Zynismus, mit dem man in Methodenbestrebungen bloß „rechtspolitische Strömungen" sieht – was gewiss ein Teil der Wahrheit ist –, aber zugleich annimmt, für Fallösungen hätten „diese Strömungen keine unmittelbare Bedeutung"[75] – was gewiss nicht die ganze Wahrheit ist. Solche ‚Feststellungen' hängen eben ab von den allgemeinen Prämissen des juristischen Denkens und deren normativer Einbettung.

30 Doch die eher positive Stimmung ist brüchig. Sieht man nach, so sind die Antworten zu den Konzeptionen seit Savigny erstaunlich defizitär, sie vermitteln zu wenig von der eigentlichen Frische und Brisanz des aus bestimmten Erfahrungen schon Bedachten. Die ‚modernen' Probleme juristischer Methode sind keineswegs neu, sondern in scharfen Erfahrungen längst bedacht. Treue Darstellung gewinnt daher besonderen Wert. Dies gilt zumal, wenn die Darstellung produktiv und konkret problemorientiert fragt. Dies geschieht hier mit der Frage nach der normativen, verfassungsbezogenen Rolle des praktisch-methodischen Entscheidens im Zivilrecht heute und ihrer Durchführung an Beispielen. So führt das Buch durch unsere großen Klassiker hindurch über sie hinaus.

V. Was noch?

31 Ein Resümee der Ergebnisse aus heutiger Sicht bietet Abschnitt V. Wesentliche Lern- und Lesehilfe findet sich in VI. Bibliographisches und Lektüreempfehlungen. Wer genauer im Zusammenhang Bescheid wissen will, sollte den historischen Überblick unter IV. lesen. Den Auftakt unter II. machen nun in dieser Auflage unsere Zwölf Methodenregeln für den Ernstfall. Sie sollen möglichst handlich und explizit normative, deutliche Anleitung geben.

---

72 *P. Raisch*, Vom Nutzen der überkommenen Auslegungskanones für die praktische Rechtsanwendung (= Jur. Stud.gesellschaft Karlsruhe, 181) Heidelberg 1988, hier 81ff.
73 *Vogel* (wie Fn. 54) Vorwort.
74 *J. Esser*, Vorverständnis und Methodenwahl in der Rechtsfindung. Rationalitätsgarantien der richterlichen Entscheidungspraxis, Frankfurt am Main 1970; 2.A. 1972 mit dem Untertitel „Rationalitätsgrundlagen". Zu seiner keineswegs einseitigen Gesamtkonzeption unten Rn. 755 ff.
75 So der erfahrene Repetitor *D. Schmalz*, Die juristische Fallösung, Karlsruhe u.a. 1976, 138.

II. Zwölf Methodenregeln für den Ernstfall

*von Joachim Rückert und Ralf Seinecke**

Übersicht

I.	Mach Dir klar, was Du tun willst	24
II.	Behandle Methodenfragen als Verfassungsfragen	24
III.	Methodengeschichten muss man kennen und nutzen	25
IV.	Nimm die canones als Anleitung	27
V.	Hör auf den Wortlaut	28
VI.	Schau ins System	28
VII.	Schlag nach beim Gesetzgeber	29
VIII.	Obacht mit dem Telos	30
IX.	Trenne Auslegung und Rechtsfortbildung und Abwägung	31
X.	Bilde Recht nur rechtsstaatlich fort	31
XI.	Manchmal muss man abwägen	32
XII.	Vergiss nicht die Gerechtigkeit	33

Unsere 12 Regeln bieten Methodenlehre mit praktischem Anspruch. Sie sollen helfen bei Auslegung, Anwendung und Fortbildung des geltenden Rechts, an das sie gebunden sind. Für Zynismus bleibt da kein Raum. Spöttisch schrieb z.b. Gustav Radbruch: „Die Auslegung ist das Ergebnis – ihres Ergebnisses, das Auslegungsmittel wird erst gewählt, nachdem das Ergebnis schon feststeht".[1] Das ist die wohlformulierte, aber letztlich zynische Abfertigung von Methodenregeln. Für uns soll gelten: Es folgt nicht jeder Fall seiner eigenen Methode und damit keiner. Nicht jede Entscheidung erschöpft sich im unkontrollierbaren Wertungsakt, also einer Dezision. Methodenlehre muss ernst genommen werden, denn es geht um rationale Arbeit mit dem geltenden Recht. Das klingt etwas orthodox und apodiktisch, ist aber bewusst so gestaltet. Man darf diese Regeln aber auch nicht zu ernst nehmen. Es geht nicht um letzte Wahrheiten oder Glaubensfragen. Daran erinnert nach wie vor Rudolf von Jherings berühmter Titel: „Scherz und Ernst in der Jurisprudenz" (1884). Er hilft, den (Methoden-)Scherz im (Methoden-)Ernst zu sehen und umgekehrt. 32

Mit diesen Regeln wird die kritische Arbeit an den **Illusionen** der juristischen Methodenlehre nicht *ad acta* gelegt: mit Rechtsbegriffen rechnen, einzig richtig entscheiden, vollständig rational begründen, aus einem lückenlosen System deduzieren oder logisch subsumieren – diese Ideale hatten ihren Sinn unter bestimmten historischen Bedingungen. Zugleich hat sich aber der Anspruch auf gerechte Gleichbehandlung, rechtsstaatliche Rechtsgewissheit und demokratische Rechtsbindung keineswegs erledigt. Er prägt unser geltendes Recht als Verfassungsgebot mehr als je. 33

---

* Für zahlreiche Anregungen und Kritik danken wir Kim Brocke, Lena Foljanty, Philipp Giel, Margarete Jagusch, Thomas Pierson, Philipp Sahm, Felix M. Simon und Henok Tsehaye.
1 *Radbruch*, Einführung in die Rechtswissenschaft, nach dem Tode besorgt v. Zweigert, 12. Aufl. Stuttgart 1969, S. 169 (noch nicht in der 1. Aufl. 1910).

I. Mach Dir klar, was Du tun willst

34 Wer Recht praktisch umsetzt, es auslegt und anwendet, sollte wissen, was er tut. Rechtspraxis und Rechtswissenschaft sind nicht das Gleiche. Sie folgen verschiedenen Erkenntnisinteressen. Rechtspraxis soll geltendes Recht befolgen und ist deshalb gebunden. Rechtswissenschaft erforscht geltendes und nichtgeltendes Recht und ist dabei frei (Art. 5 Abs. 3 GG). Praxis beschäftigt sich mit Fällen und entscheidet sie, als Justiz wie als Verwaltung und in der anwaltlichen Beratung. Auch die Rechtswissenschaft beschäftigt sich mit Fällen, aber sie entscheidet sie nicht. Sie analysiert das Recht, sucht prinzipielle und grundsätzliche Zusammenhänge, erläutert (rechts-)politische Wertungen und legt historische, philosophische, soziale, ökonomische und andere Kontexte im Recht frei.

35 Frei ist auch die Rechtspolitik, jedenfalls im Rahmen der Verfassung. Wer rechtspolitisch agiert, darf daher frei abwägen und entscheiden, z.B. im Parlament, in den Parteien, in der Öffentlichkeit, in der planenden Verwaltung oder auch in der Wissenschaft, also überall. Diese Freiheit unterscheidet das rechtspolitische Agieren und das freie Forschen von der gebundenen Rechtspraxis. Es gilt eine Arbeitsteilung zwischen Praxis, Wissenschaft und Politik. Das ist keine empirische, sondern eine normative Frage. Das klassische, liberal-rechtsstaatliche Motto dieser Haltungen zum Recht lautet: „Gehorche gewissenhaft, kritisiere freimütig" (Bentham).

36 Nicht so klar sind die Erkenntnisinteressen der Rechtsdogmatik. Rechtsdogmatik ist nicht einfach Rechtswissenschaft und auch nicht einfach Rechtspraxis. Sie arbeitet wissenschaftlich in praktischer Absicht. Ihre klassische Aufgabe ist es, Lehrsätze in Regelform zu bilden, *dogmata*. Das bedeutet auch, sie systematisch zu ordnen und zu erklären. Das geschah immer schon in Lehrbüchern und Kommentaren. In diesem praktischen Interesse ist sie rechtlich gebunden. Freier ist sie, wenn das geltende Recht keine unmittelbaren Lösungen vorschreibt, z.B. im Bereich der Rechtsfortbildung. Hier kann sie mithilfe von Prinzipien und Grundsätzen, Analogien und Argumenten praktische Vorschläge unterbreiten. Sie ist aber auch dabei nicht vollkommen frei, da sie das geltende Recht fortbildet.

37 Für die Methodenfrage folgt, dass die Rechtspraxis methodisch gebunden ist. Rechtswissenschaft und Rechtspolitik hingegen sind methodisch frei. Selbstverständlich gibt es für beide etablierte Methoden, wie das rationale Forschen oder die deliberative Politik. Rechtsdogmatik ist methodisch ebenso an das geltende Recht gebunden wie die Rechtspraxis, in der wissenschaftlichen Durchdringung des geltenden Rechts aber ist sie freier.

II. Behandle Methodenfragen als Verfassungsfragen

38 Methodenfragen sind Verfassungsfragen. Das ist selbstverständlich, wird aber nicht selten missachtet. Sie sind Verfassungsfragen in doppelter Hinsicht: normativ, d.h. Verfassung fordert Methode, und historisch-kritisch, d.h. Methodenwandel und Verfassungswandel erklären sich gegenseitig. In diesem Sinn ist der HISTORISCHE ÜBERBLICK in unserem Band geschrieben (siehe unten Rn. 1357 ff.) und unten die dritte Regel aufgestellt.

39 Unsere Verfassung gibt Methodenregeln auf, auch wenn sie diese nicht ausdrücklich als solche formuliert. Methodenregeln sind Bedingungen der Möglichkeit eines Rechts, das auf Regeln setzt und nicht auf situatives Entscheiden. Vier Anhaltspunkte gibt das Grundgesetz:

(1.) Das Demokratiegebot in Art. 20 Abs. 2 Satz 1 GG: „Alle Staatsgewalt geht vom Volke aus" (auch Art. 20 Abs. 1 GG: „demokratischer ... Bundesstaat"). Es bedarf also einer demokratischen Rückbindung des Rechts an das gewählte Parlament und an das Volk als Souverän, von dem „alle Staatsgewalt" ausgehen soll. Das Instrument dafür ist die Gesetzesbindung. Ohne (Methoden-)Regeln löst sie sich auf.

(2.) Die richterliche Gesetzesunterworfenheit in Art. 97 Abs. 1 GG: „Die Richter sind unabhängig und nur dem Gesetze unterworfen." Dieser Satz stand bereits in § 1 GVG von 1877 und steht dort heute noch. Bis 1919, also bis zur Weimarer Reichsverfassung, wurde damit die Unabhängigkeit des Richters gegenüber Monarch und Exekutive betont, da beide nicht demokratisch legitimiert waren. In der heutigen demokratischen Verfassung ist demgegenüber die positive Bindung an das demokratisch-parlamentarische Gesetz wichtiger geworden.

(3.) Die doppelte Bindung auch der Rechtsprechung „an Gesetz und Recht" in Art. 20 Abs. 3 GG. Zur Gesetzesbindung tritt im Rechtsstaat die Rechtsbindung hinzu. Diese Recht-Bindung darf hier aber nicht gegen die Gesetz-Bindung ausgespielt werden, denn Recht kann viel heißen. Das „Recht" des Grundgesetzes meint gewiss nicht Naturrecht, Vernunftrecht oder subjektive Gerechtigkeit. Andererseits heißt „Recht" gewiss auch mehr als Gesetz, z. B. Gewohnheitsrecht, vielleicht auch Richterrecht. Von einem „Mehr an Recht" spricht auch das Bundesverfassungsgericht (Soraya 1973), ohne sich weiter festzulegen.[2] Rudolf Wiethölter vermutet darin mit Recht ein „Meer an Recht?"[3] Dieses „Mehr" kann Richtern eine Waffe nur gegen klares Unrecht in Gesetzesform in die Hand geben – doch nicht mehr.

(4.) Die Rechtmäßigkeitskontrolle durch Justiz. Die Teilung der Gewalten in „besondere Organe der Gesetzgebung, der vollziehenden Gewalt und der Rechtsprechung" nach Art. 20 Abs. 2 S. 2 GG, also in Legislative, Exekutive und Judikative, spricht der Justiz eine zunächst klare Rolle zu. Sie soll am Maßstab von Gesetz und Recht die anderen Gewalten kontrollieren, nicht aber das Maß selbst aufstellen. Idealiter bedeutet das: Das Rechtsmaß macht das Parlament, für den Rechtsvollzug sorgen Regierung und Verwaltung, für die Rechtmäßigkeit die Justiz. Der Richter bleibt auch deswegen an das Gesetz gebunden. Dass realiter die Exekutive durch Rechtsverordnungen und die Kommunen durch Satzungen ebenfalls ein Rechtsmaß setzen, ändert daran nichts.

Diese Bindungen des Richters machen Methodenfragen zu Verfassungsfragen. Die Prinzipien Demokratie, Rechtsstaat, Gewaltenteilung und richterliche Unabhängigkeit fordern die Gesetzesbindung. Gesetzesbindung bedeutet Regelbindung und Regelbindung bedeutet Methodenbindung. Bei Josef Esser war das 1956 noch ein „revolutionierendes Programm für unsere Rechtsquellenlehre":[4] Er erwog ein „Rechtsbildungsrecht" mit dem Ergebnis, dass „die Rechtsfindungsregeln ... dann zum ‚Verfassungsrecht' judizieller Normsetzung" gehören. 40

III. Methodengeschichten muss man kennen und nutzen

Methoden ändern sich mit den Verfassungen und Verfassungen ändern die Methodenregeln. Diese Geschichten werden im HISTORISCHEN ÜBERBLICK (unten Rn. 1357 ff.) mit 41

---

2 BVerfGE 34, 269 (286 f.) – sog. „Soraya"-Entscheidung, Beschluss vom 14. Februar 1973.
3 *Wiethölter*, Zum Fortbildungsrecht der (richterlichen) Rechtsfortbildung. Fragen eines lesenden Recht-Fertigungslehrers, in: KritV 3 (1988), S. 1ff28.
4 *Esser*, Grundsatz und Norm in der richterlichen Fortbildung des Privatrechts. Rechtsvergleichende Beiträge zur Rechtsquellen- und Interpretationslehre, Tübingen 1956, S. 120 f., in den Folgeauflagen unverändert.

allen Irrungen und Wirrungen und zeitlichen Überschneidungen behandelt. Ihre Minimalfassung hat acht Stationen: (1.) Begriffsjurisprudenz, (2.) Freirechtsbewegung, (3.) Interessenjurisprudenz, (4.) NS-Jurisprudenz, (5.) Wertungsjurisprudenz nach 1945, (6.) kritisch-politische Jurisprudenz, (7.) Abwägungsjurisprudenz, (8.) Argumentationsjurisprudenz. Ob man das alles wissen muss? Ja, denn alle Irrungen und Wirrungen der Methodenlehre beginnen mit falschen Begriffen. Deswegen versuchen wir im Folgenden eine gewiss dichte Zusammenfassung:

42 Der verwirrteste Begriff ist der von **Begriffsjurisprudenz**. Sie wurde als Prügelknabe erfunden und blieb es. Geboren wurde sie als Kind des monarchischen Konstitutionalismus vor 1914. Über den Gesetzestext hinaus und gegen den Monarchen versuchte sie das Recht durch Begriffe zu sichern. Lücken im Recht sollten nicht mehr als Vorwand für richterliche Rechtsverweigerungen dienen können. Methodisch macht sie immer noch klar, dass scharfe Begriffe und systematische Durchdringung auf Prinzipien wertvoll sind für eine regelorientierte Praxis. Begriffe und System dürfen freilich nicht zum Selbstzweck, zur lebensfremden Spekulation und zur bloß begrifflichen oder rein systematischen Begründung werden. Die politischen, sozialen, ökonomischen, ethischen und religiösen Wertungen, die allen juristischen Begriffen zugrundeliegen, müssen immer mitbedacht werden. Nur Begründungen ohne diese Elemente meint man heute in der Regel mit der Polemik „Begriffsjurisprudenz". Die **Freirechtsbewegung** um 1910 hatte verschieden akzentuierte sozialpaternalistische, demokratische und egalitäre Ambitionen. Mit Blick auf diese Ziele hat sie mit Recht die Lücken der Gesetze und des Rechts betont, die Bindung an Normen und Regeln aber zur Illusion erklärt und den Richterkönig gefordert. Die Lücke war ihr Credo, die Methodenregel aber nicht. Zu gleichen Zeit half hier die **Interessenjurisprudenz**. Verfassungstreu stellte sie die gesetzgeberische Interessenentscheidung als maßgebliche Regel ins Zentrum und prägte die Formel vom „denkenden Gehorsam" (Heck).[5] Nicht ohne makabre Konsequenz hat sie allerdings auch die ‚Interessen' des Unrechtsgesetzgebers akzeptiert und ihre parlamentarisch rechtsstaatlichen Prämissen desavouiert. Die **NS-Jurisprudenz** nach 1933 unterstützte den Umsturz der Weimarer Verfassung und die damals neue Ordnung als neue Verfassung. Sie belehrt drastisch über das demagogische Potential von Formeln wie „konkrete Ordnung" und die begrenzte „Macht und Ohnmacht der Methode" (Luig)[6] gegenüber der „unbegrenzten Auslegung" (Rüthers).[7] Die **Wertungsjurisprudenz** begann schon um 1930. Sie verdeutlichte die ambivalente Wertbezogenheit des positiven Rechts – deren Chance und Gefahr. Werden die Werte verfassungstreu aus dem Grundgesetz bezogen, so erscheint dies als Chance. Vor 1945 bezog man allerdings die Werte unter dem gleichen Stichwort aus dem NS-Parteiprogramm. Methodisch verwandelte sie die bindende gesetzgeberische „Interessenabwägung" in die freie richterliche „Güterabwägung". Die Politik dieser Wertungen, die hier ausgeblendet wurde, betonte dann die **kritisch-politische Jurisprudenz** seit Mitte der 1960er Jahre. Sie stellte in ebenfalls verfassungstreuer Absicht Demokratie und Humanität, Sozialität und Teilhabe in den Vordergrund. Die positiv-rechtliche Umsetzung aber war immer ein Problem. Gebraucht wurden neue Gesetze, neue Juristen und neue Richter. Methode nach Methodenregeln rückte in den Hintergrund. Das gilt auch für die **Abwägungsjurisprudenz** seit etwa 1958. Sie geht aus von Norm- und Güterkollisionen im Bereich der drittwirkenden Grundrechte, die sich

---

5 *Heck*, Gesetzesauslegung und Interessenjurisprudenz, in: AcP 112 (1914), S. 1ff318, hier 20.
6 *Luig*, Macht und Ohnmacht der Methode, in: NJW 1992, S. 2536ff2538.
7 *Rüthers*, Die unbegrenzte Auslegung. Zum Wandel der Privatrechtsordnung im Nationalsozialismus, 1. Aufl. Tübingen 1968, 6. Aufl. 2005.

Rückert/Seinecke

nur abwägend lösen ließen. Güterabwägung lässt sich nicht auf Regeln bringen. Sie versucht dem Fall gerecht zu werden. Das kann besonders gerecht sein, aber auch besonders ungerecht. Die **juristische Argumentationstheorie** seit Ende der 1970er Jahre schließlich zieht sich aus den inhaltlichen Fragen zurück. Sie hält sie für unlösbar und konzentriert sich deshalb auf Verfahren und Begründungsregeln. Das richtige Verfahren soll mittelbar das richtige Ergebnis sichern. Der Glaube an das einzig richtige Ergebnis durch die eine richtige Methode wird ersetzt durch die Forderung nach fairem Verfahren und regelorientierter rationaler Begründung.

Das ist viel Methoden- und Verfassungsgeschichte. Muss man dies alles wissen? Das ist   **43** eine Frage der Qualität unseres methodischen Zugriffs und damit der Qualität unseres Rechts. Ein gutes Beispiel bietet die Lehre vom „faktischen Vertrag". Nach fast allen Methodenauffassungen widersprechen sich „faktisch" und „Vertrag". Ein Faktum ist ein Verhalten, ein Vertrag erfordert einen Rechtsbindungswillen. Verständlich wird der „faktische Vertrag" mit der NS-Jurisprudenz der konkreten Ordnung, aus der sie auch stammt. Denn für sie kam es nicht auf Willenserklärungen, sondern auf das Verhalten in der konkreten Ordnung an. Die Rechtsbindung trat unabhängig vom Willen der Einzelnen ein. Daran zeigt sich: Methodenfragen sind Verfassungsfragen und beide teilen eine Geschichte und eine Gegenwart. Nur die Auseinandersetzung mit diesen Alternativen klärt über Möglichkeiten und Grenzen, Gefahren und Chancen juristischer Methode auf. Sie zu nutzen obliegt dem Heute.

IV. Nimm die canones als Anleitung

Mit diesem Rüstzeug kann es nun ans Auslegen gehen. Auslegung ist der erste Schritt für   **44** die Bildung der Obersätze im juristischen Schlussverfahren, dem sog. Syllogismus. Wenn der konkrete Untersatz zum allgemeinen Obersatz passt, folgt die Rechtsfolge. Wenn das Fahrrad eines Anderen weggenommen wurde für eigene Zwecke (Untersatz), dann passt das unter den Tatbestand des § 242 StGB: „eine fremde bewegliche Sache einem anderen in der Absicht" wegnehmen, um sie „sich … rechtswidrig zuzueignen" (Obersatz).

Eine erste Anleitung fürs Auslegen der Obersätze bieten die traditionellen Auslegungs-   **45** methoden, besser -elemente, nämlich die *canones*, d.h. die Lehrsätze über Auslegung. Sie sind ein bewährtes Mittel, um die wesentlichen Gesichtspunkte zu erfassen. Zu ihnen zählt man heute meist die Auslegung nach dem Wortlaut und der Grammatik, dem System, der Geschichte und dem Zweck (*telos*). Sie werden im Einzelnen gleich vorgestellt. Die *canones* helfen doppelt: Zunächst ist jedes Verstehen auf ein Auslegen angewiesen, um den Sinn eines (Rechts-)Satzes zu erfassen. Schon unser erstes Hören und Lesen achtet auf Wortlaut und Grammatik – das ist meist gar nicht der Rede wert. Oft verstehen sich die Worte und Rechtssätze aber nicht von selbst. Dann erinnern die *canones* an das, was man noch heranziehen sollte.

Schwieriger wird es, wenn die einzelnen Auslegungselemente zu verschiedenen Ergeb-   **46** nissen führen. Manchmal gibt die Geschichte andere Auslegungshinweise als der Wortlaut oder das System. Dann stellt sich die sog. Rangfrage. Welches Argument geht vor? Der Wortlaut, das System, die Geschichte oder der Zweck? Das lässt sich nur normativ klären. Einfach ist es, wenn der sog. Wille des Gesetzgebers (unten VII.) klar und deutlich etwa in Gesetzgebungsmaterialien zum Ausdruck gekommen ist. Dann geht er im parlamentarisch-demokratischen Rechtsstaat den anderen *canones* vor. Oft aber ist er genauso unklar wie der Wortlaut. Dann ist das Feld offener. Es geht dann bald nicht mehr um Auslegung, sondern um Rechtsfortbildung (unten X.).

V. Hör auf den Wortlaut

47   Nur in Worten kann das **Parlament** seine Gesetze verkünden. Allein deshalb sind die Worte wesentlich und bei der Auslegung als erstes zu berücksichtigen. Die philosophischen Probleme der Bedeutung, des Sinns, der Form und des Gehalts spielen hier als philosophische keine Rolle. Es geht nur um das juristisch maßgebliche Verständnis des Rechtssatzes und die juristische Verwendung der Worte. Das ist wieder eine normative Frage. Alte Worte müssen aus ihrer Zeit erklärt werden, Wortveränderungen müssen beachtet werden. Der umgangssprachliche Gebrauch kann hilfreich sein, ist aber nicht der letzte Maßstab. So geht es beim „besorgen" im § 12 BGB nicht um einen Einkauf, sondern um eine Befürchtung, und beim Besitz im § 854 BGB gerade nicht um Eigentum wie in § 903 BGB, sondern um tatsächliche Sachherrschaft.

48   Bisweilen hat der Gesetzgeber ein Wort selbst definiert (**Legaldefinition**), z.B. das Merkmal „unverzüglich" in § 121 BGB oder das „kennen müssen" in § 122 Abs. 2 BGB. Diese Legaldefinitionen erkennt man an den sie einrahmenden Klammern. Gibt sie der Gesetzgeber nicht vor, muss man die Kommentare befragen und die Verwendungen der Worte klären. Aber Vorsicht, die dort angegebenen Definitionen sind nicht der Ausgangspunkt von Auslegungen, sondern nur zusammengefasste Endpunkte von rechtspraktischen Diskussionen.

VI. Schau ins System

49   Gesetzbücher und Kodifikationen, d.h. umfassende exklusive Regelungen für einen Sachbereich wie BGB und StGB, folgen immer einer gewissen Ordnung. Ist das Ganze sorgfältig hierarchisiert und nach Prinzipien, Regeln und Ausnahmen geordnet, spricht man von einem System. Alle Worte eines Gesetzes stehen in einem systematischen Zusammenhang, der hilft, sie richtig zu verstehen.

50   System kann zweierlei bedeuten: äußere oder innere Ordnung. Die äußere Ordnung ist leicht erkennbar an der Gliederung der Rechtstexte, z.B. in Bücher, Abschnitte, Titel, Untertitel, Kapitel, Unterkapitel, Paragrafen, Absätze, Sätze, Halbsätze und Ziffern wie im BGB. Die Regelungen im „Buch 1: Allgemeiner Teil" des BGB gelten grundsätzlich für alle Bücher. Sie können jedoch durch Spezialregelungen modifiziert sein, so gilt der Irrtum über verkehrswesentliche Eigenschaften (§ 119 Abs. 2 BGB) nicht für die Anfechtung letztwilliger Verfügungen im Erbrecht (§ 2078 BGB). Aus der äußeren Stellung lässt sich auch auf das Gewicht einer Norm schließen. Am Anfang von Vorschriftengruppen stehen häufig deren Grundsätze und Prinzipien, wie an der Spitze des Grundrechtskatalogs in Art. 1 GG die unantastbare Menschenwürde oder im § 1 BGB die allgemeine Rechtsfähigkeit und in § 1 StGB der Grundsatz *nullum crimen nulla poena sine lege*, keine Strafe ohne Gesetz. Zur äußeren Auslegung gehören auch die Rangebenen der Normen und normhierarchische Überlegungen, etwa im Verhältnis von Grundgesetz und einfachem Recht, von Bundesrecht und Landesrecht, Europarecht und nationalem Recht. Ein einfaches Beispiel ist Art. 31 GG über den Vorrang des Bundesrechts, ein folgenreiches Art. 25 GG über den Vorrang der allgemeinen Regeln des Völkerrechts.

51   Das zweite ist das **innere System**. Es ist nicht so klar erkennbar wie das äußere. Meist wird dazu gesagt, es dürfe keine Wertungswidersprüche im Rechtssystem geben. Die grundsätzlichen Wertungen unserer Rechtsordnung müssen in einen stimmigen Zusammenhang gebracht werden, das nennt man inneres System. Es findet sich vor allem in den Prinzipien unserer Rechtsordnung und deren Relationen, z.B. in den Prinzipien der

gleichen Freiheit und des Arbeitnehmerschutzes, der Privatautonomie und des Verbraucherschutzes oder der Verschuldens- und Gefährdungshaftung. In der Tat sollte die Einheit der Rechtsordnung auch in ihren Wertungen gewahrt bleiben. Das ist an sich banal. Eine Rechtsordnung darf nicht zugleich Schadensersatz zusprechen und versagen. Da wo es nicht mehr banal ist, geht es entweder um wissenschaftliche Erklärung oder um Rechtsfortbildung. Entweder muss der Widerspruch auslegend ausgeräumt werden oder man setzt Wertungen, Grundsätze und Prinzipien rechtsfortbildend gegen das Gesetz und sein System. Rechtsfortbildend wurde z.B. eine *allgemeine* „Vertrauenshaftung im deutschen Privatrecht" (Canaris)[8] neben das bis dahin anerkannte oberste Haftungsprinzip Verschulden (§ 276 BGB) gestellt. Das kann gute Gründe haben, ist aber keine Frage der systematischen Auslegung, sondern der teleologischen oder wertgebundenen Fortbildung des geltenden Rechts. Diese unterliegt anderen Maßstäben als die Auslegung (dazu unten IX u. X.).

VII. Schlag nach beim Gesetzgeber

Methodenfragen haben wir als Verfassungsfragen gekennzeichnet. Für unseren demokratisch-parlamentarischen Rechtsstaat (Artt. 20 Abs. 1, 2, 28 Abs. 1 GG), heißt das, dass nur der Bundestag Bundesrecht setzt (Art. 77 Abs. 1 S. 1 GG). Deswegen hat der Gesetzgeber für die Auslegung seiner Gesetzgebung die erste Stimme. Meist nennt man das etwas abwertend subjektiv-historische Auslegung. Es kommt aber nicht auf Subjektivität oder Historizität, sondern auf die gesetzgeberische Entscheidung an. Mit Gesetzgeber sind natürlich nicht die einzelnen Abgeordneten und deren „Willen" gemeint, sondern die Gründe, die entscheidend wurden und in den (Gesetzes-)**Materialien** dokumentiert sind. Die gesetzgeberische Entscheidung kann eine neuere oder ältere sein, denn viele unserer geltenden Rechtssätze und Kodifikationen sind bereits im 19. Jahrhundert geschaffen worden, z. B. das BGB (1896), wesentliche Teile des revidierten HGB (1897), des StGB (1871), der ZPO (1877) und der StPO (1877). Auch das öffentliche Recht ist nicht immer ganz neu, so gilt das Staatskirchenrecht der Weimarer Reichsverfassung von 1919 kraft grundgesetzlicher Anordnung von 1949 weiter (Art. 140 GG) und deswegen z.B. das Sonntagsarbeitsverbot (Art. 139 WRV). Deswegen sind z.B. die sog. Motive zum ersten Entwurf des Bürgerlichen Gesetzbuches von 1888 immer noch wichtig für die Auslegung des BGB oder die Beratungen des Parlamentarischen Rates von 1948/49 und die mit den Militärregierungen seit Juli 1948 für die Auslegung des Grundgesetzes. Heute entsprechen dem die Regierungsentwürfe, Stellungnahmen des Bundesrats und der Bundesregierung, Ausschussprotokolle und -berichte und Bundestagsdrucksachen wie z.B. bei der Schuldrechtsmodernisierung 2002.

Die Worte, auch die des Gesetzgebers, sind nicht fest in Raum und Zeit gemeißelt. Das ist die Herausforderung jeder Auslegung. Die Bedeutung der Worte ändert sich unter den Händen der Juristen. Richter können Rechtsworte und -sätze umdeuten, z.B. den Gewaltbegriff in § 240 StGB. Eine herrschende Meinung kann sich wandeln, z.B. zur Beweislastverteilung in § 831 BGB. Und der Verkehr kann neue Sitten hervorbringen, z. B. im Handelsrecht in Form von sog. Trade-Terms als von Zeit zu Zeit aktualisierte Verschriftlichung von Handelsbräuchen (§ 346 HGB). All dem muss man dann nachgehen. Auch die Verhältnisse können sich ändern, aber daraus allein folgt noch keine Änderung der Rechts- und Gesetzeslagen. Helfen kann man sich vor allem durch einen Blick in die Kommentare und Lehrbücher, gegebenenfalls auch in ältere Auflagen und in die empi-

52

53

---

8 *Canaris*, Die Vertrauenshaftung im deutschen Privatrecht, München 1971.

rischen Hilfswissenschaften, z.B. die Kriminologie, die Rechtstatsachenforschung, die Ökonomie oder die empirische Soziologie, etwa bei den neuen Aufklärungspflichten von Banken im Bereich der Bürgschaften und der Anlageberatung.

54 Jedes Gesetz greift ein in eine bestehende Rechtslage, es ändert, erneuert und beseitigt alte Regelungen. Für das Verständnis der entscheidenden Gründe ist nicht selten von Bedeutung, was man ändern wollte und wie. Solche Fragen sind nicht einfach zu klären wegen des historischen Aufwandes. Wenigstens für das bürgerliche Recht entsteht derzeit dazu ein leicht zugängliches Hilfsmittel, nämlich der „Historisch-kritische Kommentar zum BGB" (2003 ff.).[9]

55 Das mag zwar alles „altes Zeug" sein. Aber für viele schwierig gewesene und besonders für grundsätzliche Fragen finden sich hier leicht die wesentlichen Antworten, z.B. für das Verständnis der bis zum BGB nicht durchgesetzten unmittelbaren Wirkung der abstrakten Stellvertretung (§ 164 BGB), für die Nichtrechtsfähigkeit der BGB-Gesellschaft (§ 705 BGB), die der BGH heute dennoch als rechtsfähige juristische Person ansieht, oder das *numerus clausus*-Problem bei der Sicherungsübereignung.

VIII. Obacht mit dem Telos

56 Telos bedeutet **Zweck** und der ist heute bei der Auslegung in aller Munde. Argumentiert wird hier mit dem Zweck einer Regelung. Die Behauptung eines Zwecks ist einfach und gerade deshalb so beliebt. Solche Zwecke werden dann zur Korrektur des Wortlautes eingesetzt. Zum Beispiel ist anerkannt, dass ein Minderjähriger nach dem „Zweck" von § 107 BGB auch sog. „rechtlich neutrale Geschäfte" durchführen darf. Nach dem Wortlaut darf er ohne Einwilligung der Eltern aber nur solche Geschäfte abschließen, die „lediglich einen rechtlichen Vorteil" bieten, z.B. Schenkungen annehmen. Veräußert er z.B. eine fremde Sache an einen Gutgläubigen (§ 932 BGB), so verliert er kein Eigentum, weil er keines hatte, und wird auch nicht mit Ersatzansprüchen belastet (§ 828 Abs. 2 BGB). Er erleidet also keinerlei Nachteile. Da der Minderjährige nur vor Nachteilen geschützt werden soll (Zweck), kann auf die Einwilligung der Eltern verzichtet werden. Der Zweck überlagert den Wortlaut.

57 Wenn es sich um einen gesetzlich vorgegebenen Zweck handelt, bleibt die Auslegung im Rahmen der Gesetzesbindung. Sehr leicht lassen sich aber auch Zwecke behaupten, die keineswegs so klar der gesetzlichen Regelung oder dem anerkannten geltenden Recht zu entnehmen sind. In diesen Fällen kann man mit einem angeblichen „**Geist des Gesetzes**" gegen seinen Buchstaben argumentieren und so die Gesetzesbindung relativieren. Selbstverständlich ist es schwierig, zwischen legalen und nicht legalen Zwecken zu unterscheiden. Jedenfalls sind Zwecke, die nicht mit den anderen Auslegungselementen belegt werden können, keine legalen Zwecke, denn sie werden nicht aus der gesetzlichen Regelung abgeleitet. Wenn diese Zwecke und Geister die Bühne der Auslegung betreten, ist die Fortbildung des Rechts schon inszeniert.

58 Man muss also bei der teleologischen Auslegung zwei Zwecke unterscheiden, interne und externe. **Interne Zwecke**, d.h. legale Zwecke, ergeben sich aus Wortlaut, System und Geschichte und wahren die Gesetzesbindung, **externe Zwecke**, d.h. nicht legale Zwecke, werden dem Gesetz unter vielfältigen Stichworten wie Sachgerechtigkeit, Effektivität, Praktikabilität, Natur der Sache, Bedürfnisse des Rechtsverkehrs, objektives Telos, rechtsethisches Prinzip usw. angedichtet.

---

9 Hg. v. Schmoeckel/Rückert/Zimmermann, Tübingen 2003 ff.

IX. Trenne Auslegung und Rechtsfortbildung und Abwägung

Der Unterschied von Auslegung und Rechtsfortbildung wurde schon mehrfach ange- 59
sprochen. Es handelt sich um einen klaren normativen Unterschied, nicht um einen empirischen. Trotzdem lässt sich die Grenze im Einzelfall nicht immer scharf ziehen. Häufig
verweist man daher auf den Wortlaut als Grenze der Auslegung oder auf den (internen)
Gesetzeszweck oder man unterscheidet zwischen „Begriffskern und Begriffshof"
(Heck).[10] Das ist hilfreich, aber nicht immer erfolgreich.

Faktisch ist der Unterschied immer graduell, also mehr auslegend/weniger fortbildend 60
oder umgekehrt. Gerade deshalb muss man sich der normativen Konsequenzen des Un-
terschieds bewusst sein, dann wird auch das Unterscheiden leichter. Für **Auslegung** gilt
die fesselnde Bindung an das Gesetz. Für **Rechtsfortbildung** gilt diese strenge Bindung
nicht, dafür eine andere, weniger scharfe. Wenn die Auslegung eine ungeregelte Rege-
lungslücke ergibt, genügen Anhaltspunkte in Gesetz und Recht (unten X.). Als Regel folgt
also: Trenne Auslegung von Fortbildung und sei vorsichtig mit der Fortbildung. Sie führt
immer über das geltende Recht hinaus – die Frage ist wohin? Das ist letztlich eine
(rechts-)politische Frage.

Ein prägnanter Fall war der Stromdiebstahl 1899 im Strafrecht. Hier ging es darum, ob 61
Strom eine „bewegliche Sache" (§ 242 StGB) ist oder nicht. Weil im Strafrecht (rechts-
fortbildende) Analogien zulasten des Täters verboten waren und sind (§ 1 StGB von
1871) hat das Reichsgericht den Begriff der beweglichen Sache eng ausgelegt und Strom
nicht darunter begriffen. Der Gesetzgeber musste einen neuen Straftatbestand schaffen,
heute § 248 c StGB. Aus dem Verbot der Rechtsfortbildung im Strafrecht folgte eine enge
Auslegung.

Das Strombeispiel zeigt darüber hinaus, dass Methodenregeln abhängen können vom 62
Rechtsbereich und von der Struktur der Rechtssätze. Im Strafrecht sind die Methoden
strenger als im Zivilrecht. Im Staatsorganisationsrecht sind die Tatbestände meist schärfer als im allgemeiner sprechenden Grundrechtskatalog. Das verändert auch die Grenzen
von Auslegung und Rechtsfortbildung. Je strenger die Methodenregeln, desto enger der
Auslegungsraum.

Wieder anders verhält es sich beim **Abwägen**. Wird alles praktische Entscheiden als Ab- 63
wägen begriffen, so gibt es diese Grenze nicht. Abwägungsgüter wie Meinungsfreiheit,
Eigentumsfreiheit usw. werden optimiert, nicht ausgelegt. Bei Auslegung und Rechtsfortbildung kann man mit dem Bild der Gesetzeslücke den Raum der Rechtsfortbildung
umreißen. Dieses Bild versagt bei der Abwägung. Man geht dabei nicht von Gesetzesre-
geln und ungeregelten Lücken aus, sondern hält allgemeine Werte und Güter für gegeben,
z.B. in den Grundrechten. Sie müssen nur im Angesicht des Falls gewichtet, also in ein
Abwägungsverhältnis gebracht, werden. Bei der Abwägung fehlt nie etwas, alles ist immer schon da (unten XI.).

X. Bilde Recht nur rechtsstaatlich fort

Jede Rechtsfortbildung setzt an bei einer sog. Lücke im Gesetz oder Recht, also dem 64
Fehlen einer Regelung. Lücke ist hier aber nicht gleich Lücke. Wenn der Gesetzgeber
einen Fall nicht bedacht hat und diese unbewusste Lücke später entdeckt wird, ist
Rechtsfortbildung zulässig. Hat der Gesetzgeber die vermeintliche Lücke hingegen be-

---

10 *Heck*, Begriffsbildung und Interessenjurisprudenz, Tübingen 1932, S. 52 u. 60.

wusst gesetzt, also durch Nichtregelung eine Regelung bezweckt, ist Rechtsfortbildung nicht erlaubt. Z.B. hatte das BGB einzelne Fälle der *culpa in contrahendo* geregelt (§§ 122, 179 BGB u.a.), aber bewusst keine allgemeine Vertrauenshaftung zugelassen. Wiederum wird also normativ unterschieden, welche Lücken gefüllt werden dürfen und welche nicht.

65   Auch Rechtsfortbildung soll sich rechtsstaatlich am gegebenen Recht orientieren. Da sie keine unmittelbaren Anhaltspunkte im Gesetz findet, sondern von Lücken ausgeht, muss sie auf allgemeinere Mittel ausweichen. Dazu gehören immer schon die **Analogie** (lat. *argumentum a simile,* scholastisch *a simili*), das Argument aus dem Gegensatz (*argumentum e contrario*), der Schluss aus dem Kleineren oder aus dem Größeren (*argumentum a minore* und *a maiore*) und der Schluss aus allgemeinen Prinzipien (*argumentum e principio*). In jedem dieser Argumente wird verglichen und zwar eine gesetzliche Fallentscheidung mit einer ungeregelten noch ausstehenden, um eventuell die gleiche Rechtsfolge anzuwenden. Selbstverständlich müssen dabei Sachverhalte (faktisch) *und* Wertungen (normativ) verglichen werden. Bei dieser vergleichenden Technik muss aber immer ein allgemeinerer Bezugspunkt (***tertium comparationis***) gebildet werden, in der Regel ein Prinzip, der zum Maßstab für den ungeregelten Fall erhoben wird. Sonst bleibt die Fortbildung intransparent und die Begründung letztlich willkürlich.

66   An dem Beispiel zum Stromdiebstahl (oben IX.) wird auch dies klarer. Um 1900 zapfte ein Monteur eine Stromleitung an, um sich kostenlos Beleuchtung zu verschaffen. War das Diebstahl, also die Wegnahme einer fremden, beweglichen Sache, wie es in § 242 StGB mit Strafe bedroht war und ist? Natürlich nicht, Strom ist keine bewegliche Sache. Aber wäre eine Analogie denkbar? § 242 schützt das Eigentum oder allgemeiner formuliert eine bestehende Güterzuordnung. Zwar ist Strom keine bewegliche Sache, aber sehr wohl ein zugeordnetes Gut, ähnlich einer beweglichen Sache. Also ist eine Analogie denkbar. Freilich verbietet das Strafrecht aus guten Gründen solche Analogien zulasten der Täter (Art. 103 Abs. 2 GG, § 1 StGB). Zivilrechtlich wäre sie für Schadensersatz nach § 823 Abs. 1 BGB denkbar.

67   Das Prinzip dieses Gedankenexperiments gilt generell: zunächst für die Einzel- bzw. Gesetzesanalogie; dann für die Rechtsanalogie, d.h. die Analogie zu dem Gemeinsamen mehrerer Regeln wie z.B. bei Zulassung der allgemeinen Unterlassungsklage mit Blick auf die §§ 12, 862, 1004 BGB; schließlich auch für die übrigen Methoden der Rechtsfortbildung. Immer werden neue Fälle und positivrechtliche Lösungen miteinander verglichen, ein allgemeiner Bezugspunkt gebildet und auf Gleichbehandlung (*a simile*) oder Ungleichbehandlung (*a non simile vel e contrario*) geschlossen.

XI. Manchmal muss man abwägen

68   Ein ganz anderes Feld als Auslegen und Fortbilden betritt man mit dem **Abwägen**. Dies ist eine immer beliebtere Vorgehensweise bei der Anwendung von Recht. Drei Fragen helfen hier: Wann muss man abwägen? Was muss man abwägen? Wie muss man abwägen?

69   Nehmen wir ein Paradebeispiel für gebotene Abwägung. Abwägen muss man jedenfalls, wenn der Gesetzgeber dies ausdrücklich vorgibt, wie im Planungsrecht des § 1 Abs. 7 BauGB. Abzuwägen sind hier „öffentliche und private Belange" und zwar „gerecht". Die Fragen, wann, was und wie abgewogen werden soll, lassen sich hier einfach beantworten. Es sieht aber einfacher aus, als es tatsächlich ist, denn was wäre „gerecht"? Das steht jedenfalls nicht vorher fest, sondern wird erst in der Entscheidung entschieden. Im Pla-

nungsrecht hat das den politischen Sinn, die konkrete Planungskompetenz vor Ort zu stärken und eine gewisse Zukunftsoffenheit zu wahren.

Anders ist die Abwägungslage im **Grundrechtsbereich,** wo Abwägung sich ebenfalls als Methode etabliert hat. Hier wägt man ab, weil behauptet wird, dass die hier auftretenden Güterkollisionen nur abwägend bewältigt werden könnten. Auslegung und Rechtsfortbildung sollen hier nicht weiterhelfen. In der Tat stehen im Grundrechtskatalog keine Kollisionsregeln. Aber wie wägt man Grundrechts-Güter ab? Wie wägt man z.B. die Meinungsfreiheit des Einen gegen die Eigentumsfreiheit des Anderen ab, wie im epochemachenden Lüth-Urteil von 1958. Damals wollte der Hamburger Senatsdirektor Erich Lüth durch einen Boykottaufruf (Meinungsfreiheit) die Aufführung eines Kinofilms (Eigentumsfreiheit) verhindern. Das wäre eigentlich ein Problem des Zivilrechts, nämlich der Rechtswidrigkeit im Rahmen des § 823 Abs. 1 BGB gewesen. Gelöst hat es das Bundesverfassungsgericht nach grundrechtlichen Maßstäben, die es ins Zivilrecht getragen hat (Drittwirkung). Die Meinungsfreiheit war dem Gericht wichtiger. 70

Aber wie wägt man hier „gerecht" ab? Die Formeln dafür lauten etwa so: Wäge vernünftig ab. Wäge klug ab. Oder wäge gerecht ab. Oder angemessen, verhältnismäßig, zweckmäßig, prinzipiengerecht, optimierend, praktisch konkordant usw. Jede dieser Formeln passt. Keine gibt eine Regel. Man muss von Fall zu Fall das Gewicht der Meinungsfreiheit im Verhältnis zum Gewicht der Eigentumsfreiheit bestimmen. Das entfernt sich weit von jeder Rechts- und Gesetzesbindung. In der Praxis behilft man sich daher mit inhaltlichen Leitlinien. Sie werden in der Rechtsprechung von Fall zu Fall erarbeitet und gesetzt und in der Literatur präzisiert. Auf diese Weise entsteht wieder eine gewisse Bindung an vorhandene Regeln. Fallgruppen, die Abwägungen Regeln geben, hat die Rechtsprechung entwickelt z.B. im Familienrecht mit den sog. Düsseldorfer Tabellen zum angemessenen Unterhalt, im Schadensrecht mit den Schmerzensgeldtabellen für „billige Entschädigung" (§ 253 Abs. 2 BGB) oder auch im Deliktsrecht mit der alphabetischen Fallsortierung von Verkehrssicherungspflichten in den Kommentaren, die die Rechtsprechung verarbeiten. Auf diese Weise hat freilich die Rechtsprechung statt des Gesetzgebers die Regelbildung übernommen. Deswegen spricht man für unsere Zeit von einem Zeitalter des Richterrechts. 71

XII. Vergiss nicht die Gerechtigkeit

Die Gerechtigkeit gibt es leider nicht. Mit Gerecht-Sein meint man Gleichbehandlung oder das *suum cuique,* Jedem das Seine. Aber was ist gleich? Und was steht Jedem zu? Das bleibt immer relativ, da es von Zeit zu Zeit, von Tag zu Tag, von Fall zu Fall unterschiedlich gesehen werden kann und deshalb auch missbraucht wurde. Es hängt ab von den Wertvorstellungen der Menschen. Man denke nur an das Problem der Ungleichberechtigung in der Antike (Sklaven), im Mittelalter (Leibeigene), in der Moderne (Frauen) und heute (Arme global). Nur mit noch so ehrenwerten Stichworten wie „gleich", „billig", „angemessen", „richtig", „taktvoll", „maßvoll" lässt sich das Problem Gerechtigkeit nicht lösen. 72

Wir müssen Gerechtigkeit, wenn es um Methodenregeln geht, mit einem konkreteren Maßstab fassen. Die Gerechtigkeitsfrage stellt sich, wenn in einem bestimmten Fall Gesetze und Methodenregeln keine zufriedenstellende Lösung ergeben – aber wann indiziert Unzufriedenheit eine Ungerechtigkeit? Auch das lässt sich nicht in eine gehaltvolle Regel fassen. Daher kann man nur die **Verfahrensregel** bilden: „Vergiss nicht die Gerechtigkeit". Sie steht am Ende der Überlegungen oder begleitet sie als „Richtigkeitskontrolle" 73

(Esser),[11] bei der die Maßstäbe offen und mit Bedacht bestimmt werden müssen. Denn schon das positive Recht selbst nimmt Gerechtigkeit für sich in Anspruch – im Rechtsstaat gewiss nicht mit Unrecht. Dieser Gerechtigkeitsanspruch muss erst begründet widerlegt werden. Das ist der Vorrang des positiven Rechts.

74   Ein lehrreicher Gerechtigkeits-Fall sind die Mauerschützenprozesse. Hier gilt ganz klar das grundgesetzliche Rückwirkungsverbot (Art. 103 Abs. 2 GG). In der ehemaligen DDR aber gab es für die Tötungen an der Mauer keine klare Strafregel, de facto wurden die Schützen sogar belobigt. Viele meinten, dass wenigstens die krassen Tötungen, z.B. die Erschießung eines wehrlos und verletzt am Boden liegenden Flüchtlings, nicht ungesühnt bleiben sollten. Dogmatisch und gesetzestreu war dieses Sühnebedürfnis alles andere als einfach zu begründen. Ein Weg bestand darin, Strafbarkeit schon nach DDR-Recht zu bejahen oder den Rechtfertigungsgrund der Fluchtverhinderung zu verneinen. Ein anderer Weg führte über das Völkerrecht und die Garantie der Ausreisefreiheit im „Internationalen Pakt über bürgerliche und politische Rechte" von 1966, den die DDR zwar ratifiziert, nicht aber in innerstaatliches Recht umgesetzt hatte. Ein letzter setzte die Rückwirkung ausnahmsweise aus, da das Rückwirkungsverbot hier zur Selbstentlastung des Täterregimes geführt hätte. Selbstentlastung heißt hier: Wir machen ein ‚Gesetz' und bringen die ‚Republikflüchtlinge' um. Methodisch aber bleiben alle Wege heikel. Gerechtigkeit ist methodisch nie billig zu haben.

75   Unsere 12 Methodenregeln für den Ernstfall sollen helfen beim praktischen Entscheiden von Fällen, bei der Auslegung und Abwägung und Fortbildung von Recht. Sie lösen sicher nicht jeden Fall, aber sie helfen bei jeder Falllösung. Wie viel sie helfen, fällt von Fall zu Fall verschieden aus. Das liegt in der „Natur der Sache". Ihre Verantwortung können den Juristinnen und Juristen keine Methodenregeln abnehmen. Aber bitte kein Zynismus. Das hilft keinem weiter. Lieber etwas mehr Scherz im Ernst oder umgekehrt.

---

11 *Esser*, Vorverständnis und Methodenwahl in der Rechtsfindung. Rationalitätsgrundlagen richterlicher Entscheidungspraxis, 2. Aufl. Frankfurt am Main 1972, insb. S. 142 ff., 145.

Rückert/Seinecke

III. Sechzehn Exempel und drei Berichte

Methode und Zivilrecht beim Klassiker Savigny (1779–1861)

von Joachim Rückert

Übersicht

I.	Vom Umgang mit Klassikerstücken	35
II.	Das Leben im Werk und das Werk im Leben	39
III.	Methode und Zivilrecht in Savignys Rechtsverständnis	41
IV.	Das Methoden-Original: Savignys Kapitel 4 über „Auslegung der Gesetze"	52
V.	Das Beispiel Culpa-Lehre / Verschuldensdogmatik	66
VI.	Was bleibt? – zehn Erinnerungen	67
VII.	Ausblick	69
VIII.	Quellen und Literatur	71

I. Vom Umgang mit Klassikerstücken

Cui bono – wozu der alte Savigny? Wem zu Nutzen? Wer sich für „Methode und Zivilrecht" interessiert, kommt an ihm nicht vorbei. Zwei seiner Texte zur „Auslegung einzelner Gesetze" aus dem ersten Band seines achtbändigen Werks *System des heutigen römischen Rechts*[1] begegnen wieder und wieder. Es sind die beliebtesten Traditionszitate zum Thema: die Formel von der „Reconstruction des dem Gesetze inwohnenden Gedankens" und die sog. Auslegungs-*canones*, also die vier Absätze über die vier Auslegungs-„Elemente". Die Texte lauten:

> „Das ist das Geschäft der Auslegung, die wir daher bestimmen können als die Reconstruction des dem Gesetze inwohnenden Gedankens. [...]

> So müssen wir in ihr [sc. der Auslegung] Vier Elemente unterscheiden: ein grammatisches, logisches, historisches und systematisches.

> Das *grammatische* Element der Auslegung hat zum Gegenstand das Wort, welches den Übergang aus dem Denken des Gesetzgebers in unser Denken vermittelt. Es besteht daher in der Darlegung der von dem Gesetzgeber angewendeten Sprachgesetze.

> Das *logische* Element geht auf die Gliederung des Gedankens, also auf das logische Verhältnis, in welchem die einzelnen Teile desselben zu einander stehen.

> Das *historische* Element hat zum Gegenstand den zur Zeit des gegebenen Gesetzes für das vorliegende Rechtsverhältnis durch Rechtsregeln bestimmten Zustand. In diesen Zustand sollte das Gesetz auf bestimmte Weise eingreifen, und diese Art des Eingreifens, das, was dem Recht durch dieses Gesetz neu eingefügt worden ist, soll jenes Element zur Anschauung bringen.

> Das *systematische* Element endlich bezieht sich auf den inneren Zusammenhang, welcher alle Rechtsinstitute und Rechtsregeln zu einer großen Einheit verknüpft (§ 5). Dieser Zu-

76

---

[1] *F.C. v. Savigny*, System des heutigen römischen Rechts, Bd. 1–8, Berlin 1840–1849, hier Bd. 1 §§ 32–51, S. 206–330. Originaltitel sind i.f. kursiv gestellt.

sammenhang, so gut als der historische, hat dem Gesetzgeber gleichfalls vorgeschwebt, und wir werden also seinen Gedanken nur dann vollständig erkennen, wenn wir uns klar machen, in welchem Verhältnis dieses Gesetz zu dem ganzen Rechtsystem steht, und wie es in das System wirksam eingreifen soll." (*System* I 213 f.)[2]

77　Die Zitate nennen meist nur die Stichworte und die oft falsch, wenn z.B. das logisch fehlt oder teleologisch dazukommt. Wie geht man damit um? Sind das bloße Pflichtübungen? Ja und nein – ja, wenn man sie nur als Trockenblumen im Methoden-Herbarium betrachtet; nein, wenn man ihre **Lebendigkeit** versteht. Wer nicht schon Kenner ist, muss sich also ein bisschen kundig machen. Man sieht dann, zu welch dürrer Botschaft die Originale geronnen sind, versteht aber auch die Hartnäckigkeit, mit der sie wiederholt werden. Zum Erinnern gehört aufschließende Neugier; die Frage „Methode und Zivilrecht" rückt die Formeln von 1840 in frische Perspektiven. Das trägt dann vierfachen Gewinn: Man lernt etwas über die Grundlegung der noch andauernden ›modernen‹ Epoche von Jurisprudenz und Recht, die ›frei *und* sozial‹ sein will, man lernt produktiven Umgang mit einem Klassiker dieser Epoche, der Lektüre verdient, und man lernt selbstständigen Umgang mit Renommierzitaten und mit den aktuellen Predigten über „Methode und Zivilrecht".

78　Mit „Reconstruction" und „canones" wird an genau zwei von einhundertvierundzwanzig reichhaltigen Seiten über „Auslegung der Gesetze" (*System* I 206 – 330) erinnert. Die Selektivität dieser Botschaft wahrzunehmen, ist die erste Aufgabe. Das ist zunächst eine **quantitative Frage**.

79　Die Antwort lässt sich schnell geben. Erinnert wird nicht nur an bloß zwei von 124 Seiten, sondern an nur zwei Seiten aus nur einem aus einer ganzen Reihe von einschlägigen Texten Savignys. Davon ist in den Traditionszitaten fast nie die Rede. In der Tat wäre es zu viel verlangt, dies alles präsent zu halten. Man darf, wie überall, vertrauensvoll den Kennern das meiste überlassen. Nur sollte man in etwa wissen, was man ihnen überlässt; sonst vertraut man blind und kennt nur lose Fragmente. Ein **Quellenüberblick** zeigt vier Text-Zusammenhänge:

(1) Savignys sog. *Juristische Methodenlehre*. 1951 erst gab sie *G. Wesenberg* zur allgemeinen Sensation heraus.[3] Fast 150 Jahre hatte der Text in einem Schrank gelegen; Jacob Grimm, später als Germanist berühmt, hatte ihn 1802/03 als Student in Savignys Marburger Vorlesung „Anleitung zu einem eigenen Studium der Jurisprudenz"[4] mitgeschrieben. 1951 wurde seine Mitschrift als „Methodenlehre" publiziert und seitdem viel beachtet.

(2) Inzwischen kennt man Savignys eigene Notizen zu dieser Vorlesung, man weiß von einer zweiten Ausarbeitung von 1809 und hat diese beiden von Savigny sogenannten *Methodologien* zusammen mit einigen Nachfolgetexten aus den späteren *Einleitungen* zu seiner *Pandektenvorlesung* zwischen 1810 und 1841/42 ebenfalls zugänglich gemacht.[5] Damit kommen ganz neue Fundamente ins Spiel – übrigens in eigens für Studenten verfassten Texten, eine seltene Lektürechance.

2　Zitate aus Savignys „System" (s. Fn. 1) i. f. so im Text.

3　*F. K. v. Savigny*, Juristische Methodenlehre. Nach der Ausarbeitung des Jakob Grimm hg. von *G. Wesenberg*, Stuttgart 1951. Die Schreibweise K(arl) für C(arl), war lange üblich, entspricht aber nicht den Originalen Savignys.

4　Unter diesem Titel war die Vorlesung offiziell angekündigt, siehe bei *Mazzacane* 1993 (wie Fn. 5) 14.

5　*F. C. v. Savigny*, Vorlesungen über juristische Methodologie 1802–1842, hg. u. eingeleitet von *A. Mazzacane* (= Savignyana (s. Fn. 10) Bd. 2), 1993.

(3) Immer schon gehören zum Thema einige markante Passagen in Savignys berühmter Streitschrift gegen den *Beruf unsrer Zeit für Gesetzgebung und Rechtswissenschaft* von 1814,[6] konkret gegen Thibauts populären Aufruf für die *Notwendigkeit eines allgemeinen bürgerlichen Rechts für Deutschland*; ergänzend gehört dazu Savignys geschliffene Polemik gegen N. Th. Gönners bayerisch-französische Gesetzgebungs-ideologie in der *Gönner-Rezension* 1815[7] und die breite Abrechnung in seiner Sammelrezension von 1816 zu den *Stimmen für und wider neue Gesetzbücher*.[8]

(4) Wiederum ganz neue, zusätzliche Fundamente bieten inzwischen der Originaltext von Savignys vollständiger *Pandektenvorlesung*[9] und die zahlreich überlieferten Vorlesungsnachschriften dazu.[10] Diese Vorlesungen sind von Gewicht, weil in ihnen das geltende Privatrecht und „Allgemeine Lehren" wie „Begriff und Umfang des Civilrechts" und „Quellen des Rechts" in Anknüpfung an das im Mittelalter rezipierte spätrömische Corpus Iuris Civilis vom Jahre 533 vorgetragen wurden.

Der Überblick zeigt, dass ein neuer Blick in die Texte schon deswegen interessiert, weil unsere Materialbasis viel besser geworden ist. Dieses Material ist gezielt und selbstständig zu verarbeiten.

Man steht dann aber nicht nur vor erheblichen Quantitäten, sondern auch vor **qualitativen Rätseln**. Wie hat man Savignys Sprache zu verstehen? „Reconstruction" von „Gedanken" und „dem Gesetz inwohnen" und „Elemente" und „innerer Zusammenhang" – was für eine Sprache sprechen diese Worte, zumal unter Juristen? Sind diese unjuristischen Worte nur unerhebliche Zutaten eines etwas romantisierenden oder idealistischen Zeitgeschmacks um und nach 1800? Oder liegt ihre Kraft gerade in den weitergehenden Bezügen, die sie einbringen? Der Gesetzestext erscheint als wiederzuerschaffender „Gedanke"; die heute sog. Auslegungsmethoden, also grammatische, logische, historische und systematische, erscheinen als bloße „Elemente", d. h. als Einzelschritte, „die vereinigt wirken müssen, wenn die Auslegung gelingen soll" (*System* I 215). Heute würde kaum jemand nur den Gesetzesgedanken rekonstruieren oder wiedererschaffen wollen – wir fühlen uns zwar gebunden, aber doch freier gegenüber dem Gesetz; andererseits beklagt man beim Lobpreis der vier Methoden die Hierarchielosigkeit ihrer Verbindung bei Savigny – da scheinen wir Savigny zu frei zu finden. Werden Savignys Sätze

80

---

6 Zuerst Heidelberg 1814, dann 2. A. 1828, unverändert mit neuer Vorrede, 3. A. 1840; Neudruck hg. von *J. Stern*, Thibaut und Savigny, 1914, Nachdruck dazu Darmstadt 1959; veränderte Neuausgabe durch *H. Hattenhauer* 1973; man zitiert auch die Neudrucke einheitlich nach den in allen Ausgaben mitgelieferten Originalseitenzahlen von 1814.

7 Das ist eine gründliche Replik auf *N.Th.Gönner*, Über Gesetzgebung und Rechtswissenschaft in unserer Zeit, 1815 (die scharfe Kritik seines ehemaligen Landshuter Kollegen), zuerst in Savignys neuer „Zs. für geschichtl. Rechtswissenschaft", I 3 (1815) 373–423; erneut in *Savigny*, Vermischte Schriften, V 115–172.

8 Zuerst in: Zs. für gesch. Rechtswissenschaft III 1 (1816) 1–52, erneut bei *Stern* 1914 usw. (wie Fn. 6). Über den berühmten Streit berichtet fast jedes Lehrbuch zur Rechts- oder Privatrechtsgeschichte. Daß die Reduktion auf nur zwei Positionen sehr irreführt, ist gezeigt bei *Rückert*, Savigny (s. Fn. 9), 160–193.

9 Das sind ca. 2000 S. im Nachlass in der UB Marburg; eine Mitschrift von 1824/25 dazu ist ediert von *Hammen* 1992 (s. Fn. 10); eine Quellenübersicht bei *J. Rückert*, Idealismus, Jurisprudenz und Politik bei Friedrich Carl von Savigny (Münchener Univ. schriften 58), Ebelsbach 1984, 135–144.

10 Erster Überblick in meiner Arbeit (wie Fn. 9) 63 f.; folgende Editionen erschienen in der Reihe „Savignyana. Texte und Studien", hg. von *J. Rückert* (= Ius Commune Sonderhefte), Frankfurt 1992ff., Bd. 1: Pandektenvorlesung 1824/25 (mit Einführung zur Gesamtedition), hg. von *H. Hammen*, 1992; Bd. 2: Vorlesungen über juristische Methodologie 1802–1842, hg. u. eingel. von *A. Mazzacane*, 1993, 2. erweiterte Aufl. 2004; Bd. 3: Landrechtsvorlesung 1824, hg. u. eingel. von *Chr. Wollschläger*, 1.Hbbd. 1994, 2. Hbbd. 1997; Bd. 5: Politik und neuere Legislationen. Materialien zum „Geist der Gesetzgebung". Aus dem Nachlass hg. von H. Akamatsu u. J. Rückert, 2000; Bd. 8: Pandekten. Obligationenrecht. Allgemeiner Teil. Nach Savignys Vorlesungsmanuskripten hg. von M. Avenarius, 2008; Bd. 11: Savigny-Porträts, von J. Rückert, B. Ritzke u. L. Foljanty.

also ohnehin nur zum Abschied zitiert und nicht mehr im Ernst? Oder sind sie anders gemeint und zitiert? Warum unterscheidet er Rechts-Gedanke und Gesetz? Warum betont er das „Inwohnen" des Gedankens im Gesetz, genügt nicht das Gesetzeswort? Warum ist ihm die Hierarchie nicht so wichtig? Warum fehlt das heute so betonte teleologische Element? Warum geht es bei „historisch" nicht einfach um die Genese der Gesetzesworte, sondern um den früheren „Zustand" des „Rechtsverhältnisses"? Warum geht es bei „systematisch" nicht einfach um den Zusammenhang, sondern um den „inneren Zusammenhang" und eine „große Einheit"?

81   Dies zu klären, liefe darauf hinaus, die ganze Breite der Savignyschen Methodentexte und -kontexte vorzuführen. Die Formation der methodischen und inhaltlichen Orientierungen unserer eigenen Epoche seit der Wende von 1789 und um 1800 würde zum Thema. Denn Savignys Gesetz ist nicht unser Gesetz, seine Gesetzes-Auslegung also nicht unsere Auslegung. Seine „Reconstruction" ist nicht unsere historische Auslegung. Die Teleologie fehlt nicht zufällig. Das merkwürdige „Inwohnen" ist nicht nur zeitbedingte und verzichtbare organologische Anspielung auf eine Art Keim in der Gesetzespflanze oder Seele im Gesetzeskörper, sondern ein deutliches Indiz für eine andere Sicht von Recht. Recht wird nicht vorgestellt als gesetzt, sondern als gewachsen, ganz „von-selbst" – mit einem anderen merkwürdigen Savigny-Wort. Aber wer, so legt das Bild nahe, hat dann das Gesetz in die Welt gebracht, erzogen und ernährt? Offenbar nicht primär der Gesetzgeber – wer aber dann? Mit welcher Legitimation für die Geltung für andere? Soll das eine diskutable Vorstellung von Recht sein? Nach welchen Kriterien wäre dies zu entscheiden – bestimmt dies das Recht selbst, wie bei Münchhausen? Oder die geschichtliche Erfahrung? Oder die politische Entscheidung? Oder die Philosophie des Rechts? Oder alles zugleich? Meint Savigny überhaupt alles Recht oder eigentlich nur Zivilrecht?

82   Man könnte auf die große Erklärungsreise dazu als Luxus verzichten und sich mit den paar Stichworten aus den Überblicken und Lehrbüchern zur Methoden- und Rechtsgeschichte beruhigen. Das genügt meist, hier aber nicht. Denn die Bücher und Überblicke vermitteln dazu eine gar nicht begründete Wissensgewissheit und Linienführung; naturgemäß interessieren hier die Fragezeichen der Forschung immer recht wenig.[11] Für eine ruhige Phase der Zusammenfassung länger diskutierter wissenschaftlicher Ergebnisse mag das genügen; für die seit 1945 mit Recht sehr gebrochene Tradition auch der Rechtsgeschichte kann das nicht genügen. Rund vierzig Jahre Forschung haben viel in Bewegung gebracht, das sich noch kaum in Überblicken verarbeitet findet – doch genug vom Besseren und Wünschenswerten, das Bewusstsein davon hilft schon viel; mehr vom Wirklichen, wirklich Möglichen und wirklich Nötigen für einen selbstständigen Zugang zu Savigny, Methode und Zivilrecht.

83   Schon ein ernsthafter **Blick in das Original** von 1840 ermöglicht den eingangs erwähnten vierfachen Lerngewinn. Zitate von 1840 kann man freilich nicht würdigen ohne etwas Kontext – das gilt auch für Texte von heute, nur meint man da den Kontext ohnehin zu kennen. Heute wie gestern muss man sie mit Werk, Person und Wirkung irgendwie zusammenlesen, um den versprochenen Gewinn zu haben.

---

11 Das Problem vermeidet nur K. Kroeschell, Deutsche Rechtsgeschichte, Bd. 3 (seit 1650), Opladen 1989, da er explizit keine Gesamtdarstellung gibt, sondern ausgewählte Themen. Man müsste hier auf die vielen neuen allgemein-historischen Gesamtdarstellungen und Einzeldiskussionen verweisen – was zu weit ginge. Nähere Information und einen Neuentwurf zum 19. Jahrhundert unter der Leitfrage „Autonomie des Rechts im 19. Jahrhundert" findet man in meiner Studie, Autonomie des Rechts in rechtshistorischer Perspektive, Hannover 1988, hier Teil 2, S. 35ff.

Auch dieser Beitrag widmet sich daher erstens Leben, Werk und Wirkung Savignys,[12] **84**
dann dem Methoden-Originaltext, drittens einem Methoden-Beispiel (hier der sog. Culpa-Lehre, der Lehre vom Verschulden) und zuletzt einer Bilanz in zehn Punkten. Sie kann auch als Einstieg und Vorschau für eilige Leser dienen.

Die sehr grundsätzliche und umfängliche Savigny-Forschung und -Edition des letzten **85**
Jahrzehnts wird nur benannt, wenn konkrete Vertiefungen wichtig erscheinen.[13]

II. Das Leben im Werk und das Werk im Leben[14]

Friedrich Carl von Savigny (1779–1861), Professor für Römisches Recht, preußischer **86**
Staatsrat, Richter am Berliner Kassationsgerichtshof und Minister für Gesetzrevision, verdient bis heute einen großen Namen wegen der Fruchtbarkeit, Spannweite und Tiefe seiner Lebens- und Werkgestaltung und unbeschadet der Vergänglichkeit auch seiner Leistungen – letzteres muss man bemerken, da er zu den Säulenheiligen der Jurisprudenz gehört, nicht nur in Deutschland.

1. Lebensumriss: Frankfurt, Marburg, Paris, Landshut, Berlin

Der geborene Frankfurter Savigny studierte Jurisprudenz im kleinen **Marburg** Sommer **87**
1795 bis Frühjahr 1799 und 1796/97 in Göttingen in einem Kreis lebenslang wichtiger Freunde aus Philosophie, Philologie, Theologie, Geschichte u. Dichtung. Diese „gesellige" (mit einer Formel des Philosophen *F. Schlegel*) Lebensform des jungen Adeligen hatte in der Ständegesellschaft seiner Zeit auch Züge einer progressiven Gleichachtung aller Studierenden. Sensationell für ›einen Mann von Geburt‹ wählte Savigny die Wissenschaft als Beruf. Die Hauptstationen waren 1801–03/04 die Professur in **Marburg**; dann – wieder sensationell, weil ohne Bezahlung beurlaubt – große Forschungsreisen, besonders nach **Paris**, für die Materialien zu seiner späteren *Geschichte des römischen Rechts im Mittelalter* (1815ff.); ab 1808/09–1810 im bayerisch-rheinbündischen **Landshut** (später Universität München) die Professur des Römischen Zivilrechts; zuletzt die Position im neuen, deutsch-patriotischen **Berlin**, wohin ihn der Universitätsreformer und Leiter der Sektion für Kultus und Unterricht im Innenministerium, Wilhelm von Humboldt, zog. Dort wirkte Savigny von 1810/11 bis 1841/42 gut 30 Jahre als gefeierter Lehrer und Forscher in Universität und Akademie. Bis 1848 war er zudem eine zentrale Figur in Universitätsämtern, in Regierung (als Staatsrat) und Politik, nicht zuletzt als juristischer Prinzenerzieher 1815/16 und Gesetzgebungsminister 1842–48. Zur häuslichen Todesfeier 1861 erschienen, wie sonst fast nie, König Wilhelm selbst mit sämtlichen Prinzen und die Professoren der Universität im Talar.

Mit diesem Mann verknüpfte man sofort und bis heute geistes- und politikgeschichtliche **88**
Stichworte zu **Glanzstücken** und **Grundpositionen** wie „geschichtliche Rechtswissen-

---

12 Die Wirkung ist aufgearbeitet bei *Rückert*, Savignys Einfluß auf die Jurisprudenz in Deutschland nach 1900, in: Rechtsgeschichte in den beiden deutschen Staaten (1988–1990), hg. von H. Mohnhaupt, Ius Commune Sonderheft 18, Frankfurt 1991, S. 34–71, hier 53 f. (Kurzfassung in JuS 1991, 624ff.), jetzt auch in *ders.*, Savigny-Studien, 2011.

13 Die Forschung benennt und würdigt zuletzt *mein* Beitrag: Friedrich Carl von Savigny (1779–1861) – ein Frankfurter in Berlin, in: Festschrift 200 Jahre Juristische Fakultät der Humboldt-Universität zu Berlin..., Berlin 2010, S. 133–177.

14 Der folgende Abschnitt teilweise in Anlehnung an meinen Lexikonartikel in *M. Stolleis* (Hg.), Juristen. Ein biographisches Lexikon, München 1995, 2. Aufl 2001.

schaft",[15] Historische Schule, Historismus, Neuhumanismus, Romantik, Idealismus, Naturrecht, Rechtsmetaphysik, Volksgeistlehre, Gesetzgebungskritik und Reformkonservatismus, aber auch **kritische Schlagworte** wie „Formalismus" (*Welcker* 1829), „Positivismus" (*Gärtner 1840, Marx 1842, Reyscher* 1846) und „Begriffsjurisprudenz" (*Jhering* 1884). Diese großräumigen Assoziationen ergeben viel Bedeutung, aber noch keine verständliche Charakteristik.

89 Unbestreitbar einfach kann man die Vielfalt reduzieren auf den Satz: Savigny war zuerst Jurist. Aber Savigny stellt der Jurisprudenz eine wissenschaftliche und sogar „historische" Aufgabe, er formuliert ihr 1814[16] in berühmten wirkungsreichen Sätzen den „Apparat allgemeiner Ideen" (*Jhering* 1861), der uns, wie gezeigt, so viele Fragen aufwirft. Die Reduktion auf „Jurist" täuscht, sie ist nicht einfach.

2. Werkbezug

90 Diese Lebensdaten und Groß-Stichworte geben einigen Kontext, aber natürlich nicht schon Antworten auf die Fragen zu Methode und Zivilrecht im Werk Savignys. Sie bleiben Wissens-Ballast, wenn man sie nicht mit dem juristischen Werk zusammenbringt. Das zielt nicht auf Kausalitäten und Einflüsse nach dem Schema ›Romantiker, weil Schwager von Clemens Brentano‹, sondern auf Verstehenshilfen – also noch einmal zu den Daten: Savignys Aufgeschlossenheit für diese Freunde aus Dichtung und Philosophie könnte sehr wohl etwas mit seiner teilweise unjuristischen Sprache zu tun haben und deren Verständnis fördern. Das Sensationelle seiner Berufswahl bis hin zu teuren Forschungsreisen auf eigene Kosten könnte bekräftigen, wie sehr ihm gerade an Wissenschaft lag und nicht an den üblichen Ministerial- oder Diplomatie- oder Militärlaufbahnen von Adeligen seines Standes. Die lebenslange Betonung der wissenschaftlichen Jurisprudenz, des Römischen Rechts als Muster und gerade des Zivilrechts als *dem* Recht legt eine Gesetzesskepsis nahe; sie zeigt auch eine gesellschaftlich-politische Richtung gegen Bevormundung. Die Entscheidung gegen Landshut und für Berlin konnte 1809/10 sehr viel bedeuten, vereinfacht antithetisch gesagt z. B.: französisch geprägter Rheinbund versus Preußen-Deutschland; Zentralismus und monarchische Gesetzgebungseuphorie versus Vielfalt und Pflege des autonomen Rechts der Völker; berufspraktische exegetische Juristenausbildung bloß am Gesetzesbefehl und in dessen Dienst versus wissenschaftliche Ausbildung an den wichtigsten Rechtserfahrungen, etwa denen der Römer, im Interesse möglichster Selbstständigkeit. Das juristische Symbol der Revolution war nicht zufällig *La Loi*, das Gesetz, und nicht die *iustitia*. Savignys antikodifikatorische Gesetzesauffassung wurde in der Landshuter „bayerischen Kur" gründlich herausgefordert. Nebenan arbeitete der große Feuerbach am neuen bayerischen Strafgesetzbuch von 1813 und einem Bürgerlichen Gesetzbuch. Offensichtlich enthält Savignys Gesetzesauffassung eine unmittelbare juristische Antwort auf diese Umstände; seine Methoden- und Auslegungslehre hängt wiederum von dieser Antwort ab. Die Tätigkeit als Gesetzgebungsminister nach 1842 könnte ein Prüfstein sein für seine späte Gesetzesauffassung, bald nachdem er die heutigen Traditionszitate formuliert hatte – usw. Die Stichworte der

---

15 So der Titel der Zeitschrift seit 1815 (wie Fn. 7); also nicht etwa Zs. für Rechtsgeschichte. Zur Zeitschriftenwelt damals *J. Rückert*, Geschichtlich, praktisch, deutsch. Die „Zeitschrift für geschichtliche Rechtswissenschaft" (1815–1850), das „Archiv für die civilistische Praxis" (1818–1867) und die „Zeitschrift für deutsches Recht und deutsche Rechtswissenschaft" (1839–1861), in: M. Stolleis (Hg.) Juristische Zeitschriften. Die neuen Medien des 18.-20. Jahrhunderts, 1999, S. 107–257.

16 In „Beruf", dazu oben bei Fn. 6.

Zeitgenossen und Nachfahren führen in heiße Diskussionen hinein, die offensichtlich andauern – in Interpretation und Applikation.

Dies alles zu bedenken, ergäbe eine wirkliche Kontextarbeit, also das Werk im Leben 91 und das Leben im Werk, und den Methoden- und Zivilrechtsbegriff als folgerichtiges Stück davon. Natürlich lässt sich dies hier nicht durchführen. Die Möglichkeit und Fruchtbarkeit der Aufgabe sollte aber vorgestellt werden.

In diesem allen erscheint Savigny als Zeitgenosse. Erst die Richtung, die er in seiner Zeit 92 nimmt, ergibt seine geschichtliche Stellung. Diese eigene Richtung findet man in seinen Zielsetzungen und seiner Werkgestaltung. Wie sehen sie für Methode und Zivilrecht aus?

III. Methode und Zivilrecht in Savignys Rechtsverständnis

Mit einem Bericht zum Werk kommt man hier nicht weit. Das Thema „Methode und 93 Zivilrecht" und die Traditionszitate zur Auslegung betreffen nicht einen Einzelpunkt, sondern Gegenstand *und* Methode, also das ganze Rechtsverständnis. Sie führen hinein in juristische Grundbegriffe und zurück auf geschichtliche und philosophische Fundamente, ohne die keine Jurisprudenz auskommt und keine Methodenlehre und kein Zivilrechtsbegriff.

1. Kurzbeschreibung

Eine sehr kurze Beschreibung der Eckpunkte zum Rechtsverständnis wäre: Sein **Gegen-** 94 **stand** und Fach war das ganze römische und rezipierte Recht der Tradition des heute sog. *Corpus Iuris* vom Jahre 533. Seine **Methode** war die historische. Etwas spezifischer müsste man sagen: Savigny gibt der Jurisprudenz eine **doppelte Orientierung** für Gegenstand und Methode auf. Sie muss zugleich historisch (oder positiv, konkret, faktenbezogen, zufällig) und philosophisch (oder absolut, systematisch, allgemein, notwendig) sein. Diesen Anspruch prägte er seiner Epoche ein in vier wesentlichen, noch heute grundlegenden und nachgedruckten Werken (*Besitz* 1803, *Beruf* 1814, *Geschichte* 1815ff., *System* 1840ff.),[17] als Lehrer und Vorbild mehrerer Juristengenerationen und als führender Wissenschaftspolitiker.

Diese Kurzbeschreibung lässt viel offen. Man kann daraus auch nicht verstehen, dass es 95 um die **Geburtsstunde der juristischen Gegenwart** und den Kampf mehrerer wesentlicher Positionen geht, der noch nicht ausgekämpft ist. Es bleibt undeutlich, ob Savigny in alledem gerade auch Zivilrecht und juristische Methode lehrte und bedachte. Die Wirkungsgeschichte bejaht diese Frage geradezu selbstverständlich. Beides trifft nur sehr bedingt zu.

2. Eigenständige Gesetzesvorstellung

Savignys Gegenstand und Fach war das ganze römische und rezipierte Recht der Tradi- 96 tion des *Corpus Iuris* vom Jahre 533 – also nicht einfach Zivilrecht, geschweige denn „das Zivilrecht". Das umfassende Zivilrecht darin, besonders in den *Pandekten* bzw. *Digesten*, war zwar immer mehr zum Hauptinteresse geworden. Aber auch dieses Stück war eingeflochten in originär antike, prozessuale, ›staatsrechtliche‹ und auch ›privatrechtlich‹-ökonomische Kontexte, die bis 1800 immer mehr Geschichte geworden waren.

---

17 Zum „Beruf" oben bei Fn. 6, zur „Geschichte" oben vor Fn. 15. „Besitz" meint die als methodisch exemplarisch angesehene Monographie „Das Recht des Besitzes", zuerst erschienen 1803, als Savigny 24 Jahre alt war.

Aktionensystem (d.h. die Rechtsbildung von der Klagbefugnis her), *praetor-iudex*-Prozess, später kaiserlicher Beamten-Prozess, Sklaverei und *pater-familias*-Vorrang sind für diese antiken Bedingungen des römischen Rechts einige allergröbste Stichworte. Über diese Einschränkungen herrschte um 1800 allgemein Klarheit. Mit ihnen musste die Frage immer wichtiger werden, was denn die Eigenart der verabschiedeten und nicht verabschiedeten Teile ausmache.

97 Savigny verstand das *Corpus Iuris* und zumal die *Pandekten* **nicht als eigentliches Gesetz** wie traditionell die meisten. Er sah darin nicht originäre, frei schaffende Gesetzgebung, obwohl die Teile des (erst seit 1583 so bezeichneten) *Corpus iuris civilis* als Gesetz des Kaisers Justinian publiziert worden waren, sondern eine wohlbedacht gesammelte Darstellung und Sicherung des vorhandenen Rechtszustands der Römer. Das hatte gute Gründe für sich und änderte viel. Das Römische Recht ist ihm daher „nicht [der] Inhalt der Römischen Gesetze"[18] und keineswegs ein „Haufen verwirrter, willkürlicher Bestimmungen"(so *Thibaut* 1803). Dass äußerlich „dieses alles durch Justinian Gesetz geworden ist, ändert nichts".[19] Das Zentrum von Rechtsbildung liegt für ihn nicht beim Kaiser oder Staat oder Gesetz, weder in Rom noch überhaupt, sondern bei den Rechtsbetroffenen selbst, beim „Volk". Gesetzgebung „entwickelt, schützt, hilft nach", mehr nicht – so sagt er es 1824/25.[20] Auslegung der „Gesetze" bezieht Savigny also von vornherein auf einen ganz anders gedachten Gegenstand „Gesetz", als wir uns Gesetze denken. Für ihn ist

> „jedes Gesetz ... dazu bestimmt, die Natur eines Rechtsverhältnisses festzustellen, also irgend einen Gedanken auszusprechen ..., wodurch das Daseyn jenes Rechtsverhältnisses gegen Irrthum und Willkür gesichert werde"

– so sein betonter erster Satz zu den „Grundregeln der Auslegung" (*System* I 212)[21] und auch die – eingangs zitierte – Anknüpfung beim historischen Element. Die „**Rechtsverhältnisse**" sind also **vor dem Gesetz da**, das Gesetz stellt sie fest und sichert sie; der Gesetzes-Gedanke ist für Savigny nur das Mittel dieser Sicherung; er ist nicht das Mittel einer selbstständigen, neu erdachten, ändernden Rechtsbildung. Die „Rechtsverhältnisse" sind ihm konsequent „Rechtsquelle", nicht bloß Beziehung im Recht (wie im heutigen Sprachgebrauch). Und unter den „Rechtsquellen", so erläutert er eigens in *System* § 4, sind die „Rechtsverhältnisse" die „tiefere Grundlage" des Rechts, nicht die subjektiven Rechte allein und auch nicht die Urteile, die die Rechte nach „Daseyn und Umfang" fixieren. Positiv definiert er dieses bedeutsame „Rechtsverhältnis" nicht präzise. Es ist ein Stück des „Rechtszustands" im „wirklichen Leben" (alles *System* I 7). Aber die negativen Abgrenzungen genügen für die Eigenständigkeit seiner Perspektive.

98 Diese Perspektive wurde sofort und wird bis heute heftig diskutiert. Darauf kommt es jetzt jedoch nicht an, etwa darauf, ob das streng für alle Gesetze oder eher nur für das Zivilrecht gemeint ist, ob bloß feststellend oder auch wertend, ob bloß politisch wertend

---

18 Pandecteneinleitung 1811, bei *Mazzacane* (wie Fn. 10) 175/173 r (in der Originalpaginierung, die in beiden Auflagen auffindbar ist).

19 Pandecteneinleitung 1812, bei *Mazzacane* 184/67 r.

20 So etwa in Pandecten 1824/25, Einleitung (bei *Hammen* 4 und *Mazzacane* 198/80 v, wie Fn. 10), aber auch sonst vielfach, vgl. *Mazzacane* 175/173 r für 1811.

21 Mit Blick auf die Savigny-Forschung und die Frage der Kontinuität in diesem Punkt sei vermerkt, dass diese Formulierung sehr deutlich auch 1809 („Das Gesetz soll irgendein Rechtsverhältnis fixieren") und danach, weniger deutlich aber 1802/03 („Gesetz soll einen Gedanken aussprechen, um ihn objektiv zu machen und zu erhalten") vorkommt, s. bei *Mazzacane* (Fn. 10) 140/39 r, 89/4 v; dann 175 f./173 r u. ö.

oder aus erkannter „innerer" Notwendigkeit, ob überzeugend begründet und wie oder nicht, usw. Entscheidend ist nur, dass Savignys Gesetzesvorstellung eine andere ist. Denn das trifft auch die Auslegungsvorstellung

3. Folgen für die Auslegungsvorstellung

Es trifft die **Auslegungsvorstellung**, da Gegenstands- und Methodenvorstellung in jeder halbwegs durchdachten Konzeption korrespondieren. Das Stichwort „Reconstruction" wird plötzlich doppeldeutig je nach Gesetzesvorstellung. Und diese Differenz hat erhebliche Folgen: Auslegung der „Gesetze" erscheint plötzlich nicht als etwas Besonderes, sondern als nur *ein* Fall der Erfassung von Feststellungen über vorhandene Rechtsverhältnisse. Möglich und nötig wird dann eine „Erklärung *wie* dieses Geschäft (sc. der Auslegung) *im wesentlichen* gleich ist, bei *Gesetzen, Schriften von Juristen* (Pandekten), *Rechtsgeschäften"* – so notiert es Savigny für die Vorlesung 1824/25. Eine **allgemeine Rechtshermeneutik** entsteht. Im *System* führt er 1840 diese Vorstellung prägnant dahin aus, dass in Wahrheit Rechtswissenschaft, Richter und Einzelne gleichermaßen mit „Auslegung" befasst seien. Ihrer juristischen Tätigkeit in Wissenschaft, Urteilstätigkeit und als Einzelne in der „Einrichtung ihrer Lebensverhältnisse" liege „als Gemeinsames zum Grunde eine bestimmte Weise, den Inhalt der Rechtsquellen aufzunehmen" (I 206). Dies Gemeinsame will er darstellen, also nicht Auslegung als die Befassung mit dem „ganz zufälligen Umstand der Dunkelheit eines Gesetzes" (I 297), sondern als die Aufnahme des Inhalts der Rechtsquellen überhaupt. Man versteht immer weniger, wie diese Auslegungslehre ein Klassiker für heute sein könnte. Aber sie ist es.

4. Andere Methodenvorstellung, Auslegungsziel und Loyalitätsrichtung

Wenn Recht nicht verstanden wird als vor allem vom Gesetzgeber frei geschaffenes Gesetz, erhält Auslegung ein **anderes Ziel**, als nur möglichst genau und loyal Wort und Wille des Gesetzgebers nachzuvollziehen. Auslegungsziel und Loyalitätsrichtung wechseln vom Gesetzgeber als solchen zu anderen Rechtsträgern. Das ganze *gun-man*-Modell (J. Austin 1832) vom Gesetz als höherem Befehl, dessen Fundament nicht weiter zu bedenken sei, das unser Denken trotz mancher Distanzierungen beherrscht, fällt dann. Es geht vielmehr um Ermittlung nicht des Gesetzes und nur des Gesetzes, sondern vorhandener Rechtsverhältnisse und von **Recht überhaupt anhand** des Gesetzes. Loyalität gilt dann weniger dem Gesetzgeber als den Trägern von Recht überhaupt – eine geradezu demokratische Perspektive?

Aber wie ermittelt man Recht überhaupt? Das führt auf Savignys **Methodenvorstellung**. Auch Gesetzes-Auslegung wird dann ein Unterfall einer allgemeinen Suche nach vorhandenem Recht in seinen verschiedenen Ausprägungen. Gesetze sind dann nicht „die einzige ächte Quelle" von Recht, sondern nur „eine unter mehreren" – so 1812[22] und immer wieder. Für uns ganz verschiedene juristische Erscheinungen wie Gesetze, Urteile, Rechtswissenschaft, Rechtsgeschäfte werden auf einer Ebene betrachtet als „Kennzeichen, Merkmale, Aussprüche des wirklichen Rechts, aus welchen man dasselbe, als ein inneres Factum von großem, unübersehbarem Zusammenhang nur allmälig und nur in Annäherung finden kann" – so 1813/14 und prominent dann in *Beruf* und *System*.[23] „Wirkliches Recht"?

99

100

101

---

22 Einleitung Pandecten 1812 (bei *Mazzacane*, wie Fn. 10) 183 f./66 v: „ja sogar, je höher das Recht steht, desto untergeordneter gegenüber den übrigen Quellen".

23 Bei *Mazzacane* 188 f./71 r und in *Beruf* 17 (= Stern 81), *System* I 20 f.; zur Wichtigkeit *Rückert* (wie Fn. 9) 309.

5. Erforschung des wirklichen Rechts, wissenschaftliche Methode

102 Wie ermittelt man solch „wirkliches Recht", bzw. wie Savigny auch sagt, diesen „eigentlichen Willen des Volks" (*Beruf* 17)? Immer wieder fordert er dafür „**drei Operationen**" oder „**Elemente** der ganzen, vollendeten Wissenschaft", die sich aus den drei möglichen „verschiedenen Ansichten der Gesetzgebung" ergäben,[24] also den relevanten Betrachtungsmöglichkeiten: (1) „philologische Ansicht" der Texte im einzelnen (Interpretation), (2) „systematische Ansicht" nach dem inneren Zusammenhang als gleichzeitiges Ganzes (System) und (3) „Historische Ansicht" als „successives Ganzes" nach „dem Gesetz der historischen Entwicklung, also nach dem nothwendigen Zusammenhang verschiedener Zeiten desselben Volkes – Innere Rechtsgeschichte" (später einfach: Geschichte). Diese Methodenforderung darf nicht isoliert werden vom Gegenstand. Blickwinkel muss immer das „wirkliche Recht" sein, „vorhandene Rechtsverhältnisse" sollen bewusst gemacht und festgestellt werden. Dies ist die Loyalitätsrichtung. 1813/14 notiert er dazu den seit 1814 berühmt gewordenen Vergleich, das gelebte Recht müsse **Sprache erhalten**: „es *kann* Sprache erhalten durch Juristen, oder auch durch Gesetze, gute Gesetze haben *diesen* Zweck, andere, willkürlich bestimmende Gesetze stören, beugen, vernichten gewaltsam das wahre Recht".[25]

103 Man betritt mit alledem offenbar eine **andere ›Auslegungswelt‹** – viel weitgreifenderer und anspruchsvollerer Art als die des Blicks auf das Gesetz als bloßes Gesetzgeberprodukt. Nicht zufällig ist hier mehr von „Wissenschaft" die Rede als von Auslegung, obwohl beides gemeint ist. Diese Methode will **wissenschaftliche Methode** sein und vereinigt **drei Perspektiven** auf das Gesetz, aber das Gesetz gesehen als einen Ausdruck lebendigen Rechts: Textinterpretation, System, Entwicklungsgeschichte. Also weder der heute berüchtigte, freilich meist missverstandene „Jurist als solcher" des berühmten *Windscheid* (1884),[26] noch ein Dogmatiker des Gesetzgeberworts und -willens, noch ein bloß falllösender Gesetzes-Anwender schweben Savigny vor. Seine Konzeption von Gesetz und Recht und Auslegung und Rechtswissenschaft kann auf die Worte eines Gesetzgebers verzichten, während uns vor allem die Gesetzgeberworte für Demokratie und Rechtsgewissheit unverzichtbar erscheinen. Noch unsere Klagen über Gesetzesflut klagen ja meist nur bessere Gesetze ein.

104 Andererseits erscheint es uns nach wie vor als unverzichtbare Aufgabe, unabhängig vom Zufall der Gesetzesworte **Rechtswissenschaft** zu betreiben, die nicht aufgeht in formaler Analytik, Logik, Argumentationslehre o. ä. und auch nicht in Soziologie, Sozialwissenschaft, Politikwissenschaft, Ökonomie, Ethik oder anderen selbstbewussteren Angeboten. Im Zeitalter des „gesetzlichen Unrechts" und der Konjunktur von „Richterrecht" hat zudem das Gesetz an Anziehungskraft eingebüßt. An Begründungen für eigenständige Rechtswissenschaft fehlt es freilich. Bietet Savignys offenbar eigenständige Konzeption dazu etwas?

6. Eigenständiger Rechtsbegriff: gewordene Geltung, Doppelnatur des Rechts

105 Dass Savigny auch hier eine eigenständige Konzeption bietet, sieht man am besten im Vergleich zum Rechtsbegriff. Die Konzeption ist eigenständig, wenn sie nicht ›zurück‹-

---

24 Hier die Formulierung von 1809, bei *Mazzacane* 139/38 r; prägnant auch 1812: „So also ergeben sich drey Elemente unserer Wissenschaft" (ebd. 184/67 r).
25 Bei *Mazzacane* 189/71v. Vgl. *Savigny, Beruf* 1814 (wie Fn. 6) 8.
26 Dazu unten Rn. 280 ff.

fällt auf eine **naturrechtliche** Position, der das Recht kraft Übereinstimmung mit der richtigen Natur oder Vernunft gilt. Und sie darf nicht umgekehrt ›voraus‹-greifen in diejenige **positivistische** Position, der das Recht kraft grundsätzlich beliebiger (Gesetzes-)Setzung gilt. In der Tat verwirft Savigny beides als „Abwege"; er nennt es den Abweg eines „über allen positiven Rechten schwebenden Normalrechts" und den, „den Inhalt des Rechts als einen zufälligen und gleichgültigen aufzufassen und sich mit der Wahrnehmung der Tatsache als solcher zu begnügen" (*System* I 52 f. auch VIII 533 f.). Vermeiden will er beides durch eine Synthese. In der „Natur des Rechts" müsse man **zwei Elemente** annehmen und entsprechend sich zwei Aufgaben stellen: „ein individuelles [Element], jedem Volke besonders angehörendes, und ein allgemeines, gegründet auf das Gemeinsame der menschlichen Natur", entsprechend eine „allgemeine Aufgabe, welche auf ihre besondere Weise zu lösen die geschichtliche Aufgabe der einzelnen Völker ist." (*System* I 52 f.)

Woraus ergibt sich ihm also die Geltung als Recht? Er findet sie in der **gewordenen** 106 **Geltung,** in der Lösung einer „geschichtlichen Aufgabe" durch die Völker, also weder bloß in Natur oder Vernunft, noch in beliebiger Setzung der Gesetzgeber oder Einzelner. Negativ ist das klar, positiv weniger – wiederum ähnlich wie heute.

Bleibt die Frage, ob nicht auch Savignys geschichtlich bewährtes Recht bloß eine **beliebige** 107 **Setzung** darstellt; ist es zwar nicht beliebig neu, aber – schlimmer noch – beliebig alt? Es handelte sich dann um eine konservative Variante der positivistischen Recht-Setzungsideologie. Andererseits soll es (auch?) auf das „Volk", den „eigentlichen Willen des Volkes" (*Beruf* 17) ankommen – wäre das eine radikale, jakobinische, demokratische Richtung? Oder eine noch andere Art von Setzung? Das führt am Ende doch in die als schwierig geltenden Fragen nach Savignys Rechtsbegriff und nach der genaueren Bedeutung seiner vielbeschworenen „historischen" Methode. Es handelt sich ja nicht um bloß politische Zielformeln, wie heute oft, sondern um begrifflich fixierte Rechtslehre und Methode – auch wenn sie am Ende politische Bedeutung hat.

Die erste Frage wurde soeben beantwortet mit Savignys **Zwei-Elemente-Formel** zur Natur des Rechts. Die Setzung geschieht hier durch die einzelnen Völker und zugleich doch gemäß der allgemeinen Menschennatur. Fassbar wird diese **Doppelnatur** des Rechts nur in konkreten geschichtlichen Lösungen. Diesen Lösungen muss man mit Savigny also doppelt nachgehen, in ihrer historischen und aktuellen Realität als Recht eines bestimmten Volkes zu einer bestimmten Zeit und in ihrer systematischen Idealität als Ausdruck der menschlichen Natur im Recht. Eine einfache Antwort und Aufgabe ist das nicht – das disqualifiziert das Angebot natürlich noch nicht. Der Gedanke, eine derartige Doppelnatur des Rechts anzunehmen, ist vielmehr höchst lebendig in unzähligen aktuellen Versuchen, den sog. Gesetzespositivismus zu modifizieren. Man kann sich die Prämissen dieser Versuche gerade am vielgedeuteten Klassiker Savigny klarer machen als an oft etwas unentschiedenen Texten von heute. Dafür ist ein erneuter Blick auf die Methode, das korrespondierende Element des Rechtsbegriffs, hilfreich.

7. „Historische" und „wahrhaft historische" Methode, Doppelorientierung – Prinzipiensuche

Savignys kraftvolle Versuche, die passende **Methode** zu benennen, bleiben nicht, wie oft 109 gesagt wird, bei dem Stichwort „geschichtlich" oder „historisch" stehen. Er meint etwas Besonderes damit und betont dies durch Zusätze wie „eigentlich historisch", „wahrhaft historisch" (1814/15), deutlicher „historisch-systematisch" (1814) oder „historisch-philosophisch" (1802/03, 1804).[27]

110 Warum fehlt hier die Interpretation aus den „drei Elementen" (s. o. bei Fn. 24)? Es liegt daran, dass es für eine allgemeine Methodenformel nicht auf den Anfang beim einzelnen Text der römischen Quellen ankommt,[28] sondern auf den verbleibenden „zweyfachen wissenschaftlichen Sinn" (*Beruf* 48): historisch und systematisch.

111 „Historisch" meint nun nicht nur banal das „Successive" (wie bei den drei Elementen), sondern heißt vor allem, „das eigenthümliche jedes Zeitalters und jeder Rechtsform scharf aufzufassen"; „systematisch" meint auch hier den Blick auf das Ganze.[29] Zusammengenommen geht es also um die Erfassung des Rechtsstoffes als Einzelnes **und** Ganzes; man kann fortfahren: als besonders und allgemein, als zufällig und notwendig – und damit die philosophischen Bezüge andeuten. Es muss eine Richtung sein, die Einzelnes und Ganzes stets zusammendenkt und vereinigt und dies auch als richtige Deutung der Wirklichkeit vertritt.

112 Die Abgrenzungen und Savignys spezifische Richtung ergibt erst der zeitgenössische Kontext. Historische wie systematische Methode waren der Zeit an sich wohlvertraut. **Savignys Pointe** liegt in der Verbindung der genannten Elemente, in der erwähnten **Doppelorientierung**, wie sie in den Wortkombinationen sinnfällig wird. Wahrhaft-historisch ist mehr als historisch. Es ist nicht die vertraute *cognitio ex datis*, die Kenntnis der Daten und Fakten, die noch Kant der *cognitio ex principiis* entgegengesetzt hatte, sondern die neue Verbindung beider in einem anderen Wissenschafts- und Geschichtsbegriff. Die Prinzipien fand man hier in der richtigen Betrachtung der Geschichte selbst – so der neue Geschichtsbegriff des deutschen Idealismus **nach** Kant.[30] Damit konnte die Geschichte auch mit der Gegenwart verschmolzen werden. So – und nur so – kann Savignys Rechtswissenschaft dann, wie erwähnt die beiden „Abwege" vermeiden: die bloß-historische, empirische Faktizität der (Rechts-)Geschichte und -gegenwart ergibt so wenig ein „wirkliches" Recht wie die bloß-philosophische, reine, abstrakte Philosophie und Rechtsphilosophie, das „Naturrecht" und „Normal-Recht".

113 Mit der Erkenntnis des ›wahrhaft-historischen‹ Rechts wird für Savigny das juristische Erkennen geadelt von der Gesetz-, Urteils- oder Meinungskunde zur Wissenschaft. **Wissenschaft** aber heißt dann: Es werden nicht bloß geschichtlich-faktische Vorgänge (Daten) ermittelt und zusammengestellt nach irgendeiner äußeren Ordnung, sondern man sucht und erkennt gewordenes, wirkliches Recht mit eigener, meist „in dem Mannigfaltigen verborgener" (so konstant die Vorlesungen 1827–42), jedenfalls ihm „**inwohnender Einheit**" (1812, 1815) oder „innerer Einheit" (1812, 1809, u. ö.) oder das „in ihnen [den Rechtsregeln] wohnende lebendige Princip" (1821), also als ein nach eigenen „Prinzipien geordnetes Ganze" (*Kant*).[31] Darin findet Savigny Anschluss an den anspruchsvollen Wissenschaftsbegriff seiner Zeit – ob richtig oder nicht, sei wiederum hier nicht

---

27 Dazu *Rückert* 1984 (wie Fn. 9) 331, 374.

28 Vgl. in diesem Sinne seine Erklärung 1828ff. (bei *Mazzacane* [wie Fn. 10] 210 f./94 r).

29 Siehe nur *Beruf* 48 (= *Stern* 99).

30 Näher *Kiefner* 1988 (wie Fn. 13) 1317 f., *Rückert* 1984 (wie Fn. 9) 100ff., 250 f., 331 f.; ergänzend *ders.*, Savignys Konzeption von Jurisprudenz und Recht, ihre Folgen und ihre Bedeutung bis heute, in: TRG 61 (1993) 65–95, 74, 77; auch in *ders.* Savigny-Studien, 2011.

31 Vgl. *Rückert* 1984 (wie Fn. 9) 331 (1815), 60 (zu Kant); vgl. bei *Mazzacane* (wie Fn. 10) 148/46 r u. 150/46 v (1809), 183/66 r (1812), 197/79 v (1821–24), 209/93 r (1827–42).

diskutiert. Diese Art von Erkennen wird ihm jedenfalls zum „einzigen Weg" einer Rechtswissenschaft.[32]

Recht fremd wirkt dieser Anspruch im Vergleich mit heutiger Jurisprudenz. Heutige Ju-   114
risprudenz überlässt die **wissenschaftliche Aufgabe**, autonom ein nach eigenen Prinzipien geordnetes Ganzes des Rechts zu konstituieren, in Wahrheit anderen Fächern – der Politik (mit der Beruhigung bei „demokratisch")", der Philosophie, der Soziologie, der Ökonomie, der Soziobiologie, usw. – und gibt sie damit auf oder versteht die Aufgabe fundamental anders als Savigny. Das klingt nicht mehr so erstaunlich, wenn man bedenkt, dass ein nach eigenen Prinzipien geordnetes Ganzes noch nicht entsteht aus der Wissenschaft der Rechtswissenschaftler und auch nicht aus logischen, teleologischen, wertanalytischen o. ä. Analysen des geltenden Rechts. Nicht überraschend lautet daher die Auskunft eines führenden Dogmatikers, wie sie in einer Aussprache bzw. Diskussion offenbart wird: „Die Frage, was Dogmatik ist, ist gar nicht so einfach zu bestimmen" (*Badura* 1993) – und dabei wird die wesentliche Frage nach der Herkunft der Prinzipien sogar übergangen.[33] Eine dogmatische Ordnung nach den „Prinzipien" eines positiv-gesetzlichen Rechts ist keine Ordnung nach eigenen Prinzipien, sondern nach denen eines Gesetzgebers. Man kann auch kaum noch annehmen, der Gesetzgeber schließe sich nur eigenständigen rechtlichen Prinzipien an. Rechtswissenschaft außerhalb von Gesetzeswissenschaft ist zum Rätsel geworden. Noch vor 150 Jahren war es umgekehrt. Der Unterschied lässt sich wieder aus dem zeitgenössischen Kontext Savignys zeigen – eben aus der Formation dieser noch andauernden Epoche. Damit wird es doch ein wenig philosophisch oder – moderner – wissenschaftstheoretisch.

8. Philosophische Fundamente: „inwohnende Einheit" im Recht

Savignys Anspruch geht entschieden über Gesetzeskunde hinaus in Richtung einer Wis-   115
senschaft, die nicht nur empirisch-datenerfassend (ex datis), aber auch nicht nur rational-prinzipienvorschreibend (ex principiis) verfährt. Das impliziert bestimmte **philosophische Fundamente**. Sehr vereinfacht gesagt, geht es um das Verständnis von Idee und Wirklichkeit. Savigny sucht im Wirklichen zugleich etwas Ideelles und Richtiges und umgekehrt. Erkenntnistheoretisch und ontologisch kann man diesen zweispurigen Ansatz zum Verständnis des Rechts am schlüssigsten aus parallel verlaufenden Neueinsätzen der zeitgenössischen Philosophie erklären. Gemeint sind die philosophischen Intentionen Schellings, Hegels, Hölderlins und F. Schlegels, die gegen ein Trennungs- und Subjektdenken Kants – wie sie ihn verstanden – ein Vereinigungsdenken (*D. Henrich*; *Kondylis 1979*) oder einen ›objektiven‹ Idealismus entwickeln. Denn Savigny beansprucht, wie diese „historisch" anzusetzen, also im diachron und synchron lebenden, wirklich ›positiven‹, menschlichen Recht selbst. Er gibt aber die Idee, hier die des Richtigen und der **inwohnenden Einheit**, nicht auf, sondern verankert sie in der Doppelnatur des Wirklichen, in dem sie sich manifestiert haben soll. In der unaufgelösten realen Ver-

---

32 So programmatisch *Savigny*, Über den Zweck dieser Zeitschrift, in Zs. f. gesch. Rechtswiss. I (1815) S. 4.

33 Jetzt nachzulesen in: Entstehen und Wandel des verfassungsrechtlichen Denkens, Berlin 1996, 160 f.; guter Überblick zu „Rechtsdogmatik" unter diesem Stichwort bei *M. Herberger* in dem unentbehrlichen „Historisches Wörterbuch der Philosophie", hier Bd. 8, 1992, 266–72 – aber ohne aktuelle Antwort; nach wie vor wesentliche Reflexionen dazu bei *R. Dreier*, Zum Selbstverständnis der Jurisprudenz als Wissenschaft (1971) und: Zur Theoriebildung in der Jurisprudenz (1978), sowie: Zur Problematik und Situation der Verfassungsinterpretation, jetzt in *ders.*, Recht-Moral-Ideologie, Frankfurt/M. 1981, 48ff., 7off., mit dem Vorschlag einer Trias von Gesetzesanalyse, Richterrechtsanalyse und Rechtspolitik und für die obersten Ziele [bzw. Prinzipien?] der vorsichtigen Aufforderung zu einer „Ethisierung" (61, 119). Savignys „wirkliches Recht" wird also nicht bedacht.

einigung von Allgemeinem und Individuellem will er die Idee und zugleich die Wirklichkeit des Rechts auffinden. Darum hat seine „strenge historische" Methode doch ein „heiligeres Amt" (*Beruf* 117) – genau wie bei Schelling und wieder ein merkwürdiges Wort unter Juristen – als die bloß urkundliche Wahrheit zu ermitteln. „Denn nur durch sie [sc. die Geschichte] kann der lebendige Zusammenhang mit den ursprünglichen Zuständen der Völker erhalten werden ..." (ebda) – dessen Idee und Wirklichkeit.

116 Dass Savigny zugleich vehement bestreitet, in dieser Wirklichkeit lasse sich gerade etwas wie die Hegelsche „Vernunft" als Idee finden, ändert an diesem Ansatz und seiner „Idee" vom gewordenen richtigen Recht nichts. Manche seiner Gegner und einige seiner Freunde bestreiten das ideell-philosophische Element in Savignys Konzeption und machen ihn zum bloßen Historiker oder Rechtsdogmatiker, also eigentlich zum Geschichtskundigen und zum „Gesetzes"-Kundigen – einige Gegner (von *Hegel* und *Gans* bis *Böckenförde*), weil sie ihn für unphilosophisch-positivistisch erklären wollen; einige Freunde (von *Landsberg* bis *Behrends, Jakobs, Picker, Zimmermann*), weil sie ihn vor diesem Vorwurf bewahren und als Historiker und Dogmatiker ‚rein' erhalten wollen.[34]

117 Savigny will sehr wohl Idee und Wirklichkeit des Rechts zugleich fassen. Er braucht diesen Begründungsschritt als **Herzstück seiner Konzeption**. Diese wäre sonst nur ein Plädoyer für gute empirisch-historische Arbeit am römischen Recht, würde aber noch keine „innere Notwendigkeit" bis in die Gegenwart zeigen; sie wäre ein Plädoyer für Systematisierung, ergäbe aber noch keine innere, „inwohnende Einheit"; sie wäre ein Plädoyer für die Achtung des Gewordenen, für „geschichtlichen Sinn" wie er sagt (*Beruf* 5), ergäbe aber für das richtig verstandene Gewordene noch keine überlegene Richtigkeit. Es wäre nur ein skeptisches Plädoyer, wie es G. Hugo besonders seit 1812 für dasjenige Recht hielt, was sich „von-selbst-macht"[35] – eine andere, vielleicht ergiebige Begründung für Rechtswissenschaft, auf die zurückzukommen ist.[36] Savigny tritt emphatisch ein für etwas **Höheres im Recht**. Allem Recht lässt er daher, schon seit 1808 klar fassbar, eine **Doppelnatur** zukommen, eine allgemeine, objektive, „innerlich notwendige", und eine „individuelle", äußerlich zufällige Seite. Recht ist ihm derart 1814 „natürliches Recht in einem anderen Sinne als unser Naturrecht",[37] aber doch natürliches Recht, nicht künstliches, gesetzliches, andererseits auch nicht bloß „Gewohnheitsrecht" kraft Gewohnheit wie es der Sprachgebrauch seiner Zeit fasste, sondern kraft Entstehung durch „innere, stillwirkende Kräfte", konkret „erst durch Sitte und Volksglaube, dann durch Jurisprudenz" als Organ des vorhandenen Volksrechts (*Beruf* 14) – darin liegt eine besondere, philosophisch gestützte Konzeption von Recht.

9. Philosophische Fundamente: Idee eines Ganzen in den Rechtsquellen – Autonomie des Rechts

118 Mit solchem Gegenstand und bei solcher Methode konnte von Recht und Rechtswissenschaft unabhängig von bloßer Praxis des nun einmal befohlenen Rechts und unab-

---

34 Bestandsaufnahme dazu bei *Rückert*1984 (wie Fn. 9) 122ff.; umfassend nun *ders.* in: Thibaut–Savigny–Gans: Der Streit zwischen „historischer" und „philosophischer" Rechtsschule, in: Eduard Gans (1707–1839). Politischer Professor zwischen Restauration und Vormärz, hg. von R. Blänkner, G. Göhler u. N. Waszek, 2002, S. 247–311.

35 *Hugo*, Die Gesetze sind nicht die einzige Quelle juristischer Wahrheiten, in ders., Civilistisches Magazin, Bd. IV Heft 1 (1812) S. 89–134; dazu *Rückert*1984 (wie Fn. 9) 304ff. am Beispiel Gewohnheitsrecht.

36 Siehe unten IV 7 (bei Fn. 75ff.) zur spontanen Ordnung.

37 *Beruf* (wie Fn. 6) 13/78. Vgl. für 1808 *Rückert* (wie Fn. 9), 309.

hängig von bloß erdachtem Natur- und Vernunftrecht die Rede sein. **Autonomie** war so begründet.

Freilich bleibt ein **kritischer Punkt**, der die angedeuteten Unsicherheiten bis heute auslöst. **119** Sehr anschaulich wird das an Savignys Quellen-Begriff. Er unterstreicht stets, dass die „Idee eines Ganzen" aus den „Quellen" und nur aus ihnen kommen solle und könne, darin setzt er geschichtlich und autonom an. „Quelle" ist in seinem Fach und seinem Verständnis von römischem Recht die gesamte Tradition des *Corpus Iuris* seit 533, nicht einfach das Gesetzeswort von 533. Aber dass in diesen Quellen und ihrer Geschichte ein Ganzes ganz „**natürlich**" liege oder ihnen entnommen werden könne, wie er voraussetzt, versteht sich nicht von selbst – und für die heutigen Gesetze wohl noch weniger. Darauf aber kommt es an. Für diese Annahme genügen nicht juristische Grundbegriffe als solche, seien es römische oder deutsche oder römisch-christlich-europäische (mit Savigny). Sie sagen dazu nichts oder sie enthalten selbst Philosophie. Zur Begründung dieser Annahme braucht und nimmt Savigny den genannten **philosophischen Unterbau** in Verbindung mit konkreten Wertungen zu einzelnen Fragen. Heutige Jurisprudenz bietet dazu kaum etwas Vergleichbares. Man hat sich dieser Probleme spätestens nach der sog. Naturrechtsrenaissance und seit der Einkehr einer bundesdeutschen Normalitätslage in der Mitte der 50er Jahre entledigt. Die seit langem auch die Juristen lockende „Idee der Konkretisierung" (*Engisch* 1953) des Rechts im Leben selbst erleichterte die Vorstellung, mit der Zuwendung zur „Wirklichkeit" sei das Wichtigste getan – da waren die Idealisten realistischer. Die Dogmatik ist konzentriert auf Wettläufe mit der Rechtsprechung der obersten Gerichte. Wissenschaft erscheint gegeben kraft Universitätsamt. In den Grundlagendisziplinen fristen die Wissenschaftsprobleme ein kaum noch störendes Dasein. Autonomie findet zufällig statt. Diese Sackgasse zu vermeiden lehrt Savigny, auch wenn man nicht seinen Weg geht.

10. Folgen für weitere Grundbegriffe wie Staat, Privatrecht, öffentliches Recht

Demgegenüber ist es lehrreich, dass Savigny nicht nur eine eigenständige Konzeption von **120** Methode und Recht hat, sondern auch seine **juristischen Grundbegriffe** konsequent danach konstruiert. Vor allem in der berühmten Grundsatzschrift *Vom Beruf unsrer Zeit für Gesetzgebung und Rechtswissenschaft* 1814 gegen Thibaut und später im *System des heutigen römischen Rechts* (1840–49) fallen umwälzende Sätze zu Rechtsbegriff, Rechtsquellen, Staat, Recht und Volk und Freiheit und Sittlichkeit, Juristenrolle, Methode und Auslegung u. a. m.

Die „**Idee des Ganzen**" kleidet Savigny hier in die historisch ansetzende Form einer Ent- **121** stehungsgeschichte (*Beruf* Kapitel 2). Danach entsteht alles Recht unsichtbar und wahrhaft in „innerer Notwendigkeit" (S. 8/76),[38] „organisch", „natürlich", ohne Revolution und nicht eigentlich aus bewusstem Gesetz. Es ist dadurch „wirkliches Recht" (S. 17/81). Später, in der „Zeit der Cultur" erwachse es aus einem „doppelten Lebensprincip" (S. 12/78), in Volksleben und Juristenwissenschaft,[39] „politisch" und „technisch" (S. 12/78). Abgesichert wird diese Vorstellung analog zu einem zeitgenössisch neuen, wichtigen Entwicklungsschema für Sprache und Kunst, das Hölderlin, Arnim, J. Grimm und andere benutzen: Das Recht sei zunächst ungetrennter Teil der „Natur" eines „Volkes" (S. 8/76). Im Stande der „Cultur" mit ihrem „unermeßlichen Detail" entwachse es

---

38 Seitenzahlen aus *Beruf* 1814 im folg. Abschnitt so im Text für Original und *Stern* 1914 (s. Fn. 6).
39 Dazu näher *Rückert* (wie Fn. 9) 328 f., 335 ff.

notwendig dem „gemeinsamen Bewußtseyn", werde Inhalt abgesonderter „Thätigkeit des Volkes" und falle „dem Bewußtseyn" der zum Stand gewordenen Juristen anheim (S. 12/78). Trotz dieser Absonderung (oder Entzweiung) von Natur und Bewusstsein (oder Natur/Geist) ist das Recht als Produkt von Volk und Juristen (als Kunst-Natur) nur aus dem „Zusammenwirken dieses [nun] doppelten Lebensprincips" (S. 12/78) zu begreifen. Daraus folgt die berühmte **Formel:** „Die Summe dieser Ansicht also ist, ... daß alles Recht ... überall also durch **innere stillwirkende Kräfte**, nicht durch die Willkür eines Gesetzgebers" (S. 13/79) entsteht. Hier hat sein Recht seine Einheit, hier ist es „wirklich", und nur hier ist es wissenschaftlich-erkennend erfassbar als Idee und Wirklichkeit.

122 Einige **Folgerungen** von großer Tragweite werden gezogen, so zum Staats- und Rechtsbegriff, zum Privatrecht und Öffentlichen Recht:

123 „**Staat**" sei unter diesen Voraussetzungen nicht als künstliche Anstalt zu begreifen, sondern als „leibliche Gestalt der [gegebenen] geistigen [nicht bloß natürlichen!] Volksgemeinschaft".[40] Die beliebten Staatsvertragslehren erscheinen daher ebenso verfehlt wie das hochmütige menschliche Gesetz (*System* I 28ff.).

124 Das doppelseitige **wirkliche Recht** diene, als Regel der äußeren Freiheit, der freien Entfaltung der Sittlichkeit, freilich nicht abstrakt-rationalistisch, sondern wieder geschichtlich-individuell im Sinne der in Europa durchgedrungenen „christlichen Lebensansicht" (*System* I 53).[41]

125 Im **Privatrecht** meint das zwar grundsätzlich „freie Entfaltung" (I 332, ähnlich 25), sie kommt aber jedem doch nur „notwendig zugleich ... als Glied eines höheren Ganzen" zu, als „höhere gemeinsame Freiheit" statt als „besondere Willkür"(1815).[42] Im Familienrecht und im Eheverständnis (*System* I 340 f., 347) kann daher bei Savigny mit Fichte und Hegel ohne Bruch der Aspekt des höheren sittlichen Ganzen statt der äußeren Freiheit dominieren. Ebenso gehören kraft geschichtlicher Gegebenheit das ganze Lehensverhältnis und die gutsherrlich-bäuerlichen Verhältnisse nicht ins Privatrecht (I 366). Auch kann das „Dienstbotenverhältnis" als ein Teil des damaligen Arbeitsrechts nicht einfach unter die Verträge gestellt werden, sondern hat im Personenrecht seinen Ort (I 366 f.). Armutsprobleme und unsittliche Privatrechtsausnutzung sind vom „öffentlichen Recht" (I 371) her zu lösen, nicht durch zwingendes Privatrecht. Das liegt an der neu fixierten Dichotomie:

126 Denn zwischen **öffentlichem und Privatrecht** findet Savigny erstmals so dezidiert einen grundlegenden, „fest bestimmten Gegensatz darin, dass in dem öffentlichen Recht das Ganze als Zweck, der Einzelne als untergeordnet erscheint, anstatt dass in dem Privatrecht der einzelne Mensch für sich Zweck ist, und jedes Rechtsverhältnis sich nur als Mittel auf sein Daseyn oder seine besonderen Zustände bezieht." (I 23). Freilich hat sein idealer Gegensatz keine scharfe reale Grenze, ganz im Gegensatz zu wirklich liberal gemeinten ähnlichen Konzeptionen etwa bei *Karl von Rotteck*.

---

40 So 1840 in *System* I 22 u. ö., zum ganzen seit 1802 *Rückert* 1984 (wie Fn. 9) 312ff., 328 für 1815.
41 Zu diesem wichtigen Zusammenhang zwischen *System* § 15 und § 52 *Rückert* 1984, 364ff.
42 In: Über den Zweck (wie Fn. 32) 3.

11. Savignys geschichtliche Stellung – Selbstständigkeit der Konzeption

Nach diesen Erklärungen lässt sich die eingangs gegebene Kurzbeschreibung[43] auflösen. Savignys vieldiskutierte **geschichtliche Stellung** ist heute in den alten und erst recht den neuen Quellen deutlich als **historisch-philosophische Doppelorientierung** in Grundfragen des Rechts fassbar. Er begründete damit eine selbstständige Konzeption neben bloß empirischer, handwerklicher Rechtskunde, abstraktem Naturrecht, hegelianischem Vernunftrecht und skeptisch-forschender Rechtswissenschaft in Hugos Art.

127

Savigny unternimmt also dezidiert „**geschichtliche Rechtswissenschaft**" im oben präzisierten Sinn einer Doppelorientierung an Idee und Wirklichkeit zugleich. Seine wahrhafthistorische Methode baut darauf auf. Sie sucht nicht bloße Empirie und äußere Zusammenstellung, sondern Einzelnes und Ganzes in ihrem Zusammenhang nach inneren Prinzipien. Erwartet wird davon ein grundsätzlich besseres Verständnis von Recht, besonders von Zivilrecht. Man kann diese Denkweise genauer definieren als die eines metaphysischen objektiven Idealismus.[44] Sie lässt sich so als grundlegender **Denktyp** fassen und einer bestimmten Logik der Auffassung der normativen Welt zuordnen, der eine ganz andere gegenübersteht. Doppelung der Wirklichkeit und Rückbindung an eine Idee stehen dann versus empirische Eindeutigkeit der Wirklichkeit, methodische Vereinigung von Sein und Sollen steht versus methodische Trennung usw.[45]

128

Da diese grundsätzliche Deutungslinie hier betont wird, ist der Hinweis angebracht, dass sie überzogen werden kann. Denn je konkretere und neutralere juristische Fragen Savigny angeht, etwa Verjährungsprobleme, desto mehr tritt die philosophisch-metaphysischnotwendige Seite am Positiven zurück. Nicht alles Positive muss man prinzipiell und doppelt verankern. Auffallend und fruchtbar bleibt aber stets die systematische Anstrengung als solche.

129

Das Stichwort Doppelorientierung liefert also einen **Schlüssel** für Savignys Gegenstands- und Methodenkonzeption. Mit ihm versteht man die unjuristischen Merkwürdigkeiten in seiner Juristensprache, einige Grundlagen seiner Wendung gegen Naturrecht und Gesetzesideologie und das Eigenständige an seinem Gesetzesbegriff, an seinem Ansatz bei der Auslegung, an seiner Methodenvorstellung, an seiner Wissenschaftsvorstellung, an weiteren juristischen Grundbegriffen – und die besondere Würde des Privatrechts. Par excellence ist es für ihn Recht kraft eigener, innerer Entwicklung durch die interessierten Volkskreise selbst, unter Assistenz der Juristen.

130

Das Stichwort Doppelorientierung bewährt sich auch als **Inhaltsschlüssel**. Im Ganzen ist sein Recht nicht nur Privatrecht. Aber Savigny kommt dann zu ›modernen‹, insoweit liberalen Konzepten, wenn er Probleme als primär „privat" begreift – vor allem im Kernbereich des Vermögensrechts. Umgekehrt lässt er im Familienrecht und bei Streitfragen wie „Urrechte" auf sich selbst (sprich: Grundrechte, Persönlichkeitsrechte) oder Juristische Person oder Selbstmordberechtigung das allgemeine „sittliche Element" des Rechts dominieren und nicht das Individuum. Das Sittliche führt ihn, wie erwähnt, auch auf soziale Aufgaben im „öffentlichen Recht".

131

---

43 Siehe oben bei Fn. 17.
44 U. a. diesem Nachweis gilt meine Arbeit von 1984 (wie Fn. 9); definitorisch fixiert ist die Denkweise dort auf S. 240 f.
45 Konkreter durchgearbeitet in Rückert, Das „gesunde Volksempfinden" – eine Erbschaft Savignys?, in ZSGerm 103 (1986) S. 199–247, hier 224–231; auch in *ders.*, Savigny-Studien, 2011.

132   Ein **Prinzip für das Vorwalten** des einen oder anderen Aspekts wäre daher von großer Bedeutung für eine klare methodische, philosophische wie historisch-politische Charakteristik Savignys zwischen – um es grob anzudeuten – juristisch und philosophisch, kantianisch und nichtkantianisch, liberal und konservativ. Aber Savigny gibt dafür kein Prinzip an, so oft er das auch sonst tut. Er findet in solcher Fixierung auf höchster Ebene offenbar eine „Anmaßung" der „Theorie".[46] Konkret beruft er sich bisweilen auf eine nun einmal „durchgedrungene" Entwicklung oder eine „natürliche" Einsicht. Philosophisch-prinzipiell verhält er sich also vorsichtig. Diesem Innehalten des „historischen" Juristen vor dem Geist der Zeiten hielten dann Philosophen wie Hegel, Gans, Marx, Kohler u. a. ihre vermeintlich überlegenen Methoden und tieferen Einsichten in die Vernunft und das Recht in der Geschichte und Gegenwart entgegen – bis heute.

133   Die Neugier zu den beiden Traditionszitaten in Sachen Auslegung führte auf erhebliche Verwicklungen und hat eine nicht ganz kleine Antwortwelle zu den Bedingungen dieser erstarrten Zitate ausgelöst. Sie brachte die Erkenntnis, dass Savigny eine **gesetzesunabhängige Konzeption von Recht und Auslegung** ausgearbeitet, sehr grundsätzlich begründet und mit einer Fülle von Folgerungen durchdacht hat. Diese Konzeption zieht verschiedenste Gesetzeskritiker immer wieder an. Savigny hat hier Exemplarisches geleistet. Auch das erklärt die große Wirkung und die Dauerhaftigkeit der Zitate. Savignys Rechts- und Auslegungskonzeption weicht also von den heute herrschenden sehr entschieden ab. **Methode und Zivilrecht** haben in seinem Rechtsverständnis eine ganz eigenständige Rolle. Trotzdem finden die ›modernen‹ Juristen im Verfassungs- und Gesetzesstaat offenbar noch buchstäblich Passendes bei Savigny. „Gesetzesauslegung" ist das die Zitate verbindende Geschäft, auch wenn „das Gesetz" noch so verschieden aussieht. Geben das die Texte wirklich her, geradezu gegenläufig zu Savignys bis jetzt ermittelter Position?

134   Die Auslegungstexte müssen daher genauer betrachtet werden. Das Original lehrt dann mehr und anderes als die Zitate. Zugleich wird dann klarer, was Savigny eigentlich zu juristischer Methode und Zivilrecht bietet, wenn man beides im heutigen, isolierter praktischen Sinn meint.

IV. Das Methoden-Original: Savignys Kapitel 4 über „Auslegung der Gesetze"

135   Wie erwähnt, behandelt Savigny das Thema im vierten Kapitel seines *„System*(s)" auf nicht weniger als 124 Seiten. Im Laufe der lebhaften Wirkungsgeschichte blieben davon nur sehr befangene oder missverstandene Fragmenttraditionen übrig. Selbst der unmittelbare Zusammenhang der Zitate ging verloren. Dies ist um so bedauerlicher, als Savignys Text einer strengen Architektonik folgt, die in keiner einzigen Wiedergabe noch erkennbar ist. Ganz fehlerhafte Berichte sind daher die Regel. Der Klassiker wird zum Fragment oder zum postmodernen Schmuckzitat.

136   Entgegen erstem Anschein ist die Anknüpfung der Methodenfrage an das Kapitel „Auslegung der Gesetze" richtig. Dort wird Auslegung allgemein als Methode für alle Rechtsquellen behandelt, nicht nur für das Gesetz als Sonderfall. Denn für Savigny ist Gesetz, wie gezeigt, nur eine Rechtsart unter anderen und Gesetzesauslegung nur eine Art von richtiger Auslegung überhaupt. Nur weil das prinzipiell ähnliche Auslegungsgeschäft „bei dem Gewohnheitsrecht und bei dem wissenschaftlichen Recht" von „einfacherer

---

46   Vgl. die Passage in *System* I 25: „Ich will nicht den Staat auf die Zwecke des Rechts beschränken [sc.: wie einige liberale Kantianer], ja die Theorie soll sich überhaupt nicht anmaßen, die Freyheit individueller Entwicklung [sc. der Völker] durch Aufstellung ausschließender Zwecke der Thätigkeit des Staats begränzen zu wollen.".

Natur" sei als bei „den Gesetzen, bei welchen gerade dieses Geschäft oft eine sehr verwickelte Natur hat", nur deswegen gelte das ganze Kapitel der „Auslegung der Gesetze" (*System* I 207).

1. Die Architektonik in Savignys Dogmen zur „Auslegung der Gesetze"

Savignys Detail steht in einem konsequenten Rahmen wie schon ein Blick in sein Inhaltsverzeichnis zeigt (*System* I S. VII). Man kann in den 124 Seiten und 19 §§ sechs explizite **Hauptpunkte** und einen impliziten erkennen:

(1) Erstens wird in § 32 zunächst der Begriff der Auslegung umschrieben. Savigny zeigt, was er damit meint und nicht meint, grenzt es ab von authentischer und usueller Interpretation und bestimmt die Aufgabe der folgenden Abschnitte über Auslegung einzelner Gesetze (§§ 33 – 41) und Auslegung der Rechtsquellen im Ganzen (§§ 42– 46).

(2) Nachdem er in den §§ 33–46 die Auslegungsprobleme sortiert und auf Regeln gebracht hat, berichtet er

(3) in §§ 47/48 über die „Aussprüche des Römischen Rechts über die Auslegung". Diesem ganz schlichten Bericht folgt

(4) ein eigener § 49 über „Praktischer Wert der Römischen Bestimmungen", d. h. die heutige Geltung der römischen Rechtsregeln über Auslegung. Die ganz andere Konzeption wird betont und ihre Geltung verneint.

(5) Fünftens folgt wiederum ein Bericht in § 50, jetzt über die „Ansichten der Neueren von der Auslegung". Er stellt darin zusammenfassend Richtiges und Unrichtiges im Verhältnis zu seiner eigenen Untersuchung zusammen.

(6) Abschließend folgen in § 51 **zwei** Hauptpunkte, nämlich der Bericht zu „Aussprüche der neueren Gesetzgebung über die Auslegung", und

(7) ein letzter, nicht in der Überschrift ausgewiesener, wichtiger Abschnitt über die Frage „Was in unserer Lage und für unser Bedürfnis rätlich sei …" (S. 329),[47] also eine kurze rechtspolitische Erörterung der zweckmäßigsten Maßnahmen.

Savigny umschreibt also 1. den Begriff und das Problem, 2. entwickelt er ausführlich die richtigen Regeln, 3. berichtet er historisch zum Römischen Recht, 4. behandelt er dessen heutige Geltung, 5. prüft er die aktuellen Meinungen, 6. berichtet er von den Auslegungsregeln neuerer Gesetzbücher und 7. schließt er eine rechtspolitische Würdigung an. Man muss den Reichtum und die Unterschiedlichkeit der behandelten Aspekte erkennen, um die einzelnen Passagen zu würdigen. Daher noch einmal:

Den Problemstandort, seinen Zusammenhang, wesentliche Gemeinsamkeiten und wesentliche allgemeine Irrtümer benennt Savigny im Eingangsabschnitt über den „Begriff der Auslegung". Dann entwickelt er die „Grundregeln" selbst, und zwar für die Rechtssätze als einzelne und als Teile eines Ganzen – also zur „Auslegung einzelner Gesetze" (mit ihrer zeitgenössisch besonders wichtigen Anwendung für die „Auslegung der Justinianischen Gesetze" selbst, in Textkritik und Einzelauslegung) sowie zur „Auslegung der Rechtsquellen im Ganzen". Nachdem so die wesentlichen Regeln für die Einzel- und Gesamtperspektive selbstständig entwickelt und erprobt sind, misst er – jetzt erst – diese Ergebnisse an den „Aussprüchen des Römischen Rechts über die Auslegung" im *Corpus*

137

138

139

---

47 Seitenzahlen aus *System* I 1840 im folg. Abschnitt so im Text.

iuris selbst, stellt Differenz fest und verwirft die juristisch-praktische Geltung dieser römischen Rechtssätze für seine Zeit. Ebenso streng sortiert er die „Ansichten der Neueren", d. h. die aktuell vertretene Dogmatik in Sachen Auslegung, und verwirft das meiste davon als unklar oder unrichtig. Den Abschluss bilden zwei wieder neue Aspekte: eine Art Rechtsvergleichung mit Blick auf die „neueren Gesetzbücher", also das preußische Allgemeine Landrecht von 1794, den französischen Code civil von 1804 und das österreichische Allgemeine Bürgerliche Gesetzbuch von 1811 (letztere beide heute noch in Geltung) und ein rechtspolitischer Ausblick. Savigny entfaltet das Thema also in begrifflicher, analytischer und explizierender, in systematischer und detailbezogener, in historischer und aktuell-prüfender, in berichtender und juristisch-dogmatischer und in juristisch-vergleichender und rechtspolitischer Hinsicht **in elf Perspektiven!** Bloß abstrakte, bloß philosophische oder bloß politische Sentenzen vermeidet er sichtlich.

140 Heutige Wiedergaben streifen meist **nur den Anfang** von alledem, Savignys Einführungsabschnitt in § 32. Sie nehmen kaum die genauen Regelbildungen für spezifierte Fallgruppen zur Kenntnis und nie, soweit ich sehe, die abschließende Kritik des praktisch Geltenden und die rechtspolitische Lösungsempfehlung. Sogar den entscheidenden Gesetzesbegriff, von dem so viel abhängt, übersehen sie oft.[48] Damit verstellen sie sich den an sich recht leichten Zugang zu seinen **leitenden Gesichtspunkten,** die zwar in den Eingangsabschnitten nicht fehlen, aber dort zu knappen Formeln verdichtet sind, die inzwischen oft gravierend missverstanden werden.

2. Missverständnisse

141 Man diskutiert z. B. über **objektive und subjektive Auslegung** bei Savigny, obgleich beide Stichworte bei ihm fehlen, und nicht nur den Worten nach. Das Problem stellt sich bei seinen Prämissen über den Gegenstand des Rechts und Gesetzesbegriff gar nicht.[49]

142 Viele vermissen eine Äußerung darüber, welches Auslegungselement den **Vorrang** habe, obgleich sich Savigny dieses Problem bei der Formulierung der *canones* ausdrücklich nicht stellt – und nicht, weil er es nicht sähe. Vielmehr formuliert er die *canones* nur für den Umgang mit einem „gesunden Zustand des Gesetzes" (S. 222). Der bei ihm ganz wesentliche Unterschied zur Auslegung bei mangelhaftem Zustand (S. 222 ff.) wird nicht beachtet.

3. Auslegung bei „gesundem Zustand" des Gesetzestextes

143 Savigny meint damit den Fall, „daß der Ausdruck einen in sich vollendeten Gedanken darstellt, und kein Umstand vorhanden ist, der uns hindert, diesen Gedanken als den wahren Inhalt des Gesetzes anzuerkennen" (S. 222). Erst in den §§ 35 – 37 behandelt er

---

48 Statt vieler sei die offenbar schon wieder ‚klassische' Art genannt, mit der Savigny und die Probleme erledigt werden bei *M.R.Deckert,* Die Methodik der Gesetzesauslegung, in JURA 1994, 412–419. Savigny erscheint hier mit den *canones* – nur mit ihnen und nur mit *System* § 33/S. 212ff. Leichte Irritationen aus der Originallektüre bleiben folgenlos (vgl. Fn. 9). Mit diesem fragmentierten Savigny steht dann sogar Larenz 1960 – doch etwas merkwürdig – in einer Kontinuitätslinie! Solche Eintopf-Darstellungen sind historisch wie dogmatisch gleichermaßen falsch und wertlos. Selbst eine dezidiert klare Darstellung wie die von *H.H. Jakobs,* Wissenschaft und Gesetzgebung im bürgerlichen Recht nach der Rechtsquellenlehre des 19. Jahrhunderts, Paderborn 1983, hier 115 f zu Auslegung, oder die breite Einbettung bei *R. Ogorek,* Richterkönig oder Subsumtionsautomat? Zur Justiztheorie im 19. Jahrhundert, Frankfurt 1986, hier 149 f., 175, konnte daran nichts ändern – man liest nur und ausgerechnet Larenz (Methodenlehre der Rechtswissenschaft, 1960 u. ö.), auch wenn man über Auslegung bei Savigny schreibt und Savigny lesen sollte.

49 Vgl. oben bei Fn. 18ff., 22ff., und bei *Rückert* 1984 (wie Fn. 9) 354 f.

die „Auslegung mangelhafter Gesetze" (so die Überschrift), d. h. „die schwierigeren Fälle mangelhafter Gesetze ... und die Hilfsmittel ... wodurch diese Schwierigkeiten beseitigt werden können" (S. 222). **Hier erst** geht es um die beiden „an sich denkbaren Fälle solcher mangelhaften Gesetze ...: I. Unbestimmter Ausdruck, der also überhaupt auf keinen vollendeten Gedanken führt. II. Unrichtiger Ausdruck, indem der von ihm unmittelbar bezeichnete Gedanke von dem wirklichen Gedanken des Gesetzes verschieden ist." (S. 222) Beim „**gesunden Zustand**" des Gesetzes-Textes stehen Ausdruck und Gedanke also in Harmonie, folglich gibt es kein eigentliches Erkenntnis- und Loyalitätsproblem. Man braucht nur Regeln für „sichere und vollständige Einsicht in den Inhalt des Gesetzes" (S. 213) – das und nur das sollen die bekannten vier Elemente der grammatischen, logischen, historischen und systematischen Auslegung leisten, „die vereinigt werden müssen, wenn die Auslegung gelingen soll" (S. 215). Nur hier also sind die *canones* allein relevant.

Vier statt drei Elemente wie zur Wissenschaft des römischen Rechts (oder nur zwei wie zur Rechtswissenschaft generell)[50] sind es nun, weil bei der eigentlichen Gesetzesauslegung das „**logische**" Element hinzukommt. Gesetze stellen zwar nur Rechtsverhältnisse fest, aber in Form bewusst formulierter Gedanken mit meist logischer Ordnung als „Gedankenreihe" (so 1809) oder „als logisches Ganzes für sich" (1811), zuletzt als „logisches Verhältnis, in welchem die einzelnen Theile zueinander stehen"(1840)[51] – systematisch meint dagegen den „inneren Zusammenhang, welcher alle Rechtsinstitute und Rechtsregeln zu einer großen Einheit verknüpft". 144

4. Auslegung bei „mangelhaftem Zustand" des Gesetzestextes

Anders steht die Sache bei **mangelhaftem Gesetzesausdruck**, also bei „unbestimmtem Ausdruck, der also überhaupt auf keinen vollendeten Gedanken führt" oder bei „unrichtigem Ausdruck" (S. 222). Heute redet man meist nur für diese Fälle von „Auslegung". Dafür liegen die Hilfsmittel aber gerade nicht in den vier Elementen, wie man meist unterstellt, sondern in dreierlei: dem inneren Zusammenhang der Gesetzgebung, dem Zusammenhang des Gesetzes mit seinem Grunde und dem inneren Wert des aus der Auslegung hervorgehenden Inhalts, also, mit heutigen freilich ungenaueren Worten: im systematischen Gesamtzusammenhang, im gesetzgeberischen Grund und Zweck und schließlich im inneren Wert des Resultats, d. h. einer Art Folgenerwägung. Hier spricht Savigny dann auch ganz entschieden von einer „Stufenfolge" der „Hilfsmittel" (S. 225, vgl. 228) und unterscheidet mehr oder weniger „bedenkliche" Mittel (S. 232, 233, 238), d. h. er bildet **Hierarchien**. Hier findet man auch das **Telos** (S. 228), den heute so beliebten Gesetzeszweck, mehrfach erwogen und kritisch beurteilt, weil man damit so leicht einen Geist gegen den Buchstaben kehren kann. 145

Dieses Resultat entwickelt er zunächst für die Auslegung mangelhafter Gesetzestexte im einzelnen, sodann analog für die Auslegung der **Rechtsquellen im ganzen**. Damit meint er das uns fremd gewordene Problem von Widersprüchen nicht bloß einzelner Gesetzestexte, sondern ganzer Quellenschichten, wie etwa der Corpus-iuris-internen Textklassen mit womöglich unterschiedlicher juristischer Bedeutung wie Institutionen, Codex, Digesten, Novellen, und seitdem hinzugekommener Textklassen wie kanonisches Recht, Reichsgesetze, wissenschaftlich entstandenes Gewohnheitsrecht und Gerichtsgebrauch 146

---

50 Dazu oben bei Fn. 24 und 28.
51 Bei *Mazzacane* (wie Fn. 10) 140/39 v, 176/174 r; *System* I 214.

(S. 264). Auch hier können Widersprüche und Unvollständigkeiten bzw. Lücken vorliegen. Auch dazu klassifiziert Savigny die Probleme sorgfältig und gibt hierarchische Regeln soweit irgend möglich (vgl. S. 266 contra Böhmer). Mit besonderer Umsicht bezeichnet er stets die Grenzen seiner Regeln, also ihre unvermeidlichen Unschärfen und „mancherlei allmälige Übergänge" (S. 240) seiner Fallgruppen.

147 Von einem „Rechnen mit Begriffen", das man ihm gerne als begriffsjuristische Verirrung vorhält, ist nirgends die Rede. Diese Äußerungen fallen in anderem Zusammenhang und in anderen Sinn. Das Bild meint nur eine Sicherheit *ähnlich* wie in der Mathematik, nicht ein Rechnen.[52]

5. Was bleibt? – verfassungsnormativer Zusammenhang, alternative Problemverortung

148 Die Benennung von Missverständnissen und Befangenheiten ergibt noch keine bleibenden Einsichten. Wenn jedoch Savignys unverwüstliche *canones* gerade **nicht** für die Fälle formuliert sind, für die man sie heute gerne beansprucht, wenn die Kritik wegen fehlender Vorrangregeln und fehlender Präzision von vorneherein ins Leere geht, dann wären Savignys wirklich leitende Gesichtspunkte bei der Aspektvielfalt und Gründlichkeit seiner Arbeitsweise erst einmal von Interesse und vielleicht von Gewicht. Aber worin liegen sie?

149 Unter dem Gesichtspunkt zivilrechtlicher Methodik interessiert weniger, dass Savigny eine Verbindung zur allgemeinen geisteswissenschaftlichen **Hermeneutik** (seit *Schleiermacher*) hält, dass er jede Rechtsanwendung als wissenschaftliche, geistige Tätigkeit betrachtet, oder dass für ihn alle Auslegung in einem grundsätzlichen Sinne „**Kunst**" ist, die nicht vollständig auf Regeln gebracht werden kann. Die heute und seit langem vieldiskutierten erkenntnistheoretischen und hermeneutisch-philosophischen Probleme juristischer Erkenntnis des Gesetzes, vor allem ihres volitiven Elements, interessieren Savigny nicht besonders. Vermutlich und mit Recht sah er darin kein Hauptproblem, da eine Art reine, nur logische juristische Erkenntnis ihm ohnehin nicht erreichbar schien. Wichtiger nahm er mit Recht, welche **Blickrichtung** beim Auslegen einzuschlagen ist und welche Loyalität herrschen soll. Das Volitive musste ihn nicht so beunruhigen, da es ihm, wie gezeigt, nie um optimale Bindung an das Gesetz als Gesetzgeberwort ging, sondern um das Gesetz als Ausdruck „wirklichen" Rechts des rechtsbildenden Volkes. Am besten wurde man dieses Rechts aber gewiss durch Arbeit in fester „Tradition" – deutsch-wissenschaftlicher oder auch englisch-empirischer.[53]

150 Verblüffend und aufschlussreich angesichts der dazu völlig schweigenden Wirkungsgeschichte erscheint Savignys klares **verfassungsnormatives und verfassungspolitisches Bewusstsein** in Methodenfragen. Dazu bedurfte es keiner geschriebenen Verfassung. Die römisch-rechtlichen Auslegungsregeln haben für ihn deswegen keine Gültigkeit mehr, und zwar weder für den Juristenstand im allgemeinen noch für die richterliche Tätigkeit, weil es sich um ein „Stück des öffentlichen Rechts" handelt, „dessen heutige Anwendbarkeit schon nach allgemeinen Grundsätzen"(S. 316) zu verneinen ist. *Justinians* spezielle Verordnungen aus dem 6. Jahrhundert, sagten nämlich „ganz deutlich, wie wir auslegen sollen, nämlich gar nicht. Gerade diese wichtigste Regel aber können wir als Gesetz aus zwei Gründen nicht anerkennen"(S. 314), zum einen wegen der staatsrechtlichen Natur der Verordnungen, zum anderen, weil inzwischen die Durchführung solcher

---

52 Zu den (Fehl-) Deutungen *Rückert* 1984 (wie Fn. 9) 374 f.
53 So Savignys Hinweis in *Pandecteneinleitung* 1821 (bei *Mazzacane* 198/81 r).

Auslegungsverbote selbst bezüglich der Richter völlig unmöglich sei. Das Staatsrecht gehöre eben „überhaupt nicht unter die rezipierten Teile des fremden Rechts" (S. 165 mit 316).

Savigny fixiert damit zweierlei, jegliche Gesetzgebungsideologie einerseits, aber auch eine   151
völlig freie Stellung der Juristen. Zum einen verwirft er das justinianische Extrem des **Verbots** jeder freien juristischen Geistestätigkeit gegenüber dem Gesetz, das in unnachsichtiger Gesetzgebungsideologie nur noch ein mechanisches Auslegungsverfahren erlaube (S. 305). Das ähnliche preußische Beispiel mit Kommentierverbot und référé législatif von 1794 lag Savigny ohnehin noch nahe – S. 328 beschreibt er es, gemäß seinem erwähnten Programm.[54] Zugleich zeigt er anschaulich, dass umgekehrt auch die ganz gegensätzliche „**freie Stellung** des Juristenstandes" (S. 299) *vor* Justinians Zeit nicht mehr der heutigen Verfassung entspreche. Das Wort „Verfassung" fällt ebenso ausdrücklich (S. 302, 300), wie der Bezug zur Gewaltenteilung, besser Nicht-Gewaltenteilung (S. 302, 305), benannt wird. Gegenüber den lehrreich genutzten römischen Extremen von Bindung und Freiheit der Auslegung erweist sich ihm die aktuelle Verfassungslage von 1840 als Mittellage. Die wahre und die reine Auslegung sind danach erlaubt, dem wissenschaftlichen Juristen wie dem Richter und dem Einzelnen im Privatrecht. Umbildung oder „Fortbildung" (so Savigny meistens) oder Abänderung oder Verbesserung der Gesetze sind dagegen nicht erlaubt.

Die Auslegungsregeln haben ihren Ort im „öffentlichen Recht", wie er betont (S. 313 in   152
der Fn.), mit heutigen Worten in einer **verfassungsnormativen Regel**. Darin liegt ein entscheidender Gesichtspunkt für sich und für die ganze Richtung. Denn in dieser Regel gründet auch Savignys konsequentes Eintreten für möglichste **Sicherheit, Gewissheit und Bestimmtheit** als Ziel und Richtpunkt jeder Auslegung. Das reicht von der Grundformel für Auslegen als Sicherung der Rechtsverhältnisse „gegen Irrthum und Willkür" und als Mittel „sicherer und vollständiger Einsicht" (S. 212 f.) über das Ziel „sicherer Rechtskenntnis" durch Auslegen (S. 216) und über die häufige Kritik an „zurück bleibender Ungewißheit" (S. 238) bei falschen Regeln bis zu der Formulierung des allgemeinen Ziels „Erwerbung eines reinen Resultates an sicheren Rechtsregeln" (S. 241). Auf dem Wege der Auslegung will er durch „geistige Anstrengung so viel als möglich" den Nachteil ersetzen, dass das Recht im Kulturzustand der hochgradigen Arbeitsteilung nicht mehr in „unmittelbarer Gewißheit" miterlebt werden könne, sondern in ein „politisches" und „technisches" Element zerfalle.[55]

Die **Rechtsquellen**, also auch die Gesetze und zumal die Juristen als Organe des Volks-   153
lebens, müssen „die Stelle des Mitlebens vertreten" (S. 241). Ganz gemäß seiner oben erklärten Rechtskonzeption geht es also nicht um Gesetzesverständnis per se, sondern um sicheres Erfassen bestehender Rechtsverhältnisse **anhand** des Gesetzes als untergeordneter Rechtsquelle. Bearbeitung des „Technischen" heißt Fortsetzung der „politischen" Arbeit des „Volkslebens" (*Beruf* 12) für das unermessliche Detail der arbeitsteiligen „Cultur". Auch den echten Lückenfall, „wenn ein neues, bisher unbekanntes Rechtsverhältnis erscheint", will er daher nicht aus subsidiärem Naturrecht, sondern per Analogie letztlich doch aus dem positiven Recht selbst lösen (S. 290 f.). Auch hier schaffen nicht erst die Juristen die Regel. Viel von der heutigen Leasing-Dogmatik wäre dafür

---

54 Siehe oben bei Fn. 47.
55 *System* I 241 und näher *Beruf* 12 (*Stern* 78). Sehr betont dies *Jakobs* (wie Fn. 48) 41 f. u. ö., wobei nur etwas zurücktritt, daß „technisch" eine Restgröße zu „politisch" ist (das, was nicht schon im Volksleben entschieden wurde), also doch kein so sicherer Platz für die Juristen und das Recht.

ein Beispiel. In dieser Linie zieht Savigny ganz ähnlich wie der zeitgenössisch französische und der moderne Verfassungsstaat seiner Zeit eine energische Trennlinie zwischen wahrer, loyaler Auslegung und Gesetzesverbesserung. Die Produktion von Rechts-Ungewissheiten bedeutet für ihn immer schon die Gefahr illoyaler und sogar unsichtbarer Umbildungen.

154   Da sich Savigny aber vollständig darüber im klaren ist, dass bei aller Kenntnis und Loyalität „im Einzelnen die Grenze zwischen reiner Auslegung und eigentlicher **Fortbildung des Rechts** oft sehr zweifelhaft sein kann" (S. 329 f), empfiehlt er abschließend eine institutionelle Lösung für die unklaren, schwierigen Fälle. Es sei dafür „wünschenswert, dass irgendeine hochstehende Gewalt vorhanden sei, in welcher beide Befugnisse [sc. Auslegung und Fortbildung] vereinigt angetroffen werden, und deren Tätigkeit daher durch die Zweifel über jene Grenze nicht gehemmt sein möge." Er empfiehlt für „das Recht dieser freyer waltenden Auslegung" einen **höchsten Gerichtshof**, der

> „eine ähnliche Stellung wie der Französische Cassationshof einnähme. Dieser würde dann einen ähnlichen Einfluß ausüben, und für die Rechtspflege ähnliche Vortheile darbieten, wie im alten Rom der Prätor und die Juristen, so daß ihm diejenige ausdehnende und einschränkende Auslegung besonders verliehen wäre, welche oben als ein dem reinen Richteramt nicht zukommendes Verfahren aus dem Gebiet wahrer Auslegung verwiesen werden mußte." (S. 330)

155   Die Rolle von Kassationshof, Prätor und römischen Juristen im alten Rom hatte er zuvor erläutert. Wenn Savigny also Auslegung als grundsätzlich „freie" Geistestätigkeit (S. 210 f, 329 f) mit Richtung auf das „wirkliche" Recht festhält und unterstützt, so liegt darin auch eine verfassungspolitische und quasi **verfassungsrechtliche Option**. Sie läuft sachlich parallel mit der oben erklärten Konzeption von einem Recht, das nicht primär vom Gesetzgeber gesetzt wird und einer Auslegung, die sich nicht am Gesetzesbefehl erschöpft.[56]

156   Die **alternative Problemverortung** für Auslegung und Fortbildung, die Savigny damit erreicht hatte, ging bald wieder verloren. Langweilend stehen die Traditionszitate ohne diesen brisanten Kontext in den Büchern. Es gibt keine juristische Methode per se oder a priori und auch keine zivilrechtliche Methode per se; aber das bedeutet nicht, dass sie einfach durch Gesetzesbefehle, gesellschaftliche Normen, Politik, Ökonomie oder andere wertbildende Faktoren zu ersetzen wäre.

157   Der **verfassungsnormative Zusammenhang** des Rechts der Rechtsbildung durch Gesetze, Richter, Juristen und die Rechtsgenossen selbst ist wesentlich. Er verweist für Savigny nicht bloß auf den Gesetzesbefehl. Er hat mit seiner Analyse und Empfehlung recht behalten und den Verfassungszusammenhang in der Sache bereits bedacht. Seine Empfehlungen für Auslegung als „Kunst", nicht als Begriffsmechanik (S. 211), und ihre regelmäßige Sättigung mit den vier bekannten Kanoneselementen sind daher bis heute weise und unprätentiös prägnant und deswegen wirkungsreich. Erst recht gilt das, wenn man seine Empfehlung richtig und loyal verwendet, also wie gezeigt nur für den „gesunden Zustand" der Gesetze und nicht für den „mangelhaften".[57]

158   Für einen **mangelhaften Zustand** der Gesetzesausdrucksweise, also für unser Hauptdiskussionsfeld, gab er viel strengere, **zusätzliche Regeln**, die bemerkenswert schnell ver-

---

56 Siehe oben Teil III 2 (bei Fn. 18ff.).
57 Dazu oben Teil IV 3.4 (nach Fn. 49).

gessen wurden. Sie passten immer weniger in die aufkommende Konjunktur des Gesetzes als bloße Setzung statt als Feststellung der vorhandenen Rechtsverhältnisse und auch nicht zur Konjunktur des Richterrechts. Savignys strenge Unterscheidung von „wahrer Auslegung" und Gesetzesverbesserung bzw. „Umbildung", oder milder noch „Fortbildung", war eine im werdenden Verfassungsstaat notwendige Klassifikation. Das erkannte er. Seine institutionelle Lösungsempfehlung für die unvermeidlichen Übergangsfälle ist heute in Gestalt der legal und erst recht faktisch anerkannten Rechtsfortbildungskompetenz der obersten Gerichte und gar des Verfassungsgerichts verwirklicht – und freilich de facto weit überschritten über die „schwierigen" Fälle hinaus.

Aber Savignys grundlegendes Anliegen war nicht Auslegung und Richterrecht oder Gesetzesrecht oder Juristenrecht per se, sondern **möglichste Rechtsgewissheit**. Sehr klar bleibt damit also die stete Mahnung, Rechtsfortbildung könne entgegen ihrem guten Sinn zur Plage werden. Wenn sie nicht mehr nur der Schließung wahrer und unvermeidlicher Übergangsbereiche zwischen loyaler Textauslegung und Defiziten der Texte selbst (nach Ausdruck und Gedanke, nicht nach Wertentscheidung) dient, sondern sich zur lockeren, rechtsverbessernden Fortbildung emanzipiert, so produziert sie in dieser Rolle gerade diejenige Unsicherheit und Rechtsungewissheit, die vor allem vermieden werden sollte. Dieser Aspekt ergibt noch zwei wesentliche Zusammenhänge. 159

6. Sicherheit und Gewissheit des Rechts als Auslegungsaufgabe – Zivilrecht und Strafrecht

Obwohl Savigny aus einer in vielen Beziehungen nicht vergleichbaren Verfassungslage heraus argumentiert, bleibt seine **Problemverortung** lehrreich. Seine Richter waren zwar königlich und persönlich nicht voll unabhängig, sein rezipiertes römisches Recht war nicht als Kodifikation rezipiert, eine geschriebene Verfassung gab es wenigstens in Preußen nicht, Rechtswissenschaft war angesichts noch fragmentarischer Gesetzeswelt vor BGB, HGB, StGB, gar GG, Verwaltungsrecht, Sozialrecht usw. ein unentbehrlicher Rechtsklärungs- und -erzeugungsfaktor. Aber die Frage, in welchem Sinne es vor allem um Sicherheit des Rechts, um Gewissheit und Bestimmtheit als Auslegungsaufgabe gehen soll, stellte sich voll. Seine Konzeption bietet nach wie vor lehrreiche Antworten, wenn man auf die Rechtsbereiche achtet, um die es jeweils geht. 160

Bei den Römern und den römischen Juristen hatte Savigny, wie soeben erwähnt, noch „alle Vorteile der Anschaulichkeit und unmittelbaren Gewissheit, die aus dem Mitleben mit dem Volke, worin ein Recht entstand, hervorgehen können" (S. 241), gefunden. Dieser Gedanke entspricht seiner Konzeption von Auslegung als Findung eines wirklichen Rechts statt Gesetzesphilologie. Er passt für das wie selbstverständlich vor allem als **Privatrecht** betrachtete römische Recht, das für Savigny im Mittelpunkt steht.[58] Passt er auch ganz allgemein? 161

Lehrreich dazu ist eine briefliche Stellungnahme[59] Savignys zu Georg Beselers Vorschlag von 1843 in der berühmten Schrift **Volksrecht und Juristenrecht**, Schöffengerichte mit Laien einzurichten, statt Juristengerichte. „Mit dem Vorschlag der Schöffengerichte" könne er, so Savigny, „von keiner Seite übereinstimmen". Die „angebliche Mißstimmung des Volkes" gegen die Juristengerichte sei „seinen Wahrnehmungen völlig entgegen". Sie 162

---

58 Vgl. wie Fn. 64.
59 Brief vom 13. Oktober 1843, Tag der sog. Völkerschlacht 1813 übrigens, abgedruckt in *G. Beseler*, Erlebtes und Erstrebtes, Berlin 1884, Anlage 7.

widerspreche auch deren hoher Achtung in Frankreich, allenfalls sei Öffentlichkeit der Verhandlungen notwendig. Die Behauptung besonderer richterlicher Abhängigkeit in politischen Prozessen werde durch die preußische „Erfahrung, besonders aus der Demagogenzeit,[60] entschieden widerlegt. Daß die Juristen dem Leben besonders entfremdet" seien, sei eine „ganz willkürliche Annahme ...". Die Wahlerfahrungen in England und Frankreich belegten das „Trügerische dieser Garantie tausendfach", auch fehle in Deutschland ohnehin ein „zahlreicher Stand von Leuten unabhängigen Vermögens". Beselers Bild von der rheinisch-preußischen Gerichtsverfassung sei „ganz unrichtig ...", besonders auch quantitativ, da die Schöffengerichte nur höchst selten angerufen würden. Die Erfahrungen mit den Geschworenen sprächen nicht für eine „größere Zuverlässigkeit der Schöffen" gegenüber Juristengerichten. Die Geschworenen zeigten sich in Frankreich wie England nicht selten von „politischen Leidenschaften und Vorurtheilen theils angesteckt und beherrscht, theils eingeschüchtert". Sie sprächen nicht selten frei, „weil sie das Gesetz mißbilligen", übten also „im Widerspruch mit ihrem Auftrag und Eid ein Begnadigungsrecht aus. Dieses Alles würden Beamtenrichter niemals thun." Auch sei „die Verbannung der Rechtsmittel ... höchst gefährlich".

163 Savigny argumentiert mit der größeren rechtlichen Zuverlässigkeit der Juristenrichter für Rechtssicherheit und Rechtsgewissheit. Die Lebensnähe zum „wirklichen" Recht scheint ihm plötzlich weniger wichtig zu sein.

164 Man wird seine Einwände gegen die rechtliche Zuverlässigkeit von Schöffenrichtern **nicht als reaktionäre Vorurteile** abtun können. Savigny war in alledem als Staatsrat, Richter am rheinischen Kassationshof, Rechtslehrer und eifriger Briefkorrespondent bestens informiert, auch von kritischer Seite.[61] Vielmehr sieht man hier einmal den sorgfältig vergleichend und konkret erwogenen argumentativen Hintergrund so knapper Dogmatisierungen wie seiner Sätze über „Volk" als Rechtsquelle (*System* I 18ff.). Zu einem irgendwie **unmittelbar** politisch-juristischen „Volk", sei es in der Gesetzgebung, sei es als Schöffenrichter durch Volkswahlen, hatte er kein Vertrauen. Er hatte bekanntlich das Volk nur als Naturganzes, als „natürliches Volk", in seine allgemeine Rechtslehre eingebaut. Das wirkte 1814 vor allem als legitimierende Sperre gegen Gesetzes- und Vernunfthybris (*System* I 30 f.) von monarchischen Gesetzgebern, bürokratischen Doktrinären und wenig realistischen Reformprofessoren wie Thibaut, aber auch gegen Gesetzestyrannei ohne König wie in Frankreich nach 1789. Andererseits wollte Savigny in seiner Anerkennung und Propagierung eines „wissenschaftlichen Rechts" und der Sicherheit der wissenschaftlichen „Tradition"[62] keine „unbefugte Anmaßung der Juristen" gegenüber dem Volksrecht finden (*System* I 48 f.) und wiederholte dies gegenüber Beseler. Denn: „Dieser Vorwurf könnte nur dann gegründet seyn, wenn die Juristen einen geschlossenen Stand bilden wollten". Es könne aber jeder Jurist werden, „der die nöthige Kraft darauf wendet" (*System* I 48 f.). Im letzten Punkt mögen 1843 fromme Täuschungen mitgespielt haben – erforscht ist das kaum. Dennoch enthalten beide Aspekte, die Frage der rechtlichen Zuverlässigkeit der Schöffen und der des Volksbegriffs und der Lebensfremdheit der Juristen, einen überaus wesentlichen Zusammenhang zum Anliegen der Rechtsgewissheit und Rechtsfundierung.

165 Die soeben erklärte Sperre aus dem begrenzten Volksbegriff wirkte nämlich im **Privatrecht** und besonders im reinen Vermögensrecht (also i. w. außerhalb Familien- und Erb-

---

60 Gemeint sind die politischen Prozesse nach 1819 und 1832 gegen Burschenschafter, Professoren und andere.
61 Vgl. oben den Lebensumriss (bei Fn. 15).
62 Siehe soeben bei Fn. 53.

recht) **nicht**, da hier das **rechtsinteressierte „Volk"** ohnehin i. w. selbst seine Rechtsverhältnisse bilden konnte und durfte. Ebenso konnte man im Privatrecht die Juristen wenigstens damals kaum als besonders lebensfremd ansehen. Sie waren meist auch praktisch tätig. So gesehen fällt auf, dass die Betonung der rechtlichen Zuverlässigkeit der Schöffen und die Zurückstellung ihrer besonderen Nähe zum lebenden Recht nicht in einem Privatrechts-, sondern in einem **Strafrechtszusammenhang** steht. Obwohl Beseler Zivil- und Strafgerichte diskutiert, nimmt Savigny hier nur die Strafrechtsseite auf. Für das Strafrecht aber hatte er Gesetzgebung begrüßt, „nämlich als Schutz für die Freyheit". Dies belegt vor allem seine noch ungedruckte private Vorlesung für den preußischen Kronprinzen von 1816/17.[63] Dieser Freiheit wegen kam es im Strafrecht mehr auf die rechtliche Zuverlässigkeit zum Gesetz an als auf eine Lebensnähe zu einem lebenden Strafrecht – was immer auch das wäre. Damit ist ein weiterer Kernpunkt erreicht.

Die Rechtsbereiche haben verschiedene Freiheitsfunktion: Das **Privatrecht** war freiheitsoffen, das **Strafrecht** freiheitsschützend konzipiert. Die Aufgabe der Auslegung nimmt eine unterschiedliche Richtung wegen der unterschiedlichen Funktion der Regeln, das modifiziert auch die Justizfragen und anderes mehr – aber gemeinsam bleibt das Freiheitsinteresse. Das ergibt einen letzten wesentlichen Aspekt von Savignys Konzeption bei Auslegung. 166

7. Der Ansatz beim Individuum – Privatrecht als spontane Ordnung

Nicht mehr überraschend eröffnet Savigny sein Auslegungskapitel mit einer Überlegung auch zum **Privatrecht überhaupt**. Das Recht dient hier nämlich zuletzt „den Einzelnen zur Einrichtung ihrer Lebensverhältnisse in bestimmter Gestalt" (*System* I 206). Diese entscheidende Perspektive gleich in den einleitenden Bemerkungen über Auslegung der Gesetze überliest man leicht. Sie zielt auf einen **individuellen Ansatz**, der an dieser Stelle zwar nicht deutlich vorrangig wird, aber doch tendenziell dominiert. Savignys auslegungsbedürftige Gesetze im *System* sind durchweg privatrechtliche Regeln.[64] Wenn er einmal ein Strafrechtsbeispiel verwendet (*System* I 233), geht es ihm ebenfalls um Rechtssicherheit und Rechtsgewissheit für den Einzelnen. Loyale Gesetzesauslegung in seinem Sinne ist also ein Faktor **freiheitlicher Rechtsverfassung** – im Strafrecht durch besondere rechtliche Zuverlässigkeit im Umgang mit dem Gesetz selbst, im Privatrecht durch sichere Erfassung der Rechtsverhältnisse der Einzelnen anhand des Gesetzes. Von hier aus verurteilt er das Verbot jeder „Privatauslegung" der Gesetze unter Justinian. Ein solches Verbot muss nach Savigny in ein nur mechanisches Verfahren der Gesetzesanwendung münden (S. 305) und entspreche despotischen Verhältnissen. Justinian habe damit versucht, den Irrtum für immer zu bannen, habe „freilich aber zugleich die Freiheit des Geistes" vernichtet (S. 161). 167

Dieser individualistisch-freiheitliche, tragende Grundgedanke in Savignys Auslegungslehre erscheint gerade heute **nicht überholt**. Unser Grundgesetz geht im Generalgrundrecht des Art. 2 von allgemeiner Entfaltungsfreiheit aus. Privatrecht und öffentliches Recht folgen nun also dem gleichen Grundprinzip der rechtlich gleichen Freiheit. Freilich 168

---

63 Dargestellt bei *Rückert* 1986 (wie Fn. 13) 240 f. *Savigny* spielte auch eine wes. Rolle als Strafgesetzgeber nach 1842 als Minister. Das prß. StGB beruht auf seinen Entwürfen und damit auch das davon abhängige Reichs-StGB von 1871, das in vielem noch gilt.

64 Ähnlich und klarstellend in den Texten bei *Mazzacane* (wie Fn. 10), 148/46 r (1809), 175/173 r (1811), 202/84 v (1825); nicht anders wohl auch 139/38 r (1809).

muss man dies hervorheben gegenüber daran gar nicht mehr interessierten Epigonen Savignys und gegenüber gegenläufigen Aspekten seiner eigenen Jurisprudenz.

169 Solch **gegenläufige** Aspekte liegen kurz gesagt in folgenden Momenten: in Savignys bloß bereichsliberalem, d.h. ›**privatrechtsliberalem**‹ **Rechtsbegriff**; in seiner nicht genauer begrenzten Rückführung allen Rechts auf eine nicht freiheitlich definierte „allgemeine Aufgabe" (I 52 f); in seiner Ablehnung eines das Individuum festhaltenden Volksbegriffs; in seiner Relativierung des konkreten Volkes zu Volksgeist und Volksbewusstsein; in seiner juristenrechtsfreundlichen Betonung der Wissenschaftlichkeit der Auslegung und ähnlichen Momenten. Auch seine Logik und Semantik, nach der es bei der Auslegung um „Reconstruction des dem Gesetze innewohnenden Gedankens" (*System* I 213) geht, enthält überindividuelle Momente. Denn im gleichen Maße wie er den Gedanken dem Gesetze „inwohnen" lässt, lässt er unklar, *woher* der „Gedanke" gekommen sein darf. Einerseits sichert er mit diesem lapidaren „inwohnend" den Gesetzesgedanken gegen bloße Gesetzgeberwillkür ab. Und tendenziell beschneidet er damit älteren und neueren Despotismus und Gesetzgebungshochmut. Andererseits bleibt aber unklar, wie und durch wen dann von anderer Seite her das Gesetz zu seinem „Gedanken" kommen darf. Hier hatte das öffentliche Recht seiner Zeit nicht eindeutig entschieden. Länder mit und ohne Verfassung, mit mehr konstitutioneller und mehr monarchischer Verfassung existierten im Deutschen Bund von 1815 nebeneinander. Der vorsichtige Jurist Savigny begnügte sich entsprechend mit einer darin offenen Konstruktion des Rechtsbegriffs.

170 Dass er diese Konstruktion 1814 und immer wieder dennoch als „innerlich notwendig" und geschichtlich notwendig, ja als in Wahrheit unvermeidbar darstellte, unterlegte der offenen Situation einen begrenzenden Sinn. Darin und in der Art, wie er dies bis in philosophische Tiefen hinein begründete,[65] lag dann juristische und politische **Metaphysik**. Aus nicht sichtbaren und prüfbaren Innenansichten sollten entscheidende Wertungen folgen. Manche finden allein diese Konstruktion schon aktuell anziehend und irgendwie wissenschaftlich. Von den Bedenken war die Rede.[66]

171 Doch auch, wenn man eine andere Philosophie hat oder gar keine – was freilich kaum vorkommt – und die metaphysische Verankerung seiner juristischen Grundbegriffe nicht teilt, behält Savignys konkrete Problemverortung einen **aufklärenden Wert**. Ja sie mahnt einen Aspekt an, der in der heutigen Diskussion kaum zur Sprache kommt: Zivilrechtliche Methodenlehre kann eigenständig und Paradigma sein, soweit sie individuell-freiheitliche Gesichtspunkte für sich und auch im „öffentlichen Recht" (mit Savigny), im Rechtsbegriff und in der juristischen Methodenlehre zur Geltung bringt. So gesehen entstehen ganz neue Aspekte und Fragen an die Gegenwart, von denen wiederum die erstarrten Traditionszitate nichts mehr ahnen lassen.

172 Auch Savignys Suche nach dem „wirklichen" Recht ist dafür noch einmal aufschlussreich.[67] Wie oft haben Juristen nach dem „Leben" gesucht, aber bloß in der naturalistischen Sackgasse. Denn Recht lebt nicht, es wird gelebt. Wenn man von den objektividealistischen Tiefen von Savignys „natürlichem Recht",[68] seinem eigenwilligen Gewohnheitsrechtsbegriff im *Beruf* (S. 13/78 f.) und dann seinem ausgearbeiteten Gewohnheitsrechtsbegriff (*System* I § 12) einmal absieht, fallen Savignys **Beispiele für seine Konzeption** auf. Um seinen Landshuter Studenten 1808 zu veranschaulichen, dass Recht

---

65 Dazu oben in Teil III 8 (Rn. 115 ff.).
66 Siehe oben Teil III 9 (Rn. 118 ff.).
67 Vgl. schon oben bei Fn. 23, 29, 38, 53.
68 Vgl. oben bei Fn. 16, 19.

weder als rein künstlich planvoll, noch als rein kontingent geworden aufgefasst werden dürfe, wählte er das **Wechselrecht** zum Beispiel:

„Die Wechselbriefe sind entstanden durch das innere Bedürfnis des Welthandels. In jeder großen Handelsstadt sind alle Verhältnisse dieser sehr künstlichen Erfindung allgemein gekannt(sic!). Darum gibt es in jeder Handelsstadt ein Wechselrecht, das nicht in geschriebenem Gesetz, auch nicht in den Schriften der Juristen gegründet ist, sondern in dem allgemeinen Bewußtsein aller denkenden Kaufleute. Wenn nun in einem ganzen Volke Nationalgesinnung und Bürgergefühl ebenso verbreitet und ebenso entwickelt wäre wie in jener Stadt die Kenntnis des Handels, so würden von dem Bewußtsein dieses Volks alle Verhältnisse ebenso durchdrungen werden, wie dort die merkantilen Verhältnisse, und dieses Volk hätte ein ursprüngliches Recht."[69]

Ähnlich verwendet er 1815 gegen Gönner das Beispiel **Geldkurs**: 173

„Der Cours des Geldes wird gebildet durch die Meinung des Volkes, welches hierin durch den Handelsstand auf ähnliche Weise, wie dort (sc. bei der Verfassung des Staates) durch die Juristen, repräsentiert wird, so daß die Meinung der Kaufleute meistens den Cours macht."[70]

Weitere, freilich schwierigere, Erklärung bietet sein Vergleich mit der **Sprachentwicklung**.[71] 174

Es kommt dazu jetzt nicht darauf an, ob und wie diese Verbindung von Volksgeistlehre, 175
Handelsgeist, Juristenfunktion und Privatrecht stimmig gedacht werden konnte und
wurde.[72] Die Beispiele zeigen noch einmal – anscheinend ganz ohne Philosophie, aber
sie kommen von dort – Savignys konkreten Versuch, eine eigenständige Lösung klar zu
machen. **Negativ** zeigen sie: Die sog. Volksgeistlehre zum Rechtsbegriff hat eine doppelte
Aufgabe gegenüber **doppelter Front**. Richtiges Recht und jedenfalls Privatrecht darf weder als abstraktes Planungsprodukt gemäß Vernunft- oder Naturrecht aufgefasst werden,
noch als bloßes Zufallsprodukt eines Gesetzgebers. Diese Aufgabe, zwei aktuelle „Abwege"[73] abzuwehren, hat man meist verstanden und gewürdigt.

Als schwieriger, kaum versucht und noch weniger gewürdigt, erweist es sich, diese **Kon-** 176
zeption positiv zu klären und auf Begriffe zu bringen. Der immer neue Streit um die
Savigny-Verortung, seine eigenen vielfältigen Erklärungsbemühungen, das philosophisch
grundsätzliche Zeitalter Savignys, seine Neigung zu „Von-selbst"-Zuspitzungen, die das
Problem eher verdunkeln[74] – das alles belegt nur die Schwierigkeiten. Sie erscheinen nicht
unlösbar – die Debatten und Savigny selbst müssen nur genauer historisch gelesen werden
und vor allem mit den wesentlichen Kontextveränderungen für Recht und Juristen seit
um 1800; die philosophischen Zusammenhänge müssen als Problemstellungen und Lösungsangebote gelesen und verglichen werden und weniger als Einfluss-Phänomene; das
kann hier nicht weiter verfolgt werden (siehe nun den HISTORISCHEN ÜBERBLICK unten
Rn. 1357 ff.). Es genügt, an dem Wechselbriefe-Beispiel und seinem Kontext über Hugo

---

69 Nach dem ungedruckten Manuskript der Institutionenvorlesung 1808, fol. 3 v, 4, erklärt und zitiert bei *Rückert*
    1984 (wie Fn. 9) 111 ff., 115.
70 *Gönner-Rez.*, Verm.Schr. (wie Fn. 7) V 128.
71 Dazu oben bei Fn. 25 und 38.
72 Vgl. dazu skeptisch *Rückert* 1984 (wie Fn. 9) 116, 304ff.
73 Dazu oben Teil III 6.
74 Dazu näher *Rückert* 1984 (wie Fn. 9) 332, 88.

zu Hume auf eine bisher kaum gesehene, weit tragende Verständnismöglichkeit aufmerksam gemacht zu machen.

177   Es erscheint nicht nur plausibel, darin Savignys **Privatrechtskonzeption** konzentriert zu sehen, sondern auch, sich diese an der ökonomisch-sozialphilosophischen **Theorie der spontanen Ordnung** klar zu machen. Auch in dieser Theorie liegt der Akzent in einer doppelten Front gegen Auffassungen, die sich Gesellschaft und Wirtschaft nur als künstlich geplant oder als kontingent-willkürlich vorstellen wollen. Immer noch sollen damit die Abwege eines despotischen, besserwissenden Zentralismus und eines wert- und am Ende freiheitsuninteressierten bloßen Laissez-faire-Modells vermieden werden.[75] So gesehen wäre Savigny jedenfalls für sein Kernprivatrecht in der Linie eines reflektiert freiheitlichen Ansatzes zu sehen, der Recht als Mittel zur allgemeinen äußeren Freiheit versteht. In diesem Sinne kann Savignys Idee eines „wirklichen" Rechts als „eigentlicher Wille des Volkes" relevant werden, nämlich als Recht der privatrechtlichen Rechtssubjekte selbst, die hier nicht nur Naturganzes wie im Staatsrecht sind, sondern rechtsbildende Faktoren in einer spontanen Ordnung.[76] Das erscheint auch gar nicht unhistorisch, wenn man weiß, dass diese Idee bei *Justus Möser* durchscheint, dass *Gustav Hugo* eine solche Auffassung vertrat und deutlicher noch der von ihm so sehr gelobte entscheidende Philosoph der schottischen Aufklärung *David Hume*. Ganz ähnlich finden sich auch dort Geldkurs und Sprachentstehung als Beipiel:[77]

> „In like manner are languages gradually established by human conventions without promise [d. h. förmliches Versprechen]. In like manner do gold and silver become common measures of exchange, and are esteemed sufficient payment for what is of a hundred times their value."

178   Diese Theorie der Entstehung von Ordnung bietet offenbar eine klärende positive Vorstellung, von dem, was auch Savigny vielfach bewegt.

179   **Savignys besondere Zutat** wird in dieser Perspektive deutlicher. Es sind vor allem seine **Einbettung des Gedankens** der spontanen Entstehung von Recht (– ein Hauptfall von Ordnung –) in den Kontext von „Inwohnen", „innerer Einheit", „innerer Notwendigkeit", seine Verflechtung mit der Sittlichkeit als Aufgabe und mit der christlichen Geschichte Europas. Sie lässt diesen Gedanken als Entstehungstheorie bestehen, löst ihn aber aus dem skeptisch-utilitaristischen Zusammenhang des englischen Aufklärers Hume und noch des Göttingers Hugo.[78] Eben dadurch macht sie ihn aber auch kompatibel mit zeitgemäßen deutschen philosophischen Prämissen, nach denen Ordnungsentstehung nicht skeptisch-zweckorientiert vorgestellt wird. Man nennt diese Vorstellung hier „freies Spiel der Willkür" (*Schelling* 1800) und denkt lieber – grob skizziert – vom vernünftigen Subjekt (*Kant, Fichte*) her oder von „verborgener Nothwendigkeit" über dem Menschen, die „im Spiel seiner Freiheit die Hand hat" (*Schelling* 1800) her oder vom

---

75 Vgl. vor allem *F. v. Hayek*, Die Verfassung der Freiheit (zuerst engl. 1960), 3. A. Tübingen 1991, zus.fassend in der Einleitung 8 f.; zur spontanen Ordnung 36, 70, 72, 193. Maßgebende Übersicht jetzt bei *R. Richter* und *E. Furubotn*, Neue Institutionenökonomik, Tübingen 1996 (u. ö.), 17 f., 42 – ein Hinweis, für den ich *Chr. Kirchner* herzlich danke.

76 Vgl. oben vor Fn. 51.

77 *D. Hume*, A Treatise on Human Nature (1739/40), III.2.2 (ed. Selby-Bigge, Oxford 1888 u. ö., S. 490); zu *Hugo* 1812 oben Fn. 35; für Savigny jetzt auch die Zeugnisse in seinen Materialien zum Beruf, s. *Akamatsu/Rückert* (Fn. 10), Register.zu Hume.

78 Dazu oben bei Fn. 35.

begriffenen Gang der Weltgeschichte (*Hegel*) her usw..[79] Die „Hand" im Spiel – die Anspielung auf *Adam Smiths* „invisible hand"[80] und damit die Verbindung zu *Hume* ist ebenso deutlich wie die entscheidende Modifikation zu einer „verborgenen Notwendigkeit", einem „Gesetz innerer Notwendigkeit" (Schelling), oder, bei Savigny, einer „inneren Notwendigkeit" allen Rechts. Diese Steigerung zu einer Notwendigkeit und All-Aussage fügt die Idee ein in die philosophischen und rechtstheoretischen Prämissen der deutschen Vereinigungsphilosophie.[81] Der Gedanke führt übrigens von Savignys Schule für „geschichtliche Rechtswissenschaft" zur deutschen „Historischen Schule" der Nationalökonomie im späten 19. Jahrhundert (*Schmoller* u. a.). Der Gedanke der spontanen Ordnungsentstehung wurde inzwischen wieder zu „einem Hauptthema" in der „Neuen Institutionenökonomie"[82] – in erneut ›englischem‹ Theoriekontext. Die Verbindung zur sogenannten ökonomischen Analyse des Rechts[83] liegt nahe. Savigny bietet damit eine anschlussreiche Privatrechtstheorie – freilich idealistisch überhöht, aber in der Sache höchst produktiv in Richtung Moderne.

8. Weitere Quellen

Manch wohlbekannte und manche inzwischen zugängliche Texte Savignys wurden hier kaum oder gar nicht herangezogen, obwohl sie gut unter die Überschrift Methode und Zivilrecht passten. Nur gestreift wurden die Passagen aus dem *Beruf* von 1814, in denen es um eine ganz allgemeine „Methode der Rechts**wissenschaft**" (*Beruf* 117/140) geht, um „zweyfachen wissenschaftlichen Sinn" und um Rechtsfindung ganz allgemein (S. 48/99), nicht nur rechtspraktisch. Auch die Passagen über „Rechnen mit Begriffen" (S. 29/88) zielen sehr allgemein auf die Begriffstechnik der römischen Juristen und nicht auf rechtspraktische Methode. Die späteren Ausführungen im *System* seit 1840 sind spezieller und umfassender und waren daher hier primär zu verwenden. Nur hier geht es konzentriert um „Auslegung der Gesetze", nur hier geht es konzentriert um den juristischen Ort der Regeln. [180]

In seinen beiden *Methodologien*, die nach 1810 zu einer separaten „Einleitung" zu seiner Pandektenvorlesung mutierten, berührt Savigny Fragen der Auslegung und Gesetzesauslegung ebenfalls durchaus – das wurde oben mehrfach vermerkt. Der leitende Gesichtspunkt möglichster Sicherheit und Gewissheit des Rechts, die Beschränkung auf wahre, d. h. loyale Auslegung der Texte, die Loyalität zum „wirklichen" Recht und die Verwerfung der Gesetzesverbesserung finden sich auch dort. Nähe und Distanz dieser allgemeineren Texte gegenüber dem *System* eigens zu zeigen, ist jedoch hier nicht der Ort. Für die Frage nach Zivilrecht und Methode bei Savigny kann sein *System* als zentrale und konzentrierteste Quelle genügen – mit ein wenig Kontext. Wie sieht Savignys Durchführung am Beispiel aus? [181]

---

79 Über diese Zusammenhänge, vom Freiheitsproblem her, *Rückert*, Natürliche Freiheit – Historische Freiheit – Vertragsfreiheit, in: Recht zwischen Natur und Geschichte, hg. von *F. Kervegan* und *H. Mohnhaupt*, Frankfurt/M. 1997, 305–337 (331).

80 *Adam Smith*, An Inquiry into the Nature and the Causes of the Wealth of Nations (1776), hier 4.Buch, 9. Kap. am Ende: „By pursuing his own interest he *frequently* promotes that of the society more effactually than when he really intends to promote it ...".; nützlich dazu z. B. *J. Starbatty*, Die englischen Klassiker der Nationalökonomie, Darmstadt 1985, 7 f., 35 f. (mit Hinweis auf Fehlrezeptionen und viele Fehlübersetzungen).

81 Zu dieser Richtung, auch „objektiver" Idealismus, oben vor Fn. 33.

82 Vgl. statt vieler jetzt sehr präzise *Richter/Furubotn* (wie Fn. 75), 302ff. u. ö., 38ff (41 das Zitat), und nun unten *Kirchner*,Rn. 1552 ff.

83 Dazu unten *Laudenklos*, Rn. 1210 ff.

V. Das Beispiel Culpa-Lehre / Verschuldensdogmatik

182 Die Wahl eines Beispiels aus Savignys Dogmatik ist durch die Fragestellung vorgezeichnet: Es soll nicht um irgendeine dogmatische Frage und Lösung gehen, sondern um ein Beispiel, das die normativen Probleme von Auslegung zwischen Auslegung und Umbildung zum Tragen bringt. Ein so schönes Beispiel wie Savignys Entwicklung einer allgemeinen, zweistufigen **Kondiktionsregel** kann dazu nichts beitragen, da er sich hier um die Entwicklung einer plausiblen Systematisierung und Regelformulierung zu im Ergebnis ganz unbestrittenen Fällen bemüht.[84] Auch bloße Stellungnahmen gegen die illoyale Verbesserung der Gesetze, wie sie z. B. seine sogenannte Methodenlehre von 1802/03 enthält, führen hier nicht weiter.

183 Passenderes findet man in seiner Stellungnahme zur **Culpa-Lehre**. Man muss dazu zwei Texte kombinieren: seine dogmatischen Ausführungen in der inzwischen für 1824/25 fassbaren *Pandectenvorlesung* und eine aufschlussreiche Passage in seiner Rezension gegen Gönner von 1815. Über eine ähnlich dichte systematische Verarbeitung der Culpa-Lehre durch Savigny selbst, wie er sie in vielem in seinem *Obligationenrecht* erarbeitete, verfügen wir leider nicht, da der 72-jährige Savigny gerade vor diesem großen Kapitel 1853 seine wissenschaftliche Arbeit beendete.

184 Aus der Vorlesung von 1824/25 kann man zuverlässig entnehmen, dass sich Savigny entgegen einer seit mehreren Jahrhunderten verbreiteten Lehre einer **neueren Lehre** anschließt. Überwiegend hatte man drei Grade der *culpa*, die *culpa lata*, *levis* und *levissima*, also etwa grobe, mittlere und leichteste Fahrlässigkeit, unterschieden. Insbesondere seit der Monographie von *Johann Christian Hasse* über „Die Culpa des römischen Rechts" (Kiel 1815), hatte sich die sogenannte Zwei-Grade-Lehre durchgesetzt. Darin lag ein praktisch sehr relevante Umbildung juristischer Dogmatik. Savigny hat diese Umbildung alsbald mitgetragen, wie schon die Überarbeitung seiner eigenen Pandektenvorlesung zeigt.[85] In der Vorlesungsnachschriftenfassung von 1824/25 lässt sich erkennen, dass er sorgfältig quellen- und fallgruppengestützt die Zwei-Grade-Lösung Hasses durchführt.[86] Im *System* streift er die Frage als Beispiel (I 90).

185 Den hier interessanten Aspekt seiner Stellungnahme in dieser dogmatischen Kontroverse ergibt jedoch erst die Verbindung mit der Passage in der Gönner-Rezension.[87] Denn die Culpa-Lehre nimmt Savigny dort als Prüfstein der oben bereits als zentral erwiesenen **Rechtssicherheits-, Rechtsbegriffs-und Kodifikationsfrage**. Waren Rechtssicherheit und Rechtsgewissheit eher durch Gesetzbücher oder eher durch eine organisch fortschreitende Rechtswissenschaft gewährleistet? Savigny verwendet gerade die Culpa-Lehre, um zu zeigen, dass viel eher „Liebhaberei am Gesetzgeben" als bedächtig fortschreitende Rechtswissenschaft die unerwünschte Rechtsungewissheit brächte. Er schreibt 1815:

> „Gesetzt nun, es wird wirklich einmal, wie es bei der culpa der Fall werden könnte, einiges allgemein anders gesehen, als vorher, wie kann man doch deshalb den Zustand des Rechts überhaupt als schwankend beschreiben wollen! Es ist dann immer nur etwas Einzelnes und dieses Einzelne ist dann gerade zu einer solchen Zeit dergestalt geprüft und durchdacht worden, daß alle praktische Änderung mit Einsicht und Besonnenheit, also ungefährlich, geschehen kann; zugleich geschieht es sehr allmählich, da gewiß immer eine beträchtliche

---

84 Näher gezeigt in *Rückert*, Dogmengeschichtliches und Dogmengeschichte im Umkreis Savignys, bes. in seiner Kondiktionslehre, in: ZSRom 104 (1987) 666–678; jetzt auch in *ders.*, Savigny-Studien, 2011.
85 Greifbar jetzt in der Edition von *M. Avenarius* (wie Fn. 10).
86 Siehe *Pandektenvorlesung* 1824/25 (wie Fn. 10) 256ff.
87 *Gönner-Rezension* 1815, in VS, Bd. 5 (wie Fn. 7) 169 f., auch bei *Rückert* 1984 (wie Fn. 9) 180.

Zeit hingeht, ehe eine neue Ansicht allgemein in der Theorie anerkannt wird und noch länger, ehe sie in der Praxis Eingang findet. Was dagegen das Recht in der Tat um alles feste Bestehen bringt, ist gerade die Liebhaberei am Gesetzgeben".[88]

Savigny begründet also geschickt, dass wissenschaftliche Änderung jedenfalls **weniger unsicher** sei als gesetzgeberische, dank Beschränkung auf einzelne Fragen, dank gründlicher Prüfung und nur allmählicher, erprobender Durchsetzung.   186

Hier kommt es darauf an, dass der wesentliche Gesichtspunkt der loyalen, wahren Auslegung auch in diesem Beispiel in der Betonung der **Sicherheit des Rechtszustandes** für alle und die Einzelnen aufgeht. Savigny verwischt dieses Problem nicht, sondern expliziert es ausdrücklich und erkennt die Gefahr neuer Ansichten, sprich Auslegungen, an. In der mehr dogmatisch gehaltenen Vorlesung finden sich diese Passagen nicht. Man wird dennoch sagen können, dass Savigny seine **Rechtsfortbildung und -umbildung** in Sachen Culpa-Lehre nicht hinter gezwungener Auslegung versteckt und nicht einfach als aktuell zweckmäßige oder lebensbedingte offene Fortbildung behauptet oder andererseits unbedingt beim Buchstaben stehenbliebe. Er weist die Rechtsfortbildung vielmehr aus und zeigt zugleich die Richtung und die Grenzen ihrer Handhabung im Verhältnis zu wahrer Auslegung im verfassungsfunktionellen Rahmen der Neuzeit. Auch das dogmatische Beispiel zeigt daher eine bemerkenswerte Vielfalt seines Argumentationshaushaltes, ein klares, unbefangenes Bewusstsein für den rechtspolitischen und normativen Ort dogmatischer Arbeit und eine privatrechtlich-freiheitliche Orientierung im Blick auf möglichste Rechtsgewissheit.   187

VI. Was bleibt? – zehn Erinnerungen

Savigny-Lektüre muss kein Klassikerleerlauf sein. Der Gewinn lässt sich in zehn Punkte fassen: 188

(1) Seine berühmten *canones* bilden nicht das Herzstück seiner juristischen Methodendogmen, sondern nur die **eine Säule**. Sie sind Arbeitshilfe für einen „**gesunden Zustand**" der Gesetzestexte, also nur für die volle Erschließung von i. w. verständlichen Texten, nicht für den uns meist beschäftigenden „mangelhaften Zustand" des Gesetzes, das seinen Gedanken nicht recht zum Ausdruck bringt, oder gar für die Lückenfrage (zu alledem oben IV 2–4, Rn. 141 ff.).   189

(2) Die **Kritik** wegen „subjektiver" statt „objektiver" Auslegungsmethode, wegen fehlender Teleologie, wegen des „ungelösten" Vorrangproblems oder gar wegen Rechnens mit Begriffen geht fehl, da sie die Problemstellung Savignys und die Architektonik seiner Darstellung missachtet. Sie beruht auf **Missverständnis.** (oben IV 2, Rn. 141 ff.).   190

(3) Auch die **Kritik** wegen fehlender Präzision und Hierarchie müsste überhaupt erst Savignys Problemort „**mangelhafte Gesetze**" zur Kenntnis nehmen. Dort weist er vor allem überspannte Erwartungen ab und entwickelt nur **Regeln für die Richtung** „wahrer", loyaler Auslegung, für begrenzte Fortbildung und gegen Gesetzesverbesserung. Juristisches lässt sich nicht rechnen oder bloß subsumieren, aber eine gewisse Sicherheit kann und muss Ziel sein. Die Überspannungen der „demonstrativen Methode" eines Christian Wolff (1679 – 1754) oder der Gesetzgebungsideologie der Revolution von 1789 und radikaler jüngerer Naturrechtler seit 1790 vermeidet Savigny. Die heutige Kritik übertreibt einerseits die Möglichkeiten und Bedürfnisse juristischer Methoden-   191

---

88 Gönner-Rez. (wie Fn. 86) 169 f.

dogmen und verlangt einseitig Präzision als solche, während sie sich zur Hierarchiefrage paradoxerweise viel lockerer gibt (dazu oben IV 4, Rn. 145 ff.).

192 (4) Dass die Übergänge zwischen wahrer Auslegung und echter Fortbildung fließen, war Savigny sehr klar. Er schlägt daher eine **institutionelle Lösung** in Form eines besonderen **Höchstgerichts** mit beiden Kompetenzen vor (dazu oben IV 5, Rn. 148 ff.) – unser Verfassungsgericht ist eine solche Lösung. Dieser Vorschlag Savignys geschah rechts- und verfassungspolitisch sehr bewusst und aus seiner eigenen Erfahrung am Berliner Kassationsgerichtshof. Er wahrt in alledem ein individuell-freiheitliches Anliegen, das Anliegen möglichster **Gewissheit** allen Rechts – auch wenn er es nicht überall und vorrangig wahrt. Hier zeigt er sogar grundsätzliche Härte (dazu oben IV 6, Rn. 160 ff.). Im Privatrecht ist also nicht die Loyalität zum Gesetzgeberbefehl als solchem wesentlich, sondern die zu dem von ihm nur festgestellten „wirklichen Recht" des an seinen Rechtsverhältnissen interessierten Volkes. „**Reconstruction**" im Traditionszitat zielt also nicht einfach auf die Wiedererschaffung des Gesetzgeberbefehls, sondern auf die des wirklichen Rechts (oben III 3 u. 5, Rn. 99 ff. u. 102 ff.).

193 (5) Die rechtstheoretische Besonderheit der *canones* liegt nicht in der schönen Aufzählung oder der gelungenen Prägnanz und auch nicht in ihrem Anschluss an eine allgemeine Text-Hermeneutik, sondern in ihrem Bezug auf ein sog. „**wirkliches Recht**" statt auf Gesetzesbefehle. Blickrichtung und Loyalität der Auslegung im Kernzivilrecht gehen also nicht auf die Gesetzesworte als solche, sondern nur anhand der Worte auf die wirklichen Rechtsverhältnisse der interessierten Kreise (Beispiel Wechselbriefe) – eine ganz andere Vorstellung als heute zumeist (oben IV 7, Rn. 107 ff. mit III 2 u. 5, Rn. 96 ff. u. 102 ff.). Weder Buchstabenjurisprudenz noch Richterkönigtum oder volitive Elemente des Entscheidens sind vor dieser Instanz das eigentliche Problem. Gegen das wirkliche Recht gerichtete illoyale Rechts- und Gesetzesverbesserung muss verhindert werden. Diese Grenze betont Savigny (oben III 4, Rn. 100 ff.). Positiv hielt er sich zurück.

194 (6) Die *canones* sind **Element einer eigenständigen Konzeption** von Gesetz, Recht, Auslegung, Rechtssicherheit und Rechtsgewissheit (oben III, Rn. 93 ff.). Danach geht es nicht um die Gewissheit des Gesetzeswortes als solchen, sondern um die der durch Gesetz festgestellten wirklichen Rechtsverhältnisse der einzelnen Rechtssubjekte (oben III 4, Rn. 100 ff.). Diese Gewissheit erst ermöglicht autonome Gestaltung und Entfaltung. Diese Festigung der Rechtsverhältnisse durch Gesetze und Auslegung hat nichts zu tun mit populär formuliertem Recht, sondern mit anerkanntem, nachvollziehbarem und jedenfalls von den i. w. Betroffenen im Ergebnis begreifbarem Recht. Im Ziel **Rechtsgewissheit** ist dieses individuelle Moment mitgedacht, das in bloßer Rechtssicherheit objektiviert untergehen kann. Sicher kann man auch im Gefängnis (bei Savigny: Despotismus) sitzen. Das ist nicht die Sicherheit, um die es hier geht (oben III 3, Rn. 99 ff. mit IV 6, Rn. 160 ff.).

195 (7) Recht, Gesetz, Auslegung usw. erhalten damit eine **Richtung auf die Rechtsbetroffenen selbst** und von diesen her – auch wenn es keine politisch-demokratische ist. **Privatrecht** wird zum **Modellrecht** als autonomes Recht (oben IV 7, Rn. 167 ff.). Zweiter Fall ist das Strafrecht, schwierig bleibt noch das Staatsrecht. Freiheitsermöglichung ist hier, Freiheitsschutz dort die Aufgabe, im Strafrecht durch Kodifikation, im Privatrecht gerade ohne Kodifikation, durch wissenschaftliche Erkenntnis der vorhandenen Rechtsverhältnisse des Volkes. Savignys Methodendogmen fordern also juristische Loyalität in zweierlei Art, für zwingendes Recht und für freies Recht (oben IV 6, Rn. 160 ff.). Diese Kon-

zeption wie seine Beispiele (Wechselbriefe, Sprache, Geldkurs) lassen sich gut verstehen im Rahmen der Theorie der **spontanen Ordnung** seit Hume (oben IV 7, Rn. 167 ff.).

(8) Gemeinsam ist das **Freiheitsinteresse**. Dies trifft trotz gegenläufiger Einbindungen das   **196** Zivilrecht wie das Strafrecht (oben IV 6 u. 7, Rn. 160 ff. u. 167 ff.). Für den unentbehrlichen Ordnungsrahmen des Privatrechts, z.b. das zwingende Recht im Privatrecht, wäre Savignys Linie zum Strafrecht weiterzudenken. Es hätte also zu gehen teils um Freiheitsschutz (Deliktsrecht), teils um Freiheitsermöglichung durch Fixierung von Spielregeln, ohne die kein Spiel auskommt, auch das Freiheits-Spiel nicht (dazu oben III 4, Rn. 100 ff.).

(9) Gegen Gesetzesloyalität um jeden Preis, wie sie seit Savigny immer mehr anstand und   **197** erst recht seit 1933 ansteht, sichert ihn seine eigenständige Konzeption von Gesetz, Recht und Auslegung, zuletzt aber seine philosophisch fundierte, **doppelte Verankerung des Rechts** in Wirklichkeit und Idee (III 6-8, Rn. 105 ff.). Konkret bezieht er dies auf Europas geschichtlich kulturell gegebene christliche Sittlichkeit und die individuell-freiheitliche Idee eines von den einzelnen Rechtssubjekten her gedachten Rechts. Gesetze sind hier nur akzeptabel als Rechts-Feststellungen und Rechts-Sicherungen, nicht als unabhängige heteronome Setzungen (oben III 2, 6 u. 8, Rn. 96 ff., 105 ff. u. 115 ff.).

(10) Diese Verankerung ist nicht notwendig apriorisch oder metaphysisch gedacht, noch   **198** ist sie notwendig politisch konservativ oder progressiv, aber auch nicht nur leerlaufend. Sie betont die Funktion von **Recht als selbstständiges Konfliktvermeidungs- und Konfliktlösungsinstrument vom einzelnen Rechtssubjekt her**. Sie kann daher noch lehrreich sein, auch wenn man die Philosophie und Politik dabei nicht teilt. Unsere entweder auf das gesetzgebungsideologische *gun-man*-Modell oder auf die zu große ›Wirklichkeit als solche‹ eingestellten Auslegungslehren gefährden beide diesen Freiheitszusammenhang. Denn danach entscheidet in Wahrheit, wer die Befehle gibt oder wer Vorstellungen von „Wirklichkeit" bestimmt. Auch Gesetzesbefehle des „Volkes" in der Demokratie müssen sich diesen Erwägungen stellen. Die Frage nach Zivilrecht und Methode enthält also wesentliche Antworten für Privatrecht und Demokratie.

VII. Ausblick

Solche Savigny-Lektüre ist keine Apologie, sondern Voraussetzung des eingangs ver-   **199** sprochenen Gewinns bei Klassiker-Lektüre. Man erkennt, dass heutzutage Methodenlehre meist viel zu isoliert konzipiert wird, dass sie paradox teils mit Bindungsabsichten überfordert, teils als angeblich bloße Technik normativ unterfordert wird. Die Diskussionen um die *canones* sind nach wie vor erstaunlich lebhaft, im historisierenden Gewand kommt viel Wichtiges zur Sprache. Das reicht bis zu der symbolträchtigen Frage, ob die Savigny-Büste der Humboldt-Universität[89] nach 1980 wieder an ihren Ehrenplatz gestellt werden sollte oder nicht. Savignys Blick ging bewundernswert prinzipiell gleichmäßig auf das Notwendig-Allgemeine wie auf das Zufällig-Individuelle im Recht, auf philosophische Grundlagen wie auf konkrete juristische Dogmatik und politische Wertungen. Spätere verloren teils diese Fähigkeit, teils den philosophischen Willen dazu und Glauben daran. Ohne Savignys synthetische Kraft zerfiel seine faszinierende Doppelorientierung in bloßes System und bloße Historie. Man beklagte dies dann polemisch als sog. Begriffsjurisprudenz (*Jhering* 1884 in „Scherz und Ernst") bzw. als Quellenpurismus und Rechtsstatistik. Heute fasst man – wie angedeutet – kaum noch den Gedanken einer

---

89 Siehe dazu den Band Savigny-Porträts, oben Fn. 10.

selbstständigen Einheit der Jurisprudenz als Rechtswissenschaft und des Rechts als einem nach eigenen Prinzipien geordneten Ganzen. Die bekannte Aufforderung Kants von 1781, „daß man doch einmal statt der endlosen Mannigfaltigkeit bürgerlicher Gesetze [d. h. bei ihm: der Gesetze im Staatszustand!], ihre Prinzipien aufsuchen möge",[90] scheint kaum noch zu interessieren. Viele Grundsatzprobleme kommen daher isoliert, ad hoc oder von außen her zur Sprache, nur als Fragen konkreter Rechtswertung und Politik. Savignys philosophisch gestützte Gesamtkonzeption erscheint von daher kaum „begreiflich"[91] und wird folgerichtig kaum erwogen. Dass Jurisprudenz eine gewisse **Autonomie** haben muss, weil sie sonst eine Kernaufgabe versäumt, wird daran immer wieder klar.

200 Großen Reiz bietet immer noch seine **Systemenergie.** Dank Savignys doppelter Orientierung und Leistung für Detail und Ganzes kann man sich an seinem das volle juristische Detail erobernden Systemwillen belehren und die Kraft dieser originären Wissenschaftlichkeit erfahren. Auch unabhängig vom idealistischen Unterbau beeindruckt diese Leistung, die ja auch heute für modern unmetaphysisches, forschendes Verstehen und Erklären gebraucht wird. Savignys Zugriff über allgemeinen Begriff und konkrete Anschauung ähnelt insoweit dem über allgemeine Forschungshypothesen und konkrete Daten. Für Juristen hat diese systematische Energie besonderen Wert, da damit die Gleichmäßigkeit und Wertstimmigkeit der Rechtsregeln überhaupt erst als Problem und Aufgabe hervortritt, die die Gerechtigkeit fordert. Dieser Systemwille ist also nicht eine Marotte Savignys oder der sogenannten Begriffsjurisprudenz. Jurisprudenz muss in diesem Sinne **systematisch** sein, weil sie sonst eine Kernaufgabe versäumt.

201 Als Problem der Rechtswissenschaft in unserer Moderne bleibt, wie sie als **Wissenschaft,** nicht als Schreibersdienst beim Gerichtsgebrauch, „der" Geschichte oder „dem" Leben dann die maßgebenden Wertungen entnehmen kann. Es genügt ja nicht, das Problem der Politik zu übergeben. Ohne normative Metaphysik bleibt nur eine illusionslos kritisch-rationale Methode für diese Problematik. D.h.: Kritisch-forschend müssen die Regelungsprobleme und die möglichen rechtlichen Lösungen festgestellt werden. Die Lösungen müssen dann nach ihrem Kontext und ihren Bedingtheiten geklärt und verglichen werden. Die Ergebnisse können nun als Wertungen verstanden und diskutiert werden. Damit sind sie im Zusammenhang weiterer Wertungen begreifbar und beurteilbar. Insbesondere anerkannte Wertungen spielen dann eine juristisch entscheidende Rolle. Auch deren Probleme, Vorteile und Nachteile, werden so sichtbar. Rechtswissenschaft würde so im dauernden Prozess der gesellschaftlichen Entwicklung die Rechtsfunktion stützen. *Pax et Iustitia* würden gestärkt. Oder moderner gesagt: Die Erwartungen würden stabilisiert, falsche Erwartungen zurückgewiesen, die Konflikte minimiert, die Reformwege erwiesen und die Gleichbehandlung, d.h. die Gerechtigkeit, dank systematischer Klärung der Wertungen gestärkt.

202 Neben diesen Lehren wiegen aber auch die **Differenzen** zu Savigny schwer. Für Gegenstand und Methode des Rechts steht und fällt seine Doppelorientierung mit ihrer **philosophisch-metaphysischen Grundlage,** wonach Sein und Sollen systematisch in der Wirklichkeit selbst verbunden sind, juristisch als „wirkliches Recht". Inhaltlich sind seine noch so allgemeinen oder römisch-quellenmäßigen Rechtslehren doch Kind seiner Zeit, wie er sie auffasste. Für den Bereich Rechtsquellen und Auslegungslehre ist diese Zeit-

---

90 Kritik der reinen Vernunft (Werke, ed. *Weischedel* III 313 = A 301, B 358); dazu *Rückert* 1984 (wie Fn. 9) 60 und 1987 (wie Fn. 13) 103ff. zu den Schwierigkeiten dabei.
91 So in der Tat ausdrücklich *J. Benedict,* JZ 2011, S. 1078.

gebundenheit besonders augenfällig, existiert doch eine römische Auslegungslehre seiner Art gar nicht, wie er selbst sah. Zeitgebunden heißt hier vor allem: Der Kontext von Verfassung und Rechtsstaat deutet sich erst an. Savigny rechnet mit ziemlich abhängigen königlichen Richtern und nicht viel freieren Anwälten, mit einem schmalen ›gelehrten‹ Juristenstand, mit schwankenden Gesetzgebungsinstitutionen, aber mit einem hohem Wissenschafts- und Universitätsethos. Versteht man diese Bedingungen, so versteht man auch die entsprechende Bedingtheit der heutigen Auslegungs- und Methodendogmen im Verfassungsstaat der Neuzeit.

VIII. Quellen und Literatur

1. Zum Einstieg in die Savigny-Texte

a. Für Savignys **Rechtsbegriff und Zivilrechtsbegriff** greift man vor allem zu folgenden vier Passagen aus folgenden Werken: 203

Der Beruf unserer Zeit für Gesetzgebung und Rechtswissenschaft von 1814, viele Neu-   204
drucke, hier *Kapitel 2*: Entstehung des positiven Rechts (zitiert wird systematisch und nach Originalseiten, da man dann die Stellen in fast allen Neudrucken leicht finden kann). Savigny entwickelt dort auf 5 Seiten seinen grundlegenden Begriff von der richtigen Entstehung „allen Rechts" gewissermaßen als „Gewohnheitsrecht", das durch Gesetzesrecht leicht verdorben werde und nur ergänzt werden solle.

System des heutigen römischen Rechts, Bd. 1, 1840, § 52: Wesen der Rechtsverhältnisse,   205
in Verbindung mit *§ 15*: die Rechtsquellen in ihrem Zusammenhang und *§ 7*: Allgemeine Entstehung des Rechts. Es handelt sich jeweils um wenige Seiten, freilich dicht geschriebene. In § 52 steht die berühmte allgemeine Rechtsdefinition, die freilich eine Privatrechtsdefinition sein soll (s. S. 331 f.), in § 15 wird dies eingebettet in den Gedanken des „Volksrechts" und der „sittlichen Bestimmung der menschlichen Natur ... in der christlichen Lebensansicht", in § 7 wird dies als positives Recht in historischer Perspektive beschrieben.

b. Für Savignys klassische, allgemeine und zugleich **juristische Methode** (für uns nicht   206
das gleiche) hat man seine sog. *Methodenlehre*. Diese ist aber ziemlich ausführlich und voraussetzungsreich. Einfacher wird es sein, zunächst folgende vier Passagen zu studieren, in:

Vom Beruf ..., Kapitel 3, S. 22, die Sätze zum „Herausfühlen der leitenden Grundsätze"   207
eines positiven Rechts als dasjenige, was der Juristenarbeit den „wissenschaftlichen Charakter" gibt. Außerdem dort in *Kapitel 6*, S. 48, die Sätze über den „zweyfachen Sinn", den „Juristen unentbehrlich", den historischen und systematischen.

Dann die sehr plastischen Klarstellungen in seiner *Recension zu N.Th. Gönner, Über*   208
Gesetzgebung und Rechtwissenschaft in unserer Zeit, zuerst 1815 (in seiner *Zeitschrift für geschichtliche Rechtswissenschaft* Bd. 1, 1815, und erneut in seinen *Vermischte Schriften*, Bd. 5, 1850, 115-172, hier S. 119–120 und 140–142 des Neudrucks, über den wahren Charakter der sog. historischen Methode.

Diese Sätze betreffen die für Savigny rechts*wissenschaftliche* Methode, die ihm zugleich   209
juristische Methode ist. Was wir heute juristische Methode nennen, nämlich den praktischen Umgang mit dem Gesetz, spricht er an ihn berühmten Passagen in *System des heutigen römischen Rechts*, Bd. 1, 1840, Kapitel 4: Auslegung der Gesetze, §§ 32–54, auf über 100 Seiten. Besonders bekannt und lesenswert sind die §§ 32 und 33, d.h. die

vier Auslegungselemente in § 33 und die Einbettung der juristischen Auslegung in ein allgemeines *wissenschaftliches Geschäft*, die Hermeneutik als eine *Kunst*, in § 32, sowie § 35 der Übergang zum zweiten Hauptfall der Auslegungsmethodik. Diese Sätze sind für uns schwierig und werden meist unrichtig modernisiert gelesen. Denn sie zeigen einen ganz anderen, fast peinlich anspruchsvollen Begriff von praktischer und wissenschaftlicher juristischer Methode als den heutigen.

2. Zum Einstieg in die Sekundärliteratur

210 Gegenüber der unglaublichen Literaturfülle zu diesem Juristen-Fürst kann man sich am ehesten behaupten durch die Lektüre des Originals (s. unter 1.) und in der Verbindung mit einigen sehr brauchbaren Lexikonartikeln als Überblick. Siehe chronologisch,

- *Kiefner, Hans,* in Handwörterbuch zur dt. Rechtsgeschichte, Bd. 4, 1990, Sp. 1313–23.
- *Rückert, Joachim,* in: M. Stolleis (Hg.), Juristen-Lexikon, 2. Aufl. 2001, 555–560.
- *Nörr, Dieter,* in: Neue Deutsche Biografie 22, 2005, 470–473.
- *Schröder, Jan,* in Deutsche und europäische Juristen aus neun Jahrhunderten, 5. Aufl. 2008, 366–375.

3. Weitere und neuere Literatur

211
- Eine umfängliche Aufzählung bis 2008 findet sich bei *Jan Schröder*, wie unter 2.
- Eine thematisch geordnete Würdigung der neueren Literatur gibt *Rückert, Joachim,* Friedrich Carl von Savigny (1779–1861) – ein Frankfurter in Berlin, in: Festschrift 200 Jahre Juristische Fakultät der Humboldt-Universität zu Berlin..., Berlin 2010, S. 133–177.
- Die ältere Literatur ist aufgearbeitet bei *Rückert, Joachim,* Idealismus, Jurisprudenz und Politik bei Friedrich Carl von Savigny, 1984, Teil 1 Kap. 2, und generell in *ders.,* Savigny-Studien, 2011.

4. Und sonst?

212 An dieser Stelle erscheint es doch von Nutzen, auszusprechen, was man sonst eher als nutzlos unterlässt. Es gibt sehr viele und viele prominent gedruckte Texte über Savigny, aber man braucht wirklich nicht alle zu lesen. Einige sind einfach zu oberflächlich schief oder verwirrend einseitig zugespitzt oder kenntnisreich schief oder sogar ignorant-irreführend, zum Beispiel:

- *Denneler, Iris,* Karl Friedrich von Savigny, 1985 (in der Reihe „Preußische Köpfe"); schon der Name im Titel ist falsch.
- *Jochum, Heike,* Das Erbe Friedrich Carl von Savignys – Zur 225sten Wiederkehr des Geburtstags von Friedrich Carl von Savigny, in: NJW 2004, 568–573.
- *Rüfner, Thomas,* Historische Rechtsschule, in: Handwörterbuch des europäischen Privatrechts, Bd.1, 2009, 829–833.

Methode und Rechtslehre bei Georg Friedrich Puchta (1798–1846)

von Hans-Peter Haferkamp

Übersicht

I.	Fünf Prägungen	73
II.	Methodenlehre? Skepsis gegenüber starren Methodenregeln	75
III.	Die Rechtsquellenlehre als Ausgangspunkt	75
IV.	Annäherung: Abgrenzungen zu Savigny: enger am Text – strenger im System	76
V.	Folgen für die Arbeit des wissenschaftlich arbeitenden Juristen	82
VI.	Trennung des doppelten Blicks in Puchtas Institutionen und Pandekten	90
VII.	Beispiel: Stellvertretung	92
VIII.	Bilanz	95
IX.	Quellen und Literatur	96

I. Fünf Prägungen

Um Georg Friedrich Puchta als Methodendenker zu verstehen, lohnt zunächst ein Blick auf die zentralen Prägefaktoren seines Denkens. 213

Puchta wurde 1798 in Cadolzburg bei Ansbach als Sohn des Landrichters **Wolfgang Heinrich Puchta** geboren.[1] Der Vater war das „Musterbild eines Praktikers"[2] und veröffentlichte neben seiner gerichtlichen Tätigkeit eine Reihe von Abhandlungen überwiegend zivilprozessualen Inhalts.[3] Das Interesse für die **Praxis des Zivilrechts** ließ Puchta nie los.[4] Sie interessierte ihn in seiner juristischen Dogmatik und in seinen rechtsquellentheoretischen Überlegungen zum Juristenrecht und zur Gewohnheitsrechtslehre. Puchta wurde in Berlin Mitglied des Spruchkollegiums der Fakultät und zunächst seit 1842 Hilfsarbeiter, seit 1844 dann Rat am Obertribunal.[5] Als Richter hatte er großen Erfolg.[6] 214

Puchta besuchte zwischen 1811 und 1816 das Egidiengymnasium in Nürnberg[7] und erhielt durch dessen damaligen Rektor **Georg Wilhelm Friedrich Hegel** wichtige philosophische Prägungen. Als Rechtswissenschaftler war er freilich primär um Abgrenzung zu Hegel bemüht, was zu einer erbitterten lebenslangen Feindschaft mit Eduard Gans, dem 215

---

1 Genealogische Angaben in *P. Landau*, NDB 20, 2001, 757; zur Biographie nun: *Christoph-Eric Mecke*, Begriff und System des Rechts bei Georg Friedrich Puchta, Göttingen 2009, 51 ff.

2 *E. Landsberg*, Geschichte der Deutschen Rechtswissenschaft, 3.2., München 1910, 439.

3 Zu Wolfgang Heinrich Puchta: *U. Falk*, Von Dienern des Staates und von anderen Richtern. Zum Selbstverständnis der deutschen Richterschaft im 19. Jahrhundert, in: Europäische und amerikanische Richterleitbilder, hg. von A. Gouron u. a., Frankfurt a. M. 1996, 251 ff.

4 Das Verhältnis zum Vater war teilweise gespannt, vgl. die zitierten Familienbriefe bei *J. Bohnert*, Beiträge zu einer Biographie Georg Friedrich Puchtas, in: ZRG GA 96 (1979), 232 f.

5 *Bohnert* (wie Fn. 4), 230.

6 Der Obertribunalpräsident, in dessen Senat Puchta mitarbeitete, urteilte über Puchtas Fähigkeiten als Richter: „Ist doch nur ein Professor und hat eben ins Landrecht hineingerochen, beherrscht aber den ganzen Senat, tanzen alle nach seiner Pfeife", zitiert nach *E. I. Bekker*, Festgabe der deutschen Juristen-Zeitung zum 500-jährigen Jubiläum der Universität Leipzig, hg. von O. Liebmann, Berlin 1909, Sp. 97.

7 *G. F. Puchta* berichtet hierüber in seinen biographischen Hinweisen in: Georg Friedrich Puchta's kleine civilistische Schriften, hg. von A. F. Rudorff, Leipzig 1851, XX f, sowie im Brief an Hugo vom 2. 8. 1828, abgedruckt in: Georg Friedrich Puchta. Briefe an Gustav Hugo, hg. von H. H. Jakobs, Frankfurt a. M. 2009, 88.

juristischen Meisterschüler Hegels, führte.[8] Im Kern ging es um das Verhältnis von Recht als Teil der **Wirklichkeit und der menschlichen Vernunft** und damit von Notwendigkeit und Freiheit im Recht.

216   Von 1816 bis 1820 studierte Puchta Rechtswissenschaften in Erlangen. Er trat der gemäßigten Burschenschaft der Bubenreuther bei und schloss sich hier der fränkischen **Erweckungsbewegung** um den Pfarrer Christian Krafft an, einer Spielart des Pietismus, die die individuelle Vergebung durch Christus selbst predigte.[9] Puchtas Rechtslehre blieb hiervon beeinflusst; sie war durchzogen von der Ansicht, dass Gutes als Rückkehr zu Gott nur durch Freiheit zu erreichen sei. Wenn er von der menschlichen Freiheit als „Keim des Rechts" sprach, so war stets mitzudenken: „Der Mensch hat die Freiheit, auf dass er durch seine freie Bestimmung den Willen Gottes ausführe".[10] Das Recht war für Puchta in diesem Sinne „eine göttliche Ordnung, die dem Menschen gegeben, die von seinem Bewußtseyn aufgenommen worden ist".[11] **Recht und Gott** blieben so aufeinander bezogen.

217   Während des Studiums las Puchta **Friedrich Carl v. Savignys** „Vom Beruf unserer Zeit für Gesetzgebung und Rechtswissenschaft" von 1814. Dieses Grundsatzprogramm wurde für ihn die Schlüsselschrift für sein juristisches Denken. Obwohl er Savigny nur sehr kurz in Vorlesungen hörte, empfand sich Puchta als dessen Schüler und stand auch bald öffentlich im Ruf, Savignys „Lieutenant du Roi"[12] zu sein. Was Puchta an Savignys Überlegungen besonders interessierte, war dessen Rechtsquellenlehre, basierend auf der „gemeinsamen Ueberzeugung des Volkes",[13] die Puchta später **Volksgeist**[14] nannte. Hier lag der Ausgangspunkt für Puchtas eigenen Zugang zu methodischen Fragen, der an der Struktur des Rechts als Gegenstand, nicht bei der Gesetzesanwendung ansetzte.

218   Puchta verstand Savigny eigenwillig.[15] Dies lag auch daran, dass Puchta seit 1821 von einem Philosophen geprägt wurde, für dessen hier relevante späte Philosophie sich Savigny kaum interessierte, nämlich **Friedrich Wilhelm Joseph Schelling.**[16] In München hörte Puchta zwischen 1828 und 1831 Schellings Philosophie-Vorlesungen, die erst nach Schellings Tod veröffentlicht wurden.[17] Puchta konstruierte seine Rechtslehre nun vor

---

8   *J. Braun*, Gans und Puchta. Dokumente einer Feindschaft, in: JZ 1998, 763 ff.

9   Zu diesen Zusammenhängen *H.-P. Haferkamp*, Einflüsse der Erweckungsbewegung auf die „historisch-christliche" Rechtsschule zwischen 1815 und 1848, in: Konfession im Recht, hg. von P. Cancik u. a., Frankfurt a. M. 2009, 71 ff.

10   *Puchta*, Cursus der Institutionen, Bd. 1, Leipzig 1841, 8.

11   *Puchta*, Institutionen I (Fn. 10), 23.

12   *Puchta* an F. C. v. Savigny vom 6. 11. 1828. Entgegen der Darstellung von *Braun* (wie Fn. 8) 764 und *Bohnert* (wie Fn. 4) 229 f. gab sich Puchta diesen Namen also nicht selbst.

13   *Savigny*, Vom Beruf unserer Zeit für Gesetzgebung und Rechtswissenschaft, Heidelberg 1814, 8.

14   Erstmalig Benennung als „Volksgeist" in *Puchta*, Rez. Das *Erbrecht* in weltgeschichtlicher Entwicklung, Teil 1, Berlin 1824, Teil 2, Berlin 1825, in: (Erlanger) Jahrbücher der gesammten deutschen juristischen Literatur 1, 1826, S. 14 („Anhänger des Islam" als ein Volksgeist, keine polemische Verwendung); in *Puchta*, Rez. Sigmund Wilhelm *Zimmern: Geschichte des römischen Privatrechts* bis Justinian, Bd. 1, Heidelberg 1826, in: Erlanger Jahrbücher. 3, 1826, 295 spricht er vom „römischen Volksgeist"; vgl. *Bohnert*, Über die Rechtslehre G.F. Puchtas, Karlsruhe 1975, 47.

15   Die daraus resultierenden Missverständnisse zeigten sich bei der brieflichen Debatte zwischen Puchta und Savigny über die Entwürfe zu § 52 von Savignys System, hierzu *Haferkamp*, Die Bedeutung der Willensfreiheit für die Historische Rechtsschule, in: Willensfreiheit und rechtliche Ordnung, hg. von E.-J. Lampe/ M. Pauen/ G. Roth, Frankfurt a. M. 2008, 204 ff.

16   Zu diesen Zusammenhängen *Haferkamp*, Georg Friedrich Puchta und die ‚Begriffsjurisprudenz', Frankfurt a. M. 2004, 321 ff.; zu Schelling umfassend *X. Tilliette*, Schelling. Biographie, Stuttgart 2004.

17   Einzelne Nachweise bei *Haferkamp* (wie Fn. 16) 321 ff.

allem gegen Hegel in Annäherung an Schellings Unterscheidung zwischen **positiver**/historischer **und negativer**/logischer **Philosophie.**

Praxis, Gott, Volksgeist, Antihegel und Schelling – was folgte hieraus für Puchtas Methode?   219

II. Methodenlehre? Skepsis gegenüber starren Methodenregeln

Nähert man sich Puchtas Überlegungen zu Methodenfragen, so sticht zunächst seine Abneigung gegen methodische Regeln ins Auge.   220

Gegenüber Hugo meinte Puchta 1827, es sei ihm „völlig unbegreiflich", wie man – wie der berühmte Thibaut – „ein Collegium über Hermeneutik lesen oder hören kann".[18] Puchta hielt sich mit eigenen Äußerungen zur Auslegung von Quellen und Gesetzen lange zurück.[19] 1838 meinte er, die Schaffung einer eigenen Disziplin der juristischen Hermeneutik habe sich „für ihren Zweck ... nicht besonders fruchtbar erwiesen".[20] 1846 warnte er vor festen Interpretationsregeln: „Nicht zu weit zu gehen, davor muß **der gesunde Tact und Verstand** bewahren, solche äußerlichen Regeln würden nur den Schwachköpfen dienen, um sie des eigenen Denkens zu überheben, diese sollen aber besser gar nicht interpretieren".[21] Man habe aus „den Regeln für Kritik und Interpretation ... wohl eine eigene Disciplin gemacht, die juristische Hermeneutik, gewöhnlich eine sehr äußerlich gehaltene, unfruchtbare, nicht in das Wesen der Sache eingehende, hölzerne Darstellung. Abgesehen von dem gesunden Menschenverstand muß die ganze Jurisprudenz die Hermeneutik sein".[22]   221

Nicht nur dieser Kernbereich methodischen Denkens, die Frage der **Gesetzesauslegung,** interessierte Puchta scheinbar wenig. Auch die Frage der **Rechtsfortbildung** wurde mit ähnlich vagen Hinweisen beantwortet. Für die „productive" Tätigkeit der Rechtswissenschaft hieß es 1841: „besondere Regeln lassen sich ... nicht mit einiger Vollständigkeit geben. Die ganze Rechtswissenschaft muß die Anleitung dazu enthalten. Jeder Jurist, also insofern er dies ist, jeder Richter ist dazu berufen; eine Hülfe gewährt die juristische Literatur".[23] 1844 bemerkte er übereinstimmend, die „Erkenntnis des wissenschaftlichen Rechts und ihre Methode ist **nicht Gegenstand besonderer Regeln,** sondern die Aufgabe der gesammten Rechtslehre".[24]   222

III. Die Rechtsquellenlehre als Ausgangspunkt

Auf den ersten Blick ist es nicht leicht, Puchta als Methodendenker auf die Schliche zu kommen. Ihn als Vertreter einer eher irrationalen, kaum durchgearbeiteten, irgendwie pragmatischen Methodenlehre abzutun, würde zu kurz greifen. Puchta war sehr an methodischen Fragen interessiert, was ihn jedoch wenig interessierte, waren die festen Anwendungs- und Vorrangsregeln traditionell topischer oder zeitgenössisch hermeneuti-   223

---

18 *Puchta,* Brief an Hugo vom 2.1.1827, 22 ff., bei Jakobs (Fn. 7), 27.
19 *Puchta* verwies ab 1832, System des gemeinen Civilrechts, § 11 Anm. einzig auf Mühlenbruchs Pandekten, §§ 54–67.
20 *Puchta,* Pandekten, Leipzig 1838, 22.
21 *Puchta,* Vorlesungen über das heutige römische Recht I, Leipzig 1846, 41.
22 *Puchta,* Vorlesungen I, (Fn. 21), 39.
23 *Puchta,* Institutionen I (Fn. 10), 44.
24 *Puchta,* Pandekten, 2. Aufl. 1844, § 16 a. E.

scher Provenienz. Sein Zugang war ein anderer: Puchta dachte die Jurisprudenz von der Rechtsquellen-, nicht von der Rechtsanwendungslehre her.

> „Wo Juristen und Gesetzgeber das Recht verkehrt behandelten, sind ihre Irrthümer fast immer von einem Grundirrthum über die Entstehung des Rechts ausgegangen ... Das erste Geschäft des Richters ist, sich von der Existenz der Rechtssätze zu überzeugen, in deren Anwendung sein Beruf besteht. Dazu gehört die Kenntniß der Entstehung, der Quellen, durch die ein Rechtssatz hervorgebracht werden kann, der Bedingungen, von denen diese Erzeugung abhängt".[25]

224   Puchta beschäftigte sich als Dogmatiker mit dem, so der Wortschöpfer Gustav Hugo, „heut zu Tage anwendbare[n] Römische[n] Privatrecht".[26] Nach dem Untergang des Heiligen Römischen Reiches Deutscher Nation im Jahr 1806 war klar,[27] dass es sich dabei um ein Recht handelte, dessen Geltung nicht von einer Entscheidung eines Reichsgesetzgebers abgeleitet werden konnte.[28] Auch im Deutschen Bund blieb Zivilrecht in territorialer Zuständigkeit.[29] Gemeines Recht als Nationales Recht konnte kein Gesetzesrecht sein. Damit stand Puchta vor der schwierigen Frage, was von den Texten des Corpus Iuris Civilis und seinen vielen späteren Interpretationen in wissenschaftlichen Texten und Gerichtsurteilen noch anzuwenden war. **Sein Methodenproblem war demnach komplexer**, als es der heute noch oft auf die Gesetzesanwendung fixierte Blick nahe legt, am ehesten vergleichbar mit dem Kollisionsrecht des heutigen Internationalen Privatrechts. Es ging um die Hierarchisierung von Texten. Die Kernfrage für die Rechtsanwendung war demnach:

> „Wenn es also noch andere Rechtssätze giebt außer den Gesetzen, woher stammen sie? Wenn der Richter noch anderer Rechtssätze bedarf, woher nimmt er sie?"[30]

IV. Annäherung: Abgrenzungen zu Savigny: enger am Text – strenger im System

225   Im Ausgangspunkt folgte Puchta damit dem Blick Savignys, der gleichfalls die Rechtsentstehung in den Mittelpunkt seiner Rechtslehre rückte. Joachim Rückert hat die Folgen für Savignys Methodenprogramm eindringlich geschildert.[31] Lohnt ein gesonderter Blick auf Puchta oder ist dieser nicht nur ein von Savigny abhängiger Denker?

---

25 *Puchta,* Vorlesungen I (Fn. 21), 21.
26 *G. Hugo,* Institutionen des heutigen Römischen Rechts, Berlin 1789, Vorrede, 6.
27 Bereits im 18. Jahrhundert wurde der Geltungsgrund des Gemeinen Rechts kontrovers diskutiert, vgl. *K. Luig,* Der Geltungsgrund des Römischen Rechts im 18. Jahrhundert in Italien, Frankreich und Deutschland, erstmals 1977, zitiert nach Wiederabdruck in: *ders.,* Römisches Recht, Naturrecht, Nationales Recht, Goldbach 1998, 3 ff.; *A. Daniel,* Gemeines Recht (= Schriften zur Rechtsgeschichte 101), Berlin 2003, 86 ff.
28 *Haferkamp,* Die Bedeutung von Rezeptionsdeutungen für die Rechtsquellenlehre zwischen 1800 und 1850, in: Usus modernus pandectarum. Römisches Recht, Deutsches Recht und Naturrecht in der frühen Neuzeit. Klaus Luig zum Geburtstag, hg. von Haferkamp u. T. Repgen, Köln 2007, 25 ff.
29 In den Territorien wurde Gemeines Recht teilweise ausgeschlossen, dies galt insbesondere für Teile Preußens, Bayerns und Hessens, für Baden und Österreich; eine geordnete Aufzählung der Normen bringt *G. Bruns,* Art. Gemeines Recht, in: Allgemeine Enzyklopädie der Wissenschaften und Künste, Bd. 57, hg. von J. S. Ersch u. J. G. Gruber, Leipzig 1853, 218; vgl. auch die Nachweise bei *C. G. v. Wächter,* Gemeines Recht Deutschlands, insbesondere Gemeines Deutsches Strafrecht, Leipzig 1844, 207 f.; genauere territoriale Abgrenzungen bei *B. Dölemeyer,* Gesetzbildungsbibliographie Deutschland, in: Handbuch der Quellen und Literatur III 2, hg. von H. Coing, München 1982, 1409 ff.
30 *Puchta,* Vorlesungen I (Fn. 21), 22.
31 *J. Rückert,* Methode und Zivilrecht beim Klassiker Savigny (1779-1861), oben Rn. 76–212.

Einige Übereinstimmungen springen ins Auge:

226

■ Beide verankern die Rechtsentstehung im Volk, beide sprechen in diesem Zusammenhang später vom „Volksgeist".

■ Beide setzen der Rechtswissenschaft eine doppelte Aufgabe, sie soll historisch arbeiten und systematisch.

■ Beide rücken dabei das ‚heutige Römische Recht' in den Mittelpunkt ihrer Interessen.

■ Beide setzen weniger auf den Gesetzgeber als auf den Juristen als Träger der Rechtsentwicklung.

Bei näherer Betrachtung zeigen sich gleichwohl auffallende Unterschiede:

227

1. Puchta bricht bei der Betrachtung der Rechtssätze ab, er stößt in seiner Auslegungslehre nicht auf die ‚Rechtsverhältnisse' durch. Puchtas Quellenarbeit ist enger am Text.

2. Puchtas Rechtssystem betrachtet das gesamte Zivilrecht von einem obersten Grundsatz aus. Sein System ist strenger verknüpft, weniger organisch, mehr hierarchisch.

Puchta ist ‚positiver' und er ist ‚logischer' als Savigny.

1. Enger am Text

Kennzeichnend für Savignys Verfahren war, dass er die „Rechtsverhältnisse", also ein Stück des „Rechtszustandes" im „wirklichen Leben", als die „tiefere Grundlage des Rechts" betrachtete.[32] Damit wurde das Recht im Volksbewusstsein direkt verankert. Für Savigny war jedes Gesetz „dazu bestimmt, die Natur eines Rechtsverhältnisses festzustellen".[33] Die Gesetzgebung hatte also „einen Gedanken" auszusprechen, und Auslegung bedeutete „Reconstruction des dem Gesetze innewohnenden Gedankens".[34] Savignys Blick war bei der Auslegung also auf die hinter dem Gesetzeswortlaut liegenden Rechtsverhältnisse gerichtet. Die **Rechtsverhältnisse** standen für Savigny wie die rechtlich sie regierenden Rechtsinstitute in einem organischen Zusammenhang[35] und damit wurden auch die Gesetze durch diese Struktur bestimmt. Savignys Gesetzesauslegung beruhte also „auf der Voraussetzung der organischen Einheit der Römischen Gesetzgebung, welche wiederum in der allgemeinen Natur des positiven Rechts überhaupt ... ihre tiefere Begründung findet".[36] Savignys Einheit stiftendes Verfahren[37] ließ somit den Willen des historischen Normgebers nicht genügen, sondern griff auf das zugrunde liegende Rechtsverhältnis und auf eine organische Einheit im römischen Recht zurück.[38]

228

---

32 *Savigny*, System des heutigen römischen Rechts, Bd. 1, Berlin 1840, § 4, hierzu *Rückert* (wie Fn. 31) 34; vertiefend *ders.*, Savignys Dogmatik im System, in: *ders.*, Savigny-Studien, Frankfurt a. M. 2011, 167 ff.

33 *Savigny*, System I (Fn. 32), 212.

34 *Savigny*, System I (Fn. 32), 212 f.

35 *Savigny*, System I (Fn. 32), 7 (Rechtsverhältnisse), 9 (Rechtsinstitute); zur vieldiskutierten Abgrenzung vgl. *Rückert*, Idealismus, Jurisprudenz und Politik bei Friedrich Carl von Savigny. Ebelsbach 1984, 342 ff.; *Kiefner*, Lex Frater a Fratre, Institution und Rechtsinstitut bei Savigny, in: Rechtstheorie 10 (1979), 129 ff., 136 ff.

36 *Savigny*, System I (Fn. 32), 286 mit Verweis auf § 5; hierzu *Rückert* (wie Fn. 35) 348 f.

37 Vgl. *Rückert* (wie Fn. 35) passim; *ders.*, Savignys Konzeption von Jurisprudenz und Recht, ihre Folgen und ihre Bedeutung bis heute, in: TGR 61 (1993) 65 ff.; *ders.*, oben 32 ff.

38 Die 1840 der Auslegung mangelhafter Gesetze zugewiesenen Auslegungsregeln tauchen in Savignys früheren Methodenlehren nicht auf. *J. Schröder*, Recht als Wissenschaft, München 2001, 221 sieht darin in der Sache einen Rückfall in die älteren Auslegungslehren der vorexegetischen, gegenwartsbezogenen Phase; eher für eine Kontinuität dagegen *Rückert* (wie Fn. 31) 34 mit Anm. 21. Dies kann hier dahinstehen.

229   Im Vorwort zu seinen Pandekten griff Puchta 1838 mit Blick auf Friedrich Julius Stahl den Rückgriff auf Rechtsverhältnisse scharf an. Wer sich, wie Stahl, „jenen natürlichen Anschauungen von Besitz und Verkehr, Bedürfnissen und Trieben" überlasse, der schiffe „in **ein Meer schwankender Vorstellungen**, unsicherer Begriffe, chamäleonartiger Behauptungen und gränzenloser Träume ..., welches von der wahren Jurisprudenz so entfernt liegt, als die Sandwüste des alten Naturrechts".[39] 1841 hieß es sanfter: „Sie hat etwas verführerisches, die Betrachtung der Rechtsverhältnisse, wie es verführerisch ist, sich auf den wechselnden Wellen schaukeln zu lassen, statt den festen harten Grund zu suchen".[40] Dieser feste Grund waren die Rechtssätze. Um diese festzustellen, war dem Interpreten ein Durchgriff auf die Rechtsverhältnisse verwehrt. Gesetzesinterpretation habe eine „rein receptive Richtung, sie geht rein auf Gewinnung des Rechtssatzes, welchen der Gesetzgeber in dem Gesetz hat niederlegen wollen".[41] Dies bedeutete kein Kleben am Wortlaut, dieser war „nur declaratorisch",[42] doch spielte der Wortlaut eine zentrale Rolle: „Der Sinn muß immer in den Worten liegen (wenn auch nicht in ihrer gemeinen Bedeutung)".[43] Um den Willen des Gesetzgebers zu rekonstruieren, konnten neben dem Wortlaut auch „Motiv, Zweck, Nützlichkeit" sowie die Entstehungsgeschichte[44] herangezogen werden. Damit erschöpfte sich jedoch die „receptive Thätigkeit" der Rechtswissenschaft, die Interpretation.

230   Puchtas Umgang mit den Quellen war daher strenger als bei Savigny. Dies hatte unmittelbare Bedeutung „für die **Interpretation des Corpus Juris**".[45] Der Wortlaut der Digestenfragmente wurde zentraler Orientierungspunkt. „Wahre Interpretation" könne „keinen anderen Sinn aufstellen, als der in den Worten liegt, es kann nur eine declaratorische Interpretation geben".[46] Deutlich sei hiervon die Interpretatio der Römer zu unterscheiden, die viel weitergehend „das Verhältnis der Wissenschaft zu dem gegebenen Recht überhaupt", also auch „Ergänzung, Erweiterung, Modifizierung" umfasse. Auch für das Corpus Juris galt:

> „Das oberste Princip der Interpretation ist: das Gesetz ist der ausgesprochene Wille des Gesetzgebers".[47]

231   Puchta zeigte seit den 1830er Jahren[48] Zurückhaltung gegenüber den, oft unter Berufung auf Savigny, zunehmenden intuitiven Zugängen bei der Textinterpretation. Auch für Puchta blieben der rezipierte Text und seine Interpretationsgeschichte nur Ausdruck des „Volksgeists" als rechtserzeugendem „Willen der Nation".[49] Er fürchtete aber die „reine Willkühr"[50] wenn etwa Georg Beseler 1844 beim Juristen den „unbefangenen, verständigen Sinn, den ungetrübten natürlichen Blick, den Eifer für das Wirkliche und Wahre"[51] betonte, um ihm so den Durchgriff auf den Volksgeist zu gestatten. Auch Johann Friedrich Kierulff musste sich sagen lassen: „Wie Mancher möchte sich gern überreden

---

39 *Puchta*, Pandekten (Fn. 20), VII.
40 *Puchta*, Institutionen I (Fn. 10), 52.
41 *Puchta*, Pandekten, 3. Aufl. Leipzig 1845, 25.
42 *Puchta*, Vorlesungen I (Fn. 21), 39.
43 *Puchta*, Vorlesungen I (Fn. 21), 39.
44 *Puchta*, Vorlesungen I (Fn. 21), 42.
45 *Puchta*, Vorlesungen I (Fn. 21), 39, 44.
46 *Puchta*, Vorlesungen I (Fn. 21), 39.
47 *Puchta*, Vorlesungen I (Fn. 21), 39.
48 Genauer *Haferkamp*, Puchta (wie Fn. 16) 358 ff.
49 *Puchta*, Vorlesungen I (Fn. 21),, 25.
50 *Puchta*, Das Gewohnheitsrecht, Teil 2, Leipzig 1837, 51.
51 *G. Beseler*, Volksrecht und Juristenrecht, Leipzig 1843, 120 f.

              Haferkamp

lassen, zur Herrschaft über den Stoff gelange man am besten, indem man diesen aufgebe, der beste Bildhauer sey der, welcher statt in den widerspenstigen Stein, in die nachgiebige Luft haue".[52] Puchta hob am Volksgeist dessen Eigenschaft als „dunkle Werkstätte" hervor, die dem menschlichen Zugriff also entzogen war. Dies bedeutet nicht, dass antikes Recht unveränderbar war. Hierzu bedurfte es jedoch einer derogierenden Rechtsquelle, also insbesondere eines Juristengewohnheitsrechts. Puchta untersagte Modernisierung im Mantel der Interpretation. Was für Savigny Interpretation war, war für Puchta bereits Rechtsfortbildung.

2. Strenger im System

Indem in die Quellenauslegung die „innere Einheit" des Volksgeistes nicht einfließen sollte, veränderte sich auch die Qualifikation des davon als „Rechtsproduction" abgegrenzten, rechtsfortbildenden systematischen Verfahrens der Rechtswissenschaft. Puchta nahm 1837 eine Veränderung seiner Rechtsquellenlehre vor.[53] Er trennte nun deutlich zwischen der im Volksgeist liegenden geistigen Einheit, deren Zugang er dem Juristen verwehrte, und der systematischen Arbeit des Juristen, die damit die Fähigkeit verlor, Rechtsquelle zu sein. Rechtsquelle könnten Juristen nur sein, wenn sich ihr Rechtssatz „auf die unmittelbare Volksüberzeugung zurück[...]führen" lasse, „was natürlich von der wissenschaftlichen Thätigkeit als solcher und ihrer Wirkung nicht gesagt werden kann".[54] Systematisch gefundene Rechtssätze waren nicht mehr in der Lage, Gesetzes- und Gewohnheitsrecht zu derogieren: Die Aufhebung eines Gewohnheits- oder Gesetzesrechts durch ein Recht der Wissenschaft könne „der Natur der Sache nach nicht vorkommen".[55] Puchta kritisierte auch hier Savignys „Recht der Wissenschaft". Dieser behandele, so Puchta, die beiden scharf zu trennenden Bereiche der Wirksamkeit von Juristen als Rechtsquelle irrtümlich als „eine und dieselbe Klasse der Rechtsbildung".[56] Auch hinter dieser Neuausrichtung versteckte sich eine abweichende Interpretation des Rechts. Puchta betonte weniger das harmonische „Ganze" als die Zusammensetzung aus zufälligen und notwendigen Elementen: „Das Recht ist ein Vernünftiges, und dieß ist die Seite von welcher es ein System ist, einen Organismus von Gattungen und Arten bildet. Aber dieß ist nur eine Seite des Rechts, von welcher ausgehend wir nie zu der andern, der Freiheit, gelangen würden; in dieser letzten liegt der Keim des Rechts".[57] Die Vernunft komme „gar nicht oder nur durch einen Sprung zum Recht":[58] „Die Entstehung des Rechts durch den unmittelbaren Willen der Nation oder den Gesetzgeber ist eine freie; was sie hervorbringen, unterliegt im Einzelnen keiner eine bestimmte Linie vorschreibenden Nothwendigkeit".[59] Der Rechtswissenschaft war nun die Aufgabe gesetzt, das so ,frei' entstandene Recht als ein System zu begreifen und die vernünftige „Seite" des Rechts zu erkennen und auszubilden, indem sie „des Zusammenhangs der Rechtssätze sich bemächtigt, ihre Verwandtschaft untereinander erforscht hat, so dass er die

---

52 *Puchta*, Rez. Friedrich Carl von Savigny: System des heutigen römischen Rechts Band I und II Berlin 1840, in: (Richters) Kritische Jahrbücher für deutsche Rechtswissenschaft 4, 1840, 674.
53 Hierzu *Haferkamp*, Puchta (wie Fn. 16), 371 ff.
54 *Puchta*, Rez. Romeo Maurenbrecher, De auctoritate prudentum prolusio academica, in: Richters Jahrbücher 6, 1839, 729.
55 *Puchta*, Vorlesungen I (Fn. 21), 48.
56 *Puchta*, Rez. Georg *Beseler*: Volksrecht und Juristenrecht, Leipzig 1843, in: Jahrbücher für wissenschaftliche Kritik, Bd. 1, 1844, 18 (auch separat erschienen).
57 *Puchta* (wie Fn. 10), 6.
58 *Puchta* (wie Fn. 10), 6.
59 *Puchta*, Vorlesungen I (Fn. 21), 25.

Abstammung eines jeden Begriffs durch alle Mittelglieder, die an seiner Bildung Antheil haben, auf und abwärts zu verfolgen vermag".[60] Daraus folgte, dass Strukturelemente und rationale Zusammenhänge im Recht sich **nicht einfach nur von selbst machten, sondern** deutlicher als bei Savigny **auch** von einer Rechtswissenschaft **gemacht wurden.**

> „Nur der besitzt diese systematische Erkenntnis, welcher des Zusammenhangs der Rechtssätze sich bemächtigt, ihre Verwandtschaft unter einander erforscht hat, so dass er die Abstammung eines jeden Begriffs durch alle Mittelglieder, die an seiner Bildung Antheil haben, auf und abwärts verfolgen vermag. Wenn wir z.b. das einzelne Recht über ein Grundstück zu gehen, welches der Eigenthümer dieses Grundstücks dem Eigenthümer eines benachbarten bestellt hat, betrachten, so muß dem Juristen theils seine Stellung im System der Rechtsverhältnisse, theils der Rechte, also seine Herkunft bis zum Begriff des Rechts hinauf zum Bewußtsein kommen, und er muß ebenso von diesem herab zu jenem einzelnen Rechte gelangen können, dessen Natur erst dadurch vollkommen bestimmt wird. Es ist ein Recht, also eine Macht über einen Gegenstand; ein Recht an einer Sache, also der besonderen Natur dieser Rechte teilhaftig; ein Recht an einer fremden Sache, also eine parthielle Unterwerfung derselben; die Seite, von welcher die Sache unterworfen ist, ist die der Benutzung, es gehört zu dem Geschlecht der Rechte an Sachen auf Benutzung; die Benutzung ist für ein gewisses Subjekt bestimmt, über das sie hinausgeht, also ist das Recht eine Servitut; für ein Grundstück, also Prädialservitut; für dieses Bedürfnis eines Grundstücks, Wegservitut. Ich nenne dies eine Genealogie der Begriffe."[61]

233 Für Puchta wurde der Jurist **rechtsfortbildend** tätig, wenn er aus den so gefundenen Prinzipien neue Rechtssätze konstruierte. Demgegenüber war für Savigny der Bereich der „Fortbildung" des Rechts hier regelmäßig noch nicht erreicht.[62]

234 Systematische Methode war für Puchta daher **nicht einfach Auffindung des Gegebenen,** Abbildung des bestehenden Organismus, sondern viel stärker als bei Savigny auch aktives Tun, Systembau. Er unterschied das Verfahren der zeitgenössischen Wissenschaft deutlich vom Verfahren der römischen Juristen, das Savigny 1814 als Vorbild herausgestellt hatte:[63] „In der Wissenschaft des Alterthums überhaupt nahm eine Naturkraft die Stelle ein, die jetzt der seiner Hülfsmittel und Wege kritisch bewusste Gedanke hat".[64] Puchta verglich diese Tätigkeit des Systematikers mit der bewussten Arbeit des Künstlers:

> „Ich vergleiche die systematische Darstellung mit der Zeichnung eines plastischen Kunstwerks, die von verschiedenen Seiten möglich ist. Die verschiedenen Standpuncte haben relative Vorzüge vor einander, von einem Standpunct aus kann z. B. das Ganze und seine einzelnen Partien sich vollständiger darstellen, als von dem anderen, während ein anderer vielleicht wieder einen eigenthümlichen Vorzug hat, und für gewisse Zwecke diensam seyn kann, aber keine Auffassung u.[nd] Darstellung ist absolut die wahre oder falsche. Eine falsche würde nur die zu nennen seyn, welche den Gegenstand selbst veränderte, und etwa die übrigens ganz richtig gezeichneten Füße an den Armen anbrächte".[65]

60 *Puchta*, Institutionen I (Fn. 10), 101.
61 *Puchta*, Institutionen I (Fn. 10), 101.
62 Vgl. *Savignys* Warnungen im: System I (Fn. 32), 232, 233, 248.
63 *Savigny*, Beruf (wie Fn. 13), 1814, 28 f.
64 *Puchta*, Institutionen I (Fn. 10), 466.
65 *Puchta* an Savigny vom 26. 12. 1831, bei Bohnert, *Vierzehn Briefe* Puchtas an Savigny, in: Nachrichten der Akademie der Wissenschaften in Göttingen, I. Philologisch-historische Klasse, Jahrgang 1979, Nr. 2. 20.

Puchta sprach sich gegen eine „Systematisierungsmethode, die mehr auf einer Anschau-   **235**
ung (wenn ich dieß oft mißbrauchte Wort gebrauchen darf) als auf **strenger bewußter
Gedankenverbindung** beruht" aus.[66] Er wandte sich gegen das „naturalistische Treiben",
bei dem Systeme gebildet würden „ohne festen Plan und ohne Consequenz in der Aus-
führung".[67] Puchta beharrte daher darauf, dass es **kein System ohne obersten Grunds-
satz** geben könne.[68] 1829 sprach er für diesen Grundsatz vom „mir einzig möglichen
Princip":[69] Der oberste Grundsatz hieß: „Jedes Recht ist eine Beziehung des Willens auf
einen Gegenstand". Damit stand fest, „daß die Verschiedenheit der Gegenstände eine
Verschiedenheit der Rechte hervorbringt. Rechte an verschiedenen Gegenständen können nicht dieselben seyn, weil eine verschiedene Grundlage nothwendig eine Verschiedenheit dessen, wovon sie Grundlage ist, gegenüber anderen Rechten an andern Gegenständen erzeugt".[70] Die „Verschiedenheit der Gegenstände" war damit „das Princip unseres Systems".[71] Puchta unterschied fünf Gegenstände:

> „1) Sachen 2) Handlungen 3) Personen, und zwar a) Personen ausser uns, b) Personen,
> welche ausser uns existiert haben, aber in uns übergegangen sind, c) unsre eigene Per-
> son".[72]

Savigny war ein ähnlich strenger Systembau fremd. Er betonte die organische Eigen-   **236**
struktur des Rechts als Erkenntnisziel.[73] In der Anordnung des Systems solle sich „der
innere Zusammenhang der Rechtssätze und Rechtsverhältnisse abbilden, sie soll aus diesem wie von selbst entstehen".[74] Puchta meinte 1829 dagegen: Lasse man sich, durch
„den Einfluß, den ein Rechtsverhältnis auf das andere hat, bestimmen", so gebe man,
„den Vorsatz, seine Darstellung zu ordnen, auf".[75] Für Puchta war systematisches Arbeiten weniger ‚Herausfühlen der leitenden Grundsätze'[76] als Konstruktion, weniger nur
Systemfindung als auch Systembau.

Puchtas Blick war also positiver und konstruierender als der Savignys. Man kann ihn   **237**
also nicht einfach von Savigny her verstehen.

---

66 *Puchta*, Brief an Blume vom 22. 5.1829, vgl. den Abdruck bei Haferkamp, Puchta (wie Fn.16), 523 ff.
67 *Puchta*, Betrachtungen über alte und neue Rechtssysteme, in Rheinisches Museum 3, 1829, 238.
68 Zu den Diskussionen um diesen Punkt seit Kant *M. Frank*, „Unendliche Annäherung". Die Anfänge der philo-
    sophischen Frühromantik, Frankfurt a. M. 1997.
69 Brief an Blume vom 22. 5.1829, vgl. den Abdruck bei Haferkamp, Puchta (wie Fn.16), 523 ff.
70 *Puchta*, Zu welcher Classe von Rechten gehört der Besitz, Rheinisches Museum 3, 1829, 248.
71 *Puchta*, Classe von Rechten (Fn. 70), 248.
72 *Puchta*, Classe von Rechten, (Fn. 70), 249 f.
73 Für Savigny besteht insoweit inzwischen wohl weitgehend Einigkeit, vgl. *Rückert*, August Ludwig Reyschers
    Leben und Rechtstheorie. 1802–1880. Berlin 1974, 203 ff., 370 ff.; *ders.*, Savigny, 1984, 328 f., 338 u. a.; *Schrö-*
    der, Wissenschaftstheorie und Lehre der „praktischen Jurisprudenz" auf deutschen Universitäten an der
    Wende zum 19. Jahrhundert, Frankfurt a. M. 1979, 117; *ders.*, Recht als Wissenschaft (wie Fn. 38) 245 f.; *M.*
    Herberger, Dogmatik zur Geschichte von Begriff und Methode in Medizin und Jurisprudenz, Frankfurt a. M.
    1981, 379 ff.; *L. Björne*, Deutsche Rechtssysteme im 18. und 19. Jahrhundert, Ebelsbach 1984, 154 u. ö.; *O. Beh-*
    rends, Geschichte, Politik und Jurisprudenz in F.C. v. Savigny Systems des heutigen römischen Rechts, in:
    Römisches Recht in der europäischen Tradition, FS. F. Wieacker, Ebelsbach 1985, 277 ff.; *M. Sandström*, Die
    Herrschaft der Rechtswissenschaft, Lund 1989, 121 ff.; *A. Mazzacane*, in: Friedrich Carl von Savigny: Vorlesun-
    gen über juristische Methodologie 1802–1845, hg. von *dems.*, Frankfurt a. M. 1993, 33.
74 *Savigny*, Methodologie, 1809, 150, ebenso bereits 1802/1803, 102. Hierzu passt seine Ansicht, System könne
    nicht bloß zum „Nachschlagen" dienen, sondern müsse „im Ganzen gelesen werden und dem ganzen Stu-
    dium zu Grund liegen", *Savigny*, Methodologie 1802/1803, 120.
75 *Puchta*, Betrachtungen (Fn. 67), 235.
76 *Savigny*, Beruf (Fn. 13), 22.

V. Folgen für die Arbeit des wissenschaftlich arbeitenden Juristen

1. Puchtas Ansprechpartner: Die Justiz als praktische Rechtswissenschaft

238 Indem Puchta den Willen des Privatrechtssubjekts zum Ausgangspunkt seines Privatrechts erhob, trat er für ein liberales, vom Staat ermöglichtes, nicht gegängeltes Privatrecht ein. Rechtspolitisch stellte sich die Frage, wo im Verfassungsgefüge seiner Zeit er die Sicherung für dieses Programm finden konnte.[77] Es lag nahe, **Verfassungen** zum Hüter des Privatrechts zu erheben. Als die „Göttinger Sieben" 1837 vom Hannoverschen König entlassen wurden, nachdem sie dessen Verfassungsbruch angeprangert hatten,[78] meinte Puchta mit Blick auf den davon betroffenen Historiker Friedrich Christoph Dahlmann, der vehement für Verfassungen eingetreten war:

> „ich finde eine Art Nemesis darin, daß sich an Dahlmann seine Constitution rächt, bey der er auch von der Abneigung der neueren Politiker gegen die Juristen und die juristische Behandlung der Sache geleitet worden zu seyn scheint.

> Nun sieht man, was dabey heraus kommt, wenn man alles auf solche in die Luft gebauten Stände baut; ... Es ist merkwürdig, daß in dem ersten Band der Politik von Dahlmann, der doch schon die Grundlage der Staatsverfassung enthält, die Gerichte nicht vorkommen".[79]

239 Puchte stand Verfassungen, wie sonstigen Gesetzen, misstrauisch gegenüber, weil er denen, die sie schufen, vor allem den Ständeversammlungen, wenig traute.[80] Er warnte davor, dem sich frei in der Rechtswissenschaft und Rechtspraxis bildenden Recht die ihm „gebührende freie Bewegung" zu nehmen, indem man „die Kraft der unmittelbaren Volksüberzeugung und der Wissenschaft zu lähmen, und die gesammte Fortbildung auf den Gesetzgeber zu stellen versucht".[81] Mit Blick auf das antike römische Vorbild setzte er auf die Selbststeuerungskräfte eines von Juristen geprägten Privatrechts. Dies war getragen von der religiösen Überzeugung, dass nur durch Freiheit die durch den Sündenfall entstandene Entfremdung zwischen Gott und den Menschen überwunden werden konnte, was auch bedeutete, dass nur eine freie Rechtsentwicklung zur weiteren Versittlichung des Rechts führen konnte.[82] Die Richter waren dabei seine Partner, wenn es darum ging „das Recht sicher[zu]stellen, gegen die Staatskünstler, mögen sie in der Jakobinermütze oder in der Tiara auftreten".[83] Puchta trat nicht für einen Fortbestand des **Aktenversendungsverfahrens** ein, das es juristischen Fakultäten als Spruchkollegien erlaubt hatte, gerichtliche Verfahren zu entscheiden.[84] Ein **Professorenrecht** war ihm fremd. Juristische Argumente mussten überzeugen und galten nie infolge der beruflichen Stellung des Autors.[85] Puchta zielte auf ein Zusammenspiel zwischen einer professoralen Rechtswissen-

---

77 Vertiefend *Haferkamp* (wie Fn. 16), 434 ff.

78 *M. Saage-Maaß*, Die Göttinger Sieben – demokratische Vorkämpfer oder nationale Helden? Zum Verhältnis von Geschichtsschreibung und Erinnerungskultur in der Rezeption des Hannoverschen Verfassungskonfliktes, Frankfurt a. M. 2007.

79 *Puchta*, Brief an Hugo vom 14. 2. 1839, 197 f., bei Jakobs, Briefe (Fn. 7), 197.

80 *Puchta*, Aus einem Schreiben von München, betreffend den bayrischen Landtag von 1831, in: Rankes historisch-politische Zeitung 1832, 91–102 (anonym, Zuweisung bei Stahl, Nekrolog Puchta, in: Rudorff, Georg Friedrich Puchta's kleine civilistische Schriften, Leipzig 1851, XI).

81 *Puchta*, Institutionen I (Fn. 10), 46.

82 Hierzu im Einzelnen *Haferkamp* (wie Fn. 9).

83 *H. Liermann* u. *H.-J. Schoeps*, Materialien zur preußischen Ehescheidungsreform, Göttingen 1961, 501.

84 Zur zeitgenössischen Kritik: *J.B. Sartorius*, Revision der Lehre von der Aktenversendung, Zeitschrift für Civilrecht und Prozeß 14, Gießen 1840, 219 ff.; späte Beispiele bringt *Falk*, Consilia. Studien zur Praxis der Rechtsgutachten in der frühen Neuzeit, Frankfurt a. M. 2006, 232 ff.

85 Dies zeigte seine Auseinandersetzung mit Romeo Maurenbrecher, hierzu *Haferkamp*, (wie Fn. 16), 173 ff.

schaft, die in der Juristenausbildung und durch die Bereitstellung anwendungstauglicher Pandektenlehrbücher Einfluss nahm, und einer eigenständig rechtswissenschaftlich arbeitenden Justiz, die in der Rechtswirklichkeit das Privatrecht beschirmte.

Seine methodischen Überlegungen waren daher auf die **Rechtspraxis** zugeschnitten. Seine Ablehnung fester Methodenregeln spiegelte seine generelle Abneigung gegen die Beschränkung freier wissenschaftlicher Arbeit. Er verlangte von der Justiz in diesem Sinne keinen sklavischen Gehorsam, sondern eigenständiges wissenschaftliches Arbeiten.   240

> „Das juristische Denken des Gesetzgebers soll dem Richter nicht etwa das Denken ersparen; Richter, die nicht im Stande wären, die Gedanken des Gesetzgebers zu reproduzieren, wären dieses Namens nicht werth".[86]

Dessen eingedenk gab seine Rechtslehre dem Rechtswissenschaftler, also auch dem Richter, methodische Vorgaben für seine Arbeit.   241

2. Feststellung der Geltung eines Rechtssatzes

Wie oben gezeigt, behandelte Puchta die Texte des Corpus Juris als Gesetzestexte, unterwarf sie also seinen relativ texttreuen strengen Regeln der Gesetzesauslegung. Das Gemeine Recht als Ganzes galt mangels eines Reichsgesetzgebers freilich nicht als Gesetz sondern nur als Gewohnheitsrecht.[87] Für die Feststellung eines geltenden Rechtssatzes war daher entscheidend, ob der antike Satz rezipiert worden war. Der Richter durfte Texte des Corpus Juris nicht anwenden, die nicht glossiert waren.[88] War solchermaßen ein antiker Satz als rezipiert festgestellt, war zu prüfen, ob er durch ein späteres Gewohnheitsrecht derogiert worden war. Hierfür war es notwendig, nach einem entgegenstehenden Gerichtsgebrauch oder einer communis opinio doctorum zu suchen. Auch hier betonte Puchta die Eigenverantwortung des Richters dafür, dass diese Rechtssätze auch dem Rechtsbewusstsein seiner Zeit entsprachen: 242

> „Es entsteht eine Vermutung für die Wahrheit einer Ansicht, wenn sie von den bewährtesten Rechtsgelehrten übereinstimmend vorgetragen wird (*communis opinio*), und wenn sie sich auch in der Anwendung constant geltend gemacht hat (*usus fori*) und ein gewissenhafter Richter wird im Zweifel dabei stehen bleiben. Aber diese Vermuthung muß der Wahrheit weichen; sowie ein Richter sich **von ihrer Unrichtigkeit überzeugt** hat, würde er pflichtwidrig handeln, wollte er sie noch ferner anwenden, und hätte man sie Jahrhunderte für wahr gehalten, und seit Menschengedenken in den Gerichten befolgt".[89]

Puchta ließ damit die Möglichkeit, das Recht aufgrund einer inneren Überzeugung der Richter fortzubilden, durchaus offen. Richterliche Rechtsfortbildung war Gewohnheitsrecht, solange sie nur ihrem Rechtsbewusstsein, nicht jedoch systematischen Argumenten folgte, welcher er als Recht der Wissenschaft davon unterschied. Solches „in den Juristen sich manifestierendes Recht" war (**Juristen)gewohnheitsrecht**.[90] Juristen blieben bei Puchta die „rechtskundigen Glieder der Nation, die natürlichen Repräsentanten und   243

---

86 *Puchta*, Vorlesungen I (Fn. 21), 19.
87 *Puchta*, Vorlesungen I (Fn. 21), 27.
88 Vgl. *Puchta*, Vorlesungen I (Fn. 21*)*, 8.
89 *Puchta*, Vorlesungen I (Fn. 21), S. 44; die Rechtssicherheit forderte freilich, dass der Irrtum „ganz entschieden" sein müsse, 45.
90 *Puchta*, Gewohnheitsrecht II (Fn. 50), 16 ff., 19.

Depositarien des nationellen Rechtsbewußtseins".[91] Freien Durchgriff auf den Volksgeist gestattete er ihnen aber immer nur dann, wenn nicht aus den Prinzipien des bestehenden Rechts bereits ein Rechtssatz abgeleitet werden konnte:

> „Ob z. B. die Zeugen bey einem Testament ihre Namen innen und außen schreiben, oder nur eines von beiden, ob ein Testament von den Zeugen versiegelt werden muß oder nicht u. dgl., läßt sich nicht durch innere, systematische Gründe bestimmen".[92]

244　1846 wies Puchta verdeutlichend darauf hin, dass Juristengewohnheitsrecht nicht nur die zunächst als Beispiel genannten Form- und Fristfragen behandelte. Vielmehr konnte das Juristengewohnheitsrecht „viele Rechtssätze" umfassen, auch „ganze Rechtsinstitute" wie „Testamente oder Verjährung", freilich erneut nur „in Beziehung auf die Frage, ob sie existieren".[93] Juristengewohnheitsrecht entstand also außerhalb der systematischen Argumentation des Rechtswissenschaftlers. Es blieb schlichte Behauptung eines Rechtssatzes und bewährte sich durch **Anerkennung** seitens der Rechtswissenschaft oder im Gerichtsgebrauch.

245　Fand der Richter einen feststehenden Rechtssatz, so war es ihm untersagt, diesen Rechtssatz durch wissenschaftliche Deduktionen und andere rein systematischen Argumente zu derogieren. Puchtas Feststellung, die Aufhebung eines Gewohnheits- oder Gesetzesrechts durch ein Recht der Wissenschaft könne „der Natur der Sache nach nicht vorkommen"[94] beschränkte die Möglichkeit innersystematischer Argumentation. Wenn man im 20. Jahrhundert Puchta daher unterstellte, das Recht wie in einer deduktiven „Begriffspyramide" aus seinem Rechtsbegriff abzuleiten,[95] so verkannte man, dass Recht für ihn zunächst als ein Positives galt. Bei seinen Systembemühungen betonte er stets, „nicht von unwirklichen Speculationen [ge]leitet worden" zu sein.[96] Ein subjektives Recht entstand also nicht einfach als Folge des Rechtsbegriffs. 1842 formulierte Puchta seinen Rechtsbegriff diesbezüglich eindeutig: „der Berechtigte bezieht einen Gegenstand auf sich, und diese Beziehung ist den **Rechtsvorschriften gemäß**".[97] 1846 hieß es gleichfalls: „Zur Existenz eines Rechtes gehört: 1) dessen Begründung durch eine Rechtsvorschrift".[98] Damit war Puchtas System der Rechte eigentlich ein perspektivisch zugespitztes System der Rechtssätze.

3. Arbeit mit Puchtas System der Rechte

246　Wenn Puchta gleichwohl seine überwiegende Kraft in die Herstellung eines kohärenten Systems der Rechtssätze investierte, dann sollte dies doppelt die Tätigkeit des Richters beeinflussen.

91　*Puchta*, Vorlesungen über das heutige römische Recht II, Leipzig 1846, 43.
92　*Puchta*, Gewohnheitsrecht II (Fn. 50), 17, vgl. auch die bereits genannten Beispiele oben I 4.
93　*Puchta*, Vorlesungen I (Fn. 21), 44.
94　*Puchta*, Vorlesungen I (Fn. 21), 48.
95　Zu diesem Bild *Haferkamp*, Wege der Historiographie zur Privatrechtsgeschichte der Neuzeit, in: ZNR 2010, 61 ff.; *ders.*, Positivismen als Ordnungsbegriffe einer Privatrechtsgeschichte des 19. Jahrhunderts, in: Okko Behrends u. Eva Schumann (Hgg.), Franz Wieacker – Historiker des modernen Privatrechts, Göttingen 2010, 181 ff.
96　*Puchta*, Brief an Blume vom 22. 5. 1829, vgl. den Abdruck bei Haferkamp, Puchta (wie Fn.16).
97　*Puchta*, Cursus der Institutionen II, Leipzig 1842, 367 [Hervorhebung von mir].
98　*Puchta*, Vorlesungen I (Fn. 21), 107.

(1) Zunächst ging es darum, dem Richter rationale Wertungszusammenhänge zwischen den Rechtssätzen bereitzustellen, die es ihm ermöglichen sollten, das bestehende Recht als sinnvolles Gefüge zu verarbeiten.

(2) Daneben sollte es dem Richter erlaubt sein, ungeregelte Fälle aus diesen Sinnzusammenhängen heraus zu entscheiden. Tragendes Merkmal war dabei die Vorstellung, dass das Recht sich selbst durch Prinzipien steuere.

Pandektensysteme sollten damit ein dem Richter unentbehrliches Hilfsmittel werden.   247

> „Kein Richter wird in Verlegenheit sein, wo er irgend ein Pandektenlehrbuch als Entscheidungsgrundlage gebraucht, ein solches wird ihn nirgends im Stiche lassen".[99]

a) Das Pandektenrecht als System

Es war philosophisch ein seit Kant breit diskutiertes Problem, wie ein frei-zufällig entstandenes Recht und ein vernünftig-notwendiges System miteinander in Einklang gebracht werden können. Das positive Recht konnte auch für Puchta kein geschlossenes System sein. Es sei die „Unvollkommenheit menschlicher Dinge überhaupt, welche die vollständige Erreichung jener Idee des reinen Rechts, also die innere Vollendung des Rechts ausschließt".[100] Puchta versuchte daher Teilverknüpfungen zu erreichen und integrierte nicht verknüpfbare Rechtssätze als Ausnahmen und Einzelfälle. Daraus ergab sich eine abgestufte logische Struktur seines Pandektenrechts.   248

aa) Verknüpfungen mit dem Gesamtsystem

Puchta setzte fest, dass „1) über die Gegenstände hinaus keine Rechte möglich, und 2) die Rechte nach den Gegenständen der rechtlichen Unterwerfung verschieden sind, die Unterwerfung verschiedener Gegenstände verschiedene Befugnisse gewähren muß".[101]   249

Konkret folgten daraus folgende Klassifikationen: 250

(1) Das Recht an der eigenen Person, eingeteilt in Recht der Persönlichkeit und Recht des Besitzes.[102]

(2) Rechte an Sachen, eingeteilt in totale Unterwerfung (Eigentum) und partielle Unterwerfung (iura in re). Letztere wiederum eingeteilt in die partielle Unterwerfung von Seiten der Benutzung (Servituten, Emphyteusis, Superficies) und von Seiten des Verkaufswertes (Pfandrecht).[103]

(3) Rechte an Handlungen, „vermöge deren einer Person (dem Gläubiger) eine Handlung einer anderen (des Schuldners) unterworfen ist", jedoch nur insoweit, als diese Handlungen „einen Vermögenwert" haben.[104]

---

99 *Puchta,* Vorlesungen I (Fn. 21), 15.
100 *Puchta,* Institutionen I (Fn. 10), 94.
101 *Puchta,* Pandekten (Fn. 20), 32.
102 *Puchta,* Pandekten (Fn. 20), 33; Pandekten, 2. Aufl. (Fn. 24), 64; Vorlesungen I, 1846, 105; Institutionen II (Fn. 97), 368 f.
103 *Puchta,* Pandekten (Fn. 20), 32 f., 108 f.; Pandekten, 2. Aufl. (Fn. 24), 64; Vorlesungen I (Fn. 21), 105; Institutionen I (wie Fn. 10) 86 ff.; II (Fn. 97) 369 f.
104 *Puchta,* Pandekten (Fn. 20), 1838, 32; Pandekten, 2. Aufl. (Fn. 24), 64; Vorlesungen I (Fn. 21), 105; Institutionen I (wie Fn. 10) 90; II (Fn. 97), 370 f.

(4) Rechte an Personen außer dem Berechtigten. Aus der gleichen Eigenschaft aller Menschen als Person folgte, dass diese Unterwerfung einer Person nicht total, sondern immer nur partial denkbar war.[105]

(5) Rechte an Personen, die in den Berechtigten übergegangen sind und von ihm repräsentiert werden: Erbrecht und andere Rechte an Vermögen.[106]

251 Durch diese „logische Einheit, auf die wir die große Mannigfaltigkeit der Rechte zurückzuführen haben" erhielt Puchta die „obersten Rechtsbegriffe, von denen aus der ganze Rechtskörper zu fassen, zu handhaben und zu regieren ist. **Jedes Recht erhält seinen Begriff durch seinen Gegenstand**; die erste Frage bei jedem Recht muß auf den Gegenstand gerichtet sein, seine Feststellung giebt die ersten Principien, nach denen das einzelne Recht zu beurtheilen ist".[107]

bb) Frei entstandene Rechtssätze

252 Daneben konnte **Recht** entstehen, welches **nicht systematisch begründet** werden konnte. Ein solcher Rechtsatz konnte daher „nie Recht der Wissenschaft sein, er ist entweder gesetzliches oder Gewohnheitsrecht".[108] Hier war vor allem auch der Einsatzbereich für Puchtas 1837 ausgegliederte „zweite Art des Juristenrechts, welche ein anderes Fundament, als jene erste hat".[109] Puchta sprach von einem „freien Rechtssatz", der „der freien und willkührlichen Bestimmung" anheim falle[110] und von Sätzen, die „ihrer Natur nach etwas willkürliches haben".[111]

253 War ein solcher Rechtssatz **frei gesetzt**, wurde er erneut zur **Quelle von Konsequenzen**. Dieser Aspekt tauchte erstmals 1837 bei Puchta auf. Puchta sprach hier von der „Unmöglichkeit, die Existenz eines solchen Instituts, wie die Quasipupillarsubstitution, aus inneren Gründen abzuleiten, ich sage: die Existenz, denn diese einmal vorausgesetzt, tritt allerdings eine Ableitung der einzelnen Rechtssätze, die das Verhältnis bestimmen, aus den Principien derselben ein".[112] 1844 hieß es ebenso:

> „Keine logische Nothwendigkeit liegt ... dagegen in der Verschiedenheit der Servituten unter einander, ebenso in der Verschiedenheit der einzelnen Obligationen, nur daß diese Verschiedenheit, wenn sie einmal gesetzt ist, die Mutter von logischen Nothwendigkeiten werden kann".[113]

b) Schellings „duplike Rationalität" von Setzung und Konsequenz als Vorbild

254 Das von Puchta in seinen Pandekten verwirklichte systematische Konzept zeigt auffällige Ähnlichkeit zum **Methodenprogramm**, welches Schelling in seinen Münchener Vorlesungen vorführte. Als Puchta 1829 begann diese Vorlesungen zu hören, hoffte er, dass damit „eine neue Zeit für die Philosophie überhaupt beginnen" werde, ja er lebe in der

---

105 *Puchta*, Pandekten (Fn. 20), S. 33; Pandekten, 2. Aufl. (Fn. 24), 64; Vorlesungen I (Fn. 21), 105; Institutionen I (wie Fn. 10) 86 ff.; II (Fn. 97), 371 f.
106 *Puchta*, Pandekten, 2. Aufl. (Fn. 24), 64; Pandekten (Fn. 20), 33; Vorlesungen I (Fn. 21), 105; Institutionen II (Fn. 97), 372.
107 *Puchta*, Vorlesungen I (Fn. 21), 104.
108 *Puchta*, Vorlesungen I (Fn. 21), 44.
109 *Puchta*, Gewohnheitsrecht II (Fn. 50), 16 f.
110 *Puchta*, Vorlesungen I (Fn. 21), 44.
111 *Puchta*, Gewohnheitsrecht II (Fn. 50), 17, a. a. O., 73: „wem wird es einfallen, der Nothwendigkeit der Zeugenunterschrift und Siegelung eine innere Wahrheit zuzuschreiben, sie aus Principien abzuleiten".
112 *Puchta*, Gewohnheitsrecht II (Fn. 50), 71.
113 *Puchta*, Pandekten, 2. Aufl. (Fn. 24), 64 Anm. a).

Haferkamp

„frohen Hoffnung", dass damit „die in den Staub und Koth getretene, die zum Spielzeug für alte, und zum verderblichen Instrument für junge Kinder gewordene Philosophie wieder zu ihren Ehren, ja zu neuen Ehren" gelangen werde.[114] Es war für Puchta freilich **nicht möglich, Schellings** Münchener Vorlesungen **eine Rechtsphilosophie zu entnehmen.** Schelling äußerte sich nach seiner frühen Einleitung zur Methode des akademischen Studiums von 1802[115] nicht mehr genauer zum Recht. Die einfache Umsetzung einer fremden Rechtsphilosophie hätte Puchtas Selbstverständnis aber auch widersprochen. Für ihn war das Verhältnis von Philosophie und Rechtswissenschaft ein „gegenseitiges Geben und Empfangen",[116] keine Unterordnung des einen unter das andere. Auch Schelling betonte in seinen Münchener Vorlesungen, sein Vortrag müsse den Zuhörern ein „selbstgewonnener Inhalt" werden: „Lerne nur, um selbst zu schaffen".[117]

Mit seinem Versuch, zwischen einem frei entstandenem Gegenstand, wie dem Recht, und einer vernünftigen Begründung desselben zu vermitteln, berührte Puchta eine Frage, die Schelling bereits 1809 beschäftigt hatte, die Frage nämlich, ob „der Begriff der Freiheit mit dem System überhaupt unverträglich" sei.[118] In seinen Münchener Vorlesungen, die Puchta hörte, zeigte Schelling am Beispiel eines ganz anderen und dennoch von Schelling als dem Recht verwandt bezeichneten Gegenstandes, der **Mythologie,** wie das Problem zu lösen sei. Die Interpretation des Seins als Explikation der Freiheit konstituierte einen unüberwindlichen **Vorrang des Seins vor dem Denken.**[119] Sein blieb damit an die ‚Zufälligkeit' einer Entscheidung gebunden. Dies war der Bereich der aposteriorischen Erkenntnis durch Erfahrung, durch historisch arbeitende sog. **positive Philosophie.** Zugleich blieb die sog. negative, logische Philosophie einziges Zugangsmittel für die theoretische Vernunft. Die **negative Philosophie,** die Schelling in Berlin dann stärker in den Blick nahm,[120] übernahm neben der positiven Philosophie die Aufgabe „**rationaler Rechtfertigung**"[121] des Gefundenen. Jeder gesetzte und bloß aposteriorisch zu findende Actus wurde damit als Beginn einer Kausalkette interpretiert, die nur durch das Dazwischentreten eines neuen Actus unterbrochen wurde.[122] Von der Freiheit Gottes ausgehend war Ziel „eine Genealogie des sonstigen Seins *a priori*". Die Philosophie war also insofern System, als sie das aposteriorisch gefundene Sein als Kausalzusammenhang interpretierte. Das oberste Prinzip dieses Zusammenhangs blieb Freiheit und damit für den Verstand unsicher. „Positiv" spürte man den Folgen dieses Prinzips nach, „negativ" schloss man von diesen Folgen auf Ursachen zurück.[123] Dies bedeutete zugleich, dass die Wirklichkeit des Seins zwar als System darstellbar, aber nicht abbildbar war. Die Dar-

255

---

114 *Puchta*, Brief an Blume vom 10. 1. 1829, UB Bonn S. 865.
115 *F.W.J. Schelling*, Vorlesung über die Methode (Lehrart) des akademischen Studiums, 1802/1803, hg. von W. E. Ehrhardt, Hamburg 1990.
116 *Puchta*, Institutionen I (Fn. 10), 100.
117 *Schelling*, SW V, Stuttgart/Augsburg 1856–1861 (Nachdruck Darmstadt 1966–1990), 241.
118 *Schelling*, Über das Wesen der menschlichen Freiheit, Werke I 7, Tübingen 1809, 336.
119 Vgl. *S. Peetz*, Die Freiheit im Wissen, Frankfurt a. M. 1995, 304.
120 Philosophische Einleitung in die Philosophie der Mythologie oder Darstellung der reinrationalen Philosophie, zwischen 1847 und 1852, Werke II 1, 254 ff.
121 *Peetz*, Die Philosophie der Mythologie, in: Schelling, hg. v. H. J. Sandkühler, Stuttgart/Weimar 1998, 156.
122 *Peetz* (wie Fn. 119) 305: „Wenn die Folgen der Entscheidung bzw. des Willens dem Gesetz der Notwendigkeit unterliegen, das sich aus der Natur der Entscheidung ergibt, die Entscheidung selbst aber von diesem Gesetz in dem Sinne frei ist, daß sie dieses festlegt und es an sich bleibt: dann wird erstmalich, daß ein Wissen, das sich auf die gesetzlich zusammenhängenden Folgen einer Entscheidung bezieht, sich auf einen theoretischen Vernunftgebrauch beschränken kann und innerhalb seines Gegenstandsbereichs völlig legitim ist".
123 Vgl. das progressive und regressive Verfahren in: *Schelling*, Einleitung in die Philosophie 1830, hg. v. W. E. Ehrhardt (=Schellingiana I), Stuttgart 1989, 24 f.

stellung bedurfte ständig einer Rückkopplung in der Erfahrung und damit zugleich beständiger Revision. Für Schelling war in München das Wirkliche also, um Hegels Formel zu gebrauchen, grundsätzlich vernünftig, wenn auch noch nicht in seiner Vernünftigkeit entdeckt. Zugleich fand die Vernunft der Wirklichkeit aber ihre Grenze in einem Freiheitsvorbehalt Gottes.[124]

256 Puchta betonte stets, dass **Recht nur positives Recht** sei, er behandelte das Recht als ein Phänomen des Seins, nicht des Sollens. Für Puchta war Recht „geschichtliche Thatsache",[125] ein „Verzicht auf das Wirkliche" kam ebenso wenig in Betracht wie eine Fixierung auf das „Seynsollende im Seienden".[126] Er betonte die menschliche Freiheit als ‚Keim des Rechts', eine Freiheit, die er über den Sündenfall als eine von Gott gewährte Freiheit bestimmte, also mit Gottes eigener Freiheit verknüpfte. In der rechtshistorischen Arbeit versuchte er, das positive Recht auf seine historischen Wurzeln zurückzuführen und so aposteriorisch zu verstehen.

257 Puchtas Konzept einer strengen **Rationalisierung** der Rechtssätze orientierte sich an Schellings Konzept des Zusammenspiels zwischen einer positiven Philosophie, die historisch versuchte, das Sein auf seine Ursprünge zurückzuführen, und einer negativen Philosophie, die versuchte, das Gegebene als notwendig zu erweisen. Sein Rechtssystem fußte auf einem **Zusammenspiel von freier Setzung und notwendiger Konsequenz.**

> „Die Entstehung des Rechts durch den unmittelbaren Willen der Nation und den Gesetzgeber ist eine freie; was sie hervorbringen, unterliegt im Einzelnen keiner eine bestimmte Linie vorschreibenden Nothwendigkeit (z. B. Formen bei der Eigenthumserwerbung, Fristen für die Ausübung von Rechten, Voraussetzungen der Verbindlichkeit der Verträge, Berechtigung zur Erbfolge u. s. w.). Im Ganzen besteht auch für sie eine gewisse Schranke in der vernünftigen Natur des Rechts; das Recht ist etwas Vernünftiges, in seiner Entwicklung einer logischen Nothwendigkeit Unterliegendes. Wenn z. B. der Gesetzgeber das Eigenthum als unmittelbare Herrschaft über eine Sache anerkennt, so anerkennt er damit nothwendig auch die vernünftigen Consequenzen aus dieser seiner Natur, wonach es z. B. in seiner Wirkung eine ganz andere Beschaffenheit hat, als die Obligatio, wiewohl freilich unter Umständen das Bedürfnis zu einer Abweichung von diesen Consequenzen führen kann".[127]

c) Rechtsfortbildung durch Arbeit mit den Prinzipien des bestehenden Rechts

258 Schufen Juristen Rechtssätze, die sie der inneren Folgerichtigkeit des Systemzusammenhanges entnahmen, so sollte dies der **Lückenfüllung** dienen. Puchtas Recht der Wissenschaft reagierte auf das Problem, „daß der Richter auch bei der größten Ausdehnung jener Rechte einer Ergänzung bedarf, ohne die er in sehr vielen Fällen keine Norm der Entscheidung haben würde".[128]

> „Daß diese Quelle für den Richter nothwendig wird, läßt sich nicht bezweifeln, da auch das vollständigste Gesetzbuch nicht für alle zu entscheidenden Fälle ausgesprochene Normen enthalten kann, und eben so wenig die unmittelbare rechtliche Ueberzeugung des Volks eine überall ausreichende Hülfe gewähren wird. Die früher gewöhnliche Ansicht von der subsidiären Anwendbarkeit des s. g. Naturrechts ist als eine Anerkennung dieses Bedürfnisses auch durch die exaltierten Verehrer des gesetzlichen Rechts bemerkenswerth, nur daß man

---

124 *Peetz* (wie Fn. 119) 313.
125 *Puchta*, Institutionen I (Fn. 10), 96.
126 *Puchta*, Institutionen I (Fn. 10), 97.
127 *Puchta*, Vorlesungen I (Fn. 21), 25.
128 *Puchta*, Rez. Beseler (Fn. 56), 17.

Haferkamp

sich in dem Mittel vergriffen, und von der bloßen Philosophie erwartet hatte, was nur die Jurisprudenz selbst zu leisten imstande ist".[129]

Recht der Wissenschaft galt nur, wenn „der Richter sich von der actuellen Volksüberzeugung und Gesetzgebung verlassen" fand. **Wissenschaft war „ergänzende Rechtsquelle"** und setzte insofern eine „Lücke" voraus.[130] Das Recht der Wissenschaft schuf auch „Modification" einzelner Rechtssätze, die „ohne schlechterdings einander auszuschließen, doch nicht in ihrer vollen Bedeutung neben einander bestehen können", und die damit extensiv oder restriktiv anzuwenden seien, wenn sich „aus inneren Gründen … eine Nothwendigkeit der Modification eines Gewohnheitsrechts oder Gesetzes ergab".[131] Die freilich nicht ganz trennscharfe Grenze lag darin, dass bei der erweiternden oder beschränkenden Auslegung „der Rechtssatz unverändert gelassen, und nur ein falscher Schein eines engeren oder weiteren Sinnes durch richtige Interpretation entfernt wird", während bei der Modifikation eine „Erweiterung oder Beschränkung des Rechtssatzes selbst" vorgenommen werde.[132] Recht der Wissenschaft war zudem die Beseitigung unauflösbarer Widersprüche[133] durch Lückenfüllung.[134] Es ging also um „Ergänzung, Erweiterung, Modifizierung".[135] Wenn die Rechtsproduktion mittels der Prinzipien des Rechtssystems nur Ergänzungsfunktion hatte, war klar, dass die Aufhebung eines Gewohnheits- oder Gesetzesrechts durch ein Recht der Wissenschaft „der Natur der Sache nach nicht vorkommen"[136] konnte.

259

Wie sollte diese Rechtsfortbildung aus dem System der Rechtssätze hinaus funktionieren? Puchta wollte sich auch hier wenig festlegen:

260

Die „Erkenntnis des wissenschaftlichen Rechts und ihre Methode ist **nicht Gegenstand besonderer Regeln,** sondern die Aufgabe der gesammten Rechtslehre". Lediglich im „Allgemeinen" bedürfe es einer „doppelten Operation 1) Erschließung des Rechtssatzes aus den Principien, unter welche der Fall seiner Natur nach gehört (juristische Consequenz), 2) Nachweisung, daß dieselbe Folgerung auch sonst unter gleichen Umständen in dem bestehenden Recht vorkommt (Analogie)".[137]

261

Mit „Princip", „Consequenz" und „Analogie" nahm er zeitgenössische Diskussionen über die alte Figur des argumentum a simile, der **Analogie,** auf.[138] War früher behauptet worden, es sei möglich von einem Rechtssatz auf einen anderen Rechtssatz einen Ähnlichkeitsschluss vorzunehmen, so stellte man nun klar, dass es hierzu eines *tertium comparationis* bedürfe. Als ein solches tauchte in der zeitgenössischen Diskussion der Begriff **„Prinzip"** auf. Die Idee war also, das positive Recht auf seine Prinzipien zurückzuführen

262

---

129 *Puchta,* Gewohnheitsrecht II (Fn. 50), 15.
130 *Puchta,* Pandekten 3. Auflage (Fn. 41), § 16.
131 *Puchta,* Vorlesungen I (Fn. 21), 48 f.
132 *Puchta,* Vorlesungen I (Fn. 21), 49.
133 Eine Antinomie lag für Puchta vor, wenn sich bei einem Widerspruch zwischen zwei Rechtssätzen „nicht bestimmen läßt, welchem von beiden Rechtssätzen die aufhebende oder modificierende Kraft zukommt", *Puchta, Vorlesungen I (Fn. 21),* 49. Unlösbare Widersprüche führten zur Aufhebung beider Regelungsinhalte und damit zu einer „Rechtsquelle, deren eigenster Beruf die Ergänzung des geschriebenen Rechts ist … dem Recht der Wissenschaft" (S. 52). Freilich galt: „Die meisten angeblichen Widersprüche im Corpus Juris sind nur scheinbare" (S. 51) und in Wahrheit Kollisionsfälle, also etwa über die Posteriorität des Inkrafttretens lösbar oder unterfielen einer „Vermittlung durch Interpretation" (S. 51).
134 *Puchta,* Vorlesungen I *(Fn. 21),* 49–52.
135 *Puchta,* Pandekten, 3. Aufl. (Fn. 41), 25 Anm. p).
136 *Puchta,* Vorlesungen I (Fn. 21), 48.
137 *Puchta,* Pandekten, 2. Aufl. (Fn. 24), § 16 a. E.
138 *Schröder,* Zur Analogie in der juristischen Methodenlehre der frühen Neuzeit, in: ZRG GA 114, 1997, 1 ff.

und aus diesen dann einen Rechtssatz für einen nicht geregelten Fall ‚consequent' zu entwickeln.

263 Philipp Heck bezeichnete dieses Verfahren als „Inversionsmethode"[139] und sprach von einer *quaternio terminorum*, also einem Trugschluss, dem klassischen Beweisfehler beim syllogistischen Schließen:[140] „Aus Zusammenfassungen kann man ohne Selbsttäuschung keinen neuen Rechtsinhalt gewinnen".[141] Diese Kritik ging an Puchtas Verfahren vorbei. Puchta äußerte sich nirgends näher dazu, wie Prinzipien logisch gefunden werden sollten und wie daraus „Konsequenzen" zu ziehen seien. Eine bestimmte philosophische Logik verfolgte er nicht. Wahrscheinlicher ist, dass ihm hier das Bild der **römischen Juristen** vor Augen stand. Jedenfalls ging es bei diesem Verfahren nicht um Syllogismen, um (un-vollständige) Induktion oder quasimathematische Deduktion, sondern um ein teleologi-sches, sinngeprägtes Verfahren. „Jeder dieser Begriffe ist ein lebendiges Wesen, nicht ein todtes Werkzeug, das bloß das Empfangene weiter befördert".[142] In Puchtas Institutio-nen findet sich hierfür ein charakteristisches Beispiel.[143] Aus dem Satz: „daß der Eigen-thümer eine unmittelbare Herrschaft über die Sache hat" folgt der Satz, „daß der Eigen-thümer von jedem, der sie ihm vorenthält die Sache vindiciren kann".[144] Da der nicht besitzende Eigentümer ganz offenbar die unmittelbare Herrschaft nicht hatte, folgte der zweite Satz **nicht syllogistisch** aus dem ersten. Vielmehr forderte der Schutz des Herr-schaftsrechts des Eigentümers diesen Anspruch. Wenn diese Sätze für Puchta „nothwen-dig" zusammenhingen, so ging es nicht um syllogistische Ableitungszusammenhänge, sondern um das Grundprinzip des absoluten Eigentums. Puchta hätte Heck vielleicht entgegengehalten, „daß er die wissenschaftliche Thätigkeit für eine mechanische hält und durch diese Thätigkeit sich abgehalten sieht, ihre Productivität zu erkennen".[145]

VI. Trennung des doppelten Blicks in Puchtas Institutionen und Pandekten

264 Als Ernst Landsberg 1910 in seiner Geschichte der Deutschen Rechtswissenschaft über Puchta berichtete, bemerkte er, es sei „eigenartig, wie sich Stellung und Ansehen Puchtas mehr als wohl irgendeines anderen Rechtsgelehrten, in kurzer Zeit mehrfach verschoben hat".[146] Während zunächst „Puchtas machtvoll einseitige Persönlichkeit ... alle dogma-tisch interessierten Romanisten in den Bann seiner Methode gezogen" habe, so gelte nun Puchta „als der typische Vertreter der einseitigsten, verstiegen, welt- und lebensfrem-den, praktisch unanwendbaren, dialektisch haarspaltenden Begriffsjurisprudenz". Ur-heber dieser **Perhorreszierung Puchtas** war Rudolph von Jhering, der lange Jahre Puchtas Kompendium seiner Pandektenvorlesung zugrunde gelegt[147] und mit Blick auf dieses Werk 1865 gegen die Überschätzung der „Consequenz"[148] gewettert hatte. 1884 attes-tierte er Puchta dann „Begriffsjurisprudenz"[149] und gestattete ihm den Erstbezug des von

---

139 *P. Heck*, Was ist diejenige Begriffsjurisprudenz, die wir bekämpfen?, DJZ 1909, Sp. 1457 ff.
140 *Heck*, Begriffsbildung und Interessenjurisprudenz, 1932, 96.
141 *Heck*,Begriffsbildung (Fn. 140), Sp. 1460.
142 *Puchta*, Institutionen I (Fn. 10), 101 f.
143 Hierzu bereits *Herberger*, Dogmatik (wie Fn. 73) 401.
144 *Puchta*, Institutionen I (Fn. 10), 37.
145 *Puchta*, Rez. Beseler (Fn. 56), 1844, 21.
146 *Landsberg* (wie Fn. 2), 458.
147 Vgl. hierzu nun *C. Jäde*, Rudolf von Jhering, Pandektenvorlesung nach Puchta. Ein Kollegheft aus dem Win-tersemester 1859/60, Göttingen 2008.
148 *Jhering, Geist* des römischen Rechts auf den verschiedenen Stufen seiner Entwicklung, Bd. III 1, Leipzig 1865, 301.
149 *Jhering*, Scherz und Ernst in der Jurisprudenz, Leipzig 1884, 330.

ihm erfundenen „**Begriffshimmels**".[150] Mitverantwortlich dafür, dass Puchta 40 Jahre nach seinem Tod nur noch als weltfremd logisch wahrgenommen wurde, war die Fixierung des Blicks auf Puchtas Pandektenlehrbuch. 1840 hatte August Wilhelm Schröter Puchtas Pandekten rezensiert und gemeint, diese hätten einer „neuen Richtung Bahn"[151] gebrochen. Unter Puchtas Händen würden die einzelnen Rechtsinstitute „zu[m] anschaulichen organischen Ganzen, in welchen nichts willkührliches und Zufälliges neben her läuft, sondern jedes Glied an seiner Stelle in das Ganze eingreift".[152] **Puchtas Pandekten** wurden schon früh als **ungewöhnlich systematisch** dicht wahrgenommen. Dies lag auch daran, dass Puchta hier kein ausführliches Handbuch schreiben wollte, sondern ein Kompendium, in dem auf die Darstellung der Forschungsstände oft zugunsten klarer Zusammenhänge und Nachweis der zentralen Quellen verzichtet wurde.[153] Zugleich führte Puchta hier aber sein Systemdenken vor. Er versuchte, seinen obersten Grundsatz und das positive Recht möglichst weitgehend denkerisch zu verknüpfen, betonte also die „Principien" und „Consequenzen" der einzelnen Rechtssätze im gesamten Systemzusammenhang.

Dies war jedoch **nur die eine Seite von Puchtas Wissenschaftsprogramm**. Adolph Rudorff, der Puchtas Werke posthum herausgab, hielt Jhering 1871 entgegen, die Tatsache, dass in Puchtas Pandekten die „realen Faktoren hinter dem logischen Element" zurückträten, dürfe nicht darüber hinwegtäuschen, „daß Puchta die realen Faktoren der Rechtsbildung, die historischen, politischen, öconomischen, ethischen Elemente, mit einem Worte die ganze lebenskräftige rechtsbildende Vergangenheit des römischen Rechts noch in einem zweiten Hauptwerke ausführlich und befriedigend dargestellt hat. Dieses Werk ist der Cursus der **Institutionen**".[154] Puchta hatte seit 1839 eine „Geschichte des Rechts bei dem Römischen Volke"[155] erscheinen lassen. Dieses Werk setzte ganz andere Schwerpunkte und nahm stets die sozialen und ökonomischen Rahmenbedingungen der Rechtssätze mit in den Blick. Wilhelm Arnold, der als einer der Pioniere einer den kulturellen Kontext betonenden Rechtsgeschichte behandelt wird,[156] sah gerade in Puchta ein großes Vorbild: „Man braucht ja nur Puchtas Institutionen aufmerksam durchzulesen, um zu sehen, in welcher vortrefflichen Weise hier der Zusammenhang des Rechts mit dem Leben behandelt wird".[157]

Puchta **trennte den systematischen und den historischen Blick** demnach auch in seinen Lehrbüchern scharf. Diese Trennung war nicht nur Ausdruck seines Methodenprogramms sondern auch Teil eines **didaktischen Konzepts**.[158] Im ersten Semester hörten die Studenten die historische Einführung in das Römische Recht. Diese Zusammenhänge wurden vorausgesetzt, als im zweiten Semester der gleiche Stoff als System gelehrt wurde. Dies folgte dem Zweck der Pandektenvorlesung, in der primär juristisches Denken gelehrt werden sollte und nur sekundär geltendes Recht. Im Kopf des Studenten sollten

265
266

---

150 *Jhering*, Scherz und Ernst (wie Fn. 149), 253: „Der erste, der sich meldete, nannte sich Puchta".
151 *Schröter*, Rez. Puchta, Richters Jahrbücher 4 (1840), 300.
152 *Schröter*, Rez. Puchta (Fn. 151), 298 f.
153 Zu diesem Lehrbuchtyp *Haferkamp*, Karl Adolph von Vangerow (1808–1870) – Pandektenrecht und 'Mumiencultus', ZEuP 2008, 813–844.
154 A. F. *Rudorff*, Vorrede zur 11. Aufl. von Puchtas Pandekten 1871, hier nach Abdruck vor der 12. Aufl. 1877, VIII.
155 So der Untertitel des Cursus der Institutionen von 1840.
156 H. *Hofmann*, „In Europa kann's keine Salomos geben." – Zur Geschichte des Begriffspaars Recht und Kultur, in: JZ 2009, 1 ff.
157 W. *Arnold*, Cultur und Rechtsleben, Berlin 1865, X.
158 Hierzu näher *Haferkamp*, Pandektisten am Katheder, in: Rechtswissenschaft als juristische Doktrin (Rättshistoriska Studier 25), hg. von Claes Peterson, Stockholm 2011, 84-103.

beide Perspektiven daher auch ineinander fließen in produktiver Arbeitsteilung. Verkürzt man also Puchtas Rechtslehre auf sein Pandektenlehrbuch, so ergab sich ein Zerrbild:

„Nicht die Hervorhebung einer Seite des Ganzen ist ein einseitiges Verfahren, nur der ist einseitig zu nennen, welcher eine Seite als das Ganze behandelt".[159]

VII. Beispiel: Stellvertretung

267 In Unterschied zu der naturrechtlichen Annahme **freier Stellvertretung** herrschte bei den Romanisten im ersten Drittel des 19. Jahrhunderts weitgehend Einigkeit darüber, dass dem römischen Recht ein solches Rechtsinstitut fremd sei.[160] Die am weitesten verbreitete Lösung hatte 1817 Mühlenbruch vorgelegt, der eine Zession zwischen dem Beauftragten und dem Auftraggeber annahm, womit freilich das Problem des **Durchgangserwerbs** des Beauftragten ungelöst blieb,[161] was etwa dazu führen konnte, dass die erworbene Sache mit einem Pfandrecht eines Gläubigers des Beauftragten belastet wurde.

268 1840 veröffentlichte **Savigny** erstmals seine Stellvertretungslehre, die er in seinen Vorlesungen bereits früher vorgetragen hatte.[162] Seit 1809/10 hatte ihn die Frage der freien Stellvertretung bei der Eingehung von Obligationen, d.h. von Schuldverhältnissen, beschäftigt.[163]

269 1837 hatte Savigny erstmals unauffällig seine abweichende Ansicht durchblicken lassen, dass bereits im klassischen römischen Recht eine freie Stellvertretung angenommen worden war. In der sechsten Auflage des ‚Besitzes‘, der bis dahin nur den Besitzerwerb durch Stellvertreter thematisiert hatte,[164] hieß es nun, es sei zwar Regel, dass außer einigen aufgezählten Ausnahmen „kein Recht durch fremde Handlung erworben werden kann, aber diese Regel gilt (wenigstens schon zur Zeit der classischen Juristen) *nur von civilen Erwerbungen, nicht von natürlichen*, unter welche der Besitz gehört".[165] Savigny spielte

---

159 *Puchta*, Institutionen I (Fn. 10), 100.
160 Hierzu noch immer der Überblick bei *K. F. Everding*, Die dogmengeschichtliche Entwicklung der Stellvertretung im 19. Jahrhundert, Münster 1951, 25 (Vorläufer), 38 ff. (Mühlenbruch und die Nachfolger). Auf Everding dürften auch die heute üblichen Bezeichnungen der einzelnen Theorielager zurückgehen; daneben aber überwiegend für die frühere Entwicklung *U. Müller*, Die Entwicklung der direkten Stellvertretung und des Vertrages zugunsten Dritter. Ein dogmengeschichtlicher Beitrag zur Lehre von der unmittelbaren Drittberechtigung und Drittverpflichtung, Stuttgart 1969, 154 ff.; knapp *M. Schmoeckel*, Zur Entwicklung des Vertretungsrechts, in: Das Bürgerliche Gesetzbuch und seine Richter, hg. von Falk u. Mohnhaupt (Ius Commune Rechtsprechung, 14), Frankfurt a. M. 2000, 81 f.; HKK/*Schmoeckel*, 2002, §§ 164–181, Rn. 2 f.; guter zeitgenössischer Überblick bei *Scheurl*, Beiträge zur Bearbeitung des Römischen Rechts. Stellvertretung, Goldbach 1853, 315 ff.
161 *C.F. Mühlenbruch*, Die Lehre von der Cession der Forderungsrechte, Greifswald 1817, hierzu *Luig*, Zur Geschichte der Zessionslehre, Köln 1966, 47 ff.
162 Vgl. etwa *Savigny*, Pandektenvorlesungen 1824/25, 232 f.
163 Hierzu die Nachweise bei *F. J. Hölzl*, Savignys Lehre von der unmittelbaren rechtsgeschäftlichen Stellvertretung, in: Kontinuitäten und Zäsuren in der Europäischen Rechtsgeschichte, hg. von A. Thier/G. Pfeiffer/ P. Grzimek (= Rechtshistorische Reihe 196), München 1999, 222 f.
164 Hierzu *Hölzl*, Savignys Lehre von der unmittelbaren rechtsgeschäftlichen Stellvertretung, in: Kontinuitäten und Zäsuren in der Europäischen Rechtsgeschichte, hg. von A. Thier u.a., Frankfurt a. M. 1999, 213 Anm. 17.
165 *Savigny*, Recht des Besitzes, 6. Aufl. Gießen 1837, 360; in der ersten Auflage hatte es hier geheißen, „aber diese Regel erleidet eben hier eine Ausnahme", Recht des Besitzes, 1803, 249 [Hervorhebung von mir].

Haferkamp

hier auf die „einzige Stelle unserer Rechtsquellen"[166] an, der er seine Lehre entnommen hatte, auf D 41, 1, 53, ein Fragment, welches damals[167] Modestin zugeschrieben wurde:

> „Alles, was civiliter erworben wird, erwerben wir nur durch diejenigen, die in unserer Gewalt stehen, z.B. eine Stipulationsforderung; was naturaliter erworben wird – wie der Besitz – das können wir, vorausgesetzt, wir wollen den Besitz haben, durch jeden erwerben."[168]

Die hier genannte Möglichkeit *„naturaliter"* auch durch Dritte zu erwerben, wurde durchweg eng auf den hier ja beispielhaft (*„sicuti"*) erwähnten Besitzerwerb bezogen. Hierfür sprachen einige andere Stellen, denen zufolge der Besitzerwerb der einzige zulässige Fall freier Vertretung sei.[169] Savigny verkannte dies nicht.[170] Seine 1840 im dritten Band des Systems öffentlich gemachte Annahme, schon zu Zeiten Justinians sei für nichtzivile Rechtsgeschäfte eine freie Stellvertretung zulässig gewesen, band diese Stellen in eine entwicklungsgeschichtliche Interpretation ein. Ein „so beschränkter Grundsatz" habe sich im römischen Recht nicht halten können, „sobald der Verkehr lebendiger und vielseitiger wurde".[171] Der Besitzerwerb durch Stellvertreter sei nur eine erste Form der Anerkennung einer freien Stellvertretung gewesen. Die im justinianischen Recht erreichte freie Stellvertretung habe ihren Ausdruck in D 41, 1, 53 gefunden, während alle anderen Quellen nur den früheren Rechtszustand repräsentierten: 270

> „Alle diese Stellen können nun im Zusammenhang des Justinianischen Rechts nur so angesehen werden, daß sie die Entwicklungsgeschichte der Regel darstellen, die in ihrer unzweifelhaften neuesten und allein gültigen Gestalt, durch die im Text abgedruckte L. 53 de a. r. d. ausgesprochen wird".[172]

Indem die in diesem Fragment als Ausnahme genannten Erwerbsarten des *ius civile*, insbesondere die *stipulatio*, weggefallen seien, ergebe sich für das gemeine römische Recht „die unbeschränkte Zulassung der freyen Vertretung".[173] 271

Savignys Interpretation von D 41, 1, 53 verfuhr, wie 1840 und stärker noch 1853 im Obligationenrecht deutlich[174] wurde, einfühlend spekulativ. Explizite Quellenbelege für den von ihm angenommenen **Übergang zur freien Stellvertretung im antiken** Recht gab Savigny nicht. 1840 war ihm die hier in die Quellen hineininterpretierte historische Entwicklung eben „sehr natürlich".[175] 272

Ob Puchta diese Argumentation Savignys bereits in den dreißiger Jahren kannte, ist zweifelhaft.[176] Seit 1832[177] belegte immerhin D 41, 1, 53 als einzige Quelle Puchtas 273

---

166 *Savigny*, Obligationenrecht, Bd. 2, Berlin 1851, 54.
167 Nach *Lenel*, Palingenesia iuris civilis II, 1889, Sp. 69 Anm. 5 stammt es von Sextus Pomponius.
168 *Ea, quae civiliter adquiruntur, per eos, qui in potestate nostra sunt, adquirimus, veluti stipulationem: quod naturaliter adquiritur, sicuti est possessio, per quemlibet, violentibus nobis possidere, adquirimus,* D 41.1.53.
169 Vgl. die Nennungen bei *K. A. Vangerow*, Pandekten, Bd. 3, 6. Aufl. Marburg 1852, 294.
170 *Savigny*, System des heutigen römischen Rechts, Bd. 3, Berlin 1840, 97 Anm. (p).
171 *Savigny*, System III (Fn. 171), 94.
172 *Savigny*, System III (Fn. 171), 97 Anm. (p); „L 53 de a. r. d." ist die alte Zitierweise für D 41, 1, 53.
173 *Savigny*, System III (Fn. 171), 98.
174 *Savigny*, Obligationenrecht II, 1853, 20 ff.; hierzu die Darstellung bei *Mohnhaupt*, Savignys Lehre von der Stellvertretung, in: Ius Commune 8 (1979), 66 ff.; *Hölzl*, Savignys Lehre (wie Fn. 164) 225 ff.
175 *Savigny*, System III, 1840, 94; *Mohnhaupt*, Savignys Lehre (wie Fn. 174) 69 spricht einleuchtend von einer „Kunstform".
176 *Puchta* kannte weite Teile der seit 1840 im ‚System' erscheinenden dogmatischen Lehren offenbar nicht. Dies ergeben die in Marburg lagernden Briefe Puchtas an Savigny.
177 *Puchta*, System des Gemeinen Civilrechts, 1832, 18.

allgemeine Erörterungen zum „Erwerb durch Andere". 1838[178] fand sich unter dieser Rubrik die bemerkenswerte Aussage, es sei „auch ein Erwerb durch Handlungen Anderer möglich geworden, welche in einem Repräsentationsverhältnis zu dem Erwerber stehen. Diese Möglichkeit des Erwerbs durch Repräsentanten ist nach heutigem Recht die Regel, welche indessen bedeutende Ausnahmen hat". Bei der Frage des Besitzerwerbs wurde freilich die Weite dieser Ausnahmen deutlich. Zwar könne der Besitz durch Repräsentanten erworben werden, in „dem Willen findet aber regelmäßig keine Vertretung statt",[179] so dass der unmittelbare Forderungserwerb durch freie Stellvertretung ausgeschlossen war: „Ein Anderer kann durch jenen nicht in seiner Person eingetretenen Obligationsgrund nur mittelbar berechtigt und verpflichtet werden".[180] Puchta folgte also Mühlenbruchs Zessionstheorie.[181]

274 Auch nach Erscheinen des dritten Bandes von Savignys System 1840 behielt Puchta diese Ansicht bei. In seinen Institutionen widersprach er Savigny noch gemäßigt. Er halte dessen Auslegung von D 41, 1, 53 für „unwahrscheinlich", da damit widersprechende „ausführliche und bestimmte Stellen … für Antiquitäten erklärt" würden.[182] In seinen Vorlesungen wurde er deutlicher. Savignys Lehre beruhe „auf einer unstatthaften Generalisierung jener Regel von naturalem und civilem Erwerb, und auf einem Mißverständnis" von D 41, 1, 53.[183] Wenn Modestin eine derartige Ausweitung gewollt hätte, hätte er statt *possessio* als Gegensatz zur *stipulatio* auch einen Kontrakt genannt. Zudem gebe es andere Stellen, in denen „die Ausnahme entschieden auf den Besitz beschränkt" werde.[184] **Savignys Auslegung ging Puchta zu weit.** Er stellte stärker den Wortlaut des Justianischen Rechts und die sonstigen Quellenzeugnisse in den Vordergrund.

275 Von dieser strengen Quelleninterpretation ausgehend versuchte Puchta nun in **doppelter Perspektive,** diese Entscheidung der römischen Juristen zu verstehen. In seinen Institutionen näherte er sich dem Problem **historisch** und schilderte die Ratio der römischen Ablehnung freier Stellvertretung: „Die Regel ist eine natürliche, und unter einfachen Verhältnissen, solang sie dem Verkehr nicht allzu große Beschränkungen auferlegt, heilsam, da sie die Sicherheit des Rechts begünstigt". Sodann erläuterte er das „Bedürfnis nach Ausnahmen" durch die „Ausdehnung des juristischen Geschäftsverkehrs der wohlhabenden Bürger über einen großen Theil der bekannten Welt". Er zählte die römischen Möglichkeiten auf, wodurch das Bedürfnis „Contracte für unsere Rechnung durch Andere abschließen zu lassen, praktisch erreicht" werde und schloss mit dem Hinweis auf die geringen Nachteile des Durchgangserwerbs in den verbleibenden Fällen.

276 In seinem Pandektenkompendium reduzierte er die Erörterung auf ein ‚logisches' Argument: „Daß der Vertragsschließende nicht Subjekt der contrahirten Obligatio werde, sondern unmittelbar durch ihn ein Anderer, ist gegen das Wesen dieses Rechtsverhältnisses". Die freie Stellvertretung verstieß gegen das Prinzip, „dass die Obligatio in dem Handelnden selbst ihren Anfang nehmen muss".[185] Puchta argumentierte hier mit „inneren", also systematischen Argumenten.

---

178 *Puchta*, Pandekten (Fn. 20), 37 f.
179 *Puchta*, Pandekten (Fn. 20), 103.
180 *Puchta*, Pandekten (Fn. 20), 285, der Mandant stehe „gleich einem Cessionar", 287.
181 Hinweis freilich nur in *Puchta*, System des Gemeinen Civilrechts, 1832, 155.
182 *Puchta*, Institutionen II (Fn. 97), 336 f., Anm. n).
183 *Puchta*, Vorlesungen I (Fn. 21), 123.
184 *Puchta*, Vorlesungen I (Fn. 21), 124.
185 *Puchta*, Pandekten, 3. Aufl. (Fn. 41), 391 (§ 273).

In seinen Pandektenvorlesungen versuchte er, durch Ergänzungen diesen systematischen Blick des Lehrbuchs abzuschwächen. Er betonte, dass „unser Recht sonst der Repräsentation geneigter ist, als das römische", verwies für Verträge aber darauf, dass mittelbare Stellvertretung mit Durchgangserwerb ja stets möglich sei, nannte Unterhändler und Makler als praktisches Beispiel und schloss: „Das reicht vollkommen für das Bedürfnis aus".[186] Den systematischen Strukturen, die dem Studenten auch Denkhilfe sein sollten, wurden die geschichtlichen Aspekte des Problems stets an die Seite gestellt. ‚Positiv' wurde nach den Ursprüngen und Entwicklungen des Rechtssatzes gefragt, ‚negativ' wurde er als Teil einer systematischen Struktur verstanden. Puchta trug seinen doppelten methodischen Blick bis in die Feinheiten seiner Dogmatik.

277

VIII. Bilanz

Puchtas Methodendenken wurde lange unter Zerrbildern wie „Begriffsjurisprudenz" oder „Begriffspyramide" verschüttet. Die Geschichte dieser Bilder ist eine Geschichte des 20. Jahrhunderts und hat mit Puchtas eigenen Überlegungen zur Methode des Juristen wenig zu tun. Puchtas Methodendenken ging uns Heutigen ganz unvertraute Wege. Puchta dachte Methode von der Gegenstandsstruktur des Rechts, nicht von der Gesetzesanwendung her. Im Zentrum seiner Überlegungen stand die Frage, wie die Masse der im Gemeinen Recht konkurrierenden Texte zu hierarchisieren war. Daneben ging es darum, wie richterliche Rechtsfortbildung ermöglicht und zugleich wissenschaftlich kontrolliert werden konnte. Mit einer relativ strengen Textbindung an das Corpus Juris Civilis suchte Puchta zunächst Halt in den antiken römischen Gerechtigkeitsentscheidungen. Dem Richter war es möglich durch Gewohnheitsrecht, also durch eine auf den von ihm repräsentierten Volksgeist rückführbare richterliche Übung oder eingespielte rechtswissenschaftliche Überzeugung, davon abzuweichen. Dabei kam es Puchta vor allem darauf an, diese Abweichungen rational in die Sinnzusammenhänge des bestehenden Rechts einzubinden. Seine maßgebliche Kraft als Rechtswissenschaftler widmete Puchta der Aufgabe, diese teleologischen Zusammenhänge als ein System von Rechtssätzen und Rechtspraktiken dem Richter zur Verfügung zu stellen. Das Recht sollte von den Prinzipien dieses Rechts gesteuert werden. Boten die Prinzipien des Systems die Möglichkeit, einen neuen Rechtssatz zu konstruieren, so war ein solches Recht der Wissenschaft vom Richter vorrangig zur Lückenfüllung heranzuziehen. Recht der Wissenschaft war also rational kontrollierte Rechtsfortbildung aus dem Geiste des bestehenden Römischen Rechts, dessen Rechtssätze daher stets Vorrang genossen. Nur wenn eine aus dem Rechtssystem ableitbare Norm die „feste, wohlgegründete Ueberzeugung"[187] des Richters und ein klares praktisches ‚Bedürfnis' nicht befriedigte, konnte der Richter von diesen Zusammenhängen abweichen und eine Norm entwickeln, die aus dem System nicht begründbar war und nur aus dem Durchgriff auf den Volksgeist begründet werden konnte.

278

Indem er diese Rechtsschöpfung durch Juristen als Teil der freien Bewegung des Volksgeistes und als auf Gott zulaufend beschrieb,[188] gab Puchta der Rechtsentwicklung eine christlich-optimistische Note. Gegen Hegel und mit Schelling weigerte er sich, das posi-

279

---

186 *Puchta*, Vorlesungen I (Fn. 21), 114, § 273.
187 *Puchta*, Rez. Beseler (Fn. 56), 21 f.
188 Es gebe „einen Bildungsprozeß des Rechts durch die ganze Menschheit, an dem jedes Volk seinen besonderen Antheil hat. Jedes Volk ist ein Glied der großen Kette, die von dem in der Nacht zurückgetretenen Anfang des jetzigen Weltalters bis zu seinem kommenden Ende reicht", Institutionen I (Fn. 10), 22; hierzu *Haferkamp*, Erweckungsbewegung (wie Fn. 9).

tive Recht im Sinne der Hegelianer einfach auf das in ihm „Vernünftige" zu reduzieren. Mit Savigny entzog er die Rechtsentstehung bewusster menschlicher Planung und verankerte sie in der ‚dunklen Werkstätte' des Volksgeistes als Selbstbeweger des Rechts. Praxis, Religion, Antihegel, Savigny und Schelling ergaben für das Gemeine Recht strenge Textarbeit, systematisch-sinnhafte Verknüpfung der Rechtssätze, Arbeit mit den Prinzipien des Rechts und ‚Überzeugung' als methodisches Handwerkszeug, das Puchta dem Richter an die Hand gab. Im Glauben an den Gerechtigkeitswert des Römischen Rechts, das Puchta berufen sah, ein ‚Weltrecht'[189] zu werden, suchte er für Modernisierungsbedürfnisse einen Kompromiss zwischen der Gefahr „Richter zu einer Wetterfahne zu machen, die sich nach jedem Wind einer neuen Lehre richtet" und der gegenteiligen Gefahr den „Fortschritten die Thüre zur Praxis" zu verschließen.[190]

IX. Quellen und Literatur

1. Zum Einstieg in die Puchta-Texte

Lehrbuch der Pandekten, Leipzig 1838, Vorwort; Pandekten, 3. Aufl. Leipzig 1845, §§ 1–21.
Vorlesungen über das heutige römische Recht; aus dem Nachlaß hg. von Rudorff, 1. Band Leipzig 1847, §§ 1–21 (Erläuterungen zum Pandektenlehrbuch);
Cursus der Institutionen, Bd. 1, Leipzig 1841, §§ 1–35 (philosophische Grundlage);
Betrachtungen über alte und neue Rechtssysteme, 1829, leicht greifbarer Wiederabdruck in: Georg Friedrich Puchta. Kleine zivilistische Schriften, hg. von Adolph August Friedrich Rudorff, Leipzig 1851, ND Aalen 1970, S. 221–238 (Systemverständnis);
Beseler, Georg: Volksrecht und Juristenrecht, Leipzig 1843, in: Jahrbücher für wissenschaftliche Kritik, Bd. 1, 1844, S. 1–40 (Rechtsquellenlehre).

2. Zum Einstieg in die Sekundärliteratur

Haferkamp, Hans-Peter, Georg Friedrich Puchta (1798–1846), in: Festschrift 200 Jahre Juristische Fakultät der Humboldt-Universität zu Berlin …, Berlin 2010, S. 229–239.

3. Weitere Literatur

Bohnert, Joachim, Über die Rechtslehre Georg Friedrich Puchtas (1798–1846) (= Freiburger Rechts- und Staatswissenschaftliche Abhandlungen 41), Karlsruhe 1975.
Haferkamp, Hans-Peter, Georg Friedrich Puchta und die „Begriffsjurisprudenz" (= Studien zur europäischen Rechtsgeschichte. Veröffentlichungen des Max-Planck-Instituts für europäische Rechtsgeschichte, Band 171), Frankfurt a. M. 2004.
Ders., Die Bedeutung der Willensfreiheit für die Historische Rechtsschule, in: Willensfreiheit und rechtliche Ordnung, hg. von Ernst-Joachim Lampe, Michael Pauen und Gerhard Roth, Frankfurt a. M. 2008, S. 196–225.
Ders., Einflüsse der Erweckungsbewegung auf die "historisch-christliche" Rechtsschule zwischen 1815 und 1848, in: Konfession im Recht. Auf der Suche nach konfessionell geprägten Denkmustern und Argumentationsstrategien in Recht und Rechtswissenschaft des 19. und 20. Jahrhunderts. Symposion zum 65. Geburtstag von Michael Stolleis, hg. von Pascale Cancik, Thomas Henne, Thomas Simon, Stefan Ruppert und Miloš Vec, Frankfurt a. M. 2009, S. 71–94.
Mecke, Christoph-Eric, Begriff und System des Rechts bei Georg Friedrich Puchta (= Beiträge zu Grundfragen des Rechts 1), Göttingen 2009.

---

189 Vgl. Institutionen I (wie Fn. 10), 106 f.
190 *Puchta*, Rez. Beseler (Fn. 56), 21 f.

Haferkamp

Methode und Zivilrecht bei Bernhard Windscheid (1817–1892)

von Joachim Rückert

Übersicht

I.	Erste Fragen	97
II.	Schreckbilder und ernstere Fragen	98
III.	Windscheid – ein Rätsel	99
IV.	Lebensstationen und Werkakzente	100
V.	Auflösung	112
VI.	Methodenfragen	115
VII.	Das Beispiel culpa in contrahendo / Vertrauenshaftung	119
VIII.	Vorbild, Schreckbild, neues Bild	121
IX.	Quellen und Literatur	122

I. Erste Fragen

Vor gut vier Generationen starb am 26.10.1892 in Leipzig *Bernhard Windscheid*. Warum Windscheid bedenken? Hat uns diese tiefernste schmale Gestalt im schwarzen Bürgerrock des 19. Jahrhunderts noch etwas zu Jurisprudenz im Rechtsstaat, zu Rechtsbegriff und Methode zu sagen? Warum nicht nur seinen Freund *Jhering* (1818–1892) bedenken, auch er gut hundert Jahre verstorben, der immer gern gefeiert und in den Büchern genannt wird, zumal für sein Zweck-Denken? Windscheid findet man kaum noch in den Büchern, auch nicht im Zivilrecht, allenfalls isoliert zum Thema „Anspruch" oder „Voraussetzung", zur BGB-Entstehung oder als *Jhering*-Gegner, d.h. als Verlierer.[1] Sonst ganz verschiedene Lager kritisieren überraschend parallel.[2] Abwehr einigt – aber solche Einigkeit macht aufmerksam. Oft hat Windscheid sogar seinen Namen verloren, man erwähnt nur eine sog. „**Begriffsjurisprudenz**" und meint vor allem ihn und *Puchta* (1798–1846) und sogar Savigny.[3] Sehr viel scheint zwischen ihm und uns zu stehen, dass eine

280

---

1 Mangels Personenregistern ist Exaktheit hier schwierig. Doch kommt es hier nicht auf Vollständigkeit an, sondern auf einen Einblick in zeitbedingte, wissenschaftsgeschichtlich relevante Zeugnisse; daher stehen die immer aufschlussreichen Daten der Erstauflagen in Klammern dabei. Vgl. also chronologisch *H. Köhler*, Allgemeiner Teil (1952), 29. Aufl. 2005, § 3 Rn. 4 (zur 1. BGB-Kommission); *Larenz*, Schuldrecht I (1953), 13. Aufl. 1982, S. 298 (zur „Voraussetzung"); *ders.*, Allg. Teil, 1967, S. 254, 6. Aufl. 1983, S. 232 (zu Anspruch), nicht mehr in *Larenz-Wolf*, 9. Aufl. 2004; *D. Schwab*, Einführung in das Zivilrecht (1974), 15. Aufl. 2002, S. XXIV (bei der Lit.); *A. Rinken*, Einführung in das juristische Studium (1977), 3. Aufl. 1996, S. 243 (als *Jhering*-Gegner); *Eisenhardt*, Allgemeiner Teil (1977), 4. Aufl. 1997, S. 56 f. (zu Rechtsgeschäft); *Medicus*, Allgemeiner Teil (1982), 4. Aufl. 1990, Rn. 74, 10. Aufl. 2010, Rn. 74 (zu Anspruch); *R. Bork*, Allgemeiner Teil des Bürgerlichen Gesetzbuchs, 2001, Rz. 31 (letzter Gemeinrechtler), 35 f. (in 1. Kommission), 118 (nicht erwähnt bei Begriffsjurisprudenz), 291 (bei Anspruch). – Etwas mehr bei *Th. Ramm*, Einführung in das Privatrecht I, 1970, S. 190 (mit Quelle), III 749. Völliges Schweigen in gern benutzter Studienliteratur zum Allgemeinen Teil und Zivilrecht wie *Brox, Otte, Rüthers, Scherner* oder Grundkursen zum sog. Grundlagenwissen im Zivilrecht wie *Musielak* und auch bei *J. Baumann*, Einführung in die Rechtswissenschaft (1967), 8. Aufl. 1989. – Das Folgende beruht teilweise auf *meinem* Gedenkaufsatz: Bernhard Windscheid und seine Jurisprudenz „als solche" im liberalen Rechtsstaat (1817–1892), in JuS 1992, S. 903–908. Er wurde für die Zwecke hier vollständig überarbeitet und bes. um Teil VI und VII ergänzt.

2 Etwa *Larenz, Köhler* u.a., parallel mit *Ramm, Rinken* (sämtlich in Fn. 1), oder *Wiethölter*, Rechtswissenschaft, 1968, S. 195; *E.A. Kramer*, Juristische Methodenlehre (1998), 2. Aufl. 2005, s. S. 136.

3 Vgl. *E. Schmidt/Brüggemeier*, Zivilrechtlicher Grundkurs (1974), 7. Aufl. 2006, S. 35 (1. Kommission). *Köhler* (Fn. 1), S. 19; ähnlich *Rinken* (Fn. 1); wichtig auch *Engisch*, Einführung in das juristische Denken, 1956, S. 38–42; mit rhetorischem Nachdruck soeben wieder *Jörg Benedict*, Savigny ist tot! Zum 150. Todestag von Friedrich Carl von Savigny und zu seiner Bedeutung für die heutige Rechtswissenschaft, in JZ 66 (2011), S. 1073–1084, hier 1076 f.; s. zu alledem oben Rn. 76 ff. über Savigny und Rn. 213 ff. über Puchta.

Person und ein Werk, die ihrer Zeit und der ganzen juristischen Welt einmal Sinnbild unserer Privatrechtsjurisprudenz, ja der Jurisprudenz überhaupt waren, so abgetan sind. Es galt das geflügelte Wort „Jurisprudenz, das heißt Pandekten – Pandekten, das heißt Windscheid".[4] Das macht Windscheid nicht leichter, denn was heißt „Pandekten"? Man kann das nicht mehr voraussetzen. Jedenfalls heißt **Pandekten** so viel wie Zivilrecht und sogar „Recht überhaupt", wie Windscheid das erste Buch seines dreibändigen „Lehrbuch der Pandekten" überschrieb, das von 1862–1906 in neun Auflagen nicht nur die deutsche Zivilrechtswelt bestimmte. Mit der Reise zu Windscheid begibt man sich also auf eine große Zeitreise nach Rom und zurück.

II. Schreckbilder und ernstere Fragen

281   Wenig Ermutigung dafür geben freilich selbst die etwas gehaltvolleren Bemerkungen, die rechtsphilosophisch und methodisch Interessierte ihm widmen.[5] **Schreckbilder** blicken uns an. Die „blutleere Begriffsjurisprudenz in Gestalt des rationalistischen Gesetzespositivismus" sei „untrennbar mit der Person Windscheids verbunden".[6] Warum „blutleer" nicht nur Phrase ist und so schlimm sein soll, erweist sich, wenn man das Sprachspiel entschlüsselt. Noch spannender erscheint, dass diese „Blutleere" in Wahrheit gar nicht „(ab)sonderlich unpolitisch und weltfremd und ohne Beziehung zur zeitgenössischen Gesellschaft gewesen sein soll", sondern einfach „politische Pandektistik".[7] Windscheid war offenbar „blutleer" unpolitisch und nicht „blutleer" politisch zugleich. Andere sprachen vornehmer von „begriffsjuristischem Formalismus in vollendeter Form".[8] Aber „vollendet" war hier kein Lob, sondern der Gipfel einer Verirrung. Denn, so der entscheidende Einwand später im Text, diese Haltung lasse eben „nur das gesetzte positive Recht als wirkliches Recht gelten", unausweichlich blieben hier „die tieferen, komplexen Grundlagen des Rechts und der Gesellschaftsordnung ausgespart"[9] bzw. „die sozialpolitischen Grundlagen des Rechts und der bürgerlichen Gesellschaft ausgespart".[10] In dieser Linie steht auch im neuesten ‚großen' Lehrbuch des Allgemeinen Teils

---

4   So *Hch. Siber*, DJZ 14, 1909, Festnummer zum 500 jährigen Jubiläum der Universität Leipzig, Sp. 964.

5   Ganz abgesehen von den Schweigenden wie *Adomeit*, Rechtstheorie für Studenten (1979), 5. Aufl. 2008, vgl. aber Rn. 67. *Pawlowski*, Methodenlehre (1980), 3. Aufl. 1999; *ders.*, Einführung in die juristische Methodenlehre (1986), 2. Aufl. 2000, dass Windscheid hier unter „Begriffsjurisprudenz" fehlt, soll ihn kaum entlasten. Ebenso das drastische Fehlen in dem schönen Sammelband „Theorie und Technik der Begriffsjurisprudenz" (= Wege der Forschung 434), Darmstadt 1976, er wird dort nur S. 433 lexikalisch gestreift. *F. Müller*, Juristische Methodik (1971), 4. Aufl. 1990, vgl. S. 81, 96, dto. 7. A. 1997; *Zippelius*, Rechtsphilosophie, 2. Aufl. 1989; *ders.*, Juristische Methodenlehre (1971), 10. Aufl. 2006; auch *Kaufmann/Hassemer/Neumann*, Einführung in die Rechtsphilosophie und Rechtstheorie der Gegenwart (1976), 7. Aufl. 2004, nur S. 117 kurz. Faire Berichte jetzt bei *Rüthers*, Rechtstheorie, *Horn*, Einführung, *Vesting*, Rechtstheorie, s.u. Fn. 96.

6   *Fezer*, JZ 1985, 762 (763; dazu und zu Ähnlichem bei *Döhring, Fikentscher* u.a. der Bericht in der absolut grundlegenden Monographie von *U. Falk*, Ein Gelehrter wie Windscheid. Erkundungen auf den Feldern der sog. Begriffsjurisprudenz, 1989, S. 3 u. jüngst *ders.*, Der Gipfel der Pandektistik: Bernhard Windscheid (1817–1892). Windscheid, Jhering und die Begriffsjurisprudenz, in: Greifswald im Spiegel der deutschen Rechtswissenschaft 1815–1945, Tübingen 2009, S. 129–150. Daneben sehr nützlich *J. Ober*, Bernhard Windscheid und die Reinigung des römischen Rechts, Diss. iur. Köln, 1989. Die beiden Arbeiten schließen die erste Phase einer neuen Windscheidwürdigung ab, die seit längerem latent ist, s. unten in Fn. 96.

7   *H. Wagner*, Die politische Pandektistik, 1985, S. 10.

8   *H. Schlosser*, Grundzüge der Neueren Privatrechtsgeschichte (1949, 1975), 7. Aufl. 1993, S. 129, aber auch 154; abgeschwächt in 10. A. 2005, vgl. S. 154 f. und bes. die teilweise positivere Neubewertung S. 184.

9   *Schlosser* 1993 (Fn. 8), S. 154.

10 So die modifizierte, konkretere Fassung *Schlosser* 2005 (Fn. 8), S. 184.

des BGB, dieses folge „liberalistisch" einem „veralteten Menschenbild".[11] Einen „begreiflichen Irrtum, dass die Rechtsentscheidung ohne politische Entscheidung möglich und sinnvoll sei", gestehen wieder andere milde zu.[12] Konsequent verortet man ihn dicht vor dem *Jhering*schen satirischen „Begriffshimmel",[13] in der „Absurdität dieser abstrakten und komponierten Begriffswelt", eben als Rechtsformalist im konservativ-bürgerlichen Rechtsstaat.[14]

Man könnte dies alles als eine seit mehr als 100 Jahren erstarrte Polemik aus vielfacher Hand übergehen. Aber die **Sachfragen** sind dafür zu wichtig. Warum soll es so schlimm gewesen sein, nur das gesetzte positive Recht gelten lassen zu wollen? Immerhin war damit das vom allgemein und gleich gewählten Reichstag seit 1871 gesetzte Recht gemeint. Wenn juristische Methodenfragen Verfassungsfragen sind, wie das hier vertreten wird, ist das umso relevanter. Können „Tiefe" und „Komplexität" nicht auch Untiefen sein, die man klugerweise aussart? Hat er wirklich „die sozialpolitischen Grundlagen" ausgespart? Hat ein so anerkannter und leistungsfähiger Mann wie Windscheid einfach so geirrt? Jagte er wirklich ein Leben lang in einer „absurden ... Begriffswelt" herum? Und alle seine Verehrer mit ihm? Verstehen wir einfach seine Leistung nicht mehr, weil uns die Voraussetzungen entfallen sind? – er arbeitete z.B. am rezipierten römischen Recht seiner Zeit und nicht am fertigen BGB. Heißt die Lösung vielleicht „viel Feind – viel Ehr"? Das gewohnte Bild gibt zumindest Rätsel auf. 282

III. Windscheid – ein Rätsel

Ein Blick auf sein **Leben und Werk** müsste das Rätsel lösen können. Das erscheint hier umso naheliegender und notwendiger als sonst, da Fragen wie „unpolitisch", „lebensfremd" nicht nur den Wissenschaftler, sondern den ‚ganzen Mann', seine Haltung und eben sein Leben betreffen. 283

Als junger Mann bekennt sich der geborene Katholik offiziell als völlig kirchenfern. Das war 1847 im katholischen Rheinland sehr mutig, obwohl man Verständnis zeigte.[15] Als Professor des römischen Rechts erklärt er 1856, die „große Aufgabe" der „heutigen Rechtswissenschaft" sei, in Deutschland „das römische Recht auf seinem eigenen Boden zu überwinden".[16] Auch das war mutig. Es bedeutete nicht weniger als die Aufforderung, dem juristischen Hauptfach der Zeit seinen Boden zu entziehen. Im deutschen Sprachraum lehrte man überall vor allem Römisches Zivilrecht, die Gerichte wendeten es als allgemeines Recht in allen sog. gemeinrechtlichen Gebieten an, d.h. im immerhin zweitgrößten Geltungsbereich nach dem preußischen Allgemeinen Landrecht von 1794 und für etwa 17 Millionen Einwohner.[17] Seit dem Mittelalter immer klarer war dieses sog. 284

---

11 So *Bork* (Fn. 1) in der Nachfolge des großen *Enneccerus/Nipperdey*-Buches (zuletzt 15. Aufl. 1959), hier Rz. 101, aber gerade hier bemerkenswert anders; das BGB war, wie Windscheid, im Gegenteil eher ‚zu jung' als von „veraltetem" Menschenbild; anders war natürlich sein Wirtschaftsbild; zu alledem näher unten bei Fn. 91 ff.

12 *J. Esser*, Vorverständnis und Methodenwahl, 1970, S. 174. Analog *R. Dreier*, Zur Problematik und Situation der Verfassungsinterpretation, in: *ders.*, Recht-Moral-Ideologie, 1981, S. 111.

13 So *Jhering* in legendärer Satire 1884: Scherz und Ernst in der Jurisprudenz. Eine Weihnachtsgabe für das juristische Publikum, 4. Aufl. 1891, S. 245 ff.; dazu oben *Seinecke* über Jhering, Rn. 352 ff.

14 *Rinken* (Fn. 1).

15 S. bei Fn. 36.

16 Zuerst in Die Actio des römischen Civilrechts vom Standpunkte des heutigen Rechts, 1857, Vorwort S. IV. Weitere vier Nachw. schon bei *M. Rümelin*, Bernhard Windscheid und sein Einfluß auf Privatrecht und Privatrechtswissenschaft. Rede, 1907, dort in Fn. 26.

17 Dazu die Übersicht und Erläuterung etwa bei *F. Endemann*, Lehrbuch des bürgerlichen Rechts I, 9. Aufl. 1903, S. 8 f.

Ius Commune oder Gemeine Römische Recht in Gestalt der seit Kaiser Justinian aus dem 6. Jahrhundert überlieferten großen Rechtstextsammlung, dem *Corpus iuris* und seinem Hauptteil, den *Pandekten* (griechisch) oder *Digesten* (lateinisch), nicht nur im deutschen Sprachraum als nützlich und gültig anerkannt worden (sog. Rezeption).[18] Es war die Bibel der Juristen und wurde bei uns erst durch das BGB abgelöst. Davon forderte Windscheid Abschied zugunsten der Gegenwart. Von 1874–1883 beteiligte er sich freudig und besonders aktiv an dieser Abschaffung, indem er in der maßgebenden 1. Kommission zur Schaffung des BGB mitarbeitete.[19] Das ließ sich nicht nebenbei am Schreibtisch erledigen, sondern bedeutete u.a. zwei Jahre Umsiedlung nach Berlin zur Plenarberatung und eine Fülle von rechtspolitischer Entscheidungsarbeit. *Jhering* schien dafür „kein anderer geeigneter".[20] Das konnte kaum ganz weltfremd ablaufen. Der später gefeierte ‚Zweckjurist' Jhering mit seiner heute so viele ansprechenden angeblich besonders ‚lebensnahen' Richtung fand 1865 ausgerechnet bei Windscheid jene „ungleich gesundere", lebensnahe Richtung, ja Windscheid habe sogar das „formal-juristische Element zu gering angeschlagen".[21] Die Kenner schildern Windscheid zudem als Vorbild in Sachen Gerechtigkeit, als jemand, „dessen Persönlichkeit, was Gerechtigkeitssinn und allgemein ethischen Gehalt anlangt, sich jeder Jurist als nachahmenswertes Vorbild vor Augen halten kann".[22]

285 Wie soll das alles zusammengehen mit obigen Bildern? Vorbild – Schreckbild? Gewiss, es gibt gegenläufige Indizien. Aber der Mann wird damit nur noch mehr zum Rätsel. Man muss ihn genauer kennen lernen, will man ihn überhaupt kennen lernen. Man muß die Brillen der Schreckbilder ablegen und selbst nachsehen. Der erste flüchtige Blick klärt nichts, sondern macht erst neugierig.

IV. Lebensstationen und Werkakzente

286 Man müsste also den ganzen Menschen und Juristen betrachten. Denn Jurisprudenz lebt zutiefst aus den Werthaltungen der Menschen, die sie leben, bis in den Rechtsbegriff und die Methode. Es ist kein Biographismus, wenn man sich die Menschen näher ansieht, sondern geradezu notwendig und zumal bei solchen polemisch erstarrten Rätselbildern wie Windscheid. Immerhin Stationen und Akzente lassen sich geben. Unsere Informationen über Leben und Werk könnten nämlich besser sein, besonders die zum Leben.[23] Außer seinem Lebenslauf in der Dissertation von 1838 sind derzeit nur Berichte von

---

18 Dieses europäische Großthema sollte vertieft werden an irgendeinem Lehrbuch zur Rechtsgeschichte oder mit dem Handwörterbuch zur deutschen Rechtsgeschichte, 5 Bde. 1971–1997, unter „Rezeption".

19 Das BGB von 1900 wurde seit 1874 vorbereitet mit dem 1. Entwurf von 1888 und zwei weiteren usw. bis zum Reichstagsbeschluss 1896, zu alledem jetzt maßgebend *Jakobs/Schubert*, Die Beratung des BGB I: Einführung, 1978.

20 Brief vom 8.7.1874 an *Windscheid*, am besten jetzt in der Ausgabe von *Kroeschell*, Jherings Briefe an Windscheid. 1870–1891, 1988, hier S. 38.

21 Vielzitierter Brief v. 18.4.1865, in: R. v. Jhering in Briefen an seine Freunde, hg. von H. Ehrenberg, 1913, hier S. 176.

22 Formulierung des Zeitgenossen *Rümelin* (Fn. 16), S. 8; in der Sache so die Nachrufe durchweg, s. Fn. 22.

23 Die von *F. Klein*/Tübingen wird immer noch sehr erwartet; siehe jetzt *ders.*, Das Streben um Vereinheitlichung des bürgerlichen Rechts und Bernhard Windscheid (1817–1892), in: A. Schmidt-Recla, E. Schumann, F. Theisen (Hg.), Sachsen im Spiegel des Rechts. Ius Commune Propriumque, 2001, S. 205–218.

fremder Hand zugänglich, die nicht immer treu, und selten ohne Tendenz Zeugnis geben.[24]

1. Lebensstationen

Im damals preußisch-rheinischen Düsseldorf wurde er 1817 geboren als drittes von elf   287
Kindern eines Steuerrats. Keine überwältigenden Verhältnisse also, eher einfach und
drangvoll. Ebenfalls im damals rheinischen Preußen, geboren in Trier, begann 1818 fast
zugleich *Karl Marx* sein folgenreiches Leben. Das frühindustrielle Elberfeld, aus dem sein
Förderer *Friedrich Engels* stammte und dessen drückende Arbeitsverhältnisse Engels
aufstachelten zu einer berühmten sozialkritischen Schrift,[25] kannte auch Windscheid.[26]
Diese Zeitfragen standen ihm nicht fern. Auch die politisch-sozialen Gegensätze zwischen **Rheinpreußen und Preußen** blieben ihm gewiss nicht fremd. Welten, auch juristische, lagen zwischen den freieren **rheinisch-französischen „Institutionen"** wie Jury, Öffentlichkeit und Mündlichkeit, Anklageprinzip, freie Verteidigung, seinem verfassungsersetzenden neuen „französischen" bürgerlichen Recht, Handelsrecht und Strafrecht und
den rheinischen Industriebürgern hier und der verfassungslosen, politischen und ländlichen Adelsenge in Preußen, deren partikularen Rechten und selbst dem ALR und dem
einzigen, gärend-modernen Berlin darüber. Nach Berlin hat Windscheid denn auch mehrere Rufe ausgeschlagen, ebenso nach Wien und Straßburg,[27] während er München
(1858–72), Heidelberg (1871–74) und Leipzig (1874–92) annahm – alles damals sehr
bedeutende Fakultäten. Auch im kleinen Greifswald (1852–58) ging es nicht preußisch
zu. Man muss an dieses noch nicht zentralisierte, sehr vielfältige Deutschland erinnern,
das den Zeitgenossen bei allem ‚Einheitsdrang' um 1848 selbstverständlich war. Nationaler Einheitsdrang war progressiv gegen die territorialen Fürsten, er ging noch keineswegs wie später im „Reich" ins Imperiale, das liberale Element gehörte gleichmässig
dazu, es war noch kaum national-liberal umgeformt. Für das liberale Baden und als
Heidelberger Professor, nicht als Leipziger, war Windscheid 1874 in die BGB-Kommission (1874–1883) gekommen. Man erkennt schon einige Bedingungen für seine Haltung
zu Recht und Methode, eine gewisse Liberalität, ökonomische Nüchternheit, soziale
Aufgeschlossenheit.

---

24 Wichtig besonders „Windscheids Lebensgang", anonym in *P. Oertmann* (Hrsg.), Bernhard Windscheid. Gesammelte Reden und Abhandlungen, 1904, S. IX-XX und *Oertmann*, ebda. XXI-XXVI. Dort auch ein Schriftenverzeichnis, das aber offenbar nicht vollständig ist, vgl. auch den Hinweis von *Falk* bei seinem Verzeichnis (Fn. 6), S. 248. Ebenso nicht ganz zuverlässig die sonst nützliche Neudruckedition *Bernhard Windscheid*, Kleine Schriften, Reden und Rezensionen, 2 Bde. (= Opuscula Juridica), Leipzig 1984. Zur Kontrolle sind wesentlich die zeitgenössischen Nachrufe, besonders durch den gut informierten Leipziger Kollegen *J.E. Kuntze*, in Sächsisches Archiv für bürgerliches Recht 2 (1892) 673–685, und identisch in *ders.*, Jhering, Windscheid, Brinz, 1893, S. 13–25; weiter *R. Leonhard*, in: Rechtsgeleerd magazin 12 (1892) 249–283 (m.w.Nachw., die hier nicht alle verwendet werden konnten); weniger ergiebig *E. Eck*, in Juristisches Literaturblatt IX, Nr. 40, v. 1.12.1892, S. 185 f.; folgenreiche Polemik bei *J. Kohler*, in Die Zukunft 2 (1893) 54–63; heterogenes, aber sehr wichtiges Material in der erwähnten DJZ Jubiläumsnummer 1909 (Fn. 4); durchdachter, noch zeitgenössischer Würdigungsversuch bei *Rümelin* (Fn. 16), und bes. bei *Landsberg*, Geschichte der deutschen Rechtswissenschaft, III/2, 1910, S. 854–865. Nicht zuverlässig verwendbar ist das sog. Tagebuch 1837–43, hg. von *Lesener*, in SavZRG (Rom. Abt.) 83 (1966) 382–396. Die Daten sind unstimmig mit denen bei *Oertmann* und daher die Herkunft von Bernhard Windscheid selbst doch zweifelhaft.

25 1845 erschien seine sehr bekannt gewordene Schrift „Über die Lage der arbeitenden Klassen in England", später ein marxistischer Klassiker.

26 Entweder selbst oder über einen Bruder, vgl. das Tagebuch bei *Lesener* (Fn. 24).

27 Dazu bei *Oertmann* (Fn. 24), S. XVI f. In Berlin nahm man ihm das nach 1874 doch etwas übel.

288   Zu seinen engen **Zeitgenossen** zählen der Freund *Rudolf Jhering* (1818)[28] und nicht zufällig auch *Theodor Fontane* (1819), der Begründer der „sozialen Romankunst in
Deutschland".[29] Mit dem älteren Dichterjuristenfreund *Karl Immermann* (1796–1840)
stand ihm ein großer kultur- und frühkapitalismuskritischer Publizist nahe.[30] Auch ein
Alfred Krupp (1812) und *Ferdinand Lassalle* (1825) und *Rudolf von Bennigsen* (1824),
die Begründer der Schwerindustrie, des Parteisozialismus und Parteiliberalismus, wirkten
prominent in der Windscheid-Zeit. Sein Lebenspanorama zwischen preußischen und
nichtpreußischen Landen, zwischen vielfältigen Konservativismen und aufgeschlossenem
rheinischen und süddeutschem Liberalismus, zwischen freiheitlich-individuellen und
ständisch-gebundeneren traditionalen Haltungen und politisch wie ökonomisch modernen Erfahrungen sollten damit einigermaßen eröffnet sein.

289   Zur **Jurisprudenz** kam Windscheid nur zögernd. Erst *Savignys* großer Atem, den er zu
dessen bester Spätzeit 1835–37 in den Berliner Vorlesungen erlebte, gab ihm dazu Lust
und Liebe. In Savigny verband ein Jurist überzeugend das Detail der Exegese am römischen Fallfragment und die systematische Kraft, prinzipielle Energie und Treue zum
Rechtstext – ‚Gesetz' in unserem Sinne kann man die Digestenfragmente nicht nennen –
in anziehender Meisterschaft.[31] Ihm als „dem Erneuerer der Wissenschaft des römischen
Rechts" widmete Windscheid 1850 von Basel aus das scharfsinnige Buch über „Die Lehre
des römischen Rechts von der Voraussetzung" – dem Dauerproblem der heute sog. Geschäftsgrundlage. Im heimatlichen Bonn hatte er sich 1840 mit 23 Jahren für **römisches
und französisch-rheinisches Recht** habilitiert, eine seltene Mischung aus Tradition und
Moderne, aus Rom und Paris. Man kann sie mutig und explosiv nennen. Mit dreißig
wurde er 1847 in Basel Professor – der deutsche Sprachraum und Juristenbetrieb waren
unter dem Mantel des römischen Generalrechts durchlässiger als heute. Es wurde eine
heitere Zeit in der staatsbürgerlich entwickelteren Schweiz. Dorthin hatte man ihn nach
dem Rat des gut beobachtenden *J.J. Bachofen* geholt. Man wollte so „durch gelehrtes
Rechtsstudium dem oberflächlichen grundsatzlosen Raisonniren in Rechtssachen, das
bei uns [d.h. in Basel] in und außerhalb der Gerichte mehr und mehr um sich frißt, einen
heilsamen Damm entgegensetzen" und sah „in Hern(!) Professor Windscheid den Mann,
der nach dieser Seite hin auch außerhalb des Hörsales(!) Ersprießliches zu leisten vermag".[32] „Grundsatzlos" – das benennt ein Dauerthema und wirkt nachgerade aktuell
angesichts unserer inzwischen auch im Zivilrecht sich etablierenden Abwägungs-Juris-
prudenz.[33]

290   *Bachofen* hatte einen Charakter erkannt: **Festigkeit als Person und Jurist** sollten überall
hervorgehobene Züge Windscheids werden. Nicht nur der langjährige Leipziger Kollege
Kuntze nennt ihn ein „Muster der Pflichttreue", „fest in Überzeugung", zugleich „stahl-
harter Jurist" und von großer sozialer, rührend „weicher Seite".[34] *Leonhard* unter-

---

28   Für alle diese und noch erwähnten, oft weltberühmten Juristennamen empfiehlt sich die vorzügliche Information bei *Kleinheyer/Schröder*, Deutsche und europäische Juristen aus neun Jahrhunderten, 5. Aufl. (2008).
29   Siehe das unentbehrliche Buch von *W. Müller-Seidel*, Theodor Fontane. Soziale Romankunst in Deutschland,
1975.
30   Dazu ebenso unentbehrlich wie anregend *F. Sengle*, Biedermeierzeit III: Die Dichter, 1980, S. 815–887.
31   Siehe oben Rn. 76 ff. zu Savigny.
32   So *Bachofen* 1850, nach DJZ 1909, 959 f.
33   Dazu *mein* Überblick „Abwägung – die juristische Karriere eines unjuristischen Begriffs, in JZ 66 (2011), 913–
923.
34   *Kuntze* (wie Fn. 24); auch *Eck* betont „heiligen Ernst" (wie Fn. 22), ebenso *Siber*, DJZ 1909, 964. *R. Schmidt* hält
seinen unpedantischen „Ernst" für charakteristisch und seine „wahrhafte Güte" (DJZ 1909, 950).

streicht eine besondere „Liebe zur Festigkeit des Rechts".[35] Der Bonner Universitätskurator *Bethmann-Hollweg* hatte diesen Ernst schon 1840 bemerkt, als er für Windscheids riskante, ungewöhnlich ehrliche Erklärung zur Ernennung zum außerordentlichen Professor dankte, er, Windscheid, stehe losgelöst von den Dogmen der Kirche nur auf dem Boden ethisch-religiöser Weltanschauung.[36] Windscheid nahm die religiöse Seite ernst, aber ohne Kirche.[37] Der sozialpolitisch erfahrene Nationalökonom *Lujo Brentano* erinnert sich lebhaft an ihn als „Apostel der Rechtlichkeit", ja an „unerbittliche Rechtschaffenheit", und resümiert: „Er war eine Verkörperung des idealistischen Liberalen in der klassischen Zeit des Liberalismus".[38] Sittlicher Ernst und juristischer Ernst gingen also Hand in Hand. Pflichtgefühl und Strenge gegen sich selbst, eine ungeheure Arbeitsleistung – *Jhering* schreibt 1870 besorgt „Du darfst nicht mehr so viel arbeiten".[39]– und Zügelung jedes persönlichen Erfolgsstrebens kennzeichnen ihn.[40] In der BGB-Kommission erklärte er 1874 verbürgtermaßen zu Beginn, man möge „seine Pandekten bei der Diskussion beiseite lassen".[41] Seine erdrückende Buchautorität versuchte er damit sogleich wegzuschieben. „Er wollte offenbar in drastischer Weise den Gedanken an eine Voreingenommenheit seinerseits gegen abweichende Ansichten ablehnen und zugleich den freien Standpunkt kennzeichnen, den er bei der Beratung einzunehmen gedachte".[42] Die Zeugnisse beeindrucken.

In diesem allen gilt er als Jurist durch und durch[43] – aber was heißt hier Jurist? Welche **Werthaltungen** zeigen diese Lebensstationen? Man findet Unvoreingenommenheit, Selbstständigkeitsdrang, Wille und Fähigkeit zur Selbstbindung in der anerkannten Pflicht, Ernst und Konsequenz, Bescheidenheit und Strenge, Arbeit und wieder Arbeit.[44] *Kants* „kategorischen Imperativ" nahm er als Pflicht zur Pflicht offenbar wörtlich und forderte dies auch den Studierenden als begeisterter Rechtslehrer ab.[45] Jedenfalls: Die individuelle vernunftgeleitete Person fundiert hier die Werthaltung. Ihre Verantwortung anerkennt allein die Person selbst. Das ergibt keinen Freibrief, sondern Pflicht. „**Klassisch liberal**" nannte *Brentano* diese Haltung treffend. **Soziale Verantwortung** gehörte selbstverständlich dazu. Nur wieviel davon tätig konkret verbunden wird, ist nicht ausgemacht, da jeder diese Pflicht selbst anerkennen muss. Windscheid jedenfalls hat sie anerkannt und betätigt. Von 1876 bis 1892 gehörte er der Leipziger Gemeinnützigen Gesellschaft an, wiederholt gab er das Beispiel der ersten wirkenden Tat, etwa für das Amt

291

---

35 AaO (Fn. 22), S. 269.
36 Berichtet im Lebensgang bei *Oertmann* (Fn. 24), S. XII.
37 In München wurde er Altkatholik, also Anhänger der dogmenkritischen Sezession im Katholizismus, 1890 in Leipzig noch Protestant, da ihm dazu seine Weltanschauung und die freie wissenschaftliche Forschung am ehesten zu passen schienen, s. Lebensgang bei *Oertmann* (Fn. 24), S. XIX.
38 *Schmidt* und *Brentano*, DJZ 1909, 949, 965.
39 Bei *Kroeschell* (Fn. 20), S. 20.
40 Als er 1858 nach *Jherings* Ablehnung nach München berufen wird, schreibt er dem Vater, er habe auf jeden Fall „viel mehr Ursache, stolz darauf zu sein, daß ich nach einem solchen Sterne erster Größe in zweiter Linie in Betracht gekommen bin, als gedrückt darüber, daß ich ihm nachgesetzt worden bin." Nach DJZ 1909, 968.
41 Nach DJZ 1909, 954.
42 DJZ 1909, 954.
43 *Kuntze* 1892 (Fn. 24), S. 675. Ähnlich *Brentano* (Fn. 38).
44 Dazu fast übertrieben besonders die Abschiedsrede an die Münchener Studenten 1874, DJZ 1909, 956.
45 In DJZ 1909, 957, z.B. beruft er sich darauf. Paralleler Bericht bei *Rümelin* (Fn. 24), S. 10. Gemeint ist *Kant*: Handle nur nach derjenigen Maxime, durch die du zugleich wollen kannst, daß sie ein allgemeines Gesetz werde (Grundlegung zur Metaphysik der Sitten, 1785). Wieviel Kant Windscheid nimmt, wäre freilich zu klären, vorzüglicher Einstieg dazu ist das Historische Wörterbuch der Philosophie, IV 1976, unter „Imperativ, kategorischer." Siehe andererseits *Windscheid* 1884 (bei *Oertmann*, Fn. 24), S. 115: Freiheit Zwang für den Edlen.

des Armenpflegers.[46] Das waren keine ganz kleinen Schritte. In „regem Gemeinsinn" engagierte er sich politisch bei den Nationalliberalen.[47] Leider weiß man nichts Näheres, etwa über Stellungnahmen zum Arbeiterschutzrecht der Gewerbeordnung seit 1869, zum Sozialistengesetz (1878), zur Sozialversicherung (ab 1883) usw. Seine Werthaltung lässt sich jedenfalls als freiheitlich-liberal und aufgeschlossen human kennzeichnen. Was für ein Durch-und-durch-Jurist wird daraus? Seine hochgerühmten Vorlesungen können wir nicht mehr hören, aber seine Schriften können wir lesen.

2. Werkakzente: ein Lehrbuch als „Gesetz"?

292 Er beginnt lateinisch „*De valida mulierum intercessione*", 61 Seiten, lateinisch über römisches Recht, Bonn 1838.[48] Niemand liest das noch.[49] Aber Besonderes lag darin wohl nicht, wenn man sich eben im Römischen Recht qualifizieren wollte. Es ging um „Die Gültigkeit einer Interzession der Frauen", d.h. das Verbot im römischen Recht, dass sie Bürgschaften o.ä. übernahmen. Windscheid versucht hier, für komplizierte Fragen der rechtlichen Stellung der Frau ein Abgrenzungsprinzip zu finden. 1849 geht er dazu erneut auf **„Prinzip"-Suche**, jetzt schon im Titel.[50] Wie er im „Lehrbuch des Pandektenrechts" gegen Polemik festhält, bedeutet „Princip" ihm hier die folgende Festlegung: „Welches sind die charakteristischen Eigenschaften derjenigen Rechtsgeschäfte, auf welches sich die Bestimmung des Senatsbeschlusses bezieht?"[51] Der römische Senatsbeschluss traf eine Ausnahmeregelung, es ging um deren genauere Fixierung für bestimmte Fallgruppen. Windscheid arbeitet hier also für praktische Rechtsklarheit, für Entscheidungssicherheit und -gleichheit und damit für bewusstere Gerechtigkeit. Er sucht dazu „charakteristische Eigenschaften" der fraglichen Rechtsgeschäfte, fixiert sie sprachlich und begrifflich, und bietet so eine abgekürzte, vorwegbedachte normative Orientierung – ‚Begriffsjurisprudenz'? Das war normale Juristenarbeit zwischen Einzelfall und Einzelregel, Fallgruppen und Gruppenregel, in immer breiterer Falldeckung und Regelbildung bis hin zu Prinzipien. Genau dieser Juristenarbeit bedurften offenbar besonders die auf das *Corpus Iuris* verwiesenen gemeinrechtlichen Lande und Gerichte dringend. Sonst hätte man nicht so begierig zu seinem Lebenswerk gegriffen, das seit 1862 erschien und 1870, zur ersehnten Reichseinigung, in drei Bänden auf rund 1800 Seiten komplett vorlag, dem *Lehrbuch des Pandektenrechts*. Es erschien immer verbessert und vermehrt in enormen sieben Auflagen bis 1891 und postum durch *Theodor Kipp* 1900–1906[52] „unter vergleichender Bearbeitung des deutschen bürgerlichen Rechts" auf inzwischen gut 3000 Seiten. Jeder Weg zum Privatrecht des 19. Jahrhunderts führt immer noch durch diese Quintessenz zurück.

293 Mit seiner Dissertation hat Windscheid ein Lebenswerk auf der Bahn zum anerkannten Meister der praktisch-wissenschaftlichen Rechtsklarheit eröffnet. Er nennt sein Hauptwerk mit wohl bewusster Betonung nicht einfach „Pandekten" wie *Puchta* oder „Lehrbuch" oder „System der Pandekten" wie seine Konkurrenten *Arndts, Brinz, Keller, Baron*, sondern wie zuerst *Thibaut* seit 1803 und *Seuffert* 1825 **„Pandektenrecht"**. Auch

---

46 Dazu Bericht in DJZ 1909, 961. Bekräftigend auch *Kuntze* 1892 (Fn. 24); etwas näher jetzt *Klein* (Fn. 23) 216.
47 *Kuntze* (Fn. 24), S. 676.
48 Ich nenne die Schriften hier nur teilweise, mit Jahr und Kurztitel, alles Genauere bei *Oertmann* oder *Falk* oder *Ober* oder in *Windscheid*, Kleine Schriften (alle in Fn. 24).
49 Nicht einmal *Falk* (Fn. 6), s. S. 247.
50 Über das Princip des SC [Senatus consultum] Velleianum, AcP 32 (1849) S. 283–324.
51 Pandekten II, 5. Aufl. 1879, § 485 Fn. 3 (S. 832).
52 Nachdruck 1963.

dies weist auf seine positivrechtliche Rechtlichkeit hin, die Pandekten werden **streng als geltendes Recht** verstanden. Das war nicht selbstverständlich. Man hatte sie historisch-römisch (als klassisches Pandektenrecht) und philosophisch angereichert erläutert oder bloß aktuell pragmatisch-praktisch und in weiteren Varianten. Vor allem Windscheid machte daraus strikt geltendes, wohlgeordnetes, unmittelbar anwendbares Zivilrecht. Juristen von heute, die im BGB oder StGB oder GG usw. die Masse ihrer Entscheidungsregeln nachschlagen, muss man diese Leistung eigens erläutern. Windscheid goss die höchst unübersichtlichen rund 9100 Fallfragmente der Digesten,[53] über die zudem mehr als 1000 Jahre immer wieder diskutiert worden war, in Entscheidungsregeln, spezifizierte sie in genauen Begriffen und verband sie in gestuft abstrakteren Regeln zu einem brauchbaren System. Welcher Jurist und Richter und Bürger wünschte sich nicht die ausufernde Kasuistik unseres Haftungsrechts, Sozialrechts, Steuerrechts oder Umweltrechts derart gebändigt? Ähnlich mag es damals im Zivilrecht der Territorien ohne neue Gesetzgebung gestanden haben. *Rümelin* erklärt das 1907 anschaulich:

> „Von dem Einfluß, den das Windscheid'sche Pandektenlehrbuch in den Gebieten des sog. gemeinen Rechts gehabt hat, macht man sich heute kaum mehr eine richtige Vorstellung. Es wird nicht zu viel gesagt sein, wenn ich behaupte, daß im letzten Drittel des vorigen Jahrhunderts in Württemberg und gewiss ebenso an vielen anderen Orten, die Mehrzahl der Streitigkeiten schlichtweg nach dem Windscheid'schen Lehrbuch entschieden worden ist. Nicht als ob die höheren Gerichte ... keine Selbständigkeit gezeigt ... hätten. Selbstverständlich auch, daß wo eine konstante obergerichtliche Praxis vorhanden war, diese von den unteren Instanzen ... vorgezogen wurde. Aber in den zahlreichen Fällen, wo es den Untergerichten sowohl an Präjudizien als an der Möglichkeit der Entwicklung des Resultats aus den Quellen [d.h. dem Corpus iuris] fehlte, wurde ohne weiteres Windscheid zu Grunde gelegt."[54]

Das Lehrbuch diente in der Tat als ein **Regelvorrat wie ein Gesetz.** Ganz ähnlich nennt *Kuntze* das Buch eine „Großthat", die „der Nation Richtpunkte des Handelns" gegeben habe, eine zugleich kulturelle und nationale Tat.[55] Von welchem Juristenbuch ließe sich das heute sagen? Trotz spröder Sprache und Massenhaftigkeit der Fußnoten, so Kuntze, sei es *der* Führer durch das „Labyrinth des Rechtsverkehrs" – und der „Literatur" fügt *Leonhard* hinzu. Ganze Bibliotheken zum *Corpus Iuris*, die die Rechtsanwender sonst hätten lesen müssen, sind darin zu einem Buch konzentriert. Windscheid war berühmt und gefürchtet wegen seiner präzisen Literaturverarbeitung. Er verwandelte die vielen Juristenstimmen seines fruchtbaren Jahrhunderts zu einem gewaltigen Chor. Erstmals verarbeitete er auch die zeitgenössische Rechtsprechung, die erst seit 1847 in *Seufferts* „Archiv für Entscheidungen der obersten Gerichte in den deutschen Staaten" (1847–1944) gesammelt vorlag. „**Begriffsergründung**" war im Rahmen dieser Richtung ein wichtiges „Mittel zum Zweck".[56] Ein zweites war die bei Windscheid mustergültige **Trennung** von **Politik und Recht,** von wünschenswertem und geltendem Recht.[57]

„Jurisprudenz, das heißt Pandekten – Pandekten, das heißt Windscheid" – nun leuchtet die Formel ein.[58] Das war der *Palandt* des Kaiserreichs, aber viel mehr noch: Es war nicht

294

295

---

53 Nach *G. Köbler*, Zielwörterbuch europäischer Rechtsgeschichte, 4.Aufl. Gießen 2007, unter Digesten.
54 *Rümelin* (Fn. 16) S. 4.
55 *Kuntze* (Fn 22) S. 681.
56 *Windscheid* 1884, bei *Oertmann* (Fn. 24), S. 109.
57 Nach der Betonung bei *Leonhard* (Fn. 24), S. 273.
58 Vgl. o. bei Fn. 4.

ein Kommentar, davon hatte man in den zuletzt, 1896, 63 Bänden der 1790 von *Christian Friedrich Glück* begonnenen „Ausführlichen Erläuterung der Pandekten nach Hellfeld. Ein Commentar" gewissermassen genug. Windscheid bot etwas Neues, ein **durchgeformtes „System"**. Und das hieß: Im Zusammenspiel von Prinzipien, allgemeinen und konkreten Rechtssätzen hatte er diejenige einzige Art von juristischer „Vollständigkeit" erreicht, die nur so, mit einem nach Prinzipien geordneten Ganzen, und weder durch Kommentar noch durch Kasuistik erreichbar war und ist. Klassisch hatte dazu Savigny 1814 die Richtung bezeichnet: „Allein es gibt allerdings eine solche Vollständigkeit in anderer Art" als mit Kasuistik, nämlich durch die Auffindung „leitender Grundsätze" oder Prinzipien.[59]

296   Jeder Jurist wie jede Juristin kann an Windscheids Umsetzung daher noch heute lernen, was hier möglich ist, und die unvergleichlich disziplinierte Präzision der Sprache, der Begriffsbildung und Systemformung bewundern. Umso mehr darf man dies, da Windscheid selbst erst eine durchgehende deutsche Zivilrechtssprache mit ausgebildet hat.

297   Aber warum dann solche Schreckbilder von seiner Jurisprudenz? Die **Kritiker** monieren Sprödigkeit, nennen das Buch gar ein bloßes „Herbarium mit sauberen, hübsch ausgetrockneten und gut präparierten Pflanzeneinlagen"[60] – eine Kritik also wie zum BGB selbst, an dem er so beneidet und beargwöhnt mitarbeitete. Es lohnt nicht, diesen allzu oft traktierten Polemiken um verständlich und unverständlich, um deutsch und römisch, um lebensnah und lebensfern hier nachzugehen. Diese Zugriffe auf Recht sind ebenso beliebt, bis heute, wie so pauschal nicht sinnvoll diskutierbar. Meist werden nur die eigenen Sprach- und Normwünsche modisch ins „Verständliche", ins „Leben", die „Nation" oder das „Volk" hineingelegt, um sie mit großer Geste darin zu „finden". Wie das BGB richtet sich Windscheids Buch an die Rechtsanwender und nicht an die Professoren. Es will und kann dabei nicht primär volkstümlich sein. Das ist nicht volksfeindlich oder wissenschaftsfeindlich gedacht. Maßgebend ist einfach die gesicherte Erfahrung, dass Zivilrecht die Betroffenen entweder interessiert als Fachleute in Handel und Verkehr oder als Laien erst, wenn es zum Streit kommt. Den einen genügen Fachkenntnis und Beratung, den anderen genügen im Rechtskonflikt Eigenlektüre oder bloße Wissenschaft ohnehin nicht zur adäquaten Vertretung.[61] Zivilrecht, das sich belehrend in den Alltag einmischt, war nicht Windscheids Sache. Was es an Verständlichkeit und Volkstümlichkeit vielleicht gewinnt, verliert es an Präzision und Juristenbindung. Auch Zivilrechtsarbeit, die bloße Kritik oder Geschichte oder Philosophie bleibt, war nicht seine Sache. Man hatte nach 1850 zu wählen. Windscheid hat für sein Buch das damals Dringendste gewählt: nur das **geltende Zivilrecht** darzustellen und die **Juristenbindung als rechtsstaatlich** geboten ernst zu nehmen.

298   Das wird so erzählt: Er habe einmal seinen Hörern einen von ihm redigierten Paragrafen des entstehenden BGB vorgelegt und einen Gegenentwurf danebengestellt, der erheblich eleganter aussah. Aber rasch habe er nachgewiesen, dass dieser fünf bedeutsame Rechtsfragen offenließ, während sie sein eigener Vorschlag beantwortete.[62] Es geht bei dieser Leistung nicht um ein Besser-Wissen und auch nicht um einen bestimmten Rechtsbegriff oder eine bestimmte Methode. Dennoch ist sie für beides von Bedeutung. Denn das

---

59 *F.C. von Savigny*, Vom Beruf unserer Zeit für Gesetzgebung und Rechtswissenchaft, 1814 (viele Neudrucke, mit den Originalseitenzahlen), S. 22.
60 So der ‚Universaljurist' *Kohler* (Fn. 24) S. 59, in einem freilich bemerkenswert eitlen Nachruf.
61 So auch die heutige Gesetzgebungslehre, vgl. nach wie vor bes. *P. Noll*, Gesetzgebungslehre, 1973, S. 171 ff., 177 ff.
62 Nach *Rabel*, DJZ 1909, 962.

Hauptanliegen, die große Begriffs-, Ordnungs- und Systemarbeit bis ins einzelne durchzuführen, das musste auch Rechtsbegriff und Methode prägen. Auch beim Begriff des Rechts ging es um abgegrenzte Festigkeit. Und ebenso ging es um eine Methode, die diese Festigkeit in der Rechtsanwendung möglichst bewahren konnte – selbst wenn das Anliegen letztlich Ideal bleiben müsste. Und dieses Anliegen ist Sache jeder Jurisprudenz.

3. Werkakzente: die Grundsatzreden und der Rechtsbegriff

Windscheid bleibt fest, ja hart in diesem Punkt und erregt Anstoß. Er verteidigt seinen   **299**
Standpunkt in mehreren Grundsatzreden über „Recht und Rechtswissenschaft" 1854, „Das römische Recht in Deutschland" 1858, „An die Münchener Studierenden" 1867, über „Die geschichtliche Schule der Rechtswissenschaft" 1878, „Zum Gedächtnis von Savignys" 1879, und „Die Aufgaben der Rechtswissenschaft" 1884.[63] Sie werden ebenso viel zitiert wie missdeutet. Schon der Plural bei „Aufgaben" geht meist unter. Diese Reden bilden den **zweiten Schwerpunkt** seines Werks. Der wortgewaltige *Jhering* hatte 1865 gefordert:

> „Das Leben ist nicht der Begriffe, sondern die Begriffe sind des Lebens wegen da. Nicht was die Logik, sondern was das Leben, der Verkehr, das Rechtsgefühl, postuliert, hat zu geschehen, möge es logisch deduzierbar oder unmöglich sein".[64]

Was rechtlich „zu geschehen" hatte, war schnell gefordert, nur was hatte rechtlich zu   **300**
gelten? *Jhering* trat eine Lebens-Lawine los, in der diese Unterscheidung immer wieder unterging. Seine Epigonen behaupteten konsequent einen fundamentalen **Gegensatz** zwischen lebensfremden Begriffsjuristen und lebensnahen Zweckjuristen. Eine **lange Geschichte** begann. Windscheid widersprach, zuletzt am Lebensende, 1889: In seinen Augen seien „das keine Gegensätze".[65] Alles Recht verfolge Zwecke. Das sei keine neue Entdeckung. Aber deswegen sei es doch nicht weniger wahr,

> „daß alle Wissenschaft des Rechts sich in scharfen Begriffen bewegt, ihre Aufgabe keine andere ist, als scharfe Begriffe zu fassen und den Inhalt derselben darzulegen."

Er dachte an die Wissenschaft seines Pandektenrechts, die unmittelbar der Rechts*an-*   **301**
wendung vorarbeitete. Das war entscheidend. Denn hier waren allerdings scharfe Begriffe ein erwünschtes Mittel zum Zweck der Rechtsfestigung und Juristenbindung. Diese Position hatte **eminenten verfassungspolitischen Sinn.** Auch den „Takt" des Richters hatte man Windscheid entgegengehalten. Er hielt ihn für etwas sehr Wertvolles, nur: „Ich will nur nicht, daß er die Quelle der richterlichen Entscheidung sei. Die Quelle kann nur das juristische Denken sein".[66] Wieder geht es um Entscheidungsbindung durch juristisches „Denken". Man hat ihm vorgehalten, die Verkehrsinteressen zu vernachlässigen.

---

63 Vgl. jeweils bei *Oertmann* oder in: Kleine Schriften usw. (Fn. 24).
64 Geist des römischen Rechts III/1, S. 321.
65 In einer Rede vor Praktikern, abgedruckt in DJZ 1909, 955, in direkter Anspielung auf *Jherings* polemische Schrift „Der Besitzwille. Zugleich eine Kritik der herrschenden juristischen Methode", 1889, und dessen unvollendetes philosophisches Werk „Der Zweck im Recht", Bd. 1.2., 1877. 1883. 2. Aufl. 1884, 1886.
66 *Windscheid*, DJZ, ebda.

Er antwortete trocken: „Das Bedürfnis des Verkehrs ist keine Rechtsquelle"[67] und noch deutlicher 1887 im Lehrbuch:

> „Was der Natur der Dinge, dem Bedürfnis des Verkehrs entspreche, darüber kann man verschiedener Ansicht sein; es kommt nicht darauf an, was wir darüber denken, sondern was der Gesetzgeber darüber gedacht hat." (I § 22)[68]

302 Auch im **Konflikt** zwischen Gerechtigkeitsgefühl und juristischem Denken bleibt er fest:

> „Wenn trotz alledem [d.h. nach zwei- und dreimaligem Nach-Denken] das juristische Denken von seinem Resultat nicht ablassen will, dann soll der Richter entscheiden, wie er gedacht hat, nicht wie er fühlt. Abhilfe ist dann nur von der Gesetzgebung zu erwarten – an das gesetzte Recht sind wir alle gebunden".[69]

303 Wieder geht es nur um die Rechtsanwendung, aber jetzt ist **das ganze Modell** ausgesprochen: treue Anwendung als Methode, nur vorsichtige Lückenfüllung, Abhilfe von der Gesetzgebung. Es ist das Modell schon *Thibauts* von um 1800, immer noch getragen von der aufklärerischen Hoffnung auf einen vernünftigen Gesetzgeber und loyalen Richter[70] – wohlgemerkt ein Modell, dessen Prämissen noch betrachtet werden müssen. Welche juristische Werthaltung, welchen Kontext für Rechtsbegriff und Methode, zeigen diese Positionen?

304 Dazu muss man konkret werden, sonst gerät man in haltlose, politisierende Geschichtsphantasmen. Betroffen sind **drei Gruppen**, Gesetzgeber, Richter und Rechtsbetroffene. „Gesetzgeber" meinte den 1871 installierten Reichstag mit allgemeinem Wahlrecht. Er war trotz aller Hemmnisse durch Verfahren und die Vetoposition des Bundesrats damals *das* Instrument politischen Fortschritts. Hier hatte verfassungsgemäß die „Rechtsordnung" zu entstehen, nicht einfach „im Staat" als zur Person erhobener öffentlicher Gewalt.[71]

305 „**Richter**" meinte die kaiserlich-königlichen, herzoglich-fürstlichen usw. Justizorgane, deren Unabhängigkeit nur lückenhaft garantiert war trotz § 1 GVG 1877, deren Gehälter zurückstanden, deren altliberale „Aufrührer" nach 1848 unterdrückt worden waren, und deren Neuanstellung sorgfältig reguliert wurde.[72]

306 „**Rechtsbetroffene**" wurden in sehr unterschiedlichen Lagen berührt, das lässt sich nicht leicht generalisieren. Windscheid nahm als Nationalliberaler nicht überraschend Partei für Gesetz und Gesetzgeber, gegen die relativ verdächtigeren Justizorgane. *Leonhard* gibt zu den Rechtsbetroffenen den zusätzlichen Hinweis, es seien „doch vornehmlich die Armen und Schwachen, Windscheid's Freunde, die überall und jederzeit, das freie Belieben des Richters fürchten".[73] Dass dies nicht übertrieben sein dürfte, bestätigt die parallele Besorgnis aufrecht sozial denkender Juristen wie *Lotmar* und *Loewenfeld* und betont

67 1880, vgl. dazu *Falk* (Fn. 6), S. 35.
68 Nach *Falk* (Fn. 6), S. 36.
69 1890, nach DJZ 1909, 955. Irreführend gekürzt bei *Kleinheyer/Schröder* (Fn. 28).
70 Zu den drei Modellen in diesen Fragen *Rückert*, Autonomie des Rechts in rechtshistorischer Perspektive, 1988, S. 63 ff.; zu Windscheids passendem Richterideal *Falk* (Fn. 6), S. 221.
71 „Wer aber war ‚die Rechtsordnung' anderes als der Staat, die zur Person erhobene öffentliche Gewalt?" – das trifft Windscheid nicht, und daher passt auch dieser Aspekt, anders als *H. Hattenhauer*, Die geistesgeschichtlichen Grundlagen des deutschen Rechts, 3. Aufl. 1983, S. 149, annimmt, zu dem liberalen Bild von Windscheid. Vgl. *Windscheid* 1884 (bei *Oertmann* [Fn. 24], S. 102): Recht sei primär Anerkennung der menschlichen Freiheit.
72 Dazu näher *Rückert* (Fn. 70), S. 38 ff.
73 *Leonhard* (Fn. 24), S. 275.

Rückert

rechtsstaatlicher wie *Max Weber*.[74] An *Bismarck* lobte Windscheid auch den Sozialpolitiker, der seit 1883 die Sozialversicherung in Gang gebracht hatte, hier anders als und gegen viele seiner liberalen politischen Freunde.[75]

Einige Beispiele zu **sozialpolitischen Rechtsfragen** bestätigen das. Windscheids Misstrauen gegen die ‚Bedürfnisse des Verkehrs' erscheint in schärferem Licht, wenn man weiß, dass es gegen den Hintergrund einer zeitgenössischen AGB-Propaganda geäußert wurde.[76] Ein zentrales Beispiel bilden auch die Arbeitsvertragskonzeptionen. Windscheid hat daran zum hier keineswegs indifferenten BGB mitgewirkt.[77] Die soziale Seite der hart umkämpften gemeinrechtlichen Regel „Kauf bricht Miete" verstand Windscheid subtil zu mildern im Rahmen seiner Maximen von festem Recht.[78]   307

> „Ich gebe ‚Kauf bricht Miete' und ich weiß nicht wie vieles andere preis; man sage nur nicht, daß das, was man nicht mag, das Resultat engherzigen romanistischen Denkens sei – die romanistischen Mittel reichen völlig aus, um auch dem Satz ‚Kauf bricht nicht Miete' gerecht zu werden".[79]

„Engherzig" sollte es also nicht zugehen – das berührt die Frage der juristischen Methode. Um seine energisch vertretene „Festigkeit des Rechts" kristallisierte sich also eine **ganze *juristische Werthaltung*,** die die Festigkeit auch wieder lockern konnte. Sie setzt freiheitlich beim Individuum an, sucht Garantie gegen den immer noch gefährlichen Staat im rechtsstaatlichen Gesetz und verteidigt dieses Gesetz auch gegen wohl- oder übelwollende juristische Selbsthilfe. Noch jedenfalls erschienen das Gesetz und eine loyale Methode als der bessere Schutz. In diesem Sinne also war Windscheid „durch und durch" Jurist: liberal und sozial aufgeschlossen, im werdenden Rechtsstaat des Reiches zwischen 1871 und 1892 und erst recht in den liberaleren Verfassungsstaaten Bayern, Baden, Sachsen, in denen er wirkte und lebte. Seine juristische Werthaltung passt damit vollkommen zu seiner persönlichen.   308

Juristisch konkreter wirkt sie in einigen **juristischen Grundbegriffen,** z.B. in seinem eng gefassten Rechtsquellenbegriff. Er anerkennt nur Gesetz und Gewohnheit, kein Naturrecht, Vernunftrecht und bloß politisches Recht. Diese Haltung prägt seinen Begriff von Recht und Rechtsordnung als anerkannte Freiheiten (im gesellschaftlichen Plural) und von den subjektiven Rechten als Willensherrschaften. Sie bestimmte seinen streng angelegten Auslegungsbegriff, der am Wort und Gesetzgeberwillen und „logisch" operieren will, seine Zurückhaltung bei Nichtigkeit wegen Sittenwidrigkeit (seit 1900 BGB § 138), sein „ultrakonservatives" Festhalten[80] auch an vielleicht überholten, aber klaren Formalregeln zum Noterbrecht, Dotalrecht und zur Wiedereinsetzung. Darüber ist im Ein-   309

---

74 Dazu näher *Rückert* (Fn. 70), S. 47 f., 72.
75 Bei *Oertmann* (Fn. 24), S. 122. Zum durchweg unterschätzten, breiten sozialpolitischen Spektrum des Liberalismus im Kaiserreich an einem signifikanten Beispiel *Rückert*, Entstehung und Vorläufer der gesetzlichen Rentenversicherung, in: Handbuch der gesetzlichen Rentenversicherung, 1990, S. 1–50, hier S. 20 f.
76 Dazu *R. Pohlhausen*, Zum Recht der allgemeinen Geschäftsbedingungen im 19. Jahrhundert, 1978, S. 186 f., und *Falk* (Fn. 6), S. 40 Fn. 205.
77 Näher zum BGB dabei *Rückert*, Unmöglichkeit und Annahmeverzug im Dienst- und Arbeitsvertrag, in ZfArbR 14 (1983) S. 1–29, 12 f., und generell *ders.*, „Frei und Sozial". Arbeitsvertragskonzeptionen um 1900 zwischen Liberalismen und Sozialismen, in ZfArbR 23 (1992) S. 225–294.
78 Dazu vorzüglich *Falk* (Fn. 6), S. 111 ff. Das BGB 1900 hat bekanntlich in § 571 die umgekehrte Regel aufgestellt, die seit 2002 mit den §§ 563 f. noch erweitert wurde.
79 Aus der Frankfurter Rede von 1889, DJZ 1909, 955. Zum ganzen jetzt grundlegend *Tilman Repgen*, Die soziale Aufgabe des Privatrechts. Eine Grundfrage in Wissenschaft und Kodifikation am Ende des 19. Jahrhunderts, 2001, zu „Kauf bricht Miete" S. 231 ff.
80 So *Rümelin* (Fn. 24), S. 31.

zelnen heute schwer zu rechten. Es kommt auch nicht sehr darauf an. Denn der Hauptanstoß lag in seiner Festigkeit am Gesetz als Werthaltung.

310 Diese Richtung haben auch seine berühmten frühen Monographien über die *Actio* (1856) und die *Voraussetzung* (1850). Es waren wieder **Grundsatzthemen**. Die Arbeiten gelten manchen als unhistorisch und damit unrömisch. Zur *Actio*, also zum Thema **Anspruch**, hat er in der Tat die Differenz von ‚moderner‘ und römischer Auffassung über Klagrecht und materiellen Anspruch ins Zentrum gestellt. Es lag aber eminentes Geschichtsbewusstsein darin, dieses Verschiedene auseinanderzuhalten und allen Konsequenzen nachzugehen. *Kuntze* nennt das treffend „Befreiung … ohne Fälschung".[81] Windscheid hat die damals längst durchgesetzte Auffassung von der Klagbarkeit aller Ansprüche und das hochbedeutsame Prinzip des Vorrangs des materiellen Rechts für die Rechtsdurchsetzung auf den Begriff gebracht, bis heute. Rund 1000 Jahre waren Rechtssystem und -tatbestände vom Prozess her gedacht worden, von der *actio* oder der Klage. Noch bei Savigny um 1840 zeigt sich dies. Windscheid hat mit seiner Trennung eine ganze Rechtswelt, die fortdauernde römisch-rezipierte wie die einheimische, verabschiedet.

311 Mit ähnlichem Effekt entnimmt er aus einer eindringenden Durchsicht der Fallgruppen zu „Voraussetzungen" das allgemeine Prinzip, es seien neben echten rechtsgeschäftlichen Bedingungen auch „unentwickelte Bedingungen" rechtlich anerkannt. Das war der romanistisch texttreue Versuch, die wuchernden Regeln der *clausula rebus sic stantibus* zu bändigen, ein Versuch, der heute unter dem *Oertmannschen* Stichwort „**Geschäftsgrundlage**" fortdauert. Windscheid hat recht behalten mit seiner noch 1892 geäußerten Skepsis gegenüber der Ablehnung im BGB:

> „Es ist meine feste Überzeugung, daß die stillschweigend erklärte Voraussetzung, was man auch gegen sie einwenden mag, sich immer wieder geltend machen wird. Zur Türe hinausgeworfen, kommt sie zum Fenster wieder herein".[82]

312 Das Fenster war die Rechtsprechung, 2002 öffnete die Schuldrechtsreform dann die Türen des Gesetzes, in dem neuen § 313. Bändigung der *clausula* (oder Voraussetzung oder Geschäftsgrundlage) wäre realistischer gewesen als Ablehnung. Auch hier also Festigkeit am Gesetz als Leitlinie.

313 Ein Paradezitat dazu steht noch an. Den **Gipfel der Verirrung** soll Windscheid nämlich, wie eingangs erwähnt, 1884 erklommen haben, als er in seiner Rede über „Die Aufgaben der Rechtswissenschaft" auch zu seiner BGB-Tätigkeit Bilanz zog. Diese Stelle vom „**Juristen als solchen**" ist in den meisten Exemplaren heutzutage längst angestrichen und ein geflügeltes Kritikwort geworden. Dennoch wurde die Stelle meist einäugig falsch verwendet. Sie lautet:

> „Die Gesetzgebung steht auf hoher Warte! Sie beruht in zahlreichen Fällen auf ethischen, politischen, volkswirtschaftlichen Erwägungen oder auf einer Kombination dieser Erwägungen, welche nicht Sache des Juristen als solche sind".[83]

---

81 *Kuntze* (Fn. 24), S. 683, zu den Pandekten, aber auch hier passend.
82 Dazu jetzt *Falk* (Fn. 6), S. 218.
83 Bei *Oertmann* (Fn. 24), S. 122. Dort auch die folgenden Zitate. Ich übernehme i.f. die Ergebnisse *meines* Autonomie-Buches (Fn. 70), S. 96, dort auch zum Kontext der berühmten Diskussion mit *Gierke, Laband* usw. Vgl. auch *Windscheid* (bei Oertmann, Fn. 24), S. 111: „liegt es mir vor allem am Herzen, auszusprechen, daß die Rechtswissenschaft, die ihr der Gesetzgebung gegenüber angewiesene Stellung nicht überschätzen soll.".

Windscheid bezieht sich offensichtlich u.a. auf einen ebenfalls berühmten Text *Gierkes* 314
vom Jahr zuvor. Gierke hatte 1883 in seiner sog. *Laband*-Kritik[84] energisch für ein
„wissenschaftliches Begreifen der Rechtsgebilde … die Ergründung (ihres) Konnexes"
mit „religiösen und ethischen Anschauungen einerseits, wirtschaftlichen und sozialen
Verhältnissen andererseits" plädiert, wie übrigens in der Abwehr gegen *Jhering* auch
schon *Rudorff* in Puchtas fortgeführtem Pandektenlehrbuch von 1871. Windscheid differenziert dagegen **modern rechtstaatlich**. Denn sein Satz handelt **nur von „Gesetzgebung"** – das wird selten beachtet, ist aber entscheidend. Sein Satz betrifft nur eine von
zwei Aufgaben der Rechtswissenschaft, ihre „Aufgabe … bei der Schaffung neuen
Rechts". Daneben stellt er die Aufgabe, „das vorhandene Recht zu erkennen". Diese
beiden Zugriffe trennt er in rechtsstaatlicher Absicht. Die geschichtliche und philosophische Ergründung des vorhandenen Rechts im Sinne von Gierke sind ihm dabei selbst-
verständliche Voraussetzungen für eine „volle Erkenntnis des Produkts", nur nicht die
Hauptsache. Auch das bleibt aus dieser Paraderede meist unzitiert.

Vollends deutlich sind die Beispiele im Text unmittelbar vor dem Satz vom „Juristen als 315
solchen": Es sind **rechts*politische* Streitpunkte** wie Ehescheidung, Wirtschaftsordnung,
Gesetze zur Abhilfe der sozialen Not, das Verhältnis von Staat und Kirche (u.a. Zivilehe!
damals sehr streitig). Hier nennt der angeblich lebensfremde Pandektist die großen Fragen seiner Zeit. Seine Anspielungen beziehen sich konkret auf das so hart umkämpfte
weltliche Scheidungsrecht im BGB, auf die ökonomisch und sozial umstürzenden Ge-
werbeordnungen seit 1869, gerade reformiert 1878, auf das 1894 gelöste Problem der
Abzahlungsgeschäfte, auf das ganze nun fundamental weltliche Familienrecht des BGB.
Und es folgt der entscheidende Appell:

> „Welcher Jurist hätte den Mut zu sagen, daß ihm bei Gesetzen dieser Art eine ausschlag-
> gebende Stimme zukomme?"

Offenbar haben die meisten der vielen **Windscheid-Kritiker** diesen politischen „Mut". 316
Damals war es ein doppelter Mut: zum einen ein Mut *gegen*: gegen das parlamentarische
Gesetz, gegen diese rechtspolitische institutionelle Hoffnung der Liberalen, Sozial-libe-
ralen, Liberal-Sozialisten und Rechtstaatlichen, ein Mut gegen die grundsätzliche Gleich-
gewichtigkeit der Stimmen bei der Gesetzgebung; zum anderen war es ein ‚Mut' *für*: für
die immer noch persönlich recht abhängigen kaiserlichen, königlichen, großherzoglichen
usw. Richter in deutschen Landen und den nicht gerade progressiven Juristenstand, für
die besondere politische Rolle der Juristen. Nach Windscheid hatten Juristen wie die
Volkswirte und Ethiker und andere Fachleute hier nur eine prinzipiell gleiche Stimme
mit allen anderen Abgeordneten, bei allem selbstverständlich geschätzten Fachwissen.
Man streitet also um **zentrale Verfassungsfragen**, das parlamentarische Stimmrecht, die
Abstimmung, um das demokratische Prinzip, um die Verfassungsstellung der Rechtssubjekte im Neuen Reich. Und die war als frei und gleich festgelegt. Was sollte also an
Windscheids Formel so schlimm sein? In Wahrheit wendete er sich gegen alte Standes-
vorrechte in neuem Gewande, die im werdenden Rechtsstaat von 1871 rechtlich obsolet
geworden waren. Wieder war er der Nur-Jurist, aber jetzt ungelitten. Er stellte sich nicht
gegen gesetzlichen Fortschritt und freie, breite Rechtswissenschaft, sondern gegen An-
maßungen auf die „ausschlaggebende" Stimme. Man konnte natürlich umstandslos den

---

84 *O. Gierke*, Laband's Staatsrecht und die deutsche Rechtswissenschaft, in (Schmollers) Jb. f. Gesetzgebung und
Verwaltung, n.F. 7 (1883) 1097–1195, separater Nachdruck Darmstadt 1961. Gierke, 1841–1921, war eine Generation jünger als Windscheid und ein mit Recht berühmter Germanist, auch schon scharfer Konkurrent um
die Professorenplätze in den BGB-Kommissionen.

Fortschritt den Juristen überlassen oder der „Gesellschaft". Windscheids Antwort differenzierte dagegen und dies für seine Zeit gewiss nicht reaktionär und unbegründet. Später wurden daraus ein Juristen-Mut gegen das demokratische Parlament und ein Mut für den politischen Juristen; geschehen in sehr verschieden motivierten Wellen, nach 1919, nach 1933 und auch noch nach 1945 – das indiziert ein Dauerproblem. Man sieht die Jurisprudenz auf der Suche nach ihrem neuen Ort in der werdenden demokratisch-pluralistischen Gesellschaft. Ausgespielt sind jedenfalls ihre im ganzen elitäre, ständisch gesicherte Rolle im Ancien Regime vor 1800, ebenso die überwiegend elitär-patriarchale Rolle nach 1850 bis 1918. Leidvoll erfahren hat sie dann ihre für einen Windscheid gewiss unvorstellbare Korrumpierung nach 1933.

317 Ein Blick in Windscheids Grundsatzreden seit 1854 belegt auch ein nicht mehr überraschendes, dauerndes Engagement für die **Sache der Gerechtigkeit** als Sache auch des Juristen, sei es als solchen oder als Menschen.[85] Seine Zurückhaltung war nicht billige Flucht. Sie war Ausdruck eines neuen Verständnisses von Recht und Methode, eines konstitutionell- verfassungsmäßig gebundenen Verständnisses. Windscheid hat dies erstmals so umfassend gelebt, gedacht und juristisch durchgeführt, vor allem im Zivilrecht, und dies als *pars pro toto* für das Recht überhaupt. Wie kann man das alles „blutleer" nennen? Das hat natürlich zu tun mit unserer schwierigen Geschichte nach 1933, die auch die Jurisprudenz massiv veränderte.

V. Auflösung

318 Als man nach 1933 nach ‚Blut und Boden' rief, gedachte man im noch lebendigen Bewusstsein seiner Bedeutung auch Windscheids. Das Resultat lässt sich denken. So viele und ausgerechnet die besten und geistvollsten unserer Darstellungen der erwähnten immer aktuellen Grundprobleme, Rückfragen, Bewertungen und wichtigen Erfahrungen seit 1800 stammen gerade von den **jungen Gipfelstürmern**, denen nach 1933 freie Bahn verschafft wurde. Prägnante Bilder eines ‚blutleeren' Windscheid gaben in berühmten Titeln *Wieacker*, *Larenz* und *Dahm*, *Erik Wolf* und *Schönfeld* und zumal der schon ältere *Carl Schmitt*.[86] Die Methodenkritik von Seiten der Freirechtsbewegung vor 1910 wurde damit verallgemeinert.[87] Eine ganze Generation urteilte vernichtend. Sie verurteilte mit genauem Gegnergespür und am Maßstab ihrer strikt antiliberalen und antiparlamentarischen Prämissen, unbeschadet sonstiger politischer Richtungsunterschiede. Viele der

---

85 Vgl. (bei *Oertmann* [Fn. 24]) 1884, S. 110, 1854, S. 6, 1867/68, S. 58: lernen, das Recht anzuwenden und das Recht zu verbessern, auch 1878, S. 77.

86 *Wieacker*, Bernhard Windscheid zum 50. Todestage, DR 1942, 1440–1443 (W. „verantwortungslos"); erneut in *ders.*, B. Windscheid, in: Gründer und Bewahrer, 1959, S. 181–196 (aber ohne Hinweis in der Kritik abgeschwächt!); *ders.*, Privatrechtsgeschichte der Neuzeit, 1. Aufl. 1952, S. 262 f. (Abneigung gegenüber politischem Handeln), 2. Aufl. 1967, S. 445–447 (analog, aber etwas differenzierter); *Larenz*, Methodenlehre der Rechtswissenschaft, 1. Aufl. 1960, S. 25–30: Der rationalistische Gesetzespositivismus Windscheids, 5. Aufl. 1983, S. 27–31 (dto); *G. Dahm*, Deutsches Recht, 2. Aufl. 1963, S. 124 ff. – die 1. Aufl. 1951 lag mir nicht vor; analog aber schon die Fassung von 1944, S. 73; *C. Schmitt*, Über die drei Arten des rechtswissenschaftlichen Denkens, 1934, S. 29 ff., 38 f. in der Sache. *Ders.*, Die Lage der europäischen Rechtswissenschaft, 1950, S. 14 f.; *Erik Wolf*, Große Rechtsdenker der deutschen Geistesgeschichte, 1. Aufl. 1939, S. 457–489, 4. Aufl. 1963; *W. Schönfeld*, Die Geschichte der deutschen Rechtswissenschaft im Spiegel der Metaphysik, 1943, S. 75, 182, 244; 2., nur scheinbar stark veränderte Auflage 1952 unter dem Titel „Grundlegung der Rechtswissenschaft".

87 „Blutleere Gebilde" nennt *Eugen Ehrlich* 1913 die allgemeinen Rechtssätze der Jurisprudenz seiner Zeit, s. *ders.*, Grundlegung der Soziologie des Rechts, 1913, S. 6 (= 4. Aufl. S. 20); s. zur Freirechtsbewegung unten Rn. 1407 im historischen Überblick.
    In *Jherings* Kritik in Scherz und Ernst (Fn. 13), 1884, hier S. 337–383, kommt diese noch nicht vor, nur „ungesund" (356, 365). Das Grimmsche Wörterbuch der deutschen Sprache kennt das Wort (Bd. 2, 1860, Sp. 186), gibt aber keine Verwendungsnachweise.

eingangs erwähnten Schreckbilder folgten,[88] einige waren schon vorangegangen.[89] Man klagte über **Positivismus, Formalismus, Materialismus, Mechanismus,** oder wenigstens über eine bedeutsame „Abneigung gegen politisches Handeln" (*Wieacker* 1952), oder doch gegen „tagespolitisches Handeln" (1967) usw. Der „rationalistische *Gesetzespositivismus*", dem die „geistige ‚Substanz' fehle", der also bloß akzidentiell zufällig ist, stammt von *Larenz,* noch 1960.[90] Ob es vielleicht „nur" *wissenschaftlicher* Positivismus war, bleibt streitig, ist aber kaum relevant. Die Liste der Vorwürfe, bloße Einwände sind es nicht, ist so lang wie alt und bekannt.[91]

Der juristische Sinn dieser neuen **Substanz-Integrationen** erscheint zunächst sehr allgemein und dunkel. Er klärt sich aber schnell im damals klaren Kontext. Jeder damalige Leser wusste um die Maßgeblichkeit der völkischen Substanz im neuen völkischen Recht. Der normativ entscheidende verfassungspolitische Sinn der **Substanz-Distanz** bei Windscheid wird von *Larenz* als Oberflächenfrage beiseite geschoben, von anderen verschwiegen oder offen verworfen. „Formalismus" z.b. meinte zeitgenössisch gegenüber Windscheid u.a. nur logische Stringenz, nicht aber metaphysischen Begriffsrealismus (als ob einfach im Sein die Begriffe des Gesollten steckten) oder gar ein Absehen von der Wertung. Windscheid schrieb nicht *Sohmsche* Sätze[92] folgender Art: „Die Grundbegriffe wohnen in den Tiefen des Rechts, die von Wind und Wellen der Gegenwart nicht bewegt werden".[93] Die notwendigen Spielräume wusste er dem Richter vorsichtig und unpathetisch zu öffnen.[94] Zum Vorbild des Juristen in der Volksgemeinschaft taugte *Windscheid* aber in der Tat doppelt nicht: zum einen nicht als sittlich autonomer, fester, individualer Liberaler; zum andern nicht als scharfer Kritiker des geheimen politischen Vorrangs des Juristenstandes, d.h. nach 1933 der „Rechtswahrer", den er mit seiner Jurist-als-solcher-Beschränkung verwarf.[95]

319

---

88 S. o. eingangs; i.E. auch *Kleinheyer-Schröder* (Fn. 24).

89 Aus verschiedenen Motiven wohlgemerkt, teilweise *Jhering*, vor allem *Kohler* 1893, *Ehrlich* und *Fuchs* (vgl. nur *Falk*, Fn. 6), *Oertmann* und *Sinzheimer*, teilweise *Gierke*.

90 AaO (Fn. 86), im Text heißt es dann „gemilderter Gesetzespositivismus". Wie wenig *Larenz* davon hielt, hat er nach 1933 deutlich gesagt, vor allem in: Rechts- und Staatsphilosophie der Gegenwart, 2. Aufl. 1935, Teil I 1. I: Der Positivismus, S. 11–25: „Nichts" sei „oberflächlicher", als sein Wesen im Anliegen der Rechtssicherheit, Gewaltenteilung und Richterbindung zu sehen – das interessiert Larenz offenbar nicht. Wichtig ist ihm das Fehlen einer „metaphysischen Rechtsbegründung" einer „Ausrichtung an der Rechtsidee", das angeblich bloß kausale, soziologische oder psychologische Vorgehen, die bloß „psychologische" Auffassung des Gesetzgeberwillens, die „Zersetzung des Volksgeistbegriffs der Historischen Schule" und damit des „metaphysischen Substanzverhältnisses" dabei (S. 15–17) usw. Larenz' kritische Analyse zum Eigentumsbegriff bei Windscheid enthält 1960 in dem Einwand zum „ursprünglichen und ersten Sinn" von Eigentum eine alte *petitio*. Denkt man die Rechtsordnung aus den legal vermittelten Freiheiten und keiner heteronomen „Substanz", so kann beim Eigentum durchaus das Fernhalten-Dürfen statt dem Verfügen-Dürfen zentral werden. Anders die vereinzelt positive Verwendung der gleichen Larenz-Stelle für einen „legitimen Positivismus" bei Windscheid, da W. auf einen „vernünftigen" Gesetzgeber vertraue, bei *Arthur Kaufmann*, S. 117 in *Kaufmann/Hassemer/Neumann*, Einführung in die Rechtsphilosophie und Rechtstheorie der Gegenwart (1976), 7. Aufl. 2004.

91 Siehe die Liste bei *Falk* (Fn. 6) 4; ganz analog die Vorwürfe ans BGB, dazu *Rückert*, Das Bürgerliche Gesetzbuch – ein Gesetzbuch ohne Chance?, in JZ 58 (2003), 749–760.

92 *Rudolf Sohm*, 1841–1917, wie Gierke eine Generation jünger als Windscheid, ebenfalls einer der berühmtesten Juristen dieser Zeit, Mitglied der 2. BGB-Kommission 1891, Kirchenrechtler und Germanist.

93 Dazu klärend *Rümelin* (Fn. 16), S. 36 ff.: Problem sei die falsche Verallgemeinerung synthetischer Rechtsbegriffe, die ungenügende Induktion und besonders die Ewigstellung. Für letzteres das *Sohm*-Zitat, dort S. 44 in der Fn. Auch Sohm erscheint dabei freilich zu einseitig, dazu kurz *Rückert* im HISTORISCHEN ÜBERBLICK, Rn. 1381.

94 Dazu jetzt zentral die Arbeiten von *Falk* und *Ober* (beide Fn. 6).

95 Dass die substantialistischen NS-Formeln von „völkisch" und „Volksempfinden", „konkrete Ordnung" usw. auf Selbstermächtigungen hinausliefen, ist inzwischen klar; genauer dazu *Rückert*, Das „gesunde Volksempfinden" – eine Erbschaft Savignys?, in: Zs.d. Sav-Stiftung für Rechtsgeschichte, Germ.Abt. 103 1986, S. 199–247.

320 Diese zeitbedingten Verzerrungen und Polemiken liegen hinter uns. Man muss sie kennen, um ihnen nicht ausgeliefert zu sein. Uns kann *Windscheid* endlich nicht einfach nur Vorbild oder Schreckbild sein.[96] Unsere Wertung schaut vor allem auf den verfassungspolitischen Sinn seines Rechtsbegriffs und seiner Methode und auf das soziale Element in seinem Privatrecht. Ohnehin leichter anerkennen lässt sich seine Versiertheit als Jurist.

321 Das **soziale Element** erscheint zu schwach ausgeprägt. Die geschichtliche Frage aber muss lauten, wieweit wir es bei Windscheid im Privatrecht selbst erwarten dürfen. Windscheid hatte offenbar, wie u.a. seine erwähnten gesetzgebungspolitischen Beispiele zeigen, viel Verständnis für soziale Stützung durch spezielles Recht neben dem allgemeinen gleich freien Privatrecht. Damit folgte er einer recht breiten sozialen Strömung und, hier wesentlich, einer anerkannten juristischen Arbeitsteilung im Kaiserreich.[97] Es handelt sich um einen **emanzipatorisch-sozialen Liberalismus**, der das gerade erst im BGB errungene allgemeine und gleiche Recht wahren wollte, aber deswegen keineswegs die soziale Aufgabe verkannte. Sie sollte gelöst werden mit besonderer, nun rechtlich ungleicher Stützung. Die Voraussetzungen für Freiheitsentfaltung sollten nicht allgemein und pauschal, sondern dort geschaffen werden, wo sie objektiv und typisch fehlten, etwa durch Arbeiterschutz seit 1869 (Gewerbeordnung) oder Sozialversicherung (seit 1881) oder Verbraucherschutz seit 1894 (AbzahlungsG). Das war im Horizont der zeitgenössischen Erfahrungen, die ja nicht unsere waren, verständlich. Der soziale Kern des Personalen, die Würde des Menschen, muss vor bloßer gesellschaftlicher Freisetzung geschützt werden, auch durch untypisch zwingendes Recht im grundsätzlich dispositiven Privatrecht. Heute nennen wir als Anlass Ungleichgewichte am Markt, Informationsnachteile u.ä. Sie indizieren soziale Probleme, sie sind aber ebenso wenig entscheidend wie Schwäche per se. Was zählt ist die **Mensch-Würde-Berührung**, präziser: die ungleiche Berührung. Hier setzte das Spezialrecht des Kaiserreichs an, mit Gewerbeordnung, Sozialversicherung, Verbraucherrecht u.a.; es ist im normativen Ansatz und Grundsatz so bis heute bewahrt, auch wenn das allgemeine Verbraucherrecht nun im BGB selbst steht. Das Maß dieser speziell ausgleichenden rechtlichen Hilfe zur gleichen Würde muss aber jede Zeit konkret-legal bestimmen. Es liegt weder ewig, noch auf Dauer fest. Auch an den Menschenrechten ist alles geschichtlich. Zu Windscheids Zeit waren sie allenfalls in den U.S.A. und jedenfalls nicht im europäischen und deutschen Rechtsraum rechtlich effektiv, d.h. mit Rechtschutz, positiviert. In Windscheids Privatrecht sucht man also das soziale Element ganz konsequent vergebens. Denn Menschenrechte und soziale Rechte im Privatrecht waren nirgends anerkannt. Gerade erst waren die allgemeine und gleiche Rechtsfähigkeit als Mensch, die Vertragsfreiheit, die weltliche Ehefreiheit und die Testierfreiheit erkämpft. Und wegen der Arbeitsteilung mit dem erwähnten Spezialrecht hatte auch die zwingende soziale Stützung nicht im Privatrecht ihren Ort.

---

96 Schon länger läuft daher eine Tendenzwende der Bewertung, s. bes. *Schubert* 1978, *Jakobs* 1983, *J. Schröder* 1985, *Ogorek* 1986, *Picker* 1986 (alle genannt bei *Falk* [Fn. 6], S. 21); außerdem *R. Schröder*, Abschaffung oder Reform des Erbrechts, 1981, S. 73 f., 124, 380 ff., *Rückert* 1983 (Fn. 77), 13; zus.fassend *Kroeschell*, Deutsche Rechtsgeschichte III, 1989, S. 266 f.: Der Positivismus und seine Gegner. Daß *Coing*, Europäisches Privatrecht II, 1989, S. 39 ff. unter „Die Rechtswissenschaft im deutschen Rechtskreis" Windscheid nur mit einem Zitat zur Zeit *vor* 1847 und einer Fußnote (kein „strikter Positivist", s. *Falk*) streift, erscheint merkwürdig. Es überzeugt nicht, alles aus *Jherings* polemischer und teilweise viel spekulativerer Perspektive darzustellen (S. 47 f., 51). Faire Berichte nun etwa bei *Horn*, Einführung in die Rechtswissenschaft und Rechtsphilosophie (1996), 4. Aufl. 2007, Rn. 149–151; *Rüthers*, Rechtstheorie (1999), 5. Aufl. 2010, s. Reg.; *Vesting*, Rechtstheorie, 2007, s. Reg., bes. 94 f.

97 Dazu *Rückert* 2003 (Fn. 87), S. 751.

Der **verfassungspolitische Sinn** von Windscheids freiheitlicher Haltung im Recht kommt 322
uns seit dem Grundgesetz und seinem Art. 2, der die allgemeine Entfaltungsfreiheit garantiert, sehr entgegen. In Sachen Gewaltenteilung und Richterbindung sind wir inzwischen weniger empfindlich. Denn die Funktion praktischer Jurisprudenz in der heutigen
parlamentarischen Demokratie ist eine andere als die von Windscheids kaiserlichen Jus-
tizorganen. Heute scheinen mehr Vertrauen, mehr flexibles Recht erträglich und erlaubt.
Aber die Warnungen Windscheids und anderer vor dem ermächtigten, selbstzuständigen
Juristen bleiben berechtigt. Denn „als Rechtsanwender ist er zwangsläufig dem Allgemeinen verpflichtet. Mit seiner Subjektivierung wird er als Jurist funktionslos, er ist
überflüssig, weil er nicht mehr Frieden zu stiften vermag, sondern nur seine eigene politische Ansicht durchsetzt."[98] Der Rechtszwang darf auch im heutigen Rechtsstaat kein
Juristensondergut werden. So sah es auch Windscheid in seinem werdenden Rechtsstaat.
Deswegen kann man bei ihm immer noch viel dazu lernen, wie genau man mit den juristischen Hauptinstrumenten geltendes Recht, loyale Rechtsanwendung und Rechtssprache umgehen kann und soll.

VI. Methodenfragen

Was folgt aus alledem für Windscheids juristische Methode? Die Auflösung der erstarr- 323
ten Polemiken aus dem Zusammenhang seines Lebens und seiner Haltungen ermöglicht
einen hoffentlich offenen Blick dafür. Ein eigenes Methodenwerk oder eine längere Abhandlung dazu hat Windscheid nicht geschrieben. Die großen **Methodendebatten** der
Jurisprudenz bei Savigny seit 1814, Puchta seit 1838 oder Jhering seit 1852, hat er eher
vermieden. Doch schrieb er rund 15 gewohnt dichte und prägnante Seiten in seinem
Lehrbuch unter dem Titel „**Auslegung und wissenschaftliche Behandlung des Rechts
überhaupt**".[99] Das ist also sehr einschlägig, aber eben auch sehr dicht. Es muss genauer
zur Sprache kommen, was da eigentlich steht. Auslegung wird sogar als ein Fall von
Kunst gesehen.

Diese Methoden-Seiten enthalten lapidare Sätze wie schon diese ersten beiden zum 324
„**Begriff der Auslegung**":

> „Auslegung ist Darlegung des Inhalts des Rechts. Der Inhalt des Rechts kann mehr oder
> minder offenbar sein; je weniger er offenbar ist, desto bedeutender ist die Aufgabe der Aus-
> legung." (§ 20/S. 81)

Auslegung ist dabei „freie Untersuchung" (82).[100] Sie ist nicht so sehr „Wissenschaft, 325
welche gelehrt werden kann, als eine Kunst, welch gelernt werden muss" (82). Das erscheint einfach. Aber warum ist von *Kunst* die Rede?

Windscheid bildet dann eine Art **Rangfolge der Methoden**, also etwas was heute oft 326
vermisst wird: Die „Auslegung der Gesetze hat es … zuerst zu thun mit der Feststellung
des Sinnes, welchen der Gesetzgeber mit den von ihm gebrauchten Worten verbunden
hat."(§ 21/S. 82). Dabei sei „natürlich auszugehen von den Sprachgesetzen … grammatische" Auslegung (82). Ist „das Resultat" aber unverständlich oder offen, so ist „zunächst zu sehen auf den übrigen feststehenden Inhalt des auszulegenden Gesetzes; ferner
kann eine Erklärung zu gewinnen sein aus anderen Gesetzen desselben Gesetzgebers,

---

98 *Ramm* (Fn. 1) III, S. 753.
99 *Windscheid*, Lehrbuch, 8. Aufl. 1900, §§ 20–24/S. 81–95; 11 Seiten in der 1.A. 1862, alles Wesentliche ist schon
    identisch da; zum Ganzen gründlich *Falk* (Fn. 24), S. 137–157.
100 Im Folgenden jeweils die Seitenzahlen so im Text.

oder auch verschiedener Gesetzgeber, insofern eine geistige Einheit zwischen diesen anderen Gesetzen und dem auszulegenden Gesetz angenommen werden kann." (83)

327 „Führt dieses Hilfsmittel nicht zum Ziele", so steht man vor einer **letzten Auslegungsetappe,** und nun

> „kann dem Ausleger im allgemeinen keine andere Anweisung gegeben werden, als die, sich unter Beachtung aller erreichbaren Momente möglichst vollständig in die *Seele des Gesetzgebers* hinein zu denken; je vollständiger dies gelingt, mit desto größerer Sicherheit wird er den Sinn der von dem Gesetzgeber gebrauchten Worte zu bestimmen im Stande sein." (84, Hervorhebung hier)

328 Dabei könne dann auch der Vergleich mit dem „Rechtszustand" zuvor, der allgemeine „Zweck" des Gesetzgebers und der „Werth des Resultats" von Bedeutung sein (84).

329 Es geht also um eine **Kunst,** um die **Sprachgesetze,** um die **Rechtsordnung im ganzen,** um **Zweck** und **Resultat,** ja um die „Seele des Gesetzgebers", in der Tat eine etwas psychologisierende Wendung, zumal im Vergleich mit Savignys „Reconstruction",[101] aber keineswegs eine Aufforderung zur Psychologie – diesen Windscheid kennt man im allgemeinen nicht. Es ist aber der authentische. An ihn müssen wir uns halten, wenn wir ihn verstehen wollen. Er geht noch weiter:

> „Die Auslegung hat aber nicht nur die Aufgabe, den von dem Gesetzgeber gebrauchten Worten gegenüber den Sinn zur Geltung zu bringen, welche er mit diesen Worten hat verbinden wollen; sie hat ferner die Aufgabe, hinter dem Sinne, welchen der Gesetzgeber hat ausdrücken wollen, dessen *eigentlichen Gedanken* hervorzuziehen. Es kann nämlich vorkommen, und es kommt häufig vor, dass der Gesetzgeber sich diesen Gedanken selbst nicht vollständig klar gemacht hat, dass er bei einer Erscheinungsform des Gedankens stehen geblieben ist, welche dessen wahrem Gehalt nicht vollständig entspricht. Es ist die höchste und *edelste Aufgabe* der Auslegung, in einem solchen Falle dem Gesetzgeber zu Hilfe zu kommen und dessen ausgedrücktem Willen gegenüber seinen eigentlichen zur Geltung zu bringen. Indem sie das thut, überschreitet sie nicht ihre Befugnisse: Sie handelt ganz in dem Sinne des Gesetzgebers, sie spricht nur aus, was derselbe selbst ausgesprochen haben würde, wenn er auf die Punkte welche er sich nicht zum Bewußtsein gebracht hat, aufmerksam geworden wäre." (86, Hervorhebung hier)

330 Es gibt also neben dem Gedanken einen „**eigentlichen Gedanken**". Eine **subtil abgestufte Auslegungstechnik** deutet sich an. Windscheid fügt nun als Grenzbestimmung immerhin an, es müsse doch „jedenfalls ein Ausdruck überhaupt" des gefundenen wahren Gedankens in dem Gesetz vorliegen (§ 22/S. 86). „Eigentlich", „Ausdruck", „wahr" – so würden wir kaum noch reden. Es sind Figuren des Idealismus, die erlauben, hinter der sichtbaren Welt noch eine weitere, eine eigentliche zu behaupten, hinter dem sichtbaren Buchstaben des Gesetzes also noch einen eigentlichen, unsichtbaren Gehalt. Der nüchterne, eigentlich unmetaphysische Windscheid bedient sich hier doch älterer und immer wieder verführerischer Techniken. Auch diesen Windscheid, der in „edelster" Auslegung den „eigentlichen Gedanken" hervorziehen will, kennt man nicht.

---

101 Dazu oben bei Savigny, Rn. 76.

Erst in § 24 unter „**Wissenschaftliche Behandlung** des Rechts" scheint man Bekannteres   331
zu finden, die „**Entwickelung der Begriffe**". Die Auslegung, heißt es dort,

> „bietet keinen Gegensatz zu der wissenschaftlichen Behandlung des Rechts; aber … wenn
> die Auslegung ihr Geschäft beendigt hat, handelt es sich um die *Entwicklung der Begriffe*,
> welche in den durch sie gewonnenen Rechtssätzen enthalten sind. Auch der eigentliche Ge-
> danke des Rechtssatzes stellt sich noch dar in Begriffen, d.h. in Zusammenfassungen von
> Denkelementen; es kommt darauf an, die Begriffe in ihre Bestandteile aufzulösen, die in
> ihnen enthaltenen Denkelemente aufzuweisen. Man kann in dieser Operation weit mehr
> oder weniger weit gehen; denn die gefundenen Elemente können sich selbst wieder als Zu-
> sammensetzungen anderer, einfacherer Elemente ausweisen, und so fort" (93, Hervorh.
> hier).

Er gibt dazu ein nach wie vor gutes **Beispiel**:   332

> „*Kaufvertrag* ist ein Vertrag durch welcher eine Sache gegen Geld abgetreten wird – *Ver-*
> *trag* ist ein Rechtsgeschäft welches dadurch zu Stande kommt daß zwei (oder mehrere)
> übereinstimmende Willenserklärungen in ein gewisses Verhältnis zueinander treten –
> *Rechtsgeschäft* ist die Privatwillenserklärung, daß eine gewisse rechtliche Wirkung eintreten
> solle – *Erklärung* eines Willens ist was? – *Wille* ist was? – *Übereinstimmung* ist was? – das
> *erforderliche Verhältnis* der beiden übereinstimmenden Willenserklärungen ist welches? –
> *Sache* ist was? *Abtretung* ist was?" (S. 93 in der Fn. dazu)

Alle diese Rechtsbegriffe erscheinen als erklärungsbedürftige Elemente des ersten Rechts-   333
satzes. Diese **Entwicklung der Begriffe** setzt also die Auslegung fort, und ist sie erfolgt,
so stützt sie diese zugleich. Und nun lässt Windscheid ein Bild folgen, das die Polemik
bis heute sehr bekannt gemacht hat:

> „Selten entspricht der Thatbestand eines zu entscheidenden Falles dem Thatbestand eines
> einzigen Rechtssatzes; regelmäßig stellen die verschiedenen Teile des Thatbestandes sich
> unter verschiedene Rechtssätze. Die von diesen Rechtssätzen geordneten rechtlichen Wir-
> kungen bestimmen und durchkreuzen sich; die Endentscheidung ist das *Resultat einer*
> *Rechnung*, bei welcher die Rechtsbegriffe Factoren sind; die Rechnung muss natürlich ein
> umso sichereres Facit ergeben, je fester der Wert der Factoren steht. Es liegt zugleich auf
> der Hand, daß erst aus der vollen Erfassung der Rechtsbegriffe sich das wahre System der
> Rechte, die innere Zusammengehörigkeit seiner Sätze, ergeben kann." (94, Hervorh. hier).

Hier „stellen sich" Tatbestände „unter" Rechtssätze, es wird subsumiert. Und es wird   334
gerechnet, mit „Rechtsbegriffen" als „Factoren". Ist das die berühmt-berüchtigte Wind-
scheidsche **Begriffsjurisprudenz**? Ist die juristische „Endentscheidung" also stets **Rech-**
nung? Wie schon berühmt bei Savigny?[102] Beide wurden damit gerne polemisch missverstanden oder verzerrt. Die Deutung als ‚Begriffsrechner' passte nur zu gut zu den
Vorwürfen als formal, lebensfremd, konservativ, reaktionär usw. Dabei ist von wirkli-
chem Rechnen bei beiden nicht die Rede. Beide sprechen in Bildern, die die angestrebte,
ihnen in diesem Zusammenhang besonders angestrebte Rechtsfestigkeit oder -sicherheit
veranschaulichen sollen. Savigny spricht vorsichtiger als Windscheid nur von einer Sicherheit *wie* in der Mathematik. Natürlich weiß er, dass man mit Begriffen nicht rechnen
kann. Es geht um eine *ähnliche* Sicherheit in der Rechtsanwendung, als ob man rechnen
könnte wie in der Mathematik. Windscheid spricht direkt von Rechnen mit Begriffen

---

102 *Savigny*, Beruf, 1814, S. 29.

„als Factoren" – Faktor kann heißen Einzelteil oder mathematisch Multiplikator. Gemeint ist offenbar, Begriffe als Teil einer Rechnung aufzufassen. Aber das ist nicht das einfache Rechnen mit Zahlen, sondern das mit dem Wort „Factoren" erst geschaffene, unbestimmte Bild, als ob man mit Begriffen rechnen könnte, wenn sie denn Faktoren wären. Auch Windscheid weiß natürlich, dass man mit Rechtsbegriffen nicht rechnen kann. Sein soeben zitiertes Beispiel zum Kaufvertrag zeigt das **sachliche Anliegen**: Rechtsbegriffe können recht präzise ineinander greifen und so einen Tatbestand ausfüllen. Das kann Präzision sein, aber es ist kein Rechnen.[103] Nach unserem Geschmack übertreibt die Rechen-Metapher das **Präzisionsanliegen** und besorgt wird erwogen, ob denn auch das „Leben" eingerechnet werde. Aber „das Leben" wird sehr wohl in die Windscheidschen Begriffe hineingenommen. Darüber, *was wo* hinein gehört und damit normative Bedeutung gewinnt, streiten dann die Juristen – und die ‚Laien' wohl noch mehr. Jedenfalls muss das Präzisionsanliegen dabei auch noch unseres sein. Das gehört zur Rechtsfunktion in entwickelten Gesellschaften. Bei der Begriffsarbeit können die Juristen dann „mehr oder weniger" leisten – das zeigt dann nur, wie weit sie das Festigkeitsanliegen ernst nehmen und beherrschen.

335 An einer Fülle von immer noch sehr lehrreichen **dogmatischen Beispielen** hat Falk sehr einleuchtend gezeigt, wie dieses Ideal möglichster Rechtsfestigkeit stets über Windscheids Juristenarbeit schwebt, aber doch sehr elastisch gehandhabt wurde, von ihm selbst und von den dazu ohne Weiteres ermächtigten Richtern.[104] Die abstrakten Sätze seiner Methodentheorie machen eben nur, wie er zu Beginn gleich sagt, „auf die leitenden Gesichtspunkte aufmerksam" (82). Dafür können nun gerade keine scharfen Begriffe und Regeln wie bei juristischen Sachfragen gegeben werden, da es, wie schon erwähnt, um die **Theorie einer Kunst**, der Kunst der Rechtsauslegung, geht. Windscheid weiß also noch um das wissenschaftstheoretische **Problem der Urteilskraft**, wie Kant und Savigny.[105] Auslegende Rechtsanwendung muss immer die allgemeine Regel mit dem konkreten Fall korrelieren, und das kann nie logisch begrifflich scharf, sondern immer nur relativ unscharf vergleichend, relational geschehen. Dennoch, und das ist wichtig gegen den Methodenzynismus, handelt es sich nicht um ein unbestimmbares, regelloses oder willkürliches Geschäft. Aus der Unmöglichkeit voller Präzision ergibt sich noch nicht die Unmöglichkeit einer gewissen Präzision, wie sie jedenfalls im modernen Verfassungsstaat der Rechtsbetrieb den Rechtsbetroffenen schuldet und weitgehend gewährt, etwa im Steuerrecht, Verkehrsrecht, Verjährungsrecht, ‚einfachen' Rechtsfragen überhaupt.

336 In diesem Bewusstsein schrieb Windscheid. Seine Methodenregeln sind daher streng im Ganzen, aber flexibel im Konkreten. Diese **Paradoxie war zeitgemäß**. Sie wahrte dem Rechtsbetrieb das Ideal der Rechtsfestigkeit und erlaubte doch die für nötig gehaltenen Anpassungen und Fortbildungen. Windscheid setzte also das klare Ziel möglichster Gesetzesnähe und stufte in diesem Sinne das methodische Vorgehen ab. Er vermeidet für seine *Kunst* jede dogmatische und theoretische Übertreibung mit lehrhaften Zuspitzungen auf subjektiv, objektiv, systematisch, teleologisch, echte und unechte Lücke, scharfe Rangfolge usw., wie sie uns so sehr beschäftigen. Auch findet er „Wissenschaft" in dieser Kunst. Die Auslegung kann und soll jedenfalls in ihren Elementen wissenschaftlich, d.h.

---

103 So auch *Falk*, Windscheid (Fn. 6), S. 19 f.
104 Zur Vertiefung des Dauerproblems Gesetzgeber – Richter jetzt besonders klar und anschaulich *H. Mohnhaupt*, Das Verhältnis zwischen Gesetzgebung, Rechtsprechung und Rechtswissenschaft als Rechtsquellenproblem (18.–20. Jahrhundert), in Quaderni fiorentini per la storia del pensiero giuridico moderno, 40 (2011) S. 19–52.
105 Siehe oben bei Savigny, Rn. 76 ff.

zumal nicht politisch, betrieben werden, etwa bei der Bestimmung des Wortlautsinns oder des *eigentlichen* Gedankens.[106]

Seine *Kunst* ist sparsam in Worten und stark im Effekt. Probleme werden minimiert, denn er geht aus von loyalen Juristen im Rechtsstaat. Das war offenbar etwas optimistisch. Aber in diesem Kontext muss man seine juristische Methode in seiner Theorie und Praxis verstehen und kann sie dann respektvoll anerkennen. Vergessen wir also die Polemik Jherings und seiner Epigonen und ebenso die starren Methodisten, die sich fälschlich auf Windscheid berufen. Seine Methodenkunst könnte immer noch leicht belehren, wenn uns nicht ihr Ansatz beim römischen Recht so fern und schwer geworden wäre.

337

VII. Das Beispiel culpa in contrahendo / Vertrauenshaftung

Als Beispiel für Windscheids juristische Methode eignet sich eine auch uns vertraute Diskussion. Dieses relativ einfache Beispiel ist neben vielen anderen etwas komplizierteren gut dokumentiert in der grundlegenden Untersuchung von Falk. Die Diskussion drehte sich gerade damals, seit Jherings sogenannter Entdeckung im Jahre 1860, die nur für ihn eine war,[107] um die sog. *culpa in contrahendo*, heute generalisierend bekannt als **Vertrauenshaftung**. Mit einer bloß „quellenmäßigen" Begründung war es hier nicht getan, da die rezipierten römischen Rechtsquellen zu diesem Problem keine direkten Entscheidungen enthielten. Eine höchst disparate, vielfältige Diskussion um die Quellen und die Lösungsmöglichkeiten war die Folge: von Vertragsverschulden über vermutetes Verschulden zu Verschuldensfiktionen und verschuldensunabhängiger Haftung, über Willens- und Erklärungsprinzip schon bei der Willenserklärung sowie um Vertrauens- oder Erfüllungshaftung. Windscheid hat diese Diskussion in einer langen Anmerkung umfassend dokumentiert.[108] Er selbst stellte recht kühn eine allgemeine Regel auf, nach der eine verschuldensunabhängige Haftung auf den Vertrauensschaden, jedoch nicht auf den Erfüllungsschaden, anzunehmen sei:

338

> „Was die Begründung der Entschädigungspflicht angeht, so darf man den allgemeinen Satz aufstellen, daß jeder Vertragsschließende einstehen muss für die nachteiligen Folgen des durch seine Erklärung in dem Gegner erregten Vertrauens auf den Erwerb eines Forderungsrechts aus dem Vertrag, insofern dieser Erwerb durch einen Grund ausgeschlossen wird, den der Gegner nicht kennt und nicht zu kennen verpflichtet ist."(II § 307 A. 5)

Das war deutlich und es ist ein Beispiel für die Art und Qualität, mit der Windscheid Rechtssätze formulierte. Der Text ab „daß jeder …" lässt sich ohne Weiteres als Gesetzestext lesen. Die Argumente aus Wortlaut und Grammatik, aus Historie und System der römischen Fallfragmente waren erschöpft. Es blieben damit **zwei methodische Möglichkeiten**: einmal die Prinzipienbildung, d.h. die Begründung einer Regel, eines „allgemeinen Satzes", die auch diesen Fall decken konnte, oder eine offene Rechtsfortbildung.

339

---

106 So *Windscheid* ausdrücklich in Lehrbuch II § 24.
107 In der jüngeren Dogmengeschichte vor Jhering war das Problem bekannt und zum Beispiel im Naturrecht und preußischen Allgemeinen Landrecht von 1794 gelöst, dazu jetzt statt aller *J.D. Harke*, § 311 a Rn. 5 in: Historisch-kritischer Kommentar zum BGB, hg. von M. Schmoeckel, J. Rückert und R. Zimmermann, Bd. II, 2007.
108 *Windscheid*, Lehrbuch der Pandekten, Bd. II, § 307 in Fn. 5. Im Folgenden wird, wie bei solchen Standardwerken üblich, nach Paragraphen, Ziffern und Fußnoten zitiert, die anders als die Seitenzahlen in allen Auflagen verifizierbar sind. In der Sache folge ich im Kern der Darstellung von Falk.

340   Windscheid bevorzugte die **Prinzipienbildung**. Er nahm sie vor im Hinblick auf das von ihm anerkannte neue „Bedürfnis des Verkehrs".[109] Er wendet sich dabei gegen Jherings „gewaltsamste Anstrengungen", in diesen Fällen ein Verschulden zu finden. Eine Hauptstütze für seine Regel findet er in einer weitgespannten Wertungsparallele: Die römischen Quellen boten eine verschuldensunabhängige Haftung bei der anfänglichen objektiven Unmöglichkeit der Lieferung bestimmter Sachen, wie sie bis 2001 auch in § 306 BGB stand und nun umgestellt ist auf eine Verschuldenshaftung in § 311 a – es handelt sich um einen alten Wertungsstreit. Dabei nimmt Windscheid den Wortlaut dieser römischen Quelle in seinem Sinne (Dig. 11.7.8.1. und 81.1.62.1),[110] aber etwas ungewohnt, eng, da man darin meist ein Verschulden gesehen hatte. Hinzu nahm zunächst auch die willensorientierte Deutung solcher Erklärungen. Sie erweckten als stillschweigende Garantieübernahme eben Vertrauen. Zuletzt verwies er auf die römische *bona fides* in Verträgen, grob gesagt das Treu-und-Glauben Argument – das alles zusammen ergibt für ihn hier „das Recht". Er resümiert:

> „Die Entschädigungspflicht des Urhebers der Willenserklärung beruht nicht auf seinem Willen, sondern das Recht legt sie ihm ohne seinen Willen auf. Das Recht ist es, welches will, dass der Empfänger einer Willenserklärung sich darauf muß verlassen können, dass durch sie ein Vertrag durch Annahme entstehen könne bzw. daß durch sie ein Vertrag zu Stande gekommen sei." (II § 307 A. 5, Abkürzungen hier aufgelöst)

341   Windscheid statuiert also eine **objektive Haftung** und **zwingende Privatrechtsregel**. Das BGB 1900 hat das nicht als Regel übernommen, sondern nur in den §§ 122, 179 II und 307 als Einzellösung übernommen.[111] Erst mit § 311 II von 2002 wurde daraus ein Prinzip im Gesetz. Pathetisch nennt Windscheid „**das Recht**" als Grundlage. Gestaltet hat dieses objektive Recht maßgebend er selbst im Rahmen der juristischen Fachdiskussion und damaligen Methode. Man kann sein Vorgehen relativ freizügig nennen. Dazu passt, dass es um eine Prinzipienbildung auf der Grenze zur Rechtsfortbildung ging. Windscheid argumentiert hier mit seinen Materialien so, wie es wohl jeder Jurist auch noch heute gut nachvollziehen kann. Von „**Begriffsjurisprudenz**" jedenfalls keine Spur. Allenfalls fällt eine stärkere Orientierung an **Regel- und Ausnahmebildung** auf. Der beste Kenner dieser Fragen urteilt treffend: „Man mag über den Wert und die Berechtigung dieser Entscheidung sehr verschieden urteilen, einen begriffsjuristischen, formalistischen oder positivistischen Einschlag besitzt sie nicht."[112] Allerdings haben diese materiellrechtlichen Dogmatiken eine Achillesferse – bis heute. Für die Durchsetzung einer solchen objektiven Haftung muss nämlich der Kläger seinen konkreten Vertrauensschaden beweisen, also wie die Lage ohne das Vertrauen gewesen wäre. Das fällt in der Regel nicht leicht.

342   Lehrreich zu Problem und Lösungstechnik ist ein vergleichender **Blick auf unsere aktuelle Lösung**. Denn im Jahre 2001 wurden im Rahmen der Schuldrechtsreform Regel und Ausnahme gewissermaßen verkehrt: Bei der BGB-Lösung bis 2002 gab es gemäß dem strikt individuell zurechnenden **Verschuldensprinzip** und wie bei Windscheid **grundsätz-**

---

109 Siehe das Zitat bei Fn. 68. Auslöser war der sog. Kölner Telegrafenfall, dazu *Haferkamp*, Der Kölner Telegrafenfall, in: Fälle aus der Rechtsgeschichte, hg. v. Falk/Luminati/Schmoeckel, München 2008, S. 254-265.
110 Siehe dazu die neue Ausgabe mit Übersetzung von *Behrends u.a.*, Corpus Iuris Civilis, Text und Übersetzung: Digesten, 1995 ff.
111 Dazu präzise *D. Medicus*, Zur Entdeckungsgeschichte der *culpa in contrahendo*, in Iuris Professio, Festschrift für M. Kaser, 1986, S. 168–181.
112 *Falk* (Fn. 6) 46 f.

lich keine Haftung, aber ausnahmsweise doch eine Vertrauenshaftung. Zu beweisen war vom Gläubiger vor allem der Vertrauensschaden; der Schuldner konnte dagegen sein Nichtvertreten-Müssen beweisen. Nun gibt es grundsätzlich eine **Vertrauenshaftung** (§§ 311 I mit 280), aber ausnahmsweise doch keine; die Beweislage ist parallel – die Unterschiede im Ergebnis dürften also minimal sein. Bemerkenswerterweise muss das entscheidende Vertrauen nicht bewiesen werden. Und doch hat die systematische Ausbildung von Regeln und Ausnahmen eine hohe dogmatische und rechtsklärende Funktion. Die Debatte ist zugleich höchst aufschlussreich für die Bedeutung von Begriffen, Prinzipien, Regel-Ausnahme-Strukturen und Dogmatik überhaupt. Es macht einen großen Unterschied, wie eine Rechtsordnung betrieben wird, auch wenn man das im Alltagsbetrieb vielleicht kaum bemerkt. D.h. am Beispiel Vertrauenshaftung, ob eine Rechtsordnung grundsätzlich, also generell und im Zweifel, individuell zurechnet und nur ausnahmsweise objektiv, oder ob sie voll parallel auch objektiv, also nach zwei Grundsätzen arbeitet.

VIII. Vorbild, Schreckbild, neues Bild

Vorbild wäre zu viel, *Schreckbild* wäre zu billig, ein neues Bild ist fällig. Windscheids   343
Umgang mit den als geltendes Recht zitierten römischen Fallfragmenten lässt sich natürlich nicht unbesehen übertragen auf unseren Umgang mit Gesetzen. Aber er ist doch lehrreich. Denn er verwendet die Fragmente fast wie Gesetzesstellen. Das passt auch genau in seine Zeit, die unter seiner maßgebenden Mitwirkung aus der römisch-rezipierten und der einheimischen Tradition das neue Bürgerliche Gesetzbuch schuf. Windscheid argumentiert im Ganzen durchaus häufig mit dem Wortlaut, dem gesetzgeberischen Gedanken, dem System und Sinn seiner auszulegenden Rechtssätze. Auffallend sind dabei seine **Orientierung an Prinzipien und Prinzipienbildung** und seine **Offenheit.** Denn er praktiziert zugleich einen sehr fließenden Übergang zur offenen Wertungsarbeit und Rechtsfortbildung.

Sein relativ offenes Vorgehen hielt er im konstitutionell-rechtsstaatlichen Kaiserreich von   344
1871 mit einigem Recht für **institutionell unproblematisch.** Daher finden wir bei ihm keine der heute oft hartnäckig geführten Diskussionen um subjektive und objektive Auslegung, um Rang und Vorrang der Elemente, um Lücken und System usw., in denen die genauen Grenzen der Gewaltenteilung in Streit geraten sind. Sein Begriff von **Gewaltenteilung** in **Recht und Politik** war optimistischer und vertrauensvoller als unserer. Er hat dies auch loyal vorgelebt.

Seine juristischen Aufgaben fasste er umfassender auf als wir, **Begriffsentwicklung und**   345
Systempflege gehörten dazu.

Seine Lösungen zielten auf Integration und Harmonie im zugleich **praktischen System.**   346
Sein Rechtsbegriff war dezidiert positivrechtlich, aber bereits sichtlich verfassungsbezogen. Seine juristische Methode war begrenzt auf Rechtsanwendung, ohne eigentliche Rechtsgeschichte und Rechtsphilosophie, aber konkret doch sehr offen für Gerechtigkeits- und Billigkeitserwägungen. Er vertraute dabei den Erwägungen der für ihn im wesentlichen sittlich verantwortungsbewussten Juristen und Richter seiner Zeit.

Windscheid bietet gerade keine übertriebenen Rezepte, sondern einige wesentliche und   347
erfahrungsgesättigte Ratschläge für eine **wohltemperierte Auslegungskunst.** Dass es in der Tat bei Auslegung mehr um eine normativ-praktische Kunst als um eine freie Wissenschaft geht, lässt sich bei ihm beobachten und lernen, obgleich er selbst dabei nicht selten eine Seins-Sprache verwendet, die die juristischen Begriffe wie Sachen im Raume

erscheinen lässt. Dies schuldet sich dem Versuch, die Jurisprudenz auf der **Darstellungs-ebene** wie eine feste, präzise Wissenschaft erscheinen zu lassen. Das erscheint uns fremd, wurde schon zeitgenössisch als **formal** angegriffen und führte gleich beim nächsten Systembruch, in der Freirechtsdiskussion nach 1900,[113] zu heftigen Anklagen als Begriffsjuristerei. Es handelte sich aber um verzerrende Polemik von gesetzgebungskritischer Seite. Erst recht nach 1933 saß Windscheid dann ganz vorne auf der Anklagebank, und dies bis in die 1980er Jahre.

348 Auf der **Ebene der Begriffs- und Prinzipienbildung** lagen ‚die Dinge' freilich auch für Windscheid ausdrücklich anders. Interessenanalyse der „Bedürfnisse des Verkehrs", Billigkeits- und Gerechtigkeitserwägungen waren auch ihm dabei selbstverständlich, nur eben als getrennte Aufgabe.

349 Sein Werk bleibt ein sehenswertes Denkmal für diese beiden Seiten der Jurisprudenz und für den Zusammenhang von Rechtsbegriff, Methode, Systemharmonie und Verfassung. Man verlässt es nie ohne Belehrung. Die allzu zeitbedingten, polemisch erstarrten Texte über ihn haben dies lange verstellt.

IX. Quellen und Literatur

1. Zum Einstieg in die Windscheid-Texte

350 Von Windscheid sollte man die nur rund 15 Seiten der §§ 20–24 über Auslegung in seinem „Lehrbuch der Pandekten", Bd. 1, lesen, in einer der Auflagen ab 5. Aufl. 1879 – 8. A. 1900, sowie den § 37 zum Begriff des Rechts. Daneben ist immer spannend seine Rede von 1884 über „Die Aufgaben der Rechtswissenschaft", in *Oertmann* oder *Opuscula* (o. Fn. 22) – zumal in unserer so gesetzgebungs-, verordnungs-, richtlinien- usw. -reichen Rechtswelt.

2. Zum Einstieg in die Sekundärliteratur

351 Über Windscheid empfiehlt sich eigentlich nur die auch hier verwendete Monographie von *Falk, Ulrich*, Ein Gelehrter wie Windscheid. Erkundungen auf den Feldern der sog. Begriffsjurisprudenz, 1989.

Eine gute kurze Einführung geben

Falk, U. in: Juristen-Lexikon, hg. von M. Stolleis, 2. Aufl. 2001, S. 672 f.,
Schröder, Jan in *Kleinheyer/Schröder*, Deutsche und europäische Juristen aus neun Jahrhunderten, 5. Aufl. (2008), S. 459–463.

---

113 Siehe dazu den historischen Überblick, Rn. 1407 ff.

Methode und Zivilrecht beim „Begriffsjuristen" Jhering (1818–1892)

von Ralf Seinecke

Übersicht

I.	Die „Begriffsjurisprudenz" und Rudolf von Jhering	123
II.	Kontexte der „Begriffsjurisprudenz"	125
III.	Methode und Interpretation	127
IV.	Dogmatik und Konstruktion	128
V.	Recht und Recht und Recht	133
VI.	Gesetz und Wissenschaft	136
VII.	Metaphysik und Praxis	138
VIII.	Sechs Thesen zu Jherings „Begriffsjurisprudenz"	142
IX.	Zum Beispiel die „Gefahr beim Kaufcontract"	143
X.	Die sechs Thesen nach dem Beispiel	149
XI.	Quellen und Literatur	149

I. Die „Begriffsjurisprudenz" und Rudolf von Jhering

Rudolf von Jhering (1818–1892) ist *der* Jurist der „Begriffsjurisprudenz". Jhering hat 352
sie 1884 in allem „Scherz und Ernst in der Jurisprudenz" auf den Begriff gebracht und
sie zur „Scholastik in der heutigen romanistischen Wissenschaft" erklärt.[1] Dabei hat
Jhering sein vergangenes Alter Ego von der Kritik nicht ausgenommen (vgl. Scherz
338).[2] Ausdrücklich verweist er auf seinen berühmten programmatischen Aufsatz „Unsere Aufgabe" aus dem ersten Jahrgang der „Jahrbücher für die Dogmatik des heutigen
römischen und deutschen Privatrechts" und meint auch die Konstruktionspassagen der
zweiten Abteilung des zweiten Teils zum „Geist des römischen Rechts auf den verschiedenen Stufen seiner Entwicklung".[3]

Dadurch wurde „**Begriffsjurisprudenz**" zu *dem* Methodenstichwort des ausgehenden 19. 353
und des ganzen 20. Jahrhunderts noch bis heute ins 21. Jahrhundert – natürlich nicht im

---

1 *Jhering*, Scherz und Ernst in der Jurisprudenz. Eine Weihnachtsgabe für das juristische Publikum, Nachdruck
der 13. Aufl. Leipzig 1924, Darmstadt 1992 (1. Aufl. 1884), 337, im Folgenden mit dem Kurztitel *Scherz* im Text
zitiert. Hervorhebungen von Jhering werden wie bei allen übrigen Zitaten grundsätzlich dem Original entsprechend wiedergegeben.

2 Vgl. statt vieler nur die Kritiken von *Larenz*, Methodenlehre der Rechtswissenschaft, 6. Aufl. Berlin 1991, etwa
25; *Wieacker*, Rudolph von *Jhering*, in: Gründer und Bewahrer. Rechtslehrer der neueren deutschen Privatrechtsgeschichte, Göttingen 1959 (zuerst 1957), 197-212, hier 204 und *Ehrlich*, Die juristische Logik, 2. Aufl. Tübingen 1925 (1. Aufl. 1918), 130.

3 *Jhering*, Unsere Aufgabe, in: Jahrbücher für die Dogmatik des heutigen römischen und deutschen Privatrechts
1 (1857), 1–52, im Folgenden mit dem Kurztitel *Aufgabe* im Text zitiert. Die Konstruktionspassagen finden sich
bei *Jhering*, Geist des römischen Rechts auf den verschiedenen Stufen der Entwicklung, Band II, Teilband 2,
5. Aufl. Leipzig 1898, 357–389. Dieser Band und die übrigen Bände des „Geists" werden im Folgenden nach der
6. Aufl. des Bandes I von 1907, der 5. Aufl. des Bandes II-1 von 1894 und der 5. Aufl. des Bandes III von 1906 mit
dem Kurztitel *Geist* im Text zitiert.

Guten.[4] „Begriffsjurisprudenz" bietet die Negativfolie jeder Methodenrichtung, um sich ihrer selbst zu versichern; auch in diesem Band: ob Philipp Heck, Josef Esser oder Karl Larenz, jeder der das 20. Jahrhundert dominierenden Interessen- und Wertungsjuristen macht die „Begriffsjurisprudenz" zum schlimmsten theoretischen Widerpart. „Alles, nur nicht Begriffsjurisprudenz" – so hätte das Motto des ganzen vergangenen Jahrhunderts lauten können. Und unter diesem „Alles" hat man sich *wirklich* allerhand einfallen lassen. Die Kritik ist meist von wenig sachlicher Polemik getragen. „Begriffsjuristen" seien „lebensfremd", „formalistisch", „positivistisch", „praxisfern", „gerechtigkeitsignorant" etc. Die Schmähworte klingen meist scharf und zwingend, aber sie sagen nicht viel. Fragt man nämlich nach dem schöneren (nicht entfremdeten) Leben, dem besseren Inhalt (gegenüber der Form) und der höheren Gerechtigkeit (neben dem Gesetz), so zeigt sich die Relativität und Standpunktabhängigkeit der Vorwürfe gegen die verfehmte „Begriffsjurisprudenz".

354   Neben die sachlichen Probleme der Begriffsbestimmung des Terminus „Begriffsjurisprudenz" treten personale Schwierigkeiten. Die neuere Forschung entlastet die Haupttäter der Begriffsjurisprudenz durchgehend. Die klassische Traditionslinie zur „Begriffsjurisprudenz" mit ihrem unschuldig-schuldigen Ahnherren Friedrich Carl von Savigny (1779–1861), ihrem Vordenker Georg Wilhelm Puchta (1798–1846), ihren Nachdenkern Rudolf von Jhering und Carl Friedrich von Gerber (1823–1891), schließlich ihrem Vollstrecker Bernhard Windscheid (1817–1892) hat sich als höchst verzerrt erwiesen.[5] Eben deshalb lohnt der Blick in der Methodengeschichte auf das Original „Begriffsjurisprudenz", das ihr Prophet Jhering um das Jahr 1858 der Rechtswelt verkündet hatte.

355   In diesem Stück „Begriffsjurisprudenz" ist Jhering ein **vielgestaltiger Protagonist**. Jhering hat diese „Begriffsjurisprudenz" nicht nur 1884 auf den Begriff gebracht, er soll sich auch um 1860 auf dem Weg nach „Damaskus" vom Begriffssaulus zum Zweckpaulus bekehrt haben.[6] Dazu kommen verwirrende Schwierigkeiten in der Rezeption dieses unruhigen Geists. Schon sein Name kennt viele Varianten (etwa Rudolph oder Ihering): heute nennt man ihn einhellig und spricht den Nachnamen zweisilbig *Rudolf von Jhering*.[7] Den Adelstitel gewann er bei seinem Weggang aus Wien nach Göttingen 1872; er ist ein gefeierter Gelehrter seiner Zeit.[8] Doch nicht nur Jherings schwieriges Selbstverhältnis im Begriffsjuristischen bereitet Deutungsprobleme. Vor allem seine metaphernreiche Sprache ist nur schwer zu durchschauen. Immer wieder erklärt er seine Thesen in kräftigen Bildern und überraschenden Gleichnissen, die seine Arbeiten zwar unscharf,

---

4 Zu Begriffsjurisprudenz *Haferkamp*, Die sogenannte Begriffsjurisprudenz im 19. Jahrhundert – „reines" Recht?, in: Reinheit des Rechts. Kategorisches Prinzip oder regulative Idee, hg. v. Depenheuer, Wiesbaden 2010, 79–99, hier 79–81; *J. Schröder*, Artikel „Begriffsjurisprudenz", in: Handwörterbuch zur deutschen Rechtsgeschichte, Bd. I, hg. v. Cordes, Lück u. Werkmüller, 2. Aufl. Berlin 2008, Sp. 500–502. Vgl. aus dem älteren Schrifttum *Krawietz*, Zur Einleitung: Juristische Konstruktion, Kritik und Krise dogmatischer Rechtswissenschaft, in: Theorie und Technik der Begriffsjurisprudenz, hg. v. Krawietz, Darmstadt 1976, 1–10 u. *ders.*, Artikel „Begriffsjurisprudenz", in: Historisches Wörterbuch der Philosophie, Bd. 1, hg. v. Ritter, Basel u. Stuttgart 1971, Sp. 810–813.

5 Vgl. nur die Beiträge in diesem Band von *Rückert*, Methode und Zivilrecht beim Klassiker Savigny (1779–1861), Rn. 76-212 und *Haferkamp*, Rechtslehre und Methode bei Georg Friedrich Puchta (1798–1846), Rn. 213-279. Zu Windscheid immer noch wichtig *U. Falk*, Ein Gelehrter wie *Windscheid*. Erkundungen auf den Feldern der sogenannten Begriffsjurisprudenz, Frankfurt am Main 1989 und jetzt *Rückert*, Methode und Zivilrecht bei Bernhard Windscheid (1817-1892), oben Rn. 280-351.

6 Statt vieler *Wieacker*, Privatrechtsgeschichte der Neuzeit, 2. Aufl. Göttingen 1967 (1. Aufl. 1952), 450.

7 Zur Aussprache des Namens siehe *Jhering* in Briefen an seine Freunde, hg. v. Ehrenberg, Leipzig 1913, Selbstzeugnis, nach Nr. 66, S. 217.

8 Zur Biographie Jherings vor allem *Kunze*, Rudolf von *Jhering* – ein Lebensbild, in: Rudolf von Jhering. Beiträge und Zeugnisse, hg. v. Behrends, Göttingen 1992, 11-28.

Seinecke

aber in ihrer beispielsreichen Unschärfe oft geradezu prophetisch werden lassen. Daneben ist auch Jherings Werk selbst ein Interpretationshindernis. Es ist von unzähligen Brüchen und Neuorientierungen geprägt. Seine Hauptwerke zum „Geist des römischen Rechts" (1. Aufl. 1852–1865) in drei Teilen und vier Bänden mit fast 1500 Seiten wie auch „Der Zweck im Recht" (1. Aufl. 1877 und 1883)[9] in zwei Bänden mit fast 1300 Seiten bleiben trotz gewaltiger Textmassen unvollendet. Daneben stehen wichtige und vielgelesene kleinere Schriften wie der Weltbestseller „Der Kampf ums Recht" von 1872, die juristische Weihnachtsgabe „Scherz und Ernst in der Jurisprudenz" von 1884, auch seine Wiener Antrittsvorlesung von 1868 „Ist die Jurisprudenz eine Wissenschaft" oder der Wiener Vortrag von 1884 „Ueber die Entstehung des Rechtsgefühles".[10] Neben diesen epochalen methoden- und rechtstheoretischen Arbeiten bietet Jhering auch ein reiches Oeuvre an rechtsdogmatischen Arbeiten, von denen viele in Jherings „Jahrbüchern für die Dogmatik des heutigen römischen und deutschen Privatrechts" erscheinen. Heute am bekanntesten ist seine ‚Entdeckung' der *culpa in contrahendo* um 1860.[11]

Diese Vielfalt aus Jherings Werk kann hier aber getrost außer Acht gelassen werden. Sie verwirrt und versperrt in ihrer Vielheit und Komplexität den Blick auf Jherings Theorie der Konstruktionsjurisprudenz, also seine Methode um 1858, die Jhering erst 1884 als „Begriffsjurisprudenz" diffamieren wird. Diese Begriffsjurisprudenz soll in fünf Doppelthemen behandelt werden: Interpretation und Methode (III.), Konstruktion und Dogmatik (IV.), Recht und Rechtsbegriff (V.), Gesetz und Wissenschaft (VI.), schließlich Praxis und Metaphysik (VII.). Hilfreich für das Verständnis von Methode und Zivilrecht beim Begriffsjuristen Jhering ist aber zunächst der **Kontext** seiner Zeit. Die Rechtszeit der 50er Jahre des 19. Jahrhunderts nämlich unterscheidet sich von unserer in vielen Hinsichten.

356

II. Kontexte der „Begriffsjurisprudenz"

Jherings wichtige Abschnitte zur Theorie der juristischen Konstruktion als „Begriffsjurisprudenz" entstammen dem zweiten Teilband des zweiten Teils seines „Geist des römischen Rechts". Das römische Recht ist dem 19. Jahrhundert nicht nur das Recht einer vergangenen Epoche, sondern zugleich das Recht der eigenen Zeit. Wie schon Friedrich Carl von Savigny in seinem „System des heutigen Römischen Rechts" (1840–1849)[12] ein *„heutiges"* Recht in systematischen Zusammenhang brachte, spürte Jhering in seinem „Geist des römischen Rechts" nicht der Geschichte aus zweckfreiem Müßiggang nach, sondern er wollte aus dieser Geschichte ein zeitgemäßes und zugleich ewiges Destillat brennen. Deshalb nennt er den Drucktitel des „Geist" schon im Vorwort zur 2. Auflage von 1866 „den ersten groben Fehler des Buches!" (Geist I VIII) Jhering suchte den *Geist* seines Rechts, nicht das Recht des vergangenen Roms. Wie immer etwas überspitzt schreibt Jhering seinem Freund Bernhard Windscheid: „Mir liegt an der römischen Ju-

357

---

9 *Jhering*, Der Zweck im Recht, 1. Aufl. Bd. I Leipzig 1877 u. Bd. II 1883, 2. Aufl. Bd. I 1884 u. Bd. II 1886, 5. danach unveränderte Aufl. Bd. I u. II 1916, im Folgenden wird die 2. Aufl. mit dem Kurztitel *Zweck* im Text zitiert. Vgl. zum Spätwerk Jherings vor allem *Behrends*, Rudolph von Jhering (1818–1892). Der Durchbruch zum Zweck des Rechts, in: Rechtswissenschaft in Göttingen. Göttinger Juristen aus 250 Jahren, hg. v. Loos, Göttingen 1987, 229-269.

10 *Jhering*, Ist die Jurisprudenz eine Wissenschaft?, hg. v. Behrends, Göttingen 1998 (zuerst 1868); *ders.*, Ueber die Entstehung des Rechtsgefühles, hg. v. Behrends, Neapel 1986 (zuerst 1884).

11 *Jhering*, Culpa in contrahendo oder Schadensersatz bei nichtigen oder nicht zur Perfection gelangten Verträgen, in: Jahrbücher für die Dogmatik des heutigen römischen und deutschen Privatrechts 4 (1861), 1–112.

12 *F.C. v. Savigny*, System des heutigen römischen Rechts, 8 Bände, Berlin 1840–1849.

risprudenz nichts".[13] So wie im bald 500 Jahre alten Petersdom oder in der über 1500 Jahre alten Basilika San Pietro in Vincoli noch *heute* gepredigt wird und so wie das „Heilige Römische Reich" in seiner Geschichte zu einem der „Deutschen Nation" gemacht wurde, predigt auch Jhering seinem Zeitgeist den „Geist des römischen Rechts".[14]

358   Dabei war das römische Recht im 19. Jahrhundert nur eine von vielen **Rechtsquellen**, derer sich Gerichte und Gelehrte bedienten – freilich eine besonders prominente. Auf dem Flickenteppich der deutschen Kulturnation galten verschiedene Partikular- oder Gesetzesrechte (etwa das preußische Allgemeine Landrecht von 1794, der französische Code Civil von 1804 oder das österreichische Allgemeine Bürgerliche Gesetzbuch von 1811), sehr viel Gewohnheitsrecht und schließlich das sog. gemeine, d.h. allgemeine Recht, zu dem neben den römischen auch einheimische Rechtsquellen wie der mittelalterliche Sachsenspiegel zählten. In jedem deutschen Land oder Fürstentum entsprang das Recht unterschiedlichen Quellen. Und selbst die römische ‚Kodifikation', das *corpus iuris civilis*, war kein ‚lückenloser' Kodex wie die modernen Gesetzbücher des 19. Jahrhunderts. Ihr wichtigstes Buch, die Pandekten bzw. Digesten, war eine „Art Entscheidungssammlung mit ca. 9000 Fall-Fragmenten."[15] Hier blieb viel Raum für „Geist" und „System" als Stichworte der Zeit.[16]

359   Weitere Rahmenbedingungen sind wichtig für das Verständnis des Rechts in der Mitte des 19. Jahrhunderts.[17] So war das öffentliche Recht vor allem im Vergleich zum Privatrecht nur wenig ausgebildet und hat den Staatsbürgern nur wenig Schutz vor dem Staat verbürgt. Eng damit zusammen hängt das Verständnis vom bürgerlichen Privatrecht als Verfassung. Der Staat wird aus Markt, Produktion und Wirtschaft, aus Miete, Arbeit, Familie und Erbe grundsätzlich ausgeschlossen, so dass den Bürgern ein politisch freier Raum garantiert und die monarchischen Gewalten in ihre Grenzen gewiesen werden. Die Rechtswissenschaft der Zeit steht noch unter dem Stern Savignys und der „historischen Rechtsschule", philosophische „Naturrechte" à la Kant oder Hegel hingegen waren *out*.[18]

360   Auch die allgemeinen Stimmen und Stimmungen der Jahrhundertmitte helfen auf der Suche nach Jherings „Geist". Politisch sind die national-liberalen Bewegungen der deutschen 1848er Revolution vorerst gescheitert – sicher nicht ohne Spuren zu hinterlassen. Die deutsche Nation sollte sich um 23 weitere Jahre verspäten, erst 1871 entstand das Deutsche Reich. Ein deutsches demokratisches Parlament (Paulskirche 1848) gab es nicht mehr. Es herrschten weiter die Landesfürsten mit mehr oder weniger starken Landesparlamenten. Auch philosophisch ist das 19. Jahrhundert im Umbruch. Mit Hegel stirbt

---

13 *Jhering* in Briefen an seine Freunde (1913, Fn. 7), Brief Nr. 20 v. 29.7.1856 an Windscheid, 65 f.

14 Die drei großen Erbschaften Roms, also Recht, Reich und Religion, preist *Jhering* schon in den ersten Sätzen vom „Geist" I 1.

15 Sehr prägnant *Rückert*, Savignys Dogmatik im „System", in: Festschrift für Claus-Wilhelm Canaris zum 70. Geburtstag, hg. v. Heldrich, Prölss u.a., München 2007, 1263–1297, hier 1272 auch mit Hinweisen zur allgemeinen Rechtsquellenlage in Deutschland.

16 Vgl. zu „System" in der ersten Hälfte des 19. Jahrhunderts *J. Schröder, Recht* als Wissenschaft. Geschichte der juristischen Methode vom Humanismus bis zur historischen Schule, München 2001, 245 f. und *Rückert*, Heidelberg um 1804 – oder: die erfolgreiche Modernisierung der Jurisprudenz durch Thibau, Savigny, Heise, Martin, Zachariä u.a., in: Heidelberg im Umbruch. Traditionsbewußtsein und Kulturpolitik um 1800, hg. v. F. Strack, Stuttgart 1987, 83–116.

17 Hierzu sehr aufschlussreich *K. W. Nörr*, Eher Hegel als Kant. Zum Privatrechtsverständnis im 19. Jahrhundert, Paderborn u.a. 1991, insb. 11–15.

18 Zur historischen Rechtsschule jetzt *Rückert*, Die Historische Rechtsschule nach 200 Jahren – Mythos, Legende, Botschaft, in: JZ 65 (2010), 1–9.

bald der Glaube an die idealistischen Systeme und die Hoffnung, das empirisch-weltliche Chaos in metaphysisch-spekulative Ordnung bringen zu können.[19] An die Stelle des spekulativen Systemglaubens treten vor allem die vielen Strömungen im Fluss der häufig negativ verwendeten Parole „Positivismus" und die Hoffnung auf die sichereren Errungenschaften der Naturwissenschaften, natürlich auch Gegenbewegungen wie Materialismus, Lebensphilosophie usw.

III. Methode und Interpretation

Jherings Methodenlehre findet meist wenig Beachtung. Das ist nicht verwunderlich, hat doch Jhering selbst nicht viel für Interpretation, Hermeneutik oder Methode übrig. Vom schlichten Wort und den einfachen Buchstaben der Gesetze hält Jhering nicht viel. Ihm geht es mehr um „Geist", eben den „Geist des (römischen) Rechts". Schon die Überschriften der Interpretationslehre verheißen dieses nichts Gutes: „Das Haften am Wort" ist Unterabschnitt zum „Haften des Rechts an der Aeußerlichkeit". Und wer lässt sich gern vorwerfen, er ‚hafte' (unaufgeklärter-, unrichtiger- oder unüberlegterweise) an einem Wort oder an Äußerlichkeiten?   361

Diese grundsätzliche Skepsis gegenüber Worten kleidet Jhering in die bereits zu seiner Zeit alt-idealistischen Doppelspiele von innen und außen, objektiv und subjektiv, geistig und bloß buchstäblich oder auch von wesentlich und scheinbar. Diese (metaphysische) **Doppelungstechnik** oder Dialektik begleitet Jherings ganzen „Geist" des Rechts. Ein (ontisch) Gutes steht einem (ontisch) Schlechten gegenüber; das Wesen unterscheidet sich wesentlich von seinen Erscheinungen. Auf die Interpretation gemünzt heißt das: Gedanke vor Wort, Denken vor Sprechen (vgl. Geist II-2 444 f.). Kein Gedanke lässt sich voll in Worten fassen. Kein wahres und richtiges Recht ist in Formeln und Sprüchen, in Sätzen und Worten zu bändigen. Aus dieser (spekulativen) Einsicht folgt der Vorrang einer **logischen Interpretation** vor der **grammatischen**.[20] Das leuchtet ein, sobald Jherings scharfe Formulierung der Wortlautinterpretation betrachtet wird: „Oberster Grundsatz der Wortinterpretation ... ist, daß alles, was gewollt, ausdrücklich gesagt werden muß; was gewollt, aber nicht gesagt ist, kommt nicht in Betracht ..." (Geist II-2 450). Die Grammatik kann weder Text noch Nicht-Text hinter sich lassen. Geistlos ist sie bei Jhering an die Buchstaben gefesselt. Sie haftet eben am Wort.   362

Während die grammatische Interpretation bei „*den Worten stehen*" bleibe (Geist II-2 446), gehe die logische Interpretation „*über die Worte hinaus*" (Geist II-2 446). Sie versetze sich „in die Seele des Redenden" (Geist II-2 446) und suche den „Gedanken gewissermaßen in seiner Heimath auf" (Geist II-2 446). Logik hieß 1858 also keinesfalls formale Logik, d.h. das denknotwendige Relationieren von (Aussage-)Sätzen, sondern Verstehen von Bedeutungen, Nachdenken von Gedachtem, kurz: inhaltliche Logik.   363

Interpretation ist aber auch für Jhering nicht gleich Interpretation. Vor allem die Auslegung von Rechtsgeschäften unterscheidet er von der Auslegung von Gesetzen. Während die Teilnehmer des Rechtsverkehrs etwa im Vertragsschluss für ihr Handeln und ihre Wortwahl selbst verantwortlich sind, haben sie auf die Formulierungen von Gesetz und Gesetzgeber keinen Einfluss. Deshalb folgt Jhering dem Weg des Wortes zumindest auf   364

---

19 Zu den vielen philosophischen Umbrüchen und Wendungen im 19. Jahrhundert nach Hegel sehr lehrreich *Schnädelbach*, Philosophie in Deutschland 1831–1933, 6. Aufl. Frankfurt am Main 1999 (zuerst 1983); vgl. für Jhering *Wieacker*, Jhering (1957, Fn. 2), 197 f.

20 Zur logischen Interpretation bei Savigny vgl. in diesem Band *Rückert*, Methode und Zivilrecht beim Klassiker Savigny (1779–1861), Rn. 76 f., 80 f. u. 193 f.

halber Strecke. Wenn auch nicht uneingeschränkt, so betont Jhering doch die Vorzüge der Wort-Geltung bei der **Auslegung der Rechtsgeschäfte:**

> „Wo das Wort und nichts als das Wort gilt, vermag keine Kunst, keine Deutung ein richtig gewähltes Wort zu entkräften, das Resultat der Interpretation ist hier im voraus mit aller Gewißheit zu berechnen, während dies bei der logischen Interpretation keineswegs der Fall ist, da die Subjektivität des Richters hier einen ungleich größeren Spielraum hat. Gefährlich für den Unkundigen und Unvorsichtigen, war jene Strenge der Interpretation für den Kundigen und Vorsichtigen eher vortheilhaft als nachtheilig." (Geist II-2 455)

365   Berechenbare „Gewissheit" und Objektivität des Richters stehen der gefährlichen Strenge der Interpretation auf der anderen Seite gegenüber. Weil der Rechtsverkehr und die Rechtsbetroffenen sich aber auf Chancen und Gefahren des Wortes einstellen können und hier des einen Freud mit des anderen Leid verknüpft ist (und *vice versa*) hält Jhering im Gegensatz zum heutigen Recht bei der Auslegung von Willenserklärungen (§ 133 BGB) nicht am „wirklichen Willen", sondern am ‚wirklichen Wort' fest.

366   Anders bewertet Jhering die Aufgabe der Auslegung bei der **Interpretation von Gesetzen.** Hier lobt er die Kunst der römischen Juristen, sich mit keinem Wort vom Richtigen abbringen zu lassen. Nicht der Gesetzestext ist bei Jhering das Maß der Auslegung, sondern „das praktische Bedürfnis" (Geist II-2 463) oder „die Interessen des Lebens" (Geist II-2 461). Während der Dichterjurist Goethe noch spöttisch schrieb: „Im Auslegen seid frisch und munter! Legt ihr's nicht aus, so legt was unter",[21] wendet Jhering diese Polemik in seinem Lob der römischen Jurisprudenz in Apologetik:

> „Denn sie [sc. die römische Jurisprudenz] beschied sich nicht bloß *aus*zulegen, sondern sie legte *unter*, sie drehte und deutete das Gesetz, wie sie es haben *wollte*, sie stellte sich, wenn auch der Form nach *unter*, doch der Sache nach *über* das Gesetz. ... Nicht die Frage nach der *Richtigkeit* der Auslegung, sei es der bloßen Worte, sei es des legislativen Gedankens, entschied über die Annahme oder Verwerfung derselben, sondern die Frage von der praktischen *Angemessenheit* derselben." (Geist II-2 463)

367   „Praktische Angemessenheit" und „Interessen des Lebens" oder „das praktische Bedürfnis" sind also die Stichworte von Jherings Gesetzesinterpretation schon 1858. Es geht Jhering mehr um „Gedanke" und „Logik", weniger um „Gesetz", „Wort" und „grammatische Interpretation", nie um „Buchstaben-Fanatismus" (Aufgabe 38). Diese Alternativen von Grammatik und Logik, Auslegung und Angemessenheit sind bei Jhering aber keineswegs einseitig und ausschließlich gedacht. Jhering, der von sich selbst sagt, er wolle den „Charakter eines Rechts" keinesfalls „auf eine kurze Formel" reduzieren (Geist II-2 IX) sucht in seinen vielen Metaphern und Sprach-Bildern eben die Zwischen-Räume eines „Mehr" oder „Weniger" an Interpretations-Recht zu durchschreiten.

IV. Dogmatik und Konstruktion

368   Jherings Methode erschöpft sich aber nicht in dem, was wir heute unter das Stichwort „Methodenlehre" fassen. Nicht nur Auslegungsregeln und *canones*, Argumentation und Rhetorik, also die ‚einfachen' Mittel der Rechtsfindung, haben bei Jhering Methode. Methode fällt bei ihm vor allem mit Dogmatik als **Konstruktion** zusammen. Beide sind

---

21   Vgl. *Goethe,* Zahme Xenien II, in: Johann Wolfgang Goethe. Sämtliche Werke nach Epochen seines Schaffens. Münchner Ausgabe, hg. v. Richter, Bd. 13.1, München 1992, 53.

bei Jhering voneinander nicht zu trennen. Das gegebene Recht (Dogmatik bzw. Konstruktion) und die aufgegebene Rechtsfindung (Methode) synthetisiert Jhering in einer Theorie der „Recht-Fertigung",[22] die beides umfasst – Methode und System, Dynamik und Statik, Praxis und Begriff des Rechts. Jherings Konstruktion als „naturhistorische Methode" ist gleichzeitig beides.[23]

Zählen einfache Interpretation und Auslegung für Jhering zur „niederen Jurisprudenz" (Geist II-2 358), also einer Jurisprudenz die sich mit Rechtssätzen in ihrer ursprünglichen „Form des Verbots oder Gebots" auseinandersetzt (Geist II-2 358), so eröffnet die juristische Konstruktion ihm den Weg zur „höheren Erscheinungsform des Rechts" (Geist II-2 358). Die methodische Forderung dieser „höheren Jurisprudenz" (Geist II-2 358) lautet „Production" (Aufgabe 3 u.ö.). Damit meint Jhering ein Schaffen und Arbeiten am „absolut neuen Stoff" (Aufgabe 8), das er der untätigen Tätigkeit einer nur „receptiven Jurisprudenz" (Aufgabe 4 u.ö.) entgegensetzt. Mit dieser produktiven Jurisprudenz proklamiert Jhering eine Jurisprudenz als Rechts-Wissenschaft, die das Recht aus den Verlegenheiten der Geschichte befreit.[24] Diese „höhere Jurisprudenz" kennt nun viele Gesichter: „Naturhistorische Methode", „juristische Construction" und „System" sind nur verschiedene Aspekte ein und derselben Sache. Zur naturhistorischen Methode und Konstruktion schreibt er: 369

> „Wir sind an dem Punkt angelangt, um zu der juristischen Construction zurückzukehren und sie mit *Einem* Wort definiren zu können, nämlich als *Gestaltung des Rechtsstoffs im Sinn der naturhistorischen Methode*. Die juristische Construction ist, so zu sagen, die bildende Kunst der Jurisprudenz, ihr Gegenstand, ihr Ziel ist der juristische Körper." (Geist II-2 370)

Naturhistorische Methode und Konstruktion sind also eng miteinander verknüpft. Während Jhering die Konstruktion als Produkt schildert, dient ihr die naturhistorische Methode als bewegte Produktion, sie arbeitet, sie operiert, sie schafft die Konstruktion als Dogmatik. Als Verfahren zur Gewinnung von Recht gestaltet sie den Rechtsstoff und verändert ihn: „Die naturhistorische Methode bedeutet *die Erhebung des Rechtsstoffes in einen höhern Aggregatzustand*" (Geist II-2 361). Doch schon hier drängen sich Folgefragen auf: Was kennzeichnet diesen Aggregatzustand? Und wie hoch hebt ihn die naturhistorische Methode? Die Antwort auf diese Fragen hängt eng mit Jherings Verständnis von Konstruktion und **System** zusammen: 370

> „Wir wollen das durch die Construction im Sinn der naturhistorischen Methode gestaltete Recht das System nennen und fassen den Inhalt der folgenden Ausführung in die beiden Sätze zusammen: das System ist die praktisch vortheilhafteste Form des *positiv gegebenen* Stoffs – und: es ist die Quelle *neuen* Stoffs." (Geist II-2 383)

---

22 Zum Begriff der Recht-Fertigung *Wiethölter*, Zum *Fortbildungsrecht* der (richterlichen) Rechtsfortbildung. Fragen eines lesenden Recht-Fertigungslehrers, in: KritV 3 (1988), 1-28 u. *ders.*, Recht-Fertigungen eines Gesellschafts-Rechts, in: Rechtsverfassungsrecht. Recht-Fertigung zwischen Privatrechtsdogmatik und Gesellschaftstheorie, hg. v. G. Teubner u. Chr. Joerges, Baden-Baden: Nomos 2003, 13-21.
23 Siehe zum Begriff der „naturhistorischen Methode" im Kontext von „System" und Kant *Kambartel* in der Diskussion zu *Coing*, Der juristische *Systembegriff* bei Ihering, in: Philosophie und Rechtswissenschaft. Zum Problem ihrer Beziehung im 19. Jahrhundert, hg. v. Blühdorn u. Ritter, Frankfurt am Main 1969, 149–171 und die Diskussion, 172–184, hier 178 f.
24 Vgl. das berühmte Wort in Aufgabe 16: „Eine Jurisprudenz, die seit Jahrtausenden arbeitet, hat die Grundformen oder Grundtypen der Rechtswelt entdeckt, und in ihnen hält sich auch alle fernere Bewegung, so sehr sie im Uebrigen von der bisherigen divergiren möge; eine solche Jurisprudenz läßt sich nicht mehr durch die Geschichte in Verlegenheit setzen."

371 Jhering identifiziert hier „System" und „Constructionen" miteinander. Und er erhebt System und Konstruktion zur Form, zu der die naturhistorische Methode drängt. In diesem *corpus* gewinnt der naturhistorisch bearbeitete Stoff seine Struktur, seine Elemente, seine Gestalt. Er ruht nun im „juristischen Körper" als juristischem *System*, nachdem er zuvor natürlich-historisch am Rechtsstoff erarbeitet wurde.

372 Dem naturhistorisch konstruierten System weist Jhering nun zwei **Funktionen** zu: eine pragmatische und eine produktive. System als Ordnung des Stoffes ist zunächst eine höchst praktikable Form für den Umgang mit Recht. Sie speichert wissenschaftliche, richterliche oder legislative Entscheidungen über Recht in ihrem „Gedächtnis" (Geist II-2 383) und ermöglicht einen einfachen Überblick über die verschiedenen Teile der systematischen Ordnung. Es sei „die *bequemste*, weil *kürzeste*, *concentrirteste* Form des Stoffs". (Geist II-2 384). Vor allem aber biete das System „die durchsichtigste Form" des Rechts (Geist II-2 385), da es zum einen die Aufmerksamkeit des Rechtsuchenden auf „die feinsten Unterschiede und Ähnlichkeiten" (Geist II-2 385) lenke und zum anderen „die stillschweigenden Voraussetzungen" von Gesetzen und Recht explizit mache (Geist II-2 385). Interessanter als diese rezeptive Seite des Systems ist seine produktive. Das System sei „unversiegbare Quelle neuen Stoffs" (Geist II-2 386). Jhering gewinnt Recht also nicht nur aus vorgegebenen Rechtssätzen, wie etwa Gesetzen, sondern vor allem aus der Logik des Systems. Nicht nur die singuläre *lex* aus dem *corpus iuris* ermöglicht die Bildung von Rechtssätzen, sondern vor allem die Zusammensetzung der verschiedenen *leges* zu einem System schafft die Sätze des Rechts. Die Verallgemeinerung durch das oder im System wird zur selbstständigen Rechtsquelle. Dabei muss Jhering die Erklärung dieser Kraft eines Systems des Systems, also die Legitimation der normativen Systemgewalt schuldig bleiben. Dunkel weicht er aus auf metaphysische Begründungen und spricht von „*juristischer Speculation*" (Geist II-2 387) oder beschwört eine „*Natur der Sache*" (Geist II-2 388) und die „Natur der Dinge" (Geist II-2 342).

373 Diese spekulative Metaphysik lässt sich in Jherings Lehre von den „**juristischen Körpern**" besonders anschaulich nachweisen. Vor allem in dem von ihm verwendeten Bild der bildenden Kunst, also das des Bildhauers, wird sie offensichtlich. So wie der Bildhauer seinen Marmor beschlägt und aus dem Stein die Skulptur herausbricht, so behaut der Rechtsgelehrte die unbearbeiteten Rechtsmassen und ringt ihnen das geltende Recht in Form des Rechtskörpers ab. Wichtig ist in diesem Bild: Das Bildnis steckt (als Wesen) immer schon im Marmor, der Rechtskörper also immer schon im Rechtsstoff. So wie der erfahrene Bildhauer seine Skulptur schon beim Anblick des nackten Steines vorstellen kann, muss auch der Jurist mit seinem Judiz das Recht im Recht sehen können. Erst mithilfe dieses Körper-Bildes wird Jherings begriffsmetaphysische Körperlehre leichter verständlich. Seine eigene Erklärung nämlich beschränkt sich auf wenig aussagekräftige metaphysische Behauptungen:

> „Die Angabe dessen, was der Körper ist, ist gleichbedeutend mit dem *Begriff* desselben, der Begriff ‚begreift', d.h. ergreift ihn in seiner Wesenheit oder ‚definirt' ihn, d.h. gränzt ihn von andern ab, gibt ihm ein logisches ‚Für sich sein'" (Geist II-2 363).

374 Jherings Begriff des Körpers kleiden die Gewänder einer **spekulativen Metaphysik**. Er spricht nicht nur von „begreifendem Begriff", „Wesenheit", „Für sich sein", sondern weiter von „innerstem Kern" oder einer „Quintessenz des Körpers" (Geist II-2 363) auch von „juristischen Existenzen" (Aufgabe 10). Kaum zu überbieten ist Jherings Vorstellung von der Zeugungskraft der Begriffe und der „Möglichkeit einer *Vermehrung* des Rechts

aus sich selbst" (Geist I 40): „Durch Kombination der verschiedenen Elemente kann die Wissenschaft *neue* Begriffe und Rechtssätze bilden; die Begriffe sind produktiv, sie paaren sich und zeugen neue." All diese Bilder und Sprachspiele sind nur in einer metaphysischen Rationalität zu fassen; einer Rationalität, die das positive aus Jherings (römischem) Recht in seinem „Geist", ‚aufhebt'. Es ist diese Erhebung des materiellen Rechtsstoffs in den ‚geistigen' „Aggregatzustand", das (metaphysische) Recht des (positiven) Rechts, das Jherings System und Konstruktion die produktive Kraft verleiht und gewährleistet.

Diesen spekulativen Kern einer metaphysischen Rationalität aber fängt Jhering in seinen **drei Gesetzen der juristischen Konstruktion** wieder (positiv-orientiert) auf.[25] Jhering unterscheidet ein „positives", ein „logisches" und ein „ästhetisches" Gesetz (Geist II-2 379), denen jede Konstruktion gehorchen müsse: (1.) das „Gesetz der Deckung des positiven Stoffs" (Geist II-2 371–374), (2.) das „Gesetz des Nichtwiderspruchs" (Geist II-2 374–379) und schließlich (3.) das „Gesetz der juristischen Schönheit" (Geist II-2 379–382). Das **„Gesetz der Deckung"** fordert zunächst die Bindung der Konstruktion an die positiven Grundsätze. (Geist II-2 371). Hier sind einer kruden Metaphysik erste Grenzen gezogen. Die juristische Spekulation dürfe vor allem nicht zu „Resultaten" führen, „welche dem positiven Recht nicht entsprechen" (Geist II-2 374). Sie darf sich also nicht mit dem positiven Recht in Widerspruch setzen und dieses überformen. Das ist aber nur die eine Seite des Gesetzes. In der Anordnung der positiven, „gegebenen Punkte" ist die Jurisprudenz als Rechtswissenschaft „völlig frei" (Geist II-2 371 f.). Damit ist das Verhältnis von positivem Recht und Metaphysik dialektisch konstruiert. Sein positives Gesetz zielt auf Bindung in Freiheit oder Freiheit in Bindung – immer aber mit einem Vorrang der Freiheit.

Jherings zweites Konstruktionsgebot, das **„Gesetz des Nichtwiderspruchs"**, befasst sich demgegenüber nicht mit dem Verhältnis von begrifflicher Produktion und positivem Recht. Es zielt auf „Widersprüche der Wissenschaft mit sich selbst" (Geist II-2 374). Das begriffliche System und seine Körper dürfen keine sich widersprechenden Rechtssätze zur Folge haben. Der Konstrukteur müsse die „juristischen Körper" in allen „erdenklichen Lagen" (Geist II-2 375) ihrer Anwendungsbereiche inspizieren und ihr Recht vergleichen. Dabei soll gleichgültig sein, ob es sich um „eine ungewöhnliche und praktisch belangreiche" Lage handele oder nicht (Geist II-2 375); es gehe „bei der ganzen Aufgabe nicht um ein praktisches, sondern um ein logisches Problem" (Geist II-2 375). Gemeint ist aber kein formallogischer Vergleich von konstruierten Rechtssätzen. „Logik" ist wieder nicht formal, sondern inhaltlich zu verstehen. Das Gebot des Nichtwiderspruchs meint in einer uns vertrauteren Sprache lediglich „Wertungswidersprüche" und hängt an der sog. „Einheit der Rechtsordnung".

Jherings drittes Gesetz ist schließlich ein „ästhetisches", das **„Gesetz der juristischen Schönheit"**. Und es lautet: „Je *einfacher* die Construction, um so vollkommener ist sie, d.h. um so anschaulicher, durchsichtiger, natürlicher; in der höchsten Einfachheit be-

375

376

377

---

25 Selbst Jherings Bild von der „Begriffspaarung" folgt auf eine Analyse der Gesetzgebung. Während der „Gesetzgeber ... uns sozusagen zusammengesetzte Körper" gebe, müsse „die Wissenschaft hingegen ... eine Analyse derselben" vornehmen und sie „in einfache Körper" zerlegen (Geist I 39). Aus diesen einfachen Körpern können dann selbstverständlich wieder neue Rechtssätze zusammengesetzt werden, das ist rechtstechnisch nicht ungewöhnlich (so kombiniert heute z.B. die sog. Anscheinsvollmacht, einerseits einen Rechtsscheintatbestand und andererseits die Vertretungsrechtsfolge). Aus diesem Blickwinkel betrachtet scheint die Paarungskraft in Jherings Bild deutlich metaphysischer ausgedrückt als sie am Ende von Jhering vielleicht gemeint war.

währt sich auch hier die höchste Kunst." (Geist II-2 381) Wichtig ist hier nicht Jherings Vorstellung von der Schönheit der *ars iuris*, sondern Jherings **normativ-praktische** (nicht ästhetische) **Maßstabslosigkeit.** Der Konstrukteur ist zwar an ein positiv-pointillistisches Recht gebunden und darf sich nicht in Widersprüche verstricken, in seiner Konstruktion ist er hingegen normativ frei und höchstens ästhetisch gebunden. Um dies in einem Bild zu veranschaulichen: Jherings juristische Konstruktion erinnert an einen Architekten, der die Materialien für ein Gebäude vorfindet, also dem Steine, Balken, Träger etc. zur Verfügung stehen, dem aber alles andere freigestellt ist: Was für ein Haus er baut, zu welchem Zweck (ein Wohn-, Geschäfts- oder Lagerhaus), in welchem Baustil – all dies darf er als Architekt selbst entscheiden. Nur schön müsse das Haus eben sein. Es drängt sich der Verdacht auf, dass der Architekt der Idee des Hauses folgen solle und bloß ein Haus ‚an sich' (in sich?) bauen müsse.

378 In diesen drei Gesetzen der juristischen Konstruktion und der Theorie der juristischen Körper erschöpft Jhering seine dogmatischen Mittel aber nicht. Zwischen Konstruktionskunst und Interpretationsarbeit erläutert Jhering noch zwei weitere Techniken: die „juristische Analyse" (Geist II-2 334–352) und die „logische Concentration" (Geist II-2 352–357). Beide Methoden, die wohl auf der Ebene einer ‚mittleren Jurisprudenz' (zwischen höherer und niederer) anzusiedeln sind, verfolgten „denselben Zweck", doch „auf gerade entgegengesetztem Wege" (Geist II-2 352). Die **juristische Analyse** schürft zunächst durch „Abstraction" (Geist II-2 336) und „logische Zersetzung" (Geist II-2 343),[26] also „Grundbegriffe" (Geist II-2 335), „Grundlaute" (Geist II-2 334) oder „einfache Elemente des Rechts" (Geist II-2 335). Dabei meint Abstraktion bei Jhering die „Ausscheidung des Allgemeinen aus dem Einzelnen", also die Verallgemeinerung der allgemeinen ‚Teile' des Rechtssatzes (Geist II-2, 336) zu allgemeinen Grundbegriffen. Die dadurch ermöglichte und behauptete „*Möglichkeit eines universellen Rechtsalphabets*" (Geist II-2 336) setzt dann die produktive Kraft der Analyse frei. Die analysierten Rechtsbuchstaben und Rechtselemente können immer wieder zu neuen Rechtsbegriffen und -instituten, zu neuen Rechtssätzen und -prinzipien kombiniert werden. Gerade am Beispiel der Analogie wird dies besonders deutlich (vgl. Geist II-2 341 f.). So partizipiert die Analyse an der produktiven Gewalt der Konstruktion, ohne sich selbst in diese höheren Aggregatzustände zu verflüchtigen.

379 Die zweite Methode der mittleren Jurisprudenz ist die „**logische Concentration**". In ihr geht es nicht um „Zersetzen" oder Analysieren, sondern ganz im Gegenteil um „Verbinden und Zusammendrängen" (Geist II-2 352). Doch auch in der Konzentration schlummert eine produktive Kraft. Durch die Verdichtung des Rechtsstoffs in „Princip" (Geist II-2 353 u.ö.) und Grund-„Gedanken" (Geist II-2 353) können nun wieder neue Rechtssätze aus dem Prinzip gesponnen werden. Anders als die Analyse, die den Vergleich von verallgemeinerbaren Besonderheiten des Rechtssatzes in Rechtsbegriffen suchte und Analogien bildete, schafft die Konzentration neues Recht durch Ableitung aus besonderen Allgemeinheiten, die im Prinzip zusammengezogen wurden. Während die Analyse abstrahiert, synthetisiert die Konzentration ihre Rechtsquellen auf der Suche nach dem Recht im Recht.

380 Genauso wenig wie Jherings Interpretationslehre können auch seine Dogmatik und Konstruktion auf eine „kurze Formel" gebracht werden. Schon das Verhältnis von „System",

---

26 Zum „Alphabet des Rechts" schon Geist I 41.

Seinecke

„Konstruktion", „naturhistorischer Methode" und „höherer Jurisprudenz" ist nicht eindeutig verfasst. Zwar bekennt er sich deutlich zur produktiven Kraft dieser (spekulativen) Konstruktion und Methode, doch genauso mahnt er etwa mit dem „Gesetz der Deckung" zur Achtung der Positivität des Rechts. Dies bezeugt auch sein berühmtes Wort zu Form-Freiheit und Freiheits-Form: *„Die Form ist die geschworene Feindin der Willkür, die Zwillingsschwester der Freiheit."* (Geist II-2 471).[27] Jhering will immer beides: Spekulation und Positivität, Freiheit und Form, Produktion und Rezeption, Geist und Gesetz – auch wenn er die Akzente immer auf Freiheit, Produktion und Geist legt. Genau dafür steht Jherings paradoxes Motto: *„durch das römische Recht über das römische Recht hinaus"* (Aufgabe 52).[28]

V. Recht und Recht und Recht

Neben dem Blick auf Methode und Dogmatik, auf Interpretation und Konstruktion lohnt der Blick auf Jherings Rechtsbegriff. In diesem steckt sein **Recht im Recht**,[29] das Interpretation und Konstruktion zu erkennen versuchen. Natürlich bringt Jhering auch „Recht" nicht auf „auf eine kurze Formel". Mit einem janusköpfigen Rechtsbegriff öffnet er das Tor in seine spekulativ-praktische Rechtswelt. Die beiden Gesichter skizziert Jhering als Rechte des Rechts „anatomisch" und „physiologisch", während er zwischen beide noch eine „psychische" Betrachtung einfügt. Dabei fokussiert der anatomische Blick zunächst die Dogmatik oder „Struktur" des Rechts, während die psychische Betrachtung sich an Spekulation und „Geist" orientiert. Die physiologische Untersuchung schließlich widmet sich Praxis und „Funktion" des Rechts.[30]   381

Wichtig ist in allen drei Perspektiven aber auch die **Einheit dieser Rechte** in einem vorgegebenen Recht. Dieses müsse nur richtig erkannt oder formuliert werden – ob „aus dem Volke heraus", „durch den Gesetzgeber" oder „durch Doktrin und Praxis" (Geist I 27). Es ist ein „tatsächliches" (Geist I 31) oder „**objektives Recht**" (Geist I 33), das den Kern der Jurisprudenz bildet. Neben den formulierten, also „ausgesprochenen Rechtssätze" treten so „noch latente Rechtssätze" (Geist I 31). Diese latenten, also die stillschweigend vorhandenen, aber noch nicht erkannten Rechtssätze werden zu Jherings „unversiegbarer Rechtsquelle" (Geist I 32). Sie liegen (unverfügbar) unter den historischen Erscheinungen aller Formulierungen und Beobachtungen des Rechts.   382

Nachdem Jhering dieses Recht einführend zum „objektiven Organismus der menschlichen Freiheit" (Geist I 25) erklärt hat, nähert er sich der **Anatomie** und Psyche von außen, beginnend in den „äußeren, praktischen Spitzen des Rechts" (Geist I 28, 34). Als „äußere sichtbare Oberfläche" des Rechts (Geist 1. Aufl. I 25) sind hier „die Rechtssätze" (Geist I 28) zu sehen. Sie sind rein praktisch und einfach formuliert, also in imperativischer Gestalt. Ein juristisches oder philosophisches System bilden sie nicht aus, sondern re-   383

---

27 Vgl. hierzu *Oestmann*, Zwillingsschwester der Freiheit, in: Zwischen Formstrenge und Billigkeit. Forschungen zum vormodernen Zivilprozeß, hg. v. Oestmann, Köln u.a. 2009, 1–54, insb. 20–23. Vgl. zu dieser Dialektik weiter Geist III 9: „Der Weg zur Freiheit in der Kunst geht durch die Unfreiheit.".
28 Vgl. weiter auch Geist I 14.
29 Vgl. den griffigen Titel von *W. Wilhelm*, Das *Recht* im römischen Recht, in: Jherings Erbe, hg. v. Wieacker u. Wollschläger, Göttingen 1970, 228–239.
30 Vgl. insb. Geist I 26 f.: „Jeder Organismus macht eine doppelte Betrachtung möglich, eine *anatomische* und eine *physiologische*; jene hat die Bestandteile desselben und ihr Ineinandergreifen, also seine Struktur, diese die Funktionen desselben zum Gegenstand." Zu Anatomie und Physiologie weiter Geist I 27–48 u. 48–58. Zur psychologischen Betrachtung schließlich Geist I 44 f.

präsentieren (im janusköpfigen Rechtsbegriff) lediglich „das *Bewußtsein* der Zeit *über* ihr Recht, nicht das Recht selber" (Geist I 35), also das äußere Recht des Rechts.

384 Unter den Rechtssätzen legt Jhering das **Recht der Dogmatik** frei, also das Recht der Rechtsbegriffe, der Rechtsinstitute und des Rechtssystems. Sie seien das „Knochengerippe des Rechts", „an das die ganze Substanz desselben an Rechtssätzen sich anschließt" (Geist I 36). Als Struktur verleihen sie dem Körper des Rechts Stabilität und geben dem Geist des Rechts Knochen und Fleisch. Während die Rechtssätze die äußere Seite des Rechts abbilden, bildet das „System" die „innere Ordnung der Sache selbst" (Geist I 37). Das bedeutet aber keinen Verlust an praktischer Qualität gegenüber den als „Gebot und Verbot" formulierten Rechtssätzen (Geist I 37). Der „dogmatischen Logik" könne gar eine „intensivere praktische Bedeutung innewohnen" als „den Rechtssätzen" (Geist I 37): „in einen einzigen richtig gefaßten *Begriff* ist vielleicht der praktische Inhalt von zehn früheren Rechtssätzen aufgenommen." (Geist I 37). Obwohl Jhering auf beiden Stufen der Anatomie die Praktikabilität des Rechts betont, trägt ihn die pointierte Zusammenfassung dieses anatomischen Rechts wieder ins Reich der Metaphysik:

> „Dem geübten Auge erscheint das Recht als ein logischer Organismus von Rechtsinstituten und Rechtsbegriffen, dem ungeübten als ein Komplex von Rechtssätzen; jenes ist die innere Natur des Rechts, dieses die dem praktischen Leben zugewandte Außenseite." (Geist I 42)

385 Jherings Dialektik erreicht hier wieder einen Höhepunkt: innen Natur und logischer Organismus, außen praktisches Leben und imperativische Rechtssätze. Jherings Trick dabei: Innen und Außen, Logik und Praxis sind zwei Seiten einer Medaille, eines Rechts. Trotz der metaphysischen Sprachspiele gibt es hier noch keinen Rechtshimmel, aus dem die Rechte fallen, sondern beide anatomischen Ebenen des Rechts bleiben einander zweiseitig verbunden. Sie sind jeweils die Rückseite des anderen.

386 In einem Zwischenspiel zwischen Anatomie und Physiologie des Rechts aber betritt Jhering offen metaphysisches Terrain. Im „**psychischen Moment des Rechts**" (Geist I 44 f.) berichtet Jhering aus dem „Geist des Rechts" (Geist I 45), aus seiner „Seele" (Geist I 45) oder dem „Herz des Rechtsorganismus" (Geist I 44) und er verliert hier allen Bezug zu Praktischem, Anwendbarem und Lebendigem. Diese Rechtswelt ist eine rein vergeistigte:

> „Soviel schwieriger nun die Erkenntnis des Geistes ist als die des Körpers, soviel schwieriger ist die Erforschung dieses psychischen Moments – des *Geistes des Rechts* – gegenüber der des Körpers des Rechts. Während die Rechtssätze sichtbar auf der Oberfläche liegen, während die Rechtsinstitute und Rechtsbegriffe durch ihre praktische Anwendung sich fast von selbst dem Bewußtsein aufdrängen, ruhen jene treibenden Kräfte des Rechts im tiefsten Innern, wirken höchst allmählich, durchdringen zwar den ganzen Organismus, aber treten regelmäßig an keinem einzigen Punkte so deutlich hervor, daß man sie notwendigerweise wahrnehmen müßte. Kein praktisches Bedürfnis zwingt dazu, sich ihrer bewußt zu werden, denn sie sind nichts Praktisches, keine Rechtssätze, sondern nur *Qualitäten, Charakterzüge* der Rechtsinstitute, allgemeine Gedanken, die als solche gar keiner Anwendung fähig sind, sondern nur auf die Gestaltung der praktischen Sätze des Rechts einen bestimmten Einfluß ausgeübt haben." (Geist I 45)

387 Damit ist Jhering in seinen „**Begriffshimmel**" aufgestiegen.[31] ‚Anwendungsfreie Rechtsgedanken' wie „Qualitäten" und „Charakterzüge der Rechtsinstitute" behauptet Jhering

---

31 Zum Bild des Begriffshimmels Scherz 245–333.

Seinecke

fern der Rechtspraxis und dem juristischen Gebrauch. Aber freilich ist dieses rein innerliche Recht nicht das ganze Recht. Es bietet lediglich die „treibende Kraft", die die Begriffsbildung und Institutskonstruktion anregt, genauso wie es die Praxis (innerlich) prägt und trägt. Trotz seiner spekulativ-geistigen Gestalt ist Jherings „Geist des Rechts" nur in seinem Treiben, nicht in seinem Geist wirklich.

Kaum hat Jhering die Gipfel dieses praxisfernen Rechts erklommen, steigt er aus diesen Höhen hinab und sucht „Funktionen" und „praktische Brauchbarkeit" des Rechts in den Tälern der **physiologischen Rechtsbetrachtung** (Geist I 48). Das ist eine Kehrtwende um 180 Grad. Ohne „Kenntnis der Funktionen des Rechts" sei kein Verständnis von Dogmatik und Geist zu erwarten (Geist I 48). Erst die „Physiologie" helfe „zum wahren Verständnis der Anatomie" (Geist I 48). Plötzlich weichen Logik, Begriffe und Abstraktionen der Praxis und dem Leben des Rechts. Die „*logische* Prüfung" des Rechts wird ersetzt von „einer Betrachtung ihrer *praktischen* Brauchbarkeit" (Geist I 49). Nun regiert der „Standpunkt des wirklichen Lebens" (Geist I 50). Aber was heißt hier „Funktion", was „Leben"? Jhering antwortet: |388

> „Die Funktion des Rechts im allgemeinen besteht nun darin sich zu verwirklichen. Was sich nicht realisiert, ist kein *Recht*, und umgekehrt was diese Funktion ausübt, ist Recht, auch wenn es noch nicht als solches anerkannt ist (Gewohnheitsrecht). Die Wirklichkeit *beglaubigt* erst den Text, den das Gesetz oder eine andere Formulierung des Rechts aufstellt, als wahrhaftes Recht, sie ist mithin das einzige sichere Erkenntnismittel desselben." (Geist I 49)

Auch wenn sich Jhering von juristischer Spekulation und begrifflicher Logik entfernt, spricht er weiter in ihren metaphysischen Sprachspielen. Es geht immer noch um Erkenntnis, Wirklichkeit und Wahrheit – das sind klassische Themen auch von Metaphysik und Ontologie. Jhering aber meint dies ganz und gar pragmatisch. Wenn er die Wirklichkeitsfunktion des Rechts erläutert, zeigt sich unter dem Stichwort „*formale Realisierbarkeit*" (Geist I 51) der Kanon der Rechtsklarheit und Rechtsbestimmtheit. Er spricht von „*Leichtigkeit* und *Sicherheit* der Anwendung des abstrakten Rechts auf die konkreten Fälle" (Geist I 51), der Beschleunigung der Rechtsanwendung, schließlich der „*gleichmäßigen* Verwirklichung des Rechts" (Geist I 53). Das hat mit kruder Metaphysik nicht mehr viel zu tun, selbst wenn sich hierin die „Wahrheit" des Rechts offenbare. |389

Aber wie löst Jhering den Widerspruch von anatomischer und physiologischer Betrachtung des Rechts? Wie können metaphysischer Kern und pragmatische Schale miteinander versöhnt werden? Jhering löst den Widerspruch nicht. Statt dessen macht er den Widerspruch als Aporie zur **symptomatischen** Weglosigkeit juristischer Kunstfertigkeit. Man könnte das eine Form *pragmatischer Metaphysik* nennen, wenn dieser Begriff nicht so hoffnungslos widersprüchlich wäre. Auch wenn die Außen- und Innenseite, die Praxis und der Geist des Rechts verschiedenen Zielen verpflichtet sind, müssen sie aufeinander eingestellt werden: |390

> „Der Gedanke der formalen Realisierbarkeit des Rechts ist also ein der logischen Innerlichkeit der Rechtsbegriffe fremdes Prinzip, das die freie Entwicklung derselben vielfach modifiziert und beeinträchtigt. Dieses Prinzip zwingt dazu, die Innerlichkeit des Begriffes auf die Außenseite zu verlegen, für die inneren Unterschiede und Begriffe äußere möglichst zutreffende Kriterien aufzusuchen, kurz es führt zur Ausbildung einer *juristischen Symptomatik*." (Geist I 54) |391

392 Das Verhältnis von innerer Logik des Rechts und äußerlich-praktischen Notwendigkeiten wird so zum chronischen Symptom der Jurisprudenz. Jherings positioniert das Grundproblem, die Aporie des Rechts zwischen Dogmatik, Konstruktion und Begriff einerseits, Praxis, Leben und Funktion anderseits ohne sie dabei zu lösen. Jhering beschränkt sich darauf, die **Symptomatik** der Jurisprudenz in seiner *pragmatischen Metaphysik* zu diagnostizieren und in ein „Bild des lebendigen Rechts" zu überführen (Geist I 57). Er gewinnt sein (Geist-)Recht als (Begriffs-)Recht durch (Praxis-)Recht gegen (rein-historisches und rein-begriffliches) Recht.[32]

VI. Gesetz und Wissenschaft

393 Neben Dogmatik, Konstruktion und Recht im Recht vernachlässigt Jhering allerdings das Gesetz. Die Sache des Gesetzes ist Jherings Sache nicht. Jhering geht es um Konstruktion und Geist, nicht um Wort und Buchstabe des Rechts. Dogmatik ist nicht Teil des Gesetzes, sondern ihr Gegenspieler. Unverblümt ersetzt er den Gesetzgeber durch einen **Gesetzgerber**. Das zeigt sich schon in seiner Interpretationslehre, wenn er Juristen und Richter und deren höhere Vernunft gegen das Gesetz ausspielt:

> „*dem Verdammungsurtheil der Juristen ist auf die Dauer kein Gesetz gewachsen.* Absichtlich oder unabsichtlich wird die Hand des Richters läßig, der Arm der Gerechtigkeit erlahmt, und der Scharfsinn des Exegeten bietet alle Mittel auf, das Gesetz zu durchlöchern und zu unterminiren, Voraussetzungen hineinzutragen, von denen das Gesetz nichts weiß, die Worte, je nachdem es Noth thut, im weitern oder engern Sinn zu deuten, und wie durch stillschweigende Verschwörung finden auch die erzwungensten Deduktionen Eingang und willigen Glauben – *auch die Logik fügt sich dem Interesse.*" (Geist II-2 465)

394 Jhering weiß um die vielen Wege der Rechtsgewinnung, wenn Juristen ein Ergebnis nicht passt, ein Rechtssatz verstört oder ein Gesetz unzweckmäßige Urteile fordert. Und er weiß, wie wenig Juristen ein Gesetz brauchen, um Recht zu produzieren. Deutlich bekennt er: „Die Jurisprudenz stellt Rechtssätze auf ohne allen Anhaltspunkt im Gesetz."[33] Das ist eben die „**Nicht-Quellenmäßigkeit**" (Aufgabe 5) der höheren Jurisprudenz.

395 Diese Freiheit vom Gesetz lässt sich nicht nur in Jherings Methodentheorie nachweisen. Sie ist auch wichtiger Bestandteil von Jherings Konstruktionslehre. Dogmatik liegt in der Kompetenz der Wissenschaft, nicht der Macht der Legislative: „Der Gesetzgeber soll nicht construiren", fordert er scharf. Seine Begründung scheint vorgeschoben: „er greift damit in die Sphäre der Wissenschaft über, entkleidet sich seiner Autorität und Macht als Gesetzgeber und stellt sich mit dem Juristen auf eine Linie." Klar gilt demgegenüber für die Konstruktions-Wissenschaft: „im übrigen ist sie dabei [sc. im Konstruieren] völlig frei, die eignen Constructionen des Gesetzgebers besitzen für sie keine verpflichtende Kraft" (Geist II-2 371 f.). Diese **Konstruktionsmacht** der Wissenschaft ist per se noch keine Missachtung des Gesetzes. Immerhin ist der Konstrukteur an das positive Recht und das „Gesetz der Deckung" gebunden. Solange Dogmatik und Konstruktion sich auf die Rezeption politischer oder gesetzlicher Direktiven beschränken oder das System

---

32 Zur Formel „Recht als Recht durch Recht gegen Recht" *Wiethölter*, Zur Argumentation im Recht: Entscheidungsfolgen als Rechtsgründe?, in: Entscheidungsfolgen als Rechtsgründe, hg. v. G. Teubner, Baden-Baden 1995, 89–120, hier 94 u.ö. oder *ders.*, Fortbildungsrecht (1988, Fn. 22), 1 u.ö.

33 *Jhering*, Pandektenvorlesung nach Puchta. Ein Kollegheft aus dem Wintersemester 1859/60, hg. v. Jäde, Göttingen 2008, § 17, S. 68.

Seinecke

technisch der Lehre, Darstellung oder Klärung des Rechts *dient*, liegt darin keine Herausforderung des Gesetzes. Solange Jherings Dogmatik rezeptiv verharrt, wird das Gesetz von ihr nicht überformt. Doch als „höhere Jurisprudenz", das heißt als produktive Wissenschaft erhebt sich Jherings Dogmatik im Namen des Rechts über das Gesetz. Aus der Dienerin des Gesetzes wird seine Herrin. Das ist bei Jhering keine verstohlene Unterwanderung des Gesetzes, sondern eine offene Forderung:

> „Diese Erhebung des Stoffs ist zugleich die Erhebung der Jurisprudenz selbst. Von einer Lastträgerin des Gesetzgebers, einer Sammlerin positiver Einzelheiten schwingt sie sich auf zur freien Kunst und Wissenschaft; zu einer Kunst, die den Stoff künstlerisch bildet, gestaltet, ihm Leben einhaucht, zu einer Wissenschaft, die trotz des Positiven in ihrem Gegenstande sich als Naturwissenschaft auf geistigem Gebiet bezeichnen läßt." (Geist II-2 361)

Freilich ist auch dieses Verhältnis bei Jhering nicht nur einseitig zulasten des Gesetzgebers konstruiert. Immerhin gibt Jhering dem **positiv Politischen** mit dem „Gesetz der Deckung" einen Platz in seiner Konstruktionslehre. Und er schafft so eine gewisse Dialektik zwischen dem „Recht der inneren Autoritaet" (Recht) und dem „Recht der äußeren" (Politik).[34] In dieser Zweiseitigkeit des Rechts zwischen dem Recht der Konstruktion und dem Recht des Gesetzes steht dem Gesetzgeber der singuläre Rechtssatz als Regelungs- oder Steuerungsmittel weiter zur Verfügung, während die wissenschaftliche Konstruktion nur der Rechtsfort- und Systemnachbildung zu dienen scheint. Doch in der plural-fragmentierten Rechtsquellenlage der deutschen Dogmatik 1858, die sowohl das systemlose *corpus iuris civilis* oder gemanistische Quellen *produktiv konstruiert*, ruht der Körper des Rechts in seinen Lücken. Umgeben von einer fragmentierten Positivität wird die Lücke zur Regel und die Regel zur Ausnahme. Die wissenschaftlich-dogmatische Konstruktion liefert den Schlüssel zum Kern des Rechts und den Dittrich für seine Politik.[35]

Diese dialektisch-freie Relation von Wissenschaft und Gesetz ist nicht zuletzt Jherings **Rechtsbegriff** geschuldet. In Jherings Begriff des Rechts als etwas Vorgegebenem, dass sich zwar positiv wandelt, aber doch ein *telos* kennt oder zumindest einen weichen *Kern* verbirgt, bleibt wenig Platz für politische Steuerung und gesetzlichen Eingriff in die vorrangige Rechtspraxis und Lebenswelt. Für Jhering ist Recht eben ein „innerlich abgeschlossenes Produkt der Geschichte" und nicht „Aggregat willkürlicher Bestimmungen …, welches der Reflexion der Gesetzgeber seinen Ursprung verdankt" (Geist I 26). Wenn Recht über Jahrhunderte geschliffen und entdeckt wird, bedarf es keines äußerlichen Gesetzes, um dieses Recht zu beweisen. Das *wirkliche* Recht ist deshalb unabhängig von

396

397

---

34 So die Überschriften A. und B. im ersten Buch von *Jhering*, Pandektenvorlesung (1859/60, Fn. 33), vor § 12, S. 61 u. vor § 17, S. 67. In Jherings Vorlesung, die Puchtas Pandekten grundsätzlich folgt, werden diese Überschriften und Kennzeichnungen neu hinzugefügt, vgl. etwa die leicht verfügbare Ausgabe *Puchta*, Pandekten, fortg. v. Schirmer nach der Bearbeitung v. Rudorff, 12. Aufl. Leipzig 1877, §§ 10–16, S. 19–30. Im Text hingegen finden sich die Ausdrücke schon in der 1. Aufl. Leipzig 1838, I. Buch, S. 22. Zu Jherings „Pandektenvorlesung" vgl. *Jäde*, Einführung und Erläuterungen zu Jherings Pandektenvorlesung nach Puchta (2008), in: Jhering, Pandektenvorlesung (1859/60, Fn. 33), 21–32.

35 Vgl. auch *W. Wilhelm*, Zur juristischen Methodenlehre im 19. Jahrhundert. Die Herkunft der Methode Paul Labands aus der Privatrechtswissenschaft, Frankfurt am Main 1958, 121–124; weiter *Ekelöf*, Zur naturhistorischen Methode Jherings, in: Jherings Erbe, hg. v. Wieacker u. Wollschläger, Göttingen 1970, 27 f., hier 28: „Verschleierung der Verhältnisse". Zur rechtsfortbildenden Funktion des „Systems" *Coing*, Systembegriff (1969, Fn. 23), 164 u. *Fikentscher, Methoden* des Rechts in vergleichender Darstellung. Bd. III. Mitteleuropäischer Rechtskreis, Tübingen 1976, 200.

Seinecke

seinen Urhebern und Adressaten und immer schon *gegeben*.[36] Unter den vielen ‚Erkennern' und ‚Formulierern' des Rechts sind nun die Juristen und Professoren Könige.[37] Sie sind die gebildetsten und erfahrensten im Formulieren und Fabulieren des Rechts – und ihr Prophet heißt Jhering.[38] Das bestätigt auch Jherings Polemik gegen die „politischen" Grenzen eines Rechts, die er als eine „demütigende, unwürdige Form für eine Wissenschaft" bezeichnet. Schließlich sind die Juristen auch in der Aneignung der Geschichte frei. Maßstab ist nur *das Recht* selbst, nicht die positiven Formulierungen und Versuche über das Recht:

> „Die überlieferten Formulierungen des Rechts der Vergangenheit sind die *Wegweiser*, nicht die *Grenzpfähle* seiner Forschung." (Geist I 35)

398 So wichtig klare Begriffe und das widerspruchsfreie System für Jhering sind, so wenig interessiert er sich für Politik und Gesetzgebungslehre. Eine Analyse der politischen Herstellung von Recht fehlt ganz. Jhering bietet keine Rechtstheorie für eine parlamentarische Demokratie, seine Zeit ist die des freien Bürgertums, das sich im Privatrecht als bürgerlichem Recht gegen die Zugriffe der monarchischen Politik zu allererst durch die **Autonomie** des Rechtssystems schützen muss. Diese Autonomie garantiert die wissenschaftliche Konstruktion und Dogmatik des Rechts. Nur eine freie Wissenschaft mit freiem Recht kann diese Aufgaben erfüllen. Der liberale Stern des freien und ungebundenen Rechts steht so auch über Jherings freier und autonomer Rechtswissenschaft.[39]

VII. Metaphysik und Praxis

399 Anders als die zwar *auch* dialektischen und schwierigen Verhältnisse von Methode und Interpretation, Dogmatik und Konstruktion, Recht und Recht, schließlich von Gesetz und Wissenschaft, bleibt das Verhältnis von Praxis und Metaphysik bei Jhering **chronisch unterbestimmt**.[40] Genauso wie er durchgängig von Praxis und Verkehrsbedürfnissen spricht, verspricht er andererseits ein Kern-„Recht im römischen Recht".[41] Seine an Metaphern reiche Sprache bewegt sich in idealistischen, naturwissenschaftlichen, geschichtsphilosophischen, evolutionistischen und schließlich auch juristischen Sprachspielen, die aber in keiner kohärenten Idealsprache ‚aufzuheben' sind. Jherings Sprachspielpluralismus bestimmt so schließlich auch das Verhältnis von Praxis und Metaphysik in seinem Konzept des Rechts, seiner Konstruktion und Interpretation.

400 Jherings **praktische Ausrichtung** lässt sich zunächst biographisch oder **werkbiographisch** belegen. Als erstes bezeugt dies seine Berufswahl. Jhering hatte die wissenschaftliche Laufbahn erst eingeschlagen, nachdem ihm der Zugang zum Richteramt aus poli-

---

36 Auf interessante Parallelen zwischen Jhering und der rechts-ethischen Anreicherung des „rechtlich geltenden Rechts" in der neueren sog. „Prinzipientheorie" und der sog. „Geschlossenheitsthese" bei Dworkin, Bydlinski und Alexy weist hin *R. Dreier*, Jherings Rechtstheorie – eine Theorie evolutionärer Rechtsvernunft, in: Jherings Rechtsdenken. Theorie und Pragmatik im Dienste evolutionärer Rechtsethik, hg. v. Behrends, Göttingen 1996 (zuerst 1993), 222-234, hier 231.
37 Vgl. zum Selbstverständnis der Rechtswissenschaft im 19. Jahrhundert *J. Schröder*, Recht (2001, Fn. 16), 248 f.
38 Vgl. auch *A. Merkel*, Jhering, in: Jahrbücher für die Dogmatik des heutigen römischen und deutschen Privatrechts 32 (1893), 6–40, hier 12: „Hohepriester".
39 Vgl. hierzu *Rückert*, Autonomie des Rechts in rechtshistorischer Perspektive, Hannover 1988.
40 Vgl. zur „Metaphysik" bei Jhering *Rückert*, Der Geist des Rechts in Jherings „Geist" und Jherings „Zweck", in: RG 5 (2004), 128–146 u. RG 6 (2005), 122–139, hier RG 5, 135–140.
41 So die griffige These von *W. Wilhelm*, Recht (1970, Fn. 29). Kritisch gegen Wilhelms These eines zeitlosen „Rechts im Recht" *Fikentscher*, Methoden III (1976, Fn. 35), 223, der die Entwicklungsperspektive des Rechts in Jherings „Geist" betont.

Seinecke

tisch-familiären Gründen verwehrt worden war. Als Sohn einer ostfriesischen Familie war ihm der Zugang zum Richteramt versperrt, nachdem sein älterer Bruder diesen Weg bereits eingeschlagen hatte.[42] Erst als Professor wurde er Teil von Spruchfakultäten, schrieb Rechtsgutachten und legte in seinem Unterricht großen Wert auf Fall- und Anwendungsübungen.[43] Aus diesen Übungen war schon 1847 die Sammlung „Civilrechtsfälle ohne Entscheidungen" entstanden, ein praktisches Studienbuch mit Fällen zur Eigenlösung ohne Lösungsvorgaben.[44] Auch für seine erste Monographie, die „Abhandlungen aus dem römischen Recht" von 1844, hatte Jhering seinem Verleger beteuert, dass er „nur solche [sc. Abhandlungen] aufgenommen" habe, an denen „ein praktisches Interesse" bestünde.[45] Zu den wichtigen praktischen Arbeiten gehören auch die zahlreichen und umfangreichen dogmatischen Aufsätze mit ihren Innovationen in den von Jhering seit 1857 herausgegebenen „Jahrbüchern für die Dogmatik des heutigen römischen und deutschen Privatrechts".

Jherings **spekulatives Faible** manifestiert sich auf der anderen Seite deutlich in seinen **Titeln und Überschriften**. Der geistreich-metaphysische und philosophisch-geschichtliche Titel „Geist des römischen Rechts auf den verschiedenen Stufen seiner Entwicklung" spricht für sich. Noch in den Korrekturbögen zur ersten Auflage hatte Jhering den fast naturrechtlichen Untertitel „Ein Beitrag zur Naturlehre des Rechts" gestrichen.[46] In den Kapitelüberschriften stehen dann Metaphysik und Praxis nebeneinander. Im ersten Teil des „Geists" behandelt Jhering z. B. die „Anforderungen, die in der Natur des Rechts enthalten sind" oder die „Anforderungen, die in dem Begriff der Geschichte liegen" (Geist I 25–58, 58–85). Im zweiten Teilband des zweiten Teils diskutiert Jhering dann den „Praktischen Werth des Formalismus" innerhalb des § 45 (Geist II-2 478–504) oder die „Praktikabilität des Rechts" im Rahmen von § 35 (Geist II-2 XXI).

Das Verhältnis von Praxis und Metaphysik bleibt bei Jhering kein äußerliches, sondern es ist ein ‚irgendwie' innerliches. Praxis und Metaphysik werden einander von Jhering

401

402

---

42 Statt vieler nur *Kunze*, Jhering (1992, Fn. 8), 12 f.; s. auch *Jhering* in Briefen (1913, Fn. 7), Brief Nr. 1 v. 5.4.1844.

43 Vgl. *Klippel* u. *Kröger-Schrader*, Rudolf von Jhering an der Juristischen Fakultät der Ludwigs-Universität Gießen, in: Rudolf von Jhering. Beiträge und Zeugnisse, hg. v. Behrends, Göttingen 1992, 31–37, hier 34 u. *A. Merkel*, Jhering (1893, Fn. 38), 14. Einen Rechtsfall, an dem Jhering als Gutachter beteiligt war, schildert sehr anschaulich *Fögen*, Lob der Pandektistik, in: Summa. Dieter Simon zum 70. Geburtstag, hg. v. Kiesow, Ogorek u. Simitis, Frankfurt am Main 2005, 179-205. Vgl. zum Rechtslehrer Jhering *Jäde*, Einführung in (2008, Fn. 34), 13-21 u. *E. Hirsch*, Jhering als Reformator des Rechtsunterrichts (Die Jurisprudenz des täglichen Lebens), in: Jherings Erbe, hg. v. Wieacker u. Wollschläger, Göttingen 1970, 89–100.

44 *Jhering*, *Civilrechtfälle* ohne Entscheidungen, Leipzig 1847, ab der 2. Aufl. Jena 1870, 5. letzte zu Lebzeiten erschienene Aufl. Jena 1888. Fortgeführt wurde der Band dann ab der 8. Aufl. 1897 bis zur 11. Aufl. 1909 von Ferdinand Regelsberger, in der 12. Aufl. 1913 von Theodor Kipp, ab der 13. Aufl. 1925 von Paul Oertmann, letzte 14. Aufl. 1932. Ab der 11. Aufl. änderte sich der Titel in „Zivilrechtsfälle ohne Entscheidungen". Aus einem Anhang zur 2. Aufl. der „Civilrechtsfälle" von 1870 macht Jhering dann eine weiteres Fallbuch: „Die Jurisprudenz des täglichen Lebens", Jena 1870, die zu seinen Lebzeiten in neun Auflagen erschien. Fortgeführt wurde diese Fallsammlung ab der 11. Aufl. 1897 von Otto Lenel, in der 12. Aufl. 1903 und der 13. Aufl. 1908 von G. Detmold und schließlich in der 14. Aufl. 1921 und der 15. Aufl. 1927 von Paul Oertmann. Einschränkend muss angemerkt werden, dass Jhering seine Pandekten-Praktika und auch die Fallsammlungen theoretisch-universitären Zwecken unterordnete: *„Ihr Nutzen ist nicht für das spätere praktische Leben berechnet, sondern noch für die Universität; anstatt den theoretischen Studien gegenüber als Zweck zu erscheinen, sollen sie umgekehrt ein bloßes Mittel derselben sein, ihnen dienen."* (siehe *Jhering*, Civilrechtsfälle, 1. Aufl. 1847, X; ähnlich auch noch in der 5. Aufl. 1888, VIII).

45 *Jhering* in Briefen (1913, Fn. 7), Brief Nr. 1 v. 5.4.1844 an die Firma Breitkopf und Härtel, 1.

46 Zur Signifikanz dieses Titels vgl. die Titel-Analyse bei *Rückert*, Kant-Rezeption in juristischer und politischer Theorie (Naturrecht, Rechtsphilosophie, Staatslehre, Politik) des 19. Jahrhundert, in: John Locke und/and Immanuel Kant. Historische Rezeption und gegenwärtige Relevanz, hg. v. M.P. Thompson, Berlin 1991, 144-215, hier 145–152, insb. 149.

nie entgegengesetzt. Beide Pole prägen sein Recht und seine Konstruktion gleichermaßen. Obwohl Jhering in seiner **Interpretationslehre** zunächst „Gedanken", „Geist" und vor allem „Logik" (und zwar inhaltliche) gegen das „Haften am Wort" ausspielt, betont er: *„auch die Logik fügt sich dem Interesse".*[47] Das gilt auch für das ‚Wesen' der Methode, das er als praktisches beschreibt:

> *„Die juristische Methode ist nicht etwas von außen ins Recht hineingetragenes, sondern die mit innerer Nothwendigkeit durch das Recht selbst geforderte einzige Art und Weise einer sicheren praktischen Beherrschung desselben."* (Geist II-2 312)

403 Diese Dialektik von Praxis und Metaphysik, die bei Jhering keinesfalls ‚klassisch' metaphysisch im Sinne einer versöhnlichen Einheit von Theorie und Praxis unter Führung der Theorie gedacht ist, sondern immer brüchig bleibt,[48] prägt auch Jherings Theorie der **Konstruktion.** Auch in seiner „juristischen Analyse" weist er, nachdem er das „Rechtsalphabet" freigelegt hat, auf das „praktische Bedürfniß (utilitas)" hin (Geist II-2 337). Und selbst in den höchsten Höhen der „höheren Jurisprudenz" vergisst er die Praxis nicht. Die „praktische Aufgabe" und „das Zweckmoment" seien „höchst wichtig, ja unerläßlich" für das „Verständnis" der „juristischen Körper" (Geist II-2 364).[49] Im Schlusswort zur juristischen Technik nennt Jhering dies dann: *„die Philosophie des praktischen Zwecks"* (Geist II-2 389).

404 Schließlich zeugt auch das **Recht im Recht** von der **unbestimmten Dialektik** in Jherings Praxis und Metaphysik. Er entwickelt es zunächst (anatomisch) in den „äußersten Spitzen" des Rechts (Rechtssätze) und führt es bis in die Tiefen der juristischen Konstruktion (Rechtsbegriff und -institut). Erst dann verflüchtigt er das Recht in seinem „Geist", seiner „Seele" und seiner „Psyche" in ein metaphysisches Recht, das zur Triebkraft des ganzen Rechts wird, um es dann in den Funktionen des Rechts (physiologisch) an praktische Zwecke und Brauchbarkeit im Leben zurückzubinden. Jherings „juristische Symptomatik" in der er die „Innerlichkeit des Begriffes auf die Außenseite" verlegt, wird zu einer *pragmatischen Metaphysik.*[50]

405 In Interpretationslehre, Konstruktionsjurisprudenz und Rechtsbegriff kreuzt Jhering durchgehend pragmatische, idealistische, praktische oder metaphysische Sprachspiele, die aber verschiedene Sprachen sprechen. „Innere Nothwendigkeit" zur „praktischen Beherrschung" (Methode), „Philosophie des praktischen Zwecks" (Konstruktion) und „Innerlichkeit des Begriffes auf der Außenseite" (Recht). Überall operiert Jhering in einer **pragmatischen Metaphysik.** Er will zwei Dinge, die aber gemeinsam und gleichzeitig nicht zu haben sind. Als praktisch informierter Jurist kann Jhering die Praxis nicht ausblenden. Als philosophisch ambitionierter Jurist will er die Praxis nicht zum letzten Maß seiner Theorie erheben.

406 Diese permanente Ambivalenz tritt schließlich in Jherings Forderungen an seine „heutige Wissenschaft" offen zu Tage (Geist I 16–25). Deutlich warnt er vor einer Hypostasierung

---

47 Vgl. oben III., Rn. 361-367 u. VI., Rn. 393.
48 Zum Einstieg in den Begriff der Metaphysik sehr anschaulich *Lutz-Bachmann*, Postmetaphysisches Denken? Überlegungen zum Metaphysikbegriff der Metaphysikkritik, in: Zeitschrift für philosophische Forschung 56 (2002), 414–425. Die ganze Vielgestaltigkeit des Begriffs „Metaphysik" eröffnen die Artikel „Metaphysik" und „Metaphysikkritik" von *Oeing-Hanhoff*, *Kobusch* und *Cloeren* im Historischen Wörterbuch der Philosophie. Bd. 5, hg. v. J.Ritter u. Gründer, Basel 1980, Sp. 1186–1279 u. 1280–1294.
49 Anders die Interpretation von *Coing*, Systembegriff (1969, Fn. 23), 166.
50 Vgl. oben V., Rn. 390 f.

der Wissenschaft, die seine offensichtlich spekulativen Körperwelten allzu wörtlich näh-
me:

> „Die Wissenschaft des Rechts statuirt keine *Organismen*, so wie die organische Chemie –
> sie löst dieselben auf; aber daraus zu folgern, daß die praktische Function der Rechtsver-
> hältnisse dadurch beeinträchtigt werde, wäre um nichts besser als zu glauben, daß die Ana-
> lyse des Chemikers, statt die Natur zu verstehen, sich mit ihr in Widerspruch setzen wollte."
> (Geist II-2 351)

So sehr er sich von einer juristischen Ontologie distanziert, die praktische Funktion des
Rechts und wissenschaftliche Begriffe miteinander vermengt, bekennt er sich zur Rechtswissenschaft als Jurisprudenz als Praxis, ohne sie aber auf das Praktische beschränken
zu wollen. Durchgängig nennt er sie eine „praktische Wissenschaft" oder spricht von
„ihrer praktischen Tendenz" (Geist I 19, 22), während er gleichzeitig „eine Kritik des
Rechts überhaupt" und eine „allgemeine Lehre" von der „Natur und Erscheinungsform
des Rechts überhaupt" offenzulegen versucht (Geist I 23). Programmatisch erhebt er
diese **Zweiseitigkeit des Rechts** auch zur Aufgabe der Rechtswissenschaft:

> „Sie ist *die* practische Wissenschaft, wo das speculative Talent sich wie in keiner anderen
> verwerthen läßt, *die* Wissenschaft, wo wenn irgendwo die dialectische Methode, die trei-
> bende Kraft des Begriffs zur Wahrheit wird. Nur der Unkundige kann es belächeln, wenn
> die Jurisprudenz, ich meine nicht die Rechtsphilosophie, sondern jene von den Philosophen
> oft über die Achsel angesehene practische Jurisprudenz, die *Dogmatik*, sich, wie *Ulpian*
> … es thut, Philosophie nennt." (Aufgabe 19)[51]

„**Dogmatik**" als „**Philosophie**"? „Philosophie" als „Dogmatik"? „Practische Wissenschaft" mit „speculativem Talent" und „dialektischer Methode", das ist gemeinsam genauso wenig zu haben wie Recht „überhaupt" zusammen mit „praktischer Tendenz".
Dennoch projiziert Jhering diese Hoffnung in ein Lob der römischen Jurisprudenz:

> „Sie betätigte sich nicht minder in der Gesetzgebung als in der Jurisprudenz, in der Samm-
> lung und Verwertung der praktischen Erfahrungen nicht minder als in den theoretischen
> Formulierungen, in der Erfindung und der Umgestaltung der Rechtslage nicht minder als
> in ihrer Anwendung. Ein klares Auge für das, was dem Leben not tat, eine sichere und
> geschickte Hand in der Wahl der richtigen Mittel, ein offenes Ohr für die Anforderungen
> der Gerechtigkeit und Billigkeit, der Mut, den Lockungen der Konsequenz zu widerstehen,
> wo sie mit den realen Interessen in Widerspruch gerät …" (Geist I 20).

„Gesetzgebung" und „Jurisprudenz", „praktische Erfahrungen" und „theoretische For-
mulierungen", „Umgestaltung der Rechtslage" und „Anwendung" derselben, „Leben",
„Gerechtigkeit", „Billigkeit", „Mut" und „reale Interessen", freilich auch „juristische
Methode" (Geist I 20) – all das hätten die römischen Juristen gleichermaßen geleistet.
Jhering kennt keinen Kompromiss, sondern nur fragmentierte ‚Versöhnung' und gekit-
tete Brüche. Ob in seiner Biographie, seinem Werk, seinen Methodenlehre und seiner
Dogmatik, in seinem Rechtsbegriff und seinen Forderungen an die Wissenschaft, es bleibt
dabei: Jhering will den „Charakter eines Rechts" nicht „auf eine kurze Formel" zurück-

---

51 Siehe hierzu den römischen Klassiker Ulpian in den Digesten 1.1.1. principium 1.: „Mit Grund kann man uns
Priester der Gerechtigkeit nennen. … Damit streben wir, wenn ich mich nicht täusche, wahrhaft nach Philo-
sophie, nicht nur dem Anschein nach." Übersetzung nach *Behrends, Knütel, Kupisch* u. *Seiler*, Corpus Iuris
Civilis. Text und Übersetzung, II, Digesten 1–10, hg. v. *dens.*, Heidelberg 1995. Selbstverständlich spricht die
Stelle anders als Jhering nicht von Dogmatik.

führen (Geist II-2 IX). Als „durch die Praxis über die Praxis hinaus" oder als „in der Metaphysik aus der Metaphysik heraus" ließe sich das berühmte Bonmot von Jhering abwandeln,[52] wenn er es nicht selbst gesagt hätte: Die Rechtswissenschaft dürfe sich „um practisch zu sein, ... nicht auf das Practische beschränken" (Aufgabe 18).[53]

So wie der späte Jhering zugleich „theoretischer Utilitarist" und „praktischer Idealist" sein kann,[54] ist der frühe Jhering weder nur Praktiker, noch nur metaphysischer „Begriffsjurist", nicht nur Positivist und auch nicht nur Naturalist, weder nur Materialist, noch nur Formalist.[55] Jherings „Entwicklungszeit" fällt wie er selbst schreibt „in eine Periode ... wo die Philosophie in Misscredit" gefallen ist und er nennt sich deshalb auf dem „Gebiet" der Philosophie einen „Dilettant" (Zweck I IX). Nach dem Tod Hegels ist das 19. Jahrhundert ein Jahrhundert voller Philosophie und keiner. Gerade deshalb muss man sich nicht scheuen, diesen philosophischen Dilettanten und Eklektiker, der zu viel vom Recht weiß, als dass er es in eine „kurze Formel" pressen wollte, einen „praktischen Metaphysiker" oder „metaphysischen Pragmatiker" zu nennen. Praxis und Metaphysik ‚versöhnt' Jhering und hebt sie in seiner „Philosophie der praktischen Jurisprudenz" auf, ohne dass er die notwendige synthetische Leistung überzeugend darlegen kann – er kommt über eine *pragmatische Metaphysik* nicht hinaus.

VIII. Sechs Thesen zu Jherings „Begriffsjurisprudenz"

410   1. Jhering setzt in seiner **Methodenlehre** auf „Geist" und (inhaltliche) „Logik", nicht auf Wortlaut und Buchstabenbindung. Zwar unterscheidet er die Auslegung von Rechtsgeschäften und die Auslegung von Gesetzen und betont die Sicherheit, die die Wort-Bindung dem Rechtsgeschäftsverkehr gerade gegenüber subjektiven Ansichten von Richtern gewährleistet; doch in der Auslegung des Gesetzes, wendet er sich offen vom Gesetz ab. Sein Herz schlägt für den Geist und Geister lassen sich nicht in Buchstaben pressen. An die Stelle der Berechenbarkeit des Wortes setzt er ein „praktisches Bedürfnis", die „Interessen des Lebens" oder eine „praktische Angemessenheit".

2. Wichtiger als Jherings Methodenlehre i.e.S. ist seine Konstruktionsjurisprudenz oder **Theorie der Dogmatik**. Auch hier geht es um Methode, genauer um „naturhistorische Methode". Sie bildet den methodischen Kern von „System", „Konstruktion" und „juristischem Körper", die als produktive Jurisprudenz in einem „höheren Aggregatzustand" schweben. Diese Methode ist höchst spekulativ, weil ihre Metaphern „Rechtsbegriffe" und „Rechtsinstitute" zu „juristischen Existenzen" hypostasieren und dadurch der Einsichtskraft eines Sehers bedürfen. Jhering bindet seine Konstruktion und sein System aber auch an Praxis und positives Recht. Trotzdem bleibt der produktive Kern dieser Jurisprudenz bis zum Schluss dunkel und durchsetzt von metaphysischen Resten (also Möglichkeiten), die ohne Spekulation nicht zu durchschauen sind.

3. Jherings **Rechtsbegriff** ist hoffnungslos **janusköpfig** verfasst. Seine „anatomische Betrachtung" des Rechts führt ihn über die praktische Logik von Rechtssatz und Rechtsbegriff in einem „psychischem" Exkurs zum „Geist" des Rechts. In diesem Geist steigt Jhering in den von ihm später verspotteten „Begriffshimmel" hinauf. Das ist aber nur das eine Gesicht von Jherings Recht. In der „physiologischen Betrach-

---

52 Siehe oben IV., Rn. 380.
53 Vgl. auch Geist II-2 386, 388 f.
54 So sein Schüler *A. Merkel*, Jhering (1893, Fn. 38), 30.
55 Von einer „doppelten Aufgabe" spricht *Rückert*, Geist, RG 6 (2005, Fn. 40), 129–131.

tung" bindet er das Recht maßgeblich an seine „formale Realisierbarkeit" und Praktikabilität und provoziert einen Widerspruch zu seiner ersten Rechtsbetrachtung, den er nur ‚dialektisch' auflösen kann. Jhering muss sein doppeltes Recht, also anatomische Begriffslogik und physiologische Pragmatik in einer „juristischen Symptomatik" befrieden und ergibt sich einer pragmatischen Metaphysik.

4. **Gesetz und Wissenschaft** konstruiert Jhering **zulasten des Gesetzes**. Das Gesetz geht im Geiste des Juristenrechts unter. Das Motto der Dogmatik lautet: „Nicht-Quellenmäßigkeit". Zwar bestreitet er die Macht des Politisch-Positiven nicht, doch er beschränkt sie auf einen juristischen Pointillismus. Die Kraft des Rechts liegt nicht in der *lex*, sondern im *corpus iuris* als geschlossenem Rechtskörper, der allein von der Jurisprudenz als Rechtswissenschaft produziert und kontrolliert wird. Mit dieser konstruktiven Jurisprudenz begründet Jhering die Autonomie seiner Rechtswissenschaft, die ihn und sein bürgerliches Recht von allen Politiken seiner Zeit (vor allem von der Monarchie, später auch dem Parlament) befreit. Die Jurisprudenz als praktische Wissenschaft thront über dem Gesetz und liefert dem Privatrecht das kritische Potential gegen seine Polis.

5. Unscharf und dunkel ist schließlich das Verhältnis von **Praxis und Metaphysik** bei Jhering. Der praktisch veranlagte und ambitionierte, aber philosophische „Dilletant" Jhering rettet sich aus der Praxis immer wieder in Metaphysik und *vice versa*. Seine Interpretationslehre, seine Konstruktionstheorie und auch sein Rechtsbegriff sind sowohl pragmatisch als auch metaphysisch verfasst. Dementsprechend widersprüchlich fallen die Forderungen an die Jurisprudenz als Rechtswissenschaft aus: „spekulativ", „dialektisch", „philosophisch" aber auch „dogmatisch", „praktisch", „anwendungsorientiert" solle sie sein – das geht nicht zusammen und zeugt den Bastard einer **pragmatischen Metaphysik**.

6. Mit dieser These einer pragmatischen Metaphysik bei Jhering ist die berühmte „Damaskus"-Behauptung von und über Jhering zur Hälfte widerlegt. Zwar hat sich der Jhering der 1850er Jahre immer fleißig um metaphysische Sprachspiele bemüht, er hat dabei aber nie die Praxis und das Praktische aus den Augen verloren. Jherings „praktische Bedürfnisse", sein Sinn für die „Interessen des Lebens" oder die „praktische Angemessenheit" und selbst sein ambivalenter Respekt vor dem Gesetz haben seine metaphysischen Begriffsanwandlungen *nie* überhand nehmen lassen. Das belegt auch das folgende berühmte Beispiel, durch das er, wie er selbst behauptet, von der Begriffsjurisprudenz zur Zweckjurisprudenz bekehrt worden sein soll. Jherings pragmatische Metaphysik sitzt nie dem reinen Eigenleben oder der puren Eigenlogik der Begriffe auf – und nur das wäre „Begriffsjurisprudenz" im idealen Sinne.

IX. Zum Beispiel die „Gefahr beim Kaufcontract"

Jherings Beispiel ist ein aus dem Leben gegriffener Fall. Es ist der Fall, den Jhering auf seine Begriffsjurisprudenz zurückblickend zu seinem Damaskuserlebnis stilisiert. Der Praktiker Jhering hatte ihn als Teil der Gießener Spruchfakultät zu entscheiden: In den 50er Jahren des 19. Jahrhunderts bot ein „englisches Handlungshaus X" einem anderen „englischen Hause B" mehrere „Schiffsparten"[56] an „Rostocker Schiffen" zum Verkauf an, ohne dass es zu einem Vertragsschluss kam. Am 27. August desselben Jahres verkaufte das Handelshaus X „eins dieser Schiffsparten, das an dem Schiffe Z" an den

411

---

56 Bei Schiffsparten (von lat. *pars*, d.h. Teil) handelt es sich um die Anteile, die ein Mitreeder an einem Schiff hält (vgl. heute §§ 389, 391 HGB).

„Kaufmann A". Am 24. September verkauft X nun seine „sämmtlichen Schiffsparten" an das Handelshaus B, also die Anteile an dem Schiff Z ein zweites Mal. Erst am 21. Oktober erfährt X, dass dieses Schiff Z „in der Nacht vom 1. auf den 2. October untergegangen sei".[57] Kurz: ein Doppelverkauf: X hat seine Anteile an dem Schiff Z sowohl an A als auch an B verkauft. Noch bevor X und A den Vertrag rückgängig machen, ist das Schiff Z im wörtlichen Sinne untergegangen.[58] Die *quaestio iuris* lautet nun: Wer trägt die Gefahr für diesen *casus*?[59] Wer haftet für den zufälligen Untergang einer verkauften, aber noch nicht übergebenen Sache? An wem haftet der unverschuldete Schaden? Konkreter am Fall heißt das: Muss A oder muss B oder müssen gar beide den Kaufpreis zahlen, auch wenn sie keine Gegenleistung mehr erhalten, weil das Schiff Z vor Übergabe untergegangen ist?

412 Heute wird die Frage in § 446 S. 1 BGB geregelt: „Mit der Übergabe der verkauften Sache geht die Gefahr des zufälligen Untergangs und der zufälligen Verschlechterung auf den Käufer über." Bis zur Übergabe trägt also grundsätzlich der Verkäufer das Risiko und im Falle des zufälligen Untergangs der Kaufsache erhält er weder Kaufpreis noch Schadensersatz. Ähnlich lag das englische Recht der Zeit. Das ist wichtig für Ansprüche im Verhältnis der beiden englischen Handelshäuser X und B. Denn zwischen beiden galt englisches Recht, so dass X gegen B keinen Kaufpreisanspruch geltend machen konnte.[60]

413 Nach dem rezipierten **gemeinem römischen Recht**, also Jherings Recht der Pandekten, galt hingegen eine andere Verteilung der Gefahr für den *casus*. Vom Vertragsschluss bis zur Übergabe der Kaufsache (und danach sowieso) haftete (anders als im heutigen Recht) der Käufer (nicht der Verkäufer) für den zufälligen Untergang der Kaufsache. Wenn also eine verkaufte Sache beim Verkäufer vor der Übergabe zufällig untergegangen war, konnte dieser vom Käufer weiter den Kaufpreis fordern, auch wenn der Anspruch des Käufers auf Übergabe und Übereignung gemeinsam mit der Sache untergegangen war. Deswegen klagt X, der Verkäufer der Schiffsparten, nun gegen A, den Erstkäufer der Schiffsparten, auf Zahlung des Kaufpreises. Dieser stand ihm nach dem zufälligen Untergang der Kaufsache am 1. bzw. 2. Oktober zunächst auch weiter zu. In letzter Instanz musste die Sache von der Gießener Spruchfakultät entschieden werden und Rudolf von Jhering führte das „Referat" in diesem Fall (Gefahr 451, 453).

414 Diese Rechtssache fiel Jhering aber nicht zum ersten Mal zu. Zu dem Rechtsproblem hatte er sich „im Vorbeigehen" (Gefahr 450) schon **1844 an zwei Stellen** in seinen „Ab-

---

57 Der ausführliche Sachverhalt findet sich bei *Jhering*, Beiträge zur Lehre von der Gefahr beim Kaufcontract, in: Jahrbücher für die Dogmatik des heutigen römischen und deutschen Privatrechts 3 (1859), 449–488 u. 4 (1861), 366–438, hier Bd. 3 (1859), 451 f. Im Folgenden werden Passagen aus dem ersten Teil des Aufsatzes mit dem Kurztitel *Gefahr* im Text zitiert.

58 Weitere wichtige aber nicht unstrittige Probleme des Sachverhalts wie die einverständliche Auflösung des Kaufvertrags zwischen X und A am 18. Oktober, die mögliche Redlichkeit des Verkäufers, die mögliche Kenntnis des A vom Untergang des Schiffes schon am 13. Oktober und die Verhinderung der vollständigen Tradition des Eigentums an den Zweitkäufer B durch A bleiben in diesem Beispiel außen vor (vgl. Gefahr 452 f.). Sie lenken von der juristischen Rechtsfrage ab.

59 Zum Problem der Gefahrtragung beim Kauf in historischer Perspektive jetzt vor allem *Ernst*, in: Historisch-Kritischer Kommentar zum BGB, Bd. III, hg. v. Schmoeckel, Rückert u. Zimmermann, Tübingen in Vorbereitung, §§ 446, 447, Rn. 5; *ders.*, Der zweifache Verkauf derselben Sache – Betrachtungen zu einem Rechtsproblem in seiner europäischen Überlieferung, in: Kaufen nach römischem Recht. Antikes Erbe in den europäischen Kaufrechtsordnungen, hg. v. Jakab u. Ernst, Berlin u. Heidelberg 2008, 83–103, insb. 100 f. u. *H. H. Jakobs*, Lucrum ex negotiatione. Kondiktionsrechtliche Gewinnhaftung in geschichtlicher Sicht, Tübingen 1993, 54–86, insb. 69–74.

60 So die von Jhering wiedergegebene Behauptung des X, vgl. Gefahr 452 f.

handlungen aus dem Römischen Recht" geäußert.[61] Die Quintessenz mit Blick auf unser Beispiel lautete: „Wenn der Verkäufer aus eigennütziger Absicht die verkaufte Sache noch einmal veräußert, so braucht er, selbst wenn die Sache durch casus untergegangen ist, der Käufer also den Kaufpreis zahlen muß, ohne die Sache zu bekommen, dennoch den vom zweiten Käufer erhaltenen Preis nicht zu restituiren" (Abhandlungen 59). Jherings Antwort bezieht sich mit diesem Rechtssatz aber auf ein anderes Rechtsproblem als das oben geschilderte.[62] Er bespricht nicht den durch einen *casus* begünstigten (unredlichen) Verkäufer, der von zwei Käufern *einer* Sache *zweimal* den Kaufpreis einfordert. Jhering behandelt vielmehr die Frage des *lucrum propter negotiationem perceptum*, d.i. die Frage nach der *Herausgabe des Gewinns*, den jemand aus dem Geschäft mit einer (sachen- oder schuldrechtlich) herauszugebenden Sache macht (vgl. Abhandlungen 58-86). Jherings These lautet, „daß der, welcher blos zur Herausgabe einer Sache, nicht aber zu einem positiven Handel verpflichtet ist, das durch irgend eine Disposition mit der Sache gewonnene nicht herauszugeben braucht" (Abhandlungen 59). Stattdessen haftet dieser, sofern er haftet, nur auf den (objektiven) Sachwert.

In Jherings Abhandlung von 1844 steht also nicht die Leistung des Käufers im Vordergrund, sondern die **Ersatzpflicht des Verkäufers**, etwa gegenüber einem Eigentümer.[63] Jhering baut dabei vor allem auf das Argument, dass „der Verpflichtete sich nicht durch das Anbieten des für die Sache erhaltenen Preises befreien" dürfe (Abhandlungen 59). Dies würde „anstatt dem Vindicanten einen Vorteil zu gewähren, ihm in den meisten Fällen schaden" (Abhandlungen 72). Nicht nur dass Jhering 1844 eine andere Fragestellung verhandelt, er argumentiert auch nach heutigen Maßstäben nicht sonderlich ‚begriffswütig', sondern mit Blick auf die Interessen der an dem Rechtsverhältnis typischerweise Beteiligten. Wenn Jhering sich zudem mehrfach gegen falsche „Milde" und zugunsten „juristischer Consequenz" ausspricht (Abhandlungen 71 f.), geschieht dies nicht aus Selbstzweck, sondern mit dem Ziel, eine bestimmte Wertung in einen Rechtssatz zu übersetzen. 415

Diese nur „im Vorbeigehen" getroffenen Aussagen aus dem Jahr 1844 bewertet Jhering im Angesicht des ihm zur Entscheidung vorliegenden Falles nun neu. Und er stilisiert diesen ‚Meinungsumschwung' zu einer Bekehrung in doppelter Weise. 1859 nutzt er ihn als rhetorisches Mittel, um das Aufbegehren seines Rechtsgefühls[64] zu unterstreichen: „Nie in meinem Leben hat mich ein Rechtsfall in dem Maße ... in Gemüthsaufregung versetzt .... Meine eigene ... Ansicht zur Anwendung zu bringen, dagegen lehnte sich Alles, was von Rechtsgefühl und juristischem Takt in mir war, auf's Entschiedenste auf ..." (Gefahr 451). 1884 deutet Jhering den „Umschwung" methodisch, um seiner zweiten Methodenphase einen historischen Anfang zu geben: „Der in meiner Abhandlung ... berichtete Fall ..., öffnete mir die Augen, ... die Worte, mit denen ich die Zurücknahme 416

---

61 Vgl. Jhering, Abhandlungen aus dem Römischen Recht, Leipzig 1844, 59, 71, im Folgenden mit dem Kurztitel *Abhandlungen* im Text zitiert. Jhering verweist auf beide Stellen, vgl. Gefahr 450, Anm. 2. Zu Jherings Lösung des Problems von 1844 ausführlich *U. Falk*, Windscheid (1989, Fn.), 52–63.

62 In dieser Verwechslung der Fragestellungen sieht auch Jhering den Grund für die ihm später abwegig erscheinende Ansicht, vgl. Gefahr 454. Dies wird auch in beiden von Jhering genannten Stellen deutlich, vgl. Abhandlungen, 58 f. u. 70–73.

63 Vgl. zu der zentralen Digestenstelle *U. Falk*, Windscheid (1989, Fn. 5), 57.

64 Für Jherings Culpa Aufsatz deutet Schanze Jherings Topoi der „Unbilligkeit", der „praktischen Trostlosigkeit" und des „richtigen praktischen Gefühls" gegen Larenz und Esser nicht als „Rekurs auf ‚rechtsethische Prinzipien', sondern" als „eine Darstellung *eines ästhetischen Makels am System, der konstruktiv* zu beseitigen ist" (siehe *Schanze*, Culpa in contrahendo bei Jhering, in: Ius Commune 7 (1978), 326–357, hier 336). Auch wenn Schanzes Kritik an Larenz und Esser zutrifft, so schießt er mit seiner Deutung von „Billigkeit" und „Gefühl" als „ästhetische Makel" über das Ziel hinaus.

der von mir früher verteidigten Ansicht begleitete …, … enthalten den ersten öffentlichen Schritt in die neue Bahn." (Scherz 339, Anm. 1)

417   Vergleicht man nun Jherings Darstellung der „Gefahr beim Kaufcontract" in dem zweiteiligen Aufsatz im dritten und vierten Band der „Jahrbücher" von 1859 und 1861 mit den beiden dogmatischen Abhandlungen im ersten und zweiten Band der „Jahrbücher" von 1857 und 1858 zur „Uebertragung der Reivindicatio" und zur „Mitwirkung für fremde Rechtsgeschäfte"[65] oder auch zu Abhandlungen aus den folgenden Jahren, etwa dem großen Aufsatz zur „Culpa in contrahendo",[66] so ist bei flüchtiger Durchsicht **kein grundsätzlicher Umschwung** festzustellen.[67] Als praktischer Dogmatiker bleibt sich Jhering wohl noch viel mehr treu als er es als Theoretiker tut, selbst wenn Jhering gerne Gegenteiliges behauptet. Wie aber löst Jhering den Fall methodisch-dogmatisch? Wie entscheidet er die quaestio iuris zum casus bei einer Verkauften, aber noch nicht übergebenen Sache? Kann der Verkäufer, der eine Sache doppelt verkauft hat, den Kaufpreis auch nach Untergang der Sache von beiden Käufern fordern?

418   Der erste Teil der „Beiträge zur Lehre von der Gefahr beim Kaufcontract" steht unter der Überschrift: „Ueber den Sinn des Satzes: Der Käufer trägt die Gefahr, mit besonderer Beziehung auf den Fall des mehrfachen Verkaufs". Nur dieser Teil interessiert hier. Jhering analysiert und konstruiert das Problem in sechs Schritten: (1.) Einleitung, Rechtsproblem und -fall (Gefahr 449–453), (2.) Lösungsalternativen (Gefahr 453–461), (3.) Zweck und Grund des problemlösenden Rechtsprinzips (Gefahr 461–466), (4.) Sinn bzw. Bedeutung des Rechtsprinzips (Gefahr 466–476), (5.) Argumentative Rechtfertigung des Rechtsprinzips (Gefahr 476–484), schließlich (6.) dogmatische Konstruktion der Lösung (Gefahr 484–488).

419   Nachdem Jhering (1.) im einleitenden Abschnitt das Rechtsproblem, sein Rechtgefühl, seinen Umschwung und den Sachverhalt geschildert hat, wendet er sich (2.) den Lösungsalternativen zu. Er diskutiert römische Quellen, „allgemeine Principien" (Gefahr 455), die gelehrte Literatur seiner Zeit sowie die Lösung des Gerichts zweiter Instanz. Keine der dogmatischen Lösungen überzeugt Jhering. Sicher ist er sich in diesen beiden ersten Schritten nur des Ergebnisses: der Verkäufer muss den Kaufpreisanspruch mit der Sache verlieren.

420   Von hier an sucht Jhering nach einer *systemverträglichen* Lösung. Dieser Anspruch darf nicht unterschätzt werden. System und Systemverträglichkeit sind das Maß, an dem Jhering die konkrete Falllösung misst. Die Regeln der Konstruktion gelten auch für den Ort der Gefahrtragungsregel im System. Sie muss mit positiven Sätzen in Einklang gebracht werden können, darf keine Wertungswidersprüche zur Folge haben und sollte auch hübsch ins System passen. Auf dem Weg zu einer solchen Lösung erläutert Jhering (3.) Zweck und Grund der (positiven) römischen Regel (periculum est emptoris), die die Ge-

---

65   *Jhering*, Uebertragung der Reivindicatio auf Nichteigenthümer (Cession derselben, reiv. utilis, Conossement), in: Jahrbücher für die Dogmatik des heutigen römischen und deutschen Privatrechts 1 (1857), 101–188; *ders.*, Mitwirkung für fremde Rechtsgeschäfte, in: Jahrbücher für die Dogmatik des heutigen römischen und deutschen Privatrechts 1 (1857), 273–350 u. 2 (1858), 67–180. Gut verfügbar sind die dogmatischen Aufsätze in *Jhering*, Gesammelte Aufsätze. 3 Bände, Jena 1881, 1882, 1886, 2. Neudruck Aalen 1981 oder in der digitalisierten Zeitschriftensammlung des Max-Planck-Instituts für europäische Rechtsgeschichte.

66   Vgl. *Jhering*, Culpa (1861, Fn. 11).

67   Vgl. auch *A. Merkel*, Jhering (1893, Fn. 38), 12 f. Für die *culpa in contrahendo* zeigt dies *Schanze*, Culpa (1978, Fn. 64), 331–340; vgl. weiter *Choe*, Culpa in Contrahendo bei Rudolph von Jhering, Göttingen 1988 und *Medicus*, Zur Entdeckungsgeschichte der *culpa in contrahendo*, in: Iuris Professio. Festgabe für Max Kaser zum 80. Geburtstag, hg. v. Benöhr, Hackl u.a., Wien u.a. 1986, 169–181.

Seinecke

fahr des zufälligen Untergangs einer Sache auch vor Übergabe dem Käufer zuschiebt (Gefahr 461–466). Hierfür erklärt er die typische Kaufsituation, auf der die einfache Gefahrtragungsregel zulasten des Käufers beruht:

> „Ein Aufschub der Leistung nach Abschluß des Contracts kann allerdings zufällig in den concreten Verhältnissen der Personen und der Sache begründet sein, in dem Begriff des Kaufcontracts als solchem liegt er nicht. Die natürlich-einfache – und wie ich glaube, auch die historisch-ursprüngliche – Form desselben besteht darin, daß Abschluß und Erfüllung zusammenfallen; Kaufen und Verkaufen ist sofortiges Nehmen (emere) und Geben (venum dare). Bei dieser einfachsten Gestalt des Geschäfts geht mit dem Abschluß desselben die Gefahr auf den Käufer über, die Frage von der Gefahr beantwortet sich hier von selbst oder richtiger sie wirft sich gar nicht einmal auf. Anders aber, wenn jene beiden Momente: Abschluß und Erfüllung des Contracts, auseinanderfallen und dadurch der Einwirkung des Zufalls in der Zwischenzeit Raum geboten wird." (Gefahr 463 f.)

Ausgangspunkt sind also Barkäufe. Erst durch eine andere Form des Warenkaufs entsteht die Notwendigkeit einer besonderen Verteilung der Gefahr. Wenn Kauf und Übergabe der Sache auseinanderfallen, also in komplexeren Kaufverhältnissen, muss der *casus* des unverschuldeten Untergangs neu verhandelt werden: „Wer hat hier, wenn die Parteien darüber kein Uebereinkommen getroffen, die Gefahr des Zufalls zu tragen?" (Gefahr 464) Normativ behauptet Jhering: „Wer den Aufschub verschuldet, hat den Schaden zu tragen." (Gefahr 464) Und das sei im Regelfall der Käufer (vgl. Gefahr 465). Der Verkäufer werde durch diese Verschiebung der Gefahrtragung für die „Entziehung der weitern Verkaufsbefugnis" entschädigt (Gefahr 465). **421**

Nachdem Jhering Zweck und Grund der römischen Gefahrtragungsregel erklärt hat, wendet er sich (4.) deren Sinn und Bedeutung zu. An dieser Stelle demonstriert Jhering seine ganze juristische Phantasie und seine originelle Lösung. Der Sinn der Gefahrtragungsregel, die den Kaufpreisanspruch trotz *casus* aufrecht erhält, habe „nicht den Charakter einer gewöhnlichen Geldforderung, welche nichts soll als dem Berechtigten Geld verschaffen, sondern den einer *Ersatzforderung*" (Gefahr 467 f.). Jhering macht aus der Regel über die Gefahrtragung für die Gegenleistung eine Schadensersatznorm und gibt ihr dadurch einen vollkommen neuen Platz im System. Sie gehört nun nicht mehr zum Regelungsgebiet der Unmöglichkeit und ist damit aus dem System des Kaufrechts herausgelöst. Statt dessen ordnet er sie dem Schadensersatzrecht zu. Und diese Forderung „fällt weg, wenn der Verkäufer durch den Untergang der Sache keinen Schaden erlitten hat" (Gefahr 468). Der Sinn der Gefahrtragung als Schadensregel, also ihr Geist und ihr neues System, überformen ihre einfache Gestalt, d.h. ihren Buchstaben. Nicht in jedem *casus* bleibt danach dem Verkäufer der Kaufpreisanspruch erhalten, sondern nur, wenn er einen Schaden erlitten hat. Die verschiedenen Fälle schadloser Verkäufer erörtert Jhering dann ausführlich (vgl. Gefahr 468–476) und natürlich auch den Fall des mehrmaligen Verkaufs (Gefahr 474–476). Verwunderlich ist hierbei, dass die von Jhering vorgeschlagene Lösung nicht zu dem von ihm zu Beginn der Abhandlung heftig beschworenen Rechtsgefühl passt. Da das englische Handelshaus X in dem Fall eben nicht schadlos bleibt und es keinen Anspruch gegen B hat, müsste der Kaufpreisanspruch gegen A also weiter Bestand haben. Diese Frage aber geht trotz Jherings vieler Bemerkungen zu Leben, Rechtsgefühl und juristischem Takt in Jherings dogmatischem Eifer unter. **422**

Diesen besonderen Sinn der Gefahrtragungsregel sichert Jhering (5.) mit allgemeinen Argumenten, Wertungen und Quellenstellen weiter ab (Gefahr 476–484). Schon das **423**

„Resultat" genüge „den Anforderungen des natürlichen Rechtsgefühls", sei „praktisch" erträglich und schütze „das römische Recht vor dem doppelten Vorwurf der Unbilligkeit und Inconsequenz" (Gefahr 477). Wieder scheut Jhering die einseitige Begründung und rechtfertigt seine neue Dogmatik der Gefahrtragung als gleichzeitig, „praktisch", „billig" und „konsequent". Auch „der quellenmäßigen Begründung" aus den Digesten als „dem eigentlich entscheidenden Punkt" des juristischen Begründens wendet sich Jhering zu, selbst wenn er nur spärliche Anhaltspunkte für seine Rechtsauffassung findet (vgl. Gefahr 478 f.) und nur feststellen kann, „daß uns die Quellen wenigstens nicht *entgegenstehen*" (Gefahr 480). Dann entblößt Jhering den Kern seiner Begründung:

> „Wer unter Begründung ausdrückliche Quellenäußerungen versteht, wer nur Stellen, nicht aber die Deduction aus der innern Consequenz eines Rechtsinstituts als Beweismittel anerkennt, den zu gewinnen werden wir freilich von vornherein verzichten müssen. Denn Stellen gibt es hier nicht; sonst wäre die hier aufgestellte Theorie wohl schon längst vorgetragen worden. Für den aber, der mit mir darin einverstanden ist, daß unsere Quellen bei gar vielen Rechtssätzen es unterlassen haben, ihren eigentlichen Grund und Zweck näher anzugeben, und daß es unsere Aufgabe ist, ihn aufzusuchen und darnach den wirklichen Sinn des Rechtssatzes gegenüber einer vielleicht zu weiten oder engen Fassung festzustellen – für denjenigen hoffe ich den mir obliegenden Beweis allerdings erbringen zu können." (Gefahr 480)

424   „Deduction aus der innern Consequenz" und „eigentlicher Grund und Zweck" sind die tragenden Stichworte dieser Begründung. Besonders das „Eigentliche" stammt aus dem Wörterbuch der metaphysischen Doppelungen. Eine positive Erklärung der „innern Consequenz" enthält Jhering dem Leser freilich vor – man muss die Evidenz schon selbst spüren. Dafür sichert Jhering sich negativ ab (vgl. Gefahr 482–484) und wirft der Gegenansicht einen „Widerspruch" des „Rechts mit sich selbst!", also einen Wertungswiderspruch vor (Gefahr 477). Die bekämpfte Auffassung ruhe auf „einem Rechtssatz, dessen *Grund* nicht abzusehen, dessen *Resultate* im äußersten Grade anstößig, dessen *Inhalt* mit dem Wesen der bona fidei [Treu und Glauben] und dem Charakter des Kaufcontracts in offenbarsten Widerspruch tritt" (Gefahr 482). Sie spreche „allen Begriffen von Recht und Gerechtigkeit geradezu Hohn" (Gefahr 482).

425   Erst in seinem (6.) Abschnitt (Gefahr 484–488) fasst Jhering den mühsam ohne Quellen und nur mithilfe von Prinzipien und innerer Konsequenz ermittelten Satz: „*daß die Haftung des Käufers für die Gefahr nur die Schadloshaltung des Verkäufers bezweckt*" in eine „juristische Construction" (Gefahr 484 f.). Jhering nennt sie eine „völlig einflußlose Frage"(Gefahr 485): Hat der für den Schaden aufkommende Käufer den Kaufvertrag erfüllt? Kann die Erfüllung seitens des Verkäufers fingiert werden? Oder bleibt nur Raum für eine einseitige Erfüllung? (Gefahr 485 f.) Jhering wählt eine andere, wenig spektakuläre Lösung: Die Erfüllung des Vertrages sei unmöglich geworden (heute § 275 BGB) und der Kaufpreis- bzw. Schadensersatzanspruch wandle sich in eine gesetzliche Versicherung. Der „Kaufpreis ist eine *Versicherungssumme*" (Gefahr 486), der Versicherungsvertrag eine „Neben*obligation*" (Gefahr 487). Damit hat Jhering seine Metamorphose der Regel der Gefahrtragung in eine versicherungsrechtliche Schadensersatznorm im System vollzogen.

Seinecke

X. Die sechs Thesen nach dem Beispiel

Das Beispiel zur „Gefahr beim Kaufcontract" bestätigt die sechs Thesen zu Jhering. Jhe- 426
rings hält (1.) nicht viel vom „Haften am Wort" der römischen Regeln zur Gefahrtragung. Statt dessen unterlegt er ihnen eifrig einen Zweck als „eigentlichen Grund", um
sie dann neu und anders auslegen und verstehen zu können. Mit (2.) der Neuordnung
der Gefahrtragung als Schadensersatznorm gewinnt Jhering einen neuen Systemzusammenhang, der der Norm ein völlig neues Gesicht gibt bzw. die Anweisungen der Norm
obsolet macht. Statt dessen prüft Jhering dem „Gesetz der Deckung" gemäß das Entgegenstehen positiver Quellen. Zum „Gesetz des Nichtwiderspruchs" zählen dann Jherings
zahlreiche Wertungsargumente und seine Kritik entgegenstehender Auffassungen. Das
entspricht freilich auch (3.) Jherings Konzept des Rechts zwischen den anatomisch-äu-
ßeren Spitzen der Rechtssätze bzw. Quellenstellen, der anatomisch-innerlichen Konstruktion, seinem Geist im System und der physiologisch-pragmatischen Falllösung. Im
Beispiel wird (4.) Jherings Skepsis gegenüber der *lex* deutlich. Nicht das Gesetz, sondern
das wissenschaftlich abgesicherte Juristenrecht und die wissenschaftliche Konstruktion
des Falles im System ist Maß der Entscheidung. Dieses Verhältnis von Entscheidung, Fall,
Gesetz, Konstruktion und Recht konzipiert Jhering (5.) keinesfalls metaphysisch, auch
wenn die normative Kraft des Systems letztlich eine irgendwie metaphysische bleibt. Die
treibenden Kräfte der Falllösung sind keine nur metaphysisch-systematischen (das natürlich auch), sondern vor allem auch das praktische Rechtsgefühl und die pragmatische
Anschauung des Falles. Dieser außerdogmatische Gerechtigkeitsanspruch konstruiert die
immer auch systematische Lösung nicht allein. Jherings Lösung des Beispiels ist sowohl
systematisch als auch pragmatisch determiniert. Dadurch gerät (6.) auch Jherings eigene
„Damaskus"-Behauptung unter Druck. So wenig wie der späte Jhering der Zwecke seine
Theorie der Konstruktion aufgibt, verzichtet Jhering um das Jahr 1860 auf pragmatische,
zweck-oder gerechtigkeitsorientierte Argumente.

Der „Begriffsjurist" Jhering entpuppt sich so als ein verzerrter Schatten seiner selbst. Ein 427
einseitiger „Begriffsjurist", also ein begriffshöriger und begriffsgläubiger Wortakrobat
im schlechten Sinne, ist auch der frühe Jhering nicht. Statt dessen jongliert er lieber mit
Zwecken und System, um so seine praktisch brauchbaren und interessenadäquaten Ergebnisse herzustellen. Für genau diese **zweiseitige Methode**, die dem Recht, seiner Methode und Dogmatik eine „kurze Formel" versagt, steht schon der Jhering der „Begriffsjurisprudenz", die dann freilich nie eine Begriffsjurisprudenz war. Als Begriffsjurisprudenz existiert auch die Begriffsjurisprudenz nur in Jherings Begriffshimmel und in der
idealen Welt derjenigen, die gegen ihre gewaltigen Windmühlenflügel kämpfen müssen.

XI. Quellen und Literatur

1. Zum Einstieg in die Jhering-Texte

Zu Methodenlehre und Dogmatik

von Jhering, Rudolf, Geist des römischen Rechts auf den verschiedenen Stufen seiner Entwicklung.
   Zweiter Theil. Zweite Abtheilung, 5. Aufl. Leipzig 1898, S. 323–389;

ders., Unsere Aufgabe, in: Jahrbücher für die Dogmatik des heutigen römischen und deutschen
   Privatrechts 1 (1857), S. 1–52.

Zu Begriff und Betrachtung von Recht und Rechtswissenschaft

ders., Geist des römischen Rechts auf den verschiedenen Stufen seiner Entwicklung. Erster Theil,
   6. Aufl. Leipzig 1907, S. 1–58 u. Dritter Theil, 5. Aufl. Leipzig 1906, S. 311–368.

Und die dogmatischen Schriften

ders., Beiträge zur Lehre von der Gefahr beim Kaufcontract, in: Jahrbücher für die Dogmatik des heutigen römischen und deutschen Privatrechts 3 (1859), S. 449–488 u. 4 (1861), S. 366–438;

ders., Culpa in contrahendo oder Schadensersatz bei nichtigen oder nicht zur Perfection gelangten Verträgen, in: Jahrbücher für die Dogmatik des heutigen römischen und deutschen Privatrechts 4 (1861), S. 1–112.

2. Zum Einstieg in die Sekundärliteratur

Biographisch vor allem

Kunze, Michael, Rudolf von Jhering – ein Lebensbild, in: Rudolf von Jhering. Beiträge und Zeugnisse, hg. v. Behrends, Göttingen 1992, S. 11–28.

Und als Überblick

Rückert, Joachim, Der Geist des Rechts in Jherings ‚Geist‘ und Jherings ‚Zweck‘, in: RG 5 (2004), S. 128–147 u. RG 6 (2005), S. 122–139.

Einen breiten Einstieg bieten die Sammelbände von

Behrends, Okko (Hrsg.), Jherings Rechtsdenken. Theorie und Pragmatik im Dienste evolutionärer Rechtsethik, Göttingen 1996;

ders. (Hrsg.), Rudolf von Jhering. Beiträge und Zeugnisse aus Anlass der einhundertsten Wiederkehr seines Todestages am 17.9.1992, Göttingen 1992.

Überwiegend im „Geiste" der älteren Sicht auf Jhering

Wieacker, Franz/Wollschläger, Christian (Hrsg.), Jherings Erbe, Göttingen 1970.

Repräsentativ für die ältere, aber teilweise einseitige Sicht auf Jhering

Wieacker, Franz, Rudolph von Jhering, in: ZSRom 86 (1969), S. 1–36;

Wolf, Erik, Grosse Rechtsdenker der Deutschen Geistesgeschichte, 4. Aufl. Tübingen 1963 (zuerst 1939), S. 622–668;

Fikentscher, Wolfgang, Methoden des Rechts in vergleichender Darstellung. Bd. III. Mitteleuropäischer Rechtskreis, Tübingen 1976, S. 101–282.

3. Weitere Literatur

Den umfassendsten Überblick über die Schriften von Jhering gibt

Losano, Mario, Bibliographie Rudolf von Jherings, in: *ders.*, Studien zu Jhering und Gerber. Teil 2, Ebelsbach 1984, S. 207–273.

Auswahlbibliographien zur Literatur zu Jhering finden sich bei

Schröder, Jan, Artikel „Jhering", in: Deutsche und Europäische Juristen aus neun Jahrhunderten, hg. v. Kleinheyer u. Schröder, 5. Aufl. Heidelberg 2008, S. 230–236, hier 235 f.

Und für die ältere Literatur

Wolf, Erik, Grosse Rechtsdenker der Deutschen Geistesgeschichte, 4. Aufl. Tübingen 1963 (zuerst 1939), S. 622–668, hier 664–668.

Methode und Zivilrecht bei Philipp Heck (1858–1943)

von Jutta Manegold (geb. Oldag)

Übersicht

I.	Philipp Heck – zu Leben und Werk	151
II.	Die interessenjuristische Methodenlehre	153
III.	Der Zweifrontenkampf der Interessenjurisprudenz	166
IV.	Ein berühmtes Beispiel: Das Aufwertungsurteil	168
V.	Resümee	170
VI.	Quellen und Literatur	173

I. Philipp Heck – zu Leben und Werk

Philipp Heck (1858–1943) folgte 1901 dem Ruf an die Universität Tübingen.[1] Diese sollte für viele Jahre der Ort seines Wirkens bleiben. Dort erfüllte er seinen Lehrauftrag als Professor für Deutsches Recht, Handels- und Wechselrecht, Bürgerliches Recht und deutsche Rechtsgeschichte.[2] Er gilt als einer der prominenten Denker, die auf dem Gebiet der juristischen Methodenlehre besonders hervorgetreten sind. Das allgemein bekannte und anerkannte Werk des Tübinger Rechtslehrers ist die Begründung der **Interessenjurisprudenz** und die Ausprägung derselben zu einer festumrissenen Theorie. Hierbei geht es um das juristisch-technische Verfahren, das die Berücksichtigung der menschlichen Interessen für die Rechtsprechung und die Wissenschaft als Programm proklamiert. Es war dies der Schritt hin zu dem von *Heck* erstrebten Ziel einer lebensnahen Erfassung des Rechts und des Rechtslebens. In diesem Sinne stellte er das Goethe-Zitat

428

> „Greift nur hinein ins volle Menschenleben,
> Ein jeder lebt's, nicht vielen ist's bekannt.
> Und wo ihr's packt, da ist's interessant"

ins Vorwort zu seinem Sachenrecht.[3]

---

1 Seine Lebensstationen im einzelnen: *Heck* ist am 22.7.1858 in St. Petersburg geboren; 1870 Übersiedlung der Familie nach Wiesbaden; 1879 beginnt er ein Mathematikstudium in Leipzig, bald darauf wechselt er in die juristische Fakultät über; 1889 Promotion und noch in demselben Jahr Habilitation in Berlin; 1891 Professor in Greifswald und 1892 Wechsel nach Halle; 1911/12 Ausübung des Rektoramtes in Tübingen; 1928 Emeritierung. *Heck* ist am 28.6.1943 in Tübingen verstorben.
Zum Namen: Die Treue, die er Tübingen hielt, dankte ihm der württembergische König durch Verleihung des Ehrenkreuzes der wttbg. Krone, womit der persönliche Adel verbunden war. Dieses Adelsprädikat benutzte *Heck* selbst jedoch i. d. R. nicht.
(Angaben aus: *Kleinheyer/Schröder,* Deutsche Juristen, S. 114 ff.; *Bader,* In memoriam Ph. v. Heck, S. 544 f; *Kreller,* Lebenswerk, S. 469 ff.).
Unten in VI. Quellen und Literatur voll angegebene Titel werden hier im Folgenden nur abgekürzt zitiert.
2 Neben seinen bahnbrechenden Arbeiten für die zivilistische und methodologische Lehre galt seine Aufmerksamkeit insbesondere der germanistischen Richtung der Rechtsgeschichte. Auch als Rechtshistoriker hat er sich mit respektablen Arbeiten Verdienste erworben, u. a. Arbeiten zum altfriesischen und altsächsischen Recht. (vgl. hierzu die Darstellung bei *Bader,* In memoriam Ph. v. Heck, S. 538 ff.).
3 *Goethe,* Faust I, Vers 167 ff.; von *Heck* in seinem Vorwort zum Sachenrecht, S. V aufgegriffen; er erklärt hierzu, das Recht solle die Probleme der Menschen lösen und ihnen helfen. In dieser Lebensbedeutung des Rechts liege gerade der Reiz für den Juristen.

429   Er hat als erster in seiner Rektoratsrede „Das Problem der Rechtsgewinnung"[4] aus dem Jahre 1912 eine programmatische Zusammenfassung seiner in der Zielrichtung der Interessenjurisprudenz liegenden methodischen Ansichten erstellt. Aufbauend hierauf hat er die beiden dort skizzierten zentralen Problemkreise der richterlichen Fallentscheidung sowie der Begriffs- und Systembildung in zwei einander ergänzenden Monographien, nämlich „Gesetzesauslegung und Interessenjurisprudenz" (1914) und „Begriffsbildung und Interessenjurisprudenz" (1932) behandelt. Der exemplifizierten Darstellung zur Lösung juristischer Konfliktfälle nach der interessenjuristischen Arbeitsweise dienen seine beiden Lehrbücher, die Grundrisse des Schuldrechts (1929) und des Sachenrechts (1930). Sie sind zu dem Zweck gearbeitet, die folgerichtige Durchführung seiner Methode sowie deren praktische Brauchbarkeit zu demonstrieren.[5] Wenngleich das Jahr 1912 als Geburtsjahr der Interessenjurisprudenz bezeichnet werden kann,[6] weil *Heck* mit seiner Schrift erstmals fundiert seine dogmatische Richtung beschreibt und alle darauffolgenden Arbeiten diese konsequent weiterverfolgen und ausbauen, liegen die Anfänge der Interessenjurisprudenz bei *Heck* doch schon weiter zurück. So ist er schon mit seiner handelsrechtlichen Habilitationsschrift „Das Recht der großen Haverei" (1889) faktisch mit seiner Methode hervorgetreten und hat namentlich die richterliche Rechtsschöpfung durch Lückenergänzung in Gesetzgeberart verlangt.[7] Ebenso enthält auch eine Reihe vor dem Jahre 1912 veröffentlichter Aufsätze bereits die Anwendung und teilweise Erläuterung seiner Methodik.[8] *Heck* hat auch in dem von ihm lange Jahre hindurch mitherausgegebenen „Archiv für die civilistische Praxis" viele Einzeluntersuchungen veröffentlicht, die in methodologischer Hinsicht exemplarische Bedeutung besitzen.[9]

430   Seine Arbeiten sind gekennzeichnet durch die **oppositionelle Haltung** gegenüber der in der zweiten Hälfte des 19. Jahrhunderts immer noch vorherrschenden „Begriffsjurisprudenz", wie sie von ihren Gegnern bezeichnet wurde. Nach eigenen Angaben[10] stand *Heck* unter dem Eindruck der Schriften *Jherings*.[11] In dessen Werk „Geist des römischen Rechts", Bd. II 2. Abtlg., wurde erstmals die lebensnahe Erfassung des Rechts und Umgestaltung der Wissenschaft durch Verwendung von Interessenbegriffen in Aussicht gestellt. Den Ausführungen *Jherings* verdankt *Heck* die entscheidenden Anregungen für die Entwicklung seiner eigenen Betrachtungsweise.[12]

431   In Tübingen fand *Heck* in *Max Rümelin* und *Heinrich Stoll* Fakultätskollegen mit ähnlichen methodischen Ansichten, die beide bei Ausbau, Erklärung, Verbreitung und Verteidigung dieser Lehre eng mit *Heck* zusammenarbeiteten.[13] Das enge Zusammenwirken

---

4   Akademische Rede v. 6.2.1912 als „Rede am Geburtstag des Königs" (Angabe aus: *Dubischar*, Studien, S. 9); 2. Auflage 1932, Tübingen.

5   So *Heck* in den Vorworten beider Grundrisse.

6   Vgl. *Heitmann*, Stellung der Interessenjurisprudenz, S. 36.

7   Begriffsbildung, S. 34.

8   *Heck* in: DJZ 10 (1905), Sp. 1140–1142; DJZ 14 (1909), Sp. 1457–1461.

9   Z. B.: AcP 122 (1924), S. 203 ff.; AcP 137 (1933), S. 259 ff. (siehe ferner: *Esser*, Nachwort, S. 214, Anm. 4).

10   So entnommen aus *Hecks* autobiographischer Schilderung in: Begriffsbildung, S. 32 ff.

11   *Rudolf Jhering* (1818–1892); charakteristisch für ihn ist die sog. rechtstheoretische „Bekehrung" (siehe *Kleinheyer/ Schröder*, Deutsche Juristen, S. 134 ff.).

12   Vgl. Leugnung, S. 244; Begriffsbildung, S. 32: „*Jhering* hat mich zum Interessenjuristen gemacht, noch bevor ich überhaupt Jurist war....Dieser Band ist das erste juristische Buch, das ich gelesen habe...".; inzwischen neue Ergebnisse bei *E. Dorndorf*, Zu den theoretischen Grundlagen der Interessenjurisprudenz: Die Beziehungen Philipp Hecks allgemeiner Auslegungstheorie zu Max Weber und Heinrich Rikkert, in: ARSP 81 (1995) 542–562.

13   Im Verhältnis zu ihnen blieb *Heck* jedoch nach Lebensalter, früher Erarbeitung und vieljähriger Fortentwicklung sowie Pflege und Vertretung nach allen Seiten in der Sache der „primus inter pares" (v. *Hippel*, Interessenjurisprudenz, S. 84).

dieser Hauptvertreter der Interessenjurisprudenz in Tübingen verschaffte der Lehre daher auch die Bezeichnung „**Tübinger Schule** der Interessenjurisprudenz". Im folgenden sollen nun die tragenden Elemente der Erkenntnisse *Hecks*, welche er selbst als den Gegenstand seiner Lebensarbeit bezeichnet,[14] dargestellt und nachvollzogen werden.

II. Die interessenjuristische Methodenlehre

1. Die Interessenjurisprudenz als Methodenlehre für die Praxis

Die Interessenjurisprudenz ist eine Methodenlehre für die praktische Wissenschaft. Nach Ansicht *Hecks* steht im Zentrum einer jeden juristischen Methodenlehre das Problem der Rechtsgewinnung durch Richterspruch, denn damit erfolgt die maßgebliche Einwirkung des Rechts auf das Leben: „Der Richterspruch ist es in erster Linie, der dem Rechte die Wirkung auf das Leben verschafft. Er bringt erst lebendiges Recht."[15] „Das Gesetzesrecht erlangt nur durch den Richterspruch die autoritative Macht, die dem Recht seinen Wert gibt."[16] Von grundlegender Bedeutung für die Interessenjurisprudenz ist daher, dass sie den Zusammenhang des Rechts mit den **Interessen des Lebens**, den Zweck im Recht, betont und das teleologische Element in den Vordergrund stellt.[17] Dadurch will sie diejenigen Interessen, welche eine Rechtsordnung schützen will, wirksamer schützen, als dies nach der bis dahin vorherrschenden formaljuristischen Methode der Begriffsjurisprudenz nach *Hecks* Überzeugung geschehen konnte.[18] Die Interessenjurisprudenz versucht Leitsätze aufzustellen, die der Richter bei seiner Entscheidung befolgen soll und die auch für die Rechtswissenschaft bedeutsam sind, da sie die Arbeit des Richters vorbereiten soll. Einen großen Stellenwert hat die grundsätzliche Beibehaltung der Bindung des Richters an das Gesetz. Dem Richter wird aber auch größere Verantwortung übertragen, indem ihm die Kompetenz zur Vervollständigung und Verbesserung der vorhandenen Gesetze zugeschrieben wird. In der Konsequenz führt dies dazu, dass der Richter dazu angewiesen wird, Gesetzeslücken nach teleologischen Gesichtspunkten zu ergänzen, also nicht nur unter Gebote zu subsumieren, sondern auch subsidiär Gebote zu schaffen.[19]

Die Betonung des Praktischen zeigt sich auch gegenüber philosophischen Einordnungsversuchen. *Heck* wendet sich entschieden gegen die Einordnung der Interessenjurisprudenz als Lebensphilosophie – eine damals aktuelle Strömung. Sie sei auch nicht derjenige Teil der Philosophie, den man als Rechtsphilosophie bezeichnet.[20] Die Interessenjurisprudenz nach *Heck* will keine wissenschaftliche Disziplin sein, die der Befriedigung des Erkenntnistriebes in philosophischer Hinsicht dient, sondern vielmehr derjenige Teil der Rechtswissenschaft, welcher unter methodischen Fragestellungen die Wege zu einem einzigen Endziel, nämlich Interessenschutz und Interessenberücksichtigung, erforschen will.[21] Auf diese Weise soll das Recht gewonnen werden, „wie es das Leben fordert".[22]

Der Illustration für die Wesenszüge der Interessenjurisprudenz diene das der Justiz seit alters her zugeschriebene Symbol der Justitia mit Waage und Binde: „Diese steht für die

---

14 Vgl. Interessenjurisprudenz, S. 7.
15 Vgl. Interessenjurisprudenz, S. 15; siehe hierzu ferner: Rechtsgewinnung, S. 3.
16 Rechtsgewinnung, S. 4.
17 Ebenda S. 1.
18 *Heitmann*, Stellung der Interessenjurisprudenz, S. 36.
19 Siehe Rechtsgewinnung, S. 1; vgl. ferner Reine Rechtslehre, S. 177.
20 Interessenjurisprudenz, S. 7.
21 Begriffsbildung, S. 17, 25.
22 Vgl. Rechtsgewinnung, S. 4.

unvoreingenommene Bereitschaft zum Recht und dem offenen Sich-Einlassen auf die jeweils abzuwägende Wirklichkeit, bei deren Regelung man ausgeht von der typischen natürlichen Interessenlage der Beteiligten, um sie dann anschließend auf ihr Gewicht und ihre Bedeutung hin zu untersuchen und ins richtige soziale Verhältnis zu setzen. Es ist dies das Spiel der natürlichen Interessen und das Hinlenken der Aufmerksamkeit auf ihre jeweilige Vereinbarkeit und Vorzugswürdigkeit."[23]

2. Die methodischen Grundanschauungen

435 Es gilt nun die interessenjuristische Vorgehensweise der Rechtsfindung in ihren theoretischen Grundzügen zu präzisieren. In der Entwicklung dieser Schulrichtung lassen sich **zwei Stufen** unterscheiden, nämlich die „genetische" und die „produktive" Interessentheorie.[24] Erstere hat die Entstehung und die Aufgabe des positiven Rechts, letztere die Gesamtheit der methodischen Schlussfolgerungen für die richterliche Fallentscheidung sowie die Gestaltung der wissenschaftlichen Arbeit zum Inhalt.

436 Da *Heck* seine Ansichten aus einer kritischen Stellungnahme gegen die Begriffsjurisprudenz heraus entwickelt hat, soll in vergleichender Darstellung auch der Bezug zum begriffsjuristischen Verfahren beachtet werden.

a) Genetische Interessentheorie

aa) Interessen als kausale Elemente des Rechts

437 Ausgangspunkt der Interessenjurisprudenz bildet das um Interessen im weitesten Sinn kämpfende Leben, dessen individuelle Träger das von ihnen jeweils Erwünschte begehren und dabei in mannigfache Konstellationen von Interessenkonflikten zueinander geraten.[25] Dies sind die soziologischen Erkenntnisse, die den Gedankengängen der Interessenjurisprudenz zugrundeliegen und die zu einer besseren Anpassung des Rechts an die Vielgestaltigkeit des Lebens verhelfen sollen. „Leben", erklärt *Heck*,[26] „ist nur eine zusammenfassende Bezeichnung für eine unendliche Mannigfaltigkeit (...) von verschiedenen Beziehungen, die zwischen den einzelnen Menschen, den Menschengruppen und der Rechtsgemeinschaft zu den einzelnen Teilen des Lebens, den Lebensgütern bestehen". Diese Beziehungen bezeichnet *Heck* als „Begehrungsdispositionen", also latente Wünsche oder Neigungen, die nicht fortdauernd in unserem Bewusstsein gegenwärtig sind, aber durch irgendwelche Reizvorgänge wachgerufen, ein aktuelles Begehren erzeugen.[27] Die Interessenjurisprudenz geht empirisch vor und setzt voraus, dass dieses Begehren als psychologischer Vorgang jedem bekannt, aber nicht unmittelbar beobachtbar ist. Sie erschließt es aus den verursachten Handlungen. Diese Begehrungsdispositionen bezeichnet diese Lehre als „Interessen". Das Wort „Interesse" wird in einem umfassenden Sinn gebraucht und bezieht sich auf die Subjekte, also die Interessenträger, wie die Objekte des Begehrens.[28] Dabei ist nicht nur an die Wahrung materieller Güter zu denken, sondern ebenso an das Streben nach Verwirklichung von ideellen, religiösen, nationalen oder ethischen Interessen.[29] Bezugspunkte sind die Interessen Einzelner, von

---

23 So in: *v. Hippel*, Interessenjurisprudenz, S. 94.
24 Vgl. zu dieser Begriffsprägung: Begriffsbildung, S. 30 f.
25 Ebenda, S. 87.
26 Begriffsbildung, S. 38.
27 Rechtsgewinnung, S. 27.
28 Siehe Begriffsbildung, S. 39.
29 Rechtsgewinnung, S. 7.

Gruppen oder der Rechtsgemeinschaft.[30] Die Interessen in ihrer vielgestaltigen Ausprägung werden als die treibende Kraft des menschlichen Lebens angesehen.

Die sachliche Besonderheit der Interessenjurisprudenz besteht darin, dass sie die **Interessen als kausal** für die Bildung der Rechtsgebote ansieht, diese also auf das Ineinandergreifen dieser Begehrungsdispositionen zurückführen will.[31] Dies führt darauf hinaus, dass die Rechtssätze zweckbewusst von Menschen geschaffen werden, um die Interessen, welche nicht beziehungslos nebeneinander herlaufen, sondern wegen ihrer verschiedenen Zielrichtungen gerade einander konfligieren, zu werten und zu ordnen. „Interessenkonflikt" im Sinne *Hecks* meint mithin ein natürliches Spannungsverhältnis verschiedener Interessen, weil es niemals möglich ist, alle bestehenden Wünsche und Bestrebungen zugleich zufriedenzustellen, so dass die Notwendigkeit eintritt, auf gewisse Wünsche zugunsten anderer zu verzichten.[32]

438

Für die Divergenz zur begriffsjuristischen Methode ist nach *Hecks* Beschreibung die Frage der kausalen Rechtselemente konstituierend. Den Ausgangspunkt der Begriffsjurisprudenz bildet dabei die Annahme, dass sich die Gebotsbegriffe, wie beispielsweise „Eigentum", im Volksgeist[33] bilden und ihrerseits Rechtsgebote erzeugen.[34] Das Ergebnis der Volksüberzeugung waren damit nicht nur Wertungen und Wertideale, sondern unmittelbar auch die Rechtsbegriffe als juristische Vorstellungen.[35] Dies bedeute, dass den Rechtsbegriffen nicht lediglich die Funktion einer sprachlichen Zusammenfassung für die hinter dem Begriff stehenden Gebotskomplexe zukomme. Sie würden vielmehr als selbstständige Wesen in der Volksüberzeugung, als „Rechtskörper", denen eine objektive Beschaffenheit zugeschrieben werde, behandelt.[36] Sie galten somit als Quelle der Rechtssätze, waren quasi vor ihnen da, und mithin kausal für das gesamte positive Recht.[37] *Heck* bezeichnet diese Form der Kausallehre als Inversionsverfahren. Er ist der Meinung, dass damit die wirkliche Beziehung zwischen den Rechtssätzen und den zusammenfassenden Gebotsbegriffen verkehrt werde und dadurch eine Vertauschung der Rollen dieser Rechtselemente stattfinde.[38] Im Gegenteil gehen seiner Ansicht nach die Rechtsgebote geschichtlich der Einordnung in die Allgemeinbegriffe voraus. Die Gebote werden demnach durch die Lebensbedürfnisse und ihre Wertung selbst verursacht und nicht erst durch die Vorstellungen von Allgemeinbegriffen.[39]

439

---

30 Dabei sind für die einander gegenübertretenden Interessen verschiedene Konstellationen möglich: Bei privaten Konflikten können sich z. B. Individualinteressen gegenüberstehen, ferner kommen auch Konflikte zwischen den Gesamtinteressen einer Personenmehrheit (Gesellschaften, Vereine, Erbengemeinschaft, usw.) und Individualinteressen in Betracht. Es können auch private Interessen mit öffentlichen Interessen und diese wiederum zueinander in Konflikt geraten.
31 Rechtsgewinnung, S. 28.
32 Siehe Neue Gegner, S. 180, 303; ferner Rechtsgewinnung, S. 19.
33 „Volksgeist" nicht lediglich im Sinne einer kollektiven Bezeichnung für die übereinstimmenden und sich gegenseitig beeinflussenden Bewusstseinsinhalte der das Volk bildenden Individuen, sondern vielmehr als psychische Einheit höherer Art, als dessen Organe das Gewohnheitsrecht, der Gesetzgeber und die Wissenschaft erscheinen (dazu: Rechtsgewinnung, S. 14).
34 Schuldrecht, S. 474; Rechtsgewinnung, S. 14; Interessenjurisprudenz, S. 11.
35 Interessenjurisprudenz, S. 11.
36 Schuldrecht, S. 474.
37 Ebenda.
38 Begriffsjurisprudenz, S. 42.
39 Interessenjurisprudenz, S. 12.

bb) Konfliktstheorie

440 Interessengegensätze der beschriebenen Art liegen nach Ansicht *Hecks* jedem einzelnen selbstständigen Rechtssatz zugrunde.[40] Der Gesetzgeber überschaut das „bunte Getriebe" der Menschen von einem möglichst umfassenden Blickpunkt aus, erkennt die Belange der einzelnen Glieder der Rechtsgemeinschaft und die Belange der Rechtsgemeinschaft selbst, bewertet sie und grenzt sie gegeneinander ab.[41] Die sich ergebenden Gesetze sind „gleichsam die Resultanten oder Kraftdiagonalen der in jeder Rechtsgemeinschaft einander gegenübertretenden und um Anerkennung ringenden Interessen".[42] Die Gesetze entfalten somit eine befriedende Wirkung. Das Streben nach einer gesetzlichen Regelung, sagt *Heck*, folgt ebenfalls einem Interesse, nämlich dem „öffentlichen Friedens- und Ordnungsinteresse", das als Normierungsgrund bei allen Rechtsgeboten vorliege.[43] Hinsichtlich der Qualität der gesetzlichen Konfliktentscheidung geht *Heck* von der autoritativen Regelungswirkung aus,[44] durch die die Interessen verbindlich und im voraus erkennbar gegeneinander abgegrenzt werden.[45]

441 Entscheidend ist, wie die **Rechtsetzungsorgane** den Inhalt der Rechtsnorm festlegen. Das Ergebnis, der Inhalt und Zweck des Gesetzes zeigten schlechthin nur, daß ein Interesse höher zu bewerten ist und diesem durch die Norm Rechtsschutz verliehen werden soll („siegendes Interesse").[46] Die Wahrung gewisser Interessen kann nur durch Zurückstellung anderer Interessen erreicht werden.[47] Diese Befriedigung des einen Interesses erscheint bei nachträglicher Betrachtung als der Zweck des Gesetzes.

442 Die Interessenjurisprudenz führt die Entscheidung des Interessenkonflikts auf die vorangegangene **Abwägung** der beteiligten Interessen zurück.[48] Dabei werden die kollidierenden Interessen auf ihr Gewicht hin untersucht („Maxime der Interessengliederung" bzw. „Konfliktstheorie").[49] Die Abwägung ist ein komplexer Vorgang, bei dem unter Berücksichtigung von „Wertideen" als Ergebnis ein „Werturteil" hervorgebracht werden soll, das im Einklang mit den allgemeinen Vorstellungen einer zu verwirklichenden Ordnung stehen soll („soziales Ideal").[50] Die im jeweiligen Wertungsprozeß bestimmenden Wertideen sind ihrerseits mannigfaltig und verschiedenen Ursprungs. In erster Linie erfolgt die Rechtsbildung durch die Abwägung zwischen den Interessen der beteiligten Parteien. Will man das Recht aber zugleich entsprechend den gesellschaftlichen Ordnungsvorstellungen gestalten, so müssen objektive, der Gemeinschaft wichtige Rechtswerte („öffentliche Interessen") mit in den Abwägungsprozeß einfließen. *Heck* definiert

---

40 Dies betont *Heck* mehrfach: Begriffsbildung, S. 41, Anm. 2; Interessenjurisprudenz, S. 13; Neue Gegner, S. 185.
41 *Heitmann*, Stellung der Interessenjurisprudenz, S. 36; ferner Begriffsbildung, S. 41.
42 Gesetzesauslegung, S. 17; Begriffsbildung, S. 74.
43 Begriffsbildung, S. 39.
44 *Heck* spricht von der imperativen Natur des Rechts: „Nach den Geboten des Gesetzes hat sich das Leben und hat sich der erkennende Richter zu richten" („Gebotstheorie") (in: Gesetzesauslegung, S. 16).
45 *Heck* in: Begriffsbildung, S. 41, Anm. 2: „Der Schutz von Interessen durch das Gesetz vollzieht sich nicht im leeren Raume, sondern in der interessenerfüllten Welt und daher stets zum Nachteil anderer Interessen.".
46 Interessenjurisprudenz, S. 13.
47 Siehe Rechtserneuerung, S. 19.
48 Vgl. nur Begriffsbildung, S. 41; in Leugnung, S. 244, stellt *Heck* klar, dass der psychologische Vorgang der Interessenabwägung keine neue Erfindung der Interessenjurisprudenz sei. Dieser Vorgang habe in der Tätigkeit des Richters, Gesetzgebers und Rechtswissenschaftlers stets seine Bedeutung gehabt. Seit es Recht gebe, sei es Ausgleich der Interessenkonflikte. Jedoch habe sein Bestehen es nicht verhindern können, dass die Vorstellung von der Entstehung der Rechtsnorm und die Zielsetzung für die Rechtspflege und Wissenschaft zur Zeit der Begriffsjurisprudenz eine ganz andere gewesen sei.
49 Interessenjurisprudenz, S. 13.
50 Begriffsbildung, S. 41.

sie auch als „Entscheidungsinteressen" bzw. „tiefer liegende Gemeinschaftsinteressen".[51] Gemeint sind damit z. B. solche rechtspolitischen Zielsetzungen, die die Rechtsgemeinschaft zu ihrer eigenen Funktionsfähigkeit ausgeprägt hat und die allgemein anerkannt sind, z. B. der Gutglaubensschutz zur Erleichterung des Rechtsverkehrs, Festlegung einer Altersgrenze bei der Volljährigkeitsregelung zugunsten leicht anwendbarer und klare Verhältnisse schaffender Normen.[52] Mitunter konfligieren auch diese Entscheidungsinteressen, so dass der Gesetzgeber vor dem Problem steht, zwischen verschiedenen für erstrebenswert erachteten Ordnungszielen zu wählen („innerer Konflikt").[53] Die Interessenjurisprudenz verkennt an dieser Stelle nicht, dass die von ihr geforderte Abwägung mit einer wertenden Stellungnahme abschließen muss, da es sich keineswegs so verhält, „daß die in einer bestimmten Wirklichkeitssituation vorgefundenen Interessen sich selbst durch ihren Kräfteaustrag, sozusagen in einem mechanischen Transformationsakt, in die Rechtsnorm umsetzen".[54]

Allerdings enthält sich *Heck* einer Antwort auf die Frage, welche konkreten Maßstäbe 443
für die Wertung anzuwenden sind. Er hält dagegen, dass die Interessenjurisprudenz keine materielle Wertlehre sei, die eine Aussage über eine schematische Rangordnung der Lebensgüter geben müsse; vielmehr gälten – historisch bedingt – die in einer Rechtsordnung jeweils **anerkannten Ideale**.[55]

Durch das in ihnen enthaltene Werturteil haben die Rechtsnormen nach *Heck* eine so- 444
genannte „Interessenwirkung". Die Beziehung der Rechtnorm auf diese Voraussetzungen ergibt den spezifischen „Interessengehalt".[56]

b) Produktive Interessentheorie

Diese Teillehre behandelt die methodischen Problemstellungen und Problemlösungen, 445
welche auf oben beschriebener „genetischer Grundlage" von der Interessenjurisprudenz entwickelt worden sind. Da die maßgebliche Einwirkung auf das Leben nach der Ansicht der Interessenjurisprudenz durch den **Richterspruch** erfolgt, geht es zum einen um die erschöpfende Untersuchung und Entwicklung einer zutreffenden und zuverlässigen richterlichen Fallentscheidung. Zum anderen hat die **Rechtswissenschaft** gewisse Aufgaben begrifflicher, systematischer und konstruktiver Art. Die primäre Aufgabe ist, im Hinblick auf die mögliche Vielfalt der vom Richter vorgefundenen, typisch-positivrechtlichen Ausgangssituationen eine praktikable Lehre von der richtigen Normanwendung zu entwickeln.[57] Dazu kommen Aufgaben der systematischen Ordnung und Darstellung des vorhandenen Normmaterials sowie die Arbeit zusätzlicher Normgewinnung und Normvorbereitung de lege ferenda.

aa) Die richterliche Fallentscheidung

Das Charakteristische der richterlichen Tätigkeit sieht *Heck* darin, dass der Richter 446
ebenso wie der Gesetzgeber konfligierende Interessen der streitenden Parteien auseinan-

---

51 Gesetzesauslegung, S. 232, Anm. 357; Neue Gegner, S. 168.
52 Vgl. Darstellung bei *Kallfass*, Tübinger Schule der Interessenjurisprudenz, S. 15, Anm. 50.
53 Neben dieser Wahl zwischen legislativen Idealen unterscheidet *Heck* noch andere Konflikte unter Beteiligung öffentlicher Interessen, dazu: Begriffsbildung, S. 39, Anm. 2.
54 *Kallfass*, Tübinger Schule der Interessenjurisprudenz, S. 16.
55 Interessenjurisprudenz, S. 7 f; Begriffsbildung, S. 28.
56 Begriffsbildung, S. 41.
57 Vgl. Interessenjurisprudenz, S. 7; Rechtsgewinnung, S. 3; Gesetzesauslegung, S. 3; Begriffsbildung, S. 2 f, S. 91.

der zu erkennen hat. Dabei hat der Richter zuerst den Interessengehalt der anzuwendenden Norm zu prüfen. Bei jeder einzelnen Operation der Rechtsfindung hat der Richter das eigentliche Ziel seiner Arbeit, die Befriedigung der Lebensbedürfnisse, im Auge zu behalten.[58] Als Ausgangspunkt für die Grundlagen richterlicher Entscheidungsfindung sind zwei Einsichten kardinal.

aaa) Bindung des Richters an das Gesetz

447 Die erste Einsicht geht dahin, dass der Richter aus Gründen der Rechtsstaatlichkeit und der Gewaltenteilung unter dem Gesetz steht, d.h. er darf bei der Entscheidung nicht frei vorgehen. Diese Bindung ist verfassungsrechtlich verankert. Es sind mithin nicht die eigenen Wertideen und Werturteile des Richters, die den Maßstab für die Abwägung liefern, sondern er ist an die Werturteile gebunden, die sich aus dem Gesetz ergeben und an diejenigen, die in Form ethischer und sozialer Anschauungen in der Rechtsgemeinschaft vorherrschen. Deshalb kann eine freie Eigenwertung des Richters nach Ansicht *Hecks* nur subsidiär eingreifen.[59] Die in Gesetzesform ausgedrückten Werturteile stehen für den erklärten Willen der Rechtsgemeinschaft, die „ nicht nur nach außen hin souverän, autonom ist, sondern auch nach innen, in ihrem Verhältnis zum Richter" (Autonomie der Rechtsgemeinschaft).[60] Da der erklärte Wille der Gemeinschaft dem Willen des einzelnen Staatsbürgers vorgeht, ergibt sich die Unterordnung jedes Staatsuntertans und damit, ohne jede Ausnahme, auch des Richters.[61] Der Richter hat das Gesetz dort anzuwenden, „wo es angewendet sein will, auch dann, wenn er das Gebot mißbilligt".[62] Er ist Diener des Gesetzes. Diese Bindung des Richters an das Gesetz stellt für die Interessenjurisprudenz eine unabdingbare Notwendigkeit dar, insofern eine Instanz vorhanden sein muß, welche im Interesse eines geordneten Zusammenlebens die auftretenden Konflikte einheitlich und definitiv schlichtet. Diese Instanz, so *Heck*, ist die Gesetzgebung. Sie kann ihre Aufgaben nur dadurch erfüllen, dass die in den Rechtssätzen zum Ausdruck gekommenen Entscheidungen der Rechtsgemeinschaft auch den Richter binden.[63] Nicht zuletzt im Interesse der Rechtssicherheit soll durch diese bindende Kraft des Gesetzes gerade auch für den Richter die Gewissheit geschaffen werden, dass die Gerichte das Gesetz auch ausführen. Der Inhalt künftiger Urteile soll voraussehbar sein und garantiert werden.[64]

bbb) Unzulänglichkeit der Rechtsordnung

448 Die zweite Einsicht betrifft die Unzulänglichkeit der Rechtsordnung. Dies bedeutet, dass es Fälle gibt, in denen das Rechtssystem auf eine sich im Zusammenhang mit einem konkreten Fall stellende Frage keine eindeutige Antwort gibt. Sie ist auf das Unvermögen des Gesetzgebers, die Fülle des Lebens zu überblicken, zurückzuführen. Die Vielgestaltigkeit der Lebensanschauungen und Lebensverhältnisse ist unübersehbar und noch dazu stetem Wandel unterworfen. Dem Gesetzgeber ist es mithin gar nicht möglich, alle Einzelfallkonstellationen im Vorfeld zu überblicken. Schwierigkeiten können sich beim Erlass von Gesetzen insbesondere dann ergeben, wenn sie für ein umfangreiches Gebiet

---

58 Gesetzesauslegung, S. 11.
59 Vgl. nur: Rechtsgewinnung, S. 30.
60 Gesetzesauslegung, S. 13; Schuldrecht, S. 14; Rechtserneuerung, S. 16.
61 Gesetzesauslegung, S. 13.
62 Siehe Aufwertung, S. 224; Rechtserneuerung, S. 9.
63 Vgl. Aufwertung, S. 224.
64 Aufwertung, S. 224, Anm. 37; ferner in Interessenjurisprudenz, S. 20; Gesetzestreue, S. 34 f.

Manegold

berechnet sind. Dann erweist es sich als nicht möglich, die Anordnungen im vorhinaus erschöpfend und völlig zutreffend zu geben.[65] Dies hat zur Folge, dass die Gesetze im Verhältnis zur Zahl der Lebensprobleme mangelhaft, unvollständig und widersprüchlich sind. Diese These von der **Lückenhaftigkeit des Gesetzes** („Lückentheorie") ist ein Kernpunkt der Lehre *Hecks*.[66] *Heck* gewinnt unter Hervorhebung unterschiedlicher Merkmale ein System von Lückenbegriffen.[67] Beispielsweise unterteilt er nach dem genetischen Unterschied in primäre, also schon mit Entstehung des Gesetzes gegebene und sekundäre Lücken, solche die dadurch entstehen, dass sich die Lebensverhältnisse oder Lebensbedürfnisse im Laufe der Zeit ändern.[68] Aus der Einteilung *Hecks* in Lückenbegriffe sind ferner die Begriffe „echte Lücke" und „unechte Lücke" hervorzuheben. Sogenannte echte Lücken entstehen dadurch, dass ein Interessenkonflikt vom Gesetzgeber ungeregelt geblieben ist, d. h. es existiert gar kein Gebot, sei es weil der Gesetzgeber den Konflikt übersehen hat oder Konflikte dieser Art zur Zeit der Gesetzgebung noch nicht auftreten konnten. Außerdem können die Begriffe eines Gebots unklar sein, so dass sich nicht feststellen lässt, ob ein bestimmter Sachverhalt von einem Gebot erfasst wird.[69] Im Fall der unechten Lücken verhält es sich so, dass der Gesetzgeber zu umfassende Gebotsvorstellungen entwickelt hat, die Tatbestände somit auch Sachverhalte erfassen, für die sie nicht berechnet waren.[70] Schließlich soll noch auf die sogenannten „Kollisionslücken" hingewiesen werden. Sie gehen aus der Widersprüchlichkeit der Gebotsnormen und Werturteile hervor, was dazu führen kann, dass die Subsumtion bei demselben Sachverhalt zu unterschiedlichen Ergebnissen führen kann.[71]

Hinzutreten können Unklarheiten redaktioneller Art. Dies bedeutet, dass mit begrifflichen oder sprachlichen Ausdrucksfehlern gerechnet werden muss.[72]   449

ccc) Historische Vorstellungs- und Interessenforschung

In Kenntnis der Grenzen legislativer Tätigkeit und der infolgedessen fehlenden Geschlossenheit des Rechtssystems fordert *Heck* den Richter zur Mitarbeit auf. Er erwartet von ihm nicht „blinden Gehorsam", und bloß logische Subsumtion unter die Gebote, sondern „denkenden (interessegemäßen) Gehorsam"[73] im Sinne einer sinngemäßen, abhängigen Gebotsergänzung fehlender bzw. Gebotsberichtigung mangelhafter Gebote.[74] Zur Veranschaulichung des **interessegemäßen Gehorsams** verweist *Heck* auf die Gebotsauslegung des Alltags im Verhältnis zwischen Herr und Diener: Der Herr mag zwar für eine längere Zeit und im voraus seinem Diener Instruktionen gegeben haben, aber es können immer wieder unvorhergesehene Umstände eintreten, die von den Instruktionen nicht gedeckt sind. Der Herr kann daher Anweisungen geben, die dem Diener eine freiere Stellung einräumen und interessegemäßen Gehorsam wünschen, was bedeutet, dass der Diener die aufgetretene Lücke zu ergänzen und die gebotenen Handlungen den Umständen anzupassen hat. Damit soll sich der Diener in die Interessenlage, die Absichten des Herrn   450

---

65   So in Gesetzesauslegung, S. 19.
66   Vgl. Gesetzesauslegung, S. 21.
67   Zur Lückenterminologie im einzelnen: Gesetzesauslegung, S. 168 f.
68   A. a. O.
69   Gesetzesauslegung, S. 169.
70   Ebenda.
71   Ebenda.
72   Gesetzesauslegung, S. 20 f.
73   Gesetzesauslegung, S. 20.
74   Vgl. Interessenjurisprudenz, S. 20; Begriffsbildung, S. 106 f.

hineindenken und ihr entsprechend handeln.[75] *Heck* fordert darüber hinaus, dass der Richter bei jeder Normanwendung das einzelne Gebot nicht einfach wortlautgetreu anwendet, sondern sich stets unter Berücksichtigung aller legislativ als schutzwürdig erachteten Interessen, also unter Beachtung der gesamten Rechtsordnung die Absichten des Gesetzgebers veranschaulicht, um dadurch die Werturteile des Gesetzgebers in den Einzelfällen verwirklichen zu können („Maxime der Generalbeobachtung").[76] „Ein Rechtssatz ist erst dann verstanden, wenn seine Tragweite für die Lebensinteressen klarliegt".[77] Somit soll der Richter nicht auf die vorhandenen Gebote beschränkt sein, sondern es soll ihm auch eine rechtschöpfende Tätigkeit zugestanden werden, allerdings in begrenztem Umfang.[78]

451   Die von *Heck* geforderte Feststellung gesetzlicher Interessenwertung wirft die Frage auf, wie denn der Richter zu ermitteln hat, welchen Interessenkonflikt das jeweilige Gesetzesgebot wie entscheidet. *Heck* verweist hier auf die historische Vorstellungs- und Interessenforschung. Die Erwägung, die seiner Ansicht nach für die **subjektiv-historische Auslegung** der Gesetze spricht, ist, dass alle Interessen, welche für das Gesetz kausal waren und auch durch das Gesetz geschützt werden sollen, dann am sichersten gewahrt blieben, wenn man das Gesetz aus der Sicht des Gesetzgebers auslegt.[79] Durch die Orientierung des Richters an den Zwecküberlegungen des Gesetzgebers könne er z. B. entscheiden, ob eine Norm eher restriktiv oder extensiv anzuwenden sei oder was in den Fällen zu tun sei, die der Gesetzgeber nicht vorher gesehen hat. Durch diesen Anspruch an den Richter, den Willen der mit der Gesetzgebung beauftragten Menschen zu erforschen, wird nach Ansicht *Hecks* die Treffsicherheit der Gesetze eher gefördert, als wenn man lediglich unter Zugrundelegung der objektiven Theorie nach dem Sprachgebrauch und den Auffassungen der Anwendungszeit auslege.[80] „Diese Wünsche und Bestrebungen waren als reale Größen in dem Bewusstsein wirklicher Menschen vorhanden. Sie haben das Gesetz verursacht und können nur durch eine Methode der Gesetzesauslegung befriedigt werden, welche den Rechtsanwender dazu führt, diese historisch zu erkennen und zu berücksichtigen".[81] Die Rechtsgemeinschaft habe auch ein Interesse daran, mit den Gesetzen gerade den Erfolg herbeizuführen, um dessentwillen sie gebildet wurden.

452   Innerhalb des Gesamtvorgangs der Rechtsgewinnung sind bei der Auslegung dann **zwei Teilakte** zu unterscheiden. Zunächst hat der Richter diejenigen Vorstellungen von Tatbestand und Rechtsfolge zu erforschen, die den Gebotsbegriffen, also den einzelnen in der Norm enthaltenen Worten bei Erlass der Gesetze beigelegt wurden (Vorstellungsforschung). Sodann muss der Richter die vom Gesetzgeber angeschauten Interessenlagen prüfen.[82]

453   Die in einer Norm verwendeten **Begriffe** sind für *Heck* „gedanklich bearbeitete, an Worte gebundene Bewußtseinsinhalte allgemeiner Art".[83] Dies bedeutet, dass hinter jedem Gesetzesbegriff ein Sinn steht, also ein Komplex von Vorstellungen, für die der Begriff die sprachliche Formung, ein abgekürzter Ausdruck ist. Die Sprache ist mithin für *Heck*

---

75   Siehe Gesetzesauslegung, S. 19 f, 49 f.
76   Begriffsbildung, S. 107.
77   Gesetzesauslegung, S. 96.
78   Gesetzesauslegung, S. 60.
79   Vgl. Gesetzesauslegung, S. 59 f.
80   Ebenda; ferner Rechtsgewinnung, S. 37.
81   Gesetzesauslegung, S. 60.
82   Vgl. Gesetzesauslegung, S. 95.
83   So in Begriffsbildung, S. 52.

lediglich ein Hilfsmittel, um Gedankengängen eine sprachliche Fassung zu geben und sie zu assoziieren.[84] Diese **sprachlichen Hilfsmittel** haben zwar, will man Recht überhaupt kodifizieren, eine große heuristische Bedeutung, aber für die Auslegung der Gesetze können sie, so *Heck*,[85] keine normative Wirkung beanspruchen. Sie stellen lediglich im Rahmen der Auslegung eine erste Erkenntnisquelle dar. Doch über diese Wortbedeutung hinaus muss der Rechtsanwender den ganzen Komplex der vom Begriff erfassten Vorstellungen vor sich ausbreiten („Prinzip der freien Forschung").[86] Schließlich gilt, dass sich die Verständigung des Lebens niemals in isolierter Sprache vollzieht.[87] Stets werden vorhandene Umstände mitbewertet. Dies gilt demnach ebenso für das Verständnis der Gesetzesworte.[88]

Da die Gesetzesnormen der genetischen Interessentheorie zufolge auf Interessenabwägungen beruhen, muss der Richter im Anschluss über die Begriffe hinaus und mit ihrer Hilfe zu den vom Gesetz angeschauten Interessenlagen, den gesetzlichen Werturteilen und Wertideen, vordringen („Konfliktschau").[89] Dies bedeutet, dass er zu klären hat, welche Interessen das Gesetz vor Augen hatte, wie und aus welchem Grund es sie gewürdigt hat und wie die Interessenwirkung der Norm sein sollte. Darin liegt, wie *Heck* ausdrücklich erklärt, die „praktische Spitze der Interessenjurisprudenz".[90] Die Interessenforschung zielt zwar zunächst auf die Ermittlung des Gesetzeszwecks (Förderung des „überwiegenden Interesses"). Um den Inhalt einer Rechtsnorm aber vollständig als Resultat einer Interessenabwägung zu verstehen, muß sich der Richter auch die Gegeninteressen verdeutlichen („Maxime der Interessengliederung").[91] „Der Zweck ist die Förderung der überwiegenden Interessen. Nur diese Interessen lassen sich in ihrer Richtung, bei nachträglicher Betrachtung, aus dem Gesetz erkennen. Aber der Inhalt der Rechtsnorm, der Grad der Zweckverwirklichung ist auch von der Stärke der überwundenen Gegeninteressen abhängig. Der Inhalt der Rechtsnorm kann nur ›begriffen‹ werden, wenn auch diese Gegeninteressen erkannt sind."[92] Als Beispiel führt *Heck* an: Der Zweck eines jeden Steuergesetzes sei die Mittelbeschaffung für die Gemeinschaft. Aber die Eigenart des einzelnen Gesetzes ergebe sich aus der Rücksicht auf die Steuerzahler.[93] Dieses Postulat der **interessengliedernden Auslegung der Gesetze** erschöpfe sich nicht in einer bloßen Ermittlung der gegeneinander abgegrenzten Belange und Interessenträger, vielmehr sei der Richter auch gefordert, die jeweils für die erfolgte Bewertung maßgeblichen Gründe aufzudecken und herauszuarbeiten. Nur so könne es gelingen, das zugrundeliegende Werturteil zu erkennen und die Schutzwürdigkeit des einen Interesses gegenüber dem anderen zu erklären.[94]

454

---

84 Vgl. Gesetzesauslegung, S. 156.
85 Gesetzesauslegung, S. 120.
86 Ebenda, S. 94, 156.
87 A. a. O., S. 157.
88 Zur Interpretation der historischen Vorstellung, um also eine Einfühlung in den Gedankengang, der die Entstehung der Gesetzesworte begleitet hat, zu erreichen, sind außer dem Wortlaut die veröffentlichten sowie die unveröffentlichten Gesetzesmaterialien aufschlussreich (sämtliche Aufzeichnungen über den internen Entstehungsvorgang eines Gesetzes), vgl. Gesetzesauslegung, S. 105 ff.; s. a. S. 107, Anm. 155.
89 Vgl. Begriffsbildung, S. 107; Gesetzesauslegung, S. 94 f.
90 Siehe Gesetzesauslegung, S. 96.
91 Siehe Begriffsbildung, S. 96; Interessenjurisprudenz, S. 20.
92 Begriffsbildung, S. 46.
93 Interessenjurisprudenz, S. 13.
94 Siehe hierzu auch: Lebensversicherung, S. 24 f.

ddd) Ergebnisse der interessengemäßen Gesetzesauslegung

455   Ansatzpunkt jeder Fallentscheidung ist ein Vergleich zwischen demjenigen Interessenkonflikt, der im Streitfall vorliegt und demjenigen, der in der Form eines in Frage kommenden gesetzlichen Tatbestandes entschieden ist. Vor diesem Hintergrund kann die historische Gesetzesauslegung zu unterschiedlichen Ergebnissen führen, die sich *Heck* zufolge zu drei großen Fallgruppen zusammenfassen lassen.[95]

456   In den sogenannten **Normalfällen** stellt sich die Lage so dar, dass der Sachverhalt, über den der Richter zu entscheiden hat, durch die Interessenkonflikte veranlasst ist, die der Gesetzgeber gesehen und geregelt hat. Dann beschränkt sich die richterliche Tätigkeit auf die logische Deduktion (Subsumtion), also die Erkenntnis, dass die Merkmale des hypothetischen Tatbestandes in dem prozessualen Sachverhalt vorhanden sind.[96] Auf diese Weise kann mithin das Werturteil des autoritativ entschiedenen auf den entscheidungsbedürftigen Interessenkonflikt übertragen werden.[97] Als Besonderheit kommt nach der interessenjuristischen Lehre aber hinzu, dass eine Interessenprüfung immer und ohne Ausnahme vorauszugehen hat, wenngleich sich diese bei einfachen Sachlagen unterschwellig vollzieht. Der rein formal-logischen Subsumtion geht eine intuitive Interessenwürdigung parallel, „die zwar nicht in das Bewußtsein tritt, aber als Alarmapparat wirkt und bei interessewidrigen Ergebnissen der Subsumtion eingreift" („Beobachtung der intuitiven Kontrolle").[98]

457   Die im folgenden behandelten Fälle erfordern laut *Heck* eine „wertende Gebotsbildung", in denen der Richter Rechtsschutz gewähren soll, obgleich die Subsumtion nicht unter eine primäre oder ergänzte Norm möglich ist; es fehlt folglich eine Decknorm.[99] Hierbei sieht *Heck*, dass durch das Anerkennen der richterlichen Befugnis zur Gebotsbildung auf der einen Seite die sachliche Angemessenheit der Entscheidung gefördert, auf der anderen Seite die Voraussehbarkeit der Rechtsprechung und damit die Rechtssicherheit gemindert wird.[100] Deshalb gibt *Heck* dem Richter in diesem Punkt die Maxime vor, zwischen dem „Fortbildungsinteresse" und dem „Stabilitätsinteresse" an der einmal zur Geltung gelangten Ordnung im Einzelfall abzuwägen.[101]

458   Es sind Fälle möglich, in denen der Gesetzgeber die wertende Gebotsbildung vorausgesehen und besonders angeordnet hat („Lücken" i. w. S.).[102] Er hat das Gebot nicht selbst oder nicht in bestimmten Begriffen ausgesprochen, sondern die Bildung des Gebots oder die nähere Ausfüllung des Begriffs dem Richter übertragen: **Delegationsfälle** bzw. Ventilbegriffe.[103] Der Richter bekommt einen gewissen Ermessensspielraum, innerhalb dessen er unter Rekurs auf die sonst erkennbaren Werturteile des Gesetzgebers, die sich in den vorhandenen gesetzlichen Normen niedergeschlagen haben, genügend Kriterien an die Hand bekommt, die ihm diese Ergänzungsarbeit ermöglichen. Wichtig ist auch hier-

---

95   Dazu Begriffsbildung, S. 109.
96   Ebenda, S. 109; Gesetzesauslegung, S. 90.
97   Rechtsgewinnung, S. 30.
98   In: Leugnung, S. 246; Begriffsbildung, S. 116 f.
99   Siehe Gesetzesauslegung, S. 161.
100 Ebenda, S. 172.
101 A. a. O., S. 180.
102 A. a. O., S. 161.
103 Begriffsbildung, S. 109; Beispiele hierfür stellen etwa § 242 BGB oder das vom Gesetzgeber verwendete Wort „wichtiger Grund" dar.

bei die Abstimmung mit dem gesamten Wertungsgefüge der positiven Rechtsordnung.[104]

Die dritte Fallgruppe bezieht sich auf solche Fälle, bei denen sich als Ergebnis der historischen Interessenforschung ergibt, dass eine **Lücke** („Lücke" i. e. S.)[105] vorliegt. Die wertende Gebotsbildung wird vollzogen, indem der Richter diejenigen Interessen ins Auge fasst, die sich in der Entscheidung gegenüberstehen, sie miteinander vergleicht und nach einem Werturteil gegeneinander abwägt.[106]   459

Es gibt nun nach der Methode *Hecks* zwei Grundlagen für die Behandlung festgestellter Lücken. Zum einen kann der Richter im Wege der historischen Interessenforschung ganz allgemein die Wertungstendenzen und die Rangordnung der verschiedenen Interessen in der Gesetzgebung erkennen („Fernwirkung des Gesetzes"),[107] zum anderen kann der Richter auch aus seiner eigenen Kenntnis und Lebenserfahrung heraus Interessen für schutzwürdig erklären.[108] Letzteres greift allerdings nur subsidiär dann ein, wenn ein gesetzliches Werturteil fehlt („**Wertungslücke**").[109] Die richterliche Eigenwertung greift nämlich nur dann ein, wenn weder das Gesetz selbst, noch die Verkehrssitte oder die Verfassung dem Richter Bewertungsmaßstäbe an die Hand geben.   460

Für die Gebotsbildung bei den echten Lücken, seien sie primär oder sekundär begründet, weist *Heck* den Richter an, das fehlende Gebot zu ergänzen, indem er prüft, ob derselbe oder ein ähnlicher Interessenkonflikt in der Form anderer Tatbestände im Gesetz entschieden ist; die Gesetzeswertung ist dann wegweisend und der Richter hat im Falle der Bejahung das Werturteil im Wege des Analogieschlusses zu übertragen.[110] Ist dies nicht so ohne Weiteres erkennbar, so muss der Richter darüber hinaus versuchen, einen Anhaltspunkt aus den in der Rechtsgemeinschaft herrschenden Anschauungen zu gewinnen. Ferner geben ihm die Wertungen aus der Verfassung, also dem übergeordneten Wertgebilde, Kriterien an die Hand.   461

Neben der Befugnis, Gebote zu ergänzen, hat der Richter unter Umständen auch die Kompetenz bei seinem Urteil von dem geltenden Gesetz abzuweichen, **contra legem** zu entscheiden.[111] Dies ist der Fall bei den unechten Lücken, unabhängig davon, ob sie primär oder sekundär verursacht sind. Ein Einzelfallgebot erfasst demnach Sachverhalte, die, wenn sie vom Gesetzgeber bedacht worden wären, anders geregelt worden wären[112] oder die Gebote sind infolge zeitlich bedingter Änderungen nicht mehr geeignet, den von ihnen verfolgten Interessenschutz zu bewirken, weil die Interessen weggefallen sind oder sich die kausale Interessenlage verschoben hat.[113] Das Vorgehen des Richters, eine sprachlich wie logisch eigentlich mögliche Subsumtion abzulehnen, fällt dann unter die Kategorie der wertenden Gebotsbildung, und zwar unter den Unterbegriff der Gebotsberichtigung („Abweichungstheorie").[114]   462

---

104 Ebenda.
105 Siehe Gesetzesauslegung, S. 161.
106 Ebenda, S. 225.
107 Gesetzesauslegung, S. 230.
108 A. a. O., S. 227.
109 Ebenda, S. 238.
110 Vgl. nur Interessenjurisprudenz, S. 20; siehe das Beispiel bei *Heck*: „Platinaproblem" in: Gesetzesauslegung, S. 190.
111 Gesetzesauslegung, S. 197 ff.
112 Siehe hierzu: RGZ 68, 317 ff.
113 Hierzu: Aufwertung, S. 203 ff.
114 Gesetzesauslegung, S. 201.

463   Die Grenze für die Gebotsberichtigung durch den Richter ergibt sich aus dem Grundsatz der **Autonomie der Rechtsgemeinschaft**. Grundsätzlich ist der Richter an das Gesamtbild der für schützenswert erklärten Interessen gebunden, eine Zurückdrängung desselben ist unzulässig und ließe sich als Gesetzesvereitelung darstellen.[115] Die Berichtigungsbefugnis erstreckt sich also ausschließlich auf die Fälle, die aus einer mangelhaften Anschauung der tatsächlichen Verhältnisse folgen. *Heck* führt zur Berichtigung unpassender Gebote aus, dass es sich hierbei in der Regel um „Randberichtigungen" insofern handele, als die Wahrscheinlichkeit einer Anschauungslücke oder eines Gebotsfehlers bei denjenigen Sachlagen, die im Mittelpunkt der legislativen Arbeit gestanden haben („Kernbereich") geringer sei, als bei denjenigen, die nur peripher betrachtet wurden.[116]

464   *Heck* resümiert, dass der Richter trotz des Primats der Fernwirkung der Gesetze eine rechtschöpfende Tätigkeit ausübe, da auch das Erkennen und Verarbeiten historischer Vorstellungen als schöpferisch angesehen werden könne.[117]

465   Anzufügen bleibt ein kurzer **Vergleich des begriffsjuristischen Verfahrens** zur Lückenschließung, so wie es *Heck* gesehen und zur Grundlage seiner Angriffe gemacht hat.[118] Er bezeichnet es als „Lückenergänzung durch Konstruktion" bzw. „Inversionsmethode". Ausgangspunkt sei, dass das Rechtssystem als geschlossen angesehen werde. Deshalb solle es möglich sein, allgemeine Rechtssätze zwar nicht aus dem Gesetz, aber aus dem Rechtssystem auf kognitiven Wege zu gewinnen, welche dann wieder den Idealtypus der juristischen Rechtsanwendung, den logisch-deduktiven Subsumtionsschluss ermöglichten. Deshalb konnte man sagen, dass es wohl Gesetzeslücken, aber keine Rechtslücken gebe. Als Quelle für das neue Gebot dienten die aus den vorhandenen Rechtssätzen abstrahierten Begriffe. Die jeweils gemeinsamen Elemente dieser Begriffe würden zu allgemeineren Begriffen zusammengefasst und diese genau definiert. Diese „Oberbegriffe" würden dann zum Ausfüllen der Lücke verwandt, indem man aus der Definition die Entscheidung des neuen Falles herleitete.[119]

bb) Aufgaben und Wege der Rechtswissenschaft

466   Die praktische Rechtswissenschaft hat die richterliche Fallentscheidung vorzubereiten, ihr also wirkungsvolle Hilfestellung für die Entscheidungssituation zu leisten. Dafür ist es zunächst ihre Aufgabe, methodische Dogmen aufzustellen, die den Richter befähigen sollen, möglichst zielbewusst das Urteil zu finden.

467   Darüber hinaus hat sie die Aufgabe der Normgewinnung zu bewältigen, indem sie für verschiedene Konfliktfälle zutreffende Normen vorschlägt. Hinzu kommt die systematische Darstellung des normativen Materials.

aaa) Aufgaben der Normgewinnung

468   Im Grunde stimmt die Tätigkeit des Wissenschaftlers bei der Normgewinnung mit derjenigen des Richters überein, sie geht aber hinsichtlich der Breite der Untersuchungen darüber hinaus.[120] Aufgabe der Wissenschaft ist die ständige Arbeit an der Auslegung

---

115   A. a. O., S. 201.
116   Ebenda, S. 206 f.
117   Ebenda, S. 250.
118   Dazu seine Darstellung in: Rechtsgewinung, S. 9 ff.
119   A. a. O., S. 10; Beispiele hierfür: „Rechtsgeschäft" – siehe Rechtsgewinnung, S. 10; ferner „Restaurationsgleichnis", Begriffsbildung, S. 93, Anm. 2; anschaulich ferner *Pawlowski*, Einführung, Rz. 158 f.
120   *Kallfass*, Tübinger Schule der Interessenjurisprudenz, S. 62.

der bestehenden Gesetze sowie das Unterbreiten von Vorschlägen für vorausgesehene Lücken. Darüber hinaus spielt die Normgewinnung de lege ferenda eine große Rolle, d. h. der Rechtswissenschaftler hat sich nicht nur mit empirischen Fällen zu beschäftigen, sondern auch mit Zukunftsfällen.[121] Die Forschungsergebnisse sind kontinuierlich in das vorhandene Normenmaterial einzuarbeiten.[122]

Zur Erfüllung dieser Aufgaben, Gewinnung neuer und Verbesserung vorhandener Normen, sind eine Reihe von Vor- und Hilfsuntersuchungen erforderlich.   469

Das **Leben** ist nach der interessenjuristischen Lehre nicht nur Anwendungsgebiet der Rechtsgebote, sondern zugleich auch ihre **Quelle**.[123] Deshalb ist es in erster Linie Gegenstand der wissenschaftlichen Arbeit, die Lebensverhältnisse und Lebensbedürfnisse zu erforschen.[124] Diese Erkenntnis der Lebensverhältnisse wird auch als „Interessenforschung", „Rechtssoziologie" oder „Festellung der Rechtstatsachen" bezeichnet.[125] Die wichtigste Forderung an den Wissenschaftler ist es, bei jeder Norm nach dem Prinzip der Interessenabgrenzung vorzugehen. Eine wesentliche Rolle spielt hierbei die Kasuistik: Da die Gesetzesbegriffe die Umschreibung für dahinterstehende Lebensverhältnisse sind, ergibt sich eine weitergehende Konkretisierung der Begriffe erst durch die Veranschaulichung und Erörterung von Einzelfällen.[126]   470

Weitere Voruntersuchungen zur Aufbereitung des Normenmaterials stützen sich auf Teilgebiete der Philosophie. Diese Verbindung ergibt sich daraus, dass das Gesetz ein System von Werturteilen und Wertideen ist, dieses aber nicht ohne Widersprüche.[127] Es gilt daher Werturteile gegeneinander abzuwägen und miteinander auszugleichen, sowie jeweils die in einer Rechtsgemeinschaft vorherrschenden Ideale in eine Art Rangordnung zu bringen. Es muss an dieser Stelle darauf hingewiesen werden, dass die Interessenjurisprudenz als **reine Methodenlehre** konzipiert ist. Zu der Frage, welche Werturteile in welcher Rangfolge jeweils als Maßstab fungieren, braucht sie sich, so *Heck*,[128] deshalb nicht zu äußern. „Sie ist keine materielle Wertlehre. Wir denken nicht daran, der Rechtsgemeinschaft vorzuschreiben, welche Interessen sie vor anderen bevorzugen soll." Die Interessenjurisprudenz will eine „von einer Weltanschauung ganz unabhängige und für jede Weltanschauung gleich wertvolle Methodenlehre aufstellen."[129] Die Aufgabe der Konkretisierung der in einer Rechtsgemeinschaft anerkannten Wertideen und die Rangordnung der verschiedenen Lebensgüter schreibt diese Lehre der Wissenschaft zu. Adressat dieser Lehre ist also der Richter, dem die Interessenjurisprudenz ein Verfahren an die Hand geben möchte, dass es ihm ermöglicht, an der Verwirklichung anerkannter Ideale mitzuarbeiten.[130]   471

Nach *Heck* kann die Rechtswissenschaft insbesondere auch aus anderen Disziplinen Hinweise für die Normgewinnung bekommen. *Heck* nennt hier vor allem die Rechtsvergleichung und die Rechtsgeschichte.[131] Gerade auch das Verständnis für andere Le-   472

---

121   Vgl. *Kallfass*, Tübinger Schule der Interessenjurisprudenz, S. 62.
122   Rechtsgewinnung, S. 37.
123   So in Interessenjurisprudenz, S. 27.
124   Vgl. nur Begriffsbildung, S. 130 f.
125   Begriffsbildung, S. 131.
126   A.a. O., S. 133.
127   Ebenda, S. 131 f.
128   Interessenjurisprudenz, S. 7.
129   Begriffsbildung, S. 28.
130   Interessenjurisprudenz, S. 7.
131   Begriffsbildung, S. 19.

bensverhältnisse und die Entstehung des Rechts in der Vergangenheit schärfe, so sagt er,[132] den Blick für die Aufgaben der Gegenwart.

bbb) Aufgaben der Darstellung

473 Nach Ansicht *Hecks* braucht jede Methode Übersicht und Ordnung, denn wissenschaftliche Arbeit vollzieht sich überall durch die **Bildung und Ausarbeitung von Ordnungsbegriffen**.[133] Die Betrachtung des Forschers ergibt Vorstellungen, die an die Worte oder Wortkomplexe gebunden werden, welche aber nur ein verkürzter Ausdruck für den dahinterstehenden Bewusstseinsinhalt sind.[134] Die Bildung der Begriffe ist nach dieser Lehre allerdings keine Kausalforschung in dem Sinn, dass die Begriffe Grundbegriffe sind, aus denen sich die Rechtsnormen erklären lassen und somit am Anfang der Betrachtung stehen. Vielmehr sind zuerst die Normen inhaltlich nach ihrem praktischen Motiv zu bestimmen, um sie dann mit einem sprachlichen Ausdruck zu belegen und zusammenzufassen.[135]

474 Aus dieser Beschränkung der Ordnungsbegriffe auf den Übersichtszweck, die systematisierte Darstellung, ergibt sich laut *Heck* eine weitgehende Freiheit der Formung dieser Begriffe. Für dieselbe Interessenabgrenzung, für denselben Gebotskomplex können deshalb verschiedene Formulierungen zugleich richtig und zulässig sein. *Heck* bezeichnet diese Freiheit als „Äquivalenz wissenschaftlicher Konstruktionen".[136] Diesen Gesamtvorgang der Ordnung fertiggestellter Gedanken, die der Wissenschaftler im Interesse der Darstellung und Gebrauchserleichterung vornimmt, bezeichnet *Heck* als das „äußere System".[137] Die Begriffe, welche die Gesamtheit des normativen Materials wiedergeben, können nach verschiedenen Kriterien unterschieden werden. Im Hinblick auf den Vorstellungsinhalt hält *Heck* die Gebotsbegriffe und Interessenbegriffe auseinander.[138]

475 *Heck* kennt ferner das „**innere System**" der einzelnen Problemlösungen: Darunter versteht er den sachlichen Zusammenhang zwischen den verschiedenen Konfliktentscheidungen, also diejenige Ordnung, die den Normen aufgrund des Einhaltens bestimmter methodischer Vorgaben immanent ist; das „innere System" entsteht durch den Inhalt der Forschungsergebnisse.[139] Da die Interessenjurisprudenz in den Gesetzesnormen jeweils Konfliktentscheidungen sieht, sind induktiv die übereinstimmenden Merkmale aus der Vielzahl der Konfliktentscheidungen zu bestimmen und daraus wiederum eine Einteilung in Problemkomplexe und Entscheidungsgruppen zu erstellen („Klassifikation").[140] Auf diese Weise ergibt sich die Möglichkeit, alle vorhandenen sachlichen Beziehungen in der Form eines Begriffssystems darzustellen.[141]

III. Der Zweifrontenkampf der Interessenjurisprudenz

476 Die interessenjuristische Lehre hat sich aus der ständigen Konfrontation mit der nach *Heck* bis dahin in der Rechtswissenschaft und Rechtspflege vorherrschenden sogenann-

---

132 Ebenda, S. 19.
133 Schuldrecht, S. 472; Interessenjurisprudenz, S. 28.
134 Begriffsbildung, S. 53.
135 *Edelmann*, Entwicklung, S. 72.
136 Schuldrecht, S. 473, Anm. 2.
137 Begriffsbildung, S. 143.
138 A. a. O., S. 472.
139 Begriffsbildung, S. 143.
140 A. a. O., S. 150.
141 Ebenda.

ten **Begriffsjurisprudenz** entwickelt. Es ist notwendig darauf hinzuweisen, dass sich die Angriffe *Hecks* auf die „technische Begriffsjurisprudenz"[142] bezogen haben. Seine Kritik richtet sich nicht gegen eine mit Begriffen arbeitende Jurisprudenz oder die wissenschaftliche Begriffsbildung.[143] Im Gegenteil: „Ohne Begriffe ist kein Denken möglich. Auch die Rechtswissenschaft soll selbstverständlich Begriffe bilden."[144] Allerdings treten nach seiner Lehre zu den Gebotsbegriffen die Interessenbegriffe hinzu, um die Vorstellungen von Gesetzeszwecken, Interessenlagen und ihrer Wertung ausdrücken zu können.[145] Unter jener „technischen Begriffsjurisprudenz", die *Heck* beanstandet, ist demnach die Richtung zu verstehen, die vom Standpunkt der Kausaltheorie aus die Rechtsgebote als Folgerungen zugrundeliegender Rechtsbegriffe auffasste und daraus neue Normen schuf. Durch Abstraktion und Definition wurde eine „Begriffspyramide"[146] geschaffen. Diese Normenbeschaffung durch Begriffskonstruktion lehnt *Heck* wegen ihrer Lebensferne energisch ab und bezeichnet diese Methode als „naiven **Begriffsrealismus**", eine „juristische Kunstlehre".[147] Die Lebensferne, an der *Heck* Anstoß nimmt, ergebe sich daraus, dass die so gewonnenen Begriffe auch für die Entscheidung solcher Fälle herangezogen werden, die bei der Bestimmung der Begriffe gar nicht ins Auge gefasst waren.[148] Die Lebensrichtigkeit der Entscheidung war, so *Heck*, von nur sekundärer Bedeutung, da der Richter das Gesetz nach dem Maßstab der kognitiven Logik anzuwenden hatte; er hatte sozusagen mit den Begriffen zu „rechnen".[149] *Heck* verstand die Position dieses Richters deshalb als „Automat, der bei Einwurf der Sachlage das Urteil abgab", die schwierige und verantwortungsvolle Erforschung des sachlich Richtigen bleibe ihm erspart.[150]

Nach der anderen Seite hin grenzte er sich ab gegen die sogenannte **Freirechtsbewe-** 477
gung.[151] Deren Eigenart sehen die Interessenjuristen durch die Tendenz charakterisiert, die bindende Wirkung des positiven Rechts allgemein oder unter gewissen Umständen zugunsten einer freien Wertung des Richters zurückzudrängen („richterliches Ermessen").[152] In Übereinstimmung mit den Interessenjuristen gehen die Anhänger der Freirechtslehre davon aus, dass es Rechtslücken gibt und dass diese nicht durch Konstruktion von Begriffen, sondern durch eine Interessenprüfung auszufüllen sind.[153] Die Behandlung der Gesetzeslücken steht hier wie dort im Zentrum der Erörterungen. Doch erfährt die richterliche Machtbefugnis eine Steigerung dahin gehend, dass der Richter bei Vorhandensein einer Lücke nicht an die Wertideen und Werturteile des Gesetzes gebunden ist, sondern, so Heck kritisch, es sind diejenigen des Richters, die den Maßstab für die Abwägung liefern.[154] Der Richter ist in diesem Sinne nicht nur „denkender Gehilfe" des Gesetzgebers anhand der gesetzlichen Werturteile, sondern „weitschauender **Richterkö-** **nig**".[155] Dieses Vorgehen sei auf die Grundanschauung zurückzuführen, dass der Einzelfall dann am besten entschieden werde, wenn ihn der Richter ungebunden durch ge-

---

142 Diesen Ausdruck benutzt *Heck* in: Begriffsjurisprudenz, S. 42.
143 Ebenda, S. 42.
144 Ebenda, S. 42.
145 Begriffsbildung, S. 10.
146 Vgl. *Dombek*, Tübinger Schule, S. 13.
147 So in Interessenjurisprudenz, S. 16 f.
148 A. a. O.
149 A. a. O., S. 15; vgl. aber für Savigny oben S. 51.
150 Rechtsgewinnung, S. 14.
151 Hierzu: Begriffsbildung, S. 9 ff.
152 Rechtsgewinnung, S. 23.
153 Gesetzestreue, S. 32.
154 Rechtsgewinnung, S. 30.
155 Ebenda, S. 24.

nerelle Vorschriften nur in seiner Eigenart würdigen könne.[156] Die Gründe der Entscheidung seien aus dem Einzelfall selbst zu entnehmen, jeder Einzelfall trage praktisch sein Gesetz in sich, seine „sua lex".[157] Die Angemessenheit des Urteils wird demnach stark betont. *Heck* hält dem entgegen, dass die Ergebnisse dieser freien Rechtsfindung ganz individuell bedingt und abhängig von persönlichen Erfahrungen und Lebensanschauungen des Richters seien; deshalb biete das freie Ermessen des Richters keine Garantie für die Gleichförmigkeit der Entscheidungen mehrerer Richter und auch nicht für die Voraussehbarkeit (Rechtssicherheit).[158] Die Interessenjurisprudenz habe demgegenüber den Vorteil, durch die sinngemäße Anwendung des Gesetzes die Ideale der Angemessenheit, Gleichförmigkeit und Rechtssicherheit in Einklang zu bringen.[159] Deshalb sei die prinzipielle Bindung des Richters an den Gesetzesinhalt bzw. bei der Ergänzung von Lücken an den mittelbaren Inhalt, notwendig.[160] Hinzu kommt, dass *Heck* seine Lehre auf den Grundsatz der historischen Auslegung stützt. Dagegen beschränkt die Freirechtslehre die Gesetzeswirkung auf den Wortlaut. Da *Heck* jedoch dem Wortlaut als solchen keine normative Wirkung zuschreibt, liegt hier ein Kernpunkt für die Unvereinbarkeit dieser beiden Richtungen.

IV. Ein berühmtes Beispiel: Das Aufwertungsurteil

478 Ein aufschlussreiches Beispiel für die Diagnose eines Falles, in dem sich die kausale Interessenlage infolge zeitlich bedingter Änderungen verschoben hat und deshalb die Gebote nicht mehr geeignet sind, den von ihnen verfolgten Interessenschutz zu bewirken, bietet *Hecks* Behandlung der Währungsgesetze vom August 1914 in seiner Besprechung[161] des Urteils des Reichsgerichts vom 28. November 1923, das erstmals die Aufwertung der Hypotheken zuließ.[162]

479 Der Kläger war Eigentümer eines Grundstücks und hatte dieses mit einer Hypothek zugunsten des Gläubigers belastet. Bei Fälligkeit der Hypothekenforderung am 1. April 1920 hatte er diesen Betrag nebst Zinsen „billig" bezahlt, der Hypothekengläubiger verweigerte jedoch die Herausgabe des Hypothekenbriefs und die Löschungsbewilligung.

480 Durch die erwähnten Währungsgesetze war Papiergeld zum gesetzlichen Zahlungsmittel erhoben worden. Vor dem 1. Weltkrieg war die Wertbeständigkeit der Mark durch die Bindung an den Goldwert gesichert. Bei Kriegsbeginn wurde die Pflicht zur Einlösung von Geldschulden in Goldmünzen aufgehoben. Von da an musste sich jeder Gläubiger mit der Zahlung des Nennbetrages der Schuld in Papiermark zufriedengeben (Zwangskurs); es galt der Grundsatz „Mark gleich Mark". Dies galt rückwirkend insofern, als auch Forderungen betroffen waren, die vor Erlass der Gesetze begründet worden waren. Durch den seit Kriegsende immer größere Ausmaße annehmenden Geldwertverfall konnten sich die Schuldner mit der Leistung von Nennwertbeträgen befreien, die in keiner Wertrelation mehr zum ursprünglichen Goldmarktwert standen. Der sinkende Geldwert

---

156 Ebenda, S. 7, 23.
157 Vgl. Begriffsbildung, S. 105.
158 Interessenjurisprudenz, S. 7; vgl. Gesetzestreue, S. 34.
159 A. a. O., S. 24.
160 Gesetzestreue, S. 34.
161 Siehe: Aufwertung, AcP 122 (1924) 203–226.
162 RGZ 107, 78–94 (Lüderitzbucht), zum ganzen hochbrisanten Vorgang jetzt grundlegend *M. Klemmer*, Gesetzesbindung und Richterfreiheit. Die Entscheidungen des RG in Zivilsachen während der Weimarer Republik und im späten Kaiserreich, Baden-Baden 1996, hier S. 217 ff.

bedeutete eine entsprechende Entwertung der Gläubigerrechte, so etwa auch der Hypothekenansprüche.

Den Grundsatz „Mark gleich Mark" gab das RG in dieser Entscheidung auf, indem es   481
entschied, dass der Gläubiger für die vor dem Weltkrieg begründete Darlehenshypothek
bei Zahlung des bloßen Nennwertes in Papiermark berechtigt sei, die Löschungsbewilligung zu verweigern. Das RG stützte sich bei der Festsetzung eines Aufwertungsanspruchs auf § 242 BGB und sprach damit dem Richter die Befugnis zu, einen neuen
Währungskurs festzusetzen. Zu bedenken ist hierbei vor allem, dass bis zum Urteilszeitpunkt der vorerwähnte Grundsatz trotz des explosiven Ausmaßes des Geldwertverfalls
in der Rechtsprechung gültig geblieben war.[163]

Heck äußert sich hinsichtlich der Aufwertung zustimmend: Sie sei ein Gebot der Ethik   482
und eine dringende Forderung des Rechtsgefühls.[164] Er stellt die Überlegung an, ob ein
Fall der wertenden Gebotsbildung in Form der richterlichen Abänderung eines überalterten Gesetzes (also die Behandlung einer unechten sekundären Lücke) vorgelegen haben könnte. Die Urteilsbegründungen des RG überzeugen ihn nicht, er ist der Ansicht,
dass das RG die Währungsgesetze unter historischen Gesichtspunkten falsch ausgelegt
habe und die richterliche Kompetenz zur Gebotsänderung in diesem Fall überschritten
habe.[165]

Instruktiv ist in diesem Zusammenhang vor allem *Hecks* Auseinandersetzung mit den   483
Ausführungen des RG über die Währungsgesetze, hier wiederum der Gedankengang, daß
die **Währungsgesetze** die Erhaltung des Papiergeldwertes vorausgesetzt und die bei einer
Entwertung eintretende Schädigung der Gläubiger nicht gewollt hätten.[166] *Heck* erforscht historisch die bei Erlass der Währungsgesetze von 1914 kausale Interessenlage.
Unter Einhaltung seiner methodischen Vorgabe der Interessengliederung bzw. Konfliktschau vergegenwärtigt er sich das Interesse des Staates an einem Zwangskurs („Währungsinteresse") einerseits, und das Interesse der Gläubiger an finanzieller Wertbeständigkeit (Gläubigerinteresse) andererseits.[167] Das Währungsinteresse des Staates ging dahin, den Papiergeldwert zu stützen, da infolge des Zwangskurses das Papiergeld zur Abgeltung von Geldforderungen der Staatsgläubiger zum Nennwert verwendet werden,
seine Brauchbarkeit für den Innenverkehr erhalten und die Entwertung zumindest verlangsamt werden konnte.[168] Der Staat habe auch bei Erlass der Währungsgesetze schon
mit einer Entwertung für den Fall gerechnet, dass Deutschland den Krieg verlieren würde,
der Zwangskurs war somit auch für den Fall des Wertverlusts berechnet. Die Prognose
der Wertbewegung seitens des Gesetzgebers stand also unter der Einwirkung des Krieges
und seines ungewissen Ausgangs. Infolgedessen sah man, so analysiert *Heck* weiter, den
Zweck dieser Gesetze gerade in der Stützung des Papiergeldwertes, bei gesicherter Wertkonstanz hätte das Währungsgesetz gar keinen Zweck gehabt. Als weiterer Grund spielte
in die Interessenabgrenzung hinein, dass es anerkannt war, dass es Notlagen des Staates
gebe, in denen eine Opferung von Gläubigerinteressen zugunsten der nationalen Inter-

---

163 Zur Verdeutlichung der Geldwertsituation sei folgendes angeführt: Im November 1923 wurde eine Goldmark
mit 522 Mrd. Papiermark gehandelt, im Dezember war der Preis auf 1 Billion Papiermark gestiegen, s.
Rüthers, Unbegrenzte Auslegung, S. 66.
164 Aufwertung, S. 204, S. 208.
165 Eingehend zur Frage nach dem Rollenverständnis der Richter in den zwanziger Jahren und insbesondere zu
der Aufwertungsrechtsprechung jüngst *Rückert*, S. 281 ff.
166 RGZ 107, 78 (88 f).
167 Aufwertung, S. 211 f.
168 A. a. O., S. 211.

essen in Kauf genommen werden müsse.[169] Die Kriegsaussichten für Deutschland waren ungewiss und für den Verteidigungsausbau brauchte der Staat Geld, welches er sich in besonders starkem Ausmaß über Kriegsanleihen beschaffte. Somit lag es gerade im Interesse des Staates, sich für deren Rückzahlung über den Zwangskurs abzusichern und die allgemeinen Gläubigerinteressen zurückzustellen. Außerdem mussten die finanziellen Interessen umso mehr an Gewicht verlieren, je mehr man sich die Zahl der Menschenleben klar macht, die dem Staatsinteresse zum Opfer gegeben wurden.[170] Sie wurden als Kriegsopfer im nationalen Interesse angesehen. *Heck* zieht hieraus den Schluss, dass die Zurückdrängung der Gläubigerinteressen zugunsten der Währungsinteressen den Vorstellungen der Entstehungszeit und der kausalen Interessenlage entspreche.[171] Folglich habe das Währungsrecht nicht die Intention gehabt, eine Schädigung der Gläubiger zu vermeiden und gehe auch nicht von der Wertkonstanz des Geldes aus.

484   Im Anschluss untersucht *Heck* die nachträglich eingetretenen Veränderungen und führt aus, dass die **Interessenlage**, welche für den Erlass der Gesetze maßgebend gewesen sei, zum Zeitpunkt des Urteils **entfallen sei**. Die Fortschritte der Entwertung hätten die Interessen der Gläubiger schließlich vernichtet und das staatliche Interesse sei im Laufe der Zeit immer schwächer geworden.[172] Deshalb sei inzwischen das Währungsgesetz an sich auch zwecklos geworden.

485   Unter diesen Umständen hält *Heck* ein **Fortbildungsinteresse** für gegeben. Prinzipiell sei damit die Anpassung dieses überalterten Gesetzes an die zeitlichen Verhältnisse im Wege der wertenden Gebotsbildung durch den Richter möglich. Aber *Heck* sieht dieses Interesse von einem noch gewichtigeren Stabilitätsinteresse übertroffen. Damit sei der Richter daran gehindert, Aufwertungsrecht zu schöpfen.[173] Zur Begründung des **Stabilitätsinteresses** führt *Heck* an, dass eine langjährige Rechtsübung, welche die Gläubigerforderungen als Papierforderungen behandelt habe, nicht plötzlich per Richterspruch für rechtswidrig erklärt werden dürfe. Dies provoziere eine allgemeine Rechtsunsicherheit. Daher will er die schwierige Aufgabe der Abwägung der beteiligten Interessen durch einen neuen legislativen Akt gelöst wissen,[174] da insbesondere auch ein objektiver, die finanziellen Opfer gleichmäßig verteilender Maßstab fehle, auf den sich die Rechtsprechung hier stützen könne.[175]

486   Ferner habe der Richter mit der Zubilligung des Aufwertungsanspruchs die Autonomie der **Rechtsgemeinschaft übergangen**, denn im November 1923 seien die gesetzgebenden Organe bereits mit dieser Frage beschäftigt gewesen. Deshalb dürfe der Richter nicht einer legislativen Entscheidung vorgreifen.[176] Daher kommt *Heck* zu dem Ergebnis, dass der Richter bis zur gesetzlichen Regelung eine Aufschiebung des Anspruchs auf Löschung hätte aussprechen müssen.

V. Resümee

487   Mit ihrer Hinwendung zur sozialen Wirklichkeit und zum Leben als Hauptansatzpunkt der Rechtsanwendung wird die Interessenjurisprudenz als eine Strömung des juristischen

---

169   A. a. O.
170   A. a. O., S. 212.
171   Ebenda.
172   Ebenda.
173   A. a.O., S. 217.
174   A. a. O., S. 217.
175   A.a. O., S. 220 f.
176   A. a. O., S. 222.

Naturalismus erfasst.[177] Der soziale Zweck des Rechts sollte fortan bei der Auslegung und Anwendung des Rechts nicht nur von sekundärer Bedeutung sein, sondern er ist vor allen formalen Kriterien der juristischen Konstruktion der primäre Gesichtspunkt, an dem sich Jurisprudenz und Rechtspraxis orientieren müssen.[178] In dieser Hinsicht ist es allgemein anerkannt, dass die Interessenjurisprudenz eine fruchtbare **Neuorientierung** eingeleitet hat.[179] Sie brachte allerdings auch die immer vorhandene Aporie der Rechtswissenschaft, nämlich „die Frage, was denn hier und jetzt jeweils gerecht sei" in Erinnerung.[180] Die Interessenjurisprudenz hat eine Bewegung weg vom bloßen Gesetzestext initiiert. Sie sieht im Gesetz nicht nur Normen, die sich mit den Mitteln der formaljuristischen Logik auf den Einzelfall übertragen lassen, sondern Entscheidungen des Gesetzgebers über bestimmte gesellschaftliche Interessenlagen, die vom Richter verwirklicht werden sollen.[181] In diesem Sinn werden Justiz und Gesetzgebung als staatlich-politische Mittel verstanden, durch die die pluralistischen gesellschaftlichen Interessen ausgeglichen und ausbalanciert werden.[182] Zur Geburt des BGB gab sie der Jurisprudenz diese neue Richtung.

Es drängt sich allerdings die Frage auf, ob die hinter einer Norm stehende Entscheidung des jeweiligen Gesetzgebers immer in der Neutralität und Objektivität, wie es die Interessenjurisprudenz meint, erklärt werden kann. Denn soweit die Interessenten an der Gesetzgebung selbst mitwirkten, ist der Interessengehalt mitunter nicht so eindeutig, dass er einen zweifelsfreien Entscheidungsmaßstab abgeben könnte.[183] Problematisch gerade in Bezug auf ältere Gesetze ist auch die sinngemäße Übertragung der intendierten Interessenabwägung auf eine gesellschaftliche Realität, die sich seit der Gesetzgebung wesentlich verändert hat.[184]   **488**

Auch liegt der Schluss nahe, dass der damit geforderte Übergang vom blinden zum denkenden Gehorsam auf eine recht **komplizierte Handhabung** der Norm hinausläuft. Bedenken könnten sich daher gerade vor dem Hintergrund ergeben, dass durch die Aufstellung eines Konditionalprogramms in Form der gesetzlichen Normsetzung eigentlich eine Entlastung des Normanwenders erstrebt wird, man ihn also von Bewertungsproblemen freihalten möchte. Dies ist ein Erfordernis, welches sich auch gerade im Hinblick auf die aus Zeitgründen begrenzte Bearbeitungsmöglichkeit der einzelnen Fälle ergibt. Denn die alltägliche Rechtsanwendung braucht ein relativ einfach anwendbares Instrumentarium, das nicht dazu zwingt, in jedem Einzelfall alle Wertungskriterien erneut zu durchdenken. Auf der anderen Seite wird aber erst durch die im Wege der Interessenforschung konkretisierte Norm eine gleichmäßige Auslegung und Anwendung der Gesetze garantiert, sowie die Gefahr der Starrheit und Lebensfremdheit, die von der notwendigerweise generalisierenden und typisierenden Tatbestandlichkeit der Normen ausgeht, umgangen.   **489**

Historisch betrachtet fragt sich, ob *Heck* in seiner Darstellung des **begriffsjuristischen Verfahrens** der Lückenschließung durch Konstruktion „schwarz-weiß gemalt" hat, um selbst umso näher zum Leben zu erscheinen. *Jhering*, auf dessen Darstellung sich *Heck*   **490**

---

177 Siehe *Wieacker*, Privatrechtsgeschichte, S. 574.
178 *Rosenbaum*, Naturrecht, S. 75.
179 So auch *Esser*, Nachwort, S. 224.
180 *Kallfass*, Tübinger Schule der Interessenjurisprudenz, S. 90.
181 *Rosenbaum*, Naturrecht, S. 76.
182 A. a. O.
183 *Rosenbaum*, Naturrecht, S. 77.
184 A.a.O.

vor allem bezieht, ging es um Konstruktion im weitesten Sinne, um die Gestaltung des Rechtsstoffes. Er erstrebte allgemein die systematische Ordnung und Erkenntnis des Rechts, wobei ihm das System nicht Selbstzweck war, sondern eine „praktisch vorteilhafte Form des positiv gegebenen Stoffs".[185] Aber auch *Heck* erstrebte, wie oben beschrieben, aus Praktikabilitätsgründen und zur Gebrauchserleichterung ein „Begriffssystem". Es lässt sich erkennen, dass eine verkürzte Darstellung dieses Konstruktionsgedankens von *Jhering* das Verständnis für seine wahren Intentionen, „die feste, starre Masse der Gesetze, Rechtssätze, Prinzipien zum Zwecke der Emanzipation der Jurisprudenz von dem Zufall des unmittelbaren Bedürfnisses in einen höheren Zustand zu versetzen", einengt.[186]

491 Im Hinblick auf den **Nationalsozialismus**, welcher sich als eine neue Weltanschauung begriff,[187] stellt sich die Frage, inwieweit die Interessenjurisprudenz geeignet war, der Durchsetzung dieses Systems als ein Instrument zu dienen. Bei den Erörterungen um die Rechtserneuerung aus dem Geiste des Nationalsozialismus geriet die Interessenjurisprudenz in Bedrängnis. Die Gegner hielten *Heck* entgegen, dass sein Begriff des Interesses individualistisch ausgerichtet sei und die nationalen Gemeinschaftsinteressen mit den materiellen Sonderinteressen auf eine Stufe gestellt würden.[188] Außerdem duldete der Nationalsozialismus keine Neutralität gegenüber einer Vorordnung völkischer Ideale. *Hecks* Kritiker strebten gerade nach einer Methode, welche die nationalsozialistische Weltanschauung für alle Rechtsanwender zur verbindlichen philosophischen Grundlage machte.[189] *Heck* hingegen betrachtete seine Lehre sehr wohl als geeignetes Instrument zur Umwertung der Rechtsordnung: „Die historische Forschung gestaltet sich bei den neuen Gesetzen ergiebiger, weil die Einheit der Ziele, die Geschlossenheit des legislativen Denkens in höherem Grade vorhanden ist (…). Zweitens deshalb, weil in den Erklärungen des Führers, der Partei und in den gesetzlichen Erläuterungen dem Rechtsanwender Hilfsmittel gegeben werden, welche die Motive der Gesetzesentscheidung klarer erkennen lassen, als früher."[190] Auch *Hecks* Lehre zur Anpassung veralteten Rechts und zur Lückenausfüllung öffnete den neuen Rechtsgedanken den Weg in die alten Gesetze,[191] denn, wie oben dargestellt, waren in jedem Abwägungsprozess auch die jeweiligen rechtspolitischen Ordnungsbestrebungen miteinzubeziehen. *Heck* erklärt hierzu, dass zu jener Zeit derjenige Gesetzgeber, in dessen Wollen sich der Richter hineinzuversetzen hatte, eben nicht ein beliebiger, sondern ein nationalsozialistischer gewesen sei. Deshalb sei es auch die Zielwelt des Nationalsozialismus, der der Richter zu dienen habe.[192]

492 Abschließend lässt sich bemerken, dass die Überzeugung und Beharrlichkeit, mit der *Heck* seine methodischen Ansichten propagiert, auffällt, und dass er für *seine* Interessenjurisprudenz einen gewissen Anspruch auf Absolutheit erhebt. Ein Rechtssystem ist aber niemals perfekt und befindet sich stets in der Entwicklung. Deshalb sollte man auch anerkennen, dass jede Entwicklungsstufe des Rechts auf Teileinsichten einer Generation beruht, die man jeweils nicht so einfach beiseite schieben darf. Letztlich leistet jede Teil-

---

185 Entnommen aus *Dubischar*, Studien, S. 20 f, Anm. 10.
186 Ebenda.
187 Vgl. *Rüthers*, Unbegrenzte Auslegung, S. 271.
188 Ebenda, S. 274; vgl. auch *Frassek* zu Larenz' Kritik (unten S. 144 f.).
189 Ebenda, S. 274.
190 Rechtserneuerung, S. 18.
191 *Rüthers*, Unbegrenzte Auslegung, S. 275.
192 Rechtserneuerung, S. 19.

einsicht ihren Beitrag, den jeweiligen Bedürfnissen des Rechts noch näher zu kommen. Einen gewichtigen Beitrag in dieser Richtung hat *Philipp Heck* geleistet.

VI. Quellen und Literatur

1. Zum Einstieg in die Heck-Texte

Besonders geeignet sind die beiden kürzeren Texte von 1932 und 1933 und der Methoden-Anhang in seinem „Grundriss des Schuldrechts" von 1929 (verschiedene Nachdrucke sind leicht verfügbar), siehe sogleich. Weitere hier wichtige Werke sind:

Die *Lebensversicherung** zu Gunsten Dritter, eine Schenkung auf den Todesfall, Archiv für Bürgerliches Recht, 4 (1890), S. 17–123

Interessenjurisprudenz und *Gesetzestreue*, DJZ 10 (1905), Spalte 1140–1142; auch in *Ellscheid/ Hassemer*, Interessenjurisprudenz, Darmstadt 1974, S. 32–35

Was ist diejenige *Begriffsjurisprudenz*, die wir bekämpfen?, DJZ 14 (1909), Spalte 1457–1461; auch in *Ellscheid/Hassemer*, Interessenjurisprudenz, Darmstadt 1974, S. 41–46

Das Problem der *Rechtsgewinnung*, 2. (abgesehen von einigen Verweisungen unveränderte) Auflage, Tübingen 1932 (Erstauflage 1912, auch in *Studien* 1968)

Gesetzesauslegung und Interessenjurisprudenz, auch in AcP 112 (1914), S. 1–318, Tübingen 1914 und in *Studien* 1968

Die *reine Rechtslehre* und die jungösterreichische Schule der Rechtswissenschaft, AcP 122 (1924), S. 173–194

Das Urteil des Reichsgerichts vom 28. November 1923 über die *Aufwertung* von Hypotheken und die Grenzen der Richtermacht, AcP 122 (1924), S. 203–226

Grundriß des *Schuldrechts*, Tübingen 1929

Grundriß des *Sachenrechts*, Tübingen 1930

Begriffsbildung und Interessenjurisprudenz, Tübingen 1932 (auch in *Studien* 1968)

Interessenjurisprudenz. Gastvortrag an der Universität Frankfurt a.M., gehalten am 15. Dezember 1932, Tübingen 1933

Das Problem der Rechtsgewinnung und andere Abhandlunge [Gesetzesauslegung und Interessenjurisprudenz; Begriffsbildung und Interessenjurisprudenz], (*Studien* und Texte zur Theorie und Methodologie des Rechts), hrsg. von *R. Dubischar*, Bad Homburg v.d. H./Berlin/Zürich 1968

2. Zum Einstieg in die Sekundärliteratur

Besonders kurz und knapp ist der Artikel bei

Kleinheyer/Schröder, Deutsche und europäische Juristen aus neun Jahrhunderten, 5. Aufl. Heidelberg 2008.

Im Ganzen grundlegend ist die Monographie von

Schoppmeyer, Heinrich, Juristische Methode als Lebensaufgabe. Leben, Werk und Wirkungsgeschichte Philipp Hecks, Tübingen 2001.

3. Weitere hier wichtige Literatur

Bader, Karl S.: In memoriam Ph. v. Heck, ZRG, GA, 64 (1944), S. 538–545

Dombek, Bernhard: Das Verhältnis der Tübinger Schule zur deutschen Rechtssoziologie, Berlin 1969

Dubischar, Roland (Hrsg): Philipp Heck, Das Problem der Rechtsgewinnung, Gesetzesauslegung und Interessenjurisprudenz, Bad Homburg v.d. H./Berlin/Zürich 1968 (= Studien und Texte zur Theorie und Methodologie des Rechts)

---

* Die in den Fußnoten verwendeten Kurztitel sind im Folgenden kursiv gesetzt.

Edelmann, Johann: Die Entwicklung der Interessenjurisprudenz, eine historisch-kritische Studie über die deutsche Rechtsmethodologie vom 18. Jahrhundert bis zur Gegenwart, Bad Homburg v. d. H./Berlin/Zürich 1967

Ellscheid, Günter/ Hassemer, Winfried (Hrsg): Interessenjurisprudenz (Wege der Forschung), Darmstadt 1974

Esser, Josef: Nachwort in: R. Dubischar (Hrsg), Philipp Heck, Das Problem der Rechtsgewinnung, Gesetzesauslegung und Interessenjurisprudenz, Bad Homburg v. d.H./ Berlin/Zürich 1968

Heitmann, Hermann: Die Stellung der Interessenjurisprudenz innerhalb der Geschichte der juristischen Methodenlehre, Diss iur. Tübingen 1936

Hippel, Fritz von: Die Tübinger Schule der Interessenjurisprudenz, in FS f. R. Reinhardt, Köln-Marienburg 1972, S. 83–94

Kallfass, Wilfried: Die Tübinger Schule der Interessenjurisprudenz, Frankfurt a. M. 1972

Kleinheyer, Gerd/Schröder, Jan: Deutsche Juristen aus fünf Jahrhunderten, Karlsruhe, 3. Aufl., Heidelberg 1989

Klemmer, Markus: Gesetzesbindung und Richterfreiheit. Die Entscheidungen des RG in Zivilsachen während der Weimarer Republik und im späten Kaiserreich, Baden-Baden 1996

Kreller, Hans: In memoriam: Ph. Hecks Lebenswerk und die Romanistik, ZRG. RA, 64 (1944), S. 469–476

Nörr, Knut Wolfgang/Schefold, Bertram/Tenbruck, Friedrich (Hrsg): Geisteswissenschaften zwischen Kaiserreich und Republik: Zur Entwicklung von Nationalökonomie, Rechtswissenschaft und Sozialwissenschaft im 20. Jahrhundert, Stuttgart 1994

Pawlowski, Hans-Martin: Einführung in die Juristische Methodenlehre, Heidelberg 1986

Rosenbaum, Wolf: Naturrecht und positives Recht, Neuwied und Darmstadt 1972

Rückert, Joachim: Richtertum als Organ des Rechtsgeistes: Die Weimarer Erfüllung einer alten Versuchung, in Nörr/Schefold/Tenbruck, Geisteswissenschaften zwischen Kaiserreich und Republik, Stuttgart, 1994, S. 267–313

Rüthers, Bernd: Die unbegrenzte Auslegung, Tübingen 1968

Wieacker, Franz: Privatrechtsgeschichte der Neuzeit, 2. Auflage, Göttingen 1967

4. Weitere und neuere Literatur

Dorndorf, Eberhard, Zu den theoretischen Grundlagen der Interessenjurisprudenz: Die Beziehungen von Philipp Hecks allgemeiner Auslegungstheorie zu Max Weber und Heinrich Rickert, in: ARSP 81 (1995), S. 542-562.

Wolf, Manfred, Philipp Heck als Zivilrechtsdogmatiker. Studien zur dogmatischen Umsetzung seiner Methodenlehre, Ebelsbach 1996 (mit vielen Beispielen und im Ergebnis dezidiert kritisch).

Auer, Marietta, Methodenkritik und Interessenjurisprudenz. Philipp Heck zum 150. Geburtstag, Zeitschrift für europäisches Privatrecht 2008, S. 517–533.

Methode und Zivilrecht bei Hans Carl Nipperdey (1895–1968)

von Thorsten Hollstein

Übersicht

I.	Einleitung	175
II.	Leben und Werk – Jena, Köln, Köln und Kassel	176
III.	Enneccerus' Ausgangspunkt	178
IV.	Weimarer Republik: Nipperdeys Weg zur Wertungsjurisprudenz	180
V.	NS-Zeit: das Primat der nationalsozialistischen Werte	182
VI.	Bundesrepublik: das Grundgesetz als ‚Allgemeiner Teil'	184
VII.	Nagelprobe: Nipperdeys Korrekturen der Vertragsfreiheit	185
VIII.	Resümee	189
IX.	Quellen und Literatur	189

I. Einleitung

In einem Band, der sich die Analyse einflussreicher Methodenkonzepte seit Savigny zum Ziel gesetzt hat, darf ein Artikel über juristische Methode und Zivilrecht bei Hans Carl Nipperdey nicht fehlen. Diese Feststellung erscheint bei unbefangener Betrachtung vielleicht überraschend, da Nipperdey – anders als z.B. seine Zeitgenossen Larenz, Wieacker oder Esser – nicht prominent durch explizit und allein methodologisch ausgerichtete Veröffentlichungen hervorgetreten ist. Bei genauerer Betrachtung seines Werks von der Weimarer Republik über die NS-Zeit bis in die frühe Bundesrepublik erscheint sie jedoch umso einleuchtender. Allein schon die zeitliche Dimension eröffnet die Chance, der Frage nach Kontinuitäten und Diskontinuitäten in der Methodenlehre über die in vielen Punkten nur vermeintlichen Epochengrenzen nachzugehen.[1] Daneben war Nipperdey einer der einflussreichsten und prominentesten Juristen des 20. Jahrhunderts. {493}

Im Folgenden gilt mein erster Blick Nipperdeys Leben und Werk im Überblick (II.), in einem zweiten Blick wende ich mich seinem methodologischen Konzept im historischen Kontext zu (III.–VI.). Den praktischen „Testpunkt" für die herausgearbeiteten Linien bildet schließlich Nipperdeys Korrektur der Vertragsfreiheit, der ich mich in einem abschließenden „Schlaglicht" (VII.) zuwende. {494}

---

1 Ausführlich und umfassend zu unter anderem dieser Frage *meine* Monographie „Die Verfassung als ‚Allgemeiner Teil': Privatrechtsmethode und Privatrechtskonzeption bei Hans Carl Nipperdey (1895–1968)", Tübingen 2007. Im Rahmen des vorliegenden Beitrags beschränke ich mich auf eine Skizzierung und Zusammenfassung wesentlicher Linien. Für Nipperdeys Methodologie mit dem oben genannten Ansatz bereits *Rückert*, Zu Kontinuitäten und Diskontinuitäten in der juristischen Methodendiskussion nach 1945, in: *Acham u.a.* (Hrsg.), Erkenntnisgewinne, Erkenntnisverluste: Kontinuitäten und Diskontinuitäten in den Wirtschafts-, Rechts- und Sozialwissenschaften zwischen den 20er und 50er Jahren, Stuttgart 1998, S. 113–165.

II. Leben und Werk – Jena, Köln, Köln und Kassel

495   Hans Carl Nipperdey wurde 1895 im thüringischen Bad Berka geboren.[2] Sein familiärer Hintergrund war typisch bildungsbürgerlich-protestantisch. Nach dem Jura-Studium in Heidelberg, Leipzig und vor allem Jena absolvierte er 1916 das erste Staatsexamen. Im gleichen Jahr wurde er dort mit einer strafrechtlichen Arbeit promoviert. 1919 beendete er den Referendardienst, jedoch ohne das Assessorexamen abgelegt zu haben und entschloss sich zu einer Habilitation im Bereich des gerade entstehenden Wirtschaftsrechts (bei Heinrich Lehmann[3] und Justus Wilhelm Hedemann).[4] Bereits 1920 wurde er mit der wirtschaftsrechtlichen Schrift „Kontrahierungszwang und diktierter Vertrag"[5] habilitiert. Nach vierjähriger Wartezeit wurde er 1925 an die Universität Köln berufen, der Beginn einer steilen Karriere. In Köln hatte sich Lehmann, mit dem Nipperdey in dessen Zeit als Ordinarius in Jena bereits Kontakte geknüpft hatte und der am Aufbau der Kölner juristischen Fakultät großen Anteil hatte, für Nipperdeys Berufung eingesetzt. Nipperdey lehrte dort vor allem Zivil-, Handels-, Wirtschafts- und Arbeitsrecht. Der Kölner Universität blieb er bis zu seiner Emeritierung 1963 trotz mehrerer Rufe treu. Bis in die Mitte der 1920er Jahre war Nipperdeys politische Einstellung betont national-konservativ, wohl vor allem bedingt durch seinen familiären Hintergrund und das entsprechende politische Klima an der Jenaer Universität. Spätestens seit seinem Wechsel in das liberalere Köln stand er jedoch der Weimarer Republik und ihren Institutionen grundsätzlich positiv gegenüber und gehörte zu den wenigen republikanischen Professoren und Juristen. So war er von 1929 bis 1933 Mitglied der bürgerlich-nationalliberalen Deutschen Volkspartei.[6]

496   In der Zeit des Nationalsozialismus führte Nipperdey seine Lehrtätigkeit an der Universität Köln fort. Im persönlichen und zwischenmenschlichen Bereich zeigte sich große Distanz zur NS-Rassen- und Kriegspolitik. Diese kommt vor allem in seinem in den Entnazifizierungsakten bezeugten vehementen Engagement gegen die Entlassung und Vertreibung von Freunden und Kollegen und deren tatkräftiger Unterstützung zum Ausdruck. Aufgrund seiner jüdischen Großmutter väterlicherseits wurde Nipperdey als „jüdischer Mischling 2. Grades" eingestuft und lebte schon daher unter einer gewissen Bedrohung. Zu konkreten negativen Konsequenzen kam es jedoch nicht. In gewissem Kontrast dazu steht seine Mitwirkung in der Akademie für Deutsches Recht, in deren Rahmen er sich als Vorsitzender zweier Ausschüsse engagierte. Es zeigt sich eine grundsätzliche Tendenz, auf Mitwirkung nicht verzichten zu wollen. Gleichzeitig muss jedoch erwogen werden, dass sich Nipperdey wegen seiner jüdischen Abstammung und der engen Bezie-

---

2 Ausführlich und mit weiteren Nachweisen zu Leben und Werk siehe *Hollstein*, Allgemeiner Teil (Fn. 1), S. 13–120. Knapp als Überblick – und erstmals auch unter Einbeziehung von Archivalien – *Rückert*, Hans Carl Nipperdey, in: NDB, Band 19, S. 280–282, daneben *Adomeit*, Hans Carl Nipperdey, in: DBE, Band 7, München 1998, S. 421–422 sowie *Hollstein*, Um der Freiheit willen – die Konzeption der Grundrechte bei Hans Carl Nipperdey, in: *Henne/Riedlinger* (Hrsg.), Das Lüth Urteil aus (rechts-)historischer Sicht, Die Konflikte um Veit Harlan und die Grundrechtsjudikatur des Bundesverfassungsgerichts, Berlin 2005, S. 249–269. Nach 2007 noch zu erwähnen *Adomeit*, Hans Carl Nipperdey als Anreger für eine Neubegründung des juristischen Denkens, in: *Grundmann/Riesenhuber* (Hrsg.), Deutschsprachige Zivilrechtslehrer des 20. Jahrhunderts in Berichten ihrer Schüler, Band 1, Berlin 2007, S. 149–165. Demnächst *Hollstein*, Hans Carl Nipperdey: Kölner Rechtswissenschaftler, Präsident des BAG und juristisches Chamäleon? in: *Augsberg/Funke* (Hrsg.), Kölner Juristen, Tübingen.

3 Zu diesem *Depping*, Das BGB als Durchgangspunkt: Privatrechtsmethode und Privatrechtsleitbilder bei Heinrich Lehmann (1876–1963), Tübingen 2002.

4 Zu diesem *Wegerich*, Die Flucht in die Grenzenlosigkeit: Justus Wilhelm Hedemann (1878–1963), Tübingen 2004.

5 Schriften des Instituts für Wirtschaftsrecht an der Universität Jena Nr. 1, Jena 1920.

6 Detailliert dazu *Hollstein*, Allgemeiner Teil (Fn. 1), S. 13–44.

hung zu Lehmann und Hedemann, die in der Akademie führende Positionen einnahmen, nicht ohne Weiteres zu entziehen wagen konnte. Im Vergleich zeigt sich jedenfalls, dass Nipperdey ein Aktivist oder Vordenker der nationalsozialistischen Ideologie nicht gewesen ist.[7]

Nachdem Nipperdeys Karriere nach dem Zweiten Weltkrieg zunächst durch ein neunmonatiges Entnazifizierungsverfahren ins Stocken geraten war, aus dem er am Ende als entlastet hervorging, erreichte sie mit seiner Berufung zum ersten Präsidenten des Bundesarbeitsgerichts (1954–1963) ihren glanzvollen Höhepunkt. Diese Tätigkeit verband er mit seiner Kölner Professur, die er trotz der großen Arbeitsbelastung auf eigenen Wunsch beibehielt. Als Präsident des Bundesarbeitsgerichts prägte er die Entwicklung des Arbeitskampfrechts[8] – die richterrechtliche Gestaltung eines kompletten Rechtsgebiets – entscheidend.[9] Vor seiner Berufung ans Bundesarbeitsgericht hatte sich Nipperdey einige Jahre in der SPD engagiert. Seine politische Einstellung ist als liberal-sozial zu bewerten. Auch nachdem er 1963 aus Altergründen emeritiert wurde und als Präsident des Bundesarbeitsgerichts in den Ruhestand ging, blieb er weiterhin rechtswissenschaftlich aktiv. Er starb am 21.11.1968 in Köln.

Thematisch galt Nipperdeys Interesse von jeher vor allem dem Arbeitsrecht, dem Wirtschafts- und Wirtschaftsverfassungsrecht, dem Verfassungsrecht und dem allgemeinen Zivilrecht. Zu diesen Bereichen legte er zahlreiche Veröffentlichungen vor.[10] Wirtschaftsrechtliche, wirtschaftsverfassungsrechtliche und verfassungsrechtliche Fragen waren oftmals miteinander verbunden und gingen nahtlos ineinander über.

Er war einer der besten Kenner der arbeitsrechtlichen Rechtsprechung seiner Zeit und einer der Begründer des Arbeitsrechts als wissenschaftliche Disziplin. Mit insgesamt fast 300 Schriften und rund 800 Urteilsanmerkungen schuf er ein wissenschaftliches Werk von bemerkenswertem Umfang und thematischer Bandbreite. Daneben beschäftigte sich Nipperdey als einer der ersten Rechtswissenschaftler mit der dogmatischen Verarbeitung der Frage nach dem Verhältnis zwischen Privatrecht und Verfassung und legte dazu originelle und schlüssige Lösungskonzepte vor, die er energisch auch gegen einflussreiche Gegner aus Wissenschaft und Rechtsprechung vertrat. In der frühen Bundesrepublik beeinflusste er mit seiner These von der Verankerung der Sozialen Marktwirtschaft im Grundgesetz (ab 1954)[11] und der unmittelbaren Drittwirkung der Grundrechte im Privatrecht (ab 1949)[12] zwei kardinale Rechtsprobleme des noch jungen Staates. Diese zen-

497

498

499

---

7 Ausführlich *Hollstein*, Allgemeiner Teil (Fn. 1), S. 44–76.

8 Am bekanntesten BAG GS AP Nr. 1 zu Art. 9 Arbeitskampf = BAGE 1, 291 (1955).

9 Aus der Perspektive von 1979 *Weitnauer*, Zwischen Zwang und Mut zum Richterrecht, in: *Gamillscheg* u.a. (Hrsg.), 25 Jahre Bundesarbeitsgericht, München 1979, S. 617–633 (623). Zur Rechtsprechung des Bundesarbeitsgerichts bis in die Mitte der 1980er Jahre z.B. *Weiss*, Die neue Arbeitskampfrechtsprechung des BAG, KritV 1986, S. 366–383.

10 Umfassend die Werkübersicht in *Hollstein*, Allgemeiner Teil (Fn. 1), S. 327–351.

11 Zuerst *Nipperdey*, Die soziale Marktwirtschaft in der Verfassung der Bundesrepublik. Vortrag gehalten vor der Juristischen Studiengesellschaft in Karlsruhe am 5. März 1954. (Schriftenreihe der Juristischen Studiengesellschaft Karlsruhe 10) Karlsruhe 1954, danach z.B. *ders.*, Bundesverfassungsgericht und Wirtschaftsverfassung, in: Wirtschaftsordnung und Menschenbild. Geburtstagsgabe für Alexander Rüstow, Köln 1960, S. 39–59; *ders.*, Soziale Marktwirtschaft und Grundgesetz, Köln 1961; *ders.*, Soziale Marktwirtschaft und Grundgesetz, Köln 1965. Dazu im Einzelnen *Hollstein*, Allgemeiner Teil (Fn. 1), S. 268 ff.

12 Z.B. *Nipperdey*, Arbeitsrecht im Grundgesetz, RdA 2 (1949), S. 214–216 (216); *ders.*, Gleicher Lohn der Frau für gleiche Leistung. Ein Beitrag zur Auslegung der Grundrechte, RdA 3 (1950), S. 121–128 (121 ff.); *ders.*, Gleicher Lohn für gleiche Leistung, BB 6 (1951), S. 282–284; *Enneccerus-Nipperdey*, AT, 14. Aufl., 1. Hlbbd., 1952 (Fn. 16), S. 57 f. Ausführlich dazu *Hollstein*, Allgemeiner Teil (Fn. 1), S. 305 ff.

tralen Fragen diskutierte er auch mit dem Bundesverfassungsgericht.[13] Unter den Privatrechtlern wurde Nipperdey so zu dem „Grundrechte-Juristen".[14]

500 Inhaltlich tritt als roter Faden geradezu plastisch der Topos der sozialen Korrektur des Privatrechts hervor. In der Weimarer Republik bezog Nipperdey einen konservativen Standpunkt, indem er unter „sozial" in erster Linie die Förderung der Gemeinschaftsinteressen verstand. Im Nationalsozialismus wurde der Vorrang der Gemeinschaft vor dem Individuum schließlich zum eigentlichen Zentrum seiner Privatrechtskonzeption. Juristische Anknüpfungspunkte bot der Gemeinschaftsgedanke, den Nipperdey nach 1933 immer wieder und mehr als vorher betonte. In der Bundesrepublik verschob er dann die entscheidenden Gewichte seiner Privatrechtskonzeption. Er löste die Dichotomie zwischen „frei" und „sozial" durch eine dezidiert individuell-freiheitliche Interpretation der Grundrechte des Grundgesetzes auf und stellte sich damit explizit gegen den vorherrschenden Trend in Wissenschaft und Rechtsprechung der 1950er und frühen 1960er Jahre.[15]

501 Sein Einfluss auf das Zivilrecht und die Methodenlehre seit der Weimarer Republik wird insbesondere daran deutlich, dass er seit der 13. Auflage von 1931 das von Ludwig Enneccerus (1843–1928) 1898 begründete „Lehrbuch des Bürgerlichen Rechts, Teil I 1: Einleitung. Allgemeiner Teil" bearbeitete und bis zur 15. Auflage (1959/1960) weiterführte.[16] Dieses Lehrbuch enthielt sowohl die methodischen als auch die dogmatischen Grundlagen des gesamten Zivilrechts und hatte sich bereits zu Enneccerus' Lebzeiten zu *dem* „book of authoritiy" im Bereich des Zivilrechts entwickelt.[17] Hier ging es primär nicht um einen wissenschaftlich-theoretischen Ansatz, sondern um ganz „konkrete Methodendogmen für Rechtsanwender".[18] Bisweilen wirkt es bis in die Gegenwart fort, zitiert als das klassische Lehrbuch zum Allgemeinen Teil. Aus diesen Gründen greife ich auf dieses Werk im Folgenden immer wieder zurück, gleichsam als Ausgangspunkt zur Erschließung von Nipperdeys Methodologie. Um ein Gesamtbild entwerfen zu können, werden ergänzend weitere Veröffentlichungen einbezogen.

III. Enneccerus' Ausgangspunkt

502 Was Nipperdey in der 12. Auflage des „Allgemeinen Teils" vorfand, war ein methodologisches System zwischen Gesetzestreue und Juristenrecht. Enneccerus hatte seit der 1. Auflage 1898 einen methodologisch recht undoktrinären, möglichst gesetzestreuen Kurs eingeschlagen, mit dem er sich zwischen den Polen ‚Begriffsjurisprudenz' und ‚Freirechtsbewegung' positionierte.

503 Es ging ihm um eine möglichst enge Bindung an das Gesetz als Ausdruck des historischen Gesetzgeberwillens als Regel. Bei aller Abgrenzung gegenüber einer negativ verstandenen ‚Begriffsjurisprudenz' stand die Norm- und Textsystematik des Gesetzes im Zentrum.

---

13 Jeweils im Ergebnis ablehnend ‚Lüth'-Urteil: BVerfGE 7, 198 (1958) und ‚Investionshilfe'-Urteil: BVerfGE 4, 7 ff. (1954).
14 *Rückert,* Weimars Verfassung zum Gedenken, RJ 18 (1999), S. 215–244 (238).
15 Dazu im Einzelnen *Hollstein,* Allgemeiner Teil (Fn. 1), S. 225–323.
16 *Nipperdey,* Lehrbuch des Bürgerlichen Rechts. Begr. von Ludwig Enneccerus. Bd. 1: Einleitung, Allgemeiner Teil. 13. Aufl., Marburg 1931; *ders.,* Lehrbuch des Bürgerlichen Rechts. Begr. von Ludwig Enneccerus. Bd. 1, 14. Aufl., 1. Hlbbd. Tübingen 1952; 2. Hlbbd. Tübingen 1955; *ders.,* Lehrbuch des Bürgerlichen Rechts. Begr. von Ludwig Enneccerus. Bd. 1: Einleitung, Allgemeiner Teil, 15. Aufl., 1. Hlbbd. Tübingen 1959, 2. Hlbbd. Tübingen 1960.
17 *Rückert,* Kontinuitäten und Diskontinuitäten (Fn. 1), S. 122.
18 *Rückert,* Kontinuitäten und Diskontinuitäten (Fn. 1), S. 125.

Gleichzeitig war Enneccerus um eine Abgrenzung seiner Position von der polemischen Kritik der Freirechtsbewegung am lebensfremden Recht bemüht. Er eröffnete jedoch Rechtswissenschaft und Rechtsprechung als Ausnahme zur Regel in eng umgrenzten Fallgruppen die Möglichkeit der Anpassung des Rechts an gewandelte gesellschaftliche Zustände und Bedürfnisse und ermöglichte damit eine Anknüpfung an die soziale Funktion der Rechtssätze. Doch gerade auf die Betonung des Regel-Ausnahme-Verhältnisses kommt es an.[19]

Begrifflich unterschied er zwischen „Auslegung" und „Rechtsfindung". Bei der Rechtsfindung trennte er zwischen „abändernder" und „ergänzender" Rechtsfindung. Nach der Auslegung nach dem Wortlaut, der Auslegung nach Logik und System des Gesetzes und der historischen Auslegung habe gegebenenfalls noch eine Ergebniskorrektur durch die Berücksichtigung des „Wertes des Ergebnisses" („Zweckmoment") zu erfolgen. Grundsätzlich folgte Enneccerus im Rahmen der Auslegung der subjektiven Auslegungstheorie, es sei „[...] der im Gesetz zum Ausdruck gelangte Wille des Gesetzgebers, also der Sinn, den der Gesetzgeber mit seinen Worten verband, vorausgesetzt, daß er in den Worten auch einen (wenngleich unvollkommenen) Ausdruck gefunden hat", zu erforschen.[20] Erst bei der Berücksichtigung des „Wertes des Ergebnisses" bezog er objektiv-teleologische Elemente in die Auslegung mit ein:

> „Ganz besondere Bedeutung ist endlich beizumessen dem Werte des Ergebnisses, das bei der einen oder anderen Auslegung entsteht. Das Recht ist nur ein Teil unserer Gesamtkultur, der insbesondere mit den *ethischen und wirtschaftlichen Anschauungen und Bedürfnissen* untrennbar verbunden ist. Deshalb ist es im Zweifel so auszulegen, *daß es den Anforderungen unseres Gesellschaftslebens* und der Entwicklung unserer gesamten Kultur *möglichst gerecht* wird, und zugleich ist die leichte Erkennbarkeit und Durchführbarkeit des Rechts (Praktikabilität) zu erstreben."[21]

Hier verwies Enneccerus auch auf das mit einer empirisch-soziologischen Methode erkennbare „Idealbild des Rechts", das für ihn jedoch gerade keine neben dem positiven Recht objektiv existierende metaphysische Rechtsebene darstellte, sondern lediglich die Vorstellung eines idealen Rechts bildete.[22] Bezeichnend ist ebenfalls, dass Enneccerus von einer weitgehenden Übereinstimmung des positiven Rechts mit dem Idealrecht ausging. Im Zweifel räumte er dem „Zweckmoment" den Vorrang gegenüber den anderen Auslegungsgründen ein und legte die „richtige Abwägung aller Auslegungsgründe" in die Hände von Rechtswissenschaft und Rechtsprechung, obwohl ihm die Brisanz des „Zweckmoments" durchaus bewusst war.[23] Damit wurden Handlungsspielräume für Rechtswissenschaft und Rechtsprechung geschaffen. Allerdings darf man nicht aus den Augen verlieren, dass die Ergebniskorrektur gegenüber der Anknüpfung an das Gesetz und den historischen Gesetzgeberwillen lediglich als Ausnahme konzipiert war.[24]

Im Rahmen der „ergänzenden Rechtsfindung" war ebenfalls das „Idealbild des Rechts" zu erforschen. Die erneute Orientierung an Gesetz und Gesetzgeberwillen wird jedoch

---

19 Ausführlich *Hollstein*, Allgemeiner Teil (Fn. 1), S. 124–139; grundlegend zu Enneccerus bereits *Rückert*, Kontinuitäten und Diskontinuitäten (Fn. 1), S. 122 ff.

20 *Enneccerus*, Lehrbuch des Bürgerlichen Rechts, Erster Band, erste Abteilung: Einleitung, Allgemeiner Teil, Zwölfte Bearbeitung, Marburg 1928, S. 106, dazu *Hollstein*, Allgemeiner Teil (Fn. 1), S. 127.

21 Ibid.; Hervorhebungen bereits im Original.

22 *Enneccerus*, AT (Fn. 20), 12. Aufl., 1928, S. 70.

23 *Enneccerus*, AT (Fn. 20), 12. Aufl., 1928, S. 113. Zum „Idealbild" *Hollstein*, Allgemeiner Teil (Fn. 1), S. 130 ff.

24 Zum Ganzen *Hollstein*, Allgemeiner Teil (Fn. 1), S. 130 ff.

bereits am Ziel der „ergänzenden Rechtsfindung", der Entscheidung nach „der Regel, die wir als Gesetzgeber aufstellen würden",[25] deutlich. Ein Abweichen vom Gesetz als „abändernde Rechtsfindung" war ebenfalls nur in eng begrenzten Ausnahmefällen möglich:

> „Sofern eine Vorschrift Fälle umfaßt oder Folgen herbeiführt, die vom Gesetzgeber nicht erkannt oder bedacht sind und sonst vernünftigerweise nicht in dieser Weise geordnet sein würden, sind wir berechtigt, das Gesetz nach dessen eigenen Grundgedanken und unter Berücksichtigung der Bedürfnisse und Erfahrungen des Lebens fortzuentwickeln."[26]

IV. Weimarer Republik: Nipperdeys Weg zur Wertungsjurisprudenz

507 Rückblickend mutet es wie ein Generationenwechsel an, dass der 33jährige Nipperdey, nachdem Enneccerus 1928 im hohen Alter von 85 Jahren gestorben war, die Bearbeitung des ersten Bandes des „Lehrbuchs des Bürgerlichen Rechts" übernahm. Für die 13. Auflage des Enneccerus-Nipperdey begnügte er sich mit nur wenigen Änderungen, die allerdings einige zentrale Schaltstellen betrafen. Zu einer vollkommenen Neuausrichtung des methodologischen Systems kam es insgesamt nicht.[27]

508 Die wohl auf den ersten Blick bedeutendste Änderung bestand darin, dass Nipperdey nun dort, wo sich Enneccerus auf ein „Idealbild des Rechts" bezogen hatte, vielfach auf ein „Rechtsideal" oder eine „Rechtsidee" und in diesem Zusammenhang auch auf die Gerechtigkeit verwies. Im Gegensatz zu Enneccerus' „Idealbild des Rechts" war Nipperdeys „Rechtsidee" jedoch nicht auf eine Vorstellung beschränkt, sondern existierte als selbstständige, objektive metaphysische Ebene neben dem positiven Recht. Bis auf diese andere rechtsphilosophische Fundierung blieben die wesentlichen Weichenstellungen erhalten. Das „Rechtsideal" war weiterhin mit der bekannten empirisch-soziologischen Methode erkennbar und auch Nipperdey ging von einer weitgehenden Übereinstimmung von „Rechtsideal" und positivem Recht aus. Wichtig blieb in diesem Zusammenhang die Anpassung des Rechts an gewandelte gesellschaftliche Zustände. Dementsprechend blieb auch die Stellung des „Rechtsideals" im Rahmen des Auslegungskanons und der „ergänzenden" und „abändernden Rechtsfindung" unangetastet.

509 Doch viel weitreichender als die neue Fundamentierung der Rechtsidee war, dass Nipperdey im Rahmen der Auslegung und Rechtsfindung nun auf den „Geist, die Wertungen und Interessenabwägungen des Normensystems" zurückgriff und so ein gegenüber Enneccerus' Methodologie völlig neues Moment einführte, das das richterliche Ermessen kanalisierte und bändigte:

> „Für eine geordnete Rechtspflege und für die notwendige Rechtssicherheit wäre es *unerträglich*, wenn die Anwendung der Grundsätze des § 242 und des Art. 151 RV dazu führen dürfte, *daß der Richter nach seinem subjektiven Rechtsgefühl, nach seinem Gerechtigkeitsideal die Entscheidung treffen könnte*. Deshalb besteht der gewohnheitsrechtlich anerkannte und daher den Richter bindende Satz, daß *bei der Rechtsfindung (und der Auslegung) die Entscheidung aus dem Geist, den Wertungen und Interessenabwägungen des Normensystems gefunden werden muß*, daß sie sich nicht über bewährte Lehren und Überlieferun-

---

25 *Enneccerus*, AT (Fn. 20), 12. Aufl., 1928, S. 119.
26 Ibid.
27 *Hollstein*, Allgemeiner Teil (Fn. 1), S. 139–168.

gen hinwegsetzen darf und im Einklang mit den *herrschenden Kultur- und Wirtschaftsanschauungen* der Gesamtheit zu stehen hat."[28]

Hier klang schon in der Formulierung an, dass es Nipperdey bei der Betrachtung der Systemebene um eine anhand objektiv-teleologischer Gesichtspunkte durchzuführende Ermittlung des Willens eines fiktiven, aktuellen und vernünftigen Gesetzgebers ging. Die Ermittlung des historischen Gesetzgeberwillens bildete dafür einen Anhaltspunkt, keineswegs jedoch den alleinigen Maßstab. Berücksichtigt man an diesem Punkt, dass Nipperdey bereits in der Weimarer Republik die Verfassung als Spitze der Normenhierarchie begriff, so ergibt sich eine besondere, steuernde Rolle der Verfassung für die Auslegung des Privatrechts. Der Rückgriff auf Verfassungswertungen war bei Nipperdey in der Weimarer Republik allerdings noch nicht in größerem Rahmen ausgeprägt und blieb insgesamt noch wenig konkret. Dazu kommt, dass konkrete Ausführungen zur Verfassungsauslegung fehlen. Inhaltlich betonte er zur WRV die soziale Korrektur des prinzipiell freien Privatrechts, wobei er in konservativer Deutung unter ,sozial' vor allem das verstand, was den Interessen der Gemeinschaft entsprach.[29] Am entscheidenden Punkt ergaben sich damit größere Handlungsspielräume für Rechtswissenschaft und Rechtsprechung.

Dieser methodologische Ansatz Nipperdeys ist bereits der breiten Strömung der sogenannten ,Wertungsjurisprudenz' zuzuordnen, die in der Bundesrepublik schließlich zur ,herrschenden' Methode im Bereich des Zivilrechts avancierte. Dabei muss man sich jedoch vor Augen halten, dass es sich bei der ,Wertungsjurisprudenz' zu keinem Zeitpunkt um eine völlig homogene Richtung innerhalb der juristischen Methodenlehre handelte. Jenseits der inhaltlich nicht weiterbringenden pauschalen Anknüpfung an „Werte" und „Wertungen" lag der methodologisch-praktische Unterschied zwischen Wertungs- und Interessenjurisprudenz, aus der erstere hervorgegangen war, vor allem in der Konstruktion des Verhältnisses von Rechtsprechung und Rechtswissenschaft zum Gesetzgeberwillen und im Vorgehen bei Lückenfüllung und Rechtsfortbildung. Die „methodische Leistungsfähigkeit der Interessenjurisprudenz" mit ihrem konsequenten Rückgriff auf eine subjektive Auslegungstheorie war dort an ihre Grenzen gestoßen, „wo die historische ratio legis bei der Gesetzesanwendung und -ergänzung" nicht mehr weiter half.[30] Gerade an diesem Punkt ging es den Vertretern der Wertungsjurisprudenz um eine Erweiterung des zur Verfügung stehenden Instrumentariums. Die Fälle der nicht mehr im Wege der Analogie schließbaren Gesetzeslücke und der Auslegung sehr vager Rechtsbegriffe, in denen kausale Interessenbewertungen nicht mehr weiterhelfen, sollten besser bewältigt werden können. Zentrale Frage der ,Wertungsjurisprudenz' war damit, wie

510

511

---

28 *Enneccerus-Nipperdey*, AT (Fn. 16), 13. Aufl., 1931, S. 141; Hervorhebungen hinzugefügt.

29 Im Einzelnen dazu mit weiteren Nachweisen *Hollstein*, Allgemeiner Teil (Fn. 1), S. 225 ff. Grundlegend zu ,frei' und ,sozial' aus unterschiedlichen Perspektiven *Rückert*, „Frei" und „Sozial": Arbeitsvertrags-Konzeptionen um 1900, ZFA 23 (1992), S. 225–294; *ders.*, Das BGB und seine Prinzipien: Aufgabe, Lösung, Erfolg, in: *Schmoeckel/Rückert/Zimmermann* (Hrsg.), Historisch-kritischer Kommentar zum BGB, Band I, Tübingen 2003, vor § 1, Rn. 35–122; *ders.*, "Sozialstaatsprinzip" – Neuer Mut in alten Fragen, in: *Acham* u.a. (Hrsg.), Der Gestaltungsanspruch der Wissenschaft, Stuttgart 2006, S. 643–726.

30 *Bydlinski*, Juristische Methodenlehre und Rechtsbegriff, 2. Aufl., Wien u.a. 1991, S. 127; *Fikentscher*, Methoden des Rechts in vergleichender Darstellung, Band III: Mitteleuropäischer Rechtskreis, Tübingen 1976, S. 405, formuliert: „Die Interessenjurisprudenz war notwendig in der Wertfrage ausgemündet."

und woher die zur Lösung dieser Fälle heranzuziehenden Wertungen zu gewinnen waren.[31]

512   Grundsätzlich verlor bei der ‚Wertungsjurisprudenz' die subjektive Auslegung im Sinne der Ermittlung der historischen Interessenbewertungen, die den konkreten Gesetzesnormen zugrunde liegen, an Bedeutung, auch wenn sie im ersten Schritt durchaus zu berücksichtigen war.[32] Stattdessen kam es zu einer verstärkten Einbeziehung objektiv-teleologischer Kriterien.[33] Die Frage, ob diese Maßstäbe notwendigerweise dem positiven Recht entnommen sein mussten oder ob und inwieweit sie auch außerhalb des Gesetzes gesucht werden durften, wurde von den Vertretern der ‚Wertungsjurisprudenz' allerdings sehr unterschiedlich beantwortet. Die Konzepte reichten von der Beschränkung auf Gesetz und Verfassung als Wertungsquelle[34] bis hin zu einer Öffnung der Auslegung und Rechtsfindung für außergesetzliche Wertungen[35].

V. NS-Zeit: das Primat der nationalsozialistischen Werte

513   Im Nationalsozialismus erschien keine Neuauflage des Enneccerus-Nipperdey, was angesichts der vielfach vorgetragenen Kritik am Allgemeinen Teil des BGB auch nicht verwundert. Da die Hauptquelle für Nipperdeys Methodologie also schweigt und er auch keine ausdrücklich methodologischen Schriften veröffentlichte, ist seine Methodenlehre gleichsam aus einzelnen Mosaikstücken zusammenzusetzen. Dabei werden folgende Eckpunkte sichtbar.[36]

514   Auch in der Zeit des Nationalsozialismus blieben für Nipperdey das positive Gesetz und der Gesetzgeberwille im Zentrum der Betrachtungen. Die grundsätzliche Bindung an das Gesetz sollte sich dabei auch auf vor 1933 erlassene Gesetze beziehen. Entscheidend und wegweisend waren jedoch zum einen die Aufwertung der Stellung der Gerechtigkeit innerhalb seines methodologischen Systems und zum anderen die Implantierung ideologischer Positionen in die Gerechtigkeit. Damit entwertete er letztlich die von ihm weiter betonte Bindung an Gesetz und Gesetzessystematik. Für die Auslegung der Generalklauseln stellte Nipperdey ganz im Mainstream der Zeit klar, dass er von einer Durchdringung des Privatrechts durch das „neue Rechtsideal" durch „die Einfallspforten der

---

31   Z.B. *Bydlinski*, Methodenlehre (Fn. 30), S. 127. Vgl. zur ‚Wertungsjurisprudenz' im Überblick z.B. *Fikentscher*, Methoden (Fn. 30), S. 406 ff.; *Pawlowski*, Methodenlehre für Juristen: Theorie der Norm und des Gesetzes, ein Lehrbuch, Heidelberg 1981, Rn. 119 ff. und *Petersen*, Von der Interessenjurisprudenz zur Wertungsjurisprudenz, dargestellt an Beispielen aus dem deutschen Privatrecht, Tübingen 2001. Wertvolle Einzelblicke auch bei *Kauhausen*, Nach der ‚Stunde Null', Prinzipiendiskussionen im Privatrecht nach 1945, Tübingen 2007, siehe dort im Register unter „Wertungsjurisprudenz". In vielen Punkten und der großen Linie nunmehr klärend *Rückert*, Vom „Freirecht" zur freien „Wertungsjurisprudenz" – eine Geschichte voller Legenden, ZRG GA 125 (2008), S. 199–255.

32   So für Larenz als angeblich „führenden Vertreter der heutigen Wertungsjurisprudenz" *Bydlinski*, Methodenlehre (Fn. 30), S. 130 f.

33   Vor allem am Beispiel von Larenz *Bydlinski*, Methodenlehre (Fn. 30), S. 131 ff.

34   Wie beispielsweise bei *Westermann*, Person und Persönlichkeit als Wert im Zivilrecht, Köln u.a. 1957, S. 52. Zu Westermann und Wertungsjurisprudenz vgl. *Fikentscher*, Methoden (Fn. 30), S. 406 f., der Westermanns Methodologie als „gesetzesimmanente Wertungsjurisprudenz" bezeichnet. Vgl. mit Beispielen *Hollstein*, Allgemeiner Teil (Fn. 1), S. 162–168 und 221 f.; daneben *Rückert*, Vom „Freirecht" (Fn. 31), S. 233.

35   Wie zum Beispiel bei *Larenz*, Methodenlehre der Rechtswissenschaft, 2. Aufl., Berlin u.a. 1969, S. 315. Ausführlich zum Ganzen mit Beispielen *Hollstein*, Allgemeiner Teil (Fn. 1), S. 162–168.

36   Vgl. dazu umfassend *Hollstein*, Allgemeiner Teil (Fn. 1), S. 168–176.

§§ 242 und 138" ausging.[37] Das „neue Rechtsideal" setzte er mit der „nationalsozialistischen Weltanschauung" gleich.[38] Da davon auszugehen ist, dass *Nipperdey* die Begriffe „Rechtsideal" und „Gerechtigkeit" weiterhin synonym verwendete, bezog er damit die „nationalsozialistische Weltanschauung" in den gesamten Bereich der Auslegung ein. Die Einbeziehung ideologischer Positionen wird auch plastisch, wenn er im Rahmen der Diskussionen um die Einführung einer deliktischen Generalklausel bei der Reform des Deliktsrechts ausführte:

> „Eine Einführung einer Generalklausel entspricht der *allgemeinen Rechtsentwicklung, die das weltanschauliche Schwergewicht* gegenüber der gesetzlichen Kasuistik in den Vordergrund rückt und dem deutschen Richter auf diesem wichtigen Rechtsgebiet die Stellung gibt, die ihm gebührt."[39]

Die in dieser Weise ideologisierte Gerechtigkeit bildete damit nicht mehr wie in Weimar ein korrigierendes Moment, sondern wurde zum primären Ziel. [515]

Demgegenüber trat das Normensystem strukturell zurück. Sein Konzept der steuernden Prinzipiennormen gab Nipperdey jedoch nicht vollständig auf. Zeittypisch wurde die WRV nicht mehr aufgegriffen. Nur in Rechtsbereichen, in denen ideologische Positionen durch die ‚nationalsozialistische Rechtserneuerung' bereits in Gesetzesform gegossen worden waren, sollten diese eine steuernde Funktion im Rahmen der Auslegung und Rechtsfindung entfalten. Diese Tendenz zeigt sich auch in Nipperdeys Stellungnahme zur Neukodifikation des Bürgerlichen Rechts im Rahmen seiner Tätigkeit in der Akademie für Deutsches Recht.[40] Hier hatte er sich für die Kodifikation von „Privatrechtsprinzipien" ausgesprochen, die ‚Verfassungsrecht' innerhalb des Privatrechts" darstellen sollten.[41] Als Prinzipien nannte er Privateigentum, Vertragsordnung, Vertragsfreiheit, Leistungswettbewerb und das private Vereinigungsrecht.[42] Diese rechtfertigte er jedoch allein aus der Gemeinschaftsbezogenheit und stellte so einen Bezug zum Nationalsozialismus her.[43] Sie sollten für den Bereich des Privatrechts – ähnlich wie vor 1933 die Normen der WRV – einen steuernden Charakter entfalten.[44] [516]

Die Umsetzung der ‚nationalsozialistischen Rechtserneuerung' sah Nipperdey damit sowohl als Aufgabe des Rechtsanwenders als auch des Gesetzgebers an. [517]

---

37 *Nipperdey*, Das System des bürgerlichen Rechts, in: Zur Erneuerung des Bürgerlichen Rechts. (Schriften der Akademie für Deutsches Recht, Gruppe Rechtsgrundlagen und Rechtsphilosophie 7) München u.a 1938, S. 97. Zur Argumentation mit der Rechtsidee im Nationalsozialismus *Lepsius*, Die gegensatzaufhebende Begriffsbildung. Methodenentwicklungen in der Weimarer Republik und ihr Verhältnis zur Ideologisierung der Rechtswissenschaft im Nationalsozialismus, München 1994, S. 140 ff.

38 *Nipperdey*, System (Fn. 37), 1938, S. 97.

39 *Nipperdey*, Die Generalklausel im künftigen Recht der unerlaubten Handlungen, in: *ders.* (Hrsg.), Grundfragen der Reform des Schadensersatzrechts, Arbeitsberichte der Akademie für Deutsches Recht 14, München u.a 1940, S. 36–49 (42); Hervorhebungen hinzugefügt. Zum Kontext *Mohnhaupt-Wolf*, Deliktsrecht und Rechtspolitik. Der Entwurf einer deutschen Schadensordnung (1940/1942) im Kontext der Reformdiskussion über die Konzeption des Deliktsrechts im 20. Jahrhundert, Baden-Baden 2004.

40 *Nipperdey*, System (Fn. 37), 1938, S. 95 ff.

41 *Nipperdey*, System (Fn. 37), 1938, S. 100.

42 Z.B. *Nipperdey*, System (Fn. 37), 1938, S. 99 f.

43 Zum Gemeinschaftsgedanken, der Anknüpfung ermöglichte, der gleichwohl nicht zum materiellen Kernbereich der nationalsozialistischen Ideologie gezählt werden kann, grundlegend *Lepsius*, Personengebundene oder strukturorientierte Bewertungskriterien für juristisches Verhalten im Nationalsozialismus, in: *Nehlsen/Brun* (Hrsg.), Münchener rechtshistorische Studien zum Nationalsozialismus, Frankfurt a. M. 1996, S. 63–102.

44 Z.B. *Nipperdey*, System (Fn. 37), 1938, S. 100.

VI. Bundesrepublik: das Grundgesetz als ‚Allgemeiner Teil'

518 Insbesondere die in vielen Punkten nur vermeintliche Epochengrenze zwischen NS-Zeit und Bundesrepublik hat bereits eine ganze Generation von Rechtshistorikern fasziniert. Für Nipperdeys Methodenlehre lässt sich festhalten, dass zumindest auf dieser methodisch-strukturellen Ebene Kontinuität zu seinen Konzepten aus der Weimarer Republik, aber auch aus der NS-Zeit vorherrscht. Nipperdey verfolgte die schon in Weimar begonnene Hinwendung zur Wertungsjurisprudenz entschieden weiter und baute sein methodologisches Konzept konsequent aus.

519 In der Bundesrepublik traten die Grundrechte als positivierte Teile der Rechtsidee ins Zentrum, die als Auslegungsprinzipien und teilweise auch mittels Nipperdeys These von der unmittelbaren Drittwirkung als Anspruchsgrundlagen und Verbotsnormen mit Nichtigkeitsfolge das Privatrecht beeinflussten und so letztlich zum ‚Allgemeinen Teil' der gesamten Rechtsordnung wurden. Spitze des Normensystems war nunmehr das Grundgesetz. Zur Menschenwürde betonte Nipperdey beispielsweise:

> „Art. 1 Abs. 1 ist ein *maßgebendes Auslegungsprinzip* für Gesetze und Rechtsgeschäfte und ein Prinzip der Rechtsfindung bei Lücken."[45]

520 Auch Art 2 I GG sah er als wichtige Auslegungsregel für die gesamte Rechtsordnung an.[46] Auf dieser zentralen Steuerungsebene waren Rechtswissenschaft und Rechtsprechung allein schon durch den vagen Wortlaut der Grundrechte weite Handlungsspielräume eröffnet, gleichzeitig war jedoch eine positivrechtliche Rückbindung gegeben. Die nicht positivierten Teile der Rechtsidee traten für Nipperdey gegenüber den in der Verfassung positivierten Teilen fast vollständig in den Hintergrund. Dies verdeutlicht folgende Textstelle:

> „Die Naturrechtsdoktrin in ihrem Bestreben, über dem positiven Recht stehende Rechtssätze zu entwickeln, aber auch die positivistische Rechtswissenschaft und Rechtspraxis mit ihren Bedenken [...] gegen solche ‚aus den Sternen' geholte Normen, sie beide übersehen, daß *die bedeutsamsten allgemeingültigen Rechtsprinzipien positiviert* sind. *Sie sind in Deutschland inzwischen integrierender Bestandteil der positiven Rechtsordnung, und zwar vor allem der verfassungsmäßigen Ordnung.*"[47]

521 Die zeittypische Frage nach dem Rückgriff auf Naturrecht wurde durch diesen Ansatz von vornherein in den Hintergrund gedrängt. Die Verknüpfung von Rechtsidee und Verfassung wurde zum entscheidenden Punkt. Mit der Menschenwürde war für Nipperdey gerade das „Zentrum der Rechtsidee" im Grundgesetz positiviert worden.[48] Doch obwohl er den Text des Grundgesetzes dergestalt in Anspruch nahm, stellt diese Argumentation keineswegs eine Hinwendung zum ‚Positivismus' dar. Vor allem angesichts des außerordentlich weiten Wortlauts der in der Verfassung positivierten Naturrechts-

---

45 *Nipperdey*, Die Würde des Menschen. Kommentierung des Art. 1 Abs. 1 GG, in: *Neumann/Nipperdey/Scheuner* (Hrsg.), Die Grundrechte. Handbuch der Theorie und Praxis der Grundrechte, Bd. 2, Berlin 1954, S. 1–50 (23); Hervorhebungen hinzugefügt. Zur besonderen Bedeutung der Würde für die Auslegung vgl. dort auch S. 8.

46 Z.B. *Nipperdey*, Freie Entfaltung der Persönlichkeit. Kommentierung des Art. 2 GG. Unter Mitarbeit von Wiese, in: *Bettermann/Nipperdey* (Hrsg.), Die Grundrechte. Handbuch der Theorie und Praxis der Grundrechte, Bd. 4, Berlin 1962, S. 741–909 (757).

47 *Enneccerus-Nipperdey*, AT (Fn. 16), 14. Aufl., 1. Hlbbd., 1952, S. 135; *ders.*, AT (Fn. 16), 15. Aufl., 1. Hlbbd., 1959, S. 221; Hervorhebungen hinzugefügt.

48 Z. B. *Nipperdey*, Würde (Fn. 45), S. 9.

Hollstein

sätze stellt sich die Frage nach deren Gehalt. Dies war der Punkt, an dem umfassend metaphysische Positionen einbezogen werden konnten. Gleichwohl blieb die Möglichkeit der Einbeziehung metaphysischer Überlegungen bei der Auslegung der Grundrechte selbst wieder in gewisser Weise durch den Gesetzestext kanalisiert. Gerade am entscheidenden Punkt der Auslegung der Verfassung wandte Nipperdey nun eine objektiv-teleologische Auslegungsmethode an, was unter anderem an seiner Anknüpfung an die materiale Wertphilosophie Hartmanns und Schelers im Rahmen der Grundrechtsinterpretation deutlich wird (Stichwort „objektive Wertordnung"). Insgesamt nahm Nipperdey den Text des Grundgesetzes zwar in Anspruch, relativierte ihn jedoch zugleich. Letztlich ging es ihm auch hier um eine praktikable Position zwischen Gesetzestreue und Juristenrecht.[49]

Die konkrete inhaltliche Richtung der zentralen Steuerungsprinzipien kann ich an dieser Stelle nur kurz umreißen. Nur soviel: Nipperdey entschied in der frühen Bundesrepublik die Frage nach einer individualistischen oder überindividuellen Orientierung des Rechtssystems gegen jegliche Art von Kollektivismus und zugunsten einer grundsätzlich individuell-freiheitlichen Orientierung. Damit grenzte er sich klar vom juristischen Mainstream der 1950er und frühen 1960er Jahre ab, der vor allem das Grundgesetz eher unter kollektivistischen Vorzeichen interpretierte.[50] Dies wird eindrucksvoll klar, wenn Nipperdey betonte:

> „An der Spitze der Rechtsordnung steht als höchster Wert: Die Würde des Menschen. Die Abgrenzung der einzelnen Machtbereiche und die Beachtung der damit gesetzten Grenzen, die dem Recht wesentlich sind, gründet sich ursprünglich auf den Willen zu Frieden und Ordnung. Sobald das Recht sich versittlicht, erhalten sie ein neues sittliches Fundament: die Forderung des ‚neminem laedere', ursprünglich ein Friedensgebot (Verbot der Eigenmacht), erscheint jetzt als Ausfluß der Achtung vor der Personenwürde des Mitmenschen. Diese ist das Zentrum der Rechtsidee als der versittlichenden Kraft im Recht. Sie bestimmt die Grundlage für die rechtliche Bewertung des Menschen (Coing). In der Rechtsordnung ist die Menschenwürde dann verwirklicht, wenn sie dem Menschen eine Sphäre sichert, in der er als selbständiges und sittlich selbstverantwortliches Wesen wirken kann, in der er weder dem Machtanspruch eines anderen Menschen unterworfen noch zum bloßen Mittel von Gemeinschaftszwecken gemacht wird, sondern freier selbstverantwortlicher Mensch ist. Darum ist Freiheit das höchste Gut, das weltliche Gerechtigkeit dem Menschen zuteilen kann. [...] Die Rechtsidee fordert, daß die Würde der Person gerade auch gegenüber den Gruppen, dem Staat, der Nation gewahrt werde. [...] Die Gruppe steht unter der Rechtsidee."[51]

VII. Nagelprobe: Nipperdeys Korrekturen der Vertragsfreiheit

Die Wahl eines aussagekräftigen praktischen Beispiels für Nipperdeys Methodenlehre ist nicht unbedingt einfach. Wenn man bewusst gerade nicht im Bereich des Arbeitsrechts suchen will, sondern sich im Bereich des allgemeinen Zivilrechts auf die Suche begibt, so fällt der Blick nicht zufällig gerade auf dessen Kernbereich, nämlich den Vertrag bzw.

---

49 Dazu ausführlich *Hollstein*, Allgemeiner Teil (Fn. 1), S. 177–224.

50 Vgl. zum Ganzen mit vergleichenden Beispielen *Hollstein*, Allgemeiner Teil (Fn. 1), S. 275 ff.; apodiktisch und zu Nipperdey nicht überzeugend *Henne*, Die neue Wertordnung im Zivilrecht – speziell im Familien und Arbeitsrecht, in: *Stolleis* (Hrsg.), Das Bonner Grundgesetz, Altes Recht und neue Verfassung in den ersten Jahrzehnten der Bundesrepublik Deutschland (1949–1969), Berlin 2006, S. 13–37 (22).

51 *Nipperdey*, Würde (Fn. 45), 1954, S. 9 und 10; Hervorhebungen hinzugefügt. In weiten Teilen identisch *Nipperdey*, Grundrechte und Privatrecht (Kölner Universitätsreden 24), Krefeld 1961, S. 6 f.

die Vertragsfreiheit. Zu dieser und deren Beschränkung unter dem Gesichtspunkt der ‚sozialen' Korrektur nahm Nipperdey über die Zeit immer wieder Stellung, wenn auch dogmatisch mit verschiedenen Ansatzpunkten.

524   Bereits in Weimar beschäftigte sich Nipperdey, angeregt durch seine akademischen Lehrer Hedemann, Lehmann und Rauch, kontinuierlich mit Fragen der industriellen Massengesellschaft und der Kriegs- und Mangelwirtschaft. Diese verknüpfte er vielfach mit Fragen der klassischen Zivilrechtsdogmatik. Sein grundsätzlicher Ausgangspunkt wird plastisch, wenn er in seiner Untersuchung über den Kontrahierungszwang ausführte:

> „Die vielfach gehegte Hoffnung, daß man nach Kriegsende in der Privatrechtsordnung sobald als möglich zu den verlassenen *individualistischen Prinzipien* zurückkehren werde, wird sich nach menschlichem Ermessen nicht erfüllen. Die Notlage, die während des Krieges in Verfolg einer schon vorher begonnenen oder doch wissenschaftlich vorbereiteten *antiindividualistischen Entwicklung* zu einer fortschreitenden *Sozialisierung des Privatrechts* zwang, besteht, und wird vor allem wegen der Zerrüttung des deutschen Wirtschaftslebens noch lange Zeit andauern. Es kommt hinzu, daß infolge der politischen Umwälzung ein weiterer Abbau an *privatrechtlicher Freiheit* für das Übergangsrecht und darüber hinaus von den maßgebenden Faktoren der Gesetzgebung und Verwaltung offenbar für notwendig gehalten wird."[52]

525   Den Kontrahierungszwang selbst rechtfertigte er letztlich aus dem „soziale(n) Interesse an einer bestimmten Wertbewegung",[53] dieses war der „innere Rechtsgrund" des Kontrahierungszwangs.[54] Neben spezialgesetzlich geregelten Fällen des Kontrahierungszwangs leitete Nipperdey einen allgemeinen Kontrahierungszwang aus § 826 BGB her:

> „Das Nichtkontrahieren, oder besser, das Nichtkontrahierenbrauchen, die Abschlußfreiheit stellt sich [...] als Ausfluß der allgemeinen Vertragsfreiheit dar [...]. Also muß eine allgemeine Norm, die das Nichtkontrahieren verbietet, und damit die Abschlußfreiheit aufhebt, eine solche sein, die eine grundlegende und bedeutende Beschränkung der Vertragsfreiheit oder des ihr übergeordneten Grundsatzes der allgemeinen Handlungsfreiheit enthält. Diese allgemeine Norm ist die Bestimmung des § 826 BGB., nach der die vorsätzliche gegen die guten Sitten verstoßende Schädigung eines anderen zum Schadensersatz verpflichtet."[55]

526   Letztlich funktionalisierte Nipperdey das Privatrecht partiell zur Erreichung von Gemeinschaftsinteressen, nämlich zur Sicherstellung des Güteraustausches im Wirtschaftsleben. Dieses Ziel korrespondierte für ihn auch mit den noch vagen Vorgaben des Verfassungsrechts:

> „Eigentum, Wirtschaftsfreiheit, Vertragsfreiheit, Vereinsfreiheit und Erbrecht werden anerkannt (Artt. 151, 152, 153, 154). Das Prinzip der Gerechtigkeit wird für die Ordnung des Wirtschaftslebens proklamiert, Wucher und unsittliche Geschäfte werden verboten."[56]

---

52   *Nipperdey*, Kontrahierungszwang (Fn. 5), 1920, § 1 „Das Problem", S. 1; Hervorhebungen im Original.
53   Als Synonym zum Begriff Wertbewegung verwendete Nipperdey auch die Begriffe „Güterumsatz", „Güterbewegung" und „Güteraustausch", dazu ausdrücklich *Nipperdey*, Kontrahierungszwang (Fn. 5), 1920, S. 5 Fn. 2.
54   *Nipperdey*, Kontrahierungszwang (Fn. 5), 1920, S. 33.
55   *Nipperdey*, Kontrahierungszwang (Fn. 5), 1920, S. 54.
56   *Enneccerus-Nipperdey*, AT (Fn. 16), 13. Aufl., 1931, S. 41.

Hollstein

Die ‚soziale Korrektur' des Privatrechts deutete er im Ergebnis konservativ, Individualinteressen traten hinter den Interessen der Gemeinschaft zurück.[57]   527

Von einem methodologischen Standpunkt aus betrachtet wird klar, dass Nipperdeys   528
Ausgangspunkte zur Ausformung des Kontrahierungszwangs zum einen gewandelte gesellschaftliche und wirtschaftliche Realitäten (Stichworte „Massengesellschaft" und „Kriegswirtschaft") waren. Es ging ihm also deutlich um eine Anknüpfung an die Lebenswirklichkeit und die Verarbeitung aktueller Phänomene. Gleichzeitig wird deutlich, dass sich die ‚soziale Korrektur' des Privatrechts schon in Weimar aus Wertungen speiste, die ihren Anknüpfungspunkt auch in der Verfassung fanden. Dass sich an diesem Punkt weite Handlungsspielräume für Rechtswissenschaft und Rechtsprechung eröffneten, ist offensichtlich und zeigt sich an Nipperdeys ‚sozialer Korrektur' des Privatrechts bereits in der Weimarer Republik eindrucksvoll.

Wie oben bereits angedeutet, waren im Nationalsozialismus die Generalklauseln des   529
BGB „die Einfallspforten" für „das neue Rechtsideal".[58] Vor diesem Hintergrund war klar, was nun die entscheidenden Wertungen sein sollten. Hinsichtlich des Volksgesetzbuchs betonte Nipperdey zwar die Grundprinzipien Privateigentum, Vertragsfreiheit, Leistungswettbewerb und private Vereinigungsfreiheit,[59] gegenüber dem BGB schienen die Gewichte jedoch deutlich verschoben:

> „Aber diese Prinzipien haben einen *entscheidenden Bedeutungswandel* erfahren, indem sie von vornherein substantiell inhaltlich durch die Pflichtgebundenheit und Verantwortlichkeit gegenüber der Gemeinschaft gestaltet werden und allein aus dieser Gemeinschaftsbezogenheit ihr (sic!) innere Rechtfertigung und ihren staatlichen Schutz erfahren."[60]

Damit war die individuelle Freiheit auf dem gesamten Bereich des Privatrechts durch die   530
Pflichtgebundenheit und Verantwortlichkeit des Individuums gegenüber der Gemeinschaft immanent beschränkt. Privatrechtskonform war von vornherein nur das, was der Gemeinschaft nutzte.[61] Vor diesem Hintergrund war die ‚soziale Korrektur' des Privatrechts weniger relevant.

In der Bundesrepublik waren schließlich das Grundgesetz und vor allem die Grundrechte   531
zentrale Quelle für steuernde Wertungen und somit auch für soziale Korrekturen im Bereich des Privatrechts. Als Auslegungsregeln und über die von Nipperdey ab 1949 vertretene Theorie von der unmittelbaren Drittwirkung bestimmter Grundrechte beeinflussten die Grundrechte das Privatrecht unmittelbar.[62] Konkret zivilrechtlich bedeutete Nipperdeys These von der absoluten Wirkung der Grundrechte, dass bestimmte Grundrechte im deliktischen Bereich absolute Rechte im Sinne des § 823 I BGB („sonstiges Recht") darstellten[63] und als Schutzgesetze im Sinne des § 823 II BGB anzusehen waren.[64] Über eine grundgesetzkonforme Auslegung des § 847 BGB a.F. hielt Nipperdey den Ersatz von immateriellen Schäden entgegen der Regel des § 253 BGB a.F. für mög-

---

57 Zum Ganzen *Hollstein*, Allgemeiner Teil (Fn. 1), S. 232–245.
58 *Nipperdey*, System (Fn. 37), 1938, S. 97. Zur Argumentation mit der Rechtsidee im Nationalsozialismus *Lepsius*, gegensatzaufhebende Begriffsbildung, (Fn. 37), S. 140 ff.
59 Z.B. *Nipperdey*, System (Fn. 37), 1938, S. 100.
60 Z.B. *Nipperdey*, System (Fn. 37), 1938, S. 99 f.; Hervorhebungen im Original.
61 Ausführlich *Hollstein*, Allgemeiner Teil (Fn. 1), S. 253–260.
62 Zu Nipperdeys Grundrechtstheorie *Hollstein*, Allgemeiner Teil (Fn. 1), S. 196 ff.
63 Z.B. *Nipperdey*, Würde (Fn. 45), 1954, S. 13, 37, 40 ff.; *Enneccerus-Nipperdey*, AT (Fn. 16), 15. Aufl., 1. Hlbbd., 1959, S. 95.
64 *Nipperdey*, Gleicher Lohn (Fn. 12), 1950, S. 125.

lich.[65] Im rechtsgeschäftlichen Bereich konnten manche Grundrechte als gesetzliche Verbote im Sinne des § 134 BGB wirken.[66] Auch im Bereich des Vertragsrechts waren sie damit unmittelbar relevant.

532 Zentraler Ausgangspunkt für Nipperdey war ein „Bedeutungswandel der Grundrechte"[67] als objektiv-teleologisches Argument. Vor dem Hintergrund eines dynamischen Verfassungsverständnisses ging es um die Ermittlung des aktuellen, objektiven Sinns und Zwecks der Grundrechtsbestimmungen.[68] Die Grundrechte seien nicht mehr nur aus der historischen Perspektive des 19. Jahrhunderts als reine Abwehrrechte gegen den Staat zu interpretieren.[69] Stattdessen bedürfe der Einzelne in der „industriellen Massengesellschaft" eines grundrechtlichen Schutzes gegenüber „Gruppen, Verbänden, großen Unternehmen und einzelnen Mächtigen".[70] Unter Anknüpfung an Sinzheimer und die Beratungen zur Weimarer Reichsverfassung sprach er auch von einem Schutz vor „sozialen Gewalten",[71] zu denen er ausdrücklich auch „die mit Rechtssetzungsgewalt ausgestatteten Kollektive" zählte.[72] Diesen Schutzaspekt bezeichnete er als eigentlichen „Ansatz- und Ausgangspunkt" seiner Lehre von der absoluten Wirkung der Grundrechte.[73] Es handele sich insgesamt um eine „Anpassung der Funktion der Grundrechte an eine gewandelte historische Situation".[74] Daneben waren jedoch auch Nipperdeys Verständnis der Grundrechte als Höchstwerte und die Anknüpfung an die materiale Wertphilosophie gedanklicher Hintergrund seiner Theorie.[75]

533 Im Bereich des Vertragsrechts wollte Nipperdey letztlich mit seiner Theorie das Individuum im Falle eines Kräfteungleichgewichts vor einem Disponieren über den eigenen Freiheitsraum schützen. Die Stoßrichtung wird deutlich, wenn er betonte:

> „Hier besteht nur eine *fiktive Gleichheitslage*, die insbesondere auf der Vorstellung beruht, die Freiheit der Willensentschließung bei Eingehung von Verpflichtungen reiche aus, den einzelnen vor unzumutbaren Beschränkungen seiner Freiheit zu sichern. Man glaubt, die Freiheit sei im Prinzip gewahrt, wenn jemand derartige Beschränkungen auf sich nehme. *Man faßt die Vertragsfreiheit formal, aber nicht real, nicht sozial auf.* Diese Betrachtungsweise verkennt die soziale Wirklichkeit, die häufig genug den sozial Unterlegenen in Abhängigkeiten zwingt, die nicht den Grundvorstellungen der Verfassung entsprechen. Auf einen solchen Tatbestand, der faktisch der Unterworfenheit des einzelnen gegenüber hoheitlicher Macht entspricht, müssen die Grundsatznormen der Verfassung unmittelbar angewendet werden. *Dieser Schutzzweck der Grundrechte entfällt jedoch bei völliger oder jedenfalls annähernder rechtlicher und tatsächlicher Gleichheitslage (realer Koordination) der Vertragspartner.* Dann können Privatautonomie und die Vertragsfreiheit ihre Wirkung als Freiheitsnorm im echten Sinne entfalten. Die durch Art. 2 I gewährleistete Freiheit zeigt sich gerade auch darin, Beschränkungen der eigenen Freiheitssphäre wirksam einzugehen.

---

65   Z.B. *Nipperdey*, Würde (Fn. 45), 1954, S. 46; *Enneccerus-Nipperdey*, AT (Fn. 16), 15. Aufl., 1. Hlbbd., 1959, S. 95.
66   Z.B. *Nipperdey*, Würde (Fn. 45), 1954, S. 36; *Enneccerus-Nipperdey*, AT (Fn. 16), 15. Aufl., 1. Hlbbd., 1959, S. 597.
67   Z.B. *Nipperdey*, Boykott und freie Meinungsäußerung, DVBl 73 (1958), S. 445–452 (447); *Enneccerus-Nipperdey*, AT (Fn. 16), 15. Aufl., 1. Hlbbd., 1959, S. 96.
68   Zur Verfassungsauslegung bei Nipperdey *Hollstein*, Allgemeiner Teil (Fn. 1), S. 194 ff.
69   Z.B. *Nipperdey*, Boykott (Fn. 67), 1958, S. 447; *Enneccerus-Nipperdey*, AT (Fn. 16), 15. Aufl., 1. Hlbbd., 1959, S. 96.
70   Z.B. *Nipperdey*, Grundrechte und Privatrecht (Fn. 51), 1961, S. 16 f.; *ders.*, Entfaltung (Fn. 46), 1962, S. 749.
71   Z.B. *Nipperdey*, Würde (Fn. 45), 1954, S. 19; *Enneccerus-Nipperdey*, AT (Fn. 16), 15. Aufl., 1. Hlbbd., 1959, S. 96.
72   *Nipperdey*, Gleicher Lohn der Frau für gleiche Leistung. Rechtsgutachten, Köln 1951, S. 15.
73   *Nipperdey*, Entfaltung (Fn. 46), 1962, S. 753.
74   *Enneccerus-Nipperdey*, AT (Fn. 16), 15. Aufl., 1. Hlbbd., 1959, S. 96; *Nipperdey*, Grundrechte und Privatrecht (Fn. 51), 1961, S. 17.
75   Zum Ganzen *Hollstein*, Allgemeiner Teil (Fn. 1), S. 196 ff. und S. 305 ff.

> Verpflichtende Verträge sind daher durch die Verfassung gedeckt. Die Vertragspartner können sich grundsätzlich zu allen Handlungen oder Unterlassungen verpflichten [...].«[76]

Vom methodologischen Standpunkt aus gesehen wird klar, dass Nipperdey nun an dem entscheidenden Punkt der Verfassungsauslegung ein dynamisches Verfassungsverständnis vertrat und eine objektiv-teleologische Auslegungsmethode anwandte. Der historische Gesetzgeberwille trat zurück, Rechtswissenschaft und Rechtsprechung erhielten weitgehende Gestaltungsmöglichkeiten und wurden insgesamt aufgewertet. Dies kommt auch in der Einbeziehung der materialen Wertphilosophie im Rahmen der Verfassungsinterpretation zum Ausdruck. Gleichzeitig blieben Rechtswissenschaft und Rechtsprechung jedoch an das normative System des Grundgesetzes zurückgebunden, ein direkter Rückgriff auf naturrechtliche Positionen außerhalb der Verfassungsinterpretation war damit unmöglich.[77]

534

VIII. Resümee

Insgesamt zeigt sich für Nipperdeys Methodenlehre weitgehende strukturelle Kontinuität von der Weimarer Republik über die NS-Zeit bis in die Bundesrepublik. Nipperdey schuf durch nicht bloß eklektische Kombination verschiedener methodologischer Ansätze ein originelles Konzept mit bemerkenswerter Flexibilität, einen pragmatischen Mittelweg zwischen Gesetzestreue und Juristenrecht. Entscheidend steuernd wirkte das positive Normensystem, allerdings räumte er bei dessen Auslegung Rechtswissenschaft und Rechtsprechung erhebliche Freiräume ein. Maßgeblichen Einfluss auf das Privatrecht gewann die Verfassung als zentrales Steuerungselement. Ebenfalls deutlich wird, dass das zentrale Steuerungselement grundsätzlich austauschbar war: Weimarer Reichsverfassung, im Zuge der ‚nationalsozialistischen Rechtserneuerung' erlassene Prinzipiennormen und schließlich das Grundgesetz waren problemlos integrierbar. Es zeigt sich enorme inhaltliche Flexibilität bei struktureller Kontinuität.[78]

535

IX. Quellen und Literatur

1. Zum Einstieg in die Nipperdey-Texte

Geeignet zum Einstieg sind aus seinem Lehrbuch zum Allgemeinen Teil des Bürgerlichen Rechts, siehe sogleich, die §§ 51–59 und § 15 sowie seine Kommentierung zu Art. 1 GG von 1954, siehe ebenso sogleich. Weitere hier wichtige Werke sind:

Lehrbuch des Bürgerlichen Rechts. Begr. von Ludwig Enneccerus. Bd. 1: Einleitung, Allgemeiner Teil. 13. Aufl., Marburg 1931.

Lehrbuch des Bürgerlichen Rechts. Begr. von Ludwig Enneccerus. Bd. 1, 14. Aufl., 1. Hlbbd., Tübingen 1952.

Die Würde des Menschen. Kommentierung des Art. 1 Abs. 1 GG, in: Neumann/Nipperdey/Scheuner (Hrsg.), Die Grundrechte. Handbuch der Theorie und Praxis der Grundrechte, Bd. 2, Berlin 1954, S. 1–50.

Lehrbuch des Bürgerlichen Rechts. Begr. von Ludwig Enneccerus. Bd. 1: Einleitung, Allgemeiner Teil. 15. Aufl., 1. Hlbbd. Tübingen 1959.

Grundrechte und Privatrecht. (Kölner Universitätsreden 24) Krefeld 1961.

---

76 *Nipperdey*, Entfaltung (Fn. 46), 1962, S. 753; Hervorhebungen hinzugefügt. Ähnlich bereits *ders.*, Grundrechte und Privatrecht (Fn. 51), 1961, S. 19 f.
77 *Hollstein*, Allgemeiner Teil (Fn. 1), S. 196 ff.
78 *Hollstein*, Allgemeiner Teil (Fn. 1), S. 223 f., im Ergebnis auch *Rückert*, Kontinuitäten und Diskontinuitäten (Fn. 1), S. 127, 143.

Freie Entfaltung der Persönlichkeit. Kommentierung des Art. 2 GG. Unter Mitarbeit von Günther Wiese, in: Bettermann/Nipperdey (Hrsg.), Die Grundrechte. Handbuch der Theorie und Praxis der Grundrechte, Bd. 4, Berlin 1962, S. 741–909.

2. Zum Einstieg in die Sekundärliteratur

Grundlegend ist jetzt

Hollstein, Thorsten, Die Verfassung als ‚Allgemeiner Teil': Privatrechtsmethode und Privatrechtskonzeption bei Hans Carl Nipperdey (1895–1968), Tübingen 2007.

Im Übrigen zu **Nipperdey generell**

Adomeit, Klaus, Hans Carl Nipperdey, in: Dt. Biogr. Enzyklopädie, Bd. 7, München 1998, S. 421–422.

Rückert, Joachim, Hans Carl Nipperdey, in: Neue Deutsche Biographie, Bd. 19, S. 280–282.

Zu Nipperdey und **Methodenlehre**

Rückert, Joachim, Zu Kontinuitäten und Diskontinuitäten in der juristischen Methodendiskussion nach 1945, in: Acham u.a. (Hrsg.), Erkenntnisgewinne, Erkenntnisverluste: Kontinuitäten und Diskontinuitäten in den Wirtschafts-, Rechts- und Sozialwissenschaften zwischen den 20er und 50er Jahren, Stuttgart 1998, S. 113–165.

3. Weitere Literatur

Ein Werkverzeichnis Nipperdeys findet sich in:

Hollstein, Thorsten, Die Verfassung als ‚Allgemeiner Teil': Privatrechtsmethode und Privatrechtskonzeption bei Hans Carl Nipperdey (1895–1968), Tübingen 2007.

Methode und Zivilrecht bei Heinrich Lange (1900–1977)

von Wilhelm Wolf

Übersicht

I.	Einleitung	191
II.	Zur Biographie Heinrich Langes	192
III.	Langes Methodenlehre zur Zeit des Nationalsozialismus	193
IV.	Langes Methodenlehre nach 1945	204
V.	Langes Lehre von der Geschäftsgrundlage	205
VI.	Fazit	210
VII.	Quellen und Literatur	210

I. Einleitung

Wer sich mit zivilrechtlicher Methodenlehre beschäftigt, dem muss der Name Carl Heinrich Lange nicht unbedingt geläufig sein. Im Gegensatz zu seinen Zeitgenossen Karl Larenz, Franz Wieacker, Helmut Coing und Josef Esser ist Lange nicht durch seine methodischen Arbeiten hervorgetreten.[1] Vielmehr gründet sich sein Ruf auf mannigfaltige Publikationen, die thematisch im wesentlichen die Dogmatik[2] und rechtspolitische Fragestellungen[3] des Bürgerlichen Rechts erfassen.

Die methodischen Ansätze Langes verdienen dennoch aus drei Gründen, die letztlich alle in seiner Biographie wurzeln, Beachtung. Als Rechtswissenschaftler in zwei politischen Systemen tätig, verkörpert Lange ein Moment der personellen Kontinuität in der Jurisprudenz über den Systemwechsel im Jahre 1945 hinweg. Ob dieser Kontinuität eine methodische Diskontinuität gegenübersteht, ist nicht nur wegen der in Anbetracht der teilweise hohen Auflagenzahlen zu vermutenden publizistischen Wirkungen auf die juristische Nachkriegsgeneration, sondern vor allem im Rahmen der generellen Diskussion um Kontinuitäten in der Methodenlehre,[4] die sich derzeit nur auf wenige Einzeluntersuchungen[5] stützen kann, von einem gewissen Erkenntnisinteresse. Dies gilt umso mehr – und darin liegt das zweite Motiv – als Lange im Laufe des „Dritten Reichs" relativ deutlich Gegenpositionen gerade in methodischen Fragen zu der sog. Kieler Schule, auf deren Vertreter sich die neuere methodenhistorische Forschung im wesentlichen konzentrierte, bezogen hat.[6] Drittens lohnt die Auseinandersetzung mit Langes Ansichten zur Methodik vor dem Hintergrund der Tatsache, dass er in seinen diversen Funktionen an der „Aka-

536

537

---

1 Was sich unter anderem darin ausdrückt, dass in keiner der gängigen Monographien zur Methodenlehre *Lange* explizit erwähnt wird. Vgl. nur *Bydlinski*, Methodenlehre; *Kaufmann/Hassemer*, Einführung; *Larenz*, Methodenlehre; *Pawlowski*, Methodenlehre; *Zippelius*, Methodenlehre.
Unten in VII. Quellen und Literatur voll angegebene Titel werden hier und im Folgenden nur abgekürzt zitiert.
2 Exemplarisch seien hier genannt seine Lehrbücher zum Erbrecht, zum Allgemeinen Teil des BGB und zum Sachenrecht sowie in der Zeit des Nationalsozialismus das dreiteilige Lehrbuch Boden, Ware und Geld, Tübingen 1937–1943.
3 Hier sind vor allem zu nennen: die fünf Denkschriften des Erbrechtsausschusses der Akademie für Deutsches Recht, Tübingen 1937–1942; Vom alten zum neuen Schuldrecht, Hamburg 1934; Lage und Aufgabe der deutschen Privatrechtswissenschaft, Tübingen 1937; Eine Privatrechtsgeschichte der neuesten Zeit, Tübingen 1941.
4 Siehe hierzu vor allem jüngst im privatrechtlichen Kontext *Joerges*, Privatrecht, S. 311–363, S. 332 m. w. N., aus rechtsphilosophischer Perspektive *Neumann*, Rechtsphilosophie, S. 145–187, 147–152.
5 Exemplarisch für das Institut der Ehe *Rüthers*, Rechtsbegriffe, S. 45ff.
6 *Lange*, Privatrechtsgeschichte; jetzt *Frassek*, Lebenssachverhalt.

demie für Deutsches Recht"[7] in einem Zentrum der damaligen rechtspolitischen Aktivitäten stand und diese in starkem Maße beeinflusste. Das legt viertens nicht nur die Vermutung nahe, dass Langes methodische Einsichten Eingang in seine rechtspolitischen Arbeiten an der Akademie und in die Auseinandersetzung mit anderen Akteuren der nationalsozialistischen Rechtspolitik gefunden hatten, sondern erlaubt die These, dass Langes Methode weniger von erkenntnistheoretischen Überlegungen getragen wurde als von der Absicht, die Rechtsanwendung in den Dienst der Rechtspolitik zu stellen.

538   Dies abschließend zu ergründen, fehlt hier der Raum. Er soll stattdessen genutzt werden, um nach einigen biographischen Anmerkungen den methodischen Ansatz Langes in seinen Grundzügen darzulegen, die Kontinuitätsproblematik zumindest anzureißen sowie die Umsetzung am konkreten dogmatischen Problem zu überprüfen.

II. Zur Biographie Heinrich Langes[8]

539   Carl Heinrich Lange erblickte am 25.3.1900 als Sohn des Bankprokuristen Ernst Hermann Lange und Frau Elsa Rosine Lange, geb. Krüger, in Leipzig das Licht der Welt, wo er seine Kindheit und Jugend verlebte und 1919 das Studium der Rechte aufnahm. Unterbrochen durch einen einjährigen Studienaufenthalt in München im Jahre 1920 erhielt Lange seine akademische Ausbildung, die er 1922 mit dem ersten juristischen Staatsexamen beendete, ausschließlich in Leipzig. Anschließend trat er in den sächsischen Vorbereitungsdienst ein, den er im Jahre 1925 mit dem Assessorexamen abschloss. Im selben Jahr wurde er mit seiner Dissertation „Die theoretische Begründbarkeit der vom Reichsgericht entwickelten Unterlassungsklage bei unerlaubten Handlungen" promoviert. Seine juristische Karriere setzte Lange ab 1926 als Gerichtsassessor fort, bevor er 1928 Assistent an der Leipziger Juristenfakultät wurde. Gleichzeitig arbeitete er an seiner Habilitationsschrift über „Das kausale Element im Tatbestand der klassischen Eigentumstradition",[9] nach deren Vollendung ihm am 19.12.1929 die venia legendi für die Fächer römisches und deutsches bürgerliches Recht verliehen wurde. Im selben Jahr zum Landgerichtsrat ernannt, aber weiterhin bis 1933 als Assistent im akademischen Dienst tätig, wechselte er unmittelbar nach der Machtergreifung der Nationalsozialisten im Frühjahr 1933 als Hochschulreferent im Range eines Oberregierungsrates ins sächsische Volksbildungsministerium, wo er nicht unwesentlichen Einfluss auf die Berufungspolitik der sächsischen Universitäten nahm. Ihren weiteren Fortgang fand Langes akademische Karriere mit dem Ruf auf die ordentliche Professur für Bürgerliches Recht, römisches Recht und Zivilprozessrecht als Nachfolger Richard Schotts an der Universität Breslau, den Lange mit Wirkung vom 1.4.1934 auch annahm. Seinen ersten Ruf, an die Columbia University, New York, hatte Lange bereits vor seiner Habilitation erhalten, jedoch aus Gründen, die bis heute im Verborgenen liegen, abgelehnt.

540   Seit 1933 Mitglied der Akademie für Deutsches Recht wirkte Lange dort als Vorsitzender des Erbrechtsausschusses sowie als Koordinator und Initiator der Arbeiten am Volksge-

---

7 Zur Struktur und Geschichte der 1933 gegründeten Akademie für Deutsches Recht *Pichinot*, Akademie; *Hattenhauer*, NS-Volksgesetzbuch; *Schubert*, Volksgesetzbuch; *Anderson*, Academy.

8 Die folgenden Angaben sind weitgehend entlehnt: *Kuchinke*, Heinrich Lange, NJW 1978, S. 309; *Habscheid*, NJW 1970, S. 552 f; *Schubert*, Ausschuß für Personen-, Vereins-, und Schuldrecht, S. 68. Zu *Langes* Wirken auf dem nationalsozialistischen Deutschen Juristentag 1933 in Leipzig *Landau*, Juristen, ZNR 1994, S. 373ff. Näheres bleibt einer Dissertation über *Heinrich Lange* vorbehalten: Die normgestützte Kollektivierung des Privatrechts. Rechtspolitik und Rechtsdogmatik in den zivilrechtlichen Arbeiten Heinrich Langes (1900–1977), Diss. iur. Frankfurt/M. 1997.

9 In: Leipziger Juristen-Fakultät (Hrsg.), Leipziger rechtswiss. Studien, Heft 53, Leipzig 1930.

setzbuch, bevor er sich im Herbst 1939 auf die Leitung des Erbrechtsausschusses beschränkte[10] und im übrigen die Arbeiten am VGB nicht unkritisch kommentierte.[11]

Am 1. Oktober des gleichen Jahres trat Lange mit der Annahme des Rufs auf den Lehrstuhl für römisches und bürgerliches Recht[12] an der juristischen Fakultät der Universität München die Nachfolge von Rudolf Müller-Erzbach an. Später erblickte er hierin den Höhepunkt seines akademischen Lebens,[13] das wohl mit seiner Entlassung aus dem Hochschuldienst durch Anordnung der Militärregierung vom 4.11.1945 seinen Tiefpunkt erreichte. Bis zu seiner völligen Rehabilitierung durch Berufung zum Ordinarius für römisches und bürgerliches Recht an der Universität Würzburg verdiente sich Lange seinen Lebensunterhalt als selbstständiger juristischer Gutachter und Rechtsanwalt in München. Seinen wissenschaftlichen Ambitionen trug Lange von Mai 1948 bis Oktober 1951 als Lehrbeauftragter an der philosophisch-theologischen Hochschule Bamberg sowie bis 1955 als einer der beiden Direktoren[14] des Instituts für Vergleichung und Annäherung des europäischen Rechts an der juristischen Fakultät der Universität des Saarlandes Rechnung.   541

Den Studenten der Nachkriegszeit dürfte Lange vor allem durch seine Lehrbücher zum Erbrecht,[15] zum Sachenrecht[16] und zum Allgemeinen Teil des BGB[17] bekannt geworden sein.   542

Nach seiner Emeritierung im Jahre 1967 waren Lange noch zehn Jahre des Ruhestandes vergönnt, bevor er am 17.9.1977 in Starnberg bei München verstarb.   543

III. Langes Methodenlehre zur Zeit des Nationalsozialismus

Die zeitliche Differenzierung in der Untersuchung der Methodenansätze Langes impliziert nicht eine Diskontinuität in den Aussagen. Vielmehr rechtfertigt sie sich durch das Anliegen, Unterschiede in Langes Methode stärker zu kontrastieren und Übereinstimmungen deutlicher hervortreten zu lassen.   544

1. Rechtsanwendung und Gerechtigkeitsbegriff

In seiner wohl einzigen Abhandlung,[18] in der Lange sich ausschließlich Fragen der Methodik widmet, definiert er als Ziel der Rechtsanwendung nicht die „individuelle Billigkeit, sondern die gemeinschaftsbestimmte Gerechtigkeit".[19] Diese im konkreten Einzelfall herzustellen, gibt er den Richtern auf, zieht ihren Kompetenzen jedoch im gleichen Atemzug enge Grenzen, indem er „die Umgestaltung des Rechts in den großen Fragen, die Aufstellung von Grundentscheidungen, die Rechtspolitik, die Gestaltung des techni-   545

---

10 Näheres hierzu bei *Schubert*, Volksgesetzbuch, S. 6ff., 13, der an einigen Stellen jedoch statt von *Heinrich Lange* von *Hermann Lange* spricht.

11 So vor allem in: *Lange*, Volksgesetzbuch, S. 208ff., 213–223.

12 Noch unter *Rudolf Müller-Erzbach* trug der Lehrstuhl die Widmung „Deutsche Rechtsgeschichte, deutsches Privatrecht, bürgerliches Recht, Handels- und Wechselrecht, Industrie- und Gewerberecht". Er wurde erst auf Wunsch von *Lange* umgewidmet.

13 Dies berichtet zumindest *Kuchinke*, Heinrich Lange, NJW 1978, 309.

14 Ihm zur Seite stand der Staats- und Verwaltungswissenschaftler *Georges Langrod*.

15 In 2 Auflagen: 1. Aufl. München und Berlin 1962, 2. Aufl. zusammen mit Kuchinke, München 1978.

16 Lediglich in einer Auflage, Stuttgart 1967.

17 Von der 1., München und Berlin 1952, bis zur 14. Aufl., München 1973, ab der 15. Aufl., München 1977 von *Helmut Köhler* fortgeführt.

18 Mittel und Ziel der Rechtsfindung im Zivilrecht, 1936.

19 Mittel und Ziel, S. 925.

schen Verlaufs des Rechtslebens"[20] nicht in ihre Macht stellen will. Ziel jeden richterlichen Umgangs mit Recht ist somit die gerechte Entscheidung des einzelnen Falles, nicht jedoch die individuell billige Einzelfallentscheidung. Für den Richter ergibt sich hieraus notwendig die Frage, was Gerechtigkeit im Sinne Langes ist und worin sie zur individuellen Billigkeit kontrastiert.

a) Das liberale „idem cuique"

546 Das Kriterium der Gemeinschaftsbestimmtheit bleibt für die Definition des Gerechtigkeitsbegriffs Langes ebenso blass wie das aristotelisch-klassische Ideal des „suum cuique".[21] Farbiger und präziser wird der Begriff jedoch, wenn man die Kontrastierung des liberalen „idem cuique" zu dem nationalsozialistischen „suum cuique" rezipiert, die Lange in seiner Monographie „Vom alten zum neuen Schuldrecht"[22] vornimmt.

547 Jedem das Gleiche zukommen zu lassen, ist für Lange das Gerechtigkeitsideal des Liberalismus, das auf der Berechenbarkeit beruhe, die ihrerseits ein Kind der Freiheit sei.[23]

548 Ohne diesen Freiheitsbegriff im einzelnen zu analysieren, lässt sich festhalten, dass hiermit die Betätigungsfreiheit des Einzelnen gemeint ist, die als Spätfolge der französischen Revolution dem Individuum die Verfolgung seines Eigennutzes unter Hintanstellung der Erfordernisse des Gemeinnutzes erst ermöglicht habe.[24] Diese Herrschaft des Individualismus und Materialismus[25] „forderte klare Maße, Rechtssicherheit; verlangte Berechenbarkeit der Folgen eigenen wie fremden Handelns, diese forderte ein folgerichtig aufgebautes Rechtssystem".[26] Lange zieht hieraus die Konsequenz, wenn er feststellt, dass die Berechenbarkeit im Liberalismus die strikte Gleichschaltung des einzelnen Falles bedinge.[27] An diesem Ausgangspunkt der liberalen Rechtsidee, dass gleiche Fälle gleiche Entscheidungen verlangen, setzt Lange mit seiner Kritik ein, indem er dem Liberalismus ein Wahrnehmungs- und Wertungsdefizit vorwirft: „Gerechtigkeit und Berechenbarkeit [sc: des Liberalismus] werten nicht den Lebensvorgang in seiner Ganzheit, sondern nur den Ausschnitt, der durch den juristischen Tatbestand vorgegeben wird.".[28] Diese Einzwängung der Vielfalt des Lebens in den zu engen Käfig der Gesetze als Maßstäbe der Gerechtigkeit könne zu äußerer Gleichheit bei innerer Ungleichheit führen. Der Liberalismus schreite so um der Rechtssicherheit willen über das Einzelschicksal hinweg.[29]

549 Diese Verwerfung des liberalen Gerechtigkeitsideals impliziert einen Fundamentalangriff auf den „hohlen **Positivismus**".[30] Es wird nicht nur die rechtliche Gleichheit der Rechtssubjekte bestritten, die lediglich eine äußere sei, sondern auch die grundsätzliche Eignung des Gesetzes als Kriterienkatalog der juristischen Bewertung von Lebenssachverhalten. Erweitert man die Analyse auf die methodischen Implikationen, so ist nicht zu verkennen, dass nach Langes Vorgaben der rationale Vorgang der Subsumtion eines Sachverhaltes unter einen juristischen Tatbestand nicht ausreichen kann, um eine gerechte Entschei-

---

20 Mittel und Ziel, S. 925.
21 Schuldrecht, S. 38.
22 Hamburg 1934.
23 Schuldrecht, S. 38.
24 Schuldrecht, S. 8 f.
25 Schuldrecht, S. 9.
26 Schuldrecht, S. 9.
27 Schuldrecht, S. 38.
28 Schuldrecht, S. 38. Ergänzung des Verf.
29 Schuldrecht, S. 38.
30 Schuldrecht, S. 40.

Wolf

dung zu erreichen. Denn seine Merkmale werden nicht in der Lage sein, den Lebensvorgang in seiner gesamten Komplexität zu erfassen. Dabei kann zunächst außer Acht bleiben, wie die Merkmale des jeweiligen Tatbestandes inhaltlich gestaltet werden. Denn am Ende der Subsumtion kann – unabhängig vom konkreten Tatbestandsmerkmal – nur die Frage nach der gesetzeskonformen Entscheidung beantwortet werden. Diese muss nach Lange nicht die gerechte sein. Der Buchstabe des Gesetzes taugt mithin für sich allein nicht zur Findung eines gerechten Urteils im Einzelfalle. Damit stellt sich jedoch zwangsläufig die Frage, welche Entscheidung eine im nationalsozialistischen Sinne gerechte ist, und wie der Rechtsanwender im konkreten Fall zu ihr gelangt, wenn nicht durch bloße Gesetzesanwendung.

b) Das nationalsozialistische „suum cuique"

Das Gerechtigkeitsideal des Nationalsozialismus „verlangt die Unterordnung des einzelnen unter die Gesamtheit, die kein Unglück darstellt, sondern Sinn des Lebens ist".[31] Lange hat die Notwendigkeit einer Einschränkung dieser Definition seines Gerechtigkeitsbegriffs klar erkannt, wenn er betont, Recht und Staat seien nicht Selbstzweck und fänden ihren Inhalt und ihre Grenzen im Volksganzen, aus der Unterordnung des einzelnen unter den Staat könne somit nicht ein Deckmantel für schlechte Gesetze und schlechte Verwaltung resultieren.[32] Vielmehr stelle die Verwirklichung dieser Forderung einen völligen Bruch mit der veräußerlichten Gleichheitsillusion des Liberalismus dar, da nun keine Zusammenfassung des Verbrechers mit dem Ehrbaren unter dem Begriff des Staatsbürgers erfolgen könne. An die Stelle der Summe unverbundener einzelner trete die Volksgemeinschaft, die Wertung des einzelnen erfolge nach seiner Bedeutung für das Ganze.[33] Dieser **kollektivistische Ansatz** gibt den Grundsatz der rechtlichen Gleichheit auf und kategorisiert die rechtliche Stellung des Individuums nach politischen Wertmaßstäben, die von der nationalsozialistischen Ideologie vorgegeben werden. „Volksfeinde und Artfremde erhalten so ihr Recht, aber nicht das gleiche Recht wie der ehrbare Volksgenosse".[34] Hierin liege die wahre Bedeutung des „suum cuique". Für den Richter stellt sich im konkreten Fall die Aufgabe, den Wert des Individuums für die Volksgemeinschaft nach nationalsozialistischen Maßstäben zu ermessen, um seinem Fall Gerechtigkeit widerfahren zu lassen. § 1 BGB dient ihm nur noch zur Feststellung der Rechtsfähigkeit der Parteien, gilt ihm jedoch nicht als Fundamentalnorm der rechtlichen Gleichheit der Parteien und Wegweiser zu einer gerechten Entscheidung.

Vielmehr habe nun die wahre Gerechtigkeit teilnahmsvoll die Gesamtheit des Geschehens zu werten.[35] Hierzu „gesellt sie jedoch zum klaren Verstand das warme Rechtsgefühl, belebt die nüchtern gegliederten Fälle und wertet so äußerlich gleiche nach ihrem inneren Gehalte dennoch ungleich."[36] Anders ausgedrückt: „Die Gerechtigkeit wurzelt

550

551

---

31 Schuldrecht, S. 38.
32 Schuldrecht, S. 38.
33 Analytisch und in der Sprache der modernen rechtshistorischen Forschung liegt in dieser Programmatik die Verabschiedung des „klassisch liberalen Privatrechts". Statt dessen rückte „jetzt der Interventionsstaat mit seinem Arsenal von Geboten und Verboten nach vorne und versuchte, alle Privatrechtssubjekte ... in ein Netzwerk öffentlicher Pflichten einzubinden, den Güteraustausch zu lenken und Güter hoheitlich zuzuteilen", so Stolleis, Geschichte des öffentlichen Rechts in Deutschland: Weimarer Republik und Nationalsozialismus, München 2002, S. 341.
34 Schuldrecht, S. 39.
35 Schuldrecht, S. 39.
36 Schuldrecht, S. 39.

im Rechtsgefühl, nicht nur im Rechtsverstand."[37] Auf dem Weg zur gerechten Entscheidung hat mithin der Richter mit dem Ergebnis der Subsumtion erst die halbe Strecke zurückgelegt, bis hier nur seinen Rechtsverstand angewandt. Der zweite Teil der Strecke wird vom **Rechtsgefühl** bestimmt.[38] An ihrem Ende findet sich die gerechte Entscheidung, wobei nicht auszuschließen ist, dass die verstandesmäßige Subsumtion und das Rechtsgefühl zu gleichen Gerechtigkeitsvorstellungen gelangen. Wenn „die Gerechtigkeit so Ausdruck deutschen Volksempfindens, blut- und bodengebunden, aber auch entwicklungsbestimmt und darum dem deutschen Volke allein zugehörig ist",[39] lässt sich die methodische Funktion des Rechtsgefühls als Einfallstor für nationalsozialistische Wertungen ermessen, das rationaler Begründung und damit auch Kritik entzogen ist. Ist dem Rechtsanwender mit diesem Begriff der gemeinschaftsgebundenen Gerechtigkeit gewiss eine Zielorientierung gegeben, liegen die Methoden, dorthin zu gelangen, doch weitgehend im Dunkel des Rechtsgefühls, zumindest aber jenseits des rationalen textorientierten Subsumtionsvorganges.

2. Der Weg zur Gerechtigkeit für den Richter

552 Lange erkennt diese Unsicherheit für den Rechtsanwender und formuliert als Problemschwer- und Kristallisationspunkt der nationalsozialistischen Rechtsanwendung die Situation, dass „dunkeles Billigkeitsempfinden und das geläuterte Rechtsempfinden nicht mehr mit der äußeren Form des Gesetzes in Einklang stehen."[40] Die Auflösung dieses Spannungsverhältnisses hängt in starkem Maße von Langes Gesetzesbegriff ab. Billigkeits- und Rechtsempfinden werden umso weiter in ihrer Funktion eingeschränkt, je stärker die Bindungswirkung des Richters an das Gesetz gestaltet wird. Die Aussagen Langes lassen in diesem Punkt zunächst Ratlosigkeit aufkommen. Der klar ausgesprochenen Lockerung der Bindung des Richters an das Gesetz durch den Vorrang des Rechts[41] folgt die Einschränkung, dass dies nicht in jedem Fall die Überwindung des Gesetzesbefehls durch das Rechtsempfinden des Richters bedeuten müsse,[42] die Gesetzesentscheidung vielmehr in aller Regel über dem Richter als Führerentscheidung stehe.[43] Immerhin lässt sich dem entnehmen, dass Gesetz und Recht in einem hierarchischen Verhältnis zueinander stehen, das für die Rechtsanwendung von ausschlaggebender Bedeutung ist, wenn Recht und Gesetz zu verschiedenen Vorstellungen von Gerechtigkeit gelangen.

---

37 Schuldrecht, S. 39.
38 In Anbetracht von *Langes* Ausführungen in: Liberalismus, S. 37: „Die Durchführung des Pflicht- und Gemeinschaftsgedankens zerstört die Form des Rechtes. Der klare, scharf gegliederte, folgerichtige und starre Aufbau eines verstandesmäßigen Rechtssystems weicht dem fließenden, in sich übergreifenden, folgewidrig abbiegenden, vom Billigkeitsgefühl getragenen lebenden Organismus. Der Verstand muss sich mit dem Gefühl verschmelzen", scheint diese Einschätzung die Bedeutung des Rechtsgefühls eher zu gering zu veranschlagen. Sie rechtfertigt sich jedoch aus der im Vorwort von *Lange* für diesen ganzen Vortrag reklamierten Überzeichnung, die wohl auch den eben zitierten Auszug aus dem Vortrag umfasst.
39 Schuldrecht, S. 39; zum Begriff des Volksempfindens siehe grundlegend *Rückert*, Volksempfinden, SZGerm 103 (1986), S. 199–247.
40 Mittel und Ziel, S. 922.
41 Mittel und Ziel, S. 924.
42 Mittel und Ziel, S. 924.
43 Mittel und Ziel, S. 925.

a) Das Rangverhältnis von Gesetz und Recht

„Das Gesetz ist die Form des Rechts, das Gesetz fließt aus dem Recht, nicht das Recht aus dem Gesetz."[44] Ist hiermit eine Vorrangigkeit des Rechts vor dem Gesetz konstituiert, zeigt sich ein scheinbarer Widerspruch in der Formulierung: „Das Recht ist Lebensform, das Gesetz aber formt das Leben, und damit das Recht. Daher ist im Endeffekt das Rangverhältnis von Gesetz und Recht wieder umgekehrt."[45] Die Inkompatibilität beider Aussagen erklärt sich nach Lange durch ihre historische und politische Bedingtheit. Während der Vorrang des Rechtes vor dem Gesetz der Pragmatik einer um die politische Macht kämpfenden Revolution folgt, die sich auf „ungeschriebenes Recht berufen muss, um den ihr feindlichen Staats- und Gesetzesapparat zu erschüttern",[46] findet die Umkehrung des Rangverhältnisses statt, wenn das alte Wertsystem nach erfolgter Revolution vollständig neu gestaltet, alle Werte umgewertet und neue Ziele erreicht werden sollen. Hier sei das Gesetz Bollwerk gegen ein dunkles, schwankendes Billigkeitsempfinden, Mittel zur Umwertung aller Werte und Führungsmittel, indem es den Führergedanken auf dem Gebiete des Rechts durchsetze.[47] Für das Endstadium dieser Entwicklung prognostiziert Lange, dass der Positivismus des Gesetzes und des Rechtes Sieger sei, wenn Gesetz und Recht eine Einheit geworden seien.[48] Nach diesem Verständnis des Gesetzes dient es keineswegs der Sicherung und Abgrenzung individueller Freiheitssphären, sondern erlangt die Funktion eines politischen Steuerungs- und Gestaltungsinstruments zur Erreichung kollektiver und heteronomer Zielsetzungen. Dieses Gesetzes- und Methodenverständnis lässt sich beschreiben als normgestützte Kollektivierung des Privatrechts.[49]

Die Entscheidung eines Rechtsstreites muss demnach auch „bei einer Spannungslage zwischen idealem Recht und konkretem Gesetz bis an die Grenze der Tragbarkeit zugunsten des Gesetzes ausfallen".[50] Dies folgt für Lange nicht nur aus einer weitestgehenden Deckungsgleichheit zwischen Gesetzesordnung und Rechtsordnung,[51] die auch die mittelmäßigen und anfechtbaren Gesetze umfasse, sondern vor allem aus der Ordnungsfunktion des Gesetzes, das zum einen den Vorteil habe, wie z. B. bei Fristen und Terminen, überhaupt eine Entscheidung zu dekretieren, und zum anderen dort, wo jede der Prozessparteien nach „gesundem Volksempfinden" Recht habe, dem Richter aus seiner Entscheidungsnot helfe.[52] Die Bindung des Richters an das Gesetz als Grundstein der Rechtsstaatlichkeit und Willkürfreiheit der dritten Gewalt wird explizit nicht thematisiert, vielmehr steht im Vordergrund dieser Betrachtung und Anwendung des Gesetzes seine technische Hilfsfunktion „zu äußerer und innerer Entlastung des Rich-

553

554

---

44 Schuldrecht, S. 35.
45 Schuldrecht, S. 36.
46 Schuldrecht, S. 36.
47 Schuldrecht, S. 36.
48 *Lange*, Rezension Carl Schmitt, JW 1934, S. 1897.
49 Stolleis, wie Fn. 33, S. 341 übernimmt diesen Begriff, meint aber, der Verfasser verwende diesen von ihm geprägten Terminus ganz global und unhistorisch für alles, was seiner normativen Vorstellung von ökonomischem Liberalismus widerspreche. Diese Kritik verwundert nicht nur, weil sie ohne jeglichen Beleg und klärendes Argument pauschal und flach erscheint. Sie ist zudem unplausibel und widersprüchlich. Während der Verfasser den Begriff der normgestützten Kollektivierung ausdrücklich zunächst bezieht auf die zivilrechtlichen Arbeiten Heinrich Langes – so schon im Untertitel der Dissertation – verwendet Stolleis den Terminus ungleich globaler gleichsam als Überschrift für diese Epoche der nationalsozialistischen Verabschiedung des klassisch liberalen Privatrechts.
50 Mittel und Ziel, S. 922.
51 Mittel und Ziel, S. 922.
52 Mittel und Ziel, S. 922.

ters".[53] Problematisch wird Lange die Frage der Methode der Gesetzesanwendung erst für den Fall, dass eine Diskrepanz zwischen dem Gesetzesbefehl und dem geläuterten Rechtsempfinden besteht. Als insgesamt untaugliche Lösungsansätze verwirft Lange nicht nur den „extremen Gesetzespositivismus",[54] sondern auch die Begriffsjurisprudenz,[55] die Interessenjurisprudenz[56] sowie die Freirechtsschule.[57] Allen begegnet er mit dem Vorwurf, „sie stellten der Rechtsfindung keine Wertmaßstäbe zur Verfügung".[58] „Das Freirecht fußte offen, die zweckbestimmte Begriffsjurisprudenz verdeckt auf der Billigkeit, die Interessenjurisprudenz aber sagte zwar, dass ideelle und materielle Interessen gewertet werden müssten, wollte und konnte aber nicht immer erschöpfend und zwingend angeben, welche Interessen gewertet werden müssten, und konnte nicht entscheiden, wie diese Interessen gewertet werden müssen. Sie beschränkte sich bewusst auf ihre Eigenschaft als Werkzeug.".[59] Die Kritik richtet sich somit im wesentlichen auf die Maßstabsdefizite und damit auf einen Mangel fester Kriterien, an Hand derer die Begriffsjurisprudenz ihre Zwecke bestimmen, die Interessenjurisprudenz ihre Interessen gewichten und die Freirechtsschule ihre Billigkeiten erläutern könnte. Diesen strukturellen Fehler der drei seinerzeit prominenten Methodenlehren führt Lange auf „die weltanschauliche Gleichgültigkeit des früheren Staates"[60] und seine damit verbundene Wertneutralität zurück. Genau diese habe durch den Nationalsozialismus ein Ende gefunden, indem Grundwertungen geschaffen und ermöglicht wurden. „Volk, Rasse, Gemeinschaft, Treue und Ehre und die Grundforderung des Rechtes – Gemeinnutz geht vor Eigennutz – gestatten eine klarere Wertfolge."[61] Mit diesen **neuen und festen Wertungen** erhielten auch die Rechtsfindungs- und Rechtsanwendungsverfahren eine „einheitliche Führung".[62] Denn „unter dieser neuen Betrachtung und Wertung von Recht und Gesetz ist der jahrzehntealte Streit über den richtigen Weg der Rechtsfindung weitgehend gegenstandslos geworden."[63] Ist der Rechtsanwender also im Falle seines dem Wortlaut widerstrebenden Rechtsempfindens einem besonderen Argumentationsaufwand unterworfen, kann er sich in freier Beliebigkeit einer der Methoden bedienen, die, alle den nationalsozialistischen Grundwertungen unterworfen, „nur Mittel zur Verwirklichung des Rechtes"[64] sind. Dieser **Methodenindifferenz** entspricht die generelle Anforderung an den Rechtsanwender, unabhängig von der gewählten Methode stets Gemeinschafts- und Einzelinteresse abzuwägen, wenn das geläuterte Billigkeitsempfinden dies verlange. Ohne Widerspruch desselben hingegen könne der deutsche Rechtswahrer auch dem Gesetze vertrauen. Das stellt klar, dass Lange der Methode der Rechtsfindung keinen eigenen von rechtspolitischen Wertungen unabhängigen Stellenwert einräumt. Sie ist Instrument der Umsetzung abstrakt-generell formulierter Rechtspolitik in konkret-spezielle Einzelfälle.

---

53 Mittel und Ziel, S. 922.
54 Mittel und Ziel, S. 922.
55 Mittel und Ziel, S. 922 f.
56 Mittel und Ziel, S. 923 f.
57 *Lange*, Mittel und Ziel, S. 924, für die er jedoch an anderer Stelle insoweit Sympathie erübrigt, als sie ebenso wie der Nationalsozialismus gegen den hohlen Positivismus angekämpft habe. Die wesentliche Differenz sieht *Lange* in der Wertung von Recht und Gesetz, von Berechenbarkeit und Gerechtigkeit. Siehe Schuldrecht, S. 40.
58 Mittel und Ziel, S. 924.
59 Mittel und Ziel, S. 924.
60 Mittel und Ziel, S. 924.
61 Mittel und Ziel, S. 924.
62 Mittel und Ziel, S. 924.
63 Mittel und Ziel, S. 924.
64 Mittel und Ziel, S. 924.

Wolf

Damit endet die Bindung des Richters an das Gesetz erst mit einem dem Gesetz entge-   555
genstehenden geläuterten Rechtsempfinden des Richters. Mag das Rechtsgefühl auch als
Grenzziehung zwischen Verbindlichkeit und Unverbindlichkeit des Gesetzesbefehls genügen, bleibt an dieser Stelle doch unklar, ob das Rechtsgefühl in dem Sinne ein freies
ist, dass der einzelne Richter seiner individuellen Rechtsüberzeugung ohne Einschränkung folgen kann und darf oder seine Umsetzung in Rechtsanwendung und damit Rechtsprechung gewissen Regeln unterworfen ist.

b) Die Funktion des Rechtsgefühls

Die Lockerung der Bindung des Richters an das Gesetz bedeutet nicht die Vergrößerung   556
des richterlichen Freiraumes, der Richter ist vielmehr „nicht Herr, sondern Diener des
Rechtes".[65] Als solcher ist er lediglich Verwirklicher der Wertungen der Gemeinschaft.[66] Insoweit wird auch „die Bindung an das Recht umso schärfer gestaltet".[67] Die
hiermit unverhohlen ausgesprochene Kontroll- und Korrekturfunktion des Rechtsgefühls, die die Umsetzung der nationalsozialistischen Grundwertungen in die Rechtsprechung sichern soll, setzt voraus, dass der Rechtsanwender im konkreten Fall das Auseinanderfallen von Gesetzesbefehl und nationalsozialistischer Wertung erfasst oder wenigstens für möglich hält, um kontrollierend und korrigierend eingreifen zu können.
Zumindest vor dem korrigierenden Eingriff errichtet Lange jedoch gewisse Hürden, vor
deren Überspringen der Richter kurz innehalten soll. So wird zu bedenken gegeben, dass
die Gesetze als solche die gesammelte Rechtsweisheit der Vorfahren verkörperten, und
sich daher oft in der scheinbaren Unbilligkeit eines Gesetzes eine höhere Gerechtigkeit
finden ließe, die zu ergründen dem Richter aufgegeben sei.[68] Den Richtern dies zuzu-
trauen, bedeutet, ihnen eine entsprechende politische Grundhaltung zu attestieren. In der
Tat fordert Lange den „volksverbundenen und volksgebundenen Richter".[69] Dass es an
eben solchen Richtern mangeln könnte, scheint Lange nicht befürchtet und deshalb auch
nicht thematisiert zu haben. Vielmehr glaubte er, das methodische und zumindest auch
in Ansätzen das politische Rüstzeug, wenn auch auf „national-liberal-konservativer
Grundlage",[70] in der deutschen Rechtsprechung vorzufinden, wenn er der Judikatur in
der Weimarer Zeit zugibt, sie habe in einer reichen Kasuistik ein Wertsystem aufgebaut
und in der Anschauung aller billig und gerecht Denkenden sinnfällig gemacht, und ferner
einräumt, „daß sie in der Idee einer einheitlichen Anschauung zugleich die Einheitlichkeit
und Verbindlichkeit sittlicher Maßstäbe für das ganze Volk in einer Zeit betont hat, in
der eine echte Volksgemeinschaft noch nicht bestand."[71]

Es erstaunt so vielleicht nicht mehr, dass Lange in das Rechtsgefühl der Richter vertraut,   557
„um das alte gesetzte Recht mit dem Rechtsempfinden des neuen Staates zu durchdrin-
gen, Unvereinbares zu beseitigen, Veraltetes zu unterhöhlen, Lebensvolles zu entwickeln,
Gesetz und Recht im Alltag nahezubringen".[72]

---

65 Mittel und Ziel, S. 924.
66 Mittel und Ziel, S. 924.
67 Mittel und Ziel, S. 924.
68 Mittel und Ziel, S. 924.
69 Mittel und Ziel, S. 924.
70 Mittel und Ziel, S. 924.
71 Mittel und Ziel, S. 924.
72 Schuldrecht, S. 41, ähnlich: Mittel und Ziel, S. 925.

558 Das Rechtsgefühl ist mithin die Instanz, in der die Wertungen des Gesetzes auf ihre Übereinstimmungen mit den Wertungen des Nationalsozialismus überprüft und gegebenenfalls korrigiert werden.

3. Wertungsjurisdiktion

559 Will man den Weg der Rechtsfindung und Rechtsanwendung Heinrich Langes auf einen Begriff bringen, bietet sich der der Wertungsjurisdiktion an. Maßgebend für das Ergebnis jeder judikativen Tätigkeit sind ihm Wertungen, die, abstrahiert von dem historischen Argumentations- und Erkenntniszusammenhang, nicht aus dem juristischen Bereich stammen, sondern aus dem politischen. Sie erhalten gleichsam konstitutiven Charakter für das Recht, sind die Grundforderungen des Rechts als Lebensordnung des Volkes, die auch dort ihre Durchsetzung verlangen, wo die Gesetze lückenhaft sind oder dem Recht nicht entsprechen. Sie nivellieren jede Methodenlehre, da sie dort, wo rechtliche Argumentations- und Entscheidungsprozesse ablaufen, unbedingte Beachtung verlangen und als dem einzelnen Gesetz **übergeordnete Wertungen** dieses im Zweifel derogieren, so dass die Argumentation aus Text und Systematik einer Kodifikation immer nur vorbehaltlich der grundlegenden Wertungen greifen kann. Gleichwohl besteht die Gefahr, die Einschätzung Langes von der Bedeutung der dem Gesetz übergeordneten Wertungen für die Rechtsanwendung im nationalsozialistischen Staat falsch zu interpretieren. Erscheint ihm dieser Fall richterlicher Korrektur gesetzlicher Vorgaben insbesondere in der historischen Umbruchsituation, die mit einem im wesentlichen bürgerlich-rechtsstaatlich geprägten Gesetzesbestand im Bereich des Privatrechts umgehen muss, von besonderer Relevanz, entschärft sich dieses Problem mit der im Geiste der „nationalsozialistischen Revolution" zunehmend zu erwartenden neuen Gesetzgebung. Dieser gegenüber vertritt Lange eine strikte Bindung, die als positivistisch zu bezeichnen dennoch verfehlt erscheint. Denn Lange ist jede Methode, unabhängig von ihrem Ansatz, nur Begründungswerkzeug, nicht selbstständig-rationaler Rechtsfindungsmodus. Damit ist der einzelne Rechtsanwender nicht nur selbst methodischer Sicherung und Selbstüberprüfung beraubt[73] – oder anders gewendet: von der Last der methodischen Vergewisserung befreit –, sondern auch zum Vollstrecker der herrschenden Rechtspolitik degradiert. Es ist symptomatisch, dass Lange explizit „die Umgestaltung des Rechts in den großen Fragen, die Aufstellung von Grundentscheidungen, die Rechtspolitik und die Gestaltung des technischen Verlaufs des Rechtslebens"[74] aus dem Aufgabenbereich des Rechtsanwenders und Richters herausnimmt. In diesen Bereichen fallen – zumindest für Lange – die eigentlichen das Rechtsleben gestaltenden Entscheidungen, dort wird die „Umwertung aller Werte"[75] vollzogen.[76] Hierzu berufen sind nicht die Richter in ihrer Funktion als Rechtsanwender. Die ihnen abverlangte Arbeitsweise beschränkt sich auf die Rechtspre-

---

73 Konsequent führt *Lange*, Schuldrecht, S. 41, aus: „dort, wo das gemeinschaftsgebundene Gerechtigkeitsgefühl eine klare Entscheidung fällt, da gewährleistet die gesetzestreue Konstruktion die Möglichkeit der Selbstprüfung." Systemimmanent kann dies letztlich nur eine Prüfung und Anpassung der gesetzestreuen Konstruktion an die Entscheidung des gemeinschaftsgebundenen Gerechtigkeitsgefühls als Ziel nationalsozialistischer Gerechtigkeitsvorstellungen sein.

74 Mittel und Ziel, S. 925.

75 *Lange*, Schuldrecht, S. 36.

76 In diesem Sektor juristischer Tätigkeit ist *Heinrich Lange* als Ordinarius und Vorsitzender des Erbrechtsausschusses sowie als Generalberichterstatter für das Volksgesetzbuch und als Vorsitzender im Zentralausschuß der Akademie für Deutsches Recht auch überwiegend tätig. Selbst als ihm die Koordinierung der Arbeiten der Akademie an einem neuen Volksgesetzbuch von deren Präsidenten, *Hans Frank*, entzogen wurde, nimmt er lebhaft an der Diskussion um den ersten Entwurf von *Hedemann*, *Lehmann* und *Siebert* (leicht zugänglich bei *Schubert*, Volksgesetzbuch, S. 513–540) teil, siehe vor allem *Lange*, Volksgesetzbuch, S. 208–259.

Wolf

chung im Einzelfall jenseits des „Berufs der Revolution zur Gesetzgebung"[77] – daher meine Kennzeichnung als Wertungsjurisdiktion. Langes Vorschlag einer juristischen Methode erschöpft sich daher nicht in methodischen Anweisungen an den Rechtsanwender. Es erscheint sogar fraglich, ob Langes Hauptinteresse in der Zeit von 1933 bis 1945 der Jurisdiktion und ihrer methodischen Neuausrichtung galt. Zweifel hieran lassen sich mit seiner an mehreren Stellen deutlich zu Tage tretenden Sympathie für die Rechtsprechung in der Weimarer Republik[78] und mit dem Hauptgegenstand seiner Arbeiten vor allem in der Anfangsphase des Nationalsozialismus[79] begründen. Damit ist gleichzeitig die Vermutung gestützt, dass Langes wesentliches Interesse der Rechtserneuerung und damit der Rechtspolitik galt, was in Zeiten, die Lange selbst als revolutionär einschätzt,[80] kaum verwundert.

4. Vom Beruf der Gesetzgebung

Dass die Gesetzgebung der Beruf der Revolution ist,[81] wurde bereits oben mitgeteilt.   560
Bekannt ist ferner, dass die Gesetzgebung ein Instrument der Umwertung aller Werte sein soll.[82] Weiter war zu erwarten, dass „Gesetz nicht das formelle, parlamentarisch zustandegekommene Gesetz ist, vielmehr muss das Gesetz im Rechtsleben wurzeln und von ihm aufgenommen werden."[83] Von Interesse in unserem Zusammenhang ist die Beantwortung der Frage, wer in persona die Aufgabe der Gesetzgebung zu erfüllen hat und wie – zumindest in den Grundzügen – diese Aufgabe angegangen werden soll.

a) Die Berufenen

„Der Führer bestimmt Zeitabschnitte und Ziele der Rechtserneuerung im Rahmen des   561
Rechtes des deutschen Volkes."[84] Die rechtspolitisch abschließende Entscheidungsbefugnis weist Lange damit dem Staatsoberhaupt zu, ohne den Umfang dieser Kompetenz und ihrer praktischen Relevanz näher zu charakterisieren. „Rechtsschöpfung und Rechtsverwirklichung gehören in die Hände der dazu Berufenen."[85] Die die Gesetzgebung vorbereitenden Arbeiten überantwortet Lange hingegen einer gesellschaftlichen Gruppierung, die „ihre innere Berufung aus dem Vertrauen der Volksgemeinschaft ableitet".[86] Welcher Art die äußere Berufung sein soll, lässt sich nur vermuten, eine klare Aussage hierzu fehlt. Langes vehementes Eintreten für das Gesetz als Instrument der Rechtserneuerung[87] erfordert tatsächlich einen professionalisierten **Juristenstab**, um ein komplexes Normgebäude, dessen liberale Architektur von der „nationalsozialistischen Revolution" nicht vollständig eingerissen wurde, im Sinne der „nationalsozialistischen Revolution" umzubauen oder gar durch ein neues zu ersetzen. Insoweit wird es wohl auch Lange eine Selbstverständlichkeit gewesen sein, die offen auszusprechen daher weder notwendig, noch politisch unbedingt geschickt gewesen wäre, dass die grundlegende

---

77 *Lange*, Schuldrecht, S. 36.
78 Exemplarisch: Mittel und Ziel, S. 924 sowie Schuldrecht, S.
79 Vor allem: Liberalismus; Schuldrecht; Nationalsozialismus; aber auch in der Rezension Carl Schmitt, JW 1934, S. 1896 f.
80 Schuldrecht, S. 36.
81 Schuldrecht, S. 36.
82 Schuldrecht, S. 36.
83 Schuldrecht, S. 36.
84 Mittel und Ziel, S. 925.
85 Schuldrecht, S. 36.
86 Schuldrecht, S. 36.
87 Siehe besonders Rezension Carl Schmitt, JW 1934, S. 1897, aber auch im Schuldrecht, S. 36.

Gestaltung der neuen nationalsozialistischen Gesetze Aufgabe der hierzu befähigten Juristen sein musste. Kehrt man den Gedanken um, gelangt man zu einem ähnlichen Ergebnis. Der zu Beginn des Nationalsozialismus voll ausgebildete Jurist war dazu erzogen worden, als entscheidende Grundlage seiner dogmatischen Arbeit das Gesetz zu benutzen, Sachverhalte hierunter zu subsumieren und mit dem Gesetz zu Urteilen und Falllösungen zu gelangen. Das juristische Gestaltungsmittel und die Ausbildung des juristischen Personals harmonieren mithin in Langes Konzeption einer Rechtserneuerung.

b) Grundlage und Ziele der Rechtserneuerung

562   Die Zielsetzung der von Lange propagierten Rechtserneuerung ist auf das Engste mit seinem Rechtsanwendungsideal verbunden. Aufgabe der Rechtserneuerung sei es, dem Gerechtigkeitsgedanken gegen den leeren Rechtssicherheitsgedanken, dem Recht gegen das von ihm abweichende Gesetz zum Sieg zu verhelfen. Die Kluft zwischen dem Rechtsempfinden und der Rechtshandhabung müsse geschlossen werden.[88] Gleichzeitig werden die Fronten bestimmt, an denen die nationalsozialistische Rechtserneuerung anzusetzen hat: „Der Nationalsozialismus kämpft nicht gegen Rechtssicherheit, sondern gegen Unrechtssicherheit, nicht gegen das Gesetz,[89] nicht gegen die Gesetzestreue, sondern gegen den leeren Positivismus."[90]

563   Wie sich das in der Charakteristik eines Normgefüges als umfänglich angelegte Kodifikation[91] niederschlagen soll, konturiert Lange ebenfalls schon 1934. Danach solle das neue Recht weder allein aus starren Rechtssätzen, noch bloß aus Generalklauseln bestehen, weder ausschließlich die Rechtssicherheit, noch lediglich die billige Lösung des Einzelfalles im Blick haben. Vielmehr müssten beide verbunden werden, um dem Gedanken der Gerechtigkeit zu dienen. Entscheidend sei die **Überwindung des starren Gegensatzes** von starren Einzelsätzen und völlig gestaltlosen Generalklauseln. Die großen Leitsätze von Treu und Glauben müssten in den einzelnen Fällen stärker ausgemünzt werden. Dann seien starres Recht und Billigkeitsrecht nicht mehr zwei Rechtsschichten, Treu und Glauben nicht mehr Ventile der Billigkeit gegen das Gesetz, sondern Grundgesetz des Rechts, das die Einzelbestimmungen nur auswerteten.[92] Will man das Grundsätzliche dieses Umwertungsprozesses durch Gesetzgebung kurz charakterisieren, so geht es Lange um die Konkretisierung von Generalklauseln unter gleichzeitiger Flexibilisierung relativ starrer Einzelsätze, wobei entscheidend ist, dass allen Normen die Wertfolge des Nationalsozialismus implementiert wird.

c) Der rechtspolitische Hintergrund

564   Unter der Prämisse, dass Lange bei der Gesetzgebungsarbeit die Mitwirkung von Juristen für essentiell erachtet, scheint der Gedanke nicht von vornherein abwegig, dass so der Prozess der Umwertung aller Werte aus der Ebene des Nur-Politischen herausgelöst werden sollte, indem man juristischen Sachverstand an ihm teilnehmen lässt. Zudem bekennt

---

88 Lange, Schuldrecht, S. 40.
89 Zieht man *Lange*, Rezension Carl Schmitt, JW 1934, S. 1896 f. hinzu, lässt sich diese Aussage sogar dahin verstärken, dass der Nationalsozialismus für das – wenn auch nationalsozialistische – Gesetz kämpfe, nicht jedoch für das von *Schmitt* favorisierte Gestaltungs- und Ordnungsdenken.
90 *Lange*, Schuldrecht, S. 40.
91 Der Kodifikationsgedanke wird von *Lange* nur indirekt formuliert, indem er konstatiert, dass die Aufgabe einer Rechtserneuerung nicht durch eine inhaltlich teilnahmslose Novellengesetzgebung gelöst werden könne, sondern nur durch eine große Tat des deutschen Rechtsempfindens. Schuldrecht, S. 83.
92 Schuldrecht, S. 45.

sich Lange mit seinem Eintreten für das Gesetz als Führungs- und Gestaltungsmittel gegen die Einzelfallentscheidung und für die generell-abstrakte Regelung eines Rechtsproblems. Mit der Stellungnahme für die generell-abstrakte Norm werden deren genuine Entstehungsprobleme in Kauf genommen, die Lange später selbst beschreibt: „Je tiefer man in die Fragen eindringt, umso mehr erkennt man das technische Meisterwerk des geltenden Rechts in seiner ganzen Größe und Verflochtenheit; Gegenlösungen, für die man zunächst mit voller Wärme eingetreten war, zeigen ihre Grenzen und Schattenseiten. Auf den rechtspolitischen Schwung folgt die rechtspolitische Müdigkeit, auf die Intuition die Technik; mehr und mehr breitet sich dann die Ansicht aus, dass man am bewährten Alten solange festhalten solle, bis das Neue sein besseres Daseinsrecht voll bewiesen habe."[93] Trägt also die Propagierung einer neuen Gesetzgebung durch Lange den Gedanken der Bewahrung der alten Gesetzgebung in sich, und ist sie damit auch eine blendende Strategie eines rechtspolitischen Konservativismus? Die Frage scheint umso berechtigter, wenn man sich die Probleme einer spezifisch nationalsozialistischen Gesetzgebung, die aus der Unschärfe der rechtspolitischen Zielvorstellungen und ideologischen Fundamente resultieren, vor Augen führt: „Waren sich auch so gut wie alle, die öffentlich auftraten, im Kampf gegen das Alte einig, so kamen die Angreifer doch aus verschiedenen politischen und wissenschaftlichen Lagern, kämpften sie für ganz verschiedene Ziele. Sie waren ‚Nebentäter', nicht ‚Mittäter'. Kämpfer wie Literaten, Gefühl wie Intellekt, dunkel Empfundenes wie spitzfindig Ersonnenes, praktischer Verstand wie zergliederndes Denken standen unverbunden nebeneinander. Der Wille zum neuen Werke aber verband alle."[94] Nicht zu verkennen ist, dass diese kritischen Anmerkungen Langes zur Rechtserneuerung nach 1933 erst zehn Jahre später von ihm publiziert werden. Sie können daher nicht nur als u. U. positive – freilich nur verborgen zwischen den Zeilen zu lesende – Bilanz eigenen rechtspolitischen Strebens verstanden werden, sondern auch als rückwärtsgewandtes resignatives Eingestehen konzeptioneller Unzulänglichkeiten des eigenen rechtspolitischen Idealismus gelesen werden, der auf die Möglichkeit einer nationalsozialistischen Rechtserneuerung auf Gesetzesbasis vertraut hat. Beide wegen ihrer Polarisierung geeignete Ansätze verdienen eine weitere Untersuchung und Präzisierung.

Klar dürfte aber sein, dass Heinrich Lange während des Nationalsozialismus den Schwerpunkt seiner zivilrechtlichen Methodik nicht im Bereich der Rechtsanwendung gesetzt hat, sondern im Sektor der Gesetzgebung, bzw. Rechtssetzung. Der Grund hierfür könnte zum einen in der besonderen politischen Sensibilität Langes zu finden sein. Eine nicht so weit ausholende Begründung liegt wohl in der Tatsache, dass Lange davon ausging, jede Form der Rechtsanwendung müsse auf Wertungen zurückgreifen, die aus dem jeweiligen politischen System vorgegeben werden und für das Rechtssystem umgesetzt werden müssen. Danach ist für das Ergebnis juristischer Tätigkeit die Umsetzung politischer Wertungen in rechtliche Regelungen entscheidend, die Anwendung der rechtlichen Regelungen ist lediglich der Vollzug der in rechtliche Regeln umgesetzten Politik im Einzelfall. 565

Sollte diese Einschätzung trotz ihrer Kürze im Kern zutreffen, spricht eine gewisse Wahrscheinlichkeit dafür, dass sich in Langes Ansichten zu Problemen der Zivilrechtsmethodik nach 1945 wenig verändert haben wird. Denn prinzipiell kann sie, ohne ihre Struktur verändern zu müssen, einem totalitären Staat ebenso dienen wie einem demokratischen. Es genügt eine erneute Umwertung, die ausgehend vom politischen System die Rechts- 566

---

93 *Lange*, Volksgesetzbuch, S. 216 f.
94 *Lange*, Volksgesetzbuch, S. 218 f.

anwendung wie selbstverständlich in eine andere Richtung und zu anderen Ergebnissen steuert. Das juridische Instrumentarium bliebe das Gleiche.

IV. Langes Methodenlehre nach 1945

567 Äußerungen Langes zu Fragen der Zivilrechtsmethodik finden sich in einem größeren Zusammenhang lediglich in seinem Lehrbuch zum Allgemeinen Teil des BGB.[95] Dort jedoch sind Unterschiede zwischen den einzelnen Auflagen von 1952 bis 1973 kaum auszumachen und in diesem Zusammenhang unerheblich. Doch auch Unterschiede in den inhaltlichen Aussagen zu der Zeit vor 1945 sind kaum zu finden.

568 Ziel der Methode ist immer noch die gerechte Entscheidung. Diese ergebe sich durch die begriffliche Subsumtion und Deduktion unter den Gesetzestext, der die gerechte Entscheidung in Form einer abstrakten Norm verkörpere.[96] So ergebe sich durch die Begriffsjurisprudenz im Alltag des Rechtslebens eine rasche und doch richtige Entscheidung der regelmäßig auftretenden Fälle. „Gesetzesanwendung und Rechtsgefühl"[97] bilden immer noch eine Einheit. Denn hinter der verstandesmäßigen Tätigkeit der Deduktion und Subsumtion müsse das Rechtsgefühl wachen und die Entscheidung kontrollieren.[98] Diese Kontrolle erfordere im Falle eines Auseinanderfallens der Ergebnisse der begrifflichen Subsumtion und des Rechtsgefühls des Urteilenden eine nähere Nachprüfung. Diese habe die Frage zu beantworten, ob der typische vom Gesetz entschiedene Fall insoweit mit dem konkret zu entscheidenden vergleichbar sei, als die Abwägungen des Gesetzes auch auf diesen zuträfen.[99] Lange bezeichnet dies als die „zweckgerichtete, finalistische Methode, die auch in regelwidrigen Fällen eine dem Gesetz entsprechende gerechte Entscheidung gewährleistet."[100] Zusammenfassend lernt der Student der Rechtswissenschaft bei Lange zur Rechtsfindung dann, dass sie im Regelfalle auf der Begriffsjurisprudenz aufbaue, die Grenze des Gesetzes im Zweifelsfalle durch die Interessenjurisprudenz finde, bei Untragbarkeit der Gesetzesregelung im Einzelfalle mit der Einrede gegenwärtiger Arglist dem Gesetzgeber mittelbar entgegentrete und mit all diesen Methoden ihr Ziel verwirkliche, die gerechte Entscheidung des Einzelfalles.[101] Die Bindung des Urteilenden bei dieser Methode umfasse die Gerechtigkeitsmaßstäbe, die Interessenwertung und das rechtspolitische Ziel des Gesetzes. Haben bei der Gesetzesanwendung die Auslegungsmethoden versagt, „so hat der Urteilende auf den Grundgedanken des Gesetzes und die Grundregeln unserer Rechtsordnung zurückzugehen."[102] Letztlich verweist Lange also auch den bundesrepublikanischen Juristen auf die Grundregeln unserer Rechtsordnung, mithin auf die konsentierten Werte der Gesellschaft. Dass diese sich nach 1945 gewandelt haben, spielt für die Methode der Rechtsfindung nur insoweit eine Rolle, als ohne größere gesetzgeberische Aktivitäten schon durch die Anwendung der von ihm sog. begriffsjuristischen Methode die Entscheidung gefunden werden dürfte, die in den meisten Fällen auch dem Rechtsgefühl entspricht. Der Grund hierfür ist jedoch nicht eine andere Methode, sondern ein verändertes „Rechtsgefühl". Dieser Methodenrelativismus erscheint keineswegs naiv. Selbstverständlich sind Lange die zentralen Lehren der Be-

---

95 *Lange*, BGB AT, Lehrbuch in 14 Auflagen seit 1952.
96 BGB AT, § 9 II 1., S. 60.
97 So die Überschrift in BGB AT, § 9 II 4., S. 61.
98 BGB AT, § 9 II 4., S. 61.
99 BGB AT, § 9 II 4.d), S. 61 f.
100 BGB AT, § 9 II 4.e), S. 62.
101 BGB AT, § 9 II 6.e), S. 64.
102 BGB AT, § 9 II 6.f), S. 64.

Wolf

griffs- wie der Interessenjurisprudenz ebenso geläufig wie die Kritik an ihnen. Er begreift sie indes lediglich als beliebig verfügbare Instrumente im Vollzug rechtspolitischer Dezision. Die rechtssichernde, staatliche Intervention begrenzende und damit Freiheitsräume schützende Funktion gegenüber gesetzgeberischen wie justiziellen Hoheitsakten findet demgegenüber keine Erwähnung. Dieser rechtsstaatlich zentrale Aspekt moderner juristischer Methodenlehre findet in Langes Arbeiten keine Beachtung.

V. Langes Lehre von der Geschäftsgrundlage

Das abschließende Kapitel versucht einen Test, ob und inwieweit Lange seine eigenen 569 methodischen Vorgaben bei seiner dogmatischen Auseinandersetzung mit zivilrechtlichen Problemstellungen befolgt und mit ihrer Hilfe Lösungsansätze entwickelt. Exemplarisch soll dies an Langes Lehre vom Fehlen und Wegfall der Geschäftsgrundlage[103] gezeigt werden. Denn dieses rechtliche Institut bietet wegen seiner fehlenden expliziten Normierung im BGB[104] ein ideales Prüffeld für den Bereich von Langes Methodik, der über die von ihm so bezeichnete begriffsjuristische Gesetzesanwendung hinausgeht.

Dass das Fehlen oder der Wegfall der Geschäftsgrundlage überhaupt einer juristischen 570 Berücksichtigung bedürfen, scheint für Lange ohne Weiteres festzustehen und wird unter Rückgriff auf die Formulierungen von Karl Larenz und Walther Schmidt-Rimpler in einem Satz damit begründet, die Geschäftsgrundlage sei Wesensinhalt des Vertrages, Ausdruck immanenter Vertragsgerechtigkeit[105] sowie Richtigkeitsgrundlage des Vertrages.[106] Den Vorwurf Essers,[107] es handele sich hierbei um reichlich metaphysische Begründungsmuster, kann Lange nicht nachvollziehen.[108] Stattdessen sucht er im folgenden nach Kriterien, an Hand derer zu entscheiden ist, wo die Grenze zwischen Berücksichtigung und Nichtberücksichtigung des Wegfalls oder des Fehlens der Geschäftsgrundlage verläuft. Die Suche setzt dabei mit den Erwägungen der Praxis an, die sich mit dem Merkmal der Unzumutbarkeit des Festhaltens am ursprünglichen Vertrag behelfe. Der Kritik an diesem Abgrenzungskriterium vor allem von Seiten der Rechtslehre, es sei verschwommen,[109] setzt Lange entgegen, dass auch die Kritiker kein präziseres Kriterium zur Verfügung stellen könnten und darüber hinaus die Generalklausel der Unzumutbarkeit den zutreffenden Gerechtigkeitsmaßstab liefere.[110] Erst in dem nun folgenden Begründungsversuch für diesen Ansatz wird auf die gesetzliche Fundamentalregel des „pacta sunt servanda" eingegangen, der die Grenzziehung der Unzumutbarkeit innewohne. Es sei ein Grundprinzip der Risikoverteilung, das alle Fälle einer anormalen Entwicklung eines Schuldverhältnisses beherrsche, dass der Gedanke der **Verpflichtung zu einer gewissen Rücksichtnahme** zwischen Schuldner und Gläubiger eben dann eingreife, wenn sich die Verpflichtung aus dem Schuldverhältnis infolge objektiver Umstände zur untragbaren Härte entwickele.[111] Schon an dieser Stelle drängt sich die Frage auf, warum

---

103 Grundlegend für die folgenden Ausführungen *Lange*, Geschäftsgrundlage, S. 21–59.
104 Obwohl das Bestehen von Unterschieden zwischen den Vorstellungen und Erwartungen der Parteien in nicht wenigen Vorschriften des BGB durchaus Berücksichtigung findet, siehe hierzu knapp und prägnant *Medicus*, BR, Rdnr. 153.
105 *Lange*, Geschäftsgrundlage, S. 34, Fn. 71 verweist insoweit auf *Larenz*, Geschäftsgrundlage, S. 161.
106 *Lange*, Geschäftsgrundlage, S. 35, Fn. 72 verweist hier auf *Schmidt-Rimpler*, Geschäftsgrundlage, S. 3ff, 10 f.
107 *Esser*, Geschäftsgrundlage bei Larenz, JZ 1958, S. 115.
108 *Lange*, Geschäftsgrundlage, S. 35, Fn. 73.
109 *Lange*, Geschäftsgrundlage, S. 36, Fn. 79 zählt zu diesen Kritikern vor allem *Larenz*, Geschäftsgrundlage, S. 117ff. sowie *Schmidt-Rimpler*, Geschäftsgrundlage, S. 3, Anm. 3.
110 *Lange*, Geschäftsgrundlage, S. 36.
111 Geschäftsgrundlage, S. 36.

sich aus der vertraglichen oder dispositiv-gesetzlichen Risikoverteilung in bestimmten Fällen der Risikoverwirklichung gleichsam eine Pflicht – nichts anderes bewirkt eine rechtlich durchsetzbare Rücksichtnahme – zur Auflösung der risikoverteilenden Vereinbarung oder zur Nichtbeachtung der entsprechenden Normen ergeben soll. Nach einigen kasuistisch geprägten Überlegungen konzentriert Lange seine Antwort auf den ausschlaggebenden Ansatz: „Für das Ausmaß der Pflicht zur Rücksichtnahme ist im letzten entscheidend, inwieweit man die Vertragsteile als ‚Vertragsgenossen‘ ansieht und an die Stelle des isolierten Risikos jedes Vertragsteils eine Beteiligung am Risiko des anderen oder gar eine Aufteilung eines Gesamtrisikos treten lassen will. Nachdem die Vertiefung der Pflichtbindung aus dem Gedanken der Volksgemeinschaft heraus durch die politische Entwicklung entwertet worden ist, kann diese am besten aus einer Verstärkung der ethischen Anforderungen an das Rechtsleben und die Rechtsfindung gerechtfertigt werden.“.[112] Die Vertiefung der Pflichtbindung bildet also die eigentliche Legitimation für die Berücksichtigung des Fehlens und des Wegfalls der Geschäftsgrundlage. Klar ist auch, dass diese Pflichten ihren Ursprung nach 1945 nicht mehr in der Lehre von der Volksgemeinschaft haben können. Deren Entwertung soll aufgefangen werden durch gesteigerte „ethische Anforderungen“, deren Konturen nicht näher gezeichnet werden.

571 Hieraus folgt zunächst, dass die neu zu formulierenden ethischen Kriterien, denen Rechtsfindung und Rechtsanwendung entsprechen sollen, analog zur politischen Entwertung der Volksgemeinschaft durch die Wertungen der neuen politischen Struktur einen Rahmen erhalten. Dieser jedoch erstreckt sich über die Grenzen des Gesetzeswortlauts, dem die Eignung einer Rechtfertigung für die verstärkte Pflichtenbindung fehlt, hinaus. Somit stellt sich die Frage, welche Postulate die „gesteigerten ethischen Anforderungen“ im Rechtsleben und in der Rechtsfindung einfordern, die sich im Rahmen des neuen politischen Systems halten, aber über dessen gesetztes Recht hinausgehen. Liest man sie im Kontext mit Langes Forderung, in den Fällen der Geschäftsgrundlage bestimme zunächst einmal ein Rechtssatz außerhalb des Gesetzes, wann diese zu berücksichtigen sei, wobei bereits die Frage der Unzumutbarkeit einen breiten Entscheidungs- wie Ermessensspielraum lasse,[113] gelangt man zunächst zu der Annahme, der Geltungsgrund der Volksgemeinschaft werde ersetzt durch naturrechtliche Werte nicht nur außerrechtlichen, sondern außerpolitischen Charakters. Damit würde jedoch die Notwendigkeit eines differenzierten Umgangs mit dem Begriff des Naturrechts übersehen. Es ist symptomatisch für die Naturrechtsdiskussion nach 1945,[114] dass sie sich auf eine materiale Wertethik beschränkt, ohne eine genauere Bestimmung des Geltungsgrundes und der Maßstäbe der rechtsethischen Anforderungen zu liefern.[115] Die Wertethik dieses Naturrechtsverständnisses ist im Sinne einer vorgegebenen und unverrückbaren Ordnung der Werte eine überindividuelle, die mit ihren „Anforderungen“ an die Individuen und – im Falle der Geschäftsgrundlage – an die Vertragspartner von außen herantritt. Davon unterscheidet sich der „klassische Naturrechtsbegriff“. Er operiert nicht mit externen Anforderungen an die Rechtssubjekte, sondern ihm „erscheint nach dem Zerfall der alten gemeinsamen Glaubensüberzeugungen, Autoritäten und Traditionen die Gerechtigkeit als immanente Wirklichkeit nurmehr im persönlichen Rechtsgewissen“.[116] Langes „ethische Anforderungen“ sind somit nicht als klassisch naturrechtlich zu be-

---

112 Geschäftsgrundlage, S. 41.
113 Geschäftsgrundlage, S. 53.
114 Als Überblick sehr gut *Wieacker*, Privatrechtsgeschichte, S. 603–609.
115 *Wieacker*, Privatrechtsgeschichte, S. 605.
116 *Wieacker*, Privatrechtsgeschichte, S. 610.

Wolf

zeichnen, vielmehr teilte er seine Überzeugung von einer extern auf die Rechtssubjekte einwirkenden Wertethik mit Teilen der Rechtsprechung[117] und der Literatur[118] nach 1945, die von einer absoluten Geltung übergesetzlicher und überindividueller Rechtsgrundsätze ausgingen.

Erbrachte die Wertung[119] das Ergebnis, die Geschäftsgrundlage zu berücksichtigen, geht es für Lange primär darum zu klären, ob der Vertrag aufgrund Fehlens oder Wegfalls der Geschäftsgrundlage gelöst oder abgeändert werden solle. Entgegen der Rechtsprechung[120] votiert Lange insoweit für die grundsätzliche Vertragsauflösung[121] und sucht nach einem die entscheidende Wertung tragenden dogmatischen Gerüst, also nach einem Mittel zur Vernichtung des Geschäfts. Nach Diskussion und endlich der Verwerfung der Nichtigkeit ipso iure,[122] der Anfechtung wegen Irrtums[123] und der analogen Heranziehung der Wandlung[124] als dogmatische Begründungsansätze, gelangt Lange zum Leistungsstörungsrecht. Hier findet sich aus der Anwendung des Gedankens der gesteigerten Pflichtenbindung auf das Recht der Unmöglichkeit der Ansatz für die „gesetzestreue"[125] Konstruktion der Berücksichtigung des Fehlens und des Wegfalls der Geschäfts-grundlage. Als Ausgangspunkt für eine gesetzestreue Lösung betrachtet Lange die Regelungen des BGB für die Fälle der zufälligen Unmöglichkeit, wobei er die anfängliche von vornherein ausscheidet.[126] Entscheidend für diese Verengung des Lösungsansatzes ist die Überlegung, dass die Wertung, die zur Unzumutbarkeit und damit zur Berücksichtigung des Fehlens oder des Wegfalls der Geschäftsgrundlage führt, erst nach Vertragsschluss erfolgt. Im Zusammenwirken von § 323 I BGB a.F. und § 275 I BGB a.F. soll dann das Freiwerden des Schuldners und der Gegenseite von ihren Leistungsverpflichtungen erzielt werden. Da dieses Freiwerden jedoch nicht ipso iure[127] eintrete, könne das Erfordernis der Geltendmachung aus § 325 I S. 3 BGB a.F. entnommen werden,[128] der die Erledigung des Vertrages von einer konkreten Erklärung abhängig mache. Gewünschte Rechtsfolge dieser Erklärung sei die Abstandnahme vom Vertrag, die im Vergleich zu dem Rücktritt wesentliche Vorteile für sich habe. Sie führe zu einem Ausgleich der bereits bewirkten Leistungen nach kondiktionsrechtlichen Vorschriften, führe auch zwangloser zur Beendigung mit ex-nunc-Wirkung und lasse bereits entstandene Folgen von Vertragsverletzungen unberührt.[129] Diesen Weg der dogmatischen Begründung der Berücksichtigung des Wegfalls und des Fehlens der Geschäftsgrundlage zieht Lange „einer Verselbständigung der Ablehnung der Erfüllung",[130] die aus § 242 BGB hergeleitet werde, wegen der größeren Gesetzestreue seines Ansatzes vor.

572

---

117 BGH NJW 64, 29 (Blinkfüer); BVerwGE 10, 164ff., 167; BGHSt 4, 24ff., 32.
118 *Weinkauff*, Der Naturrechtsgedanke, NJW 1960, 1689.
119 *Lange*, Geschäftsgrundlage, S. 42.
120 Unter Berufung auf RG JW 37, 2036; 38, 1647; BGH NJW 52, 137; LM § 779 Nr. 2; NJW 53, 1585; NJW 58, 297; 339; 785.
121 *Lange*, Geschäftsgrundlage, S. 50.
122 Geschäftsgrundlage, S. 42 f.
123 Geschäftsgrundlage, S. 43.
124 Geschäftsgrundlage, S. 43 f.
125 Geschäftsgrundlage, S. 47.
126 Geschäftsgrundlage, S. 46.
127 Dies begründet *Lange*, Geschäftsgrundlage, S. 42 f. mit der zu fordernden Rechtsklarheit, die im Fall einer streitigen Auseinandersetzung über die Berücksichtigung der Geschäftsgrundlage im Interesse der beteiligten Parteien liege.
128 Geschäftsgrundlage, S. 46.
129 Geschäftsgrundlage, S. 46.
130 Geschäftsgrundlage, S. 47.

573　Von der grundsätzlichen Auflösung des Vertrages will Lange nur dann abgehen und zu einer Änderung des Inhalts des Vertrages gelangen, wenn die Lösung des Vertrages wegen der fortdauernden Bedeutung der Ziele, die mit ihm verfolgt werden, unzumutbar ist.[131] Vor dem Bemühen um eine Gesetzesanwendung steht also auch in diesen Fällen eine Wertung, die den dogmatischen Erwägungen nicht nur vorgelagert ist, sondern auch die Zielsetzung der dogmatischen Konstruktion bestimmt.

574　Die Umgestaltung des Vertragsinhalts will Lange nach § 157 BGB oder § 242 BGB dem Richter anheimstellen. Grundsätzlich sieht er dabei in den beiden Normen Generalklauseln, denen dieselbe Wertung zu Grunde liege.[132] Einen Unterschied vermag Lange nur in der Perspektive der beiden Normen auf den Tatbestand zu erblicken. Während § 157 BGB aus dem Blickwinkel des Vertrages selbst versuche, Unvollkommenes weiterzubilden, verfolge § 242 BGB dasselbe Anliegen von der guten Ordnung her.[133] Die Abgrenzung der Anwendungsbereiche der beiden Normen will Lange „mehr gefühlsmäßig"[134] vornehmen. Wenn sich die Umformung des Vertrages bei vernünftiger Betrachtung nicht nur als von beiden Parteien gewollt, sondern auch mit ihren Interessen vereinbaren ließe, könne man sie noch dem § 157 BGB unterstellen. § 242 BGB verlange jedoch dann Befolgung, wenn „unter dem Pflichtgedanken der Rechtsordnung ein Teil oder gar beide Teile zu erheblichen Opfern genötigt werden".[135] Hier müssten Auslegung und Vertragskorrektur getrennt und auf die Vertragskorrektur übergegangen werden. Dass diese Abgrenzung weitgehend unklar bleibt, da sie kaum subsumierbare Begriffe liefert, schadet weiter nicht. Denn entscheidend ist letztlich nicht die herangezogene Norm, sondern die Tatsache, dass die Gestaltung des Vertragsverhältnisses im Rahmen der Rechtsanwendung erfolge, möge ihr Anteil auch verschieden sein; er bestehe jedoch sowohl bei der Auslegung nach § 157 BGB wie bei der Anwendung des § 242 BGB.[136] Die enorme Gestaltungsbefugnis des Richters, die Lange explizit nicht auf die Wertung und Abwägung der Elemente des konkreten Vertrages begrenzen will,[137] hält er für unbedenklich und rechtlich geboten.[138]

575　In Langes methodischem Umgang mit dem Problem der Geschäftsgrundlage sind **drei Lösungsstufen** zu unterscheiden, die eine Gemeinsamkeit besitzen. Auf der ersten Stufe wird die Frage gestellt, ob eine unveränderte Beibehaltung des Vertrages zumutbar, respektive eine Lösung oder Abänderung des Vertrages unzumutbar ist. Im Falle der Unzumutbarkeit der unveränderten Fortsetzung des Vertrages wird mittels des Kriteriums der Unzumutbarkeit der Lösung des Vertrages wegen der fortdauernden Bedeutung seiner Ziele auf der zweiten Stufe geprüft, ob er zu lösen oder umzugestalten ist. Im Falle der Notwendigkeit einer Umgestaltung ist auf der dritten Stufe „mehr gefühlsmäßig" festzustellen, ob diese Umgestaltung im Wege der Auslegung oder der Vertragskorrektur zu erfolgen hat. Allen drei Stufen ist gemein, dass die jeweilige Entscheidung von Wertungen abhängt. Die Wertung der ersten Stufe steht in Abhängigkeit von der Annahme einer gesteigerten Pflichtenbindung der Parteien, die sich nicht aus dem Gesetz und wegen politischer Gründe ebensowenig aus dem Gedanken der Volksgemeinschaft entwickeln

---

131　Geschäftsgrundlage, S. 50.
132　Geschäftsgrundlage, S. 52.
133　Unter Berufung auf *Kaufmann*, Völkerrecht, S. 214 und BGHZ 9, 273, 278.
134　*Lange*, Geschäftsgrundlage, S. 52.
135　Geschäftsgrundlage, S. 52.
136　Geschäftsgrundlage, S. 53.
137　Gegen den Leitsatz 4 der Empfehlungen des 40. DJT, *Lange*, Geschäftsgrundlage, S. 56.
138　Geschäftsgrundlage, S. 56.

lässt, sondern „bestimmt wird durch einen Rechtssatz außerhalb des Gesetzes".[139] Zwar indiziert diese Formulierung wiederum einen Rückgriff auf naturrechtliche Kategorien, jedoch ist auch hier davon auszugehen, dass die „Verstärkung der ethischen Anforderungen an das Rechtsleben und die Rechtsfindung"[140] auf eine materiale Ethik hinweist, die ihr Anforderungen an die Rechtssubjekte aus einer **überindividuellen Wertordnung** entwickelt, die in ihren Konkretisierungen weitgehend unbestimmt bleibt.

Obwohl die verstärkte Orientierung der Zivilrechtsmethodik an einer materialen Wertethik nach 1945 allgemein nichts Besonderes[141] ist, so ist doch für Lange speziell zu konstatieren, dass er seine Wertungen zumindest nominell umorientiert, weg von der herrschenden politischen Ideologie, hin zu einer materialen Ethik. Die Ursachen sind derzeit noch nicht im einzelnen nachweisbar. Sie mögen in der auf alle politischen Ideologien abstrahierten Erfahrung begründet sein, dass politisch motivierte Werte auf einer labilen und mitunter verbrecherischen Grundlage ruhen können und somit keine ausreichende Sicherheit und Kontinuität für juristische und gerechte Entscheidungen bieten. Denkbar ist auch, dass Lange in der Bundesrepublik mit ihrem Grundgesetz einen Staat sah, der ähnlich wie die Weimarer Republik als wertneutral anzusehen und daher kaum in der Lage sei, feste Werte, an denen sich auch die Rechtsfindung und -anwendung orientieren könnte, vorzugeben. Schließlich kann nicht ausgeschlossen werden, dass Lange auch in der Bundesrepublik eine durch das Grundgesetz konstituierte objektive Wertordnung[142] erkannte, diese jedoch für seine Zielsetzungen als wenig ergiebig ansah. Verlässt man diese Ebene der Erklärungsansätze wieder, bleibt die Erkenntnis, dass bei der Feststellung der Unzumutbarkeit auf der ersten Stufe ein kaum eingegrenzter Entscheidungs- und Ermessensspielraum für den Richter bleibt.[143] Gleiches gilt für die Prüfung auf der zweiten und dritten Stufe, wobei die Entscheidung, ob die Inhaltsänderung des Vertrages nach § 157 BGB oder § 242 BGB vorzunehmen ist, wegen fehlender Konsequenzen der Differenzierung nur noch akademisches Interesse weckt. 576

Ist damit dem Richterrecht kaum mehr eine Grenze gezogen, fragt sich, welche Funktion die dogmatischen Ansätze und Überlegungen Langes für die Lösung der Probleme der Geschäftsgrundlage ausüben. Nicht nur der Aufbau des hier untersuchten Aufsatzes, sondern auch die die dogmatischen Überlegungen einleitenden Bemerkungen Langes ergeben, dass es ihm darum geht, die dogmatischen **Werkzeuge bereitzustellen**, um die vorher durch „ethische" Wertungen präjudizierten Entscheidungen in den oben beschriebenen drei Stufen weitgehend mit dem Gesetzestext kompatibel zu machen. Um es mit den Worten Langes zu formulieren: „Dort wo das gemeinschaftsgebundene Gerechtigkeitsgefühl eine klare Entscheidung fällt, gewährleistet die gesetzestreue Konstruktion die Möglichkeit einer Selbstprüfung."[144] Diesem aus dem Jahre 1934 stammenden Kern- 577

---

139 Geschäftsgrundlage, S. 53.
140 Geschäftsgrundlage, S. 41.
141 *Neumann*, Rechtsphilosophie, S. 148–152; *Wieacker*, Privatrechtsgeschichte, S. 603–609.
142 Im Sinne der Rechtsprechung des Bundesverfassungsgerichts in BVerfGE 7, 198, 205ff. (Lüth-Urteil) und BVerfGE 6, 55ff., 72 und der herrschenden Lehre im Staatsrecht, siehe hierzu nur die Nachweise bei *Böckenförde*, Grundrechtsdogmatik, S. 22–41. Zur Thematik jüngst auch *Dreier*, Grundrechte, der den Einfluß der materialen Wertethik auf die Bundesverfassungsgerichtsjudikatur zu den objektiv-rechtlichen Grundrechtsgehalten nicht für entscheidend hält. Er sieht die Ursache für die Wertordnungslehre des BVerfG vielmehr in einer ablehnenden Reaktion des BVerfG auf den „vorgeblich schrankenlosen Werterelativismus der Weimarer Zeit", siehe S. 21 f.
143 Dies sieht *Lange*, Geschäftsgrundlage, S. 53 selbst.
144 *Lange*, Schuldrecht, S. 41.

satz folgt Lange also auch noch 1958 in seinen Ausführungen über „Ausgangspunkte, Wege und Mittel zur Berücksichtigung der Geschäftsgrundlage".

VI. Fazit

578 Bei diesem ersten Zugriff auf die Thematik ist vorläufig festzuhalten, dass die Methodik von Heinrich Lange ihren eigentlichen Schwerpunkt nicht in der Anwendung des Gesetzestextes findet, sondern in der Frage der diese steuernden Wertungsmaßstäbe. Für die Zeit des Nationalsozialismus lässt sich zeigen, dass Lange diese Maßstäbe der politischen Sphäre und dort vor allem der Ideologie des Nationalsozialismus entlehnt. Seine Hauptaktivitäten in dieser Phase der deutschen Rechtsgeschichte liegen daher konsequenterweise auf rechtspolitischem Gebiet. Hiermit kann derzeit jedoch noch keine Aussage über die Intentionen Langes in konkreten rechtspolitischen Fragestellungen verknüpft oder auch nur die These vertreten werden, dass diese Absichten während der gesamten Dauer des Dritten Reiches gleichgerichtet gewesen wären.

579 Für die Zeit nach 1945 ist methodische Kontinuität zu konstatieren. Es muss jedoch betont werden, dass die die Rechtsanwendung leitenden Wertmaßstäbe nicht mehr der politischen Ideologie entnommen werden, sondern unter Rekurs auf sog. ethische Anforderungen Eingang finden. Ob sich hierdurch die Maßstäbe inhaltlich verändert haben, bedarf weiterer Untersuchung. Am Beispiel der Geschäftsgrundlagendogmatik zeigte sich kein wesentlicher Wandel in Methode oder inhaltlicher Tendenz.

VII. Quellen und Literatur

1. Zum Einstieg in die Lange-Texte

Sehr geeignet ist sein kurzer Text von 1936 zu „Mittel und Ziel der Rechtsfindung im Zivilrecht", siehe sogleich. Weitere hier wichtige Werke von Lange sind:

Das kausale Element[*] im Tatbestand der klassischen Eigentumstradition, in: Leipziger Juristen-Fakultät (Hrsg.), Leipziger rechtswissenschaftliche Studien, Heft 53, Leipzig 1930.

Liberalismus, Nationalsozialismus und bürgerliches Recht (Recht und Staat in Geschichte und Gegenwart, Heft 102), Tübingen 1933.

Vom alten zum neuen Schuldrecht. Hamburg 1934.

Rezension zu Carl Schmitt: Über die drei Arten des rechtswissenschaftlichen Denkens, JW 1934, S. 1896 f.

Nationalsozialismus und bürgerliches Recht, in: Frank, Hans (Hrsg.), Nationalsozialistisches Handbuch für Recht und Gesetzgebung, 2. Aufl., München 1935, S. 931 ff.

Mittel und Ziel der Rechtsfindung im Zivilrecht, Zeitschrift der Akademie für Deutsches Recht 1936, S. 922 ff.

Die Entwicklung der Wissenschaft vom bürgerlichen Recht seit 1933. Eine *Privatrechtsgeschichte* der neuesten Zeit (Recht und Staat in Geschichte und Gegenwart, Heft 128), Tübingen 1941.

Wesen und Gestalt des *Volksgesetzbuch*es, Zeitschrift für die gesamte Staatswissenschaft, Bd. 103 (1943) S. 208 ff.

BGB Allgemeiner Teil. Ein Studienbuch. 5. Aufl., München, Berlin 1961 (1. Aufl. 1952).

Ausgangspunkte, Wege und Mittel zur Berücksichtigung der *Geschäftsgrundlage*, in: FS für Paul Gieseke zum 70. Geburtstag, Karlsruhe 1958, S. 21 ff.

Erbrecht. Ein Lehrbuch. München, Berlin 1962.

---

* Die in den Fußnoten verwendeten Kurztitel sind im Folgenden kursiv gesetzt.

2. Zum Einstieg in die Sekundärliteratur

Grundlegend

Wolf, Wilhelm, Vom alten zum neuen Privatrecht. Das Konzept der normgestützten Kollektivierung in den zivilrechtlichen Arbeiten Heinrich Langes (1900 – 1977), Tübingen 1998.

Zu Lange im Zusammenhang der Wertungsjurisprudenz jetzt

Rückert, Joachim, Vom „Freirecht" zur freien „Wertungsjurisprudenz" – eine Geschichte voller Legenden, in: ZSGerm 125 (2008), S. 199–255, insb. 227–232.

3. Weitere hier wichtige Literatur

Anderson, Dennis Le Roy: The Academy of German Law. Diss. phil., Michigan 1982, gedruckt London 1987.

Böckenförde, Wolfgang: Zur Lage der Grundrechtsdogmatik nach 40 Jahren Grundgesetz, in: Meier, Heinrich (Hrsg.), Carl Friedrich von Siemens-Stiftung – Themen XLVII, München 1989.

Bydlinski, Franz: Juristische Methodenlehre und Rechtsbegriff, 2. Aufl., Wien, New York 1991.

Dreier, Horst: Dimensionen der Grundrechte. Von der Wertungsjudikatur zu den objektiv-rechtlichen Grundrechtsgehalten (Schriftenreihe der Juristischen Studiengesellschaft Hannover, Heft 23), Hannover 1993.

Esser, Josef: Fortschritte und Grenzen der Theorie von der Geschäftsgrundlage bei Larenz. Zu Larenz' Buch „Geschäftsgrundlage und Vertragserfüllung", JZ 1958, S. 113ff.

Frassek, Ralf : Vom Lebenssachverhalt zur Regelung. Die Umsetzung weltanschaulicher Programmatik in den schuldrechtlichen Schriften von Karl Larenz (1903–1993), Diss. jur. Universität Hannover 1994, erschienen mit dem Haupttitel: Von der „völkischen Lebensordnung" zum Recht, Baden-Baden 1996.

Hattenhauer, Hans: Das NS-Volksgesetzbuch, in: Buschmann, Arno/Knemeyer, Franz-Ludwig/Otte, Gerhard/Schubert, Werner (Hrsg.), Festschrift für Rudolf Gmür zum 70. Geburtstag am 28. Juli 1983, Bielefeld 1983, S. 255ff.

Joerges, Christian: Die Wissenschaft vom Privatrecht und der Nationalstaat, in: Simon, Dieter (Hrsg.), Rechtswissenschaft in der Bonner Republik. Studien zur Wissenschaftsgeschichte der Jurisprudenz, Frankfurt a.M., 1994, S. 311ff.

Kaufmann, Arthur/Hassemer, Winfried (Hrsg.): Einführung in die Rechtsphilosophie und Rechtstheorie der Gegenwart, 6. Aufl., Heidelberg 1994.

Kaufmann, Erich: Das Wesen des Völkerrechts und die clausula rebus sic stantibus. Rechtsphilosophische Studie zum Rechts-, Staats- und Vertragsbegriffe, Tübingen 1911.

Kuchinke, Kurt: Nachruf auf Heinrich Lange, NJW 1978, S. 309.

Landau, Peter: Die deutschen Juristen und der nationalsozialistische Deutsche Juristentag in Leipzig 1933, ZNR 16 (1994), S. 373ff.

Larenz, Karl: Geschäftsgrundlage und Vertragserfüllung. 2. Aufl., München und Berlin 1957.

ders.: Methodenlehre der Rechtswissenschaft, 6. Aufl., Berlin, New York 1991.

Medicus, Dieter: Bürgerliches Recht. 16. Aufl., Köln 1994.

Neumann, Ulfried: Rechtsphilosophie in Deutschland seit 1945, in: Simon, Dieter (Hrsg.), Rechtswissenschaft in der Bonner Republik. Studien zur Wissenschaftsgeschichte der Jurisprudenz, Frankfurt a. M. 1994, S. 145ff.

Pawlowski, Hans-Martin: Methodenlehre für Juristen. Theorie der Norm und des Gesetzes, 2. Aufl., Heidelberg 1991.

Pichinot, Hans-Rainer: Die Akademie für Deutsches Recht – Aufbau und Entwicklung einer öffentlich-rechtlichen Körperschaft des Dritten Reichs. Diss. jur., Kiel, 1981.

Rückert, Joachim: Das „gesunde Volksempfinden" – eine Erbschaft Savignys?, SZGerm 103 (1986), S. 199ff.

Rüthers, Bernd: Wir denken die Rechtsbegriffe um. Weltanschauung als Auslegungsprinzip, Zürich 1987.

Schmidt-Rimpler, Walter: Zum Problem der Geschäftsgrundlage, in: Dietz, Rolf / Hueck, Alfred/ Reinhardt, Rudolf (Hrsg.), Festschrift für Hans Carl Nipperdey zum 60. Geburtstag am 21. Januar 1955, München und Berlin 1955, S. 1ff.

Schubert, Werner (Hrsg.): Akademie für Deutsches Recht, 1933–1945, Protokolle der Ausschüsse, Bd. 3.,
1. Volksgesetzbuch: Teilentwürfe, Arbeitsberichte und sonstige Materialien. Berlin, New York 1988.
3. Ausschuß für Personen-, Vereins- und Schuldrecht 1934–1936: (Mietrecht. Recht der Leistungsstörungen. Sicherungsübereignung, Eigentumsvorbehalt und Sicherungszession. Luftverschollenheit.), Berlin, New York 1990.

Weinkauff, Hermann: Der Naturrechtsgedanke in der Rechtsprechung des Bundesgerichtshofes, NJW 1960, S. 1689ff.

Wieacker, Franz: Privatrechtsgeschichte der Neuzeit unter besonderer Berücksichtigung der deutschen Entwicklung, 2. Aufl., Göttingen 1967.

Zippelius, Reinhold: Juristische Methodenlehre, 5. Aufl., München 1990.

Methode und Zivilrecht bei Karl Larenz (1903–1993)

von Ralf Frassek

Übersicht

I.	Einleitung	213
II.	Zu Leben und Werk von Karl Larenz	214
III.	Die Vorgaben der Methodenlehre	216
IV.	Die praktische Umsetzung – Vertragsbegründung durch sozialtypisches Verhalten	222
V.	Ergebnis	231
VI.	Quellen und Literatur	232

I. Einleitung

Der Name *Karl Larenz* ist wie kaum ein anderer mit der Zivilrechts- und Methodenlehre der deutschen Rechtswissenschaft des 20. Jahrhunderts verknüpft. Vom Beginn seiner wissenschaftlichen Tätigkeit an nahm die theoretische Auseinandersetzung mit den Fragen des Rechts und der Rechtsgewinnung einen ebenso großen Stellenwert im Rahmen seines Schaffens ein wie die Zivilrechtsdogmatik selbst. Die große Anerkennung, die sein Werk in der deutschen Rechtswissenschaft fand, und die weite Zeitspanne seiner Tätigkeit lassen ihn wie kaum einen anderen Juristen als charakteristisch und lehrreich für die Entwicklung in diesen Rechtsbereichen erscheinen.   580

Primäre Aufgabe dieses Beitrags ist es, die von *Larenz* gesetzten zivilrechtsmethodischen Vorgaben darzustellen und die Umsetzung dieser Vorgaben anhand eines konkreten dogmatischen Beispiels zu überprüfen. An zwei Punkten überschreitet die Untersuchung den hierdurch gesteckten Rahmen. Zum einen ist es zum besseren Verständnis seiner in den 30er Jahren vertretenen Positionen angezeigt, *Larenz'* wissenschaftlichen Weg in dieser Zeit auch unter Einbeziehung des weiteren Umfeldes darzustellen. Zum anderen fordert die Wahl des dogmatischen Beispiels, der „Vertragsverhältnisse aus sozialtypischem Verhalten", die zumindest skizzenhafte Darlegung der Bedeutung dieser Rechtsfigur im historischen Kontext.   581

Die Quellenlage für die Untersuchung der *Larenz*schen Zivilrechtsmethodik stellt sich als besonders günstig dar. In seinen dogmatischen Schriften lässt sich in der Zeitabfolge 1936, 1944, 1953, 1956 und 1958 die schrittweise Entwicklung der Lehre vom „sozialtypischen Verhalten" als Begründungstatbestand vertraglicher Rechtsfolgen aufzei-   582 gen.[1] Die Eckpunkte der Entwicklung seiner Methodenlehre sind, zeitlich ebenso weit gespannt, aus seiner zeittypischen Schrift „Über Gegenstand und Methode des völkischen Rechtsdenkens" von 1938 und der erstmals 1960 veröffentlichten „Methodenlehre der Rechtswissenschaft" zu erarbeiten.[2]

583　Die Untersuchung wird aufzeigen, dass in *Larenz'* Methodik über den Umbruch von 1945 hinweg trotz einzelner Modifikationen kontinuierliche Elemente vorherrschen und dass die Umsetzung im Bereich der Zivilrechtsdogmatik den methodischen Vorgaben folgt.

II.　Zu Leben und Werk von Karl Larenz

584　*Karl Larenz* wurde am 23.4.1903 in Wesel am Rhein geboren. Sein Vater *Karl Larenz* war ebenfalls Jurist und zuletzt als Senatspräsident am Preußischen Oberverwaltungsgericht in Berlin tätig.

585　Vom Wintersemester 1921/22 bis zum Januar 1926 studierte *Larenz* in Berlin, Marburg, wiederum Berlin, München und zuletzt Göttingen.[3] Nach einem Hinweis auf den in Göttingen lehrenden Rechtsphilosophen *Julius Binder*[4] war *Larenz* an die dortige Universität gewechselt. In *Binder* fand er den ihn prägenden akademischen Lehrer, bei dem er 1926 zu dem rechtsphilosophischen Thema „Hegels Zurechnungslehre und der Begriff der objektiven Zurechnung" promovierte.[5]

586　Am 25.2.1929[6] wurde *Larenz* an der Universität Göttingen mit der venia legendi für Bürgerliches Recht und Rechtsphilosophie habilitiert, ohne zuvor die zweite juristische Staatsprüfung abgelegt zu haben. Gutachter waren *Julius Binder* und *Paul Oertmann*. Die Habilitationsschrift, die 1930 unter dem Titel „Die Methode der Auslegung des Rechtsgeschäfts" veröffentlicht wurde, hat auch heute, nach mehr als 60 Jahren, ihre Bedeutung in der Diskussion nicht eingebüßt.

587　Nachdem *Larenz* fortan als Privatdozent in Göttingen und Lehrstuhlvertreter in Bonn tätig gewesen war, wechselte er im April 1933 an die Universität Kiel, wo er mit einer Unterbrechung Ende der 40er Jahre verblieb, bis er 1960 einem Ruf nach München

---

1　Vertrag und Unrecht, Bd. 1, 1. Aufl. 1936, 2. Aufl. vorgesehen für 1944; Lehrbuch des Schuldrechts, Bd. 1, 1. Aufl. München 1953; Die Begründung von Schuldverhältnissen durch sozialtypisches Verhalten, NJW 1956, S. 1897 ff.; Sozialtypisches Verhalten als Verpflichtungsgrund, DRiZ 1958, S. 245 ff. – Die zweite Auflage von *Larenz'* Vertrag und Unrecht sollte im Jahr 1944 erscheinen. Sie konnte jedoch nicht mehr an den Buchhandel ausgeliefert werden, da die gesamte Auflage kurz zuvor bei einem Luftangriff auf Leipzig vernichtet wurde. Lediglich ein ungebundenes Druckexemplar, das sich zu dieser Zeit bei *Larenz* befand, ist noch verfügbar. – Zu den formalen und inhaltlichen Differenzen zwischen den beiden Auflagen des Werkes wurde generell inzwischen *meine* Arbeit: Von der „völkischen Lebensordnung" zum Recht. Die Umsetzung weltanschaulicher Programmatik in den schuldrechtlichen Schriften von Karl Larenz (1903–1993), Baden-Baden 1996. – Zum Thema „faktische Vertragsverhältnisse" umfassend: *Lambrecht*, Die Lehre vom faktischen Vertragsverhältnis, Entstehung, Rezeption, Niedergang (1994).
　　Unten in VI. Quellen und Literatur voll angegebene Titel werden hier und im Folgenden nur abgekürzt zitiert.
2　Weitere Auflagen der „Methodenlehre" erschienen in den Jahren 1969 bis 1991; das Werk erschien außerdem in spanischer, portugiesischer und italienischer Übersetzung. – *Larenz'* rechtstheoretisches Werk wurde vor allem von *Frommel*, Die Rezeption der Hermeneutik bei Karl Larenz und Josef Esser, gewürdigt.
3　*Diederichsen*, Karl Larenz †, S. 902; teilweise anders lautende Angaben bei *Kim*, Zivilrechtslehrer deutscher Sprache, S. 244.
4　Jahrgang 1870, Rechtsphilosophie, Römisches Recht, Bürgerliches Recht, Zivilprozeßrecht, o. Prof. 1903 in Rostock, später Erlangen, Würzburg und Göttingen; über ihn *R. Dreier*, Julius Binder (1870–1939). Ein Rechtsphilosoph zwischen Kaiserreich und Nationalsozialismus, in: *Loos*, (Hrsg.), Rechtswissenschaft in Göttingen, Göttinger Juristen aus 250 Jahren, S. 435 ff.
5　Ergebnis: m.-s. c. I., *Diederichsen*, Karl Larenz †, S. 902.
6　*Volbehr/Weyl*, Professoren und Dozenten der Christian-Albrechts-Universität zu Kiel, S. 45.

folgte. In Kiel trat er zunächst als Vertreter, seit Oktober 1933 als ordentlicher Professor die Nachfolge des von den Nationalsozialisten vertriebenen *Gerhart Husserl* auf dem Lehrstuhl für Bürgerliches Recht und Rechtsphilosophie an.

Die Universität Kiel nahm nach der „Machtergreifung" der Nationalsozialisten zusam- 588
men mit den Universitäten Breslau und Königsberg eine Sonderstellung unter den Universitäten des Reiches ein. In diesen „Grenzlanduniversitäten" wurden durch eine gezielte Berufungs- und Entlassungspolitik von seiten des Preußischen Kultusministeriums sogenannte „Stoßtruppfakultäten" mit politisch konformen Nachwuchskräften aufgebaut. Innerhalb der drei genannten Universitäten war man in Kiel am konsequentesten vorgegangen.[7]

Die hierdurch zusammengeführten Hochschullehrer, fortan als „Kieler Schule", „Kieler 589
Gruppe" oder „Kieler Arbeitskreis" bezeichnet, betrieben nach 1933 neben der Lehrtätigkeit in ihrer wissenschaftlichen Arbeit auf den meisten Rechtsgebieten die Durchdringung der Rechtswissenschaft im nationalsozialistischen Sinn.[8] Es wurde versucht, das neue Recht und damit auch das bisherige Bürgerliche Recht auf neuer Grundlage mit neuer Methode zu errichten. Im Gesamtrahmen der nationalsozialistischen Rechtswissenschaft repräsentierte die **Kieler Schule** allerdings nur eine von mehreren Strömungen zwischen denen in der Zeit bis 1945 teilweise erhebliche Meinungsunterschiede und Einflussverschiebungen festzustellen sind.

Betrachtet man die Arbeit von *Karl Larenz* in diesem Kontext, so ist festzustellen, dass 590
er zwar nie selbst an den „Schaltstellen" des nationalsozialistischen Machtapparates operierte, jedoch an den jeweils aktuellen Punkten der Rechtsentwicklung grundlegende Arbeiten der geistigen Vertiefung und Systematisierung leistete. Neben einer Vielzahl weiterer Veröffentlichungen erschien 1938 die auf einem Vortrag basierende Schrift „Über Gegenstand und Methode des völkischen Rechtsdenkens", in der *Larenz* die Grundzüge einer Methodenlehre im Geiste der nationalsozialistischen Rechtserneuerung darlegte. Die von ihm entwickelten Positionen waren in dieser und anderen Schriften geeignet, dem nationalsozialistischen Einfluss auf das Recht Vorschub zu leisten.

Larenz' Einfluss im Nachkriegsdeutschland gründete sich in erster Linie auf sein zwei- 591
bändiges „Lehrbuch des Schuldrechts", das seit 1953 bzw. 1956 bis zu *Larenz'* Tod am 24.1.1993 diverse Neuauflagen und Erweiterungen erfuhr. 1960 folgte dem Schuldrechtslehrbuch *Larenz'* „Methodenlehre der Rechtswissenschaft". *Larenz* entwickelte hier nicht nur im „systematischen Teil" des Werkes seine Methodenlehre, sondern bot im „historisch-kritischen Teil" eine eingehende Darstellung der Entwicklung seit Savigny.

Eine Würdigung von *Larenz'* Zivilrechtsmethodik wäre unvollständig ohne einen Hin- 592
weis auf sein erstmals 1966 erschienenes Lehrbuch zum „Allgemeinen Teil des deutschen Bürgerlichen Rechts". Das Werk entstand in ständiger Auseinandersetzung[9] mit dem Lehrbuch zum Allgemeinen Teil *Werner Flumes*, dessen zweiter Band „Das Rechtsge-

---

7 *Döhring*, Geschichte der juristischen Fakultät 1665–1965, in: Geschichte der Christian-Albrechts-Universität Kiel 1665–1965, Bd. 3, Teil 1, S. 208.

8 *Rüthers*, Entartetes Recht, S. 43 ff.; *Wagner*, Kontinuitäten in der juristischen Methodenlehre am Beispiel von Karl Larenz, DuR 1980, S. 246–247; in diesem Sinne *Larenz*, in: *Dahm, Huber, Larenz, Michaelis, Schaffstein, Siebert* (Hrsg.), Grundfragen der neuen Rechtswissenschaft, Vorwort; *Lange*, Die Entwicklung der Wissenschaft vom Bürgerlichen Recht. Eine Privatrechtsgeschichte der neuesten Zeit, S. 11.

9 *Diederichsen*, Karl Larenz, in: Juristen im Porträt, Festschrift zum 225jährigen Bestehen des Verlages C.H.Beck, S. 506 ff.

schäft" bereits 1965 erschienen war. In den unterschiedlichen Positionen dieser beiden Autoren zu den aktuellen Rechtsfragen der Nachkriegszeit spiegelt sich in anschaulicher Weise die Entwicklung der deutschen Rechtswissenschaft nach dem Ende des sog. Dritten Reiches.

III. Die Vorgaben der Methodenlehre

1. Das Methodenkonzept von 1938

593 *Larenz*' 1938 verfasste Schrift zur Methodenlehre stand unter dem Eindruck der „Abkehr von einer lebensfremden sogenannten ‚Begriffsjurisprudenz'" und der „Hinwendung zu einer ‚teleologischen' Gesetzesauslegung" sowie der „Erkenntnis von der rechtsschöpferischen Tätigkeit der Rechtsprechung unbeschadet der richterlichen Bindung an das Gesetz".[10] Ausgehend von dieser Grundlage machte es sich *Larenz* zur Aufgabe, zu einer Zeit, in der „Sinn und Funktionen des Rechts" eine „tiefgreifende Wandlung" durchmachten, eine Methode zu erarbeiten, die diesen Veränderungen gerecht zu werden versprach.

594 An erster Stelle griff *Larenz* das Verhältnis von Recht und Gesetz auf und erweiterte den Katalog der zugrundezulegenden Rechtsquellen. Bisher habe man neben dem Gesetzesrecht nur „das Gewohnheitsrecht und teilweise auch ein Richterrecht" gekannt. „Das völkische Rechtsdenken" kenne neben diesen Rechtsquellen „noch eine weitere, die man als die ‚gesunde Volksüberzeugung'[11] oder das Rechtsgewissen des Volkes" bezeichnen könne. Das ‚völkische Rechtsdenken' belasse das Gesetz nicht „in seiner isolierten Stellung, sondern" stelle es „in den Gesamtzusammenhang einer Ordnung hinein, deren Grundgedanken übergesetzlicher Natur" seien.[12]

595 Diese neue Rechtsquelle ist, wie sich aus dem Gesagten ergibt, nicht nur neu, sondern in ihrer Funktion auch den weiteren Rechtsquellen übergeordnet, als die **„eigentliche Rechtsquelle"**, wie *Larenz* sagt.[13] Das führt vor allem zu einer Abwertung des Gesetzes. Für dieses spreche zwar seine leichtere Handhabung und erhöhte Rechtssicherheit, doch erweise sich dessen feste Begrenzung der Tatbestände „irgendwann gegenüber den fließenden Übergängen der Lebensvorgänge … als gewaltsam, als unzulänglich".[14] Vielfach enthalte es auch ohnehin unbestimmte Rechtsbegriffe, die ebenso aus dem „konkretisierten Recht der Gemeinschaft" hergeleitet werden müssten. Das Gesetz sei insoweit „ergänzungsbedürftig" und müsse „aus dem ungeformten Recht der Gemeinschaft im Wege richterlicher Konkretisierung ergänzt und fortgebildet werden".[15] Auch die Beantwortung der Frage, ob das Gesetz im einzelnen Fall als lückenhaft anzusehen sei, bestimme sich danach, „ob das Rechtsbewusstsein der Gemeinschaft eine im Gesetz nicht enthaltene Regelung eindeutig" fordere.[16] „Schon die *Feststellung* einer Gesetzeslücke" setze also eine „*Bewertung* des Gesetzes voraus, deren Maßstab nur im *Recht*, in den tragenden und bestimmenden Grundgedanken des Gemeinschaftslebens gefunden werden" könnte.[17] *Larenz* kalkulierte hierbei durchaus Einzelfallentscheidungen contra le-

---

10 *Larenz*, Über Gegenstand und Methode des völkischen Rechtsdenkens, S. 8.
11 Ausführlich zu Begriff und Rechtsquellenfunktion des „gesunden Volksempfindens" *Rückert*, Das „gesunde Volksempfinden" – eine Erbschaft Savignys?, ZRG GA 103 (1986), S. 199 ff., explizit S. 223.
12 *Larenz*, Methode, S. 10.
13 *Larenz*, Methode, S. 11.
14 *Larenz*, Methode, S. 12.
15 *Larenz*, Methode, S. 13.
16 *Larenz*, Methode, S. 16.
17 *Larenz*, Methode, S. 17.

gem ein und legte dem Richter lediglich auf, „seine Entscheidung gerade dann besonders sorgfältig" zu begründen, „wenn er sie nicht lediglich dem Gesetze" entnehme.[18] Diese Relativierung des positiven Rechts geht Hand in Hand mit einer Höherbewertung der richterlichen Position. Die von ihm vorgetragene Methode setze „freilich ... Richterpersönlichkeiten voraus, die im Sinne der Gemeinschaft" urteilten und dabei „Verantwortung zu tragen bereit" seien. Dem Einwand, dass diese **gestärkte Stellung des Richters** eine „unerträgliche Erschütterung der Rechtssicherheit" zur Folge haben könne, hielt *Larenz* entgegen, dass „die Gewähr für die Erhaltung des Rechts wie überhaupt für die Erhaltung einer jeden Ordnung und Institution ... letztens Endes immer nur in den Menschen" liege. Die Rechtssicherheit, die zu erstreben sei, habe nicht die äußere Übereinstimmung mit dem Buchstaben des Gesetzes, sondern mit dem „Sinn und Zweck der Gesetze und darüber hinaus mit den tragenden Rechtsgedanken des völkischen Lebens" zu beobachten. „Diese Rechtssicherheit" werde „nur durch einen Richterstand verbürgt, der durchdrungen ist von den lebendigen Grundwerten unserer Gemeinschaft und ihnen auch in seiner Rechtsanwendung Ausdruck zu geben" wisse.[19] *Larenz* führt zwar nicht im einzelnen aus, ob die Richterschaft seiner Zeit bereits diesem Ideal entspreche, doch impliziert seine Forderung, dass ein solcher „Richterstand" möglicherweise auf dem Wege einer entsprechenden Personalpolitik und Nachwuchsausbildung zu schaffen ist.[20]

596

Die Bindung des Richters an das Gesetz sei danach zwar nicht grundsätzlich aufgehoben, doch könne „die Bindung des Richters an ein Gesetz aus der Zeit vor der Machtergreifung ... nicht so weit gehen, daß es der Richter auch da noch anzuwenden" habe, „wo seine Anwendung zu einem vom Standpunkt der völkischen Gesamtordnung aus *schlechthin unerträglichen* Ergebnis führen würde". Der Richter als „Sachwalter der höchsten Grundsätze unseres Gemeinschaftslebens" dürfe und solle dann „das Gesetz nicht nur ergänzen, sondern *korrigieren*".[21]

597

Den Maßstab der neuen Methode bildet die „gesunde Volksüberzeugung", die ihrerseits auf der „**Ordnung des Volkes**" beruht. Diese Ordnung wird von *Larenz* in einem umfassenden, weit über die Grenzen der positiven Rechtsordnung hinausreichenden Sinn verstanden. „Die Einheit des völkischen Rechts in der Vielheit seiner verschiedenen Erscheinungsformen" könne „nur auf der Einheit seiner sinngebenden Idee, der sittlichen und rechtlichen Grundanschauung unseres Volkes beruhen". „Das Recht als die völkische Gesamtordnung" sei „ daher nicht nur umfassender als das Gesetzesrecht, sofern es neben den Gesetzen auch das Gewohnheitsrecht, die Rechtsüberzeugung der Volksgenossen und das Richterrecht" umfasse, sondern auch „im Unterschied zu der bloßen

598

---

18 *Larenz*, Methode, S. 20.
19 *Larenz*, Methode, S. 22.
20 Zum Verhältnis von Richterschaft und Rechtsordnung *Rückert*, Richtertum als Organ des Rechtsgeistes: Die Weimarer Erfüllung einer alten Versuchung, in: Geisteswissenschaften zwischen Kaiserreich und Republik, S. 267 ff., wonach die Entwicklung der Rechtsprechung der Weimarer Zeit in einen bereits in der Zeit vor 1900 einsetzenden „breiten Strom einer Hinwendung zu einem sinnerfüllten Realen" einzuordnen und eine „ausbaufähige juristische Weltanschauung" feststellbar ist, „die der alten strengeren Gesetzesorientierung konkurriert" (S. 311); zur besonderen Wichtigkeit der Personalpolitik *Rückert*, Volksempfinden, S. 234 f.; *Landau*, Die deutschen Juristen und der nationalsozialistische Deutsche Juristentag in Leipzig 1933, ZNR 1994, S. 388 ff.
21 *Larenz*, Methode, S. 25. Als Beispielfall führte *Larenz* eine Ausweitung der Ehelichkeitsanfechtungsfrist des § 1594 BGB für ein „halbjüdisches" Kind an. Er befürwortet also einen Eingriff in den klassischerweise besonders starren Regelungsbereich der Fristbestimmungen. Durch die ausdrückliche Bezugnahme auf die „halbjüdische" Abstammung des Kindes ist ebenso die Zielrichtung möglicher „Gesetz*korrekturen*" vorgezeichnet.

Summe aller Rechtssätze eine *innere Einheit*, ein Ganzes als der Ausdruck der ihm zugrunde liegenden Rechts- und Weltanschauung, seiner sittlichen Idee". Die der Einheit zugrundeliegende „Idee" sei zu verstehen als die dem „Volke eigentümliche, seinem Gemeinschaftsleben immanente ... Anschauung vom Wesen rechter Ordnung und Gemeinschaft".[22] Auffällig ist, dass *Larenz* nicht nur die Begriffe der „Ordnung" und des „Rechts" gleichsetzt, sondern zudem den außerrechtlichen Faktoren den eigentlich bestimmenden Einfluss zuspricht.[23] Offen bleibt danach noch, in welcher Form der Inhalt dieser „Ordnung" konkret festzustellen ist.

599   *Larenz* führt hierzu aus, dass es sich dabei nicht etwa bloß „um eine durchschnittliche Meinung, um eine bloß tatsächliche Überzeugung einiger oder vieler oder aller, sondern um die innere geistige Ausrichtung und Haltung unseres völkischen Gesamtdaseins" handele.[24] Damit ist im Ergebnis jedoch noch nicht viel mehr gesagt, als das *Larenz* eine Konkretisierung durch parlamentarische oder wesensgleiche empirische Mittel ablehnt. Weltanschaulich deutlicher wird sein Verständnis in einem von ihm angeführten Wort *Rothenbergers*:

> „Der Richter ist nicht mehr nur Staatsorgan zur Entscheidung privater Interessenkonflikte, sondern er ist souveräner Wahrer der Lebensgesetze der Gemeinschaft und damit einer der vornehmsten Vollstrecker des Führerwillens. Seine Tätigkeit ist ein wahres ‚Richten' der Ordnung geworden, ein Ausrichten der gestörten Gemeinschaftsordnung".[25]

600   Es wird also klar, wen *Larenz* letztendlich als berufen ansieht, die neue Rechtsquelle des „völkischen Rechtsdenkens" inhaltlich auszufüllen. Es ist der **Führer** selbst.

Möglichen Widersprüchen, die durch die Verbindung einer dauerhaft gedachten „völkischen Ordnung" und der jeweiligen punktuellen Ausformung des Führerwillens erwachsen könnten, beugt *Larenz* dadurch vor, dass er dem Führer immanent die Fähigkeit zuspricht, die Gedanken der „völkischen Ordnung" situationsbezogen zu formulieren.[26] Die Persönlichkeit des Führers verkörpere „an der entscheidenden Stelle den Willen der Gesamtheit".[27] Dass die situationsbezogene Formulierung des Führerwillens dabei nicht einmal durch frühere Ausformulierungen beschränkt ist, wird in *Larenz'* Worten deutlich, wonach es „den Willen des Führers" verkennen hieße, ihn an einem Ausdruck festhalten zu wollen, „der zu einer dem Sinn und dem Geist der völkischen Rechtsordnung nicht entsprechenden Bedeutung" führe.[28]

---

22   *Larenz*, Methode, S. 11.
23   Zur Funktion der solchermaßen vermittelten Vorstellung einer Einheit von Recht und Leben *Rückert*, Der Sieg des „Lebens" und des konkreten Ordnungsdenkens in der Deutschen Rechtsgeschichte der NS-Zeit, seine Vorgeschichte und seine Wirkungen, S. 177–240, hier 188–193.
24   *Larenz*, Methode, S. 12.
25   *Larenz*, Methode, S. 41 Fußnote 10: „Ich kann es mir nicht versagen, hier das Wort eines Richters anzuführen; in der Zeitschr. d. Akad. f. deutsch. Recht, 1937, S. 638 sagt Rothenberger ...".
26   *Rückert* hat diesen Vorgang treffend mit den Worten beschrieben, „der Führer" werde als „Inkarnation des Volkes gedacht" (Volksempfinden, S. 224). – Im Ergebnis ebenso: *Landau*, Juristentag, S. 378 (mit besonderem Hinweis auf mögliche Inkonsistenzen zwischen „völkischem" und „Führerprinzip"); *Willoweit*, Deutsche Rechtsgeschichte und „nationalsozialistische Weltanschauung": das Beispiel Hans Frank, S. 28; *Anderbrügge*, Völkisches Rechtsdenken, S. 161 f.
27   *Larenz*, Deutsche Rechtserneuerung und Rechtsphilosophie, S. 44.
28   *Larenz*, Rechtsphilosophie, S. 35.

Die Grundlinien der von *Larenz* 1938 aufgestellten Methodenkonzeption liegen danach in folgenden **vier Punkten:**   601

1. Die Anerkennung einer über dem konkreten Gesetz und dem Gewohnheitsrecht stehenden Rechtsquelle, wodurch beiden ein geringerer Stellenwert eingeräumt wird als nach anderen Methoden.

   – Konkrete Positionen werden danach nicht mehr vorrangig aus gesetzlichen Vorschriften, sondern auf der Grundlage „tatsächlicher Lebensverhältnisse" formuliert.

   – Verbunden damit ist eine hohe Bereitschaft, das Gesetz als lückenhaft zu betrachten, sobald es den aus der neuen Rechtsquelle hergeleiteten Vorgaben nicht entspricht.

2. Die Auslegung des positiven Rechts im Lichte dieser Rechtsquelle, die erforderlichenfalls bis zu einer Aufhebung der im konkreten Gesetz ausgesprochenen Rechtsanordnungen führen kann.

3. Eine Höhergewichtung der richterlichen Verantwortung in dem dadurch begründeten Zwiespalt zwischen dem positiven Recht und der übergeordneten Volks- bzw. Gemeinschaftsanschauung.

4. Eine Rückbindung des Richters und des Rechts an den Führerwillen.

Larenz vervollständigte seine Schrift mit einer privatrechtlich orientierten Umsetzung des   602
von *Carl Schmitt* formulierten „konkreten Ordnungs- und Gestaltungsdenkens". Besonders wichtig war ihm auch eine Abgrenzung seiner Methode von der durch *Heck* begründeten Interessenjurisprudenz. Diese kritisierte *Larenz* vor allem darin, dass sie den Begriff des Interesses „wertneutral" gebrauche. Trotz vielfach ähnlicher Einzelbetrachtungen lasse sich so der von ihm postulierte Primat der Volksanschauung nicht begründen. Zugleich zeigt sich hier aus heutiger Sicht der grundlegende weltanschauliche Unterschied beider Lehren. *Heck* selbst nahm die Ablehnung seiner Lehre „mit einer gewissen Verwunderung" auf, da sie ihm „für einen autoritären Führerstaat besonders geeignet erschien".[29] Die Kontroverse zwischen *Larenz* und *Heck* spitzte sich 1937 zu, als Heck Larenz vorwarf, er habe in seinem Schuldrechtsgrundriss *Vertrag und Unrecht*, „dieser für den Aufbau der neuen Rechtswissenschaft bestimmten Schrift, diejenige ‚Jurisprudenz' vertreten, die nach seinen früheren Ausführungen unserer Volksart" widerspreche und „überwunden werden" solle.[30] *Larenz* drängte bei den Herausgebern der Zeitschrift auf eine Erwiderungsmöglichkeit, die ihm umgehend gewährt wurde.[31]

2. Das Methodenkonzept von 1960

An erster Stelle im „systematischen Teil" der Methodenlehre legte *Larenz* sein Grund-   603
verständnis der Jurisprudenz als „verstehender Wissenschaft" dar. Die **Hermeneutik** wird beherrschendes Methodenkonzept. Auffällig sind die relativ breite Erörterung eines zum Textverständnis erforderlichen „Vorverständnisses" sowie die Entwicklung eines „wertorientierten Denkens" zur Konkretisierung der allgemeinen hermeneutischen Vorgabe.

---

29 *Rüthers*, Auslegung, S. 274 f. – Weiterführend zu den Angriffen auf die Interessenjurisprudenz in den 30er Jahren dort S. 270–277.
30 *Heck*, Rechtsphilosophie und Interessenjurisprudenz, AcP 143 (1937), S. 180 f., Fußnote 72 a.
31 *Larenz*, Rechtswissenschaft und Rechtsphilosophie. Eine Erwiderung, AcP 143 (1937), S. 257 ff.

604 In wesentlichen Zügen erinnert die nun von *Larenz* vorgetragene Methode an diejenige der Interessenjurisprudenz. Im Gegensatz zu der dort in den Vordergrund gestellten *Interessenlage* aufgrund derer die richterliche *Beurteilung* zu erfolgen hat, kehrte *Larenz* dieses Verhältnis aber um. Er setzte den Begriff des *Werturteils* als Ausgangspunkt, wodurch die Bedeutung der *Interessenlage* als eigentlicher Grundlage des Werturteils in den Hintergrund gerät. Ebenso tritt bei ihm die gesetzgeberische Entscheidung, die für *Heck* wesentlich war, zurück. *Larenz'* beispielreiche Darstellung, die in einigen Bereichen an die Ausführungen von 1938 erinnert („Typus" contra „Begriff"), lässt letztendlich die Grundlagen, auf denen die erforderlichen Werturteile zu bilden sind, weitgehend im dunkeln. Nicht die Interessen der betroffenen Individuen, sondern allgemeine Erörterungen auf abstrakter Ebene prägen neben den Beispielen den Text:

> „Durchaus nicht alle gesetzlichen Tatbestände sind aber begrifflich ausgeformt. Vielfach bedient sich das Gesetz zur Kennzeichnung eines Sachverhaltes statt eines Begriffs eines ‚Typus‘, der nicht so wie ein Begriff durch unverzichtbare Merkmale abschließend festgelegt ist. Oder es enthält einen ‚ausfüllungsbedürftigen‘ Wertungsmaßstab, der erst in seiner ‚Anwendung‘ auf den einzelnen Fall voll ‚konkretisiert‘ werden kann. In beiden Fällen geht es nicht einfach um ‚Anwendung‘ der Norm, sondern darum, eine Bewertung vorzunehmen, die der von der Norm oder dem Maßstab ‚gemeinten‘ entspricht. Eine solche ‚Entsprechung‘, die also nicht, wie bei der Vornahme einer Subsumtion, Gleichsetzung bedeuten kann, bedarf, soll sie überzeugen, mannigfacher Vermittlungen. Um solche Vermittlungen, die nicht den Charakter von ‚logisch zwingenden‘ Schlüssen, wohl aber den von nachvollziehbaren und (innerhalb gewisser Grenzen) überzeugenden Denk-Schritten haben, geht es vornehmlich in der Jurisprudenz."[32]

605 Im Ergebnis erscheinen damit die Ausführungen der 60er Jahre wie eine von weltanschaulichem Beiwerk „gereinigte" Version der 1938 vorgenommenen Unterscheidung zwischen *Larenz'* Methode und der Interessenjurisprudenz. Wurde dort die „mangelnde Wertung" der einzelnen Interessen gerügt, so ist diese nunmehr didaktisch in den Vordergrund gerückt, ohne eine eventuelle „Interessenhierarchie" näher zu spezifizieren. Möglicherweise war dies bei Zugrundelegung des „richtigen" Vorverständnisses auch nicht notwendig.

606 Der Stellenwert des Gesetzes scheint in den Ausführungen des entsprechenden Kapitels[33] zunächst höher als in der Schrift von 1938. Zur Frage des Vorrangs des Willens des Gesetzgebers oder des normativen Gesetzessinns nahm *Larenz* nun eine vermittelnde Position ein,[34] um anschließend die verschiedenen Auslegungskriterien vom Wortsinn bis zum Gebot der Verfassungskonformität nebeneinander darzustellen. Auffällig ist jedoch, dass *Larenz* der Darstellung dieser einzelnen Auslegungskriterien auf gleicher Ebene einen Abschnitt gegenüber stellte, der die „die Auslegung mitbestimmenden Faktoren" behandelt. Der Leser muss sich also fragen, ob es etwa eine ‚Auslegung neben der Auslegung‘ geben solle. – In zwei Unterabschnitten spezifizierte *Larenz* diese „die Auslegung mitbestimmenden Faktoren" d. h. „das Streben nach einer gerechten Fallentscheidung" und den „Wandel der Normsituation".

607 Allein diese durch den Aufbau der Darstellung begründete Nebeneinanderstellung, überspitzt formuliert, gesetzesimmanenter und außergesetzlicher Kriterien spricht für eine

---

32 *Larenz*, Methodenlehre, S. 194.
33 *Larenz*, Methodenlehre der Rechtswissenschaft, II. Systematischer Teil, Kapitel 4, Die Auslegung der Gesetze.
34 *Larenz*, Methodenlehre, S. 303.

Relativierung des Gesetze, auch wenn die Ausführungen in den entsprechenden Abschnitten keine direkten inhaltlichen Kontinuitäten zur neuen Rechtsquelle von 1938 zeigen.

Es ist in gewisser Weise als ein ‚Aufgehen der Saat' der Relativierung des positiven Rechts der 30er Jahre anzusehen, wenn *Larenz* den „Autoritätsverlust des heutigen Gesetzgebers" beklagt, „der sich nur selten noch die nötige Zeit" nehme „und die Mühe" mache, „seine Formulierungen sorgfältig zu überdenken, und nicht selten eine Regelung überhaupt" unterlasse, „wo sie von ihm erwartet werden" könne und müsse.[35] Im Ergebnis schloss *Larenz* das „Gerechtigkeitsstreben" als Auslegungskriterium zwar aus[36] und mahnte unter Berufung auf den „demokratischen Rechtsstaat" und dessen „grundlegende Verfassungsvorschriften" zur Vorsicht bezüglich der Annahme eines „Bedeutungswandels",[37] doch zeichnet sich die 1938 eingeschlagene „Denkrichtung" zumindest im Ansatz noch ab.

608

Dass *Larenz* die hohe Gewichtung der richterlichen Tätigkeit im Verhältnis zum Einfluss des Gesetzes beibehalten hat, deutet sich darin an, dass das entsprechende Kapitel mehr als doppelt so umfangreich ausgeführt ist. Minutiös erörtert *Larenz* hier die verschiedenen Arten von Gesetzeslücken sowie deren Feststellung und Ausfüllung durch die richterliche Tätigkeit. Charakteristisch ist, dass innerhalb des Kapitels wiederum ein Abschnitt über die „Rechtsfortbildung über den Plan des Gesetzes hinaus" erheblichen Raum einnimmt.

609

Zwar angebunden an die Rechtsprechung des Bundesgerichtshofes, jedoch deutlich seiner oben aufgezeigten Gewichtung von Richter und Gesetz angemessen, legte *Larenz* hier wiederum außergesetzliche Kriterien dar, unter denen der Richter eine Modifizierung der gesetzlichen Regelungen vornehmen können solle. *Larenz* führte die „Rechtsfortbildung mit Rücksicht auf die Bedürfnisse des Rechtsverkehrs", „mit Rücksicht auf die Natur der Sache" sowie „mit Rücksicht auf ein rechtsethisches Prinzip" auf. Im Gegensatz zu dem oben betrachteten Kapitel zum Gesetz, in dem dessen mögliche Einschränkung nur schwach angedeutet ist, wird hier der Einfluss außergesetzlicher Einflussfaktoren erheblich erweitert. Jeder dieser Aspekte stellt für sich betrachtet eine Generalklausel mit beinahe beliebig zu füllendem Inhalt dar. Die wiederum recht einzelfallbezogene Darstellung *Larenz'* vermag aus sich selbst heraus keine befriedigende Einschränkung der Einschränkungskriterien vorzugeben. *Larenz* führte dazu aus:

610

> „Die Grenze der gesetzesübersteigenden Rechtsfortbildung durch die Gerichte liegt dort, wo eine Antwort vom Boden der geltenden Rechtsordnung insgesamt und daher *mit spezifisch rechtlichen Erwägungen* nicht möglich ist, insbesondere daher dort, wo es nur um Fragen der Zweckmäßigkeit geht oder eine politische Entscheidung des Gesetzgebers erforderlich ist, weil die Verfassung hierfür verschiedene Möglichkeiten offen läßt, von denen keine allein aus rechtlichen Gründen allen anderen vorzuziehen ist."[38]

Bei Betrachtung dieser Grenzziehung für eine zulässige Auslegung lässt sich nur schwer eine Sachverhaltskonstellation erdenken, in der die fortbildende Auslegung nicht zulässig wäre.

611

---

35 *Larenz*, Methodenlehre, S. 338.
36 *Larenz*, Methodenlehre, S. 337.
37 *Larenz*, Methodenlehre, S. 341.
38 *Larenz*, Methodenlehre, S. 418. – Zum Begriff der Rechtsordnung bei *Larenz*: *Fikentscher*, Methoden des Rechts, Bd. 3, S. 410 f.; *Frommel*, Rezeption, S. 234 f.

612   Im Vergleich mit den oben aufgeführten Grundlinien der von *Larenz* 1938 aufgestellten Methodenkonzeption lässt sich festhalten:

1. Eine über dem positiven Recht stehende Rechtsquelle wird in den 60er Jahren zwar nicht mehr ausdrücklich befürwortet, doch finden sich an mehreren Punkten der Darstellung Hinweise auf eine Befürwortung des Einflusses außergesetzlicher Faktoren. Diese Faktoren sind ihrerseits so unbestimmt gehalten, dass sich theoretisch ähnliche Ergebnisse erzielen lassen wie nach der 1938 postulierten Methode.
2. Die hermeneutische Methode steht im Mittelpunkt der Darstellung.
3. Die hohe Einschätzung der richterlichen Verantwortung ist ebenfalls erhalten.
4. Bezugspunkt ist nun nicht mehr der Führerwille, sondern eine sehr weit verstanden „geltende Rechtsordnung" und Verfassung.

613   Lässt man die nach Ende des sog. Dritten Reiches zu erwartende sprachliche und inhaltliche Anpassung an das demokratische System im Nachkriegsdeutschland beiseite, so zeigt sich, dass *Larenz'* seine Position im Ergebnis nur wenig modifiziert hat. Die alleinige Betrachtung seiner nach 1945 aufgezeichneten Denkfiguren kann hierbei jedoch den Blick auf die möglichen Konsequenzen ihrer Anwendung verstellen. Welche Konsequenzen die Gewichtsverschiebung zwischen dem geltenden Gesetz und der richterlichen Umgestaltung desselben (zulasten des erstgenannten) nach sich ziehen kann, haben die Erfahrungen aus der Zeit vor 1945 gezeigt.

IV.   Die praktische Umsetzung – Vertragsbegründung durch sozialtypisches Verhalten

1.   Die Lehre von den sog. faktischen Vertragsverhältnissen

614   Der Begriff des faktischen Vertrages ist in erster Linie mit dem Namen *Günter Haupts* bzw. dessen erstmals 1941 erschienener Schrift „Über faktische Vertragsverhältnisse"[39] verbunden. Zentraler Gesichtspunkt der Lehre *Haupts* ist die über die gesetzlichen Bestimmungen des BGB hinausreichende Anerkennung tatsächlicher Begründungstatbestände für Verträge neben bzw. an Stelle der rechtsgeschäftlichen Einigung. *Haupt* wird allgemein als Begründer dieser Lehre angesehen. Von großer Wichtigkeit für das Verständnis der Begründung und späteren Entwicklung der Lehre ist aber, zwei Hintergrundaspekte mit zu berücksichtigen. Zum einen entstand *Haupts* Lehre in einem längeren Entwicklungszusammenhang der Privatrechtsdogmatik, der tendenziell eine Bewegung von einer vorrangig willensorientierten Betrachtung zugunsten einer objektivierten Anschauung zeigt.[40] Gerade in der Zeit nach 1933 war das Klima für solche Entwicklungstendenzen besonders günstig. Zum zweiten stellte *Haupts* Schrift zunächst nur ein dogmatisches Fragment dar, das sich auf eine Skizzierung des Themenbereiches und die Konstituierung dreier Fallgruppen als Anwendungsbereich der Lehre beschränkte. Die Praktikabilität in der juristischen Praxis erforderte weiterführende Ausdifferenzierungen bzw. Einschränkungen.

615   Einzelne Ansätze zur Konstituierung von vertraglichen Begründungstatbeständen neben der rechtsgeschäftlichen Einigung lassen sich bis in die zweite Hälfte des 19. Jahrhunderts zurückverfolgen. Aus den verschiedensten rechtlichen Gesichtspunkten heraus ent-

---

39   Veröffentlicht auch als Heft 124 der „Leipziger rechtswissenschaftlichen Studien" als „Festschrift der Leipziger Juristenfakultät für Dr. Heinrich Siber zum 10. April 1940", Band II, Leipzig 1943 (mit der Monographie übereinstimmende Seitenzählung).
40   Im einzelnen *Lambrecht*, Lehre, S. 19–68.

wickelt zeigen sich einzelne Aspekte der späteren Lehre zunächst bei *Otto von Gierke*, *Eugen Ehrlich*, *Andreas von Tuhr* und später während der 30er Jahre vor allem bei *Wolfgang Siebert*. *Otto von Gierke* stellte mit seiner Gesamtaktstheorie, wonach körperschaftliche Vereinigungen durch einen „sozialrechtlichen Konstitutivakt", der ausdrücklich kein rechtsgeschäftlicher Vorgang sei, begründet werden könnten, als erster dem Rechtsgeschäft einen weiteren Begründungstatbestand zur Seite.[41]

Gemeinsam ist den verschiedenen Ansätzen, dass sie sich zwar meist nur auf begrenzte Anwendungsgebiete erstreckten, doch jeweils auf die Beschränkung der rechtsgeschäftlichen Einigung als Begründungstatbestand abzielten. Es bestand die Tendenz, die Eingliedrigkeit des vertraglichen Entstehungstatbestandes aufzulösen und die Verwirklichung bestimmter Tatsachen dem Vertragsschluss in seiner Wirkung gleichzustellen.[42] Notwendig mit dieser Tendenz verbunden ist die Ablehnung, zumindest aber die Lösung von der durch das Bürgerliche Gesetzbuch vorgegebenen gesetzlichen Konzeption. **616**

Im frühen 20. Jahrhundert stehen „Interessenjurisprudenz" und „Freirechtsschule" als Stichworte für eine Lockerung der Gesetzesbindung im Privatrecht, womit untrennbar eine Stärkung der Richterstellung, konkret der richterlichen Freiheit impliziert ist. Diese theoretischen Strömungen zogen auch Auswirkungen auf die juristische Praxis, vor allem für den Bereich des Allgemeinen Teils nach sich.[43] Die katastrophale Wirtschaftsentwicklung nach dem ersten Weltkrieg trug ein übriges dazu bei, sich von der gesetzlichen Konzeption des Bürgerlichen Gesetzbuches zu verabschieden, bei deren Aufstellung der Gesetzgeber ja angeblich „gar nicht habe erahnen können", vor welche Probleme die Entwicklung der tatsächlichen Verhältnisse die Rechtswissenschaft stellen würde. **617**

Mit den politischen Umwälzungen des Jahres 1933 erfuhr diese Bewegung eine entscheidende Stärkung. *Carl Schmitts* Lehre vom „konkreten Ordnungs- und Gestaltungsdenken", wonach bestimmte Ordnungen (Staat, Betrieb, Familie) das Recht in sich trügen und daher auch sie (die tatsächlichen Lebensverhältnisse) über den Inhalt des Rechts bestimmen sollten, erhielt eine bestimmende Funktion im Rahmen der nationalsozialistischen Rechtswissenschaft.[44] **618**

Die Anerkennung der Lebenswirklichkeit als rechtsetzender Faktor stellte ein charakteristisches Merkmal in der juristischen „Reformliteratur", im damaligen Sprachgebrauch der „Rechtserneuerung", der 30er und 40er Jahre dar. Einer der maßgebenden Vertreter dieser Strömung war für den Bereich des Privatrechts *Karl Larenz*. Die Konzeption *Haupts* von 1941 und die weitere Entwicklung der Lehre von den faktischen Vertragsverhältnissen wird in ihrer vollen Tragweite erst in diesem Kontext verständlich. **619**

Aus heutiger Sicht muss daher *Haupts* Theorie in mehrfacher Hinsicht auf Ablehnung stoßen. Zuerst ist der Widerspruch der Lehre zur Konzeption des BGB anzuführen, wonach Vertragsverhältnisse ausdrücklich durch Angebot und Annahme, also rechtsgeschäftlich zu begründen sind. Daneben ist weder im Rahmen einer gesetzesimmanenten noch einer gesetzesübersteigenden Rechtsfortbildung Raum für die Konstituierung weiterer Begründungstatbestände. Weiterhin widerspricht die Konzeption *Haupts* dem gesetzlichen und übergesetzlichen Grundsatz der Vertragsfreiheit, da durch sie Rechtsper- **620**

---

41 *Lambrecht*, Lehre, S. 20, 44. Im Ergebnis ebenso: *Wolf*, Zivilrechtswissenschaft, S. 417 ff. und *Deyerling*, Vertragslehre, S. 122 ff.
42 *Lambrecht*, Lehre, S. 44.
43 *Lambrecht*, Lehre, S. 52. – Zu den Tendenzen der Rechtsprechung der Weimarer Zeit *Rückert*, Richtertum.
44 Weiterführend *Rüthers*, Die unbegrenzte Auslegung, S. 277 ff.

sonen ohne Wissen und Willen in das Leistungsverhältnis einer vertraglichen Bindung gedrängt werden können.[45] Von besonderer Wichtigkeit ist dieser Umstand vor allem vor dem Hintergrund des Art. 152 Abs. 1 WRV, durch den die Vertragsfreiheit zumindest formal zur Zeit der Entstehung der Lehre geschützt war.[46]

621　Vertretbare Ergebnisse für die im Rahmen der Lehre angeführten Problemfälle lassen sich ausnahmslos auch durch anderweitige juristische Konstruktionen in Übereinstimmung mit den geltenden Privatrechtsgrundsätzen erzielen.[47] *Haupts* Theorie kann demgegenüber nur für sich reklamieren, die Probleme „sowohl einheitlich als auch möglichst einfach zu bewältigen", worin seine eigentliche dogmatische Leistung zu sehen ist.[48] Darüber hinaus ist seine Argumentation weitgehend von den „,Geboten' der Zweckmäßigkeit und Angemessenheit" geleitet,[49] wodurch sich *Haupt* mit seiner Lehre sowohl argumentativ als auch inhaltlich in den Kontext der nationalsozialistischen Rechtswissenschaft einfügte, die auf eine Zurückdrängung liberaler Prinzipien zugunsten einer naturalistisch wirklichkeitsbezogenen Rechtsauffassung abzielte.[50] Es kann danach auch nicht überraschen, dass *Haupts* Konzeption auf fruchtbaren Boden traf. Die neutrale Darstellungsweise *Haupts* im Jahre 1941 darf über diesen Hintergrund nicht hinwegtäuschen.

622　*Haupts* Begründung beruht unter anderem darauf, dass er den Geltungsgrund für vertragsrechtliche Bestimmungen nicht in der Privatautonomie, sondern in der **Sachgerechtigkeit des Regelungsbereiches** sieht.[51] Die Argumentation mit der Sachgerechtigkeit als Gegenteil „rechtsgeschäftlicher Fiktionen" durchzog später auch die Diskussion der 50er und 60er Jahre, worin sich auch Kontinuitäten in der deutschen Rechtswissenschaft vor und nach 1945 widerspiegeln.

2. Die Rezeption der Lehre bei Larenz

623　*Larenz'* 1936/37 erschienener Schuldrechtsgrundriss *Vertrag und Unrecht* zeigt noch keine spezifische Auseinandersetzung mit den Aspekten der späteren sogenannten Lehre von den faktischen Vertragsverhältnissen. Ein Anhaltspunkt für seine damalige Position zeigt sich jedoch in seinen Ausführungen zur „Annahme durch Erfüllungs- und Aneignungshandlungen".[52]

624　*Larenz* führte dort aus, es müsse erkannt werden, „daß das Gesetz die Vertragswirkung weder deshalb eintreten" lasse, „weil ein Annahmewille vorhanden" sei, „noch deshalb, weil eine Erklärung vorläge, auf deren Wirksamkeit der Empfänger regelmäßig müßte vertrauen können". „Der Grund der Vertragswirkung" liege „im Falle der Erfüllungshandlungen vielmehr darin, daß es billig und gerecht" sei, „demjenigen, der durch die

---

45　In seiner kritischen Erörterung der „Hoferben-Entscheidung" (BGHZ 23, 249 ff.) führt *Flume* aus, „in Wahrheit" setze der BGH „die Bestimmung des Richters an die Stelle der privatautonomen Gestaltung", die in diesen Fällen als einzige Möglichkeit nach dem Gesetz vorgesehen sei, s. Allgemeiner Teil II, S. 104.

46　*Lambrecht*, Lehre, S. 14 ff.

47　Im Ergebnis so vor allem *Flume*: „In Wirklichkeit besteht für die Lehre von den faktischen Vertragsverhältnissen kein Bedürfnis und kein Raum." Allgemeiner Teil, S. 97.

48　*Lambrecht*, Lehre, S. 45.

49　*Lambrecht*, Lehre, S. 12.

50　Im Ergebnis ebenso *Lambrecht*, Lehre, S. 73, 121 ff.

51　*Haupt* 1943, zitiert nach *Lambrecht*, Lehre, S. 12.

52　*Larenz*, Vertrag und Unrecht, Bd. 1, S. 75 ff.

Erfüllungshandlung die ihm angesonnene Vertragsleistung ganz oder zum Teil erbracht" habe, „nun auch ein Recht auf die vertragliche Gegenleistung zu geben".[53]

Obwohl *Larenz'* Ausführungen sich primär auf Annahmehandlungen im Rahmen der gesetzlichen Vorschriften beziehen, zeichnet sich doch die oben skizzierte Zeittendenz zur Relativierung der willensorientierten Konzeption des BGB ab. *Larenz* führte mit seinen Ausführungen einen Angriff auf den Geltungsgrund des Vertrages, indem er die Konstruktion einer rechtsgeschäftlichen Einigung von vornherein beiseite ließ und außerhalb des spezifischen gesetzlichen Systems allein auf allgemeine Billigkeitserwägungen abstellte. Charakteristisch ist, dass sich *Haupt* in seiner Abhandlung 1941 explizit auf diesen Aspekt der *Larenz*schen Ausführungen bezog.[54]   **625**

In der zweiten Auflage seines Schuldrechtsgrundrisses zeigt sich bereits ein differenzierteres Bild. In direktem Anschluss an den oben zitierten Abschnitt des Grundrisses ist ein neuer Abschnitt aufgenommen, der die Überschrift „Die Begründung eines Vertragsverhältnisses durch Inanspruchnahme einer öffentlichen Versorgungsleistung" trägt. Im Ergebnis lässt sich festhalten, dass *Larenz* seine Position, wie sie aus seinen in den 50er Jahren erschienenen Texten bekannt ist, bereits zu diesem Zeitpunkt formuliert hatte.   **626**

> „Wenn jemand eine Straßenbahn, einen Autobus, eine Fähre oder ein ähnliches öffentliches Verkehrsmittel benutzt, dann kommt dadurch ein Beförderungsverhältnis zustande, dessen Inhalt sich in erster Linie nach dem bekanntgemachten Tarif, den Beförderungsbedingungen der Straßenbahn- oder sonstigen Beförderungsgesellschaft, darüber hinaus aber nach den gesetzlichen Vorschriften über den Werkvertrag und über ,gegenseitige' Verträge richtet. Dieses Beförderungsverhältnis beginnt nicht erst dann, wenn der Fahrgast beim Schaffner eine Fahrkarte löst – worin allenfalls der Abschluß eines Beförderungsvertrages gefunden werden könnte –, sondern mit dem Besteigen der Bahn, d. h. mit der Inanspruchnahme der der Öffentlichkeit zur Verfügung gestellten Leistung des Unternehmers durch einen Einzelnen."[55]

Knapp und deutlich ist in diesen Sätzen *Larenz'* Position, seine Interpretation der von *Haupt* formulierten Lehre, umrissen. *Larenz* rezipierte lediglich *eine* der von *Haupt* formulierten Fallkonstellationen, nämlich die Inanspruchnahme „öffentlicher Versorgungsleistungen". Diese nur teilweise erfolgte Rezeption lässt jedoch nicht auf grundsätzliche Bedenken gegen die Lehre schließen, sondern deutet im Gegenteil auf das Bestreben nach dogmatischer Sicherung und Festigung des neuen Rechtsinstituts hin. Durch die Beschränkung des Anwendungsbereiches war, im Gegensatz zur *Haupt*schen „Einheitslösung", ein Großteil theoretischer Angriffspunkte der Kritik entzogen.   **627**

Die Plastizität des gewählten Fallbeispiels trägt ein übriges dazu bei, Zustimmung für *Larenz'* Position zu erheischen. Weiterhin zeigen die Ausführungen ein charakteristisches didaktisches Merkmal *Larenz*scher Rechtsdarstellung. Nicht eine rechtliche Norm, sondern ein tatsächlicher Lebensvorgang bildet den Ausgangspunkt der Darstellung. Durch die Eindringlichkeit des Lebenssachverhaltes wird das gewählte Ergebnis impliziert, ohne den Blick auf eventuell vorhandene gesetzeskonforme Lösungen des Problems zu eröffnen. Im gesamten Abschnitt finden sich nicht einmal angedeutet Hinweise auf mögliche Lösungsalternativen z. B. nach §§ 812 ff. oder 823 ff. BGB bzw. dem Bestehen von Regelungsdefiziten bei Anwendung dieser Normen. Auf diese Weise umgeht es *Larenz*, sich   **628**

---

53 *Larenz*, Vertrag, S. 77.
54 *Haupt*, Vertragsverhältnisse, S. 27 Fn. 68.
55 *Larenz*, Vertrag, 2. Aufl., S. 94.

eingehend mit diesen Lösungswegen auseinanderzusetzen und Vor- und Nachteile einander gegenüberzustellen. Seine Lösungsbegründung zugunsten der nicht-rechtsgeschäftlichen Lösung beschränkt sich darauf, dass sich eine rechtsgeschäftliche Konstruktion in ihrer „Deutung" des Lebensvorgangs „doch sehr weit von dem sozialen Sinn der betreffenden Vorgänge" entferne.[56]

629 Bedenkt man die grundlegende Bedeutung der Privatautonomie für die Privatrechtsordnung, die im Rahmen der *Larenz*schen Lösung schlicht beiseite gerückt wird, so vermag dieses Argument kaum zu überzeugen. Dass *Larenz* diesen Hintergrund nicht mitbedacht haben sollte, ist kaum denkbar. Aufschlussreich ist diesbezüglich sein Hinweis, dass „jemand – übrigens aufgrund eigenen Entschlusses –" die entsprechende Versorgungsleistung in Anspruch nehme.[57]

630 Wie oben bereits angedeutet, gleichen *Larenz'* Ausführungen der 50er Jahre im wesentlichen seinen bereits 1934/44 bezogenen Positionen. Inhaltlich und didaktisch zeigt sich in der ersten Auflage seines Schuldrechtslehrbuches von 1953 ein ähnliches Bild, wenn auch die Formulierungen im einzelnen überarbeitet worden sind:

> „Der moderne Massenverkehr bringt es mit sich, daß in manchen Fällen nach der Auffassung des Verkehrs Verpflichtungen eingegangen, Schuldverhältnisse begründet werden, ohne daß dahin zielende Erklärungen abgegeben werden. An die Stelle der Erklärungen tritt das tatsächliche öffentliche Angebot einer Leistung und die tatsächliche Inanspruchnahme dieser Leistung durch einen Verkehrsteilnehmer. Beides, das tatsächliche öffentliche Angebot und die tatsächliche Inanspruchnahme der Leistung, stellen zwar (mangels eines entsprechenden Erklärungsbewußtseins) keine Willenserklärungen, wohl aber ein Verhalten dar, das nach seiner *sozial-typischen Bedeutung* die gleichen Rechtsfolgen wie ein rechtsgeschäftliches Handeln hat."[58]

631 Für sich betrachtet scheinen die Ausführungen schlüssig und überzeugend, im Detail stellen sich jedoch mehrere Fragen, die das Ergebnis höchst zweifelhaft werden lassen. Zuerst ist zu hinterfragen, ob „der moderne Massenverkehr" tatsächlich eine allgemeingültige „Auffassung", möglicherweise verstanden im Sinne einer Verkehrssitte, entwickelt hat, nach der Vertragsverhältnisse ohne rechtsgeschäftliche Einigung begründet werden können. Sicherlich ist durch die allgemeine Vermehrung bestimmter Verkehrsgeschäfte des täglichen Lebens ein Rückgang der Vertragsabschlüsse durch Abgabe zweier ausdrücklicher Willenserklärungen, zu beobachten. Der Kauf einer Eintrittskarte an einer Konzertkasse, das Erwerben einer Fahrkarte beim Schaffner eines Autobusses oder gar am Automaten sind ohne Weiteres im Rahmen nonverbaler Gesten vorstellbar und üblich. Die rechtliche Beurteilung derartiger Sachverhalte, die im übrigen auch nicht so neuartig sind, dass sie von den Vätern des Bürgerlichen Gesetzbuches nicht berücksichtigt worden wären, erfolgt jedoch regelmäßig und sachgerecht mithilfe bekannter juristischer Institute wie der *invitatio ad offerendum* oder der konkludenten Handlung.

632 Die Antwort darauf, aus welchem Grunde sich diese Betrachtungsweise in seinem Sinn verändert haben sollte, bleibt Larenz schuldig. Das Auseinanderklaffen des laienmäßigen Verständnisses und der juristischen Begutachtung des Sachverhaltes vermag diese Begründung kaum zu geben, da dieses wohl für die meisten Rechtsfragen eher den Regel- als einen Ausnahmefall darstellt. Nach *Larenz* scheint jedoch genau dieser Umstand die

---

56 *Larenz*, Vertrag, 2. Aufl., S. 94. – Zur Funktionsweise *Rückert*, Sieg des „Lebens", s. o. Fn. 23.
57 *Larenz*, Vertrag, 2. Aufl., S. 94.
58 *Larenz*, Lehrbuch des Schuldrechts, Bd. 1, 1. Aufl., S. 27.

entsprechende Begründung zu geben. Die Rechtsinstitute, mit denen „man *früher* versucht hat", entsprechende Sachverhalte zu begutachten, werden als „fiktiv" disqualifiziert.[59] An die Stelle der gesetzlich vorgeschriebenen Abgabe von Willenserklärungen tritt die dem Leben entnommene, angeblich „*sozial-typische Bedeutung*" eines Verhaltens, die zudem, wie nachfolgend aufzuzeigen ist, nicht geeignet ist, die von *Larenz* vorgetragenen Schlussfolgerungen zu stützen.

Die von *Larenz* mehrfach im Text aufgestellte Behauptung des Bestehens einer entsprechenden Verkehrssitte wirkt zwar eindringlich, in diesem Kontext jedoch nicht überzeugend. Es bleibt bei Zugrundelegung der *Larenz*schen Lehre unverständlich, warum rechtlich kongruente Vorgänge einer unterschiedlichen Bewertung unterfallen sollen, je nachdem ob beispielsweise eine Person eine Fahrt in einem öffentlichen Verkehrsmittel oder in einem Taxi unternimmt. Den Ausschluss der Irrtumsanfechtung im Rahmen der Schuldverhältnisse aus sozialtypischem Verhalten begründet *Larenz* beispielsweise schlicht damit, dass „die Zulässigkeit solcher Einwände … dem Wesen des Vorgangs in seiner sozial-typischen Bedeutung nicht gerecht" würde.[60] Die widersprüchliche Beurteilung rechtlich gleichförmiger Vorgänge stellte einen der Ansatzpunkte von *Larenz'* Kritikern dar, den er auch später nicht auszuräumen vermochte. 633

Ebenso bleibt die Begründung für das von *Larenz* schlicht behauptete Fehlen eines Erklärungsbewusstseins bei der tatsächlichen Annahme der Leistung offen. Es ließen sich auch hier die oben bezüglich des Bestehens einer allgemeinen Verkehrsanschauung vorgebrachten Bedenken wiederholen. Das Argument der juristischen Fiktion ging auch hier ins Leere. Die tatsächlichen Vorstellungen der beteiligten Personen sind kaum geeignet, als Quelle rechtlicher Begutachtungen zu dienen. Treffend legt *Flume* dar, dass, folgte man der Ansicht *Larenz'*, „auch zwischen Arzt und Patient kein Vertrag abgeschlossen" würde, „da hier der Wille des Patienten sicher noch viel mehr auf einen ‚tatsächlichen Erfolg', nämlich die erfolgreiche Heilbehandlung, gerichtet" sei.[61] 634

Auftrieb erhielt die von *Larenz* formulierte Lehre durch ein Urteil des Bundesgerichtshofes aus dem Jahr 1956, die sog. Parkplatz-Entscheidung.[62] Die Übernahme der Lehre durch den fünften Zivilsenat des BGH überrascht insoweit nicht, als der damalige Präsident des Senates, *Friedrich Tasche*, bereits 1942 in einer Veröffentlichung positiv zur Lehre *Haupts* Stellung bezogen hatte. *Larenz* nahm das Urteil zum Anlass, sich im Rahmen eines Aufsatzes erneut zu diesem Themenbereich zu äußern.[63] Die Einleitung des Aufsatzes ruft, weit mehr als die Ausführungen des Lehrbuches, die Erinnerung an die Darstellung in *Vertrag und Unrecht* von 1944 wach: 635

> „Ein Mann steigt in eine stark besetzte Straßenbahn. Der Schaffner bemerkt ihn zunächst nicht. Erst als er, an seinem Ziel angelangt, den Wagen verlassen will, fordert ihn der Schaffner zur Zahlung des Fahrgeldes auf. Er erwidert: er habe einen Beförderungsvertrag bisher nicht geschlossen und gedenke ihn auch nicht mehr zu schließen, da er aussteigen wolle. Keiner der Mitfahrenden wird daran zweifeln, daß der Mann das Fahrgeld bezahlen müsse. Nur der Jurist gerät in Verlegenheit."[64]

---

59 *Larenz*, Lehrbuch, S. 27 – Hervorhebung von mir.
60 *Larenz*, Lehrbuch, S. 28.
61 *Flume*, Allgemeiner Teil, S. 98.
62 Urteil des V. ZS v. 14.7.1956, BGHZ 21, 319 ff. = NJW 1956, S. 1475.
63 *Larenz*, Die Begründung von Schuldverhältnissen durch sozialtypisches Verhalten, NJW 1956, S. 1897 ff.
64 *Larenz*, Begründung, S. 1897.

636　Treffend und einprägsam beschrieb *Larenz* in diesem Beispielfall die Problemlage und impliziert mit den beiden Schlusssätzen, dass eine vertretbare Lösung eher dem tatsächlichen Lebenssachverhalt selbst innewohne, als dass sie durch (herkömmliche) juristische Betrachtung gewonnen werden könne. Der dargestellte Widerspruch ist jedoch nur ein scheinbarer und damit keineswegs geeignet, das von *Larenz* vertretene Ergebnis zu stützen. Aus dem angeführten Beispielsachverhalt ist lediglich zu schlussfolgern, dass der Fahrgast *aufgrund seines Verhaltens* verpflichtet sein müsse, eine schuldrechtliche Leistung zu erbringen. Weitergehende Schlussfolgerungen, etwa dass diese Leistung im Rahmen eines schuldrechtlichen Vertrages erfolgen müsse, sind dagegen nicht mehr durch die Fallkonstellation vorgegeben. In der juristischen Beurteilung ist eher zu bedenken, ob die beschriebene Sach- und Interessenlage nicht größere Nähe zu bereicherungsrechtlichen als zu vertraglichen Lösungsansätzen zeigt.[65] Dem beispielhaft herangezogenen Rechtsgefühl der übrigen Fahrgäste würde eine derartige Lösung sicherlich nicht zuwiderlaufen, solange nur der bis dato entgeltlos Beförderte verpflichtet bliebe einen Betrag zu zahlen, der ihn im Ergebnis nicht günstiger stellt als die sonstigen Fahrgäste.

637　Ein zugestandener, aber hintergründig doch in Frage gestellter Konsens zwischen *Larenz'* Lehre und den allgemeinen bürgerlich-rechtlichen Bewertungsmaßstäben besteht insoweit, als der Betrieb eines öffentlichen Verkehrsmittels als Vertragsangebot gegenüber möglichen Fahrgästen beurteilt wird.

> „Man hat nun gesagt, in dem Betriebe der Bahn, als ‚schlüssigem Verhalten‘, komme, für jedermann erkennbar, der Wille des Unternehmers zum Ausdruck, Beförderungsverträge mit jedem abzuschließen. Dies mag noch angehen."[66]

638　Fraglich erscheint jedoch, worin die Annahme dieses Angebotes gefunden werden könnte. *Larenz* führte hierzu aus, dass dem „Einsteigen in die Bahn und dem Verbleiben darin bis zur Erreichung des Ziels keinerlei ‚Erklärungswert'" zukomme. Dieses Verhalten genüge „daher als ‚Annahme' *dann* jedenfalls nicht, wenn der Einsteigende einen solchen ‚Annahmewillen' *erkennbar* nicht" habe.[67]

639　Im Umkehrschluss lässt sich *Larenz'* Aussage entnehmen, dass das fragliche Verhalten dann als Annahme zu bewerten sei, wenn aus dem Verhalten nicht *erkennbar* geworden sei, dass der Betreffende keinen Annahmewillen gehabt habe. Die juristische Betrachtung hat bei der hier entscheidenden Frage nach der Erkennbarkeit den allgemeinen Grundsätzen der Auslegung zu folgen, also mögliche Willenserklärungen so auszulegen, wie es nach Treu und Glauben unter Berücksichtigung der Verkehrssitte angezeigt ist. Danach entspricht es wohl eher den Erfahrungen des Alltags, aus dem Einsteigen und stillschweigenden Benutzen des Verkehrsmittels *gerade* auf das Vorhandensein des Willens zum Abschluss eines Vertrages zu schließen als auf das Gegenteil. Der Fahrgast, der ein Taxi besteigt und dem Fahrer sein Ziel angibt, oder der Gast, der in einem Restaurant Speisen und Getränke bestellt, wird aus solchem Verhalten auf seinen Willen schließen lassen müssen.

640　Zugrunde gelegt ist dieser juristischen Bewertung gerade der jeweilige Schluss von einer verkehrstypischen Verhaltensweise auf einen vorhandenen Willen. Für die Fälle, in denen dieser Wille nachträglich erweisbar nicht vorhanden gewesen ist, greift die Vorschrift des

---

65　Vor allem stellt sich diese Frage für die Beurteilung des Sachverhaltes der im weiteren von *Larenz* erörterten „Parkplatz-Entscheidung".

66　*Larenz*, Begründung, S. 1897.

67　*Larenz*, Begründung, S. 1897 – Hervorhebungen von mir.

§ 116 BGB ein. Für die oben dargestellte Fallkonstellation ergibt sich, dass der nicht geäußerte, tatsächlich aber vorhandene Wille auf Nichtzahlung lediglich als geheimer Vorbehalt zum Tragen kommt. Der Wirksamkeit der äußerlich hervorgetretenen „Erklärung" steht dieser geheime Wille aber nicht entgegen.

Entgegen der *Larenz*schen Ansicht ist nach der allgemeinen Verkehrsanschauung davon auszugehen, dass gerade aus dem Verhalten des Fahrgastes regelmäßig auf einen vorhandenen Willen zum Abschluss eines Vertrages geschlossen werden kann. Ein gegenteiliges Ergebnis ließe sich in einzelnen Fällen nur dann herleiten, wenn der Betroffene explizit seinen entgegenstehenden Willen zum Ausdruck gebracht hatte. Das von *Larenz* herangezogene Argument der Anschauung des täglichen Lebens führt also geradewegs zu einem gegenteiligen Ergebnis. 641

Danach ist festzustellen, dass *Larenz*' Argumentation nicht geeignet ist, die Konstituierung eines außerrechtsgeschäftlichen Begründungstatbestandes für Vertragsverhältnisse zu stützen. Ebenso fehlt es an einer Begründung für die Inadäquanz der bestehenden schuldrechtlichen Normen im vorgetragenen Beispielfall. Für den von ihm eingeschlagenen Weg über die Annahme eines „faktischen Vertragsverhältnisses" bzw. eines „Vertragsverhältnisses aus sozialtypischem Verhalten" sprechen demgegenüber lediglich die Einfachheit und Einheitlichkeit der angelegten Betrachtungsmaßstäbe. Doch auch diese Einheitlichkeit ist nur eine scheinbare. Es unterliegen danach zwar alle hier aufgezeigten Fallvarianten derselben „vertraglichen" Betrachtung, doch werden diese insgesamt in Relation zu den regelmäßigen Abläufen bei Abschluss eines Beförderungsvertrages in nicht begründbarer Weise unterschiedlich behandelt. 642

Folgt man der Ansicht *Larenz*', so fährt der Fahrgast, der eine Fahrkarte vor Beginn der Beförderung kauft, aufgrund eines „,echten Vertrages'" und kann im Einzelfall mangelnde Geschäftsfähigkeit geltend machen oder anfechten. Wer dagegen eine Fahrkarte erst während der Beförderung erwerben will, fährt aufgrund eines faktischen Vertragsverhältnisses, wodurch ihm die Geltendmachung dieser Rechte verschlossen ist. Juristisch ist diese Ungleichbehandlung nicht zu rechtfertigen und schlicht willkürlich.[68] 643

Wie bereits angedeutet, hielt *Larenz* die gesetzlichen Vorschriften über die Geschäftsfähigkeit und Anfechtung für Vertragsverhältnisse aus sozialtypischem Verhalten nicht ohne Weiteres für anwendbar: 644

> „Da eine ‚Willenserklärung' in dem sozialtypischen Verhalten nicht zu sehen ist, spielen ‚Willensmängel' keine Rolle. Die Vorschriften über ‚Geschäftsfähigkeit' sind zwar nicht unmittelbar anwendbar, doch fordert der Schutz der Unmündigen auch hier Beachtung."[69]

Eine Anfechtung aus dem Grunde, man habe eine Erklärung dieses Inhaltes nicht abgeben wollen", könne nicht zugelassen werden, da die Rechtsfolgen des Verhaltens unabhängig davon einträten, „ob dieses Verhalten *im Einzelfall als Ausdruck eines bestimmten Geschäftswillens gedeutet werden*" könnten oder nicht.[70] Im Hinblick auf den Minderjährigenschutz werde man lediglich verlangen müssen, „daß der Handelnde die Fähigkeit besitzt, die sozialtypische Bedeutung seines Handelns zu erkennen". „In der Regel" werde „auch schon ein kleines Kind die Einsicht besitzen zu wissen, daß es für die Straßen- 645

---

68 *Lambrecht*, Lehre, S. 81.
69 *Larenz*, Begründung, S. 1899.
70 *Larenz*, Sozialtypisches Verhalten als Verpflichtungsgrund, DRiZ 1958, S. 245 ff., S. 247 (Hervorhebung im Original).

bahnfahrt etwas bezahlen" müsse.[71] Die Argumentation der nicht zu rechtfertigenden Ungleichbehandlung ließe sich an dieser Stelle fortschreiben.

646 Zuletzt ist *Larenz'* Einbindung des neuen Rechtsinstitutes in das allgemeine System der Privatautonomie zu untersuchen. *Larenz* war sich des Vorhandenseins möglicher Widersprüche in diesem Zusammenhang durchaus bewusst und versuchte gezielt, die jeweiligen Maximen in Einklang zu bringen.

647 Zunächst scheint hierbei keine gemeinsame Basis erkennbar.

> „Die schuldbegründende Wirkung des Verhaltens des Benutzers beruht, um es nochmals zu sagen, nicht darauf, daß es ihm als Ausdruck eigenen Verpflichtungswillens zuzurechnen wäre, sondern darauf, daß es ohne Rücksicht auf den Willen des Handelnden vom Verkehr als die Verpflichtung begründend gewertet wird. ...
>
> Die unausweichliche, vom Willen des Handelnden unabhängige und daher von ihm nicht zu beseitigende Konsequenz seines sozialtypischen Verhaltens ist die, daß er durch die tatsächliche Inanspruchnahme der Leistung zu der tarifmäßigen oder üblichen Gegenleistung verpflichtet wird."[72]

648 Gleichwohl subsumierte *Larenz* ein derart bewertetes tatsächliches Verhalten als „im Rahmen der ,Privatautonomie', also der Freiheit des einzelnen zur Gestaltung seiner rechtlichen Verhältnisse" liegend. „Die sozial-typische Bedeutung seines Verhaltens" sei „dem Handelnden in aller Regel bekannt; zum mindesten" müsse „er sie kennen". Wolle er „die *unvermeidliche* rechtliche Konsequenz seines Handelns vermeiden", so könne „er es unterlassen".[73]

> „Seine ,Privatautonomie' wäre erst dann eingeschränkt, wenn er rechtlich genötigt wäre, sich in dieser Weise zu verhalten, also z. B. diese Straßenbahn zu benutzen oder auf diesem bewachten Parkplatz zu parken. Ein *rechtlicher* Zwang zur Benutzung besteht aber nicht. Daß der Verzicht darauf unter Umständen erhebliche Unbequemlichkeiten zur Folge haben kann, ändert nichts daran, daß der Benutzer sich im Sinne der Rechtsordnung frei entscheiden kann, ob er Gebrauch machen will oder nicht. Nur eines kann er nicht: *wenn* er Gebrauch macht, die Konsequenz, die das hat, von sich weisen. Nur das tatsächliche Gebrauchmachen selbst hängt von seinem Willen ab, nicht die Rechtsfolge."[74]

649 *Larenz* schloss seine Überlegungen mit der Feststellung ab, dass durch „die Erkenntnis, dass es sich zwar nicht um ein Rechtsgeschäft, aber doch um ein Handeln im Rahmen der Privatautonomie" handele, „manche dogmatische Schwierigkeit" gelöst werde. So seien „die allgemeinsten Grenzen der Privatautonomie", die durch die §§ 134 und 138 BGB umschrieben seien auch im Rahmen der Schuldverhältnisse aus sozialtypischem Verhalten zu beachten.[75]

650 Die dogmatischen Schwierigkeiten, die *Larenz* als weitgehend gelöst ansah, folgen jedoch größtenteils erst aus seiner Bewertung. Beispielsweise sind die Tatbestandsvoraussetzungen der vertraglichen und außervertraglichen Haftung nicht ohne Grund unterschiedlich und den jeweiligen Sachverhalten angemessen ausgestaltet. Im selben Sinne differenziert ist im BGB die Ausgestaltung der Haftungsfolge bei vertraglichen Ansprüchen und sol-

---

71 *Larenz*, Begründung, S. 1899.
72 *Larenz*, Begründung, S. 1899.
73 *Larenz*, Begründung, S. 1899 (Hervorhebung von mir).
74 *Larenz*, Begründung, S. 1899.
75 *Larenz*, Begründung, S. 1899.

chen aus ungerechtfertigter Bereicherung vorgenommen worden. Die *Larenz*sche Betrachtung gibt zwar vor, einheitliche Lebenssachverhalte einer einheitlichen Lösung zuzuführen, simplifiziert dagegen tatsächlich nur dogmatisch differenzierte juristische Bewertungen. *Larenz'* Lösung bricht mit dem zentralen Grundsatz der Privatautonomie, dass vertragliche Rechtsfolgen nur aufgrund einer willensgetragenen Übereinkunft konstituiert werden können. Er beachtete nicht, dass das BGB Rechtsverhältnisse, die diesem Erfordernis nicht genügen, lückenlos im Rahmen außervertraglicher Rechtsinstitute einer adäquaten Bewertung zugänglich macht. Dass diese gesetzliche Bewertung nicht in jedem Einzelfall opportun erscheinen mag, kann ebensowenig wie das Argument der lebensgerechteren Betrachtung als Grund zur Verabschiedung der gesetzlichen Maximen überzeugen.

Zumindest im Jahr 1956 zeigten *Larenz'* Ausführungen in dieser Richtung recht wenig Bedenken. Er sah im Gegenteil durch die Anerkennung des sozialtypischen Verhaltens als Verpflichtungsgrund durch den BGH „eine Entwicklung eingeleitet ..., die eine sachgerechte Würdigung der Erscheinungen des modernen Verkehrs" erlaube. Signifikant ist seine Suche nach einem „gemeinsamen Oberbegriff", der künftig sowohl vertraglich als auch sozialtypisch konstituierte Rechtsverhältnisse erfassen sollte. Er schlug hierfür den Begriff des „Vertrages im weiteren Sinne" vor. Perspektivisch erblickte er mögliche weitere Anwendungsfelder bei der Beurteilung des „Automatenkaufs" oder der „Vorgänge in einem Selbstbedienungsladen".[76]   651

Ob ungeachtet der aufgezeigten dogmatischen Bedenken die Einheitslösung der Vertragsverhältnisse aus sozialtypischem Verhalten gegenüber der differenzierten juristischen Betrachtung zumindest einen praktischen Vorteil barg, ist ebenfalls sehr fraglich und inzwischen wohl durch die allgemeine Verabschiedung dieser Lehre, auch durch *Larenz* selbst, beantwortet.   652

V. Ergebnis

Larenz bleibt mit der Aufnahme und Befürwortung des Rechtsinstituts der faktischen Vertragsverhältnisse in seinen methodischen Vorgaben. Er akzeptiert damit sowohl vor als auch nach 1945 außergesetzliche Aspekte zur Korrektur ausdrücklicher gesetzlicher Regelungen. Die Problematik dieses Vorgehens wird zum Teil durch ein sehr weit gefasstes Verständnis des Rechts bzw. der Rechtsordnung verdeckt. Die Korrektur der gesetzlichen Vorgaben erfolgt zudem an einem anerkannt grundsätzlichen Punkt des Privatrechts, der Vertragsfreiheit.   653

Die Lehre von den faktischen Vertragsverhältnissen bzw. den Vertragsverhältnissen aus sozialtypischem Verhalten fand zu keiner Zeit eine gesetzliche Grundlage. Sie widerspricht explizit der inhaltlichen Ausgestaltung der Schuldrechtsregelungen des Bürgerlichen Gesetzbuches. Zur Begründung der Lehre wurde demgegenüber auf die Erfordernisse der tatsächlichen Lebensverhältnisse hingewiesen, die in diesem Sinne als eigentliche Rechtsquelle fungierten. Mit dem Argument der Fiktivität der nach der gesetzlichen Lösung notwendigen Gedankenschritte wurde die Lückenhaftigkeit der gesetzlichen Regelung begründet. Eine direkte Gegenüberstellung der jeweiligen Ergebnisse unterblieb, die gesetzliche Regelung trat ohne nähere Untersuchung in den Hintergrund.   654

Dass die höchstrichterliche Rechtsprechung zumindest teilweise der Lehre folgte, fand *Larenz'* ausdrückliche Zustimmung. Andererseits zeigt die in den 50er Jahren erfolgte   655

---

76 *Larenz*, Begründung, S. 1900.

Rezeption der Lehre durch den Bundesgerichtshof, dass *Larenz'* Positionen, vor allem zur Frage der richterlichen Rechtsforbildung, durchaus mit der allgemeinen Rechtsentwicklung der Nachkriegszeit in Einklang standen. Die Schlussfolgerungen, die aus dem Erfolg der Lehre zu ziehen sind, sind also nicht nur für *Larenz*, sondern generell für die deutsche Rechtsentwicklung der 50er Jahre signifikant.

VI. Quellen und Literatur

1. Zum Einstieg in die Larenz-Texte

Für seine frühe Position von 1938 ist wichtig die kleine Schrift „Über Gegenstand und Methode des völkischen Rechtsdenkens" von 1938, siehe sogleich. Für nach 1945 ist grundlegend die klassische „Methodenlehre der Rechtswissenschaft" am besten in der schlanken 1. Auflage von 1960. Weitere hier wichtige Texte sind:

Larenz, Karl, Deutsche Rechtserneuerung und *Rechtsphilosophie**, Tübingen 1934.

ders., Vorwort, in: *Dahm, Huber, Larenz, Michaelis, Schaffstein, Siebert* (Hrsg.), Grundfragen der neuen Rechtswissenschaft, Berlin 1935, S. 5.

ders., *Vertrag* und Unrecht, Bd. 1, 1. Aufl. Hamburg 1936 (zur 2. Aufl. 1944 s. o. Fußnote 1).

ders., Rechtswissenschaft und Rechtsphilosophie. Eine Erwiderung, AcP 143 (1937), S. 257–281.

ders., Über Gegenstand und *Methode* des völkischen Rechtsdenkens, Berlin 1938.

ders., *Lehrbuch* des Schuldrechts, Bd. 1, 1. Aufl. München 1953, zuletzt 14. Aufl. 1987.

ders., Die *Begründung* von Schuldverhältnissen durch sozialtypisches Verhalten, NJW 1956, S. 1897–1900.

ders., Sozialtypisches Verhalten als Verpflichtungsgrund, DRiZ 1958, S. 245–248.

ders., *Methodenlehre* der Rechtswissenschaft, 1. Aufl. Berlin, Göttingen, Heidelberg 1960, 3. Aufl. Berlin, Heidelberg, New York 1975, zuletzt: 6. Aufl. 1991 und als gekürzte Studienausgabe, 1. Aufl. Berlin Heidelberg New York 1983, 2. Aufl. 1992.

2. Zum Einstieg in die Sekundärliteratur

Als kurzer Einstieg hilft

Frassek, Ralf, Karl Larenz (1903–1993) – Privatrechtler im Nationalsozialismus und im Nachkriegsdeutschland, in: JuS 1998, S. 296–301.

Grundlegend zu Larenz als Schuldrechtler ist ebenfalls

Frassek, Ralf, Von der "völkischen Lebensordnung" zum Recht – Die Umsetzung weltanschaulicher Programmatik in den schuldrechtlichen Schriften von Karl Larenz (1903–1993), Baden-Baden 1996.

Sehr aufschlussreich sind die vergleichenden Ausführungen zu Larenz bei

Monika Frommel von 1981, siehe sogleich,

3. Weitere hier wichtige Literatur

Anderbrügge, Klaus, Völkisches Rechtsdenken. Zur Rechtslehre in der Zeit des Nationalsozialismus, Berlin 1978.

Deyerling, Andrea, Die Vertragslehre im Dritten Reich und in der DDR während der Geltung des Bürgerlichen Gesetzbuchs. Eine vergleichende Betrachtung unter besonderer Berücksichtigung der Diskussion des faktischen Vertrages in der Bundesrepublik, Bayreuth 1996.

Diederichsen, Uwe, Karl Larenz, in: Juristen im Porträt, Festschrift zum 225jährigen Bestehen des Verlages C. H.Beck, S. 495–510.

---

* Die in den Fußnoten verwendeten Kurztitel sind im Folgenden kursiv gesetzt.

Frassek

ders., Karl Larenz †, NJW 1993, S. 902–903.

Döhring, Erich, Geschichte der juristischen Fakultät 1665–1965, in: Geschichte der Christian-Albrechts-Universität Kiel 1665–1965, Bd. 3, Teil 1, Neumünster 1965, S. 201–232.

Dreier, Ralf, Julius Binder (1870–1939). Ein Rechtsphilosoph zwischen Kaiserreich und Nationalsozialismus, in: *Loos*, (Hrsg.), Rechtswissenschaft in Göttingen, Göttinger Juristen aus 250 Jahren, Göttingen 1987, S. 435–455.

Fikentscher, Wolfgang, Methoden des Rechts in vergleichender Darstellung, Bd. 3, Mitteleuropäischer Rechtskreis, Tübingen 1976.

Flume, Werner, Allgemeiner Teil des Bürgerlichen Recht, Bd. 2, Das Rechtsgeschäft, 4. Aufl. Berlin u. a. 1992.

Frommel, Monika, Die *Rezeption* der Hermeneutik bei Karl Larenz und Josef Esser. Münchener Universitätsschriften, Juristische Fakultät, Abhandlungen zur rechtswissenschaftlichen Grundlagenforschung, Bd. 47, Ebelsbach 1981.

Haupt, Günter, Über faktische *Vertragsverhältnisse*, 1941; auch als Heft 124 der „Leipziger rechtswissenschaftlichen Studien" als „Festschrift der Leipziger Juristenfakultät für Dr. Heinrich Siber zum 10. April 1940", Band II, Leipzig 1943 (mit der Monographie übereinstimmende Seitenzählung).

Heck, Philipp, Rechtsphilosophie und Interessenjurisprudenz, AcP 143 (1937), S. 129–196.

Kim, Hyung-Bae, Wolfgang Freiherr Marschall von Bieberstein (Hrsg.), Zivilrechtslehrer deutscher Sprache, Seoul, München 1988.

Lambrecht, Peter, Die *Lehre* vom faktischen Vertragsverhältnis. Entstehung, Rezeption, Niedergang, Tübingen 1994.

Landau, Peter, Die deutschen Juristen und der nationalsozialistische Deutsche *Juristentag* in Leipzig 1933, ZNR 1994, S. 373–390.

Lange, Heinrich, Die Entwicklung der Wissenschaft vom Bürgerlichen Recht. Eine Privatrechtsgeschichte der neuesten Zeit, Tübingen 1941.

Rückert, Das „gesunde *Volksempfinden*" – eine Erbschaft Savignys?, ZRG GA 103 (1986), S. 199–247.

ders., Der Sieg des „*Lebens*" und des konkreten Ordnungsdenkens in der Deutschen Rechtsgeschichte der NS-Zeit, seine Vorgeschichte und seine Wirkungen, jetzt in *ders./D. Willoweit*, Die Deutsche Rechtsgeschichte in der NS-Zeit, ihre Vorgeschichte und ihre Nachwirkungen, Tübingen 1995, S. 177–240.

ders., Richtertum als Organ des Rechtsgeistes: Die Weimarer Erfüllung einer alten Versuchung, in: *Nörr, Wolfgang, Bertram Schefold, Friedrich Tenbruck* (Hrsg.), Geisteswissenschaften zwischen Kaiserreich und Republik, Stuttgart 1994, S. 267–313.

Rüthers, Bernd, Die unbegrenzte *Auslegung*, 1. Aufl. Tübingen 1968, 4. Aufl. Heidelberg 1991.

ders., Entartetes Recht, 2. Aufl. München 1989.

Volbehr, Friedrich, Richard Weyl, Professoren und Dozenten der Christian-Albrechts-Universität zu Kiel, 4. Aufl. Kiel 1956.

Wagner, Heinz, Kontinuitäten in der juristischen Methodenlehre am Beispiel von Karl Larenz, DuR 1980, S. 243–261.

Wolf, Wilhelm, Zivilrechtswissenschaft ohne Larenz. Die Positionierung des Privatrechts zwischen 1945 und 1953, KritV 1997, S. 400–425.

Willoweit, Dietmar, Deutsche Rechtsgeschichte und „nationalsozialistische Weltanschauung": das Beispiel Hans Frank, in: *Stolleis, Michael, Dieter Simon* (Hrsg.), Rechtsgeschichte im Nationalsozialismus. Beiträge zur Geschichte einer Disziplin, Tübingen 1989, S. 25–42.

4. Weitere und neuere Literatur

Hartmann, Franz, Das methodologische Denken bei Karl Larenz. Eine Analyse und Kritik, Frankfurt am Main 2001 (Diss. Leipzig 1988).

Kokert, Josef, Der Begriff des Typus bei Larenz, Berlin 1995.

Hüpers, Bernd, Karl Larenz – Methodenlehre und Philosophie des Rechts in Geschichte und Gegenwart, Berlin 2010.

Seinecke, Ralf, Richtige Reinheit oder reine Richtigkeit? Rechtslehren nach Hans Kelsen und Karl Larenz, in: JZ 2010, S. 279–287.

Canaris, Claus-Wilhelm, Karl Larenz (1903–1993), in: Deutschsprachige Zivilrechtslehrer des 20. Jahrhunderts in Berichten ihrer Schüler. Eine Ideengeschichte in Einzeldarstellungen, Bd. 2, hg. v. St. Grundmann u. K. Riesenhuber, Berlin 2010, S. 263–307. Anlässlich dieses Aufsatzes hat sich jüngst eine heftige Kontroverse entwickelt:*Rüthers, Bernd*, Personenbilder und Geschichtsbilder – Wege zur Umdeutung der Geschichte? Anmerkung zu einem Larenz-Portrait, in: JZ 66 (2011), S. 593–601; *Canaris, Claus-Wilhelm*, „Falsches Geschichtsbild von der Rechtsperversion im Nationalsozialismus" durch ein Porträt von Karl Larenz? Wider einen Versuch „unbegrenzter Auslegung" eines wissenschaftlichen Textes, in: JZ 66 (2011), S. 879–888; *Rüthers, Bernd*, Die Risiken selektiven Erinnerns – Antwort an C.-W. Canaris, in: JZ 66 (2011), S. 1149–1151; *Jakobs, Horst-Heinrich*, Sehr geehrter Herr Canaris, in: Myops, Heft 14, 2012, S. 6–16.

Methode und Zivilrecht bei Franz Wieacker (1908–1994)

von Marion Träger

Übersicht

I.	Zu Person und Werk Franz Wieackers	236
II.	Die juristische Methode Franz Wieackers	238
III.	Anwendung der Methode am Beispiel des § 242 BGB	252
IV.	Resümee	258
V.	Quellen und Literatur	259

Franz Wieacker war einer der prominentesten und international angesehensten deut- 656
schen Rechtswissenschafter.[1] Er ist vor allem als Rechtshistoriker, insbesondere mit seinem berühmten Buch „Privatrechtsgeschichte der Neuzeit"[2] und als Romanist, aber auch
als Zivilrechtler mit wichtigen Abhandlungen zum Bürgerlichen Recht bekannt geworden. Dagegen begegnet Wieacker kaum in der Literatur zur Methodenlehre und Rechtsdogmatik,[3] obwohl er zahlreiche Beiträge zur rechtstheoretischen Diskussion, unter anderem zur Naturrechtsdiskussion,[4] zur Dogmatikkritik und zum Justizsyllogismus,[5] zu
Methoden der Rechtsfindung,[6] zur Topikdiskussion,[7] zur Gesetzesbindung und zum
Problem der außergesetzlichen Rechtsordnung[8] geleistet hat. Wieacker hat zwar keine
eigene juristische Methodenlehre geschrieben. Doch äußert er in seinen rechtstheoretischen Abhandlungen grundlegende Gedanken zur Methode der Rechtsanwendung, zum
Verhältnis von Richter, Rechtswissenschaft und Gesetzgeber bei der Entscheidungsfin-
dung, zur Rolle der positiven Gesetze sowie insgesamt zum Prozess der richterlichen
Entscheidungsfindung.

---

1 *J. G. Wolf,* Franz Wieacker 70 Jahre, JZ 1978, 578; *Wollschläger,* Franz Wieacker zum 70. Geburtstag, NJW 1978,
1791; *Lange,* Nachruf, JZ 1994, 354.
2 1. Auflage Göttingen 1952, 2. Auflage 1967.
3 Unten in V. Quellen und Literatur voll angegebene Titel werden im Folgenden nur abgekürzt zitiert. *Fikentscher,* Methoden des Rechts III, S. 414, erwähnt Wieacker kurz im Anschluss an Esser und zählt dessen außergesetzliche Wertmaßstäbe auf. Diese sind aus Wieackers Schrift „Gesetz und Richterkunst« übernommen. In
bedenklicher Weise wird von der in „Gesetz und Richterkunst« gewählten Anordnung auf eine Rangfolge der
Wertmaßstäbe geschlossen, die von Wieacker so nicht vorgenommen wird. *Kaufmann/Hassemer,* Rechtsphilosophie und Rechtstheorie, zitieren Wieacker nur in ihren Fußnoten und dann meist dessen Privatrechtsgeschichte; in Bezug auf die Dogmatik wird Wieacker nur in wenigen Fußnoten ohne nähere Reflexion seiner
Arbeiten erwähnt. *Larenz,* Methodenlehre, zitiert ebenfalls Wieacker meist nur mit dessen Privatrechtsgeschichte; allein zu „Gesetz und Richterkunst« finden sich zwei Fußnoten, die aber nicht näher Wieackers Methode verarbeiten. *Pawlowski,* Methodenlehre für Juristen, geht nur in einer Fußnote bzgl. der Topikdiskussion
stärker auf Wieacker ein; im übrigen finden sich nur kurze Bezugnahmen in einzelnen Fußnoten. *Simon* (Hrsg.),
Ausgewählte Schriften, kritisiert in seinem Vorwort die mangelnde Rezeption der Beiträge Wieackers zur Dogmatik. Über einige Titel berichtet jetzt *J. G. Wolf,* Wieacker, 2007.
4 Naturrechtsdiskussion, 1965; vgl. auch Rechtsprechung und Sittengesetz, 1961; Gesetz und Richterkunst, 1957.
5 Praktische Leistung der Rechtsdogmatik, 1970; vgl. auch Gesetz und Richterkunst, 1957; Rechtsfindung, 1974;
Formalismus und Naturalismus, 1982.
6 Rechtsfindung, 1974; Formalismus und Naturalismus, 1982; Szientismus, 1978; Topikdiskussion, 1973.
7 Topikdiskussion, 1973; vgl. auch Praktische Leistung der Rechtsdogmatik, 1970; Rechtsfindung, 1974.
8 Gesetz und Richterkunst, 1957; Rechtsprechung und Sittengesetz, 1961; Naturrechtsdiskussion, 1965.

I. Zu Person und Werk Franz Wieackers

657 Die folgende Arbeit soll Wieackers methodisches Programm als Rechtstheoretiker und Zivilrechtsdogmatiker herausarbeiten.

1. Zur Person

658 Franz Wieacker wurde am 5. August 1908 in Stargard in Pommern als Sohn des Richters Franz Wieacker, zuletzt Landgerichtspräsident in Stade, geboren.

659 Mit siebzehn Jahren begann er das Studium der Rechtswissenschaft in Tübingen, wechselte dann nach München und schließlich Göttingen. Nach dem Referendarexamen wurde er im Sommer 1929 Schüler des Romanisten *Fritz Pringsheim*, bei dem er 1930 in Freiburg i. Br. mit einer Arbeit über die „Lex commissoria", d. h. über den Widerruf und Erfüllungszwang im römischen Kaufrecht, promovierte. Es folgten 1931 und 1932 Studienaufenthalte in Rom und Palermo. 1933 habilitierte sich Wieacker in Freiburg i. Br. bei Pringsheim mit der venia legendi für Römisches Recht, Bürgerliches Recht sowie Urheber- und Patentrecht durch eine Untersuchung über die „Societas". Von 1933 bis 1936 übernahm Wieacker Lehrstuhlvertretungen in Frankfurt a. M. und Kiel. Am 1.1.1937 wurde er zum planmäßigen außerordentlichen, zwei Jahre später zum ordentlichen Professor an der Universität Leipzig ernannt, der er bis zum Kriegsende angehörte. Von 1945 bis 1948 war Wieacker als Gastprofessor in Göttingen und Freiburg i. Br. tätig. 1948 wurde er erneut zum ordentlichen Professor, diesmal an der Universität Freiburg i. Br., ernannt, und zwar für Römisches Recht, Bürgerliches Recht und Privatrechtsgeschichte der Neuzeit. Außerdem wurde er Mitdirektor des Instituts für Rechtsgeschichte an der Universität Freiburg. Seit 1953 schließlich war Wieacker als ordentlicher Professor in Göttingen tätig und dort Direktor des von ihm gegründeten Instituts für Gemeines und Römisches Recht. Trotz verschiedener Rufe an auswärtige Universitäten blieb Wieacker Göttingen treu. Wegen seiner fortdauernden Verbundenheit mit der Freiburger Fakultät wurde er 1970 dort Honorarprofessor. 1973 wurde Wieacker emeritiert. Er verstarb am 17. Februar 1994.[9]

660 Franz Wieacker wird zu den bedeutendsten Vertretern der deutschen Rechtswissenschaft und zu den führenden Rechtsgelehrten des 20. Jahrhunderts gezählt.[10] Sein hohes Ansehen im In- und Ausland bezeugen zum einen eine Reihe von Ehrenpromotionen an in- und ausländischen Fakultäten (Freiburg i. Br., Glasgow, Uppsala, Florenz, Barcelona und Rom), zum anderen seine Mitgliedschaft in zahlreichen in- und ausländischen Gesellschaften (Akademie der Wissenschaften in Leipzig [1941] und Göttingen [seit 1954], korrespondierendes bzw. auswärtiges Mitglied der Heidelberger Akademie der Wissenschaften [seit 1952], der Accademia Nationale dei Lincei in Rom [seit 1967], des Instituto Lombardo in Mailand [seit 1970], der Royal Academy of Arts and Science of Uppsala [seit 1972], der Bayerischen Akademie der Wissenschaft in München [seit 1973] und der American Society for Legal History). Als besondere Auszeichnungen sind noch seine Mitgliedschaft im preußischen Orden „Pour le mérite" für Wissenschaften und Künste als Nachfolger von Karl Jaspers seit 1969, die Verleihung des großen Verdienstkreuzes mit Stern der Bundesrepublik Deutschland 1978 sowie des „Premio International per le

---

9 Zu den biographischen Daten: *Kim/Marschall*, Zivilrechtslehrer, S. 479; *Wolf*, Franz Wieacker 70 Jahre, JZ 1978, 578; *Lange*, Nachruf, JZ 1994, 354.
10 *Wollschläger*, Franz Wieacker zum 70. Geburtstag, NJW 1978, 1791; *Lange*, Nachruf, JZ 1994, 354.

Scienze Giuridiche della Fondazione Feltrinelli", des „Nobelpreises für Juristen", 1985 zu nennen.[11]

2. Zum Werk

In dem sehr umfangreichen Werk Wieackers[12] nimmt das Römische Recht einen Schwerpunkt ein. Beginnend mit der Dissertation über die „Lex commissoria" und der Habilitationsschrift über die „Societas", hat Wieacker in den Jahren seiner wissenschaftlichen Arbeit zahlreiche Beiträge dem Römischen Recht gewidmet bis zu seinem letzten großen Werk, dem ersten Band seiner im Handbuch der klassischen Altertumswissenschaften erschienenen „Römischen Rechtsgeschichte". Im Bereich der Romanistik hat Wieacker Pionierarbeit geleistet durch eine Revision der Textkritik, verbunden mit der Erforschung der allgemeinen Bedingungen der Textüberlieferung. Mit seinem Buch „Textstufen klassischer Juristen" (1960) hat er die romanistische Textkritik auf eine neue Basis gestellt.[13]   661

Bedeutendes hat Wieacker außerdem für die neuere Rechtsgeschichte geleistet. Mit seiner berühmten „Privatrechtsgeschichte der Neuzeit" hat er 1952 diese Disziplin mitbegründet.[14] Er zeigt darin die geistesgeschichtlichen und gesellschaftlichen Kräfte der einzelnen Perioden auf, die Rechtsdenken und Privatrechtsgesetzgebung in Deutschland und in Europa bis in die Gegenwart geprägt haben.   662

Schließlich sind seine zahlreichen Abhandlungen im Bereich des geltenden Rechts zu erwähnen. Im Zivilrecht hat er zu vielen wichtigen Fragen Stellung genommen, so u. a. zum Leistungsbegriff, zu Funktionen der Forderung, Willenserklärung, „sozialtypischem Verhalten", Irrtum und Geschäftsgrundlage und zur juristischen Person.   663

Zur rechtstheoretischen Diskussion hat Wieacker in verschiedenen Schriften seit Ende der 1950er bis in die 80er Jahre beigetragen.[15] Darunter ist von grundlegender Bedeutung seine 1957 erschienene Schrift „Gesetz und Richterkunst", in der er seine Auffassung zur Methode der Rechtsanwendung, insbesondere in Bezug auf das Verhältnis des rechtsanwendenden Richters zum Gesetz, zum Ausdruck bringt. In seiner wohl bekanntesten rechtstheoretischen Abhandlung „Zur rechtstheoretischen Präzisierung des § 242 BGB" (1956), zeigt Wieacker die Möglichkeiten einer präzisierten Ausfüllung einer Generalklausel mithilfe der Dogmatik auf.   664

Zuletzt sollen Wieackers Schriften noch unter chronologischem Gesichtspunkt betrachtet werden. Nach seiner ersten Schrift 1931 und jeweils zwei Schriften 1932 und 1933 folgten in den Jahren 1934–1944 eine größere Zahl von Abhandlungen, und zwar zum großen Teil zum Römischen Recht, daneben zur Eigentumsverfassung, zum Bodenrecht, zum Eigentumsvorbehalt, zum Erbrecht u. a. In den Jahren 1945–1947 erschien kein, 1948 nur ein Beitrag. Nach 1949, in den 1950er, 60er, 70er und 80er Jahren, lag dann der Schwerpunkt von Wieackers wissenschaftlicher Arbeit. Mit einer Vielzahl von Ab-   665

11 *Kim/Marschall*, Zivilrechtslehrer, S. 479; *Wolf*, Franz Wieacker 70 Jahre, JZ 1978, 578; *Lange*, Nachruf, JZ 1994, 354.

12 Ein Schriftenverzeichnis von 1931 bis einschließlich 1977 enthält die Festschrift für Franz Wieacker zum 70. Geburtstag, S. 489–506. Beste Fassung inzwischen die „Bibliographie der Schriften Franz Wieackers«, in ZS-Rom 112 (1995), S. 744–769.

13 *Wolf*, Franz Wieacker 70 Jahre, JZ 1978, 578 f.; *Lange*, Nachruf, JZ 1994, 354.

14 *Wolf*, Franz Wieacker 70 Jahre, JZ 1978, 578; *Lange*, Nachruf, JZ 1994, 354. Zu diesem Buch jetzt umfassend Winkler, Rechtswissenschaft, 2012.

15 Seine wichtigsten rechtstheoretischen Schriften sind gesammelt in *Simon, Dieter* (Hrsg.), Ausgewählte Schriften, Band 2, Theorie des Rechts und der Rechtsgewinnung, Frankfurt 1983.

handlungen äußerte er sich zu Fragen des Römischen Rechts, des Zivilrechts, zur Rechtsgeschichte, insbesondere Privatrechtsgeschichte, sowie zur Zivilrechtsdogmatik und Rechtstheorie.

666   Die für die vorliegende Fragestellung interessierenden rechtstheoretischen Schriften fallen in den Zeitraum von der zweiten Hälfte der 1950er bis in die 80er Jahre, also in einen relativ engen Bereich von 20–30 Jahren, so dass sich das Problem eines zeitlichen Wandels seiner Anschauungen weniger stellt. Bei Betrachtung dieser Abhandlungen ist zu erkennen, dass Wieacker immer wieder auf bestimmte methodische Grundgedanken zurückgreift. Ein Bruch in seiner juristischen Methode lässt sich nicht feststellen. Daher wird im folgenden ohne zeitliche Unterteilung vorgegangen.

II. Die juristische Methode Franz Wieackers

1. Grundlagen

667   Nach Wieacker ist es **Aufgabe der Rechtsdogmatik,** Kriterien für eine rational einsichtige Lösung zwischenmenschlicher Konflikte, d. h. praktische Anweisungen für die Rechtsanwendung zu liefern.[16] Den Kern der Rechtsanwendung bilden rechtliche Entscheidungen, die vornehmlich von den Gerichten, aber auch von der Verwaltung und zum Teil von der Rechtspolitik, insofern sie an verfassungsmäßige Gesetzgebungsverfahren und inhaltlich an das Grundgesetz gebunden ist, getroffen werden.[17] Als Beispiel dienen Wieacker die Entscheidungen des Richters.[18] So betreffen seine dogmatischen Schriften den Prozess der richterlichen Entscheidungsfindung, u. a. deren Charakter,[19] die möglichen Methoden,[20] die Gesetzesbindung und evtl. bestehende Spielräume bei der Rechtsanwendung[21] sowie richterliche Rechtsauslegung und Rechtsfortbildung.[22] Wieackers Methodensätze sind also im wesentlichen an den rechtsanwendenden Richter adressiert.

668   Für das Verständnis der methodischen Gesichtspunkte Wieackers ist ein Blick auf die Ziele und Anforderungen, die an die Rechtsanwendung zu stellen seien, sinnvoll, weil Wieacker hieraus verschiedene **Prämissen** seines Methodenkonzeptes begründet.

669   Ziel des Rechts sei die **Verwirklichung praktischer Gerechtigkeit.**[23] Die richterliche Rechtsanwendung müsse deshalb auf Rechtssicherheit, Gleichbehandlung des Gleichen und Willkürfreiheit ausgerichtet sein.[24] Diese Ziele könnten aber nur erreicht werden, wenn objektivierbare, also rational nachprüfbare, öffentlich einsichtige und kontrollierbare Kriterien den Prozess der richterlichen Entscheidungsfindung bestimmten.[25] So

---

16 *Wieacker,* Praktische Leistung der Rechtsdogmatik, S. 66 f.; vgl. auch *ders.,* Szientismus, S. 127; *ders.,* Formalismus und Naturalismus, S. 139, 148; *ders.,* Gesetzesrecht, JZ 1957, 701, 704.

17 *Wieacker,* Rechtsfindung, S. 101 f.

18 *Wieacker,* Rechtsfindung, S. 101 f.; vgl. auch *ders.,* Gesetz und Richterkunst, S. 3; *ders.,* Recht und Automation, S. 164, 166.

19 *Wieacker,* Gesetz und Richterkunst, S. 4 ff., 7; *ders.,* Gesetzesrecht, JZ 1957, 701, 704; *ders.,* Rechtsgewinnung, S. 176; *ders.,* Topikdiskussion, S. 94.

20 *Wieacker,* Praktische Leistung der Rechtsdogmatik, S. 64 ff., 69 ff.; *ders.,* Topikdiskussion, insb. S. 97 ff.; *ders.,* Rechtsfindung, S. 103 ff.; *ders.,* Formalismus und Naturalismus, S. 140 f., 148 ff.

21 *Wieacker,* Gesetz und Richterkunst, S. 3 ff., 6 ff., 11 ff.; *ders.,* Rechtsprechung und Sittengesetz, S. 28 ff.; *ders.,* Praktische Leistung der Rechtsdogmatik, S. 63 f.

22 *Wieacker,* Rechtsfindung, S. 102; *ders.,* Gesetz und Richterkunst, S. 7.

23 *Wieacker,* Naturrechtsdiskussion, S. 5.

24 *Wieacker,* Praktische Leistung der Rechtsdogmatik, S. 69; *ders.,* Topikdiskussion, S. 98; *ders.,* Rechtsfindung, S. 117; *ders.,* Recht und Automation, S. 165 f.; *ders.,* Rechtsgewinnung, S. 176, 179.

25 *Wieacker,* Topikdiskussion, S. 98; *ders.,* Rechtsfindung, S. 117, 119; *ders.,* Szientismus, S. 129; *ders.,* Formalismus und Naturalismus, S. 148; *ders.,* Rechtsgewinnung, S. 176, 179.

müsse die Rechtsanwendung möglichst frei von subjektiven Anschauungen und sittlichen Wertvorstellungen des Richters sein.[26] Letzteres ergebe sich notwendig auch unter verfassungsrechtlichem Aspekt: Aufgrund des Verbotes der Benachteiligung wegen abweichender weltanschaulicher Meinungen in Art. 3 III GG, aufgrund des Grundrechts der Meinungsfreiheit in Art. 5 I GG und der Gewissensfreiheit in Art. 4 GG sowie aufgrund des Gebots der Achtung der Menschenwürde in Art. 1 GG in Verbindung mit der freien Entfaltung der Persönlichkeit in Art. 2 I GG sei es der Rechtsordnung verwehrt, bestimmte sittliche Wertvorstellungen zwingend durchzusetzen, so dass die Rechtsanwendung stets frei von bloß persönlichen Weltanschauungen bleiben müsse.[27] Schließlich müsse bei jeder rechtlichen Entscheidung die Einzelfallgerechtigkeit beachtet werden,[28] da die Entscheidung stets Anwendung einer allgemeinen Regel auf einen konkreten Fall zur Lösung eines konkreten Konflikts sei.

Aus dem Ziel der **Gleichbehandlung** des Gleichen folgt für Wieacker, dass sich jede Entscheidung als Anwendung einer allgemeinen Regel darstellen lassen müsse, die – mit den Worten des Art. 1 II SchwZGB (1907) – der Entscheidende „als Gesetzgeber aufstellen würde".[29]   670

Das Erfordernis einer **allgemeinen Regel** und damit der Rechtssicherheit, Gleichbehandlung des Gleichen und Willkürfreiheit sowie das Ziel der Rationalität und Nachprüfbarkeit der rechtlichen Entscheidung gewährleiste zuerst das allgemeine Gesetz, das „die konkrete Konfliktentscheidung durch eine im vorhinein aufgestellte Regel vorwegnehme".[30] Daher scheine die strikt aus dem allgemeinen Gesetz ableitende Methode des Gesetzespositivismus besonders gut die geforderte Allgemeingültigkeit, Vorhersehbarkeit, Gleichbehandlung und Rechtssicherheit zu erreichen.   671

Wieacker lehnt aber einen reinen **Gesetzespositivismus** aus verschiedenen Gründen ab.[31]Zum einen genüge er wie alle deduktiven Verfahren – das sind nach Wieacker Verfahren, welche mit streng logischen Schlüssen aus angenommenen Prämissen ableiten – nicht der **Einzelfallgerechtigkeit**.[32] Wegen des Anspruchs der allgemeinen Einsehbarkeit der logischen Schlüsse gewährleisteten diese Verfahren zwar Objektivität, Gleichbehandlung des Gleichen und formale Rechtssicherheit. Die strenge Deduktion biete aber keine Sicherheit für „praktische Angemessenheit" und „praktisch-moralische Richtigkeit" der Entscheidung.[33] Dazu müssten die gerechtigkeitsrelevanten Umstände des Einzelfalls in den Entscheidungsprozess einbezogen werden, was aber beim streng aus dem Gesetz ableitenden Verfahren eines Gesetzespositivismus nicht möglich sei.   672

Ein weiteres Problem eines Gesetzespositivismus sieht Wieacker darin, dass die dort erfolgende Gleichsetzung allen Rechts mit dem Gesetz die Gefahr in sich trage, über dem Perfektionismus eines Gesetzesstaates das eigentliche Ziel praktischer Gerechtigkeit zu verlieren und die elementarste Rechtsvernunft nicht mehr zu beachten. Die Gefahr un-   673

---

26 *Wieacker*, Rechtsprechung und Sittengesetz, S. 26.
27 *Wieacker*, Rechtsprechung und Sittengesetz, S. 24, 26.
28 *Wieacker*, Recht und Automation, S. 166 f.; *ders.*, Praktische Leistung der Rechtsdogmatik, S. 69.
29 Dies ist ein Grundgedanke in Wieackers Methode: vgl. *Wieacker*, Praktische Leistung der Rechtsdogmatik,
    S. 77; Topikdiskussion, S. 97; Rechtsfindung, S. 117; Szientismus, S. 128; Rechtsgewinnung, S. 179.
30 *Wieacker*, Praktische Leistung der Rechtsdogmatik, S. 64; *ders.*, Rechtsgewinnung, S. 177.
31 *Wieacker*, Naturrechtsdiskussion, S. 5; *ders.*, Rechtsprechung und Sittengesetz, S. 19; *ders.*, Gesetz und Richterkunst, S. 5/6.
32 *Wieacker*, Praktische Leistung der Rechtsdogmatik, S. 69; *ders.*, Rechtsgewinnung, S. 182; vgl. auch *ders.*, Recht
    und Automation, S. 166/167.
33 *Wieacker*, Praktische Leistung der Rechtsdogmatik, S. 69/70.

Träger   239

gerechten positiven Rechts könne zwar durch Vorkehrungen wie gegenseitige Kontrollen, qualifizierte Mehrheiten und unabhängige Verfassungsgerichtsbarkeit vermindert werden, doch könne die Gefahr nicht gebannt werden in einer Rechtsordnung, die sich allein dem positiven Recht verschreibe und eine **überpositive Kontrolle** der Normen auf ihre Gerechtigkeit nicht zulasse. Deshalb müsse eine Rechtsordnung von vorneherein offen für überpositive Maßstäbe bleiben.[34]

674 Schließlich sei ein Gesetzespositivismus auch deswegen abzulehnen, weil bereits die **alltägliche Anwendung** von etlichen Gesetzen überpositiver Maßstäbe bedürfe. So seien Begriffe wie die Menschenwürde, die freie Entfaltung der Persönlichkeit oder der Wesensgehalt eines Grundrechts nicht ohne überpositive Maßstäbe auszufüllen.[35]

675 Der entscheidende Einwand Wieackers gegen einen reinen Gesetzespositivismus ist aber ein empirischer Gesichtspunkt mit normativer Folgerung. Entgegen den Vorstellungen des klassischen Gesetzespositivismus erschöpfe sich die Rechtsanwendung nicht in der **Subsumtion** eines streitigen Sachverhalts unter das in der Gesetzesnorm erscheinende hypothetische Urteil im Wege des logischen Syllogismus.[36] Das dem Gesetzespositivismus zugrundeliegende Ideal von der Lückenlosigkeit der Rechtsordnung sei schon wegen der Unausschöpfbarkeit der Fallsituationen nicht erfüllbar.[37] Außerdem führe die Sprachgebundenheit einer geschriebenen Norm dazu, dass ihre Anwendbarkeit außerhalb des eindeutigen Kernbereichs erst ermittelt werden müsse und deshalb in diesen Fällen eine Lösung allein aus dem Gesetz nicht möglich sei.[38] Schließlich sei durch den Zeitablauf und die Alterung der Kodifikationen bedingt, dass sich der Richter jeden Tag weiter von dem ursprünglichen Ordnungs- und Bewertungsplan der Kodifkation entferne. Der Wandel der Sozial- und Wirtschaftsstrukturen sowie der Wertvorstellungen führe dazu, dass sich auch der gesetzliche Regelungsplan in ständiger Veränderung befinde.[39] Dann aber könnten rechtliche Entscheidungen nicht allein durch logischen Schluss aus der geschriebenen Norm abgeleitet werden; vielmehr müsse sich der Rechtsanwendende nach der gegebenen Gesellschafts- und Werteordnung erst die **allgemeine Regel** erarbeiten, die er auf den Einzelfall anwende.[40]

676 Besonders deutlich lässt sich nach Wieacker ein gewandeltes Verhältnis des Zivilrichters zur Kodifikation des BGB in der Entwicklung vom klassischen, bürgerlichen Rechtsstaat zum sozialen Rechtsstaat beobachten. Während der Richter im traditionellen Normensystem allein streitentscheidend tätig gewesen sei, sei er nun auch „zur **fürsorglichen Gestaltung** von Lebensverhältnissen und zur Wohlordnung sozialer und wirtschaftlicher Zustände" berufen, wenn er z. B. im Mietrecht den Schutz des Mieters stärke oder richterliche Vertragshilfe leiste.[41] Da nun aber die gewandelte Staats- und Gesellschaftsordnung mit einem veränderten Normenverständnis verbunden sei – hier sogar mit einem veränderten Verständnis von der Funktion des Zivilrichters, der nun nicht nur streitentscheidend, sondern als „sozial gestaltender Richter" agiere – könne die Methode des Gesetzespositivismus, die rechtliche Entscheidungen allein durch logisch zwingende

---

34 *Wieacker*, Naturrechtsdiskussion, S. 5/6.
35 *Wieacker*, Naturrechtsdiskussion, S. 6.
36 *Wieacker*, Gesetz und Richterkunst, S. 5/6; *ders.*, Rechtsprechung und Sittengesetz, S. 30; *ders.*, Szientismus, S. 128; *ders.*, Topikdiskussion, S. 87; *ders.*, Rechtsfindung, S. 102/103; vgl. auch *ders.*, Recht und Automation, S. 166; *ders.*, Rechtsgewinnung, S. 181, 186/187.
37 *Wieacker*, Szientismus, S. 128; *ders.*, Formalismus und Naturalismus, S. 140.
38 *Wieacker*, Szientismus, S. 128; *ders.*, Formalismus und Naturalismus, S. 140.
39 *Wieacker*, Gesetz und Richterkunst, S. 3/4; *ders.*, Szientismus, S. 128.
40 *Wieacker*, Szientismus, S. 128.
41 *Wieacker*, Gesetz und Richterkunst, S. 4/5.

Träger

Schlüsse aus der geschriebenen Norm abzuleiten versuche, keine ausreichende Grundlage für die rechtliche Entscheidungsfindung sein.

Wieacker lehnt somit die unbedingte Gesetzesherrschaft über den Richter ab.[42] Demnach ist eine rein logisch-kognitive Gesetzesanwendung für ihn nicht möglich.[43]

677

Vielmehr seien bereits jede Interpretation und jede Gesetzesauslegung schon eigene **wertende Entscheidung des Richters**, nämlich Wahl zwischen mehreren möglichen Bewertungen.[44] Außer in ganz engen Bereichen wie z. B. der Feststellung von Steuern, Renten, Gebühren oder bei der Anwendung von Altersgrenzen, wo ein logischer Schluss i. S. der Subsumtion ausreichend sei, enthalte der Prozess der richterlichen Entscheidungsfindung stets volitive Elemente.[45] In diesem Wertungsprozess habe der Richter die Aufgabe, die möglichen Bewertungen aufzufinden und zwischen ihnen auszuwählen. Bestünden mehrere Bewertungsalternativen, müsse eine Optimierung erfolgen.[46] Aber auch bereits die Entscheidung im Rahmen des „Vorverständnisses", welche Tatbestände in Bezug auf die Problemgesichtspunkte des Falles in Betracht kämen, sei kein logischer, sondern ein wertend auswählender Vorgang.[47]

678

Wieacker führt noch einen weiteren Grund an, warum die Rechtsanwendung notwendigerweise wertende Entscheidung des Richters sei. Nach Untersuchungen zum ethischen Verhalten beruhe ethisch relevantes Verhalten nicht auf kognitiven Erkenntnisakten, sondern stets auf einer persönlichen Entscheidung zum Guten in einer konkreten Situation.[48] Dann sei aber auch die richterliche Urteilsfindung als sittlicher Akt niemals bloße Normanwendung, sondern Wahl zwischen verschiedenen Wertungsmöglichkeiten.[49]

679

Unter Wertung versteht Wieacker alle Bestimmungsgründe einer Entscheidung, wobei der Begriff der Wertung im wesentlichen dem Interessenbegriff Hecks und dem Wertbegriff der Wertungsjurisprudenz entsprechen soll.[50] Wieacker sieht hier die **Wertungsjurisprudenz** – von ihm auch jüngere Interessenjurisprudenz genannt – als Fortsetzung der Interessenjurisprudenz, die den Begriff des Interesses durch den Begriff der Wertung ersetzt habe.[51] Dieser Vergleich Wieackers zu den Begriffen des „Interesses" und der „Wertung" hilft für die Erarbeitung der Methode Wieackers nicht viel weiter. Er trägt sogar die Gefahr einer vorschnellen Einordnung Wieackers in eine Methodenrichtung in sich. Zum einen erscheint zweifelhaft, ob Wieacker mit der Gleichsetzung von „Interesse" und „Wertung" den Methoden der Interessen- und Wertungsjurisprudenz gerecht wird. Zum anderen soll in dieser Arbeit gerade das Methodenprogramm Wieackers in seinen Grundlagen kritisch erarbeitet werden. Dazu darf aber nicht die äußerliche Bezugnahme Wieackers auf den Interessenbegriff Hecks oder den Wertungsbegriff der Wertungsjurisprudenz betrachtet werden. Es ist vielmehr zu fragen, was der Richter nach Wieacker denn konkret als Bestimmungsgründe seiner Entscheidung, d. h. als „Wertungen" heranziehen, welchem Bereich er also die möglichen „Wertungen" entnehmen soll.

680

---

42 *Wieacker*, Gesetz und Richterkunst, S. 6.
43 *Wieacker*, Gesetz und Richterkunst, S. 6; *ders.*, Praktische Leistung der Rechtsdogmatik, S. 59.
44 *Wieacker*, Gesetzesrecht, JZ 57, 701, 704; *ders.*, Gesetz und Richterkunst, S. 6/7; *ders.*, Praktische Leistung der Rechtsdogmatik, S. 59, 63; *ders.*, Szientismus, S. 135.
45 *Wieacker*, Rechtsgewinnung, S. 176, 186 f.
46 *Wieacker*, Szientismus, S. 135; *ders.*, Rechtsgewinnung, S. 176 ff., 183.
47 *Wieacker*, Rechtsgewinnung, S. 182, 187.
48 *Wieacker*, Naturrechtsdiskussion, S. 13; *ders.*, Gesetz und Richterkunst, S. 11.
49 *Wieacker*, Gesetz und Richterkunst, S. 11; vgl. auch *ders.*, Gesetzesrecht, JZ 1957, 701, 706.
50 *Wieacker*, Topikdiskussion, S. 94; *ders.*, Rechtsfindung, S. 116.
51 *Wieacker*, Topikdiskussion, S. 94.

681   Daraus, dass jede Interpretation, jede Gesetzesauslegung wertende Auswahl zwischen verschiedenen Bewertungsalternativen sei, ergibt sich für Wieacker, dass jeder rechtsanwendende Akt als **Bewertungswahl** zugleich ein Stück „punktueller Rechtsfortbildung" sei.[52]

682   Wieacker unterscheidet demnach in dem Bereich der Rechtsanwendung, die über die Subsumtion hinausgeht – das ist, wie bereits dargestellt, die Mehrzahl der rechtlichen Entscheidungen – nicht mehr deutlich zwischen Gesetzesauslegung und Rechtsfortbildung. Vielmehr geht beides für ihn ineinander über. Deshalb sind bei ihm für beide Bereiche auch keine getrennten Verfahren der Rechtsfindung zu erkennen. Wieacker entwickelt vielmehr **einheitliche Maximen** für die richterliche Entscheidungsfindung. Deswegen soll im folgenden zunächst auch ohne Unterteilung in Rechtsauslegung und Rechtsfortbildung Wieackers Vorstellung von richterlicher Urteilsbildung untersucht werden.

683   Man könnte nach der deutlichen Kritik Wieackers am Gesetzespositivismus und der starken Betonung des Wertungsprozesses und der volitiven Elemente bei der richterlichen Entscheidungsfindung annehmen, dass sich Wieacker nun weniger für eine Orientierung an den positiven Rechtsnormen ausspricht als vielmehr für einen breiteren Bewertungsspielraum des Richters. Wieacker erinnert aber wieder an die zu der Rechtsanwendung aufgestellten Forderungen der Rechtssicherheit, Gleichbehandlung des Gleichen, Vorhersehbarkeit der Entscheidungen, die intellektuelle Überprüfbarkeit und Kontrollierbarkeit der Entscheidungsfindung sowie deren Freihaltung von subjektiven Wertvorstellungen des Richters verlangen. Deshalb hält er an der grundsätzlichen Bindung des Richters an Gesetz und Recht fest.[53]

684   Mit Ausnahme evident ungerechter Gesetze, die bereits *per definitionem* nach dem Grundgesetz keine Geltung hätten – das sind Gesetze, die z. B. offensichtlich gegen die in Art. 1 GG garantierte Menschenwürde, gegen das Recht auf Leben, körperliche Unversehrtheit und Freiheit in Art. 2 II GG, gegen das Verbot der Zwangsarbeit in Art. 12 III GG verstoßen oder offensichtlich den Wesensgehalt eines Grundrechts entgegen Art. 19 II GG antasten – müsse der Richter jedes Gesetz anwenden.[54] Dies sei schon durch die Bindung der Rechtsprechung an „Gesetz und Recht" in Art. 20 III geboten.[55] Bei Zweifeln an der Vereinbarkeit eines Gesetzes mit dem Grundgesetz stehe dem Richter der Weg zum BVerfG nach Art. 100 I GG offen.[56] Es sei demnach dem Richter nicht gestattet, sich wegen eines vermeintlichen, nicht evidenten Verstoßes einer Norm gegen überpositive Maßstäbe von der Gesetzesbindung zu lösen, indem er dieses Gesetz nicht anwende. Würde man diese Bindung des Richters lockern, würde der Richter zu beliebiger Suspension von Gesetzen ermächtigt und der Weg für die Verwirklichung der subjektiven Moral des Richters eröffnet.[57] Die Rechtsanwendung müsse aber gerade rational nachprüfbar und frei von subjektiven Anschauungen sein.[58]

685   Wieacker geht somit einen **mittleren Weg** zwischen strengem Gesetzespositivismus und einem freien Bewertungsspielraum des Richters, wobei er immer wieder entscheidendes Gewicht auf die Gesetzesbindung legt, wenn er z. B. den Schutz gegen ungerechte Gesetze

---

52 *Wieacker*, Gesetz und Richterkunst, S. 7.
53 *Wieacker*, Rechtsprechung und Sittengesetz, S. 28.
54 *Wieacker*, Rechtsprechung und Sittengesetz, S. 29 f.
55 *Wieacker*, Rechtsprechung und Sittengesetz, S. 29.
56 *Wieacker*, Rechtsprechung und Sittengesetz, S. 29.
57 *Wieacker*, Rechtsprechung und Sittengesetz, S. 29.
58 *Wieacker*, Szientismus, S. 129; *ders.*, Rechtsgewinnung, S. 176.

Träger

nicht in der „Lockerung der Gesetzesbindung, sondern in der Verunmöglichung ungerechter Gesetze" sieht.[59]

So sei **einerseits** im Hinblick auf Rechtssicherheit und Gleichbehandlung des Gleichen eine strenge Orientierung des Richters an den Gesetzen zu fordern[60] sowie eine Begrenzung des Bewertungsspielraums, weshalb objektivierbare und nachprüfbare Kriterien für die richterliche Entscheidungsfindung gefunden werden müssten.[61] **Andererseits** verbleibe dem Richter bei der Rechtsanwendung, da es sich um einen Wertungsprozess handle, stets ein Wertungsspielraum, und die Gesetzesbindung solle der Richter so handhaben, dass er die Gesetze nicht starr befolge, sondern stets kritisch auf ihre Gerechtigkeit überprüfe.[62] 686

Man kann die Stellung des Richters demnach so beschreiben: Der Richter müsse in dem Prozess der Entscheidungsfindung tunlichst persönliche Wertvorstellungen außer Acht lassen, weltanschaulich offen sein und in Orientierung an der Gerechtigkeit den Gesetzen gehorsam sein, nicht aber im Sinne eines „blinden" Gehorsams, sondern wachsam und denkend, immer in Überprüfung der Normen auf ihre Gerechtigkeit. 687

2. Der Prozess der richterlichen Entscheidungsfindung im einzelnen

Die entscheidende Frage des richterlichen Entscheidungsfindungsprozesses ist daher, wie der Bewertungsspielraum des Richters gehandhabt werden soll, um subjektive Entscheidungen und Willkür zu vermeiden und die notwendige Rechtssicherheit zu gewährleisten. Nach Wieacker müssen objektivierte, intellektuell überprüfbare und öffentlich einsehbare Kriterien aufgefunden werden.[63] 688

Die Erkenntnis, dass der Richter allein durch Gesetzes*anwendung*, d. h. durch Subsumtion des Streitfalls unter eine gesetzliche Norm die Entscheidung nicht finden könne, führe notwendig zur Suche nach verbindlichen außergesetzlichen Richtlinien der Rechtsprechung.[64] Es gehe also um die Auffindung eines **außergesetzlichen Wertungsplans**, d. h. vorpositiver Sätze rechtlichen Sollens.[65] 689

Dabei müsse das Verfahren zur Auffindung objektivierbarer Kriterien zugleich soziale Realität und normativ Gesolltes einbeziehen.[66] Ein Verfahren, das allein das normativ Gesollte beachte und das empirische Sein aus seiner Betrachtung ausschließe – von Wieacker als juristischer Formalismus bezeichnet, worunter er verschiedene Spielarten des Positivismus, so u. a. den Legalismus der **ecole exégétique** und die Begriffsjurisprudenz in Deutschland verstehen will[67] – könne keine Inhalte eines vorgesetzlichen Sollens angeben.[68] Außerdem sei Recht ein Phänomen sozialer Interaktion,[69] weshalb es notwendig 690

---

59 *Wieacker*, Rechtsprechung und Sittengesetz, S. 19.
60 *Wieacker*, Rechtsprechung und Sittengesetz, S. 28.
61 *Wieacker*, Rechtsfindung, S. 117, 119; *ders.*, Szientismus, S. 129.
62 *Wieacker*, Rechtsprechung und Sittengesetz, S. 40.
63 *Wieacker*, Rechtsgewinnung, S. 176 f.; *ders.*, Praktische Leistung der Rechtsdogmatik, S. 63; *ders.*, Rechtsfindung, S. 117, 119; *ders.*, Szientismus, S. 129; *ders.*, Formalismus und Naturalismus, S. 148.
64 *Wieacker*, Gesetz und Richterkunst, S. 8, 17; *ders.*, Rechtsprechung und Sittengesetz, S. 30; *ders.*, Formalismus und Naturalismus, S. 140.
65 *Wieacker*, Formalismus und Naturalismus, S. 140 f.
66 *Wieacker*, Formalismus und Naturalismus, S. 150 f.
67 *Wieacker*, Formalismus und Naturalismus, S. 145.
68 *Wieacker*, Formalismus und Naturalismus, S. 147 f.
69 *Wieacker*, Formalismus und Naturalismus, S. 149.

Träger 243

sei, die gesellschaftliche Wirklichkeit zur Auffindung außergesetzlicher Gerechtigkeitswerte heranzuziehen.

691 Andererseits sei aber auch ein Verfahren, das sich allein auf die gesellschaftliche Wirklichkeit ausrichte und das rechtlich Gesollte außer Betracht lasse, nicht akzeptabel. Denn zum einen sei Recht **per definitionem** etwas Gesolltes; dann dürfe Recht aber nicht als bloß Tatsächliches beschrieben werden.[70] Zum anderen schließe dieses Verfahren fälschlicherweise vom empirischen Sein auf das normativ Gesollte.[71] Schließlich beinhalte letzteres Verfahren viele Unsicherheiten und gebe keinen ausreichenden Schutz gegen willkürliche Entscheidungen, nämlich dann, wenn dem Richter durch das Gesetz kein Wertungsprogramm vorgegeben und nun fraglich sei, welche gesellschaftlichen Wertungen er heranziehen solle – z. B. die Wertungen der Mehrheit insgesamt oder nur der Mehrheit der Fachkundigen – und wie er diese Wertungen feststellen solle.[72]

692 Folglich lassen sich außergesetzliche Gerechtigkeitswerte als Richtlinie für den Wertungsprozess des Richters nur unter Orientierung **sowohl an der sozialen Wirklichkeit als auch am normativ Gesollten** auffinden.

693 Keinen ausreichenden, außergesetzlichen Maßstab für die Rechtsprechung gebe das **subjektive Rechtsgewissen oder Rechtsgefühl,** da es keine objektiven Inhalte liefere und keine rationale Nachprüfbarkeit sowie Allgemeingültigkeit gewährleiste, die aber zum Wesen der Gerechtigkeit gehörten.[73]

694 Einen positiven Ansatz zur Aufstellung von Bewertungskriterien biete die **Interessenjurisprudenz,** wenn sie die vom Gesetzgeber vorgestellten und bewerteten Interessen analysiere.[74] Positiv herauszuheben sei hier die Orientierung an der Gesetzesnorm unter gleichzeitiger Bezugnahme auf die in der Wirklichkeit bestehenden Interessenlagen.[75] Die Interessenjurisprudenz sei allerdings nur im Bereich der Gesetzesanwendung und -auslegung hilfreich. Sobald eine gesetzgeberische Interessenbewertung nicht aufzufinden sei, versage sie als Methode notwendigerweise, weil sie dort keine Maßstäbe für die Bewertungswahl des Richters liefern könne.[76] Nach Wieacker sind daher außergesetzliche, objektiv verpflichtende Maßstäbe zur Handhabung der richterlichen Bewertungsspielraums zu suchen,[77] um die nötige Nachprüfbarkeit und Vorhersehbarkeit der Entscheidungen und damit Rechtssicherheit, Gleichbehandlung des Gleichen sowie Willkürfreiheit zu erreichen. Wieacker spricht sich für die Anerkennung unbedingt verpflichtender, außergesetzlicher Bewertungsmaßstäbe aus.[78] Diese sind allerdings **nicht als System allgemeiner Normen** mit unveränderlichem materialen Inhalt zu verstehen.[79] Die Unmöglichkeit einer absoluten materialen Wertethik ergibt sich für Wieacker zum einen aus der Geschichtlichkeit der Wertmaßstäbe und der Ethik.[80] Da menschliches Handeln immer persönlich, geschichtlich und situationsbezogen sei, könne es für richtiges Handeln keine

70 *Wieacker,* Formalismus und Naturalismus, S. 148.
71 *Wieacker,* Formalismus und Naturalismus, S. 148.
72 *Wieacker,* Formalismus und Naturalismus, S. 148.
73 *Wieacker,* Gesetz und Richterkunst, S. 9.
74 *Wieacker,* Gesetz und Richterkunst, S. 9; positive Bewertung auch in *ders.,* Gesetzesrecht, JZ 1957, 701, 704.
75 *Wieacker,* Gesetz und Richterkunst, S. 9.
76 *Wieacker,* Gesetz und Richterkunst, S. 9.
77 *Wieacker,* Gesetz und Richterkunst, S. 9.
78 *Wieacker,* Gesetz und Richterkunst, S. 10.
79 *Wieacker,* Gesetz und Richterkunst, S. 10 f.
80 *Wieacker,* Gesetz und Richterkunst, S. 10.

Träger

allgemeingültige materiale Norm geben, die von Person, Geschichte oder Situation absehen könne.[81]

Nach Wieacker spricht noch ein weiterer Grund gegen eine abstrakte, normative Rechtsethik. Jedem ethischen Verhalten und damit auch der richterlichen Urteilsfindung als praktisch-ethischem Verhalten liege eine **persönliche Entscheidung** zum Guten in einer konkreten Situation zugrunde.[82] Damit sei aber gerade ein System inhaltlich unveränderbarer Normen als verbindlicher Maßstab für den rechtsanwendenden Richter nicht vereinbar.[83] Daraus ergebe sich die Frage, ob wegen des hier auftretenden Gegensatzes, dass allgemein verbindliche Wertmaßstäbe notwendigerweise abstrakt, verantwortliches Handeln in einer Situation aber immer konkret sei, allgemein verbindliche Maßstäbe für den Richter überhaupt auffindbar seien.[84] Wieacker löst dieses Problem, indem er die **Aufgabe der Rechtsethik** nicht in der Vorgabe eines Systems absoluter Normencodices von bestimmtem materialen Inhalt sieht – weil eine solche nach dem eben Geschilderten gar nicht möglich ist – sondern in der Bereitstellung objektivierbarer und verbindlicher Maßstäbe für die praktische Urteilsfindung, die dem Richter unmittelbar vollziehbare Anweisungen für eine gerechte Urteilskunst geben sollen.[85] So sei es möglich, dem Richter einsehbare, nachprüfbare und unbedingt verpflichtende Maßstäbe zur Handhabung seines Bewertungsspielraums zur Verfügung zu stellen, die Wieacker als **Regeln guter Richterkunst** bezeichnet.[86] Auf diese Weise bestünden zwar keine allgemein verbindlichen Maßstäbe für die inhaltliche Entscheidung des Richters, aber doch objektivierbare, verbindliche Anweisungen für das praktische Handeln, d. h. die praktische Vorgehensweise des Richters in jedem Einzelfall.[87]

Vor diesem Hintergrund lässt sich auch die Frage nach dem **Verhältnis Wieackers zum Naturrecht** klären. Danach kann es für Wieacker kein Naturrecht im Sinne eines absoluten inhaltlichen Systems von Normen geben.[88] In einer gegebenen geschichtlichen Lage ließen sich dagegen überpositive Maßstäbe und Weisungen der Gerechtigkeit auffinden.[89] Wieacker lässt es offen, ob man diesen Bestand objektivierbarer, methodisch auffindbarer Kriterien eines gerechten Rechts als Naturrecht bezeichnen solle.[90]

Wo lassen sich diese objektivierbaren und rational nachprüfbaren Maßstäbe richterlicher Urteilskunst finden? Die verbindlichsten Aussagen, die sich auch am stärksten dem positiven Recht annähern, ergeben sich nach Wieacker aus den ausdrücklichen Wertungen des **Grundgesetzes**.[91] Als Beispiel nennt Wieacker sittliche Grundsatzwertungen wie Menschenwürde oder freiheitliche Grundordnung sowie politische Bekenntnisse der Verfassung zur Gleichberechtigung, zur Sozialstaatlichkeit oder zum Föderalismus.[92] Soweit diese Wertungen allerdings ausdrücklich im Grundgesetz Niederschlag finden, dürfte es sich hierbei nicht um außergesetzliche Wertmaßstäbe handeln. Weiterhin sollen

695

696

697

---

81 *Wieacker*, Gesetz und Richterkunst, S. 10.
82 *Wieacker*, Gesetz und Richterkunst, S. 11; vgl. oben Fn 48.
83 *Wieacker*, Gesetz und Richterkunst, S. 10 f.
84 *Wieacker*, Gesetz und Richterkunst, S. 11.
85 *Wieacker*, Gesetz und Richterkunst, S. 11 f., 17.
86 *Wieacker*, Gesetz und Richterkunst, S. 12.
87 *Wieacker*, Gesetz und Richterkunst, S. 11.
88 *Wieacker*, Naturrechtsdiskussion, S. 12.
89 *Wieacker*, Naturrechtsdiskussion, S. 14.
90 *Wieacker*, Naturrechtsdiskussion, S. 8.
91 *Wieacker*, Gesetz und Richterkunst, S. 12; vgl. auch *ders.*, Szientismus, S. 128; *ders.*, Rechtsprechung und Sittengesetz, S. 30, 38.
92 *Wieacker*, Gesetz und Richterkunst, S. 12.

Wertungen dem in der Verfassung, den Kodifikationen und den Gesetzen zum Ausdruck kommenden **Wertungszusammenhang der Gesamtrechtsordnung** entnommen werden.[93] Hier befindet sich Wieacker im Rahmen der systematischen Auslegung und noch in ziemlicher Nähe zu den positiven Normen.

698 Als wichtigste außergesetzliche Richtlinie der Urteilsfindung nennt Wieacker die **bewährte Judikatur**, d. h. den anerkannten, von den Fachgenossen und den Gerichten gebilligten und typischerweise befolgten Gerichtsgebrauch. Dieser sei als Maßstab für die richterliche Entscheidungsfindung geeignet, weil sich in richterlicher Kasuistik Erfahrungen ausbilden und unbrauchbare Problemlösungen ausgeschieden werden. Durch den geforderten Konsens der Fachgenossen und Gerichte könnten willkürliche Entscheidungen verhindert und Objektivität und Nachprüfbarkeit der Entscheidungsfindung gesichert werden.[94]

699 Als weiterer Maßstab sollen in Zustimmung zu Esser[95] die allgemein anerkannten, geschichtlich vergänglichen **Zeitwahrheiten** einer gegebenen nationalen oder übernationalen Rechtskultur, die sogenannten „**standards**" herangezogen werden. Es handle sich dabei um „positivierbare und eindeutig bestimmbare kulturelle Anschauungen unserer Zeit".[96] Insofern sei auch die Formel des Reichsgerichts vom „Anstandsgefühl aller billig und gerecht Denkenden" durchaus zutreffend.[97] Auch hier biete die geforderte **Konvention**, nämlich der notwendige Konsens der Rechtsdenkenden der Zeit Schutz gegen Subjektivität der Entscheidungen. Denn der konventionelle Charakter verbiete es dem Richter, Wertvorstellungen seiner Person oder einer bestimmten Volksgruppe zugrundezulegen.[98]

700 Schließlich kommen als verbindliche Regeln praktischer Urteilskunst die anerkannten und in feste und bestimmte Vorschriften gebrachten **Grundsätze richterlicher Billigkeit** in Frage, die im wesentlichen aus § 242 BGB entwickelt wurden. Darunter zählt Wieacker z. B. das „venire contra factum proprium", also das Verbot, sich nicht im Widerspruch zum eigenen Verhalten zu setzen, den Einwand unredlichen Rechtserwerbs oder die Unzulässigkeit der grob unbilligen, rücksichtslosen Rechtsverfolgung. Ebenso wie bei der bewährten Judikatur und den allgemein anerkannten sozialen, kulturellen und ethischen Anschauungen wirke hier der notwendige Konsens Willkür und Subjektivismus entgegen.[99]

701 Wieacker erwähnt außerdem unter Bezugnahme auf Esser[100] die „**Natur der Sache**" und die „sachlogischen Strukturen" als weitere außergesetzliche Maximen für die richterliche Rechtsanwendung.[101]

702 Schließlich könne noch die **bewährte Lehre** unmittelbar vollziehbare Anweisungen an den Richter enthalten.[102] In Zustimmung zu Esser sollen System, Institution und Rechts-

---

93 *Wieacker*, Szientismus, S. 128.
94 *Wieacker*, Gesetz und Richterkunst, S. 15.
95 *Wieacker*, Gesetzesrecht, JZ 1957, 701, 704.
96 *Wieacker*, Gesetz und Richterkunst, S. 12 f.; *ders.*, Gesetzesrecht, JZ 1957, 701, 704; vgl. auch *ders.*, Rechtsprechung und Sittengesetz, S. 39; *ders.*, Szientismus, S. 128.
97 *Wieacker*, Gesetz und Richterkunst, S. 13; *ders.*, Topikdiskussion, S. 95.
98 *Wieacker*, Gesetz und Richterkunst, S. 13.
99 *Wieacker*, Gesetz und Richterkunst, S. 13.
100 *Wieacker*, Gesetzesrecht, JZ 1957, 701, 704; siehe zu Esser unten *Schäfer*, Rn. 755 ff.
101 *Wieacker*, Gesetz und Richterkunst, S. 13.
102 *Wieacker*, Gesetz und Richterkunst, S. 14; *ders.*, Rechtsprechung und Sittengesetz, S. 31.

begriff die notwendigen Maßstäbe für die rechtliche Entscheidungsfindung liefern.[103] Dabei seien System, Institution und Rechtsbegriff nicht als der Subsumtion zugänglicher Normenkomplex zu verstehen, sondern vielmehr als Repertoire von Problemlösungsvorschlägen, die bei wiederholter, praktischer Bewährung durch den Konsens der Fachgenossen Verbindlichkeit für die Rechtsprechung gewinnen können.[104] Als Beispiel für die Anwendung dieser Richtlinien nennt Wieacker den Fall, dass ein Vater die Heilkosten für sein durch Drittverschulden verletztes Kind auslege und vom Dritten Schadensersatz verlange. Nach Rechtsprechung und Lehre erhalte der Vater hier Schadensersatz aus Geschäftsführung ohne Auftrag für den Dritten. Wieacker sieht hier den entscheidenden Lösungsschritt in der Zuordnung des Instituts „Geschäftsführung ohne Auftrag" zu einer bestimmten Problemgruppe, hier dem Ausgleich an den unterhaltspflichtigen Vater.[105] An diesem Beispiel zeige sich, wie bestimmte Institute oder Rechtsbegriffe richtungsweisend für die richterliche Entscheidungsfindung sein können.

Betrachtet man die von Wieacker genannten Maßstäbe praktischer richterlicher Urteilskunst, so lässt sich zunächst feststellen, dass Wieacker eine **Vielzahl von Orientierungsfaktoren** für den Entscheidungsfindungsprozess anbietet, sei es in der Judikatur, der Lehre, den gesellschaftlichen Wertvorstellungen oder anderen Bereichen. 703

Nach Wieacker haben die aufgestellten Richtlinien guter Urteilskunst aber auch eine **limitierende Wirkung**. Sie schließen nämlich ein Zurückgreifen auf solche allgemeinen Postulate und außerrechtlichen Gebote aus, die nicht durch Verfassungsprinzipien, bewährte, durchschittliche, rechtskulturelle Anschauungen, anerkannte Regeln richterlicher Billigkeit, Sachnatur, bewährte Lehre und Judikatur legitimiert sind.[106] Der Richter sei also bei der Auffindung außergesetzlicher Richtlinien für die gerechte Urteilskunst nicht frei, was auch im Hinblick auf die von Wieacker geforderte Objektivität und Vorhersehbarkeit der Entscheidung sowie Gleichbehandlung und Rechtssicherheit einleuchtet. 704

Von praktischer Bedeutung ist die Frage, in welchem **Rangverhältnis** die dargestellten außergesetzlichen Richtlinien praktischer Richterkunst zueinander stehen. Wieacker hebt heraus, dass die verbindlichsten Maßstäbe aus den „ausdrücklichen Wertungen des Grundgesetzes" zu entnehmen seien.[107] Ansonsten gibt er keine Rangfolge an. Aus der Reihenfolge in der Darstellung allein lässt sich keine Gewichtung entnehmen. Dies wird z. B. daran deutlich, dass Wieacker die bewährte Judikatur als Maßstab erst ganz am Schluss seiner Anordnung nennt,[108] woraus man bei oberflächlicher Betrachtung schließen könnte, dass sie erst in letzter Linie heranzuziehen sei.[109] Er bezeichnet sie dann aber als wichtigste außergesetzliche Richtlinie der Urteilsfindung.[110] Die bewährte Judikatur biete dem Richter die unmittelbarste Orientierung.[111] Das bedeutet allerdings nicht, dass sie nun eine höhere Verbindlichkeit als die anderen Richtlinien für sich in Anspruch nehmen könne. Es findet sich demnach bei Wieacker **keine bestimmte Rangfolge** der einzelnen außergesetzlichen Maßstäbe richterlicher Urteilskunst. 705

---

103 *Wieacker*, Gesetz und Richterkunst, S. 14; *ders.*, Gesetzesrecht, JZ 1957, 701, 704.
104 *Wieacker*, Gesetz und Richterkunst, S. 14.
105 *Wieacker*, Gesetz und Richterkunst, S. 8, 14.
106 *Wieacker*, Gesetz und Richterkunst, S. 15.
107 *Wieacker*, Gesetz und Richterkunst, S. 12.
108 *Wieacker*, Gesetz und Richterkunst, S. 15.
109 So fälschlicherweise *Fikentscher*, Methoden des Rechts, S. 414.
110 Vgl. oben Fn 94.
111 *Wieacker*, Gesetz und Richterkunst, S. 15.

706　Nur soviel lässt sich festhalten, dass jedenfalls die **Wertungen der Verfassung** vorrangig vor allen anderen Faktoren heranzuziehen seien. Die Verfassung nimmt also eine wichtige Stellung in Wieackers Methodik ein; so finden sich in verschiedenen Punkten seiner Methodik immer wieder Bezüge auf die Verfassung.[112] Es erscheint mir deshalb als legitim, bei Wieacker von einer verfassungstheoretischen Einbindung seiner Methode zu sprechen.

3. Einordnung

707　Zur Einordnung Wieackers in Kategorien der Methodenlehre soll an eine von Wieacker vorgenommene Unterscheidung von Rechtsfindungsverfahren angeknüpft werden. Danach bestehen zwei Grundrichtungen von Rechtsfindungsverfahren, nämlich die deduktiv-systematische Vorgehensweise als strenges Ableitungsverfahren, wozu Wieacker Axiomatik und Begriffsjurisprudenz zählt, sowie das induktiv-pragmatische Verfahren, wozu Fallrecht, Interessenjurisprudenz, die Freirechtsschule, der skandinavische Realismus und die juristische Topik gehören sollen.[113]

708　Unter **deduktiven Verfahren** versteht Wieacker Methoden, die sich auf die allgemeine Einsehbarkeit logischer Schlüsse aus angenommenen Prämissen stützen.[114] Positiv an diesen Verfahren sei die Allgemeingültigkeit der die Entscheidung bestimmenden Regeln, welche den an die Rechtsanwendung gestellten Anforderungen der Vorhersehbarkeit, intelligiblen Objektivität, Gleichbehandlung des Gleichen und Rechtssicherheit gerecht werde.[115] Es wurde schon zu Anfang der Untersuchung zur strikt aus dem allgemeinen Gesetz ableitenden Methode des Gesetzespositivismus bemerkt, dass sie die geforderten Postulate der Allgemeingültigkeit, Willkürfreiheit, Rechtssicherheit besonders gut erfülle. Andererseits wurde aber festgestellt, dass diese aus verschiedenen Gründen als Rechtsfindungsverfahren abzulehnen sei. Zum einen berücksichtige die Methode des Gesetzespositivismus wie alle deduktiv-axiomatischen Verfahren nicht die Einzelfallgerechtigkeit, die ebenfalls ein Erfordernis jeder Rechtsanwendung sei.[116] Der wesentlichste Einwand Wieackers gegen die strengen Ableitungsverfahren liegt aber darin, dass Rechtsanwendung stets ein Wertungsprozess sei, der sich in der Wahl des Richters zwischen verschiedenen Bewertungsalternativen zeige;[117] diese wertende Entscheidung entziehe sich notwendigerweise einer rein logischen, begrifflichen Ableitung. Daher kommt ein rein deduktives Rechtsfindungsverfahren für Wieacker nicht in Betracht.

709　Den **induktiven Verfahren** sei gemeinsam, dass sie auf eine strenge Ableitung der Entscheidungen aus bestimmten Axiomen oder Rechtsbegriffen verzichteten.[118] Im Übrigen bestünden zwischen ihnen viele Unterschiede. Während zum Teil an einer rationalen Ableitung zwar nicht aus bestimmten Axiomen mit festem Stellenwert, aber aus allgemein formulierbaren Grundsätzen festgehalten werde, nehme z. B. der extreme Teil der Freirechtsschule einen „freien Bewertungsspielraum" des Richters ohne allgemeine Maximen für die richterliche Entscheidungsfindung an.[119] Letztere Richtung wird von Wieacker schon deshalb abgelehnt, weil sich jede rechtliche Entscheidung als Anwendung

---

112　Vgl. oben bei Fn 27, 41, 53–56.
113　*Wieacker*, Praktische Leistung der Rechtsdogmatik, S. 69; *ders.*, Rechtsfindung, S. 103 f.
114　*Wieacker*, Praktische Leistung der Rechtsdogmatik, S. 69.
115　*Wieacker*, Praktische Leistung der Rechtsdogmatik, S. 69.
116　Vgl. oben bei Fn 32.
117　Vgl. oben bei Fn 44.
118　*Wieacker*, Praktische Leistung der Rechtsdogmatik, S. 70.
119　*Wieacker*, Praktische Leistung der Rechtsdogmatik, S. 70.

einer allgemeinen Regel darstellen lassen müsse, die der Entscheidende „als Gesetzgeber aufstellen würde".[120] Eine solche Methode wie die der extremen Freirechtler könne keine Objektivität, Vorhersehbarkeit, Gleichbehandlung und Rechtssicherheit gewähren, was aber zu den Grundanforderungen der Rechtsordnung gehöre.[121]

In Betracht kommen dann noch diejenigen induktiven Verfahren, die den Bewertungs- 710 spielraum des Richters durch **allgemeine Maximen** für die richterliche Urteilskunst beschränken. Es wurde bereits die Interessenjurisprudenz insoweit positiv angeführt, wie sie in Orientierung an Norm und Wirklichkeit die gesetzgeberischen Interessenbewertungen analysiere und durch die Bindung des Richters an diese Allgemeingültigkeit der Entscheidungsgrundlagen und damit die Forderung der Rechtssicherheit gewähren könne.[122] Sobald aber keine gesetzgeberischen Interessenbewertungen auffindbar seien, setze sie eigene Interessenbewertungen an die Stelle derjenigen des Gesetzgebers, und zwar vor allem dann, wenn sie den Richter bei Gesetzeslücken ausdrücklich auffordere, nach dem in der konkreten Situation vorzugswürdigeren Interesse zu entscheiden.[123] Dann aber gewährleiste die Interessenjurisprudenz die von Wieacker immer wieder geforderte Objektivität, Einsichtigkeit, Willkürfreiheit und Rechtssicherheit nicht mehr.[124] Ebenso wie die Interessenjurisprudenz sicherten die anderen induktiven Methoden zwar Einzelfallgerechtigkeit, aber dies auf Kosten der objektiven Sicherheit und intelligiblen Einsichtigkeit der Urteilsbegründung.[125]

Wieacker beschäftigt sich näher noch mit der **Leistungsfähigkeit der juristischen Topik** 711 als induktiver Methode. Dabei bezeichnet die Topik ein Verfahren zur Herbeiführung eines Konsenses durch Diskussion der in Betracht kommenden Wertungs- und Lösungsmöglichkeiten eines Falles.[126] Positiv am topischen Verfahren sei, dass es sich zur Auffindung der im Einzelfall relevanten Wertungsmöglichkeiten eigne[127] und außerdem auf die Herbeiführung eines Konsenses gerichtet sei;[128] denn die durch die Konsensbildung gegebene Zustimmung der Rechtsgenossen sei für die Funktionsfähigkeit eines rechtlichen Regelungssystems unerlässlich.[129] Doch lasse sich in der modernen pluralistischen Gesellschaft und zunehmend arbeitsteiligen Welt nur ein sehr geringer Bereich allgemein verfügbarer und anerkannter Gemeinwahrheiten und damit ein Konsens auffinden.[130] In den meisten Fällen könne also die Topik wegen mangelnder Konsensbildung nicht zu Lösungen führen. Noch wesentlicher sind allerdings die folgenden Einwände Wieackers gegen das topische Verfahren. Die Topik missachte, wenn sie die möglichen Wertungen der freien Diskussion überlasse, die Bedeutung der Verbindlichkeit positiver Normen,[131] die auch durch Art. 20 III GG zwingend vorgegeben sei. Außerdem könne die Topik keine allgemeine Regel angeben, auf welche die Entscheidung zurückzuführen sei.[132] Im Hinblick auf die von der Rechtsordnung sicherzustellende Gleichbehandlung

---

120 Vgl. oben bei Fn 29.
121 Vgl. oben bei Fn 24, 25.
122 Vgl. oben bei Fn 74, 75; *Wieacker*, Praktische Leistung der Rechtsdogmatik, S. 71 f.
123 *Wieacker*, Praktische Leistung der Rechtsdogmatik, S. 72.
124 *Wieacker*, Praktische Leistung der Rechtsdogmatik, S. 72.
125 *Wieacker*, Praktische Leistung der Rechtsdogmatik, S. 72.
126 *Wieacker*, Praktische Leistung der Rechtsdogmatik, S. 73 f.; *ders.*, Topikdiskussion, S. 82.
127 *Wieacker*, Topikdiskussion, S. 99; *ders.*, Rechtsfindung, S. 118.
128 *Wieacker*, Topikdiskussion, S. 93.
129 *Wieacker*, Topikdiskussion, S. 86, 93.
130 *Wieacker*, Topikdiskussion, S. 94; *ders.*: Rechtsfindung, S. 114.
131 *Wieacker*, Topikdiskussion, S. 97; *ders.*: Rechtsfindung, S. 117.
132 *Wieacker*, Topikdiskussion, S. 97 f.; *ders.*: Rechtsfindung, S. 117; *ders.*: Praktische Leistung der Rechtsdogmatik, S. 77.

des Gleichen, Vorhersehbarkeit der Entscheidungen, Gerechtigkeit und Rechtssicherheit müsse sich aber unbedingt jede rechtliche Entscheidung als Anwendung einer Entscheidungsmaxime darstellen lassen, die als allgemeine Regel für alle gleich zu bewertenden Fälle formuliert werden könne.[133]

712 Die Topik könne deshalb **nicht als alleinige Rechtsfindungsmethode** herangezogen werden;[134] nützlich sei sie allerdings im Vorfeld der eigentlichen Entscheidung. So lege die Topik das „Vorverständnis" des Richters frei und helfe ihm bei der Auffindung des Rechtsproblems, der rechtlich relevanten Elemente des zu beurteilenden Sachverhalts und der verfügbaren Bewertungsalternativen.[135] Trotz der Ablehnung der Topik als alleinige Rechtsfindungsmethode kann es nach Wieacker Bereiche geben, in denen die Topik die Entscheidung des Richters unmittelbar leiten könne,[136] so u. a. dann, wenn unbehebbare Wertungswidersprüche bei der Musterung der Bewertungsalternativen auftreten, d. h. sich aus dem Wertungszusammenhang der Rechtsordnung keine Bevorzugung einer Wertung entnehmen lasse.[137] Es kann also für Wieacker Bereiche geben, in denen die von ihm angeführten allgemeinen Richtlinien für die praktische Urteilsfindung wie z. B. der Wertungszusammenhang der Gesamtrechtsordnung zu keiner Lösung führen; in diesen Fällen seien dann die praktischen Vernunftgründe, die sich in der Diskussion als die überzeugendsten herausstellen, als zureichende Bestimmungsgründe der Entscheidung anzusehen.[138]

713 Grundsätzlich lässt sich aber sagen, dass als alleinige Methode die Topik von Wieacker nicht als ausreichend angesehen wird. Ebenso genügten die übrigen induktiven Methoden aus den oben genannten Gründen für sich allein nicht den praktischen Anforderungen an die Rechtsdogmatik.[139]

714 Nach der von Wieacker vorgenommenen Einteilung entsprechen also weder die deduktiv-axiomatischen noch die induktiv-pragmatischen Verfahren ganz den an die Rechtsanwendung gestellten Anforderungen. Während erstere oft nicht die Einzelfallgerechtigkeit berücksichtigten, genügten letztere oft nicht der Normgerechtigkeit.[140]

715 Es fragt sich, in welches Rechtsfindungsverfahren Wieacker dann eingeordnet werden kann. Betrachtet man noch einmal die Grundlagen seiner Dogmatik, so tritt als **Kern der Rechtsanwendung** immer wieder der **Wertungsprozess** in Erscheinung.[141] Unter diesem Gesichtspunkt scheint Wieacker eher der induktiv-pragmatischen Vorgehensweise zuzuneigen. Ein solches Verfahren muss für ihn aber anders als die bisher genannten induktiven Verfahren Elemente enthalten, die einer Nachprüfung zugänglich sind und Objektivität gewährleisten.

716 Wieacker spricht sich schließlich für ein sogenanntes „**reduktives Schlußverfahren**" aus.[142] Kern dieses Verfahrens sei ein Ähnlichkeitsurteil. Wenn sich aus der Erfahrung ergebe, dass in einer Reihe ähnlicher Fälle eine bestimmte Folge eingetreten sei, dann

---

133 *Wieacker*, Topikdiskussion, S. 97 f.; *ders.*: Rechtsfindung, S. 117; *ders.*: Praktische Leistung der Rechtsdogmatik, S. 77; vgl. oben bei Fn 29.
134 *Wieacker*, Topikdiskussion, S. 99.
135 *Wieacker*, Topikdiskussion, S. 99; *ders.*, Rechtsfindung, S. 118.
136 *Wieacker*, Topikdiskussion, S. 99.
137 *Wieacker*, Topikdiskussion, S. 100.
138 *Wieacker*, Topikdiskussion, S. 100.
139 *Wieacker*, Praktische Leistung der Rechtsdogmatik, S. 77.
140 *Wieacker*, Praktische Leistung der Rechtsdogmatik, S. 77.
141 *Wieacker*, Rechtsfindung, S. 135.
142 *Wieacker*, Rechtsfindung, S. 105.

Träger

dürfe sie auch für die folgenden gleichartigen Fälle erwartet werden.[143] Dieses Verfahren sei ein Schlussverfahren, das nicht so streng sei wie das deduktive, weil es nur wahrscheinliche Urteile hergebe.[144] Durch die Anknüpfung an positive Normen und Wahrscheinlichkeitsurteile aus langer Erfahrung biete es aber eine Möglichkeit der Nachprüfung und damit Objektivität.[145] Wieacker betont die besondere Leistungsfähigkeit des „reduktiven Schlußverfahrens", die sich aus der Orientierung zum einen an den positiven Normen, die in einer modernen differenzierten und pluralistischen Gesellschaft unverzichtbar seien, und zum anderen am Rechtszweck, dem Interesse, der Bewertung, die der fortschreitenden sozialstaatlichen Entwicklung besonders entgegenkomme, ergebe.[146] Hier bestätigt sich die von Wieacker vertretene Orientierung des Richters an Norm und Wirklichkeit.

Bezeichnend für Wieacker ist nun allerdings, dass er **keine Rechtsfindungsmethode für zwingend hält.** So sei zwar der Richter zur Begründung seiner Entscheidung verpflichtet, doch sei ihm keine Begründungsmethode vorgeschrieben.[147] Folglich hält Wieacker auch eine Kombination verschiedener methodischer Ansätze für möglich und auch sinnvoll.[148] So schlägt er eine Funktionsteilung zwischen Topik und systematischer Ableitung vor.[149] Die Topik könne zur Auffindung des Einzelfallproblems und der möglichen Bewertungen sowie zum Vorschlag von Lösungsmöglichkeiten, die sich auf allgemein angenommene Maximen stützen können, dienen. Die systematische Ableitung solle dann diese Vorschläge auf ihre Kontingenz im allgemeinen Prinzipien- und Regelungszusammenhang kontrollieren.[150] 717

Das von Wieacker vorgeschlagene „reduktive Schlußverfahren" kann man auch als eine **Kombination von Elementen** deduktiver und induktiver Verfahren sehen. Soweit es das Schlussverfahren betrifft, weist es Merkmale einer systematischen Ableitung auf, soweit es um den Wertungsprozess und die Bezugnahme auf den Rechtszweck, das Interesse bzw. die Bewertung geht, hat es induktiv-pragmatischen Charakter. Die Methode Wieackers lässt sich im Ergebnis kennzeichnen als ein Verfahren, das auf größtmögliche Rechtssicherheit, Gleichbehandlung, Objektivität der Entscheidungen sowie Einzelfallgerechtigkeit zielt, bei dem sich die Rechtsanwendung in einem Wertungsprozess vollzieht, der Bewertungsspielraum des Rechtsanwendenden aber durch strenge Gesetzesbindung und allgemein verbindliche Regeln richterlicher Urteilskunst beschränkt ist. 718

Es ist eine Methode, für welche die **Kombination der Orientierung** an positiven Normen und der Orientierung an der sozialen Wirklichkeit sowie die Kombination systematischer Ableitung zur Sicherung von Objektivität, Rechtssicherheit, Willkürfreiheit und induktiv-pragmatischen Vorgehens zur Berücksichtigung der Fallgerechtigkeit charakteristisch ist. Schließlich handelt es sich um eine Methode, die durch verfassungsrechtliche Begründung ihrer Gesichtspunkte eine verfassungstheoretische Grundlegung sucht. 719

Man kann die Methode Wieackers als eine praxisorientierte, in ihrer detaillierten Begründung in sich schlüssige Methode bezeichnen. Sie erscheint in ihren praktischen Anweisungen an den richterlichen Entscheidungsfindungsprozess als brauchbares Verfah- 720

---

143 *Wieacker*, Rechtsfindung, S. 105.
144 *Wieacker*, Rechtsfindung, S. 105 f.
145 *Wieacker*, Rechtsfindung, S. 106.
146 *Wieacker*, Rechtsfindung, S. 106.
147 *Wieacker*, Praktische Leistung der Rechtsdogmatik, S. 78; *ders.*, Szientismus, S. 129 f.
148 *Wieacker*, Praktische Leistung der Rechtsdogmatik, S. 78.
149 *Wieacker*, Praktische Leistung der Rechtsdogmatik, S. 79.
150 *Wieacker*, Praktische Leistung der Rechtsdogmatik, S. 79.

ren. So stimme ich Wieacker zu, dass sich rechtliche Entscheidungen nicht durch bloß logischen Schluss aus dem Gesetz ableiten lassen, sondern dass Rechtsanwendung stets aus einem Wertungsprozess besteht. Damit aber rechtliche Entscheidungen nicht willkürlich getroffen werden, sondern Objektivität, Gleichbehandlung und Rechtssicherheit gewährleistet werden kann, ist eine Begrenzung des Bewertungsspielraums des Rechtsanwendenden notwendig. Die von Wieacker vorgeschlagenen Orientierungsfaktoren geben praktikable Maßstäbe, die durch ihre Rückbindung an Gesetz, Wertungszusammenhang der Rechtsordnung und den Konsens der Fachgenossen, Gerichte und Rechtsdenkenden eine rationale Überprüfung ermöglichen und damit ein Maß an Rechtssicherheit gewährleisten können. Als fruchtbarer Ansatz erscheint außerdem die verfassungstheoretische Fundierung der Methodengesichtspunkte durch Wieacker, weil man unter der Herrschaft des Grundgesetzes nicht umhinkommt, dass sich jede Methode der Rechtsanwendung bzw. jede Art von Rechtsfindungsverfahren als mit der Verfassung vereinbar erweisen muss.

III. Anwendung der Methode am Beispiel des § 242 BGB

721 Am Beispiel des § 242 BGB soll im folgenden untersucht werden, ob Wieacker seine methodischen Vorgaben in der Praxis der Rechtsanwendung einhält. Grundlage dafür ist seine Abhandlung „Zur rechtstheoretischen Präzisierung des § 242 BGB". Er stellt in dieser Abhandlung als grundlegenden Aspekt heraus, dass sich die Anwendung des § 242 BGB **nicht im Wege der Subsumtion** durch Vollzug eines logischen Schlusses darstelle,[151] und zwar aus zwei Gründen:

722 Aufgrund der Geschichtlichkeit der Ethik könne es für das immer geschichtliche, persönliche und situationsbezogene Handeln keine allgemeine materiale Anweisung geben, die von Geschichte, Situation oder Person absehen könnte. Die Sozialethik könne für soziales Verhalten in einer konkreten Situation wohl Maximen und Richtungstendenzen angeben, nicht aber allgemeingültige Normschemata, unter die subsumiert werden könne. „Treu und Glauben" sowie „die guten Sitten" in § 242 BGB seien deshalb keine fertigen, der Subsumtion zugänglichen „Schablonen", sondern eine vom Richter selbst zu realisierende Anforderung in der bestimmten Situation eines Falles.[152]

723 Schließlich spreche gegen eine Anwendung des § 242 BGB im Wege der Subsumtion, dass Rechtsanwendung sich nicht auf den Vollzug einer logischen Schlussfigur beschränke, sondern immer schon Interpretation, d. h. Wahl zwischen mehreren möglichen Bewertungen sei.[153] Besonders stark sei dieses Moment bei so unbestimmten Vorschriften wie den Generalklauseln zu beobachten. Jede Anwendung des § 242 BGB schaffe deshalb am werdenden Recht mit. Da eine Entscheidungslinie nicht vorgegeben sei, würden die Werte, auf die § 242 BGB mit „Treu und Glauben" und der „Verkehrssitte" verweise, erst im Laufe des Entscheidungsfindungsprozesses erarbeitet. § 242 BGB sei demnach nicht als fertige Norm gegeben, vielmehr weise diese auf Erfahrungen, Maximen, Regeln hin, die vom Richter erst in der konkreten Situation aktualisiert werden müssten.[154]

724 Mit der Ablehnung der Urteilsfindung durch reine Subsumtion und der Bezugnahme auf die Geschichtlichkeit der Ethik sowie den Charakter der Rechtsanwendung als Wer-

---

151 *Wieacker*, § 242 BGB, S. 10 ff.
152 *Wieacker*, § 242 BGB, S. 12 ff.
153 *Wieacker*, § 242 BGB, S. 14.
154 *Wieacker*, § 242 BGB, S. 14 ff.

Träger

tungsprozess befindet sich Wieacker ganz im Einklang mit den in seinen anderen rechts-theoretischen Schriften zum Ausdruck kommenden Grundgedanken seiner Methode.[155]

Wie soll nun dieser freie Raum der Generalklausel ausgefüllt werden? Die Richtlinien   725
für die Erarbeitung des § 242 BGB seien in dem Schatz forensischer Erfahrungen und
Maximen zu finden, die Wieacker gegenüber den gesetzlichen Regeln als „ius commune"
bezeichnet. Dieses umfasse die Rechtslogik, die naturalis ratio, Natur der Sache und
aequitas sowie den Gesamtbestand der anerkannten Entscheidungen, rationes decidendi,
Maximen und Leitsätze, die in einer gegebenen Jurisprudenz zu allgemeiner Konvention
geworden seien. Zusätzlich sollten auch feste sozialethische Wertungen und tragfähige
Prinzipien praktischer Ethik einbezogen werden.[156] Die bei der Anwendung des § 242
BGB herangezogenen Maximen richterlicher Entscheidungskunst müssten entweder auf
die erkennbaren und bestimmbaren Anweisungen des Gesetzgebers oder auf praktisch
unbestrittene Elementarsätze gerechten Handelns zurückzuführen sein.[157]

Die von Wieacker hier aufgeführten Richtlinien für die Anwendung des § 242 BGB stim-   726
men inhaltlich mit den Maximen der bewährten Judikatur, Natur der Sache, sachlogischen Strukturen, allgemein anerkannten Anschauungen und des im Gesetz enthaltenen
Wertungsplans überein. Wieacker entspricht hier also auch bzgl. der allgemein verbindlichen Maßstäbe richterlicher Urteilskunst seinen methodischen Vorgaben.

Dabei stellt sich die Frage, ob und inwieweit Wieacker bei der praktischen Anwendung   727
des § 242 BGB die von ihm aufgestellten Richtlinien für die richterliche Entscheidungsfindung verwirklicht. Wieacker unterscheidet bei der Anwendung des § 242 BGB drei
Fallgruppen. Da das Grundproblem jeder Generalklausel das Verhältnis des Richters
zum geschriebenen Recht sei, wählt Wieacker die drei Fallgruppen je nach Verhältnis der
Rechtsanwendung nach § 242 BGB zu der sonstigen gesetzlichen Regelung aus.[158]

1. Fallgruppe: „officium iudicis"

In der ersten Fallgruppe, die Wieacker als „officium iudicis" bezeichnet, werde der Rich-   728
ter in Ausfüllung der geschriebenen Rechtsordnung, d. h. in Verwirklichung des gesetzgeberischen Wertungsplans tätig.[159]

Es handle sich hier um den **pflichtmäßigen Urteilsspielraum** – deshalb „officium iudicis"   729
– der sich notwendig aus den Grenzen der Konkretisierung im Schuldrecht ergebe. Der
Gesetzgeber habe nämlich nicht alle schuldrechtlichen Grundsätze ausgeformt. § 242
BGB sei deshalb der allgemeine Grundsatz, aus dem sich alle schuldrechtlichen Vor-
schriften, auch die vom BGB ausformulierten, ableiten lassen müssten. Die durch den
Richter erfolgende sinngemäße Entwicklung der Vertragsordnung, die Feststellung des
Wie der Leistung sei folglich nur Konkretisierung des gesetzgeberischen Wertungs-
plans.[160]

Den **Sinn des Vertrages** finde der Richter im Gesetz selbst, in der sozialen Konvention,   730
auf die § 242 BGB ausdrücklich mit der „Verkehrssitte" verweise sowie in den „naturalia
negotii der gemeinrechtlichen Tradition", sozusagen der Natur der Sache.[161] Aus letz-

---

155 Vgl. Fn 36, 44, 80, 81.
156 *Wieacker*, § 242 BGB, S. 17 ff.
157 *Wieacker*, § 242 BGB, S. 19.
158 *Wieacker*, § 242 BGB, S. 21.
159 *Wieacker*, § 242 BGB, S. 21.
160 *Wieacker*, § 242 BGB, S. 21.
161 *Wieacker*, § 242 BGB, S. 21 ff.

terer ergeben sich z. B. Nebenpflichten eines Vertrages wie die Verpflichtung des Entleihers, die für eine Ausstellung übernommenen Bilder zu versichern oder das Recht des Verkäufers, vor der Ausübung von Mängelrechten durch den Käufer erst Nachbesserung zu versuchen.[162]

731 Auch bei der Entwicklung der sogenannten **Schutzpflichten** wie Obhut, Anzeige, Aufklärung u. ä. habe der Richter nur die vom Gesetz vorgesehene Leistungspflicht realisiert.[163] Ebenso habe der Richter bei der Entwicklung der positiven Forderungsverletzung nur die Absichten des Gesetzgebers verwirklicht, indem die Positive Forderungsverletzung durch Analogie zu den Schadensersatzvorschriften des BGB bei Unmöglichkeit und Verzug begründet wurde, aber noch keine Rechtsschöpfung darstelle.[164]

732 Das Verhältnis der Rechtsanwendung nach § 242 BGB zu den sonstigen gesetzlichen Regelungen ist in der ersten Fallgruppe demnach so zu beschreiben, dass der Richter nur den gesetzgeberischen Wertungsplan vollziehe, und zwar mit fester Richtschnur im Gesetz oder der Verkehrssitte, auf die § 242 BGB verweise.[165]

733 Wieacker betont für diese Fallgruppe ausdrücklich, dass es sich **nicht um Rechtsfortbildung bzw. Rechtsschöpfung** handle.[166] Er trennt folglich hier zwischen Rechtsauslegung und Rechtsfortbildung und setzt sich damit – was er selbst einräumt – in gewissen Widerspruch zu seiner These, dass bereits jede Interpretation als Wahl zwischen verschiedenen Bewertungsmöglichkeiten ein Akt punktueller Rechtsfortbildung sei.[167] Grundsätzlich sei eine scharfe Trennung zwischen Interpretation und Rechtsfortbildung nicht möglich; trotzdem sei in der ersten Fallgruppe zwischen der Konkretisierungsfunktion des „officium iudicis" und der Funktion der richterrechtlichen Rechtsfortbildung eine Unterscheidung möglich und sogar geboten. Im Bereich des „officium iudicis" realisiere der Richter nämlich nur den gesetzgeberischen Wertungsplan, was wegen der Grenzen der Konkretisierung in den Regeln über Schuldbeziehungen notwendig sei, entscheide aber nicht praeter legem oder contra legem, da er ja gerade nur den gesetzlichen Ordnungs- und Wertungsplan näher ausführe.[168]

734 Zusammenfassend lässt sich für die erste Fallgruppe als Kennzeichen die Orientierung an der gesetzgeberischen Interessenbewertung, die Realisierung des gesetzlichen Wertungsplans, die Ausrichtung am Gesetz und der sozialen Konvention sowie die Bezugnahme auf die Natur der Sache nennen. Es kommen also die von Wieacker aufgestellten Prämissen von der Orientierung des Richters am Gesetz sowie der Heranziehung des Wertungszusammenhangs, der allgemein anerkannten sozial-kulturellen Anschauungen und der Natur der Sache in der Praxis zur Anwendung.

2. Fallgruppe: „exceptio doli"

735 Unter der „exceptio doli" fasst Wieacker alle Maximen richterlicher Anforderungen an das persönliche, rechtsethische Verhalten der Rechtsparteien zusammen. Es sind die Anforderungen an die Parteien, sich bei der Geltendmachung und Abwehr von Rechten

---

162 *Wieacker*, § 242 BGB, S. 23 f.
163 *Wieacker*, § 242 BGB, S. 24.
164 *Wieacker*, § 242 BGB, S. 24.
165 *Wieacker*, § 242 BGB, S. 24 ff.
166 *Wieacker*, § 242 BGB, S. 24 ff.
167 Vgl. oben bei Fn 52.
168 *Wieacker*, § 242 BGB, S. 21 ff., 24 ff.

rechtsgenössisch zu verhalten.[169] Dabei handle es sich um feste Traditionen praktischer Ethik, in der gegebenen Jurisprudenz anerkannte und zur Konvention gewordene Grundsätze, d. h. „ius commune" im oben genannten Sinne.[170] Sie haben ihre Rechtfertigung somit als anerkannte, in feste und bestimmte Formen gebrachte Grundsätze richterlicher Billigkeit.[171] Wieacker beschränkt sich darauf, Gerechtigkeitselemente zu suchen, auf die sich diese Grundsätze beziehen, um ihre Bestimmtheit zu fördern und sie willkürlichen Entscheidungen zu entziehen.

Als ersten Grundsatz richterlicher Billigkeit nennt Wieacker das *„venire contra factum proprium"*, also die Unzulässigkeit des Widerspruchs zum eigenen Verhalten. Dieser Grundsatz wurzele tief in der persönlichen Gerechtigkeit. Er enthalte als Grundgedanken die „constantia", d. h. die Verlässlichkeit, die einen Selbstwiderspruch unzulässig erscheinen lasse.[172] Ausgangspunkt sei der Bedeutungswert, der dem eigenen Verhalten von Rechtsgenossen beigemessen werden dürfe. Deshalb sei das Prinzip des „venire contra factum proprium" als Anwendung der Sätze vom Vertrauen im Rechtsverkehr anzusehen.[173]   736

Als nächste Maxime richterlicher Anforderungen an das persönliche, rechtsethische Verhalten der Parteien nennt Wieacker das *„dolo agit, qui petit, quod statim redditurus est"*, d. h. das arglistige Verhalten desjenigen, der etwas begehrt, was er umgehend zurückgewähren muss. Wieacker sieht die Unzulässigkeit der Geltendmachung im Fehlen eines „dauerhaften Eigeninteresses".[174] Der Grund dafür liege in der Einheit der bürgerlichen Rechtsordnung. Der Kläger mache hier sein Rechtsschutzbegehren aus einem Mittel zu einem autonomen Selbstzweck. Dies sei ihm von der Rechtsordnung aber nur ausnahmsweise im Wechselprozess, bei der einstweiligen Verfügung und bei den Besitzklagen gestattet. Dort erhielten nämlich einzelne Sicherungsinteressen den Vorrang vor dem Rückgriff auf die Gesamtrechtsordnung. Ansonsten aber gewähre die Rechtsordnung als unteilbare, sofort auf endgültige Zuordnungspunkte zuzugehen, so z. B. wenn der Beklagte nach § 821 BGB dem geltendgemachten Anspruch die Einrede der Bereicherung des Anspruchsgegners entgegenhalten könne.[175]   737

Charakteristisch für das Vorgehen Wieackers ist hier die Orientierung am **Wertungszusammenhang der Gesamtrechtsordnung,** wenn Wieacker z. B. die Wertung des § 821 BGB heranzieht und ihr entgegengesetzte Wertungen im Wechselprozess, bei der einstweiligen Verfügung und den Besitzklagen gegenüberstellt. Es geht dann um die Abwägung dieser Wertungen unter dem Aspekt des Regel-Ausnahme-Verhältnisses, das der Gesamtrechtsordnung entnommen wird.   738

Der *„Einwand des unredlichen Rechtserwerbs"* umfasse die Fälle der Unzulässigkeit der Rechtsausübung, wenn die behauptete Rechtsposition durch eigenes gesetz- oder vertragswidriges Verhalten geschaffen worden sei.[176] Den Grund für diese Anforderung an das persönliche, rechtsethische Verhalten der Rechtsparteien sieht Wieacker zum einen in dem Strukturgesetz der **Rechtsgemeinschaft,** wonach die Rechtsgenossen selbst die Maßstäbe setzen, nach denen sie beurteilt werden. Als Voraussetzung der Integration des   739

---

169 *Wieacker,* § 242 BGB, S. 27.
170 *Wieacker,* § 242 BGB, S. 36, 52.
171 Vgl. Fn 99.
172 *Wieacker,* § 242 BGB, S. 28.
173 *Wieacker,* § 242 BGB, S. 28.
174 *Wieacker,* § 242 BGB, S. 29.
175 *Wieacker,* § 242 BGB, S. 29.
176 *Wieacker,* § 242 BGB, S. 30 f.

Rechts bestimmten die Rechtsgenossen selbst die „Standards", an denen ihr Handeln gemessen werde. Wer demnach ein Recht durch gesetz- oder vertragswidriges Verhalten erwerbe, könne selbst nicht gesetzes- und vertragsgemäße Achtung dieses Rechts durch den anderen verlangen.[177] Außerdem führe die Gleichheitsforderung als Grundelement der Gerechtigkeit zum genannten Prinzip.[178] Wer nämlich ein Recht trotz eigenen Rechtsverstoßes fordere, verlange Ungleichbehandlung des Gegners zu seinen Gunsten.[179]

740   Wieacker begründet also den „Einwand des unredlichen Rechtserwerbs" mit der Grundstruktur der Rechtsgemeinschaft sowie mit der dem Gerechtigkeitsziel eigenen Gleichheit vor dem Recht, die Wieacker immer wieder als Ziel der Rechtsanwendung herausgehoben hat.

741   Da Wieacker hier nicht an Standards oder Überzeugungen der Jurisprudenz oder der Gesellschaft, sondern an Grundvoraussetzungen der Rechtsgemeinschaft und grundlegende Eigenschaften der Gerechtigkeit anknüpft, handelt es sich bei dem Grundsatz des „Einwandes unredlichen Rechtserwerbs" um eine zeitlos gültige Anforderung an das Parteiverhalten.

742   Als letzten Grundsatz richterlicher Billigkeit führt Wieacker die *„grob unbillige, rücksichtslose Rechtsverfolgung"* an. Der Grund für dieses Prinzip sei ebenfalls das Strukturgesetz der **Rechtsgemeinschaft**. Indem der Kläger selbst vom rechtsgenössischen Standard abweiche, bringe er sich um die Ausübung seines Rechts.[180] Die Rechtsgemeinschaft setze nämlich die Bereitschaft voraus, sich so zu verhalten, dass Rechtsfriede möglich sei; dem widerspreche aber ein egozentrisches Verhalten des Klägers.[181] Außerdem sei durch die grob unbillige, rücksichtslose Rechtsverfolgung die **Gleichheitsforderung** verletzt, weil der Kläger sich selbst eine solche Rücksichtslosigkeit nicht zumuten lassen würde.[182] Wieacker greift also auch bei der „rücksichtslosen Rechtsverfolgung" auf grundlegende Elemente von Rechtsgemeinschaft und Gerechtigkeitsforderung zurück und begründet somit die untersuchte Maxime als zeitlos gültige Anforderung an das Parteiverhalten.

743   Alle Maximen des Anwendungsbereiches der zweiten Fallgruppe sieht Wieacker zunächst als anerkanntes und verbindliches „ius commune", nämlich als feste Tradition praktischer Ethik legitimiert. Sie sind weiterhin für ihn Elementarsätze praktischen Handelns. Die Zurückführung des „venire contra factum proprium" auf die persönliche Gerechtigkeit, des „unredlichen Rechtserwerbs" und der „rücksichtslosen Rechtsverfolgung" auf die Grundstruktur der Rechtsgemeinschaft und die Gleichheitsforderung als Grundelement der Gerechtigkeit lässt sie zugleich als zeitlos gültige Anforderungen an das Parteiverhalten erscheinen.

744   Die **zeitlose Gültigkeit** dieser Maximen könnte im Widerspruch zur These Wieackers von der Geschichtlichkeit der Ethik und der Unmöglichkeit einer absoluten, materialen Ethik stehen. Wieacker spricht dieses Problem hier nicht an. Er unterscheidet aber an anderer Stelle zwischen den zeitlosen Postulaten der Gerechtigkeit und der geschichtlichen Be-

---

177   *Wieacker*, § 242 BGB, S. 32.
178   *Wieacker*, § 242 BGB, S. 32.
179   *Wieacker*, § 242 BGB, S. 32.
180   *Wieacker*, § 242 BGB, S. 34.
181   *Wieacker*, § 242 BGB, S. 34.
182   *Wieacker*, § 242 BGB, S. 34.

            Träger

dingtheit ihrer Realisierung.[183] Daraus könnte sich eine Lösung des Problems ergeben, und zwar deshalb, weil Wieacker die genannten Maximen der zweiten Fallgruppe unmittelbar auf Elemente des Gerechtigkeitspostulats zurückführt, sie unmittelbar daraus begründet und so von dem zeitlosen Gerechtigkeitspostulat auf ihre Zeitlosigkeit kommen könnte.

3. Fallgruppe: Richterliche Neuschöpfung contra legem

In der dritten Fallgruppe, die Wieacker als rechtsethische Durchbrechung der Rechtsprechung zu neuem Richterrecht bezeichnet, fasst Wieacker die Entscheidungen zusammen, die den gesetzgeberischen Bewertungen geradezu zuwiderlaufen, also contra legem ergehen.[184]   745

Als Beispiele dafür nennt Wieacker die Aufwertung des Werklohns bei unverhältnismäßig erhöhten Kosten und die Anpassung der Gegenleistung wegen nachträglicher grundstürzender Veränderungen. In fast all diesen Fällen liege eine Störung der wirtschaftlichen Äquivalenz zugrunde. Die Entscheidungen tendierten zur Anerkennung eines materialen Äquivalenzprinzips. Dagegen habe sich der Gesetzgeber gerade ausdrücklich gegen ein solches entschieden, wenn er die Geldschuld im Sinne des Nominalismus als Nennwert-Schuld ausgestaltet und sich – abgesehen von wenigen Ausnahmen – gegen das Erfordernis eines materialen Leistungsgleichgewichts ausgesprochen habe. Für ein solches Verständnis spreche auch die Regelung des § 138 II BGB, wonach die Nichtigkeit der Vereinbarung nur bei einem auffälligen Missverhältnis zwischen beiden Leistungen eintrete.[185]   746

Man könne hier auf keinen Fall von einer Konkretisierung des gesetzgeberischen Ordnungsplans wie bei Fallgruppe 1 ausgehen. Auch handle es sich nicht um persönliche Gerechtigkeitsanforderungen an das Verhalten der Parteien wie in der zweiten Fallgruppe.[186] Kennzeichnend sei hier der **Einbruch der Geschichtlichkeit** ins positive Recht[187] in der Weise, dass bisher gerechte Bewertungen durch soziale Veränderungen unter den gleichen Maßstäben als ungerecht erscheinen, ohne dass sich das Rechtsbewusstsein selbst ändere. Wie in seinen allgemeinen rechtstheoretischen Abhandlungen betont Wieacker hier erneut, dass die Geschichtlichkeit alle zeitlos gültigen materialen Normierungen unmöglich mache. Es sei deshalb nicht ungewöhnlich, ja sogar notwendig, dass das allgemeine sittliche Bewusstsein immer wieder zu neuen Erfahrungsinhalten durchbreche. Im öffentlichen Rechtsbewusstsein finden ethische Umwandlungen statt. Der Richter nehme rechtsethische Durchbrüche meist erst dann vor, wenn sich die Umstellung im öffentlichen Rechtsbewusstsein vorbereitet habe.[188] Wieacker drückt dies hier zwar nicht deutlich aus, doch kann man hierin eine Orientierung des Richters an den „allgemein anerkannten, vergänglichen Zeitwahrheiten einer gegebenen Rechtskultur" wiedererkennen. Als Beispiel für einen rechtsethischen Durchbruch nennt Wieacker die mit der Entwicklung unserer Rechtsordnung vom liberalen zum sozialen Rechtsstaat einhergehende Forderung material äquivalenter und sozial gerechter Leistungsentgelte.[189]   747

---

183 *Wieacker,* § 242 BGB, S. 40.
184 *Wieacker,* § 242 BGB, S. 36 ff.
185 *Wieacker,* § 242 BGB, S. 36 ff.
186 *Wieacker,* § 242 BGB, S. 36 ff.
187 *Wieacker,* § 242 BGB, S. 40.
188 *Wieacker,* § 242 BGB, S. 40 ff.
189 *Wieacker,* § 242 BGB, S. 40 ff.

748   Der Richter handle bei der rechtsethischen Durchbrechung, bei der Rechtsfortbildung, legitim, wenn er in dem Spielraum verbleibe, die ihm die **richterliche Standeskunst** offen halte.[190] Dies bedeute, der Richter solle sich vor allem an die in ständiger Rechtsprechung gebildeten anerkannten Konventionen halten. Bei diesen handle es sich in der Regel um bestimmte inhaltliche Entscheidungen wie für das materielle Äquivalenzprinzip oder für die Berücksichtigung des Wegfalls der Geschäftsgrundlage nach bestimmten näheren Maximen.[191]

749   Nicht deutlich äußert sich Wieacker, wie der Richter vorgehen soll, wenn sich anerkanntes Richterrecht noch nicht ausgebildet hat oder Streitfragen sich nicht durch eine Standeskonvention beantworten lassen. Man könnte nur aus dem eben zur Rechtsfortbildung Gesagten schließen, dass sich der Richter bei geänderten tatsächlichen Verhältnissen, die das Bisherige als ungerecht erscheinen lassen, und bei verändertem Rechtsbewusstsein an den allgemein anerkannten sozial-kulturellen Anschauungen der Zeit orientieren solle, wobei diese – wie Wieacker in seinen allgemeinen methodischen Schriften bemerkt[192] – dann nicht weiterhelfen, wenn sich auch keine anerkannte Konvention auffinden lasse.

IV. Resümee

750   Wieacker bestätigt in der „Rechtstheoretischen Präzisierung des § 242 BGB" eine seiner grundlegenden Prämissen, dass die Rechtsanwendung nicht in der logischen Subsumtion eines Sachverhalts unter ein hypothetisches Urteil bestehe, sondern vielmehr in einer wertenden Entscheidung zwischen verschiedenen Wertungsalternativen, dass gerade die Generalklausel des § 242 BGB kein fertiges, der Subsumtion zugängliches Normschema bilde. § 242 BGB sei vielmehr nur Richtlinie, die als solche auf einen erst zu findenden Sinn weiterverweise.

751   Wieacker hält seine methodischen Vorgaben außerdem ein, wenn er allgemein verbindliche Richtlinien und Maximen aufweisen kann, aus denen er Fallösungen zu § 242 BGB entwickelt. Diese Maximen findet er in methodischen Vorschlägen im gesetzgeberischen Wertungsplan (1. Fallgruppe und „dolo agit" der 2. Fallgruppe), im Wertungszusammenhang der Rechtsordnung (1. Fallgruppe und „dolo agit"), in der Natur der Sache (1. Fallgruppe), in den anerkannten Regeln richterlicher Billigkeit (2. Fallgruppe), in der bewährten Judikatur (3. Fallgruppe) und wohl auch in den anerkannten Zeitwahrheiten einer gegebenen Rechtsordnung, den sogenannten „standards" (3. Fallgruppe).

752   Außerdem nimmt Wieacker, und zwar vor allem in der 2. Fallgruppe, zur Entscheidungsbegründung Bezug auf die Gleichheitsforderung und die Gerechtigkeit, die er in seinen allgemeinen rechtstheoretischen Schriften immer wieder als Grundziele der Rechtsordnung heraushebt. Auch insofern wird Wieacker seinen methodischen Vorgaben gerecht.

753   Schließlich bestätigt Wieacker auch seine Maxime von der Geschichtlichkeit der Wertmaßstäbe und der daraus folgenden Unmöglichkeit einer absoluten materialen Wertethik in seinen allgemeinen Worten zum § 242 BGB wie auch in der 3. Fallgruppe der richterrechtlichen Neuschöpfung, die er als Einbruch der Geschichtlichkeit ins positive Recht beschreibt.

---

190 *Wieacker,* § 242 BGB, S. 42.
191 *Wieacker,* § 242 BGB, S. 42.
192 Vgl. *Wieacker,* Rechtsprechung und Sittengesetz, S. 39; *ders.,* Rechtsfindung, S. 116; *ders.,* Topikdiskussion.

                   Träger

Im Ergebnis lässt sich festhalten, dass Wieacker eine an der richterlichen Entscheidungs- 754 praxis orientierte Methode entwickelt, die von einem Bewertungsspielraum des Richters ausgeht, diesen aber aus Gründen der Rechtssicherheit durch strenge Gesetzesbindung und allgemein verbindliche Maßstäbe praktischer Urteilsfindung zu begrenzen sucht. Wieacker erstellt mit seinen „Regeln guter Richterkunst" selbstständig ein System praktischer Anweisungen an den Richter, die es ermöglichen, sowohl den richterlichen Wertungsprozess als auch die notwendige rationale Überprüfbarkeit und Vorhersehbarkeit richterlicher Entscheidungen angemessen zu berücksichtigen. Durch seine zwischen freiem Bewertungsspielraum und strengem Gesetzespositivismus vermittelnde Lösung und die verfassungstheoretische Einbindung seiner Methode gibt Wieacker einen zeitgemäßen Weg vor, wie praktische Gerechtigkeit unter Wahrung von Gleichbehandlung, Rechtssicherheit und Einzelfallgerechtigkeit in der Rechtsanwendung verwirklicht werden kann.

V. Quellen und Literatur

1. Zum Einstieg in die Wieacker-Texte

Besonders geeignet sind „Gesetz und Richterkunst" von 1958 und „Über strengere und unstrengere Verfahren" von 1974, siehe sogleich. Weitere hier wichtige Werke sind:

Zur rechtstheoretischen Präzisierung des § 242 BGB, Tübingen 1956.
Gesetzesrecht und richterliche Kunstregel, in: JZ 1957, 701–706.
Gesetz und Richterkunst, Zum Problem der außergesetzlichen Rechtsordnung, Karlsruhe 1958.
Rechtsprechung und Sittengesetz, 1961, in: JZ 337 ff. (Ausgewählte Schriften, Band 2, S. 17–40).
Zum heutigen Stand der Naturrechtsdiskussion, Köln 1965, (Ausgewählte Schriften, Band 2, S. 1–16).
Recht und Automation, 1969, in: Festschrift für E. Bötticher (Ausgewählte Schriften, Band 2, S. 152–171).
Zur praktischen Leistung der Rechtsdogmatik, 1970, Hermeneutik und Dialektik. Aufsätze II (Ausgewählte Schriften, Band 2, S. 59–80).
Zur Topikdiskussion in der zeitgenössischen deutschen Rechtswissenschaft, 1973, in: Festschrift für J. Zepos (Ausgewählte Schriften, Band 2, S. 81–100).
Über strengere und unstrengere Verfahren der Rechtsfindung, 1974, in: Festschrift für W. Weber (Ausgewählte Schriften, Band 2, S. 101–120).
Rechtsgewinnung durch elektronische Datenverarbeitung, 1978, in: Festschrift für E. v. Caemmerer (Ausgewählte Schriften, Band 2, S. 172–194).
Vom Nutzen und Nachteil des Szientismus in der Rechtswissenschaft, 1978, in: Festschrift für H. Schelsky (Ausgewählte Schriften, Band 2, S. 121–138).
Formalismus und Naturalismus in der neueren Rechtswissenschaft, 1982, in: Festschrift für H. Coing (Ausgewählte Schriften, Band 2, S. 139–151).
Ausgewählte Schriften, hg. von Simon, Dieter, Band 2, Theorie des Rechts und der Rechtsgewinnung, Frankfurt 1983.
Zivilistische Schriften (1934–1942), hg. v. Chr. Wollschläger (=Ius Commune Sh. 137), Frankfurt am Main 2000.

2. Zum Einstieg in die Sekundärliteratur

Zu Wieackers juristischer Methode gibt es kaum Literatur. Als Einstieg eignet sich der Überblicksartikel zu Wieacker im Ganzen in

Kleinheyer/Schröder, Deutsche und europäische Juristen aus neun Jahrhunderten, 5. Aufl. Heidelberg 2008.

3. Weitere hier wichtige Literatur

Behrends, Okko/Dießelhorst, Malte/Lange, Hermann/Liebs, Detlef/Wolf, Joseph Georg/Wollschläger, Christian (Hrsg.): Festschrift für Franz Wieacker zum 70. Geburtstag, Göttingen 1978.

Fikentscher, Wolfgang: Methoden des Rechts in vergleichender Darstellung, Band III, Mitteleuropäischer Rechtskreis, Tübingen 1976.

Kaufmann, Arthur/Hassemer, Winfried: Einführung in Rechtsphilosophie und Rechtstheorie der Gegenwart, 5. Auflage, Heidelberg 1989.

Kim, Hyung-Bae/Marschall von Bieberstein, Wolfgang (Hrsg.): Zivilrechtslehrer deutscher Sprache, München 1988.

Lange, Hermann: Nachruf zu Franz Wieacker, in: JZ 1994, 354.

Larenz, Karl: Methodenlehre der Rechtswissenschaft, 5. Auflage, Berlin 1983.

Pawlowski, Hans-Martin: Methodenlehre für Juristen, Heidelberg 1981.

Wolf, Joseph Georg: Franz Wieacker 70 Jahre, in: JZ 1978, 578–579.

Wollschläger, Christian: Franz Wieacker zum 70. Geburtstag, in: NJW 1978, 1791–1792.

4. Weitere und neuere Literatur

In memoriam Franz Wieacker. Akademische Gedenkfeier am 19. November 1994 in Göttingen (=Göttinger Universitätsreden 90), Göttingen 1995.

Kohlhepp, Ralf, Franz Wieacker und die NS-Zeit, ZSRom 122 (2005), S. 203–223.

Wolf, Joseph Georg, Franz Wieacker (1908–1994), in: Deutschsprachige Zivilrechtslehrer des 20. Jahrhunderts in Berichten ihrer Schüler. Eine Ideengeschichte in Einzeldarstellungen, Bd. 1, hg. v. St. Grundmann u. K. Riesenhuber, Berlin 2007, S. 73–86.

Behrends, O./Schumann, E. (Hrsg.), Franz Wieacker – Historiker des modernen Privatrechts, Göttingen 2010.

Winkler, Viktor, Der Kampf gegen die Rechtswissenschaft. Franz Wieackers „Privatrechtsgeschichte der Neuzeit" von 1967, demnächst Diss. iur. Frankfurt am Main.

Methode und Zivilrecht bei Josef Esser (1910–1999)

von Birgit Schäfer

Übersicht

I. Zu Person und Werk Josef Essers   261
II. Kritik an den „traditionellen" Methodenlehren   262
III. Essers eigenes Methodenprogramm   264
IV. Ein Beispiel: Die Problematik der „faktischen Schuldverhältnisse"   278
V. Quellen und Literatur   283

I. Zu Person und Werk Josef Essers

Josef Esser, geboren 1910, war Professor für Bürgerliches Recht, Zivilprozess- und Ver-   755
sicherungsrecht sowie Rechtsvergleichung und Rechtstheorie in Greifswald
(1941-1943), Innsbruck (1943-1949), Mainz (1949-1961) und Tübingen (ab 1961).[1]
Neben zahlreichen Arbeiten in den verschiedenen Bereichen des Zivilrechts – in den ersten Jahren vor allem des Haftpflichtrechts – und seinem erstmals 1949 erschienenen
Lehrbuch des Schuldrechts[2] verfasste *Esser* eine ganze Reihe von Aufsätzen und Monographien zu Methodenfragen. So befasste er sich 1940 in seiner Habilitationsschrift mit
der Rolle von Rechtsfiktionen in der Zivilrechtsordnung. Während es *Esser* in diesem
Werk vor allem darum ging, Fiktionen als Instrumente des Gesetzgebers zu untersuchen
und zu bewerten, wendete er sich in späteren Arbeiten zur Methodenlehre mehr der Rolle
des Richters und seiner Vorgehensweise bei der Rechtsfindung zu. In seinem Buch
„Grundsatz und Norm in der richterlichen Fortbildung des Privatrechts" (1956) ver-
suchte er, die Rolle von Rechtsprinzipien für die richterliche Rechtsfortbildung und den
Standort dieser Prinzipien im Rechtssystem rechtsvergleichend darzustellen, um auf diese
Weise der Eigenart richterlicher Rechtsfortbildung auf die Spur zu kommen und die Ent-
wicklung einer wirklichkeitsgerechten Rechtsanwendungslehre zu ermöglichen. Dieses
Ziel verfolgte *Esser* auch mit dem Werk „Vorverständnis und Methodenwahl in der
Rechtsfindung" (1970, 2. Auflage 1972), wobei hier aber nicht Rechtsquellenfragen im
Mittelpunkt stehen, sondern die Bedeutung der Hermeneutik und die Frage der Richtigkeitsgewähr im Rechtsanwendungsprozess. In allen seinen methodischen Schriften greift
er außerdem die Frage auf, welche Rolle der Dogmatik bei der Rechtsanwendung zukommt, welche Möglichkeiten sie bietet und wo ihre Grenzen liegen.

Essers Grundanliegen, das in seinen Arbeiten immer wieder anklingt, ist, einem zu star-   756
ken Auseinanderfallen von Theorie und Praxis entgegenzuwirken. Dies soll geschehen
durch eine Methodenlehre, die sich mit den tatsächlichen Gegebenheiten der praktischen
Rechtsfindung befasst und auf den dadurch gewonnenen Erkenntnissen aufbaut, anstatt

---

1 Weitere Stationen seiner Laufbahn: 1935 Promotion in Frankfurt, Habilitation in Frankfurt über „Wert und Bedeutung der Rechtsfiktionen" (1940, 2. Auflage 1969), 1940 Privatdozent in Freiburg, 1958 Direktor der Legal
Division der Internationalen Atomenergieorganisation mit Sitz in Wien, 1969 Ehrendoktorwürde der Staats-
universität Gent, seit 1973 Mitglied der Heidelberger Akademie der Wissenschaften, 1976 Ehrendoktorwürde
der katholischen Universität Leuwen (Angaben nach Das Deutsche Who's Who 1989/90 und *Esser,* Antrittsrede
1973, bei der Heidelberger Akademie der Wissenschaften).
2 Unten in V. Quellen und Literatur voll angegebene Titel werden im Folgenden nur abgekürzt zitiert. Ab der 5.
Auflage (1975–1979) fortgeführt von *Eike Schmidt* (Allgemeiner Teil) und *Hans-Leo Weyers* (Besonderer Teil).

sich im Festhalten an wirklichkeitsfremden und überholten Prämissen immer weiter von der Praxis zu entfremden.

II. Kritik an den „traditionellen" Methodenlehren

757 Schon der Umstand, dass *Esser* sich in zahlreichen Aufsätzen und Monographien um die Entwicklung einer solchen wirklichkeitsgerechten Methodenlehre bemüht, zeigt, dass er die bisherigen Richtungen der Methodenlehre nicht für geeignet hält, ausreichende Hilfe und Kontrolle bei der Rechtsfindung zu bieten. Als Ausgangspunkt seiner Arbeit kann man daher die Auseinandersetzung mit den „traditionellen" Methodenlehren und die Aufdeckung ihrer Schwächen ansehen.

758 *Essers* Kritik gilt insbesondere dem Gesetzespositivismus und der Begriffsjurisprudenz. Er hält sie für noch nicht überwunden und macht sie für die Wirklichkeitsferne und Unbeholfenheit der Methodenlehre verantwortlich. In erster Linie wendet er sich gegen die **„Illusion des Gesetzesdenkens"**, der Richter habe grundsätzlich keine rechtsschöpferischen Entscheidungen zu treffen, sondern nur jeweils durch richtige Auslegung neu zu profilieren, was in den vorgegebenen materiellen Rechtsnormen bereits bindend vorgezeichnet sei.[3] Diese Vorstellung entspreche nicht der Wirklichkeit, da viele Institute und Rechtsgrundsätze in Wahrheit nirgendwo im Gesetz geregelt seien.[4] Durch den „Totalitätsanspruch des positiven Systems"[5] werde die Auseinandersetzung mit „außergesetzlichen" Rechtsquellen von vornherein vermieden. Die bisherige durch das Kodifikationsmodell geprägte Methodenlehre betrachte richterliche Rechtsbildung nur als „leidige[n] Appendix zum Gesetz und schamhaft verheimlichte Prothese seiner Gebresten", anstatt sie als funktionell normalen und notwendigen Teil der Rechtssatzbildung anzuerkennen.[6] Demgegenüber betont *Esser* angesichts der Fülle faktisch nicht zu leugnender richterlicher Rechtsschöpfung die Notwendigkeit, die „positivistische Enge" zu überwinden und sich mit Rechtsquellenfragen eingehend auseinanderzusetzen. Solange dies nicht geschehe, bleibe der kontinentale Jurist[7] unfähig, die Autorität seines eigenen Schöpfungsaktes zu begründen und zu begrenzen.[8]

759 Als weiteren Kritikpunkt an einer gesetzespositivistisch orientierten Methodenlehre führt *Esser* deren Unfähigkeit an, richterliche Wertentscheidungen als solche anzuerkennen und methodisch in den Griff zu bekommen. *Esser* betont, dass die Praxis ohne Heranziehung von außerdogmatischen Wertungen und Prinzipien schlechterdings nicht zurechtkomme.[9] Rechtsfindung ist für ihn nie bloße Subsumtionsarbeit;[10] Begriffe ergeben nicht mehr, als in sie hineingedacht worden ist;[11] sie haben keine Naturbedeutung, die wertungsfrei durch logische Denkarbeit festgestellt werden könnte.[12] Dies anzuerkennen und daraus die nötigen Konsequenzen zu ziehen, sei der juristische Positivismus nicht in der Lage. Er suche auch in der Interpretationskunst Wege, alle richterlichen Wertent-

---

3 Einführung (1949), S. 185; Grundsatz und Norm (1956), S. 149, 243; Methodik des Privatrechts (1972), S. 329, 334; Interpretation im Recht (1954), S. 283.
4 Methodik des Privatrechts (1972), S. 334.
5 Grundsatz und Norm (1956), S. 11.
6 Grundsatz und Norm (1956), S. 23.
7 Kontinental als Gegensatz etwa zum englischen „case-law"-Juristen, der nicht so sehr auf Gesetze, dafür aber auf bindende „precedents" fixiert ist.
8 Grundsatz und Norm (1956), S. 2.
9 Vorverständnis und Methodenwahl (1972), S. 11.
10 Grundsatz und Norm (1956), S. 254.
11 Methodenlehre des Zivilrechts (1959), S. 309.
12 Einführung (1949), S. 179, 187.

Schäfer

scheidungen letztlich dem Gesetzgeber zuzuschreiben. Das führe zur vermehrten Neigung des kontinentalen Richters, eigene Lösungen und Entschlüsse auf die dem politischen Machtkampf entzogene unpersönliche Autorität des Gesetzgebers zu übertragen.[13] Auf diese Weise werde die offene Diskussion über die aktuellen rechtsethischen Konflikte und die Möglichkeiten dogmatisch gleichwertiger Lösungen abgeschnitten.[14] Um den damit verbundenen Gefahren entgegenzuwirken, fordert *Esser*, nicht aus Angst vor Rationalitätsverlust die Wertungsproblematik aus der Methodenlehre auszuklammern, sondern die notwendige Rationalität dadurch zu gewährleisten, dass man sich diese Problematik bewusst macht und Maßstäbe für die Kontrolle solcher Wertungen ausarbeitet. Eine Methodenlehre, die über diese Probleme hinweggeht und sich insbesondere die Erfahrungen der Hermeneutik nicht zu Nutze macht, ist für *Esser* ein „wissenschaftlicher Anachronismus".[15] An einer Stelle geht er sogar so weit zu behaupten, dass „unsere akademische Methodenlehre dem Richter weder Hilfe noch Kontrolle bedeutet".[16]

Esser wendet sich also energisch gegen eine Methodenlehre, die die von ihm als zentral angesehenen Fragen ausklammert, sich auf die Schuldarstellung der klassischen Rechtsfindungstechniken beschränkt[17] und übertriebene Dogmatik-Ambitionen pflegt.[18] Es wäre jedoch voreilig, daraus zu folgern, dass er diese Rechtsfindungstechniken und damit verbundenes dogmatisches Arbeiten generell ablehnt. Während *Esser* einerseits eine Überbetonung dieser Aspekte kritisiert, warnt er doch andererseits davor, die notwendigen juristisch-dogmatischen Bindungen richterlicher Arbeit vorschnell abzuwerten und in einer Art rechtlichen Ethisierung alle „Fortschritte des ‚wissenschaftlichen Positivismus'" preiszugeben.[19] In diesem Sinne wendet sich *Esser* entschieden gegen ein Naturrechtsdenken in der Rechtsprechung, das unter Heranziehung des Billigkeitsgedankens jegliche dogmatische Selbstkontrolle missachtet und dazu führen könnte, dass „das Systemgebäude der konstruktiven Jurisprudenz eines Tages unbewohnt und verödet" liegen gelassen wird.[20]

Diese Gefahr besteht für ihn nicht nur bei einem Rückgriff auf Naturrecht. Auch die **Interessenjurisprudenz** birgt in *Essers* Augen die Gefahr eines gefährlichen Subjektivismus. Indem sie den Richter an diejenigen Interessen binde, die zur Zeit der Gesetzgebung das Rechtsdenken bestimmten, versage sie, wenn die veränderten Umstände und Einsichten ein Abweichen von der ursprünglichen Wertung des Gesetzgebers erfordern, und liefere deshalb keine wissenschaftliche Begründung für zeitgerechte Wertungen. Wenn der Richter in solchen Fällen ohne den „Ariadnefaden der Dogmatik" Interessen werten solle, helfe der von Heck empfohlene „denkende Gehorsam" gegenüber dem Gesetzgeber auch nicht weiter.[21] Der Interessenjurist sei dann auf seine eigene Wertung angewiesen und sehe es als oberstes Gesetz an, ein „wirklichkeitsfremdes Ergebnis" zu vermeiden, wobei er die Frage der Vereinbarkeit seiner Lösung mit dem dogmatischen System aus-

760

761

---

13 Interpretation im Recht (1954), S. 283.
14 Interpretation im Recht (1954), S. 281.
15 Vorverständnis und Methodenwahl (1972), S. 10.
16 Vorverständnis und Methodenwahl (1972), S. 7.
17 Methodik des Privatrechts (1972), S. 360.
18 Antrittsrede (1973), S. 450.
19 Interpretation und Rechtsneubildung im Familienrecht (JZ 1953), S. 522.
20 Methodenlehre des Zivilrechts (1959), S. 323, 318.
21 Methodenlehre des Zivilrechts (1959), S. 313 ff.; Vorverständnis und Methodenwahl (1972), S. 133.

Schäfer　　263

klammere.[22] Wenn *Esser* auch das Verdienst der Interessenjurisprudenz, die Bedeutung von Interessenurteilen herausgestellt zu haben, als Schritt in die richtige Richtung anerkennt, so wirft er ihr doch vor, in der Polemik gegen das begriffsjuristische Denken steckengeblieben zu sein.[23]

762 Nach dieser Kritik stellt sich die Frage, wie *Esser* sich eine Methodenlehre ohne die erwähnten Schwächen vorstellt. Eine solche Methodenlehre muss seinen eigenen Vorgaben zufolge der Wirklichkeit gerecht werden, also auf der schöpferischen Tätigkeit des Richters aufbauen und Wertungen einen Platz im Rechtsfindungsprozess einräumen, wie auch eine Kontrolle richterlicher Arbeit bieten, also Rationalität und Rechtssicherheit gewährleisten.

III. Essers eigenes Methodenprogramm

1. Richterrecht und Gesetzesrecht

763 Von der Einsicht ausgehend, dass kein Recht ohne dauernde Lückenfüllung, Auslegung, Ergänzung und Fortbildung durch die Rechtspflege auskomme,[24] stellt *Esser* sich die Frage, wie diese richterliche Tätigkeit in das Rechtssystem einzuordnen ist, wie sie einerseits legitimiert und andererseits auch begrenzt werden kann. Dabei spielt die Stellung des Richters zum Gesetz eine zentrale Rolle. Mit diesem Problemkreis setzt sich *Esser* vor allem in dem umfangreichen Werk „Grundsatz und Norm in der richterlichen Fortbildung des Privatrechts" auseinander, das seinen eigenen Angaben zufolge dazu beitragen soll, „durch rechtsvergleichende Betrachtung endlich festen Boden zu gewinnen für eine aus der Rechtswirklichkeit zu entwickelnde Theorie von Gesetz und Richtermacht".[25]

a) Der systematische Standort von Richterrecht im Rechtssystem

764 Welche Tätigkeiten meint *Esser* eigentlich, wenn er von richterlicher Rechtsfortbildung, richterlicher Rechtsschöpfung oder auch von Richterrecht spricht? Er wehrt sich entschieden gegen die Vorstellung, darunter seien einfach diejenigen zu verstehen, die über die Gesetzesanwendung und Lückenfüllung „aus" dem Gesetz im Wege der Analogiebildung hinausgehen und damit außerhalb des Gesetzes stehen.[26] Der Versuch, durch eine strenge Unterscheidung von Interpretation und Lückenfüllung *aus dem* Gesetz einerseits und Lückenfüllung *außerhalb des* Gesetzes und damit freier Rechtsschöpfung andererseits eine Abgrenzung von Gesetzesrecht und Richterrecht zu ermöglichen, wird von *Esser* scharf kritisiert. Dieser Versuch beruhe auf dem Irrtum, Gesetzesanwendung im Gegensatz zu Rechtsschöpfung stets als schlichte Deduktion aus dem Gesetz anzusehen. Dass diese Vorstellung nicht der Wirklichkeit entspreche, zeigt sich für *Esser* vor allem am Beispiel des Lückenproblems. Während der Gesetzespositivismus bei nicht zu leugnenden Gesetzeslücken versuche, mit der Analogie als angeblich rechtslogischer Ableitungskunst die Brücke zur Gesetzesautorität zu schlagen, bleibe die Analogiebildung

---

22 Methodenlehre des Zivilrechts (1959), S. 319 mit Blick auf die Figur des „faktischen Vertrages" als einem Vertrag ohne Willenserklärungen, der mit der Dogmatik des Rechtsgeschäfts nicht zu vereinbaren sei; ähnlich Grundsatz und Norm (1956), S. 6.
23 Methodenlehre des Zivilrechts (1959), S. 326.
24 Einführung (1949), S. 117.
25 Grundsatz und Norm (1956), S. 18.
26 Diese Ansicht werde aber noch im allgemeinen von der Dogmatik vertreten, vgl. Methodik des Privatrechts (1972), S. 334.

Schäfer

und auch schon die davor liegende Überlegung, ob eine „Lücke" im Gesetz angenommen werden soll, doch letztlich eine Entscheidung des Richters, nämlich eine Wert- und Willensentscheidung. Die Analogie, so *Esser*, ist nicht Erkenntnisquelle, sondern Argument und Rechtfertigung für einen Akt gesetzesfremder Rechtsbildung.[27] Die sogenannte Lückenfüllung durch den Richter ist für *Esser* also in jedem Fall Rechtsschöpfung.

Aber auch die Interpretation von gesetzlichen Normen beurteilt er nicht grundsätzlich anders. Da das Gesetz, legte man es stets so aus, wie es sich der Gesetzgeber vor langer Zeit vorgestellt hat, seine Verbindung mit dem Rechtsleben verlöre, müsse der Richter sich vom historischen Willen des Gesetzgebers freimachen und den „objektiven Ordnungssinn" der Norm ermitteln.[28] Das sei jedoch ohne ein Leitbild, ohne Rückgriff auf nicht kodifizierte Wertprinzipien, nicht möglich.[29] Besonders deutlich trete dieser Umstand bei Generalklauseln hervor, die wegen ihrer Unbestimmtheit keine subsumtionsfähigen Tatbestände darstellten. Bei ihnen werde die Normgestaltung dem Richter überlassen. Dieser greife zum Ausfüllen der Norm nicht auf materielles Regelrecht des Gesetzes zurück, sondern auf außergesetzliche Wertprinzipien.[30] Durch Gesetzesinterpretation in diesem Sinne werde die notwendige Anpassung an die sozialen Verhältnisse der Gegenwart ermöglicht. So könne das Gesetz klüger sein als die, die es schufen, ja es müsse sogar klüger sein,[31] wobei es in Wahrheit allerdings der Richter sei, der den Gesetzgeber an Klugheit übertreffe.[32]

Da das volitive Element auch für die Auslegung einer Norm eine bedeutende Rolle spiele[33] und der Richter bei der Auslegung oftmals auf außergesetzliche Grundsätze zurückgreifen müsse, sieht *Esser* Interpretation und Rechtsfortbildung bzw. Lückenfüllung als in gewissen Sinne ein und dasselbe an.[34] Wenn er auch durchaus einräumt, dass es quantitative Unterschiede gebe, betont er doch, dass richterliche Normbildung aus anderen Quellen als dem Gesetz in beiden Bereichen von Bedeutung sei. Lückenfüllung ist für ihn nur der „„makroskopisch' auffallendere Grenztatbestand einer kontinuierlichen Rechtsbildung aus nicht geschriebenen Elementen".[35]

An *Essers* Konzeption fällt demnach auf, dass er Gesetzesrecht und Richterrecht nicht klar voneinander abgrenzt, indem er jedem seinen eigenen Bereich zugestehen und sie entweder nebeneinander stellen oder in ein Über- und Unterordnungsverhältnis bringen würde. Richterrecht scheint bei *Esser* nach dem Gesagten – insbesondere dadurch, dass es schon in der „normalen" Gesetzesanwendung auftaucht – vielmehr mit dem Gesetzesrecht verschlungen zu sein. In der Tat hält er nicht viel von dem Versuch, die Geltung von Richterrecht „neben" dem Gesetzesrecht zu erklären. Die Einräumung, „auch" die Rechtsprechung sei Rechtsquelle, bezeichnet er als „widersinnig, mißverständlich und unfruchtbar." Für *Esser* besteht kein Gegensatz zwischen legalistischen und dezisionistischen Rechtsquellen, zwischen Finden und Gestalten, sondern Fallentscheidung, Textverständnis und „Grundgedanken" wirken zusammen und integrieren auf diese Weise

765

766

767

---

27 Grundsatz und Norm (1956), S. 252 f.
28 Einführung (1949), S. 186; Interpretation im Recht (1954), S. 284 f.; Grundsatz und Norm (1956), S. 257, 263.
29 Grundsatz und Norm (1956), S. 259, 150.
30 Grundsatz und Norm (1956), S. 150, ähnlich auch Einführung (1949), S. 186; Methodik des Privatrechts (1972), S. 337.
31 Grundsatz und Norm (1956), S. 257 f.; Interpretation im Recht (1954), S. 284.
32 Grundsatz und Norm (1956), S. 178, Fußnote 160.
33 Grundsatz und Norm (1956), S. 256.
34 Grundsatz und Norm (1956), S. 259; ähnlich auch Interpretation im Recht (1954), S. 288, Methodik des Privatrechts (1972), 353.
35 Grundsatz und Norm (1956), S. 255; ähnlich auch Interpretation im Recht (1954), S. 288.

Schäfer

Bekanntes mit Neuem neu zu „dem" Gesetz.[36] Damit glaubt *Esser*, einen „überraschend einfachen Zugang zum Phänomen ‚Richterrecht' gefunden zu haben, vor allem in Bezug auf das Verhältnis von Richter und Gesetz: „Der Richter ist frei und nur dem Gesetz unterworfen – das Gesetz aber ist das, was er selbst darunter pflichtgemäß versteht."[37]

768 *Esser* wendet sich deutlich gegen eine „Kodifikationsgläubigkeit", von deren Standpunkt aus der Bestand an Gesetzesrecht statisch festgelegt und in der Weise objektiviert ist, dass jede weitere richterliche Rechtsbildung als etwas Gesetzesfremdes, als sekundäre Rechtsbildung, erscheinen muss.[38] Der Inhalt des Gesetzes werde in Wirklichkeit erst durch die Kasuistik bestimmt.[39] Die großen Kodifikationen haben für ihn kein anderes Leben als das, welches Rechtswissenschaft und Richterpraxis ihnen „einhauchen".[40] Das hat in seinen Augen zur Folge, dass Richterrecht nicht erst am Rande und in den Lücken des Gesetzes sichtbar ist, sondern dass jede Interpretation eine Verbindung von „lex scripta" und „ius non scriptum" in Form von nicht positivierten Rechtsgrundsätzen darstellt, die die eigentliche positive Norm, das sogenannte „law in action", erst schafft.[41] *Esser* sieht Gesetz und Richterrecht also als aufeinander angewiesene **Teile der gleichen Quelle** der Rechtsverwirklichung an und betrachtet sie insofern als „ebenbürtig", nur logisch über- und untergeordnet.[42] Richterrecht ist für ihn kein „Wildwuchs" außerhalb des Gesetzesrechts, sondern hat seinen Platz im Wachstumsprozess des Gesetzesrechts selbst. Dass es außerhalb der Legislative entsteht, spielt für *Esser* dabei keine Rolle. Man müsse *Akt* und *Ort*, soziologische Entstehungsweise und funktionsgemäße Zuordnung des Juristenrechts auseinanderhalten. Was rechtssoziologisch einen anderen Quellenweg genommen habe, könne sich doch als integraler Teil dem Gesetz inkorporieren.[43]

769 Die zunehmende Anerkennung von „judicial legislation", die *Esser* auch im kontinentalen Rechtskreis beobachtet, muss schließlich auch zu einer Verschiebung des Gesetzesbegriffs führen. So weiche die Vorstellung eines kodifizierten Systems allumfassender Tatbestandsnormen dem Bilde einer Gesamtordnung, die auch die richterlichen Lösungen und Rechtsprinzipien, auf die der Richter bei der Rechtsfindung zurückgreift, umfasst.[44]

b) Die Bedeutung von Rechtsprinzipien für die Tätigkeit des Richters

770 Hier wie schon mehrfach zuvor hebt *Esser* also die Bedeutung von *Rechtsprinzipien* für die richterliche Tätigkeit, sei es Auslegung oder offene Fortbildung des Gesetzes, hervor und geht sogar so weit, sie als Teil der Gesamtrechtsordnung – von ihm auch als „reales corpus iuris" bezeichnet – zu qualifizieren.[45] Um *Essers* Vorstellung von richterlicher Rechtsfindungsarbeit verstehen zu können, muss also geklärt werden, was er unter solchen Rechtsprinzipien oder auch Grundsätzen, Wertprinzipien, ius non scriptum, wie er sie manchmal nennt, versteht. Zu diesen Rechtsprinzipien gehören für ihn insbesondere die sogenannten allgemeinen Rechtsgedanken, die Wertungsgrundsätze und Aufbau-

---

36 Grundsatz und Norm (1956), S. 283 f.; Richterrecht (1967), S. 183 f.
37 Richterrecht (1967), S. 178.
38 Richterrecht (1967), S. 182.
39 Einführung (1949), S. 185; Richterliche Rechtsbildung (AcP 1954), S. 179; Grundsatz und Norm (1956), S. 285.
40 Grundsatz und Norm (1956), S. 286.
41 Grundsatz und Norm (1956), S. 287.
42 Einführung (1949), S. 185.
43 Richterrecht (1967), S. 184, 194 f.
44 Interpretation und Rechtsneubildung im Familienrecht (JZ 1953), S. 521, Grundsatz und Norm (1956), S. 24 f.
45 Grundsatz und Norm (1956), S. 22, 94, 149; zustimmend *Wieacker*, JZ 1957, S. 706.

Schäfer

prinzipien eines Systems, aber auch die rechtsethischen Grundsätze und die Gerechtigkeitsprinzipien eines Rechtskreises.[46] Viele dieser Prinzipien sind *Essers* Meinung nach nicht aus dem Gesetz ableitbar, auch wenn die Praxis ständig bemüht sei, sie auf bestimmte Gesetzesstellen zurückzuführen.[47] Vielmehr seien sie **unabhängig vom Gesetz wirksam** und rechtfertigten sich „aus der Natur der Sache oder der betreffenden Institution".[48] So entnehme die Jurisprudenz der Gegenwart den Kodifikationen Prinzipien, die kein Gesetzgeber in sie „hineingelegt" habe.[49] Als Konsequenz dieser Realitätsbeobachtung fordert *Esser*, das juristische Denken müsse sich daran wagen, von Prinzipien als Argumentationsbasis auszugehen, die zwar kaum aus dem Gesetz nachzuweisen seien, die aber „nach der communis opinio doctorum zum Rechtsganzen gehören".[50]

Zu klären bleibt, woher diese Rechtsprinzipien eigentlich kommen und welche Stellung sie in *Essers* System haben, insbesondere wie aufgrund oder trotz des Rückgriffs auf solche Prinzipien ein *rationales Verfahren*, das *Esser* ja immer wieder fordert, garantiert werden kann. *Esser* unterscheidet zunächst zwischen Prinzipien, die geltendes Recht sind und solchen, die es erst im Rahmen richterlich geschaffener Normen für einen bestimmten Fallbereich werden.[51] Rechtsprinzipien sind für *Esser* nicht etwa als Naturrecht von Anfang an Teile eines vorhandenen Ordnungssystems, die nur entdeckt werden müssten.[52] Sie entwickeln sich vielmehr aus den Bedürfnissen der Praxis, zunächst also **kasuistisch**, als Lösung einer bestimmten Sachproblematik.[53] Dementsprechend haben Rechtsprinzipien im Sinne *Essers* keine deduktiv auswertbare Eigenbedeutung, die sie befähigen könnte, eine Rechtsbildung derart zu beherrschen, dass die Kasuistik bloßes Produkt folgerichtiger Prinzipienanwendung wäre. Ihre Autorität beruht vielmehr darauf, dass eine ursprünglich nur von der konkreten Angemessenheit her erarbeitete Lösung auf andere Fälle übertragen wird.[54] Solange das nicht geschehen ist, sind sie nur vorpositive Grundsätze. Damit wird der Richterspruch für *Esser* zum Transformator von vorpositiven Prinzipien in positive Rechtssätze und Institutionen.[55] Rechtsprinzipien sind also nach seiner Vorstellung positives Rechts, sobald und soweit sie durch rechtsbildende Akte institutionell verkörpert worden sind.[56] In diesem Sinne spricht er auch von „**institutionell wirksamen**" oder „**normativen**" Prinzipien. Als Beispiele nennt *Esser* das Bereicherungsprinzip, das der Verschuldenshaftung oder das Prinzip, das als allgemeiner Rechtsgedanke § 162 BGB entnommen wird. Sie gelten unmittelbar nur im Rahmen ihrer institutionellen Anerkennung. Sie können aber im Wege richterlicher Rechtsbildung zu weiteren Rechtsnormen führen. In den noch nicht verkörperten Bereichen sind sie noch nicht positives Recht, sondern nur „informative Prinzipien" oder „guides".[57]

Esser betont auch die Rolle der **Rechtswissenschaft** für die Arbeit mit Rechtsprinzipien. Ihre Aufgabe ist es, die Prinzipien aus der Kasuistik herauszuschälen, die Formen, Ziele

771

772

---

46 Grundsatz und Norm (1956), S. 134.
47 Z. B. die Rückführung des „allgemeinen Rechtsgedankens" des venire contra factum proprium auf § 162 BGB, s. Grundsatz und Norm (1956), S. 5.
48 Grundsatz und Norm (1956), S. 5.
49 Grundsatz und Norm (1956), S. 174.
50 Grundsatz und Norm (1956), S. 24 f.
51 Grundsatz und Norm (1956), S. 41.
52 Grundsatz und Norm (1956), S. 120.
53 Grundsatz und Norm (1956), S. 267, 164.
54 Grundsatz und Norm (1956), S. 267.
55 Grundsatz und Norm (1956), S. 52 f.
56 Grundsatz und Norm (1956), S. 132, 70.
57 Grundsatz und Norm (1956), S. 88 f., 134.

und Grenzen der juristischen Konstruktion festzulegen und sie mit dem Rechtssystem in Einklang zu bringen.[58] Auf diese Weise wird das „Problemdenken" durch „Systemdenken" ergänzt, und so soll verhindert werden, dass Problemregeln ganz an die Stelle systemgebundener Konstruktion und tatbestandlicher Subsumtion treten. Wenn das „doktrinäre" System mit seiner „Begriffslogik" auch gelegentlich als „Hemmung" der auf rechtsethische Problemerörterung und Grundsatzbildung angewiesenen modernen Jurisprudenz erscheine, so sieht *Esser* in diesen „Hemmungen" doch „unersetzliche Rechtsgarantien und wichtige Kontrollstationen".[59] Er warnt davor, von der „Illusion bloßer Gesetzesanwendung und rein logischer Auswertung vermeintlich stets vorhandener rationes legis" in das ebenso verhängnisvolle andere Extrem, die „Illusion einer ‚Schöpfung' des Rechts aus ‚seinen' Prinzipien im Wege der ‚libre recherche'" zu verfallen. Die Norm sei weder „da", noch werde sie frei „geschöpft". Vielmehr werde sie aus der gegenseitigen Abhängigkeit von aktueller Fallgerechtigkeit und bisher erkannter Zielsetzung als „rule" neu integriert. *Esser* stellt hier also ein „Zusammenwirken zwischen Freiheit und Bindung" fest, für das das axiomatische Denken der Rechtslogik und das problembewusste *legal reasoning* aus Präzedenzien funktionell gleichwertige Garantien seien. Juristisch im Sinne des „Justiziablen" ist ein Verfahren für ihn nur dann, wenn es nach angebbaren Merkmalen rational nachprüfbar ist, weil es einen eindeutigen Begründungszusammenhang aufweist. Das ist aber nur dann der Fall, wenn es auf Wertungen und der Anwendung von Methodenregeln beruht, die im Rechtssystem bereits Anerkennung gefunden haben.[60]

773 Zu klären bleibt, wie der Richter eigentlich vorgeht, wenn er präjuristische Werturteile und Prinzipien in positives Recht transformiert. Nach *Essers* Vorstellung sind es bestimmte Denkformen oder Kategorien, in denen sich diese Transformierung typischerweise vollzieht. Er nennt die „naturalis ratio", die „Natur der Sache", die „aequitas" und die sogenannte „Rechtslogik", soweit sie die im Rechtsbegriff konservierte **Sachlogik** und Wertung nachzeichnet. Diese Denkformen geben in seinen Augen eine spezifisch juristische Interpretations- und Argumentationsbasis und erlauben die Anknüpfung rechtstechnischen Denkens an soziale Wertmaßstäbe.[61]

774 Indem *Esser* auf diese Weise die Integration von vorpositiven Rechtsprinzipien in positive erklärt, glaubt er, den Gegensatz zwischen Naturrechtslehre und Rechtspositivismus überwinden zu können.[62] Richterarbeit bedeutet für ihn „ständig erneuerte Wiederherstellung der Kommunikation zwischen ethischen Substanzwerten (Naturrechtselementen [...]) und juristischen Form- und Institutionswerten". Er spricht in diesem Zusammenhang sogar von einem **„Verschmelzungsvorgang"** von **„Recht"** und **„Moral"**, der für ihn von großer Bedeutung ist, da die kategorielle Selbstständigkeit juristischer Begriffe und Argumente ein Fluch wäre und die juristische Methode steril bleibsste ohne „die

---

58 Grundsatz und Norm (1956), S. 311; ähnlich Methodik des Privatrechts (1972), S. 337.
59 Grundsatz und Norm (1956), S. 6 f.
60 Grundsatz und Norm (1956), S. 85, auch Fußnote 244. Diese Äußerungen stehen im Zusammenhang mit *Essers* Unterscheidung zwischen „justiziablen" Prinzipien (solchen, aus denen der Richter durch spezifisch juristische Interpretationstechniken Entscheidungen ableiten kann) und „nicht justiziablen" Prinzipien. Justiziable Prinzipien stehen am Ende einer Entwicklung, sie sind das Produkt jurisprudentieller Arbeit. Nicht justiziable Prinzipien dagegen stehen am Anfang einer Entwicklung, sie sind Postulate, die nicht ohne weitere rechtspolitische Entscheidungen umgesetzt werden können. Dazu näher in: Interpretation und Rechtsneubildung im Familienrecht (JZ 1953), S. 526 im Hinblick auf Art. 3 II GG; Grundsatz und Norm (1956), S. 69 ff.
61 Grundsatz und Norm (1956), S. 56, 81; Richterliche Rechtsbildung (AcP 1954), S. 179; Interpretation und Rechtsneubildung im Familienrecht (JZ 1953), S. 523.
62 Vgl. *Wieacker*, JZ1957, S. 702.

Schäfer

Einverleibung jener auf Evidenzen logischer oder sozialer Kraft reduzierten sittlichen Wahrheiten".[63]

Dass Esser „Naturrechtselementen" einen Platz in seiner Rechtstheorie einräumt und dass er insbesondere von einer „Positivierung von Prinzipien" oder einer Integration von „vorpositiven" Prinzipien in „positive" spricht,[64] ist von Kelsen scharf kritisiert worden. Die Tatsache, dass Prinzipien der Moral, der Politik oder der Sitte die Erzeugung von Rechtsnormen beeinflussen und dass der Inhalt der Normen mitunter dem der Prinzipien entspricht, bedeute nicht, dass die Prinzipien in positives Recht umgewandelt würden. Die Prinzipien behielten vielmehr ihren vom Recht verschiedenen Charakter.[65] Dieser Aspekt wird von Kelsen deswegen so betont, weil bei Esser der Begriff des Rechts über den der „Rechts-Norm" ausgedehnt und auf diese Weise jeder festen Grenze gegenüber den Begriffen der Moral und der Politik entkleidet werde.[66] Indem Esser annehme, dass positive Rechtsnormen einen „Naturrechtsgehalt" haben können, werde seine Transformationstheorie zu jener Naturrechtslehre, die er abzulehnen vorgebe.[67] 775

Ob man Essers Vorstellungen von Rechtsnormen und Rechtsprinzipien wirklich als Naturrechtslehre bezeichnen kann, erscheint fraglich. Einzelne Äußerungen und seine Terminologie, die Konzeption von der Positivierung von Rechtsgrundsätzen, weisen zwar in diese Richtung, aber andererseits hält er einer rein naturrechtlich ausgerichteten Rechtslehre doch immer wieder die Verdienste positivistischen Rechtsdenkens entgegen, so zum Beispiel das Verdienst, die Bedeutung der Stabilität des Positiven als Sicherung „gegenüber jedem moralisierenden ethischen Interventionismus"[68] herausgestellt zu haben. Auch wenn Esser von einer Positivierung von Prinzipien spricht, ist das nicht so zu verstehen, dass irgendwelche vagen sittlichen Grundsätze damit zu verbindlichen Rechtsnormen würden. Teile des positiven Rechts sind Prinzipien für ihn nur, wenn und soweit sie durch Akte des Gesetzgebers oder Richters anerkannt worden sind. Die Kasuistik ist es, wie Esser immer wieder betont, die sagt, was rechtens ist, nicht das Prinzip als solches.[69] Wenn und soweit Rechtsprinzipien noch nicht institutionell verkörpert worden sind, grenzt Esser sie von Rechtsnormen ab, indem er sie als „Inhalt im Gegensatz zur Form" bezeichnet und hervorhebt, dass das Prinzip nicht wie der Rechtssatz selbst Weisung, sondern „Grund, Kriterium und Rechtfertigung der Weisung" sei.[70] Außerdem grenzt er seine Prinzipien des positiven Rechts dadurch von Naturrechtsprinzipien ab, dass er betont, dass sie keineswegs ewig sind, sondern am Wandel der Werteordnung und der Struktur des Systems teilnehmen.[71] 776

Naturrechtselemente spielen zwar für Esser durchaus eine Rolle, was er ja auch nicht verheimlichen will, aber nicht die, die positiven Rechtssätze zu ersetzen. Die von ihm angestrebte „Kommunikation" zwischen „Naturrechtselementen" und „juristischen Form- und Institutionswerten" über „Transformatoren" wie die „Natur der Sache" bleibt allerdings dem Einwand ausgesetzt, dass sich regelmäßig die gegensätzlichsten 777

---

63 Grundsatz und Norm (1956), S. 60 f.
64 Grundsatz und Norm (1956), S. 42, 182.
65 Kelsen, Allgemeine Theorie der Normen, S. 94, 96.
66 Kelsen, Allgemeine Theorie der Normen, S. 95.
67 Kelsen, Allgemeine Theorie der Normen, S. 98.
68 Grundsatz und Norm (1956), S. 61 f.
69 Grundsatz und Norm (1956), S. 132, 137, 151.
70 Grundsatz und Norm (1956), S. 50, 51 f.
71 Grundsatz und Norm (1956), S. 327.

Meinungen auf die „Natur der Sache" berufen.[72] Die Existenz einer „communis opinio doctorum", die diesen unbestimmten Begriff jeweils füllen könnte, kann gerade bei problematischen Rechtsfragen nicht leicht vorausgesetzt werden.

c) Stabilität und Flexibilität des Rechts

778 Zwei Aspekte sieht *Esser* als besonders wichtig für eine funktionierende Rechtsordnung an: einerseits die Rechtssicherheit und andererseits ein gewisses Maß an Flexibilität, um eine Anpassung an sich wandelnde Verhältnisse und Wertvorstellungen zu ermöglichen.[73] Da *Esser* dem Gesetzestext an sich nur eine relativ geringe Aussagekraft zugesteht und immer wieder die Bedeutung von Kasuistik und Rechtsgrundsätzen für die Gestaltung des Gesetzes betont, müssen Stabilität und Anpassungsfähigkeit des Rechts durch einen bestimmten Umgang mit dieser Kasuistik und den Rechtsgrundsätzen gewährleistet werden. In der Tat ermöglicht nach *Esser* gerade die Arbeit mit Rechtsprinzipien eine den aktuellen Verhältnissen entsprechende Rechtsanwendung. Diese Prinzipien sind ja, wie bereits angesprochen, nicht zeitlos, sondern nehmen am Wandel der Werteordnung teil. Aufgrund eines neuen Problem- und Gesetzesverständnisses bilden sich neue allgemeine Rechtsgedanken und Figuren.[74] Indem der Richter bei der Gesetzesanwendung auf diese Rechtsgedanken zurückgreift, aktualisiert er jeweils den Inhalt des Gesetzes. So sieht *Esser* in der Herausschälung des Rechtsgedankens geradezu den „Schlüssel zur wirksamen Neubelebung erstarrter Gesetzesnormen".[75] Wenn der Richter oder die Jurisprudenz der Gegenwart den Kodifikationen Prinzipien entnehmen, lassen sie gerade die zeitideologischen Grundgedanken eines Textes in dem Maße beiseite, in dem sie veralten.[76]

779 Damit der Richter seine Aufgabe, das System seiner Zeit zu integrieren und die damit verbundene Verpflichtung zur **Überarbeitung der Anachronismen** erfüllen kann, darf die Neu- und Weiterentwicklung von Prinzipien *Essers* Meinung nach nicht dadurch gehemmt werden, dass man einer ständigen Rechtsprechung im Interesse der Rechtssicherheit und Rechtsstabilität eine materiell bindende Wirkung beilegt.[77] Die bisherigen Ergebnisse der Rechtsprechung seien zwar fraglos bestimmt, der fortschreitenden richterlichen Erkenntnis zu dienen, nicht aber sie zu blockieren. So blieben die Präjudizien Modelle ohne materiellrechtlich eigene Autorität für das zu bildende Prinzip. Richterrecht „entstehe" nicht, es werde erdacht und entschieden und sei nicht für immer „existent" wie ein Gewohnheitsrecht, sondern vielmehr immer noch und jeweils mit jeder Entscheidung im Werden. Das Prinzip ist also für *Esser* „immer unterwegs".[78] Die regelbildende Kraft einer Judikatur beruhe nicht etwa auf gewohnheitsrechtlichen Elementen, sondern

---

72 *Kelsen*, Allgemeine Theorie der Normen, S. 98 mit der Abwandlung eines *Goethe*-Wortes: „Was man, Natur der Sache' heißt, das ist der Herren eigener Geist".
73 *Esser* zitiert in diesem Zusammenhang den amerikanischen Juristen *Cardozo*: „Law must be stable and yet it cannot stand still", s. Richterrecht (1967), S. 186, Fn 69.
74 Richterrecht (1967), S. 179.
75 Grundsatz und Norm (1956), S. 248.
76 Grundsatz und Norm (1956), S. 174.
77 Grundsatz und Norm (1956), S. 262 f. i.V.m. Richterrecht (1967), S. 186.
78 Richterrecht (1967), S. 179 f., 185; Grundsatz und Norm (1956), S. 280. Gerade durch das Verbot, das der kontinentale Gewaltentrennungsgedanke dem Richter auferlege, seinen Spruch als objektive, materielle Norm zu formulieren, werde dieser Unterschied zwischen endgültiger Urteilsfindung und nie endgültiger Wirkung des anerkannten Prinzips deutlich.

Schäfer

vielmehr auf der fortbestehenden sachlichen Richtigkeit und Übereinstimmung mit der lebenden Rechtsüberzeugung. Diese zu prüfen müsse jederzeit erlaubt sein.[79]

Obwohl *Esser*, um der Gefahr der „Rechtszementierung"[80] zu entgehen, eine materiell bindende Wirkung von Präjudizien ablehnt und der höchstrichterlichen Rechtsprechung nur eine faktische Präzedenzwirkung zugesteht,[81] ist Richterrechtsbildung für ihn keineswegs mit einem Opfer an Rechtssicherheit verknüpft. Erst die Preisgabe einer einseitigen, vom modernen Gesetzesrecht nicht mehr erfüllten Sekuritätsidee mache den Weg dazu frei, die tieferen Rechtsgarantien juristischen Denkens, dogmatischer Selbstkontrolle und richterlicher leges artis zu erforschen.[82] In der **Dogmatik** sieht *Esser* einen **Stabilitätsfaktor**, der die Kontinuität und rationale Nachprüfbarkeit der Rechtsanwendung gewährleistet. Durch sie werde ein Lebenskonflikt und sein ursprünglich durch Erfahrung gewonnener Wert- und Lösungsschlüssel in ein „technisches" Wissens- und Sprachgebiet übersetzt, und es würden subsumtionsfähige Tatbestände geschaffen, wie sie die Rechtssicherheit verlange.[83] Außerdem fordert er im Interesse der Rechtssicherheit eine Disziplinierung der jurisprudentiellen Technik in der Benutzung von Vorentscheidungen, Leitsätzen, Lehrmeinungen und Theorien,[84] ohne jedoch näher auszuführen, wie er sich eine solche Disziplinierung vorstellt.

780

d) Essers Stellung zu Gesetzgeber und Richter und die Verfassungsprinzipien der Gewaltenteilung und Gesetzesbindung

An *Essers* Konzeption von Gesetzesrecht und richterlicher Rechtsfortbildung fällt auf, dass er dem Richter, um eine den aktuellen Umständen und Gerechtigkeitsvorstellungen entsprechende Rechtsfindung zu ermöglichen, relativ weitgehende Gestaltungsspielräume einräumt und immer wieder seine schöpferische Rolle betont. Dem Gesetzgeber hingegen gilt seine Aufmerksamkeit nur in geringerem Maße. *Esser* würde zwar keinesfalls so weit gehen, Gesetzesrecht weitgehend oder gar fast ganz durch Richterrecht ersetzen zu wollen,[85] aber dem Gesetzestext an sich gesteht er doch nur eine sehr begrenzte Auswirkung auf richterliche Entscheidungen zu. Auch der Umstand, dass *Esser* der historischen Gesetzesauslegung nur einen ziemlich niedrigen Stellenwert einräumt,[86] deutet darauf hin, dass er sich und den Richter nicht so sehr an die Entscheidung des Gesetzgebers gebunden sieht als an den von einer Norm gegenwärtig zu erfüllenden Zweck. So sagt er auch ganz deutlich, dass die gesetzlichen Institutionen eines Kodex kein endgültiger Wertungsmaßstab für den Richter seien, sondern nur „Werkzeuge für die sozialen Konflikte und die Lösungsmöglichkeiten, die der Gesetzgeber zu *seiner* Zeit nach *seinem* ‚Sozialmodell' als normierungsbedürftig anerkannte." Der Gesetzgeber ist, so *Esser*, „nicht die Autorität, die das endgültige Wirkungsfeld und die technische Praktikabilität der gesetzlichen Institutionen bestimmen könnte. Es ist die Klinik des Rechts

781

---

79 Richterrecht (1967), S. 194; Grundsatz und Norm (1956), S. 289.
80 Richterrecht (1967), S. 186.
81 Richterliche Rechtsbildung (1954), S. 178; Grundsatz und Norm (1956), S. 276; Einführung (1949), S. 123.
82 Richterliche Rechtsbildung (1954), S. 177; Grundsatz und Norm (1956), S. 26 f.
83 Grundsatz und Norm (1956), S. 303; Interpretation im Recht (1954), S. 287; vgl. auch Methodik des Privatrechts (1972), S. 337.
84 Richterliche Rechtsbildung (1954), S. 178, 182.
85 Siehe besonders Einführung (1949), S. 120 ff., wo er die Vorzüge des Gesetzesrechts gegenüber dem englischen oder amerikanischen Richterrecht hervorhebt.
86 Einführung (1949), S. 183 f., 186; Methodik des Privatrechts (1972), S. 353.

Schäfer 271

selbst, die am neuen Fall über die Eignung, Tauglichkeit oder Verbesserungsbedürftigkeit der Instrumente entscheidet: verbindlich sind nicht sie, sondern das Operations*ziel*."[87]

782 Für *Esser* ist es somit die **Rechtspraxis** als die „**Klinik des Rechts**", die die zweckmäßigen Rechtsregeln, die „Instrumente", letztendlich bestimmt. Er meint also nicht, dass die Gesetzgebung, wenn die von ihr gelieferten „Instrumente" sich als nicht mehr tauglich erweisen sollten, neue liefern soll. Auch das wäre ja vorstellbar und entspräche unserer Verfassung, die die Verantwortung für das Erstellen neuer rechtlicher Regelungen in den Vorgang politischer Meinungs- und Willensbildung und die Entscheidungsarbeit der Legislative legt, wohl eher.[88] Neuerungen durch die Legislative steht *Esser* eher skeptisch gegenüber, wie sich zum Beispiel an seinen Ausführungen zur Reform des Haftpflichtrechts zeigt. Dort weist er darauf hin, dass man vom Gesetzgeber nicht die Beseitigung innerer Widersprüche erwarten könne und bezweifelt, dass ein Parlamentsbeschluss ausgereifte Regelungen hervorbringe.[89] Auch an anderen Stellen spricht *Esser* von Fehlvorstellungen des Gesetzgebers, vom immer häufigeren Versagen der Legislative oder von ihren programmatischen und regulativen Insuffizienzen.[90]

783 So beruht *Essers* Betonung der Rolle von Richtern und Rechtswissenschaft für die Schöpfung und dogmatische Absicherung von rechtlichen Regelungen wohl nicht nur auf der Erkenntnis, dass ein Gesetz niemals lückenlos alles regeln kann, sondern vielleicht auch auf der Vorstellung, dass eine umfassende Regelung durch die politische Legislative gar nicht so wünschenswert sei.

784 Es bleibt daher zu klären, wie *Esser* seine Konzeption mit der verfassungsrechtlich verankerten Gewaltenteilung und der Bindung des Richters an das Gesetz (Art. 20 III, 97 I GG) in Einklang bringt. Er umgeht das Problem in gewisser Weise, indem er, wie bereits angesprochen, sagt, „Der Richter ist frei und nur dem Gesetz unterworfen – das Gesetz aber ist das, was er selbst darunter pflichtgemäß versteht" und dann zu dem Ergebnis kommt, der Richter sei allein seinem Gewissen als letzter Instanz unterworfen.[91] So hatten sich die Verfassungsgeber die Bindung des Richters an das Gesetz wohl nicht vorgestellt. Ganz so schnell erledigt *Esser* das Problem aber auch wieder nicht. Er räumt ein, dass die Schöpferrolle des Richters nicht zu rechtfertigen sei von einer Rechtstheorie aus, die nur den politischen Willen als Gesetzgeber anerkennt und die Urteilsbildung des Richters für eine rein kognitive Anwendung des Gesetzes erklärt.[92] Diese Vorstellungen werden aber, so *Esser*, der Realität nicht gerecht. Ohne „judicial legislation" komme nun einmal kein Rechtssystem aus, das Gesetz bleibe leblos ohne die jurisprudentiell entwickelten Prinzipien und Theorien.[93] Bei der jurisprudentiellen Rechtsbildung handle es sich folglich nur um eine realistische Funktionsfrage, nicht um eine verfassungsideolo-

---

87 Grundsatz und Norm (1956), S. 285.
88 Vgl. *Müller*, Richterrecht, S. 122.
89 Die Zweispurigkeit unseres Haftpflichtrechts (1953), S. 22, 37.
90 Grundsatz und Norm (1956), S. 25, ähnlich S. 258; Vorverständnis und Methodenwahl (1972), S. 84; siehe auch Grundsatz und Norm (1956), S. 285 f., wo *Esser* sich im Grundsatz auch für unsere Rechtsordnung dem Urteil anschließt: „To anyone who reflects on the growth of English Law it may appear a plausible theory that the country would gain much by the extension of judicial and the curtailment of Parlamentary legislation.".
91 Richterrecht (1967), S. 178. Was *Esser* mit „pflichtgemäß" meint, erläutert er nicht näher und greift es auch, wenn er im nächsten Satz nur noch vom Unterworfensein des Richters unter sein Gewissen spricht, nicht mehr auf.
92 Grundsatz und Norm (1956), S. 287f.
93 Grundsatz und Norm (1956), S. 242 f.; 109.

Schäfer

gische Gewaltenfrage.[94] *Essers* Argumentation stützt sich also im Grunde darauf, dass das, was faktisch unumgänglich sei, nicht als Verfassungsverstoß angesehen werden könne. Die Ermächtigung zur schöpferischen Rechtsfindung liegt für ihn im Richteramt selbst.[95]

2. Hermeneutik, Topik und Dogmatik in der Rechtsfindung

Auch in späteren Arbeiten hat sich *Esser* eingehend mit der Frage auseinandergesetzt, wie der Richter bei der Rechtsfindung vorgeht, welche Faktoren seine Entscheidung beeinflussen und wie sie kontrolliert werden kann. Er ist dabei von seinen schon geschilderten Vorstellungen, etwa was die Bedeutung von Rechtsgrundsätzen für die richterliche Tätigkeit betrifft, nicht abgerückt, hat sie aber ergänzt.   785

a) Vorverständnis und Rationalität im Rechtsfindungsprozess

Durch die Beobachtung richterlicher Praxis hat *Esser* den Eindruck gewonnen, dass Richter bei der Entscheidung von Fällen überwiegend nicht durch schulmäßige Anwendung von Interpretationsregeln zu ihrem Ergebnis kommen, sondern dass das Ergebnis primär auf bestimmten Vorüberlegungen, auf den Vorstellungen des Richters von einer sachgerechten Entscheidung beruht. Die Praxis gehe in Wirklichkeit nicht von doktrinären Methoden der Rechtsfindung aus, sondern benutze sie nur, um die nach ihrem Rechts- und Sachverständnis angemessenste Entscheidung lege artis zu begründen, wobei sie jeweils diejenigen Auslegungsgesichtspunkte heranziehe, die zu dem gewünschten Ergebnis führen.[96]   786

Die verschiedenen Vorüberlegungen, Gerechtigkeitsvorstellungen und sonstigen Aspekte, die die Entscheidung des Richters, schon bevor er mit der schulmäßigen Normanwendung beginnt, beeinflussen, fasst *Esser* unter dem Begriff „Vorverständnis" zusammen. *Esser* erklärt auch, woraus sich ein solches Vorverständnis des Rechtsanwenders bilde. Es entstamme „*Lernprozessen unterschiedlicher Art* – vom Ausbildungsgang bis zum wichtigsten Lernmaterial, den exemplarisch begriffenen Konfliktfällen, mit denen er persönlich und beruflich, sei es selbst, sei es durch Identifizierung mit den Traditionen seines Gerichts und seiner Rechtsprechung, vertraut wurde".[97] Vorverständnis ist also denkbar weit gemeint. *Esser* versteht darunter nicht ein persönliches Vorurteil, von dem sich der Richter bei der Rechtsfindung besser befreien sollte, sondern sämtliche Erfahrungen, Kenntnisse, dogmatische Grundvorstellungen und außerdogmatische Wertungen und Prinzipien, die der Richter im Laufe seines beruflichen „Sozialisationsprozesses" verinnerlicht hat und benötigt, um mit dem Rechtstext überhaupt etwas anfangen zu können. Es ist damit eine unerlässliche Bedingung alles Verstehens und schafft erst die Möglichkeit, dass der Rechtsanwender überhaupt den Zugang zu dem von ihm auszulegenden Text findet.[98]   787

---

94 Richterliche Rechtsbildung (1954), S. 178; dagegen meint *Müller*, Richterrecht, S. 13, daß *Esser* einschlägige Verfassungsnormen, von der Gewaltenteilung über die Kompetenzordnung bis zur Bindung der rechtsprechenden Gewalt, übergehe.

95 Einführung (1949), S. 185.

96 Vorverständnis und Methodenwahl (1972), S. 7 f.

97 Vorverständnis und Methodenwahl (1972), S. 10; ähnlich auch Dogmatik zwischen Theorie und Praxis (1974), S. 407.

98 Vgl. Vorverständnis und Methodenwahl (1972), S. 10; Möglichkeiten und Grenzen des dogmatischen Denkens (1972), S. 367; so auch *Larenz'* Verständnis von *Essers* Vorverständnis in Festschrift für *Huber*, S. 297 f.

Schäfer   273

788   Das Vorverständnis ist also zunächst eine Vorbedingung adäquaten Verstehens. Es gehört zu den Grundeinsichten der Hermeneutik, dass man einen Text nur verstehen kann, wenn man schon eine gewisse Vorstellung von seinem Sinnzusammenhang hat. Andererseits ergibt sich der Sinnzusammenhang eines Textes erst aus der Bedeutung der einzelnen Wörter. Es ist also unmöglich, einen Teil eines Ganzen zu verstehen, ohne schon eine Vorstellung des Ganzen zu haben, wie es aber auch umgekehrt unmöglich ist, das Ganze ohne Kenntnis der Teile zu begreifen. Diese Eigentümlichkeit des Verstehensprozesses wird als hermeneutischer Zirkel bezeichnet.[99]

789   *Esser* greift diese Einsicht der Hermeneutik auf, geht aber noch einen Schritt weiter. „Neben oder über dem ‚kognitiven' hermeneutischen Zirkel", der für den Vorgang des Verstehens des Gesetzestextes von Bedeutung ist, gebe es noch einen „applikativen" Zirkel, der die Normanwendung bestimme. *Esser* betont, dass das juristische Interesse nicht primär ein Verstehensinteresse, sondern ein **Ordnungsinteresse** sei, ein an der rechtlichen Ordnungsaufgabe orientiertes praktisches Interesse.[100] Der Jurist interessiere sich für den Text nicht als Meinungszeugnis, sondern als ein für seine Entscheidung sinnvolles Weisungsmuster. Er wolle nichts anderes, als den Text daraufhin „verstehen", ob er anhand seiner ratio eine von ihm als befriedigend und sachgerecht angesehene Entscheidung fällen kann oder nicht.[101] *Esser* betont hier also den Einfluss von finalen Entscheidungsvorstellungen, von volitiven Elementen, auf die Rechtsanwendung. Die für das Ergebnis maßgebende Bemühung um das richtige Begriffs- und Normverständnis werde von vornherein bestimmt durch die Vorstellung des Ergebnisses, das als rechtsadäquat der Normanwendung zugeschrieben werden müsse und das unter dem Richtigkeitspostulat stehe, welches eben an die Rechtsnorm gestellt werde. Dieses aus dem Vorverständnis hervorgehende Anwendungsziel bestimmt nach *Esser* schon vor jeder hermeneutischen Frage an den Text die Auswahl der rechtlich „relevanten" Fakten und der „geeigneten" Normen. Es bestimme schließlich auch den Rahmen, in dem die anerkannten Mittel der Gesetzesauslegung zielstrebig eingesetzt werden, um die Entscheidung lege artis zu begründen.[102]

790   Dass *Esser* dem volitiven Element in der Rechtsfindung einen so hohen Stellenwert einräumt, wird teilweise heftig kritisiert. Besonders seine These, dass das Vorverständnis des Richtes nicht nur den Verstehensprozess in Gang setze, an dessen Ende die zu findende Entscheidung erst stehen dürfe, sondern über die Methodenwahl diesen Prozess auf das in der „Richtigkeitsüberzeugung" des Richters vorweggenommene Ergebnis hinsteuere, stößt auf Ablehnung. Als legitim könne man ein solches Verfahren nicht ansehen, da der Richter sich damit über seine „Bindung an Recht und Gesetz" hinwegsetze.[103] Dem hermeneutischen Programm würde es eher entsprechen, so die weitere Kritik an *Esser*, das Vorverständnis als vorrechtliche Komponente abzuheben und sich immer wieder kritisch zu vergewissern, dass das eigene Normverständnis nicht durch die zwangsläufig vorhandene Erwartung einer bestimmten Entscheidung getrübt wird. Da *Esser* dagegen von einem Vorrang des volitiven Elements gegenüber dem bloßen Verstehensvorgang ausgehe, übernehme der hermeneutische Zirkel bei ihm eine ideologische

---

99   Näheres zum hermeneutischen Zirkel und dem „Ausweg" aus ihm bei *Larenz*, Methodenlehre, S. 206 ff.
100   Methodik des Privatrechts (1972), S. 356 f.
101   Vorverständnis und Methodenwahl (1972), S. 139.
102   Methodik des Privatrechts (1972), S. 357; Vorverständnis und Methodenwahl (1972), S. 10.
103   *Larenz*, Methodenlehre, S. 210.

        Schäfer

Funktion, nämlich die wissenschaftliche Rechtfertigung typischer (aber problematischer) richterlicher Arbeitsweisen.[104]

Als Rechtfertigung für jede Arbeitsweise der Praxis und damit auch für ihre Mängel oder für mitunter sogar willkürliche Entscheidungen möchte *Esser* seine Vorstellungen aber sicher nicht verstanden wissen. Er gibt zwar durchaus nicht nur eine Beschreibung der von ihm beobachteten Vorgehensweise der Praxis, sondern bewertet die Rolle, die das Vorverständnis seiner Ansicht nach in der Rechtsfindung spielt, grundsätzlich positiv.[105] Das heißt aber nicht, dass er eine richterliche Entscheidung, die allein auf subjektive Empfindungen gestützt ist und die nicht an objektiven Maßstäben gerechtfertigt werden kann, billigen würde. *Esser* betont ja, dass das Vorverständnis, so wie er es versteht, nicht einem persönlichen Vorurteil gleichgesetzt werden dürfe.[106] Wenn auch nirgends eine Entscheidung schlechthin vom Gesetz geboten sei, sondern der Rechtsanwender stets eigene seinem Vorverständnis entstammende Wertungselemente einbringen müsse, so bedeute das nicht, dass in diesem Wertungsspielraum freie Subjektivität und willkürliche Maßstäbe für die Ermittlung einer „vernünftigen" Lösung herrschen.[107] Rationalität des Argumentierens sei nämlich auch außerhalb des dogmatischen Systems und seiner Methoden möglich. Rationalität versteht *Esser* hier im Sinne von „Ermöglichung von Konsens über Fragen der Gerechtigkeit innerhalb positiv gegebener gesellschaftlicher und gesetzlicher Institutionen".[108]

Damit nimmt die *Konsensfähigkeit* von Entscheidungen für *Esser* eine zentrale Bedeutung ein. Die Probe der **Konsensfähigkeit** mittels Durchgriffs auf die „Vernünftigkeit" oder „Unhaltbarkeit" von Erwartungshorizonten sieht *Esser* geradezu als die „klassische Form rationaler Richtigkeitskontrolle" an.[109] Gerade diese am Konsens ausgerichtete Richtigkeitskontrolle sichere der Interpretation ihren juristisch-objektiven Rang gegenüber politischen und ideologischen Versuchungen zum instrumentalen Normmissbrauch. Die Finalität der Interpretationsakte ist für *Esser* keineswegs eine Brücke zur Rechtsperversion. Genau das Gegenteil sei der Fall. Die vermeintliche Wertfreiheit des juristischen Denkens ist in seinen Augen notwendig ideologieanfälliger als die Freiheit des Richters zur Wertung, die ihn zwinge, das Ergebnis nicht einfach als logisch und unumgänglich zu präsentieren, sondern es zu rechtfertigen oder doch plausibel zu machen, indem er die Gerechtigkeit und Vernünftigkeit der Lösung, ihre Übereinstimmung mit allgemein anerkannten Rechtsgrundsätzen und damit letztendlich ihre Konsensfähigkeit aufzeigt.[110] *Esser* fordert daher, die Bedeutung des Vorverständnisses und überhaupt von Wertungen bei der Entscheidungsfindung nicht länger hinter dogmatischer Argumentation zu verbergen und damit Ordnungsziele und Vorstellungen, die sich im Grunde noch weiter ausweisen und einer rationalen Richtigkeitskontrolle unterziehen müssten, zu verheimlichen.[111]

791

792

---

104 *Wiederin*, Regel-Prinzip-Norm, S. 151.
105 Das wird z. B. deulich, wenn er hervorhebt, dass „ohne Vorurteil über die Ordnungsbedürftigkeit und Lösungsmöglichkeit die Sprache der Norm überhaupt nicht das aussagen kann, was erfragt wird: die gerechte Lösung" oder wenn er sagt, „das Vorverständnis von der aktuellen Ordnungsfrage her ist mehr noch als nur Bedingung des Verstehens, es ist Voraussetzung für ein als Entscheidungsgrundlage brauchbares Verstehen.", Vorverständnis und Methodenwahl (1972), S. 137, 138.
106 Zur Unentbehrlichkeit des juristischen Handwerkszeugs (1975), S. 421.
107 Vorverständnis und Methodenwahl (1972), S. 132.
108 Vorverständnis und Methodenwahl (1972), S. 15, ähnlich S. 9.
109 Vorverständnis und Methodenwahl (1972), S. 155.
110 Vorverständnis und Methodenwahl (1972), S. 119.
111 Vorverständnis und Methodenwahl (1972), S. 15, 141.

Schäfer 275

793 Dass in einem Verfahren, das den Anspruch erhebt, rational zu sein, Wertungen nicht hinter scheinbar logischen Schlussfolgerungen versteckt werden dürfen, leuchtet ein. Es ist in der Tat nicht wünschenswert, dass Diskussionen über Wertentscheidungen dadurch erschwert werden, dass man Wertungen nicht als solche zu erkennen gibt. Insofern kann man es als *Essers* Verdienst ansehen, das Vorverständnis-Problem in das allgemeine Bewusstsein gehoben und als zentrales Thema der modernen Dogmatikkritik erkannt zu haben.[112] Ob allerdings die von ihm vorgeschlagene Prüfung der Konsensfähigkeit einer Lösung immer ein zufriedenstellendes Ergebnis liefern kann, erscheint fraglich. In vielen Fällen dürfte es für den Richter nämlich schwierig sein festzustellen, welche Lösung wohl am ehesten konsensfähig ist. In kritischen Problemlagen wird eine übereinstimmende Meinung darüber, was gerecht und vernünftig ist, kaum vorhanden sein. Als Universalinstrument der Rechtsfindung erscheint die Feststellung von Konsensfähigkeit deshalb nicht geeignet.[113]

b) Richtigkeitskontrolle und Stimmigkeitskontrolle

794 Wenn *Esser* immer wieder betont, der Richter müsse eine konsensfähige und in diesem Sinne vernünftige und gerechte Entscheidung finden, hängt das auch damit zusammen, dass die Rechtsordnung für ihn nicht irgendeine Ordnung, sondern eine gerechte Ordnung sein muss. Gerechtigkeit wird in seinen Augen nicht schon durch die positive Rechtsordnung als solche garantiert, sondern ist ein Attribut der Entscheidung.[114] Aus diesem Grund ist auch die schon beschriebene „Richtigkeitskontrolle" für ihn von so großer Bedeutung. Da dogmatische Begründungen keine Richtigkeitsgewähr geben könnten,[115] sei ein Durchgriff auf überzeugende Sachargumente bei der auf Konsensfähigkeit gerichteten, rationalen Entscheidung unerlässlich. Auf der anderen Seite betont *Esser* aber auch die Notwendigkeit der Einheitlichkeit der Rechtsprechung und ihre Bindung an das legislative Regelungsprogramm, um dessen Erhaltung und Verbesserung willen der Rechtsprechung doch gerade ihre Freiheit, Verantwortung und Vermittlerrolle anvertraut werde. Deshalb begnügt *Esser* sich nicht mit der „Richtigkeitskontrolle", sondern setzt neben sie noch eine **„Stimmigkeitskontrolle"**, um die Verträglichkeit der Lösung mit dem positiven System zu gewährleisten.[116] An dieser Stelle kommt bei *Esser* die **Dogmatik** zur Geltung. Sie stelle im Rahmen eines Systems jene Kontrollinstanz dar, welche die Verträglichkeit von Lösungen mit den vorgegebenen Regelungen sichert. Durch den Zwang, die Lösungsversuche in das System einzugliedern, werde eine Rationalitätsprobe durchgeführt, die, wenn man sie ernst nimmt, die Auswirkungen einer Lösung auf das fernere Schicksal des betreffenden Systems aufzeige. Sollte die Lösung nicht in das System passen, wäre man dann gezwungen, entweder Alternativen aufzubauen oder sich mit allen Konsequenzen, die nun im System auftauchen, auseinanderzusetzen.[117] Indem *Esser* neben die „Richtigkeitskontrolle" noch diese „Stimmigkeitskontrolle" setzt, ergänzen sich bei ihm topische Gesichtspunkte, nämlich die Suche nach einer

---

112 *Fikentscher*, Methoden des Rechts, S. 438.
113 *Bydlinski*, Juristische Methodenlehre, S. 156.
114 Vorverständnis und Methodenwahl (1972), S. 17.
115 Vorverständnis und Methodenwahl (1972), S. 171; Möglichkeiten und Grenzen des dogmatischen Denkens (1972), S. 377.
116 Vorverständnis und Methodenwahl (1972), S. 19 f.
117 Möglichkeiten und Grenzen des dogmatischen Denkens (1972), S. 370.

konsensfähigen Lösung, und dogmatisch-systematische Gesichtspunkte, um in ihrem Zusammenwirken die Rationalität der Entscheidungsfindung zu ermöglichen.[118]

Essers Konzeption von Richtigkeitskontrolle und anschließender Stimmigkeitskontrolle   795
im Rechtsfindungsprozess und die Rolle, die er der Dogmatik darin zuteilt, sind zum Teil auf deutliche Ablehnung gestoßen. So wird vor allem kritisiert, dass sich die Richtigkeitsüberzeugung hinsichtlich der zu treffenden Entscheidung seinen Vorstellungen nach schon bildet, bevor der Richter mit der schulgerechten Gesetzesinterpretation oder mit dogmatischen Erwägungen beginnt. So wie *Esser* den Rechtsfindungsvorgang in der Praxis beschreibt, wählt der Richter ja einfach diejenige Auslegungsmethode, die es ihm erlaubt, seine Entscheidung als gesetzeskonfom hinzustellen. Somit diene die Stimmigkeitskontrolle in *Essers* Sinne nur dazu, die vom Richter für richtig erachtete Lösung mit einer nachträglichen Begründung zu versehen, die ihr den Anschein der Legalität geben solle.[119] In die gleiche Richtung geht der Hinweis, dass in *Essers* methodologischen Schriften kein irgendwo erzieltes Rechtsprechungsergebnis aufgrund des Nachweises, dass es der dogmatischen Kontrolle nicht standhalten könne, abgelehnt werde.[120] Schließlich wird seine Konzeption des Rechtsfindungsprozesses mit ihrer Trennung in Richtigkeits- und Stimmigkeitskontrolle sogar den „Theorien normfreien Entscheidens" zugeordnet.[121]

Ob diese Beurteilungen *Essers* Theorie in allen Punkten gerecht werden, erscheint frag-   796
lich. So hat *Esser* – auch als Reaktion auf die Kritik an seinem Werk „Vorverständnis und Methodenwahl" – durchaus die „Unentbehrlichkeit des juristischen Handwerkszeugs" betont und die Missachtung elementarer juristischer Argumentationsregeln in Gerichtsentscheidungen an konkreten Beispielen verurteilt.[122] *Esser* hebt in diesem Zusammenhang hervor, dass mit der Erkenntnis der Bedingtheit richterlichen Handelns durch Vorverständnis nicht die Möglichkeit entfalle, ausreichende Argumentationsleistung und abruptes Zurechtbiegen zu unterscheiden.[123] Die Befürchtung, dass eine methodenmissbrauchende Praxis durch seine Ausführungen über die Bedeutung des Vorverständnisses ermutigt werden könnte, elementare Argumentationsregeln fortan noch „mutiger" zu übergehen, teilt *Esser* nicht. Er bezwecke genau das Gegenteil, nämlich die Aufhellung der vorrechtlich wirksamen Gründe von Methodenwillkür, um ihr wirksam entgegentreten zu können.[124] Dass in seinen Augen sorgfältiges juristisches Argumentieren nicht durch freie Wertung ersetzt werden soll, hat *Esser* auch in früheren Arbeiten schon deutlich gemacht. Die vom Richter getroffene Wertentscheidung dürfe keine subjektive im Sinne eines instinktmäßigen Judizes oder gar einer auf rechtliche Begründung verzichtenden Billigkeit sein, sondern sie sei system- und argumentgebunden. Wenn sie auch nicht stets Nachwertung eines Vorgewerteten zu sein brauche, müsse sie sich doch anhand der dogmatischen Begründung über ihre Verträglichkeit mit dem betreffenden Gesamtsystem rechtlicher Ordnung ausweisen.[125]

---

118 *Frommel*, Rezeption der Hermeneutik, S. 222 ff.
119 So *Larenz*, Methodenlehre, S. 210 f. und Festschrift für Huber, S. 298 ff., der fordert, die Stimmigkeitskontrolle müsse vor Bildung der Richtigkeitsüberzeugung erfolgen.
120 *Bydlinski*, Juristische Methodenlehre, S. 32.
121 *Fikentscher*, Methoden des Rechts, S. 753 ff.
122 Zur Unentbehrlichkeit des juristischen Handwerkszeugs (1975), S. 420 ff. *Bydlinski*, Juristische Methodenlehre, S. 29, Fußnote 80 gibt sich damit aber nicht zufrieden, da es *Esser* hier nur darum gehe, die Judikatur zur Abtreibung und zur Einstellung von Radikalen im öffentlichen Dienst zu kritisieren.
123 Zur Unentbehrlichkeit des juristischen Handwerkszeugs (1975), S. 421.
124 Zur Unentbehrlichkeit des juristischen Handwerkszeugs (1975), S. 426.
125 Methodenlehre des Zivilrechts (1959), S. 323.

797   *Esser* selbst nimmt also seine Stimmigkeitskontrolle ernst und will keineswegs, dass sie nur pro forma erfolgt. Da sie in seiner Konzeption erst ganz am Ende des Rechtsfindungsprozesses steht, besteht allerdings durchaus die von seinen Kritikern hervorgehobene Gefahr, dass sie in der Praxis doch nicht so sorgfältig, wie *Esser* sich das wünscht, durchgeführt würde.

IV. Ein Beispiel: Die Problematik der „faktischen Schuldverhältnisse"

798   Am Beispiel von *Essers* Stellungnahme zu den sogenannten „faktischen Schuldverhältnissen" soll untersucht werden, wie er seine methodischen Vorgaben bei der Lösung zivilrechtlicher Probleme in die Praxis umsetzt.

1. Essers Lösungsvorschläge

799   Bei den unter dem Stichwort „faktische Schuldverhältnisse" diskutierten Fallgruppen handelt es sich um solche, bei denen kein Vertrag durch übereinstimmende, wirksame Willenserklärungen geschlossen wurde, man aber dennoch Leistungsansprüche, die normalerweise nur durch einen nach den Vorschriften des BGB geschlossenen Vertrag entstehen, gewähren möchte. Ein anschauliches Beispiel dafür ist der „Hamburger Parkplatzfall".[126] Dort stellte eine Frau ihr Auto auf einen gebührenpflichtigen Parkplatz, erklärte dabei aber ausdrücklich, dass der Parkplatz dem Gemeingebrauch diene und sie nicht bereit sei, die verlangte Gebühr zu zahlen. Es ist also eindeutig, dass sie keine Willenserklärung, die zu einem Vertragsschluss hätte führen können, abgegeben hat. Trotzdem ist sie zur Zahlung der Parkgebühr verurteilt worden. Schon allein dadurch, dass sie die Parkfläche zum Abstellen ihres Wagens benutzt habe, komme sie in ein Vertragsverhältnis zu dem Unternehmer und sei deshalb verpflichtet, das Entgelt zu zahlen.[127] Das Gericht schließt sich dabei der Ansicht an, dass ein Vertragsverhältnis nicht nur durch Angebot und Annahme zustande komme, sondern dass es auch faktische Vertragsverhältnisse gebe, die nicht auf einem Vertragsschluss, sondern auf einer sozialen Leistungspflicht beruhten. Diese Leistungspflicht ergebe sich aus einem Verhalten, das nach seiner „sozialtypischen Bedeutung" die gleiche Rechtsfolge habe wie ein rechtsgeschäftliches Handeln.[128] Nach dem Motto „das Leben selbst ordnet zu"[129] wurde so die Dogmatik des Rechtsgeschäfts beiseite gelegt, um ein „wirklichkeitsfremdes Ergebnis" zu vermeiden.

800   *Esser* sieht darin „die Kapitulation normativen Rechtsdenkens vor dem politisch-sozialen Faktum".[130] Er räumt zwar ein, dass die gegenwärtige Lehre vom Rechtsgeschäft keine unmittelbare Lösung für die Problematik der „faktischen Schuldverhältnisse" bereit halte, sieht aber trotzdem keinen Anlass dafür, sie preiszugeben. Nicht ein Einbruch des Soziologischen ins Normative sei nun gefragt, sondern eine Lösung müsse durch dogmatische Fortbildung gesucht werden. Es sei ein Fehler, den Ergebnissen der Forschung allzu eifrig Raum im dogmatischen Denken zu überlassen, das doch Stabilität

---

126 BGHZ 21, 319 ff. vom 14. Juli 1956.
127 BGHZ 21, 319, 3. Leitsatz.
128 BGHZ 21, 319, 333 f. in Anlehnung an *Haupts* Aufsatz „Über faktische Vertragsverhältnisse" (1941) und *Larenz'* Figur der „Schuldverhältnisse aus sozialtypischem Verhalten"; vgl. dazu ausführlich oben *Frassek*, Rn. 580 ff.
129 So eine Kernthese *Haupts*, zitiert bei *Esser*, Faktische Schuldverhältnisse (1958), S. 56.
130 Faktische Schuldverhältnisse (1958), S. 56; noch nicht so kritisch in der Besprechung von *Haupts* Schrift „Über faktische Vertragsverhältnisse" (1941) in Schmollers Jahrbuch 1942, S. 230 ff.

verlange.[131] *Esser* betont, dass das soziale Phänomen keine letzte Autorität, sondern Objekt kritischer Auseinandersetzung zur Verbesserung der Tatbestandsbildung ohne Preisgabe des Errungenen sei. Das Errungene ist für ihn im vorliegenden Fall das Willensprinzip als Ausdruck rechtsgeschäftlicher Privatautonomie, das man nicht wegen einzelner unbewältigter Erscheinungen „über Bord" werfen solle.[132]

Auf diesen Überlegungen aufbauend, bemüht sich *Esser* um eine mit dem Zivilrechtssystem zu vereinbarende und gleichzeitig den praktischen Bedürfnissen entsprechende Lösung. Er unterscheidet dazu zwei zentrale Fallgruppen der „faktischen Schuldverhältnisse":

1. die sogenannten „Eingliederungsverhältnisse". Dazu zählten vor allem Arbeits- und Gesellschaftsverhältnisse, bei denen sich, nachdem vertraglich an sich vorgesehene Leistungen erbracht wurden, herausstellt, dass der vermeintlich wirksame Vertrag aus irgendwelchen Gründen nichtig ist (z. B. wegen mangelnder Geschäftsfähigkeit des Arbeitnehmers);

2. die unter den Stichworten „Massenverkehr" und „Daseinsvorsorge" diskutierten Tatbestände eines modernen Massen- und Anschlussvertrages (z. B. Stromanschluss) ohne individuelle Gestaltung, insbesondere auf dem Gebiet der Verkehrwirtschaft (z. B. Busfahrten) und der Versorgungswirtschaft.[133]

Was die erste Fallgruppe und insbesondere das faktische Arbeitsverhältnis betrifft, so betont *Esser*, dass nicht die Eingliederung in die Betriebsorganisation als solche, nicht das „lebende Sozialverhältnis", das manche darin in einer Art „organizistischem Mythos" sehen wollen, entscheidend sei für die Frage, wie ein solches Verhältnis zu beurteilen ist. Man müsse vielmehr auch in diesen Fällen am Willenselement als Ausdruck der Privatautonomie festhalten. Das Willenselement lasse sich auch im nichtigen Arbeits-, Gesellschafts- oder Mietvertrag aufzeigen, nur eben in juristisch fehlerhafter Form. Auch in diesen Fällen werde ja ein Rechtszweck erstrebt, der sich in realen Willenshandlungen, also etwa der Arbeitsleistung oder der Mitarbeit in der Gesellschaft, ausdrücke. Gerade diese Zwecksetzung müsse, wenn man das zivilrechtlich nichtige Verhältnis aus Gründen des internen Schutzes oder auch des Gläubigerschutzes anerkennen will, den „objektiven Tatbestand" bilden, an den man diese Anerkennung knüpft, nicht das „Phänomen" der „Eingliederung". „Nicht das Leben ordnet zu", so *Esser*, "sondern immer nur menschlicher Wille".[134] *Esser* betont, dass in der rechtlichen Anerkennung solcher Willensbetätigungen die Privatautonomie gerade respektiert und nicht ignoriert werde, wie man meinen könnte, wenn die Frage so gestellt wird, als gelte es, irgendwelchen „faktischen" Verhältnissen „normative" Wirkungen beizulegen.[135] *Esser* will gerade nicht, dass die Faktizität eines Arbeits oder Gesellschaftsverhältnisses als „objektiver Tatbestand", der ebenso wie Willenserklärungen einen Vertrag begründen könnte, angesehen wird. Es gehe nur um Zusatztatbestände für die begrenzte Frage, wann ein zwar nicht rechtlich wirksam begründetes, aber doch tatsächlich verwirklichtes

801
802

---

131 Faktische Schuldverhältnisse (1958), S. 52; vgl. auch Möglichkeiten und Grenzen des dogmatischen Denkens (1972), S. 391.

132 Faktische Schuldverhältnisse (1958), S. 56; weitgehendere Zugeständnisse an die Rechtswirklichkeit macht *Esser* in Schmollers Jahrbuch 1942, S. 234: „Wo der individuelle Vertragsmechanismus nicht mehr brauchbar ist, da können auch seine Formen fallen".

133 Faktische Schuldverhältnisse (1958), S. 53 Nr. c) und d); Schuldrecht, 3. Aufl. 1968, S. 97 f.

134 Faktische Schuldverhältnisse (1958), S. 58, Schuldrecht, 3. Aufl. 1968, S. 98 f.

135 Schuldrecht, 3. Aufl. 1968, S. 99.

Rechtsverhältnis aus bestimmten Schutzgründen (z. B. Entgeltansprüche, Arbeitsschutz) *wie* ein gültiges behandelt werden soll.[136] Der dogmatische Weg, der eine solche Gleichbehandlung in bestimmten Fällen ermöglichen soll, ist für *Esser* das Absehen von bestimmten Nichtigkeitsgründen. Im Einzelfall müssten die konkreten Schutzaufgaben des jeweils maßgeblichen Nichtigkeitsgrundes mit dem Schutzinteresse an der Anerkennung des de-facto-Verhältnisses abgewogen werden. So soll zum Beispiel ein Geschäftsunfähiger, der aus Gründen des Minderjährigenschutzes keinen wirksamen Arbeitsvertrag schließen kann, dennoch einen Anspruch auf Zahlung der Vergütung für die bereits geleistete Arbeit haben. Die Lösung des Eingliederungsproblems ist für *Esser* also nicht die Anerkennung neuer konstitutiver Tatbestände, sondern die „Verfeinerung unserer Nichtigkeitslehre".[137]

803 Bei der Fallgruppe der „Massenverträge" (z. B. Parken auf einem gebührenpflichtigen Parkplatz oder Benutzen öffentlicher Verkehrsmittel) helfe dieser Lösungsansatz aber nicht weiter. Hier sei kein „nichtiger" Erklärungsabschluss zu sanieren, sondern es trete offenkundig ein „objektiver" Abschlusstatbestand *ohne* Willenserklärung auf den Plan, der *neben* der bisher allein anerkannten rechtsgeschäftlichen Abschlusstechnik Geltung beansprucht. Hier werde das Schuldverhältnis nicht durch einen Vertragsschluss begründet, sondern durch die Inanspruchnahme einer Leistung, die allgemein nur kraft schuldrechtlicher Sonderverpflichtung verlangt werden kann.[138] Hier scheint *Esser* nun also doch einen „faktischen" Vertrag durch „sozialtypisches Verhalten" anerkennen zu wollen. Die Frage sei jedoch, in welcher *dogmatischen* Weise sich die Einbeziehung einer solchen Abschlussform in unser BGB-System vollziehen lässt. *Esser* betont, dass man, wenn man diese Abschlussform als Ausdruck der Privatautonomie werten will, auch diese Tatbestände an die Doktrin der Willenserklärung anlehnen müsse. Auch hier liege ja eine natürliche und zielgerichtete Willensbetätigung vor (wie etwa der Wille, den gebührenpflichtigen Parkplatz zu benutzen), wenn auch keine Willens*erklärung* im hergebrachten dogmatischen Sinne.[139] Die dogmatische Eingliederung in das System erfolgt bei *Esser* durch „analoge Behandlung von grundsätzlich nicht erklärungsbedürftigen Willensbetätigungen als einer Erklärung". Diese Gleichstellung sei aber nicht global durch Fiktion zu vollziehen, sondern es komme immer auf die Einzelfragen der rechtsgeschäftlichen Bindung an. Der Begriff des „Rechtsgeschäfts" umfasse damit auch die „sozialtypische Inanspruchnahme" von Leistungen des „Massenverkehrs".[140]

804 Dass das nicht der traditionellen Dogmatik des Rechtsgeschäfts entspricht, räumt *Esser* ein. In seiner Erweiterung des Begriffs des Rechtsgeschäfts sieht er einen „echten Fall dogmatischer Rechtsfortbildung als einziger Möglichkeit der System-Erhaltung".[141] Als systemerhaltend bezeichnet er seinen Lösungsvorschlag deswegen, weil die fraglichen Tatbestände nicht aus dem System der Privatautonomie entlassen würden. Statt systemfremde „objektive" Tatbestände zu schaffen, möchte er die typisierten Leistungsverhält-

---

136 Schuldrecht, 3. Aufl. 1968, S. 98.
137 Faktische Schuldverhältnisse (1958), S. 59, Schuldrecht, 3. Aufl. 1968, S. 99.
138 Faktische Schuldverhältnisse (1958), S. 60, Schuldrecht, 2. Aufl. 1960, S. 34 f.
139 Faktische Schuldverhältnisse (1958), S. 61.
140 Faktische Schuldverhältnisse (1958), S. 62, Schuldrecht, 2. Aufl. 1960, S. 34 f.; etwas anders offenbar in der 3. Aufl. 1968, S. 97, wo *Esser* betont, dass es nicht gerechtfertigt sei, die erwünschten Rechtsfolgen einfach als Folgen eines faktischen, wenn auch „sozialtypischen" Verhaltens in Kraft zu setzen. Wo man, wie im Parkplatzfall, nicht von einem Vertragsschluß durch konkludentes Verhalten (§ 151 BGB) ausgehen kann, will er über den Grundsatz der Unbeachtlichkeit der „protestatio facto contraria" zu einer befriedigenden Lösung kommen.
141 Faktische Schuldverhältnisse (1958), S. 62.

nisse als Schuldvertragsbeziehungen mit den entsprechend abgewandelten Elementen des Rechtsgeschäfts (nämlich Willensbetätigungen in bestimmten Fällen wie Willenserklärungen zu behandeln) bewältigen. Mit dem Gebot der „Gesetzestreue" sei das zu vereinbaren. Nicht das Gesetz selbst und der „Geist" der Rechtsgeschäftslehre würden hier verändert, sondern die zu engen dogmatischen Vorstellungen. Diese dogmatischen Vorstellungen werden, so *Esser*, nicht von der politischen Willensbildung beherrscht, die die Kodifikation geschaffen hat, sondern vom Erkenntnisstand der Jurisprudenz. Sie seien zwar Teile des „Gesetzes", doch die Rechtsquelle, aus der sie stammen, sei nicht der Gesetzgeber, sondern Doktrin und Praxis. So bleibe auch die weitere Entwicklung der Dogmatik Aufgabe von Doktrin und Praxis. Wie schon in seinem Buch „Grundsatz und Norm" betont *Esser* auch hier, dass das von einem bestimmten Stande dogmatischer Einsicht und Technik ausgehende Gesetz in bezug auf diese Zeitkenntnisse nicht Rechtsquelle und daher nicht bindende Autorität sei. Die Wissenschaft müsse die dem Gesetz zugrundeliegenden Vorstellungen und Zusammenhänge freilegen und mit der Rechtswirklichkeit vergleichen.[142] Dabei gehe es um die „adäquate *Gestaltung* der rechtlichen Ordnungsziele im Gesetz mit Vorstellungen, die dem Stande der Zeit entsprechen". In diesem Zusammenhang macht *Esser* nochmals deutlich, was er unter wirklichkeitsgerechtem Recht versteht. Recht habe zwar der Realität zu entsprechen, aber nicht in deskriptiver, sondern in normativer Hinsicht, also auch unter Berücksichtigung einer am Ganzen des Systems orientierten Dogmatik. Diese Dogmatik müsse den veralteten begrifflichen Bau entsprechend dem Wandel seiner Funktionen und auch unserer Gerechtigkeitseinsicht stückweise erneuern, indem sie von den Randfällen her jedes doktrinäre Gebiet langsam aufrollt und aus den erstarrten Denkformen löst. „Untreue gegen das Gesetz ist nicht der Schritt nach vorn, der mit einer verbesserten Dogmatik erreicht wird, sondern die ‚gesetzestreue Lösung', die eine Institution an die Vorurteile der Entstehungszeit fesselt, sofern sie ihnen nicht mit logischen Kunstgriffen oder Fiktionen entrinnen kann."[143]

2. Die praktische Umsetzung methodischer Vorstellungen

In diesem letzten Abschnitt seines Aufsatzes über die Dogmatik der „faktischen Schuldverhältnisse" bringt *Esser* zur Rechtfertigung seines Lösungsvorschlags bezüglich der „Massenverträge" eine Reihe von Überlegungen vor, die auch in seinen methodischen Werken auftauchen, insbesondere was seinen Gesetzesbegriff und die Frage, wie Gesetzesbindung und Anpassung des Rechts an veränderte Bedürfnisse in Einklang gebracht werden können, betrifft.
805

Aber auch bei der vorangegangenen Erörterung der praktischen Fragen werden Entsprechungen zu seinen Vorstellungen darüber, wie Rechtsfindung praktisch vor sich geht und wie sie vor sich gehen soll, deutlich. So ist der Ausgangspunkt von *Essers* Überlegungen nicht der Gesetzestext an sich. Dass ein auf einem nichtigen Vertrag beruhendes Arbeitsverhältnis unter bestimmten Umständen von der Rechtsordnung geschützt werden muss und dass ein Parkplatzunternehmer, wenn jemand willentlich die von ihm angebotene Leistung in Anspruch nimmt, auch einen Anspruch auf Zahlung der ihm normalerweise zustehenden Parkgebühr haben soll, scheint vielmehr von vornherein festzustehen, da ein anderes Ergebnis „ungerecht" erschiene. Um diesen Anspruch zu rechtfertigen, stützt *Esser* sich wiederum nicht direkt auf den Gesetzestext, sondern auf gewisse
806

---

142 Faktische Schuldverhältnisse (1958), S. 63.
143 Faktische Schuldverhältnisse (1958), S. 64.

vom Gesetz offenbar vorausgesetzte Prinzipien, nämlich die Privatautonomie und das mit ihr zusammenhängende Willensprinzip. Diese Prinzipien können zwar nicht unmittelbar begründen, dass hier Erfüllungsansprüche bestehen, aber das ist nach *Essers* Vorstellungen vom Rechtsfindungsprozess auch gar nicht erforderlich. Entscheidend und ausreichend ist vielmehr, dass diese allgemein anerkannten und dem Rechtssystem zugrundeliegenden Prinzipien der als vernünftig angesehenen Lösung nicht widersprechen, dass die Lösung also „stimmig" ist. Der Rückgriff auf Prinzipien statt auf den Gesetzestext hat den Vorteil, dass man größere Spielräume bei der Rechtsfindung hat, eine Anpassung an veränderte Umstände also erleichtert wird. Die Ausgestaltung, die die Doktrin den Prinzipien zur Zeit der Gesetzgebung gegeben hat, wird ja nicht als bindende Autorität angesehen. Die zu engen dogmatischen Vorstellungen können vielmehr im Rahmen der rechtlichen Ordnungsziele aktualisiert und erweitert werden.

807 Wenn *Esser* bei den sogenannten „Eingliederungsverhältnissen" eine Lösung über das Absehen von bestimmten Nichtigkeitsgründen sucht, wird deutlich, dass für ihn immer der Zweck einer rechtlichen Regelung im Vordergrund steht. So beruht die Regelung, dass Willenserklärungen von Geschäftsunfähigen nicht wirksam sind, auf den Gedanken des Minderjährigenschutzes. Sollte aber der Minderjährigenschutz in einem bestimmten Fall erfordern, dass die Willenserklärung wirksam ist, zum Beispiel um einen Vergütungsanspruch zu begründen, ist *Esser* bereit, von diesem Nichtigkeitsgrund abzusehen.

808 Auch die Rolle, die *Esser* in seinen methodischen Schriften der Dogmatik zugesteht, bestätigt er hier wieder. Am Beispiel der „faktischen Schuldverhältnisse" betont er nochmals die Bedeutung der Dogmatik für die Stabilität des Rechts und dafür, dass das Rechtssystem in sich stimmig bleibt, weshalb er sie auch nicht preisgeben, sondern nur stückweise verbessern will. Dass *Esser* sich hier so ausgiebig mit der dogmatischen Einordnung der „faktischen Schuldverhältnisse" befasst und nicht am Fall arbeitend Sachargumente vorträgt, wie er es für die Rechtspraxis fordert, liegt daran, dass er eben kein Richter ist, der eine sachgerechte Lösung für einen konkreten Fall suchen soll, sondern dass er sich als Rechtswissenschaftler mit einem Problemkreis befasst. Eine wichtige Aufgabe des Rechtswissenschaftlers ist für ihn, der Praxis das dogmatische Instrumentarium zu liefern, auf das sie dann zurückgreifen kann.

809 Bei seinen rechtsdogmatischen Überlegungen wird allerdings auch deutlich, wie schwierig es ist, zu beurteilen, wie streng die anhand der Dogmatik durchzuführende Stimmigkeitskontrolle im Einzelfall genommen werden soll und wie man verhindert, dass letztendlich doch nur „Billigkeitsentscheidungen" getroffen werden, bei denen man nur pro forma eine Stimmigkeitskontrolle durchführt. Während *Esser* bei seiner ersten Fallgruppe, den sogenannten „Eingliederungsverhältnissen", noch an eine tatsächlich vorhandene, wenn auch vielleicht nur konkludente und jedenfalls unwirksame Willenserklärung anknüpfen konnte und damit noch relativ „gesetzestreu" vorgehen konnte, ging er doch bei der zweiten Fallgruppe, wo er nur noch auf einen „natürlichen Benutzungswillen" zurückgreifen konnte, ein ganzes Stück weiter. Wo im Einzelfall der Spielraum ausgeschöpft ist, wann die eigenen Gerechtigkeitsvorstellungen hinter der gesetzliche Regelung zurücktreten müssen, wann Flexibilität und Einzelfallgerechtigkeit Stabilität und Gesetzestreue zu weichen haben, macht *Esser* nicht deutlich.

V. Quellen und Literatur

1. Zum Einstieg in die Esser-Texte[144]

Besonders eignet sich hier der Handbuchabschnitt „Methodik des Privatrechts" von 1972 und auch die „Bemerkungen zur Unentbehrlichkeit des juristischen Handwerkszeugs" von 1975, siehe sogleich. Besonders bekannt wurde die Streitschrift zu „Vorverständnis und Methodenwahl" von 1970. Weitere hier wichtige Werke sind:

Besprechung von *Haupt, Günter*, Über faktische Vertragsverhältnisse, Leipzig 1941, in: Schmollers Jahrbuch für Gesetzgebung, Verwaltung und Volkswirtschaft im Deutschen Reiche 66 (1942), S. 230–234.

Einführung in die Grundbegriffe des Rechtes und Staates. Eine Einführung in die Rechtswissenschaft und in die Rechtsphilosophie, Wien 1949.

Interpretation und Rechtsneubildung im Familienrecht, JZ 1953, S. 521–526.

Die Zweispurigkeit unseres Haftpflichtrechts (1953), in: *Esser*, Wege der Rechtsgewinnung, Tübingen 1990, S. 23–38.

Die Interpretation im Recht (1954), in: *Esser*, Wege der Rechtsgewinnung, Tübingen 1990, S. 278–293.

Voraussetzungen und Grenzen richterlicher Rechtsbildung aus Prinzipien im deutschen Zivilrecht, zusammengefasst von Heinz Paulick, in: AcP 153 (1954), S. 176–182.

Grundsatz und Norm in der richterlichen Fortbildung des Privatrechts. Rechtsvergleichende Beiträge zur Rechtsquellen- und Interpretationslehre, Tübingen 1956.

Gedanken zur Dogmatik der „faktischen Schuldverhältnisse" (1958), in: *Esser*, Wege der Rechtsgewinnung, Tübingen 1990, S. 51–64.

Zur Methodenlehre des Zivilrechts (1959), in: *Esser*, Wege der Rechtsgewinnung, Tübingen 1990, S. 307–327.

Schuldrecht, 2. Auflage, Karlsruhe 1960.

Richterrecht, Gerichtsgebrauch und Gewohnheitsrecht (1967), in: *Esser*, Wege der Rechtsgewinnung, Tübingen 1990, S. 160–195.

Schuldrecht, Band 1: Allgemeiner Teil, 3. Auflage, Karlsruhe 1968.

Methodik des Privatrechts (1972), in: *Esser*, Wege der Rechtsgewinnung, Tübingen 1990, S. 328–362.

Möglichkeiten und Grenzen des dogmatischen Denkens im modernen Zivilrecht (1972), in: *Esser*, Wege der Rechtsgewinnung, Tübingen 1990, S. 363–396.

Vorverständnis und Methodenwahl in der Rechtsfindung. Rationalitätsgrundlagen richterlicher Entscheidungspraxis, 2. Auflage, Frankfurt 1972 (zuerst 1970).

Antrittsrede vor der Heidelberger Akademie der Wissenschaften, Philosophisch-Historische Klasse am 17.11.1973, in: *Esser*, Wege der Rechtsgewinnung, Tübingen 1990, S. 449–450.

Dogmatik zwischen Theorie und Praxis (1974), in: *Esser*, Wege der Rechtsgewinnung, Tübingen 1990, S. 397–419.

Bemerkungen zur Unentbehrlichkeit des juristischen Handwerkszeugs (1975), in: *Esser*, Wege der Rechtsgewinnung, Tübingen 1990, S. 420–427.

Wege der Rechtsgewinnung. Ausgewählte Aufsätze, hg. von P. Häberle und H. G. Leser, Tübingen 1990.

---

144 Ein umfassendes Schriftenverzeichnis ist in dem Sammelband „Wege der Rechtsgewinnung", hrsg. von Peter Häberle und Hans G. Leser, Tübingen 1990, S. 451-465, zu finden. Ein ausgewähltes Schriftenverzeichnis und ein Verzeichnis der Rezensionen zu Essers Monographien findet sich bei *Vogel*, Josef Esser – Brückenbauer zwischen Theorie und Praxis, Berlin 2009.

2. Zum Einstieg in die Sekundärliteratur

Besonders geeignet sind die Texte von den beiden Esser-Schülern:

Dubischar, Roland, Rechtstheorie als Literatur, in: AcP 171 (1971), S. 440–469 .
Köndgen, Johannes, Josef Esser – Methodologie zwischen Theorie und Praxis, in: JZ 56 (2001), 807–813.

3. Weitere hier wichtige Literatur

Bydlinski, Franz, Juristische Methodenlehre und Rechtsbegriff, Wien 1982.
Fikentscher, Wolfgang, Methoden des Rechts in vergleichender Darstellung, Bd. 3: Mitteleuropäischer Rechtskreis, Tübingen 1976.
Frommel, Monika, Die Rezeption der Hermeneutik bei Karl Larenz und Josef Esser (= Münchener Universitätsschriften zur rechtswissenschaftlichen Grundlagenforschung, 47), Ebelsbach 1981.
Kelsen, Hans, Allgemeine Theorie der Normen, aus dem Nachlaß hrsg. von Kurt Ringhofer und Robert Walter, Wien 1979.
Larenz, Karl, Die Bindung des Richters an das Gesetz als hermeneutisches Problem, in: Festschrift für Ernst Rudof Huber zum 70. Geburtstag, Göttingen 1973, S. 291–309.
Larenz, Karl, Methodenlehre der Rechtswissenschaft, 6. Auflage, Berlin/Heidelberg u. a. 1991.
Müller, Friedrich, ‚Richterrecht' – Elemente einer Verfassungstheorie IV, Berlin 1986.
Wieacker, Franz, Gesetzesrecht und richterliche Kunstregel. Zu Essers Buch „Grundsatz und Norm", JZ 1957, S. 701–706.
Wiederin, Erwald, Regel – Prinzip – Norm. Zu einer Kontroverse zwischen Hans Kelsen und Josef Esser, in: Paulson, Stanley L./Walter, Robert (Hrsg.), Untersuchungen zur Reinen Rechtslehre. Ergebnisse eines Wiener Rechtstheoretischen Seminars 1985/86, Wien 1986, S. 137–166.

4. Weitere und Neuere Literatur

Liber amicorum Josef Esser. Zum 85. Geburtstag am 12. März 1995, hg. v. E. Schmidt u. H.-L. Weyers, Heidelberg 1995.
Lichtenmangegger, Susanne, Die Rechts- und Staatswissenschaftliche Fakultät der Universität Insbruck 1945–1955. Zur Geschichte der Rechtswissenschaft im Österreich des 20. Jahrhunderts, Frankfurt am Main 1999, S. 145 ff., 269 ff.
Schmidt, Eike, Nachruf Josef Esser, in: JZ 54 (1999), S. 986.
Weyers, Hans-Leo, Nachruf auf Josef Esser, in: Mitteilungen der Gesellschaft für Rechtsvergleichung Nr. 27, 1999, S. 7 f.
Haferkamp, Hans-Peter, „Methodenehrlichkeit"? – Die juristische Fiktion im Wandel der Zeiten, in: Zivil- und Wirtschaftsrecht im Europäischen und Globalen Kontext. Festschrift für Nobert Horn zum 70. Geburtstag, hg. v. K. P. Berger, G. Borges et al., Berlin 2006, S. 1077–1089.
Köndgen, Johannes, Josef Esser (1910–1999), in: Deutschsprachige Zivilrechtslehrer des 20. Jahrhunderts in Berichten ihrer Schüler. Eine Ideengeschichte in Einzeldarstellungen, Bd. 1, hg. v. St. Grundmann u. K. Riesenhuber, Berlin 2007, S. 103–127.
Vogel, Stefan, Josef Esser – Brückenbauer zwischen Theorie und Praxis, Berlin 2009.

Methode und Zivilrecht bei Helmut Coing (1912–2000)

von Lena Foljanty

Übersicht

I. Helmut Coing: ein Vertreter der alten Bundesrepublik   285
II. Unscharfe Grenzziehungen: Coings Rechtsbegriff   287
III. Gesetzesbindung ohne Gesetzgeber: die Methodenlehre Coings   292
IV. Zusammenfassung: Wissenschaft als Rechtsquelle   301
V. Fallbeispiel: Auslegung von Generalklauseln am Beispiel des sog. „Geliebtentestaments"   302
VI. Fazit   307
VII. Quellen und Literatur   307

Die Methodenlehre Helmut Coings ist nicht originell, nicht polarisierend. Sie zeichnet sich dadurch aus, dass sie in allen auf diesem Feld umkämpften Fragen die Mitte sucht: zwischen Naturrecht und Kulturrecht, zwischen subjektiver und objektiver Auslegung, zwischen topischem und systematischem Rechtsdenken, zwischen strenger Gesetzesbindung und schöpferischem Richterrecht, zwischen Tradition und Verfassungsbindung. Coing nimmt nirgends radikal Stellung. Er bewegt sich auf Pfaden, die sich im Laufe des letzten Jahrhunderts als bewährte Wege zwischen normativer Notwendigkeit und faktischer Unmöglichkeit der Gesetzesbindung herausgebildet haben. Wenn es etwas gäbe wie den „Mainstream" der Methodenlehre, wäre Coing ein Wortführer.   810

Dies macht das Werk Coings nicht langweilig, im Gegenteil. Für das Studium der Methodenlehre sind seine Schriften gerade deswegen interessant, weil er scheinbar pragmatisch das Bewährte predigt. Denn tradierte, anerkannte und pragmatische Lösungen werden oft nicht systematisch begründet. Coing hingegen versucht dies: Er fundiert die überkommenen Methodenannahmen mit rechtsphilosophischen Überlegungen. Er bietet damit einen Subtext für Regeln, die so oft postuliert und so selten hinterfragt werden.   811

I. Helmut Coing: ein Vertreter der alten Bundesrepublik

Helmut Coing (1912–2000) ist heute in erster Linie bekannt als Rechtshistoriker. Er promovierte und habilitierte sich in den 1930er Jahren zu Fragen der Rezeption des römischen Rechts im Mittelalter und wurde 1941 zum Extraordinarius für römisches Recht und bürgerliches Recht an der Universität Frankfurt am Main ernannt.[1] 1968 gelang ihm die Gründung des Max-Planck-Instituts für europäische Rechtsgeschichte in Frankfurt am Main, dem er bis zu seiner Emeritierung als Direktor vorstand.[2]   812

---

1 Zu seinem Leben siehe Überblick bei *Luig*, Helmut Coing (1912–2000), in: Grundmann/Riesenhuber (Hg.), Deutschsprachige Zivilrechtslehrer des 20. Jahrhunderts in Berichten ihrer Schüler, Bd. 1, 2007, S. 57–70. Dort auch zu Coings rechtshistorischen Ansatz und den Verknüpfungen mit seiner Rechtsphilosophie.
2 Dazu *F. Schäfer*, Gründung eines MPI für europäische Rechtsgeschichte, ZEuP 2009, 517–535.

813   Mit rechtsphilosophischen Fragen befasste sich Coing erstmals nach 1945. Er galt als junger Lehrstuhlinhaber nach dem Krieg als unbelastet[3] und wandte sich der Rechtsphilosophie in Auseinandersetzung mit dem Nationalsozialismus zu. Das Recht war in den Dienst des Regimes gestellt worden[4] und galt als diskreditiert. Wie viele Zeitgenossen suchte Coing nach Vergewisserung, dass das Recht trotz dieser Erfahrung in seinem Kern etwas Gutes sei. Recht sollte als etwas verstanden werden, dass seinem Wesen nach gerecht war. Wertphilosophie und Religion sollten weiterhelfen: Ein in objektiven, höheren Normen verankertes Recht versprach Schutz vor einem als potenziell willkürlich angesehenen Gesetzgeber.[5] Coing wählte den wertphilosophischen Weg und versuchte sich an einer „Neu[be]gründung des Naturrechts".[6] Er leistete damit einen breit beachteten Beitrag zur Naturrechtsbesinnung der ersten Nachkriegsjahre.[7]

814   Auch nach Abebben der Naturrechtsbegeisterung in den 1950er Jahren blieb Coing der Rechtsphilosophie treu. Während seine erste rechtsphilosophische Schrift „Die obersten Grundsätze des Rechts" (1947) Methodenfragen noch weitgehend ausgespart hatte, änderte sich dies in der Folgezeit. Neben Aufsätzen und Vorträgen zeugt davon sein erstmals 1950 erschienenes Lehrbuch „Grundzüge der Rechtsphilosophie". Das letzte Kapitel dieses Buches ist der Methodenlehre gewidmet. 1969 erschien es in grundlegend überarbeiteter zweiter Auflage, es folgten drei weitere, nur noch geringfügig veränderte Auflagen bis 1993.[8] Coings Wirken in Methodenfragen fällt damit fast genau in den Zeitraum von 1949 bis 1990.

815   Über all die Jahrzehnte veränderte er seine Rechtsphilosophie und seine Methodenlehre nicht grundlegend. Zwar zeigen seine Schriften aus den 1960er und 1970er Jahren, dass er die sozialwissenschaftliche und antimetaphysische Wende in Rechtsphilosophie und

---

3 Sowohl Dissertation als auch Habilitation befassten sich mit der Rezeption des römischen Rechts im 15. und 16. Jahrhundert. In der Dissertation finden sich Passagen, in welchen er die nationalsozialistische Rede vom „Eindringen" des „abstrakten" römischen Recht in das „lebensnahe deutsche Recht bediente, in der Habilitationsschrift nimmt er eine differenzierte Beschreibung und Bewertung vor. Vgl. *Coing*, Die Frankfurter Reformation von 1578 und das Gemeine Recht ihrer Zeit, 1935; *ders.*, Die Rezeption des römischen Rechts in Frankfurt am Main, 1939.

4 Siehe statt aller zum Recht im Nationalsozialismus *Rüthers*, Entartetes Recht, 1988 sowie immer noch grundlegend für den Beitrag der Rechtsprechung mit vielen Fallbeispielen *ders.*, Die unbegrenzte Auslegung. Zum Wandel der Privatrechtsordnung im Nationalsozialismus, 1968.

5 Die Schuldzuweisung an die Politik erfolgte vor allem mit Hilfe der sog. Positivismusthese, derzufolge es einem vermeintlich vorherrschenden Positivismus geschuldet gewesen sei, dass Juristen ihre Tätigkeit bereitwillig in den Dienst des nationalsozialistischen Staates gestellt hatten. Juristen waren in dieser Deutung nur deshalb in nationalsozialistische Verbrechen verwickelt worden, weil sie sich dem Staat zu Loyalität verpflichtet gefühlt hätten. Dass dies historisch nicht haltbar ist, zeigt schon *Rüthers*, Die unbegrenzte Auslegung, 1968; zur Kritik an der damit verbundenen Schuldverschiebung früh *Rosenbaum*, Naturrecht und positives Recht, 1972, S. 147 ff., später v.a. *Walther*, Hat der juristische Positivismus die deutschen Juristen im „Dritten Reich" wehrlos gemacht?, in: Dreier/Sellert (Hg.), Recht und Justiz im „Dritten Reich", 1989, S. 323–354.

6 *Coing*, Die obersten Grundsätze des Rechts. Versuch der Neugründung des Naturrechts, 1947. Bei dem Untertitel handelt es sich um einen Fehldruck, er sollte „Neubegründung" lauten, siehe *Kauhausen*, Nach der ‚Stunde Null'. Prinzipiendiskussionen im Privatrecht nach 1945, 2007, S. 37.

7 Zur Naturrechtsbesinnung historisierend bisher nur *Neumann*, Rechtsphilosophie in Deutschland seit 1945, in: Simon (Hg.), Rechtswissenschaft in der Bonner Republik, 1994, S. 145 ff.; umfassend nun *Foljanty*, Recht oder Gesetz. Juristische Identität und Autorität in den Naturrechtsdebatten der Nachkriegszeit [erscheint 2012]; speziell zum Beitrag Coings und seiner Rezeption *Mohnhaupt*, Zur „Neugründung" des Naturrechts nach 1945: Helmut Coings „Die obersten Grundsätze des Rechts" (1947), in: H.Schröder/Simon (Hg.), Rechtswissenschaft in Deutschland 1945 bis 1952, 2001, S. 97–108.

8 Das Büchlein „Juristische Methodenlehre" (1972) ist keine eigenständige Schrift, sondern ein Nachdruck des Kapitels zur Methodenlehre aus der 2. A. von 1969.

Foljanty

Rechtstheorie[9] zur Kenntnis nahm. Eine rationale Begründung seiner Rechtsphilosophie war ihm schon zuvor ein Anliegen gewesen[10] und dies verstärkte sich in dieser Zeit.[11] Der Begriff des „Naturrechts" mit dem Coing nach dem Krieg das Feld betreten hatte, verschwand aus seinen Schriften allerdings nie vollständig.[12] Sein Rechtsbegriff blieb zeitlebens ein dualistischer: Juristinnen und Juristen waren dem Gesetzesrecht verpflichtet, zugleich jedoch auch der Gerechtigkeit als höchstem Wert des Rechts. Das Besondere an Coings Methodenlehre ist, dass er den Dualismus ernst meinte und nicht allein zugunsten der Gerechtigkeit auflösen wollte. Er maß dem positiven Recht und damit der Gesetzesbindung eine hohe Bedeutung zu. Er versuchte, Elemente des Rechtspositivismus mit solchen des Rechtsidealismus zu verbinden.[13] Hieraus resultierte ein Konzept relativer Gesetzesbindung, das sich durch alle Überlegungen Coings in Methodenfragen zieht.

II. Unscharfe Grenzziehungen: Coings Rechtsbegriff

Um dieses Konzept zu verstehen, ist es nötig, den Blick zunächst auf seinen Rechtsbegriff zu richten. Es handelt sich um einen Rechtsbegriff, der sich aus vielfältigen Quellen speist und dessen Zentrum schwierig zu bestimmen ist: Naturrecht, Kulturrecht und Grundsätze der Gerechtigkeit greifen ineinander mit menschlicher Setzung. Es wird sich zeigen, dass es in allem Nachdenken Coings über das Recht und seine Anwendung mehr um das Zusammenspiel als um die Abgrenzung dieser Elemente ging.   816

1. Naturrecht, Kulturrecht, Grundsätze der Gerechtigkeit

An der Existenz übergesetzlicher Normen hatte Coing keinen Zweifel. Dass es sich hierbei um überzeitlich stabile, dem Menschen objektiv vorgegebene Normen handelte, wird vor allem in seiner Frühschrift, „Die obersten Grundsätze des Rechts" deutlich. In Anlehnung an die Wertphilosophie Max Schelers ging er davon aus, dass es ein objektives „Reich der Werte" gebe, das von der „Welt des Seins" getrennt existiere.[14] Während sich die „Welt des Seins" stetig verändere, sei das „Reich der Werte" konstant. Die Menschen seien nur bedingt in der Lage, aus ihrer „Welt des Seins" heraus die objektiven Werte zu erkennen und zu realisieren. Im Laufe der Geschichte sei dies den Menschen jedoch Schritt für Schritt gelungen. „Mit den sittlichen Werten verhält es sich nicht anders als mit den Gesetzen der Natur: auch sie sind unabhängig von dem sie auffassenden Subjekt, auch sie sind erst langsam von Menschen entdeckt worden, [...]."[15] Die Entwicklung des Rechtsbewusstseins vollziehe sich durch „moralische Entdeckungen".[16]   817

Coing versuchte auf diese Weise zu begründen, dass kein Widerspruch bestehe zwischen dem empirisch beobachtbaren Umstand, dass sich Rechts- und Gerechtigkeitsvorstel-   818

---

9   Guter Überblick dazu bei *Hilgendorf*, Renaissance der Rechtstheorie, 2006; auch *Dreier*, Deutsche Rechtsphilosophie in der zweiten Hälfte des 20. Jahrhunderts, in: Alexy (Hg.), Integratives Verstehen, 2005, S. 215–224; *Neumann*, Rechtsphilosophie, vgl. Fn. 7.

10   Siehe bereits Einleitung zu „Die obersten Grundsätze des Rechts" (1947).

11   *Coing*, Grundzüge, 2. A. 1969, S. 99 ff., bes. S. 111 ff.

12   Dies gilt für die rechtsphilosophischen Schriften, vgl. *Coing*, Grundzüge, 5. A. 1993, S. 198 ff. In seiner Einleitung zur 12. A. des BGB-Kommentars von Staudinger (1978) ist von Naturrecht dagegen keine Rede mehr, anders als noch in der 11. A. von 1957, vgl. z. B. § 138 Rn. 4.

13   *Kauhausen*, Nach der ,Stunde Null', 2007, S. 46 spricht daher zu Recht davon, dass er als „Rechtsmoralist" und Vertreter einer schwachen Naturrechtslehre gesehen werden müsse.

14   *Coing*, Oberste Grundsätze, 1947, S. 28.

15   *Coing*, Oberste Grundsätze, 1947, S. 116.

16   *Coing*, Oberste Grundsätze, 1947, S. 116.

lungen historisch veränderten, und der Annahme, es gebe überzeitlich gültige Werte. Die Überlegungen hierzu baute er in den folgenden Jahren aus. Er entwickelte ein Modell übergesetzlichen Rechts, das gleichermaßen verankert war in Metaphysik und Empirie. Coing wählte zwei verschiedene Wege, dieses Modell zu begründen.

819 Der eine Weg führte über die Figur der „Natur der Sache". Wie viele seiner Zeitgenossen nahm Coing an, dass den Dingen eine Ordnung inne wohne.[17] Es gab demnach ein „Wesen des Menschen", ein „Wesen des Rechts", ein „Wesen der Ehe" und Coing ging davon aus, dass „diesen Lebensbereichen als Teilen des lebendigen menschlichen Daseins eine Eigengesetzlichkeit innewohnt."[18] Trotz allen historischen Wandels sei dieses „Wesen" niemals vollständig für die Menschen – und damit auch für den Gesetzgeber – verfügbar. „[Es] bleiben bestimmte Grunderlebnisse und Grundtendenzen bestimmend für die Gestaltung des betreffenden Lebensbereiches."[19]

820 Der andere Weg stützte sich auf die Annahme, dass es in der Geschichte wiederkehrende, typische Probleme gebe, die rechtlich gelöst werden müssten. Aus der Konfrontation dieser empirisch feststellbaren Probleme mit der „Rechtsidee" – also den überzeitlich gültigen sittlichen Werten – sollten Rechtssätze gewonnen werden können, die ihrerseits überzeitliche Gültigkeit hatten:

> „1. Wir haben gewisse apriorische ethische Grundeinsichten; auf ihnen beruht das Naturrecht. Sie geben ihm die Ziele; sie haben die Führung in der Entfaltung des Rechts.
>
> 2. Wir haben einen Bestand beweisbarer Erfahrungen über die typischen sozialen Probleme und die Möglichkeiten ihrer Lösung im Sinne jener ethischen Werte.
>
> 3. Beides zusammen ermöglicht es, ein System von Rechtsgrundsätzen aufzustellen, die überzeitlich gelten."[20]

821 Das „Naturrecht", das Coing auf diese Weise herleitete, war also kein rein metaphysisches. Es handelte sich um Sätze, „die aus apriorischer Werteinsicht und Erfahrung entwickelt worden sind."[21] Coing bewegte sich damit in seiner rechtsphilosophischen Konzeption übergesetzlichen Rechts auf der Grenze zwischen Naturrecht und Kulturrecht. Während das Naturrecht auf ethischen oder religiösen Axiomen beruht und vom Menschen erkannt, aber nicht geschaffen werden kann, sind kulturrechtliche Normen solche, die im Laufe der Geschichte von Menschen geschaffen wurden und denen dennoch ein überzeitlicher Rang zukommt. Es handelt sich um „einen festen Bestand" von Errungenschaften, gewonnen durch praktische Erfahrung, durch die „Arbeit der Jahrhunderte".[22] Dieser praktischen Erfahrung maß Coing eine erhebliche Bedeutung für rechtsphilosophische Erkenntnis bei. Ansätze ernst zu nehmen, die sich im Laufe der Geschichte als gerechte Lösungen für bestimmte Problemgruppen herausgebildet und bewährt hatten, war ihm ein ethisches Gebot. „Denn das Material sozialer Experimente ist der Mensch: darum fordert die Humanität, daß man alle Vorsicht, alle Erfahrung walten

---

17 Zur Figur der Natur der Sache und ihrer Verbreitung in den 1950er und 1960er Jahren *Dreier*, Die Natur der Sache, 1965.

18 *Coing*, Oberste Grundsätze, 1947, S. 12.

19 *Coing*, Oberste Grundsätze, 1947, S. 13.

20 *Coing*, Um die Erneuerung des Naturrechts (1948), Abdruck in: Maihofer (Hg.), Naturrecht oder Rechtspositivismus?, 1962, S. 108 (115 f.). Dieses Modell liegt auch maßgeblich seinem rechtsphilosophischen Hauptwerk „Grundzüge der Rechtsphilosophie" in der 1. Aufl. (1950) zugrunde.

21 *Coing*, Grundzüge, 2. A. 1969, S. 205.

22 So die Formel *Radbruchs*, Fünf Minuten Rechtsphilosophie (1945), Abdruck in: Gesamtausgabe, Bd. 3, 1990, S. 78 f.

Foljanty

läßt, die zu Gebote steht."[23] Das Recht baue „sich nicht von heute auf morgen, es wächst und reift an sittlicher Einsicht, die sich in immer erneuter praktischer Erfahrung bewährt."[24] An der Existenz eines Naturrechts hielt er dabei fest. Es sei „als eine Summe von Sätzen der Gerechtigkeit zu verstehen, welche die Grundlage des positiven Kulturrechts bilden."[25] Das „Wissen um das Naturrecht" bestehe aus „Erfahrungen, die der Menschen in seinem Suchen nach gerechter Ordnung in challenge und response gemacht hat."[26]

Coing trennte nicht scharf zwischen verschiedenen Typen übergesetzlicher Normen. In den späteren Auflagen seines rechtsphilosophischen Hauptwerks distanzierte er sich von dem überkommenen Begriff des Naturrechts, Inhalt und Begründung des übergesetzlichen Rechts änderte sich aber kaum. „Vielleicht wäre es [...] besser, den Ausdruck überhaupt zu vermeiden und nur von Grundsätzen der Gerechtigkeit zu sprechen, eben um den mancherlei Vorstellungen, die sich mit dem Ausdruck Naturrecht verbinden, zu entgehen. Jedenfalls möchte ich hervorheben, daß der Ausdruck hier stets im Sinne von Grundsätzen der Gerechtigkeit [...] verstanden werden soll."[27]   822

2. Grundsätze der Gerechtigkeit im positiven Recht: Der materielle Gesetzesbegriff Coings

Trotz der umfangreichen Auseinandersetzung mit der Frage des übergesetzlichen Rechts betonte Coing die Eigenständigkeit und den Wert des positiven, von den Menschen gesetzten Gesetzesrechts. Recht sei primär etwas menschlich Geschaffenes, es entstehe in Auseinandersetzung mit den Konflikten der jeweiligen Zeit. „Das Recht bildet sich nicht von selbst",[28] es sei vielmehr ein Produkt von Entscheidungen.[29] Dieses positive Recht sei es, das Juristinnen und Juristen verpflichte. Gesetzesbindung sei unverzichtbar, andernfalls drohe die Gefahr, dass Richterinnen und Richter ihre rein subjektiven Wertungen zur Leitlinie machten: „[D]ie Entscheidung des Juristen kann nicht auf seiner Person stehen – das ist ein gefährlicher Irrtum, der sich manchmal heute bemerkbar macht –, sondern seine Entscheidung muß auf der Autorität des Gesetzes beruhen und muß damit auch aus dem Gesetz begründet sein."[30]   823

Die Aufgabe des Naturrechts sah Coing demgegenüber darin, Leitlinien zu formulieren, an denen sich der Gesetzgeber bei der Gestaltung des positiven Rechts orientieren sollte.[31] Naturrechtliche Normen seien in erster Linie Grundlage für Rechtskritik und Rechtspolitik.[32] Während er in seiner Frühschrift noch offen ließ, ob dem Naturrecht nicht ausnahmsweise unmittelbare Wirkung zukommen sollte,[33] stellte er zwei Jahr-   824

---

23 *Coing*, Um die Erneuerung des Naturrechts (1948), vgl. Fn. 20, S. 108 (115).
24 *Coing*, Um die Erneuerung des Naturrechts (1948), vgl. Fn. 20, S. 108 (115).
25 *Coing*, Grundzüge, 2. A. 1969, S. 209.
26 *Coing*, Grundzüge, 2. A. 1969, S. 210.
27 *Coing*, Grundzüge, 2. A. 1969, S. 200. Im Folgenden wird mit dem Begriff des „Naturrechts" daher auch dieses weite Verständnis gemeint.
28 *Coing*, Oberste Grundsätze, 1947, S. 18.
29 *Coing*, Oberste Grundsätze, 1947, S. 18, 114 f.
30 *Coing*, Die juristischen Auslegungsmethoden und die Lehren der allgemeinen Hermeneutik, 1959, S. 24.
31 *Coing*, Grundzüge, 2. A. 1969, S. 207.
32 *Coing*, Oberste Grundsätze, 1947, S. 150 f.
33 In den Frühschriften bejahte er dies für Fälle extremen gesetzlichen Unrechts. Richterinnen und Richtern sollte dann ein Verwerfungsrecht zukommen, siehe *Coing*, Oberste Grundsätze, 1947, S. 132; *ders.*, Zur Frage der strafrechtlichen Haftung der Richter für die Anwendung naturrechtswidriger Gesetze, SJZ 1947, Sp. 61 ff. Klarstellend, dass es sich hier um ein moralisch begründetes Recht handelt, das die juristische Geltung nicht berührt, schon in: Grundzüge, 1. A. 1950, S. 243.

zehnte später in der zweiten Auflage der „Grundzüge der Rechtsphilosophie" fest: „Autorität und Geltung des Naturrechts sind moralischer Art."[34] Damit hätte Coing seine Naturrechtsphilosophie mit einem positivistischen Rechtsverständnis verbinden können. Tatsächlich waren in Coings Konzeption jedoch positives Recht und die Grundsätze der Gerechtigkeit vielfältig miteinander verwoben. Sein Verständnis des positiven Rechts war ein durch und durch materielles.

825 Grundlage hierfür war Coings Annahme, das positive Recht sei „im ganzen doch der Versuch, eine gerechte und zweckmäßige Ordnung zu schaffen."[35] Durch das Natur- und Kulturrecht sah er Prinzipien gegeben, die für das Verständnis des positiven Rechts unerlässlich seien. In Orientierung an der Theorie der Geisteswissenschaft, die Dilthey um die Jahrhundertwende entwickelt hatte,[36] ging er davon aus, dass das Recht als geistiges Gebilde nur begriffen werden könne, wenn man sich seinen „Sinngehalt" erschließe, es also im Lichte der Ziele betrachte, die es verfolgte. Hierfür waren die Grundsätze des Naturrechts unverzichtbar. Sie richteten sich damit nicht nur an den Gesetzgeber, sondern gleichermaßen an diejenigen, die das positive Gesetz auslegten und auf seiner Grundlage Entscheidungen trafen. „Das Naturrecht lebt [...] gerade im positiven Recht."[37]

826 Dem „Naturrecht" im Sinne von Prinzipien der Gerechtigkeit kam damit eine weitreichende Bedeutung für Auslegung und Anwendung des Rechts zu. Unmittelbar verpflichtend war für Juristinnen und Juristen zwar das positive Gesetz und dieses war es daher auch, das im Zentrum seiner Methodenlehre stand. Gesetz war bei Coing jedoch nicht einfach Gesetz. Es war bezogen auf außergesetzliche, materielle Werte, es wies keine klaren Grenzen zu Normen der Ethik auf. Mit diesem materiellen Gesetzesbegriff formulierte Coing eine Rechtslehre, die im Kern nicht positivistisch war.[38]

3. Einheit und Ordnung durch Moral und Geschichte

827 Für Coing bestand zwischen der von ihm kraftvoll postulierten Gesetzesbindung und der in seinem materiellen Gesetzesbegriff angelegten Gerechtigkeitsbindung keine Spannung. Dies überrascht zunächst, erklärt sich jedoch, wenn man Coings Verständnis des positiven Rechts näher betrachtet. Er begriff das Gesetz als eingebettet in die positive Rechtsordnung, die ihm ihrerseits mehr war als nur die Summe der Gesetze, welche sie umfasste. Sie habe sich aus „leitenden moralischen Ideen" entwickelt.[39] Einheit und Ordnung des positiven Rechts gründeten in den moralischen Werten, die es zu verwirklichen versuche. „Die moralischen Werte, wie Gleichheit, Vertrauen, Achtung vor der Personwürde, sind nicht irgendwelche Interessen neben anderen: sie sind vielmehr die eigentlich entscheidenden Ordnungselemente des Privatrechts; sie stehen nicht neben, sondern über den zu ordnenden Tatbeständen."[40] Die positive Rechtsordnung in der so beschriebenen moralischen Einheit war ein Produkt der Geschichte, sie hatte sich über Jahrhunderte her-

---

34 *Coing*, Grundzüge, 2. A. 1969, S. 207.
35 *Coing*, Grundzüge, 2. A. 1969, S. 266.
36 Diese Orientierung durchzieht sein gesamtes Lebenswerk, laut *Nörr*, JZ 2001, 449 (450) erfolgte die Hinwendung bereits in der Weimarer Zeit.
37 *Coing*, Grundzüge, 2. A. 1969, S. 206; dieser Satz bleibt auch in allen folgenden Auflagen erhalten, siehe zuletzt 5. A. S. 205.
38 So bereits *Kauhausen*, Nach der ‚Stunde null', 2007, S. 46.
39 *Coing*, System, Geschichte und Interesse in der Privatrechtswissenschaft (1951), in: Gesammelte Aufsätze I, S. 105 (117).
40 *Coing*, System, Geschichte und Interesse (1951), vgl. Fn. 39, S. 117.

ausgebildet.[41] Die Prinzipien, die in ihr wirkten, waren somit solche des Kulturrechts.[42] Wenn Coing von „Gesetzesbindung" sprach, umfasste die Bindung damit immer auch eine Bindung an die der gesamten Rechtsordnung immanenten Prinzipien und an die Werte des Kulturrechts.

Auch in Coings Überlegungen zur Funktion des positiven Rechts war die Integration materieller Werte angelegt. Er sprach dem positiven Recht vor allem deswegen einen Eigenwert gegenüber Normen des Natur- oder Kulturrechts zu, weil es den dem Recht innewohnenden moralischen Werten die Chance auf Durchsetzung verleihe. Positives Recht sei die Voraussetzung dafür, dass eine für die gesamte Gesellschaft verlässliche „Friedensordnung" realisiert werden könne.[43] Ungeschriebene Normen des Naturrechts oder des Kulturrechts seien hierfür unzureichend. „In Zeiten der ‚motorisierten Gesetzgeber' und der sozialen Unruhe bedarf die Jurisprudenz der Festigkeit. [...] Die individuelle Billigkeitsentscheidung allein hat weder Kraft noch Autorität, um in solchen Zeiten zu bestehen; die Chancen der Autorität einer rechtsgebundenen Entscheidung sind größer."[44] Frieden, Stabilität und Sicherheit könne das positive Recht jedoch nur garantieren, wenn es zumindest zu einem gewissen Grad Werte der Gerechtigkeit verwirkliche. Andernfalls erhalte es keine gesellschaftliche Anerkennung, seine Autorität sei damit faktisch nicht gewährleistet: „Im Grunde sind es die Rechtsüberzeugungen, die das positive Recht in seiner Geltung tragen; die Kraft der Rechtsidee im Bewußtsein der Menschen verschafft ihm seine Geltung [...]."[45]

828

Gesetz und Gerechtigkeit, positives Recht und moralische Werte waren in Coings Konzeption also vielfältig miteinander verwoben und untrennbar aufeinander angewiesen. In der Bestimmung des Verhältnisses von Gesetzes- und Gerechtigkeitsbindung galt das Primat, eine stabile, mit Autorität und Anerkennung ausgestattete Friedensordnung zu realisieren. Die Vermutung sprach hier für die Gesetzesbindung. Es fällt allerdings auf, dass er dem Gesetzgeber und dessen Definitionshoheit keinen herausgehobenen Stellenwert einräumte. Er sah Recht als etwas, das von drei Akteuren Hand in Hand geschaffen, praktiziert und weiterentwickelt wurde. Erst durch ihr Zusammenwirken entstand eine stabile Ordnung. Alle drei Akteure mussten dabei Gesetz und moralische Ordnung gleichermaßen im Blick haben: der Gesetzgeber, da ihn die moralischen Werte in der Rechtssetzung leiten sollten; die Gerichte, weil sie unter Berücksichtigung der dem positiven Recht innewohnenden moralischen Werten die vor sie gebrachten Fälle zu entscheiden hatten; und die Rechtswissenschaft, weil ihr die Aufgabe zukam, die dem Recht innewohnenden Werte herauszuarbeiten, zu systematisieren und durch eine Theorie der Gerechtigkeit abzustützen.[46] Die unterschiedlichen Zuständigkeiten in diesem Zusammenspiel leitete Coing nicht aus der Verfassung, sondern aus der „Natur der Dinge" ab.[47] Er hinterfragte

829

---

41 *Coing*, System, Geschichte und Interesse (1951), vgl. Fn. 39, S. 118 f.; *ders.*, Savignys rechtspolitische und methodische Anschauungen (1955), in: Gesammelte Aufsätze I, S. 178 (189).

42 Das Stichwort „Kulturrecht" fällt bei Coing in diesem Zusammenhang nicht, der von ihm beschriebene historische Zugriff zielt aber auf Herausarbeitung eben solcher, gewachsener Werte, siehe *Coing*, System, Geschichte und Interesse (1951), vgl. Fn. 39, S. 118 f. So auch schon *Kauhausen*, Nach der ‚Stunde Null', 2007, S. 47.

43 *Coing*, Grundzüge, 2. A. 1969, S. 266.

44 *Coing*, System, Geschichte und Interesse (1951), vgl. Fn. 39, S. 105.

45 *Coing*, Grundzüge, 1. A. 1950, S. 243. Ähnlich 2. A. 1969, S. 279, wobei er ab dieser Aufl. eine stärkere analytische Trennung zwischen (normativer) Geltung und (faktischer) Anerkennung vornimmt, vgl. S. 292.

46 *Coing*, Grundzüge, 2. A. 1969, S. 332; dazu auch unten bei Fn. 121.

47 *Coing*, Grundzüge, 2. A. 1969, S. 276.

die tradierte und funktionierende Aufgabenteilung nicht weiter[48] und versuchte nicht, sie gesellschaftstheoretisch oder verfassungsrechtlich abzuleiten.

830   Leitmotive seiner Lehre waren trotz aller Betonung der Gesetzesbindung Frieden, Sicherheit und Ordnung, nicht der Respekt vor gesetzgeberischen Entscheidungen des Parlaments als Willensbildungsorgan des Volkes in einer Demokratie. Gesetzesbindung und Gerechtigkeitsbindung bedeuteten daher für ihn keinen Widerspruch. Sie waren vereinigt unter dem Ziel der Realisierung einer Friedensordnung durch eine historisch gewachsene, in moralischen Werten ihre Einheit findende Rechtsordnung. Coing folgte damit einem Konzept der Gesetzesbindung, in welchem der historische Gesetzgeber nur eine untergeordnete Rolle spielte. Sein Blick richtete sich nicht auf das Gesetz als historisches Produkt, sondern auf die Ordnung, die mit seiner Hilfe geschaffen worden war.

III. Gesetzesbindung ohne Gesetzgeber: die Methodenlehre Coings

831   Auf diesem Verständnis des positiven Rechts als einer historisch gewachsenen, moralischen Ordnung gründete Coings Methodenlehre. Die in seinem Rechtsbegriff angelegte doppelte Orientierung auf Gesetz und Gerechtigkeit zieht sich durch alle seine Überlegungen zu Auslegung, Anwendung und Fortbildung des Rechts. Er hob die Möglichkeit und Notwendigkeit der Gesetzesbindung hervor und wandte sich damit gegen die scharfe Polemik, der dieses Postulat seitens derer ausgesetzt war, die nicht im Gesetz, sondern in richterlichen Entscheidungen die eigentliche Quelle des Rechts sahen und der Justiz freiere Hand geben wollten.[49] Coing glaubte an die Möglichkeit der Gesetzesbindung und auch an ihre normative Notwendigkeit. An einer allzu engen Orientierung am Willen des Gesetzgebers hatte Coing jedoch kein Interesse. Mit den Versuchen der 1970er Jahre, Gesetzesbindung mithilfe der juristischen Logik enger zu fassen und den Transfer der gesetzgeberischen Vorstellungen in richterliche Entscheidungen transparenter zu gestalten,[50] setzte sich Coing dementsprechend nicht auseinander.[51] Sein Konzept der Gesetzesbindung war in vielfacher Weise offen für außergesetzliche Wertungen.[52]

1. Auslegung – Anwendung – Fortbildung

832   Die jeweilige Konzeption von Gesetzesbindung schlägt sich schon in der Art nieder, wie Auslegung, Anwendung und Fortbildung des Rechts von einander abgegrenzt und wie ihr Verhältnis zueinander bestimmt wird. Das herkömmliche Konzept, das zwischen Auslegung, Anwendung und Fortbildung trennte, ging davon aus, dass stabil bestimmbar sei, wie ein Gesetz zu verstehen und wie nach ihm ein Fall zu entscheiden sei. So konnte festgestellt werden, wann ein Gesetz angewendet und wann es fortgebildet wurde, wann

---

48 Der Normativität dieser Aufgabenteilung war er sich allerdings wohl bewusst, er sprach im Zusammenhang mit der Legitimität von Richterrecht davon, dass dem eine „Verfassungsfrage" zugrunde liege, siehe Staudinger, 12. A. 1978, Einleitung, Rn. 198; dort auch erstmals eine verfassungsrechtliche Bestimmung des Verhältnisses von Gerichten und Parlamenten, Rn. 207.

49 In den 1950er Jahren angestoßen durch die Diskussion um juristische Topik, z.B. Esser, Grundsatz und Norm, 1956; Wieacker, Gesetz und Richterkunst, 1957; Larenz, Methodenlehre der Rechtswissenschaft, 1960. In den 1960er und 1970er Jahren setzte die politische Rechtstheorie ihre Hoffnungen auf Richterinnen und Richter, die als „Sozialingenieure" oder „dezentrale Gesetzgeber" die Gesellschaft gestalten sollten, siehe z.B. Teubner, Folgenkontrolle und responsive Dogmatik, in: Rechtstheorie 6 (1975), S. 179 (183 f.).

50 Koch/Rüßmann, Juristische Begründungslehre, 1982; vorher bereits Koch (Hg.), Methodenlehre und analytische Rechtstheorie, 1976.

51 Ab der 4. A. (1985) der „Grundzüge der Rechtsphilosophie" knappe Beschreibung dieser Ansätze ohne eigene Bewertung, s. S. 86.

52 So ausdrücklich Coing, Staudinger, 12. A. 1978, Einleitung, Rn. 127.

also der Rahmen seiner Vorgaben in der Entscheidung überschritten wurde. Als in den 1950er Jahren Möglichkeit und Notwendigkeit der Gesetzesbindung auf dem Prüfstein standen, wurde folglich von den Protagonisten auch die Trennung zwischen Auslegung, Anwendung und Fortbildung in Frage gestellt. Richterliche Tätigkeit wurde als topische Entscheidungsfindung charakterisiert, die sich am Gesetz, an Prinzipien, Tradition und Adäquanz orientierten, die Möglichkeit, ein Gesetz „anzuwenden", also aus ihm allein eine Lösung für ein Problem zu gewinnen, wurde bezweifelt.[53]

Vor diesem Hintergrund ist es von nicht unbeträchtlicher symbolischer Bedeutung, wenn   833
Coing an der Trennung zwischen Auslegung, Anwendung und Fortbildung festhielt. Er positionierte sich auf diese Weise gegen die Relativierung der Gesetzesbindung, die mit den Richterrechtslehren der 1950er und 1960er Jahre einherging: „Der Richter ist kein freier Gestalter; seine Legitimation ist in unserem Rechtssystem Gesetz und Recht".[54] Tatsächlich sah jedoch auch er die Grenzen zwischen den verschiedenen Formen des Umgangs mit dem Recht als fließende an.[55] Denn Richterinnen und Richter stünden vor der Aufgabe, einen Fall, an den der Gesetzgeber möglicherweise nicht gedacht hatte, „gerecht" und „nach dem Gesetz" zu entscheiden. Sie seien „die belebte Gerechtigkeit" und damit „Hüter des Rechts [...], und zwar in einem sehr viel tieferen Sinne, als es die bloße Anwendung von Gesetzesbestimmungen sein würde."[56] Zugleich seien sie gebunden an das Gesetz. Ihre Aufgabe sei es, „Einzelfälle aufgrund allgemeiner positiver Normen gerecht [zu] entscheiden."[57]

Coing stellte damit klar, dass Rechtsanwendung keine reine Deduktion sei,[58] es bedürfe   834
vielmehr in der Regel auch einer Wertentscheidung. „Damit führt aber die Gesetzesauslegung in die Gesetzesfortbildung hinüber; vom bloßen Verstehen des Inhalts kommt man zur Fortbildung der in ihm enthaltenen Regelung. Auslegung und Entwicklung des Gesetzesrechts sind daher auf das engste verbunden."[59] Um dieser Einsicht Rechnung zu tragen und dennoch der Auflösung der Grenzen entgegen zu wirken, schlug er vor, von „Auslegung im engen Sinn" zu sprechen, die auf das Verstehen der Rechtsnorm und der sich „unmittelbar" aus ihr ergebenen Folgen gerichtet war. Jenseits dessen begänne die Rechtsfortbildung, oder auch die „Auslegung im weiteren Sinne".[60]

2. Auslegung: Interpretation und Fortbildung mithilfe der Canones

Das Geschäft von Juristinnen und Juristen bestand also in der „Auslegung", mal im   835
engen, mal im weiten Sinn. Grundlage jeder juristischen Entscheidung war es damit, das Gesetz zu verstehen – auch dann, wenn sich herausstellte, dass das Gesetz für den vorgebrachten Fall keine gerechte und den Problemen der Zeit angemessene Lösung bot.

In der Beschreibung des Auslegungsvorgangs folgte Coing dem, was als fester Bestand   836
seit Savigny[61] Anerkennung genoss: Die traditionellen Canones, ergänzt um eine rechtsvergleichende Methode,[62] sollten helfen, „die gegebenen Rechtssätze in ihrer Bedeutung

---

53 *Viehweg*, Topik und Jurisprudenz, 1953; vgl. außerdem Fn. 49.
54 *Coing*, Staudinger, 12. A. 1978, Einleitung, Rn. 127.
55 *Coing*, Staudinger, 12. A. 1978, Einleitung, Rn. 124.
56 *Coing*, Grundzüge, 1. A. 1950, S. 245.
57 *Coing*, Grundzüge, 1. A. 1950, S. 245.
58 *Coing*, Grundzüge, 2. A. 1969, S. 331 f.
59 *Coing*, Staudinger, 12. A., 1978, Einleitung, Rn. 122.
60 *Coing*, Staudinger, 12. A., 1978, Einleitung, Rn. 124.
61 Siehe dazu den Beitrag zu *Friedrich Carl von Savigny* in diesem Band.
62 *Coing*, Staudinger, 12. A., 1978, Einleitung, Rn. 161.

als Sätze der Rechtsordnung, also der gerechten und zweckmäßigen Ordnung menschlichen Zusammenlebens zu verstehen."[63] Coing machte sich die Mühe, diese tradierten Canones philosophisch abzustützen und auf dieser Grundlage das Verhältnis der Auslegungsregeln zueinander zu bestimmen. Dies ist aufschlussreich, zeigt es doch, wo Coing die Legitimation von Methodenannahmen verankert sehen wollte.

a) Orientierung an den Lehren der allgemeinen Hermeneutik

837 Coing griff zur Begründung der juristischen Auslegungsregeln auf die Lehre der allgemeinen Hermeneutik zurück, die Schleiermacher Anfang des 19. Jahrhunderts eingeführt und die später in Abgrenzung zu den Naturwissenschaften als spezifisch geisteswissenschaftliche Methodologie von Dilthey fortentwickelt wurde. Es ging ihr darum, Regeln zu entwickeln, wie der Sinngehalt geistiger Werke – also Kunstwerke oder Texte – erfasst werden könne.

838 Coing griff die Methoden der allgemeinen Hermeneutik erstmals in einem Vortrag im Jahr 1959 auf und hielt an ihr zeitlebens als Grundlage für seine juristische Auslegungslehre fest.[64] An der vor allem von Schleiermacher und Dilthey entwickelten Lehre erschien ihm reizvoll, dass sie davon ausging, dass es einen objektiven Sinngehalt von geistigen Werken gebe und dass es möglich sei, diesen im Wege der Interpretation zu erfassen. Dies sollte geschehen, indem man sich einem Text unter verschiedenen Gesichtspunkten nähert. Einerseits sollte die Genese betrachtet, also untersucht werden, in welcher historischen Situation und mit welchen Intentionen er von der Autorin oder dem Autor verfasst worden war. Andererseits aber ging die allgemeine Hermeneutik davon aus, dass ein Text nicht nur als Produkt der jeweiligen Urheberin bzw. des jeweiligen Urhebers verstanden werden könne. Coing pflichtete dem bei und machte sich ihre Argumente zueigen: Texte bedienten sich der Sprache, die für Autorinnen und Autoren nur bedingt disponibel sei. Sie transportiere stets ganze Denktraditionen, ihr Gehalt sei damit etwas objektiv Vorgegebenes.[65] Zudem seien geistige Werke stets in Sinnzusammenhänge eingebettet, aus denen heraus sie verstanden werden müssten. Es gebe eine „überschießende Bedeutung eines Geisteswerkes", die Interpretation müsse über das hinausgehen, was sich die Autorin oder der Autor dabei gedacht habe.[66]

b) Legitimation der Canones aus der „Natur der Sache"

839 Coing begründete mit dem Rückgriff auf die Lehre der allgemeinen Hermeneutik die juristischen Auslegungsmethoden nicht neu.[67] Die Rezeption diente ihm vielmehr dazu, zu zeigen, dass eine methodengeleitete Interpretation von Rechtstexten grundsätzlich möglich sei. So wie der objektive Sinngehalt eines beliebigen geistigen Werkes mithilfe der Methoden der allgemeinen Hermeneutik erfassbar sein sollte, so sollte auch die Bedeutung von Gesetzen feststellbar sein. Die subjektive Wende, welche die Hermeneutik

---

63 *Coing*, Grundzüge, 2. A. 1969, S. 316.
64 *Coing*, Die juristischen Auslegungsmethoden und die Lehren der allgemeinen Hermeneutik, 1959. Inhaltlich identisch sind insofern alle weiteren Beiträge *Coings* zu den juristischen Auslegungsmethoden, vgl. Grundzüge, 2. A. 1969, S. 313 ff., unverändert in 3.–5. A.; Staudinger, 12. A. 1978, Einleitung, Rn. 129 ff.
65 *Coing*, Auslegungsmethoden, 1959, S. 14 f.
66 *Coing*, Auslegungsmethoden, 1959, S. 16.
67 Auch der Rückgriff auf die allgemeine Hermeneutik selbst war nicht neu, er findet sich bereits bei Savigny, dazu *Rückert*, Savignys Hermeneutik – Kernstück einer Jurisprudenz ohne Pathologie, in: J. Schröder (Hg.), Theorie der Interpretation vom Humanismus bis zur Romantik – Rechtswissenschaft, Philosophie, Theologie, 2001, S. 287–327.

mit dem Erscheinen von Gadamers „Wahrheit und Methode" (1960) vollzog, folgte Coing auch später nicht.[68] Sprache, Geschichte und Sinnzusammenhang stellten für ihn objektive Faktoren dar, die es ermöglichten, bei der Interpretation zu einem objektiven Ergebnis zu gelangen. Orientierte sich die Auslegung von Gesetzen an diesen Faktoren sei also gesichert, dass die Bedeutung von Gesetzen nicht dem subjektiven Belieben derer anheimgestellt war, die sie interpretierten.[69] „Die Jurisprudenz ist eine interpretierende Wissenschaft, und der Jurist unterscheidet sich vom Rabulisten dadurch, daß er nach dem objektiven Sinn des Rechtssatzes sucht und nicht einen beliebigen Sinn in den Satz hineinträgt."[70] Coing zeigte, dass die herkömmlichen juristischen Canones die hierfür nötigen Regeln aufstellten. Sie passten zu den Vorgaben der allgemeinen Hermeneutik hervorragend.[71]

Coing leitete die Canones somit nicht normativ ab. Er sah sie als „Erfahrungssätze, die sich im Umgang mit der Sache ergeben haben".[72] Mithilfe der allgemeinen Hermeneutik begründete er, dass diese Methoden nicht nur qua Tradition bewährt seien, sondern auch, dass es sich um wissenschaftliche Methoden handelte, die dem Recht als Gegenstand adäquat seien. Die Fundierung der Canones in den Lehren der allgemeinen Hermeneutik bedeutete damit nichts anderes, als sie als der „Natur der Sache" angemessen zu legitimieren.   840

Die Canones mithilfe von Tradition und „Natur der Sache" zu begründen, passt zu Coings Verständnis des Rechts als einer Ordnung, die sich aus vielfältigen Quellen speiste und ein empirisches Produkt der Geschichte war. Die Normativität des Rechts war dadurch jedoch an einer Schlüsselstelle relativiert. Denn die Frage, wie zu bestimmen sei, wie Gesetze zu verstehen seien, entscheidet maßgeblich darüber, was überhaupt als Norm erkannt und juristischen Entscheidungen zugrunde gelegt wird. Will man die Rechtsordnung in ihrer vollen Normativität entfalten, ist es nötig, nach den Vorgaben zu fragen, die das Recht selbst im Hinblick auf seine Anwendung macht. Dies tat Coing nicht. Stattdessen wird an verschiedenen Stellen deutlich, dass für ihn in Methodenfragen eine Normativität des Faktischen galt: Er sah sich in der Anwendbarkeit der Regeln der allgemeinen Hermeneutik dadurch bestätigt, dass die Praxis den hermeneutisch begründeten Auslegungsregeln folgte.[73]   841

Und auch im Übrigen bedeute die Übertragung der Lehren der allgemeinen Hermeneutik auf die Auslegung von Gesetzen eine Schwächung der dem Recht eigenen Normativität. Denn die Übertragung lebte von der Grundannahme, dass Gesetze vergleichbar seien mit den „geistigen Werken", für welche die allgemeine Hermeneutik ihre Methodologie entwickelt hatte. Indem Coing dies unterstellte, schnitt er sich die Frage ab, ob und wie die von der allgemeinen Hermeneutik aufgestellten Regeln in Hinblick auf die spezifische Normativität von Gesetzestexten modifiziert werden müssten. Obgleich es ihm selbstverständlich war, dass die Auslegung von Gesetzen darauf zielte, die dem Text enthaltene Norm herauszuarbeiten, begriff er das Gesetz letztlich als Text, der gleich einem philo-   842

---

68 Dazu *Frommel*, Die Rezeption der Hermeneutik bei Karl Larenz und Josef Esser, 1981, S. 17 ff.

69 *Frommel*, Hermeneutik, vgl. Fn. 68, S. 41 ff. Sie zeigt, dass Coings Rezeption der Hermeneutik damit nicht nur in ihren philosophischen Prämissen, sondern auch in ihren methodischen Schlussfolgerungen nichts gemein hatte mit der juristischen Hermeneutik, wie sie sich Ende der 1960er Jahre herausbildete. In dieser wurde der Ansatz Gadamers rezipiert und es ging wesentlich um die unvermeidlich situative Gebundenheit jeder Interpretation.

70 *Coing*, Auslegungsmethoden, 1959, S. 18.

71 *Coing*, Auslegungsmethoden, 1959, S. 18–21.

72 *Coing*, Grundzüge, 2. A. 1969, S. 325.

73 *Coing*, Grundzüge 2. A., 1969, S. 323 f.

sophischen oder literarischen Werk interpretiert werden könne. Die spezifische Autorität, die dem Autor eines normativen Textes zukommt, konnte er auf diese Weise nicht erfassen und in seine Überlegungen zu den Auslegungsmethoden und ihrem Verhältnis zueinander einbeziehen.

c) Methodenpluralismus und das Primat der objektiven Auslegung

843   In praktischer Hinsicht war für Coing die wichtigste Erkenntnis, die aus der allgemeinen Hermeneutik zu gewinnen war, dass das Gesetz stets unter allen in Betracht kommenden Gesichtspunkten auszulegen sei. Coing vertrat also einen Methodenpluralismus. Alle Auslegungsmethoden sollten bei der Interpretation herangezogen werden. Erst gemeinsam bildeten sie eine belastbare Grundlage, um Rechtsnormen *richtig* zu verstehen. Es sei „falsch" und „verfälscht die Interpretation", „wenn wir für einen Auslegungsgesichtspunkt ein Monopol beanspruchen."[74] Interpretation sei „topisch", Erkenntnis werde gewonnen, indem Interpreten „nach verschiedenen Gesichtspunkten Untersuchungen anstellen und die Ergebnisse dieser verschiedenen Untersuchungen gegeneinander abwägen."[75]

844   Methodenpluralismus meinte bei Coing jedoch nicht, dass allen Methoden gleiches Gewicht zukommen sollte. Er postulierte ein „Primat der teleologischen Methode".[76] Die übrigen Methoden bezeichnete er als „Hilfsmittel auf diesem Wege".[77] Dies war nur konsequent angesichts von Coings Rechtsverständnis und dem Ziel, welches mit der Auslegung seiner Ansicht nach verfolgt werden sollte. Denn dieses bestand darin, „die Bewertung, die Gerechtigkeits- und Zweckmäßigkeitsgesichtspunkte, die einer gesetzlichen Regelung zugrunde liegen, zu erfassen."[78] Unter Bezugnahme auf die Lehre der allgemeinen Hermeneutik argumentierte er, dass eine geistigen Schöpfung, als die er ein Gesetz sah, „auf der einen Seite ein historischer Akt und damit auch historisch bedingt ist [...], daß ihr auf der anderen Seite aber auch ein objektiver Gehalt eigen sein kann."[79] Dieser sei von den historischen Bedingungen, unter denen das Gesetz entstanden sei, unabhängig. Dieser objektive Zusammenhang, aus dem heraus ein Gesetz primär verstanden werden sollte, waren die Prinzipien der Gerechtigkeit, „in deren Dienst ja auch das positive Gesetz steht".[80] Hier verband sich seine Methodenlehre mit seiner Naturrechtphilosophie: Gesetze seien Versuche, Gerechtigkeit zu verwirklichen. Als solche sollten sie verstanden werden. Sein Auslegungskonzept beruhte wesentlich darauf, dass es einen axiologischen Sinnüberschuss von Gesetzen gebe,[81] dass dem Gesetz also eine übergeordnete Gerechtigkeit innewohnte, unabhängig davon, ob dies vom Gesetzgeber auch so gesehen worden war.[82] Er selbst bezeichnete seine Methodenlehre als eine Lehre der „teleologischen Rechtsanwendung, die man auch als wertkritische Methode bezeichnet hat."[83]

---

74   *Coing*, Auslegungsmethoden, 1959, S. 22.
75   *Coing*, Auslegungsmethoden, 1959, S. 17 f.
76   *Coing*, Staudinger, 12. A. 1978, Einleitung, Rn. 195.
77   *Coing*, Staudinger, 12. A. 1978, Einleitung, Rn. 195.
78   *Coing*, Staudinger, 12. A. 1978, Einleitung, Rn. 195.
79   *Coing*, Staudinger, 12. A. 1978, Einleitung, Rn. 136.
80   *Coing*, Staudinger, 12. A. 1978, Einleitung, Rn. 148.
81   *Frommel*, Hermeneutik, vgl. Fn. 65, S. 42 f.
82   *Coing*, Auslegungsmethoden, 1959, S. 16 f.
83   *Coing*, Grundzüge, 2. A. 1969, S. 333.

Dies bedeutete nicht, dass die subjektiv-historische Auslegung aus dem Methodenkanon   845
ausgeschlossen sein sollte. Ihre Bedeutung war aus Coings Sicht aber eine begrenzte. Ihr
kam kein Eigenwert zu, sie lieferte wie die Auslegung nach Wortlaut und Systematik nur
Indizien für den objektiven Sinn des Gesetzes, den zu bestimmen Ziel der Auslegung war.
Dem Gesetzgeber und seinem historischen Willen sprach er damit die Definitionshoheit
darüber, wie das Gesetz verstanden werden sollte, ab. Er sah in einer einseitigen Orientierung auf die Entstehungsgeschichte eine Bremse für die Entwicklung des Rechts: „Eine
Bindung an die Auffassungen und Vorstellungen des historischen Gesetzgebers, ein sogenannter ‚Materialienkult‘, ist abzulehnen. Sie würde die Fortentwicklung des Rechtes
unmöglich machen."[84]

3. Anwendung: Wertphilosophische Interessenjurisprudenz

Der im Rechtsbegriff angelegte und über die Regeln der allgemeinen Hermeneutik be-   846
gründete teleologische Zugriff auf Gesetze schlug sich auch in Coings Konzept der
Rechtsanwendung nieder. Coing suchte hierbei die Nähe zur Interessenjurisprudenz. Sie
habe zutreffend herausgearbeitet, dass richterliche Entscheidungen als Willensentschei-
dungen anzusehen seien und nicht als logische Operationen. Richterinnen und Richter
vollzögen in der Rechtsanwendung stets eine eigene Wertentscheidung.[85] Dies entspreche
dem „Wesen des Rechts als einer sittlich (nicht logisch) gebundenen Ordnung wider-
streitender Interessen."[86] Ganz im Geiste der 1950er Jahre sah er in der Interessenjurisprudenz eine Alternative zu dem gemeinhin als „formalistisch" und „lebensfremd" kritisierten Subsumtionsmodell.[87]

Zwischen Coings Methodenlehre und der Interessenjurisprudenz der ersten Jahrhun-   847
derthälfte gab es bei aller Nähe jedoch einen signifikanten Unterschied: Während die
Interessenjurisprudenz die relevanten Wertentscheidungen unter Rückgriff auf den Willen des historischen Gesetzgebers ermitteln wollte,[88] sah Coing die Gerichte an weiter
ausgreifende Werte gebunden.[89] Der „denkende Gehorsam", den Heck Richterinnen und
Richtern hatte auferlegen wollen,[90] griff ihm zu kurz.[91] Zwar betonte er die Gebundenheit von Richterinnen und Richtern,[92] entsprechend der von ihm favorisierten objektiven
Theorie in der Auslegungslehre sollten diese sich allerdings an der „Wertung des Gesetzes" orientieren,[93] nicht nur an der des Gesetzgebers. Zu berücksichtigen seien hier neben
der historischen Problemkonstellation, auf die der Gesetzgeber reagierte, die sich aus

---

84 *Coing*, Staudinger, 12. A. 1978, Einleitung, Rn. 136.
85 *Coing*, Grundzüge, 1. A. 1950, S. 248.
86 *Coing*, Grundzüge, 1. A. 1950, S. 248.
87 Für die Nachkriegszeit ist das eher untypisch, die Interessenjurisprudenz wurde aufgrund ihrer Treue zum
    Gesetzgeber skeptisch beäugt, dazu *Rückert*, Kontinuitäten und Diskontinuitäten in der juristischen Metho-
    dendiskussion, in: Acham u.a. (Hg.), Erkenntnisgewinne, Erkenntnisverluste, 1998, S. 113 (149). Mit der Forma-
    lismuskritik bewegte sich Coing dann allerdings wieder im Mainstream, hierzu *Rückert*, ebd. S. 144 ff.; *ders.*,
    Das „gesunde Volksempfinden" – eine Erbschaft Savignys?, ZRG 103 (1986), S. 199 ff. (bes. 228 f.); *ders.*, For-
    malismus und vergleichbare Konzepte, in: R. Schulze (Hg.), Deutsche Rechtswissenschaft und Staatslehre im
    Spiegel der italienischen Rechtskultur während der zweiten Hälfte des 19. Jahrhunderts, 1990, S. 169–174.
88 Siehe Beitrag zur Methodenlehre *Philipp Hecks* in diesem Band sowie *Schoppmeyer*, Juristische Methode als
    Lebensaufgabe, 2001, S. 102 ff.
89 Es gelte, nicht den Blick allein auf den Interessenkonflikt zu lenken, sondern auf die „Gesamtordnung der
    leitenden Gerechtigkeitsgesichtspunkte", *Coing*, Savigny (1955), vgl. Fn. 41, S. 189.
90 *Heck*, Gesetzesauslegung und Interessenjurisprudenz, AcP 114 (1912), S. 1 (20). Zur Gesetzesbindung besonders
    deutlich *Heck*, DJZ 10 (1905), Sp. 1140 (1142).
91 *Coing*, Oberste Grundsätze, 1947, S. 150; *ders.*, Grundzüge, 2. A. 1969, S. 332.
92 *Coing*, Oberste Grundsätze, 1947, S. 142; ders., Grundzüge, 1. A. 1950, S. 247 ff.; 2. A. 1969, S. 331.
93 *Coing*, Grundzüge, 2. A. 1969, S. 332.

dem Gesetz und der Rechtsordnung ergebenden Prinzipien sowie die naturrechtlich begründeten und kulturrechtlich gefestigten Prinzipien der Gerechtigkeit, auf die es bezogen war. Am Ende blieb Raum für eine „sittliche Entscheidung" des Gerichts.[94]

848 Die Gewichtung zwischen Gesetzes- bzw. Verfassungsbindung, Gerechtigkeitsorientierung und persönlicher Entscheidung variierte in Coings Schriften. In seiner Frühschrift, „Die obersten Grundsätze des Rechts" betonte er entgegen dem damaligen Diskurs die Bindung an die in Verfassung und Gesetz niedergelegten Wertentscheidungen des Gesetzgebers,[95] verbunden allerdings mit einem Optimierungsgebot, denn alles Rechtshandeln sollte gerichtet sein auf eine Verwirklichung der „obersten Grundsätze des Rechts".[96] Diese Gesetzes- und Verfassungsorientierung machte er 1978 in seiner Einleitung zum BGB-Kommentar Staudingers wieder stark, nun ohne naturrechtlich-teleologisches Sprachspiel. In der Zwischenzeit – in den fünf Auflagen der „Grundzüge der Rechtsphilosophie" von 1950 bis 1993 – tauchte die Verfassung als Bezugspunkt nicht auf. Stattdessen betonte er hier das Moment der persönlichen Entscheidung, wobei es ihm ein Anliegen war, festzuhalten, dass auch dies nicht bedeute, der Willkür das Wort zu reden. Zum einen würden Richterinnen und Richter, die zunächst intuitiv entschieden hätten, ihre Entscheidung am Gesetz überprüfen und gegebenenfalls korrigieren. Hier komme das „persönliche Ethos des Richters" zum tragen.[97] Zum anderen sei aber auch schon die intuitive Entscheidung von Juristinnen und Juristen nicht ungeformt, sondern „von den Wertungen seiner Rechtsordnung vorgeprägt",[98] denn

> „[d]as Recht enthält in seinen Regeln die sittliche Erfahrung vieler Generationen; in ihm sind die Entscheidungen niedergelegt, die gerecht und freiheitlich, zuverlässig und wahrhaftig gesonnene Männer in Jahrhunderten für bestimmte Situationen des sozialen Lebens als richtig empfunden haben. Die Rechtsregeln sind nicht logische Obersätze für juristische Deduktionen, sondern sie geben sittliche Erfahrungen, Rechtsgedanken, wieder. Der Umgang mit dem Recht übt daher auf das sittliche Gefühl des Juristen eine verfeinernde, kultivierende Wirkung aus; das Gefühl für die Werte, auf denen das Recht beruht, Gerechtigkeit, Freiheit, Treu und Glauben, wird in ihm besonders lebendig."[99]

849 Auch in den Folgeauflagen finden sich diese Worte, der Optimismus gegenüber dem richterlichen Ethos war allerdings gedämpfter. Das persönliche Element bringe auch stets die Gefahr einer „Ideologie des Richterstandes" oder des „Subjektivismus" mit sich, heißt es dort.[100] Eine rational begründete Ethik sollte Abhilfe schaffen.[101] Diese der Rechtsprechung an die Hand zu geben, sah er als eine wesentliche Aufgabe der Rechtswissenschaft an.

850 Für die Rechtsanwendung kam es also – wenn auch mit Verschiebungen in der Gewichtung im Laufe der Jahre – auf Wertungen an, die in Gesetz, Kulturrecht und Rechtsgefühl verankert waren. Er lehnte sich eng an die Lehre der Interessenjurisprudenz an, modifizierte diese jedoch, indem er richterliche Entscheidungen als an kulturrechtlich verfestigten Prinzipien der Gerechtigkeit orientiert sehen wollte. Coing lässt sich damit weder

---

94   *Coing*, Oberste Grundsätze, 1947, S. 131; *ders.*, Grundzüge, 2. A. 1969, S. 332.
95   *Coing*, Oberste Grundsätze, 1947, S. 146.
96   Ergibt sich aus dem Zusammenhang: *Coing*, Oberste Grundsätze, 1947, S. 140, 143, 150.
97   *Coing*, Grundzüge, 2. A. 1969, S. 332.
98   *Coing*, Grundzüge, 1. A. 1950, S. 250.
99   *Coing*, Grundzüge, 1.A. 1950, S. 249 f.
100 *Coing*, Grundzüge, 2. A. 1969, S. 332 f.
101 *Coing*, Grundzüge, 2. A. 1969, S. 332.

rechtsimmanenten noch der außerrechtlichen Wertungsjurisprudenz eindeutig zuordnen.[102] Man könnte stattdessen davon sprechen, er habe eine wertphilosophische Interessenjurisprudenz vertreten.

4. Richterliche Rechtsschöpfung: Begrenzung durch das Gesetz

Richterinnen und Richter sollten, Coings Rechtsanwendungskonzept zufolge, also die   851
Wertungen des Gesetzes „nacherleben" und auf ihrer Grundlage Lösungen finden, die
dem konkreten Einzelfall gerecht wurden. Diese Lösungen gingen in den Bestand des
positiven Rechts ein. Das „neue Recht" wachse „als Fallrecht um das kodifizierte Recht
herum."[103] Durch die Entscheidungspraxis der Gerichte ändere sich in einem „langsamen Prozeß das in einer Kodifikation niedergelegte Recht."[104] Rechtsanwendung war
also immer auch Fortbildung des Rechts.

Coing forderte, das Richterrecht als Rechtsquelle anzuerkennen,[105] die Methodenlehre   852
dürfe sich über seine reale Existenz nicht einfach hinwegsetzen. Auch hierbei wandte er
sich allerdings gegen die in den 1950er und 1960er Jahren vorherrschende Tendenz, dem
Richterrecht eine höhere Bedeutung als dem Gesetzesrecht einzuräumen: Das Privatrecht
bestehe heute aus *„zwei* großen *Teilen"*, die nicht unverbunden nebeneinander stünden.[106] Auch in seiner Lehre zum Richterrecht ging es damit darum, das Verhältnis von
Gesetzesrecht und Gerechtigkeitserwägungen zu bestimmen. Deutlicher als in seinen übrigen Ausführungen zu Methodenfragen betonte er hier, dass das Gesetz Ausgangspunkt
und Grenze allen Handelns der Gerichte sein müsse.

a) Vorsichtiger Wandel der Rechtsordnung

Coing sah im Richterrecht einen nicht unbedeutenden Motor der Rechtsentwicklung.   853
Denn anders als der Gesetzgeber seien die Gerichte in der Lage, dem Wandel der Verhältnisse in ihren Entscheidungen Rechnung zu tragen. Mit der objektiven Auslegungstheorie, der Coing folgte, war eine interpretatorische Anpassung des Gesetzes an den
Wandel der Zeiten durch die Gerichte grundsätzlich legitim. Allerdings war Coing auch
hier bemüht, Grenzen aufzuzeigen. Denn „die Methode der Auslegung des Gesetzes ‚aus
der Zeit' laufe Gefahr, „ganz im Gegensatz zu ihrem scheinbar ‚objektiven' Charakter,
einer höchst subjektiven und willkürlichen Auslegung des Gesetzes" Tür und Tor zu
öffnen.[107] Nicht jede Verschiebung in der Interpretation sei zulässig. Die Grenze, die er
formulierte, war allerdings alles andere als scharf: „[L]egitim ist nur die allmähliche
Veränderung des Gesetzesverständnisses durch den Prozeß der Auslegung in Wissenschaft und Präjudizien, die z.B. bestimmten Gesetzesbestimmungen allmählich größeres
Gewicht verleiht, andere zur lettre morte verurteilt."[108]

---

102 *Kauhausen*, Nach der ‚Stunde Null', 2007, S. 48 f. zählt ihn trotz seines Rechtsmoralismus zur „rechtsimmanenten" Wertungsjurisprudenz. Sie hebt damit zu Recht hervor, dass er die Gesetzesbindung ernster nahm
als andere und die Prinzipien in erster Linie nicht metaphysisch begründet sehen wollte, anders als etwa
Larenz. „Rechtsimmanent" legt jedoch nahe, dass es an außerrechtlichen Bezügen gänzlich gefehlt habe,
was – wie gezeigt – nicht zutrifft.
103 *Coing*, Staudinger, 12. A. 1978, Einleitung, Rn. 197.
104 *Coing*, Staudinger, 12. A. 1978, Einleitung, Rn. 197.
105 Coing, Grundzüge, 1. A. 1950, S. 235; *ders.*, Staudinger, 12. A. 1978, Einleitung, Rn. 127.
106 *Coing*, Staudinger, 12. A. 1978, Einleitung, Rn. 127.
107 *Coing*, Grundzüge, 2. A. 1969, S. 336.
108 *Coing*, Grundzüge, 2. A. 1969, S. 337.

b) Kriterien im Umgang mit Lücken im Gesetz

854 Weit enger waren die Voraussetzungen, die er für die echt schöpferische Tätigkeit der Gerichte benannte. Sie sollte nur zulässig sein, wenn sich dem Gesetz partout keine Entscheidung entnehmen lasse. „Grundlage und Grenze des Richterrechts bleibt die Lücke im Gesetz."[109] Ob eine Lücke vorliege, sollte dabei zunächst mittels der historisch-genetischen Auslegung festgestellt werden. Und auch wenn sich dabei herausstellte, dass der historische Gesetzgeber für die nun gegebene Problemkonstellation tatsächlich keine Lösung vorgesehen hatte, sollte die Entscheidung nicht freihändig erfolgen: „Auch die Befugnis zur Rechtsfortbildung macht den Richter also niemals völlig frei, er bleibt gehalten, seine Entscheidungen primär aus dem Gesetz sekundär aus der Tradition von Rechtsprechung und Literatur zu entwickeln."[110]

855 Wie schon bei den Auslegungsregeln griff Coing hier eine Lehre auf, die sich in den Jahrzehnten zuvor durchgesetzt hatte. Lag eine Lücke vor, sollte der Weg beschritten werden, den das Schweizer ZGB von 1907 vorgegeben hatte, und der über Freirechtsschule und Interessenjurisprudenz auch in die deutsche Methodendiskussion Eingang gefunden hatte.[111] In Art. 1 hieß es: „Das Gesetz findet auf alle Rechtsfragen Anwendung, für die es nach dem Wortlaut oder Auslegung eine Bestimmung enthält. Kann dem Gesetz keine Vorschrift entnommen werden, so soll der Richter nach Gewohnheitsrecht und, wo auch ein solches fehlt, nach der Regel entscheiden, die er als Gesetzgeber aufstellen würde. Er folgt dabei bewährter Lehre und Überlieferung."

856 Darüber wie dies von statten gehen sollte, finden sich in den Methodenschriften Coings unterschiedliche Beschreibungen. Wie schon bei der Rechtsanwendungslehre lässt sich hier im Laufe der Zeit ein Wandel feststellen: 1950 sah er den verpflichtenden Orientierungspunkt für Richterinnen und Richter bei der Rechtsschöpfung im Naturrecht. Wo das positive Recht keine Grundsätze mehr biete, müsse dieses eintreten.[112] 1969 beschrieb er den Akt der Rechtsschöpfung als einen, in dem verschiedene Gesichtspunkte herangezogen werden müssten: Rechtsvergleichung könne hilfreich sein, auch Wertungen des Gesetzes und die Grundsätze der Gerechtigkeit.[113] 1978 forderte er eine enge Orientierung am Gesetz: Beim Schließen von Lücken müsse versucht werden, „in Anlehnung an das Gesetz den fehlenden Rechtssatz zu entwickeln".[114] Zudem betonte er nun den Wert der Verfassung: Rechtsschöpfung müsse im Rahmen des Grundgesetzes erfolgen und sich „insbesondere an den im Grundrechtsteil der Verfassung niedergelegten Wertungen orientieren".[115] Auch die Legitimation des Richterrechts insgesamt entnahm er nun nicht mehr nur der faktischen Notwendigkeit und der Natur der Sache,[116] sondern der grundgesetzlichen Verpflichtung der Gerichte auf „Gesetz und Recht" (Art. 20 Abs. 3 GG).[117]

---

109 *Coing*, Grundzüge, 2. A. 1969, S. 341.
110 *Coing*, Staudinger, 12. A. 1978, Einleitung, Rn. 211.
111 Siehe z.B. auf einen Vorentwurf des ZGB bezugnehmend *Kantorowicz*, Der Kampf um die Rechtswissenschaft, 1906, S. 33; nach Inkrafttreten *Rümelin*, Das neue schweizerische Zivilgesetzbuch und seine Bedeutung für uns, 1908, S. 27 ff.; später z.B. *Isay*, Rechtsnorm und Entscheidung, 1929, S. 243.
112 *Coing*, Grundzüge, 1. A. 1950, S. 256.
113 *Coing*, Grundzüge, 2. A. 1969, S. 340.
114 *Coing*, Staudinger, 12. A., 1978, Einleitung, Rn. 122.
115 *Coing*, Staudinger, 12. A., 1978, Einleitung, Rn. 211.
116 *Coing*, Grundzüge, 2. A., 1969, S. 283.
117 *Coing*, Staudinger, 12. A., 1978, Einleitung, Rn. 206.

Foljanty

Es lässt sich festhalten, dass Coing in seinem Konzept des Richterrechts nicht schöpfe-   857
rischen Richterinnen und Richtern das Wort redete. Er hielt eine langsame Anpassung
des Rechts an den Wandel der Zeiten durch richterliche Auslegungs- und Entscheidungs-
tätigkeit für wünschenswert, hielt jedoch daran fest, dass das Gesetz Richterinnen und
Richtern Grenzen setze. Rechtsfortbildung *contra legem* war für ihn nur in seinem Früh-
werk, also in den ersten Jahren unmittelbar nach Kriegsende, ein Thema.[118] Schöpferisch
sollten Richterinnen und Richter nur werden dürfen, wo dies unvermeidbar war. Auch
dann war Orientierung am Gesetz geboten – wenn auch an ein teleologisch verstandenes.

IV. Zusammenfassung: Wissenschaft als Rechtsquelle

Liest man Coings Methodenschriften, so fällt die Frage der Gesetzesbindung weit weni-   858
ger ins Auge, als es hier den Anschein haben mag. Für Coing war Gesetzesbindung eine
Selbstverständlichkeit, er sah Richterinnen und Richter schon durch ihr „Ethos" und
ihren „Takt" auf das Gesetz verpflichtet.[119] Er nahm Gesetzesbindung ernst und sticht
damit aus dem Diskurs der 1950er und 1960er Jahre heraus, der das Gesetz nicht als
entscheidender Rechtsbildungsfaktor galt.

Coings Methodenlehre entspricht in weiten Teilen dem, was Juristinnen und Juristen,   859
die sich nicht vertieft mit Fragen der Rechtsphilosophie und Rechtstheorie auseinander-
setzen, als Regeln im Umgang mit dem positiven Recht kennen. Gesetzesbindung ist in
diesem ein Postulat, das nicht durch strenge Regeln abgestützt ist. Coings rechtsphilosophische Schriften liefern eine Grundlage, die dem Konzept der Gesetzesbindung dennoch eine Kohärenz verleiht. Wesentlich war hierfür sein Rechtsbegriff. Aus einem geis-
teswissenschaftlich-wertphilosophischen Verständnis heraus sah er das Recht als eine
historisch gewachsene moralische Ordnung, die sich nur in ihrer Bezogenheit auf den
naturrechtlich gegebenen und kulturrechtlich verfestigten Wert der Gerechtigkeit begreifen lässt. Naturrecht, Kulturrecht, positives Recht und Gesetz waren dabei so eng
ineinander verflochten, dass sie nur in der Summe erfasst werden konnten.

Das Gesetz, an das Richterinnen und Richter gebunden sein sollten, war damit offen für   860
materiale Werte, die sich erst aus der Ordnung ergaben, in die es sich einfügte. Richterinnen und Richter waren an dieses Gesetz gebunden – zugleich damit aber auch an das
positive Recht in seiner gesamten Ordnung und seinem Streben, Gerechtigkeit zu verwirklichen. Gesetzesbindung war damit bei Coing eine teleologische, sie war gerichtet
auf die Verwirklichung eines über das Gesetz hinausgehenden Wertprogramms. Hierzu
passten seine Entscheidungen für die objektive Auslegungsmethode, die auch vor einer
‚gerechtigkeitskonformen Auslegung' nicht zurückschreckte und eine interpretatorische
Anpassung an den Wandel der Zeiten für zulässig und geboten hielt, sowie seine Entscheidung grundsätzlich richterliche Rechtsbildung anzuerkennen, solange diese in Anlehnung an das Gesetz geschah. All dies füllte Coings Verständnis der Gesetzesbindung
aus. Ob es sich dabei tatsächlich um eine *Gesetzes*bindung oder vielmehr um eine
*Rechts*bindung handelte, lässt sich nicht genau sagen, denn in Coings Konzeption lebte
das Recht im Gesetz und das Gesetz im Recht.

Für Coings Rechtslehre ist es charakteristisch, dass sie keine scharfen Grenzen zog und   861
das Verhältnis der unterschiedlichen Rechtsbildungsfaktoren – Geschichte, Werte, Set-

---

118 *Coing*, Zur Frage der strafrechtlichen Haftung der Richter (1947), vgl. Fn. 33; später greift er die Frage noch-
     mals auf, verlagert die Frage des richterlichen Widerstandsrechts nun aber von der rechtlichen auf die
     moralische Ebene: Der Jurist und das unsittliche Gesetz (1965), in: Gesammelte Aufsätze II, S. 50–66.
119 *Coing*, Staudinger, 12. A. 1978, Einleitung, Rn. 233.

zung, Entscheidung – nicht klar voneinander abgrenzte. In allen methodischen Überlegungen ging es ihm darum, eine Mischung zu treffen, in der die verschiedenen Elemente so gut austariert sind, dass der von ihm hochgehaltene Grundsatz „Equal Justice under Law"[120] so weit wie möglich verwirklicht werden kann. Klare Priorisierungen nahm er nicht vor. Er entschied sich weder konsequent für die Verfassung als Orientierungspunkt wie Nipperdey oder für den Willen des historischen Gesetzgebers wie Heck, noch für außerrechtliche sittliche Werte wie Larenz oder für das Primat topischer Rechtsschöpfung durch die Gerichte wie Viehweg, Wieacker und Esser. Coings Rechtslehre war eine der Mitte. Sie zielte nicht darauf, einen klaren normativen Maßstab für rechtliche Entscheidungen herauszuarbeiten, sondern vertraute darauf, dass Abwägung, Optimierung und Checks & Balances eine gerechte und stabile Ordnung garantieren können.

862 Eine solche Ordnung ist schwer zu kontrollieren, sie lebt davon, dass sie funktioniert. Coing war die Kontrollierbarkeit jedoch wichtig, immer wieder warnte er vor den Gefahren richterlicher Willkür. So erklärt sich, dass ihm die Methodenlehre ein Anliegen war: Richterliches Handeln sollte regelgeleitet erfolgen und hierdurch überprüfbar und kritisierbar sein. Zudem hielt er es für nötig, transparent zu machen, worin das Recht bestand, an welches die Gerichte gebunden sein sollten. Eine Theorie der Gerechtigkeit sollte hierbei helfen[121] und ein System des Privatrechts entwickelt werden, das Naturrecht, Kulturrecht und die dem Recht immanenten Prinzipien in eine Ordnung brachte und das Recht auf diese Weise handhabbar machte.[122] Ein solches System sei freilich nie etwas abgeschlossenes, dem Wandel nicht mehr zugängliches. Es müsse mit der Zeit wieder und wieder revidiert werden.[123]

863 Die Formulierung einer Methodenlehre, die Entwicklung einer Theorie der Gerechtigkeit und die Systembildung waren Aufgaben, derer sich die Rechtswissenschaft annehmen sollte. In Coings Rechtslehre der Mitte, in der so viele Akteure und Faktoren zusammenspielten, kam ihr damit eine herausgehobene Stellung zu. Er sah sie als „materielle Quelle der Rechtsbildung",[124] sie sollte das Recht durch wissenschaftliche Durchdringung kontrollierbar machen. Obgleich er sie in seinen methodischen Überlegungen nur hin und wieder erwähnt hatte, war die Rechtswissenschaft damit das unbenannte Zentrum von Coings Lehre.

V. Fallbeispiel: Auslegung von Generalklauseln am Beispiel des sog. „Geliebtentestaments"

864 Wie stand es nun um die Umsetzung der Methodenlehre im Umgang mit juristischen Fällen? Es bietet sich an, sich im Erbrecht umzuschauen, denn es ist das dogmatische Gebiet, auf dem sich Coing profilierte. Er übernahm 1953 das berühmte Erbrechtslehrbuch von Theodor Kipp und führte es sechs weiteren Auflagen bis 1990 fort. Wie er hier mit der Spannung zwischen Gesetzesbindung und der Bindung an materielle Werte umging, zeigt sich besonders dort, wo es um die Sittenwidrigkeit von Testamenten und damit um die Grenzen der gesetzgeberisch vorgegebenen Testierfreiheit geht.

---

120 *Coing*, Grundzüge, 1. A. 1950, S. 245; 2. A. 1969, S. 334.
121 *Coing*, Grundzüge, 2. A. 1969, S. 332.
122 *Coing*, System Geschichte und Interesse (1951), vgl. Fn. 39, S. 118 f.; *ders.*, Savigny (1955), vgl. Fn. 41; *ders.*, Geschichte und Bedeutung des Systemgedankens in der Rechtswissenschaft (1957/58), in: Gesammelte Aufsätze I, S. 191 (205 ff.).
123 Zur inhaltlichen Ausrichtung eines aktuellen Zivilrechtssystems *Coing*, Bermerkungen zum überkommenen Zivilrechtssystem (1963), in: Gesammelte Aufsätze I, S. 297 (304 ff.).
124 *Coing*, Staudinger, 12. A. 1978, Einleitung, Rn. 197.

Foljanty

1. Sittenwidrigkeit von „Geliebtentestamenten": eine ständige Rechtsprechung

Einer der wichtigsten Fälle, an denen die Sittenwidrigkeit von Testamenten im 20. Jahr-   865
hundert diskutiert wurde, war das „Geliebtentestament", auch „Mätressentestament"
genannt. Es handelte sich hierbei um ein Testament, in welchem ein verheirateter Mann
eine nichteheliche Partnerin zulasten seiner Ehefrau und seiner Kinder mit einer Erbschaft
bedachte. Während im 19. Jahrhundert solche Testamente von den Gerichten noch zum
Teil gebilligt wurden, entwickelte sich im 20. Jahrhundert eine restriktive Rechtsprechung: Das Reichsgericht und später der BGH erklärten die Verfügungen für sittenwidrig, die Ehefrau und die Kinder konnten ihre Ansprüche aus der gesetzlichen Erbfolge
gegen die testamentarisch bedachte nichteheliche Partnerin gerichtlich durchsetzen.[125]

Der Konzeption des BGB war dies an und für sich fremd. Der Gesetzgeber hatte im   866
Erbrecht die Testierfreiheit zum zentralen Prinzip erhoben.[126] Der Erblasser sollte grundsätzlich frei entscheiden dürfen, an wen sein Eigentum nach seinem Tode fallen sollte.
Die Familienangehörigen sollten dadurch geschützt werden, dass ihnen auch im Falle
einer testamentarischen Enterbung ein Pflichtteilsanspruch gesetzlich zugestanden wurde. Den Gerichten erschien dies nicht ausreichend. Sie erklärten in einer über 80 Jahre
während ständigen Rechtsprechung die sog. „Geliebtentestamente" für sittenwidrig[127] und stützten dies vor allem auf zweierlei: Zum einen sahen sie in der Zurücksetzung
von Ehefrau und Kindern zugunsten einer Partnerin aus einer ehebrecherischen Beziehung einen Sittenverstoß, da der Erblasser damit gegen seine ehelichen und familiären
Treuepflichten verstoße. Zum anderen gingen die Gerichte davon aus, dass die Zuwendung an die nichteheliche Partnerin als Gegenleistung für erbrachte oder erhoffte sexuelle
Dienste erfolge. Das Geliebtentestament war damit einem ähnlichen Vorwurf ausgesetzt
wie die Prostitution.[128] Die Gerichte argumentierten hierbei pauschal aus ihrem Erfahrungshorizont heraus, ohne die Komplexität von Motiven des Erblassers hinreichend zu
berücksichtigen.[129] Dies verschärfte sich unter dem Nationalsozialismus. § 48 II des
1938 in Kraft getretenen Testamentsgesetz sah vor, dass eine Verfügung von Todes wegen nichtig sei, wenn sie „in einer gesundem Volksempfinden gröblich widersprechenden
Weise gegen die Rücksichten verstößt, die ein verantwortungsbewusster Erblasser gegen
die Familie und Volksgemeinschaft zu nehmen hat". Die nichteheliche Partnerin sei eine
„Zerstörerin von Ehe und Familie", ein Testament, im welchem sie bedacht werde, verstoße gegen das „Wesen der Ehe als einer auf gegenseitiger Liebe und Treue aufbauenden

---

125 Guter Überblick zur Rechtsprechung bei *Falk*, Zur Sittenwidrigkeit von Testamenten. Grundlinien der Rechtsprechung im 19. und 20. Jahrhundert, in: ders./Mohnhaupt (Hg.), Das Bürgerliche Gesetzbuch und seine
Richter, 2000, S. 451–494.

126 Sie ist als Prinzip in den §§ 1937 ff. BGB verankert, so auch die allg. Ansicht, vgl. MüKo- *Leipold*, BGB, Bd. 9,
5. A. 2010, Einl. Rn. 17 ff.

127 Zunächst noch ohne Beweislastumkehr, z.B. RG WarnRspr. 1910, Nr. 371 vom 29.9.1910; RG, JW 1911, 29 vom
3.11.1910; für die Verschärfung im NS mit Beweislastumkehr OLG München, HRR 13 (1937), Nr. 495 vom 24.11.
1936; für die Fortsetzung nach 1945 OGHZ 3, 158 vom 26.1.1950; erste Milderung der Rspr. BGHZ 52, 17 vom
17.3.1969; ausdrückliche Abkehr von der Beweislastumkehr und Betonung, dass nicht in erster Linie auf die
Motive des Erblassers, sondern auf den Charakter des Rechtsgeschäft abzustellen sei BGHZ 53, 369 vom 31.
3.1970; bestätigend BGH NJW 1973, 1645 vom 29.6.1973; siehe ausführlich mit vielen Nachweisen *Falk*, vgl.
Fn. 125.

128 Weshalb es bis zum Inkrafttreten des Prostitutionsgesetzes im Jahr 2001 etwa im Münchener Kommentar
für sittenwidrig erklärt wurde, obgleich bereits seit den 1980er Jahre kaum noch Fälle von den Gerichten
entschieden worden waren, vgl. MüKo- *Mayer-Maly/Armbrüster*, BGB, Bd. 1, 4. A. 2001, § 138, Rn. 59; Abkehr
in 5. A. 2006, § 138, Rn. 59.

129 *Falk* stellt treffend fest, dass die Rspr. in dieser Frage ein Paradebeispiel für richterliche Alltagstheorien
abgebe, vgl. Fn. 125, S. 471.

Lebensgem[einschaft]".[130] Die Beweislast dafür, dass ausnahmsweise kein Sittenverstoß gegeben sei, wurde von den nationalsozialistischen Gerichten der Geliebten auferlegt – ein Beweis, den zu erbringen, ihr so gut wie nie gelang.[131] Der Oberste Gerichtshof für die britische Zone und später der BGH übernahmen diese Rechtsprechung im Ergebnis, nach Abschaffung des § 48 II TestG nun wieder unter Rückgriff auf § 138 Abs. 1 BGB. Ende der 1960er Jahre kehrte der BGH zur üblichen Beweislastverteilung zurück und entwickelte differenziertere Kriterien für die Beurteilung, ob ein Testament sittenwidrig sei. Die Rechtsprechung wurde damit zurückhaltender, die Testierfreiheit rückte wieder stärker in den Blick,[132] vollständig wandte sich der BGH von seinem Sittenwidrigkeitsurteil allerdings bis zuletzt nicht ab. In den 1980er Jahren fand die Rechtsprechung dennoch ein Ende – die Zahl der Fälle nahm ab, bedingt wohl nicht nur durch gesellschaftlichen Wandel, sondern auch durch die Änderung des restriktiven Scheidungs- und Unterhaltsrechts.[133]

2. Mit der herrschenden Lehre: Zur Position Coings

867 Coings Ausführungen zum Geliebtentestament in seinem Lehrbuch zum Erbrecht sind knapp. Er gab die Rechtsprechung wieder und gab dabei zu erkennen, dass er ihr im Wesentlichen folgte. Er machte sich nicht die Mühe, seine Position unter Rückgriff auf seine Methodenlehre zu begründen. Dennoch finden sich in seiner Argumentation Hinweise, die Aufschluss darüber geben, welchen Stellenwert er welchen Methoden einräumte und wie er Gesetz und materielle Werte bei der Lösung des Falles der „Geliebtentestamente" in Verhältnis setzte.

868 Methodisch wirft die Lehre von der Sittenwidrigkeit der sog. „Geliebtentestamente" zwei Fragen auf. Die erste betrifft die Auslegung von § 138 Abs. 1 BGB und seine Anwendung im Erbrecht. Es stellt sich die Frage, woraus sich die Werte speisen, nach denen zu beurteilen ist, ob ein Rechtsgeschäft oder konkret ein Testament sittenwidrig ist. Es gibt hier verschiedene Möglichkeiten: Gesetz, eine als objektiv gedachte Moral oder in der Gesellschaft empirisch feststellbar vorherrschende Wertvorstellungen. Die zweite Frage betrifft die Gewichtung zwischen gesetzgeberisch vorgesehenem „Normalfall", also der durch das Pflichtteilsrecht korrigierten Testierfreiheit, und dem Ausnahmefall, in dem das Pflichtteilsrecht als ungenügend angesehen und die Testierfreiheit eingeschränkt wird. Es geht hier also darum, wie restriktiv § 138 Abs. 1 BGB als eine Regelung, die eine gesetzgeberische Grundentscheidung durchbricht, gehandhabt wird.

a) Auslegung und Anwendung des § 138 Abs. 1 BGB

869 Coings Auslegung des § 138 Abs. 1 BGB lässt sich gut rekonstruieren, denn er kommentierte diese Norm in der 11. Auflage des Staudingers von 1957. Dort lässt sich nachlesen, dass er die „guten Sitten" als „Grundsätze der Ethik oder des Naturrechts" begriff. Diese seien rechtlich allerdings nur soweit bedeutsam, als sie tatsächlich Anerkennung in der Gesellschaft fänden.[134] Coing folgte also einem Verständnis, in dem es entscheidend auf

---

130 OLG München vom 24.11.1936, HRR 13 (1937), Nr. 495. Dieses Urteil erging zwei Jahre vor Einführung des § 48 II TestG, es ist ein hervorragendes Beispiel dafür, wie Gerichte programmatisch Generalklauseln nutzten, um NS-Weltanschauung in ihre Rechtsprechung einfließen zu lassen.
131 *Falk*, vgl. Fn. 125, S. 472.
132 *Falk*, vgl. Fn. 125, S. 491 f.
133 Diesen Zusammenhang prognostiziert überzeugend *Ramm*, Abschied vom „Mätressentestament", JZ 1970, 129 (132).
134 *Coing*, Staudinger, 11. A. 1957, § 138, Rn. 5.

eine empirische Feststellung von Wertvorstellungen ankam. „Der Richter, der § 138 Abs. 1 anwendet, muß sich daher stets überzeugen, ob der von ihm zugrunde gelegte Satz auch tatsächlich in der Gesellschaft Geltung besitzt." Es müssten die herrschenden Moralvorstellungen, festgestellt werden, was „in erster Linie eine soziologische Frage" sei.[135]

Coing leitete diese Auslegung des § 138 Abs. 1 BGB nicht erkennbar methodisch ab.[136] In seiner Kommentierung stellte er lediglich fest, *dass* der Begriff der „guten Sitten" wie geschildert zu verstehen sei; *warum* erklärte er nicht. Ersatz einer Begründung lieferte hin- und wieder das Reichsgericht mit seiner Autorität.   870

Für die Anwendung auf das Erbrecht war an diesem Verständnis des § 138 Abs. 1 BGB wichtig, dass mit ihm einherging, dass der Inhalt der „guten Sitten" historisch wandelbar war.[137] Während er sich in der 12. Auflage seines Lehrbuchs von 1965 nicht die Mühe machte, über die Wiedergabe der Rechtsprechung des Reichsgerichts hinaus aufzuzeigen, inwieweit die Werte, die diesen Urteilen zugrunde lagen, auch den in der Gesellschaft vorherrschenden Moralvorstellungen entsprachen, setzte er sich mit dem Wandel der Anschauung in der 1978 erschienenen 13. Auflage vergleichsweise intensiv auseinander. Unter dem Eindruck der breiten Kritik in der Literatur, welche die Rechtsprechung des BGH seit Ende der 1960er Jahre erfahren hatte, stellte er fest: „Der Umstand, daß viele der grundlegenden Anschauungen in diesem Bereich in einer tiefen Wandlung begriffen sind, dieser Wandel aber sich keineswegs in den Kreisen des Volkes gleichmäßig vollzieht, läßt den Consensus aller billig und gerecht Denkenden in diesem Bereich enger werden." § 138 Abs. 1 BGB sei auf Fälle des „Geliebtentestaments" daher nur noch zurückhaltend anzuwenden.[138]   871

Die Möglichkeit, solche Testamente in bestimmten Fällen für sittenwidrig zu erklären, wollte Coing jedoch trotz konstatierten Fehlens eines gesellschaftlichen Konsenses nicht aufgeben. „Geliebtentestamente" sollten dann weiterhin als sittenwidrig gelten, wenn „eine solche Verfügung auf dem Bruch der ehelichen Treue aufbaut und mit Rücksicht auf die Bindung an Ehefrau und Kinder in unerträglichem Widerspruch steht."[139] Es komme darauf an, wie es zum Bruch der ehelichen Treue gekommen sei und welche Rolle die Begünstigte dabei gespielt habe. Zur Begründung stellte Coing vordergründig darauf ab, dass über die Forderung nach gegenseitiger Treue der Ehegatten wohl noch ein „Consensus aller gerecht und billig Denkenden in unserem Volke" bestehe, denn sie sei nicht nur von einer christlichen, sondern auch von einer nicht religiösen Moral gestützt.[140] Er belegte diese Einschätzung aber nicht weiter empirisch.[141] Stattdessen erklärte er, dass das Problem „aufs engste mit dem sogenannten Verhältnis von Rechtsordnung und Familienverfassung" zusammenhänge.[142]   872

Gemeint war damit nichts anderes als das „Wesen von Ehe und Familie". Wesensargumente waren der Rechtsphilosophie der Nachkriegszeit nicht fremd und auch in Coings   873

---

135 *Coing*, Staudinger, 11. A. 1957, § 138, Rn. 5 a.
136 Historische Ausführungen zu den Motiven des Gesetzgebers sind in der Kommentierung sehr knapp und nicht verzahnt mit der folgenden Begriffsbestimmung, vgl. Rn. 2.
137 *Coing*, Staudinger, 11. A. 1957, § 138, Rn. 6.
138 *Coing*, Erbrecht, 13. A. 1978, S. 114.
139 *Coing*, Erbrecht, 13. A. 1978, S. 114.
140 *Coing*, Erbrecht, 13. A. 1978, S. 115.
141 In einer Fußnote verweist er einzig auf einen Aufsatz von *Thilo Ramm*, der die Änderung sozialer Anschauungen auch bloß konstatiert, vgl. Fn. 133.
142 *Coing*, Erbrecht, 13. A. 1978, S. 115.

Rechtsbegriff spielten sie – wie gezeigt – eine Rolle.[143] Das „Wesen" war nichts empirisch oder gesetzlich vorgegebenes, sondern einte meist ein ganzes Bündel an moralischen Normen, die vermeintlich der Sache selbst anhafteten und damit in ihrem Kern gerade nicht dem gesellschaftlichen Wandel unterworfen waren. Wenn Coing von „Familienverfassung" sprach, waren ebensolche stabile Normen gemeint. Die positive Rechtsordnung war ihnen nicht einfach übergeordnet, sondern musste „in Verhältnis" zu ihnen gesetzt werden. Art. 6 GG, mit dessen Hilfe er hätte ebenso versuchen können, den Vorrang des Schutzes von Ehe und Familie gegenüber der Testierfreiheit zu begründen, findet bei ihm keine Erwähnung.[144]

874 Vordergründig verstand Coing § 138 Abs. 1 BGB also als ein Einfallstor für in der Gesellschaft vorherrschende Wertvorstellungen und wandte ihn im Erbrecht auch so an. Tatsächlich griff er bei der Feststellung, welche Werte vorherrschten, allerdings auf eine nicht weiter belegte Alltagsüberzeugung zurück und stützte die so gefundenen Werte zusätzlich mit Wesensargumenten ab. Coing blieb damit, wenn auch nur verdeckt und abgeschwächt, 1978 dem treu, was er in seiner Kommentierung zum § 138 BGB von 1957 geschrieben hatte: Ohne weitere empirische oder gesetzliche Ableitung hatte er dort das „Wesen von Ehe und Familie" zu den Normen gezählt, gegen die zu verstoßen ein Rechtsgeschäft sittenwidrig machte.[145] Es waren am Ende doch die objektiven Normen des „Naturrechts" im Sinne von Grundsätzen der Gerechtigkeit, die, ohne weitere methodische Begründung, den Inhalt der „guten Sitten" determinierten.[146]

b) Testierfreiheit und ihre Durchbrechung

875 Auch bei der Bestimmung des Verhältnisses zwischen Testierfreiheit und ihrer Durchbrechung folgte Coing der Rechtsprechung, ohne seine Position konsequent methodisch abzustützen. Er betonte den Wert der Testierfreiheit, erlaubte jedoch ihre Durchbrechung. Warum bleibt in seinem Lehrbuch unklar.

876 Besonders auffällig ist dies in der 12. Auflage von 1965. Er befasste sich hier mit dem Verhältnis von Freiheit und Sozialbindung im Erbrecht und entschied sich dafür, die Spannung zugunsten der Freiheit aufzulösen. Dies begründete er allerdings in erster Linie historisch und moralisch: „Unter dem Motto ‚Pflichtgedanke' gegen ‚Willenherrschaft' hat der Nationalsozialismus die Testierfreiheit heftig angegriffen. Allein, daß Freiheit in Einzelfällen auch mißbraucht werden kann, gehört zu dem Preis, den man für sie zahlen muß, und ist kein Grund, sie abzuschaffen."[147] Der soziale Gedanke des Erbrechts sei durch die „Institution des Pflichtteilsrechts" gesichert, „die die gleichen römischen Juristen geschaffen haben, die die Testierfreiheit so scharf herausgearbeitet haben."[148] Erst in der 13. Auflage von 1978 verwies er dezidiert auf die gesetzgeberische Wertung: „Der Gesetzgeber hat zwischen Testierfreiheit und den ‚Anrechten' der nächsten Angehörigen

---

143 Umfassend kritisch *Scheuerle*, Das Wesen des Wesens, AcP 163 (1964), S. 429–471, bes. S. 460.
144 So aber in der damaligen Diskussion z.B. *Ramm*, vgl. Fn. 133, S. 131 f., der auf dieser Grundlage die Rechtsprechung des BGH umfassend kritisiert.
145 *Coing*, Staudinger, 11. A. 1957, § 138, Rn. 7 f, 19 a ff.
146 Im Ergebnis ebenso *Haferkamp*, HKK § 138, Rn. 29. Damit geht zugleich ein illiberales Konzept der Sittenwidrigkeit einher, deutlich in der Kommentierung zu § 226 BGB: Er distanziert sich dort von der Kommentierung Riezlers in der Vorauflage und erklärt die sog. „Innentheorie" als der „modernen im ganzen materiellrechtlichen Denkweise des deutschen Zivilrechts" entsprechend. Dieser Theorie ist die Sittenordnung eine dem subjektiven Recht immanente Beschränkung und begründet nicht bloß ein ausnahmsweise gegebenes Ausübungsverbot eines an sich gegebene Rechts, vgl. *Coing*, Staudinger, 11. A. 1957, § 226, Rn. 1 a.
147 *Coing*, Erbrecht, 12. A. 1965, S. 75.
148 *Coing*, Erbrecht, 12. A. 1965, S. 74.

im Pflichtteilsrecht eine klare Linie gezogen". Was er in der 12. Auflage noch ausgesprochen vorsichtig angemerkt hatte, stellte er nun seinen Überlegungen voran: Bei der Anwendung des § 138 Abs. 1 BGB im Erbrecht müsse daran gedacht werden, dass grundsätzlich die Testierfreiheit Vorrang habe: „Nicht jede Zurücksetzung Angehöriger macht die Verfügung unsittlich."[149] In der Konsequenz führte dies aber weder in der einen noch in der anderen Auflage zu einer Ablehnung der Rechtsprechung zum sog. „Geliebtentestament".

VI. Fazit

Coings Umgang mit dem Fall des „Geliebtentestaments" war ebenso pragmatisch wie   877
seine Methodenlehre. Während er sich auf dem Feld der Methodenlehre jedoch die Mühe machte, die scheinbar so pragmatische Konzeption philosophisch abzustützen, fehlt es in dem hier vorgestellten erbrechtlichen Fallbeispiel an einer vergleichbar sorgfältigen Argumentation. Er folgte der ständigen Rechtsprechung und passte sich an die herrschende Meinung an. Auf die von ihm selbst aufgestellten Methodenregeln griff er nicht zurück. Das Verhältnis von Testierfreiheit und ihrer Durchbrechung blieb ungeklärt und hinsichtlich § 138 Abs. 1 BGB legte er sich auf ein empirisches Verständnis fest, ohne dies mittels der herkömmlichen Auslegungsregeln zu begründen. Statt konsequent die Sittenwidrigkeit der sogenannten „Geliebtentestamente" mithilfe gesellschaftlich vorherrschender Moralvorstellungen zu begründen, zog er jedoch juristische Scheinargumente heran: Ein behaupteter, aber nicht belegter Konsens musste herhalten, ebenso wie das „Wesen der Ehe", hinter dem sich ein Bündel von Normen verbarg, die einer objektiven Moral zuzurechnen waren. Eigene Wertvorstellungen, vor allem aber Normen der „Natur der Sache" und des „Naturrechts" flossen damit in Coings Rechtsanwendung über die Generalklausel des § 138 Abs. 1 BGB ein. Das Gesetz, dessen Bedeutung er in seiner Methodenlehre so stark betonte, spielte hingegen eine völlig untergeordnete Rolle. Gesetzesbindung bei Coing war eben nur eine relative.

VII. Quellen und Literatur

1. Zum Einstieg in die Coing-Texte

Einen guten Einstieg bietet das Kapitel VI, Teil IV u. V in den Grundzügen zur Rechtsphilosophie, ab 2. Aufl. 1969, siehe sogleich. Auch separat erschienen als kleine „Juristische Methodenlehre" von 1972. Hinzunehmen sollte man die Kommentierung Coings im Abschnitt VI „Zur Auslegung der Privatrechtsgesetze", Rn. 113–161 in der 12. Aufl. des Kommentars von Staudinger (Hrsg.), Berlin 1978. Die „Obersten Grundsätze des Rechts" von 1947 bilden sein philosophisches Fundament auch für die Methodenlehre. Weitere hier wichtige Werke sind:

Die obersten Grundsätze des Rechts. Versuch einer Neugründung des Naturrechts, 1947.
Allgemeine Rechtsgrundsätze in der Rechtsprechung des Reichsgerichts zum Begriff der „guten Sitten", in: NJW 1947/48, S. 213–217, Nachdruck: Gesammelte Aufsätze, Bd. 1, 1982, S. 1–15.
Um die Erneuerung des Naturrechts, in: Universitas 1948, S. 1173–1179, Nachdruck: Werner Maihofer (Hg.), Naturrecht oder Rechtspositivismus?, 1962, S. 108–116.
Grundzüge der Rechtsphilosophie, 1. A. 1950, 2. A. 1969, 3. 1978, 4. A. 1985, 5. A. 1993.
Vom Sinngehalt des Rechts, in: Ernst Sauer (Hg.), Forum der Rechtsphilosophie, 1950, S. 61–83.

---

149 *Coing*, Erbrecht, 12. A. 1965, S. 76; ähnlich, aber prominenter platziert 13. A. 1978, S. 114.

System, Geschichte und Interesse in der Privatrechtswissenschaft, in: JZ 1951, S. 481–485, Nachdruck: Gesammelte Aufsätze, Bd. 1, 1982, S. 104–119.

Savignys rechtspolitische und methodische Anschauungen in ihrer Bedeutung für die gegenwärtige deutsche Rechtswissenschaft, in: Zeitschrift des Bernischen Juristenvereins 91 (1951), S. 329–343, Nachdruck: Gesammelte Aufsätze, Bd. 1, 1982, S. 178–190.

Geschichte und Bedeutung des Systemgedankens in der Rechtswissenschaft, in: Österreichische Zeitschrift für Öffentliches Recht 8 (1957/58), S. 257–269, Nachdruck: Gesammelte Aufsätze, Bd. 1, 1982, S. 191–207.

Die juristischen Auslegungsmethoden und die Lehren der allgemeinen Hermeneutik, 1959.

Bemerkungen zum überkommenen Zivilrechtssystem, in: Ernst von Caemmerer (Hg.), Vom deutschen und europäischen Recht. Festschrift für Hans Dölle, Bd. 1, 1963, S. 25–40, Nachdruck: Gesammelte Aufsätze, Bd. 1, 1982, S. 297–313.

Naturrecht als wissenschaftliches Problem, 1965, Nachdruck: Gesammelte Aufsätze, Bd. 2, 1982, S. 23–49.

Der Jurist und das unsittliche Gesetz [unpublizierter Vortrag 1965], in: Gesammelte Aufsätze, Bd. 2, 1982, S. 50–66.

Juristische Methodenlehre, 1972 [Nachdruck des 6. Kapitels der 2. A. der „Grundzüge der Rechtsphilosophie].

Einleitung, in: J. von Staudingers Kommentar zum Bürgerlichen Gesetzbuch mit Einführungsgesetz und Nebengesetzen, 12. A. 1978, 13. A. 1994.

2. Zum Einstieg in die Sekundärliteratur

Zur Orientierung sind wertvoll

Kauhausen, Ilka, Nach der ‚Stunde Null‘. Prinzipiendiskussionen im Privatrecht nach 1945, Tübingen 2007, insb. S. 29 ff., 238 ff.

Mohnhaupt, Heinz, Zur „Neugründung des Naturrechts nach 1945: Helmut Coings „Die obersten Grundsätze des Rechts" (1947), in: Horst Schröder/Dieter Simon (Hg.), Rechtsgeschichtswissenschaft in Deutschland 1945 bis 1952, Frankfurt am Main 2001.

3. Weitere Literatur

Nörr, Knut Wolfgang, Über das Geistige im Recht: ein Nachruf auf Helmut Coing, in: JZ 2001, S. 449–453.

Luig, Klaus, Helmut Coing (1912–2000), in: Stefan Grundmann/Karl Riesenhuber (Hg.), Deutschsprachige Zivilrechtslehrer des 20. Jahrhunderts in Berichten ihrer Schüler. Eine Ideengeschichte in Einzeldarstellungen, Bd. 1, Berlin 2007.

Foljanty, Lena, Recht oder Gesetz. Juristische Identität und Autorität in den Naturrechtsdebatten der Nachkriegszeit (=Beiträge zur Rechtsgeschichte des 20. Jahrhunderts), Tübingen, erscheint 2012.

Methode und Zivilrecht bei Rudolf Wiethölter (geb. 1929)

von *Michael Rohls*

Übersicht

I. Person und Werk   309
II. Juristischer Negativismus   311
III. Ein Beispiel: das Unternehmensrecht   316
IV. Resümee   320
V. Quellen und Literatur   321

I. Person und Werk

> *Was ihr den Geist der Zeiten heißt,*
> *Das ist im Grund der Herren eigner Geist,*
> *In dem die Zeiten sich bespiegeln.*[1]

1968 legt *Rudolf Wiethölter* das mittlerweile legendäre Kultbuch[2] „Rechtswissen-   878
schaft"[3] als vierten Band in der Reihe der Funkkollegs zum Verständnis der modernen
Gesellschaft[4] vor. Zu diesem Zeitpunkt ist *Wiethölter* – geboren 1929 – fünf Jahre Professor für Bürgerliches, Handels- und Wirtschaftsrecht an der Universität Frank-
furt/M.[5] Bis zum Erscheinen des Funkkollegs Rechtswissenschaft hat *Wiethölter* besonders zum Aktien- und GmbH-Recht, Schadensersatzrecht, Internationalen Privatrecht[6]
und Arztrecht veröffentlicht. Eine rechtspolitische und rechtstatsächliche – neben der
überwiegend rechtsvergleichenden – Orientierung zeigt sich schon in seiner Habilitationsschrift, wenn auch nicht im Sinne der ausgeprägten *politischen* oder *kritischen Ju-*

---

1 Unten in V. Quellen und Literatur voll angegebene Titel werden im Folgenden nur abgekürzt zitiert. *Goethe*, Faust I, Vers 577 ff. Bei *Wiethölter*, Rechtswissenschaft (1968), unter anderem auf S. 45 aufgegriffen.
2 *Habermas*, KJ 1989, 138: „legendär"; *Simon*, KJ 1989, 131, 134: „Wenn Juristen Kultbücher hätten, [...]"; *Fikent-scher*, S. 610: „grundstürzende Wirkung". *Bender*, S. 123 Fn. 64 zufolge hat das Werk schon bis 1976 eine Auflage von 50.000 erreicht.
3 Rechtswissenschaft (Funkkolleg Band 4), Hamburg 1968; unveränderter Nachdruck mit einen zusätzlichem Geleitwort: Basel, Frankfurt/M. 1986, Übersetzung ins Italienische 1975 und ins Spanische 1991. Das Buch sollte, wie der Verfasser nachdrücklich bemerkt, eigentlich den Titel „Recht" tragen. Dies scheiterte an urheberrecht-lichen Problemen, vgl. *Wiethölter*, Rechtswissenschaft (1968), Vorwort. Die vier Beiträge über das Verfassungs-, Staats-, Verwaltungsrecht stammen aufgrund einer Erkrankung *Wiethölters* von *Rudolf Bernhardt* und *Erhard Denninger*.
4 Zur Einordnung der Funkkollegs: „Die Funkkollegs aus den Jahren 1967/68 gehörten zu den damaligen Reform-hoffnungen in gesellschaftsverändernde Prozesse von historischem Rang und kulturellem Gewicht.", *Wiethöl-ter*, Rechtswissenschaft (1986), Geleitwort. Sie wurden vom Hessischen Rundfunk in Zusammenarbeit mit der Universität Frankfurt gesendet, näheres bei *Wiethölter*, Rechtswissenschaft (1968), Vorwort.
5 1949–1952 Studium in Köln, 1952/53 in Belgien; 1955 Promotion in Köln (Einseitige Kollisionsnormen als Grund-lage des Internationalen Privatrechts); 1956–1961 Rechtsanwalt; 1958/59 Univ. of California Law School in Ber-keley; 1960 Habilitation in Köln, venia legendi für Bürgerliches Recht, Handels- und Wirtschaftsrecht, Interna-tionales Privatrecht und Rechtsvergleichung; seit 1963 Professor in Frankfurt/M; 1989 Verleihung der Ehren-doktorwürde der Universität Bremen.
6 Hier zeigt sich die Wirkung seines akademischen Lehrers, *Gerhard Kegel*. Gedanken des IPR finden sich in den Arbeiten *Wiethölters* wieder, beispielsweise in KJ 1985, 126, 135: Die Rechtsanwendungsarbeit treffe Vorzugs-entscheidungen über kollidierende „Interessen" kraft einer Kollisionsregel. Habermas greift dies in KJ 1989, 138, 145 auf.

risprudenz folgender Arbeiten.[7] Politische Jurisprudenz,[8] oder besser kritische Jurisprudenz, *juristischer Negativismus* wie *Wiethölter* es wenig später nennt,[9] wird von der Mitte der sechziger Jahre an Thema seiner Arbeiten,[10] nicht zuletzt neben dem vierten auch im erstem Band der Funkkolleg-Reihe.[11]

879   Seine Rechts- und Gesellschaftskritik verbindenden Schriften finden vor dem Hintergrund des Reformwillens großer Teile der Studentenschaft (Stichwort: „Achtundsechziger") in deren Reihen großen Anklang. Dementsprechend sieht *Wiethölter* die Studienreform als Ansatzpunkt zur Gesellschaftsreform[12] und beteiligt sich rege an der entsprechenden Diskussion. Immerhin mehr als ein Dutzend der knapp siebzig hier im Literaturverzeichnis aufgeführten Schriften *Wiethölters* behandeln dieses Thema.[13]

880   Geprägt ist *Wiethölter* von der Kritischen Theorie der Frankfurter Schule;[14] man hat ihn als deren bedeutendsten juristischen Auswerter bezeichnet.[15] Die kritische Jurisprudenz *Wiethölters* ist darüber hinaus Teil einer breiteren Orientierung von Rechtswissenschaftlern in Richtung auf eine heterogene politische Rechtstheorie.[16] Wiethölters theoretischer Hintergrund, die Frankfurter Schule, ihren Kritikern ein *Hort des Neomarxismus*, und sein Einsatz für studentische Interessen – auch gegenüber Kollegen[17] – bringen ihm viel Ablehnung. *Wiethölter* wird totgeschwiegen, bestenfalls belächelt und sein Buch „Rechtswissenschaft" als *unwissenschaftliche Broschüre* abqualifiziert.[18] Aufschluss-

---

7   *Wiethölter*, Interessen und Organisation der Aktiengesellschaft im amerikanischen und deutschen Recht, Karlsruhe 1961. Beispielsweise S. 314: Ausschlaggebend ist allein die Gesellschaftspraxis. Auch S. 337: Die Rechte der Hauptversammlung sollen entsprechend deren effektiv geringen Möglichkeiten gekürzt werden.

8   Der Begriff „Politische Jurisprudenz" ist missverständlich, da *Wiethölter* Jurisprudenz per se als politisch sieht, eigentlich ist daher politisch bewusste Jurisprudenz gemeint. Politische Jurisprudenz wird aber auch im gegenteiligen Sinn von politisch unbewusster Jurisprudenz verwandt – vgl. *Martin/Renk/Sudhof*, KJ 1989, 244, 247 und *Joerges*, KJ 1989, 184 –, so dass die Begriffe „juristischer Negativismus" oder „kritische Jurisprudenz" vorzuziehen sind.

9   Weder im Sinne von negativ noch von nihilistisch, vgl. *Wiethölter* ZRP 1969, 155, 158 und *Simon* KJ 1989, 131, 134. Der Begriff Negativismus weist auf die negative Dialektik (Gesellschaftskritik, Negation von Leid und Unterdrückung des Menschen) der Frankfurter Schule hin, vgl. *Krings*, Sp. 43 und *Müller*, Sp. 740 f.

10 In der Antrittsvorlesung *Wiethölters* vom 31.1.1964 findet sich das in „Rechtswissenschaft" Dargelegte in einer frühen, noch nicht so pointierten Form: Die Position des Wirtschaftsrechts im sozialen Rechtsstaat, in: Festschrift für Franz Böhm, Wirtschaftsordnung und Rechtsordnung, Karlsruhe 1965, S. 41, insbesondere S. 56 ff. und 58 ff.

11 Die Beiträge *Wiethölters* zum Funkkolleg Band 1, Wissenschaft und Gesellschaft, hrsg. von Kadelbach, S. 215 bilden sowohl Einleitung als auch Zusammenfassung des Funkkolleg Band 4, so *Wiethölter*, Rechtswissenschaft (1986), Geleitwort.

12 *Wiethölter*, ZRP 1969, 155, 158.

13 Vgl. im Literaturverzeichnis. Vgl. auch das Memorandum des Loccumer Arbeitskreises zur Reform der Juristenausbildung, JuS 1969, 599.

14 *Wiethölter* orientiert sich besonders an *Marcuse* – vgl. die inhaltlichen, teilweise wörtlichen Übereinstimmungen *Wiethölter*, Rechtswissenschaft (1968), u. a. S. 26 und Müller, Sp. 740 – und an *Habermas* – vgl. *Schwerdtner*, ZRP 1969, 136, 138 und *Wiethölter*, Zwischenbetrachtungen (1989), S. 794. Eine kurze Einordnung *Wiethölters* in das rechtsphilosophische Umfeld der Zeit findet jetzt sich bei *Neumann*, S. 174 ff, insbesondere S. 177 f.

15 *Fikentscher*, S. 607.

16 Eine etwas ältere Zusammenstellung bei *Fikentscher*, S. 625 Fn. 366. Für die weitere Entwicklung *Joerges*, KJ 1989, 184, u. a. 186 Fn. 7–10. In Beziehung zu *Wiethölter* beispielsweise: *Eckertz*, Fünf Thesen zur Reform des Juristischen Studiums, KJ 1968, 158; *Hart*, Vom bürgerlichen Recht zur politischen Verwaltung, KJ 1974, 274 und *Hart*, Die politische Verwaltung als Gesetzeszweck, KJ 1989, 231.

17 „Studentische Attacken dürfen nicht zum Anlaß genommen werden, die inhaltliche Kritik an der Hochschulpolitik zu übergehen. Die streitenden Parteien sind vielmehr einem politisch-wissenschaftlichen Lernprozess verpflichtet.", *Wiethölter*, Erklärung (1972), zitiert nach *Joerges*, KJ 1989, 184, 192. Vgl. auch *Simon* KJ 1989, 131, 132.

18 So *Simon*, KJ 1989, 131, 134 f. Weitere Nachweise dafür bei Simon, S. 134 f. mit besonderem Hinweis auf Paul, S. 45: „marxistische Zerrbrille", „doktrinärer Denker" und „totalitärer sozialistischer Zwangsstaat".

reich sind in dieser Hinsicht die vielen rechtsphilosophischen und rechtstheoretischen Lehr- und Handbücher, die *Wiethölter nicht* erwähnen. Geradezu Ausnahmen sind daher *Bydlinski, Fikentscher* und *Pawlowski*. Die Folge: *Wiethölter* verstummt.[19] Dies scheint ein Blick auf die Veröffentlichungen *Wiethölters* zu bestätigen, zwischen 1974 und 1981 versiegen diese – verglichen mit dem Vorher und Nachher – nahezu. Damit kann man jedenfalls das Ende des juristischen Negativismus als zeitprägendes und zeitgeprägtes Modell datieren.[20]

Wiethölter hat seine Kritik der traditionellen Rechtswissenschaft jedoch nicht aufgegeben, wie die nicht geringe Anzahl rechtstheoretischer Arbeiten in den achtziger und beginnenden neunziger Jahre zeigt. Prozeduralisierung (auch: Streitkultur) nennt sich das verfeinerte Konzept *Wiethölters* für eine politisierte Rechtswissenschaft. Damit soll zum einen – in der Tradition der Kritischen Theorie, jedoch nicht in gänzlicher Übernahme[21] – die Rationalität der praktischen Jurisprudenz gesteigert werden,[22] zum anderen ein Vermittlungsangebot für die drei heute wesentlichen Theorielager Politische Ökonomie, Systemtheorie und Kritische Philosophie geschaffen werden.[23] Sein Ziel bleibt, das unvollendete Projekt der Moderne, die Aufklärung, zu vollenden. *Wiethölter* stellt in Aussicht, mittels Prozeduralisierung der Rechtskategorie, durch Herstellen einer Streitkultur statt einer Zivilreligion,[24] das Paradox des Rechts zu besiegen, die eigenen Voraussetzungen zuerst schaffen zu müssen. Prozeduralisierung meint etwas anderes als Verfahrensrecht, ist auch kaum hinreichend zu umschreiben als *Verfahrensrationalität* oder *reine Spielregel* für einen freien, rationalen Diskurs. Die angesprochenen soziologischen Großtheorien sollen nutzbar gemacht werden. Das Ziel ist eine Jurisprudenz, die das Bewusstsein, das Orientierungsverhalten und das methodologische Instrumentarium von Juristen als Entwicklungszusammenhang, der zu Krisen geführt hat, rekonstruiert und sich zugleich prospektiv auf Bedingungen möglicher Krisenüberwindungen einlässt.[25] Prozeduralisierung ist insoweit eine ausbaufähige und ausbaubedürftige Chance.[26]

II. Juristischer Negativismus

Im folgenden wird der Ansatz *Wiethölters* in seinen Grundzügen vorgestellt, um dann methodische Gesichtspunkte zu betrachten. Gegenstand der Darstellung ist der juristische Negativismus, nicht das Prozeduralisierungskonzept *Wiethölters*.

881

882

---

19 *Simon*, KJ 1989, 131, 135.
20 Vgl. auch die resignative Einschätzung *Wiethölters*, Begriffs- und Interessenjurisprudenz (1977), S. 223: „Probleme anders einzuschätzen als eine paradigmatisch ›geregelte‘ Wissenschaftlergemeinschaft es tut, stempelt den Kritiker im günstigsten Fall zum respektierten Außenseiter, dem dann in einsamen Fußnotenfriedhöfen das Grab geschaufelt wird, im ungünstigsten, also dem ›normalen‘ Falle, zum Systemfeind, der Ausbootung erlebt oder selbst bewirkt. ›Rationale Kritik‘ am Paradigma selbst hat folglich nur sehr begrenzte Chancen, weil sie entweder als nicht rational oder als nicht konstruktiv sanktioniert werden kann." Vgl. auch *Wiethölter*, Rechtswissenschaft (1986), Geleitwort S. 7: „Bücher haben ihre Zeit.".
21 *Martin/Renk/Sudhof*, KJ 1989, 244, 250.
22 *Wiethölter*, Zwischenbetrachtungen (1989), S. 799 ff. und 808 ff.
23 *Wiethölter*, Zwischenbetrachtungen (1989), S. 795 f. und 812 und KJ 1988, 403, 405 ff. Beispielhaft führt Wiethölter *Peter Behrens*, Die ökonomischen Grundlagen des Rechts, Tübingen 1986, *Niklas Luhmann*, Positivität als Selbstbestimmtheit des Rechts, RTheorie 1988, 11 ff., *Jürgen Habermas*, Wie ist Legitimität durch Legalität möglich?, KJ 1987, 1 ff. an.
24 So bezeichnet *Wiethölter* die Aufgabe in KJ 1988, 403, 407.
25 *Wiethölter*, Proceduralization (1989), S. 501, 503.
26 Zum einen *Wiethölter* selbst, KJ 1988, 403, 407 ff. Zum anderen die Einschätzung bei *Martin/Renk/Sudhof*, KJ 1989, 244, 252.

1. Grundzüge

883   *Wiethölter* vergleicht die Gegenwart des Rechts mit den Verheißungen des Rechtsstaates und meint zu erkennen, dass diese nicht erfüllt sind. Die Krise der Gesellschaft sei selbstverständlich und nicht zuletzt eine Krise des Rechts, also der Legitimation des Rechts:[27] „Unsere Rechts- und Juristenwelt ist eine konstitutionelle Monarchie ohne Monarch [...], aber mit einem heimlichen Kaiser [...], dem Recht, [... genauer] der Justiz. [...] Juristen heute durchschauen weder ihre Eigenwelt noch ihre Umwelt. Sie wissen buchstäblich nicht, was sie tun."[28] Der Juristenwelt sei der Durchgang von einem idealistisch-philosophisch-bürgerlich-liberalen Zeitalter zu einem pluralistisch-politisch-demokratisch-sozialen Zeitalter nicht bewusst geworden.[29] Dies sei um so bedauerlicher, als Recht nach dem Zerfall aller überrationalen Werte die letzte verbliebene Autorität sei, die die menschliche Gesellschaft ordnen könne.[30] Recht dürfe daher nicht als unbegründete (naturrechtliche oder positivistische) Autorität in selbstverschuldeter Unmündigkeit verharren.[31] Denn Recht sei Politikum, sei ein Teil von politischer Praxis und Theorie.[32] Ein Rechtssystem könne nicht mehr angenommen werden,[33] da es ein (nicht mehr vorhandenes) einheitliches Wertesystem[34] voraussetze. Ziel bleibe eine wirkliche Rechtswissenschaft, eine Jurisprudenz im Sinne einer Kunstlehre. Sie könne sich erst bilden, wenn die politische Wirklichkeit, die Wirklichkeit des Menschen und der Gesellschaft zur Kenntnis genommen werde.

884   Darin liegt ein erster wesentlicher Kritikpunkt an der traditionellen Rechtswissenschaft.[35] Für *Wiethölter* schließen sich nichtpolitisches und wissenschaftliches Handeln geradezu aus: „Die Arbeit des Juristen ist nicht Wissenschaft in irgendeinem der heute darunter entfaltbaren Inhalte, weil sie Kriterien intersubjektiver Kontrolle und Kommunikation in theoretisch und methodologisch konsistenten Ableitungszusammenhängen nicht verfügbar hält."[36] Wiethölter äußert damit eine allgemeine Wissenschaftskritik nach Art des *Esser*'schen *Vorverständnisses*, stellt dabei allerdings das Problem des Verhältnisses von Politik und Wissenschaft allgemein zur Debatte.[37]

885   Ein zweites wesentliches Problem sieht *Wiethölter* darin, dass das Recht nicht der ihm zugrundeliegenden Idee der heutigen Gesellschaft, der sozialen Demokratie, entspreche.[38] Im Recht werde stets von einem ideellen Menschen – der privatautonom handeln könne, subjektive Rechte habe und benutzen könne (sinnfällig beim ungleich verteilten Eigentum) –, nicht von einem wirklichen ausgegangen.[39] In dem unterschiedlichen Schutz der verschiedenen Rechtspersönlichkeiten – herausragender Schutz für den Urheber, den

---

27 *Wiethölter*, Didaktik und Rechtswissenschaft (1970), S. 28. So heute noch *Wiethölter*, Zwischenbetrachtungen (1989), S. 803.
28 *Wiethölter*, Anforderungen (1969), S. 3.
29 *Wiethölter*, Rechtswissenschaft (1968), S. 35 und S. 179. Zusammenfassend Simon, S. 111 f.
30 Ob dem Recht wirklich eine solch zentrale Rolle zukommt, ist indes nicht so sicher, *Simon*, S. 135 und *Rottleuthner*, S. 21.
31 *Wiethölter*, Rechtswissenschaft (1968), S. 28 f.
32 *Wiethölter*, Rechtswissenschaft (1968), S. 57 und Anforderungen (1969), S. 14 f.
33 *Kramer*, ZRP 1970, 82, 84.
34 *Wiethölter*, Rechtswissenschaft (1968), S. 75; *Wiethölter*, Anforderungen (1969), S. 4 f.
35 Insoweit zustimmend *Kramer*, ZRP 1970, 82, 83 und auch *Schwerdtner*, ZRP 1969, 136, 140.
36 *Wiethölter*, Juristen (1972), S. 209 f.
37 *Fikentscher*, S. 610. *Wiethölter* hat *Esser* von seiner Kritik an der traditionellen Rechtswissenschaft explizit ausgenommen. *Esser* sei gerade kein Rechtswissenschaftler in vom *Wiethölter* so bezeichneten traditionellem Sinne, *Wiethölter*, ZRP 1969, 155, 157.
38 *Wiethölter*, Rechtswissenschaft (1968), Vorwort.
39 *Wiethölter*, Rechtswissenschaft (1968), S 179 f.

Rohls

Erfinder, nicht in gleichem Maße für den Unternehmer, den Eigentümer, noch weniger für den Arbeiter – offenbare sich weiterhin das individualistische Rechtsverständnis des vergangenen Jahrhunderts, welches geistige Leistung höher bewerte als tatsächliche. Dieses Menschenbild sei anhand der gegebenen sozialen und politischen Dimension zu korrigieren.[40] Es sei das Ziel der kritischen Jurisprudenz, eine Ordnung zu schaffen, in der jeder so frei sei, wie die Idee ihn sehe.[41] Nicht nur „Sicherheit und Ruhe! Ordnung und Freiheit!", sondern auch „Für alle Menschen.".[42] Die Würde des Menschen sei nicht vorgegeben, sondern aufgegeben.[43] Der Jurist hingegen spiele stets „Jurist als solcher". So blieben Armut, Macht, Hunger, Hass, Knechtschaft und Ausbeutung außerhalb des (damit wirklichkeitsfremden) Rechts; sie sollen nur die Politik etwas angehen.[44]

Hierin liege die politische Funktion der Rechtsprechung und der Rechtswissenschaft. 886
Beide könnten (wie bisher) gesellschaftlichen und politischen Fortschritt neutralisieren, sie könnten indes bei Ausfall der gesellschaftlichen und politischen anderen Kräfte Recht gleichsam auch gestalten.[45] Dazu bedürfe es allerdings einer Umorientierung. Denn den Juristen – hier sieht *Wiethölter* vor allem den Richter als Adressat des juristischen Negativismus – mache bisher aus, dass er gänzlich mit fremdem Willen angefüllt, diesem gefügig und für diesen empfänglich sei.[46] Der Richter erfülle als „Geist vom Geiste seiner Herren" deren politische Ziele und werde darin von den Gutachterprofessoren unterstützt.[47] Die politische Natur des Rechts werde dementsprechend gerade von denen am meisten geleugnet, denen die politische Wirkung zugute komme;[48] in Wiethölters Worten:

> „Richter, die nicht vom ‚Gesetz' abhängig sind oder sich dieser Abhängigkeit – bewußt oder
> unbewußt – entziehen, wenden nicht ‚Recht' an, sondern setzen Recht, wirken mithin po-
> litisch, nicht juristisch. Diese Wirkungsweise wird um so fühlbarer, je mehr der moderne
> Gesetzgeber – zwangsläufig oder aus Kompromißgründen – zu Generalklauseln greift. Denn
> dann offenbart sich eine von Rechtstheorie wie von Methodik im Stich gelassene Recht-
> sprechung in Mentalitäten und Dezisionismen. Sie zu analysieren, wäre Aufgabe der Rechts-
> wissenschaft, die aber gerade vor der Aufgabe versagt, die entsprechenden Voraussetzungen
> dafür zu schaffen. Der Teufelskreis schließt sich. Es ist ein Teufelskreis. Denn ‚funktionie-
> ren' kann diese Form von Richterrecht nur in bewußter oder unbewußter ‚Klassenjustiz'.
> Bei bewußter Klassenjustiz hat der Richter die politischen Befehle der herrschenden Klasse
> für seine Rechtsprechung zu befolgen, bei unbewußter Klassenjustiz herrschen Klassen über
> Mentalitäten. Der politische Effekt etwa sozial-konservativer Mentalitäten von Richtern in
> einer parlamentarisch-demokratischen Gesellschaft, die sozial-reformerisch verfaßt ist
> (auch in ihrem Recht), springt doppelt ins Auge: Einmal herrschen auf diese Weise konser-
> vative ‚Kreise', die sich politisch (parlamentarisch-demokratisch) nicht mehr durchzusetzen

---

40 *Wiethölter*, KJ 1970, 121, 127.
41 *Wiethölter*, Rechtswissenschaft (1968), S. 180.
42 *Wiethölter*, Rechtswissenschaft (1968), S. 181. Die Wendung „Sicherheit und Ruhe! Ordnung und Freiheit!"
   findet sich bei *Wiethölter* häufiger als Analyse der traditionellen bürgerlichen Gesellschaft. Gemeint sei her-
   kömmlicherweise stets „Sicherheit durch Ruhe" und „Freiheit durch Ordnung". Eine politische Gesellschaft
   hingegen müsse „Ruhe durch Sicherheit" und „Ordnung durch Freiheit" erreichen. Vgl. *Wiethölter*, KJ 1970,
   121, 136; Bürgerliches Recht (1972), S. 47 f. und Zwischenbetrachtungen (1989), S. 799.
43 *Wiethölter*, Rechtswissenschaft (1968), S. 180.
44 *Wiethölter*, Rechtswissenschaft, (1968), S. 38.
45 *Wiethölter*, Rechtswissenschaft (1968), S. 26 und Juristen (1972), S. 208.
46 *Wiethölter*, Rechtswissenschaft (1968), S. 35; *Wiethölter*, Juristen (1972), S. 208.
47 *Wiethölter*, Juristen (1972), S. 208 f.
48 *Wiethölter*, KJ 1970. 121, 133.

vermögen, über die Rechtsanwendung (Rechtsprechung); zum anderen entzieht sich diese Herrschaft jeglicher politischer Auseinandersetzung, Kontrolle, Revision."[49]

887 Eines der (wenn nicht das) Grundübel des Rechts liege in der trickreichen Kunst, Rechtssachverhalte so darzustellen, dass sie gleichsam von selbst die gewünschten Rechtsfolgen abwürfen. In einen Sachverhalt würden dann politische Elemente eingeführt, die zwar nicht offengelegt würden, aber die angestrebten Rechtsfolgen vorbestimmten.[50] Der Richter befinde sich demzufolge ständig im Zustand einer wertenden Rechtsfortbildung, sei die Entscheidung vermeintlich noch so klar.[51] Oft geschehe die Einführung politischer Elemente mithilfe von Generalklauseln, gleichsam *Zauberformeln*, wie Ordnung und Sicherheit, Gemeinwohl, Freiheit und Gleichheit, Gerechtigkeit, gute Sitten sowie Treu und Glauben.[52] Die politische Bedeutung jeglicher richterlichen Entscheidung werde nicht zur Kenntnis genommen.

888 Ziel müsse es folglich sein, Stück für Stück die philosophischen, wirklichkeitsfernen Grundlagen des Rechts durch politische, wirklichkeitsnahe Grundlagen zu ersetzen. An die Stelle der Idee solle die Realität, die Macht, treten. Das gelte besonders für die Privatautonomie, das subjektive Recht und das Eigentum.[53] Erforderlich sei die Politisierung des Rechts. Dabei sei der Begriff *politisch* zu verstehen als Zielvorstellung von der *guten Ordnung*[54] eines Gemeinwesens, für die Menschenbild, Geschichtlichkeit der Existenz und Verfassung die wichtigsten Leitlinien für die *methodischen* Wege setzten.[55] Zu den bisherigen Mitteln und Zwecken solle ein kritischer Abstand gewonnen werden.[56] Rechtsgebiete, in denen die Politisierung schon fortgeschritten sei, seien beispielsweise das Arbeitsrecht, das Mietrecht und das Wirtschaftsrecht. In diesen stünden Mittel und Zwecke zur Disposition und zum Schutz der Gesellschaft und nicht zur Disposition und zum Schutz der Individuen.[57]

---

49 *Wiethölter*, Rechtswissenschaft (1968), S. 292. Zwar hat nach *Heldrich/Schmidtchen*, S. 212, eine Umorientierung der im Jahre 1982 jungen Richter hin zu einer gemäßigt linken Position eingesetzt. Dies ändert an der von *Wiethölter* skizzierten grundsätzlicheren Problematik indes nichts. Denn es lässt sich nur ein Wandel zu einer gemäßigt linken Klassenjustiz erwarten, ohne Rücksicht auf die Mehrheit der Gesellschaft. Und schon in der nachfolgenden Richtergeneration soll sich nach *Heldrich/Schmidtchen* die Grundeinstellung wieder mehr in eine konservative Richtung bewegen.

50 *Wiethölter*, Rechtswissenschaft (1968), S. 17. Die Ähnlichkeit mit dem Vorverständnis bei *Esser* ist offensichtlich.

51 Der Richter ist einerseits an Gesetz und Recht gebunden (Art. 20 III Hs. 2 GG), andererseits jedoch nur dem Gesetz unterworfen (Art. 97 I GG). Dazu *Wiethölter*, Rechtswissenschaft (1968), S. 293: Die richterliche Unabhängigkeit sei nicht eine Garantie zugunsten der Richter, sondern zugunsten der Gesellschaft. Der Richter müsse daher an das politisch zustandekommene ›Gesetz‹ gebunden sein. Dieses Gesetz sei heute in erster Linie das Grundgesetz. Für dieses Unabhängigkeitsproblem fehle eine brauchbare juristische Theorie, für die dahinterstehende Gewalteilungslehre eine politische Theorie. Vgl. auch die neueren Arbeiten *Wiethölters*, KritV 1988, 1 ff., dazu *Joerges*, S. 345 ff., insbesondere S. 350 f.

52 *Wiethölter*, Anforderungen (1969), S. 4.

53 *Wiethölter*, Rechtswissenschaft (1968), S. 181.

54 *Schwerdtner*, RTheorie 2 (1970), 67, 94 wirft *Wiethölter* vor zu verkennen, dass es gerade nach soziologischen Erkenntnissen nicht möglich ist, das objektiv Gerechte zu ermitteln. *Wiethölter*, Rechtswissenschaft (1968), S. 26, sieht jedoch selbst, dass Recht nur letztlich unzulängliche Beiträge leisten könne, eine auf Gerechtigkeit und Vernunft zielende Friedensordnung für jedermann zu verwirklichen, ergo nur eine *möglichst* gute Ordnung.

55 *Wiethölter*, Rechtswissenschaft (1968), S. 179.

56 *Wiethölter*, Rechtswissenschaft (1968), S. 179.

57 *Wiethölter*, KJ 1970, 121, 125.

Rohls

2. Methodische Gesichtspunkte

Wiethölter räumt ein, zunächst nur die Bekenntnisse der traditionellen deutschen Rechts-   889
wissenschaft hinterfragt zu haben, ohne gleichzeitig neue Methoden und Prämissen dar-
oder offengelegt zu haben.[58] Er bezeichnet diesen Vorgang als exemplarische kritische
Beschreibung.[59] Damit ist wohl in der Tradition der Frankfurter Schule eine gesell-
schaftskritische Darstellung des Bestehenden anhand von Beispielen, ohne anhand der
gewonnenen Erkenntnisse ein neues System zu erstellen,[60] gemeint. Das legen zumindest
sprachliche Anklänge in Wiethölters Schriften nahe.

Wiethölter strebt eine „gute Ordnung" an. Diese soll auf soziologischer Erkenntnis und   890
fundamentaldemokratischer Ausformung beruhen. Dabei ist nicht völlig traditionslos
alles Bisherige beiseite zu schieben. *Wiethölter* erkennt sehr wohl die Geschichtlichkeit
der Rechtswissenschaft an.[61] Auch kann die kritische Jurisprudenz innerhalb der bestehenden Rechtsformen verfolgt werden, wenn nur die Inhalte offengelegt werden.[62]

Der Begriff des Politischen liefert wie der der guten Ordnung mangels scharfer Konturen   891
keinen methodischen Beitrag.[63] Politisch im von *Wiethölter* benutzten weiten Sinn ist
alles, was die Gestaltung der tatsächlichen Gegebenheiten der Gesellschaft betrifft. *Wiethölters* Begehren nach einem politischen Recht könnte man allerdings dahin verstehen,
dass Recht sich in ganz bestimmte inhaltliche Richtungen zu entwickeln habe. Anhaltspunkte dafür soll eine an vielen Stellen durchschimmernde marxistische Kapitalismus-
Kritik, zumindest aber eine Einstellung als „Linker" sein.[64] Andererseits weist *Wiethölter* in seinen Arbeiten des öfteren auf die Verfassung als Maßstab hin, die gerade verschiedene Wertungsmöglichkeiten für ein freies Kräftespiel garantieren müsse.[65]

Man muss also gleichsam zwei Ebenen in *Wiethölters* Schriften trennen. Auf ersterer liegt   892
die Kritik, Recht werde traditionell in verdeckter Weise politisch genutzt. Dies legt
Wiethölter offen. Auf einer anderen Ebene liegt die Kritik an der bisher verfolgten Politik,
soweit sie nicht im Einklang mit der eigenen wirklichkeitsnäheren politischen Anschauung steht. Die Kritik auf der zweiten Ebene ist keine zwingende Folge der auf der ersten
Ebene, sondern nur eine mögliche Folge.

Auch kann man *Wiethölter* nicht so verstehen, dass er Generalklauseln im Recht per se   893
ablehne.[66] Die obige Darstellung der Generalklauseln, wie Ordnung und Sicherheit, Gemeinwohl, Freiheit und Gleichheit, Gerechtigkeit, gute Sitten und Treu und Glauben, als
Einfallstor für politische Wertungen lässt dies zwar plausibel erscheinen. *Wiethölter* verlangt indes lediglich, dass sie nicht in versteckter, sondern in offener Weise politisch

---

58 *Wiethölter*, ZRP 1969, 155, 156; *Wiethölter*, Rechtswissenschaft (1968), S. 75. Dies kritisieren *Schwerdtner*,
   RTheorie 2 (1970), 90; *Bydlinski*, S. 158; *Pawlowski*, Rz. 139; *Roellecke*, S. 338 Fn. 48.
59 *Wiethölter*, Rechtswissenschaft (1968), Vorwort.
60 *Müller*, Sp. 739 f.
61 *Wiethölter*, Rechtswissenschaft (1968), Vorwort: „Stunde Null der politischen Rechtswissenschaft, jedoch
   nicht geschichtslos". Dies verkennt *Schwerdtner*, RTheorie 2 (1970), 67, 91.
62 Hier wird *Wiethölter* unterschiedlich verstanden. Einerseits *Fikentscher*, S. 609, der *Wiethölter* dies beschei-
   nigt, andererseits *Schwerdtner*, RTheorie 2 (1970), 67, 92. Eindeutig im ersteren Sinne: *Wiethölter*, KJ 1970, 121,
   139.
63 Dies kritisiert *Hagen*, S. 103.
64 So *Schwerdtner*, ZRP 1969, 136, 137 f. und RTheorie 2 (1970), 90; *Fikentscher*, S. 614 f.; *Mayer-Maly*, ZRP 1970,
   265, 266.
65 So schon *Wiethölter*, Position (1965), S. 59 f. Vgl. auch KritV 1986, 21, 27 f., wo *Wiethölter* erklärt, dass gerade
   die eigene Parteinahme für eine kritische Gesellschaftstheorie die eigene Position nicht zum besseren Recht
   erklären darf.
66 So aber *Schwerdtner*, RTheorie 2 (1970), 67, 93.

genutzt würden. Denn eine unpolitische Rechtsanwendung ist für *Wiethölter* nicht möglich.[67] Darin ist wohl eine Ausrichtung auf einen offenen Diskurs, wie man es heute nennen würde, angedeutet.

894 *Wiethölter* geht des Weiteren davon aus, dass ein falsches Denken in Berechtigungen (sprich: subjektiven Rechten) die heutige juristische Arbeit erschwere. Denn subjektive Rechte bedeuteten, dass grundsätzlich alle Interessenabwägungen rechtlich eindeutig ausgehen. Dies entspreche nicht der modernen Gesellschaft.[68] Ein überwiegendes Interesse sei vielmehr positiv in einer Abwägung festzustellen. Dies gelte umso mehr, je gesellschaftlich relevanter das betreffende Problem sei. Denn subjektive Rechte, auch wenn die ihnen zugrundeliegenden Interessenabwägungen früher einmal berechtigt gewesen seien, bärgen die Gefahr, einmal getroffene Wertentscheidungen zu zementieren.[69]

895 In seiner Antrittsvorlesung sieht *Wiethölter* die Möglichkeit, dass ein adäquates Denken in *Institutionen* der politischen wie privaten Existenz heute die Leitlinien für die Orientierung dagegen setzen könne.[70] Anhand dieser Institutionen solle eine per se offene Wertung erfolgen. Der Sache nach sollen Gebilde sehr heterogener Zusammensetzung betroffen sein. Dies zeige gerade, dass das überlieferte Privatrechtsverständnis verlassen werde. Beispiele seien etwa „der Wettbewerb, der Markt, der Haushalt, das Unternehmen, vielleicht auch die Ehe, ggf. auch die Publizität, die Öffentlichkeit, das Management, der Pluralismus".[71] Später bezeichnet *Wiethölter* die maßgebenden Gesichtspunkte als Funktionen und Interessen,[72] auch als „Sachen",[73] und sieht die Verfassung als Maßstab. *Wiethölter* trifft zunächst jedoch keine Aussage darüber, wie die verschiedenen Institutionen, Interessen, Funktionen, Sachen gegeneinander abzuwägen sind. Gelegentlich meint er, dass es sich anbieten könnte, *Kollisionsregeln*, ähnlich wie im IPR, zu bilden, um einen Konflikt, der aus der Sicht verschiedener Kontexte verschieden interpretiert wird, nach einer für beide Seiten akzeptablen Kollisionsregel zu entscheiden.[74] Eine Methode, solche Kollisonsregeln herzustellen, wird indes nicht dargetan.

896 Traditionelle Stichworte wie Auslegungsregeln, Analogie, Richterproblem, Gesetzesbindung und -ergänzung spielen im wesentlichen nur in kritischer Perspektive eine Rolle.

897 Daher wird abschließend der Versuch unternommen, an einem Beispiel Konkreteres herauszufinden.

III. Ein Beispiel: das Unternehmensrecht

898 *Wiethölter* hat 1970 die politische Funktion des Rechts am eingerichteten und ausgeübten Gewerbebetrieb, von ihm Unternehmensrecht genannt, beleuchtet.[75]

---

67 *Wiethölter*, KJ 1970, 121, 133.
68 *Wiethölter*, Rechtswissenschaft (1968), S. 198.
69 *Wiethölter*, KJ 1970, 121, 129.
70 *Wiethölter*, Rechtswissenschaft (1968), S. 198; zum institutionellen Rechtsdenken *Joerges*, S. 330 mit Hinweis auf *Wiethölter*, Gesellschaftstheorie (1974), S. 691 f.
71 *Wiethölter*, Position (1965), S. 58.
72 *Wiethölter*, KJ 1970, 121, 129.
73 *Wiethölter*, KJ 1985, 126, 136.
74 *Wiethölter*, KJ 1985, 126, 135.
75 *Wiethölter*, KJ 1970, 121–139.

Rohls

1. Die „Legende vom Unternehmensrecht"

Wiethölter beginnt damit, die Entstehung des Unternehmensrechts zu untersuchen. Es   899
sei eine „Legende". Das RG habe es 1904 erfunden.[76] Die vom RG angeführten früheren
Entscheidungen[77] hätten ein Unternehmensrecht nämlich nicht gestützt. Im Übrigen habe
es vom Standpunkt des RG nahegelegen, den Eigentumsschutz zu einem Schutz der
kommerziellen Betätigungsfreiheit, später also zu einem Recht auf allgemeine Berufs-
und Arbeitsentfaltung, auszudehnen.[78] Das RG aber habe nur den Willen des Gewerbe-
treibenden, soweit er im Unternehmen zum Ausdruck gekommen sei, geschützt, neben
dem allgemeinen Eigentumsschutz also einen speziellen Unternehmervermögensschutz
gebildet. Dem Arbeiter und auch dem Freiberufler sei eine entsprechende Verkörperung
seines Willens nicht möglich gemacht worden.[79]

Eigentlich habe das RG im 1904 zur Entscheidung anstehenden Fall an das rechtlich   900
unerlaubte Wettbewerbsverhalten anknüpfen können, es habe sich aber selbst eine neue
Entscheidungsgrundlage geschaffen. Spätestens jedoch mit dem UWG von 1909 und der
damit verbundenen Entwicklung des Wettbewerbsrechts sei das Unternehmensrecht in
seiner ursprünglichen Konzeption überflüssig geworden. Der Leertitel habe nun politisch
gefüllt werden können, zumal er nur noch an Eigentum gekoppelt gewesen sei. Die Ver-
bindungslinien zur Arbeit seien zerschnitten worden; ein Gewerkschaftsschutz mittels
dieser Rechtsfigur sei nicht in Frage gekommen.[80]

Um 1930 sei das Unternehmensrecht dann durch einseitige Beschlagnahme der Men-   901
schenwürde in Form des Persönlichkeitsrechts zum Unternehmerpersönlichkeitsschutz
veredelt worden. Parallel dazu sei der Rechtsschutz von § 1 UWG, § 826 BGB in § 823
I BGB, § 1004 BGB umgebucht worden, um den Sittenwidrigkeitsstempel zu vermeiden.
Ohne dies zu berücksichtigen, habe die Rechtsprechung das Unternehmensrecht genutzt,
um nach dem Krieg fahrlässige Vermögensschäden durch Streiks entgegen der Konzeption des BGB mit Schadensersatzsanktionen zu verbinden. Der Persönlichkeitsschutz habe nun vollends zur Verdunklung des politischen Gehalts des Unternehmensrechts geführt. Parallel dazu sei in der Literatur immerhin ein Recht an der Berufsausübung in
Betracht gezogen worden. Ein solches wäre jedoch von seiner Anlage her an der modernen Entwicklung ebenfalls vorbeigegangen, da es eben wieder unzeitgemäßen absoluten
Rechtsschutz gewährleistet hätte.[81]

Als Ergebnis lasse sich festhalten, dass das RG den Weg zu einer allgemeinen Betäti-   902
gungsfreiheit abgeschnitten habe, somit die ökonomischen, sozialen und politischen
Auseinandersetzungen in der Gesellschaft nicht zur Kenntnis genommen habe.

Die Leerformelfunktion des Unternehmensrechts, die zugleich seine politische Funktion   903
sei, lasse sich für die Gegenwart insbesondere an den Beispielen Wettbewerbsrecht,
außerwettbewerbliches privates Deliktsrecht, Enteignungsrecht, Arbeitsrecht, Presserecht, Kritikrecht und Boykottrecht belegen. Das Unternehmensrecht bilde damit den
Hintergrund für die ungeklärten, noch anstehenden schadensersatzrechtlichen Probleme

---

76 *Wiethölter*, KJ 1970, 121, 122: RG 58, 24–31.
77 *Wiethölter* behandelt RG 28, 228; 51, 66; 51, 369; 56, 271.
78 *Wiethölter*, KJ 1970, 121, 123.
79 *Wiethölter*, KJ 1970, 121, 124.
80 *Wiethölter*, KJ 1970, 121, 124 f.
81 *Wiethölter*, KJ 1970, 121, 126 f.

des modernen politischen Demonstrationsrechts im Allgemeinen – d. h. des Meinungsäußerungsrechts im weitesten Sinn.[82]

904 *Wiethölter* überprüft nun, ob das Unternehmensrecht in den angeführten rechtlichen Bereichen noch wirksam ist, also ein verändertes Ergebnis bewirkt. Ansatzpunkt ist, dass der deliktsrechtliche Vermögensschutz eigentlich nur über § 823 II BGB und § 826 BGB zu laufen habe. Gesucht werden demnach Bereiche, in denen das Unternehmensrecht den Vermögensschutz über diesen Rahmen ausdehnt.

905 Im *Wettbewerbsrecht*, aus dem das Unternehmensrecht des § 832 I BGB entstanden sei, finde heute im Rahmen des § 1 UWG eine offene Abwägung statt. Die Ablösung des individualistischen Rechtsformendenkens durch gesellschaftsbezogenes Rechtsfunktionendenken sei im Wettbewerbsrecht durch Tendenzen erleichtert worden, den Monopolcharakter subjektiver Rechte auf Wettbewerbsmärkten zu zerbrechen. An die Stelle der juristisch-technischen Subsumtion trete die soziologisch-technologisch-politische Argumentation. Das Unternehmensrecht als subjektives Recht sei mithin im Wettbewerbsrecht überflüssig geworden.[83]

906 Im *außerwettbewerblichen privaten Deliktsrecht*, gemeint sind in erster Linie die Stromkabelunterbrechungsfälle, werde mittels des Merkmals „Unmittelbarkeit" eine Interessenabwägung vorgenommen. Ein subjektives Recht habe hier von vorne herein nicht existiert. In dem einen Fall (Kükeneier)[84] werde gewährt, was in dem anderen (Kabelbruch I)[85] verwehrt werde. Der Vermögensschutz sei in diesen Fällen eine Frage des Eigentumsschutzes und des Versicherungsrechts, nicht aber des Unternehmensrechts.[86]

907 Im *Enteignungsrecht* sei das Unternehmensrecht angesichts der weiten Interpretation des Art. 14 GG überflüssig.[87]

908 Im *Streikrecht* werde nun aber die politische Funktion des Unternehmensrechts deutlich. Das Unternehmensrecht sei per „Trickrechtsprechung" des BAG (im Gegensatz zum RG) ins Arbeitsrecht eingezogen und diene nun ausschließlich als Anti-Streik-Waffe in einer Gesellschaft mit arbeitskampffeindlicher Bewusstseinsstruktur. Die soziale Adäquanz stabilisiere die soziale Überzeugung der Rechtsverwaltenden, der Juristen, der hohen Richter und der Gutachterprofessoren. Und dies mit dem Argument, dass Streiks volkswirtschaftliche Schäden mit sich brächten und den im Interesse aller liegenden sozialen Frieden beeinträchtigten. Durch jeden Streik werde grundsätzlich das Unternehmensrecht aus § 823 I BGB als verletzt angesehen, eine Rechtfertigung erfolge nur ausnahmsweise.[88]

909 *Presserecht*[89] und *Boykottrecht*[90] hingegen würden der Verfassung entsprechend gewährleistet. Es werde eine offene Auseinandersetzung innerhalb der Gesellschaft ermöglicht. Im Ergebnis werde Schadensersatz nur in den Schranken des § 826 BGB gewährt. Das Unternehmensrecht habe mithin in diesen beiden Bereichen keine Funktion.

---

82 *Wiethölter*, KJ 1970, 121, 128.
83 *Wiethölter*, KJ 1970, 121, 129 f.
84 BGHZ 41, 123.
85 BGHZ 29, 65.
86 *Wiethölter*, KJ 1970, 121, 130 f.
87 *Wiethölter*, KJ 1970, 121, 131.
88 *Wiethölter*, KJ 1970, 121, 132 f.
89 *Wiethölter*, KJ 1970, 121, 134.
90 *Wiethölter*, KJ 1970, 121, 135.

Rohls

Im *Kritikrecht* sieht *Wiethölter* das Unternehmensrecht als Möglichkeit, ein Unternehmen fälschlicherweise gegen öffentliche Kritik abzuschirmen. So würden über § 823 I BGB auch wahrheitsgemäße Behauptungen, wenn sie geschäftsschädigend seien, zu rechtswidrigen Unternehmenseingriffen abgestempelt.[91]   910

Das Unternehmensrecht habe demnach nur noch im Streik- und im Kritikrecht eine eigenständige Funktion. Und diese sei eine verdeckt politische. Ansonsten unterscheide es sich im Ergebnis nicht von § 823 II BGB und § 826 BGB.   911

Wiethölter sieht nun das Streikrecht und Kritikrecht – wie schon angedeutet – als Teil eines *allgemeinen politischen Demonstrationsrechts*. Diese allgemeine Meinungsfreiheit, die politische Kommunikation, werde durch die Verfassung garantiert. Bloße Freiheit vom Staat verbürge diese politische Freiheit nicht. Dem stünden die durch dieses moderne Demonstrationsrecht verursachten Schäden gegenüber. Diese seien, sofern es sich um Geld- und Sachschäden handele, grundsätzlich hinzunehmen. Nur die Exzesse seien nach § 826 BGB mit Schadensersatzpflichten zu belegen. Ähnlich der Vorgehensweise bei den Naturschäden solle man für die übrigen Schadensfälle wie in anderen Bereichen, in denen der Fortschritt neue Gefahren mit sich brächte, ein allgemeines Versicherungssystem einführen, um unnötige Härten zu vermeiden.[92] *Wiethölter* entscheidet also über die mit dem allgemeinen Demonstrationsrecht kollidierenden Vermögensinteressen anhand eines aus der Verfassung gewonnenen Primats der offenen politischen Auseinandersetzung über reine Geldfragen.   912

2. Die Einhaltung methodischer Vorgaben

Wiethölter beginnt die Analyse der politischen Funktion des Unternehmensrechts mit der Legendenbildung des RG. Dieses sei hier dem Grundübel der Juristen, einen Rechtssachverhalt so zu verfremden, dass er beinahe von selbst die gewünschte Rechtsfolge abwerfe, verfallen. Es habe das Unternehmensrecht erfunden. Das Unternehmensrecht werde – als generalklauselartige Leerformel – politisch angefüllt. Es werde ein über das dem BGB normale Maß hinausgehender Vermögensschutz geschaffen, um bestimmte Verhaltensweisen, die verhindert werden sollen, zu sanktionieren. *Wiethölter* geht also, wie zu erwarten, von einer Generalklausel aus und untersucht, inwieweit diese politisch, also gesellschaftsbeeinflussend, genutzt wird.   913

Nun ersetzt *Wiethölter* in den Fällen, in denen das subjektive Recht am Unternehmen eine eigenständige (und damit politische) Funktion hat und somit eine (meist) eindeutige und einseitige Wertentscheidung enthält, ebenjenes durch eine eigene Abwägung der widerstreitenden Interessen. Als Kollisionsregel fungiert im vorliegenden Fall der Primat der verfassungsrechtlich garantierten politischen Kommunikation vor reinen Geldinteressen. *Wiethölter* hält demnach seine methodischen Vorgaben ein.   914

Er gewinnt seine Entscheidung aus einer bestimmten, betont fundamentaldemokratischen Auslegung der Verfassung. Der Verfassungstext lässt indes auch andere Wertungen zu, gerade die *Wiethölters* ist nicht unzweifelhaft. Ein politisches Streikrecht wird auch heute verfassungsrechtlich nicht anerkannt. *Wiethölter* setzt hier, da nicht klar ist, wie eine *gute Ordnung* oder die Ziele der Verfassung zu bestimmen wären, Wertungen. Da die kollidierenden Interessen politischer Kommunikation unbestreitbar ein sehr wichtiges Gebiet betreffen, lässt sich letztlich zwar ein akzeptables, aber kein methodisch be-   915

---

91 *Wiethölter*, KJ 1970, 121, 134 f.
92 *Wiethölter*, KJ 1970, 121, 136 ff.

gründetes Ergebnis erzielen. Hierauf bezieht sich das Eingeständnis *Wiethölters*, eine neue „Methode" noch nicht bieten zu können. *Wiethölters* Instrumentarium reicht aus, um das Bestehende zu durchleuchten und abzubauen, nicht aber, um Neues methodisch zu begründen oder in seinem Sinne eine Kollisionsregel für die widerstreitenden Interessen zu entwickeln.

916 Wie *Wiethölter* in späteren Arbeiten reflektiert, scheitert er letztlich an der Materialisierung von Recht.[93] Der Ansatz, Rechte als Mittel normativer Großzwecke (konkret: der Verfassung) einzusetzen, zerbricht daran, dass Kollisionen von Berechtigungen durch hierarchisierende Bewertungen gelöst werden müssen: Freiheiten lassen sich aber (fast) nie und schon gar nicht eindeutig bewerten und so hierarchisieren.[94] Wenn gleichwohl eine *Abwägung* vorgenommen oder der *Grundsatz der Verhältnismäßigkeit* angewandt wird, wird dieses Dilemma ignoriert. Für die Einstellung kollidierender Interessen in verzweigte Überzweckprogramme (wie die Verfassung) gibt es als *Recht* keine Maßstäbe. Es werden lediglich persönliche oder politische Opportunitätsentscheidungen bestimmter Gruppen in das Recht, jedoch nicht als Recht übertragen.

IV. Resümee

917 Recht ist nach *Wiethölter* in seinem gesamten sozialen Kontext mit allen seinen sozialen Implikationen und nicht als ein vorgegebenes, isoliertes Begriffsgebäude zu sehen. Darauf unmissverständlich und unüberhörbar, wenn auch nicht als Erster hingewiesen zu haben, ist ein bleibendes Verdienst *Wiethölters*. Insofern gilt: Nichts ist mehr so wie früher.[95]

918 Sofern man *Wiethölter* folgt, erlangt man bis heute keine Möglichkeit, juristische Entscheidungen in einer Weise methodisch zu begründen, wie es traditionell versucht wurde und wird. Wenn man ihm folgt, hat man schon zugestimmt, daß die traditionellen Methoden dafür auch gar nicht taugten und taugen.

919 In der Überzeugung, dass jene Methoden bloß subjektiv gültigen Deutungen ein objektives Äußeres verleihen, trifft *Wiethölter* sich etwa mit der sogenannten Freirechtslehre.[96] *Kantorowicz* war wie *Wiethölter* der Überzeugung, dass es keine verbindliche Erkenntnismethode gebe, um eine Wertentscheidung zu treffen und als einzig richtige zu begründen. Doch welcher *Rechtswissenschaftler* will schon gerne die eigene Begründungsunfähigkeit feststellen? Und im *methodologischen Nichts* arbeiten[97]? Opportunitätsentscheidungen mittels abwägender Verhältnismäßigkeitsprüfung fallen dann leichter. Zu klären wäre, wie man juristischen Konsens und Akzeptanz über die Wirklichkeit und die richtige Wirklichkeitsnähe erlangen könnte.

920 In anderer Hinsicht, nämlich in dem Glauben, Recht (und damit die Machtgrundlagen) fundamentaldemokratisch verankern und soziologische Erkenntnisse in Recht als Recht überführen zu können, zeigt der juristische Negativismus als *Geist vom Geiste seines Herrn* die Überzeugung *Wiethölters* eingebunden in seine Zeit.

921 Für und wegen des Prozeduralisierungskonzepts gilt: Zumindest ein Quentchen Utopie bleibt, wenn auch nicht für eine Methode im traditionellen Sinn.

---

93 *Wiethölter*, Zwischenbetrachtungen (1989), S. 805; vgl. auch *Martin/Renk/Sudhof*, KJ 1989, 244, 246.
94 *Wiethölter*, Begriffs- und Interessenjurisprudenz (1977), 213, 232.
95 Übereinstimmend: *Fikentscher*, S. 619; *Kramer*, ZRP 1970, 82, 84; *Simon*, KJ 1989, 131, 134; selbst *Schwerdtner* RTheorie 2 (1970), 67, 92.
96 Darauf weist auch *Kramer*, ZRP 1970, 82 hin.
97 So der Vorwurf seitens *Bydlinskis*, S. 158.

Rohls

V. Quellen und Literatur

1. Zum Einstieg in die Wiethölter-Texte

Bei Wiethölter kann man drei Phasen unterscheiden. Geeignet zum Einstieg in die erste Phase erscheint uns sein ‚Bestseller' „Rechtswissenschaft" von 1968 im 1. Kapitel der Teil IV: Das Menschenbild im Recht, S. 58–75. Für die späteren Phasen empfehlen sich die Aufsätze zu „Privatrecht als Gesellschaftstheorie" von 1974 und zu „Begriffs- und Interessenjurisprudenz" von 1977, sowie aus jüngerer Zeit die „Zum Fortbildungsrecht der (richterlichen) Rechtsfortbildung" von 1988 und „Zur Regelbildung in der Dogmatik des Zivilrechts" von 1992, siehe sogleich. Für weitere Arbeiten folgt das (möglichst vollständige) chronologische Werkverzeichnis:[*]

Einseitige Kollisionsnormen als Grundlage des Internationalen Privatrechts, Berlin 1956 (zugleich Diss. iur Köln 1955)

Der Rechtfertigungsgrund des verkehrsrichtigen Verhaltens, Eine Studie zum zivilrechtlichen Unrecht, Karlsruhe 1960

Interessen und Organisation der AG im amerikanischen und deutschen Recht, Karlsruhe 1961 (zugleich Habil. iur. Köln 1960)

Kauf unter Eigentumsvorbehalt und Gewährleistung für Rechtsmängel, JZ 1961, S. 693 ff.

Probleme der Aktienrechtsreform unter besonderer Berücksichtigung des Depotstimmrechts, in: Vorträge für Sparkassenprüfer, Stuttgart 1963, S. 53 ff.

Die Publizitätsinteressen der Anteilseigner, in: Das Frankfurter Publizitätsgespräch, Frankfurt 1962, S. 33 ff.

Die Gründungskontrolle bei Aktiengesellschaften, in: H. Dölle (Hrsg.), Deutsche Landesreferate zum VI. Internationalen Kongreß für Rechtsvergleichung in Hamburg 1962, Berlin, Tübingen 1962, S. 225 ff.

Arzt und Patient als Rechtgenossen, in: Die Aufklärungspflicht des Arztes, Köln, Berlin 1962, S. 71 ff.

§ 823 II BGB und die Schuldtheorie, JZ 1963, S. 205 ff.

Entscheidungsanmerkung zu BGH – VII ZR 28/61 vom 12.7.1962 (Spielbankfall), JZ 1963, S. 286 ff.

Referat über die Einwirkung des Sozialstaatsgedankens auf das Vertrags- und Wirtschaftsrecht im allgemeinen, in: Axel Flessner und Hein Kötz, Sozialstaat und Privatrecht. Deutsch-Schwedisches Jursitenkolloquium, RabelsZ 29 (1965), S. 805 ff.

Die Position des Wirtschaftsrechts im sozialen Rechtsstaat (Wiedergabe der Antrittsvorlesung vom 31.1.1964 in Frankfurt/M.), in; Festschrift für Franz Böhm, Wirtschaftsordnung und Rechtsordnung, Karlsruhe 1965, S. 41 ff.

Unternehmensverfassungsrecht, JJb. 7 (1966), S. 162 ff.

Zur Frage des internationalen ordre public, in: Berichte der Deutschen Gesellschaft für Völkerrecht 7 (1967), S. 133 ff.

Die GmbH & Co. KG – Chancen und Grenzen, in: Aktuelle Probleme der GmbH und Co., Köln, 1. Auflage: 1967, 2. Auflage: 1969, 3. Auflage: 1974

Recht, in: Gerd Kadelbach (Hrsg.), Wissenschaft und Gesellschaft (Funkkolleg Band 1), Frankfurt/M. 1967, S. 213 ff.

Rechtswissenschaft (Funkkolleg Band 4), unter Mitarbeit von Rudolf Bernhardt und Erhard Denninger, Hamburg 1968. Mit Ausnahme der Kapitel von Bernhardt und Denninger ins Italienische übersetzt unter dem Titel Le Formule Magiche Della Scienza Giuridica, mit einer Einleitung von Pietro Barcellona, Rom, Bari 1975. Unveränderter Nachdruck der Ausgabe von 1968, mit einem zusätzlichem Geleitwort, Basel, Frankfurt/M. 1986. Mit Ausnahme der Kapitel von Bernhardt

---

[*] Zur Zeit der 1. Auflage dieses Bandes existierte kein veröffentlichtes Schriftenverzeichnis der Arbeiten *Wiethölters*. Wir danken Herrn Prof. Dr. Wiethölter weiterhin für das Interesse an der vorliegenden Arbeit und insbesondere für die Überlassung von Literatur und für Hinweise auf neuere Literatur.

und Denninger ins Spanische übersetzt unter dem Titel Las Formulas Magicas De La Ciencia Juridica, mit einer Einleitung von José Luis de los Mozos, Madrid 1991

5 Thesen gegen die Notstandsverfassung, in: Diskus 1968, Heft 4, S. 5 (auch unter dem Titel Verfassungswidrige Verfassungsnorm, in: Stimme der Gemeinde zum kirchlichen Leben, zur Politik, Wirtschaft und Kultur 1968, S. 399 f.)

Jura Studieren, in: Aspekte 1968, Heft 4, S. 8 ff.

Stellungnahme zu den Münchener Beschlüssen zur Fortführung der Studienreform, JZ Sonderheft November 1968, S. 9 ff.

Zur Situation der Rechtswissenschaft, in: Juristenblatt Berlin, 1969, Heft 10, S. 15 ff.

Anforderungen an den Juristen heute, in: Erziehung zum Establishment, Juristenausbildung aus kritischer Sicht, Karlsruhe 1969, S. 1 und in: Krise der juristischen Bildung, Loccum 1969, S. 20 ff.

Recht und Politik, ZRP 1969, S. 155 ff.

Adolf Arndt, Festschrift zu seinem 65. Geburtstag, NJW 1969, S. 1703 ff.

Internationales Nachlaßverfahrensrecht, in: Wolfgang Lauterbach (Hrsg.), Vorschläge und Gutachten zur Reform des deutschen internationalen Erbrechts, Berlin, Tübingen 1969, S. 141 ff.

Studentische Zwangskörperschaften – ein Problem von Inhalt und Form gesellschaftlicher Veränderung, in: Studentische Politik 4/1969, S. 3 ff.

Presseerklärung von vier Professoren der Juristischen Fakultät, in: Zoller (Hrsg., Pseudonym), Aktiver Streik, Frankfurt 1969, S. 180 ff.

Die GmbH in einem modernen Gesellschaftsrecht und der Referentenentwurf eines GmbH-Gesetzes, in: Probleme der GmbH-Reform, Köln 1970, S. 11 ff.

Didaktik und Rechtswissenschaft, in: Neue Juristenausbildung, Neuwied, Berlin 1970, S. 25, und in: Reform der juristischen Ausbildung, Loccum 1969, S. 13 ff.

Theologie der Planung, in: Evangelische Akademie im Wandel, Schriften der evangelischen Akademie in Hessen und Nassau, Heft 89, Frankfurt/M. 1970, S. 8 ff.

Reform der Juristenausbildung, öffentliche Anhörung BT Rechtsausschuß, in: Zur Sache 5/71, S. 100 ff.

Zur politischen Funktion des Rechts am eingerichteten und ausgeübten Gewerbebetrieb, KJ 1970, S. 121 ff.

Die Wirtschaftspraxis als Rechtsquelle, in: Das Rechtswesen – Lenker oder Spiegel der Gesellschaft?, München 1971, S. 165 ff.

Stand und Möglichkeiten der Juristenausbildung: Problemgeschichtliche Ableitung, in: Verhandlungen des 49. DJT, Band 2, Teilband 2, Düsseldorf 1972, S. R 12 ff.

Erklärung zur Sitzung des Haushalts- und Planungsausschusses der J. W. Goethe Universität am 3.2.1971, Typoskript Frankfurt/M. 1972

Stand und Möglichkeiten der Justizforschung, Verhandlungen des 49 DJT., Band II (Sitzungsberichte) Düsseldorf 1972, R 12 ff., R 102 ff.

Artikel im Handlexikon zur Rechtswissenschaft: Bürgerliches Recht, S. 47 ff., Juristen, S. 208 ff., Wirtschaftsrecht, S. 531 ff., Wirtschaftsverwaltungsrecht, S. 539 ff., Zivilrecht, S. 545 ff., in: Axel Görlitz (Hrsg.), Handlexikon zur Rechtswissenschaft, München 1972

Rechtswissenschaft, in: Kritischer Studienführer, Materialien für Abiturienten und Studienanfänger, Köln 1. Auflage: 1973, S. 89 ff., 2. Auflage: 1976, S. 99 ff.

Zur politischen Einschätzung der Einstufenmodelle und -versuche, in: Alfred Rinken (Hrsg.), Der neue Jurist, Darmstadt, Neuwied 1973, S. 231 ff.

Über die Parteilichkeit der Justiz, in: Vorgänge 1973, S. 148 ff.

Rechtswissenschaft in Kritik und als Kritik, Mainz 1973

La demistificazione del diritto dell'economia come premessa per un'analisi critica e per una prassi emancipatoria, in: Pietro Barcellona (Hrsg.), L'uso alternativo del diritto, Band 2. Ortodossia giuridica e practica politica, Roma, Bari 1973, S. 95–100

Diritto dell'economia: analisi di una ,formula magica', in: Pietro Barcellona (Hrsg.), L'uso alternativo del diritto, Band 1. Scienza giuridica e analisi marxista, Roma, Bari 1973, S. 207–225

Gli interessi dello stato di diritto borghese, in: Pietro Barcellona (Hrsg.), L'uso alternativo del diritto, Band 1. Scienza giuridica e analisi marxista, Roma, Bari 1973, S. 35–45

Privatrecht als Gesellschaftstheorie?, Bemerkungen zur Logik der ordnungspolitischen Rechtslehre, in: Festschrift zum 70. Geburtstag von Ludwig Raiser, Tübingen 1974, S. 645 ff.

Begriffs- und Interessenjurisprudenz – falsche Fronten im IPR und Wirtschaftsverfassungsrecht, in: Festschrift für Kegel, Internationales Privatrecht und Rechtsvergleichung im Ausgang des 20. Jahrhunderts, Frankfurt am Main 1977, S. 213 ff.

Thesen zum Wirtschaftsverfassungsrecht, in: Peter Römer (Hrsg.), Der Kampf um das Grundgesetz, Über die politische Bedeutung der Verfassungsinterpretation, Köln 1977, S. 158 ff. und Diskussionsbeiträge auf S. 186 ff., S. 196 f., S. 221 ff., S. 230 ff.

Blanke, Thomas: „Reformatio in peius"?, Zur Geschichte der Ausbildungsreform, KJ 1981, S. 1 ff.

Diskussionsbericht der Kommission „Zivilrecht", in: Luigi Lombardi Vallauri und Gerhard Dilcher (Hrsg.), Cristianesimo, Secolarizzazione e Diritto Moderno, Band 2, Baden-Baden, Mailand 1981, S. 1391–1395.

Entwicklung des Rechtsbegriffs, in: V. Gessner, G. Winter (Hrsg.), Rechtsformen der Verflechtung von Staat und Wirtschaft, Opladen 1982, S. 38 ff.

Wissenschaftskritische Ausbildungsreform – Anspruch und Wirklichkeit, in: Robert Francke u. a. (Hrsg.), Einstufige Juristenausbildung in Bremen – 10 Jahre Bremer Modell, Darmstadt, Neuwied 1982, S. 38 ff.

Vom besonderen Allgemeinprivatrecht zum allgemeinen Sonderprivatrecht?, Anales des la Cátedra Francisco Suarez 22 (Granada 1982/83), S. 125 ff.

Marktversagen, EG-Sozialintegration, Verbraucherschutz, ZERP-Diskussionspapier 7/1983, Bremen 1983, S. 77 ff.

Pluralismus und soziale Identität, in: Luigi Lombardi Vallauri, Gerhard Dilcher (Hrsg.), Christianesimo Secolarizzazione E Diritto Moderno, Mailand 1981, S. 1333 ff. und Diskussionsbericht, S. 1391 ff. und Zusammenfassung S. 1521 ff. (auch in: Gerhard Dilcher/Ilse Staff, Christentum und modernes Recht, Frankfurt/M. 1984, S. 379 ff.)

Sozialwissenschaftliche Modelle im Wirtschaftsrecht, KJ 1985, 126 ff.
(auch in: Gert Brüggemeier/Christian Joerges, Workshop zu Konzepten des postinterventionistischen Rechts, ZERP-Materialien 4/1984, S. 2 ff.; ins Englische übertragen als: Social science models in economic law, in: Terence Daintith, Gunther Teubner (Hrsg.), Contract and Organisation, Berlin 1986, S. 52 ff.)

Materialisierungen und Prozeduralisierungen von Recht, in: Gert Brüggemeier/Christian Joerges, Workshop zu Konzepten des postinterventionistischen Rechts, ZERP-Materialien 4/1984, S. 25 ff. (ins Englische übertragen als: Materialization and Prozeduralization in Modern Law, in: Gunter Teubner (Hrsg.), Dilemmas of Law in the Welfare State, Berlin 1985, S. 221 ff.)

Sanierungskonkurs der Juristenausbildung?, KritV 1986, S. 21 ff.

Prozeduralisierung der Rechtskategorie, MS 1986, S. 12 ff.
(ins Englische übertragen als: Proceduralization of the Category of Law, in: Christian Joerges, David M. Trubek (Hrsg.), Critical Legal Thought, Baden-Baden 1989, S. 501 ff.)

Abschluß-Statement zur Arbeitstagung „Soziales Schuldrecht", in: Gert Brüggemeier/Dieter Hart (Hrsg.), Soziales Schuldrecht, Bremen 1987, S. 261 ff.

Zum Fortbildungsrecht der (richterlichen) Rechtsfortbildung, KritV 1988, S. 1 ff.

Rechtsstaatliche Demokratie und Streitkultur, KJ 1988, S. 403 ff.

Julius Herrmann von Kirchmann (1802–1884), Der Philosoph als wahrer Rechtslehrer, in: KJ (Hrsg.), Streitbare Juristen, Eine andere Tradition, Baden-Baden 1988, S. 44 ff.

Bemerkungen aus der Rechts- und Juristenwelt, in: Jörn Rüsen (Hrsg.), Die Zukunft der Aufklärung, Frankfurt 1988, S. 33 ff.

Das Alte geht nicht mehr, und das Neue geht auch nicht., Besprechung von Alexander Blankenagel, Tradition und Verfassung, Baden-Baden 1987, RJ 7 (1988), S. 119 ff.

Ist unserem Recht der Prozeß zu machen?, in: Festschrift für Jürgen Habermas, Zwischenbetrachtungen im Prozeß der Aufklärung, Frankfurt 1989, S. 794 ff.

Arbeit und Bildung, in: Rainer Erd u. a. (Hrsg.) Kritische Theorie und Kultur, 1989, S. 368 ff.

Franz Böhm (1895–1977), in: Michael Stolleis, Bernhard Diestelkamp (Hrsg.), Juristen an der Universität Frankfurt/M., Baden-Baden 1989, S. 208 ff.

Notizen zu Geschriebenem und Ungeschriebenem: Rainer Schröder´s „Die Entwicklung des Kartellrechts und des kollektiven Arbeitsrechts durch die Rechtsprechung des Reichsgerichts vor 1914, in: ZNR 12 (1990), S. 205 ff.

Soldaten sind Soldaten sind Soldaten – Das Soldatenurteil und kein Anfang?, KJ 1991, S. 61 ff.

150 Jahre Gymnasium Schwertstraße. Festansprache am 12. Oktober 1991, in: Die Heimat 1992, S. 9–18.

Zur Regelbildung in der Dogmatik des Zivilrechts, in: Maximilian Herberger u. a. (Hrsg.), Generalisierung und Individualisierung im Rechtsdenken, Stuttgart 1992, S. 222 ff.

Bremer Kunde, Gelegentliche Gedanken ..., in: 20 Jahre Universität Bremen, Bremen 1992, S. 71 ff.

Zur Argumentation im Recht: Entscheidungsfolgen als Rechtsgründe?, in: Gunther Teubner (Hrsg.), Entscheidungsfolgen als Rechtsgründe, Baden-Baden 1995, S. 89 ff.

Recht-Fertigungen eines Gesellschafts-Rechts, in: Christian Joerges und Gunther Teubner (Hrsg.), Rechtsverfassungsrecht. Recht-Fertigung zwischen Privatrechtsdogmatik und Gesellschaftstheorie, Baden-Baden 2003, S. 13–21 (ins Englische übertragen als Just-ifications of a Law of Society, in: Oren Perez u. Gunther Teubner (Hrsg.), Paradoxes and Inconsistencies in the Law, Oxford 2005, S. 65–77).

Utinam ... , in: Rainer Maria Kiesow u.a. (Hrsg.), Summa. Festschrift für Dieter Simon, Frankfurt am Main 2005, S. 641–644.

2. Zum Einstieg in die Sekundärliteratur

Simon, Dieter: ... ein gewisser Wiethölter. Fünf akademische Bilderbogen zum Selberbemalen, KJ 1989, S. 131–137.

3. Weitere hier wichtige Literatur

Bender, Gerd: Rechtssoziologie in der alten Bundesrepublik, Prozesse, Kontexte, Zäsuren, in: Dieter Simon (Hrsg.), Rechtswissenschaft in der Bonner Republik, Frankfurt/M. 1994, S. 100 ff.

Bydlinski, Franz: Juristische Methodenlehre und Rechtsbegriff, 2. Auflage, Wien 1991

Eckertz, Rainer: Fünf Thesen zur Reform des Juristischen Studiums, KJ 1968, S. 158 ff.

Fikentscher, Wolfgang: Methoden des Rechts, Band III: Mitteleuropäischer Rechtskreis, Tübingen 1976

Habermas, Jürgen: Der Philosoph als wahrer Rechtslehrer: Rudolf Wiethölter, KJ 1989, S. 138 ff.

Hagen, Johann Josef: Soziologie und Jurisprudenz, München 1973

Hart, Dieter: Vom bürgerlichen Recht zur politischen Verwaltung, KJ 1974, S. 274 ff.

Hart, Dieter: Die politische Verwaltung als Gesetzeszweck, KJ 1989, S. 231 ff.

Heldrich, Andreas; Schmidtchen, Gerhard: Gerechtigkeit als Beruf, München 1982

Joerges, Christian: Politische Rechtstheorie – Impulse und Suchbewegungen, KJ 1989, S. 184 ff.

Joerges, Christian: Die Wissenschaft vom Privatrecht und der Nationalstaat, in: Dieter Simon (Hrsg.), Rechtswissenschaft in der Bonner Republik, Frankfurt/M. 1994, S. 311 ff.

Kim, Hyung-Bae/Marschall v. Bieberstein, Wolfgang (Hrsg.): Rudolf Wiethölter, in: Zivilrechtslehrer deutscher Sprache, München 1988, S. 489 ff.

Kramer, Ernst A.: Der Kampf um die Rechtswissenschaft, ZRP 1970, S. 82 ff.

Krings, Hermann: Dialektik, in: Herder-Staatslexikon, Band 2, Freiburg, Basel, Wien 1986, Sp. 40 ff.

Martin, Guido; Renk, Heidemarie; Sudhof, Margaretha: Maßstäbe, Foren, Verfahren: Das Prozeduralisierungskonzept Rudolf Wiethölters, KJ 1989, S. 244 ff.

Mayer-Maly, Theo: Brauchen wir eine politische Rechtstheorie?, ZRP 1970, S. 265 ff.

Memorandum: Memorandum des Loccumer Arbeitskreises zur Reform der Juristenausbildung, JuS 1969, S. 599 ff.

Müller, Peter: Kritische Theorie, in: Herder-Staatslexikon, Band 3, Freiburg, Basel, Wien 1987, Sp. 737 ff.

Neumann, Ulfried: Rechtsphilosophie in Deutschland seit 1945, in: Dieter Simon (Hrsg.), Rechtswissenschaft in der Bonner Republik, Frankfurt/M. 1994, S. 145 ff.

Paul, Egbert: Die Funktion des Gewissens im Recht, in: Funktion des Gewissens im Recht, Schriften der evangelischen Akademie in Hessen und Nassau, Heft 86, Frankfurt/M. 1970, S. 23 ff.

Pawlowski, Hans-Martin: Methodenlehre für Juristen, 2. Auflage, Heidelberg 1991

Roellecke, Gerd: Grundfragen der juristischen Methodenlehre und die Spätphilosophie Ludwig Wittgensteins, in: Festschrift für Gebhard Müller, Tübingen 1970, S. 323 ff.

Rottleuthner, Hubert: Rechtswissenschaft als Sozialwissenschaft, Frankfurt/M. 1973

Schwerdtner, Peter: Wie politisch ist das Recht?, Rudolf Wiethölter und die deutsche Rechtswissenschaft, ZRP 1969, S. 136 ff.

Schwerdtner, Peter: Rechtswissenschaft und Kritischer Rationalismus, RTheorie 2 (1971), S. 88 ff.

Simon, Dieter: Die Unabhängigkeit des Richters, Darmstadt 1975

Zöllner, Wolfgang: Arbeitsrecht und Politik, DB 1970, S. 54 ff.

4. Neuere Literatur

Joerges, Christian/Teubner, Gunther (Hrsg.), Rechtsverfassungsrecht. Recht-Fertigung zwischen Privatrechtsdogmatik und Gesellschaftstheorie, Baden-Baden 2003.

Fischer-Lescano, Andreas/Teubner, Gunther, Prozedurale Rechtstheorie: Wiethölter, in: Buckel, Sonja/Christensen, Ralph/Fischer-Lescano, Andreas (Hrsg.), Neue Theorien des Rechts, 1. Aufl. Stuttgart 2006, S. 79–96, 2. Aufl. 2008, S. 75–91 (betrifft hauptsächlich den ‚neueren‘ Wiethölter).

Blecher, Michael, Rechts-Bewegungs-Kunst für das 21. Jahrhundert. Rudolf Wiethölter zum 80. Geburtstag, in: KJ 2009, S. 427–434.

Steinhauer, Fabian, Geflügelte Worte. Zum Achtzigsten des Juristen Rudolf Wiethölter, in: FAZ v. 15. Juli 2009, S. N5.

Methode und Zivilrecht bei Bernd Rüthers (geb. 1930)

von Thomas Pierson

Übersicht

I.	Werkbiographisches	326
II.	Wertbezug des Rechts	327
III.	Methodenlehre	331
IV.	Kritisches zum Kritiker	346
V.	Quellen und Literatur	349

922 Die rechtstheoretischen Arbeiten von Bernd Rüthers sind deutlich mit historischen Überlegungen und auch eigenen biographischen Erfahrungen verknüpft. Man kann es als **Denken von der Rechtskatastrophe her** bezeichnen. Es erschließt sich eine Rechtstheorie, welche die Erfahrungen mit totalitären Rechtssystemen zu verarbeiten sucht.

I. Werkbiographisches

923 Bernd Rüthers wurde am 12. Juli 1930 in Dortmund geboren. Er erlebte die Reichsprogromnacht vom 9. November 1938 in seiner Geburtsstadt als Augen- und Ohrenzeuge. Die SA drang in das von seiner Familie mitbewohnte Haus jüdischer Vermieter ein, prügelte die jüdische Familie aus dem Haus und verwüstete deren Wohnung.[1] Rüthers selbst versteht dieses Ereignis als ein persönliches Schlüsselerlebnis und einen immerwährenden Antrieb. 1950 begann er ein Studium der Volkswirtschaftslehre in Münster, wechselte jedoch nach einem Semester zur Rechtswissenschaft. Nachdem er in der Examenshausarbeit eine Norm des Preußischen Berggesetzes wegen ihres interessenwidrigen Ergebnisses verworfen hatte und dadurch auf Methodenfragen aufmerksam geworden war,[2] begann er eine Promotion zum Thema „Streik und Verfassung". Das war gerade fünf Jahre nach Inkrafttreten des Grundgesetzes ein wichtiges Thema. Nach Assessorexamen und einem Betreuerwechsel wurde die Arbeit 1958 angenommen. Anschließend arbeitete er bei der Daimler-Benz AG, bis ihm Hans Brox 1963 die Rückkehr an die Universität Münster anbot. Habilitationsthema war zunächst „Die Lehre von der Sozialadäquanz im Zivilrecht" – einem damals viel diskutierten Thema. Nach einigen Zweifeln wechselte Rüthers das Thema. Bereits in seiner katholischen Studentengemeinde hatte er Vorträge und Ringvorlesungen zur NS-Rechtsgeschichte mitorganisiert.[3] Das Thema faszinierte ihn und er konnte sich der Unterstützung von Hans Brox und Harry Westermann gegen mögliche Probleme mit der Fakultät versichern. Obwohl Arbeiten zur NS-Zeit an vielen Fakultäten auf heftige Abwehrreaktionen stießen, waren die Bedingungen in Münster verhältnismäßig gut.[4] Lediglich ein einzelner Widerspruch drohte 1967 gegen die An-

---

1 Diese und die folgenden biographischen Angaben nach *Sebastian Seedorf*, Bernd Rüthers – Die „Unbegrenzte Auslegung", in: *Thomas Hoeren* (Hg.), Zivilrechtliche Entdecker, München 2001, 317–373, insbes. 317–334. Zu dieser Erfahrung auch *Bernd Rüthers* selbst, Wir denken die Rechtsbegriffe um .... Weltanschauung als Auslegungsprinzip, Zürich 1987, 12 und *ders.*, Die Risiken selektiven Erinnerns – Antwort an C.-W. Canaris, JZ 2011, 1149 ff., 1150.

2 *Seedorf* (wie Anm. 1), 320.

3 *Seedorf* (wie Anm. 1), 324 f.

4 Ernst Forsthoff nannte Rüthers gegenüber Carl Schmitt ein „Opfer seiner Münsteraner Umgebung", zitiert nach *Rüthers*, Selektives Erinnern (wie Anm. 1), 1150.

nahme der Habilitationsschrift „Die unbegrenzte Auslegung".[5] Rüthers' Methodenprogramm ist hier bereits angelegt. Bei Erscheinen hieß es, das Buch lasse sich in zahlreichen Auslegungsfragen „wie ein Lehrbuch benutzen".[6] Rüthers selbst verortet sich als Schüler der sogenannten ‚Münsteraner Schule der Wertungsjurisprudenz', hervorgegangen aus der Tübinger ‚Interessenjurisprudenz'.[7]

Noch im gleichen Jahr erhielt Rüthers drei Rufe und nahm den an die Freie Universität Berlin an, wo er bald Direktor des Instituts für Rechtssoziologie und Rechtstatsachenforschung wurde. Dort erinnerten ihn jedoch die Erfahrungen des Herbsts 1968 an die Erlebnisse der Reichsprogrommacht.[8] 1971 ergriff er die Gelegenheit, am Aufbau der juristischen Fakultät der neuen Universität Konstanz mitzuwirken, wo er bis zu seiner Emeritierung 1998 verblieb und zwischen 1991 und 1996 als Rektor der Universität wirkte. Stets verband er wissenschaftliche und praktische Tätigkeit. So war er unter anderem einige Jahre Mitglied im arbeitsrechtlichen Beraterkreis beim Bundesvorstand des DGB, Mitglied der Arbeitsgesetzbuchkommission der Bundesregierung, 1984 Schlichter im Metall-Tarifkonflikt um die 35-Stunden-Woche und zwischen 1976 und 1989 Richter am OLG Stuttgart. Rüthers teilt also den Erfahrungshorizont der Rechtsakteure, mit deren Fachgebieten er sich schwerpunktmäßig beschäftigt, vereint die berufliche Perspektive von Unternehmer- und Gewerkschaftsseite, Gesetzgebung, Richtertum und Schlichtungswesen.   924

1999 veröffentlichte er seine „Rechtstheorie".[9] Die Frage der „Anwendung" von Recht als für sein Denken zentrales Grundproblem findet sich konsequent bereits im Untertitel. Besonders interessieren ihn die „systembedingten Ursachen von Fehlentwicklungen" und die „Entwicklung institutioneller Vorkehrungen" dagegen.[10]   925

II. Wertbezug des Rechts

Für Rüthers gibt es kein „‚wertfreies' (ethikfreies) Recht", vielmehr liegen „jeder Rechtsnorm ‚Werturteile' des Normgebers" zugrunde. Im Sinne eines Rückgriffs auf wissenschaftlich nicht Beweisbares enthalte daher jede Rechtsnorm „immer auch ideologische Elemente".[11] Eine Rechtsnorm „ohne Wertmaßstab wäre buchstäblich wert-los".[12] Auch könne ihre Geltung sonst nicht begründet werden. Der Jurist müsse seinen eigenen   926

---

5 *Rüthers*, Die unbegrenzte Auslegung. Zum Wandel der Privatrechtsordnung im Nationalsozialismus, Habil. Münster 1967, Tübingen 1968, [6]2005. Die aktuelle Auflage enthält den Originaltext, ergänzt um ein Nachwort. Die Paginierung beider Auflagen ist bis dahin identisch.
6 *Walther Ecker*, Rezension zu Unbegrenzte Auslegung (wie Anm. 5), in: JZ 1969, 644.
7 Siehe *Rüthers*, Methodenrealismus in Jurisprudenz und Justiz, in: JZ 2006, 53–60, 53 Fn.
8 *Seedorf* (wie Anm. 1), 328.
9 *Rüthers*, Rechtstheorie. Begriff, Geltung und Anwendung des Rechts, München 1999, [6]2011. Hier verwendet die letzte allein verantwortete Auflage [4]2008. Ab [5]2010 *Christian Fischer* als Mitautor, [6]2011 mit *Axel Birk*.
10 *Rüthers*, Rechtstheorie (wie Anm. 9), Rn. 4.
11 *Rüthers*, Rechtsordnung und Wertordnung. Zur Ethik und Ideologie im Recht (Konstanzer Universitätsreden 155), Konstanz 1986, 19. Der Ideologiebegriff durchzieht das gesamte Werk und soll ausdrücklich neutral verstanden werden, so schon in Unbegrenzte Auslegung (wie Anm. 5), 114 und später in diversen Aufsätzen. Siehe auch *Rüthers*, Methodenrealismus (wie Anm. 7), 57.
12 So *Rüthers*, Wertordnung (wie Anm. 11), 26 These 14; ähnlich die „24. Lehre" in *Rüthers*, Entartetes Recht. Rechtslehren und Kronjuristen im Dritten Reich, 2. Aufl. München 1989, „Es gibt keine unpolitische, weltanschaulich neutrale, ethisch wertfreie Jurisprudenz. Wertfreies Recht wäre buchstäblich wert-los".

Standpunkt bestimmen, um nicht zum „bewußtseinslosen Rechtstechniker" zu werden.[13]

1. ‚Jedes Recht ist immer auch Ideologie'

927 Rüthers definiert Recht zunächst ganz positivistisch als „Summe der geltenden, d.h. vom Gesetzgeber erlassenen und/oder vor den Gerichten angewendeten Normen".[14] Er weist Recht eine ganze **Anzahl wichtiger Funktionen** zu, im „politischen Bereich", in der „Organisation und Legitimation sozialer Herrschaft" und im „gesellschaftlichen Bereich", die hier nur knapp wiedergegeben werden können.[15] In den ersten Bereich gehört die Funktion von Recht als Steuerungsinstrument, also Verhaltenssteuerung einschließlich der Befriedungsfunktion und der Verhinderung von Chaos („formale Ordnungsfunktion"). Im zweiten Bereich wirke Recht integrierend, als Selbstbeschränkung staatlicher Macht legitimierend, für das Rechtsbewusstsein prägend und erziehend sowie schließlich insgesamt das jeweils bestehende System konservativ stabilisierend („materiale Ordnungsfunktion"). Im gesellschaftlichen Bereich führt Rüthers die Erwartungssicherung im Verhältnis von Staat und Bürger und der Bürger untereinander, also die *lex contractus*, und die Streitentscheidungsfunktion an. Außerdem erfülle Recht eine Garantiefunktion für den Einzelnen als Schutz vor staatlicher Machtausübung.

928 Staatlich gesetztes Recht sei „Ausdruck eines im Normsetzungsverfahren verfestigten politischen Gestaltungswillens, eine zu normativer Dauerhaftigkeit und Durchsetzungsfähigkeit ‚geronnene' Politik".[16] „Das Gesetz enthält den Regelungswillen der Gesetzgebung und sonst nichts".[17] Das ist eine klare Absage an jede überpositive Rechtsmetaphysik. In diesem Sinne ist also jede (Privat-)Rechtsnorm politisch.[18]

2. Dienstfunktion und Abwehrkräfte des Privatrechts

929 Charakteristisch ist Rüthers' Darstellung von Privatrecht und Bürgerlichem Gesetzbuch in seinem Lehrbuch zum Allgemeinen Teil. Er definiert dort Privatrecht als den „Teil der Rechtsordnung, der die Rechtsbeziehungen der Bürger untereinander nach den Prinzipien der Gleichberechtigung und der Selbstbestimmung (Privatautonomie) regelt". Unterschiede in Person oder sozialer Stellung dürften nicht zu einer unterschiedlichen Behandlung vor dem Gesetz führen.[19] Die verschiedenen Gesetzesmaterialien, die drei BGB-Entwürfe, Motive, Protokolle und Denkschrift werden erläutert und ihre Bedeutung für die „Gesetzesanwendung" hervorgehoben.[20] Das korrespondiert mit seiner Auslegungslehre.

---

13 *Rüthers*, Rechtstheorie (wie Anm. 9), Rn. 620, 622: „Eine wertfreie Geltungsbegründung ist nicht denkbar, wenn das Recht nicht seines materiellen Gehalts beraubt werden soll. Wertfreies Recht würde notwendig wertlos".

14 *Rüthers*, Rechtstheorie (wie Anm. 9), Rn. 53, 59 möchte dies ausdrücklich als Arbeitshypothese definiert wissen.

15 Näher *Rüthers*, Rechtstheorie (wie Anm. 9), Rn 76–90.

16 *Rüthers*, Entartetes Recht (wie Anm. 12), „19. Lehre".

17 *Rüthers*, Methodenrealismus (wie Anm. 7), 57.

18 *Seedorf* (wie Anm. 1), 371, 373: „Noch hinter der letzten Subsumtion in ‚technischen Materien' wie der Grundbuchordnung steckt ein ideologisches Konzept. Auf diesem Weg folgen ihm nicht viele".

19 *Rüthers*, Allgemeiner Teil des BGB, 10. Aufl. München 1997 [zuerst 1976, ab 11. Aufl. 2001 *Rüthers/Stadler*, zuletzt 17. Aufl. 2011] Rn. 3. Rüthers nimmt außerdem eine Abgrenzung zur marxistischen Begriffsbildung vor, in welcher das Bürgerliche Recht die Gesamtrechtsordnung des bürgerlichen Staates meint, Rn. 4.

20 *Rüthers* AT (wie Anm. 19), Rn. 7 f.

Ein umfangreiches Kapitel ist dem Thema „**Privatrecht und politisches System**" gewidmet. Es enthält Abschnitte zu den wesentlichen Eckpfeilern seines Privatrechtsverständnisses, zu Privatrecht und Industriegesellschaft, Privatrecht als Steuerungsinstrument und Baustein der Verfassungsordnung, zur „systemgebundenen Dienstfunktion des Privatrechts", dem Privatrecht unter dem Grundgesetz, Privatrecht und Wirtschaftsordnung und zur Privatautonomie als Grundelement des Privatrechts. Darin finden sich Ausführungen u.a. zum nationalsozialistischen und sozialistischen Zivilrecht, zur weltanschaulichen Komponente des Privatrechts, seinen Schutzfunktionen, zur gegenseitigen Beeinflussung von Zivilrecht und Verfassungsrecht und zum Privatrecht als „notwendigem Element der Wirtschaftsverfassung." Für ein Lehrbuch zum Allgemeinen Teil ist vieles davon nicht selbstverständlich. Deutlich wird, dass Rüthers sein Verständnis, alles Recht sei (auch) politisch, auf das Privatrecht bezieht und bis auf die Ebene der Studienliteratur durchführt.

930

Rüthers schildert die wirtschaftlichen und sozialen Bedingungen, welche in der Industriegesellschaft „ständig neue Regelungszwänge für Gesetzgebung und Rechtsprechung" auferlegen.[21] **Das Recht sei „Mittel zur Gestaltung** der Gesellschaft und des Staates", keine „unpolitische Materie" und daher mit Franz Böhm[22] ein „materialer Baustein der Verfassungsordnung". Als „Faktor der öffentlichen Gesamtordnung" sei es „unvermeidbar" einer „gewissen Instrumentalisierung" unterworfen und diene der Durchsetzung von Werten. Dagegen gebe es gewisse, begrenzt wirksame „Abwehrkräfte", da die „grundlegenden Institutionen des Privatrechts", das sollen Rechtsfähigkeit, Privatautonomie und Eigentum sein, „die Erfahrung inhumaner Rechtsperversionen in verschiedenen Epochen der Rechtsgeschichte" speicherten.[23] Das subjektive Recht stellt daher einen wesentlichen Grundbegriff in Rüthers' Rechtstheorie dar.[24] **Freiheits- und Gleichheitsgedanke** sollen in diesem Sinne das Privatrecht bestimmen.[25] Die spezifischen historischen Erfahrungen und speziell die unterschiedlichen Auslegungen des BGB in mindestens fünf Staatssystemen sind für ihn „Beweis" der „politischen Substanz" und „systematischen Dienstfunktion" des Privatrechts. Es teile daher die „weltanschaulich geprägte Wertgrundlage" der Gesamtordnung.[26] Bundesrepublikanisches Privatrecht sei also ein „bedeutsames Gestaltungsinstrument" zur Orientierung der „gesellschaftlichen Entwicklung an den demokratischen Idealen von Freiheit und Gleichheit".[27] Das Privatrecht sei „Teil der vom Verfassungsgesetz mitgeprägten und garantierten politischen

931

---

21 *Rüthers* AT (wie Anm. 19), Rn. 11 f.

22 Zu Franz Böhm siehe *Rudolf Wiethölther*, Franz Böhm (1895–1977), in: *B. Diestelkamp/M. Stolleis* (Hg.), Juristen an der Universität Frankfurt am Main, 1989, 208–252.

23 *Rüthers*, AT (wie Anm. 19), Rn. 13–16. Bereits der Habilitationsschrift liegt dieses Programm zugrunde. Sie beginnt mit den Sätzen: „Das bürgerliche Recht ist ein Instrument zur Gestaltung der Gesellschaft. Dem gesetzten Recht liegt die Gestaltungsabsicht dessen zugrunde, der es gesetzt hat". Eine Definition des Rechtsbegriffs, welche die soziale Gestaltungsfunktion ausklammere, sei nicht sinnvoll möglich, *Rüthers*, Auslegung (wie Anm. 5), Einleitung.

24 *Kurt Seelmann*, Rezension zu Rechtstheorie (wie Anm. 9), in: JZ 2000, 775 f., 775.

25 *Rüthers*, AT (wie Anm. 19), Rn. 15: „Die privatrechtliche Struktur […] ist prinzipiell freiheitsfreundlich, wenn und soweit soziale und wirtschaftliche Macht durch das Recht und den Wettbewerb gebändigt werden. In diesem Sinne gilt: Privatrechtliche Struktur macht frei".

26 *Rüthers*, AT (wie Anm. 19), Rn. 17, 20: „Privatrecht ist also politisches Recht; es hat eine starke weltanschauliche, […] ‚ideologische' Komponente. Es hat, wie alles Recht, die Aufgabe, die Grundlagen der jeweiligen sozialen und politischen Ordnung zu schützen".

27 *Rüthers*, AT (wie Anm. 19), Rn. 24.

Gesamtverfassung".[28] Die Systembildung, welche der Jurist anstrebe, setze „dem eingeborenen Machthunger der Ideologien normative Grenzen".[29]

932 Neben der politisch dienenden Funktion des Privatrechts betont Rüthers die Befriedungsfunktion und die durch den Schutz der bestehenden Ordnung konservierende Wirkung des Privatrechts.[30] Mit dieser umfassenden Ortsbestimmung des Privatrechts hebt er sich weit ab von vergleichbaren Lehrbüchern.

3. Wertepluralismus und Wertsubjektivismus

933 Da auch die Rechtstheorie einer klaren Wertorientierung des Rechts bedürfe,[31] stellt sich die Frage, wie diese Wertgrundlage aussehen soll. Rüthers stellt seine Rechtstheorie auf den rechtswirklichen und verfassungsrechtlich abgesicherten Boden eines **pluralen und demokratischen Rechtsstaats**. In einem solchen divergieren Gerechtigkeitsvorstellungen nicht nur, sie erheben vielmehr gleichberechtigt Anspruch auf Geltung. Zur Vermeidung des Chaos wird die Rechtssicherheit zum zentralen Anker. So ist die Tatsache einer Entscheidung einer Grundsatzfrage für Rüthers „oft wichtiger als der Inhalt dieser Entscheidung".[32] Welchen Standpunkt der Jurist einnimmt, wird in dieser Sichtweise zweitrangig, wichtig sei nur, dass überhaupt eine eigene Standortwahl erfolgt, verbunden mit einem „unverzichtbaren prinzipiellen Gehorsam" gegenüber verfassungsgemäßen Gesetzen.[33] Eine rechtstheoretische Standortwahl sei Aufgabe eines jeden Juristen.[34]

934 In einer Demokratie dürfe weder die Rechtswissenschaft noch die Rechtsprechung die **Bestimmung der geltenden Wertvorstellungen** an sich ziehen. Insofern lässt sich die Rechtstheorie als „pointierte Stellungnahme gegen Juristenrecht" lesen.[35] Diese Wertbestimmung kommt vielmehr dem demokratisch legitimierten Gesetzgeber zu. Rechtsnormen gingen auf Werturteile zurück, daher sei die „Gesamtrechtsordnung nichts anderes als ein System [...] festgelegter Wertmaßstäbe für menschliches Verhalten".

935 Da jede „vollständige Rechtsnorm" ein „Steuerungs- und Gestaltungsinstrument" sei und der Normgeber damit „konkrete gesellschaftspolitische Ziele" verfolge, sei die **Anwendung von Recht** „ein Akt der Wertverwirklichung". Jede Norm sei ein Mosaikstein im Gesamtgerechtigkeitsbild.[36] Das „Sozialideal" des Gesetzgebers lasse sich aus den

---

28 *Rüthers*, Auslegung (wie Anm. 5), 11 f. nach Franz Böhm. Zum Antagonisten und Vertreter eines unpolitischen Privatrechts wird Josef Esser, 9 f.; siehe auch 437 f.

29 *Rüthers*, Auslegung (wie Anm. 5), 441.

30 *Rüthers*, AT (wie Anm. 19), Rn. 21.

31 *Rüthers*, Auslegung (wie Anm. 5), 496 f. „Eine auf Methodenfragen und sozialtechnische Disziplinen reduzierte Rechtstheorie ähnelt einem Navigator, der über ausgezeichnete Meßinstrumente und Berechnungsmethoden verfügt, aber nicht über verlässliche Fixpunkte (Sterne, Funkfeuer, Leuchttürme), um seinen Standort und seinen Kurs im Strom der Zeit und der Zeitgeister zu ermitteln". „Eine Rechtsphilosophie oder -theorie ohne Aussagen zur Wertordnung im und hinter dem Recht verfehlt ihren Gegenstand" (499). Ebenso *Rüthers*, Rechtstheorie (wie Anm. 9), Rn. 998–1000.

32 *Rüthers*, Wertordnung (wie Anm. 11), 31.

33 *Rüthers*, Rechtstheorie (wie Anm. 9), Rn. 637 f.; ein liberaler Verfassungsstaat müsse Platz für unterschiedliche Geltungsbegründungen bieten.

34 *Rüthers*, Rechtstheorie (wie Anm. 9), Rn. 333: „Juristen ohne einen bewußt gewählten rechtstheoretischen Standort sind gesellschaftliches und politisches Risiko. [...] Sie [...] werden zu ahnungslosen oder willfährigen Werkzeugen der jeweiligen Machthaber." Kritisch dazu wegen eines „Spannungsverhältnisses" mit der gleichzeitigen Vernunftskepsis *Seelmann* (wie Anm. 24), 776.

35 *Seelmann* (wie Anm. 24), 776.

36 Kritisch dazu *Horst Dreier*, Rezension zu Wertordnung (wie Anm. 11), in: JZ 1988, 300: illusorisch, da kein geschlossenes Idealbild, sondern ein „Konglomerat durchsetzungsstarker, weil organisationsfähiger Interessen" vorliege.

Einzelnormen im Wege eines „Puzzles" erschließen.[37] Der praktisch arbeitende Jurist sei bei der Normanwendung folglich „Vollstreckungsgehilfe *politisch* zustande gekommener [...] Entscheidungen". Rüthers folgt damit der Figur des ‚denkenden Gehorsams' von Philipp Heck. In normalen Zeiten sei der Jurist daher „zuerst und notwendig Positivist".[38] Eine **„verfassungstreue Methodenlehre"** müsse von der Gesetzesbindung ausgehen.[39] Allerdings schließe die Rechtsordnung auch „Wertungswidersprüche" ein, welche die Rechtsanwendung „im Wege der Auslegung oder Fortbildung des Rechts" zu beseitigen versuche.[40] Außerdem seien Rechtsnormen „Alterungsprozessen" unterworfen.[41]

Rüthers begründet subjektiv-individuell. Subjektive Begründungen beziehen sich auf menschliche Bedürfnisse und Interessen, objektive auf die Geltung von Werten ohne die Berücksichtigung **individueller** Bedürfnisse.[42] Im philosophischen Streit über Wertbegründungen bekennt sich Rüthers zu einem „Wertsubjektivismus".[43] Er geht von Werten als „Produkte *subjektiver* menschlicher Begehrensvorstellungen" aus und sieht diesen Wertsubjektivismus als Grundlage freiheitlicher Systeme an.[44] In einer Demokratie bestehe er in der „zu Rechtsnormen geronnenen Herrschaft der Majorität".[45] `936`

Rüthers folgt damit dem grundgesetzlich vorgegebenen Modell eines **„pragmatischen Teilrelativismus".**[46] Dieser lässt sich relativ einfach zusammenfassen: Es gibt demnach nicht **eine** Gerechtigkeit, sondern konkurrierende Gerechtigkeitsvorstellungen. Das ist grundsätzlich zu begrüßen, denn „die Pluralität von Gerechtigkeit bedeutet Freiheit", während die Singularität von Gerechtigkeit zur Herrschaft von Dogmatik bis hin zur Monopolisierung im Totalitarismus führen könne. Um Chaos zu verhindern, müssen alle das geltende Recht beachten.[47] `937`

III. Methodenlehre

Methodenlehre an sich sei wertneutral, da durch richtige Methode keine bestimmten Entscheidungen determiniert werden könnten und Methode prinzipiell offen für verschiedene Wertentscheidungen sei. Dies erkenne man gerade in den Ausnahmelagen.[48] Als „Schranke gegen totalitäre Rechtsperversionen" sei die Methodenlehre daher untauglich. Methodenlehre sei vielmehr „eine **Theorie der formalen Verwirklichung** ihr vorgegebener materialer Wertentscheidungen des verfassungsmäßig legitimierten Gesetzgebers". Für die Unterscheidung ‚gerechte' oder ‚ungerechte' Rechtsvorschrift seien „materiale, außergesetzliche Maßstäbe" notwendig, da Methodenlehre als Theorie der `938`

---

37 *Rüthers*, Wertordnung (wie Anm. 11), 17 f.
38 *Rüthers*, Wertordnung (wie Anm. 11), 15 f., 20. Zu Heck im vorliegenden Band *Jutta Manegold*, Methode und Zivilrecht bei Philipp Heck (1858–1943).
39 *Rüthers*, Auslegung (wie Anm. 5), 432.
40 *Rüthers*, Wertordnung (wie Anm. 11), 24, um die ‚Einheit der Rechtsordnung' wiederherzustellen".
41 *Rüthers*, Rechtstheorie (wie Anm. 9), Rn. 952 zum Wandel von Werten und sozialen Verhältnissen; eingehend Rn. 953–964.
42 *Eric Hilgendorf*, Recht und Weltanschauung. Bernd Rüthers als Rechtstheoretiker, Konstanz 2001, 18 mit dem Beispiel der materiellen Wertethik in der Rechtsprechung der 50er und 60er Jahre.
43 Zu den Vorzügen eines Wertsubjektivismus *Hilgendorf* (wie Anm. 42), 24 ff.
44 *Rüthers*, Wertordnung (wie Anm. 11), 21 f.
45 *Dreier*, (wie Anm. 36), 300.
46 *Dreier*, (wie Anm. 36), 300.
47 *Rüthers*, Das Ungerechte an der Gerechtigkeit. Fehldeutungen eines Begriffs, 3. Aufl. Tübingen 2009, 11, 80 f.
48 *Rüthers*, Auslegung (wie Anm. 5), 432: „Die Eignung der herkömmlichen Methodeninstrumente zur weitgehend methodisch fachgerechten Beherrschung sozialer und politischer Ausnahmelagen bei einschneidend gewandelter Wertgrundlage bestätigt die Neutralität der juristischen Methodenlehre gegenüber gewandelten Weltanschauungen".

Rechtsanwendung nicht auf die „Abwehr", sondern die „Verwirklichung" herrschender Gerechtigkeitsvorstellungen gerichtet sei.[49] Rüthers meint jedoch, „Methodenbewusstsein" könne als „Umdeutungsbremse" fungieren.[50] Methodenfragen rücken damit ins Zentrum einer demokratisch-rechtsstaatlichen Theorie, sie sind **Verfassungsfragen**.[51] Zwar sei eine einmal akzeptierte Methodenlehre „weitgehend wertneutral", nicht jedoch die Entscheidung für eine bestimmte Methodenlehre.[52]

939 Diese Überlegungen Rüthers' gehen von der Frage aus, wie eine **Umwertung der bestehenden Rechtsordnung** ohne eine umfassende Revision der Gesetzeslage methodisch zu bewerkstelligen war. Diese Fragestellung ist eine kritische. Den Ausgangspunkt für ein eigenes Konzept liefern daher eine kritische Bestandsaufnahme der Vergangenheit und die Auseinandersetzung mit – seiner Auffassung nach – für Umwertungen in Rechtskatastrophen wie in rechtsstaatlichen Normallagen anfälligen Methodenkonzepten. Rüthers interessiert daher, wie sich das Privatrecht des BGB in verschiedensten Staats- und Gesellschaftssystemen, der Kaisermonarchie, der Weimarer und Bonner Republik, dem Nationalsozialismus und dem Sozialismus verwenden lassen konnte. Da dies in weiten Teilen ohne größere gesetzgeberische Eingriffe möglich war, musste es mit der Struktur von Rechtsnormen und der Rechtsanwendung zusammenhängen. Im Ergebnis zeige sich, dass die Auslegung von Normen unbegrenzt und unbegrenzbar sei.[53] Durch juristische Methodik lasse sich kein Inhalt von Entscheidungen vorgeben. Der Rechtsinhalt stehe außerhalb des juristischen Instrumentariums.

940 Gleichzeitig steht damit die **Rechtspraxis** im Zentrum. Wesentliche Fragen für eine Methodenlehre sind dann insbesondere die Stellung des Richters, die Frage der Rechtsquellen und die Auslegungslehre.

1. Methodenkritik

941 Für Bernd Rüthers kann die **Untersuchung von Rechtskatastrophen**[54] als Ausnahmelage allgemeine Phänomene deutlicher erkennbar machen. Das gelte etwa für die Einsicht, dass die „Ausrichtung" der Anwendung von Generalklauseln „nach politisch-weltanschaulichen Gesichtspunkten" erfolge, was in Normallagen nicht so deutlich erkennbar sei.[55]

---

49 *Rüthers*, Auslegung (wie Anm. 5), 442 f. Jedoch dürfe die Möglichkeit der Ausnahmelage nicht dazu führen, „außergesetzliche Wertvorstellungen unter dem Etikett eines allgemeinen Rechtsprinzips zu einer allgemeingültigen, bei der Rechtsanwendung regelmäßig zu beachtenden überpositiven Rechtsquelle zu erklären" (454). Zur „Theorie der formalen Verwirklichung materialer Wertentscheidungen" ähnlich *Rüthers*, Entartetes Recht (wie Anm. 12), „17. Lehre"; siehe auch *Rüthers*, Rechtstheorie (wie Anm. 9), Rn. 992–996.

50 *Rüthers*, Auslegung (wie Anm. 5), 491; ebenso *Rüthers*, Rechtstheorie (wie Anm. 9), Rn. 996.

51 *Rüthers*, Auslegung (wie Anm. 5), 488: „Selbst die banale Erkenntnis, daß Methodenfragen Verfassungsfragen sind, weil sie unmittelbar das Rechtsstaats- und Demokratieprinzip betreffen, wird selten formuliert oder gar ernstgenommen".

52 *Rüthers*, Auslegung (wie Anm. 5), 433 mit Kritik an Hecks „irrigem" Schluss von einer wertneutralen Funktion auf eine Philosophiefreiheit der Methode selbst. Das philosophische Fundament dieser Position sei vielmehr der Gesetzespositivismus, *Rüthers*, Entartetes Recht (wie Anm. 12), 39; zu Hecks ‚Irrtum' auch *Rüthers*, Rechtstheorie (wie Anm. 9), Rn. 535.

53 Zusammenfassend *Seedorf* (wie Anm. 1), 340.

54 Ich verwende den Begriff Rechtskatastrophe anstelle von Rechtsperversion, da Rüthers allgemein Recht anhand der Ausnahmelage eines Systembruchs untersucht. Für das jeweils bestehende Recht ist dies immer eine Katastrophe im Wortsinn einer negativen Wendung. Daraus folgt jedoch nicht notwendig eine Rechtsperversion wie im Nationalsozialismus.

55 *Rüthers*, Auslegung (wie Anm. 5), 266 f.; siehe auch die „4. Lehre", *Rüthers*, Entartetes Recht (wie Anm. 12).

Als Hauptquelle seiner Methodenkritik wird Philipp Heck genannt; seltener bezieht er sich auf Jhering.[56] Rezensenten stellen einerseits den besonderen Praxisbezug, andererseits die Einbeziehung rechtspolitischer und zeitgeschichtlicher Zusammenhänge bei Rüthers heraus.[57]

942

a) Rechtsumbildung im Systembruch

Der Nationalsozialismus war neben menschlichen, gesellschaftlichen und anderen Katastrophen auch eine Rechtskatastrophe, denn weite Teile des bestehenden Privatrechts konnten für die Umsetzung der NS-Ideologie nutzbar gemacht werden. Wenn in den Rechtstexten vieles zumindest über längere Zeit unverändert blieb, mussten die Ursachen an anderer Stelle zu finden sein, also auf der **Anwendungsebene**. Rüthers fragte daher nach der Rolle der Methoden und den daraus zu ziehenden Konsequenzen und kommt zu einer „Zusammenfassung der Lehren aus der Rechtsperversion im Nationalsozialismus" in 24 Punkten.[58]

943

Ein Ergebnis ist, dass einige wenige Instrumente genügen, um eine Rechtsordnung **ohne Gesetzgebung** inhaltlich umzugestalten. Dazu gehörten vor allem die Verkündung einer neuen Rechtsquellenlehre mit Führerbefehl und Parteiprogramm, eine neue überzeitliche Rechtsidee, neue methodische Grundbegriffe des Rechts (konkrete Ordnungen, konkret-allgemeine Begriffe), eine verbindliche Gemeinschaftsideologie und schließlich eine ‚objektive' Auslegungsmethode.[59] Letztere ist auch Gegenstand von Rüthers Kritik an der bundesrepublikanischen Methodenlehre und -praxis und daher für sein eigenes Konzept näher zu untersuchen.

944

Rüthers hebt die überragende **Bedeutung der unbestimmten Rechtsbegriffe und sogenannten Generalklauseln** hervor, deren Funktion als Einfallstore vor allem für die Grundrechtsdrittwirkung bekannt ist, aber auch vor 1949 wesentlich war. Daneben bestanden „schlagwortartige Bezeichnungen" zentraler rechtlicher Wertvorstellungen, die als „verselbständigte Ergänzungs- und Korrekturbegriffe" „bemerkenswerte rechtsmethodische Bedeutung" entfalteten, so das „gesunde Volksempfinden" im Nationalsozialismus,[60] die „sozialistische Gesetzlichkeit" in der DDR[61] und die Sozialadäquanz in der BRD.[62] Seine Kritik an Denkformen, welche eine Institution gegenüber dem Gesetz als

945

---

56   *Hilgendorf* (wie Anm. 42), 13 mit Endnote 15 und 16 stellt daneben eine starke Verbindung zur philosophischen Sprachkritik heraus. Siehe auch *Rüthers* selbst, Rechtstheorie (wie Anm. 9), Rn. 545: „Heck hat [...] eine systematisch durchgearbeitete und umfassende Auslegungslehre [...] entwickelt, wie sie vorher in dieser Geschlossenheit unbekannt war und in vielem noch heute ‚Stand der Technik' ist. Niemand hat Inhalt und Grenzen der Gesetzesbindung der Justiz klarer definiert".

57   So *Seelmann* (wie Anm. 24), 775.

58   *Rüthers*, Entartetes Recht (wie Anm. 12), 223–225. Diese wurden von Okko Behrends als „Rütherscher Katechismus" bezeichnet – dagegen *Rüthers*, Aus der Geschichte lernen? Eine Erwiderung, in: Rechtshistorisches Journal 8 (1989), 381–395, 389. Behrends sei „gläubiger Verfassungsnaturrechtler".

59   *Rüthers*, Methodenrealismus (wie Anm. 7), 55.

60   Siehe *Joachim Rückert*, Das „gesunde Volksempfinden" – eine Erbschaft Savignys?, in: ZRG (GA) 103 (1986), 199–247.

61   Dazu jüngst *Michael Stolleis*, Sozialistische Gesetzlichkeit. Staats- und Verwaltungsrechtswissenschaft in der DDR, München 1999.

62   *Rüthers*, Auslegung (wie Anm. 5), 263; dazu die „10. Lehre", *Rüthers*, Entartetes Recht (wie Anm. 12).

„vor- oder außerpositives Gebilde verstehen", gilt dabei vielen bedeutenden Rechtswissenschaftlern von Savigny bis Carl Schmitt.[63]

946 Derartige Auffassungen basieren nach Rüthers auf der Vorstellung eines **objektiv vorgegebenen Reichs von Werten**, welche bloß noch erkannt werden müssten.[64] Man jage dabei aber Phantome.[65] Die „institutionelle" Auslegung konkreter Ordnungen und konkret-allgemeiner Begriffe habe eine „Schlüsselfunktion für die Einführung nicht normierter Wertungen in die praktische Rechtsanwendung" inne.[66] Jedoch besitzen Begriffe wie Typus, Prinzip, Rechtsgrundsatz, Rechtswert, Natur der Sache, Sinn und Wesen nicht nur Bedeutung für die objektive Theorie unabhängig vom Gesetz, sondern sind bei Rüthers ambivalent, können auch als „immanente Wertmaßstäbe", als Zusammenfassung positiver Wertungen dienen.[67]

947 Allerdings hätte nach Rüthers Einschätzung auch **Hecks Methode** (zu Heck s. Anm. 38) ein „perfektes Instrument zur Umwertung der Rechtsordnung" geboten. Heck habe methodische Einheit und rationale Nachprüfbarkeit angestrebt, während Gerechtigkeit nicht im Zuständigkeitsbereich dieser Methodenlehre gelegen habe. Sein Interessenbegriff war wertneutral. Jedoch wurde seine Trennung von Rechtsphilosophie und Methodenlehre angegriffen, da diese Trennung als „Verfälschung und Eingriff in die Substanz der reinen Idee" gegolten habe.[68] Für die überwiegende Position scheint der Reichsrechtsführer Hans Frank kennzeichnend, der 1936 verkündet hatte, der Richter solle sich nicht an das überkommene Gesetz halten, sondern sich fragen, wie der Führer an seiner Stelle entscheiden würde. Im Nationalsozialismus konkurrierten objektive wie subjektiv-teleologische Methodenlehren um die besondere Eignung für die Umwertung des Zivilrechts.[69] Nach Rüthers brachten die unterschiedlichen Auslegungslehren im Ergebnis kaum einen Unterschied. Aber während die subjektive Lehre immerhin Rechtsklarheit und Bewusstheit fördere, indem sie enger an die sichtbare historische Wertung binde, ermögliche die objektive Theorie einen größeren Spielraum, da sie an eine vermutete gegenwärtige Wertung binde, dabei aber Methodenklarheit und Rechtssicherheit einbüße.[70]

948 Rüthers kommt somit zu dem Schluss, dass **Methodenlehre wertneutral** sei und keine Methode die NS-Rechtskatastrophe hätte verhindern können, es aber gleichwohl bedeutende Unterschiede gebe.

b) Die Tarnkappe der objektiven Auslegung

949 Das Thema objektive Theorie berührt ein Problem auch der gegenwärtigen Rechtsanwendung. Kennzeichnend für die heutige **objektive Auslegung** sind Äußerungen des damaligen BGH-Präsidenten Hirsch aus dem Jahr 2003: „Es geht also nicht darum, was

---

63 *Rüthers*, Umdenken (wie Anm. 1), 60. Pointiert *Rüthers*, Entartetes Recht (wie Anm. 12), „11. Lehre: Das institutionelle Rechtsdenken liefert wissenschaftlich klingende Scheinargumente. Der juristische Irrweg institutionellen Rechtsdenkens beginnt dort, wo die in ‚Typen' beschriebene Wirklichkeit ihrerseits normativ aufgefaßt wird: Weil etwas *ist*, *soll* es auch so sein. Das Faktum wird zum Gebot erhoben".
64 Dazu *Rüthers*, Wertordnung (wie Anm. 11), 21.
65 *Rüthers*, Rechtstheorie (wie Anm. 9), Rn. 797.
66 *Rüthers*, Auslegung (wie Anm. 5), 457.
67 *Rüthers*, Auslegung (wie Anm. 5), 452. Zur Funktion als „Scheinbegründungen" auch *Rüthers*, Rechtstheorie (wie Anm. 9), Rn. 913–934.
68 *Rüthers*, Auslegung (wie Anm. 5), 270–277.
69 *Rüthers*, Auslegung (wie Anm. 5), 178 ff.
70 *Rüthers*, Auslegung (wie Anm. 5), 181 f.

sich der ‚Gesetzgeber' – wer immer das sein mag – beim Erlass des Gesetzes ‚gedacht hat', sondern darum, was er vernünftigerweise gedacht haben sollte".[71] In den Augen von Rüthers wird die objektive Auslegung damit zum **Instrument der Umverteilung der Rechtsmacht** vom Gesetzgeber auf den Richter. Der Staat werde vom demokratischen Rechtsstaat zum „oligarchischen Richterstaat".[72] Der Rechtsanwender meine entscheiden zu können, was objektiv „vernünftig" sei, und behaupte, kompetent dafür zu sein, in der Problemlösung vom Willen des Gesetzgebers abzuweichen. Hassemer spricht mit der Falsifikationsresistenz der objektiven Auslegung einen weiteren Aspekt an.[73] Aber auch wer Rüthers' Argumente teilt, kommt nicht notwendig zu den gleichen Folgerungen.[74]

Rüthers sagt nicht, dass der Richter nicht abweichen dürfe, aber die Bezeichnung als Auslegung sei unehrlich, vielmehr handele es sich um eine „Einlegung". Der Begriff des ‚Willen des Gesetzes' sei nur eine „täuschende Verbrämung".[75] Die objektive Theorie beruhe auf einer Fiktion, die Rede vom ‚**Willen' des Gesetzes** sei eine „**romantische Mystifikation**", stehe aber „im Dienste sehr konkreter Interessen", nämlich der Lockerung des Willens des Gesetzgebers.[76] Die Auffassung, ein Gesetz könne klüger sein als der Gesetzgeber (Josef Kohler 1886) gehe fehl, nur der Richter könne klüger sein.[77] Rüthers geht es vor allem um die Entschleierung rechtspolitischen Handelns, das sich hinter scheinbar objektiven Maßstäben verbirgt: „Wenn der Geist des Rechts oder des Gesetzes oder gar der objektive Geist beschworen wird, dann erscheint, wenn überhaupt, allenfalls der Geist des Beschwörers".[78] Recht wird damit auch zum Sprachproblem. Es handele sich um eine „Hexerei mit Worten" (Wittgenstein), um „die Usurpation normsetzender Funktionen durch die Justiz im Tarnmantel der ‚Auslegung' zu präsentieren".[79] Die Rechtsanwendung könne nur zwei Regelungswillen verwirklichen, den des Gesetzgebers oder den des Rechtsanwenders, einen Dritten in Form des objektiven Willens gebe es nicht.[80] Die objektive Methode fördere damit den „Verfassungswandel vom Rechtsstaat zum Richterstaat".[81]

950

---

71 Zitiert nach *Rüthers*, Methodenrealismus (wie Anm. 7), 57. Dazu *Rüthers*, Gesetzesbindung oder freie Methodenwahl? Hypothesen zu einer Diskussion, in: ZRP 2008, 48–51, 51: „Damit wird der Herrschaftsanspruch der Judikative über die Legislative offengelegt".

72 *Rüthers*, Auslegung (wie Anm. 5), 489 f.: „Nach der ‚objektiven Auslegung' ist das Gesetz, einmal erlassen, mit einem Freiballon zu vergleichen, der einmal aufgeblasen, jeder Kontrolle entrückt, den Winden des jeweiligen Zeitgeists folgt. Die Gesetzgebung verliert jede Steuerungsfähigkeit. Der Staat wird vom demokratischen Rechtsstaat zum oligarchischen Richterstaat.".

73 *Winfried Hassemer*, Gesetzesbindung und Methodenlehre, in: ZRP 2007, 213–219, 216.

74 Siehe nur den Beitrag von *Dieter Simon*, Vom Rechtsstaat in den Richterstaat?, http://www.rechtswirklichkeit.de/aktuelles/inhalte/dokumente/vortrag_simon.pdf (abgerufen 31.12.2011). Rüthers kämpfe mit den richtigen Argumenten für das „Unhaltbare" (1). Dort ebenfalls kritisch zur objektiven Auslegung (5). Simon sieht zwar das Prinzip der Gewaltenteilung verletzt, will aber lieber die Verletzung „perfektionieren" als vergeblich dagegen anzukämpfen und das „strikte Gesetzesbindungsdenken auf den argumentativen Kampf um die richtige Norm umorientieren und diesen offen und teleologisch ausfechten" (7 f.).

75 *Rüthers*, Methodenrealismus (wie Anm. 7), 57.

76 *Rüthers*, Auslegung (wie Anm. 5), 489 f.: „Wer von ‚objektiver Auslegung' spricht, betrügt entweder sich selbst oder andere"; ebenso *Rüthers*, Methodenrealismus (wie Anm. 7), 58.

77 *Rüthers*, Rechtstheorie (wie Anm. 9), Rn. 722.

78 *Rüthers*, Gerechtigkeit (wie Anm. 47), 81, ähnlich die „6. Lehre", *Rüthers*, Entartetes Recht (wie Anm. 12); ebenso *Rüthers*, Anleitung zum fortgesetzten methodischen Blindflug?, in: NJW 1996, 1249–1253, 1252. Kritisch zu den Vorwürfen gegen ‚objektiv-teleologische Kriterien' der Rechtsfindung zuletzt *Claus-Wilhelm Canaris*, „Falsches Geschichtsbild von der Rechtsperversion im Nationalsozialismus" durch ein Porträt von Karl Larenz? Wider einen Versuch „unbegrenzter Auslegung" eines wissenschaftlichen Textes, in: JZ 2011, 879–888, 886 f.

79 *Rüthers*, Rechtstheorie (wie Anm. 9), Rn. 649.

80 *Rüthers*, Rechtstheorie (wie Anm. 9), Rn. 718 f.

81 *Rüthers*, Methodenrealismus (wie Anm. 7), 56.

951   Rüthers wird in seiner Ablehnung sehr deutlich: Es sei ein Gebot der „**Methodenehr-lichkeit**" und der „geistigen Hygiene", „ein Schweigen des Gesetzes als Lücke und die Abweichung vom Gesetz als rechtspolitisch begründete richterliche Gesetzeskorrektur offenzulegen" und nicht hinter Scheinargumenten zu verschleiern.[82]

952   Mit der Ablehnung der objektiven Theorie geht folgerichtig die Ablehnung **naturrecht-licher Ansätze** einher. Die Vielzahl naturrechtlicher Deutungsmöglichkeiten münde stets in die Zuständigkeitsfrage, also die Frage, wer letztendlich entscheide. Es gelte daher immer das Naturrecht des letztinstanzlichen Gerichts. Naturrecht sei daher für ein ko-difiziertes Rechtssystem ein „anarchisches, zerstörerisches Element".[83]

953   Gleichwohl begibt sich Rüthers in eine **doppelte Frontstellung**, indem er zugleich posi-tivistische Strömungen angreift. Hier stört ihn die Ausblendung politischer Faktoren in der Rechtsanwendung. Die „Allmacht des Gesetzgebers" und die „instrumentelle Funk-tion der Judikatur" hatten in der Diktatur zu „beliebiger Willkür" führen müssen.[84] Dennoch sei der **Gesetzespositivismus** für den Nationalsozialismus, der mehr mit rechts-ändernder Auslegung arbeiten wollte, eine „lästige Fessel" gewesen. Rüthers greift al-lerdings sehr verschiedene Positivismen an, spricht etwa von einem „extremen Positivis-mus des Führerwillens".[85] Es lasse sich eine Linie ziehen vom „rechtswissenschaftlichen Positivismus der Pandektenzeit" über den „Gesetzespositivismus" anfangs des 20. Jahr-hunderts zum „Richterpositivismus" der Gegenwart.[86] Rüthers nennt an verschiedenen Stellen einen Gesetzes-, Verfassungs- und einen Richter- oder Interpretationspositivis-mus.[87] Dennoch kommt er zu dem Schluss, dass eine „Kombination von Gesetzes- und Richterpositivismus" „die Rechtstheorie des Normalzustandes" sei.

954   Über die objektive Auslegung hinaus übt Rüthers **Fundamentalkritik** an der Rechtspra-xis. Nicht einmal die gering zu veranschlagende Bindungswirkung der objektiven Aus-legung werde in der Praxis eingehalten, die Sachgründe der Kontroverse um die objektive oder subjektive Methode seien unbekannt oder würden geleugnet, die Folgen für die Ergebnisse nicht erkannt. Das beruhe auf Versäumnissen der Methodenlehre bezie-hungsweise auf ihrem geringen Stellenwert in der Ausbildung.[88] Das Richterrecht sei zwar einerseits unausweichlich, es wirke jedoch andererseits auf die Erstbetroffenen „wie

---

82   *Rüthers*, Rechtstheorie (wie Anm. 9), Rn. 724; zusammenfassende Kritik zur objektiven Auslegung Rn. 806–815.

83   *Rüthers*, Auslegung (wie Anm. 5), 448–451.

84   *Rüthers*, Auslegung (wie Anm. 5), 97. Hierbei geht es auch um Gewaltenteilung.

85   *Rüthers*, Auslegung (wie Anm. 5), 99, 138.

86   *Rüthers*, Rechtstheorie (wie Anm. 9), Rn. 490 f. „Der Richterpositivismus".

87   *Rüthers*, Umdenken (wie Anm. 1), 41 ff., 70 f., „Ich halte die These von der unpolitischen Rechtsanwendung für irrig" (43). Die Überwindung des Gesetzespositivismus werde meist durch einen Richterpositivismus „erkauft" (71). Der Verfassungspositivismus wiederum verstelle den Blick auf den Einfluss des Richterrechts, *Rüthers*, Auslegung (wie Anm. 5), 459. Zum Richterpositivismus auch ebd. 476. Etwas polemisch *Rüthers*, Gesetzes-bindung (wie Anm. 71), 50: „Der für überwunden erklärte Gesetzespositivismus wird durch einen kruden, mindestens ebenso fragwürdigen Richterpositivismus ersetzt".

88   *Rüthers*, Methodenrealismus (wie Anm. 7), 54.

       Pierson

taubeneiergroße Hagelschläge aus blauem Himmel".[89] Die Rechtsprechung verlasse allzu häufig die gesetzliche Grundlage.[90]

c) Versäumnisse der Methodenlehre

Die von ihm analysierte Methodenlehre und Rechtsanwendung im Dritten Reich stellt für Rüthers **kein singuläres Ausnahmeproblem** dar, vielmehr kommt er zu der verabsolutierenden Aussage: „Der enge Zusammenhang zwischen Recht und Ideologie, zwischen Rechtsanwendung und Weltanschauung ist eine permanente, für jede Epoche gültige Tatsache: auch für uns heute!".[91] Die sogenannte Machtergreifung der Nationalsozialisten war insofern nur eine „außerordentlich zugespitzte Problemlage" des Grundproblems, dass eine Rechtsordnung für neue gesellschaftliche und politische „Wünsche und Vorstellungen" dienstbar gemacht werden soll.[92] „Die Ausnahmelage der Rechtsperversion" decke also gerade die „Grundlagen von Recht, Justiz und Wissenschaft" auf.[93] Die „Verschränkung von Recht und Ideologie", „die unvermeidbare und unlösbare Hinordnung des Rechts auf außerrechtlich vorgegebene Glaubenssätze" sei „die ‚metaphysische' Grundlage allen Rechts".[94] Vielleicht könnte man sagen, dass sich die methodischen Umwertungen in Normallagen oft unterhalb der Wahrnehmungsschwelle bewegen. Rüthers versteht daher seine Arbeit nicht als Bestandsaufnahme für die Vergangenheit, sondern als „Voraussetzung dafür, die gegenwärtigen und zukünftigen Aufgaben der Rechtswissenschaft [...] angemessen erfassen und lösen zu können". Dazu gehört „die Unausweichlichkeit rechtspolitischer Elemente in der Rechtsanwendung", die das „Leitbild vom ‚unpolitischen' Richter als falsch" widerlege.[95] Die **Geschichtslosigkeit** einer Methodenlehre, die solche Zusammenhänge ausblende, rückt hier in den Vordergrund der Kritik. Der Katastrophenfall des Rechtsversagens dient als Ausgangspunkt für alle weiteren Überlegungen. Rüthers fasst dies in einem Bonmot in Abwandlung des berühmten Gorbatschow-Zitats so zusammen: „Wer sich falsch erinnert, den bestraft die Zukunft".[96]

Unter anderem werde eine „gesellschaftswissenschaftliche Rechtswissenschaft des 19. Jahrhunderts" ausgeblendet, die er mit den Namen Karl Marx und Lorenz von Stein

955

956

---

89 *Rüthers,* Gerechtigkeit (wie Anm. 47), 62, 76: „Richterrecht ist unser Schicksal" (Gamillscheg 1964). Kritik habe die Funktion, richterrechtliche Regelungsfreude zu beschränken und „nach den Grundsätzen der Gewaltenteilung und der Demokratie zu domestizieren", da ein „ausuferndes Richterrecht" langfristig „die politische Neutralität und die Unabhängigkeit der Richter" in Frage stelle (114). Richterrecht als Schicksal auch in der „2. Lehre", *Rüthers,* Entartetes Recht (wie Anm. 12).

90 *Rüthers,* Gerechtigkeit (wie Anm. 47), 122: „Der Richter ist der *Diener* des Gesetzes, also weder sein Herr noch zur rechtspolitischen Kritik oder gar Korrektur des Gesetzgebers berufen. Wo ein eigener rechtspolitischer Gestaltungswille des Richters (wie im Arbeitsrecht nicht selten zu beobachten) über das geltende materielle Gesetz oder zwingende Verfahrensrecht triumphiert, da wird die Verfassung schwerwiegend verletzt". Abweichend unten bei Anm. 117. Siehe auch das Methodenbeispiel unten.

91 *Rüthers,* Umdenken (wie Anm. 1), 13. Ähnlich *Rüthers,* Methodenrealismus (wie Anm. 7), 56.

92 *Rüthers,* Umdenken (wie Anm. 1), 28.

93 *Rüthers,* Gerechtigkeit (wie Anm. 47), 82 f.

94 *Rüthers,* Methodenrealismus (wie Anm. 7), 56.

95 *Rüthers,* Umdenken (wie Anm. 1), 99. Aus der „politischen Funktion der Rechtsanwendung" erwachsen nun der Jurisprudenz „kritische Aufgaben", nämlich „politische Elemente erkennbar und bewußt zu machen, Scheinargumente auszuräumen und die Offenlegung der realen rechtspolitischen Beurteilungsmaßstäbe zu erzwingen". Zur rechtspolitischen Funktion der Justiz auch die „20. Lehre" in *Rüthers,* Entartetes Recht (wie Anm. 12).

96 Vorangestellt u.a. seinem Beitrag Selektives Erinnern (wie Anm. 1), 1149.

verbindet.[97] Daneben kritisiert er besonders die „Verdrängung der Systemwechsel als Erkenntnisgegenstand". Die Vernachlässigung der gesellschaftlichen Rechtswissenschaft sei problematisch, weil ohne diese die maßgeblichen Strömungen der **Interessen- und der Wertjurisprudenz** „kaum erklärbar" seien.[98] Sie habe eine „neue Epoche der Rechtswissenschaft" begründet, indem sie den Blick auf die „ökonomischen, gesellschaftlichen und politischen Grundlagen des Rechts" gerichtet habe. Es sei Jhering und Heck um die Betonung der „praktischen Rechtswissenschaft", um die „Einwirkung auf das Leben" gegangen. Die Wertungsjurisprudenz habe dann die Betonung der Bindung an die „gesetzlichen Bewertungsmaßstäbe" der Interessengegensätze hervorgehoben.[99]

957 Folgen dieser Versäumnisse sind aus seiner Perspektive „Methodennaivität" und die „Zauberei" mit scheinbar objektiven Begriffen wie der „Natur der Sache"[100] und das Verkennen von Methodenfragen als Macht- und Verfassungsfragen.[101] Versuche, eine juristische Methodenlehre „ungeschichtlich" und als „scheinbar unpolitisch" auch nur „darzustellen", seien gefährlich.[102] „Geschichtsblinde Juristen" erachtet er als gefährdet. Sein eigenes Methodenkonzept soll diese Blindheit beheben helfen.

2. Methodenkonzept

958 Eine rechtshistorische Betrachtungsweise ist folgerichtig ein Kernelement bei Rüthers. Er strukturiert einen wesentlichen Teil seiner Rechtstheorie historisch (§§ 12–18, in § 19 folgt die Notwendigkeit einer Standortwahl des Juristen). Wertneutralität der Methodik bedeute nicht Wertfreiheit der Rechtsanwendung.[103] Da es kein unpolitisches Recht gebe, Juristen aber Recht produzierten, kritisiert Rüthers Versuche, „Rechtsanwendung als rein logische, unpolitische Tätigkeit darzustellen".[104] Die „Illusion der unpolitischen Rechtsanwendung" mache die Juristen „zu Zauberern der Einlegung anstatt zu Dienern einer gesetzes- und rechtstreuen Auslegung".[105] Die Auslegung habe eine dienende Funktion, denn sie verwirkliche vorgegebene Wertmaßstäbe.[106] Sie erfolgt also wertungsbewusst und gesetzesloyal.

---

97 *Rüthers*, Blindflug (wie Anm. 78), 1251; näher dazu *Rüthers*, Rechtstheorie (wie Anm. 9), § 14 Klasse und Recht, Rn. 493–517.

98 *Rüthers*, Blindflug (wie Anm. 78), 1251: „Die Beschränkung der historischen Darstellung auf die Wurzeln des Rechtsdenkens im deutschen Idealismus und in der historischen Rechtsschule führt zu der geschichtswidrigen Vorstellung einer weitgehend politikfreien Rechtswissenschaft und Rechtspraxis, und das in einer Epoche ständig neuer Politisierungen". Gegen die Fixierung auf den „deutschen Idealismus" auch *Rüthers*, Rechtstheorie (wie Anm. 9), Rn. 517.

99 *Rüthers*, Rechtstheorie (wie Anm. 9), Rn. 525, 532.

100 *Rüthers*, Blindflug (wie Anm. 78), 1252.

101 *Rüthers*, Methodenrealismus (wie Anm. 7), 56. Zu Methodenfragen als Macht- und Verfassungsfragen *Rüthers*, Rechtstheorie (wie Anm. 9), Rn. 542 f.

102 *Rüthers*, Rechtstheorie (wie Anm. 9), Rn. 645.

103 *Seedorf* (wie Anm. 1), 366.

104 Dazu *Hilgendorf* (wie Anm. 42), 8, 11.

105 *Rüthers*, Rechtstheorie (wie Anm. 9), Rn. 647. Den Begriff der Einlegung verwendet Rüthers anstelle der Auslegung zur Kennzeichnung der Umwertung auf der Basis neuer vorrangiger außergesetzlicher Rechtsquellen seit seiner unbegrenzten Auslegung (wie Anm. 5), 176. Zur „Illusion einer von Rechtspolitik freien Rechtsanwendung" ebd. 475.

106 *Rüthers*, Auslegung (wie Anm. 5), 436, zwar in einem wertenden Vorgang, aber nicht frei, sondern „gebunden an die Wertmaßstäbe der Gesamtrechtsordnung".

Pierson

a) Rechtsanwendung im „denkenden Gehorsam"

Eine verbindliche Methodenlehre diene der Gewährleistung der Gewaltenteilung und damit der Sicherung des Rechtsstaats, sie wird damit zu einer **Verfassungsfrage**.[107] Sie sichere Gleichbehandlung gleicher Fälle und dadurch Rechtssicherheit, sei Voraussetzung rationaler Begründung und Kritik gerichtlicher Entscheidungen, erlaube „richterliche Selbstkontrolle" und rechtstreues Verhalten des Bürgers und ermögliche schließlich die „innere Moralität" (Fuller, The Morality of Law ³1967) des Rechts.[108] Gerade das Grundgesetz sei nicht methodenneutral: Es statuiere mit der Bindung an das Gesetz (s. Artt. 20 III, 97 I, 100 I GG) einen „Ausgangspunkt für alle Überlegungen". Die Aufgabe der Methodik sei es, die Umsetzung dieses Gebots in der Rechtsanwendung sicherzustellen. Der Rechtsanwender dürfe seine Methoden nicht frei wählen.[109]

959

Rüthers' Überlegungen zur Rolle des Rechtsanwenders basieren auf der **Figur des „denkenden Gehorsams"** (Heck). „Nicht die Logik der Subsumtion unter den Wortlaut, sondern die Teleologie, also die Verwirklichung der Normzwecke ist entscheidend".[110] Bei Heck sei „das Primat der Logik" durch ein „Primat der Lebensforschung und Lebenswertung" verdrängt worden; Rechtsnormen sind dann verbindlich gemachte Interessenbewertungen lebenswirklicher Regelungsprobleme,[111] die Richter an diese Bewertung streng gebunden.[112]

960

Der Rechtsanwender müsse aber den „sozialen Stoff kennen", der geregelt werde, und den „rechtspolitischen Zweck", da gerade auch durch das Privatrecht „gesellschaftspolitische Grundentscheidungen" verwirklicht würden.[113] Denn es sei jede Rechtsnorm „auf gesellschaftliche Voraussetzungen hin gezielt", welche einem dauernden Wandel unterworfen seien. Daher seien die **Anpassung und Fortbildung des Rechts** „vielleicht die wichtigste Funktion des Rechtsanwenders".[114]

961

Für Rüthers wäre daher eine Alternativenbildung wie ‚Richterkönig oder Subsumtionsautomat' unzureichend. Seinem Verständnis nach ist der Richter nicht Subsumtionsautomat, sondern „Gehilfe des Gesetzgeber",[115] bzw. inzwischen „dienender Partner des Gesetzgebers", da er **im Lückenbereich als Gesetzgeber** tätig werde[116] und unter Umständen sogar „kritischer Korrektor".[117] Wie die Interessenjurisprudenz betont habe, sei der Richter weniger frei als der Gesetzgeber. Es gehe um den „konkretisierenden Nachvollzug" der gesetzlichen Entscheidung. Richterliche Eigenwertungen müssten „seltene

962

107 *Rüthers*, Rechtstheorie (wie Anm. 9), Rn. 649.
108 *Rüthers*, Methodenrealismus (wie Anm. 7), 53; siehe auch *Rüthers*, Rechtstheorie (wie Anm. 9), Rn. 649–654, „Funktionen der juristischen Methodenlehre".
109 *Rüthers*, Rechtstheorie (wie Anm. 9), Rn. 706 ff. Neben dem Rechtsstaats- erzwinge dies auch das Demokratieprinzip.
110 *Rüthers*, Rechtstheorie (wie Anm. 9), Rn. 143; ebenso Rn. 695.
111 Dazu *Rüthers*, Rechtstheorie (wie Anm. 9), Rn. 527.
112 *Rüthers*, Rechtstheorie (wie Anm. 9), Rn. 536 mit einschlägigen Zitaten: „Das Prinzip der Gesetzesbindung duldet keine Ausnahme".
113 *Rüthers*, AT (wie Anm. 19), Rn. 21.
114 *Rüthers*, Auslegung (wie Anm. 5), 2 f.
115 *Rüthers*, Auslegung (wie Anm. 5), 267 f. zu Hecks Verständnis von Generalklauseln als Delegationsnormen. Der Gesetzgeber delegiert die Entscheidung an die Rechtsprechung.
116 *Rüthers*, Rechtstheorie (wie Anm. 9), Rn. 529.
117 *Rüthers*, Rechtstheorie (wie Anm. 9), Rn. 827, dann allerdings nach einem formalen Verfahren. Die Gegenposition übergehe die Bindung an das Gesetz nach Art. 91 I GG und das Vorlagegebot des Art. 100 GG, *Rüthers*, Zwischenruf aus der methodischen Wüste: „Der Richter wird´s schon richten"(?), in: JZ 2006. 958 ff., 959.

Ausnahmefälle" bleiben.[118] Es sind also **drei Fälle** zu unterscheiden, nämlich die Normanwendung in dienendem Gehorsam, die Lückenfüllung praeter legem und die „Gehorsamsverweigerung" contra legem.[119]

963   Es handelt sich bei Rüthers also keineswegs um **eine generelle Absage an Richterrecht und richterliche Rechtsfortbildung.** Bei Fehlen einer gesetzlichen Wertung sei Auslegung nicht möglich. Aufgrund des Rechtsverweigerungsverbots (Art. 19 IV) sind die Gerichte im Lückenbereich gehalten, Richterrecht zu schaffen.[120] Auch Rechtsfortbildung sei wegen der raschen „Alterung" der Gesetze „legitim und unvermeidbar".[121] Entscheidend seien die von Rüthers sogenannten sekundären Lücken, welche der soziale Wandel reiße, indem er fortlaufend neue Sachverhalte und Interessenkonflikte schaffe. Die Rechtsprechung habe hier keine andere Wahl, denn als Ersatzgesetzgeber tätig zu werden.[122] Das gelte insbesondere im Arbeitsrecht.[123] Daraus resultiere letztlich die Unvermeidbarkeit, ja **Schicksalshaftigkeit des Richterrechts.** Daher zählt das Richterrecht nach Rüthers sogar zu den Rechtsquellen.[124] Rüthers kommt in Anlehnung an Oliver Wendell Holmes (1841–1935) zu der These: „Recht ist in der Bundesrepublik das und im Streitfall nur das, was die letzten Instanzen ‚Im Namen des Volkes' für Recht erklären".[125]

964   Seine Kritik gilt also nur der verschleiernden Bezeichnung als Auslegung, sein Anliegen ist eine Bremswirkung gegenüber unkontrollierter Richterrechtsbildung als Aufgabe von Methodenlehre und Gesetzesbindung.[126] Zwar sei die Schließung von Lücken und die Anpassung veralteter Gesetze eine Daueraufgabe der Justiz. Jedoch solle stets klargestellt werden, dass dies eben keine Form der Auslegung, sondern die **Schaffung von Richterrecht** sei.[127] Außerdem seien die Richter nicht berechtigt, ihre „subjektiven Wertvorstellungen" als Wertmaßstab zu verwenden und auch bei der Schaffung von Richterrecht an die „Wertungsprinzipien der Gesamtrechtsordnung" gebunden.[128] Das Sozialideal des Gesetzgebers ist den gesamten gesetzlichen Wertungen zu entnehmen.

---

118   Zudem gingen sozial geltende Wertvorstellungen der richterlichen Eigenwertung vor. Allerdings stelle der Richter die sozial geltende Wertvorstellung fest, darin liege ein Akt der Eigenwertung, *Rüthers*, Auslegung (wie Anm. 5), 269.

119   *Rüthers*, Rechtstheorie (wie Anm. 9), Rn. 828.

120   *Rüthers*, Rechtstheorie (wie Anm. 9), Rn. 724, 822 f.; „Ersatzgesetzgeber im Lückenbereich".

121   *Rüthers*, Rechtswissenschaft ohne Recht?, in: NJW 2011, 434 ff., 434.

122   Dazu auch *Rüthers*, Rechtstheorie (wie Anm. 9), Rn. 822.

123   *Rüthers*, Richterrecht als Methoden- und Verfassungsproblem, in: *F. Gamillscheg u.a.* (Hg.), Sozialpartnerschaft in der Bewährung. Festschrift für Karl Molitor zum 60. Geburtstag, München 1988, 293–307, 295 ff. sieht ein „Spannungsverhältnis" zwischen dem „Gesetz als Gestaltungsmaßstab" der zu gestaltenden Wirklichkeit.

124   *Rüthers* begründet dies gegen die h.M. in einer der umfangreichsten Argumentationen seiner Rechtstheorie (wie Anm. 9), Rn. 236–256; ebenso *Rüthers*, Richterrecht (wie Anm. 123), 306 f. Daraus, dass die Rechtsprechung „oft nicht nur dem Gesetz, sondern auch dem Zeitgeist unterworfen" sei, folgert er zugleich eine „justizpolitische Gefährdung des Rechtsstaats", 299.

125   *Rüthers*, Gesetzesbindung (wie Anm. 71), 48.

126   Als Alternative droht nach *Rüthers*, Ohne Recht (wie Anm. 121), 436, „der absolute Richterstaat und das von der Gesetzesbindung befreite (entfesselte) Richterrecht" als „Untergang des Rechtsstaates, ein Freifahrtschein in die Priesterherrschaft einer autonomen Richterkaste".

127   *Rüthers*, Methodenrealismus (wie Anm. 7), 59: „Die Anpassung und Umdeutung veralteter oder lückenhafter Gesetze ist eine verfassungsmäßige Daueraufgabe der Justiz, die dabei von der Jurisprudenz unterstützt wird".

128   *Rüthers*, Wertordnung (wie Anm. 11), 30. Er zitiert dabei nur den sonst gerne unterschlagenen Teil des Art. 1 ZGB (Schweiz): „Er folgt dabei bewährter Lehre und Überlieferung".

b) Auslegungslehre

Rüthers stellt sich, wie er meint, gegen die traditionelle Auslegungslehre anhand der vier, ohnehin zumeist falsch verstandenen Kriterien Savignys. „Der Normzweck [ist] das zentrale Ziel jeder Gesetzesauslegung". Die übrigen Kriterien seien diesem Ziel „untergeordnet" und bloße „Hilfsmittel" zum Auffinden desselben.[129]   965

Konsequent verwirft Rüthers die Wortlautbarriere als äußerste Auslegungsgrenze; der Normzweck könne, müsse aber nicht im Wortlaut erkennbar sein.[130] Es sei kein Buchstabengehorsam gefragt.[131] Eine Wortlautkorrektur am Normzweck sei keine Gesetzesabweichung.[132] Daraus ergibt sich eine Rangfolge, nämlich der **Vorrang des Zwecks** im Konfliktfall. Man kommt damit zu einer scharfen Unterscheidung zwischen Auslegungsziel und Auslegungsmittel.   966

Nach der Unterordnung unter den Zweck stellt sich die Frage nach der Verwendung der verbleibenden Auslegungsmittel und ihrem Verhältnis untereinander. Das **System** ist wichtig, da Rüthers davon ausgeht, dass die Rechtanwendung als Akt der Wertverwirklichung das innere Wertesystem der Gesamtrechtsordnung verwirklichen solle.[133] Für ihn ist die Einzelnorm „nur ein Elementarteilchen" unter vielen, die sich aber in ihrer Gesamtheit wie Mosaiksteine zu einem Sozialideal zusammensetzen ließen, bzw. ein „materiales Ordnungssystem" sichtbar machten.[134] Das **innere System** werde gebildet aus den gesetzlichen und richterrechtlichen Wertungen und den „induktiv aus dem Gesetz oder der Verfassung entnommenen allgemeinen Rechtsgrundsätzen und Prinzipien". Der Zusammenhang zwischen den Normen soll zur Ermittlung des Norminhalts beitragen.[135] Konsequenterweise besitzt das **äußere System** bloß „untergeordnete Bedeutung", da Rechtsanwendung kein „formal-logischer Vorgang", sondern „teleologische Zweckforschung" sei. Es sei keine Rechtsquelle, allerdings „nicht völlig wertlos", sondern besitze eine Indizfunktion.[136]   967

Wenn die Ermittlung des historischen Normzwecks das Ziel ist, steht die **historische Auslegung** notwendig im Zentrum. Unter den Auslegungsmitteln kommt der Entstehungsgeschichte nach Rüthers eine herausragende Stellung zu, da „Texte ohne Kontext nahezu beliebige Bedeutungsinhalte annehmen können".[137] Sie bestehe aus drei Schichten, nämlich erstens dem geistes- und dogmengeschichtlichen Kontext, zweitens dem historisch-gesellschaftlichen Kontext, nämlich den maßgeblichen Interessen und Konflikten (bei Heck Erforschung der kausalen Interessenfaktoren), und drittens dem Regelungswillen des Gesetzgebers als Steuerungsziel, dem Kern der historischen Auslegung.[138] Die Ermittlung der Entstehungsgeschichte sei „immer ein zwingendes Gebot", da vom historischen Zweck abweichende Interpretationsergebnisse „von außen [...] implementierte Elemente der Einlegung" darstellten. Die Entstehungsgeschichte liefere oft   968

---

129 *Rüthers*, Rechtstheorie (wie Anm. 9), Rn. 725.
130 *Rüthers*, Rechtstheorie (wie Anm. 9), Rn. 743.
131 *Rüthers*, Rechtstheorie (wie Anm. 9), Rn. 731–737 gegen die ‚Andeutungstheorie' und die ‚Eindeutigkeitsregel'.
132 *Rüthers*, Rechtstheorie (wie Anm. 9), Rn. 982.
133 *Rüthers*, Rechtstheorie (wie Anm. 9), Rn. 754.
134 *Rüthers*, Rechtstheorie (wie Anm. 9), Rn. 143.
135 *Rüthers*, Rechtstheorie (wie Anm. 9), Rn. 777, 763.
136 *Rüthers*, Rechtstheorie (wie Anm. 9), Rn. 141.
137 Zusammenfassend zur Bedeutung der Entstehungsgeschichte *Rüthers*, Methodenrealismus (wie Anm. 7), 57 f.
138 *Rüthers*, Rechtstheorie (wie Anm. 9), Rn. 780–783.

verlässlichere Ergebnisse als Wortlaut und System. Außerdem unterscheide sie die Auslegung von der Rechtsfortbildung, deren Grenze der historische Normzweck markiere, und diene dadurch wiederum der „Methodenehrlichkeit" der Trennung vom Nachvollzug der gesetzlichen Wertung von einer gebotenen Abweichung.[139]

969 Alle Auslegungsmittel sind also auf den ursprünglichen Normzweck als Auslegungsziel auszurichten. Dessen Ermittlung sei jedoch nur der erste, nicht der letzte Schritt. Der Zweck einer Norm könne nämlich „wegsterben".[140] Rüthers verfolgt dabei ein **Dreistufenmodell.**

970 Auf die Ermittlung des ursprünglichen Normzwecks solle demnach in einem zweiten Schritt geprüft werden, ob dieser noch fortgelte. Das sei durch das Fortbestehen der gesetzlichen Regelung jedoch indiziert, ein Abweichen wird also begründungspflichtig. Die Norm solle nicht angewendet werden, wenn der ursprüngliche Zweck aufgrund der technischen, gesellschaftlichen oder ökonomischen Entwicklung oder eines grundlegenden Wertewandels „unerreichbar" oder „gegenstandslos" geworden sei. Auf der dritten Stufe seien „Anwendungshindernisse" zu prüfen, die sich insbesondere aus Vertrauenstatbeständen oder der lex superior-Regel ergeben könnten.[141] Als Beispiel führt Rüthers das Bestimmtheitsgebot im Strafrecht an.

971 Der **Anspruch dieser Methodenlehre** ist nur auf den ersten Blick bescheiden. Es geht um „bessere Selbstkritik und Wachsamkeit der Juristen gegenüber ihrem eigenen ‚Handwerk' und dessen politischen Wirkungen".[142] Die Bindung des Richters an die Grundwerte der Gesamtordnung führe bei „methodentreuer Rechtsanwendung" dazu, dass durch den wertenden Akt des Richters die „politische Wertgrundlage des Gesamtsystems" in die Privatrechtsordnung übersetzt werde.[143] Wenn Recht immer auch Ideologie sei und Rechtsmethodik keine Wertmaßstäbe aufstelle, bedeutet dies, dass Rechtsanwendung schon definitorisch nicht unpolitisch im Sinne eines blinden Rückzugs auf richtiges Handwerk, richtige Methode sein kann. Da die „Konstruktion und die Interpretation" von Texten dem „Einsatz geistiger Waffen vergleichbar" sei, setzt Rüthers den „verantwortungsneutralen" dem „verantwortungs*losen* Umgang" mit ihnen gleich.[144]

972 Die **Konsequenzen für die Methodik** sind zahlreich. Rüthers betont die soziale Verantwortung des Richters, die Anforderungen an Transparenz und offene Argumentation und die ausnahmslose Wertprägung jeder Rechtshandlung. Das Kapitel über Rechtsanwendung und damit die Rechtstheorie insgesamt endet mit einer Betonung der „Unverzichtbarkeit der Grundwerte" als Fixpunkte und Wertbezug des Rechts.[145]

3. Methodenprüfung: Unbegrenzte Auslegung im Kündigungsschutz

973 Vielfacher Anlass für Rüthers' Kritik sind richterrechtliche Fortbildungen des Arbeitsrechts.[146] Neben den vielen Fortbildungen im Arbeitskampfrecht findet sich in Rüthers'

---

139 *Rüthers*, Rechtstheorie (wie Anm. 9), Rn. 792 ff.
140 *Rüthers*, Rechtstheorie (wie Anm. 9), Rn. 730.
141 Zum Ganzen *Rüthers*, Rechtstheorie (wie Anm. 9), Rn. 730 b ff.; ebenso Rn. 788 f. Zu seiner Dreistufenlehre auch *Rüthers*, Gesetzesbindung (wie Anm. 71), 50.
142 *Rüthers*, Lernen (wie Anm. 58), 385.
143 *Rüthers*, Auslegung (wie Anm. 5), 437 f.
144 *Rüthers*, Gerechtigkeit (wie Anm. 47), 86.
145 *Rüthers*, Rechtstheorie (wie Anm. 9), Rn. 998 ff. Schlusssatz: „Eine Rechtstheorie ohne Aussagen zu den Wertgrundlagen des Rechts verfehlt ihren Gegenstand".
146 Aufzählung von Einzelfragen bei *Rüthers*, Gerechtigkeit (wie Anm. 47), 121.

Werk ein prononciertes Beispiel zu einem wichtigen Sachgegenstand in der **Frage des Kündigungsschutzes.** Auch in der „Unbegrenzten Auslegung" untersuchte er die Rechtsprechung zur Kündigung im Nationalsozialismus.[147] Im Lehrbuch[148] ist den Fallbeispielen und dogmatischen Ausführungen eine längere Vorbemerkung vorgeschaltet, in welcher der Autor rechtspolitisch Stellung bezieht. Er beschreibt knapp das juristische Umfeld der jeweiligen geschützten Grundrechtspositionen der Parteien des Arbeitsverhältnisses. Die Aufgabe des Kündigungsschutzes bestehe im „verfassungsgemäßen Interessenausgleich" der Positionen. Durch die Generalklauseln des Kündigungsschutzgesetzes sei diese Aufgabe „weitgehend der Arbeitsgerichtsbarkeit" überlassen. Rüthers stellt in einer empirischen Betrachtungsweise eine „kaum noch steigerungsfähige" Rechtsunsicherheit aufgrund der schwankenden Rechtsprechung fest. Das System sei „zeitraubend, kostenträchtig und ineffizient", da die zahlenmäßig ausufernden Kündigungsschutzprozesse in aller Regel ohnehin mit einer Abfindungszahlung endeten und gleichzeitig „verhängnisvolle Wirkungen" auf dem Arbeitsmarkt entfalteten,[149] da sie Flexibilität hemmten und Neueinstellung erschwerten.

Als Konsequenz fordert er ein **Abfindungsgesetz.**[150] Rüthers' drei methodische Kernforderungen kommen in dieser Vorbemerkung deutlich zum Ausdruck: **Erstens** eine transparente Offenlegung der rechtspolitischen Argumente, welche sozialempirisch die subjektiven Interessenlagen der Parteien und die ökonomischen und gesellschaftlichen Auswirkungen betrachtet, **zweitens** eine Verfassungsbindung der Wertentscheidung im Kündigungsschutz an die Grundrechtspositionen und **drittens** die Bindung der Rechtsprechung an die Wertentscheidung des Gesetzgebers. Was hat das für konkrete Folgen? 974

In seinen Arbeiten konstatiert Rüthers, dass die Rechtsprechung vom Willen des Gesetzgebers deutlich abweiche. Rüthers untersucht die amtliche Begründung des ersten Kündigungsschutzgesetzes von 1951[151] und entdeckt dort, dass von Prognoseprinzip und „ultima ratio"-Grundsatz, d.h. heutigen Maßstäben, nicht die Rede ist. Notwendige Kündigungen sollten nicht „auch nur erschwert" werden.[152] Stattdessen findet sich ein **Willkürverbot.** Dieses Willkürverbot sei nun extensiv, ja „unbegrenzt" ausgelegt worden.[153] Rüthers übernimmt die Auffassung, dass das Kündigungsschutzgesetz einem 975

---

147 *Rüthers*, Auslegung (wie Anm. 5), 238–255. Wichtiger Grund für eine fristlose Entlassung eines leitenden Angestellten konnte etwa der Einkauf der Ehegattin in einem jüdischen Geschäft sein.

148 *Brox/ Rüthers*, Arbeitsrecht, 15. Aufl. Stuttgart 2002 [zuerst von Rüthers fortgeführt in der 12. Aufl. 1995, ab 16. Aufl. 2004 *Brox/Rüthers/Henssler*, zuletzt 18. Aufl. 2011]; zum Folgenden: Allgemeiner Kündigungsschutz nach dem Kündigungsschutzgesetz Rn. 197–211.

149 Siehe zum Ganzen parallel und zugespitzt auch die Polemik *Rüthers*, Mehr Beschäftigung durch Entrümpelung des Arbeitsrechts?, in: NJW 2003, 546–552.

150 *Rüthers*, Entrümpelung (wie Anm. 149), 549 und öfter.

151 Amtliche Begründung in RdA 4 (1951), 58–66, 63.

152 „Das Gesetz wendet sich nicht gegen Entlassungen, die aus triftigem Grund erforderlich sind, sondern lediglich gegen solche Kündigungen, die hinreichender Begründung entbehren und deshalb als eine willkürliche Durchschneidung des Bandes der Betriebszugehörigkeit erscheinen"; zitiert auch bei *Rüthers*, Vom Sinn und Unsinn des geltenden Kündigungsschutzrechts, in: NJW 2002, 1601–1609, 1601.

153 MüKo-Schwerdtner, 3. Aufl. 1997, § 622 Rn. 3 f.: „Im Wege der ,unbegrenzten Auslegung' hat das BAG in den letzten 40 Jahren diese allgemeine Willkürkontrolle zum ultima-ratio-Prinzip hin fortentwickelt und dabei die Notwendigkeit der Prüfung jedes Einzelfalls in den Vordergrund gestellt. Eine Kündigung kommt danach nur als äußerste Maßnahme in Betracht [...] Die neue Rechtsprechung erlaubt kaum noch eine Prognose des Prozessausgangs in Kündigungsschutzsachen. [...] Die vielfach beschworene Interessenabwägung ist lediglich die Beschreibung eines Zielkonfliktes, nicht jedoch dessen Auflösung. Dieser Lotteriecharakter ist um so bedrückender, als das BAG die einzelnen Abwägungsgeschichtspunkte häufig beziehungslos aneinanderreiht, ohne Prioritäten festzulegen".

„Kahlschlag zum Opfer" gefallen sei.[154] Die Auffassung, dass ein „höherer Bestands-schutz des Arbeitsvertrages gegenüber der Ehe", wie er für personen- und verhaltensbe-dingte Kündigungen nach der Rechtsprechung unstreitig gelte, vom Gesetzgeber gewollt sei, gehe fehl.[155] Der Vergleich mit der Ehescheidung verweist auf die Herkunft des vor-herrschenden Verständnisses des Kündigungsschutzes. Im Ergebnis erweist sich die Ent-wicklung des Kündigungsschutzes als Lehrstück für Rüthers' methodische Prämissen.[156]

976 Der Kündigungsschutz wird durch den Gesetzgeber mittels Generalklauseln und unbe-stimmter Rechtsbegriffe geregelt, d.h. durch die soziale Rechtfertigungsnotwendigkeit der ordentlichen Kündigung (§ 1 KschG) und den wichtigen Grund der außerordentli-chen Kündigung (§ 626 BGB). Diese werden ergänzt durch **„richterrechtliche General-klauseln"**, das sogenannte „ultima ratio"-Prinzip, das Prognoseprinzip und den Grund-satz der umfassenden Abwägung aller Interessen im Einzelfall. Da die Anwendung von Generalklauseln weltanschauungs- oder ideologiefrei „nicht denkbar" sei, fragt Rüthers nach dem Inhalt und dem Ursprung der Vorverständnisse, mit welchen die Generalklau-seln des gesetzlichen Kündigungsschutzes gefüllt werden. Außerdem überlegt er, wie eine dem gesetzlichen Zweck entsprechendere Anwendung des Kündigungsschutzes gewähr-leistet werden könnte.

977 Das BAG verwende seit 1978 das **Verhältnismäßigkeitsprinzip** so, dass jede Kündigung, sei es aus betriebs-, personen-, oder verhaltensbedingten Gründen, nur als letztes, äu-ßerstes und unausweichliches Mittel zulässig sei. Die h.M. entnehme dies § 1 KSchG. Dies geschehe jedoch entgegen dem Wortlaut, der differenzierte Voraussetzungen für die verschiedenen Kündigungsgründe enthalte, und entgegen der amtlichen Begründung. Insbesondere für verhaltensbedingte Kündigungen handele es sich daher beim „ultima ratio"-Prinzip um eine „Verfälschung der vorhandenen gesetzlichen Interessenbewer-tung".[157]

978 Das zweite entscheidende Prinzip ist das **Prognoseprinzip**. Es habe keinerlei gesetzliche Grundlage. Aus der Zukunftsbezogenheit des Instituts der Kündigung wird für alle Kün-digungen die Notwendigkeit einer negativen Prognoseentscheidung gefolgert. Dies wi-derspreche jedoch der Interessenlage jedenfalls bei der verhaltensbedingten Kündi-gung.[158]

979 Durch die Kombination dieser beiden richterrechtlichen Prinzipien sei das BAG bei-spielsweise zu einer „einschneidenden" Veränderung der Rechtsprechung zu krankheits-bedingten Kündigungen gelangt, da eine negative Gesundheitsprognose innerhalb der nun sehr strengen Maßstäbe nur in seltenen Ausnahmefällen möglich sei und so insbe-

---

154 MüKo-Schwerdtner, 2. Aufl. 1988 vor § 620 Rn. 173. Dazu auch der Abschnitt „Richterliche Gesetzesableh-nung im demokratischen Rechtsstaat, *Rüthers*, Rechtstheorie (wie Anm. 9), Rn. 947 f.

155 Den höheren Bestandsschutz des Arbeitsverhältnisses gegenüber der Ehe führt Rüthers vielfach an, auch in *Rüthers*, Gesteigerter Kündigungsschutz für Bummelanten? Arbeitsdisziplin und Schadensfolgen im Ein-zelfall. Eine Kritik am Bundesarbeitsgericht, in: FAZ v. 2.8.1989, 10.

156 Vorgeführt in *Rüthers*, Arbeitsrecht und ideologische Kontinuitäten? Am Beispiel des Kündigungsschutz-rechtes, in: NJW 1998, 1433–1440. Siehe als Gegenentwurf einer methodisch klärenden Lösung mit keines-wegs nur arbeitgeberfreundlichen Folgen zu einem Teilproblem *Rüthers/ Henssler*, Die Kündigung bei ku-mulativ vorliegenden und gemischten Kündigungssachverhalten, in: ZfA 19 (1986), 31–48.

157 *Rüthers*, Kontinuitäten (wie Anm. 156), 1434 f. Für betriebs- und personenbedingte Kündigungen sei das Prinzip immerhin als Grundgedanke plausibel.

158 *Rüthers*, Kontinuitäten (wie Anm. 156), 1435. Das Prognoseprinzip könne dazu führen, „die Reste von Privat-autonomie bei der Beendigung von Arbeitsverhältnissen zu beseitigen".

Pierson

sondere das „Risiko der Langzeit- und Suchtkranken" auf die Arbeitgeber übertragen werde.[159]

Diese Prinzipien oder richterrechtlichen Generalklauseln seien nicht aus dem Nichts entwickelt worden, sondern basierten auf einer gänzlich **anderen rechtspolitischen Vorstellung vom Arbeitsrecht**, nämlich einer Konstruktion des Arbeitsverhältnisses als „Lebensbund", welche dem Arbeitgeber den Willen zur lebenslangen Bindung unterstellt. So wird etwa die Auffassung erklärbar, dass die ordentliche Kündigung im Dauerschuldverhältnis einen Verstoß gegen das Prinzip ‚pacta sunt servanda' bedeuten solle.[160] In den Auswirkungen sieht Rüthers hierin mit den Worten Philipp Hecks eine Gesetzesvereitelung.[161] Das auf diese Weise konstruierte **„personenrechtliche Gemeinschaftsverhältnis"**[162] führt auf die Spur der kritisierten Rechtsfiguren. Wilhelm Herschel hatte 1958, und 1981 erneut,[163] eine Parallele zur Ehescheidung vorgeschlagen, für die es nach den §§ 44, 48 EheG (Kontrollratsgesetz Nr. 16, 1946) ebenfalls auf eine Zukunftsprognose ankam. Die Parallelisierung des schuldrechtlichen Arbeitsvertrags mit dem personenrechtlichen Eheverhältnis wird verständlich, wenn man weiß, dass Herschel diesen Vorschlag ursprünglich 1939 gemacht hatte. Er bezog sich damals auf das gerade erlassene rassenbewusste NS-Ehegesetz von 1938 und wollte einen Beitrag zum Entwurf eines NS-Arbeitsrechtverhältnisgesetzes leisten,[164] der 1938 erschien und auf das Prinzip Führergefolgschaft abstellte. Das Prognoseprinzip in der Rezeption Herschels ist also auf einen ganz anderen weltanschaulichen Begriff des Arbeitsverhältnisses zugeschnitten. Herschel wollte daher 1939 eine Abkehr von der außerordentlichen Kündigung aus wichtigen Gründen nach § 626 BGB und den Übergang zu einer „objektiven Wertung mit sozialistischem Maßstab" forcieren.[165] Kündigung sollte nur noch bestimmte Dienstnehmer treffen. Er sah in der Kündigung eine „Gefährdung des Verwurzelns des deutschen Arbeitsmenschen mit Betrieb und Beruf" und formulierte außerdem das „ultima ratio"-Prinzip.

Rüthers widerlegt damit auch die Behauptung einer ideologischen Neutralität des Prognoseprinzips und kann die **rechtsändernde Funktion,** die es ursprünglich in der NS-Ausnahmelage hatte, für die heutige Normallage nachweisen. Die „Wiedererweckung" der Prinzipien habe den gleichen „funktionalen Zwecken", aber nicht den gleichen „weltanschaulichen Zielen" gedient – jeweils entgegen der gesetzgeberischen Normzwecke. Sie stehen damit beispielhaft für die Offenheit von Generalklauseln für weltanschauliche Vorverständnisse. Rüthers wiederholt daher seine methodengeschichtliche

---

159 *Rüthers*, Kontinuitäten (wie Anm. 156), 1436. Im Rechtsverkehr würden die Ergebnisse als „teils skurrile, teils abwegige Fehlentscheidungen empfunden". Einige Beispiele bei *Rüthers*, Sinn und Unsinn (wie Anm. 152), 1607 f.

160 Nachweise bei *Rüthers*, Sinn und Unsinn (wie Anm. 152), 1605; näher *Rüthers*, Kontinuitäten (wie Anm. 156), 1436. Pacta sunt servanda heißt: Verträge sind zu halten, nicht: Verträge sind Dauerverträge.

161 *Rüthers*, Sinn und Unsinn (wie Anm. 152), 1605: „Damit werden die Weichen für eine ökonomisch wie dogmatisch folgenreiche Irrfahrt gestellt".

162 In diesen Rechtsverhältnissen bestehen dann nicht nur schuldrechtliche Leistungspflichten für bestimmte Handlungen, sondern allgemeiner ‚personenrechtliche' Treue- und Fürsorgepflichten.

163 Dazu *Rüthers*, Sinn und Unsinn (wie Anm. 152), 1606.

164 Näher *Rüthers*, Kontinuitäten (wie Anm. 156), 1437.

165 „Es ist sinnwidrig, den Maßstab für die Lösungsbefugnis einer nationalsozialistischen Gemeinschaft in subjektivistischer Weise einem individualistischen Umstand zu entnehmen. Dem hat der Gesetzgeber bereits in §§ 49, 55 EheG hinsichtlich der Ehescheidung aus guten Gründen Rechnung getragen, indem er zu einer objektiven Wertung mit sozialistischem Maßstab übergegangen ist", zitiert nach *Rüthers*, Kontinuitäten (wie Anm. 156), 1437.

Prämisse: „Geschichtslose Juristen sind gefährdete Juristen. Sie neigen zum rechtsmethodischen Blindflug".[166]

982   Was ergibt sich aus Methodenkritik und Methodenlehre für das Methodenbeispiel? Die Analyse von Wortlaut und Normzweck zeigt, dass zwar die richterliche Verhältnismäßigkeitsprüfung diesem entspricht, jedoch nicht der generell für alle Kündigungen anzuwendende „ultima ratio"-Grundsatz[167] oder das Prognoseprinzip bei der verhaltensbedingten Kündigung. Der Kündigungsschutz erweist sich als Beispiel für eine offensichtliche Umwertung der gesetzlichen Wertungen innerhalb einer staatsrechtlichen ‚Normallage' Rüthers kann in der Folge ein kaum zu steigerndes Maß an Rechtsunsicherheit feststellen. Die Wirkungen ‚unbegrenzter Auslegung' treten ziemlich präzise ein.[168]

IV. Kritisches zum Kritiker

983   Die Methodenkritik nimmt in Rüthers' Rechtstheorie einen großen Umfang ein. Da er in seiner Kritik nicht zurückhaltend agiert und vor einer drastischen Wortwahl auch außerhalb der Feuilletons nicht zurückschreckt,[169] seine Themen gleichwohl besonders sensibel und drängend waren, fühlten sich Betroffene häufig zu intensiver Gegenwehr animiert. Das führt mitunter zu auch persönlich ausgefochtenen Scharmützeln.[170]

984   Einiges davon ist gleichwohl wichtig und Rüthers mahnt selbst zur kontroversen Methodendiskussion. Deshalb dürfen kritische Ansätze nicht außenvorbleiben. Zu den umstrittenen Punkten gehört etwa die aus Rüthers' Sicht vorkommende **Unterschätzung von Methodenfragen als Macht- und Verfassungsfragen**, in welcher er eine „juristische Umweltverschmutzung" erblickt.[171]

985   Als erste umfassende Analyse von Zivilrechtslehre und -rechtsprechung der NS-Zeit stieß bereits die „Unbegrenzte Auslegung" auf ein geteiltes Echo. Hier[172] und in manch anderen Fällen waren es persönlich NS-Betroffene, die sich vor den Kopf gestoßen sahen und scharf antworteten. Linken Kritikern war die Arbeit nicht politisch genug. Man sah darin ein „Gespräch von Scharfrichtern über die Technik von Hinrichtungen" (Udo Reifner) und beklagte fehlende Ausführungen zur Kontinuität in der fortwirkenden ‚faschistischen Organisation des Kapitalismus'.[173] Diese Punkte betreffen zwar Methodenfragen, aber nicht Rüthers' eigentliche Methodenlehre.

986   Breite Kritik richtet sich auch gegen die besondere Betonung methodisch saubereren Arbeitens und sieht selbst in der methodengetreuen „Darstellung" von Entscheidungen eine

---

166   *Rüthers*, Kontinuitäten (wie Anm. 156), 1438 ff.: „Nicht so sehr die Prinzipien selbst sind der Irrweg [...], sondern [...], daß Rechtsprechung und Literatur sich angemaßt haben, mit Hilfe dieser Umwertungsinstrumente die gesetzlichen Wertungen durch eigene gesellschaftspolitische Wunschbilder zu ersetzen".

167   *Brox/Rüthers* (wie Anm. 148), Rn. 199: „Der ‚ultima-ratio'-Grundsatz für alle Kündigungen ist eine gesetzesfremde, richterrechtliche Abweichung vom Willen der Gesetzgebung".

168   Siehe zur schwankenden Rechtsprechung die zahlreichen Urteilsanmerkungen von Rüthers, der diese präzise nachvollzog und kommentierte.

169   Z.B. „Das geltende System des deutschen Kündigungsschutzes ist verfehlt. Es wirkt zweckwidrig, ist offenkundig *krank* und *aus dem Ruder gelaufen*", *Rüthers*, Entrümpelung (wie Anm. 149), 549. Alle Hervorhebungen in den Zitaten entstammen den Originalen.

170   Siehe zuletzt *Canaris* (wie Anm. 78), insbes. 888.

171   *Rüthers*, Lernen (wie Anm. 58), 389. Kritisch dazu beispielsweise *Hassemer* (wie Anm. 73), 214.

172   Siehe vor allem *Karl Michaelis*, Die unbegrenzte Auslegung, in: Der Staat 10 (1971), 229–243, insbesondere 234 f., 237 f.; siehe aber z.B. auch die sehr positive Rezension des 1914 geborenen Bundessozialrichters *Ecker* (wie Anm. 6).

173   Zitiert nach *Seedorf* (wie Anm. 1), 362.

eher **überflüssige Konzession** an die Methodenlehre.[174] Zumindest wird die Tragfähig-keit der Methodenlehre zur Herstellung von Gesetzesbindung bezweifelt. Methodenlehre sei keine Rechtsfindungs-, sondern nur eine Begründungslehre. Die Praxis sei kein „me-thodologischer Müllhaufen", „sondern ein differenziert bestelltes Feld von Regeln [...] nach einer Ordnung, von der die juristische Methodenlehre nichts weiß".[175] Manche Kritik scheint Missverständnissen aufzusitzen,[176] nicht selten auch gewollt bei den An-griffen auf den 'denkenden Gehorsam'. Jedenfalls gibt sich die Kritik an der Methoden-lehre auch grundsätzlich: Juristenausbildung vermittle nicht „Bibliothekswesen" oder „Mathematik", sondern „Entscheiden".[177] Andere kritisieren ein zu enges Denken in Alternativen wie Subjektivismus und Objektivismus.[178] Derart Grundsätzliches kann hier nur angesprochen, nicht diskutiert werden. Die Argumente dazu wurden dargestellt.

Anders steht es um **inhärente Probleme** dieser Methodenlehre. Eine darauf bezogene Kritik stammt von Klaus Luig.[179] Er sieht einen Widerspruch in der doppelten Annahme, Methodenbewusstsein könne als „Umdeutungsbremse" dienen und zugleich dem Nach-weis der Untauglichkeit der Methodenlehre als „Schranke gegen totalitäre Rechtsper-version". Jedoch schließt sich beides wohl nicht völlig aus, Rüthers bejaht eine Brems-wirkung und verneint eine Verhinderung. Auch nach Auffassung von Rüthers ist wirk-licher richterlicher Widerstand im Grunde auf den Amtsverzicht beschränkt.[180] Luig greift zudem die Kritik auf, Rüthers habe zu sehr der späteren Juristenapologie metho-disch korrekten Arbeitens in der NS-Zeit vertraut.[181] Seiner Auffassung nach wären „bei strengem Festhalten an juristischer Methode viele Unrechtsurteile nicht möglich gewe-sen". Daher sei der Wert der Methodik als **Umdeutungsbremse** die entscheidende Er-kenntnis. Es ließe sich vielleicht sagen, dass zwar sehr viele, aber nicht alle Ergebnisse mit ‚richtiger' Methode herleitbar sind. „Die Methode wurde ignoriert, sobald sie begann lästig zu werden".[182] Darüber hinaus kann man auch einwenden, dass ja ‚Kampfklau-seln'[183] und eine neue Rechtsquellenlehre benötigt wurden, also die alten Instrumente offenbar doch nicht ausreichten. Dass man auf juristische Stilmittel wie Generalklauseln und unbestimmte und institutionelle Rechtsbegriffe zurückgreifen konnte, ändert daran

987

---

174 So *Martin Kriele*, Richterrecht und Rechtspolitik, in: ZRP 2008, 51 ff., 52.
175 *Hassemer* (wie Anm. 73), 218 f.
176 So etwa *Klaus Adomeit*, Rezension zu Auslegung (wie Anm. 5), JZ 1992, 680 f., der die bundesrepublikani-schen personellen und theoretischen Anknüpfungen wegen nunmehr erreichter Ideologiefreiheit eher un-problematisch zu halten scheint. Das ist nach Rüthers gerade weder möglich, noch als Darstellungsform (Scheinargumente) wünschenswert.
177 *Hassemer* (wie Anm. 73), 215.
178 Z.B. *Winfried Brugger*, Rezension Gerechtigkeit (wie Anm. 47), in: JZ 1993, 354 f., 355.
179 *Klaus Luig*, Macht und Ohnmacht der Methode, in: NJW 1992, 2536–2539; ablehnend *Seedorf* (wie Anm. 1), 368.
180 Ein internationaler Blick mag diese Position modifizieren. Man denke an die marschierenden Richter in Pakistan.
181 *Luig* (wie Anm. 179), 2537 f. beruft sich hier auch auf Okko Behrends und Michael Stolleis und spricht von einer Pervertierung der Methode selbst und bringt „die Technik des Mißbrauchs der Methode" so auf den Punkt: „Wird der Eintritt der Bedingung von der Partei zu deren Nachteil gereicht, nicht herbeigeführt, so gilt die Bedingung als eingetreten" und stellt folgende Regel auf: „Eine Entscheidung ist dann nicht methodisch einwandfrei gewonnen, wenn ihre ratio decidendi auf der Abstraktionshöhe genereller Prinzi-pien zu einer Maxime führt, die der Argumentierende selbst nicht gelten läßt. `
182 *Seedorf* (wie Anm. 1), 366 ff. mit dem bekannten Beispiel des Schlusses vom Seinsmerkmal („Rasse") auf ein Tun („Pflichtverletzung").
183 „Gesetzliche Bestimmungen, die vor der nationalsozialistischen Revolution erlassen sind, dürfen nicht an-gewandt werden, wenn ihre Anwendung dem heutigen gesunden Volksempfinden ins Gesicht schlagen würde".

nichts. Der Dissens scheint kleiner als auf den ersten Blick, als eine Frage der Perspektive, genauer der gewählten Abstraktionsebene.

988 Betrachtet man die Kritik, so sticht am ehesten der Vorwurf einer gewissen Inkonsequenz und Inkonsistenz hervor. Rüthers halte seinen wertneutralen Ideologiebegriff nicht durch.[184] Unter dem Aspekt von Wertordnung und Wertverwirklichung drohe außerdem die Wiederkehr von „Elementen" der objektiven Auslegung.[185] In seinen **Einwürfen zum Lebenspartnerschaftsrecht** wird dieser Eindruck geradezu schlagend.[186] Rüthers verwarf den Entwurf des Lebenspartnerschaftsgesetzes als doppelt verfassungswidrig.[187] Zum einen verstoße er gegen Art. 3 GG, da es die Lebenspartnerschaft gegenüber nichtehelichen Lebensgemeinschaften verschiedenen Geschlechts privilegiere. Vor allem begründet Rüthers einen Verstoß gegen den Schutz von Ehe und Familie nach Art. 6 GG als „objektive Wertentscheidung".[188] Die eingetragene Lebenspartnerschaft wird dadurch zu einem abzuwehrenden „störenden Eingriff staatlicher Stellen in den Schutzbereich von Ehe und Familie". Der Schutz der Ehe gehöre zu den „Existenzgrundlagen von Staat und Gesellschaft", ja sei sogar Bedingung des „Überlebens".[189] Die „gesetzlichen Angebote der Formen von Lebenspartnerschaften" seien daher am „Wohl der Kinder" auszurichten. Das habe die neuere Vorstellung der Ehe als prinzipiell lebenslange Verantwortungsgemeinschaft zweier Menschen in der Folge der 68er verkannt. Rüthers fragt, ob die „Rechtsvernunft" im Justizministerium in die Minderheit geraten sei oder „die vernünftige Mehrheit sich beugen musste". Rüthers verstößt hier dreifach gegen seine Methodenprinzipien. Rüthers' Rechtstheorie kennt keine objektive „Vernunft", sondern verfolgt einen „Wertsubjektivismus". Die Methode der Feststellung des Normzwecks hält seinen Forderungen an die historische Auslegung nicht stand.[190] Nach seiner Stufenlehre müsste Rüthers außerdem einen Wertewandel untersuchen. Diesen stellt er durchaus fest, verknüpft den Befund aber nicht mit der Frage einer möglichen Veränderung des Normzwecks. Der Normzweck wird auf Bevölkerungspolitik und Kinderförderung reduziert und mit weitreichenden negativen Folgen für andere Lebensformen verknüpft, die entstehungsgeschichtlich nach anderer Auffassung daraus gerade nicht zu

---

184 So *Michael Stolleis*, Rezension zu: *Bernd Rüthers*, Die Wende-Experten. Zur Ideologieanfälligkeit geistiger Berufe am Beispiel der Juristen, in: JZ 1996, 410 f., 411. Vorsichtig in Bezug auf die von Rüthers genannten Merkmale von Gerechtigkeit auch *Dreier* (wie Anm. 36), 310.

185 Ähnlich *Seelmann* (wie Anm. 24), 776.

186 In der Gesetzgebung der Regierung Schröder, zu der er auch das Lebenspartnerschaftsgesetz benennt, sah er eine „Gefahr für den Rechtsstaat", *Rüthers*, Wer schafft Recht? – Methodenfragen als Macht- und Verfassungsfragen, in: JZ 2003, 995 ff, 995 f.

187 *Rüthers*, Ehe und Familie im Wandel des Zeitgeistes. Die Gestaltungsfreiheit des Gesetzgebers hat verfassungsrechtliche Grenzen, in: FAZ v. 18.5.2000, 15 und ders., Der Ehebegriff des Grundgesetzes. Ungleiches ist auch ungleich zu behandeln, in: FAZ v. 15.7.2000, 8. Siehe die zugespitzte Kritik von *Patrick Bahners*, Beliebiges Donnergrollen. Die Dammwächter: Homosexuellen-Ehe und Zeitgeist, in: FAZ v. 17.7.2000, 47 mit dem Fazit „Bei klarem Kopf hätte Rüthers [...] diesen Naturalismus vielleicht nicht in die Welt gesetzt".

188 „Eine weitere Minderung der Sonderstellung von Ehe und Familie in der Rechtsordnung durch eheähnliche Privilegien [...] wäre ein Verstoß gegen Art. 6 I GG. Dem Staat ist es untersagt, Ehe und Familie durch rechtliche Gleichstellung mit anderen Lebensformen abzuwerten".

189 Wenn Rüthers über die fehlenden „Steuerzahler der nächsten Generation" nachdenkt, wären allerdings Überlegungen zum Adoptionsrecht in gleichgeschlechtlichen Beziehungen logischer.

190 Merkwürdigerweise zeigt Rüthers die vielfältigen Umbrüche im Eheverständnis, das „Wesen der Ehe" im nationalsozialistischen Sinne, in der Rechtsprechung des BGH und der des Obersten Gerichts der DDR auf. Daraus folgert aber keine Offenheit in der Moderne, sondern ein gemeinsames, feststehendes Element, ein „außergesetzlich vorgegebenes ‚Institut' der Ehe", dessen „Sinn und Funktion" sich aus „einem ‚höheren Ganzen', einem ‚übergreifenden Sinnzusammenhang'" ergebe. Die Entstehungsgeschichte des Art. 6 GG zieht er nicht heran. Sie gibt nach Auffassung des Verfassungsgerichts, BVerfGE 105, 313, 342, für ein Verbot der gesetzlichen Anerkennung gleichgeschlechtlicher Lebenspartnerschaften nichts her.

entnehmen sind, insbesondere für die gleichgeschlechtliche Lebenspartnerschaft, die mit den Worten des Bundesverfassungsgerichts wegen des anderen „Adressatenkreises" gar nicht mit der Ehe „konkurriere". Für Rüthers bleibt jedoch das Fazit, „sie würde das Gemeinwohl schwer schädigen".[191]

Die Äußerungen wären als Einzelfall nicht weiter schädlich, könnten sie nicht auf ein größeres Konsistenzproblem hindeuten. Es stellt sich so auch die Frage der Vereinbarkeit der ‚keine Ausnahme duldenden Gesetzesbindung' des Richters mit der Funktion des kritischen Korrektors. Man kann überlegen, ob das Problem in Rüthers' Rechtstheorie begründet liegt, objektive Elemente also ‚notwendig sind', oder ob solche Spannungen dann auftreten, wenn „das ‚zôon politikón' Rüthers [...] dem Rechtstheoretiker in die Quere" kommt.[192] Je stärker das rechtspolitische Element in Rüthers' Methodenlehre wird, desto mehr kann die Gesetzesbindung wieder verloren gehen. In diesem Fall schwänden die Unterschiede zur objektiven Auslegung hin zu einer Konstruktionskontroverse. Hier gilt es, das richtige Maß zu finden. Rüthers schlägt mit der Frage der **Fortgeltung des Normzwecks**, die er im zweiten Schritt verortet, eine mögliche Lösung vor. 989

Jüngst sah sich Bernd Rüthers durch die besondere Betonung der Richterbindung in einer „methodisch bedeutsamen Grundsatzentscheidung" der aktuellen Verfassungsjudikatur gestärkt.[193] Wie auch immer sich dies weiterentwickeln mag, es bleibt die Erkenntnis, dass die Untersuchung von Ausnahmelagen auch für die Methodenlehre besonders fruchtbar ist, obwohl Normalfall und Krise zu unterscheiden sind.[194] 990

V. Quellen und Literatur

1. Zum Einstieg in die Rüthers-Texte

Als knappe Zusammenfassung: Methodenrealismus in Jurisprudenz und Justiz, in: JZ 61 (2006), S. 53–60.
Weitere wichtige Texte: Die unbegrenzte Auslegung. Zum Wandel der Privatrechtsordnung im Nationalsozialismus, 1968, ⁶2005 (grundlegende Analyse, leichter und spannender Zugriff über ein konkretes Feld, z.B. § 19 II zur Rechtsfähigkeit oder passend zum Methodenbeispiel § 19 VI zum Arbeitsverhältnis).
Rechtsordnung und Wertordnung. Zur Ethik und Ideologie im Recht, 1986.
Entartetes Recht. Rechtslehren und Kronjuristen im Dritten Reich, 1988, ²1989 (didaktisch und handlich).
Rechtstheorie. Begriff, Geltung und Anwendung des Rechts, 1999, ⁶2011 (umfassendes Lehrbuch).

2. Zum Einstieg in die Sekundärliteratur

Hilgendorf, Eric, Recht und Weltanschauung. Bernd Rüthers als Rechtstheoretiker, Konstanz 2001 (kurze Charakteristik).
Luig, Klaus, Macht und Ohnmacht der Methode, in: NJW 1992, 2536–2539 (kritischer Ansatz).
Seedorf, Sebastian, Bernd Rüthers – Die „Unbegrenzte Auslegung", in: *Thomas Hoeren* (Hg.), Zivilrechtliche Entdecker, München 2001, 317–373 (umfassend zur Biographie).

---

191 Außerdem: „Eine [also jede, Rüthers führt sogar das Namensrecht an] rechtliche Sonderstellung von gleichgeschlechtlichen Lebensgemeinschaften wäre verfassungswidrig". Das Verdikt ist übrigens rechtspolitisch zweifelhaft. Es scheint bislang, dass die Lebenspartnerschaft für das Institut der Ehe normstabilisierende Effekte zeitigt.
192 *Stolleis* (wie Anm. 184), 411.
193 *Rüthers*, Klartext zu den Grenzen des Richterrechts, in: NJW 2011, 1856 ff. zu BVerfG NJW 2011, 836 (25.1.2011).
194 *Rüthers*, Auslegung (wie Anm. 5), 492.

Methode und Zivilrecht bei Claus-Wilhelm Canaris (geb. 1937)

von Ralf Seinecke

Übersicht

I.	Zur Person	350
II.	Auslegung als plausible Argumentation	354
III.	Verfassung und europäische Richtlinien	358
IV.	Verfassung und Privatrecht	360
V.	Auslegung und Zivilrecht	362
VI.	Rechtsprinzipien und Rechtsfortbildung	363
VII.	Das „bewegliche System"	367
VIII.	Juristische Theoriebildung und „paradigmatische Problemlösungen"	370
IX.	Rechtsfortbildung und Zivilrecht	371
X.	Wertungen im Bereicherungsrecht	373
XI.	BGHZ 113, 62–70: Versicherungsleistung auf fremde Schuld	379
XII.	Resümee	384
XIII.	Quellen und Literatur	386

I. Zur Person[*]

991 „Jurisprudenz, das heißt Bürgerliches Recht, und BGB das heißt Canaris" – so ließe sich, vielleicht etwas gewagt, ein geflügeltes Wort der Rechtswissenschaft spielerisch weiterschreiben.[1] Claus-Wilhelm Canaris zählt heute zu den berühmtesten Zivilrechtswissenschaftlern und Methodologen unserer Zeit. Den **juristischen „Entdecker"** führten große Expeditionen in die unendlichen Tiefen des Bürgerlichen Rechts.[2] Dort hat er z.B. die „Vertrauenshaftung im deutschen Privatrecht" gefunden und die Wertungsgrundlagen des „Bereicherungsausgleichs im Dreipersonenverhältnis" freigelegt.[3] Aber auch Aus-

---

[*] Grammatik und Rechtschreibung von Zitaten wurden, soweit notwendig, stillschweigend angepasst bzw. korrigiert. Die Schriften von Canaris werden mit Kurztitel und Jahr zitiert. Der Kurztitel ist in der vollen ersten Nennung kursiv hervorgehoben.

[1] Zu dem geflügelten Wort über Windscheid siehe *Rückert*, Methode und Zivilrecht bei Bernhard Windscheid (1817–1892), in diesem Band Rn. 280.

[2] Von Canaris als „Entdecker" sprechen *U. Florian*, Claus-Wilhelm Canaris – Die Vertrauenshaftung im deutschen Privatrecht, in: Zivilrechtliche Entdecker, hg. v. Hoeren, München 2001, S. 377–408, 379 u. *Grigoleit u.a.*, Claus-Wilhelm Canaris, in: Festschrift für Claus-Wilhelm Canaris zum 70. Geburtstag, hg. v. Heldrich u.a., Band 1, München 2007, S. VII-X, hier S. VIII.

[3] Zu den prinzipiellen Werken zählen etwa *Canaris*, Die *Vertrauenshaftung* im deutschen Privatrecht, München 1971 u. *ders.*, Der *Bereicherungsausgleich* im Dreipersonenverhältnis, in: Festschrift für Karl Larenz, hg. v. G. Paulus u.a., München 1973, S. 797–865. In methodologischer Hinsicht siehe insb. *ders.*, *Systemdenken* und Systembegriff in der Jurisprudenz entwickelt am Beispiel des deutschen Privatrechts, 1. Aufl. Berlin 1969, 2. Aufl. 1983 u. *ders.*, Die Feststellung von Lücken im Gesetz. Eine methodologische Studie über Voraussetzungen und Grenzen der richterlichen Rechtsfortbildung praeter legem, 1. Aufl. Berlin 1964, 2. Aufl. 1983.

flüge an die Grenzen der Philosophie und Literatur hat er nicht gescheut.[4] Seine Rechtswissenschaft hat die Disziplin geprägt. Die „drei berichtigenden Worte des Gesetzgebers" musste Canaris nie fürchten.[5] Ganz im Gegenteil: Der Gesetzgeber verschaffte Canaris' Wissenschaft Eingang ins Gesetz.

Doch nicht nur als Rechtsforscher sammelt Canaris seine Meriten. Der 1937 in Liegnitz (Niederschlesien) geborene Jurist gewinnt 1988 den Leibniz-Preis der Deutschen Forschungsgemeinschaft und zählt damit zu den wenigen Rechtswissenschaftlern, die diesen bedeutendsten deutschen Wissenschaftspreis entgegennehmen durften. Seit 2002 trägt er zudem das Bundesverdienstkreuz erster Klasse.[6] Seine Professorenlaufbahn, die er in Graz (1968) und Hamburg (1969) begann, führte ihn schnell auf einen der bekanntesten Lehrstühle Deutschlands: In München trat Canaris schließlich 1972 die Nachfolge seines Lehrers Karl Larenz an, einem der führenden Zivilisten und Methodologen der Bonner Republik und des nationalsozialistischen Deutschland.[7] Er beerbte nicht nur dessen wegweisende „Methodenlehre der Rechtswissenschaft", sondern auch seine großen Lehrbücher zum „Schuldrecht", die in der ‚grünen Reihe' des Beck-Verlags erscheinen.[8] Doch

992

---

4 Zu den philosophischen Arbeiten zählen *Canaris*, Aspekte der iustitia commutativa und der iustitia distributiva im Vertragsrecht, in: Law at the turn of the 20th century, hg. v. Kotsiris, Thessaloniki 1994, S. 281–294; *ders.*, Theorienrezeption und Theorienstruktur, in: Wege zum japanischen Recht. Festschrift für Zentaro Kitagawa zum 60. Geburtstag, hg. v. Leser, Berlin 1993, S. 59–94 o. *ders.*, Funktion, Struktur und Falsifikation juristischer Theorien, in: JZ 48 (1993), 377–391. Zu seinen literarischen Ausflügen zählen *ders.*, Konsens und Verfahren als Grundelemente der Rechtsordnung – Gedanken vor dem Hintergrund der „Eumeniden" des Aischylos, in: JuS 36 (1996), 573–580; *ders.*, Richtigkeit und Eigenwertung. Rede zur Verleihung der Ehrendoktorwürde der Universität Graz, in: Grazer Universitätsreden 50 (1993), S. 23–41 o. *ders.*, Dankesworte, in: Einheit und Folgerichtigkeit im Juristischen Denken. Symposion zu Ehren von Herrn Professor Dr. Dr. h.c. mult. Claus-Wilhelm Canaris, hg. v. I. Koller u.a., München 1998, S. 187–196.
5 Vgl. den berühmten Ausspruch von *J. H. v. Kirchmann*, Die Werthlosigkeit der Jurisprudenz als Wissenschaft. Ein Vortrag, Berlin 1848, S. 23: „Die Juristen sind durch das positive Gesetz zu Würmern geworden, die nur von dem faulen Holze leben; ... drei berichtigende Worte des Gesetzgebers und ganze Bibliotheken werden zu Makulatur.".
6 Zu den Lebensstation von Claus-Wilhelm Canaris siehe den kleinen Bericht bei *U. Florian* (2001, Fn. 2), S. 377–379.
7 Zu Larenz siehe *Frassek*, Methode und Zivilrecht bei Karl Larenz (1903–1993), in diesem Band Rn. 580 ff. u. *ders.*, Von der ‚völkischen Lebensordnung' zum Recht. Die Umsetzung weltanschaulicher Programmatik in den schuldrechtlichen Schriften von Karl Larenz, Baden-Baden 1996. Zur NS-Vergangenheit von Larenz siehe dessen postum veröffentlichten Brief bei *R. Dreier*, Karl Larenz über seine Haltung im Dritten Reich, in: JZ 48 (1993), 454–457 und die sich daran anschließende Diskussion zwischen *H. H. Jakobs*, Karl Larenz und der Nationalsozialismus, in: JZ 48 (1993), 805–815; *Prölss*, Erwiderung auf Jakobs' Beitrag zu Larenz, in: JZ 49 (1994), S. 33 f. und wieder *H. H. Jakobs*, Schlusswort, in: JZ 49 (1994), 34. Über das Verhältnis von Larenz zum Nationalsozialismus wird jetzt wieder heftig gestritten. Ausgangspunkt ist ein Aufsatz von *Canaris*, Karl Larenz, in: Deutschsprachige Zivilrechtslehrer des 20. Jahrhunderts in Berichten ihrer Schüler, Band 2, Berlin 2010, S. 263–307. Hierzu *D. Simon*, Des Teufels Advocat, in: Myops Nr. 12 (2011), S. 65–78, *Derleder*, Verspätete Wurzelbehandlung. Die Kieler Schule und ihre Bedeutung für das Nachkriegszivilrecht – am Beispiel von Karl Larenz und seinem Schüler Claus Wilhelm Canaris, in: KJ 44 (2011), S. 336-342 u. *Rüthers*, Personenbilder und Geschichtsbilder – Wege zur Umdeutung der Geschichte? Anmerkungen zu einem Larenz-Portrait, in: JZ 66 (2011), 593–601. Gegen Rüthers dann *Canaris*, „Falsches Geschichtsbild von der Rechtsperversion im Nationalsozialismus" durch ein Portrait von Karl Larenz? Wider einen Versuch „unbegrenzter Auslegung" eines wissenschaftlichen Textes, in: JZ 66 (2011), 879–888 u. wieder *Rüthers*, Die Risiken selektiven Erinnerns – Antwort an C.-W. Canaris, in: JZ 66 (2011), 1149–1151. Jetzt auch *H. H. Jakobs*, Sehr geehrter Herr Canaris, in: Myops Nr. 14 (2012), S. 6–16.
8 Zunächst hat Canaris nur die um den historischen Teil verkürzte Studienausgabe von *Larenz*, *Methodenlehre* der Rechtswissenschaft, 1. Aufl. Berlin u.a. 1983 u. 2. Aufl. 1992 in der 3. Aufl. 1995 weitergeführt. Eine von Canaris fortgeführte Neuauflage der ‚großen' Methodenlehre der Rechtswissenschaft, 1. Aufl. Berlin u.a. 1960, 6. Aufl. 1991 war bei Springer zunächst angekündigt. Diese Ankündigung scheint jedoch heute aufgegeben. Auch *Larenz*, Lehrbuch des Schuldrechts, Erster Band, Allgemeiner Teil, 1. Aufl. München 1953, 14. Aufl. 1987, Zweiter Band, Besonderer Teil, 1. Aufl. München 1956, 12. Aufl. 1981 bzw. ab der 13. Aufl. in zwei Teilbänden 1. Halbband 1986 soll Canaris übernehmen. Die 13. Aufl. des 2. Halbbandes hat Canaris bereits 1993 vorgelegt. Für 2012 ist bei Beck angekündigt: *Canaris/Grigoleit*, Lehrbuch des Schuldrechts, Band I, Allgemeiner Teil, Schuldverhältnisse und Leistungsstörungsrecht.

Canaris wirkte nie allein im Elfenbeinturm der Wissenschaft. Wie Bernhard Windscheid, der einst die Kommission des 1. Entwurfs zum BGB prägte, schreibt auch Canaris Gesetzgebungsgeschichte. Die **Schuldrechtsmodernisierung von 2002** trägt vor allem seine Signatur.[9] Auch gutachterliche Tätigkeit ist Canaris keineswegs fremd. Mit allem *Recht* besetzt er also einen der Plätze in der „Hall of Fame" der deutschen Jurisprudenz und Rechtswissenschaft.[10]

993 Die Berühmtheit von Canaris hat ihren Grund. Seine Perspektive auf die Wissenschaft vom Recht wird von einem umfassenden Zugriff geleitet, auch wenn er etwas unglücklich behauptet, dass gute Rechtswissenschaft sich in guter Falllösung erschöpfe.[11] Der geschmeidige kleine Essay gehört deshalb genauso wenig zu seinem literarischen Genre wie das Kurzlehrbuch.[12] Seine Arbeiten zeichnen sich durch gewaltigen Detailreichtum und beinahe enzyklopädisch erarbeitetes Fallmaterial aus. Es sind das „große Lehrbuch" oder der monographische Aufsatz, die Canaris' Rechtsdenken erst einen angemessenen Ausdruck verleihen.[13] Dabei verliert er sich keineswegs in Details, sondern sucht stets ein **prinzipielles Recht und sein inneres System** freizulegen.[14] Diese Verbindung der beiden

---

9 Siehe *Canaris*, in: Larenz/Canaris, Lehrbuch des Schuldrechts, in: Rechtswissenschaft und Rechtsliteratur im 20. Jahrhundert, hg. v. Willoweit, München 2007, S. 419–431, 430. Dort schreibt er sich selbst „wesentlichen Einfluß auf die Gestaltung des Gesetzes zur Modernisierung des Schuldrechts" zu; ähnlich auch *Grigoleit u.a.* (2007, Fn. 2), S. X: „entscheidend und sichtbar geprägt". Siehe auch die Aufsätze von Canaris zur Schuldrechtsmodernisierung: *Canaris*, Die Neuregelung des Leistungsstörungs- und des Kaufrechts – Grundstrukturen und Problemschwerpunkte, in: Karlsruher Forum 2002: Schuldrechtsmodernisierung, hg. v. Lorenz, Karlsruhe 2003, S. 5–100 u. *ders.*, Die Reform des Rechts der Leistungsstörungen, in: JZ 56 (2001), 499–529.

10 So *Grigoleit u.a.* (2007, Fn. 2), VIII.

11 Vgl. hierzu die Diskussion zwischen Canaris und Reiner Schmidt einerseits und Heinig und Möllers anderseits: zunächst *Heinig/Möllers*, Kultur der Kumpanei, in: FAZ.net vom 23.3.2011 (http://www.faz.net/aktuell/politik/staat-und-recht/gastbeitrag-kultur-der-kumpanei-1610253.html), dann die polemische Antwort von *Canaris/R. Schmidt*, Hohe Kultur, in: FAZ.net vom 6.4.2011 (http://www.faz.net/aktuell/politik/staat-und-recht/gastbeitrag-hohe-kultur-1624499.html) und die Replik von *Heinig/Möllers*, Kultur der Wissenschaftlichkeit, in: FAZ.net vom 20.4.2011 (http://www.faz.net/aktuell/politik/die-debatte-kultur-der-wissenschaftlichkeit-1606898.html). Letzter Zugriff am 26.1.2012.

12 Vgl. nur die ‚Gewichtszunahme' der von Canaris übernommenen Lehrbücher: *Capelles* Kurzlehrbuch zum „Handelsrecht" (1. Aufl. München 1951) wächst von 166 Seiten (18. Aufl. 1977) bereits in der ersten Bearbeitung durch *Canaris* (19. Aufl. 1980) auf 238 Seiten als „mittleres" Lehrbuch an (siehe ebd. S. VI), um dann als großes Lehrbuch in der ‚grünen Reihe' des Beck-Verlags mit 543 Seiten in der 24. Aufl. 2006 seine vorerst letzte Auflage zu finden. Ähnlich wächst auch der von *Larenz* (Fn. 8) übernommene Teil des Besonderen Teils des Schuldrechts von 758 Seiten (12. Aufl. 1981, ohne Halbbände) auf 734 Seiten in nur einem Halbband (2. Halbband, 13. Aufl. 1994) an. Dagegen fasst der von *Larenz* weitergeführte Teil (1. Halbband, 13. Aufl. 1986) bloß 480 Seiten. Genauso steht es um das von *Hueck* übernommene Recht der Wertpapiere (1. Aufl. Berlin 1936). Dieses schwillt von 130 Seiten (10. Aufl. 1967) in zwei weiteren Auflagen auf 244 Seiten (12. Aufl. 1986) an.

13 Siehe auch *Diederichsen*, Einführung zum Symposion anlässlich des 60. Geburtstages von Claus-Wilhelm Canaris, in: Einheit und Folgerichtigkeit im Juristischen Denken, hg. v. Koller u.a., München 1998, S. 1–5, 3. Siehe neben den oben genannten Lehrbüchern (Fn. 8 u. 12) und Monographien (Fn. 3) auch die umfassenden Kommentierungen zum Bankvertragsrecht im Rahmen des Großkommentars zum Handelsrecht, *Canaris*, Bankvertragsrecht, 1. Aufl. Berlin 1975 (1298 Seiten), 2. Aufl. 1981 (1393 Seiten), u. noch in den ersten Teil der Kommentierung in der 4. Aufl. 2005 (799 Seiten). Siehe weiter auch die monographischen Aufsätze aus der jüngeren Zeit: *Canaris*, Die Vertrauenshaftung im Lichte der Rechtsprechung des Bundesgerichtshofs, in: 50 Jahre Bundesgerichtshof. Festgabe aus der Wissenschaft, hg. v. Canaris u.a., München 2000, S. 129–170. *ders.*, Die *Übertragung* des Regelungsmodells der §§ 125–130 HGB auf die Gesellschaft bürgerlichen Rechts als unzulässige Rechtsfortbildung contra legem, in: ZGR 33 (2004), S. 69–125.

14 Siehe auch *Wünsch*, Laudatio, in: Grazer Universitätsreden 50, Graz 1993, S. 7–19, 9: „Stets hat Canaris schon damals von einer einzelnen Teilfrage ausgehend Grundsatzprobleme des Zivilrechts behandelt.".

Pole von (systematischer) Dogmatik und (prinzipieller) Methode prägen schon das Vorwort seiner Habilitationsschrift zur „Vertrauenshaftung":

> „So habe ich hier praktisch zu verwirklichen versucht, was ich dort [sc. in der Schrift zum Systemdenken von 1969] theoretisch gefordert habe: die Argumentation mit Hilfe allgemeiner Rechtsprinzipien und das Systemdenken zu einer Synthese zu verbinden."[15]

Auf dieser Suche nach der „inneren Ordnung" des Rechts geht Canaris sogar soweit, „das Wirken einer ‚geheimen Vernunft'" zu beschwören.[16] Diese Verbindung von Prinzipien und System bildet den dogmatisch-methodischen Kern des Rechtsdenkens von Canaris.[17]

994

Seine methodische Hoffnung auf Prinzipien wird zudem nicht selten von einem Ruf nach „**Methodenehrlichkeit**" begleitet.[18] Auch das hierin enthaltene Bekenntnis zu den ‚klassischen' *canones* gehört zu Canaris' Methode. Nicht selten gerinnt diese „Methodenehrlichkeit" in seinen Schriften zu einem materiellen Argument, das seine eigenen rechtsdogmatischen oder rechtspolitischen Ziele stützt.[19] Die meisterhafte Kombination der beiden Methodenansätze, also der dogmatisch-prinzipiellen Konstruktion und Fortbildung des Rechts einerseits und der am klassischen Auslegungs- und Gesetzesdenken orientierten Methodenstrenge anderseits, garantiert in diesem Modell die Rationalität des Rechts. Gleichzeitig aber arbeiten die Unschärfen, die in dieser **doppelten Methode** systematisch entstehen, am Rande einer zweiten Rationalität, die stets in Irrationalität umzuschlagen droht. Dabei verunklart das von Canaris postulierte „bewegliche System", das zugleich das Leitmotiv seines methodischen Denkens bildet, die Grenze von prinzipieller und strenger Methode.[20] Zudem droht der schon bei Larenz vorhandene Glaube

995

---

15 *Canaris*, Vertrauenshaftung (1971, Fn. 3), S. VIII.

16 Siehe *Canaris*, Vertrauenshaftung (1971, Fn. 3), S. VIII u. VII.

17 Siehe *Canaris*, Dankesworte (1998, Fn. 4), S. 195: „So sind denn auch die meisten meiner wissenschaftlichen Arbeiten letztlich nicht um ihrer selbst willen geschrieben, sondern eher als Demonstrations- und Übungsfelder juristischen Argumentierens – meine Lehrbücher nicht ausgenommen.".

18 Siehe etwa *Canaris*, *Die Nacherfüllung* durch Lieferung einer mangelfreien Sache beim Stückkauf, in: JZ 58 (2003), 831–838, 832; *ders.*, *Grundrechtswirkungen* und Verhältnismäßigkeitsprinzip in der richterlichen Anwendung und Fortbildung des Privatrechts, in: JuS 29 (1989), 161–172, 164; *ders.*, *Verstöße* gegen das verfassungsrechtliche Übermaßverbot im Recht der Geschäftsfähigkeit und im Schadensersatzrecht, in: JZ 42 (1987), 993–1004. Siehe weiter auch *ders.* (¹1964 u. ²1983, Fn. 3), § 81; *ders.*, Die richtlinienkonforme *Auslegung* und Rechtsfortbildung im System der juristischen Methodenlehre, in: Im Dienste der Gerechtigkeit. Festschrift für Franz Bydlinski, hg. v. Koziol u.a., Wien u.a. 2002, S. 47–103, 81. Ferner *ders.*, *Grundrechte* und Privatrecht, in: AcP 184 (1984), S. 201–246, 235.

19 Siehe etwa im Rahmen des Mängelgewährleistungsrechts *ders.*, Nacherfüllung (2003, Fn. 18), S. 832 und am Beispiel der GbR *ders.*, Übertragung (2004, Fn. 13), S. 78–81.

20 Das „bewegliche System" entwickelt Canaris im Anschluss an Wilburg. *Canaris* schreibt hierzu im Nachruf Walter Wilburg, in: JZ 46 (1991), 409 f., 410: „ ... man kann ohne Übertreibung sagen, daß es sich dabei um eine der wichtigsten ‚Entdeckungen' handelt, die in diesem Jahrhundert auf dem Gebiete der juristischen Methodenlehre und der Rechtstheorie gemacht worden sind." Zum „beweglichen System" grundsätzlich *Wilburg*, Entwicklung eines beweglichen Systems im bürgerlichen Recht, Graz 1950; *ders.*, Zusammenspiel der Kräfte im Aufbau des Schuldrechts, in: AcP 163 (1964), S. 346–379. Der Sache nach bereits *ders.*, Die Elemente des Schadensrechts, Marburg a. d. Lahn 1941. Siehe auch *Westerhoff*, Die Elemente des Beweglichen Systems, Berlin 1991 u. in der neueren Diskussion *L. Michael*, Der allgemeine Gleichheitssatz als Methodennorm komparativer Systeme, Berlin 1997 o. *F. Fischer*, Das „Bewegliche System", in: AcP 197 (1997), S. 589–608. Kritisch schon die Rezensionen von *Esser*, im AcP 151 (1951), S. 555 f. und in der RabelsZ 18 (1953), S. 165–167, 166: „Wir stimmen daher mit W[ilburg] überein in dem Wunsch, jene Prinzipien in ihrem Geltungsanspruch zu fixieren, nicht aber in dem Glauben, dies ließe sich ohne Tatbestände und begriffliche Konstruktion mit dem bloßen richterlichen Abwägen oder Kombinieren der Gesichtspunkte bewirken." Siehe schließlich auch die Kritik an Canaris' beweglichem System in der Rezension von *Esser* in der RabelsZ 33 (1969), S. 757–761.

Seinecke   353

an ein „Richtiges Recht", den auch Canaris teilt, die ideologischen und politischen Untiefen allen Rechts zu verharmlosen.[21]

996 Dennoch steht dieses doppelte „Spiel" aus unbestimmten Prinzipien und strenger Methode für die hohe Kunst der Jurisprudenz, die Canaris beherrscht und der er sich im Sinne seiner Dogmatik bedient.[22] Die „Dialektik" seines „beweglichen Systems" bildet dabei (bei aller Unbestimmtheit des Begriffs) das Leitmotiv durch die folgenden acht methodischen und zwei dogmatisch-praktischen Abschnitte zu „Methode und Zivilrecht bei Claus-Wilhelm Canaris". Sie bietet den Schlüssel zum juristischen Denken eines der schärfsten und strengsten Juristen und Rechtswissenschaftler unserer Zeit.

II. Auslegung als plausible Argumentation

997 Canaris hat keine monographische Arbeit zur Auslegungstheorie vorgelegt.[23] Doch seine kleineren Aufsätze zur Methodenlehre formen ein Konzept der juristischen Interpretation, das durchaus auch als Auslegungslehre verstanden werden kann.[24] Diese Interpretationslehre setzt sich aus vier Elementen zusammen: (1.) den *canones* als abzuwägenden Gründen, (2.) einer teleologischen Plausibilitätskontrolle, (3.) Gewichtungs- und schließlich (4.) Vorrangregeln.

998 Die sog. „klassischen" Auslegungsregeln, also Wortlaut, System, Geschichte und *telos*, begreift Canaris zunächst **ohne eine Hierarchie**. Ein Rangverhältnis zwischen ihnen lehnt er zugunsten eines zwanglosen Umgangs mit diesen juristischen Deutungshilfen ab.[25] Unmissverständlich schreibt er:

> „Meist haben die Auslegungskriterien lediglich die Funktion von Argumenten im Rahmen einer Gesamtabwägung, die auf das jeweilige Einzelproblem bezogen und beschränkt ist".[26]

999 Canaris weist den *canones* die „**Funktion von Argumenten**" zu, die nicht Regeln für den Umgang mit Gesetzen bieten, sondern als Gründe dienen, die gegeneinander **abzuwägen**

---

21 Zum „Richtigen Recht" siehe die Arbeit von *Larenz*, Richtiges Recht, München 1979. Larenz bildete seinen Titel in kritischem Anschluss an die berühmte Schrift von *Stammler*, Die Lehre von dem Richtigen Rechte, 1. Aufl. Berlin 1902, Neuauflage Halle (Saale) 1926. Trotz der Verwandtschaft im Titel trennen den Hegelianer Larenz und den Neukantianer Stammler Welten an Philosophie. Zu „Politik" und „Richtigem Recht" siehe nur *Seinecke*, Richtige Reinheit oder reine Richtigkeit? Rechtslehren nach Hans Kelsen und Karl Larenz, in: JZ 65 (2010), 279–287, insb. 284 u. 286.

22 Zum Begriff des „Spiels" aus der Perspektive der Hermeneutik siehe *Gadamer*, Wahrheit und Methode, 6. Aufl. Tübingen 1990, S. 107–116.

23 Die von Larenz übernommene Studienausgabe der „Methodenlehre" überarbeitet Canaris nur vorsichtig und punktuell, siehe *Larenz/Canaris*, Methodenlehre (³1995, Fn. 8), S. V.

24 Als Referenz dienen folgende Arbeiten: *Canaris*, Die *Problematik* der Anwendung von § 574 b BGB auf die Kündigung gegenüber dem Erben eines Wohnungsmieters gemäß § 569 BGB – ein Kapitel praktizierter Methodenlehre, in: Festschrift für Wolfgang Fikentscher, hg. v. Großfeld u.a., Tübingen 1998, S. 11–42; *ders.*, Das *Rangverhältnis* der „klassischen" Auslegungskriterien demonstriert an Standardproblemen aus dem Zivilrecht, in: Festschrift für Dieter Medicus zum 70. Geburtstag, hg. v. Beuthien u.a., Köln u.a. 1999, S. 25–61; *ders.*, Auslegung (2002, Fn. 18); *ders.*, Die verfassungskonforme *Auslegung* und Rechtsfortbildung im System der juristischen Methodenlehre, in: Privatrecht und Methode. Festschrift für Ernst A. Kramer, hg. v. Honsell u.a., Basel u.a. 2004, S. 141–159; *ders.*, *Gemeinsamkeiten* zwischen verfassungs- und richtlinienkonformer Auslegung, in: Wirtschaft im offenen Verfassungsstaat. Festschrift für Reiner Schmidt zum 70. Geburtstag, hg. v. H. Bauer u.a., München 2006, S. 41–60.

25 Siehe *Canaris*, Rangverhältnis (1999, Fn. 24), S. 33.

26 *Canaris*, Rangverhältnis (1999, Fn. 24), S. 58.

Seinecke

seien.[27] Erst im konkreten Fall finden sie also ihr Gewicht. Auf diese Weise ähneln die *canones* mehr Prinzipien oder Elementen, die in einem „beweglichen System" um den Fall kreisen, als strengen am auszulegenden Gegenstand orientierten Regeln.[28] Ihre Beziehungen changieren und verändern sich permanent, so dass sie zu bloßen Gesichtspunkten verkümmern.[29] Erst im Angesicht des Falles zeigen sie ihr Gesicht.

Das stete Abwägen der kanonischen Argumente begreift *Canaris* jedoch weder als Manko der *ars iuris*, noch als irrationales Zeugnis von Recht oder einer *prinzipienorientierten* Methode.[30] Ganz im Gegenteil bekennt Canaris gleichmütig: „Das ist genau die Art und Weise, wie man üblicherweise mit Argumenten umgeht".[31] Die *canones* seien eben nur eine „Sammelbezeichnung für bestimmte Typen von Argumenten".[32] „Üblicherweise" kombiniere man sie „ziemlich locker miteinander" und entscheide sich schließlich „nach einem gewissen Hin und Her für eine bestimmte Lösung".[33] Ein starkes systematisches Argument könne ein schwaches Wortlautargument ausstechen und beiläufige, undurchdachte Bemerkungen aus den Gesetzesmaterialen fielen nicht schwer ins Gewicht, wenn man sie gegen starke objektiv-teleologische Gesichtspunkte auf die Methodenwaage lege.[34] Diese Maßstäbe der Methodentheorie entnimmt Canaris der juristischen Praxis.[35] Sie folgen einem Denken und Rechtfertigen, das den Hegelianer vor keine Schwierigkeit stellt. Den Kantianer aber, der scharf zwischen Gegenstand und Maß seiner normativen Bewertung zu unterscheiden sucht, muss diese Methode mehr als nur irritieren.

1000

Trotz dieser Methodenskepsis, die den Wert der klassischen Auslegungsmethoden auf die argumentative Deliberation im Fall begrenzt, will Canaris einer wahllosen **Abwägungsjurisprudenz** keinesfalls das Wort reden. Diese kritisiert er als eine Methodenlehre, die sich in einem „völlig diffusen",[36] einem „drauf-los"-Abwägen im Einzelfall verliere.[37] Deutlich warnt er vor einer „Flucht in die Abwägung" und einer „immer mehr um

1001

---

27 Siehe *Canaris*, Auslegung (2004, Fn. 24), S. 143 f.; *ders.*, Rangverhältnis (1999, Fn. 24), S. 58; *ders.*, Auslegung (2002, Fn. 18), S. 65; siehe schließlich weiter *ders.*, Nacherfüllung (2003, Fn. 18), S. 833.
28 Siehe *Canaris*, Auslegung (2004, Fn. 24), S. 144 f.; *ders.*, Auslegung (2002, Fn. 18), S. 65 f.; *ders.*, Rangverhältnis (1999, Fn. 24), S. 59 u. weiter *ders.*, Bewegliches *System* und Vertrauensschutz im rechtsgeschäftlichen Verkehr, in: Das Bewegliche System im geltenden und künftigen Recht, hg. v. Bydlinski u.a., Wien u.a. 1986, S. 103–116, 106.
29 Siehe *Canaris*, Auslegung (2004, Fn. 24), S. 143 f.
30 Siehe *Canaris*, Auslegung (2004, Fn. 24), S. 144; *ders.*, Auslegung (2002, Fn. 18), S. 65. Canaris wendet sich hier gegen Vorwürfe von *Esser*, Vorverständnis und Methodenwahl in der Rechtsfindung, Frankfurt am Main 1970, S. 123 u. insb. *Rüthers*, Rechtstheorie (¹1999, ³2007), Rn. 815 bzw. 813, Fn. 931. Dieser erhebt den Vorwurf „methodische(r) Beliebigkeit" bzw. „grundsätzlicher Grundsatzlosigkeit".
31 Siehe *Canaris*, Auslegung (2002, Fn. 18), S. 65; *ders.*, Rangverhältnis (1999, Fn. 24), S. 58; *ders.*, Auslegung (2004, Fn. 24), S. 144.
32 Siehe *Canaris*, Rangverhältnis (1999, Fn. 24), S. 58.
33 Siehe *Canaris*, Auslegung (2004, Fn. 24), S. 143.
34 Siehe *Canaris*, Rangverhältnis (1999, Fn. 24), S. 58.
35 Canaris erhebt die juristische Praxis zwar nicht ausdrücklich zum Maß seiner Methode. Deutlich schreibt er aber: „Diese Art des Umgangs mit divergierenden oder kollidierenden Auslegungskriterien wird ständig praktiziert", und macht dies zum Argument, siehe *Canaris*, Rangverhältnis (1999, Fn. 24), S. 58.
36 Siehe *Canaris*, Auslegung (2004, Fn. 24), S. 144. Siehe auch seine Kritik an BGH V ZR 311/89 vom 6.12.1991 in *ders.*, Der *Vorrang* außerbereicherungsrechtlicher, insbesondere dinglicher Wertungen gegenüber der Saldotheorie und dem Subsidiaritätsdogma, in: JZ 47 (1992), 1114–1120, : „Gefahr, daß der BGH sich ... auf eine *diffuse Einzelbetrachtung* zurückziehen wird". Hervorhebungen hinzugefügt.
37 Siehe *Canaris*, Grundrechte und Privatrecht – eine Zwischenbilanz –, Berlin u.a. 1999, S. 56, vgl. auch S. 53, 55; zum Kontext der „Abwägungsjurisprudenz" siehe den historischen Überblick unter 10.

Seinecke   355

sich greifenden Abwägungshypertrophie" im Verfassungsrecht.[38] Doch was leisten seine *canones* dann? Auch sie begreift Canaris ja als abwägungsaffin und einzelfallabhängig. Seine Antwort beschwört wieder die **Rationalität der Jurisprudenz.** Diese Ratio verbürgen die *canones*, indem sie dem juristischen Diskurs Struktur und Gliederung geben, weil die kanonisierte Methode Maßgebliches von Unerheblichem trennt und das gegebene juristische Material systematisiert.[39] Als Denkbehelfe erleichtern sie dem Ausleger die Entscheidung und entlasten ihn von weiterer Begründungen.[40] Der tradierte *canon* beansprucht per se Legitimität, auch wenn er kein Ergebnis vollständig determiniert.

1002   Canaris bleibt aber nicht bei dieser Deutung der Auslegungs*canones* als abzuwägenden und hierarchielosen Argumenten stehen. Er ergänzt sie um ein zweites Element:

> „Zum zweiten sollte man stets, wenigstens ‚im Hinterkopf', eine **teleologische Plausibilitätskontrolle** durchführen; denn sonst droht ‚öde Buchstabenjurisprudenz' und damit die Gefahr, daß die Lösung des Problems nicht überzeugungskräftig begründet wird oder daß gar die eigentliche Schwierigkeit überhaupt nicht in den Blick kommt."[41]

1003   Den „klassischen" Methoden wird eine teleologische Kontrolle nachgeschaltet. Doch bei dieser handelt es sich nicht um allgemeine „objektiv-teleologische" Überlegungen. Canaris hatte solche zuvor als missbrauchsanfällig unter Generalverdacht gestellt.[42] Er fordert keine scharfe *Richtigkeitskontrolle*, die die *canones* aus einem Vorverständnis heraus „steuert" oder formt.[43] Dem Rechtsfindungsprozess solle „nicht mehr als eine *teleologische Plausibilitätskontrolle*" nachgeschaltet werden. Allein das gefundene und bereits begründete Ergebnis müsse „teleologisch gegen den Einwand der Unvernünftigkeit" und „untragbare *Wertungswidersprüche*" abgesichert werden.[44] Der Recht suchende Jurist soll also, nachdem ihn die kanonische *ars iuris* zum Recht geführt hat, noch einmal innehalten und räsonieren, ob er nicht doch Unrecht ins Recht getragen habe. Aber anhand von welchen (rationalen) Maßstäbe könnte er dies tun?

---

38   Siehe *Canaris*, Grundrechte (1999, Fn. 37), S. 73 f. mit Verweis auf *Leisner*, „Abwägung überall", in: NJW 50 (1997), 636–639 u. auf *ders.*, Der Abwägungsstaat, Verhältnismäßigkeit als Gerechtigkeit?, Berlin 1997. Siehe weiter auch die Kritik bei *Canaris*, Grundrechtswirkungen (1989, Fn. 18), 167, 169 f.; *ders.*, Das Recht auf *Meinungsfreiheit* gemäß Art. 5 Abs. 1 GG als Grundlage eines arbeitsrechtlichen Kontrahierungszwangs. Gedanken anläßlich der Entscheidung des Bundesverfassungsgerichts im „Schülerzeitungsfall", in: Freiheit und Eigentum. Festschrift für Walter Leisner zum 70. Geburtstag, hg. v. Isensee u.a., Berlin 1999, S. 413–436, 432.
39   Siehe *Canaris*, Auslegung (2004, Fn. 24), S. 144.
40   Siehe *Canaris*, Gemeinsamkeiten (2006, Fn. 24), S. 45.
41   *Canaris*, Rangverhältnis (1999, Fn. 24), S. 34. Ähnlich schon in *ders.*, Systemdenken (¹1969 u. ²1983, Fn. 3), S. 105 f.: „teleologische Kontrolle" und in *ders.*, Bereicherungsausgleich (1973, Fn. 3), S. 799: „wertungsmäßig kontrolliert"; ähnlich auch in *ders.*, Schadensersatz- und Bereicherungshaftung des Vertretenen bei Vertretung ohne Vertretungsmacht – BGH, NJW 1980, 115, in: NJW 33 (1980), 332–335, hier 334.
42   Siehe *Canaris*, Rangverhältnis (1999, Fn. 24), S. 39. Zur Kritik an der ‚objektiven Auslegung' (auch und gerade gegen Canaris) *Rüthers*, Anleitung zum fortgesetzten methodischen Blindflug, in: NJW 49 (1996), 1249–1253, 1252; *ders.*, Wer schafft Recht? – Methodenfragen als Macht- und Verfassungsfragen, in: JZ 50 (1995), 995–997, 997, insb. Fn. 6 u. schließlich *ders.*, Methodenrealismus in Jurisprudenz und Justiz, in: JZ 61 (2006), 53–60, 56 f.
43   In diese Richtung geht wohl auch der Vorschlag von *Esser* (1970, Fn. 30), S. 130–142 u. insb. S. 123: „An alledem wird deutlich ..., daß er [sc. der Rechtsanwender] seine Methodenwahl aus einer teleologischen Richtigkeitskontrolle des Ergebnisses unter dem Gesichtspunkt der Akzeptierbarkeit in einer gegebenen Sozialordnung her steuert". Komplizierter ist das Verhältnis von Methode, Dogmatik und „Richtigkeit" bei *Alexy*, Theorie der juristischen Argumentation, Frankfurt am Main 1983 (1. Aufl. 1978), S. 334: „Dogmatisches Argumentieren ist vernünftig, solange die Rückkoppelung an die allgemeine praktische Argumentation nicht verloren geht.".
44   Siehe *Canaris*, Rangverhältnis (1999, Fn. 24), S. 37 u. weiter S. 38, 41, 48. Hervorhebungen im Original.

Seinecke

Das dritte Element dieser Auslegungslehre bilden „**Gewichtungsregeln**".[45] Sie ergänzen die zunächst hierarchielosen Auslegungsregeln um eine, wenn auch für den Einzelfall offene, Rangordnung. In einem zweistufigen Auslegungsmodell, das die allgemeine Geltung der *canones* von ihrer konkreten Anwendung im Fall unterscheidet, führt Canaris einen „prima facie Vorrang" ein:[46]

    1004

> „Auf der ersten (scil. Stufe) kann man einem Auslegungsmittel abstrakt ein prinzipiell höheres oder niedrigeres Gewicht als einem anderen zuerkennen, auf der zweiten ist dann das konkrete Gewicht zu bestimmen, das dem betreffenden Kriterium nach dem Grad seiner jeweiligen Überzeugungskraft im Rahmen der fraglichen Problemlösung zukommt, wobei in die abschließende Abwägung sowohl das abstrakte als auch das konkrete Gewicht eingeht."[47]

Wieder lautet das zentrale Methodenstichwort „Abwägung". Und wieder versucht Canaris dieser potentiell methodischirrationalen Abwägung eine Struktur zu geben, indem er **zwei Abwägungsebenen** voneinander trennt. Auf der abstrakten Ebene setzt Canaris die Auslegungs*canones* nun doch zueinander ins Verhältnis: Zunächst komme „*teleologischen Gesichtspunkten das größte Gewicht*" zu,[48] während „*dem Wortlaut des Gesetzes grundsätzlich ein besonders hohes Gewicht*" zuzusprechen sei.[49] Schließlich besitze „*ein Argument aus dem ,äußeren' System des Gesetzes als solches anerkanntermaßen nur ein sehr geringes Gewicht*".[50] Und gleiches gelte für das „historische" Argument.[51] Auf der Abwägungswaage zählen also das *telos* als Schwergewicht, das *Wort* als Mittelgewicht, schließlich das „*äußere System*" und die *Geschichte* als Leichtgewichte.

    1005

---

45 Von einer „Gewichtungsregel" spricht Canaris erst seit kurzem, siehe *Canaris*, Gemeinsamkeiten (2006, Fn. 24), S. 45 f. Einen ähnlichen Vorschlag unterbreitet er aber schon vorher für die Grundrechtsdogmatik, siehe *ders.*, Grundrechtswirkungen (1989, Fn. 18), S. 164. Hier plädiert er gegen eine „*einzelfallbezogene* Abwägung" und für „generelle und abstrakte Vorrangentscheidungen".

46 Canaris schließt sich ausdrücklich dem von Alexy geprägten Begriff an, siehe *Canaris*, Gemeinsamkeiten (2006, Fn. 24), S. 45 f. mit Verweis auf *Alexy*, Juristische Interpretation, in: Recht, Vernunft, Diskurs, Frankfurt am Main 1995, S. 71–92, 89 f.

47 *Canaris*, Gemeinsamkeiten (2006, Fn. 24), S. 45. Trotz dieses hier deutlichen Rangverhältnisses, kann nicht abschließend festgestellt werden, ob Canaris hier die Gleichwertigkeit der *canones* verabschiedet. Canaris äußert sich in diesem Punkt widersprüchlich. Er schreibt mehrfach, dass die *canones* sich „*grundsätzlich auf derselben Rangebene*" befänden, siehe *Canaris*, Rangverhältnis (1999, Fn. 24), S. 59; *ders.*, Auslegung (2002, Fn. 18), S. 65. Genauso schreibt Canaris: „Eine generelle Reihenfolge kann es daher zwischen den ‚klassischen' Auslegungskanones so wenig geben wie sonst zwischen Argumentationstypen, da zwangsläufig mal der eine und mal der andere eine größere Überzeugungskraft und daher ein höheres Gewicht im Abwägungsprozess besitzt", siehe *Canaris*, Auslegung (2004, Fn. 24), S. 144. Hervorhebungen getilgt. Unklar bleibt auch, ob Canaris mit der „generellen Reihenfolge" auf einen abstrakten Vorrang im Sinne einer „Gewichtungsregel" zielt oder doch mehr eine „zwingende" Vorrangregel im Sinn hat. Die sich widersprechenden Textstellen müssen wohl so gedeutet werden: Canaris lehnt eine *zwingende* Rangfolge der *canones* ab, nimmt aber eine *generelle* Gewichtung vor, die dann im *Einzelfall* neu und konkret zu bestimmen ist.

48 Siehe *Canaris*, Rangverhältnis (1999, Fn. 24), S. 58. Schärfer im Sinne einer „Vorrangregel" *ders.*, Problematik (1998, Fn. 24), S. 30; ähnlich *ders.*, Gemeinsamkeiten (2006, Fn. 24), S. 45. Gegen einen „*Grundsatz vom Vorrang des ,eindeutigen' Wortlauts gegenüber teleologischen Gesichtspunkten*" siehe *ders.*, Die Bedeutung allgemeiner Auslegungs- und Rechtsfortbildungskriterien im *Wechselrecht*, in: JZ 42 (1987), 543–553, 553, 544 ff., 549. In diese Richtung weist auch seine Kritik an BGH VI ZR 285/91 vom 14.4.1992, siehe *Canaris*, Vorrang (1992, Fn. 36), S. 1118: „Überbetonung begrifflicher Aspekte und das Fehlen einer teleologischen Fundierung". Siehe schließlich auch *ders.*, Systemdenken (¹1969 u. ²1983, Fn. 3), S. 91.

49 Siehe *Canaris*, Gemeinsamkeiten (2006, Fn. 24), S. 45; siehe weiter auch *ders.*, Rangverhältnis (1999, Fn. 24), S. 41; *ders.*, Auslegung (2004, Fn. 24), S. 144. Anders noch in *ders.*, Bereicherungsausgleich (1973, Fn. 3), S. 805 u. S. 862: „Im übrigen sind bloße Wortlautargumente ohnehin wenig befriedigend ...".

50 Siehe *Canaris*, Gemeinsamkeiten (2006), Fn. 24), S. 45; siehe weiter auch *ders.*, Rangverhältnis (1999, Fn. 24), S. 41.

51 Siehe *Canaris*, Wechselrecht (1987, Fn. 48), 549.

Seinecke   357

Trotz dieses abstrakten Vorrangs des *telos* aber gilt, dass dem Ausleger *„grundsätzlich nicht die Befugnis"* zustehe, *„sich über das Ergebnis von grammatischer, systematischer und historischer Auslegung unter Berufung auf ‚objektiv-teleologische' Kriterien hinwegzusetzen."*[52]

1006 Nachdem Canaris das Zusammenspiel von abwägender Auslegung und Plausibilität durch die nur *prima facie* verbindlichen Gewichtungsregeln ergänzt und dadurch weiter rationalisiert hat, führt er mit den „Kollisions-" oder **„Vorrangregeln"** schließlich das vierte Element seiner Auslegungslehre ein.[53] Anders als bei den allgemeinen *canones* oder Gewichtungsregeln handelt es sich hierbei um eindeutige und klare Regeln. „Vorrangregeln" seien „einer Abstufung, Gewichtung oder Abwägung weder bedürftig noch auch nur zugänglich", man könne sie „entweder anerkennen oder ablehnen",[54] sie erzwängen „eine Ja-Nein-Entscheidung".[55] Bei ihnen handelt es sich also um alternativlose Regeln, nicht um nur unbestimmte und abzuwägende Prinzipien.[56] Ist die „Vorrangregel" anwendbar, bestimmt allein sie über das Ergebnis der Auslegung. Canaris nennt verschiedene Beispiele dieser sehr speziellen und scharfen Regeln,[57] etwa der „Zweck des Gesetzes geht seinem Wortlaut vor, soweit nicht ein Rechtsfortbildungsverbot entgegensteht"[58] oder „Vorrang der im Gesetz zum Ausdruck gekommenen Regelungsabsicht der Gesetzesverfasser gegenüber objektiv-teleologischen Kriterien"[59] oder schließlich „Vorrang des Gesetzeswortlauts vor gegenläufigen Zwecken bei Fehlen eines Auslegungsspielraums und einer Lücke".[60]

III. Verfassung und europäische Richtlinien

1007 Canaris' Methodenlehre macht nicht an den Grenzen des Privatrechts halt. Die mittlerweile klassischen Probleme im Verhältnis von Verfassung und Privatrecht bedenkt er in seinen Direktiven der Interpretation genauso wie die neueren europäischen Perspektiven, vor denen sich das Privatrecht nicht verschließen kann. Zu den scharfen „Vorrangregeln"

---

52 Siehe *Canaris*, Rangverhältnis (1999, Fn. 24), S. 39. Aber auch Canaris bedient sich dieses methodischen Jokers und postuliert an anderer Stelle sogar dessen „grundsätzlichen Vorrang", siehe *ders.*, Wechselrecht (1987, Fn. 48), 547.

53 Die „Vorrangregel" entwickelt Canaris zunächst in den späten 1990er Jahren, siehe *Canaris*, Rangverhältnis (1999, Fn. 24), S. 25 ff. u. *ders.*, Problematik (1998, Fn. 24), S. 11 ff. Siehe zu diesen weiter auch *ders.*, Auslegung (2004, Fn. 24), S. 141 ff.; *ders.*, Auslegung (2002, Fn. 18), S. 47 ff. u. schließlich *ders.*, Gemeinsamkeiten (2006, Fn. 24), S. 46.

54 Siehe *Canaris*, Rangverhältnis (1999, Fn. 24), S. 59.

55 Siehe *Canaris*, Auslegung (2004, Fn. 24), S. 145 u. *ders.*, Auslegung (2002, Fn. 18), S. 66.

56 Canaris verweist auf die Ähnlichkeit dieses Modells mit der Unterscheidung von *principles* und *rules* bei *Dworkin*, Bürgerrechte ernstgenommen, Frankfurt am Main 1984 (zuerst 1977 im Engl.), S. 54 ff. wie bei *Alexy*, Rechtsregeln und Rechtsprinzipien, in: Geltungs- und Erkenntnisbedingungen im modernen Rechtsdenken (=ARSP Beiheft 25), hg. v. MacCormic u.a., Stuttgart 1985 u. *ders.*, Theorie der Grundrechte, Frankfurt am Main 1994 (1. Aufl. 1985), S. 71 ff., siehe *Canaris*, Auslegung (2002, Fn. 18), S. 65 f., Fn. 78; *ders.*, Auslegung (2004, Fn. 24), S. 145, Fn. 13 u. *ders.*, Rangverhältnis (1999, Fn. 24), S. 59, Fn. 92.

57 Canaris spricht aber von einem noch bestehenden erheblichen Forschungsbedarf, siehe *Canaris*, Rangverhältnis (1999, Fn. 24), S. 60.

58 Siehe *Canaris*, Rangverhältnis (1999, Fn. 24), S. 51 f. Unklar bleibt, ob *Canaris* sich nur auf „subjektiv-teleologische" (also historische) Zwecke beschränkt oder dies tatsächlich als allgemeine ‚Zweck-vor-Wort-Formel' meint. Gegen eine absolute Herrschaft des *telos* spricht, dass Canaris diesen allgemeinen Zweckvorrang in einer späteren Aufzählung von „Vorrangregeln" nicht mehr nennt, siehe *ders.*, Auslegung (2002, Fn. 18), S. 66. Anders klingt dies jedoch noch in *ders.*, Wechselrecht (1987, Fn. 48), 547. Dort spricht Canaris vom „grundsätzlichen Vorrang objektiv-teleologischer Kriterien vor der Wortlautinterpretation".

59 Siehe *Canaris*, Rangverhältnis (1999, Fn. 24), S. 53–55 u. weiter *ders.*, Auslegung (2002, Fn. 18), S. 66.

60 Siehe *Canaris*, Rangverhältnis (1999, Fn. 24), S. 56 f. u. weiter *ders.*, Auslegung (2002, Fn. 18), S. 66.

zählt Canaris deshalb insbesondere auch die **verfassungskonforme Auslegung.**[61] Er führt sie zunächst als Variante der systematischen Auslegung und des objektiven *telos'* der Rechtsordnung ein.[62] Ihren Anwendungsbereich umreißt Canaris scharf:

> „Für den Begriff der verfassungskonformen Auslegung bedeutet das, daß man von einer solchen nur dann und immer dann sprechen sollte, wenn es eine verfassungswidrige Auslegungsvariante gibt und es also um die Entscheidung zwischen dieser und einer verfassungsgemäßen Auslegungsvariante geht."[63]

Deutlich gewährt Canaris der verfassungskonformen Auslegung Vorrang vor jeder nicht verfassungskonformen Auslegung. Dadurch aber wird die verfassungskonforme Auslegung als **Metaregel** zu einer genuinen Rechtsnorm, deren Geltungsvorrang zusätzlicher Begründung bedarf.[64] Zu ihrer Legitimierung genügt Canaris der bloße Verweis auf einen formalen „Stufenbau der Rechtsordnung" á la Kelsen nicht.[65] Diese findet Canaris vielmehr im Spiel und der Balance der Gewalten:

> „Das Gebot der verfassungskonformen Auslegung soll die Autorität und die Autonomie des Gesetzgebers vor Übergriffen der Rechtsprechung schützen und dient damit letztlich einer *funktionsgerechten Abgrenzung der Kompetenzen dieser beiden Staatsgewalten.*"[66]

Die Logik dieser Begründung ist eine dialektische. Durch judikative Korrekturen an legislativen Akten sollen die „Autorität" und „Autonomie" des Gesetzgebers gewahrt werden. Die Judikative bewahrt die Legislative durch *kleine Eingriffe* vor *großen Übergriffen* und entlastet damit Gesetze vom drohenden „Verdikt der Verfassungswidrigkeit".[67] Die Rechtsprechung schützt hier nicht das Recht, sondern die Legislative – eine merkwürdige Begründung.

Auch die **richtlinienkonforme Auslegung** bildet wie schon die verfassungskonforme eine „Vorrangregel". Und für sie gilt im Falle der Kollision einer richtlinienkonformen und einer nicht richtlinienkonformen Auslegung ebenfalls der Vorrang des ,höheren' Rechts. Doch die richtlinienkonforme Auslegung gewinnt ihre Legitimation anders als die verfassungskonforme nicht als „Mittel zur Normerhaltung".[68] Es ist der „Vorrang des Gemeinschaftsrechts",[69] der ihre normprägende Kraft rechtfertigt und sie damit zu einem Mittel der europäischen „Normdurchsetzung" macht.[70]

Doch nicht nur die unterschiedliche Legitimation („Normerhaltung"/„Normdurchsetzung") von richtlinien- und verfassungskonformer Auslegung unterscheidet beide. Sie unterliegen zudem verschiedenen Grenzgesetzen. Diese methodischen Direktiven ihrer Grenzregimes bringen die ,klassischen' *canones* im Rahmen der beiden ,Konformitäts'-

---

61 Siehe *Canaris*, Rangverhältnis (1999, Fn. 24), S. 52 f. u. weiter *ders.*, Auslegung (2002, Fn. 18), S. 66.
62 Siehe *Canaris*, Auslegung (2004, Fn. 24), S. 154.
63 *Canaris*, Auslegung (2004, Fn. 24), S. 154.
64 Siehe *Canaris*, Rangverhältnis (1999, Fn. 24), S. 60; *ders.*, Auslegung (2002, Fn. 18), S. 67 u. *ders.*, Problematik (1998, Fn. 24), S. 31.
65 Siehe *Canaris*, Auslegung (2004, Fn. 24), S. 147 f.; *ders.*, Gemeinsamkeiten (2006, Fn. 24), S. 42. Zum „Stufenbau der Rechtsordnung" grundsätzlich *Kelsen*, Reine Rechtslehre, 1. Aufl. Leipzig u.a. 1934, S. 62 ff., 2. Aufl. 1960, S. 228 ff.
66 *Canaris*, Auslegung (2004, Fn. 24), S. 149. Hervorhebungen im Original.
67 Siehe *Canaris*, Auslegung (2004, Fn. 24), S. 151.
68 Siehe *Canaris*, Gemeinsamkeiten (2006, Fn. 24), S. 42 u. 44.
69 Siehe *Canaris*, Auslegung (2002, Fn. 18), S. 68.
70 Siehe *Canaris*, Gemeinsamkeiten (2006, Fn. 24), S. 44.

Auslegungen wieder zurück ins Auslegungsspiel.[71] Zwar werden beide von dem „Doppelkriterium" von „Wortlaut und Zweck" in ihre Schranken gewiesen,[72] doch mit diesem Kriterium gehen verschiedene Rechtsfolgen einher. Während die Verfassung hinter dieser Grenze mit der Kassation des Gesetzes droht,[73] ist die europäische Richtlinie grundsätzlich auf die *lex lata* beschränkt.[74] Sie kann eine Rechtslage nur interpretieren, aber kein neues Recht schaffen, auch nicht indem sie ein Gesetz oder eine bestehende Regelung verwirft. Damit bilden beide hinter der Grenze des Normtextes keine neuen Normen, sondern modifizieren nur das Bestehende.

1012 Schließlich gibt Canaris auch für den **Kollisionsfall von nationaler Verfassung und europäischer Richtlinie** methodische Direktiven. *Prima facie* eindeutig löst Canaris diesen Zwist:

> „Dabei geht die richtlinienkonforme Auslegung grundsätzlich der verfassungskonformen Auslegung vor .... Ist also das Ergebnis einer Auslegung des einfachen Rechts zwar verfassungs-, nicht aber richtlinienkonform, ... so muß man versuchen, die Verfassung ihrerseits richtlinienkonform auszulegen."[75]

1013 Das klingt eindeutig. Die Richtlinie geht der Verfassung vor. Doch auch diese eindeutige Bestimmung holt Canaris dialektisch zugunsten der Verfassung wieder ein. Die Richtlinie könne kein verfassungsrechtliches *contra ius* erzwingen.[76] Sie dient nur als *abzuwägendes Argument* bei der Interpretation der Verfassung. Kommt es also ‚hart auf hart' bleibt nur der Appell an den Verfassungsgeber, aber keine judikative Kompetenz. Canaris hält an der Verfassung als letztem Maß des nationalen Rechts fest.

IV. Verfassung und Privatrecht

1014 Canaris setzt sich nicht nur methodisch mit dem Verhältnis von Verfassung und Privatrecht auseinander. Seine Perspektive ist eine umfassende und er beleuchtet auch das dogmatische Verhältnis von Verfassung und Privatrecht grundlegend. Diese Arbeiten bezeugen wieder die scharfe und rationale Klarheit seines Denkens.[77] Seine detailreichen Studien zu dieser Gretchenfrage des Privatrechtlers: „Nun sag, wie hast du's mit der Verfassung?",[78] können hier aber nur im Stakkato wiedergeben werden.

---

71 Siehe *Canaris*, Gemeinsamkeiten (2006, Fn. 24), S. 46.
72 Siehe *Canaris*, Auslegung (2004, Fn. 24), S. 158 f. u. *ders.*, Auslegung (2002, Fn. 18), S. 70 u. 73.
73 Siehe *Canaris*, Gemeinsamkeiten (2006, Fn. 24), S. 59.
74 Siehe *Canaris*, Auslegung (2002, Fn. 18), S. 80. Skepsis gegenüber der europarechtlichen Rechtsvereinheitlichung durch den EuGH äußert er in *ders.*, Der EuGH als zukünftige privatrechtliche Superrevisionsinstanz?, in: EuZW 5 (1994), 417.
75 *Canaris*, Auslegung (2002, Fn. 18), S. 80.
76 Siehe *Canaris*, Auslegung (2002, Fn. 18), S. 80.
77 Zu diesem Themenkreis insb. *Canaris*, Grundrechte (1999, Fn. 37); *ders.*, Grundrechte (1984, Fn. 18). Vgl. weiter auch die Diskussion zwischen *Schwabe*, Grundrechte und Privatrecht, in: AcP 185 (1985), S. 1–8 u. *Canaris*, Erwiderung, in: AcP 185 (1985), S. 9–13. Weiter auch *ders.*, Grundrechtswirkungen (1989, Fn. 18), S. 161–172 u. *ders.*, Verstöße (1987, Fn. 18). Hierzu die Entgegnungen von *Ramm*, Drittwirkung und Übermaßverbot, in: JZ 43 (1988), 489–493 und *Wieser*, Verstößt § 105 BGB gegen das verfassungsrechtliche Übermaßverbot?, in: JZ 43 (1988), 493 f. und das Schlusswort von *Canaris*, Zur Problematik von Privatrecht und verfassungsrechtlichem Übermaßverbot, in: JZ 43 (1988), 494–499. Zum Übermaßverbot am Beispiel der Vertragsfreiheit siehe *ders.*, Verfassungs- und europarechtliche Aspekte der Vertragsfreiheit in der Privatrechtsgesellschaft, in: Wege und Verfahren des Verfassungslebens. Festschrift für Peter Lerche zum 65. Geburtstag, hg. v. Badura u.a., München 1993, S. 874–891.
78 So *Fezer*, Diskriminierende Werbung – Das Menschenbild der Verfassung im Wettbewerbsrecht, in: JZ 53 (1998), 265–275, 267.

Die **Legislative** sieht Canaris als unmittelbar an die Grundrechte gebunden. Das gilt selbstverständlich auch für den „Privatrechtsgesetzgeber".[79] Die „mittelbare" Drittwirkung hingegen erscheint ihm als „mysteriöses" Konzept.[80] Er entwickelt dazu eine eigene Lehre. Den ersten Schritt zur unmittelbaren Bindung begründet Canaris eindeutig mit Hilfe der *canones*: Der Wortlaut von Art. 1 Abs. 3 GG sei deutlich, das Ergebnis zugleich objektiv-teleologisch gerechtfertigt[81] und schließlich historisch wie systematisch abgesichert.[82]

1015

Gleichermaßen gilt die unmittelbare Bindung auch für die **Judikative**. Dies folge „nicht schon allein" aus der ausdrücklichen Bindung der Richter in Art. 1 Abs. 3 GG.[83] Vielmehr würden die „Gesetze" erst von der „Rechtsprechung mit konkretem Inhalt" gefüllt, so dass erst die Judikative einen effektiven Grundrechtsschutz ermöglichen könne.[84] Als Konsequenz gilt dann: „Die als Norm gedachte ratio decidendi unterliegt ... der Bindung an die Grundrechte in ihren ‚normalen' Funktionen als Eingriffsverbote und Schutzgebote".[85]

1016

Die Bindung der **Privatrechtssubjekte** konstruiert Canaris hingegen nicht unmittelbar, sondern nur auf Umwegen.[86] Im privaten Raum wirkten Grundrechte nur in ihrer Funktion als Schutzgebote.,[87] Dem Staat obliege die „Pflicht ... den einen Bürger gegenüber dem anderen Bürger vor einer Verletzung seiner grundrechtlich gewährleisteten Güter zu schützen".[88] Die „bildhafte Wendung" der „Ausstrahlungswirkung" weist Canaris, wie schon die „mittelbare Drittwirkung" als „dunkle Lehre" zurück. Sie stelle „wegen der damit verbundenen Vagheit dogmatisch gesehen nicht mehr als eine Verlegenheitslösung" dar.[89] Als Folge konstatiert Canaris eine schwächere Wirkung der Grundrechte im Rahmen des Privatrechts.[90] **Dogmatisch** seien nach der Tatbestandseröffnung des Grundrechts die staatlichen Schutzpflichten in einem **abwägenden Zusammenspiel** der relevanten Faktoren zu ermitteln. Zu diesen zählt Canaris die Rechtswidrigkeit des Eingriffs, die Gefährdung des grundrechtlich geschützten Guts, die Angewiesenheit des privaten Subjekts auf das Grundrechtsgut, den Rang und die Art des Grundrechts, die Schwere des Eingriffs, die Intensität der Gefährdung etc.[91] Mit anderen Worten: Maßgeblich ist ein „*bewegliches System*" von Schutzpflichtelementen.[92] Dabei weist Canaris

1017

79 Siehe *Canaris*, Grundrechte (1999, Fn. 37), S. 16 ff., 21 f., 91 u. weiter auch *ders.*, Grundrechte (1984, Fn. 18), S. 245; *ders.*, Grundrechtswirkungen (1989, Fn. 18), 162 u. schließlich *ders.*, Verstöße (1987, Fn. 18), 993 f.
80 Siehe *Canaris*, Grundrechte (1984, Fn. 18), S. 212 u. *ders.*, Grundrechte (1999, Fn. 37), S. 16.
81 Siehe *Canaris*, Grundrechte (1999, Fn. 37), S. 11, 14 u. 91 u. weiter *ders.*, Grundrechte (1984, Fn. 18), S. 203 ff.
82 Siehe *Canaris*, Grundrechte (1999, Fn. 37), S. 11 ff. u. 91.
83 Siehe *Canaris*, Grundrechte (1999, Fn. 37), S. 92.
84 Siehe *Canaris*, Grundrechte (1999, Fn. 37), S. 23 ff. u. 92; siehe weiter auch *ders.*, Grundrechtswirkungen (1989, Fn. 18), 162.
85 Siehe *Canaris*, Grundrechte (1999, Fn. 37), S. 92.
86 Siehe *Canaris*, Grundrechte (1999, Fn. 37), S. 33 ff. u. 93 u. weiter *ders.*, Grundrechtswirkungen (1989, Fn. 18), 162; *ders.*, Meinungsfreiheit (1999), Fn. 38), 417.
87 Siehe *Canaris*, Grundrechte (1999, Fn. 37), S. 37 ff. u. 93; vgl. auch *ders.*, Grundrechte (1984, Fn. 18), S. 225 ff. u. 245 u. schließlich *ders.*, Meinungsfreiheit (1999), Fn. 38), S. 418 f., 421 ff.
88 Siehe *Canaris*, Grundrechte (1999, Fn. 37), S. 94.
89 Siehe *Canaris*, Grundrechte (1999, Fn. 37), S. 93, 32 u. ausführlich S. 30 ff.; siehe weiter *ders.*, Grundrechtswirkungen (1989, Fn. 18), 164 u. 167 u. *ders.*, Meinungsfreiheit (1999), Fn. 38), S. 430.
90 Siehe *Canaris*, Grundrechte (1999, Fn. 37), S. 43 ff. u. 91 u. am Beispiel *ders.*, Meinungsfreiheit (1999), Fn. 38), S. 432.
91 Siehe *Canaris*, Grundrechte (1999, Fn. 37), S. 74 ff., 78 ff. u. 97 f.; siehe weiter auch *ders.*, Grundrechtswirkungen (1989, Fn. 18), 163.
92 Siehe *Canaris*, Grundrechte (1999, Fn. 37), S. 80, 98 u. 78 ff.

aber darauf hin, dass die Verwirklichung der Schutzpflichten grundsätzlich im einfachen Recht erfolge[93] und der Legislative hierbei ein Umsetzungs-„Spielraum" verbleibe.[94]

V. Auslegung und Zivilrecht

1018   Trotz kleinerer Brüche fügt sich Canaris' Auslegungslehre also zu einem stimmigen und komplexen System zusammen. Dieses aber zehrt von einer nur schwer zu durchdringenden dialektischen und beweglichen Plausibilität. Die klassischen *canones* begreift Canaris zunächst als „**Argumente**". Sie gewährleisten der juristischen Argumentation Rationalität, indem sie ihr Diskurs*formeln* zur Verfügung stellen. Canaris ordnet die Kraft dieser „Argumente" sogar mit Hilfe von „**Gewichtungsregeln**". Als Schwergewicht benennt er das *telos*, dann als Mittelgewicht den Wortlaut und als Leichtgewichte die Geschichte wie das äußere System. Scharfe „**Vorrangregeln**" formulieren demgegenüber eindeutige Normen, die dem Interpreten in der Kollision bestimmter Auslegungsmethoden kein Ermessen und keine Wahl lassen. Sie finden aber nur in sehr speziellen Fällen Anwendung. Dieses Methodengericht schmeckt Canaris noch mit Hilfe einer „**teleologischen Plausibilitätskontrolle**" ab, die vorsichtig nach groben Ungerechtigkeiten Ausschau hält. Die Maßstäbe dafür verrät Canaris nicht.

1019   Die **formale Rationalität** der *canones* unterlegt Canaris mit einer zweiten teleologischen oder **wertverbundenen Rationalität**. Nur im Einzelfall können die kanonischen Regeln als Argumente gewichtet werden – doch dieser Abwägung fehlt es an methodisch überprüfbaren Regeln. Auch die immerhin *prima facie* geltenden „Gewichtungsregeln" helfen nicht. Sie bestimmen nur allgemeine Direktiven, die im konkreten Fall immer wieder neu verhandelt werden. In der Entscheidung wirken die Argumente wie in einem „**beweglichen System**" zusammen und formen Ergebnisse immer nur *ad hoc*. Zudem adelt Canaris das unbestimmte und kaum beherrschbare *telos* der Normen zum höchsten *canon*. In einer ähnlichen Figur rekonstruiert Canaris auch das dogmatische Verhältnis der **Grundrechte zum Privatrecht**. Während er die privatrechtliche Wirkung von Grundrechten dogmatisch streng nur in ihrer Funktion als „Schutzgebote" zulässt, wird die konkrete „Schutzbedürftigkeit" in einem vagen „beweglichen System" rekonstruiert.

1020   Diese **Dialektik zweier Rationalitäten** prägt schließlich auch die Bestimmung des Verhältnisses von Privatrecht und Verfassung oder europäischen Richtlinien. An den Grenzen des Zivilrechts dienen die klassischen Methoden als Hüter des Privatrechts. Trotz des Vorrangs von Verfassung und Richtlinie können Richter und Dogmatiker das „Doppelkriterium" von „Wortlaut und Zweck" immer wieder gegen die öffentlich-rechtlichen Imperative ausspielen. Die Verfassung führt im Falle des Widerspruchs nur zur Derogation der Norm und Richtlinien kommen nicht über die *lex lata*-Grenze der Norm hinweg. Damit entfalten beide ihre Wirkungen nur innerhalb des (privatrechtlich ermittelten) Wortlauts und Zwecks der Norm. Überschreiten sie ihn, verlieren sie ihre rechtliche Macht und die Fortbildung des Privatrechts folgt den **Logiken des Privaten**.

1021   In der **Fortbildung des Privatrechts** verlagert Canaris nun das Gewicht seiner „doppelten Rationalität" weiter in die Tiefen eines innerlichen Rechts. Als „doppelte Rationalität" steht sie den unendlichen Räumen der Irrationalität ohnehin schon nahe. Das im Rahmen der Auslegung zunächst noch ausgeglichene „Spiel" einer kanonisch-methodischen und einer argumentativ-abwägenden Rationalität tritt nun endgültig in den rechtlich unbe-

---

93   Siehe *Canaris*, Grundrechte (1999, Fn. 37), S. 80 ff; siehe auch *ders.*, Grundrechte (1984, Fn. 18), S. 227.
94   Siehe *Canaris*, Grundrechte (1999, Fn. 37), S. 83 ff., 62 ff., 98.

stimmten Raum der Prinzipien und ihrer Wirklichkeit. Canaris' dialektische Methode des Rechts, in der Richter und dogmatische Wissenschaft an einem Strang ziehen, und gemeinsam „Recht fertigen" gelangt hier zu ihrem Höhepunkt.[95]

VI. Rechtsprinzipien und Rechtsfortbildung

Mit dem Thema Rechtsprinzipien und Rechtsfortbildung befasst sich Canaris schon in seiner Dissertation und in seinem Habilitationsvortrag. Die Schriften zur „Feststellung von Lücken im Gesetz" und zu „Systemdenken und Systembegriff in der Jurisprudenz" entwerfen eine klar konturierte Prinzipien- und Rechtsfortbildungslehre, die weit über das (rein) positive Recht hinausgeht.[96] Auch sie profitieren von seiner analytischen Schärfe, die jedoch gleichzeitig von den dunklen Seiten jeder Prinzipienlehre ablenkt.

1022

Den Bereich der Rechtsfortbildung umreißt Canaris deutlich. Scharf grenzt er die **Rechtsfortbildung** *praeter legem* von der Auslegung einerseits und der unzulässigen Rechtsanwendung *contra legem* andererseits ab. Dabei weiß Canaris selbstverständlich um die poröse Grenze zwischen Fortbildung und Auslegung, hält aber an der Unterscheidung als analytischem Werkzeug fest.[97] Klassisch beginnt Canaris seine Rechtsfortbildungslehre mit der **Lücke** als „planwidriger Unvollständigkeit" des positiven Rechts.[98] Die „Unvollständigkeit" scheide die Rechtsfortbildung von der Auslegung, während das „Planwidrige" die Rechtsfortbildung *praeter legem* von der unzulässigen Rechtsschöpfung *contra legem* trenne.[99] Zwei Grenzbegriffe helfen Canaris bei dieser doppelten Abgrenzung: Der **„mögliche Wortsinn"** markiert die Differenz zwischen vollständig und unvollständig, Nichtlücke und Lücke, Auslegung und Fortbildung;[100] das Stichwort **Wertung** ermöglicht die Unterscheidung von planmäßig und planwidrig, *praeter legem* und *contra legem*, zulässiger und unzulässiger Rechtsfortbildung.[101] Diesen Begriff der Wertung aber verwendet Canaris nicht als Leerformel. Der bereits normativ begriffene „Plan" wird am Maßstab des gesamten geltenden Rechts als einer „Gesamtrechtsordnung" ermittelt.[102] Es sind weder singuläre Gesetzeszwecke noch „außer-rechtliche" Wertungen, die diesen Wertungs-Plan bestimmen.[103] Partikulare Gesetzeszwecke gingen eben am (allgemeinen) Recht vorbei und mit dem „Außerrechtlichen" sei das Geschäft des ‚Juristen als solchen' überschritten. Hier beginnen die Politiken des Rechts, wo sich „Fehler" vielleicht feststellen, nicht aber mehr juristisch korrigieren ließen.[104]

1023

Schon in den klaren Grenzziehungen zwischen Recht und Nichtrecht, Auslegung und Fortbildung klingt eine ‚heimliche' Tautologie an. Canaris begreift Rechtsfortbildung

1024

95 Zum Verhältnis von Wissenschaft und Praxis bei Canaris siehe nur den kurzen Artikel von *Canaris/R. Schmidt* (2011, Fn. 11). Zum Begriff der „Recht-Fertigung" siehe *Wiethölter*, Zum Fortbildungsrecht der (richterlichen) Rechtsfortbildung. Fragen eines lesenden Recht-Fertigungslehrers, in: KritV 3 (1988), S. 1–28.
96 Siehe *Canaris*, Lücken (¹1964 u. ²1983, Fn. 3). Zentral ist aber auch die Arbeit zum „Systemdenken und Systembegriff in der Jurisprudenz" (1969 u. ²1983, Fn. 3).
97 Siehe *Canaris*, Lücken (¹1964 u. ²1983, Fn. 3), § 10.
98 Siehe *Canaris*, Lücken (¹1964 u. ²1983, Fn. 3), §§ 3, 19; das positive Recht begreift Canaris hier als Gesetz „innerhalb der Grenzen seines möglichen Wortsinnes" und als Gewohnheitsrecht (ebd.). Skeptisch gegenüber dieser Lückenkonzeption *Herschel*, Rezension zu Canaris' Feststellung von Lücken im Gesetz, in: AuR 14 (1966), 180.
99 Siehe *Canaris*, Lücken (¹1964 u. ²1983, Fn. 3), §§ 6 ff. u. 20 ff.
100 Siehe *Canaris*, Lücken (¹1964 u. ²1983, Fn. 3), §§ 10, 6 u. 8; siehe weiter auch *ders.*, Auslegung (2004, Fn. 24), S. 155 u. *ders.*, Gemeinsamkeiten (2006, Fn. 24), S. 51.
101 Siehe *Canaris*, Lücken (¹1964 u. ²1983, Fn. 3), §§ 20 u. 3 f.
102 Siehe *Canaris*, Auslegung (2002, Fn. 18), S. 84; *ders.*, Lücken (¹1964 u. ²1983, Fn. 3), §§ 28, 29, 34 u. 47.
103 Siehe *Canaris*, Lücken (¹1964 u. ²1983, Fn. 3), § 28. Hervorhebungen getilgt.
104 Siehe *Canaris*, Lücken (¹1964 u. ²1983, Fn. 3), § 21.

als Recht (und nicht als außerrechtliche Rechtsbildung) *durch Recht* (also am Maß der Gesamtrechtsordnung). Findung und Füllung von Lücken laufen bei Canaris parallel und werden letztlich am Maß einer prinzipiellen und überpositiven Rechtsidee festgestellt und ausgefüllt.[105] „Recht als Recht durch Recht" nennt Wiethölter diese Grundtautologie allen Rechts.[106] Doch bei aller Klarheit in Canaris' Werk, gerade diese methodische Tautologie bleibt dunkel. Er expliziert sie nicht, sondern spinnt die Fäden des einfachen Rechts in hermeneutischen Zirkeln bis hoch in die Rechtsidee fort. Dort liegen sie aber nicht in der Hand eines ,souveränen' Volkes, sondern in der Verfügungsgewalt der Experten und Philosophen, eben der guten oder ,richtigen' Juristen.[107]

1025 Diese idealistische Deutung des Rechts als Ausdruck einer höheren Idee bestimmt bei Canaris zudem das **einfache und positive Recht**. Auch dieses wird von Prinzipien getragen. Doch diese liegen nicht an der Oberfläche des Gesetzes, etwa in Form von „prinzipiellen Rechtssätzen".[108] Das positive Gesetz bleibt immer nur Ausdruck einer unausgesprochenen Idee, es formt den äußeren Schein eines tieferen und inneren Seins. Deutlich schreibt Canaris diese metaphysische Vorstellung der „Gewinnung eines allgemeinen Prinzips aus dem positiven Recht" ein:

> „Das positive Recht erschöpft sich nicht in seinen Anordnungen und Einzelwertungen; diese stehen vielmehr vor dem Hintergrunde tiefgreifender Ordnungsgesichtspunkte und Grundwertungen: hinter lex und ratio legis liegt die ratio iuris. Erst dieses ,*innere System*' gewährleistet die Einheit und Folgerichtigkeit einer Rechtsordnung".[109]

1026 Canaris' nähert sich frappierend einem „Jargon der Eigentlichkeit".[110] Im „Hintergrund" des positiven Gesetzes behauptet er eine „tiefgreifende Ordnung". „Grundwertungen" und „ratio iuris" ruhen „hinter" einer nur oberflächlichen „lex" und der „ratio legis". Canaris stellt also nicht den gewillkürten und politisch gesetzten Rechtssatz in das Zentrum des positiven Rechts, sondern bettet ihn in ein **Sinnganzes** ein. Es herrscht das „innere System" unter dem lesbaren und einsehbaren Text.

1027 Diese überpositive Orientierung prägt auch alle Arten von Lücken, die Canaris identifiziert, und damit die ganze Rechtsfortbildung. Selbst in „**Anordnungs- oder Rechtsverweigerungslücken**", die sich aus dem „Geltungsanspruch der Anordnungen des positiven Rechts" ergeben, bleibt das „wertende Element", das bei Canaris stets ein überpositives

---

105 Dies ist eine der wichtigen Pointen der Dissertation von Canaris. Die Feststellung und Ausfüllung von Lücken dürfen nicht als zwei verschiedene Vorgänge betrachtet werden, sondern sind eng ineinander verschlungen. Diese ,innere' Verbindung von Feststellung und Ausfüllung weist Canaris für die verschiedenen von ihm unterschiedenen Lückenarten („Rechtsverweigerungslücken", „teleologische Lücken" und „Prinzip- und Wertlücken") nach, siehe *Canaris*, Lücken (¹1964 u. ²1983, Fn. 3), §§ 136–162.

106 Siehe nur *Wiethölter*, Zur Regelbildung im Dogmatik des Zivilrechts, hg. v. Herberger u.a., Generalisierung und Individualisierung im Rechtsdenken, Stuttgart 1992, S. 222–240, 229 u. *ders.*, Zur Argumentation im Recht: Entscheidungsfolgen als Rechtsgründe, hg. v. Teubner, Entscheidungsfolgen als Rechtsgründe, Baden-Baden 1995, S. 89–120.

107 Selbstverständlich bekennt sich Canaris zum (demokratischen) Volk als Souverän, siehe nur *Canaris/R. Schmidt* (2011, Fn. 11).

108 Zur „Regelungstechnik" der „prinzipiellen Rechtssätze" siehe *Rückert*, Das Bürgerliche Gesetzbuch – ein Gesetzbuch ohne Chance?, in: JZ 58 (2003), 749–760, 753 f.

109 *Canaris*, Lücken (¹1964 u. ²1983, Fn. 3), § 89. Hervorhebungen im Original. Vgl. hierzu weiter auch *ders.*, Systemdenken (¹1969 u. ²1983, Fn. 3), S. 46.

110 Den Begriff prägte *Adorno*, Jargon der Eigentlichkeit, in: *ders.*, Gesammelte Schriften VI, hg. v. Tiedemann, Frankfurt am Main 2003 (zuerst 1964) mit Bezug auf Heidegger.

ist, wenn auch nur „sehr gering", immer vorhanden.[111] Dieses „wertende Element" ist bei den „teleologischen Lücken" selbstverständlich „wesentlich stärker" ausgeprägt.[112] Ihren wertenden und metaphysischen Höhepunkt erreicht die Fortbildungslehre von Canaris jedoch erst in der **Lückenfeststellung aufgrund von „allgemeinen Rechtsprinzipien"**. Hier greift er unmittelbar auf eine „Rechtsidee" und eine „Natur der Sache" zurück.[113] Sowohl die Gewinnung als auch die Legitimation der Rechtsprinzipien hängt an dieser *positiv* unbegreifbaren Rechtsidee. Canaris weiß aber um die Nähe der Prinzipien zu nicht mehr rational kontrollierbaren Werten. Deshalb klammert er sich an seinen Anspruch auf Rationalität und beteuert die Redlichkeit des Prinzips. Seine Hoffnung auf die ‚rational-wertende' Überlegenheit von Prinzipien bleibt ungetrübt:

> „Das Prinzip hält ... gegenüber dem Wert einerseits und dem Begriff andererseits gerade die richtige Mitte: jenem hat es voraus, daß es schon verfestigt genug ist, um bereits eine Aussage über die Rechtsfolge zu enthalten und damit eine spezifisch rechtliche Einkleidung zu besitzen, diesem hat es voraus, daß es noch nicht verfestigt genug ist, um die Wertung zu verdecken."[114]

Das **Prinzip** nimmt die Gestalt einer juristischen Wunderwaffe an. Einerseits ist es eine rechtlich richtungsweisende Direktive, andererseits, anders als Begriffe, weder verfestigt noch verfänglich. Auch geht seine Wertverbundenheit nicht über das Recht, etwa ins Ethische, hinaus, sondern es bewahrt stets ein offenes Ohr für das Richtige. Die vielen Spannungen und Antinomien des Rechts, wie wertverbunden/begrifflich, fest/locker, statisch/dynamisch, ethisch/rechtlich *hebt* das Prinzip einfach in sich *auf*. Das klingt alles wunderbar. Doch genau dies muss skeptisch stimmen.

Canaris belässt es nicht bei diesen Hoffnungen. Den **Begriff des Prinzips** umreißt er mit Hilfe von drei weiteren Charakteristika deutlicher: Erstens gelten Prinzipien nicht ausnahmslos, denn sie können mit anderen Prinzipien in ihrem Wertgehalt kollidieren;[115] zweitens erheben sie keinen „Anspruch auf Ausschließlichkeit", sondern „entfalten ihren eigentlichen Sinngehalt erst in einem Zusammenspiel wechselseitiger Ergänzung und Beschränkung";[116] und drittens bedürfen sie zur „Verwirklichung der Konkretisierung durch Unterprinzipien und Einzelwertungen mit selbstständigem Sachgehalt".[117] In der Horizontalen, also in der Konkurrenz zu anderen Prinzipien, sind sie auf einen permanenten (*prinzipiellen*) Ausgleich angewiesen. In dieser Situation bestehen zwar grundsätzliche Direktiven, diese erhalten ihren *Wert* aber erst im konkreten Fall, im Kampf mit anderen widerstreitenden Prinzipien. In der Vertikalen führen die kollusiven Prinzipien in eine Prinzipienhierarchie (Unterprinzipien, Einzelwertungen). In ihnen gewinnt die Prinzipienvernunft ihre Wirklichkeit. Bereits in diesen Bemerkungen muss Canaris die beschränkte Rationalität der Prinzipien eingestehen. Die Vorgaben, die Prinzipien in ihrem „beweglichen System" aufgeben, bleiben stets unterbestimmt. Auch wenn Prinzi-

111 Siehe *Canaris*, Lücken (¹1964 u. ²1983, Fn. 3), §§ 118 u. 62.
112 Siehe *Canaris*, Lücken (¹1964 u. ²1983, Fn. 3), § 118.
113 Zusammenfassend *Canaris*, Lücken (¹1964 u. ²1983, Fn. 3), § 118.
114 Siehe *Canaris*, Systemdenken, (¹1969 u. ²1983, Fn. 3), S. 52. Hervorhebungen verändert. Siehe auch *ders.*, Lücken (¹1964 u. ²1983, Fn. 3), § 113 u. ferner auch *ders.*, Bereicherungsausgleich (1973, Fn. 3), S. 857.
115 Siehe *Canaris*, Systemdenken (¹1969 u. ²1983, Fn. 3), S. 53 u. weiter *ders.*, Lücken (¹1964 u. ²1983, Fn. 3), § 87.
116 Siehe *Canaris*, Systemdenken (¹1969 u. ²1983, Fn. 3), S. 53 u. 55; siehe weiter auch *ders.*, Lücken (¹1964 u. ²1983, Fn. 3), § 87; *ders.*, Funktion (1993, Fn. 4), 383 u. *ders.*, Theorienrezeption (1992, Fn. 4), S. 74.
117 Siehe *Canaris*, Systemdenken (¹1969 u. ²1983, Fn. 3), S. 57. Hervorhebungen getilgt.

pien eine Richtung vorgeben, sie können den richtigen Weg erst im Angesicht von ‚konkreten' Problemen weisen.

1031 Genauso wie der rationale Gehalt von Prinzipien auf eine zweite Rationalität des Abwägens angewiesen ist, verweisen ihre Legitimität und Episteme auf eine idealistische Metaphysik. Auch die von Canaris vorgestellten **Alternativen der Prinzipiengewinnung** verfangen sich in spekulativen Sprachspielen:

> „Der bloß *negative Schluß*, daß ein Prinzip dem geltenden Recht *nicht widerspreche*, kann indessen noch nicht genügen, um es als Bestandteil desselben nachzuweisen. … Hinzukommen muß daher der *positive Nachweis*, daß ein allgemeines Rechtsprinzip *aus einem besonderen Geltungsgrund* Wirksamkeit beansprucht. Dazu bieten sich hauptsächlich drei Möglichkeiten: Der Schluß, daß ein Prinzip als Bewertungs- oder innerer Ordnungsgedanke dem *positiven Recht immanent* ist und in diesem nur unvollkommen Verwirklichung gefunden hat, die Rückführung eines Prinzips auf die *Rechtsidee* und schließlich seine Gewinnung aus der *Natur der Sache*."[118]

1032 Die zentralen Stichworte der Prinzipiengewinnung lauten also **Immanenz, Idee und Natur.** Auch wenn Canaris sie in weniger gefährliche Hüllen kleidet, wie eine Immanenz des „positiven Rechts", eine „Rechtsidee" oder eine „Natur der Sache", der Kern seiner Prinzipien ist politisch, positiv und postmetaphysisch nicht verfügbar. Auch den Schein eines am positiven Recht orientierten Rechts wahrt Canaris hier nicht. Jedes Prinzip hängt am **spekulativen Faden einer ungreifbaren Rechtsidee.**[119]

1033 Diese idealistische Rechtsbegründung prägt nicht nur die Begründungs- und Legitimationssprache von Canaris. Auch die **induktive Methode,** die seine Prinzipiengenese treibt, bleibt einer spekulativen Logik verpflichtet. Zwar beteuert Canaris, dass als „Maßstab … auch hier in erster Linie wieder das geltende Recht heranzuziehen" sei; aber er weiß um den das positive transzendierenden Wertungsakt, der jeden induktiven Schluss vom besonderen Rechtssatz auf ein allgemeines Prinzip begleitet.[120] Deshalb kann er nie auf die „Absicherung" der Prinzipien „durch den Rückgriff auf die beiden anderen Geltungskriterien", also die Rechtsidee und die Natur der Sache, verzichten.[121] Nicht allein Inhalt und Geltungsgrund der Prinzipien werden in diesem Modell von einem metaphy-

---

118 *Canaris*, Lücken (¹1964 u. ²1983, Fn. 3), § 88. Hervorhebungen im Original.
119 Kritisch gegen die Fundierung des Systems in der Rechtsidee auch *Grimm*, Rezension zu Claus-Wilhelm Canaris, Systemdenken und Systembegriff in der Jurisprudenz, in: AcP 171 (1971), S. 266–269, 266. In diesem Zusammenhang erscheint auch der bei Canaris nicht selten zu findende Verweis auf eine „Rechtsethik" in einem metaphysischen Licht, etwa bei *Canaris*, Vertrauenshaftung (1971, Fn. 3), S. 301.
120 Siehe *Canaris*, Lücken (¹1964 u. ²1983, Fn. 3), § 92 u. vorher §§ 90 f. Canaris geht sogar soweit, dass er ein „Rechtsprinzip mitunter schon aus einer einzelnen Norm" im Wege der Induktion gewinnt, siehe ebd. § 93. Eine treffende Kritik dieser Form der Prinzipiengewinnung aus vereinzelten Normen findet sich bei *Esser*, Grundsatz und Norm in der richterlichen Fortbildung des Privatrechts, 1. Aufl. Tübingen 1956, 4. Aufl. 1990, S. 161 f.: „In der Systembedeutung der Kodifikation liegt nun eine auffallende Tendenz zur Verabsolutierung ‚ihrer' Prinzipien begründet. Die Jurisprudenz verallgemeinert gern Aufbau- und auch Wertungsprinzipien ihrer Texte, mögen sie auch nur in geringfügigen Ansätzen verkörpert sein, um sie je nach dem Bedarf des Rechtslebens als ‚die' Prinzipien ihres Codes ausweiten zu können." Man „entwickelt eine zweckgerichtete Interpolationstechnik, welche einzelne Gesetzesstellen als stellvertretenden Ausdruck für ein Prinzip oder einen allgemeinen Rechtsgedanken ausgibt. Dieser Nachweis ‚aus dem System' verbrieft zugleich den förmlichen Textgehorsam und die ‚streng logische' Systemtreue. Man unterschiebt die in Wahrheit kasuistisch gewonnenen Einsichten und Erfahrungen dem Codex, um sie als Obersätze des Systems deduktiv auswerten zu können.".
121 Siehe *Canaris*, Lücken (¹1964 u. ²1983, Fn. 3), § 92. Zum Schluss führt Canaris auch den Gehalt der „Natur der Sache auf seine Rechtsidee zurück, ebd. § 109. Und auch aus der „Rechtsidee" allein können Rechtsprinzipien entspringen. Dafür bedürfe es dann aber noch der „Abstimmung mit dem positiven Recht", ebd. § 99.

Seinecke

sischen Denken beherrscht, auch die induktive Methode hängt an den Marionettenfäden einer spekulativen Logik. Recht ist immer schon ideell gesetzt, bevor es im gesetzten Recht (wie von Geisterhand) wiederentdeckt wird.[122]

VII. Das „bewegliche System"

In dem „beweglichen System" verbindet Canaris seine Prinzipien des Rechts schließlich zu einer Ordnung, die er gegen die Rechts- und Rationalitätsskepsis der 1960er und 70er Jahre positioniert. Dieses teleologische-offene und strukturell bewegliche System dient ihm als *Form* eines rationalen und richtigen, zugleich ‚tieferen' und ‚inneren' Rechts.[123] Es verspricht neben oder unter dem bloß begrifflichen, unbeweglich-verschlossenen und äußeren juristischen System eine ‚bessere' Jurisprudenz und ein ‚richtigeres Recht'. Die „teleologische" Struktur des „beweglichen Systems" entwickelt Canaris vor allem *antithetisch* in Gegenüberstellung zu dem „formal-logischen" System.[124] Es ist dem „Gedanken der wertungsmäßigen Folgerichtigkeit und inneren Einheit der Rechtsordnung" verpflichtet.[125] Im juristischen Systembegriff selbst müsse das teleologische Moment des Rechts eingeholt und abgebildet werden, damit das Recht seine Rationalität und damit seinen Anspruch auf Wissenschaftlichkeit nicht verliere.[126] Sonst drohten ‚wertlose' logisch-logistische Untersuchungen oder unverbindlich-topisches Fallgestochere.[127] In dem ‚begriffsjuristischen' System und der allein an Problemen orientierten Topik zeichnet Canaris zwei Alternativen, die keine Alternativen sind. Dabei legitimiert Canaris sein systemisches *telos* auf ‚transzendental'-,transzendentem' Wege. Es sei „Bedingung der Möglichkeit juristischen Denkens überhaupt" und zugleich „dem Erlebnis einer besonderen Evidenz" entsprungen.[128]

Neben dieses teleologische System von prinzipiellen Wertungen, das es allein ermögliche, zweckverbundenes Recht *rational* zu verstehen, tritt nun die **offene Anlage und Struktur dieser Ordnung des Rechts**. Sie nimmt dem „beweglichen System" den Charakter einer absoluten und unwandelbaren Metaphysik:

> „Juristische Systeme sind gegenüber neuen Einsichten offen, weil der Prozeß der Rechtserkenntnis niemals abgeschlossen ist; und juristische Systeme sind für den Einbruch neuer Normen und Wertungen offen, weil der Prozeß der Rechtsfortbildung durch Gesetzgeber, Rechtsprechung und Rechtswissenschaft ständig weitergeht."[129]

1034

1035

---

122 Freilich will Canaris die mit der Rechtsidee „verbundenen methodischen Unsicherheiten und Gefahren nicht" leugnen und er weist sogar auf den „besonders starken subjektiven Einschlag" des „wertenden Elements" hin, siehe *Canaris*, Lücken (¹1964 u. ²1983, Fn. 3), § 106. Dies hält Canaris aber nicht davon ab, an der grundsätzlichen Richtigkeit und der Objektivität dieses Modells festzuhalten.
123 Grundsätzlich zustimmend *Rittner*, Zur Systematik des Wirtschaftsrechts, in: Entwicklungstendenzen im Wirtschafts- und Unternehmensrechts, in: Festschrift für Horst Bartholomeyczik zum 70. Geburtstag, hg. v. W. Harms u.a., Berlin 1973, S. 319–336, 321, Fn. 8; allerdings mit der wesentlichen Einschränkung: „Anders als Canaris ... stelle ich nur die Rechtssätze mehr in den Vordergrund.".
124 Siehe *Canaris*, Systemdenken (¹1969 u. ²1983, Fn. 3), S. 41 ff.
125 Siehe *Canaris*, Systemdenken (¹1969 u. ²1983, Fn. 3), S. 40. Diese „Einheit und Folgerichtigkeit" adelt Canaris später zu seinem „wissenschaftlichen Leitmotiv", siehe *ders.*, Dankesworte (1998, Fn. 4), S. 195.
126 Siehe *Canaris*, Systemdenken (¹1969 u. ²1983, Fn. 3), S. 43, 41 u. 45.
127 Siehe *Canaris*, Systemdenken (¹1969 u. ²1983, Fn. 3), S. 44.
128 Siehe *Canaris*, Systemdenken (¹1969 u. ²1983, Fn. 3), S. 45 u. auch 43.
129 *Canaris*, System (1986, Fn. 28), S.104. Siehe aber auch *ders.*, Systemdenken (¹1969 u. ²1983, Fn. 3), S. 62–64. Dem folgt grundsätzlich *Raiser*, Die Zukunft des Privatrechts, Berlin u.a. 1971, S. 8 f., Fn. 2, siehe weiter ebd. S. 37.

1036   Canaris formt also ein zweiseitig oder **doppelt offenes „juristisches System"**. Zum einen ist es *epistemisch* nie vollends verfügbar und immer nur „Entwurf":[130] Die grundsätzliche Fallibilität wissenschaftlicher Theoriebildung hindere eine zeitlose Rechtserkenntnis.[131] Zum anderen ist das System *normativ* unverschließbar: Als historisches Kulturprodukt sei Recht stets im Wandel begriffen und entziehe sich immer wieder aufs Neue der theoretischen Abbildung.[132] Diese analytische Unterscheidung von einer epistemischen und normativen Offenheit des Rechts holt Canaris jedoch wieder dialektisch ein. Zwar folgt die Erkenntnis des Rechts in erster Linie seinem normativen Wandel.[133] Doch die Systemerkenntnis setze „eine Wandlung des allgemeinen Rechtsbewußtseins nicht nur" voraus, sondern sie bringe die Veränderungen in der konkretisierenden Konstruktion „auch selbst zum Ausdruck".[134] Nicht nur das Recht prägt seine Erkenntnis, auch die Erkenntnis prägt das Recht. Canaris konstruiert ein **dialektisch offenes System**. Die Interpretation des Rechts durch Wissenschaft und Rechtsprechung hängt nicht allein an einem gegebenen Recht, sondern sie produziert und schöpft dieses (dialektisch legitimiert) in der wissenschaftlich-praktischen Recht-Fertigung. Die Politik des Rechts bleibt außen vor.

1037   Das maßgebliche Charakteristikum des Systembegriffs von Canaris aber ist nicht die dialektische Offenheit, sondern die **Beweglichkeit der Systemteile**. In diesem „beweglichen System" setzt er das Recht aus einer grundsätzlich bestimmten und beschränkten Menge von Elementen (etwa Prinzipen oder Gerechtigkeitskriterien) zusammen.[135] Diese dürften nicht einfach aufgrund von Billigkeitserwägungen ad hoc erweitert werden.[136] Zwischen diesen Elementen besteht keine Hierarchie, sondern *„grundsätzliche Ranggleichheit und wechselseitige Austauschbarkeit"*.[137] Dadurch bleibt das „Mischungsverhältnis" der Elemente variabel und die Bildung genereller Tatbestände wird unmöglich.[138] Wie schon die *canones* wirken die Systemelemente erst im konkreten Einzelfall zusammen und ermitteln die Rechtsfolgen in einem „variablen Spiel".[139]

1038   Die variable und offene Struktur, die ganz ohne Tatbestände auskommt, rückt das „bewegliche System" ganz nahe an die Topik, die seit Viehwegs bahnbrechender Schrift zu **„Topik und Jurisprudenz"** von 1953, das rationale Selbstverständnis der Rechtswissen-

---

130   Siehe *Canaris*, Systemdenken (¹1969 u. ²1983, Fn. 3), S. 62.

131   Siehe *Canaris*, System (1986, Fn. 28), S. 104.

132   Siehe *Canaris*, Systemdenken (¹1969 u. ²1983, Fn. 3), S. 63 f. u. weiter auch *ders.*, System (1986, Fn. 28), S. 104.

133   Siehe *Canaris*, Systemdenken (¹1969 u. ²1983, Fn. 3), S. 66.

134   Siehe *Canaris*, Systemdenken (¹1969 u. ²1983, Fn. 3), S. 73. Auch in diesem Gedankengang wird die hegelianische Struktur des Systems besonders deutlich. Sie prägt auch die Sprache von Canaris, siehe ebd. S. 72: „Das aber bedeutet für das Verhältnis von *objektivem und wissenschaftlichem System*, daß auch hier die Wandlung des ersteren der Änderung des letzteren vorauszugehen hat; denn auch in derartigen Fällen sprechen Rechtsprechung und Lehre, jedenfalls *der Idee nach*, nur aus, was ,an sich'schon gilt. Freilich wird hier in ganz besonderem Maße deutlich, daß man das Verhältnis zwischen dem *objektiven Recht* und seiner Erkenntnis und Anwendung – zumindest dort, wo es um wertungsmäßige Konkretisierung und nicht um bloße Subsumtion geht – nur als *dialektisches* verstehen kann". Hervorhebungen hinzugefügt.

135   Zu den Elementen des Systems siehe *Canaris*, Systemdenken (¹1969 u. ²1983, Fn. 3), S. 46 ff. u. 77. Zur *„beschränkten* Zahl von ,Elementen'" siehe weiter ebd. S. 83. Dieser Gedanke liegt auch dem häufigen Verweis zugrunde, dass das System auf *„einigen wenigen tragenden Grundgedanken"* aufzubauen sei, siehe ebd. S. 76 u. 46 und weiter *ders.*, System (1986, Fn. 28), S. 103 f.

136   Siehe *Canaris*, System (1986, Fn. 28), S. 104; vgl. auch *ders.*, Systemdenken (¹1969 u. ²1983, Fn. 3), 82.

137   Siehe *Canaris*, Systemdenken (¹1969 u. ²1983, Fn. 3), S. 75. Hervorhebungen im Original.

138   Siehe *Canaris*, Systemdenken (¹1969 u. ²1983, Fn. 3), S. 82 u. 75; siehe weiter *ders.*, System (1986, Fn. 28), S. 104.

139   Siehe *Canaris*, Systemdenken (¹1969 u. ²1983, Fn. 3), S. 76 u. weiter S. 75 u. 46. Siehe weiter *ders.*, System (1986, Fn. 28), S. 104; *ders.*, Vertrauenshaftung (1971, Fn. 3), S. 303. Kritisch gegenüber dem ,Zusammen-Spiel' der Prinzipien auch *Grimm* (1971, Fn. 119), S. 268.

schaft verunsichert.[140] Diese Nähe aber weist Canaris entschieden zurück. Als maßgebliche Differenz verweist er auf die invariable und begrenzte Menge der Entscheidungselemente im „beweglichen System". Nur die Entscheidung bleibe im „beweglichen System" indeterminiert, nicht aber der Wegweiser.[141] Dadurch könne es auf die ungeliebten starren Tatbestände verzichten, ohne die Bindung an (wenn auch unbestimmte) Maßstäbe gänzlich aufzugeben. Außerdem ersetze das „bewegliche System" nicht die klassisch-dogmatische, also unbeweglich-tatbestandliche Rationalität, sondern es ergänze sie.[142] Die Probleme, die sich aus der Versöhnung zweier antinomischer Ideen, nämlich von Topik und System ergeben, sieht Canaris aber nicht. Allein die Systemgerechtigkeit der „beweglichen" Ordnung streicht er heraus:

> „In Wahrheit kann man das bewegliche System daher keiner der beiden Tendenzen der Gerechtigkeit gänzlich zuordnen: es berücksichtigt die generalisierende Tendenz, indem es die maßgeblichen Gerechtigkeitskriterien *allgemein* festlegt, und es trägt der individualisierenden Tendenz Rechnung, indem es die konkrete Rechtsfolge vom Zusammenwirken dieser Gesichtspunkte *im Einzelfall* abhängig macht. Darin tritt sein großer Vorzug in Erscheinung: *das bewegliche System stellt einen besonders glücklichen Kompromiß zwischen den verschiedenen Postulaten der Rechtsidee dar und ... bringt deren ‚Polarität' in einer abgewogenen, ‚mittleren' Lösung zum Ausgleich*; von den Rigorismen starrer Normen hält es sich gleichermaßen fern wie von der Konturlosigkeit reiner Billigkeitsklauseln."[143]

Wieder mutet Canaris seiner Methodentheorie sehr viel zu. Das „bewegliche System" soll weder streng systematisch, noch topisch unsystematisch sein. Dennoch leide es weder

1039

---

140 Grundlegend zur Topik *Viehweg*, Topik und Jurisprudenz, 1. Aufl. München 1953, 5. Aufl. 1974. Sehr kritisch zum Verhältnis von „beweglichem System" und Topik *Wiethölter*, Privatrecht als Gesellschaftstheorie. Bemerkungen zur Logik der ordnungspolitischen Rechtslehre, in: Funktionswandel der Privatrechtsinstitutionen. Festschrift für Ludwig Raiser zum 70. Geburtstag, hg. v. Fr. Bauer u.a., Tübingen 1974, S. 645–695, 669, Fn. 26: „die ... juristische Arbeit zum Systemdenken von *C.-W. Canaris* ... offenbart den rechtssystematischen Bankrott; sie ist frei von jeder rechtstheoretischen Begründung ... und entfaltet sich in ihrer methodologischen Reduktion in allen Einzelteilen gerade und genau als jene ‚Topik', die sie beißend scharf ablehnt". Die Verwandtschaft von „beweglichem System" und Topik bemerkt auch *Simitis*, Die Bedeutung von System und Dogmatik – dargestellt an rechtsgeschäftlichen Problemen des Massenverkehrs, in: AcP 172 (1972), S. 131–154, 142 f.: „Die Antwort auf diese Forderung ist der Versuch, den Weg zu einem offenen System zu finden. Dogmatisches Denken verwandelt sich damit in Problemdenken, Recht wird als ständige, niemals abgeschlossene Reaktion auf die gesellschaftliche Wirklichkeit begriffen." Diese Nähe entgeht auch *Viehweg*, Topik und Jurisprudenz, S. 105 ff. nicht. Hierzu auch *Wieacker*, Privatrechtsgeschichte der Neuzeit, 2. Aufl. Göttingen 1967, S. 597, Fn. 48: „Topik und offenes System schließen einander nicht aus, sondern fordern sich." Die Verwandtschaft dementiert *Canaris*, Systemdenken (¹1969 u. ²1983, Fn. 3), S. 76–78, siehe insb. auch das Kapitel gegen die Topik ebd. S. 135–154 u. weiter *ders.*, System (1986, Fn. 28), S. 103 f. Canaris folgt *L. Michael* (1997, Fn. 20), S. 92–95, der zur Abgrenzung gegen die Topik ein größeres Maß an „*Verbindlichkeit*" des „beweglichen Systems" bemüht. Kritisch gegenüber der Distanzierung durch Canaris *Grimm* (1971, Fn. 119), S. 268: „Auch Canaris gelingt es in der Auseinandersetzung mit Viehweg und seinen Anhängern nicht durchweg, das Niveau und Verständnis der übrigen Passagen zu wahren. ... Diese Stufe der Rechtsfindung, die sich zwischen Norm und Sachverhalt schiebt und weitgehend topisches Denken erfordert, wird aber unter Canaris' Systemfreude ganz verdeckt." Ähnlich auch *Wieacker*, Rezension zu Claus-Wilhelm Canaris, Systemdenken und Systembegriff in der Jurisprudenz (1969), in: Rechtstheorie 1 (1970), S. 107–119, 117: „Die Polemik des Verf. gegen die Topik ist hier entschieden einseitig ...". Ferner auch *Otte*, Zur Anwendung komparativer Sätze im Recht, in: Das Bewegliche System im geltenden und künftigen Recht, hg. v. Bydlinski u.a., Wien u.a. 1986, S. 271–285, 284 f.

141 Siehe *Canaris*, Systemdenken (¹1969 u. ²1983, Fn. 3), S. 78 u. am Beispiel des fehlenden Erklärungsbewusstseins *ders.*, System (1986, Fn. 28), S. 109: hier werde die „Rechtsfolge eben nicht einzelfallabhängig gebildet".

142 Siehe *Canaris*, Systemdenken (¹1969 u. ²1983, Fn. 3), S. 80 u. weiter S. 78 u. 82. Siehe auch die Ausführungen am Beispiel der Willensmängel und der Rechtsscheinhaftung in *ders.*, System (1986, Fn. 28), S. 106 u. 108. Dort schließen feste Tatbestände ein konkurrierendes Bewegliches System aus.

143 *Canaris*, Systemdenken (¹1969 u. ²1983, Fn. 3), S. 83 f. Hervorhebungen im Original.

Seinecke 369

an „Konturenlosigkeit" noch an „Rigorismen". Das klingt nach Traumversöhnungen. Verspricht Canaris mit seinem „beweglichen System" nicht zu viel? Gemeinsam mit dessen Stärken offenbart er dessen Schwächen. Er verharmlost nicht nur die Aporien des Rechts, indem er die verschiedenen antinomischen „Tendenzen" der Rechtsidee, also individuelle und generelle, gerechte und billige, dynamische und statische, ‚aufhebt', sondern er verdeckt die Probleme und Gefahren jeder Rechtsmethodologie, die ihre Akzente immer auf Bestimmtheit oder Unbestimmtheit, Methode oder Richtigkeit, Rechtssicherheit oder Ergebnisangemessenheit, Gesetzgeber oder Richter setzen muss. Canaris nimmt diesen Widersprüchen ihre Spannung und versöhnt sie trügerisch in seinem „beweglichen System".[144] Die spekulative Gewalt dieses beweglichen Systems droht stets auch die unbeweglichen Elemente des Rechts einzuholen und diese dialektisch umzubilden.[145]

VIII. Juristische Theoriebildung und „paradigmatische Problemlösungen"

1040 Die am Recht der Prinzipien und Wertungen orientierte Methode von Canaris erfasst schließlich auch seinen Begriff der juristischen Theorie und des konkreten Falls. Das kann hier nur skizziert werden.[146] Zur **juristischen Theoriebildung** schreibt Canaris zunächst:

> „Eine juristische Theorie ist eine Trias aus einer oder mehreren Regeln in Form von Aussagen über das geltende Recht, Grundwertungen bzw. allgemeinen Rechtsprinzipien und paradigmatischen Problemlösungen."[147]

1041 Es sind also drei Elemente, die eine juristische Theorie charakterisieren. Die am geltenden Recht erarbeiteten, d.h. die durch Auslegung und Fortbildung gewonnenen Sätze der Dogmatik, werden von einem Wertungs- und Problemverständnis flankiert. Die ohnehin schon methodisch-prinzipiell gefundenen Rechtssätze werden von der expliziten Wertungseinsicht gestützt und damit weiter dem Joch der reinen Wertung unterworfen.[148]

---

144 Siehe wieder die Kritik *Grimms* (1971, Fn. 119), S. 268: „Die Existenz eines umfassenden Systems mit praktischer Relevanz löst das Problem von Rechtspolitik und Rechtsanwendung im Sinne strikter Trennung. Rechtswissenschaft und Rechtsprechung sind politisch unverdächtig gemacht. Rechtsprechen heißt wieder systematisch korrekt ableiten.".

145 Am Beispiel des deutschen Schadensersatzrechts und des § 254 führt dies auch Canaris durch, siehe *ders.*, Systemdenken (¹1969 u. ²1983, Fn. 3), S. 78 f. Unmittelbar im Anschluss an den „grundsätzlichen Vorrang unbeweglicher Systemteile" (ebd. 78) erläutert Canaris nun anhand von § 254 die „Existenz beweglicher Systemteile" und deren Vorrang gegenüber starren Systemteilen. Ähnliches gilt für seine berühmten Wertungen des Bereicherungsrechts (vgl. hierzu unten Kap. X).

146 Zur Identität von juristischer Theorie und juristischer Dogmatik siehe *Canaris*, Funktion (1993, Fn. 4), S. 391: „Das ist das Signum des echten Theoretikers oder, wie wir Juristen zu sagen pflegen, Dogmatikers ...". Vgl. hierzu weiter *ders.*, Theorienrezeption (1992, Fn. 4), S. 61 und zum Begriff der „Dogmatik" ebd. S. 74.

147 *Larenz/Canaris*, Methodenlehre (³1995, Fn. 8), S. 279. Siehe auch *Canaris*, Funktion (1993, Fn. 4), S. 384.

148 Pointiert am Beispiel der ‚Theorie' der „Gegenleistungskondiktion" im Rahmen von § 818 Abs. 3 BGB in *Canaris*, Die Gegenleistungskondiktion, in: Festschrift für Werner Lorenz zum siebzigsten Geburtstag, hg. v. Pfister u.a., Tübingen 1991, S. 19–63, 19: „Demgemäß soll im folgenden versucht werden, zunächst die maßgeblichen Wertungskriterien herauszuarbeiten und die wichtigsten Probleme so weit wie möglich *theorieunabhängig* zu lösen." Hervorhebungen hinzugefügt. Theorieunabhängig heißt hier wohl ohne Stütze in Gesetz und Dogmatik. Freilich liegen hier im ‚Wirrwarr' des Bereicherungsrechts die dogmatisch-theoretischen Voraussetzungen anders als im juristischen ‚Normalfall'. Siehe aber auch *ders.*, Der Bereicherungsausgleich bei Bestellung einer Sicherheit an einer rechtsgrundlos erlangten oder fremden Sache, in: NJW 44 (1991), 2513–2521, 2514: „Angesichts der Fülle von Bedenken, die vom *praktischen Ergebnis her* gegen die Lösung des BGH bestehen, nimmt es nicht wunder, daß sich auch deren dogmatisches Fundament als brüchig erweist". Hervorhebungen hinzugefügt.

Aber auch das dritte Element seines Theoriebegriffs, die **„paradigmatische Problemlö-sung"**, steht im Bannkreis von Prinzip und Wertung:

> „Demgemäß kann man sowohl die intendierten Anwendungen einer Theorie, d.h. ihre pa-radigmatischen Problemlösungen, als auch die ihr zugrunde liegende Regel letztlich nur verstehen, wenn man die dahinter stehenden Wertungen kennt."[149]

Mit der Idee der „paradigmatischen Problemlösung" wendet Canaris den Blick zwar weg von der abstrakten Regel hin zur konkreten Anwendung. Doch auch den einzelnen Fall oder die Fallgruppe begreift er nicht als positives ‚Faktum'. Er veredelt Fälle ‚wissen-schaftlich' durch „paradigmatische" Problemstellungen, die wieder nur wertend er-schlossen werden können. Dadurch ist die grundsätzlich unverdächtige „Gemeinsamkeit des zu lösenden *Problems*" als „tertium comparationis" von Fallgruppen wieder nicht irgendwie empirisch, deskriptiv oder theoretisch gemeint, sondern wird als Wert- und Prinzipienproblem formuliert.[150] Canaris sucht nicht nur ein irgendwie Allgemeines, sondern das *richtige* oder *prinzipiell* Allgemeine. Mit seiner Hilfe überbrückt er die Spannung zwischen Leben (d.h. Fall, Beispiel, Besonderes) und Recht (d.h. Regel, Prinzip, Allgemeines) und trägt seine **Metaphysik des Prinzipiellen** von der höchsten Rechtsidee bis in den konkreten Fall und das spezielle Problem. Auch diese beiden kleinsten Ein-heiten von Recht und Rechtswissenschaft sind wieder nur im prinzipiellen Krebsgang zurück zu verborgenen Rechtswerten verstehbar. Nicht nur das Gesetz, auch juristische Theorie und Dogmatik, schließlich der praktische Fall und sein Problem bleiben dem Denken in Prinzipien ausgeliefert. In Canaris' Jurisprudenz regieren allein Prinzipien und Werte. Alle Rechtswissenschaft wird Prinzipienwissenschaft. | 1042

IX. Rechtsfortbildung und Zivilrecht

Auch in seiner Rechtsfortbildungslehre hält Canaris an der **doppelten Rationalität des Rechts** fest. Das „bewegliche System" der Prinzipien und Wertungen, das der Rechtsidee eine konkrete Form gibt, aber neigt seine Methodenlehre auf die Seite einer metaphysi-schen und idealistischen Vernunft. Und dieses „Wirken einer ‚geheimen Vernunft'"[151] entfremdet seine Rechtslehre von den Rationalitäten des Gesetzes und des positiven Rechts. Selbstverständlich überschreitet jede Rechtsfortbildung die Grenzen des positiv-gesetzlichen *ex definitionem*, doch Canaris lässt diese Bindungen in besonders großen und spekulativen Schritten hinter sich. | 1043

Obwohl Canaris seine Rechtsfortbildungslehre analytisch klar und scharf an der **Grenze des „möglichen Wortsinns"** beginnt, öffnet er schon unmittelbar hinter dieser Grenze den ganzen Horizont seiner dialektisch-spekulativen Rationalität: Werte (*teleologische* Lücken) und Prinzipien (Prinzipienlücken) stiften dieser Rechtsfortbildung das Maß. Gerade seine **Prinzipien** suggerieren eine einfache Rationalität, die sie selbst nicht halten können. Folgt man ihnen auf den verschlungenen Pfaden ihrer Genese und Legitimation durch *positive* Normen oder die Natur der Sache, zeigt sich hinter ihnen eine **nur noch idealistische Rechtsidee**. Trotz der *hermeneutischen* Plausibilität, die Canaris' prinzipi-elle Rechtsfortbildung für sich beanspruchen kann, lenkt die Richtigkeits- und Wahr-heitssemantik seiner Rechtsidee von den **Aporien der Rechtsfortbildung** ab und versöhnt | 1044

---

149 *Canaris*, Funktion (1993, Fn. 4), S. 383.
150 Siehe *Canaris*, Funktion (1993, Fn. 4), 380. Hervorhebungen im Original. Siehe weiter auch *ders.*, Theorien-rezeption (1992, Fn. 4), S. 68 u. *Larenz/Canaris*, Methodenlehre (³1995, Fn. 8), S. 279.
151 Siehe *Canaris*, Vertrauenshaftung (1971, Fn. 3), S. VIII u. VII.

Seinecke | 371

sie im Begriff des Prinzips, das weder verfestigter „Begriff", noch konturenloser „Wert" ist. Die Spannungen um Legislative und Judikative, Wertung und Begriff, Abstraktion und Konkretisierung, Statik und Dynamik, Positivität und Überpositivität sind in ihm beinahe ununterscheidbar ineinander verwoben – sie sind dort eben ‚aufgehoben'. Das Prinzip avanciert zur Erlösungsformel richterlich-wissenschaftlicher Rechtsfortbildung und droht die Rationalität des Rechts, seine methodische Fortbildung und überprüfbare Konstruktion zu *verklären*.[152] Welches argumentative Gewicht bleibt dem einfachen Rechtssatz noch im Angesicht eines übermächtigen Prinzips?

1045   Diese Probleme setzen sich im **„beweglichen System"** als der Ordnung des prinzipiellen Rechts fort. Auch ihre (Re-)Konstruktion in einem „offenen System", das den Anspruch auf zeitlose Wahrheiten und Richtigkeiten aufgibt, kann die metaphysische Struktur des teleologischen und wertverbundenen Systems nicht ausgleichen. Sie bildet nicht nur die Schale, sondern auch den Kern der Rechtsidee von Canaris. Denn allein dieser Wertbezug soll dem Recht Rationalität und Legitimität verbürgen. Dadurch leidet dieses System an einer **zweifachen Dialektik**. Zum einen überformt es die Rationalität des Positiven in einer **idealistischen Ordnung**. Zum anderen verschleiert es die Probleme um „Recht" in einem System, das die **Antinomien des Rechts** in sich versöhnt und aufhebt. Es dient einer allgemeinen wie einer besonderen Gerechtigkeit, ist weder unverbindliche Topik noch starres System, es kennt keine Tatbestände und bietet dennoch rechtliche Maßstäbe: Das bewegliche System ist ein wenig *zu recht* und *zu billig*.

1046   Diese Dialektik der Methodenbindung in spekulativer Methodenfreiheit und der Gesetzesbindung in einem beweglichen System kann nun anhand des folgenden Beispiels veranschaulicht werden. Das Wertungssystem, das Canaris für den Ausgleich ungerechtfertigter Bereicherungen in Mehrpersonenverhältnissen entwickelt (siehe sogleich Kap. X), bietet keine höhere Rationalität des Rechts, sondern einfach eine alternative. Sie gewährleistet keine besseren dogmatischen Ergebnisse, sondern andere. Diese These kann abstrakt nicht belegt werden. Sie muss an einer streitigen Rechtsfrage geprüft werden: dem Bereicherungsausgleich im Falle der Zahlung eines Haftpflichtversicherers auf eine fremde, nicht bestehende Schuld (siehe sogleich Kap. XI). In diesem Beispiel konvergiert das Wertungsmodell von Canaris weder in der Methode, noch im Ergebnis mit einer Entscheidung des Bundesgerichtshofs.[153] Es entbrennt ein ungewöhnlich scharfer Streit zwischen Entscheidungsrezensenten und ‚Rezensionsrezensenten',[154] der sich nicht

---

152   Ähnlich auch *Grimm* (1971, Fn. 119), 268: „Er trägt dazu bei, den eigentlichen Vorgang der Rechtsfindung zu verschleiern." Dieses Argument trägt auch die heftige Kritik von *Rüthers* (1996, Fn. 42), 1252 f.

153   Siehe das Urteil des 12. Senats des BGH vom 28. November 1990 (XII ZR 130/89) in BGHZ 113, 62–70. Kritisch dagegen MüKo/*Lieb* (⁴2004), § 812, Rn. 53, 116 u. Esser/*Weyers*, Schuldrecht II. Besonderer Teil. Teilband 2, 8. Aufl. Heidelberg 2000, S. 60. Unentschlossen in der Bewertung *Medicus*, Bürgerliches Recht, 21. Aufl. Köln u.a. 2007, Rn. 685. u. immer noch Medicus/*Petersen*, Bürgerliches Recht, 23. Aufl. München 2011, Rn. 685. Vorsichtiger auch Staudinger/*Lorenz*, § 812–822, ¹⁵2007, § 812, Rn. 44.

154   Als Rezensenten hier *Canaris*, Der *Bereicherungsausgleich* bei Zahlung des Haftpflichtversicherers an einen Scheingläubiger, in: NJW 45 (1992), 868–873 und *Martinek*, Der Bereicherungsausgleich bei veranlaßter Drittleistung auf fremde nicht bestehende Schuld, in: JZ 46 (1991), 395–400. Als polemischer ‚Rezensionsrezensent' dann *H. H. Jakobs*, Die Rückkehr der Praxis zur Regelanwendung und der Beruf der Theorie im Recht der Leistungskondiktion, in: NJW 45 (1992), 2524–2529, 2524: „Denn offensichtlich ist nun, daß diese Materie (sc. das Kondiktionsrecht) einen Schwierigkeitsgrad erreicht hat, den zu überwinden selbst Professoren mit einer Spezialisierung im Kondiktionsrecht überfordert sind." Als den „Rezensionsrezensenten" Rezensierende *Martinek*, Die veranlasste Drittleistung oder „Haare in der Suppe", in: NJW 45 (1992), 3141–3143 u. *Canaris*, Überforderte *Professoren*?!, in: NJW 45 (1992), 3143–3145, 3145: „Irgendjemand ist hier offenbar ‚überfordert'. ... Wer also ist es, der sich hier als ‚überfordert' erweist?!" Siehe zu diesem Urteil auch die Beiträge von *Wertheimer*, Bereicherungsanspruch des Haftpflichtversicherers wegen Zahlung an vermeintlichen Zessionar, in: JuS 32 (1992), 284–288 u. *Flume*, Zum Bereicherungsausgleich bei Zahlungen in Drei-

nur auf den besprochenen Fall beschränkt, sondern gerade die mit dem bereicherungs-rechtlichen Wertungsdenken einhergehende Gefahr dogmatischer *Regellosigkeit* thematisiert.[155] Dadurch wird auch im Beispiel der Blick noch einmal auf Möglichkeiten und Grenzen 'beweglichen' Denkens im Zivilrecht gerichtet.

X. Wertungen im Bereicherungsrecht

Canaris entwickelt seine Methodologie aus der Praxis. Die Vorgaben der Rechtspre-chung und der sozialen Praxis der Wissenschaft bilden für ihn nicht einen der Methode äußerlichen Gegenstand. Sie sind Teil der Methode selbst und rechtfertigen sie. Wie He-gel meint er es ernst mit seiner Wirklichkeit. Das **Exempel veranschaulicht nicht nur Methode, es bildet ihren Ausgangspunkt.** Zu den bleibenden dogmatischen Errungen-schaften von Canaris gehören die Wertungen des Bereicherungsrechts im Dreipersonen-verhältnis, die er 1973 in der Festschrift für seinen Lehrer Karl Larenz entwickelt.[156] Schon ein Jahr nach ihrer 'Entdeckung' schrieb Dieter Medicus über sie: 1047

> „An den dort vorgetragenen Thesen wird niemand mehr vorbeigehen können, der sich ernsthaft mit dem Bereicherungsrecht befaßt."[157]

Die Rechtswissenschaft verhalf dem Spruch von Medicus zu ihrem Recht. Canaris' Wer-tungen entfalteten eine in der juristischen Literatur seltene Wirkmächtigkeit.[158] In diesem Aufsatz lüftet er, Canaris, das Geheimnis eines inneren Wertsystems des Bereicherungs-rechts mit den Mitteln seiner an *telos* und Prinzipien orientierten Methode.[159] Er be-schränkt sich aber nicht auf eine vage Prinzipienformulierung. Als äußeres dogmatisches Pendant bildet er den Begriff des „kondiktionsauslösenden Mangels".[160] Ihn stellt Ca-naris frontal gegen den gesetzlichen Leitbegriff der „Leistung", an dem die „herrschen-den Anschauungen" auch in den komplizierten Dreipersonenverhältnissen noch festhal-ten.[161] Hinter diesem Begriff wittert Canaris unreflektierte „Begriffsjurisprudenz" und „willkürliche Begriffsmanipulation".[162] Als Begriff sei er „für Wissenschaft und höchst-   1048

Personen-Verhältnissen, in: NJW 44 (1991), 2521–2524. Siehe schließlich noch den späten Spott bei *Canaris*, Dankesworte (1998, Fn. 4), S. 190: „Insbesondere gehören wir beide [sc. Canaris und Westermann] zur du-biosen Spezies der Kondiktionstheoretiker .... Als solche schaffen wir eine 'überzüchtete' Dogmatik .... Das tun wir, um Verwirrung zu stiften – nicht etwa unter den Studenten (das kann ja jeder auch mit anderen Materien), nein unter Kollegen!".

155 Siehe den Vorwurf bei *H. H. Jakobs* (1992, Fn. 154), 2524 u. 2529.
156 Siehe *Canaris*, Bereicherungsausgleich (1973, Fn. 3).
157 *Medicus*, Rezension zu Karl Larenz, Festschrift zu seinem 70. Geburtstag, in: NJW 27 (1974), S. 538–542, 540.
158 Siehe nur die Rezeption bei MüKo-*Lieb* (⁴2004), § 812, Rn. 40 f. u.ö. u. MüKo-*Schwab* (⁵2009), § 812, Rn. 54 f.
    Wieling, Bereicherungsrecht, Berlin u.a. 4. Aufl. 2007, S. 92; *Löwenheim*, Bereicherungsrecht, 3. Aufl., Mün-chen 2007; *Medicus* (²¹2007, Fn. 154), Rn. 667 u. Medicus/*Petersen*, (²³2011, Fn. 154), Rn. 667. Nur am Rande bei HKK-*Schäfer*, MS § 812–822, Rn. 151. Vorsichtig Esser/*Weyers* (⁸2000, Fn. 153), S. 47. Nicht hingegen im Palandt/*Sprau* (⁷¹2012), Rn. 54 u. in Staudinger-Eckpfeiler/*Martinek* (2005), Rn. 770–777.
159 Siehe *Canaris*, Bereicherungsausgleich (1973, Fn. 3), S. 800: „innere Folgerichtigkeit", u. S. 859: „wertungs-mäßige Folgerichtigkeit". Vgl. hierzu weiter auch *ders.*, Der *Bereicherungsausgleich* im bargeldlosen Zah-lungsverkehr, in: WM 1980, 354–371, 368: „offenes System teleologischer Kriterien".
160 Siehe *Canaris*, Bereicherungsausgleich (1980, Fn. 159), S. 370.
161 Zur Kritik des Begriffs der „Leistung" *Canaris*, Bereicherungsausgleich (1973, Fn. 3), S. 799 f., 805, 807, 810, 812, zusammenfassend dann S. 857; *ders.*, Bereicherungsausgleich (1980, Fn. 159), S. 367–370 u. *ders.*, Schuld-recht BT 2/2 (¹³1994, Fn. 8), § 70 VI 2, S. 248 f.
162 *Canaris*, Bereicherungsausgleich (1973, Fn. 3), S. 807 u. auch die heftige Polemik gegen Esser, ebd. S. 811 f.: „... zumal manche Vertreter der heute h.L. wie z.B. *Esser* eine wertungsmäßige Rechtfertigung ihrer absonder-lichen Ergebnisse nicht einmal mehr für nötig halten und in einer an die Hochblüte schlechtester Begriffs-jurisprudenz erinnernden Weise schlicht und einfach behaupten, die Frage des Bereicherungsausgleichs

richterliche Rechtsprechung" wertlos und von einer „inneren Widersprüchlichkeit" durchzogen:[163]

„In der Tat sind damit die schwächsten Punkte der h.L. berührt. Schon allein ihre übermäßige Kompliziertheit legt den Verdacht mangelnder dogmatischer Ausgereiftheit nahe. Noch befremdlicher wirkt ihre Begriffsgläubigkeit. Wenngleich begriffliche Ableitungen selbstverständlich nicht von vornherein zu verwerfen sind, so setzen sie doch voraus, daß der Begriff teleologisch gefaßt ist und daß die Ableitung wertungsmäßig kontrolliert wird."[164]

1049   Canaris entwickelt dieses bereicherungsrechtliche Wertungsprogramm für das Dreipersonenverhältnis an einem **„paradigmatischen Problem": der weit begriffenen Anweisung**.[165] Die drei beteiligten Personen sind ein Schuldner, ein Gläubiger und ein angewiesener Dritter (etwa eine Bank). Das zwischen dem Schuldner und dem Gläubiger bestehende Schuldverhältnis wird „Valutaverhältnis" genannt, das zwischen dem Schuldner und der Bank „Deckungsverhältnis". Nun weist der Schuldner den Dritten (die Bank) an, die Schuld (etwa das zu zahlende Geld) gegenüber dem Gläubiger zu begleichen. Der Dritte führt diese sich aus dem Deckungsverhältnis zwischen ihm und dem Schuldner ergebende Pflicht aus und erfüllt die Obligation des Schuldners bei dem Gläubiger (sog. „Zuwendungsverhältnis"). Der Schuldner ist also an der Vermögensverschiebung zur Begleichung seiner Schuld aus dem Valutaverhältnis nicht beteiligt. Sofern eines der Rechtsverhältnisse (Valuta-, Deckungs- oder Zuwendungsverhältnis) in dem Dreieck nun rechtlich fehlerhaft ist, etwa wegen des Nichtbestehens der Schuld oder der Zahlung an einen Falschen, muss die Vermögensverschiebung rückabgewickelt werden. Das Bereicherungsrecht kommt ins Spiel.

1. Prinzipien und Wertungen

1050   Canaris' dogmatische Rekonstruktion dieser Dreiecks-Probleme fußt auf drei Prinzipien: In das Zentrum seiner Überlegungen stellt er die „Selbstverantwortung".[166] Diese knüpft Canaris aber nicht an die Willens- oder Willküautonomie des Rechtssubjekts, sondern „an das *Verhalten* des Betroffenen"[167] und begreift sie dadurch als ‚**vertrauensorientierte Privatautonomie**'.[168] Das Prinzip „Vertrauen", d.h. der „**Verkehrs- und Vertrauens-**

---

    ließe sich ‚anhand des bereicherungsrechtlichen Leistungsbegriffs (!) eindeutig (!) beantworten". Betonungszeichen im Original. Siehe weiter auch *ders.*, Schuldrecht BT 2/2 (¹³1994, Fn. 8), § 70 VI 3 a, S. 249.

163 Siehe *Canaris*, Schuldrecht BT 2/2 (¹³1994, Fn. 8), § 70 VI 3 a, S. 249 u. *ders.*, Bereicherungsausgleich (1973, Fn. 3), 862 u. weiter 800.

164 *Canaris*, Bereicherungsausgleich (1973, Fn. 3), S. 799.

165 Den Begriff der „Anweisung" begreift Canaris weiter als in den §§ 783 ff. BGB, siehe *Canaris*, Schuldrecht BT 2/2 (¹³1994, Fn. 8), § 70 VI 1 a, S. 246 u. weiter *ders*, Bereicherungsausgleich (1973, Fn. 3), S. 800, 805–807, 815, 820–823, 828.

166 Siehe *Canaris*, Bereicherungsausgleich (1973, Fn. 3), S. 814. Hervorhebung getilgt.

167 Siehe *Canaris*, Bereicherungsausgleich (1973, Fn. 3), S. 814. Hervorhebung hinzugefügt. Allerdings wendet er auf dieses Verhalten, an das die bereicherungsrechtliche Risikozurechnung anknüpft, die Vorschriften über Willenserklärungen analog an (ebd. S. 823).

168 So auch *Weitnauer*, Die bewußte und zweckgerichtete Vermehrung fremden Vermögens, in: NJW 27 (1974), 1729–1734, 1734; siehe auch *Canaris*, Bereicherungsausgleich (1973, Fn. 3), S. 819: „Insgesamt hat sich somit die Annahme bestätigt, daß die für den Bereicherungsausgleich in Anweisungslagen maßgeblichen Wertungskriterien im Gedanken der *Risikozurechnung* [sc. damit der Selbstverantwortung] einerseits und im *Abstraktionsprinzip* und dem durch dieses gewährleisteten Verkehrs- und Vertrauensschutz andererseits zu erblicken sind." Siehe schließlich *ders.*, Bereicherungsausgleich (1980, Fn. 159), S. 369.

schutz", steht zudem eigenständig neben dem Prinzip der Selbstverantwortung.[169] Als drittes untergeordnetes Prinzip nennt Canaris schließlich das **Prinzip der „unmittelbaren Vermögens- und Wertverfolgung"**.[170] Die aus den Prinzipien der „Selbstverantwortung" und des „Verkehrsschutzes" folgende „Risikozurechnung" konkretisiert Canaris weiter in den drei berühmten „Wertungen":[171]

> „Den Parteien des fehlerhaften Kausalverhältnisses sollen möglichst ihre *Einwendungen und Einreden gegen den anderen Teil* erhalten bleiben; umgekehrt sollen die Parteien vor *Einwendungen aus dem Verhältnis ihres Vertragspartners zu einem Dritten* (,exceptiones ex iure tertii') bewahrt werden; jede Partei soll das und nur das *Konkursrisiko* hinsichtlich ihres Partner in dem fehlerhaften Kausalverhältnis tragen."[172]

Heute erweitert Canaris die drei Wertungen um eine weitere: 1051

> „Hinzu kommt als vierter, wenngleich weniger gewichtiger Gesichtspunkt das Bemühen um die Aufrechterhaltung der richtigen *Rollenverteilung im Prozeß*."[173]

Das **Wertungsquartett** lautet also: **Einwendungserhalt, Einwendungsschutz, Insolvenz-adäquanz und (Prozess-)Rollenkontinuität.** Diese Elemente eines Wertungssystems ver-knüpft Canaris zum einen mit dem Prinzip der ,verkehrs- und vertrauensorientierten Selbstverantwortung', das einer vertragsorientierten Perspektive auf das Bereicherungs-recht wie auch allgemeinen Einverständnis- und „Sphären"-Gedanken verpflichtet ist.[174] Zum anderen verbindet Canaris diese Wertungen mit dem sachenrechtlichen Abs-traktionsprinzip, das in der bereicherungsrechtlichen Abkehr von der Versionsklage, also dem ,grundsätzlichen' Durchgriffsverbot, ihren Ausdruck gefunden hat.[175] Ihren ersten dogmatischen Ausdruck findet dieses Amalgam von Wertungen, Prinzipien und Überle-gungen schließlich in dem Begriff der „Zurechnung".[176]   1052

---

169 Siehe *Canaris*, Bereicherungsausgleich (1973, Fn. 3), S. 814, 817, 819, 821, 824 f., 857–865; *ders.*, Bereicherungs-ausgleich (1980, Fn. 159), S. 354 u.ö. u. weiter auch *ders.*, Schuldrecht BT 2/2 (¹³1994, Fn. 8), § 70 VI 1 d, S. 248.

170 Siehe *Canaris*, Bereicherungsausgleich (1973, Fn. 3), S. 822 f.; siehe weiter *ders.*, Bereicherungsausgleich (1980, Fn. 159), S. 370; *ders.*, Schuldrecht BT 2/2 (¹³1994, Fn. 8), § 70 VI 1 c, S. 248.

171 Siehe *Canaris*, Bereicherungsausgleich (1973, Fn. 3), S. 814 f., 819, 821, 828, 857–865; siehe auch *ders.*, Berei-cherungsausgleich (1980, Fn. 159), S. 354 u. ö. Im Folgenden werden diese drei „Risikozurechnungen" als „Wertungen" bezeichnet. Canaris selbst verwendet die Begriffe „Wertungen", „Interessen", „Gerechtig-keitsgesichtspunkte" oder „-kriterien" in seinen Arbeiten häufig synonym und undifferenziert, siehe insb. *Canaris*, Schuldrecht BT 2/2 (¹³1994, Fn. 8), § 70 VI 1, S. 246–248 o. *ders.*, Bereicherungsausgleich (1973, Fn. 3), S. 822.

172 *Canaris*, Schuldrecht BT 2/2 (¹³1994, Fn. 8), § 70 VI 1 b, S. 247. Hervorhebungen im Original. Siehe auch *ders.*, Bereicherungsausgleich (1973, Fn. 3), S. 802–804.

173 *Canaris*, Schuldrecht BT 2/2 (¹³1994, Fn. 8), § 70 VI 1 b, S. 247. Hervorhebungen im Original. Diese vierte Wer-tung verwendet Canaris aber auch schon in früheren Arbeiten, siehe etwa *Canaris*, Bereicherungsausgleich (1973, Fn. 3), S. 825 o. *ders.*, Anmerkung zu BGH VII ZR 349/85, in: JZ 42 (1987), 201–203, 203.

174 Eindringlich betont Canaris die Rückabwicklung von fehlgeschlagenen Verträgen und die in den Verträgen gesetzte Risikozuordnung, vgl. beispielsweise *Canaris*, Bereicherungsausgleich (1973, Fn. 3), S. 803, 814 ff. Zu „Einverständniserklärung" ebd. S. 815 u. zum Gedanken der Zurechnung in „Sphären" ebd. S. 802.

175 Siehe *Canaris*, Bereicherungsausgleich (1973, Fn. 3), S. 804, 814, 817, 819, 828, 859, 861, 863; *ders.*, Schuldrecht BT 2/2 (¹³1994, Fn. 8), § 70 VI 1 d, S. 248; *ders.*, Einwendungsausschluß und Bereicherungsausgleich im Giro-vertragsrecht, in: BB 27 (1972), 774–780, 774. Kritisch gegen Canaris *Weitnauer* (1974, Fn. 168), 1734 und *Medicus* (1974, Fn. 157), 541. Zur „Ablehnung der Versionsklage" siehe *Canaris*, Bereicherungsausgleich (1973, Fn. 3), S. 804, 819.

176 Dieser *Begriff* der „Zurechnung" bewahrt bei Canaris, obwohl er ,begrifflich' strukturiert ist, weiter seinen an Prinzipien und Werten orientierten Charakter. An anderer Stelle spricht Canaris auch von einem „Zu-rechnungsprinzip", siehe etwa *Canaris*, Schuldrecht BT 2/2 (¹³1994, Fn. 8), § 70 VI 1 a, S. 246. Siehe zum Pro-blem der „Zurechnung" weiter *ders.*, Bereicherungsausgleich (1973, Fn. 3), S. 799, 814 f., 817, 819, 820–828.

1053   Neben den Prinzipien der Selbstverantwortung und des Verkehrsschutzes aber gewährt
        Canaris auch dem Prinzip der „unmittelbaren Vermögens- und Wertverfolgung" einen
        Anwendungsraum im Bereicherungsrecht. Sofern die beiden Prinzipien und die mit ihnen
        verknüpften vier Wertungen im konkreten Fall nicht greifen, kommt es als subsidiäres
        Prinzip zum Tragen. Erst wenn die Einwendungen der Parteien erhalten bleiben und diese
        von keinen ‚fremden' Einwendungen bedroht werden, wenn Insolvenzrisiko und Pro-
        zessrollen sich nicht verschieben, darf es zur Durchgriffskondiktion kommen.

2. Dogmatik, Methode und Gesetz

1054   Die beiden Prinzipien, das Wertungsquartett und der **Begriff der „Zurechnung"** lassen
        sich auch als dogmatischer Rechtssatz formulieren:

> Ist eine unmittelbare Vermögenszuwendung einem Dritten *zuzurechnen*, so steht nur diesem
> die Leistungskondiktion gegen den Bereicherten (also im Valutaverhältnis) zu. Der Dritte
> ist gegenüber dem unmittelbar Zuwendenden (also im Deckungsverhältnis) ebenfalls aus
> einer Leistungskondiktion verpflichtet. Ein Durchgriff im ‚unmittelbaren Zuwendungsver-
> hältnis' kommt dann nicht in Betracht.[177]

1055   Canaris ersetzt nicht bloß einen dogmatischen Begriff durch einen anderen, also „Leis-
        tung" durch „Zurechnung". Auf seinem prinzipiellen Boden wächst eine klare und re-
        gelgeleitete Dogmatik, die er an die Stelle des alten und von den Jahren ausgehöhlten
        „Leistungs"-Baum pflanzt. Zu diesem Zweck rückt Canaris den **„kondiktionsauslösen-
        den Mangel"** in das Zentrum der Dogmatik des Bereicherungsrechts:[178]

> „Dabei ist danach zu unterscheiden, ob dieser [sc. der „kondiktionsauslösende Mangel"]
> nur auf der Ebene der Kausalverhältnisse liegt oder ob er die dingliche Ebene bzw. die
> Anweisung als solche betrifft. Im ersten Fall erfolgt die Bereicherungsabwicklung grund-
> sätzlich zwischen den Parteien desjenigen Kausalverhältnisses, dem der kondiktionsauslö-
> sende Mangel entstammt, also nicht in einem davon u.U. verschiedenen ‚Leistungsverhält-
> nis' ... .

> Wenn der Mangel dagegen auf der dinglichen Ebene liegt ... oder die Anweisung als solche
> betrifft ..., ist der Bereicherungsausgleich grundsätzlich nicht ‚entlang den Kausalverhält-
> nissen', vorzunehmen, sondern zwischen denjenigen Parteien, zwischen denen sich die Ver-
> mögensverschiebung *unmittelbar* vollzogen hat ....."[179]

1056   Diese im Begriff des „kondiktionsauslösenden Mangels" entwickelten „Entscheidungs-
        regeln" abstrahiert Canaris in einem letzten Schritt und bringt sie auf die dogmatische
        Unterscheidung von **Mängeln im Kausalverhältnis und Mängeln der Zurechenbarkeit**

---

177 Solch ein dogmatisch vereinfachter Rechtssatz findet sich nicht bei Canaris. Er ergibt sich aber aus seinen
     allgemeinen Ausführungen. Er dient hier dem Zweck, die Differenz zur herrschenden Lehre und dem BGH
     zu veranschaulichen. Dort wird das Problem nicht über den Begriff der „Zurechnung", sondern über den
     Begriff der „Leistung" gelöst. Den Ausschluss des Durchgriffs begründen herrschende Lehre und BGH über
     den sog. „Vorrang der Leistungskondiktion" bzw. mit der „Subsidiarität der Nichtleistungskondiktion", siehe
     etwa *Wieling* (42007, Fn. 158), 96–102 o. *Loewenheim* (32007, Fn. 158), 76–79. Polemisch spricht Canaris hier
     von einem „Subsidiaritätsdogma", siehe *Canaris*, Schuldrecht BT 2/2 (131994, Fn. 8), § 70, S. 203, 212, 215–217,
     225, 249. Canaris bemüht zur Lösung des Problems das Tatbestandsmerkmal der „Rechtsgrundlosigkeit"
     (siehe ebd.), das er inhaltlich mit seinen Wertungen des Sachen- bzw. Bereicherungsrechts füllt.
178 Zusammenfassend hierzu *Canaris*, Schuldrecht BT 2/2 (131994, Fn. 8), § 70 I 3, S. 249 f. Hervorhebung getilgt.
     Siehe auch *ders.*, Bereicherungsausgleich (1980, Fn. 159), S. 355–359; *ders.*, Bereicherungsausgleich (1992,
     Fn. 154), S. 870 u. *ders.*, Professoren (1992, Fn. 154), 3145.
179 *Canaris*, Schuldrecht BT 2/2 (131994, Fn. 8), § 70 VI 3 a, S. 249 f.

oder Gültigkeit.[180] Erstere beziehen sich auf Mängel der *causa* der Vermögenszuwendung, also des zugrunde liegenden schuldrechtlichen Geschäfts. Zurechnungs- und Gültigkeitsmängel hingegen verweisen auf das Anweisungsverhältnis oder das dingliche Rechtsverhältnis. Hinzu kommt die Differenz zwischen Zurechnungs- und Gültigkeitsmängeln. Während bei Gültigkeitsmängeln eine Direktkondiktion auch aufgrund von Rechtsscheintatbeständen möglich ist, bleibt diese Option im Falle von Zurechnungsmängeln verschlossen:

> „Bei Mängeln eines Kausalverhältnisses findet die Leistungskondiktion zwischen dessen Parteien statt; bei Zurechenbarkeitsmängeln ist eine Direktkondiktion zwischen denjenigen Parteien gegeben, zwischen denen sich die Vermögensverschiebung unmittelbar vollzogen hat; bei Gültigkeitsmängeln greift ebenfalls diese Direktkondiktion Platz, es sei denn, es liegen die Voraussetzungen für einen Rechtsscheinschutz analog §§ 932 BGB, 366 I HGB oder analog §§ 170 ff. BGB zugunsten des Erwerbers bzw. des Zahlungsempfängers vor."[181]

So leichtfüßig die an Wertungen und Prinzipien orientierte Rekonstruktion des Bereicherungsrechts begann, auch sie ächzt nun unter dem Ballast der konkreten dogmatischen Direktiven. Einfach zu beherrschen ist diese dogmatische Konstruktion nicht. Mit Blick auf ihre Wertungen aber gewährleistet Canaris ihre Plausibilität und trägt dafür Sorge, dass Regeln und Prinzipien sich nicht von einander entfremden.   1057

Diesen dogmatischen Wurf kann man erst verstehen, wenn man die **Dogmatik des Bundesgerichtshofs** einbezieht. Erst der Vergleich der beiden dogmatisch-praktischen Entwürfe bietet die Grundlage für ein Urteil über die an Werten und Prinzipien orientierte Dogmatik von Canaris. Anders als dieser orientiert sich das höchste deutsche Zivilgericht auch in bereicherungsrechtlichen Mehrpersonenverhältnissen am Wortlaut des § 812 Abs. 1 S. 1 BGB. Dem Begriff der „Leistung" muss das Gericht aber deshalb die „stereotyp wiederholte Formel" von den „Besonderheiten des Einzelfalles" an die Seite stellen:[182]   1058

> „Dem Berufungsgericht ist auch darin zuzustimmen, daß sich der Bereicherungsausgleich in Fällen der Leistung kraft Anweisung *grundsätzlich* innerhalb des jeweiligen Leistungsverhältnisses vollzieht. Bei Fehlern im Deckungsverhältnis zwischen dem Anweisenden und dem Angewiesenen ist der Bereicherungsausgleich also in diesem Verhältnis vorzunehmen. Weist dagegen das Valutaverhältnis zwischen dem Anweisenden und dem Anweisungsempfänger Fehler auf, ist der Ausgleich der Bereicherung in diesem Verhältnis abzuwickeln … . Allerdings hat der Senat wiederholt zum Ausdruck gebracht, daß sich bei der bereicherungsrechtlichen Behandlung von Vorgängen, an denen mehr als zwei Personen beteiligt sind, jede schematische Lösung verbietet. Es kommt stets auf die Besonderheiten des Einzelfalles an, die für die sachgerechte bereicherungsrechtliche Abwicklung derartiger Vorgänge zu beachten sind …."[183]

---

180 Diese Differenz führt Canaris erst später ein, siehe *Canaris*, Bereicherungsausgleich (1980, Fn. 159), S. 355–358, zusammenfassend S. 358 f.

181 *Canaris*, Schuldrecht BT 2/2 (¹³1994, Fn. 8), § 70 VI 3 a, S. 250. Siehe auch die sehr prägnante Zusammenfassung der Entscheidungsregeln in *ders.*, Bereicherungsausgleich (1980, Fn. 159), 370 u. mit Blick auf die hinter den Entscheidungsregeln liegenden Wertungen *ders.*, Bereicherungsausgleich (1973, Fn. 3), S. 860–865.

182 Kritisch hierzu *Canaris*, Schuldrecht BT 2/2 (¹³1994, Fn. 8), § 70, S. 199 u. *ders.*, Bereicherungsausgleich (1973, Fn. 3), S. 858: „konturlose Einzelfallbetrachtung". Grundsätzlich dem BGH zustimmend, aber mit Kritik gegen die „Floskel" Staudinger/*Lorenz* (¹⁵2007), § 812, Rn. 36.

183 BGHZ 89, 376 (378).

1059   In diesen Passagen tritt die **Differenz zwischen Bundesgerichtshof und Canaris** zu Tage. Während das Gericht auf eine einfache Konstruktion im Begriff der „Leistung" in Verbindung mit einer wertenden Korrektur im „Einzelfall" setzt und deshalb die (rekonstruktive) Dogmatik der Wissenschaft in ‚begriffsakrobatische' Höchst-*Leistungs*-Lösungen zwingt, kann Canaris seine Wertungen auch begrifflich plausibel rekonstruieren. Seine am „kondiktionsauslösenden Mangel" orientierte Dogmatik des Bereicherungsrechts betont die konkreten Fehler der betroffenen Rechtsverhältnisse und bindet Dogmatik, Prinzip und Wertung eng aneinander: Mängel im Kausalverhältnis führen (weil „Selbstverantwortung"), genauso wie zurechenbare Gültigkeitsmängel zur Doppelkondiktion „übers Eck" (weil „Vertrauensschutz"), während Zurechnungsmängel (mangels „Selbstverantwortung" und „Vertrauensschutz") die Durchgriffskondiktion zur Folge haben (weil „Prinzip unmittelbarer Vermögens- und Güterverfolgung"). Anders als der Bundesgerichtshof muss Canaris nicht in das Werten im Einzelfall ausweichen, sondern präsentiert eine allgemeine Wertungsdogmatik, die die konkreten Wertungen des Einzelfalls nicht mehr offenlegen muss, aber dies auch nicht mehr kann.[184]

1060   Trotz der wunderbaren Wertungskonsistenz leidet diese Dogmatik des Bereicherungsrechts an einem schweren Mangel. Ihr Verhältnis zum Begriff der „Leistung" und damit zum **Wortlaut des § 812 Abs. 1 S. 1 BGB** ist höchst unklar und „zwielichtig".[185] Der Begriff der „Leistung" wird als Referenzbegriff vom Begriff des „Mangels" verdrängt. Canaris' „Abschied vom Leistungsbegriff"[186] aber zielt nicht auf eine begriffliche Kontroverse über die *lex*, sondern polemisiert allein gegen die Erkenntnismöglichkeiten der am Begriff der „Leistung" orientierten Dogmatik.[187] Nur die neue Dogmatik könne die bereicherungsrechtlichen Probleme in Mehrpersonenverhältnissen angemessen und wertungskonsistent lösen.[188] Die Bindung an den Wortlaut des Gesetzes, so unzureichend dieser auch sein mag, interessiert Canaris nur wenig.[189] Canaris macht sich zu Eigen, was er an seinem Lehrer Larenz so bewunderte. In dessen Nachruf schrieb er:

> „Als Studenten hat *Larenz* mich zum erstenmal tief beeindruckt, als ihm in der Vorgerückten-Übung ein Fehler unterlaufen war. Von einem Kommilitonen darauf hingewiesen, daß doch das Gegenteil dessen, was er soeben gesagt habe, in dem und dem Paragraphen stehe, ging er zum Katheder, warf einen Blick ins Gesetz, räumte seinen Irrtum ein und legte sodann, gewissermaßen ohne auch nur Luft zu holen, völlig überzeugend dar, daß und warum die gesetzliche Regelung sowohl inkonsequent als auch unter Gerechtigkeitsgesichtspunkten unbefriedigend und die von ihm vorgetragene Lösung in jeder Hinsicht überlegen sei. Da erlebte man, daß wahre Jurisprudenz um Lichtjahre von bloßer Gesetzeskunde entfernt ist, und erfuhr zugleich, was die eigentliche Bedeutung der Einheit von Forschung und Lehre ausmacht."[190]

---

184   Siehe *Canaris*, Schuldrecht BT 2/2 (¹³1994, Fn. 8), § 70 VI 3 b, S. 50: „Diese Regeln stellen *nicht* lediglich eine *deskriptive Verallgemeinerung von Ergebnissen* dar, die unabhängig von ihnen gewonnen worden sind, sondern stehen in *genauer Entsprechung* zu den zugrunde liegenden *Wertungsgesichtspunkten*". Hervorhebungen verändert.
185   So die Kritik bei *Kupisch*, Gesetzespositivismus im Bereicherungsrecht. Zur Leistungskondiktion im Drei-Personen-Verhältnis, Berlin 1978, S. 12; dagegen *Canaris*, Bereicherungsausgleich (1980, Fn. 159), 369 f.
186   So die provokante Formulierung bei *Canaris*, Bereicherungsausgleich (1973, Fn. 3), S. 857 ff. Hierzu auch *Canaris*, Bereicherungsausgleich (1980, Fn. 159), 367. Dazu kritisch MüKo-*Schwab* (⁵2009), § 812, Rn. 45.
187   Siehe *Canaris*, Bereicherungsausgleich (1980, Fn. 159), 367.
188   Siehe *Canaris*, Bereicherungsausgleich (1980, Fn. 159), 367.
189   Kritisch *Gödicke*, Bereicherungsrecht und Dogmatik. Zur Kritik der Dogmatik aus methodologischer Sicht, Berlin 2002, S. 253 f., dem folgt MüKo/*Schwab* (⁵2009), § 812, Rn. 45.
190   *Canaris*, Nachruf Karl Larenz, in: JZ 48 (1993), 404–406, 405.

Auf diese Weise verliert die am „kondiktionsauslösenden Mangel" orientierte Dogmatik **1061** von Canaris die *lex* aus dem Auge. Das Gesetz ist eben nicht so wichtig wie die kohärente Wertung von Prinzipien in einem „beweglichen System". Selbstverständlich antizipiert Canaris auch diese Kritik und weicht methodisch auf die **„Fortbildung" des Leistungsbegriffs**, d.h. die „offene Rechtsfortbildung" im Sinne der von ihm getroffenen Wertungen, aus.[191] Diese Konstruktion der Dogmatik entspricht ganz seinen methodischen Vorgaben: Das Wort der *lex* zählt nur wenig. Das *telos* heiligt die Mittel. Alles Recht kommt in Prinzipien und Wertungen aus der Rechtsidee. Es überrascht allein der offene Widerspruch, in den sich Canaris etwas mehr als 20 Jahre nach Erscheinen seines Aufsatzes zum „Bereicherungsausgleich im Dreipersonenverhältnis" begibt. In dem von Larenz übernommenen „Lehrbuch des Schuldrechts" schreibt Canaris 1994:

> „Daß indessen eine Generalklausel (!) wie § 812 BGB für einen so elementaren Fall wie den der Anweisung eine Lücke (!) enthält und also erst im Wege der Analogie anwendbar zu machen ist, erscheint methodologisch von vornherein unplausibel."[192]

Auslegung einer Generalklausel oder Fortbildung aufgrund einer Lücke – das ist hier die **1062** Frage. Die in der Methodenlehre von Canaris **stets latent gehaltenen Spannungen** brechen im Exempel besonders deutlich auf: Gesetz oder Prinzip, Worte oder Werte, dogmatisch gewachsene Rationalität oder vernünftige Gerechtigkeit. Die Antinomien erscheinen als alternativlose Alternativen. Die herrschende „Leistungs"-Dogmatik kämpft *down by law*, verheddert sich aber in dem „verwirrend komplizierten Gedankengebäude"[193] der tradierten Dogmatik und wirkt, gemessen an den Wertungen von Canaris, inkonsistent.[194] Demgegenüber lebt die an Prinzipien orientierte „Mangel"-Dogmatik als *outlaw*, dafür aber wertungskonsistent, verständlich und treu gegenüber dem großen Wort ,Gerechtigkeit'. Canaris fällt die Entscheidung zwischen diesen beiden dogmatischen Alternativen freilich leicht. Die Probe aufs Exempel, der Fall auf die Dogmatik, soll nun zeigen, ob Canaris in seinem Urteil zuzustimmen ist.

XI. BGHZ 113, 62–70: Versicherungsleistung auf fremde Schuld

Das gewählte Beispiel bildet einen **„Ausnahmefall"**: die Drittleistung eines Haftpflicht- **1063** versicherers auf eine nicht bestehende Schuld seines Versicherungsnehmers. Er eignet sich wegen seiner „Absonderlichkeit" und „Kompliziertheit" vielleicht nicht gerade „als Examensaufgabe".[195] Diese Schwierigkeiten aber machen ihn zum besonders harten Probierstein für die beiden Dogmatiken von Canaris und dem Bundesgerichtshof. Mit seiner Hilfe können sowohl die „Mangel-" oder „Wertungs"-Dogmatik als auch die „Leistungs"-Dogmatik auf ihre Überzeugungskraft getestet werden. Zwar gilt grundsätzlich *„hard cases make bad law"*, doch hier bildet erst der *hard case* den Härtetest für die Plausibilität der Dogmatik.

---

191 Siehe *Canaris*, Bereicherungsausgleich (1973, Fn. 3), S. 812 f. Kritisch gegenüber dieser „ungeheuren methodischen Freiheit" von Canaris *Weitnauer* (1974, Fn. 168), 1734.

192 *Canaris*, Schuldrecht BT 2/2 (¹³1994, Fn. 8), § 70 VI 4, S. 251. Betonungszeichen im Original.

193 Siehe *Canaris*, Schuldrecht BT 2/2 (¹³1994, Fn. 8), § 70, 199; siehe auch *ders.*, Bereicherungsausgleich (1973, Fn. 3), S. 799: „übermäßige Kompliziertheit".

194 Siehe den Vorwurf bei *Canaris*, Bereicherungsausgleich (1973, Fn. 3), S. 800. Zwar belegt Canaris, dass auch die ,herrschende Lehre' diese Wertungen kennt und von ihnen ausgeht (ebd. 802 f., Fn. 13–15). Dass sie diese jedoch wie Canaris in *prinzipieller* Manier verwenden und mit ihnen ihre Dogmatik steuert, muss jedoch bezweifelt werden.

195 So *Medicus* (²¹2007, Fn. 154), Rn. 685 u. weiterhin Medicus/*Petersen* (²³2011, Fn. 154), Rn. 685.

Seinecke 379

1. Das Urteil vom 28. November 1990

1064 Zum Einstieg hilft eine kurze Paraphrase des Falles.[196] Als **Kläger** tritt auf: der Berufs-haftpflichtversicherer (B) eines Architekten (A). Als **Beklagter** steht vor Gericht: der Ge-sellschafter (G) einer in Vermögensverfall geratenen, geschäftsführerlosen, beschränkt haftenden Gesellschaft (GmbH). Als **Sachverhalt** hatte sich zugetragen: Der Architekt (und Mitarbeiter des versicherten Architekturbüros) besorgte und überprüfte Rechnun-gen, die der Gesellschaft von einem später insolventen Handwerksunternehmen gestellt wurden. Aufgrund eines irrtümlich angenommenen Rechnungsfehlers des Architekten nahm der Gesellschafter (ohne Ermächtigung, weil kein Geschäftsführer vorhanden war) diesen aus der ihm zedierten Forderung der Gesellschaft in Regress. Der Architekt wen-dete sich seinerseits an seinen Berufshaftpflichtversicherer und merkte an, dass nach sei-ner „Überprüfung" die Schadensersatzforderung bestehe und in einem Rechtsstreit kaum abwendbar sei. Der Versicherer zahlte den geforderten Betrag an den Gesellschafter. Nun stellte sich heraus, dass der Versicherungsfall zu Unrecht angenommen worden war. Es handelt sich also um ein juristisches Viereck: Die GmbH machte Ansprüche gegen A geltend, die B gegenüber G erfüllte.

1065 Dogmatisch formuliert bedeutet dies: Ein Haftpflichtversicherer (B) zahlt auf die nicht bestehende Schuld seines Versicherungsnehmers (A) an einen vermeintlichen Zessionar (G) des Scheingläubigers (GmbH). Hierzu bildet der **Bundesgerichtshof** nun **zwei Leit-sätze:**

> „a. Hat ein Haftpflichtversicherer [B] die Entschädigung an den Gläubiger [GmbH/G] sei-nes Versicherungsnehmers [A] ausgezahlt, um dessen Verpflichtung zu erfüllen, so kann er seine Leistung grundsätzlich bei dem Gläubiger [GmbH/G] kondizieren, wenn diesem in Wahrheit kein Anspruch zustand.
>
> b. Wer in der irrigen Annahme, eine Forderung sei durch Abtretung oder in anderer Weise übergegangen, an den vermeintlichen Erwerber [G] der Forderung leistet, kann das Geleistete bei diesem kondizieren."[197]

1066 Mit diesen beiden Leitsätzen erlaubt das Gericht den **Durchgriff des Haftpflichtversi-cherers** (B) gegen den Gesellschafter (G). Er wählt nicht die Rückabwicklung über die übliche Kette, hier von B über A zu der GmbH und schließlich G oder allgemeiner for-muliert von (1.) dem Versicherer zu (2.) dem Versicherungsnehmer zu (3.) dem Schein-gläubiger und zu (4.) dem Scheinzessionar. Dabei verlängert der BGH den direkten Durchgriff des Versicherers (B) gegen den Scheingläubiger (GmbH) (=1. Leitsatz) bis zum Scheinzessionar (G) (=2. Leitsatz). Es entsteht also ein doppelter Durchgriff im Viereck.

2. Die Kritik und die Lösung von Canaris

1067 Gegen diesen Durchgriff richtet Canaris sein Plädoyer. Seine **Lehre vom „kondiktions-auslösenden Mangel"** zeichnet sein Urteil klar vor. Zur Erinnerung: Mängel des Kausal-verhältnisses führen zur Rückabwicklung im Dreieck, also zur Kondiktion im jewei-

---

196 Die Darstellung des Falles folgt der Zusammenfassung in BGHZ 113, 62 (62–64).

197 BGHZ 113, 62. Bemerkenswert an der Diskussion um diesen Fall ist nicht nur das Rezensieren von Rezensionen (oben Fn. 154), sondern auch die Diskussion um die ‚wahren' Leitsätze der Entscheidung, siehe *Martinek* (1991, Fn. 154), 395; skeptisch hierzu *Canaris*, Bereicherungsausgleich (1992, Fn. 154), S. 871 und *Flume* (1991, Fn. 154), S. 2524.

ligen Kausalverhältnis.[198] Zurechnungsmängel (bei der Abwicklung, Anweisung oder „Veranlassung") hingegen führen zum Durchgriff. Der Mangel im ersten Dreieck, das von (1.) dem Versicherer (B) über (2.) den Versicherungsnehmer (A) zu (3.) dem Scheingläubiger (GmbH) führt, liegt im fehlenden Schadensersatzanspruch des Scheingläubigers (GmbH) gegen den Versicherungsnehmer (A). Der Mangel liegt also in diesem Kausalverhältnis (= Valutaverhältnis). Daraus folgt die Rückabwicklung übers Eck. Die Zession erweitert die Beziehung zum Viereck[199] und zwar zu (4.) dem Scheinzessionar (G). Der Mangel in der Zession kann nach Canaris dem Scheingläubiger (GmbH) nicht zugerechnet werden, weil bei einer geschäftsführerlosen GmbH keine wirksame Anweisung denkbar ist. Als Konsequenz folgt hier die Direktkondiktion von (2.) nach (4.), das heißt von dem Versicherungsnehmer (A) zum Scheinzessionar (G).[200]

Im Gegensatz zur Lösung des Bundesgerichtshofs lautet die Lösung von Canaris also: **kein Durchgriff des Haftpflichtversicherers**, sondern **Rückabwicklung der Bereicherung im Dreieck** bzw. im verkürzten Viereck. Der Versicherer B muss sich beim Versicherungsnehmer A zurückholen, was er irrtümlich an den Scheinzessionar G gezahlt hat. Der Versicherungsnehmer A darf sich seinerseits direkt an den Scheinzessionar G halten.[201] Das Risiko des Forderungsausfalls liegt für die Versicherung also nicht bei G, sondern bei A und A trägt das Insolvenzrisiko von G. | 1068

Ausgehend von seinen dogmatisch fixierten Wertungen greift Canaris nun das höchstrichterliche Urteil in zwei Manövern an.[202] In einer ersten, **immanenten Kritik** der „Leistungsdogmatik" versucht er den dogmatischen Standpunkt des Bundesgerichtshofs einzunehmen und betont die „Sicht des Leistungsempfängers". Aus dessen Perspektive sei Leistender nicht der Versicherer, sondern der Versicherungsnehmer.[203] In seinem zweiten Manöver mobilisiert er sein **Wertungssystem** und die Nähe des Falles zur Anweisungslage:[204] | 1069

> „Denn es besteht kein hinreichender Grund dafür, die Rückabwicklung anders vorzunehmen, als hätte der Versicherungsnehmer selbst an seinen Putativgläubiger gezahlt und der Versicherer ihm das Geld erstattet, zumal der Versicherer auf den (vermeintlichen) Freistellungsanspruch des Versicherungsnehmers zahlt und also an *diesen* leistet."[205]

Es ist dasselbe Bild, es sind dieselben Wertungen, die auch die Rückabwicklung von Anweisungen und Lieferketten tragen: Einwendungserhalt, Einwendungsschutz, Insolvenzadäquanz und (Prozess-)Rollenkontinuität. Diese Wertungsdirektiven veranschaulicht Canaris an vier hypothetischen Varianten des Falls.[206] Anhand dieser Fälle will er | 1070

---

198 Siehe zur vorliegenden Fallkonstellation auch *Canaris*, Schuldrecht BT 2/2 (¹³1994, Fn. 8), § 70 V 3 a, S. 243.

199 Siehe *Medicus* (²¹2007, Fn. 154), Rn. 685 u. weiterhin Medicus/ *Petersen* (²³2011, Fn. 154), Rn. 685.

200 Die dogmatischen Feinheiten um „Tilgungsbestimmung", „Veranlassung", „Anweisung" „Leistung des Dritten auf fremde Schuld" i.S.v. § 267 müssen um der Übersicht Willen ausgeblendet werden.

201 Die nun entstehenden Schwierigkeiten um Kondiktions-Kondiktion, Saldo etc. bleiben ebenfalls außen vor.

202 Siehe die Zusammenfassung bei *Canaris*, Professoren (1992, Fn. 154), S. 3144.

203 Siehe *Canaris*, Bereicherungsausgleich (1992, Fn. 154), S. 869; *ders.*, Professoren (1992, Fn. 154), S. 3144.

204 Siehe *Canaris*, Schuldrecht BT 2/2 (¹³1994, Fn. 8), § 70 V 3 a, S. 242; siehe auch *ders.*, Bereicherungsausgleich (1992, Fn. 154), S. 869; *ders.*, Professoren (1992, Fn. 154), S. 3144.

205 *Canaris*, Bereicherungsausgleich (1992, Fn. 154), S. 873. Hervorhebung im Original. Siehe weiter auch *ders.*, Professoren (1992, Fn. 154), S. 3144 u. *ders.*, Schuldrecht BT 2/2 (¹³1994, Fn. 8), § 70 V 3 a, S. 243.

206 So auch die methodische Direktive bei *Canaris*, Schuldrecht BT 2/2 (¹³1994, Fn. 8), § 70 VI 1 b, S. 247: „Dieses auf Vergleichen und Ähnlichkeiten beruhende Argumentationsmuster bedarf nun freilich bei schwierigen und/oder umstrittenen Problemen der Absicherung durch eine genaue Interessenanalyse und -bewertung. Für diese sind, wie heute weitgehend anerkannt ist, grundsätzlich die folgenden drei Kriterien [sc. die drei oben genannten Wertungskriterien] maßgeblich." Die vier Fälle sind: (1.) Ein Scheinschädiger lasse den Ver-

die seiner Ansicht nach verletzten Interessen und Wertungen verdeutlichen.[207] Ein in diesen Fällen erfolgender Durchgriff des Versicherers nehme den jeweiligen Scheingläubigern ihre Einwendungen und bürde ihnen ein ungerechtfertigtes Konkursrisiko auf. Die Versicherungsnehmer verlören ihre Partei- und Prozessrolle und seien zudem Einwendungen ausgesetzt. Alle vier Wertungen seien verletzt. Daraus folgt:

> „Aus der Sicht keiner der drei beiteiligten Personen läßt sich nämlich ein überzeugender Grund dafür finden, daß die bereicherungsrechtliche Rückabwicklung anders erfolgen soll, als hätte der Putativschuldner seine vermeintliche Schuld gegenüber dem Putativgläubiger selbst bezahlt und der Versicherer ihm das Geld erstattet."[208]

3. Alternativen?

1071   Können gegen diese wertungsmäßig begründete Lösung noch Zweifel erhoben werden? *Quod erat demonstrandum!?* Wie immer hilft der Blick auf Argumente oder Perspektiven, die nicht erwähnt werden. Canaris übergeht weitere mögliche Wertungen, vor allem die zugunsten des Versicherers.[209] Wertungen des Versicherungsrechts, die auch bereicherungsrechtlich Relevanz entfalten könnten, werden in das Innenverhältnis zwischen Versicherer und Versichertem verschoben und dadurch verdrängt.[210]

1072   Zugleich versperren seine dogmatischen Vorgaben („konditionsauslösender Mangel") und das Anweisungsparadigma ihm die Sicht auf alternative (Risiko-)Zurechnungszusammenhänge.[211] Wieso soll gerade die „Veranlassung", nicht aber die Zuwendung, diese Risikozurechnung schaffen? Wieso soll die Zahlung des Versicherers aus *auch* eigenem Antrieb, nach *eigener* Überprüfung des Versicherungsfalles unerheblich bleiben?[212] So kritisiert Jan Wilhelm:

sicherer in Kenntnis der fehlenden Haftpflicht zahlen. (2.) Ein Scheinschädiger und ein Scheingläubiger . unterhielten laufende Geschäftsbeziehungen und dem Gläubiger stünden nicht beglichene Forderungen gegen den Scheinschädiger zu. Zugleich falle der Scheinschädiger in Konkurs. (3.) Ein Scheinschädiger und ein Scheingläubiger unterhielten laufende Geschäftsbeziehungen und der Scheinschädiger wolle es ‚vermeiden', dass der Schadensfall gegenüber seinem Scheingläubiger erneut aufgerollt werde. (4.) Der Scheingläubiger rechne nach dem Durchgriff des Versicherers die nicht bestehende Schadensersatzforderung gegen Forderungen des Scheinschädigers auf. Alle vier Fallbeispiele finden sich bei *Canaris*, Bereicherungsausgleich (1992, Fn. 154), S. 870.

207 Im (1.) Fall verliere der Scheingläubiger mit dem Durchgriff des Versicherers seine Einwendung aus § 814 BGB gegen den Scheinschädiger. Im (2.) Fall führe die Versionsklage des Versicherers zur „Abwälzung des Konkursrisikos" auf den Scheingläubiger. Für seine aus anderen Geschäften erwachsenen Forderungen gegen den Scheinschuldner bekäme er dann nur noch die Insolvenzquote. Im (3.) Fall verliere der Scheinschädiger durch den Durchgriff seine Prozessrolle, damit die Möglichkeit, auf einen Prozess gegen den Scheingläubiger zu verzichten. Im (4.) Fall schließlich wäre der Scheinschuldner nach einem Zugriff des Versicherers auf den Scheingläubiger einer Aufrechnung mit der *angeblich* bestehenden Schadensersatzforderung ausgesetzt. Zu den vier Wertungsanalysen siehe *Canaris*, Bereicherungsausgleich (1992, Fn. 154), S. 870. Besonders prägnant siehe *ders.*, Schuldrecht BT 2/2 (¹³1994, Fn. 8), § 70 V 3 a, S. 243.

208 *Canaris*, Bereicherungsausgleich (1992, Fn. 154), S. 870.

209 Siehe *Canaris*, Bereicherungsausgleich (1992, Fn. 154), S. 869 f.; auch hier zeigt sich der undifferenzierte Gebrauch der Begriffe „Interesse" und „Wertung". Es erstaunt auch, wie die „*Interessenanalyse*" (!) von Canaris in die „Sicht-Terminologie" der Dogmatik vom „Empfängerhorizont" verstrickt ist. Mehr als ein halbes Dutzend Mal verwendet er hier die Sicht-Metapher zur Feststellung der Interessen der beteiligten Parteien.

210 Siehe *Canaris*, Bereicherungsausgleich (1992, Fn. 154), S. 869.

211 Auch der BGH setzt sich mit der Frage auseinander, ob dem Versicherungsnehmer die Leistung des Versicherers *zugerechnet* werden könne, siehe E 113, 62 (69 f.).

212 Dies erscheint auch als das maßgebliche Argument des BGH (siehe E 113, 62 (65 f., 69 f.). Zustimmend *Martinek* (1991, Fn. 154), S. 400. In dieser Richtung auch *Flume* (1991, Fn. 154), S. 2524 und *H. H. Jakobs* (1992, Fn. 154), S. 2525. Ähnlich auch *Wertheimer* (1992, Fn. 154), S. 288, der von einer „Verkümmerung' des Valutaverhältnisses" spricht. Diesen Einwand versucht Canaris dadurch zu entkräften, dass er zwischen der Ent-

„Im Gegensatz zu *Canaris* ... belastet nicht die Auswahl des Vertragspartners, nicht das Kausalverhältnis als solches, mit diesem Risiko, sondern wie oben ausgeführt, versetzt die Leistung, die Verfügung über das eigene Vermögen zugunsten des Vertragspartners den Leistenden in die Abhängigkeit von ihm, von seiner Habhaftigkeit, Zahlungsbereitschaft und Solvenz bezüglich der Gegen- oder Rückleistung."[213]

Damit erhebt Wilhelm die „Leistung" selbst zur eigenständigen Wertungsgrundlage und macht sie zur ordnungsstiftenden Kategorie, die die Zurechnung von Risiken ermöglicht. Wer leistet, leistet immer an Jemanden, von dem er bei „Leistungs"-Fehlern erwartet, seine Leistung zurück erhalten zu können. Canaris' sachenrechtliche Wertungen stehen also gegen die *Wertungen* des bereicherungsrechtlichen Wortlauts. 1073

Diese Gegenwertungen kann Canaris nicht wahrnehmen. Sein Wertungsdreieck ist so starr und symmetrisch wie eine Begriffspyramide. Kein Platz bleibt für die **Interessen von Versicherern**, die möglicherweise eine schnelle und pragmatische Rückabwicklung (hier gegen G) wollen. Auch die **Expertise von Versicherern** bei der Überprüfung von Schadensfällen liegt außerhalb des Wertungshorizonts. Das Anweisungsparadigma und die am „kondiktionsauslösenden Mangel" orientierte Dogmatik lenken den Blick von diesen Wertungen ab.[214] Auch weitere ökonomische, politische oder soziale Interessen, denen ein Durchgriff Rechnung tragen könnte, zählen von vornherein nicht. 1074

Aber auch die von Canaris anhand der vier hypothetischen Fälle gebildeten Wertungen erweisen sich als kontingent.[215] Offenbar wertet auch Canaris vom Ergebnis her. So steht z.B. die Frage nach der Prozessrolle nicht zur Disposition, da der Versicherungsnehmer nach den allgemeinen Geschäftsbedingungen der Versicherer hier vollkommen gebunden 1075

---

scheidung „*ob*" gezahlt wird und der Entscheidung „*an wen*" gezahlt wird differenziert, um dann auf die Gleichbehandlung aller Zahlungen von Versicherern (etwa auch von Krankenversicherern) zu verweisen.

213 *J. Wilhelm*, Die Zurechnung der Leistung bei Widerruf einer Anweisung, insbesondere eines Schecks, in: AcP 175 (1975), S. 304–350, 319.

214 In diese Richtung weist auch die Kritik von *J. Wilhelm* (1975, Fn. 213), S. 317: „In der Tat, so weitgehend zustimmungsbedürftig die Auffassung von Canaris zur Anweisungsleistung ist, so kann doch ihre *allgemeine dogmatische Einkleidung* zu Mißverständnissen führen und hat sie auch Canaris selbst zu unrichtigen Ergebnissen verleitet". Hervorhebungen nicht im Original. Zwar ließe sich diese Perspektive in dem auch von Canaris anerkannten Prinzip unmittelbarer Vermögens- und Wertverfolgung fruchtbar machen. Doch ginge sie dann in der Subsidiarität dieses Prinzips gegenüber „Selbstverantwortung" und „Verkehrs- und Vertrauensschutz" verloren.

215 Dazu genügen einfache Gegenfragen zu den vier hypothetischen Fällen, wie zu (1.): Warum sollte der Versicherer das Insolvenzrisiko des ‚böswilligen' Versicherungsnehmers tragen, wenn dieser als Scheinschuldner wohlwissend um das Nichtbestehen seiner Schuld die „Leistung" veranlasst? Wieso sollte der Scheingläubiger hiervon profitieren (s. *Jakobs*, Fn. 154, S. 2529: „Den Vertrauensschutz ad absurdum zu führen, ist das Vorrecht des Vertrauensschutztheoretikers")? Vor allem: Wie plausibel ist eigentlich dieser Fall? Zu (2.): Warum soll der Versicherer das Insolvenzrisiko des Versicherten für Forderungen aus der Geschäftsbeziehung zwischen Scheinschuldner und Scheingläubiger tragen? Wieso sollte dem Scheingläubiger die Zahlung auf eine nicht bestehende Schadensersatzforderung zugutekommen? Mit welchem Recht gewinnt er die zufällige Aufrechnungsmöglichkeit gegen einen ‚insolventen' Schuldner (*Jakobs* ebd., S. 2528), wenn er doch das Insolvenzrisiko für Forderungen aus seinen Geschäftsbeziehungen grundsätzlich selbst tragen müsste? Zu (3.): Warum sollte ein Versicherungsnehmer ein Interesse an einem Prozess haben, der ihn im Normalfall wirtschaftlich nicht berührt (s. *Flume*, Fn. 154, S. 2524: der Versicherer handele „mit der Zahlung als Schadensausgleich in *eigener Sache*")? Vor allem: Mit welchem Recht prozessiert der Versicherte über die wirtschaftlichen Güter des Versicherers bzw. mit welchem Recht unterlässt er eben dies (*Jakobs* ebd., S. 2529)? Welcher Bürger streitet gern als Partei vor Gericht? Zu (4.): Finden sich zahlungsunwillige Schuldner nur bei der Rückabwicklung vermeintlicher Haftpflichtforderungen? Ist nicht jede Forderung aus laufenden Geschäftsbeziehungen mit einem Prozessrisiko behaftet?

ist.[216] Zudem leiden seine Risikozurechnung und seine Wertungen an der Orientierung am vertraglichen Modell.[217] Die Rückabwicklung der Zahlung einer im Regelfall wohl ‚deliktisch', zumindest aber schadensrechtlich entstandenen (Haftpflicht-)Schuld bedarf einer anderen Perspektive als die Rückabwicklung vertraglicher Kausalverhältnisse.[218] Der **Kreis der Wertungen** kann also enger oder weiter gezogen werden. Wertungen können so, aber immer auch anders getroffen werden.[219] Die Kontingenz der Wertungsarbeit im konkreten Fall zeigt sich auch darin, dass man mit den gleichen Wertungen zum endgegengesetzten Ergebnis kommen kann.[220] Wertungen verbürgen *per se* noch kein zwingendes und richtiges Ergebnis. Und auch ihre richtige Anwendung bedarf einer Regel, die die Wertungs-Regel kontrolliert. Auch Wertungen müssen immer wieder neu bewertet werden.

1076 Provoziert die offene Dogmatisierung von Wertungen als Methode also die gleichen Gefahren wie eine ‚begriffsfetischistische' Dogmatik? Auch Canaris muss unter der Idee der „Einheit und Folgerichtigkeit" seiner Dogmatik auf dem von den Wertungen präjudizierten Ergebnis beharren. Mit dem Durchgriff des Haftpflichtversicherers auf den Scheingläubiger ist seine Lehre vom „konditionsauslösenden Mangel" ohne offene Ausnahme nicht vereinbar. Müsste sich also nicht auch diese Prinzipienjurisprudenz vor der Absolutsetzung ihrer Prinzipien und Wertungen hüten? Der idealistisch spekulative Untergrund dieser Theorie erinnert am Ende an die alten metaphysischen Begriffsrealien der sog. Begriffsjuristen des 19. Jahrhunderts.[221] Womöglich gilt der Vorwurf eines „Begriffsidealismus" auch gegen diese Wertungs- und Prinzipienjurisprudenz.

XII. Resümee

1077 Gerade das Exempel zeigt die Parteilichkeit dieser Wertungsjurisprudenz zugunsten ihrer eigenen Wertungen. Trotz der suggestiven Rekonstruktion von „Methode und Zivilrecht" in einem „beweglichen System" kann Canaris' Methodologie im Ganzen nicht überzeugen. Auch oder gerade weil seine Prinzipien und Wertungen der Idee eines „richtigen Rechts" folgen, büßen sie die Autorität des einfachen und klaren Arguments ein. Die doppelte und dialektische Rationalität, die das methodische und dogmatische Werk

---

216 So gilt z.B. im Muster für Allgemeine Versicherungsbedingungen für die Haftpflichtversicherung (AHB) des Gesamtverbands der deutschen Versicherungswirtschaft (GDV) der Versicherer im Rechtsstreit „zur Prozessführung bevollmächtigt. Er führt den Rechtsstreit im Namen des Versicherungsnehmers auf seine Kosten" (§ 5.2 AHB). Auch vor der Rechtshängigkeit ist er „bevollmächtigt, alle ihm ... zweckmäßig erscheinende Erklärungen im Namen des Versicherungsnehmers abzugeben" (§ 5.2 AHB). Die Auszüge beruhen auf Musterbindungen vom Stand Oktober 2010. Auf diese Haftungslage verweist vor allem *Wertheimer* (1992, Fn. 154), S. 288.

217 Siehe die Nachweise oben in Fn. 174.

218 Diese Unterscheidung betont ebenso *Martinek* (1991, Fn. 154), S. 400, der von einer Übernahme des „Erfolgsrisikos" durch den Versicherer gegenüber seinem Versicherungsnehmer spricht.

219 Zu scharf und einseitig formuliert Weitnauer seine Kritik an Canaris, wenn er dessen Wertungen als „*dezisionistisches* System", „bei dem der erklärte Wille des Leistenden so gut wie gänzlich ignoriert, allenfalls zu einem von mehreren topoi gemacht und durch *frei erdachte Zurechnungskriterien* ersetzt wird, unter denen das Insolvenzrisiko und das von Canaris sogenannte ‚schuldrechtliche Abstraktionsprinzip' die beherrschende Rolle spielen", siehe *Weitnauer*, Die Leistung, in: Festschrift für Ernst von Caemmerer zum 70. Geburtstag, hg. v. Ficker u.a., Tübingen 1978, S. 254–293, 275. Hervorhebungen hinzugefügt.

220 So gelangt etwa Martinek mit denselben Grundwertungen (Einwendungserhalt, -schutz etc.) zum entgegen gesetzten Ergebnis, siehe *ders.* (1991, Fn. 154), S. 400.

221 Zur strukturellen Ähnlichkeit zwischen sog. Begriffsjurisprudenz und der neueren Prinzipientheorien deutlich *R. Dreier*, Jhering als Rechtstheoretiker, in: Rechtsnorm und Rechtswirklichkeit. Festschrift für Werner Krawietz zum 60. Geburtstag, hg. v. Aarnio, Berlin 1993, S. 233–245, 241: „Es liegt nahe, die begriffsjuristische Geschlossenheitsthese im Sinne einer Prinzipientheorie zu interpretieren, wie sie heute etwa Ronald Dworkin, Franz Bydlinski und Robert Alexy vertreten, die entschiedene Nicht-Positivisten sind.".

Seinecke

von Canaris trägt, schlägt wegen ihres ‚Zuviels' an Vernunft in methodisch unüberprüfbare Wertungen um.

Schon als Argumente büßen die *canones* hier viel von ihrer regelleitenden Kraft ein. Die 1078 Überhöhung des *telos* beschneidet ihr Gewicht weiter, auch wenn Canaris es durch Gewichtungs- und Vorrangregeln zu retten versucht. Das „bewegliche System" der Prinzipien als Grundlage einer weit verstandenen und wertgebundenen Rechtsfortbildung überformt ihre Rationalität sofort durch eine zweite. Der laute Ruf nach „Methodenehrlichkeit" verhallt ohne Echo in seiner Theorie der Rechtsfortbildung und der Konstruktion des juristischen Systems. Dieser Idealismus lässt einer rationalen Methode wenig Raum.

Diese Art der juristischen Metaphysik gehört ebenso zum Alltagsgeschäft der Juristen- 1079 philosophen wie die Fassade der methodischen Rationalität. Mit dieser philosophischen Position steht Canaris nicht allein. Ihre Verheißungen und Versprechungen können seine rhetorisch klaren und beweglich scharfen Prinzipien aber nicht halten. Ihr klarer Schein trügt. Sie lenken von den grundlegenden Antinomien in Methode und Recht ab: Politik oder Metaphysik, Gesetzgeber oder Richter, Gesetz oder Entscheidung, Statik oder Dynamik, Methode oder Richtigkeit, Kritik oder Ideologie, Bestimmtheit oder Unbestimmtheit, System oder Topik? Canaris ‚versöhnt' diese Aporien vergeblich und ohne Spannung in einem „abgewogenen" und „beweglichen" Ausgleich. Das von Canaris selbst herbeigerufene doppelte „Scheinen" aus Eduard Mörikes Gedicht „Auf eine Lampe" (von 1846) verdunkelt seine eigene Methodologie und Dogmatik: „Was aber schön ist, selig scheint es in ihm selbst."[222] Leuchtet das Schöne luzide oder täuscht es in seiner verführerischen Anmut?[223]

Gleichzeitig aber steht Canaris als einer der wichtigsten Juristen und anerkanntesten 1080 Dogmatiker unserer Zeit vor uns. Seine dogmatischen Arbeiten beeindrucken durch eine selten erreichte Komplexität und sprachliche Kraft. Das bedeutet keinen Widerspruch zu der hier vorgebrachten Kritik. „Methodenehrlichkeit" und dogmatische Richtigkeit müssen nicht miteinander korrelieren. Methode allein gewährleistet weder ein richtiges Recht noch eine angemessene Entscheidung. Aber gerade deshalb müssen wir dem Methodologen Canaris umso kritischer begegnen. Auch eine „dialektische" oder „bewegliche" Methode kann uns nicht von der Verantwortung für ein möglichst rationales und intersubjektiv überprüfbares Recht wie einen ebensolchen Umgang mit den Rechtswortlauten entlasten.

---

222 Das vollständige Gedicht lautet:
Noch unverrückt, o schöne Lampe, schmückest du, / An leichten Ketten zierlich aufgehangen hier, / Die Decke des nun fast vergeßnen Lustgemachs. / Auf deiner weißen Marmorschale, deren Rand / Der Efeukranz von goldengrünem Erz umflicht, / Schlingt fröhlich eine Kinderschar den Ringelreihn. / Wie reizend alles! lachend, und ein sanfter Geist / Des Ernstes doch ergossen um die ganze Form –/ Ein Kunstgebild der echten Art. Wer achtet sein / Was aber schön ist, selig scheint es in ihm selbst.

223 Canaris plädiert wie Heidegger (siehe *Canaris*, Richtigkeit, Fn. 4, S. 38) für die ontologische Interpretation, siehe dazu die Diskussion zwischen Heidegger und Staiger im Briefwechsel bei *Staiger*, Die Kunst der Interpretation. Studien zur deutschen Literaturgeschichte, Zürich 1955, S. 34–49 u. bei *Heidegger*, Zu einem Vers von Mörike, in: ders., Aus der Erfahrung des Denkens (=Gesamtausgabe I-13), Frankfurt am Main 1983, S. 93–109.

Seinecke 385

XIII. Quellen und Literatur

1. Zum Einstieg in die Canaris-Texte

Einen guten **Einstieg zur Auslegung** bieten die beiden ‚kleineren' Aufsätze: Das Rangverhältnis der „klassischen" Auslegungskriterien demonstriert an Standardproblemen aus dem Zivilrecht, in: Festschrift für Dieter Medicus zum 70. Geburtstag, hg. v. Beuthien u.a., Köln u.a. 1999, S. 25–61 u.

Die verfassungskonforme Auslegung und Rechtsfortbildung im System der juristischen Methodenlehre, in: Privatrecht und Methode. Festschrift für Ernst A. Kramer, hg. v. Honsell u.a., Basel u.a. 2004, S. 141–159.

Das „**bewegliche System**" demonstriert: Bewegliches System und Vertrauensschutz im rechtsgeschäftlichen Verkehr, in: Das Bewegliche System im geltenden und künftigen Recht, hg. v. Bydlinski u.a., Wien u.a. 1986, S. 103–116.

Grundlegend zum Thema Prinzipien und „beweglichem System" sind noch immer die Monographie zu „Systemdenken und Systembegriff in der Jurisprudenz entwickelt am Beispiel des deutschen Privatrechts", 1. Aufl. Berlin 1969, 2. Aufl. 1983.

Und die Dissertation „Die Feststellung von Lücken im Gesetz. Eine methodologische Studie über Voraussetzungen und Grenzen der richterlichen Rechtsfortbildung praeter legem", 1. Aufl. Berlin 1964, 2. Aufl. 1983.

2. Zum Einstieg in die Sekundärliteratur

Einen Einstieg zu Canaris als dogmatischem „Entdecker" mit kleinen Hinweisen auf die Biographie bietet

Florian, Ulrich, Claus-Wilhelm Canaris – Die Vertrauenshaftung im deutschen Privatrecht, in: Zivilrechtliche Entdecker, hg. v. Hoeren, München 2001, S. 377–408.

Einen Blick auf die „Philosophie" der Wertungsjurisprudenz gewährt

Jakl, Bernhard, Recht aus Freiheit. Die Gegenüberstellung der rechtstheoretischen Ansätze der Wertungsjurisprudenz und des Liberalismus mit der kritischen Rechtsphilosophie Kant, Berlin 2009, insb. S. 30–48.

Sehr polemisch sind die vielen Kritiken von

Rüthers, Bernd, Anleitung zum fortgesetzten methodischen Blindflug, in: NJW 49 (1996), 1249–1253.

Feierlich ist der Beitrag von

Diederichsen, Uwe, Einführung zum Symposion anläßlich des 60. Geburtstages von Claus-Wilhelm Canaris, in: Einheit und Folgerichtigkeit im Juristischen Denken, hg. v. Koller u.a., München 1998, S. 1–5.

Eine größere Untersuchung fehlt.

„Juristische Methodik" bei Friedrich Müller (geb. 1938)

von Frank Laudenklos

Übersicht

I.	Zur Person	387
II.	Juristische Methodik	387
III.	Ausgangssituation	388
IV.	Strukturierende Rechtslehre	390
V.	Zusammenfassung	399
VI.	Das Problem des Richterrechts	401
VII.	Das Problem der Wortlautgrenze bei der Arbeit mit Texten in einer staatlichen Institution	402
VIII.	Ergebnis	405
IX.	Quellen und Literatur	406

I. Zur Person

Friedrich Müller wurde 1938 im bayerischen Eggenfelden geboren. 1964 wird er mit einer Schrift über die Problemgeschichte der Vereinigungsfreiheit im deutschen Vormärz promoviert.[1] Bis zu seiner Habilitation ist *F. Müller* Assistent bei *Konrad Hesse* in Freiburg i. Br., bei dem er sich 1968 mit seiner Arbeit über Normstruktur und Normativität habilitiert. Daran schließt sich zunächst eine Tätigkeit als Privatdozent, ab 1969 dann als Universitätsdozent an der Universität Freiburg an. 1971 wird er ordentlicher Professor für Öffentliches Recht, Rechts- und Staatsphilosophie, Rechtstheorie und Verfassungslehre an der Universität Heidelberg. 1989 wird er dort aus gesundheitlichen Gründen in den Ruhestand versetzt. 1081

Friedrich Müller, das ist auch *Fedja Müller*, unter diesem Namen Herausgeber der literarischen Zeitschrift „*Van Goghs Ohr*" und Verfasser verschiedener Gedichtzyklen und Prosabände.[2] 1082

II. Juristische Methodik

Die „Juristische Methodik" *Friedrich Müllers* entstand seit 1971 in Ansehung der methodischen Defizite des Rechtspositivismus. Als systematisch nachpositivistisches Konzept versucht diese Methodik ein umfassendes Theorie- und Praxismodell zu entwickeln, das – ohne hinter den Errungenschaften und der Technizität des Positivismus zurückzubleiben – die vom Positivismus offengelassenen Antworten zu geben imstande ist. 1083

---

1 Korporation und Assoziation. Eine Problemgeschichte der Vereinigungsfreiheit im deutschen Vormärz, Berlin 1965.
2 Z.B. Lieder aus dem Thermidor, Gedichte vom Engel des Herrn, beide: Neuausgabe Trier 1992; Gedichte vom Zustand, Trier 1991; Prosa von 52 Vorfällen, Trier 1994.

III. Ausgangssituation

1084   Der methodische Rechtspositivismus fasst die Kodifikation als System, dem sowohl Einheit als auch Geschlossenheit[3] sowie Freiheit von Widersprüchen zukommen soll. Alle Rechtsfälle erscheinen als durch syllogistische Subsumtion lösbar; Rechtsanwendung besteht aus nichts anderem als logischer Deduktion aus dem lückenlosen Ganzen des Gesetzessystems.[4] Offene Rechtsfragen können nicht auftauchen. Jedes neue Problem ist vom System denknotwendig bereits gelöst, Lücken in der ausdrücklichen Regelung sind mit scheinbar naturgesetzlicher Notwendigkeit durch juristische Konstruktion aus sog. leitenden Grundsätzen und Prinzipien auszufüllen.

1085   Der Positivismus scheint insoweit die Antwort auf die Frage nach den Bedingungen der Möglichkeit von Jurisprudenz als autonomer Wissenschaft geben zu können. Die Jurisprudenz ist danach als Wissenschaft selbstständig, wenn sie die Grundlage sicherer juristischer Deduktion abzugeben vermag. Erkauft wird diese Antwort durch rigoroses Beschneiden rechtstatsächlicher Gegebenheiten. Ausgehend von einem Sein und Sollen grundsätzlich trennenden Denken dürfen rechtliche Normen nicht als mit gesellschaftlichen Gegebenheiten zusammenhängend behandelt werden. Gesellschaftliche Zusammenhänge (z. B. die Verbindungen zwischen Norm und Wirklichkeit) werden nicht geleugnet, aber als die Rechtswissenschaft nicht interessierend ausgeblendet.[5] Die Tätigkeit des rechtsanwendenden Juristen besteht im „Waltenlassen" objektiver Logik. Das bedeutet letztlich, dass der Fall von der Vorschrift selbst gelöst wird: sie selbst ist das Subjekt der Rechtsrealisierung.[6]

1086   Damit wird aber alles das, aufgrund dessen das Tun der Juristen überhaupt gebraucht wird und funktioniert, verdrängt. Recht und Wirklichkeit, Norm und normiertes Realitätssegment stehen beziehungslos nebeneinander und können sich lediglich vermittelt durch das starre Subsumtionsmodell treffen.

1087   Das Subsumtionsmodell und ein unrealistischer Normbegriff führen vorschnell zu einer scheinbaren Nichtanwendbarkeit des positiven Rechts, so dass immer öfter auf die positivistischen Postulate wie Einheit, System, Lückenlosigkeit und Widerspruchslosigkeit des Rechts zurückgegriffen werden muss. Diese sind ihrerseits nicht positiviert, stehen aber notwendigerweise über dem positiven Recht (und dem Gesetzgeber) so dass der Positivismus unter der Hand wieder zum zweifelhaften bürgerlichen Naturrecht gerät.[7]

1088   Auch die scheinbaren Gegenpositionen, Freirechtsschule und Interessenjurisprudenz, setzen nicht normtheoretisch an. Vielmehr attestiert man den Richtern die Kompetenz, die nunmehr akzeptierte Lückenhaftigkeit durch Wertentscheidungen auszufüllen.[8] Damit wird jedoch die Rolle des Richters problematisch: es ist nicht zu übersehen, dass diese Wertentscheidungen das Subsumtionsmodell transzendieren, werden sie doch vom Richter gleichzeitig getroffen und auf den Rechtsfall angewendet. Da auch hier vom gleichen (unrealistischen) Normmodell ausgegangen wird, kommt dem Richter damit scheinbar

---

3 Sei es, dass das positive Recht selbst als geschlossen oder doch das ihm zugrunde liegende Begriffssystem als ableitungsfähig und widerspruchsfrei angesehen wird.

4 Unten in IX. Quellen und Literatur voll angegebene Titel werden im Folgenden nur abgekürzt zitiert. *Müller*, Positivismus, in: Essais, S. 17.

5 *Müller*, Positivismus, in: Essais, S. 18.

6 *Müller*, Richterrecht, S. 51 f.

7 *Müller*, Positivismus, in: Essais, S. 19.

8 *Müller*, Positivismus, in: Essais, S. 19.

immer dann die Stellung eines Gesetzgebers zu, wenn die Rechtsanwendung über den Normtext hinausführt bzw. das Syllogismusmodell übersteigt.[9]

Die Lösung wird im grundsätzlichen Festhalten am – Wissenschaftlichkeit garantieren- 1089
den – Subsumtionsmodell mit seinen Implikationen gesehen. Lediglich die textuelle Grundlage, unter die zu subsumieren ist, wird erweitert.[10] Das Problem wird damit jedoch nur verschleiert: Rechtsanwendung müsste aus der Sicht der Richterrechtsdoktrin zumindest dann Rechtserzeugung sein, wenn auf den Bereich extra legem zurückgegriffen wird. Dieser wird jedoch noch als „intra jus" vermutet,[11] so dass dem Richter der Zugriff hierauf als unproblematisch zugestanden wird. Die wissenschaftliche Genauigkeit soll ihrerseits durch die auch hier anzuwendende syllogistische Subsumtion gewährleistet sein. Dem Geschlossenheitsdogma kommt damit weniger Begründungsfunktion für die jeweils gefundene Entscheidung, denn Rechtfertigungsfunktion für die nunmehr fragwürdig gewordene richterliche Tätigkeit zu.

Die Position des Richterrechts hat also die Grundannahmen des Positivismus nicht in 1090
Frage gestellt. Auch hier steht die Norm dem normierten Realitätssegment primär beziehungslos gegenüber. So hat das Sollen diesem Sein (Realitätssegment) kategorial entgegengesetzt zu bleiben,[12] eine rechtstheoretische Vermittlung dieses Gegensatzes findet auch hier nicht statt. Damit wird aber auch die Funktion von Rechtsarbeit schlechthin fragwürdig, da die ihr wesentlichen Momente der Differenzierung, Steuerung und Stabilisierung[13] wieder nur unzureichend oder gar nicht verwirklicht werden können. Darüber hinaus verkommt das Subsumtionsmodell in dem Maße zur bloßen Rechtfertigung der problematisch gewordenen Richterrolle, in dem die subsumtionsfähige Textur auf den Bereich extra legem ausgeweitet wird. In diesem Bereich wird die Verantwortung für das Entscheidungshandeln des Richters auf abstraktere Instanzen, normalerweise den Gesetzgeber,[14] aber auch das „an sich" vorhandene Sittengesetz etc., verschoben.[15]

Schließlich erscheint schon die für die Anwendung des Subsumtionsmodells entschei- 1091
dende Voraussetzung fraglich: Rechtspositivismus[16] wie Richterrecht[17] müssen, da Subsumtion ein reiner Rechts*anwendungs*prozess ist, normtheoretisch davon ausgehen, dass die Norm bereits vor dem Hinzutreten des Falles (Sachverhaltes) und vor dem von diesem ausgelösten Vorgang der Fallösung vorhanden, d. h. fertig und anwendungsbereit vorgegeben ist.[18] Der Norm selbst, d. h. dem Gesetzestext,[19] kommt nach dieser Ansicht Regelungsgehalt, also Normativität zu: allein der Gesetzestext ist in der Lage, soziale

---

9 *Müller*, Richterrecht, S. 26.
10 Neben das positive Recht treten jetzt z. B. das objektive Sittengesetz, die Rechtsidee, sozialwissenschaftlich abgestützte Folgeerwägungen etc.
11 Eben als Ausfluss des positiven Rechts, bzw. als der diesem zugrunde liegende allgemeine Rechtsgedanke etc.
12 *Müller*, Richterrecht, S. 46.
13 *Müller*, Recht-Sprache-Gewalt, S. 9.
14 Entweder in der Spielart des subjektiven, historischen Gesetzgeberwillens oder des objektiven, in der Kodifikation als Ganzer zum Ausdruck kommenden Willen „des Gesetzes".
15 *Müller*, Richterrecht, S. 32.
16 Und zwar i. S. *Müllers* Positivismus, Neopositivismus (der auf überpositive Begriffe zur Subsumtion verweist) als auch die verschiedenen Spielarten des Antipositivismus (Freirechtsschule, Richterrecht): mit dieser Gleichsetzung wird deutlich, dass der Positivismusbegriff *Müllers* kein historischer ist; mit „Positivismus" wird statt dessen die Struktur einer Rechtsnormtheorie und einer an diese Struktur anschließenden Rechtsanwendungslehre bezeichnet, die in den jeweiligen historischen Positionen mit unterschiedlichen Akzentuierungen zu finden ist. Zu dieser Struktur sogleich im Text.
17 Als verbrämter Positivismus.
18 Lediglich hinsichtlich ihrer Quelle (positiv oder überpositiv) unterscheiden Positivismus und Richterrecht.
19 So wie er im Bundesgesetzblatt veröffentlicht ist und wie man ihn in Gesetzessammlungen wiederfindet.

Realität verbindlich zu regeln. Normativität eignet dem Gesetzestext, sie wohnt ihm gleichsam inne. Rechtskonkretisierung heißt dann in dieser Situation entweder syllogistische Subsumtion oder Anwendung bzw. Nachvollzug vorvollzogener und im Gesetzestext repräsentierter Interessenabwägungen bzw Wertungen.

1092 Ein Festhalten am Prinzip des nur noch aus der Norm hervorzuholenden Sinns (Wille des Gesetzgebers etc.), der in ihr verkörperten Normativität, übersieht nach Müller, dass in den Fällen, in welchen die Norm für die Lösung eines Rechtsfalls keine eindeutigen Maßstäbe enthält – also in allen Fällen der Interpretation und damit der ganz überwiegenden Zahl der zu entscheidenden Fälle – der Gesetzgeber in Wahrheit (für dieses konkrete Problem) noch nicht entschieden hat, sondern nur mehr oder weniger zahlreiche unvollständige Anhaltspunkte und Signale für die Entscheidung gegeben hat. Wo nichts Eindeutiges gewollt ist, kann kein wirklicher, sondern allenfalls ein vermuteter bzw. fiktiver Wille festgestellt werden. Die Ermittlung des vorgegebenen objektiven Willens des Gesetzes bzw. des subjektiven Willens des Gesetzgebers heißt also etwas nachvollziehen zu wollen, was nicht präexistent ist.[20]

1093 Damit erweist sich ein unzureichendes Normverständnis als die zentrale Schwachstelle des Gesetzespositivismus. Ausgegangen wird von einer vor dem Prozess der „Rechtsanwendung" fertigen Rechtsnorm, von einer „lex ante casum". Dieser kommt an sich Normativität, d. h. verbindlicher Regelungscharakter in dem Sinn zu, dass sich allein mit ihr (durch ihre Anwendung) der zu entscheidende Fall lösen lässt. Rechtsarbeit wird damit lediglich als Rechtsanwendung der fertigen Norm gesehen. In Konsequenz versucht der Positivismus, die Verantwortung für die Fallentscheidung auf die Vorschrift selbst und damit auf den Gesetzgeber zu verlagern. Die verantwortliche Stellung, die dem Richter im Konkretisierungsprozess tatsächlich zukommt, wird jedoch nur verschleiert. Hinter der rhetorischen Fassade bloßer Rechtserkenntnis bleiben die wirklichen Entscheidungsprozesse verborgen.

IV. Strukturierende Rechtslehre

1094 Aus dieser Perspektive hat eine nachpositivistische Rechtstheorie an den Grundaporien des Gesetzespositivismus, der kategorialen Trennung von Sollen und Sein, Norm und Wirklichkeit, und dem Dogma einer lex ante casum, anzusetzen. Jene bedingt ein Fraglichwerden, dieses ist die Folge eines nunmehr fraglich gewordenen Normverständnisses. Damit wird deutlich, dass eine Rechtswissenschaft, welche die Defizite des Positivismus überwinden will, ihre Grundlage notwendigerweise in einer Rechtsnormtheorie finden muss.

1095 Der Weg zu dieser Rechtsnormtheorie führt jedoch nicht etwa über einen Rückgriff auf philosophische bzw. sprachwissenschaftliche Theorien;[21] gerade das Festhalten des Gesetzespositivismus an einer vorgefassten Theorie – hier der syllogismuslogischen Subsumtion – führte dazu, dass die tatsächlichen Vorgänge der juristischen Entscheidungsfindung nicht in den Blick gelangen konnten und hinter der rechtfertigenden Fassade einer vorgeblich wissenschaftliche Genauigkeit garantierenden reinen Rechtserkenntnis systematisch verborgen gehalten wurden. Dieses Vorgehen, d. h. das sorglose Übertragen von Theorien, die unabhängig von juristischer Arbeitsweise entstanden sind, unterschätzt die Komplexität juristischer Entscheidungsfindung und konnte infolgedessen die

---

20 *Hesse*, Grundzüge, Rz. 56.
21 Deutlich dazu *Müller*, Juristische Methodik, S. 276.

Laudenklos

spezifischen methodischen Anforderungen juristischer Arbeitstechnik nicht hinreichend erfassen.

Angesetzt werden muss daher bei den tatsächlichen Vorgängen der Rechtsprechungs- praxis; es muss also untersucht werden, welche Einzelfaktoren die Entscheidungsvor- gänge in welcher Weise beeinflussen. Die Ausgangsfrage der Untersuchung lautet damit: Was geschieht tatsächlich, wenn von einer bestimmten Rechtsordnung gesagt werden kann, sie funktioniere, sie sei „in Geltung". Im Rahmen dieser Fragestellung und damit vor allem in Ansehung des tatsächlichen richterlichen Vorgehens gilt es, eine den realen Bedingungen angemessene Rechtsnormtheorie zu entwickeln, um auf deren Grundlage die Methodik der Rechtsanwendung zu strukturieren. **1096**

1. Rechtsnormtheorie

Entscheidende Voraussetzung des gesetzespositivistischen Normverständnisses war der Glaube an eine schon im Normtext substantiell enthaltene Normativität, also eine sich allein aus diesem ergebende verbindliche Regelung sozialer Realität. Rechtsnorm i. S. d. Positivismus ist der Normtext. Die Rechtsnorm erscheint als bloßer Text, der auf soziale, aber in diesem Sinne „außer"-rechtliche Wirklichkeit referiert.[22] Das Gesetz als Summe der Normtexte ist damit eine in Worte gefasste, d. h. vertextete rechtliche Vorstel- lung;[23] Wörter bezeichnen also bestimmte Vorstellungsinhalte und deuten auf sie hin. Im Entscheidungsprozess hat dann der Richter die Aufgabe, den vom Gesetzgeber mittels sprachlichem Code übermittelten Bedeutungsgehalt zu dechiffrieren.[24] Richterliche Tä- tigkeit erschöpft sich in diesem Modell als Subsumtion unter die durch Dechiffrierung explizierten Begriffe einer fertigen Rechtsnorm. Theoretisch bleibt hierbei der Einbezug von Momenten aus dem Wirklichkeitsbereich ausgeblendet, um praktisch um so deutli- cher in unkontrollierter Weise (etwa auf dem Weg der teleologischen Reduktion) in die Entscheidung einzufließen.[25] **1097**

Das positivistische Normverständnis rekurriert damit auf ein „Repräsentations-" bzw. „Abbildmodell": danach ist das einzelne Schriftzeichen Träger von Vorstellungen bzw. Bedeutungen; der sprachliche Ausdruck steht für einen Gegenstand der außersprachli- chen Wirklichkeit, er repräsentiert diesen gewissermaßen. Damit wird stillschweigend von der Möglichkeit der Verdinglichung einer Aussage durch einen Begriff ausgegangen. Verdinglichung meint hier, dass der Begriff definitiv mit einer unwandelbaren Aussage verbunden wird. Durch ein analytisches Urteil a priori kann auf diese Aussage ohne Weiteres zurückgegriffen werden.[26] **1098**

Juristische Begriffe haben aber, wie alle anderen Begriffe, Zeichenwert; sie können nur auf ein etwas von ihnen Bezeichnetes verweisen, sind mit diesem also nicht dinglich ver- bunden. Begriffe sind niemals zugleich die Sache, die sie meinen, sondern allenfalls deren sprachliche Form; das wesentliche Merkmal des Zeichens ist seine Distinktion gegenüber dem Bezeichneten. Deshalb können Begriffe nur auf ihre jeweilige Gebrauchsweise hin untersucht werden.[27] Eine quasi „ontologische" Untersuchung, die nach dem Wesen des **1099**

---

22 *Jeand'Heur*, Gemeinsame Probleme, S. 20.

23 *Jeand'Heur*, Gemeinsame Probleme, S. 19.

24 *Jeand'Heur*, Gemeinsame Probleme, S. 19. Es vollzieht sich also ein Prozess von Codierung (durch den Gesetz- geber) und anschließender Dechiffrierung (durch den Rechtsanwender).

25 *Ders.*, ebd.

26 Vergl. *Kant*, Prolegomena, S. 18: Analytische Urteile haben bloß erläuternden Charakter und fügen dem Inhalt der Erkenntnis nichts hinzu.

27 *Müller*, Strukturierende Rechtslehre, S. 234.

Begriffs o. ä. fragt, also nach dem im Begriff „Verkörperten", ist der Zeichenstruktur völlig unangemessen. Genaugenommen liegt in diesem Fall gar kein Zeichengebrauch vor, da der Zeichengebrauch noch völlig im Sein zum Gezeigten aufgeht, so dass sich ein Zeichen als solches überhaupt nicht ablösen kann.[28]

1100 Juristischen Begriffen in Normtexten kommt also nicht Bedeutung, ihren Sätzen nicht Sinn nach Art eines abgeschlossenen Vorgegebenen zu.[29] Das Zeichen verweist lediglich auf eine außerhalb seiner selbst liegende Gegebenheit. Um also die Bedeutung des Zeichens zu klären, ist auf seine Verweisungsfunktion (und nicht auf seine Repräsentationsfunktion) abzustellen. Da der Verweisungszusammenhang zwischen Zeichen und Bezeichnetem nunmehr kein dinglicher (Zeichen als Verkörperung der faktischen Gegebenheit) ist, muss vorgängig untersucht werden, auf was das Zeichen im je einzelnen verweist, wie es also in der konkreten Kommunikationssituation gebraucht wird.[30]

1101 An diesem Punkt setzt nun der klassische Interpretationsvorgang ein. Der Normtext als sprachliches, nicht normatives Gebilde wird unter Zuhilfenahme der verschiedenen textadäquaten Auslegungsmöglichkeiten interpretiert. Interpretation ist hier aber immer durch die empirischen Zusammenhänge vermittelt. Ob z. B. ein Sachverhaltselement noch „unter den Normtext fällt", d. h. diesem zugerechnet werden kann, wird z.B. durch die systematische Stellung der Norm (des Normtextes) ermittelt.[31] Damit wird die Richtung des Interpretationsvorgangs entscheidend durch Realdaten (Sachverhaltsinformationen) bestimmt. Aus dieser Real- und Sprachdaten vermittelnden Interpretation entsteht dann die Rechtsnorm. Erst dieser kommt Normativität zu, da sie die auf den Sachverhalt bezogene konkrete Verwendung der im Normtext enthaltenen juristischen Begriffe ausweist bzw. in den meisten Fällen erst festlegt. Mit Konkretisierung (im positivistischen Sinn) hat das noch nichts zu tun; mit dem Normtext allein ist noch nichts Konkretisierungsfähiges vorhanden. Ihm kommt als neben dem Sachverhalt wichtigstem Eingangsdatum der Konkretisierung „lediglich" Geltung zu. Diese Geltung erzeugt Rechtspflichten sowohl für den Adressaten, sich an diesen verbindlich zu orientieren, als auch gegenüber den zur Entscheidung berufenen Juristen, diese Normtexte – soweit für den Entscheidungsfall passend – auch wirklich zu Eingangsdaten ihrer Entscheidungsfindung zu machen, sie also für das Erarbeiten einer Rechtsnorm tatsächlich heranzuziehen und methodisch korrekt zu berücksichtigen.[32] Diese als Verpflichtung verstandene Geltungsanordnung ist für den Richter in Art. 97 I GG normativ begründet. Geltung und Normativität bezeichnen daher auch unterschiedliche Stadien der Konkretisierung und unterstreichen die deutliche Trennung von (normativer) Rechtsnorm und (nicht normativem) Normtext.

---

28 Vergl. die scharfe Kritik bei *Heidegger*, Sein und Zeit, S. 82, der diese Art der Zeichenverwendung den primitiven Menschen zurechnet: „Für den primitiven Menschen fällt das Zeichen mit dem Gezeigten zusammen. Das Zeichen selbst kann das gezeigte Vertreten nicht nur im Sinne des Ersetzens, sondern so, dass immer das Zeichen selbst das Gezeigte *ist*. [...] Das ‚Zusammenfallen' ist keine Identifizierung zuvor isolierter, sondern ein Noch-nicht-Freiwerden des Zeichens vom Bezeichneten. Solcher Zeichengebrauch geht noch völlig im Sein zum gezeigten auf, so daß sich ein Zeichen als solches überhaupt noch nicht ablösen kann." Hervorhebung im Original. Insofern auch *Hegel*, Phänomenologie, S. 84: Die primitivste Stufe der Entwicklung des sich darstellenden Geistes, die „sinnliche Gewißheit", scheitert ebenfalls an der Unfähigkeit, zwischen Zeichen (in diesem Fall vermeintlicher Begriff) und Bezeichnetem zu unterscheiden, so daß sie in Wirklichkeit gar kein Zeichen zur Verfügung hat. Zeichen und Bezeichnetes fallen immer wieder zusammen: das Jetzt ist einmal Tag, einmal Nacht usf.

29 *Müller*, Strukturierende Rechtslehre, S. 235.

30 Vergl. *Jeand'Heur*, Gemeinsame Probleme, S. 22 f.

31 Zum Konkretisierungsprozess und seinen Stationen im Einzelnen s. u. Abschnitt IV.4.

32 *Müller*, Juristische Methodik, S. 142.

Es zeigt sich also: Dadurch, dass die im Normtext enthaltenen Begriffe erst auf ihre konkrete Verwendung hin untersucht werden müssen, dass in vielen Fällen der Verwendungsbereich dieser Begriffe in Ansehung des Sachverhalts neu definiert werden und also eine auf den Sachverhalt bezogene Verbindlichkeit dieser Begriffe erst hergestellt werden muss, erweist sich Normativität nicht als *Eigenschaft* der Texte, sondern als ein *Vorgang*, der sachlich strukturiert und demgemäß wissenschaftlich strukturierbar ist.[33] Subjekt dieses Vorgangs ist der Rechtsarbeiter; er produziert Normativität, wodurch seine Tätigkeit notwendigerweise rechtserzeugend ist.

1102

2. Juristische Methodik als rechtsstaatliche Notwendigkeit

Aus dieser Sicht muss es Aufgabe einer nachpositivistischen juristischen Methodik sein, die Fiktion einer bloßen Rechtserkenntnis zugunsten einer Rechtserzeugungslehre hinter sich zu lassen. Methodik ist nun nicht mehr Rechtfertigungskunde, sondern Rechtserzeugungsreflexion.[34] Erst diese kann die Gleichsetzung von Rechtsnorm und Normtext überwinden. Diese Gleichstellung erweist sich als das zentrale methodische Defizit des rechtsnormtheoretisch verstandenen Positivismus.[35] Der Positivismus leugnet das schöpferische Element der Rechtsarbeit, indem er es hinter Subsumtionsrhetorik versteckt. Damit fließen jedoch Wertentscheidungen unter dem Mantel bloßer Rechtserkenntnis in die Rechtsfindung mit ein, ohne als solche ausgewiesen zu sein. Erst in Ansehung der tatsächlichen Bedingungen von Normativität (als vom Rechtsarbeiter zu Erzeugende) kann die Frage nach den Bindungen praktischer Rechtsarbeit neu gestellt werden.

1103

Juristische Methodik gewinnt die ihr eigene Aufgabenstellung aus den verfassungsrechtlichen Vorgaben. Es ist daher eine Methodik zu entwickeln, die die spezifisch verfassungsrechtlichen Anforderungen an den soeben analysierten Rechtsschöpfungsprozess wissenschaftlich präzisiert.[36] An erster Stelle steht hier die Bindung des Richters nur an das Gesetz, Art. 97 I GG. Aus der Perspektive einer rechtsschöpferischen Tätigkeit des Richters heißt die hier zum Ausdruck gebrachte Gesetzesbindung, dass der Richter methodisch darlegen können muss, die von ihm gesetzte Entscheidung (Entscheidungsnorm) sei der Rechtsnorm, auf die er sich dabei beruft, und diese ihrerseits dem Normtext, von dem er ausgegangen ist, korrektermaßen zuzurechnen.[37] Diese Zurechnung ist durch die spezifische Funktion, die Recht in einem verfassungskonstituierten Rechtsstaat hat, gefordert.

1104

3. Recht und Gewalt

Recht als solches vermittelt spezifisch formalisierte gesellschaftliche Gewalt.[38] Es ist damit Instrument von Herrschaft. In seiner rechtsstaatlichen Ausformung ist es aber zugleich Instrument der Begrenzung von Herrschaft. Recht kommt seinerseits nie ohne sprachliche Vermittlung aus. Insoweit ist Recht der Kommunikation, der Möglichkeit sprachlicher Kritik und also der Notwendigkeit sprachlicher Rechtfertigung unterworfen.[39] Lässt sich eine rechtliche Entscheidung auf konstitutionelle Normen zurückführen,

1105

---

33 *Müller*, Strukturierende Rechtslehre, S. 257.
34 *Müller*, Juristische Methodik, S. 18.
35 Vgl. oben Fn. 16.
36 Es gilt daher eine juristische Methodik unter der Geltung des GG zu entwerfen, und nicht eine Wissenschaftslehre „des positiven Rechts schlechthin" (so aber *Kelsen*, Reine Rechtslehre, S. 1).
37 *Müller*, Juristische Methodik, S. 140.
38 *Müller*, Recht – Sprache – Gewalt, S. 9.
39 *Müller*, Juristische Methodik, S. 138 f.

so handelt es sich um konstitutionelle und insofern rechtsstaatlich legitimierte Gewalt. Aus dieser Perspektive wird deutlich, warum die richterlichen Begründungspflichten im positiven Recht sorgfältig ausgeformt sind.[40] Ein Urteil, das methodisch nicht auf einen Normtext zurückgeführt und diesem daher tatsächlich nicht zugerechnet werden kann, ist sowohl illegal (nicht dem materiellen Recht zuzurechnen), als auch systematisch nicht gerechtfertigt und daher illegitim. Ein solches Urteil ist der Sache nach „bloße Gewalt". Es ist Herrschaft eines Menschen über andere Menschen, nicht mehr Herrschaft „des" Rechts als einer den Rechtsstaat systematisch legitimierenden Instanz. Die konkret anordnenden Entscheidungsnormen (Entscheidungstenor) müssen also den abstrakt anordnenden Texten (Gesetzeswortlauten) über sprachliche Vermittlung zuzurechnen sein. Dabei handelt es sich um ein diesen Typus von Rechtsordnung kennzeichnendes Strukturprinzip, das aus der Verfassungsgebundenheit der Gesetzgebung, aus der Rechts- und Verfassungsgebundenheit aller sonstigen Staatätigkeit und allgemein aus der Rechtsbestimmtheit staatlichen Verhaltens folgt.[41] Daher findet der bürgerliche Rechtsstaat seine Legitimität gerade darin, möglichst weitgehend mit formalisierter, kontrollierbarer, sprachlich vermittelter konstitutioneller Gewalt auszukommen und möglichst wenig entlegitimierende „bloße", d. h. aktuelle Gewalt einsetzen zu müssen.[42] Mit anderen Worten: die hinter der Behauptung bloßer Subsumtion versteckte notwendige richterliche „Rechtsschöpfung" (genauer: Rechtserzeugung) ist nur dann legitim, wenn sie als solche ausgewiesen und damit überhaupt kontrollierbar wird. Eine Methodik, die dazu nicht in der Lage oder willens ist, gefährdet letztlich den Rechtsstaat. Damit sind zugleich die an eine unter dem GG bestehende Methodik zu stellenden Anforderungen formuliert.

4. Elemente der juristischen Methodik

1106　Ausgehend von der strikten Trennung zwischen Normtext und Rechtsnorm ist die Klärung der Frage, in welchem sachlichen Bezug die Norm zu den von ihr zu regelnden Wirklichkeitsausschnitten steht, erst *möglich* geworden. Daher muss es nun Ziel der aus dieser Rechtsnormtheorie entwickelten Methodik sein, die Vorschriften auf den beiden Problemachsen Norm – Fall und Norm – Wirklichkeit in einem sachbestimmten, wissenschaftlich gegliederten Vorgang zu konkretisieren.[43]

a) Normtext – Rechtsnorm

1107　Der „Rechtsanwendungsprozess", der sich als Normativität Erzeugender erwiesen hatte und im Folgenden auch als Konkretisierungsprozess[44] bezeichnet wird, erweist sich auf der Achse Norm – Fall als zweistufig.

40　Z. B. § 34 und vor allem § 267 StPO; schwächer insofern § 313 I Nr. 6, III ZPO: „[I] Das Urteil enthält: [...] die Entscheidungsgründe. [III] Die Entscheidungsgründe enthalten eine kurze Zusammenfassung der Erwägungen, auf denen die Entscheidung in tatsächlicher und rechtlicher Hinsicht beruht"; weitestgehend zurückgenommen in § 24 BVerfGG, wonach bestimmte Beschlüsse des Gerichts keiner Begründung bedürfen.
41　*Müller*, Juristische Methodik, S. 139; zur rechtsstaatlichen Textstruktur *ders.*, Politisches System, S. 95 ff.
42　*Müller*, Recht – Sprache – Gewalt, S. 31; *ders.*, Notiz, S. 125.
43　*Müller*, Juristische Methodik, S. 273.
44　Konkretisierung wird nunmehr (im Gegensatz zum Positivismus) verstanden als „Entscheidungsprozeß, in dem eine allgemeine Rechtsnorm im Lauf der Fallösung formuliert und durch Techniken methodischer Zurechnung mit einem Normtext in Beziehung gebracht wird." *Müller*, Juristische Methodik, S. 275.

Ausgangspunkt ist die auf die Gesamtheit aller Normtexte treffende laienhafte Fallerzählung des Rechtsfalls.[45] Eingangsdaten für die Rechtsarbeit sind also sowohl der bestimmte Sachverhalt (als juristisch-professionelle Fassung der Fallerzählung) als auch die Gesamtmenge aller Normtexte. Die Normtexte sind, als solche terminologisch gefasst, Sprachdaten; der Sachverhalt ist die sprachliche Fassung von tatsächlichen Vorgängen und damit der die Realdaten einbringende Bereich. Diese Realdaten sind als faktische Gegebenheiten primär nichtsprachlich konstituiert. Damit juristische Praxis und Wissenschaft mit ihnen arbeiten können, müssen sie sekundär sprachlich vermittelt sein.[46] Dies geschieht spätestens mit ihrer Wiedergabe im Rahmen der Fallerzählung.

1108

Aus der Normtextmenge wählt der entscheidende Jurist vom Sachverhalt her die ihm nach seinem Vorwissen „einschlägig" erscheinende(n) Normtexthypothese(n) aus. Als darstellungsbegleitendes Beispiel soll hier das Problem einer Eigentumsverletzung i. S. d. § 823 I BGB an Hand des „Fleetfalls" (BGHZ 55, 153 ff.) dienen: Der Schiffahrtsunternehmer S beliefert eine an einem Fleet liegende Mühle. Infolge eines Verschuldens des Wegeunterhaltspflichtigen stürzt die Böschung ein; das Fleet wird so unpassierbar. Ein Schiff des Klägers ist dadurch eingesperrt. Er verlangt vom Wegeunterhaltspflichtigen Schadensersatz.

1109

Die formulierte Normtexthypothese lautet in diesem Fall z. B. „Zu prüfen ist zunächst § 823 I BGB.". Von dieser ausgehend wird der Normtext des § 823 I BGB nun unter Zuhilfenahme aller primär sprachlich begründeten Interpretationsgesichtspunkte ausgelegt. Diese Auslegung bedient sich ihrerseits der klassischen Interpretationsmethoden, also grammatikalischer, systematischer, historischer und genetischer[47] Auslegung.[48] Die Auswahl der Normtexthypothesen, vor allem jedoch deren Auslegung ist ihrerseits bedingt durch den Sachbereich, der die Auslegungsrichtung vorgibt. Dieser Sachbereich wird aus arbeitsökonomischen Gründen zum Fallbereich verdichtet. Im Beispielsfall geht es um das Eingeschlossensein des Schiffes. Sachbereich des § 823 I BGB in der Variante Eigentum ist daher der Schutz des Eigentums vor Verletzungen durch deliktisches Verhalten. Der zu entscheidende Fall weist jedoch eine besondere Möglichkeit der Eigentumsverletzung auf. Der Fallbereich bezieht sich daher auf die Möglichkeit einer Eigentumsbeeinträchtigung durch Einschränkung der Bewegungsfreiheit einer Sache.

1110

In diesem Zusammenhang stellt sich vorgängig die Frage, ob darin überhaupt eine Eigentumsbeeinträchtigung i. S. d. Normtexthypothese liegen kann. Die Interpretationsrichtung der Sprachdaten ist damit vorgegeben: sie hat die konkrete Verwendung der Zeichenkette „Eigentum ... verletzt" zu untersuchen. In diesem Rahmen sind die jeweils normtextnäheren Interpretationselemente zuerst heranzuziehen, so dass vorrangig eine grammatische und systematische Auslegung vorzunehmen ist, weil diese die Interpretation von Normtexten betrifft, während sich beispielsweise die genetische Auslegung auf Nicht-Normtexte (Gesetzesmaterialien) bezieht. Die grammatische Interpretation des Normtextes weist Eigentum als geschütztes Rechtsgut aus. Damit scheint auf den ersten

1111

---

45 Die nun folgende Darstellung findet sich, mit unterschiedlichen Akzenten, in nahezu allen Schriften *Müllers* wieder. Ausführlich in: *ders.*, Juristische Methodik, S. 140 ff.; *ders.*, Strukturierende Rechtslehre, S. 263 ff.; praktische Darstellung an Hand von Urteilsanalysen in: *ders.*, Fallanalysen; kurze, zusammenfassende Darstellung in: *ders.*, Juristische Methodik, S. 270 ff.

46 *Müller*, Juristische Methodik, S. 270.

47 Historische Auslegung zieht Vorläufer der entsprechenden Norm heran, genetische bezieht sich auf den Entstehungsvorgang wie er sich aus Gesetzgebungsmaterialien ergibt.

48 Eine zusammenfassende Übersicht aller Konkretisierungselemente für Normtextauslegung und Normbereichsanalyse bei *Müller*, Juristische Methodik, S. 274–276; ausführliche Darstellung ebd., Abschnitt 32; zur klassischen Formulierung der „canones" bei Savigny vgl. oben Rückert, Rn. 76.

Blick nichts gewonnen. Die Indizwirkung des Normtextes ist jedoch nicht zu unterschätzen. Eigentum wird durch § 823 I BGB schlechthin, d. h. ausweislich des Wortlauts ohne Einschränkung geschützt. Eine Beschränkung des Schutzes auf Eigentumsverletzungen, die durch Eingriffe in die Sachsubstanz erfolgen, lässt sich jedenfalls mit dem Wortlaut des § 823 I BGB nicht begründen. Auch enthält der Normtext nicht die u. a. in § 459 I S. 2 BGB zu findende Einschränkung auf „Erheblichkeit". Der Wortlaut indiziert daher zumindest keine restriktive Auslegung des Tatbestandsmerkmals Eigentumsverletzung.

1112   Systematisch ist im vorliegenden Fall § 903 BGB als die Eigentümerbefugnisse positivrechtlich ausgestaltender Normtext heranzuziehen. Die Norm räumt dem Eigentümer die Befugnis ein, mit seiner Sache, vorbehaltlich entgegenstehender Rechte Dritter, nach Belieben zu verfahren. Darauf wird wieder auf den Fallbereich, also auf die im Sachverhalt wiedergegebenen Realdaten geschwenkt: Es ist nunmehr der mutmaßlich beeinträchtigte Gegenstand auf seine Funktion hin und auf die spezielle, vom Eigentümer intendierte Gebrauchsabsicht zu überprüfen. Weiterhin ist zu klären, durch welche faktische Gegebenheit diese Gebrauchsabsicht vereitelt wird. Denn wäre das Schiff beispielsweise lediglich als schwimmendes Ausflugslokal in Benutzung, wäre es also vom Eigentümer nie zum Ausfahren aus dem Kanal benutzt worden, und wäre die Attraktivität des Ausflugsziels durch das eingestürzte Fleet nicht beeinträchtigt, so könnte der Eigentümer mit dem Schiff weiterhin nach seinem Belieben (eben in der Funktion als Ausflugslokal) „verfahren". Eine Eigentumsverletzung käme von vornherein nicht in Frage. Vorliegend weisen die Realdaten das Schiff jedoch als ein Transportschiff aus, das seiner Funktion gemäß als Transportmittel zur Überwindung räumlicher Distanz mit Ladung dienen sollte, was allein durch die versperrte Ausfahrt unmöglich geworden war. Dadurch konnte der Eigentümer seine eigentumsrechtlichen Befugnisse aus § 903 BGB nicht mehr ausüben. Diese das Eigentum ausgestaltende Befugnis soll jedoch § 823 I BGB vor deliktischem Verhalten schützen.

1113   Damit ist bis jetzt folgendes gesagt: Die Normtexthypothese § 823 I BGB (Eigentum) betrifft Eigentumsverletzungen durch deliktisches Verhalten. Die Auswahl dieses eigentumsschützenden Normtextes wurde durch den Sachverhalt und damit durch Realdaten, motiviert. Diese enthielten die Problematik einer besonderen Beeinträchtigung. Durch Hinzunahme eines mit § 823 I BGB systematisch in Verbindung stehenden Normtextes, § 903 BGB, konnte – wiederum durch Realdaten motiviert – die Normtexthypothese dahin gehend interpretiert werden, dass auch Eingriffe in die Nutzungsbefugnisse eine Eigentumsbeeinträchtigung i. S. d. Normtexthypothese darstellen können. Der Richter hat also dem Begriff Eigentumsverletzung eine neue Verwendung zugewiesen und damit ein neues „Sprachspiel"[49] eröffnet. Damit ist gleichzeitig das Normprogramm formuliert: „Die Verletzung des Eigentums an einer Sache kann nicht nur durch eine Beeinträchtigung der Sachsubstanz, sondern auch durch eine sonstige die Eigentümerbefugnisse treffende tatsächliche Einwirkung auf die Sache erfolgen."[50]

1114   Parallel dazu wurde aus dem anfänglich sehr weiten Sachbereich, den die Normtexthypothese abdeckt, nämlich Schutz vor Eigentumsverletzungen durch deliktisches Handeln

---

49 Dieser, der späteren Philosophie *Wittgensteins* entnommene Ausdruck spielt im Werk F. *Müllers* (ausdrücklich seit Recht – Sprache – Gewalt (1975)) eine prominente Rolle. Sprachspiel steht für die Mannigfaltigkeit der sprachlichen Verwendungsmöglichkeiten für einen Satz oder Ausdruck: Ein Satz wird nur dann verstanden, wenn durchschaut wird, in welcher tatsächlichen Situation er tatsächlich verwendet wird. Verstehen heißt also Durchschauen des Sprachspiels, das in der vorliegenden Situation tatsächlich gespielt wird; *Müller*, Recht – Sprache – Gewalt, S. 33.

50 BGHZ 55, 153, 159.

schlechthin, an Hand der sich immer weiter zum Normprogramm verdichtenden Normtexthypothese, das vom Normprogramm schließlich zu regelnde Wirklichkeitssegment aus der Gesamtmenge der Realdaten „herausgeschnitten".[51] Dieser Vorgang wird terminologisch als Normbereichsanalyse gefasst. Die so strukturierte Auswahl von Realdaten an Hand des Normprogramms gewährleistet, dass die Fakten, die in einem Entscheidungsfall ins Spiel zu bringen sind, nicht wahllos („pragmatisch") zu mitbestimmenden Faktoren der Entscheidung gemacht werden, sondern in generalisierbarer und damit kontrollierbarer Form.[52] Vorliegend konnten dadurch sowohl die subjektive Verwendungsabsicht des Schiffseigners, die objektive Funktion des Schiffes[53] und schließlich die Kanalsperrung als das die Nutzungsbefugnis verhindernde Moment, als entscheidungsrelevante Realdaten und damit die Rechtsnorm in ihrer konkreten Form mitbestimmende Faktoren, ermittelt werden. Der Normbereich enthält jetzt also genau die Realdaten, die das Normprogramm verbindlich regelt: Normprogramm und Normbereich konstituieren damit die nunmehr normative Rechtsnorm. Diese findet sich im Leitsatz wieder und lautet: „Wird ein Schiff durch ein vom Unterhaltungspflichtigen eines schiffbaren Gewässers schuldhaft verursachtes Schiffahrtshindernis in einem Teil des Gewässers derart eingeschlossen, dass es jede Bewegungsmöglichkeit verliert, so haftet der Unterhaltungspflichtige dem Schiffseigentümer nach § 823 I BGB wegen Verletzung des Eigentums für den durch das Festliegen des Schiffes entstandenen Schaden."[54]

Normativität ist damit nicht länger ein statisches Strukturmodell, eine Eigenschaft von (falsch verstandenen) Rechtsnormen, sondern vielmehr ein dynamisches Ablaufmodell der Konkretisierung.[55] Normativität heißt nunmehr die dynamische Eigenschaft der so aufgefassten Rechtsnorm, die ihr zuzuordnende Wirklichkeit zu beeinflussen (konkrete Normativität) und dabei durch diesen Ausschnitt von Realität selbst wieder beeinflusst und strukturiert zu werden (sachbestimmte Normativität).[56] Normativ heißt für die Strukturierende Rechtslehre also alles, was dem Entscheidungsprozess Richtung gibt und damit alle Elemente, die nicht entfallen können, ohne dass der Fall anders entschieden würde.[57] In dieser dynamischen Eigenschaft, dem gegenseitigen Beeinflussen und Beeinflusstwerden von Normbereich und Normprogramm, erweist sich die aus beiden konstituierte Rechtsnorm als sachbestimmtes Ordnungsmodell.[58]

1115

b) Rechtsnorm – Entscheidungsnorm

Damit ist jedoch über das konkrete Klagebegehren des Klägers (Verurteilung des Klagegegners zur Zahlung von Schadensersatz oder Abweisung der Klage) noch nichts gesagt. Die Rechtsnorm ist noch abstrakt-generell. Sie bildet also ein Zwischenergebnis[59] im Konkretisierungsprozess Normtext-Entscheidungsnorm und ist gleichzeitig der Ausgangspunkt für die zweite Stufe des Konkretisierungsprozesses (Rechtsnorm-Entscheidungsnorm). Mit ihr steht nunmehr der Obersatz einer (insofern unproblematischen) Subsumtion fest. Jetzt kann der Vorgang einsetzen, den der Gesetzespositivismus allein

1116

---

51 *Müller*, Juristische Methodik, S. 280.
52 *Müller*, Juristische Methodik, S. 279; Strukturierende Rechtslehre S. 238.
53 Beides fällt hier zusammen.
54 BGHZ 55, 153.
55 *Christensen*, Der Richter, S. 87.
56 *Müller*, Strukturierende Rechtslehre, S. 258.
57 *Christensen*, Strukturierende Rechtslehre, S. 3.
58 So bereits *Müller*, Normstruktur, S. 168 ff.; deutlicher z.B. *ders.*, Strukturierende Rechtslehre, S. 231.
59 *Christensen*, Der Richter, S. 88.

beschrieben hat, d. h. die Individualisierung der Rechtsnorm zur Entscheidungsnorm auf dem Weg der Subsumtion.[60] Danach wäre im vorliegenden Beispiel der Beklagte (da ein dem Leitsatz entsprechender Fall vorliegt) zur Zahlung von Schadensersatz zu verurteilen. Die Entscheidungsnorm könnte daher im vorliegenden Fall[61] lauten: Der Beklagte wird zur Zahlung von DM x an den Kläger verurteilt.

5. Rechtsprechung des BGH

1117 Soweit auch das Ergebnis des BGH. Vor allem die anhand des Normprogramms vorgenommene verbindliche Auswahl der Realdaten macht einen Blick auf die weitere Rechtsprechung des BGH zur Blockade von Transportfahrzeugen interessant. Im Tanklagerfall[62] musste das Grundstück des Klägers wegen einer vom Nachbargrundstück ausgehenden Brandgefahr evakuiert werden. Nach Beendigung der Evakuierung wurde jedoch durch die noch andauernden Löscharbeiten die Ausfahrt des Klägers blockiert. Dadurch war ihm die Aussendung seiner Transportfahrzeuge unmöglich. Hier nimmt der BGH nicht etwa eine Nutzungsbeeinträchtigung, sondern eine Behinderung am Gemeingebrauch einer öffentlichen Straße an. Darin liege, insoweit verständlich, kein Folgeschaden aus der (vorher erörterten) Eigentumsverletzung am Grundstück. Auch die kurzfristige Störung des Verkehrs stelle an sich keine selbstständige Beeinträchtigung des Eigentums am Betriebsgrundstück dar. Die Möglichkeit einer Beeinträchtigung des Eigentums an den Transportfahrzeugen wird dagegen nicht erwähnt. Man begnügt sich mit dem lapidaren Hinweis, der Unterschied zum Fleetfall sei „offensichtlich".[63] Worin dieser offensichtliche Unterschied bestehen soll, wird nicht ausgeführt; man ist daher auf Indizien angewiesen. So wird auf S. 2265 in einer Klammer der Fleetfall als „monatelanges Einsperren eines Binnenschiffs im Endteil eines Fleets" charakterisiert. Der einzige Unterschied zum vorliegenden Fall ist damit die Dauer der Eigentumsbeeinträchtigung. Dieses Argument wird im Fleetfall (innerhalb der Entscheidungsgründe) jedoch nicht als entscheidungserheblich ausgewiesen. Jetzt soll aber plötzlich die Dauer (3 Stunden) über das Vorliegen einer Eigentumsbeeinträchtigung entscheiden. Selbst wenn die Dauer als Element des Fallbereichs herangezogen werden sollte, scheint es doch sehr fraglich, ob es in den Normbereich Eingang finden wird. Systematisch wäre in dieser Beziehung z. B. § 985 BGB heranzuziehen. Danach kann der Eigentümer von jedem Besitzer (vorbehaltlich dessen Rechte) die Herausgabe der Sache verlangen. Das Eigentum erweist sich als absolutes Recht. Es ist das umfassendste und grundsätzlich unbeschränkte Herrschaftsrecht einer Person über eine Sache und berechtigt daher den Eigentümer, beliebig über die Sache zu verfügen. Das muss in diesem Zusammenhang aber auch heißen: jederzeit. Es ist nicht ersichtlich, warum er eine Beeinträchtigung seiner Nutzungsbefugnis über drei Stunden hinzunehmen hat. Es ist aber vor allem nicht erkenntlich, wie der BGH das begründet. Damit steht ihm dann eben die Möglichkeit offen, die entscheidungserheblichen Realdaten beliebig auszuwählen und so die Fallentscheidung zu steuern. Hinter der Entscheidung des Tanklagerfalls steht vermutlich der Gedanke eines „unbilligen"

---

60 *Christensen*, Der Richter, S. 88.
61 Je nachdem, in welcher prozessualen Situation sich der Eigentümer des Schiffes befindet. Im „Fleetfall" erkannten die Vorinstanzen seinen Klageanspruch für dem Grunde nach gerechtfertigt. Die Revision der Beklagten führte dann zum Urteil des BGH, so dass die originale Entscheidungsnorm lautete: „Die Revision der Beklagten führte dann zur teilweisen Abweisung der Klage"; BGHZ 55, 154 und 162.Die hier formulierte Entscheidungsnorm geht von einer Klägerstellung des Schiffseigners aus.
62 BGH NJW 1977, S. 2264 ff.
63 BGH NJW 1977, 2264, 2265.

Ergebnisses bei Gewährung des Schadensersatzanspruchs wegen Eigentumsverletzung durch eine relativ kurze Beeinträchtigungsdauer. Diese „Billigkeitskorrektur" wird aber am dogmatisch falschen Ort vorgenommen. Wenn überhaupt, dann wäre das keine Frage, die im Rahmen des tatsächlichen Vorliegens einer Eigentumsbeeinträchtigung zu klären ist; vielmehr wäre das ein Problem der Inadäquanz von Behinderungsdauer und entstandenem Schaden bzw. von normativen Zurechnungskriterien. In jedem Fall bedarf gerade eine solche Entscheidung einer besonders sorgfältigen Begründung.[64] Der lapidare Hinweis auf die „offensichtliche" Andersartigkeit des Falles kann dem nicht gerecht werden.

V. Zusammenfassung

An Hand dieser Darstellung lässt sich nun genauer explizieren, was unter dem oft beschworenen schöpferischen oder rechtsfortbildenden Anteil praktischer Rechtsarbeit zu verstehen ist: Unveränderlich vorgegeben sind der Konkretisierung als Eingangsgrößen nur Normtext und Sachverhalt. Der Normtext hat sich als „an sich" nicht normativ erwiesen; mit seiner Hilfe allein konnte der konkrete Rechtsfall – die besondere Art der Eigentumsbeeinträchtigung – nicht verbindlich geregelt werden. Es musste daher zunächst die konkrete Verwendung des Begriffes „Eigentumsverletzung" geklärt werden.[65] Dazu wurde, motiviert durch den Sachbereich, das Normprogramm ermittelt und dadurch das von diesem zu regelnde Realitätssegment verbindlich festgelegt; d. h. es konnte verbindlich festgestellt werden, warum welche Realdaten als für die Rechtsnorm normativ in die Entscheidung mit eingehen. Durch diese Normbereichsanalyse konnten also – methodisch ausgewiesen – die für die Konkretisierung normativen Realdaten ermittelt werden. Normprogramm und Normbereich bilden schließlich zusammen die Rechtsnorm. Dieser abstrakt-generell formulierte Rechtssatz muss allerdings noch zur dann erst konkret-individuellen Entscheidungsnorm verdichtet werden. Das kann auf dem Weg der Subsumtion geschehen. Der Rechtsnorm kommt daher potenzielle Normativität zu, die Entscheidungsnorm ist konkret normativ.[66]

1118

Die „schöpferische" Herstellung von Normativität durch den Rechtsarbeiter (hier: den Richter) erweist sich damit als notwendiger, bei jeder Konkretisierung mitvollzogener bzw. diese eigentlich ausmachender Prozess. Die schöpferische Komponente der Rechtsarbeit wird nicht länger als besonders zu erklärender Ausnahmefall außerhalb der Reichweite der Gesetzesbindung begriffen, sondern vielmehr als der im Diesseits rechtsstaatlicher Gesetzesbindung zu begreifende Regelfall.[67]

1119

---

64 Warum nämlich die Beeinträchtigungsdauer ein Abgrenzungskriterium für das Vorliegen einer Eigentumsverletzung sein kann; terminologisch: Ob und warum die Beeinträchtigungsdauer an Hand des Normprogramms aus dem Fallbereich ausgewählt wird und allein dadurch für die Rechtsnorm konstitutiv werden kann.

65 Insofern könnten zunächst die Entscheidungen des Reichsgerichts als frühere Konkretisierungen des Normtextes § 823 I BGB in den Blick geraten. Dort wurde eine Eigentumsverletzung nur in Form einer Substanzverletzung bejaht. Für den nun einsetzenden Prozess der Normativierung sind diese allerdings nur als mögliche zusätzliche Konkretisierungshilfen relevant. Keinesfalls haben sie jedoch eine den Normtext begrenzende Funktion. Normativität ergibt sich vielmehr für den zu lösenden jeweils neuen Fall tatsächlich erst aus dem aktuellen Vorgang normorientierten Entscheidens.

66 Allerdings ist der Herstellungsprozeß konkreter Normativität mit der Entscheidungsnorm noch nicht abgeschlossen. Sie bedarf der Durchsetzung durch Verwaltungshandeln, Gerichtsvollzieher etc.; *Müller*, Strukturierende Rechtslehre, S. 261.

67 *Christensen*, Gesetzesbindung, S. 312.

1120   Weiterhin hat sich die vom Positivismus nicht ausgewiesene Herstellung der Rechtsnorm im Ausgang vom Normtext als das wesentliche Moment der Rechtsarbeit erwiesen. Die methodischen Vorgaben für diesen Prozess formuliert das GG. Grundlegend ist hierbei die Gesetzesbindung der öffentlichen Gewalten. Diese wird in Art. 20 III GG generell und, als speziellere Norm für die Justiz,[68] in Art. 97 I GG geregelt. Darüber hinaus sind vor allem die sich aus dem Demokratie- und Rechtsstaatprinzip ergebenden[69] Grundsätze der Berechenbarkeit, Durchsichtigkeit und differenzierenden Kontrollierbarkeit der Entscheidungsbildung und Darstellungsweise relevant.[70] Vor allem diese Anforderungen können nur dann eingelöst werden, wenn der „Rechtsanwendungsprozeß" als solcher überhaupt als strukturierter begrifflich ausgewiesen und so der Kommunikation zugänglich gemacht wird, so dass jede Phase dieses Prozesses nachvollzogen und überprüft werden kann. Aus dieser Perspektive hatte sich juristische Methodik in ihrer Funktion als Darstellungs- und Zurechnungstechnik als rechtsstaatliche Notwendigkeit erwiesen.

1121   Der Positivismus ist jedoch aufgrund eines unzureichenden Normverständnisses und der daraus folgenden Fiktion einer lex ante casum nicht in der Lage, diese rechtsstaatlichen Forderungen einzulösen. Vielmehr kaschiert er Wertungen durch eine Rhetorik der reinen[71] Rechtserkenntnis. Eine solche hatte sich als unmöglich erwiesen. Der Rechtspositivismus tut damit nicht das, was er sagt; er sagt aber auch nicht, was er tatsächlich tut. Von einer durchsichtigen und kontrollierbaren Entscheidungspraxis ist er weit entfernt.

1122   Schließlich konnte auch das Dogma der kategorialen Trennung von Sein und Sollen als in der Rechtspraxis nicht existent gezeigt werden: Die Produktion von Normativität wird durch eine Bewegung zwischen den Polen Normtext und Sachbereich bestimmt, wobei entscheidend ist, dass es sich hierbei nicht um eine gleichberechtigte, sondern am Normprogramm ausgerichtete und insofern in eine Richtung gesperrte Vermittlung handelt. Der Rechtsarbeiter als Subjekt dieser Bewegung sucht einen normativen Rechtssatz. Sein Blick fällt zu Beginn auf den Normtext. Dieser erweist sich jedoch sogleich als nicht normativ. Daraufhin gerät die Wirklichkeit in Form sprachlich vermittelter Realdaten in die Sicht. Aus dieser allein kann der durch Art. 97 I GG gebundene Rechtsanwender jedoch keine Rechtsnorm setzen, wodurch er notwendigerweise wieder zur Norm kommt. Diese ist jetzt aber nicht mehr Normtext, sondern Rechtsnorm dadurch, dass die beiden Elemente dieser Bewegung, Sein (in Form des Normbereichs) und Sollen (in Form des Normprogramms) in der Rechtsnorm aufgehoben sind. Aufgehoben meint hier ein Dreifaches: sie sind in der Rechtsnorm enthalten, sie sind als eigenständige Positionen negiert (Aufhebung der Trennung) und sie konstituieren schließlich eine vom Vorigen unterschiedene Einheit, die Rechtsnorm, und sind daher im Ganzen nicht mehr das, was sie waren. Sein und Sollen sind nicht länger unvermittelte Gegensätze. Die Bewegung dieser Gegensätze hat vielmehr deutlich gemacht, wie Bindung und Veränderung sich gegenseitig bedingen.

1123   Es zeigt sich also, dass die Bewegung zwischen den Polen Normtext und Sachbereich die tatsächlichen Vorgänge nicht notwendigerweise verdunkeln muss. Werden die Stationen dieser Bewegung nur deutlich bezeichnet, so stellt sich Deutlichkeit ein; anders aber fast durchgängig *Larenz* in der „Methodenlehre". Es sei hier ein beliebiges Beispiel heraus-

---

68   *Müller*, Richterrecht, S. 22.
69   *Müller*, Richterrecht, S. 92 f.; *Schmidt-Bleibtreu/Klein*-Klein Art. 20 Rz. 9 ff.
70   *Müller*, Juristische Methodik, S. 110.
71   Der Ausdruck „reine Rechtserkenntnis" ist an dieser Stelle keine Anspielung auf *Kelsen*, da dieser die Notwendigkeit von Wertungen immerhin ausspricht. So z.B. *Kelsen*, Positivismus, S. 468.

           Laudenklos

gegriffen: der Abschnitt „Auslegung und Anwendung der Normen als dialektischer Prozeß".[72] Ausgangspunkt ist (insoweit mit *Müller*) die Kritik am Dogma der vor der Auslegung hinreichend bestimmten und hinsichtlich ihres genauen Inhalts außer Frage stehenden Norm. Diese werde nun nicht bloß angewendet, sondern wandle sich unter den
Händen des Juristen in deren inhaltliche Fortbestimmung oder Ergänzung.[73] Dabei setze
die Norm und das Normgefüge im Laufe ihrer richterlichen Anwendung gewissermaßen
immer neue Schichten an. Am Ende dieses Prozesses stehe ein um den Gesetzestext herum
entstandenes Netzwerk von Auslegungen, Einschränkungen und Ergänzungen, das seine
Anwendung im einzelnen reguliere und seinen Inhalt weitgehend (in Extremfällen bis zur
Unkenntlichkeit) verändere.[74] Damit soll dem Anschein nach, in vermeintlich „moderner" Begrifflichkeit („Schichten", „Netzwerk"), Dialektik im Rahmen der Rechtsanwendung beschrieben sein. Diese ist aber als solche, wenn überhaupt, nur mit viel Phantasie zu erkennen. Dass sich die Norm durch ihre Anwendung irgendwie verändert, ist
trivial. Es ginge an dieser Stelle jedoch darum, die allein durch die Dialektik auszuwei-
senden Momente dieser Veränderung genau zu benennen. Es muss also mehr geschehen,
als lediglich die Maßstabsfunktion der Norm und ihre immer erneut zu Tage tretende
Auslegungsbedürftigkeit[75] als dialektische Positionen gegenüberzustellen. Dass daraus
irgendeine Bewegung entsteht, bedarf keiner Erwähnung – allein welche entsteht, gälte
es nachzuweisen. Dazu reicht es aber nicht aus, lediglich mehrmals relativ unverbindlich
den Begriff „Dialektik" fallen zu lassen.

VI. Das Problem des Richterrechts

Schließlich gewinnt die Strukturierende Rechtslehre aus dem rechtsnormtheoretischen   1124
Ansatz eine rechtsstaatlich präzisierte Sicht auf das Phänomen des Richterrechts. Bedingt
durch das positivistische Normverständnis erscheint richterliches Tun immer dann schon
als Rechtsfortbildung, wenn über den Normtext hinausgegangen werden muss und damit
bei jeglichem Überschuss zum Syllogismusmodell. Richterrecht stellt nach dieser Ansicht
das Bilden all derjenigen Entscheidungsnormen dar, die nicht direkt dem Gesetz entnommen werden können; d. h. nicht vom unmittelbaren, uninterpretierten Normtext
vorgegeben sind, sondern erst einer Konkretisierung bedürfen.[76] Der Richter ist damit
aber auch nur insoweit an eine Norm gebunden, als diese den zu entscheidenden Fall in
ihrem Normtext eindeutig regelt.

Durch die Trennung von Normtext und Rechtsnorm hatte sich jedoch der Konkretisie-   1125
rungsprozess auf dem Weg zur Rechtsnorm als notwendig erwiesen; allerdings keineswegs als ein „freier" sondern als strukturierter und insofern verfassungsrechtlich legiti-
mierter Prozess. Richterrecht liegt daher lediglich dann vor, wenn sich ein Richter über
das Gesetz „hinwegsetzt", sei es mangels einer Vorschrift oder gegen eine solche. Damit
ist Richterrecht durch das Nichtvorhandensein eines parlamentarisch legitimierten
Normtextes gekennzeichnet. Aus Sicht der Strukturierenden Rechtslehre liegt Richterrecht also erst dann vor, wenn das Gericht bei einem Entscheidungsakt nicht nur (wie
stets) eine Rechts- oder Entscheidungsnorm, sondern bereits einen Quasi-Normtext
setzt.[77]

---

72 *Larenz*, Methodenlehre, S. 211 ff.
73 *Larenz*, Methodenlehre, S. 212.
74 *Larenz*, Methodenlehre, S. 212.
75 *Larenz*, Methodenlehre, S. 214.
76 *Müller*, Juristische Methodik, S. 90.
77 *Ders.*, ebd.

1126   Die Frage nach der Zulässigkeit von Richterrecht bemisst sich nach verfassungsrechtlichen Maßstäben. Das in diesem Zusammenhang immer wieder vorgebrachte Argument, die Gesetzesbindung des Richters richte sich vorgängig nach Art. 20 III GG,[78] und verweise damit den Richter auch auf den Bereich extra legem, kann nicht überzeugen, da zumindest für die Justiz Art. 97 I GG die speziellere und damit allein einschlägige Norm ist, wonach der Richter nur dem Gesetz unterworfen ist.[79] Das (richtig verstandene) Phänomen des Richterrechts beschreibt die Setzung eines (Quasi-) Normtextes durch eine im System der Gewaltenteilung lediglich zum Bilden von Rechts- und Entscheidungsnormen berechtigte Instanz. Das widerspricht sowohl dem in Art. 20 II S. 2 GG verankerten[80] Gewaltenteilungsprinzip als auch dem damit unmittelbar verknüpften Demokratieprinzip.[81] Die ausführenden Gewalten Exekutive und Rechtsprechung sind nicht nur rechtsstaatlich konstituiert, sondern auch demokratisch gebunden. Wenn es aber keine Richterwahl durch das Volk gibt, so ist die einzige durch einen realen politischen Vorgang demokratisch verankerte Möglichkeit der Rechtssetzung das parlamentarische Formulieren und Setzen von Normtexten.[82] Entscheidungen, die diese Vorgaben missachten – also das richtig verstandene Richterrecht – sind damit verfassungswidrig.

1127   Aus dieser Perspektive wird nochmals die rechtsstaatliche Notwendigkeit einer ehrlichen und rationalen Arbeitsmethodik der Juristen sichtbar, die sich rechtsstaatlicher Nachprüfbarkeit bewusst unterwirft und dadurch die Verfassungsbindung zu verwirklichen bestrebt ist. Allein sie kann dazu führen, dass die in Normtexten formalisierten Ergebnisse demokratischer Politik auch tatsächlich den Rechtszustand der Gesellschaft prägen.[83]

VII. Das Problem der Wortlautgrenze bei der Arbeit mit Texten in einer staatlichen Institution

1128   Das Modell von einer im Gesetz vorzufindenden „Sinnhaftigkeit" bzw. Bedeutung, die vom Richter lediglich zu ermitteln wäre und die damit zusammenhängende Vorstellung, der Fall werde letztlich von der Norm selbst gelöst (der Richter fungiere als ihr sprachliches Organ, als Verkünder ihres „Willens"), hatte sich als den tatsächlichen Bedingungen praktischer Rechtsarbeit unangemessen herausgestellt. Erst vor diesem Hintergrund ließ sich ein diesen Bedingungen Rechnung tragender realistischer Begriff von Normativität entwickeln: Dieser bezeichnet nun die dynamische Eigenschaft der als sachgeprägtes Ordnungsmodell aufgefassten Rechtsnorm, die ihr zuzuordnende Wirklichkeit zu beeinflussen und dabei durch diesen Ausschnitt von Realität selbst wieder beeinflusst und strukturiert zu werden. Die Fiktion einer Identität von Normtext und Rechtsnorm konnte in Folge dessen nicht mehr aufrechterhalten werden. Die Rechtsnorm muss regelmäßig vom Rechtsarbeiter hergestellt werden. Gesetzesbindung kann sich deshalb nicht mehr

---

78 So statt vieler *Larenz*, Methodenlehre, S. 368 f. und auf BVerfGE 34, 269, 287 Bezug nehmend.

79 Anders aber BVerfGE 34, 269, 286 ff.: Das BVerfG sieht die traditionelle Bindung des Richters an das Gesetz als durch Art. 20 III GG „abgewandelt"!
    Da das BVerfG die richterliche Gesetzesbindung im vorhergehenden Satz als tragenden Bestandteil des Gewaltenteilungsgrundsatzes und damit des Rechtsstaatsprinzips erkannt hat, durchbricht es mit dieser Interpretation des Art. 20 III GG im Ergebnis die Gewaltenteilung. Dazu ist auch das BVerfG, obwohl es sich gerne als „Hüter der Verfassung" sieht, nicht legitimiert. Es steht als Verfassungsorgan (Art. 92 GG) innerhalb der Verfassung (*Seifert/Hömig* Art. 93 Rz. 1).

80 *Jarass-Pieroth*-Jarass Art. 20, Rz. 15.

81 *Jarass-Pieroth*- Pieroth Art. 20, Rz 2.

82 *Müller*, Juristische Methodik, S. 92.

83 *Ders.*, ebd.

auf die Rechtsnorm als etwas Vorgegebenes beziehen, sondern vielmehr auf die Struktur des Herstellungsprozesses. Diese Struktur und die Bindung des Richters an dieselbe ist vor allem durch die methodenbezogenen Normen des GG bedingt (s. o.). Danach muss zwar beispielsweise der Richter gem. Art. 97 I GG einen gültigen amtlichen Normtext zum *Ausgangspunkt* des Konkretisierungsprozesses machen. Es fragt sich jedoch, nach welchem Maßstab sich die *Grenze* rechtsstaatlich zulässiger Auslegung bemisst. Diese Grenze wird herkömmlich als „Wortlaut der zu konkretisierenden Norm" bezeichnet. An der Tauglichkeit des Wortlauts für diese Grenzfunktion bestehen jedoch erhebliche Zweifel. Begrenzende Funktion könnte der Wortlaut nur dann haben, wenn er bestimmt genug wäre.[84] Gerade die Unbestimmtheit des Wortlauts hatte jedoch den Prozess der Konkretisierung notwendig gemacht. Wie kann das Ergebnis dieses Konkretisierungsprozesses[85] am insofern unbestimmten Ausgangspunkt seine Grenze finden? Die Beantwortung dieser Frage macht einen nochmaligen Blick auf die Bedingungen, unter welchen sich juristische Praxis als normorientiertes Entscheiden vollzieht, notwendig.[86]

Juristisches Entscheiden geht von nicht normativen Norm*texten* aus. Der Wortlaut des Textformulars wäre an sich nur hinreichend bestimmt, wenn es von diesem eine einzige richtige Deutung, ein Sinnzentrum bzw. eine objektive Sinneinheit (des Textes) gäbe. Dieses Modell muss in Ansehung neuerer Sprachphilosophie und heutiger linguistischer Texttheorie als illusionär erscheinen.[87] Jeder Sinn kann lediglich Teilsinn in einem unabschließbaren Sinnzusammenhang sein. Diese Unbeherrschbarkeit „des" Sinns, die des Sinnzentrums, das beispielsweise der Gesetzgeber in den Text legen „will", ist keine Randerscheinung. Sie ist das *Grundphänomen* der Vertextung, kategorial verschärft im Augenblick des Verschriftens. Schrift funktioniert in der Wiederholung, ihre Struktur ist iterativ: von einem ursprünglichen „Sagenwollen" nicht einzufangen, ohne *zwingenden* Kontext. Jede Schrift bezieht sich ihrerseits aber wieder auf andere Schriften; die Zeichen sind wiederholbar, Zitate aufpfropfbar, die Kontexte nirgendwo endgültig zu verankern. In solchem Licht erscheint der Text als Gewebe der Differenzen. Der tatsächliche Zustand ist der eines endlosen Zirkulierens von Texten. Dieser Zustand ist es, der im Rahmen der Strukturierenden Rechtslehre von jeher das „methodisch Mögliche" genannt wurde. 1129

Und dennoch verlangt der demokratische Rechtsstaat scheinbar, den Normtext als *Ursprung* wenigstens zu fingieren; so behauptet es jedenfalls das positivistische Paradigma: Für dieses ist der Normtext bereits die fertig anwendbare Rechtsnorm. Tatsächlich, d. h. in Ansehung der tatsächlichen Bedingungen von Rechtsarbeit als Arbeit mit Texten, *kann* diese Forderung nicht erhoben werden. Verlangt wird vielmehr, dass die formalisierten Ergebnisse demokratischer Politik – die Normtexte – zum *Ausgangspunkt* juristischen Entscheidens gemacht werden. Der Normtext ist damit nicht länger Ursprung, sondern (wichtigstes) *Eingangsdatum* der Fallentscheidung. Allein diese Anforderung ist tatsächlich erfüllbar. Dass sie erfüllt wird, ist wegen der weitgehenden Akzeptanz von 1130

---

84 Wenn also bereits durch den Wortlaut z. B. eine Referenzfixierung zwischen Sprachdaten und Realdaten für den *konkreten,* zur Entscheidung anstehenden Rechtsfall getroffen wäre. Am obigen Bespiel (Abschnitt IV. 4.) hatte sich jedoch gezeigt, dass gerade die Referenzfixierung und die Auswahl einer bestimmten Gebrauchsweise für einen Ausdruck die eigentliche Aufgabe des „Rechtsanwenders" ist.

85 Also die Entscheidungs-, und als Zwischenergebnis auch schon die Rechtsnorm.

86 Das Folgende orientiert sich am Abschnitt 59: „Normtext-Legitimität-Spiel der Differenzen. Arbeit mit Texten in einer staatlichen Institution. 591: Das ,rechtsstaatlich Zulässige' vor der Folie des ,methodisch Möglichen'.", der in der 6. Aufl. ergänzt wurde.

87 Vgl. dazu bereits oben: Abschnitt IV.1.

Richterrecht keineswegs selbstverständlich. Sie zu gewährleisten ist eine der wichtigsten Aufgaben der Bindung des Richters an das Gesetz, Art. 97 I GG.

1131   Die genannten Bedingungen unseres Umgangs mit Text sind aber vor allem für das *Ende* des Entscheidungsdiskurses von Bedeutung: Bedingt durch die Struktur von Textlichkeit ist ein solches nicht möglich. Dennoch gebietet der Staat eine Beendigung des Entscheidungsdiskurses, und zwar wiederum als Fiktion. Träger der Fiktion ist diesmal das Urteil als privilegierter Endpunkt des Entscheidungsprozesses.[88] Dieses soll die *eine* (d. h. einzige) Wahrheit des konkreten Falls sein. Aufgezwungen wird also ein „Textäußeres", welches das für Texte Unmögliche zu ermöglichen scheint: Es entzieht den Entscheidungstext (die Rechts- und Entscheidungsnorm sowie die Begründung) dem Rechtsdiskurs insofern, als ihm untersagt werden soll, in dieser Sache (über den Entscheidungstext) weiter zu sprechen. Die bis zu diesem Punkt bestehende Gemengelage von Gewalt und Sprache[89] wird entmischt, so dass der Faktor Gewalt (in seiner Verkörperung: die Vollstreckungsmaßnahme) allein dominieren soll. Die Fälle von „Aufgabe der früheren Rechtsprechung" markieren allerdings ebenso deutlich den Fortgang von Kommentar und Debatte nach der Entscheidung und zeigen, dass der Diskurs nicht wirklich beendet werden und dass der Text seinem Schicksal als Text nicht entgehen kann. Diese Spannung zwischen tatsächlichem und dennoch vergeblichem Beenden des Diskurses bezeichnet die Realität von Rechtsarbeit als Arbeit mit Texten. Sie macht aber vor allem deutlich, worum es sich methodisch bei der Fiktion privilegierter Rechtstexte handelt: nämlich um die diskurswidrige, jedoch normativ angeordnete und rechtsstaatlich gebotene Disziplinierung der Rechtsarbeit als *rechtsstaatlich zulässiger* Arbeit mit Texten.

1132   Aus dieser Perspektive wird die außerordentliche Bedeutung der Wortlautgrenze deutlich: Sie ist aufgerufen, das methodisch Mögliche von innen zu begrenzen und damit den Bereich des rechtsstaatlich Zulässigen zu markieren, indem sie einer diese Grenze überschreitenden Interpretation die Rechtswirkung entzieht. Sie ist also ein Instrument der rechtsstaatlich notwendigen Disziplinierung des Diskurses. Diese Grenzfunktion kann der Wortlaut von Normtexten jedoch nicht erfüllen. Die Entscheidung „Noch erlaubt/ Nicht mehr erlaubt" lässt sich nicht an Hand des sogenannten „möglichen Wortsinns" vornehmen, da dieser letztlich lexikalisch fixierend argumentieren muss und da unklar bleibt, wo diese Fixierung zu verorten ist. Auch kann die Wortlautgrenze ebensowenig als gegenständlich vorausgesetzt werden wie die Rechtsnorm als fertig und anwendbar. Die an die Wortlautgrenze zu stellenden Anforderungen ergeben sich vielmehr aus der Funktion von Normtexten.[90] Diese werden nicht erlassen, um von Juristen „verstanden" zu werden. Ihre Funktion ist es, angewendet zu werden, um damit die Fallentscheidung im Sinn des Gesetzgebers zu regulieren. Gerade dieser, der Entscheidung des Rechtsfalls vorausgehende Vorgang der Anwendung oder Benutzung zeichnet sich durch die oben beschriebene Gemengelage von Sprache und Gewalt aus. Sie bezeichnet den Zustand,

---

88 Genauer: Der durch keinen Rechtsbehelf mehr angreifbare Entscheidungstext.

89 Diese Gemengelage ist keineswegs ein Spezifikum der Rechtssprache. Sprache ist immer schon von sozialer Gewalt durchwirkt, sowohl als kollektives System wie auch als Abrichtung beim Spracherwerb der Kinder. Für die Rechtssprache kommt zusätzlich Staats- und Gruppengewalt hinzu.

90 Zum Problem der gegenseitigen Abhängigkeit von Recht und Sprache vor dem Hintergrund des in beiden akkumulierten Gewaltpotentials und der rechtsstaatlichen Notwendigkeit, dieses zu konstitutionalisieren, bereits oben: Abschnitt IV.3. 90 Ebensowenig wie es einen unabhängig von der Rechtsverwirklichung vorgegebenen Begriff der Rechtsnorm gibt, kann die „Wortlautgrenze" nicht ohne Ansehung ihrer spezifischen Funktion in diesem System der Rechtsverwirklichung bestimmt werden.

der die Benutzung von Normtexten beherrscht: den des semantischen Kampfes.[91] Vor diesem Hintergrund wird deutlich, dass die traditionelle Polarisierung rechtsmethodischer Positionen zumindest unter der Geltung des Grundgesetzes ihre Fähigkeit, die Bandbreite der tatsächlichen Vorgänge von Rechtsarbeit zu bezeichnen, verloren hat. Die Bedeutung von Normtexten, die über die Anwendbarkeit für den konkreten Fall entscheidet, wird weder als fertige vorgefunden (Positivismus) noch frei erfunden (Dezisionismus). Sie wird vielmehr *durchgesetzt*.[92]

Erst so wird der funktionale Hintergrund der Diskussion um die Wortlautgrenze sichtbar: Aufgabe der Wortlautgrenze ist es, sicherzustellen, dass sich der semantische Kampf auf rechtsstaatlichem Terrain bewegt; dass also vor allem Waffengleichheit unter den streitenden Parteien gewährleistet ist. Konkret: Die Kriterien für die Durchsetzung einer Lesart des einschlägigen Normtextes[93] müssen sich aus den an die methodenbezogenen Normen des Verfassungsrechts rückgebundenen Standards methodischer Zurechnung ergeben. Diese sind vor allem die Unterscheidung von Sprach- und Realdaten, die Überordnung der Sprachdaten beim Erarbeiten des Normbereichs, die generelle Unterscheidung von Konkretisierungsfaktoren, die geltenden Normtexten zugerechnet werden können und solchen, die es nicht können, sowie der Vorrang von Sprachdaten unter den jeweils normtextnäheren Elementen im Fall des methodologischen Konflikts.[94] Allein die methodische Behandlung des Normtextes unter Berücksichtigung dieser Anforderungen kann das entwickelte Ergebnis rechtsstaatlich vertretbar und damit legitim durchsetzbar machen. Die Wortlautgrenze ist daher weder eine rein sprachliche, noch eine methodologische, sondern vielmehr eine *normative* Größe. Allein der insoweit methodisch vollständig aufbereitete (konventionell: konkretisierte) Normtext kann die Grenzfunktion übernehmen, die der Wortlaut nie hatte übernehmen können. Die begrenzende Wirkung ist also ein methodisch schlüssig zu begründendes und ehrlich darzustellendes *Arbeitsergebnis*. Dieses Arbeitsergebnis ist für den Bereich der Sprachdaten im Normprogramm, als methodisch vollständig aufbereitetem Normtext, aufgehoben, so dass allein das Normprogramm die Grenze rechtsstaatlich zulässiger Interpretation markiert:[95] *Normprogrammgrenze* statt „Wortlautgrenze".

VIII. Ergebnis

Die Strukturierende Rechtslehre bietet eine konsequent rechtsnormtheoretisch ansetzende, zu den tatsächlichen Bedingungen juristischen Entscheidens vordringende juristische Methodik, mit der die alltägliche Arbeitsweise des Juristen unter der Geltung des Grund-

---

91 Zu diesem Begriff *Christensen*, Gesetzesbindung, S. 280 m. w. N.
92 Vgl. dazu *Christensen*, Gesetzesbindung, S. 275 ff.
93 Gleiches gilt letztlich auch für die Durchsetzung von Wirklichkeitsinterpretation.
94 Zu den Merkmalen des (oftmals vorschnell angenommenen) methodologischen Konflikts und den sich daraus ergebenden Vorrangregeln ausführlich *Müller*, Juristische Methodik, S. 251 ff.
95 Lediglich in Grenzfällen (dazu *Müller*, Juristische Methodik, S. 259 f.), in denen sich der methodologische Konflikt derart zuspitzt, dass letztlich das grammatische Element die Linie für zulässige Entscheidungsnormen zieht, „schrumpft" die Normprogramm-Grenze auf eine Wortlaut-Grenze. Aus Gründen methodischer Klarheit sollte jedoch auch für diesen Fall terminologisch unterschieden werden: Selbst wenn die Zeichenkette des Normprogramms mit der des Normtextes hier (ausnahmsweise) identisch ist, bleibt diese Zeichenkette nach durchgeführter Interpretation das Normprogramm, da dieser Begriff vor allem eine bestimmte *Station* des Konkretisierungsprozesses bezeichnet, nämlich den des durch Heranziehung aller Sprachdaten voll aufbereiteten Normtextes. Dass sich hier ausnahmsweise allein das grammatische Element durchgesetzt hat, ist ja gerade die Folge dieses Prozesses, dessen Ergebnis mit dem Terminus „Normprogramm" benannt wird. Das Normprogramm stellt daher immer ein Arbeitsergebnis der Rechtsanwendung dar, während der Normtext das Arbeitsergebnis des Gesetzgebers ist.

gesetzes auf den Begriff gebracht werden kann. Sie betrifft den Rechtskonkretisierungsprozess, der sich von einer ersten Normsondierung (Auswahl von Normtexthypothesen) bis hin zur konkreten Fallentscheidung (Bildung von Entscheidungsnormen) erstreckt. Die Tätigkeit des Rechtsarbeiters zwischen Normtext (Gesetzestext) und Entscheidungsnorm konnte methodisch beherrschbar und damit rechtsstaatlicher Kontrolle zugänglich gemacht werden.

1135   Grundlage für diese Strukturierung war der systematische Rekurs auf Sprache und Text als Medium, in dem sich juristisches Handeln als normorientiertes Entscheiden kraft rechtsstaatlicher Anordnung vollziehen muss. Es handelt sich dabei nicht um eine methodische Extravaganz, sondern um eine zwingende Voraussetzung, ohne die verfassungsrechtlich gebotene methodische Vorgaben, wie die der richterlichen Gesetzesbindung, inhaltlich nicht bestimmt werden können. Richterliches Handeln hatte sich als semantische Praxis erwiesen und damit als eine Arbeit *an* und nicht lediglich *mit* Begriffen. Gerade dieser Aspekt motiviert schließlich die Bedeutung der Strukturierenden Rechtslehre für den Rechtssetzungsprozess: Will sich der Gesetzgeber seiner legislativen Kompetenzen nicht faktisch immer weiter entäußern, muss er diese Bedingungen zur Kenntnis nehmen und sie bei der Erstellung von Gesetzen beachten, d. h. z. B. durch systematischen Aufbau, Legaldefinitionen etc. der Normkonkretisierung Hilfen an die Hand geben, um so die Richtung der Interpretation im Bereich des Möglichen zu steuern. Notwendig sind also gesteigerte Anforderungen an die Sorgfalt der legislativen Tätigkeit, welche bereits die zukünftige Interpretation im Blick haben muss. Gesetzgebung erscheint insofern als vorweggenommene Fallösung und die Entwicklung einer strukturierenden Gesetzgebungslehre als eine noch durchzuführende Aufgabe.[96]

IX. Quellen und Literatur

1. Zum Einstieg in die Müller-Texte

Besonders originell sind die beiden schmalen Bücher „Fallanalysen zur juristischen Methodik" von 1989 und „Juristische Methodik und Politisches System" von 1976. Klassisch ist die „Juristische Methodik" in bis jetzt neun Auflagen seit 1971 und darin besonders der zusammenfassende Abschnitt V: Grundlinien der juristischen Methodik, recht kurz in der 5. Aufl. (S. 270–293) und wesentlich erweitert in der 9. Aufl. 2004 (S. 470–516). Weitere hier wichtige Werke sind:

Normstruktur[*] und Normativität. Zum Verhältnis von Recht und Wirklichkeit in der juristischen Hermeneutik, entwickelt an Fragen der Verfassungsinterpretation, Berlin 1966.

Recht – Sprache – Gewalt. Elemente einer Verfassungstheorie I, Berlin 1975.

Reine Sprachlehre – Reine Rechtslehre. Aufgaben einer Theorie des Rechts. Notizen zu Kelsen und Wittgenstein (1975), in: Essais zur Theorie von Recht und Verfassung, S. 98–119, hrsg. von Ralph Christensen, Berlin 1990.

Juristische Methodik und *Politisches System*. Elemente einer Verfassungstheorie II, Berlin 1976.

Positivismus (1986), in: Essais zur Theorie von Recht und Verfassung, S. 15–22, hrsg. von Ralph Christensen, Berlin 1990 = Ergänzbares Lexikon des Rechts, hrsg. von Norbert Achterberg, Darmstadt u.a. 1986, 2/400.

Richterrecht. Elemente einer Verfassungstheorie IV, Berlin 1986.

Notiz zur Strukturierenden Rechtslehre. Operationsfelder – Strukturgesichtspunkte – Strukturierungsebenen – interdisziplinäre Anschlußstellen (1986), in: Essais zur Theorie von Recht und Verfassung, S. 120–134, hrsg. von Ralph Christensen, Berlin 1990.

---

96 *Müller*, Strukturierende Rechtslehre, S. 272.
* Die in den Fußnoten verwendeten Kurztitel sind im Folgenden kursiv gesetzt.

Laudenklos

Einheit der Rechtsordnung (1986), in: Essais zur Theorie von Recht und Verfassung, S. 23 – 30, hrsg. von Ralph Christensen, Berlin 1990 = Ergänzbares Lexikon des Rechts, hrsg. von Norbert Achterberg, Darmstadt u. a. 1986, 2/80.

Fallanalysen zur juristischen Methodik, 2. Auflage, Berlin 1989.

Juristische Methodik, 5. Auflage, Berlin 1993 (inzwischen Müller/Christensen, Juristische Methodik, Bd. I: Grundlagen, öffentliches Recht (Müller, 9. Aufl.), Bd. II: Europarecht (Christensen, 2. Aufl.)).

Strukturierende Rechtslehre, 2. Auflage, Berlin 1994.

Demokratie und juristische Methodik, in: Das Recht der Republik, hg. v. H. Brunkhorst u. P. Niesen, Frankfurt am Main 1999, S. 191–208.

Moderne Theorie und Interpretation der Grundrechte auf der Basis der Strukturierenden Rechtslehre, in: ders., Methodik, Theorie, Linguistik des Rechts. Neue Aufsätze (1995–1997), hg. v. R. Christensen, Berlin 1997, S. 9–19.

Verfassungskonkretisierung, in: ders., Methodik, Theorie, Linguistik des Rechts. Neue Aufsätze (1995–1997), hg. v. R. Christensen, Berlin 1997, S. 20–35.

Ein Verzeichnis wichtiger Methodenschriften findet sich in der „Juristischen Methodik" im Teil 7: Literatur unter „Müller".

2. Zum Einstieg in die Sekundärliteratur

Christensen, Ralph, *Strukturierende Rechtslehre*, in: Ergänzbares Lexikon des Rechts, hrsg. von Norbert Achterberg, Darmstadt u. a. 1986, 2/560.

3. Weitere hier wichtige Literatur

Christensen, Ralph, Der Richter als Mund des sprechenden Textes. Zur Kritik des gesetzespositivistischen Textmodells, in: Untersuchungen zur Rechtslinguistik. Interdisziplinäre Studien zur praktischen Semantik und Strukturierender Rechtslehre in Grundfragen der juristischen Methodik, hrsg. von Friedrich Müller, Berlin 1989, S. 47–91.

Ders., Was heißt Gesetzesbindung. Eine rechtslinguistische Untersuchung, Berlin 1989.

Hegel, Georg Wilhelm Friedrich, Phänomenologie des Geistes (1807), Ausgabe Suhrkamp, 2. Auflage, Frankfurt/M. 1989.

Heidegger, Martin, Sein und Zeit (1927), 16. Auflage, Tübingen 1986.

Hesse, Konrad, Grundzüge des Verfassungsrechts der Bundesrepublik Deutschland, 19. Auflage, Heidelberg 1993.

Jarass, Hans; Pieroth, Bodo, Grundgesetz für die Bundesrepublik Deutschland. Kommentar, München 1989.

Jeand'Heur, Bernd, Gemeinsame Probleme der Sprach- und Rechtswissenschaft aus der Sicht der Strukturierenden Rechtslehre, in: Untersuchungen zur Rechtslinguistik. Interdisziplinäre Studien zur praktischen Semantik und Strukturierender Rechtslehre in Grundfragen der juristischen Methodik, hrsg. von Friedrich Müller, Berlin 1989, S. 17–26.

Kant, Immanuel, Prolegomena zu einer jeden künftigen Metaphysik, die als Wissenschaft wird auftreten können (1783), Ausgabe Reclam, Stuttgart 1989.

Kelsen, Hans, Reine Rechtslehre, mit einem Anhang: Das Problem der Gerechtigkeit, 2. Auflage, Wien 1960.

Ders., Was ist juristischer Positivismus?, in: Juristenzeitung 1965, S. 465–469.

Larenz, Karl, Methodenlehre der Rechtswissenschaft, 6. Auflage, Berlin u. a. 1991.

Schmidt-Bleibtreu, Bruno/Klein, Franz, Kommentar zum Grundgesetz, 7. Auflage, Neuwied und Frankfurt/M. 1990.

Seifert, Karl-Heinz/Hömig, Dieter, Grundgesetz für die Bundesrepublik Deutschland, 4. Auflage, Baden-Baden 1991.

Methode und (Zivil-)Recht bei Gunther Teubner (geb. 1944)

von Philipp Sahm

Übersicht

I.	Person- und Werkgeschichte	408
II.	Das Methodenkonzept Teubners	411
III.	Praxistest am Beispiel der ruinösen Familienbürgschaft	424
IV.	Fragen an eine soziologisch bereicherte Jurisprudenz	427
V.	Quellen und Literatur	429

I. Person- und Werkgeschichte

1. Zur Person

1136 Gunther Teubner wurde 1944 geboren und war bis zu seiner Emeritierung im Jahre 2009 Professor an verschiedenen juristischen Fakultäten, unter anderem in Bremen, am Europäischen Hochschulinstitut in Florenz, an der London School of Economics sowie zuletzt in Frankfurt am Main.

1137 Seine Dissertation bei Wolfgang Fikentscher entstand in der Aufbruchsphase nach 1968 und erschien im Jahr 1970 unter dem Titel „Standards und Direktiven in Generalklauseln". Teubner nahm diese Aufbruchsphase wahr, indem er den Beitrag empirischer Sozialforschung für das Recht darin erkundete. 1977 habilitierte er sich und erhielt die venia legendi für Bürgerliches Recht, Handelsrecht, Wirtschaftsrecht und Rechtssoziologie. Die Habilitationsschrift über „Organisationsdemokratie und Verbandsverfassung – Rechtsmodelle für politisch relevante Verbände" verbindet Demokratietheorie und Organisationssoziologie mit rechtlicher Dogmatik. Auch hierbei greift Teubner über die Jurisprudenz hinaus und erweist sich als Grenzdenker.[1] Seine Offenheit für die Perspektiven anderer Disziplinen, wie der Ökonomie, Politologie und Soziologie, zeigt sich in seinem akademischen Werdegang und bleibt nicht nur für sein gesamtes Werk, sondern auch für seine Theorie der juristischen Argumentation und seine Methodik charakteristisch.

1138 Seinen Lebenslauf kennzeichnen viele Forschungsaufenthalte und Gastprofessuren an renommierten Instituten (etwa der Stanford University, dem Center for Public Policy in Leiden sowie der Universität Berkeley) sowie etliche Ehrungen (unter anderem Ehrendoktorwürden der Universitäten Luzern, Neapel, Macerata, Tiflis, Lund).

---

1 *Donati* Il farsi del civile come norma sociale, in: Teubner, La cultura del diritto nell' epoca della globalizzazione, Rom 2005, S. 7.

2. Zum Werk

Trotz seiner zivilistischen Herkunft und seiner privatrechtsdogmatischen Arbeiten[2] ist Teubner heute vor allem als Theoretiker bekannt. Ihm eilt ein gewisser Ruf voraus: Er wird der Systemtheorie zugeordnet[3] und als „the great glossator of Luhmann's work in the domain of law"[4] geadelt. Er selbst beschreibt sein Werk ironisch-bescheiden als „Luhmann für das Volk".[5] Andere wiederum finden ihn „anspruchsvoll" bis „unverständlich".[6] Wie kann man also das Werk Teubners beschreiben und einordnen?

1139

Als sein Hauptwerk kann „Recht als autopoietisches System" (1989) gelten, in dem er die Systemtheorie Niklas Luhmanns umfassend auf das Recht überträgt. Die Systemtheorie Luhmanns ist eine deskriptive Theorie der Gesellschaft.[7] Für sie besteht die Gesellschaft aus einer Vielzahl von Systemen. Dabei sind mit Systemen jeweils Kommunikationskreisläufe gemeint. Die Kommunikationen eines Systems beziehen sich nur auf vorangegangene Kommunikationen desselben Systems (Selbstreferenz) und so (re-) produzieren sich die Systeme selbst (Autopoiesis). Die Systemtheorie betreibt also eine Art Phänomenologie der Kommunikation in der Gesellschaft. Teubner überträgt die Systemtheorie auf das Recht, indem er das Recht als ein solches selbstreferentielles, autopoietisches Kommunikationssystem beschreibt.[8] Er sieht die Stärke der Systemtheorie darin, die Autonomie des Sozialen erklären zu können.[9] Insofern kann man ihn mit Recht der Systemtheorie zuordnen. Allerdings droht die Einteilung mehr zu verschleiern als freizulegen. Die Zuordnung zur Systemtheorie *allein* greift zu kurz. In seinen Arbeiten verbindet er vielfach konträre Theorieansätze. Zwar stellt er mit Autopoiesis und Reflexivität systemtheoretische Konzepte in die Mitte seiner Theorie des Rechts, modifiziert diese aber, indem er sie mit Ideen Habermas', Wiethölters und Derridas anreichert oder sogar verbindet. So nimmt er bei der Entwicklung seines Konzepts des Reflexiven Rechts Bezug auf den Theorienstreit zwischen Habermas und Luhmann, deren Ansätze er als komplementär ansieht.[10] Die Idee des Reflexiven Rechts überträgt Teubner auf die Rechtsdogmatik und orientiert sich dabei ausdrücklich an Wiethölters Prozeduralisierungskonzept und an dessen Arbeiten zu Rechtskollisionen.[11] Sein Gerechtigkeitskon-

1140

---

2 *Teubner* Gegenseitige Vertragsuntreue – Rechtsprechung und Dogmatik zum Ausschluß von Rechten nach eigenem Vertragsbruch, Tübingen 1975; *ders.* Das Recht der Bürgerlichen Gesellschaft §§ 705 – 758, in: Wassermann, Alternativkommentar zum BGB, Neuwied 1979; *ders.* Die Generalklausel von Treu und Glauben § 242, in: Wassermann, Alternativkommentar zum BGB, Neuwied 1980; *ders.* Die Geschäftsgrundlage als Konflikt zwischen gesellschaftlichen Teilsystemen, ZHR 1982, 625; *ders.* Ein Fall struktureller Korruption, KritV 2000, 388; *ders.* Netzwerk als Vertragsverbund: Virtuelle Unternehmen, Franchising, Just-in-time in sozialwissenschaftlicher und juristischer Sicht, Baden-Baden 2004.

3 Vgl. *Calliess* Systemtheorie: Luhmann/Teubner, in: Buckel/Christensen/Fischer-Lescano, Neue Theorien des Rechts, 2. Aufl., Stuttgart 2009, S.53; oder *Huber* Systemtheorie des Rechts, Baden-Baden 2007, S.207, 209.

4 *Goodrich* Anti-Teubner: autopoiesis, paradox, and the theory of law, Social Epistemology 1999, 197, 198.

5 *Teubner* zitiert nach: *Gómez-Jara Díez*, in: FS Teubner, 2009, 261.

6 Beide Zitate: *Kötz* zitiert nach: Rechtshistorisches Journal 15, 1996, 283.

7 Zur Systemtheorie: *Luhmann* Soziale Systeme. Grundriß einer allgemeinen Theorie, Frankfurt 1984; *ders.* Das Recht der Gesellschaft, Frankfurt 1993; *Huber* Systemtheorie des Rechts (Fn. 3).

8 *Teubner* Recht als autopoietisches System, Frankfurt 1989, S. 36ff.

9 *Teubner* Ökonomie der Gabe – Positivität der Gerechtigkeit: Gegenseitige Heimsuchungen von System und différance, in: Koschorke/Vismann, Widerstände der Systemtheorie: Kulturtheoretische Analysen zum Werk von Niklas Luhmann, Berlin 1999, S. 209.

10 *Teubner* Reflexives Recht: Entwicklungsmodelle des Rechts in vergleichender Perspektive, Archiv für Rechts- und Sozialphilosophie 68, 1982, 40.

11 *Teubner* Recht als autopoietisches System (Fn. 8), S. 123ff, 132.

zept entwickelt er aus einer Kombination von Luhmanns Gerechtigkeitsbegriff mit der Dekonstruktion Derridas.[12]

1141 Als ein Merkmal seiner Theorie lässt sich also eine spezielle Art eines Eklektizismus feststellen. So gelingt es Teubner, konträre Ansätze zu verbinden, ohne dabei durch eine totale Harmonisierung der verschiedenen Positionen den eigenen Theorieansatz in die Konturlosigkeit zu treiben. Daher lässt sich diese Vorgehensweise treffender als Kombinatorik bezeichnen, die es ermöglicht, unterschiedliche Theorien gegenseitig zu befruchten.

1142 Neben dieser Kombinatorik kennzeichnet sein Werk die Forderung nach vermehrter Berücksichtigung (rechts-) soziologischer Analysen, die sich wie ein roter Faden durch seine Schriften zieht.[13] Nur so lasse sich eine unter heutigen Bedingungen plausible Umgangsform mit den Problemen des Rechts finden. Seine Herangehensweise an Probleme unterscheidet sich daher von anderen Autoren durch starke soziologische Anreicherung. Es geht Teubner um eine soziologische Jurisprudenz.[14]

1143 Als anspruchsvoll und schwer verständlich gilt Teubner vermutlich deshalb, weil er im Anschluss an Luhmann und Derrida verschiedene Paradoxien im Recht diagnostiziert: etwa die Entscheidungs- oder Auslegungsparadoxie,[15] die Paradoxie der Folgenorientierung bei der Entscheidungsbegründung[16] oder das Paradox der Selbstvalidierung des Vertrages.[17] Dabei versteht er eine Paradoxie als strenge Form des Widerspruchs. Die Strenge rühre daher, dass eine Paradoxie nicht eine bloße Kollision von Geltungsansprüchen oder gegensätzlichen, nicht gleichzeitig verwirklichbaren Ansprüchen sei, sondern selbstreferentiell wie ein Möbius-Band mit sich selbst verknüpft sei. Die Paradoxie unterscheidet sich nach Teubner also von bloßen Widersprüchen durch ihre Selbstrückbezüglichkeit.[18] Was mit der Selbstreflexivität gemeint ist, kann man am Kreter-Paradoxon sehen, bei dem ein Kreter sagt, alle Kreter lögen. Es handelt sich nur darum um ein Paradox, weil es ein Kreter ist, der gerade spricht. Nur weil sich Aussage auch auf sich selbst bezieht, wird sie zum Paradox.

---

12 *Teubner* Ökonomie der Gabe (Fn. 9), S. 212; *ders.* Selbstsubversive Gerechtigkeit: Kontingenz- oder Transzendenzformel des Rechts?, in: ders, Nach Jacques Derrida und Niklas Luhmann – Zur (Un-)Möglichkeit einer Gesellschaftstheorie der Gerechtigkeit, Stuttgart 2008, S. 25, 27.

13 Etwa *Teubner* Generalklauseln als sozio-normative Modelle, in: Lüderssen, Generalklauseln als Gegenstand der Sozialwissenschaften, Baden-Baden 1978, S. 29; *ders.* Reflexives Recht (Fn. 10), S. 17; *ders.* Ist das Recht auf Konsens angewiesen?, in: Giegel, Kommunikation und Konsens in modernen Gesellschaften, Frankfurt 1992, S. 201; *ders.* Ökonomie der Gabe (Fn. 9), S. 207; *ders.* Globale Bukowina: Zur Emergenz eines transnationalen Rechtspluralismus, Rechtshistorisches Journal 1996, S. 263; *ders.* Selbstsubversive Gerechtigkeit (Fn. 12), S. 10.

14 Vgl. *Teubner* Folgenkontrolle und Responsive Dogmatik, Rechtstheorie 1975, 179; *dens.* Recht als autopoietisches System (Fn. 8), S. 100; vgl. außerdem die Festschrift für Gunther Teubner unter dem Titel „Soziologische Jurisprudenz"; siehe aber unten bei Fn. 146 zu Missverständnissen dabei.

15 *Teubner* Recht als autopoietisches System (Fn. 8), S. 17 f. Vgl. dazu *Luhmann* Organisation und Entscheidung, Opladen 2000, S. 123; *Ladeur/Augsberg* Auslegungsparadoxien. Zur Theorie und Praxis juristischer Interpretation, Rechtstheorie 2005, 143, 146.

16 *Teubner* Folgenorientierung, in: ders., Entscheidungsfolgen als Rechtsgründe. Folgenorientiertes Argumentieren in rechtsvergleichender Sicht, Baden-Baden 1995, S. 9.

17 *Teubner* Globale Bukowina (Fn. 13), 274.

18 *Teubner* Der Umgang mit Rechtsparadoxien: Derrida, Luhmann, Wiethölter, in: Joerges/Teubner, Rechtsverfassungsrecht. Recht-Fertigung zwischen Privatrechtsdogmatik und Gesellschaftstheorie, Baden-Baden 2003, S. 28. Vgl. *Suber* Paradox of Self-Amendment: A Study of Law, Logic, Omnipotence and Change 1990 (abrufbar unter: http://www.earlham.edu/~peters/writing/psa/index.htm); *Fletcher* Paradoxes in Legal Thought, Columbia Law Review 1985, 1263, 1266.

Sahm

Das paradoxieverdächtige Phänomen der Selbstreferenz verortet Teubner an vielen verschiedenen Stellen des Rechts: Recht regelt seine eigene Entstehung, sein eigenes Außerkrafttreten, seine eigene Interpretation und erlaubt oder beschränkt seine eigene Reform. Diese Autologik setzt sich in den Normenhierarchien fort, bei der auf seltsame Art und Weise die Spitze der Normpyramide mit der niedrigsten Ebene verknüpft werde.[19] Hinter dieser Ausprägung von Selbstreferenz vermutet Teubner im Anschluss an Niklas Luhmann eine noch tiefer liegende Form der Selbstbezüglichkeit. Die Normenhierarchie, die sich letztlich in einer „tangled hierarchy" verfängt, diene nur dazu eine andere Paradoxie zu verstecken, die immer dann entstehe, wenn man die Unterscheidung Recht/Unrecht aufgrund ihres Universalitätsanspruchs auf sie selbst anwende.[20] Dabei seien zwei verschiedene Ergebnisse denkbar: Entweder sei es Recht nach Recht/Unrecht zu unterscheiden, was in einer unschädlichen Tautologie ende. Oder aber man komme zu dem Ergebnis: Es sei Unrecht nach Recht/Unrecht zu unterscheiden.[21] Mit dieser Aussage wird aber die Entscheidung Recht/Unrecht wiederum unrechterweise angewendet. „Die Frage nach dem Recht zur Einführung der Unterscheidung von Recht und Unrecht"[22] kann im Rechtssystem nicht entschieden werden. Die Gründungsparadoxie des Rechts besteht daher in der Selbstlegitimation des Rechts: Die Gründung des Recht setzt ihrerseits Recht voraus. Von dieser Beobachtung ausgehend kommt Teubner zu dem Schluss, dass nicht nur das Denken über Recht (Paradoxes in Legal Thought),[23] sondern die Realität des Rechts selbst paradox konstituiert seien.[24]

Die Diagnose des Paradoxiebefalls klingt schlecht für das Recht. Doch Teubner sieht darin keinen Grund das Recht als unverbesserlich irrational aufzugeben, sondern versteht Paradoxien als heuristisch wertvoll.[25] Insbesondere regten sie zum kreativen Umgang mit ihnen an.[26] Die Paradoxien sind demnach nicht nur keine logischen Fehler, sondern vielmehr ermöglichen sie erst die Verwirklichung einer systemspezifischen juridischen Gerechtigkeit.[27] Selbstreferenzinduzierte Paradoxie und soziologische Beobachtung sind also die Achsen der Theorie Teubners. Um sie dreht sich auch seine juristische Methodik.

II. Das Methodenkonzept Teubners

Zwar bezieht Teubner zu einzelnen Fragen der Methodenlehre Stellung, etwa zur Frage der Entscheidungsbegründung mit Folgenargumenten.[28] Es gibt aber keine Arbeit, in der er eine allgemeine juristische Methodenlehre entwickelt. Daher muss man sein Methodenkonzept aus seinem Gesamtwerk und insbesondere den dogmatischen Arbeiten rekonstruieren. Man hat dabei mit der Schwierigkeit zu kämpfen, dass sich die Theorie der

1144

1145

1146

---

19 *Teubner* Recht als autopoietisches System (Fn. 8), S. 9.
20 *Teubner* Recht als autopoietisches System (Fn. 8), 10; vgl. auch *Luhmann* Recht der Gesellschaft (Fn. 7), S. 310.
21 *Teubner* Recht als autopoietisches System (Fn. 8), 10.
22 *Günther,* Kopf oder Füße? Das Rechtsprojekt der Moderne und seine vermeintlichen Paradoxien, in: FS Simon, S. 263.
23 Vgl. *Fletcher* Paradoxes in Legal Thought (Fn. 18), S. 1263.
24 *Teubner* Recht als autopoietisches System (Fn. 8), S. 15, unter Berufung auf Luhmanns Aussage, die Realität sei auch unabhängig von Erkenntnis zirkulär strukturiert, vgl. *Luhmann* Soziale Systeme (Fn. 7), S. 648 Fn 3.
25 *Teubner* Recht als autopoietisches System (Fn. 8), 16; *ders.* Selbstsubversive Gerechtigkeit (Fn. 12), 9, 19.
26 *Teubner* Rechtsparadoxien (Fn. 18), S. 29.
27 *Teubner* Ökonomie der Gabe (Fn. 9), 211 f.; *ders.* Die Erblast, in: Teubner, Nach Jacques Derrida und Niklas Luhmann. Zur (Un-)Möglichkeit einer Gesellschaftstheorie der Gerechtigkeit, Stuttgart 2008, S. 11.
28 Als Herausgeber zurückhaltend in: Entscheidungsfolgen als Rechtsgründe (Fn. 16); seine eigene Stellungnahme in: Altera Pars Audiatur. Das Recht in der Kollision anderer Universalitätsansprüche, Archiv für Rechts- und Sozialphilosophie (Beiheft 65) 1996, 199.

juristischen Argumentation von der methodischen Verwendung ihrer Erkenntnisse nicht trennen lässt. Weiter kann die Theorie der juristischen Argumentation Teubners nicht losgelöst von seiner Theorie des Rechts betrachtet werden. Wenn hier also das Methodenkonzept Teubners beleuchtet werden soll, müssen Grundzüge seiner Rechtsphilosophie und Rechtstheorie miteinbezogen werden. Die spezielle Fragestellung erfordert daher die Verbindung einer theoretischen mit einer anwendungsbezogenen Sichtweise. Eine weitere Spannung besteht zwischen der speziellen, voraussetzungsreichen Theoriesprache und der Einfachheit der Darstellung. Die theoretischen Konzepte können hier nur in der gebotenen Kürze, also vereinfacht, dargestellt werden. Außerdem müssen sie dafür aus ihrer originalen Theoriesprache übersetzt werden, so dass ein Übersetzungsverlust unvermeidlich ist.

1147   Die Darstellung der juristischen Methodik Teubners verlangt also einen doppelten Spagat: einerseits eine gleichzeitig theoretische und praktische Perspektive, andererseits die vereinfachte und verkürzte Abhandlung hochabstrakter Konzepte. Teubner entwickelt seine Theorie des Rechts und der juristischen Argumentation auf einer sehr hohen Abstraktionsstufe. Die Abstraktionshöhe heißt aber nicht, dass sich die Teubnersche Methodik nicht für praktische, fallbezogene Argumentation eignet.

1. Paradoxie der Entscheidung und juristische Argumentation

a) Das Irrationale im Recht

1148   Wenn das Denken über Recht und sogar das Recht selbst paradox ist, dann muss die juristische Methodenlehre von der Paradoxie der Entscheidung her betrachtet werden. Die Paradoxie der Entscheidung ist die alltäglichste und oberflächlichste Erscheinung des Paradoxen im Recht.[29] Unter Berufung auf die großen Paradoxologen Luhmann, für den jede Entscheidung ihr Gegenteil enthält,[30] und Derrida, bei dem das Unentscheidbare wie ein Wahnsinn die Entscheidungssituation heimsucht,[31] sieht auch Teubner in jeder Entscheidung ein Moment des Irrationalen. Er spricht von einem hochproblematischen Hiatus zwischen Norm und Entscheidung, „der die Rechtsparadoxien hervortreibt."[32] Dabei handle es sich nicht bloß um eine intellektuelle Modeerscheinung im Sinne von „modischen Paradoxologien".[33] Teubner meint es ernst mit den Paradoxien. Das Paradoxe ist für ihn nicht nur ein neuer Ausdruck für das Rationalitätsproblem des Rechts. Die Problematik lasse sich nicht als eine Kollision zweier nicht gleichzeitig verwirklichbarer idealer Ansprüche im Sinne von Spannungsfeldern (etwa zwischen Rechtssicherheit durch allgemeine Regeln und Einzelfallgerechtigkeit) beschreiben.[34]

1149   Das Recht könne das Eindringen des Irrationalen in den juristischen Entscheidungsprozess nicht verhindern. Die Norm selbst vermag eine Entscheidung nicht vollständig zu begründen. Es müssten in den Syllogismus aus Norm, Tatsache und Rechtsfolge noch zusätzliche Prämissen eingebracht werden und dies werde auch von den analytischen

---

29 *Teubner* Rechtsparadoxien (Fn. 18), S. 39. Vgl. dazu *Ladeur/Augsberg* Auslegungsparadoxien (Fn. 15), S. 143; *Vesting* Rechtstheorie, München 2007, Rn. 225ff; *Fögen* Das Lied vom Gesetz, München 2007, vgl. S. 91, 104ff.
30 *Luhmann* Organisation und Entscheidung (Fn. 15), S. 132. Vgl. *dens.* Paradoxie der Entscheidung, Verwaltungsarchiv 84, 287.
31 *Derrida* Gesetzeskraft. Der mystische Grund der Autorität, Frankfurt 1996, S. 49 f.
32 *Teubner* Selbstsubversive Gerechtigkeit (Fn. 12), S. 11.
33 *Teubner* Rechtsparadoxien (Fn. 18), S. 28, 32. Zur Kritik an den Paradoxologien: *Günther* Kopf oder Füße? (Fn. 22), S. 255; *Bung* Das Bett des Karneades, in: Brugger/Neumann/Kirste, Rechtsphilosophie im 21. Jahrhundert, S. 72.
34 So aber *Habermas* Faktizität und Geltung, Frankfurt 1994, S. 244.

Sahm

Theorien der juristischen Argumentation eingestanden.[35] Dennoch versuchten sie vergeblich der Selbstreferenzen und Zirkularitäten des hermeneutischen Zirkels zwischen „Vorverständnis und Methodenwahl" (Esser) Herr zu werden.[36] Dabei verhedderten sich die „juristischen Denksportler" in den verschiedenen Meta-Ebenen und müssten letztlich den Sprung aus dem System wagen, um dann doch wieder am Ausgangspunkt zu landen.[37]

Der Abgrund, der sich zwischen Rechtsnorm und Entscheidung auftue, könne daher auch nicht von juristischer Argumentation überbrückt werden.[38] Nach Teuber kann eine juristische Argumentation lege artis, und sei sie auch noch so spitzfindig und kunstfertig, die Entscheidung nicht vollständig begründen: „jeder, der auch nur einmal einen Rechtsfall zu entscheiden hatte, hat diese ernüchternde Erfahrung gemacht."[39]   1150

Teubner richtet sich damit ausdrücklich gegen Theorien des Diskurses, die vergeblich versuchten, den Entscheidungsprozess durch rationale Argumentation zu strukturieren und das irrationale Moment zu leugnen.[40] Ebenso wendet er sich dagegen, mit dem Aufdecken des Irrationalen schon das dezisionistische Ende der Analyse zu verkünden,[41] oder wie rechtsrealistische Ansätze, die Entscheidung in Abhängigkeit vom richterlichen Frühstück zu untersuchen.[42]   1151

b) Rechtsargumentation als notwendiges Ding der Unmöglichkeit

Welche Antwort auf das Irrationale der Entscheidung kann die Theorie der juristischen Argumentation bei Teubner geben und wie sieht juristische Methode im Angesicht der Rechtsparadoxien aus? Die Antwort lautet kurz: Rechtsargumentation ist ein notwendiges Ding der Unmöglichkeit.[43] Mit dieser widersprüchlichen Formel kann man sein Methodenverständnis charakterisieren. Nach Teuber kann auf der einen Seite der Hiatus zwischen Norm und Entscheidung ohnehin nicht geschlossen werden. Die Argumentation kann nicht über diesen Abgrund helfen und ist vergeblich. Auf der anderen Seite ist die juristische Argumentation erfolgreich. Sie hilft trotzdem und ist nützlich. Die Aufdeckung des Irrationalen in den rechtlichen Entscheidungsprozessen ist also erst der Anfang der Analyse. Trotz der Erfahrung der Unbegründbarkeit der Entscheidungen bewirkt die juristische Argumentation etwas Produktives.   1152

Juristische Argumentation ist vergeblich, wenn es darum geht die Entscheidung zu begründen, sie ist aber produktiv, indem sie die Entscheidung ermöglicht. So spiegelt sich also die Paradoxie der Entscheidung in Teubners Theorie der juristischen Argumentation wieder.   1153

35 *Teubner* Selbstsubversive Gerechtigkeit (Fn. 12), S. 21 f.
36 *Teubner* Recht als autopoietisches System (Fn. 8), S. 17 f unter Berufung auf Esser und Alexy.
37 *Teubner* Recht als autopoietisches System (Fn. 8), S. 15.
38 *Teubner* Selbstsubversive Gerechtigkeit (Fn. 12) S. 24.
39 *Teubner* Selbstsubversive Gerechtigkeit (Fn. 12), S. 21.
40 *Teubner/Zumbansen* Rechtsentfremdungen: Zum gesellschaftlichen Mehrwert des zwölften Kamels, in: Teubner, Die Rückgabe des zwölften Kamels: Niklas Luhmann in der Diskussion über Gerechtigkeit, Stuttgart 2000, S. 196; *Teubner* Selbstsubversive Gerechtigkeit (Fn. 12), S. 21.
41 *Teubner* Ökonomie der Gabe (Fn. 9), S. 200.
42 *Teubner* Recht als autopoietisches System (Fn. 8), S. 8; *ders./Zumbansen* Rechtsentfremdungen (Fn. 40), S. 196.
43 Als notwendiges Ding der Unmöglichkeit bezeichnet Teubner sein Projekt einer soziologischen Jurisprudenz, vgl. Die Perspektive soziologischer Jurisprudenz: Das Recht der Netzwerke, in: FS Röhl, S. 40. Die Formulierung lässt sich auf die Rechtsargumentation übertragen.

aa) Rechtsargumentation als Entparadoxierungsstrategie

1154   Folglich versteht Teubner juristische Argumentation als eine Entparadoxierungsstrategie.[44] Die Praxis des Rechts müsse lernen mit den Paradoxien umzugehen.[45] Entparadoxierung heißt dabei nicht die definitive Behandlung, sondern das vorübergehende Verdrängen, das Invisibilisieren der Paradoxie.[46] Der Rechtsbetrieb würde in eine Schockstarre fallen, wenn Paradoxien aufträten, die den Rationalitätsanspruch des Rechts konterkarrierten. Dagegen helfe die Entparadoxierung. So ist das Rechtsparadox der Anwendung des Rechtscodes auf sich selbst (Ist die Recht/Unrecht-Unterscheidung ihrerseits Recht oder Unrecht?) im Rechtssystem nicht entscheidbar. Die paradoxe Spannung kann aber entspannt werden, indem eine zusätzliche Differenzierung eingeführt wird. Wenn man etwa zwischen Recht und Ethik unterscheidet und fragt, ob es aus ethischer Sicht rechtens ist, die rechtsinterne Unterscheidung Recht/Unrecht anzuwenden, führt die Frage nicht mehr in ein Paradox oder eine Tautologie.

1155   In gleicher Weise könne auch die juristische Argumentation das Entscheidungsparadox verdecken, wenn sie zusätzliche Differenzierungen und Hierarchien einführe, wie etwa die Unterscheidung gute/schlechte Gründe oder die Aufteilung in Tatsachen- und Rechtsfragen.[47] Allerdings sei die Entparadoxierung nur ein Verstecken der Paradoxie, die abhängig von historischen Umständen und der Plausibilität ihrer Entparadoxierung immer wieder hervorbrechen könne.[48] Daher dürfe man nur noch geringere Anforderungen an die Argumentation im Recht stellen.[49] Stattdessen müsse man sich darauf konzentrieren, tragfähige, gesellschaftsadäquate Entparadoxierungsstrategien zu entwickeln.[50] Gerade das Bedürfnis, die Paradoxien des Rechtssystems zu verstecken, lege kreatives Potential frei, dem die Gesellschaft Erfindungen wie z.B. die der juristischen Person oder des Staates verdanke.[51] Darum hält Teubner die Paradoxien für heuristisch wertvoll.

bb) Performativität der Rechtsargumentation

1156   Die Aufgabe der Rechtsargumentation beschränkt sich für Teubner aber nicht allein darauf, die Paradoxien des Rechts und der Entscheidung mehr schlecht als recht zu überdecken und so das Rechtssystem zumindest vorübergehend arbeitsfähig zu halten. Die Rechtsargumentation leiste noch mehr. Sie ermögliche überhaupt erst eine Entscheidung: Sie entscheide nicht, bewirke aber Entscheidendes.[52] Sie transformiert die Entscheidungsalternative:

> „Nach der Rechtsargumentation ist die sich präsentierende Entscheidungsalternative eine andere geworden"[53]

---

44 *Teubner/Zumbansen* Rechtsentfremdungen (Fn. 40), S. 189; Vgl. dazu *Luhmann* Recht der Gesellschaft (Fn. 7), S. 343, 370.
45 *Teubner* Rechtsparadoxien (Fn. 18), S. 42.
46 *Teubner* Rechtsparadoxien (Fn. 18), S. 31, 42; *ders.* Dreiers Luhmann, in: Alexy, Integratives Verstehen: Zur Rechtsphilosophie Ralf Dreiers, Tübingen 2005, S. 209. Vgl. dazu *Luhmann* Organisation und Entscheidung (Fn. 15), S. 129.
47 *Teubner* Altera Pars Audiatur (Fn. 28), S. 210; *ders./Zumbansen* Rechtsentfremdungen (Fn. 40), S. 194.
48 *Teubner* Ökonomie der Gabe (Fn. 9), S. 207.
49 *Teubner* Rechtsparadoxien (Fn. 18), S. 42.
50 *Teubner* Rechtsparadoxien (Fn. 18), S. 43; *ders.* Dreiers Luhmann (Fn, 46), S. 211.
51 *Teubner* Selbstsubversive Gerechtigkeit (Fn. 12), S. 31.
52 *Teubner/Zumbansen* Rechtsentfremdungen (Fn. 40), S. 196; *Teubner* Selbstsubversive Gerechtigkeit (Fn. 12), S. 24.
53 *Teubner/Zumbansen* Rechtsentfremdungen (Fn. 40), S. 196.

Sahm

Damit ist nicht nur die Subsumtion des Sachverhaltes unter eine Norm gemeint, sondern eine Verwandlung des Konflikts. Die Konflikte, die im Rechtssystem verarbeitet werden sollen, müssen zunächst im Recht rekonstruiert werden. Dabei komme es zu einer Entfremdung.[54] Ausgehend vom systemtheoretischen Verständnis der operativen Geschlossenheit der Systeme kann das Rechtssystem die sozialen Konflikte nicht direkt wahrnehmen. Es ist vielmehr blind dafür.[55] Was unter der Blindheit der Systeme zu verstehen ist, erklärt Teubner am Beispiel eines Preiskontrollgesetztes.[56] Dabei verordnet das Recht der Wirtschaft einen Preisstopp. Diese Kommunikation in Form eines Legislativaktes wird von der betroffenen Wirtschaft als eine Verschiebung in der Gewinnkalkulation wahrgenommen, als ein Posten in der Kosten-Nutzen-Bilanz, nicht jedoch in seiner rechtlichen Natur als Parlamentsgesetz. Umgekehrt versteht das Recht die Nichtbefolgung des Gesetzes nicht als mehr oder weniger effiziente Gewinnmaximierung oder Kostensenkung, sondern als (Nicht-)Erfüllung des rechtlichen Tatbestandes, also als eine deliktische Handlung. Eine möglicherweise aus ökonomischer Sicht effiziente Normverletzung wird vom Recht als Erfüllung eines Haftungstatbestands interpretiert und insofern also missverstanden. So wird eine ursprünglich wirtschaftliche Verhaltensweise erst in die Sprache des Rechts übersetzt und von dem ursprünglichen Kontext abstrahiert. Umgekehrt missversteht die Wirtschaft eine eventuelle Geldbuße als bloßen Kostenfaktor und nicht als Strafe wegen einer Normverletzung. Folglich ist die Welt bei Teubner voll von Missverständnissen, wobei ihm deswegen kein pessimistisches oder gar resignatives Weltbild unterstellt werden darf. 1157

Ein sozialer Konflikt muss demnach erst in die Systemsprache des Rechts übertragen werden, womit aber zwangsläufig ein Übersetzungsverlust einhergeht. Damit beschreibt Teuber auf hohem Abstraktionsniveau ein Phänomen, das von der Rechtskritik vielfach dem Recht vorgehalten wird: „Das Recht ist demnach prinzipiell nicht in der Lage soziale Konflikte ausreichend zu verstehen und in angemessener Weise zu lösen."[57] Das liege daran, dass der Ausgangskonflikt formalisiert und in die hochartifizielle Sprache des Rechts übersetzt werden müsse und so aus dem sozialen Zusammenhang gerissen werde.[58] Diese Entfernung des Konflikts von seinem vielfältigen gesellschaftlichen Hintergrund beruhe auf der Geschlossenheit des Rechtssystems. Sie sei der Grund einer Rechtsentfremdung. 1158

Zum einen bewirke der verworrene Prozess der Normentstehung, dass Rechtsnormen, die zur Lösung von Konflikten formuliert werden, nur noch bedingt mit der sozialen Ausgangslage zusammenhängen. Die rechtlichen Strukturen entstünden in Institutionen der Kopplung verschiedener Systeme mit dem Recht (Recht-Politik, Recht-Technik, Recht-Wissenschaft).[59] In ihnen werde das Recht durch externe Ereignisse irritiert. Teubner muss von einer Irritation des Rechts sprechen, weil unter geschlossenen Systemen keine direkte kausale Beeinflussung des Rechtssystems von außen möglich ist.[60] Darum könne das Recht bei der Normbildung nur versuchen, problemadäquate Normen zu 1159

---

54 Das Phänomen der Entfremdung wird auch bei *Wiethölter* Rechtswissenschaft, Frankfurt 1968, S. 17 f. allerdings ohne systemtheoretischen Hintergrund beschrieben.

55 *Teubner* Recht als autopoietisches System (Fn. 8), S. 36; *Abegg* Evolutorische Rechtstheorie, in: Buckel/Christensen/Fischer-Lescano, Neue Theorien des Rechts, 2. Aufl., Stuttgart 2009, S. 404 f.

56 *Teubner* Recht als autopoietisches System (Fn. 8), S. 96ff.

57 *Teubner/Zumbansen* Rechtsentfremdungen (Fn. 40), S. 190.

58 *Teubner/Zumbansen* Rechtsentfremdungen (Fn. 40), S. 190.

59 Sog. Produktionsregimes, *Teubner* Eigensinnige Produktionsregimes, Soziale Systeme 5 1999, 7ff.; *ders.* Altera Pars Audiatur (Fn. 28), S. 202; *ders./Zumbansen* Rechtsentfremdungen (Fn. 40), S. 197.

60 *Teubner* Recht als autopoietisches System (Fn. 8), S. 93.

entwickeln. In dieser Sichtweise orientiert sich das Recht bei der Normproduktion nicht an den hochkomplexen, facettenreichen Konflikten selbst, sondern nur an seiner eigenen internen Vorstellung davon, die notwendigerweise ein nur (rechtsperspektivisch) verzerrtes Abbild des Problems sein kann.[61] So entfernten sich die Normen von den Problemen, zu deren Lösung sie formuliert wurden, und so vergrößere sich der Abstand zwischen Individualkonflikt und Rechtsdogmatik.[62]

1160   Zum anderen trägt die Anwendung rechtlicher Operationen auf Ergebnisse rechtlicher Operationen (d.i. die Verkettung von Rechtsoperationen) dazu bei. Indem das Recht die Argumentationen ad hoc und ad hominem aus dem Rechtsverfahren verbanne und stattdessen nur die Berufung auf vorangegangene Rechtsmaterialien (Normen, Urteile, Rechtsprinzipien, Lehrmeinungen usw.) gestatte, werde es unabhängig von seiner Umwelt.[63] Es entstehe ein Netz von Begriffen, Regeln und Prinzipien. Der Konflikt müsse also erst in dieses Netz von Argumenten übersetzt werden, wodurch er sich noch weiter vom Ausgangsfall entferne.[64] Dann hat der Rechtsfall nur noch wenig mit dem sozialen Konflikt zu tun. Die selbstreferentielle Struktur des Rechts führt so zu einer Verstärkung der Entfremdung.[65]

1161   Fragt man nun nach der Stellung der Rechtsargumentation in der Theorie Teubners, so lautet die Antwort: Die Rechtsargumentation vollzieht die Entfremdung. Sie transformiert den sozialen Konflikt in eine Rechtsfrage.[66] Sie verändert den Konflikt und erlaubt seine distanzierte Betrachtung im Rechtsystem. Die Entfremdung, welche die Rechtskritik dem Recht vorwirft, ist für Teubner gerade das Proprium des Rechts.[67] Das Recht arbeite mit Fiktionen, die den Konflikt in eine Reihe von Tatfragen und Rechtsfragen zerlegen und ihn so entscheidbar machen.[68] Die Entfremdung vervielfache daher die Möglichkeiten mit dem Konflikt umzugehen und schaffe so kreatives Potential zur Konfliktbearbeitung. Die Entfremdung ermögliche eine unbefangene und gleichsam neutrale Sichtweise auf den Konflikt.[69] Nach Teubner macht die Transformierung des Konflikts in die quaestio iuris den unentscheidbaren Konflikt entscheidbar, gerade weil die rechtsförmige Rekonstruktion des Konflikts sich vom Ausgangskonflikt entfremdet hat.

1162   Die Rechtsargumentation reproduziere den Konflikt im Rechtssystem und übersetze dabei externe Umstände selektiv in Rechtsargumente.[70] Mit Selektion ist also nicht nur eine Auswahl derjenigen Aspekte gemeint, die im Einklang mit der bisherigen Entscheidungspraxis oder der herrschenden Lehrmeinung stehen.[71] Die Rechtsargumentation ist bei Teubner kein bloßer Filter, sondern sie leistet einen performativen Eigenbeitrag, indem sie ausgerechnet durch sinnverfälschende Transformation neue Sinnwelten eröffnet.[72] Konkurrierende Rechtspositionen werden durch sie skalierbar und können gegeneinan-

---

61   *Teubner* Altera Pars Audiatur (Fn. 28), S. 211; *ders.* Selbstsubversive Gerechtigkeit (Fn. 12), S. 19.
62   *Teubner/Zumbansen* Rechtsentfremdungen (Fn. 40), 197; *Teubner* Selbstsubversive Gerechtigkeit (Fn. 12), S. 15.
63   *Teubner/Zumbansen* Rechtsentfremdungen (Fn. 40), 191 f.
64   *Teubner/Zumbansen* Rechtsentfremdungen (Fn. 40), 196 f.
65   *Teubner/Zumbansen* Rechtsentfremdungen (Fn. 40), 196 f.
66   *Teubner/Zumbansen* Rechtsentfremdungen (Fn. 40), 194.
67   *Teubner/Zumbansen* Rechtsentfremdungen (Fn. 40), 190, 194.
68   *Teubner* Altera Pars Audiatur (Fn. 28), S. 210; *ders/Zumbansen* Rechtsentfremdungen (Fn. 40), 194.
69   *Teubner/Zumbansen* Rechtsentfremdungen (Fn. 40), 199.
70   *Teubner* Altera Pars Audiatur (Fn. 28), S. 210.
71   *Teubner* Altera Pars Audiatur (Fn. 28), S. 209.
72   *Teubner/Zumbansen* Rechtsentfremdungen (Fn. 40), S. 198 f.

Sahm

der aufgerechnet werden.[73] Durch sie werde das „Inkommensurable [...] kommensurabel. Das Unentscheidbare wird entscheidbar."[74]

Darum ist die Entscheidungsalternative nach der juristischen Argumentation eine andere geworden und in diesem Sinne ist die Rechtsargumentation zwar vergeblich, aber dennoch produktiv: also ein notwendiges Ding der Unmöglichkeit.   1163

Rechtsargumentation bewirkt nach Teubner also zweierlei. Allerdings ist es nicht das, was sie vorgibt zu tun, nämlich eine Entscheidung zu rechtfertigen.   1164

> „Rechtsargumente [...] sind zweifellos unverzichtbare Elemente der Rechtsentscheidung, sie sind aber prinzipiell nicht in der Lage, Rechtsentscheidungen zu determinieren oder zu rechtfertigen."[75]

Einerseits fungiert die Argumentation als Entparadoxierung der Entscheidungsparadoxie. Sie überdeckt mehr oder weniger vollständig, mehr oder minder plausibel die Entscheidungsparadoxie. Andererseits ermöglicht sie eine Entscheidung des Unentscheidbaren, indem sie den Konflikt umformt. Zwar wird dann ein anderer Konflikt entschieden, nämlich die Rechtsfrage und nicht der (ökonomische, familiäre, medizinische etc.) Ausgangskonflikt. Aber dadurch kann es erst zu einer Konfliktregulierung durch das Recht kommen. Das Recht sorgt durch die Rechtsargumentation für eine Sinnzunahme: die kommunikativen Anschlussmöglichkeiten werden vervielfacht und so kreatives Potential zur Konfliktlösung freigesetzt. Das heißt, dass der Konflikt entscheidbar wird und „daß die Parteien ihr Urteil bekommen. Die Urteilsgründe können sie vergessen."[76]   1165

2. Soziologische Anreicherung des Rechts

Die juristische Argumentation ermöglicht erst die Rechtsentscheidung, aber um den Preis eines Entfremdungseffekts. Das Recht entscheidet also gar nicht den sozialen Konflikt, sondern nur die Rechtsfrage. Es rekonstruiert intern auf verschlungenen Wegen den Konflikt seiner Umwelt und macht sich so ein zwangsläufig unvollständiges Bild von diesem. Das Recht kann sich also nur um Bildadäquanz und nicht um Umweltadäquanz bemühen.[77] Diese prinzipielle Kluft zwischen der Rechtsfrage und dem Sozialkonflikt kann nicht überbrückt werden. Dennoch muss das Recht natürlich versuchen, sich dem Sozialkonflikt soweit wie möglich anzunähern. Dies hält Teubner für eine elementare Forderung der Gerechtigkeit.[78] Die Gerechtigkeit verlange, den Übersetzungsverlust bei der Übertragung des Konflikts über die Systemgrenze möglichst gering zu halten. Dazu könne das Recht seine Beobachtungsfähigkeit steigern. Es müsse umweltsensibel sein, damit es viele Konflikte wahrnehmen und sie möglichst umfassend und genau reproduzieren könne.[79]   1166

Die Sensibilität des Rechtsystems lasse sich durch dogmatische Begriffe steigern, die wie Sensoren die Umwelt des Rechts ertasten.[80] Rechtliche Dogmatik habe daher die recht-   1167

---

73 *Teubner* Altera Pars Audiatur (Fn. 28), S. 212. Vgl. *Ladeur* Kritik der Abwägung in der Grundrechtsdogmatik, Tübingen 2004, S. 12; *dens./Augsberg* Rechtstheorie 2005, 143, 160.

74 *Teubner* Altera Pars Audiatur (Fn. 28), S. 211.

75 *Teubner/Zumbansen* Rechtsentfremdungen (Fn. 40), S. 196.

76 *Teubner/Zumbansen* Rechtsentfremdungen (Fn. 40), 199. Vgl. auch *Luhmann* Recht der Gesellschaft (Fn. 7), S. 370.

77 *Teubner* Selbstsubversive Gerechtigkeit (Fn. 12), S. 19.

78 *Teubner* Selbstsubversive Gerechtigkeit (Fn. 12), S. 30 f.

79 *Teubner* Recht als autopoietisches System (Fn. 8), S. 99 ff.

80 *Teubner* Recht als autopoietisches System (Fn. 8), S. 88; *ders.* Altera Pars Audiatur (Fn. 28), S. 212.

lichen Phänomene einschließlich ihrer Beziehung zur Umwelt zu betrachten. Das Recht soll aber nicht nur den Umweltkonflikten gerecht werden, sondern gleichzeitig auch negative Auswirkungen der rechtlichen Operationen in parallelen Teilsystemen verhindern. Um derartige negative Externalitäten zu verringern, bedarf es ebenfalls erhöhter Umweltsensibilität, um so die negativen Auswirkungen zu internalisieren.[81] Dazu müsse die Dogmatik dem Recht die Wahrnehmung der Konsequenzen seines Wirkens in anderen Systemen ermöglichen. Das Projekt heißt also Ökologisierung des Rechts.[82] Dafür müsse die Gesellschaft sorgfältig beobachtet und genau beschrieben werden. Es sind deshalb präzise soziologische Beschreibungen der Gesellschaft nötig, die das Recht intern verarbeiten muss. Die soziologische Aufklärung des Rechts ist daher für Teubner eine grundlegende Anforderung der Gerechtigkeit.[83] Eine unmittelbare Übernahme des soziologischen Wissens in das Recht sei aber nicht möglich. Das Recht bleibt ein geschlossener Kommunikationskreislauf. Es müsse sich aber von den Erkenntnissen der Soziologie irritieren lassen.

1168   Fragt man wieder nach dem Ort der Irritation, so muss die Antwort lauten: Die Irritation erfolgt im Prozess der rechtlichen Argumentation. Über juristische Argumentation können also Informationen über die Umwelt des Rechts in das Recht eingebracht werden.[84] Hierin besteht daher der Zusammenhang zwischen der bereits angesprochenen Forderung Teubners nach mehr (rechts-) soziologischen Analysen im Recht mit juristischer Argumentation. Aus genauer soziologischer Analyse lassen sich tragfähige Rechtsargumente konstruieren, die wiederum in Form von Rechtsdogmatik institutionalisiert werden können. Soziologische Analysen und Beschreibungen der Gesellschaft können deshalb in das Recht in Form von Rechtsargumentation übernommen werden, weil das Recht selbst über den legitimen Gebrauch rechtsfremder Argumente entscheide.[85]

1169   Ein Effekt davon ist, dass die argumentative Rezeption soziologischer Analysen die Entscheidungsgrundlage verbreitert (a). Weiterhin lassen sich die Analysen mit normativen Forderungen zu Rechtsargumenten ausbauen (b). Dabei sind wiederum zwei verschiedene Argumentationsvarianten möglich. Einerseits kann sich die Argumentation auf die gewollten Konsequenzen einer Rechtsentscheidung stützen und andererseits auf die rückblickende Folgenbeobachtung.

a) Genese von Argumentationstopoi

1170   Eine soziologische Beschreibung der gesellschaftlichen Phänomene, die dem Facettenreichtum des Alltags gerecht wird, erlaubt es bislang unberücksichtigte Aspekte in die Rechtsargumentation einzuführen.

1171   So sieht beispielsweise eine kontextsensible Betrachtung eines Vertrages auch nicht-ökonomische Elemente der Vertragsbeziehung und kann damit über die Interpretation als rechtliches Schuldverhältnis und das Verständnis als ökonomische Transaktion hinausgehen.[86] Vielmehr muss die ökonomische Perspektive auf die Vertragsbeziehung um weitere Perspektiven ergänzt werden. Der Vertrag wird damit nicht mehr eindimensio-

---

81   *Teubner* Netzwerk als Vertragsverbund (Fn. 2), S. 9 f.
82   *Teubner* Altera Pars Audiatur (Fn. 28), S. 212 f.
83   *Teubner* Selbstsubversive Gerechtigkeit (Fn. 12), S. 25.
84   *Teubner/Zumbansen* Rechtsentfremdungen (Fn. 40), S. 204 f.
85   *Teubner* Altera Pars Audiatur (Fn. 28), S. 210.
86   *Teubner* Vertragswelten: Das Recht in der Fragmentierung von Private Governance Regimes, Rechtshistorisches Journal 17 (1998), 234, 246.

nal, sondern als mehrdimensionale Sozialstruktur wahrgenommen, die in verschiedene soziale Handlungslogiken eingebettet ist und eben nur aus der spezifischen Sicht des Wirtschaftsystems eine ökonomisch profitable Transaktion ist.[87] Der Vertrag als Sozialstruktur verknüpft verschiedene Handlungslogiken, etwa die der Kunst mit der profitorientierten Logik der Wirtschaft und der Normorientierung des Rechts.[88] Eine solche Sichtweise erkennt daher die Vielgestaltigkeit der Beziehungen des Vertrages zu seinen Umwelten und die Konfliktträchtigkeit des Vertrages als Beziehung zwischen sozialen Sprachen.

Die bloße Zunahme der wahrgenommenen Aspekte ermöglicht dem Recht die Gewinnung entscheidungsrelevanter Gesichtspunkte in der Rechtsargumentation.[89] Das Recht sieht mehr und hat darum eine größere Auswahl an Aspekten, die es für entscheidungserheblich erklären kann. Die relevanten Aspekte fließen in das Recht über die juristische Argumentation ein. Ein im Einzelfall entscheidungserheblicher Gesichtspunkt kann schließlich als Argumentationstopos in der Dogmatik verfestigt werden. Soziologische Analyse fungiert daher als Generator von Argumentationstopoi. Die der Gesellschaftsbeobachtung entnommenen Gesichtspunkte können sowohl im Einzelfall die entscheidenden Kriterien liefern als auch zu dogmatischen Konstrukten verdichtet werden. An dieser Stelle setzen die dogmatischen Arbeiten Teubners an. Darin wird auf hohem Abstraktionsniveau versucht, soziologische Beschreibungen über den Einzelfall hinaus für das Recht fruchtbar zu machen, indem das Recht sie dogmatisch rezipiert.[90]

1172

Wie die Erzeugung neuer Argumentationstopoi funktioniert, kann man anschaulich an Teubners Untersuchungen zum Netzwerk als Vertragsverbund sehen.[91] Die soziologische Beobachtung der Gesellschaft zeige, dass sich Kooperationsformen entwickelt haben, die eine Netzwerkstruktur aufweisen. Sie unterschieden sich von hierarchisch organisierten Unternehmensformen wie etwa Verbänden und Gesellschaften. Daher bildeten sie eine Mischform zwischen vertraglichen Beziehungen einerseits und Verbandsbeziehungen, juristischen Personen andererseits. In komplexen Vertriebsketten oder in Franchisesystemen entstehe aus den vielen, auf einander verweisenden bilateralen Verträgen ein Netzwerk.[92] Jedoch übersehe das Recht vor lauter Bäumen den Wald, wenn es nur individuelle bilaterale Verträge oder deliktische Sonderverbindungen erkenne und das Netzwerk so auflöse.[93] Die soziologische Beschreibung des Vertragskomplexes als Netzwerk lege demnach eine rechtliche Behandlung des Netzwerks als eine Einheit nahe.[94] Allerdings sei Netzwerk kein juristischer Begriff. Die Autonomie des Rechts schließe es vielmehr aus, Netzwerk einfach als Rechtsbegriff zu übernehmen.[95] Dadurch wird das Recht irritiert. Folglich müsse nach der soziologischen Beobachtung dogmatisch weitergebaut werden: „Die juristische Argumentation beginnt erst dort, wo andere Reflexionstheorien enden."[96] Teubner sucht also nach dogmatischen Figuren und Rechtsbe-

1173

---

87   *Teubner* Vertragswelten (Fn. 86), S. 234, 244.
88   *Teubner* Vertragswelten (Fn. 86), S. 234, 254.
89   *Teubner* Expertise als soziale Institution: Die Internalisierung Dritter in den Vertrag, in: FS E. Schmidt, S. 308 f.
90   Vgl. etwa *Teubner* Netzwerk als Vertragsverbund (Fn. 2).
91   Vgl. dazu die umfassende Analyse: *Teubner* Netzwerk als Vertragsverbund (Fn. 2) sowie die Kurzdarstellungen: *Teubner* Die Perspektive soziologischer Jurisprudenz (Fn. 43), S. 40; *ders.* Paradoxien der Netzwerke in der Sicht der Rechtssoziologie und der Rechtsdogmatik, in: FS Bryde, S. 9.
92   *Teubner* Netzwerk als Vertragsverbund (Fn. 2), S. 9.
93   *Teubner* Netzwerk als Vertragsverbund Fn. 2), S. 122.
94   *Teubner* Die Perspektive soziologischer Jurisprudenz (Fn. 43), S. 46.
95   *Teubner* Die Perspektive soziologischer Jurisprudenz (Fn. 43), S. 47.
96   *Teubner* Die Perspektive soziologischer Jurisprudenz (Fn. 43), S. 46.

griffen, die dem Phänomen des Netzwerks gerecht werden können. Es geht ihm um die (Weiter-)Entwicklung autonomer Rechtsbegriffe, die auf das Phänomen des Netzwerks passen, wie etwa der dogmatische Begriff des Vertragsverbundes. Diese Vorgehensweise verändert nun die Begründungsstrukturen in konkreten Rechtsfällen. Es werde offenbar, dass die Begriffe des Vertrags- und Deliktsrechts nicht auf das Phänomen der Vernetzung eingestellt seien.[97] Die rechtliche Alternative Vertrag / Gesellschaft reiche zur Behandlung solcher Netzwerke nicht aus.[98] Für die nötige Rechtsfortbildung empfiehlt Teubner, auf die soziale Praxis zu achten. Im Falle der Netzwerke habe die Praxis bereits eine tragfähige Umgangsform mit dem Widerspruch der wirtschaftlichen Einheit getrennter Verträge gefunden.[99] Diese müsse das Recht rekonstruieren, womit aber wieder keine fraglose Übernahme gemeint ist.

1174   Für die Außenhaftung eines Netzwerks und der beteiligten Akteure schlägt Teubner beispielsweise eine anteilsmäßige Haftung der Teilnehmer vor.[100] Er argumentiert folgendermaßen: Die Risiken von Netzwerken erforderten eine rechtliche Verantwortlichkeit in Form einer Haftung. Dabei müsse die Zwitterstellung der Netzwerke zwischen Organisationen und Einzelverträgen berücksichtigt werden, so dass eine rein individuelle sowie eine vereinheitlichte kollektive Haftung des Netzwerks ausscheide.[101] Folglich kommt Teubner zu einer pro-rata-Haftung der Teilnehmer am Netzwerk je nach ihrem Anteil am Netzwerk. Diese Art der Haftung könne vor allem dann helfen, wenn eine Verantwortlichkeit des Netzwerkes besteht, aber der individuelle Beitrag der einzelnen Netzteilnehmer nicht nachgewiesen werden kann.

1175   Die soziologische Beobachtung deckt hier auf, dass die herkömmlichen Rechtskategorien nicht passen und eine Fortbildung des Rechts nötig ist. Die Argumentation zur Haftung innerhalb von Netzwerken wird aber erst dadurch möglich, dass soziologische Erkenntnisse über die Strukturen, Risiken und die Logik der neuen netzwerkartigen Kooperationsformen bestehen. Ohne diese soziologische Informiertheit wäre ein solcher Vorschlag nicht möglich.

1176   Die soziologische Beobachtung Teubners zeigt ihm weiterhin, dass Netzwerke auf generalisierter Reziprozität beruhen.[102] Diese Erkenntnis wiederum erlaubt Schlussfolgerungen, wie der Vertrauensschutz innerhalb der Netzwerken rechtlich geregelt werden kann. Hier sieht Teubner etwa in der richterrechtlichen Normierung von Loyalitätspflichten eine aussichtsreiche Möglichkeit des rechtlichen Schutzes vor Vertrauenserosion innerhalb eines Netzwerkes.[103]

1177   Ferner leitet Teubner aus seiner Beobachtung den Netzzweck als eigenständige Rechtskategorie zwischen Vertragszweck und Gesellschaftszweck her. Dieser Begriff sei der Realität der Netzwerke angemessener, weil er die den Netzwerken anhaftende Widersprüchlichkeit zwischen individuellen und kollektiven Elementen aufnehme.[104] Somit entsteht eine neue juristische Kategorie, die als Maßstab für Behandlung der Netzteilnehmer im Innenverhältnis dienen kann.

---

97   *Teubner* Die Perspektive soziologischer Jurisprudenz (Fn. 43), S. 41 f.
98   *Teubner* Netzwerk als Vertragsverbund (Fn. 2), S. 19.
99   *Teubner* Die Perspektive soziologischer Jurisprudenz (Fn. 43), S. 48.
100 *Teubner* Die Perspektive soziologischer Jurisprudenz (Fn. 43), S. 48.
101 *Teubner* Die Perspektive soziologischer Jurisprudenz (Fn. 43), S. 48 f.
102 *Teubner* Netzwerk als Vertragsverbund (Fn. 2), S. 10.
103 *Teubner* Netzwerk als Vertragsverbund (Fn. 2), S. 50.
104 *Teubner* Netzwerk als Vertragsverbund (Fn. 2), S. 149.

Sahm

Welche Schlüsse zur rechtlichen Lösung der Probleme von Franchise- oder Vertriebssystemen gezogen werden müssen, kann hier offen bleiben. Es zeigt sich jedoch, wie die soziologische Beobachtung Argumentationskategorien für das Recht erzeugen kann.   1178

b) Soziologische Argumente: Steuerung und Gegensteuerung durch Recht

Natürlich kann die Beobachtung selbst noch kein konkretes Rechtsargument für oder gegen eine Rechtsentscheidung ergeben. Sie bedarf noch der normativen Ergänzung durch ein Regelungsziel. Dann lässt sich die soziologische Analyse der Gesellschaftsverhältnisse zu einer Argumentation ausbauen.   1179

Zur Haftung eines von einem Vertragspartner beauftragten Experten gegenüber dem anderen Vertragspartner argumentiert Teubner z.b. wie folgt: Die allein wissenschaftlichen Standards verpflichtete Expertise ist ein schützenswertes Gut. Sie soll unabhängig und neutral sein, ist aber zur Loyalität gegenüber dem Vertragspartner verpflichtet und droht darum von Seiten des Vertragspartners korrumpiert zu werden. Hier zeigt eine soziologische Problembeschreibung gleichzeitig die Lösungswege auf: Um dieses Gut zu schützen, muss der einseitigen Einflussnahme des Vertragspartners ein Gegengewicht in Form einer Haftung gegenüber Dritten entgegengesetzt werden.[105]   1180

Hierbei wird mit zwei Annahmen gearbeitet: der normativen Annahme der Schutzwürdigkeit der Expertise und zum anderen der faktischen Annahme, dass sich durch ein Gegengewicht in Form einer Haftung die Gefahr der strukturellen Korruption bekämpfen lasse.   1181

Problematisch für Teubner ist an dieser Argumentationsform jedoch die faktische Annahme über die künftige Entwicklung eines Gesellschaftsbereichs. Zwar werde bei der Begründung von Rechtsentscheidungen seit jeher mit faktischen Annahmen über die Beeinflussung und Beeinflussbarkeit der Gesellschaft gearbeitet. Aber dabei werde die Möglichkeit von Voraussagen über soziale Prozesse überschätzt. Gesellschaftliche Prozesse seien selbst bei totaler Determiniertheit zu komplex, um sichere Prognosen zu erlauben.[106] Das Recht wage dabei vielmehr eine sehr unsichere Prognose. Zwar greife das Recht auf „implizites Wissen"[107] der benachbarten Systeme zurück, indem es argumentativ seine Umwelt rezipiere und so versuche, die eigenen Entscheidungen realistischer zu gestalten. Aber andererseits ist das Recht bei Teubner immer noch für seine Außenwelt blind. Der Einbau soziologischen Wissens über die Umwelt funktioniere nur auf Schleichwegen.[108] Schon die Selbstreferentialität der Systeme steht bei Teubner einer unmittelbaren Rezeption soziologischen Wissens entgegen.[109] Die soziologische Analyse heißt also nicht, dass das Recht auf eine von allen Subsytemen geteilte Perspektive der Gesellschaftstheorie wie auf eine gemeinsame Sprache zurückgreift.[110] Vielmehr müsse unter   1182

---

105 *Teubner* Expertise als soziale Institution (Fn. 89), S. 325.
106 *Teubner* Altera Pars Audiatur (Fn. 28), S. 213.
107 *Teubner* Altera Pars Audiatur (Fn. 28), S. 216; *ders.* Expertise als soziale Institution (Fn. 89), S. 309.
108 *Teubner* Recht als autopoietisches System (Fn. 8), S. 96.
109 *Teubner* Recht als autopoietisches System (Fn. 8), S. 123.
110 Anders aber *Vesting*, der bei Teubner eine „Relationierung von Rechtsinterpretation und gemeinsamen Wissen" sieht, Rechtstheorie (Fn. 29), Rn. 237. Unter gemeinsamem Wissen versteht Vesting einen systemübergreifenden Pool von Wissensbeständen, der eine Kommunikation wie eine gemeinsame Sprache ermöglicht, aaO. Rn. 234. Dagegen spricht aber die Geschlossenheit der Systeme bei Teubner, deren prinzipielle Grenzen nicht durchbrochen werden können, Recht als autopoietisches System (Fn. 8), S. 93 und 120. Dies hat zur Folge, dass sich die Systeme kontinuierlich missverstehen, Altera Pars Audiatur (Fn. 28), S. 215, also gerade keine gemeinsame Sprache sprechen.

Bedingungen der „Inkommensurabilität der Diskurse, ihre[r] Geschlossenheit und gegenseitige[n] Unzugänglichkeit"[111] die Prognosefähigkeit des Rechts realistischer eingeschätzt werden. Das Recht kann demnach den Sinn seiner Umweltsysteme „nur mit seinen eigenen Begriffen, in seinem eigenen Kontext rekonstruieren."[112]

1183   Damit sind also zugleich die Grenzen der Steuerung durch Recht aufgezeigt.[113] Wegen der zwangsläufigen Unzulänglichkeit seines (Um)Weltbildes seien Nebeneffekte oder gar vollkommen unbeabsichtigte Entwicklungen eher die Regel als die Ausnahme. Darum müsse das Recht die Folgen seiner Entscheidungen wiederum internalisieren und somit seine Aufmerksamkeit für ungewollte, schädliche Nebenwirkungen in anderen Systemen schärfen.[114] Negative oder destruktive Folgen können dadurch nicht verhindert, aber doch zumindest rückblickend wahrgenommen werden. Es geht Teubner damit um die spezielle Form der retrospektiven Folgenberücksichtigung.[115] Präventive Folgenplanung sei daher nur in engen Grenzen möglich, erfolgsversprechender erscheine die Fokussierung auf retrospektive Folgenkontrolle. Das Recht müsse dazu wahrnehmen, wie die betroffenen Sozialsysteme intern reagieren, wenn sie die rechtliche Entscheidung in ihre Systemsprache übersetzen.[116] Dann könne das Recht gegensteuern, wenn seine Entscheidungen in den benachbarten Systemen negative Effekte auslösen. Wichtiger und aussichtsreicher als die Steuerung durch Recht ist bei Teubner das Verhindern von Schäden in anderen Sozialsystemen, also die Gegensteuerung durch Recht.

1184   Dem Beispiel der Expertenhaftung liegt die Prognose zugrunde, dass durch ein Gegengewicht in Form einer Haftung der strukturellen Korruption der Expertise durch den Vertragspartner vorgebeugt werden könne. Ob allerdings das Gegengewicht in Form einer rechtlichen Dritthaftung zum Erfolg führt, ist ex ante höchst ungewiss. Die Dritthaftung der Experten wird in den angrenzenden Systemen in der systemeigenen Sprache rekonstruiert und kann dort schlimmstenfalls zu desintegrativen Konsequenzen führen. Diese destruktiven Folgen müssen jetzt wiederum argumentativ (und mit notwendigerweise einhergehendem Übersetzungsverlust) in das Recht eingeführt werden. Dadurch kann das Recht rückwirkend seine negativen Umweltfolgen internalisieren und darauf reagieren. Es finden also zwei Übersetzungsprozesse statt. Die rechtliche Entscheidung wird in den betroffenen Sozialsystemen rezipiert und umgekehrt muss diese Rezeption wieder in das Recht übersetzt werden. Die Rechtsargumentation müsse dazu die verschiedenen Handlungslogiken der am Konflikt beteiligten Systeme simulieren.[117]

1185   Allerdings bedarf auch diese Form der Folgenargumentation einer normativen Annahme. Aus ihr lassen sich tragfähige Argumente herstellen, wenn man die faktische Beobachtung wie Teubner mit der Forderung nach Systemautonomie auflädt. Es sollen Systemimperialismen verhindert werden.[118] Die Argumentation Teubners mit retrospektiver Folgenbeobachtung stützt sich also auf das normative Ziel Systemvielfalt zu erhalten. Das Recht muss demnach verhindern, dass benachbarte Sozialsysteme Schaden nehmen.

---

111   *Teubner* Vertragswelten (Fn. 86), S. 234, 251.
112   *Teubner* Vertragswelten (Fn. 86), S. 234, 251.
113   Siehe dazu auch: *Teubner* Recht als autopoietisches System (Fn. 8), S. 95; 123ff.
114   *Teubner* Altera Pars Audiatur (Fn. 28), S. 214.
115   *Teubner* Altera Pars Audiatur (Fn. 28), S. 215.
116   *Teubner* Altera Pars Audiatur (Fn. 28), S. 215.
117   *Teubner* Altera Pars Audiatur (Fn. 28), S. 201; *ders.* Expertise als soziale Institution (Fn 89), S. 309.
118   *Teubner* Altera Pars Audiatur (Fn. 28), S. 217, 218. Ein Beispiel für eine solche Argumentation wird unter III.
        beim Praxistest anhand der ruinösen Bürgschaftsfälle gezeigt.

Sahm

3. Juristische Argumentation und Gerechtigkeit

Die bisherige Analyse der juristischen Methodik bei Teubner zeigt, dass die Funktion 1186
juristischer Argumentation in der Entparadoxierung der Entscheidungsparadoxie und
der Ermöglichung einer Rechtsentscheidung besteht. Soweit handelt es sich um eine neue,
eigenständige Beschreibung von Methodik.

Außerdem wurde ein enger Zusammenhang der juristischen Argumentation mit der für 1187
Teubner typischen Forderung nach soziologischer Aufklärung sichtbar. Praktisch nützt
die soziologische Anreicherung in zweierlei Hinsicht: Einerseits wird das Recht zunächst
um eine Vielzahl von Gesichtspunkten bereichert, die für entscheidungsrelevant erklärt
werden können. Andererseits lassen sich aus den Beobachtungen Argumente gewinnen.
Zum einen kann die soziologische Beobachtung Wege zur Erreichung eines bestimmten
Regelungsziels aufzeigen. Dabei macht das Recht aber rechtsperspektivisch verzerrte
Prognosen, so dass rechtliche Entscheidungen wahrscheinlich unbeabsichtigte oder kon-
traproduktive Nebenwirkungen aufweisen werden. Prospektive Folgenkontrolle liefert
wegen der Blindheit der Systeme nur schwache Argumente.

Zum anderen lassen sich aus der rückblickenden soziologischen Beobachtung der Folgen 1188
Argumente konstruieren. Hierbei wird die soziologische Beobachtung mit der Forderung
nach der Verhinderung von Systemimperialismen und der Forderung nach Systemautonomie normativ angereichert. Zur Verwirklichung dieser Ziele trifft das Recht ebenfalls
wieder eine Annahme über die Außenwelt und muss daher zumindest die negativen Auswirkungen davon kontrollieren, d.h. argumentativ verarbeiten.

Damit ist aber nicht nur die rein tatsächliche Nützlichkeit der soziologisch angereicherten 1189
Argumentation im Recht bezeichnet. Vielmehr handelt es sich für Teubner um eine
praktische Notwendigkeit. Die Stellung des Rechts zwischen kollidierenden Universali-
tätsansprüchen und die Vielfalt der Rationalitätenkonflikte in einer polykonturalen
Welt erfordern eine Anpassung des Rechts. Das Recht sei chronisch unterkomplex und
müsse der Realität angepasst werden.[119] Die Rekonstruktion der Argumentationstheorie
bei Teubner zeigt nun, dass die juristische Argumentation dafür einen wichtigen Beitrag
leistet, indem sie das Recht für die soziologische Aufklärung öffnet. Dadurch werde es
auf die veränderten Umweltbedingungen eingestellt, damit es seine Aufgabe noch erfüllen
könne. Das Recht erfahre so in der kontinuierlichen Anpassung an die Gesellschaft eine
Komplexitätssteigerung und könne lernen mit seiner eigenen Blindheit zu leben.

Die Sensibilisierung des Rechts für seine Umwelt ist nicht nur notwendig, damit das 1190
Recht mit den Entwicklungen seiner Umwelt Schritt halten kann. Darüber hinaus ist sie
eine elementare Anforderung der spezifisch juridischen Gerechtigkeit bei Teubner.[120]
Nach Teubner stellt sich die Frage nach der Gerechtigkeit immer dann, wenn das Recht
auf seine eigenen Paradoxien stößt. Es komme zu einer Blockade im Rechtssystem, wenn
die rechtliche Codierung auf sich selbst angewendet wird und dabei entweder auf eine
Tautologie oder ein Paradox stoße. Die Frage, ob es recht ist, nach Recht/Unrecht zu
unterscheiden, sei die Gerechtigkeitsfrage selbst.[121] Sie frage, inwieweit das Recht seiner
Umwelt gerecht wird, und transzendiere daher zwangsläufig die Systemgrenzen. Weil die
maßlosen Anforderungen der Gerechtigkeit wegen systemimmanenter Formzwänge (Be-

---

119 *Teubner* Altera Pars Audiatur (Fn. 28), S. 218; *ders.* Expertise als soziale Institution (Fn. 89), S. 311.
120 *Teubner* Altera Pars Audiatur, S. 218; *ders.* Selbstsubversive Gerechtigkeit (Fn. 12), S. 15 f. Den Zusammenhang
     mit dem Gerechtigkeitsbegriff erwähnt auch *Wielsch* Iustitia mediatrix: Zur Methode einer soziologischen
     Jurisprudenz, in: FS Teubner, S. 395, 397.
121 *Teubner* Selbstsubversive Gerechtigkeit (Fn. 12), S. 27.

gründungszwang, Entscheidungszwang, Anschluss an bestehende dogmatische Strukturen etc.) nur unzureichend umgesetzt werden könnten, produziere das Rechtssystem neue Ungerechtigkeit.[122] So sabotiere sich das Recht selbst und zwinge sich erneut dazu, seine Grenzen zu übersteigen, um danach wieder in die Systemgrenzen des Rechts zurückzukehren. Darum spricht Teubner von der Gerechtigkeit als einer selbstquälerischen Daueroszillation zwischen den maßlosen Anforderungen der Gerechtigkeit einerseits und den Anschlusszwängen im Recht andererseits.[123]

1191   Zwischen dem Gerechtigkeitskonzept Teubners als unendliche Daueroszillation und juristischer Argumentation wird jetzt ein Zusammenhang offenbar: Die juristische Argumentation verdeckt das Paradox der Entscheidung. Sie kann es aber nur notdürftig und vorübergehend verstecken, so dass es immer wieder hervorbrechen wird und sich dann erneut die Gerechtigkeitsfrage stellt. Diese verlangt vom Recht die umfängliche Berücksichtigung des sozialen Kontexts, also erhöhte Umweltsensibilität. Die juristische Argumentation ermöglicht nun die Einbringung des Umweltkontexts in das Recht, indem sie die Aspekte der Umweltbeobachtung im juristischen Diskurs anschlussfähig macht. Dabei findet wieder eine Transformation statt, welche die Konflikte entfremdet, in die Rechtsfrage überführt und so entscheidbar macht. Diese Anpassung an die systeminternen Zwänge des Rechtssystems schafft aber ihrerseits wieder neue Ungerechtigkeit, weil sich das Recht von seiner Umwelt entfernt. Folglich muss sich das Recht wieder *argumentativ* seiner Umwelt annähern und mühsam soziologische Erkenntnisse über seine Umwelten rezipieren. Die Daueroszillation der Gerechtigkeit bei Teubner wird also in der juristischen Argumentation vollzogen.

III. Praxistest am Beispiel der ruinösen Familienbürgschaft

1192   Wie eine solche Methodik in der Praxis aussieht, soll hier am Beispiel der ruinösen Familienbürgschaften gezeigt werden. Eine echte Überprüfung der theoretischen Methodenkonzeption an einem praktischen Beispiel ist damit aber nicht möglich. Eine Methodenlehre der soziologischen Jurisprudenz muss noch geschrieben werden. Daher musste die Methodik Teubners für diese Zwecke anhand der dogmatischen Beispiele erst herausdestilliert werden. Deshalb kann eine Kontrolle derart, dass an einem konkreten Beispiel geprüft wird, ob die theoretischen Aussagen auch in der Praxis eingehalten werden, nicht erfolgen. Dennoch kann die konkrete Anwendung des bisher nur abstrakt vorgestellten Argumentationsmodells seine praktische Verwendbarkeit belegen. Soziologische Jurisprudenz kann konkret zur Falllösung beitragen.

1. Die Problematik der Angehörigenbürgschaft

1193   Das Problem der ruinösen Angehörigenbürgschaften besteht darin, dass sich nahe Angehörige eines Schuldners für ihn verbürgen, ohne dass sie auch nur über ein annähernd ausreichendes Vermögen verfügen, das den übernommenen Bürgschaftsbetrag decken könnte. Sobald der Gläubiger (meistens eine Bank) bei Zahlungsunfähigkeit des Hauptschuldners den vermögenslosen Bürgen (oft sind es die Kinder oder der Ehegatte) in Anspruch nimmt, wird das Problem zu einem Rechtsfall. In Deutschland wurden derartige Bürgschaften selbst bei krasser finanzieller Überforderung des Bürgen von der Recht-

---

122   *Teubner* Selbstsubversive Gerechtigkeit (Fn. 12), S. 29 f.
123   *Teubner* Selbstsubversive Gerechtigkeit (Fn. 12), S. 22.

sprechung des BGH mit dem Hinweis auf die Vertragsfreiheit zunächst gebilligt und keiner inhaltlichen Kontrolle unterzogen.[124]

Das Bundesverfassungsgericht hat diese Rechtsprechung schließlich als grundrechtswidrig zurückgewiesen.[125] Im konkreten Fall wurde eine Tochter aus einer Bürgschaft in Anspruch genommen, die sie für ihren Vater übernommen hatte, damit dieser einen Kredit für sein Erwerbsgeschäft erhielt. Die Beschwerdeführerin führte im Rahmen ihrer Verfassungsbeschwerde an, sie sei mit der finanziellen Belastung derart überfordert, dass sie noch nicht einmal die laufenden Zinsen begleichen könne. Es sei bei ihrem geringen Einkommen daher nicht zu erwarten, dass sie jemals die Schulden werde abtragen können. Dadurch sei sie zu einem menschenunwürdigen Leben verurteilt und in ihrer allgemeinen Handlungsfreiheit beeinträchtigt. Die Gerichte seien ihrem Schutzauftrag aus dem Sozialstaatsprinzip nicht nachgekommen, weil sie keine inhaltliche Kontrolle der schuldrechtlichen Vereinbarung anhand der zivilrechtlichen Normen der §§ 138 und 242 BGB vorgenommen hätten. Das Bundesverfassungsgericht folgte dieser Argumentation und sah in der Verurteilung die grundgesetzlich gewährleistete Privatautonomie aus Art. 2 I GG verletzt. Aus ihr folge die Pflicht der Gerichte, in ungewöhnlich belastende Verträge, die einen offensichtlich unangemessenen Interessenausgleich festlegen, korrigierend mit den Mitteln der zivilrechtlichen Inhaltskontrolle einzugreifen. Die Generalklauseln des Zivilrechts seien die Instrumente, mit denen die Gerichte die Auswüchse vertraglicher Ungleichgewichte abmildern könnten. Zur Feststellung, ob eine Situation gestörter Vertragsparität mit einer ungewöhnlich starken Belastung eines Teils bestehe, hätten die Gerichte die Verhandlungspositionen der Vertragsparteien zu untersuchen. Maßgebliche Kriterien seien die intellektuelle und strukturelle Ungleichheit der Verhandlungsstärke, die Erfahrung des Bürgen im Geschäftsverkehr, sowie die Fähigkeit zur Risikoeinschätzung.[126]

Das bürgenfreundliche Urteil des BVerfG sah sich jedoch scharfer Kritik in der Literatur ausgesetzt. Die Kritik richtete sich gegen das Grundrechtsverständnis der Karlsruher Richter und gegen den Paternalismus, mit dem das Verfassungsgericht eine Einzelfallkorrektur auf dem Gebiet des Privatrechts vornahm.[127]

2. „Falsche Fronten"[128]

Teubner schließt sich der Kritik an der Rechtsprechung an – aber mit einer ganz anderen Argumentation. Die Kritiker hätten recht, aber sie hätten den zugrunde liegenden Konflikt nicht ausreichend rekonstruiert. Für Teubner geht es nicht darum, die Privatautonomie vor emotionaler Belastung zu schützen. Ziel ist für Teubner nicht der Schutz der allokativen Effizienz des Marktes vor familiärem Druck. Auch das hohe Risiko einer Bürgschaft für vermögenslose Personen sei nur ein Randaspekt. Vielmehr gehe es um den Schutz der Familie vor dem Eindringen wirtschaftlicher Rationalität.[129]

Der Konflikt bestehe in der Kollision miteinander unverträglicher Handlungslogiken. Wirtschaft orientiere sich an Effizienz und Profit, in einer Intimbeziehung, wie einer Familie, jedoch sei Effizienz kein maßgebliches Kriterium. Diese intuitiv einleuchtende

1194

1195

1196

1197

---

124 Vgl. BGH Urteil vom 16. 03. 1989 – IX ZR 171/88, NJW 1989, 1605.
125 BVerfG Urteil vom 19.10.1993 – 1 BvR 567/89, BVerfGE 89, 214.
126 BVerfGE 89, 214, 234 f.
127 Nachweise bei *Teubner* Ein Fall struktureller Korruption (Fn. 2), 388.
128 *Teubner* Ein Fall struktureller Korruption (Fn. 2), S. 388.
129 *Teubner* Ein Fall struktureller Korruption (Fn. 2), S. 391.

These stützt Teubner ab, indem er sich auf soziologische Untersuchungen zur Familie beruft.[130] Die Intimbeziehung sei von einer anderen Form der Gegenseitigkeit gekennzeichnet als der Reziprozität des ökonomischen Tausches. Sie sei nicht vom Gedanken der Nutzenmaximierung geprägt.[131] Jede Intimbeziehung schließe natürlich auch wirtschaftliche Unterstützung des Partners ein. Gleichzeitig habe jede solche Beziehung eine spezifische Aufopferungsgrenze. Der Kreditnehmer müsse die Hilfe des Partners in Form der Bürgschaft dann ablehnen, wenn die Opfergrenze überschritten werde. Er dürfe seinem Partner nicht jedes Risiko zumuten.[132] Der Anstand gebiete es wohl, den möglichen Ruin eines Angehörigen nicht für einen Kredit in Kauf zu nehmen. Wo aber genau in jedem Einzelfall die Opfergrenze der fraglichen Intimbeziehung verläuft, könne das Recht nicht generell bestimmen. Die Opfergrenze werde innerhalb der Beziehung selbst festgelegt. Der Schuldner könne aber seiner Rolle in der Intimbeziehung bei der Bestimmung der Opfergrenze nicht nachkommen. Ihn träfen unterschiedliche Handlungsanforderungen als Familienmitglied und als rationaler ökonomischer Akteur.[133] Die familiäre Normfindung werde hier also von ökonomischer Handlungslogik überlagert und durch sie strukturell korrumpiert. Darin besteht der Konflikt nach Teubner.

1198   Zur Lösung des Problems könne das Recht nicht stellvertretend für die Familie die Opfergrenze bestimmen. Das Recht könne eine solche Regelsetzung nicht vornehmen, weil rechtliche Kommunikation prinzipiell nicht die innerfamiliäre Reziprozität nachahmen könne. Eine rechtliche Regulierung, die eine generelle Opfergrenze formulierte, liefe „auf eine groteske Juridifizierung innerfamiliärer Verhältnisse heraus."[134] Auch eine gerichtliche Abwägung im Einzelfall, die jedes Mal aufs Neue fragt, ob im vorliegenden Fall die Opfergrenze überschritten wurde, bedeutete letztlich eine rechtliche Normierung des Beziehungsverhältnisses und damit eine Verletzung seiner Autonomie. Entgegen der starken Betonung in der Rechtsprechung kommt es für Teubner zur Lösung der Angehörigenbürgschaftsfälle gar nicht auf die Umstände im Einzelfall an (etwa auf das Verhalten des Gläubigers, die Geschäftserfahrung des Bürgen, die Höhe der Bürgschaft etc.).[135] Vielmehr könne das Recht nur mit einer strikten Inkompatibilitätsnorm abhelfen. Das bedeutet das Verbot der ruinösen Angehörigenbürgschaft.

> „Ähnlich wie in anderen Fällen der Inkompatibilität – etwa der Befangenheit von Richtern oder Nichtvereinbarkeit von bestimmten Ämtern in einer Person- kommt es gar nicht auf die Umstände des Einzelfalls an. Gesucht ist eine generell-abstrakte Norm, die von vornherein Interessen- und Rollenkonflikte ausschließt, indem sie die konfliktbeladene Situation von vornherein zu vermeiden sucht."[136]

1199   Die nachgezeichnete Argumentation hat den Fall verändert. Er stellt sich jetzt nicht mehr als ein Problem der Vertragsparität oder der Privatautonomie dar. Die Fallfrage ist nun eine der Drittwirkung des Art. 6 GG. Die verfassungsrechtlich gewährleistete Autonomie der Familie müsse vor ihrer Ökonomisierung geschützt werden. Die Entscheidung ist damit auch vorgezeichnet: Die ruinöse Familienbürgschaft ist unzulässig. Die dogmati-

---

130 Unter anderem: *Allert* Die Familie: Fallstudien zur Unverwüstlichkeit einer Lebensform, Berlin 1998; oder *Dahrendorf* Homo Sociologicus: Ein Versuch zur Geschichte, Bedeutung und Kritik der sozialen Rolle, Opladen 1958.
131 *Teubner* Ein Fall struktureller Korruption (Fn. 2), S. 395.
132 *Teubner* Ein Fall struktureller Korruption (Fn. 2), S. 392.
133 *Teubner* Ein Fall struktureller Korruption (Fn. 2), S. 395.
134 *Teubner* Ein Fall struktureller Korruption (Fn. 2), S. 396.
135 *Teubner* Ein Fall struktureller Korruption (Fn. 2), S. 396; für die Rspr. vgl. BVerfGE 89, 214, 235.
136 *Teubner* Ein Fall struktureller Korruption (Fn. 2), S. 397.

sche Umsetzung des Verbotes müsse nun bestimmen, ab wann eine Bürgschaft ruinös ist und welcher Personenkreis vom Verbot umfasst werden soll. Die maßgeblichen Kriterien hierbei seien die Klarheit der Regelung und deren Justiziabilität.[137]

Damit will Teubner auch zeigen, dass dieser Konflikt kein Einzelfall solcher Bürgschaften ist, sondern ein institutioneller Konflikt der Kollision miteinander nicht kompatibler Handlungslogiken. Darum müsse das Grundrechtsverständnis umgestellt werden: von Abwehrrechten gegenüber dem Staat auf Sicherungsrechte gesellschaftlicher Teilbereiche vor expandierenden Nachbarsystemen.[138]   1200

Im Ergebnis folgt Teubner dem BVerfG und wendet sich gegen die anfängliche Rechtsprechung des BGH. Auch er will den Angehörigenbürgen – anders als zunächst der BGH – vor dem finanziellen Ruin schützen. Der Angehörige soll nicht einem Konflikt zwischen ökonomischem Handeln und familiärer Loyalität ausgesetzt werden, der ihn in den Ruin treibt. Allerdings soll der Schutz des Einzelnen nicht von einer Gesamtwürdigung der Umstände im Einzelfall (und damit etwa von der Vertragsparität, der Geschäftserfahrung des Bürgen oder der Offensichtlichkeit des Risikos) abhängen. Teubner erkennt dank soziologischer Beobachtung der Familie nicht nur die Gefährdung des Bürgen, sondern auch die der Familie als Institution. Darum verlangt er eine generelle Inkompatibilitätsnorm. Dadurch wird der gesamte Sozialbereich der Familie und von Intimbeziehungen vor der Ökonomisierung geschützt. Der entscheidende Unterschied besteht also in der Beschreibung des Konflikts *nicht nur* als Problem des Art. 2 I GG, sondern auch als Problem des Art. 6 GG. Hierbei argumentiert Teubner wieder mit der normativen Forderung nach Systemvielfalt. Sein Ziel ist es, die Familie als Sozialsystem zu erhalten und sie von einem ökonomischen Systemimperialismus freizuhalten.   1201

IV. Fragen an eine soziologisch bereicherte Jurisprudenz

Die Untersuchung der soziologischen Jurisprudenz bringt ein hochabstraktes und zugleich praktisch anwendbares Methodenkonzept bei Teubner zum Vorschein. Die theoretische Konzeption der juristischen Argumentation hängt unmittelbar mit dem paradox konstruierten Rechtsbegriff und dem Gerechtigkeitsverständnis als das Rechtssystem transzendierende Daueroszillation zusammen. Das hohe Abstraktionsniveau ermöglicht es, etwa die ökonomische Analyse des Rechts als nur eine spezielle Form der Folgenberücksichtigung im Recht zu beschreiben.[139] Trotz (oder gerade wegen?) der Abstraktionshöhe erweist sich soziologische Jurisprudenz als für die Praxis geeignete Methode zur Fallentscheidung. Obwohl sie oft nicht zu neuen Lösungen kommt, liefert sie belastbare Begründungsmuster. Allerdings lässt die soziologische Jurisprudenz einige der speziellen Fragen dieses Bandes offen und manche andere Fragen stellen sich für sie erst gar nicht.   1202

Zunächst stellt sich die Frage, warum die juristische Methodik Teubners im Zusammenhang mit Zivilrecht vorgestellt wird. Das vorgestellte Methodenkonzept ist nicht auf Vertragsfreiheit, Privatautonomie und die Auslegung von Willenserklärungen gepolt und insoweit nicht typisch zivilistisch. Die Beschränkung des Rechts auf die hermeneutische Entschlüsselung von Vertragstexten soll gerade aufgegeben werden.[140] Teubners Interesse gilt der Funktionsweise juristischer Argumentation im Allgemeinen. Für ihn besteht die Notwendigkeit soziologischer Anreicherung des Rechts ebenso auf dem Gebiet des   1203

---

137   *Teubner* Ein Fall struktureller Korruption (Fn. 2), S. 398.
138   *Teubner* Ein Fall struktureller Korruption (Fn. 2), S. 400.
139   Zur ökonomischen Analyse des Rechts siehe *Laudenklos*, Rn. 1210 ff.
140   *Teubner* Expertise als soziale Institution (Fn. 89), S. 308.

öffentlichen Rechts. Aus ihr folgt sogar ein spezifisches Grundrechtsverständnis, wie man beim Bürgschaftsfall sehen kann. Dennoch ist die Methodenkonzeption insofern zivilistisch, als sie nicht hierarchisch vom Staat her denkt, sondern eine heterarchische Vielzahl nebeneinander bestehender Sozialsysteme berücksichtigt. Gerade am Verständnis der Grundrechte als institutionelle Schutzgarantien wird das deutlich. Sie schützen die einzelnen Sozialsysteme wie die Familie nicht mehr nur vor der Vereinnahmung durch den Staat, sondern vor jeglichem expandierenden Systemimperialismus.

1204   Offen ist auch noch die Frage nach dem Adressaten der Methodenkonzeption. Teubner äußert sich nicht dazu, welche Perspektive seine Methodenkonzeption einnimmt.[141] Zwischen fallentscheidender Rechtsanwendung, wissenschaftlicher Analyse und Rechtskritik wird nicht unterschieden. Seine Methodik ist aber gleichermaßen für alle Akteure im Kommunikationsprozess des Rechts geeignet. Sie hilft sowohl dem konkreten Entscheider als Teilnehmer am Kreislauf der Rechtsoperationen wie auch der dogmatischen Selbstbeschreibung dieses Kreislaufs durch rechtswissenschaftliche Analysten.

1205   Auch wird nicht normativ zwischen Rechtsinterpretation und Rechtsfortbildung differenziert. Folglich gibt Teubner auch keine Handlungsanweisungen für Rechtsfortbildungsfälle. Nach Teubner wird bei jeder Rechtsanwendung das Recht von außen irritiert und damit mehr oder weniger variiert. Für ihn ist also Rechtsanwendung immer auch Rechtsfortbildung.

1206   Besonders auffallend ist aber im Vergleich zu anderen Methodenkonzeptionen die Abwesenheit der Norm. Die Norm, die herkömmlich immer wieder als Ausgangs- oder als Endpunkt der Analyse genommen wird, bleibt bei Teubner auffällig unerwähnt. Auch von Auslegung oder Interpretation der Normen wird nicht gesprochen. Dementsprechend finden auch die klassischen Auslegungsmethoden keine Erwähnung. Daraus ergibt sich wiederum, dass sich die Frage des Ranges einzelner Auslegungsgesichtspunkte gar nicht erst stellt.

1207   Diese soziologische Jurisprudenz hinterlässt auch den Eindruck, dass Entscheidungen praeter legem oder sogar contra legem kein rechtsstaatliches Problem seien, solange sie sich an sozialen, impliziten Normen der benachbarten Systeme orientieren und daher ihre Legitimation beziehen.[142] Diese Beobachtung passt zu den Zweifeln an Gesellschaftssteuerung durch Recht. Gesellschaftliche Steuerung durch Gesetze sei nur auf verschlungenen Umwegen möglich.[143] Als dafür geeigneter zeigen sich andere gesellschaftssensiblere Rechtsformen, wie die des Richterrechts.[144] Gegenüber abstrakter Normierung kann die aus vielen Einzelfällen sich entwickelnde richterliche Rechtsfortbildung mehr Umweltinformationen von den Sozialkonflikten verarbeiten. Teubner zeigt also Skepsis gegenüber der direkten Steuerung durch Gesetze und eine Präferenz für Richterrecht, das

---

141   Zum Status seiner Theorie im Allgemeinen: *Teubner* Das regulatorische Trilemma: Zur Diskussion um postinstrumentale Rechtsmodelle, Quaderni Fiorentini per la Storia del Pensiero Giuridico Moderno 1984, 109, 111ff.

142   So lässt sich diese Aussage deuten: „Umso wichtiger aber sind Gerichtsprozesse als Sensoren für gesellschaftliche Konfliktlagen. Wenn Gerichte in vertragliche Vertriebssysteme mit kühnen Durchgriffsentscheidungen eingreifen, aber dafür nur schwache Begründungen liefern, dann ist dies ein deutliches Signal, dass die dogmatischen Grundlagen daraufhin überprüft werden müssen, ob sie angesichts der Vernetzung wirtschaftlicher Beziehungen der Revision bedürfen" *Teubner* Netzwerk als Vertragsverbund (Fn. 2), S. 21. Auch werden Entscheidungen praeter legem lediglich als finanzielles Risiko aufgefasst, Expertise als soziale Institution (Fn. 89), S. 305. Zur Legitimierung der Rechtsentscheidungen durch Berücksichtigung impliziter sozialer Normen: *Teubner* Expertise als soziale Institution (Fn. 89), S. 309.

143   Vgl. dazu *Teubner* Recht als autopoietisches System (Fn. 8), S. 81ff., 96.

144   *Teubner* Folgenkontrolle und responsive Dogmatik (Fn. 14), S. 187; *ders.* Dreiers Luhmann (Fn. 46), S. 207.

den sozialen Bedürfnissen der Umwelt viel eher gerecht werden könne. Das Recht muss zur Fallentscheidung genuin rechtliches Material, wie dogmatische Konstruktionen, mit der Rekonstruktion von außerrechtlichen Aspekten in einem komplizierten Übersetzungsprozess verbinden und daraus eine konkrete und fallentscheidende Norm herstellen. Die Ähnlichkeit zur Konzeption Friedrich Müllers einer jeweils aus der Normbereichsanalyse neu herzustellenden Fallnorm liegt auf der Hand.[145] Möglicherweise kann man sogar eine Parallele zur Interessenjurisprudenz ziehen.[146] Die Berücksichtigung der Lebensinteressen heißt bei Teubner die Gewinnung der Fallnorm aus den am Konflikt beteiligten Systemen. Dabei muss natürlich dem Missverständnis vorgebeugt werden, soziologische Jurisprudenz mit Soziologisierung des Rechts zu verwechseln.[147] Das Recht bleibt autonomer Entscheidungsgenerator, es muss sich aber dabei um der Gerechtigkeit willen an seine benachbarten Sozialsysteme annähern. Dies geschieht aber nur im Wege der Irritation.

Die soziologische Jurisprudenz setzt daher an der Irritation des Rechts durch seine Außenwelt an. Gerade die verwirrenden Prozesse dieser Verbindung des Rechts mit seiner Umwelt, aus denen die Rechtsentscheidungen erwachsen, werden von ihr beschrieben. 1208

Die soziologische Jurisprudenz ist also eine Theorie des Rechts, die zunächst den Kommunikationsprozess der juristischen Argumentation beschreibt und in seiner Funktion analysiert. Eine Methode im Sinne eines planmäßigen Vorgehens wird dann daraus, wenn die Irritation des Rechts durch seine Umwelt gezielt gesteigert wird. Beide Aspekte, die beschreibende Theorie und die methodische Verwertung der theoretischen Erkenntnisse, sind bei Teubner zu einer Theorie der soziologischen *Bereicherung* des Rechts verbunden. 1209

V. Quellen und Literatur

1. Zum Einstieg in die Teubner-Texte

Das hier wichtige Hauptwerk ist: *Gunther Teubner,* Recht als autopoietisches System, Frankfurt 1989.

Zur Funktion des Rechts und insbesondere der Rechtsargumentation:

ders. Altera Pars Audiatur: Das Recht in der Kollision anderer Universalitätsansprüche, Archiv für Rechts- und Sozialphilosophie, Beiheft 65, 1996, 199–220, sowie:

ders. Rechtsentfremdungen: Zum gesellschaftlichen Mehrwert des zwölften Kamels, in: Teubner, Die Rückgabe des zwölften Kamels: Niklas Luhmann in der Diskussion über Gerechtigkeit, Stuttgart 2000, S. 189–215 (zusammen mit Peer Zumbansen).

Zu den Paradoxien des Rechts: *ders.* Der Umgang mit Rechtsparadoxien: Derrida, Luhmann, Wiethölter, in: Joerges/Teubner (Hg.), Rechtsverfassungsrecht. Recht-Fertigung zwischen Privatrechtsdogmatik und Gesellschaftstheorie, Baden-Baden 2003, S. 25–45.

Teubners Verständnis von Gerechtigkeit wird entwickelt in:

ders. Selbstsubversive Gerechtigkeit: Kontingenz- oder Transzendenzformel des Rechts? in: *ders.* (Hg.) Zur (Un-)Möglichkeit einer Gesellschaftstheorie der Gerechtigkeit, Stuttgart 2008, S. 9–36.

Dogmatische Arbeiten Teubners mit starker soziologischer Bereicherung: Zum Vertrag:

---

145 Zu Müller siehe *Laudenklos,* Rn. 1081 ff.
146 Zur Interessenjurisprudenz siehe *Rückert,* HISTORISCHER ÜBERBLICK Rn. 1413 ff.
147 So Teubner zum insoweit irreführenden Titel seiner Festschrift. Vgl. auch *dens.* Die Perspektive soziologischer Jurisprudenz (Fn. 43), S. 40.

ders. Vertragswelten: Das Recht in der Fragmentierung von Private Governance Regimes, Rechtshistorisches Journal 17 (1998), 234–265.

Zur Problematik der ruinösen Familienbürgschaft:

ders. Ein Fall struktureller Korruption? Die Familienbürgschaft in der Kollision unverträglicher Handlungslogiken, Kritische Vierteljahresschrift für Gesetzgebung und Rechtswissenschaft 83 (2000), 388–404.

Zu neuartigen Vertragsphänomenen:

ders. Netzwerk als Vertragsverbund: Virtuelle Unternehmen, Franchising, Just-in-time in sozialwissenschaftlicher und juristischer Sicht, Baden-Baden 2004.

Zur Expertendritthaftung:

ders. Expertise als soziale Institution: Die Internalisierung Dritter in den Vertrag, in: Brüggemeier (Hg.), Liber amicorum Eike Schmidt zum 65. Geburtstag, Heidelberg 2005, S. 303–334.

2. Zum Einstieg in die Sekundärliteratur

Als erste Einführung zur Systemtheorie kann dienen:

Calliess, Gralf-Peter, Systemtheorie: Luhmann / Teubner, in: Buckel/Christensen/Fischer-Lescano (Hg.), Neue Theorien des Rechts, 2. Aufl., Stuttgart 2009, S. 53–71.

Eine anspruchsvolle Auseinandersetzung mit Teubner vollzieht:

Goodrich, Peter, Anti-Teubner: autopoiesis, paradox, and the theory of law, Social Epistemology 1999, S. 197–214.

Zur Paradoxiekritik:

Günther, Klaus, Kopf oder Füße? Das Rechtsprojekt der Moderne und seine vermeintlichen Paradoxien, in: Kiesow/Ogorek/Simits (Hg.), Summa Dieter Simon zum 70. Geburtstag, Frankfurt 2005, S. 255–274.

Methode und Zivilrecht in der ökonomischen Analyse des Rechts

von Frank Laudenklos

Übersicht

I.	Vorbemerkung	431
II.	Entstehung	432
III.	Anspruch und Ziel	434
IV.	Das Instrumentarium	434
V.	Schadensrecht bei zirkulärer Schadensverursachung	440
VI.	Berechnung des Schadenswertes bei Tötung eines Menschen	442
VII.	Kritische Rezeption	443
VIII.	Literatur	447

I. Vorbemerkung

Die Ökonomische Analyse des Rechts (ÖAR) ist in Deutschland eine verhältnismäßig junge Disziplin. Die Rezeption dieser in den USA mit Calabresi, Coase und Posner (geb. 1932, 1910, 1939) entstandenen Theorie vollzieht sich wesentlich langsamer als im Entstehungsland.[1] Das lässt sich zum Teil damit erklären, dass die Begriffe von „Law and Economics" alles andere als eindeutig sind. Schon die Erkenntnisinteressen der beiden diese Theorie konstituierenden Disziplinen, Rechts- und Wirtschaftswissenschaft, divergieren erheblich. So lassen sich vorerst vier verschiedene Richtungen der ÖAR in Deutschland ausmachen:[2]

1210

1. ÖAR kann zum einen ausschließlich zur Vertiefung und Präzisierung wirtschafts- und sozialwissenschaftlicher Theorien betrieben werden, indem z.B. Normen oder Transaktionen als Material für Untersuchungen verwendet werden. Dieser Bereich ist für die ÖAR in ihrer hier zu besprechenden Funktion allerdings nur noch entstehungsgeschichtlich von Bedeutung.

2. Ganz anders die Absicht, mithilfe der ÖAR positive, kodifizierte Rechtssätze hinsichtlich ihrer (Regelungs-) Effizienz zu untersuchen. So behauptet z. B. die „positive" ÖAR, dass das common law, das klassische (anglo-amerikanische) Privatrecht, effizient war und es immer noch sei, während die moderne Gesetzgebung grosso modo ineffiziente Regelungen hervorbringe.[3] Im Ergebnis ist nach dieser Auffassung z. B. Richterrecht dem parlamentarischen Gesetzgebungsverfahren eines demokratischen Gemeinwesens vorzuziehen.

3. Die sog. „normative" ÖAR will hingegen den legislativen Prozess analysieren, um auf der Grundlage der dadurch gewonnenen Erkenntnisse die parlamentarisch-demokratische Normsetzung zu effektivieren,[4] bzw. die Konsensbildung über Ziele und

---

1 Unten in VIII. Quellen und Literatur voll angegebene Titel werden im Folgenden nur abgekürzt zitiert. *Kübler*, Vergleichende Überlegungen, S. 293.

2 Vergl. *Kübler*, ebd.

3 *Kübler*, Effizienz, S. 689.

4 *Rose-Ackerman*, Recht und Ökonomie, S. 285: „Andererseits, sollte sich die Forschung darauf konzentrieren, effektivere Methoden für öffentliche Entscheidungen zu finden, statt substantiierte Politikvorschläge vorzuschlagen, die vom bestehenden System völlig verändert werden? Neuere empirische Arbeiten deuten darauf hin, daß extremer Pessimismus nicht angebracht ist.".

Mittel rechtlicher Regelungen zu erleichtern.[5] Normen, die durch das parlamentarische Gesetzgebungsverfahren entstanden sind, behalten also danach grundsätzlichen Vorrang. Hier hat die ÖAR „normative" Bedeutung insoweit, als sie der Legislative vor Augen führt, welche Konsequenzen beispielsweise gesellschaftspolitische Zielsetzungen für den durch die Norm zu regelnden Bereich haben; d.h. welcher „Preis" für das Erreichen dieser jenseits von Effizienzüberlegungen stehenden Zielsetzung „bezahlt" werden muss.

4. Endlich kann ÖAR auch in der Rechtspraxis ein zusätzliches Instrument sorgfältiger Beratung, vertiefender Argumentation und vor allem vorausschauender Fallentscheidung sein.[6] Letzteres vor allem dadurch, dass die Folgen einer rechtlichen Regelung (Entscheidung) im Voraus abgeschätzt werden können.

1211   Zusammenfassend lässt sich festhalten: Die ÖAR ist keine einheitliche „Schule".[7] Gegenstand ihrer Untersuchungen sind rechtliche Regelungen im weitesten Sinn.[8] Damit aber wendet sich die ÖAR sowohl an den Gesetzgeber (s. o. 3.) als auch an den Richter (s. o. 4., aber auch 2.). Dass sie sich auch an den Rechtswissenschaftler wendet (wobei hier Forschung und Lehre[9] gemeint sind), folgt schon daraus, dass ihr analytisches Instrumentarium einer weiteren Differenzierung bedarf und dieser Prozess noch nicht abgeschlossen ist.[10]

II. Entstehung

1212   Die Anwendung der Ökonomie auf das Recht ist für sich gesehen nicht neu. Noch bis in die vierziger und fünfziger Jahre dieses Jahrhunderts bezeichnete die Formel „Recht und Ökonomie" vor allem die Anwendung der Ökonomie auf das Antitrustrecht. Dort war die Ökonomie zur Verdeutlichung von Regelungsfolgen ein durchaus gebräuchliches Instrument. Kennzeichnend für diese Periode ist der Bezug der Ökonomie auf ein eng begrenztes, sich durch ausgesprochen ökonomische Beziehungen auszeichnendes, Rechtsgebiet. Die ersten und grundlegenden Arbeiten, die erklärtermaßen ökonomische Maßstäbe an einzelne Rechtsgebiete ohne direkte Verbindung zum Antitrustrecht anlegen, und mit einem der Ökonomie entnommenen Instrumentarium rechtlich relevante Entscheidungen untersuchen wollen, sind in den frühen sechziger Jahren entstanden. In dieser Zeit erscheinen Texte von mehreren Autoren, die sich mit den Folgen von legislativen und judikativen Entscheidungen befassen. Von *Guido Calabresi* wird 1961 der Aufsatz „Some Thoughts on Risk Distribution and the Law of Torts"[11] und 1965 „Entscheidung für oder gegen Unfälle"[12] veröffentlicht. *Calabresi* fordert eine rationalere Interpretation der Delikthaftungsregeln des common law. Konkret will er zeigen, dass unter Anwen-

---

5   *Köhler*, Vertragsrecht, S. 589.
6   *Kübler*, Vergleichende Überlegungen, S. 294.
7   Schon über die in die Untersuchung miteinzubeziehenden Prämissen gibt es unterschiedliche Vorstellungen, so dass man insofern mindestens zwei Ansätze unterscheiden kann (Harvard/Chicago). Instruktiv hierzu: *Kirchner*, Wettbewerbsbeschränkungen, S. 563, 574 f.
    Darüber hinaus erschöpft sich die ÖAR für manche Autoren in lediglich einem der oben aufgezeigten Ansätze, andere behaupten ihren Anspruch in allen vier Positionen.
8   Im den anglo-amerikanischen Ländern werden Markttheorien nicht nur auf das Recht, sondern ganz selbstverständlich auch auf ethische Grundsätze angewandt; z. B. bei *Rawls*, Gerechtigkeit, S. 81, 88 ff.
9   Erörterungen zur ÖAR finden sich durchaus auch in Lehrbüchern, vergl. u. a. *Kötz*, Deliktsrecht, Rz. 119–141.
10 Vergl. hierzu *Frank*, Rationalität, S. 191 ff., der vor allem die Verwendung vereinfachter Marktmodelle kritisiert.
11 Yale Law Journal Nr. 70, 1961, S. 499 ff.
12 The Decisions for Accidents: An Approach to Nonfault Allocation of Costs, Harvard Law Review Nr. 78, 1965, S. 713 ff.; deutsche Übersetzung in: *Assmann/ Kirchner/ Schanze*, Ökonomische Analyse, S. 259–289.

dung der Pigouschen Wohlfahrtsökonomik das Verschuldensprinzip obsolet wird, da dieses keine präzisen Zuordnungen von Haftung auf spezifisch unfallverursachende Aktivitäten erlaube, sondern in einigen Fällen lediglich die Unfallkosten externalisiere, d. h. auf Dritte oder die Allgemeinheit überwälze.

1962 erscheint der Aufsatz des Ökonomen *Ronald Coase* über das Problem der sozialen Kosten,[13] in dem er die Wohlfahrtsökonomik für praktische Wirtschaftspolitik verwendbar machen will. Dazu aber müssen rechtliche Regelungen unter ökonomischen Aspekten untersucht werden, womit die Grundlage für eine Ausweitung des traditionellen Untersuchungsfeldes der Wirtschaftswissenschaft gelegt ist. Rechtliche Regelungen werden nunmehr aus der Perspektive der Wirtschaftswissenschaft betrachtet; die Rechtsnorm wird als öffentliches Gut im Sinne der Wirtschaftstheorie aufgefasst und ihre Wirkungen werden einer Kosten-Nutzen-Analyse unterzogen.[14] Damit ist die entscheidende Voraussetzung gegeben, die Theorien und empirischen Methoden der Ökonomie prinzipiell auf das ganze Spektrum des Rechtssystems anzuwenden. Dieser Anspruch wird spätestens zu Beginn der siebziger Jahre von *Richard Posner* explizit formuliert,[15] der die Gebiete Unerlaubte Handlungen, Vertrag und Eigentum, Theorie und Praxis der Strafe, Zivil-, Straf- und Verwaltungsprozessrecht, Theorie der Gesetzgebung, Rechtsvollzug und Justizapparat mit der Ökonomie durchleuchten will.

1213

Es ist auffällig, dass gerade in den sechziger Jahren das Bedürfnis entstand, die juristische Dogmatik durch neue, dem juristischen Bereich im engeren Sinne nicht zugehörige Elemente, zu ergänzen. *Posner* führt die Entstehung der ÖAR auf einen Niedergang der Rechtswissenschaft als eine autonome Disziplin zurück.[16] Der Beginn dieses Niedergangs wird von ihm auf Anfang der sechziger Jahre datiert,[17] eben mit dem Erscheinen der Aufsätze von *Coase* und *Calabresi*. Mehrere Faktoren bedingen seiner Ansicht nach diesen Niedergang: Zum einen das Zerbrechen des politischen Konsenses in den amerikanischen Rechtsfakultäten; des weiteren der Aufschwung der Wirtschaftswissenschaften und der Philosophie und dem „... rise in prestige and authority of scientific and other exact modes of inquiry in general...".[18] Dem scheint es zu entsprechen, dass zu dieser Zeit ein immer größer werdendes Defizit an Bestimmtheit hinsichtlich der Gesetzesinterpretation verspürt wird. Dazu kommt ein allgemeiner Schwund des Vertrauens in die Befähigung der Juristen und eine nunmehr „Langeweile auslösende" Perfektionierung traditioneller Rechtswissenschaft.[19] Er erklärt den Niedergang des Rechts demnach als ein Phänomen der akademischen Kultur,[20] indem die Professoren aus der Einsicht, dass durch die hermeneutische Arbeit am Text keine Gewissheit zu erwarten ist, der konventionellen Rechtsdogmatik überdrüssig werden. In dieser Situation kommen ihnen die wirtschaftswissenschaftlichen Methoden mit ihrem „Mehr" an Wissenschaftlichkeit entgegen und sie glauben, dass die Anwendung eben dieser Methoden zu mehr Objektivität

1214

---

13 *Coase*, The Problem of Social Cost, Journal of Law&Economics Nr. 3, 1960, S. 1 ff.; deutsche Übersetzung in: *Assmann/Kirchner/Schanze*, S. 146–202.
14 *Ott/Schäfer*, Allokationseffizienz, S.V.
15 *Posner*, Economic Analysis, (dieses Werk wird im Folgenden bei Angabe von Seiten (S.) zitiert nach der auszugsweisen deutschen Übersetzung bei: *Assmann/Kirchner/Schanze*, Ökonomische Analyse, Texte Nr. 1, 4, 5 und 7. Bei einer Angabe von Pages (p.) stammt das Zitat aus dem englischen Original.); erste Auflage bereits 1973.
16 *Posner*, The decline, S. 761 ff.
17 „By 1960 most of the changes on the theme of the law's autonomy had been rung.", *ders.*, ebd., S. 772.
18 *Ders.*, ebd., S. 772 f.
19 *Kübler*, Vergleichende Überlegungen, S. 294.
20 Vergl. *Kübler*, Vergleichende Überlegungen, S. 294 f.

verhelfen kann.[21] Darüber hinaus ist die Entwicklung der ÖAR jedoch auch als Reaktion auf einen umfassenden Wandel der Rechtsordnung, für den der Begriff „Verrechtlichung", d. h. die zunehmende rechtliche Durchdringung nahezu aller Lebensbereiche, steht.[22] Daraus entwickelt sich das Bedürfnis, die Folgen rechtlicher Entscheidungen wesentlich genauer als bisher analysieren zu können.

III. Anspruch und Ziel

1215   Wie oben dargelegt, bezeichnet die ÖAR keinen einheitlichen Ansatz. Generell tritt die ÖAR jedoch mit dem Anspruch auf, das geltende Recht am ökonomischen Maßstab einer effizienten Ressourcenallokation zu messen. Bei dieser Analyse bleibt es allerdings nicht. Ihre Ergebnisse (also etwa die analysierte Ineffizienz einer Regelung) sollen zu Änderung von Normen[23] in der Weise führen, dass durch sie ein Optimum an Allokation erreichbar ist. Gleichzeitig übernimmt die ÖAR eine Vorgabe der „new welfare economics", dass wissenschaftliche Aussagen über Ziele und Probleme gesamtgesellschaftlicher Vorgänge wertfrei sein müssen, da andernfalls an deren Durchsetzung nicht zu denken sei.[24] Darüber hinaus wird es als schlichtweg notwendig angesehen, eine Theorie der optimalen Ressourcenallokation zu entwerfen, da von einer Unbegrenztheit der menschlichen Bedürfnisse bei gleichzeitiger Begrenztheit der Ressourcen („knappe Güter") auszugehen sei.

IV. Das Instrumentarium

1216   Die grundlegende Methodik der ÖAR soll an Hand von *Posners* Buch „Economic Analysis of Law", das als erstes umfassendes Konzept zur Anwendung ökonomischer Verfahren auf nahezu alle Gebiete des Rechts angesehen werden kann, dargestellt werden. ÖAR ist für *Posner* Analyse des positiven Rechts durch die Anwendung der Ökonomie auf das Recht. Ausgangspunkt ist die Annahme, der Mensch handle eigeninteressiert, nutzenmaximierend und reagiere auf Veränderungen seiner Umwelt durch Änderungen seines Verhaltens. Dies entspricht dem Mechanismus des Nachfragegesetzes in der Ökonomie: So wie sich mit dem Preis eines Gutes die nachgefragte Menge ändert, ändert sich mit den Kosten, die ein bestimmtes Verhalten eines Menschen für diesen verursacht, auch dessen Verhaltensweise.

1. Drei ökonomische Grundannahmen

1217   Ökonomie wird als die Wissenschaft von den menschlichen Wahlhandlungen in einer Welt der knappen Ressourcen gesehen. Die Behauptung, der Mensch sei ein rationaler Vermehrer seiner Lebensziele birgt Implikationen, die mit der Ökonomie untersucht werden sollen. Da der Mensch auf Anreize anspricht, ist davon auszugehen, dass er bei einer Veränderung seiner Umgebung sich in seinem Verhalten dieser Veränderung an-

---

21 Vergl. hier *Küblers* Kritik an diesem von *Posner* aufgestellten Erklärungsansatz, der wohl nur für die spezifisch amerikanischen Verhältnisse gelten kann. Instruktiv auch *Küblers* dreistufiges Konzept zu dieser Entwicklung, in: *ders.*, Vergleichende Überlegungen, S. 295 ff.

22 *Ders.*, ebd., S. 298.

23 „Die weiteren Kapitel werden zeigen, daß die Ökonomie bei der Betrachtung des Rechts und rechtlicher Insititutionen sowohl eine *normative* als auch eine *positive* Rolle spielt." *Posner*, aaO., S. 105; Hervorhebungen von *Posner*.

24 Der in Oxford lehrende Ökonom Hicks nahm an, dass die nach ihm benannte Entscheidungsregel nur ein schwaches Werturteil enthalte.

passt, um dadurch seine Befriedigung vermehren zu können. Aus der Vorstellung, der Mensch reagiere auf Anreize, werden drei Grundannahmen der Ökonomie hergeleitet:

a) Reziprozität von Preis und Menge

Die erste ist die der Reziprozität von gefordertem Preis und nachgefragter Menge. Angenommen der Preis für Kartoffeln steigt um einen Euro pro Pfund, so kostet, wenn andere Preise konstant bleiben, ein Kilo Kartoffeln den Verbraucher relativ mehr als zuvor. Ein sich rational, d.h. sein Eigeninteresse verfolgender Verbraucher wird nun nach Ersatzgütern suchen, z. B. Reis. Das Ersatzgut kostet im Vergleich zu Kartoffeln weniger und wird damit für den Verbraucher attraktiver. Wenn also der Preis eines Produktes steigt (immer unter der Prämisse, dass die übrigen Preise konstant bleiben), so geht die Nachfrage und damit die Produktion für dieses Produkt zurück. Dieser Mechanismus wird im Folgenden graphisch dargestellt: 1218

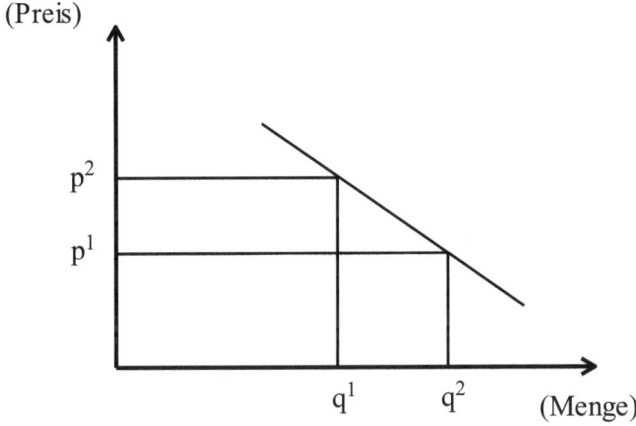

Auf der vertikalen Achse sind die Preise abgetragen, auf der horizontalen die Produktionseinheiten. Eine Anhebung des Preises von p1 auf p2 bewirkt eine Verminderung der nachgefragten Menge von q1 auf q2. Setzt man ein Sinken der Angebotsmenge von q1 auf q2, so bewirkt das einen Preisanstieg dieses Produkts von p1 auf p2. Zwei Faktoren bleiben unberücksichtigt: Zum einen wird unterstellt, dass sich entweder der relative Preis oder die Menge verändert. Würden z. B. Nachfrage und Preis gleichzeitig steigen, so käme es nicht zu einer Verminderung von Nachfrage und Produktion (die Produktion würde sogar noch steigen). Zum anderen bleibt unberücksichtigt, dass eine Erhöhung des relativen Preises das Einkommen verringert (bzw. verringerter Preis – erhöhtes Einkommen) und damit auch die nachgefragte Menge beeinflusst. Das Nichtbeachten dieser Punkte wird später Kritik an diesem Ansatz auslösen. Nach *Posner* sind die Einkommenseffekte der Preisveränderung einer Ware im allgemeinen so schwach, dass ihre Rückwirkung auf die Nachfrage vernachlässigt werden kann: Die Substitutionseffekte der Preisänderungen übertreffen also die Einkommenseffekte. 1219

Das „Nachfragegesetz" kann auf vielfältige Weise auf das Rechtssystem angewandt werden. Von einem Straftäter wird nach dem Verbüßen seiner Strafe umgangssprachlich häufig behauptet, „er habe gegenüber der Gesellschaft seine Schuld beglichen". Strafe ist also der Preis, den eine Gesellschaft für eine Straftat verlangt. Daher würde der Ökonom 1220 behaupten, dass eine Zunahme der Strafschärfe oder der Wahrscheinlichkeit ihrer Verhängung den Preis der Kriminalität steigen lässt und damit deren Vorkommen verringert. Der Straftäter wird ermutigt, sein Verhalten durch ein anderes zu ersetzen.

b) Produzentennutzen – alternativer Preis

1221   Im obigen Beispiel wurde vom Konsumenten angenommen, er sei bestrebt, seinen Nutzen (Befriedigung) zu erhöhen. Das Gleiche wird sich vermutlich vom anderen Marktteilnehmer, dem Produzenten, sagen lassen, wobei man aus seiner Perspektive von Gewinnmaximierung statt Nutzenmaximierung spricht. Der Verkäufer versucht, den Gewinn, die Differenz zwischen Kosten und Verkaufserlös, zu vergrößern. Momentan ist jedoch der geringste Preis, den ein rational handelnder, d. h. auf Verwirklichung seiner Eigeninteressen bedachter, Produzent erzielen muss, von Bedeutung. Dieses Minimum ist der „alternative Preis", also der Preis, den die zur Herstellung einer Ware aufgewandten Ressourcen in ihrer nächstbesten Verwendung erzielen würden. Das ist es, was der Ökonom unter „Kosten" einer Ware versteht, und macht verständlich, dass der Produzent seine Ware eben nicht „unter Kosten" verkaufen kann ohne Verlust zu machen.[25] Die Kosten der Herstellung eines Rasenmähers sind also der Preis, den der Produzent für die Arbeitszeit der Monteure, für Teile und andere Ressourcen bezahlen muss. Kosten entstehen nur bei knappen Gütern. Kosten sind für den Ökonomen „Opportunitätskosten". Was dem Verkäufer einer Ressource also bezahlt wird, ist die Tatsache, dass er den Vorteil, den er aus der „nächstbesten" Verwendung derselben hätte ziehen können,[26] nicht realisiert, sondern die Ressource einem anderen zur Verfügung stellt. Damit ist ein Gebrauch dieser verkauften Ressource durch andere Personen als den Käufer ausgeschlossen. Die Opportunitätskosten stellen den Mindestpreis dar, zu dem ein Verkäufer sich von seiner Ware trennt, da er bei einem geringeren Preis mehr Geld verdienen würde, wenn er die zur Produktion des Gutes eingesetzten Ressourcen dem nächstbesten Gebrauch zuführen würde. Durch das System der Marktkräfte werden die Opportunitätskosten jedoch den Höchst- wie auch den Mindestpreis darstellen. Ein Preis über den Opportunitätskosten wirkt nämlich wie ein Magnet, der alle Ressourcen auf sich zieht, bis die solchermaßen erhöhte Produktion aufgrund des Nachfragegesetzes auf das Kostenniveau gedrückt wird. Diese Konstruktion der Opportunitätskosten ist für *Posner* deshalb so wichtig, weil sie zeigt, dass die Ökonomie sich eben nicht nur mit Geld beschäftigt. Vielmehr ist ihr eigentlicher Gegenstand die Verwendung von Ressourcen, wobei Geld lediglich ein Anrecht auf Ressourcen ist. So ist beispielsweise Hausarbeit eine ökonomische Tätigkeit, selbst wenn der Ausführende keine Geldentlohnung erhält, da sie Kosten verursacht, nämlich die alternativen Kosten für die Zeit des Ausführenden. Bei einem „reinen" Geldgeschäft hingegen, wie es z. B. die Transaktion einer Geldsumme von A auf B darstellt, wird zwar die Kaufkraft von A verringert, die von B jedoch um die Gleiche Summe vermehrt – es werden also keine Ressourcen in Anspruch genommen. Die Transaktion ist insofern „kostenlos".[27]

---

25 Dass dies unter speziellen Bedingungen in einigen Fällen doch getan wird, kann hier unberücksichtigt bleiben.
26 Also deren nächstmögliche Verwendung: z. B. statt dem Rasenmäherproduzenten seine Arbeitskraft zur Verfügung zu stellen, diese selbst zu nutzen.
27 Tatsächlich ist eine Übertragung jedoch kaum kostenlos, da sie z.B. den B (als Empfänger des Geldes) davon abhalten könnte, so hart wie früher zu arbeiten. Ein Geldtransfer verursacht jedoch keine sozialen Kosten. Kosten, die für den Transferierenden anfallen, nennt die Ökonomie *private* Kosten. Diese sind hier jedoch nicht von Interesse.

c) Tendenz zum höchstwertigen Gebrauch

Die dritte ökonomische Grundannahme besagt, dass die Ressourcen immer die Tendenz besitzen, ihrem höchstwertigen Gebrauch zuzustreben. Die Prämisse dieser Annahme ist freilich die Möglichkeit des freiwilligen Austauschs. Dieser freiwillige Austausch ist ein Markt. So ist z. B. der Fabrikant A bereit, die Produktionsanlage des B zu einem höheren als Bs Mindestpreis zu kaufen, da diese Anlage im Besitz von A einen größeren Wert darstellt als im Besitz von B. A kann sie nämlich dazu einsetzen, ein vergleichsweise wertvolleres Produkt herzustellen, gemessen an den Preisen, die der Verbraucher zu zahlen bereit ist. Durch den freiwilligen Austausch werden die Ressourcen genau der Verwendung zugeführt, bei welcher der Wert für den Verbraucher, gemessen an seiner Zahlungsbereitschaft, am höchsten ist. Werden Ressourcen an der Stelle verwendet, an der ihr Wert am höchsten ist, so kann man sagen, dass sie effizient eingesetzt werden. 1222

2. Das Effizienzkriterium

Effizienz ist einer der zentralen Begriffe der ÖAR. Nach *Posner* ist Effizienz, als technischer Begriff, die Ausbeutung der ökonomischen Ressourcen in der Weise, dass „Wert" – menschliche Befriedigung gemessen am zusammengefassten Willen der Verbraucher, für Güter und Dienstleistungen zu zahlen – maximiert wird.[28] Ob „Wert" maximiert wurde, wird an Hand einer Kosten-Nutzen-Rechnung, die ihrerseits auf dem Kaldor-Hicks-Theorem basiert, festgestellt. Diese Formel lautet: 1223

Eine Entscheidung, durch die mindestens ein Mitglied der Gesellschaft bevorzugt und mindestens ein Mitglied benachteiligt wird, soll dann und nur dann durchgeführt werden, wenn es möglich ist, aus dem Gewinn der Begünstigten die Benachteiligten zu entschädigen und dennoch dem Begünstigten noch ein Vorteil verbleibt.[29] 1224

Auffällig hierbei ist, dass die bloße Möglichkeit der (Schadens-) Kompensation[30] für ausreichend gehalten wird, da die Frage, ob tatsächlich eine Kompensation stattfinden soll, nicht mehr als wissenschaftliche, sondern vielmehr als politische Frage angesehen wird.[31] Nach *Posner* ist die Grundlage des Effizienzwert-Konzepts die Bereitschaft zu zahlen. Diese ist durch viele Faktoren bedingt, so u. a. durch die Verteilung von Einkommen und Vermögen. Der einzige Weg, die Zahlungsbereitschaft zu bestimmen, ist die tatsächliche Beobachtung eines freiwilligen Austausches. Wo Ressourcen auf dem Weg des freiwilligen Austausches übertragen werden, kann man davon ausgehen, dass die Übertragung eine Nettosteigerung der Effizienz bewirkt. Die Übertragung kommt nur deshalb zu Stande, weil beide Parteien davon ausgehen, durch die Übertragung besser gestellt zu werden. 1225

Die wichtige Frage, die mithilfe der ÖAR geklärt werden soll, ist jedoch die nach der Effizienz bei unfreiwilligem Austausch. Dieser wird im rechtlichen Bereich wesentlich häufiger vorgenommen werden als der freiwillige, verpflichtet doch beispielsweise ein 1226

---

28 *Posner*, Economic Analysis, p.10: „'Efficiency' means exploiting economic resources in such way that 'value' – human satisfaction *as measured by aggregate consumer willingness to pay* for goods and services – is maximized."; Hervorhebungen von Posner.

29 *Schäfer/Ott*, Lehrbuch, S. 30.

30 Das *Kaldor-Hicks-Theorem* stellt insofern eine Erweiterung der *Pareto-Formel* um das „Kompensationskriterium" (dass nämlich die Benachteiligten zu entschädigen sind) dar. Die *Pareto-Formel* besagt, dass ein Zustand einem anderen dann vorzuziehen ist, wenn zumindest ein Individuum eine Erhöhung seines Nutzens erfährt, ohne dass ein anderes Individuum einen Nachteil erleidet.

31 *Behrens*, Grundlagen, S. 93.

Urteil regelmäßig eine Person zu etwas, das sie freiwillig unter diesen Umständen nicht getan hätte. Die Konsequenz von Rechtsfällen (Straftaten, Unfälle etc.) ist also die unfreiwillige Übertragung von Ressourcen. Von diesen kann man jedoch nicht mit hinreichender Gewissheit sagen, wann sie die Effizienz steigern oder verringern. Man kann versuchen, mit einem hypothetischen Modell die Frage zu klären, ob die erzwungene Übertragung auch unter der Bedingung einer beiderseitigen Freiwilligkeit vorgenommen worden wäre. Angenommen, ein Unternehmen würde durch seine Produktion eine Gewässerverschmutzung herbeiführen, dann würde sich die Frage stellen, ob das Wasser zur Entsorgung von Schadstoffen oder zum Trinken wertvoller ist. Nun kann man unter Verwendung aller verfügbaren Daten zu bestimmen versuchen, ob (in einer Welt ohne Transaktionskosten – zu diesen sogl. u. 4.4) die Trinkwasserverbraucher das Nutzungsrecht an sauberem Wasser von dem Industrieunternehmen kaufen würden. Menschen können ohne Wasser nicht überleben, während Schadstoffe keineswegs nur durch Einleiten in das fragliche Gewässer „entsorgt" werden können. Das Wasser ist demnach für den Menschen wertvoller – er würde das Recht zur Nutzung des sauberen Wassers vom Unternehmer kaufen. Ein Urteil, das den Unternehmer dazu bestimmte, die Verunreinigung zu unterlassen und für die schon erfolgte Schadensersatz zu leisten, würde demnach dem Effizienzkriterium entsprechen. Dieser Ansatz versucht die wahrscheinlichen Bedingungen eines marktvermittelten Geschäfts (freiwilligen Austauschs) nachzubilden, wo realiter ein erzwungener Austausch stattfand. Allerdings muss regelmäßig davon ausgegangen werden, dass erzwungener Austausch einen weniger effizienten Mechanismus zur Allokation von Ressourcen darstellt als marktvermittelte Geschäfte. Die erzwungenen Tauschgeschäfte sind jedoch einem generellen Verbot aller erzwungenen Geschäfte vorzuziehen, da Letzteres eine noch größere Ineffizienz erzeugen würde.

3. Das Coase-Theorem

1227   *Coase* entwickelt in seiner oben erwähnten grundlegenden Arbeit[32] die Theorie für das soeben im Beispiel zur Anwendung gelangte prognostische Modell: Liegen bestimmte Modellbedingungen (keine Transaktionskosten, vollkommener Markt = unbeschränkter Wettbewerb, vollständige Information der Marktteilnehmer, etc.) vor, wirken sich rechtliche Bestimmungen nicht auf die Ressourcenallokation aus. Das wirtschaftliche Geschehen, die bloße Institutionalisierung des Tauschsystems bewirkt von sich aus ökonomische Rationalität, d. h. eine effiziente Ressourcenallokation. Im Rahmen eines Systems von Eigentumsrechten stellt sich eine optimale Allokation aufgrund von Transaktionen zwischen den Beteiligten von selbst her. Unter realen Bedingungen fallen jedoch zum einen Transaktionskosten an, während gleichzeitig ein nur unvollständiger Wettbewerb besteht. Hieraus erhält das Recht innerhalb dieser Konzeption seine spezifische Bedeutung. Es muss die Regelungen treffen, die eine Annäherung an die Modellbedingungen bewirken, so dass die Transaktionskosten bei weitgehend unbeschränktem Wettbewerb möglichst gering gehalten werden können.

4. Transaktionskosten

1228   Bei der Realisierung von Transaktionen (Entscheidungen) entsteht das Problem, dass hierzu der Einsatz von Ressourcen nötig ist, die anderen Verwendungsmöglichkeiten damit entzogen werden. *Coase* hat darauf hingewiesen, dass die Höhe dieser Kosten

---

32   *Coase*, Social Cost, im Folgenden zitiert nach: *Assmann/Kirchner/Schanze*, S. 146 ff.

abhängig ist von dem sozialen Arrangement (social arrangement), in dessen Rahmen gesellschaftliche Entscheidungen zustande kommen.[33] Transaktionskosten sind also alle Kosten, die mit dem Herbeiführen einer Entscheidung verbunden sind. Man muss z. B. Verhandlungen führen (Informationskosten), den Vertrag schließen (Entscheidungskosten), die notwendigen Vorkehrungen treffen, um die Einhaltung der Vertragsbedingung zu kontrollieren (Kontrollkosten) etc. Alle diese Tätigkeiten lassen sich über den alternativen Preis berechnen. Sie sind oft äußerst kostspielig, bzw. so teuer, dass viele Transaktionen, die in einer Welt ohne Transaktionskosten zustande kämen, in Wirklichkeit verhindert werden.[34] Dies ist genau dann der Fall, wenn der Nutzen der Transaktion hinter den Kosten zur Herbeiführung derselben zurückbleibt.

Angenommen der Gläubiger eines Anwartschaftskäufers will seine ausstehende Forderung realisieren, so kann er auf das Anwartschaftsrecht und den darin verkörperten Vermögenswert durch Pfändung (§ 857 I ZPO) und Verwertung im Wege der Zwangsvollstreckung zugreifen. Er kann aber auch (nach Pfändung) selbst den Restkaufpreis an den Vorbehaltsverkäufer zahlen (§ 267 I BGB).[35] Dadurch macht er den Vorbehaltskäufer zum Eigentümer. Sein Pfändungspfandrecht setzt sich aufgrund dinglicher Surrogation am Eigentum fort[36] und er kann direkt in das Eigentum vollstrecken. | 1229

Die zweite Alternative verursacht jedoch erhebliche Transaktionskosten, in diesem Fall Verwertungskosten: der Pfändungsbeschluss muss erwirkt werden, die Kosten der Versteigerung etc. Hat das Anwartschaftsrecht einen Wert von EUR 1.000 und beträgt der Kaufpreis EUR 10.000, so müsste der Gläubiger also EUR 9.000 an den Vorbehaltsverkäufer zahlen, um seinen Schuldner zum Eigentümer zu machen und in das Eigentum vollstrecken zu können. Damit aber der Gläubiger wenigstens den vollen Betrag seiner Forderung erhält, müsste der Versteigerungserlös EUR 9.000 + Verwertungskosten + Forderungssumme erreichen. Berücksichtigt man nun, dass die durch Zwangsversteigerung erzielten Erlöse hinter dem Substanzwert der Sache regelmäßig erheblich zurückbleiben, so wird deutlich, dass diese Transaktion in Wirklichkeit nicht zustande kommen wird.[37] | 1230

5. Property Rights

Der Markt als verallgemeinertes System des Tausches setzt zum einen die Institutionalisierung von Eigentumsrechten voraus, die alle knappen Ressourcen erfassen.[38] Dabei steht jedoch nicht das Gut in seiner physischen Gegenständlichkeit (der Grund und Boden oder die Maschine) im Vordergrund, sondern die Ressource als ein Bündel von Eigenschaften, welche die Sozialbeziehungen der Menschen untereinander beeinflussen. Von Interesse ist demnach nicht die Beziehung zwischen Person und Gut, sondern vielmehr von Privatrechtssubjekten untereinander. Die ÖAR sieht die Konstituierung der Eigentumsrechte als Notwendigkeit an. Betrachtet man nämlich die Beziehungen zwischen Individuen unter dem Gesichtspunkt ihres immerwährenden Kampfes um die Nutzung | 1231

---

33 *Ders.*, Social Cost, aaO., S. 164 ff.
34 *Ders.*, Social Cost, aaO., S. 164.
35 BGHZ 75, 221, 228.
36 *Wolf*, Sachenrecht, Rz. 517.
37 Etwas anderes gilt natürlich für den Fall, dass die Vollstreckung in das Anwartschaftsrecht sich als tatsächlich wertlos darstellen würde. Dann lägen aber schon andere Ausgangsbedingungen vor, die an der *Möglichkeit* eines Effizienzvergleichs der beiden Vollstreckungsarten nichts ändern würden. Lediglich das *Ergebnis* der Analyse würde sich unterscheiden.
38 *Behrens*, Grundlagen, S. 129.

knapper Ressourcen, dann erscheint das Recht, insbesondere die Institutionalisierung von Eigentumsrechten, als der einzige Weg, diesen Kampf in friedliche Bahnen zu lenken. Man beruft sich hierbei auf *Hobbes*: Ein Zustand, in dem die verfügbaren Ressourcen niemandem – oder, was dasselbe ist: allen gemeinsam – zugeordnet sind, wird als Zustand der Friedlosigkeit begriffen („Krieg eines jeden gegen jeden") und stellt einen durch Rechtlosigkeit gekennzeichneten Naturzustand da. Im Folgenden wird sich zeigen, dass es auch bei den Eigentumsrechten nicht auf den anfänglichen Verteilungszustand ankommt, da sich der optimale Allokation garantierende Zustand (unter Modellbedingungen) wieder automatisch, d. h. über den Markt als Distribuent, einstellt.

V. Schadensrecht bei zirkulärer Schadensverursachung

1232   Eine Form der zivilrechtlichen Haftung, welche versucht, Allokationseffizienz herzustellen, wenn Schädiger und Geschädigter Einfluss auf das Schadensniveau haben, kann die Gefährdungshaftung sein. Hierbei werden Anreize gegeben, sowohl das Aktionsniveau schädigender Handlungen als auch bei gegebenem Aktionsniveau den Vorsorgeaufwand auf ein sozial wünschenswertes Niveau zu steuern. Dem Rechtssystem kommt hier, gemäß dem Kriterium der Allokationseffizienz, die Aufgabe zu, „Anreize" zu vermitteln, die Wohlfahrtsgewinne aus der schädigenden Aktivität wie aus der Aktivität des Geschädigten zu maximieren.[39] Es liegt auf der Hand, dass sich dies nicht durch eine Addition beider Gewinne bewerkstelligen lässt, da diese beiden Wohlfahrtswerte zueinander in reziprokem Verhältnis stehen.[40] „Wollte man den Schaden vermeiden, der dem B (durch A) zugeführt wird, so würde dies A belasten. Die eigentlich zu beantwortende Frage lautet: Sollte es A erlaubt werden, B zu schädigen, oder sollte man es zulassen, dass B den A schädigt? Das Problem besteht darin, den jeweils schwerwiegenderen Schaden zu vermeiden."[41] Diese Perspektive zeichnet sich also dadurch aus, dass sie „die Gesamtheit der Auswirkungen im Auge"[42] behält, denn im reziproken Schadensfall ist es unmöglich, prima facie anzugeben, wer Geschädigter und wer Schädiger ist. So wird z. B. im „Schweinemästerfall"[43] eine Wohnsiedlung nahe einer alteingesessenen Schweinemästerei gebaut. Gerüche, die früher niemanden gestört haben, führen nun zur Belästigung der Bewohner. Wer ist hier der Verursacher? Dass ein Schaden eintritt, steht fest. Entweder schädigen die Anwohner den Schweinemäster (wenn sie das Recht erhalten, die Emission zu untersagen) oder der Schweinemäster schädigt die Anwohner (durch die Emission). Die Suche nach dem Verursacher kann hier nicht zum Erfolg führen. Es besteht lediglich die Möglichkeit, ein rechtliches Argument zu finden, mit dem der Gesamtschaden minimiert wird.

1233   Ein Beispiel, wie *Coases* Forderung, „die Gesamtheit der Auswirkungen im Auge zu behalten" in einem konkreten Fall Anwendung finden kann, bietet folgende Konstellation:[44] Zwei benachbarte Grundstücke gehören einem Weinbauern (W) und einem Feldbauern (F). Der Weinbauer sprüht seine Reben zur Schädlingsbekämpfung mit einer Substanz ein, die durch den Wind auch auf das Feld des Feldbauern getragen wird und dort Schaden anrichtet. Der Weinbauer hat die Wahl zwischen zwei unterschiedlichen Substanzen, z. B. einer chemischen und einer biologischen (S^1 und S^2), die sich in ihrem

---

39 *Schäfer/Ott*, Lehrbuch, S. 115.
40 *Coase* spricht hier gar von der reziproken „Natur des Problems"; *ders.*, Social Cost, aaO., S. 148.
41 *Ders.*, aaO., S. 148.
42 *Ders.*, aaO., S. 198.
43 BGHZ 48, 31 ff.
44 Vergl.: *Schäfer/Ott*, Lehrbuch, S. 116.

Wirkungsrad unterscheiden, wobei S^1 den Ernteertrag des Weinbauern (gegenüber S^2) durch einen höheren Wirkungsgrad maximiert. S^1 richtet jedoch auf dem Nachbargrundstück einen größeren Schaden an als S^2. Dort wiederum sind die Schäden auch vom angebauten Produkt abhängig. Bei Gemüseanbau ist der Schaden höher als bei Getreideanbau.

Für jeden Bauern gibt es zwei alternative Verhaltensweisen (beim Weinbauern: Insektenmittel S^1 oder S^2; beim Feldbauern: Gemüseanbau oder Getreideanbau), die zu insgesamt vier möglichen Verhaltenskombinationen führen. Von der jeweiligen Verhaltenskombination werden die Erträge des Wein- bzw. Feldbauern bestimmt. Diese Kombinationsmöglichkeiten können in einem Schaubild dargestellt werden, wobei hinter der jeweiligen Verhaltenskombination der durch diese entstandene Ertrag (der Schaden steht in Klammern) aufgeführt ist.

1234

Kombination von Produktions- aktivitäten	Ertrag (Schaden) des W	Ertrag (Schaden) des F	Gesamtertrag (Schaden) von W und F
S1 und Gemüse	100 (0)	50 (50)	150 (50)
S2 und Gemüse	90 (10)	70 (30)	160 (40)
S1 und Getreide	100 (0)	60 (40)	160 (40)
S2 und Getreide	90 (10)	80 (20)	170 (30)
Kein Mittel	30 (70)	100 (0)	130 (70)

Zunächst ist zu fragen, welche Kombination von Produktionsaktivitäten aus wohlfahrtstheoretischer Sicht die sinnvollste ist. Dazu wird ein aus der *Kaldor-Hicks*-Formel abgeleitetes Reichtum-Maximierungs-Prinzip (wealth-maximization-principle) angewandt. Nach diesem Prinzip fallen durch eine hypothetische Konstruktion Schädiger und Geschädigter in eine Person. Diese Person würde dann, gemäß ihren rationalen Eigeninteressen, nutzenmaximierend handeln, also in diesem Fall versuchen, durch die richtige Kombination von Produktionsaktivitäten beide Anbaugebiete so zu behandeln, dass bei einem Minimum an Schaden ein maximaler Ertrag erzielt wird. Dazu würden die Reben mit S^2 behandelt werden, während auf dem Feld Getreide angebaut würde. Jetzt wäre zwar der Ertrag aus dem Weinberg mit 90 um 10 geringer als möglich; da aber gleichzeitig auf dem Feld ein Ertrag von 80 mit einem Schaden von nur 20 erzielt wird, beläuft sich der Gesamtertrag auf 170 bei einem Schaden von 30. So erreicht der Nettoertrag (Gesamtertrag weniger Gesamtschaden) von 140 ein Maximum (wealth maximization). Also kann eine eindeutige Aufforderung an die Rechtsordnung ergehen: Um eine optimale Ressourcenverwendung zu erreichen, sollte sie Haftungsregeln so konstruieren, dass diese Kombination erreicht wird bzw. dass materielle Anreize für ihre Erreichung vermittelt werden. Dieses solchermaßen normative Kriterium kann nunmehr in einem Prozess des F gegen den W entscheidungsrelevant werden. Angenommen, W hätte das schärfere Mittel S^1 angewendet und F habe Gemüse angebaut, dann macht F einen Schaden von 50 geltend, da sein Ertrag ohne die Schädigung des F 100 statt 50 gewesen wäre. Hätte W das schonendere Mittel S^2 angewendet, betrüge sein Schaden lediglich 30. Dagegen hätte W einen Schaden von 10, da sein Ertrag durch Schädlingsbefall von 100 auf 90 gesunken wäre. In diesem Fall hätte F jedoch seinen Schaden weiter durch Übergang zum Getreideanbau reduzieren können. Daher sollte der Schadensersatz so festgelegt

1235

Laudenklos 441

werden, dass W einen Anreiz erhält, das relativ unschädliche Mittel S^2 einzusetzen, und es gleichzeitig für F profitabel wird, zum Getreideanbau überzugehen.

1236   Auch über die Höhe des Schadensersatzes in den jeweiligen Kombinationen lassen sich nunmehr Aussagen treffen. Setzt W das Mittel S^2 ein, während F gleichzeitig Gemüse anbaut, so darf dieser seinen Schaden von 30 nicht ersetzt bekommen, hat sich doch W sozial richtig verhalten und bereits einen Verlust um 10 hingenommen. Es liegt vielmehr an F, dass keine optimale Allokationseffizienz erreicht wird. Bekäme er Schadensersatz zugesprochen, so gäbe es für ihn keine Veranlassung Getreide anzubauen. Statt dessen würde er den Gemüseanbau fortsetzen und den Schaden hochhalten.

1237   Angenommen, W habe das scharfe Mittel S^1 verwendet und F habe Getreide angebaut, so würde dieser Schadensersatz erhalten; allerdings nicht über 40, sondern über 20. Denn wenn W sich sozial richtig verhalten hätte (Einsatz von S^2), dann hätte F immer noch einen Schaden von 20, gegenüber der Situation, die entstünde, wenn W überhaupt kein Mittel einsetzte. Dieser Schaden soll jedoch nicht ersetzt werden, da er in einer Situation optimaler Allokationseffizienz entsteht. Der Schadensersatz in Höhe von 20 reicht aber aus, um die Verwendung des schädlicheren Mittels für W unprofitabel zu machen (bei Verwendung von S^1 hat er zwar keinen Schaden, muss jedoch einen Schadensersatz von 20 leisten, während sich bei Verwendung von S^2 lediglich ein Schaden von 10 ergibt), und um F genau so zu stellen, als wenn W das schonende Mittel S^2 verwendet hätte. Es wird also sowohl W als auch F der materielle Anreiz vermittelt, die richtige Produktionsaktivität zu wählen.

1238   Damit würde also die Klage des F auf Schadensersatz dann abgewiesen, wenn W das Mittel S^2 eingesetzt und F Getreide angebaut hat, da das dem Zustand optimaler Ressourcenallokation entspricht. Dies gilt sowohl für F, wenn er den Schaden von 20 geltend macht, als auch für W, wenn er seinen durch die Verwendung des biologischen Mittels bedingten Ertragsverlust von 10 ersetzt haben will. Durch Schadensersatz kann in dieser Situation das Verhalten der Beteiligten nicht mehr im Sinne der Allokationseffizienz verbessert werden.

1239   Sieht man die möglichen Kombinationen der Produktionsaktivitäten als social arrangements an, so lässt sich mit *Coase* sagen: Wenn ein Ökonom verschiedene soziale Arrangements vergleicht, besteht das angemessene Verfahren darin, die jeweils erwirtschafteten Sozialprodukte (Gesamtnutzen aller Beteiligten, hier: Gesamterträge) dieser unterschiedlichen Arrangements zu vergleichen.[45]

VI. Berechnung des Schadenswertes bei Tötung eines Menschen

1240   Wendet man das Prinzip der Opportunitätskosten konsequent an, so muss man zu dem Ergebnis kommen, dass sich alles, materielle und immaterielle Güter ebenso wie Menschen, in seinem spezifischen Wert berechnen lässt. *Posner* selbst führt diese Berechnung an dem Beispiel eines toten Kindes durch:

> „Zu den vielen Anwendungsweisen des Begriffs Opportunitätskosten auf das Recht gehört auch das Problem der Schadensberechnung für den Tod eines Kindes. Wenn das Kind nicht erwerbsfähig ist, wird der Tod den Eltern keine finanziellen Kosten verursachen. Gleichwohl können wir die Opportunitätskosten der von den Eltern bei der Erziehung des Kindes eingesetzten Ressourcen durch die Bestimmung der alternativen Preise von Zeit und anderen

---

45   *Coase*, Social Cost, aaO., S. 186.

Erziehungsaufwendungen (Nahrung, Kleidung, Ausbildung etc.) der Eltern berechnen. Die Summe dieser Preise ist der vermutliche Mindestschaden der Eltern."[46]

Zu diesem Mindestschaden kommt dann noch der Schaden durch etwaige Krankenhausbehandlung o. ä., jedenfalls steht am Ende dieser Berechnung ein bestimmter Wert. Wenn dieser Wert ermittelt ist, so lässt sich die optimale Strafzumessung berechnen: 1241

> „Wie schon erwähnt, ergibt sich die optimale Strafzumessung, wenn man die sozialen Kosten der ungesetzlichen Handlung durch den erwarteten Grad an Wahrscheinlichkeit der Strafverhängung dividiert. Betragen die Kosten eines speziellen Verbrechens $ 1000, und ergibt sich gleichzeitig bei optimaler Organisation der Strafverfolgung eine zehnprozentige Wahrscheinlichkeit tatsächlicher Verhaftung und Verurteilung, dann würde die optimale Strafe $ 10.000 betragen."[47]

Wenn E (soziale Kosten des Verbrechens) = p (Wahrscheinlichkeit der tatsächlichen Verhaftung und Verurteilung) • f (Strafmaß), dann lautet die Formel zur Berechnung des Strafmaßes: 1242

$$f = E / p$$

Angenommen das Kind wäre durch die gewaltsame Einwirkung eines Dritten zu Tode gekommen, so wäre folgende Berechnung anzustellen: Beträgt der Schadenswert für das tote Kind EUR 100.000 bei einer zehnprozentigen (= 1/10) Wahrscheinlichkeit der Verhaftung und Verurteilung des Täters, so betrüge das optimale Strafmaß in diesem Fall EUR 1.000.000. Auf den ersten Blick scheint es zu überraschen, dass der Täter lediglich eine Zahlung zu leisten hätte. Doch eine konsequente Handhabung der Kostenberechnung lässt dies durchaus zu. Lediglich für den Fall, dass der Täter insolvent ist, erwähnt *Posner* die Möglichkeit von „nonpecuniary sanctions".[48]   1243

VII. Kritische Rezeption

Die Rezeption der ÖAR vollzieht sich, wie bereits erwähnt, in Deutschland eher schleppend und zieht in den überwiegenden Fällen Kritik nach sich. Dabei werden vier Einwände immer wieder vorgebracht:[49]   1244

1. Die ÖAR sei als folgenabschätzende Theorie unzulässig, da sie die Eigenständigkeit der Rechtswissenschaft untergrabe.
2. Sie sei unbrauchbar, weil sie gesicherte Strukturen auflöse, anstatt mehr Gewissheit zu bewirken.
3. Sie sei sozial unerwünscht, da sie die Schwachen und Bedürftigen benachteilige.
4. Sie gefährde die Rechtskultur, weil sie die rechtsethischen Bindungen durch das Nutzenkalkül ersetze.

Der erste Einwand wird von den Autoren einigermaßen pauschal und apodiktisch vorgetragen. Die wirtschaftliche Betrachtungsweise hat nach *Rittner* weder eine methodische oder systematische Funktion noch einen wesentlichen Nutzen für die Rechtsfindung   1245

---

46 *Posner*, Economic Analysis, aaO., S. 97.
47 *Posner*, Economic Analysis, p.171 (übs. von F. L.).
48 *Ders.*, ebd., p. 171 f.: „Second, the frequent insolvency of law violators requires that nonpecuniary sanctions be available to the state.".
49 Vergl. *Kübler*, Effizienz, S. 690, m. w. N.

in der Praxis. Sie sei von Hause aus eine Leerformel wie die Natur der Sache. Sie gebe dem Richter deshalb nur scheinbar eine Hilfe.[50] Schlimmer noch: Das Argument der wirtschaftlichen Betrachtungsweise entziehe sich der richterlichen und der wissenschaftlichen Kontrolle.[51] Die Entscheidungen, an Hand derer er argumentiert, sind ausschließlich aus dem zivil- und wirtschaftsrechtlichen Sektor. Damit wird er dem umfassenden Ansatz der ÖAR nicht gerecht. Universalistische Tendenzen sind v. a. bei Posner nicht zu übersehen: Folgenabschätzung soll in allen rechtlichen Bereichen Anwendung finden. Sie muss sich aber vor allem den Vorwurf der Unmöglichkeit wissenschaftlicher und richterlicher Kontrolle gerade im zivilrechtlichen Bereich nicht gefallen lassen, ist doch hier durch das rationale Ermitteln ihrer Entscheidungskriterien (Kombination der Produktionsaktivitäten, Schadenswert etc.) eine seltene Transparenz erreicht. Statt dessen stellt *Rittner* für die Lösung „schlichter" Fälle des Interessenwiderstreits zwischen Personen originellerweise auf das (jeglicher Kontrolle enthobene) „Rechtsgefühl"[52] (!) ab. Hinter einer solchen Argumentation scheint die Vorstellung zu stehen, sich der Methodik einer fremden wissenschaftlichen Disziplin unterwerfen zu müssen, welche die eigenen Spielräume stark einschränkt. Dass es gerade auch die mit dem sogenannten „Rechtsgefühl" entstandenen Probleme waren, die durch ein Argumentieren ganz entscheidend zur Enstehung der ÖAR beigetragen haben (s. o.), wird nicht bedacht.

1246   Der zweite Einwand, die ÖAR löse Strukturen auf und schaffe Ungewissheiten, verkennt offensichtlich die Tatsache, dass sie sich nicht mit dem Auflösen von Strukturen begnügt, sondern eine neue Konzeption an deren Stelle setzt. Durch das Offenlegen des Bewertungsinstrumentariums (Effizienzkriterium, *Kaldor-Hicks*-Formel, *Coase* Theorem etc.) und durch die rationale Nachvollziehbarkeit der damit erhaltenen Entscheidungskriterien, scheint eher ein höherer Grad an Gewissheit z. B. über die inhaltliche Konkretion von Rechtsfolgen zu bestehen. Allerdings muss sich die ÖAR die Frage gefallen lassen, in wie weit sich z. B. die Effizienzanalyse in der Praxis bewähren kann.[53] Die Ökonomie ist als Sozialwissenschaft dort am erfolgreichsten, wo ihre Konklusionen unmittelbar auf empirisch ermittelten Daten beruhen.[54] Ob sich immer alle Daten über Vor- und Nachteile z.B. verschiedener Kombinationen von Produktionsaktivitäten exakt und umfassend ermitteln lassen, muss bezweifelt werden. Aus Sicht der ÖAR kann dem jedoch entgegengehalten werden, dass die Ungenauigkeit, die durch die teilweise unpräzise Berechnung der Effizienz entsteht, nur dann von Bedeutung wäre, wenn die herkömmliche dogmatische Arbeitsweise ein höheres Maß an Stabilität und Rechtssicherheit gewährleisten könnte.[55] So konstatiert *Posner*:

> „Im allgemeinen wird eine Theorie nicht durch die Herausstreichung ihrer Mängel oder Grenzen umgestürzt, sondern nur durch eine umfassendere, leistungsfähigere und vor allem auch brauchbarere Theorie."[56]

1247   Dieses Argument könnte jedoch schon aus der Perspektive der ÖAR selbst problematisch werden. Folgendes ist nämlich zu bedenken: Die Erhebung der für die einzelne Fallent-

---

50 *Rittner*, wirtschaftliche Betrachtungsweise, S. 47 ff.
51 *Ders.*, ebd., S. 9.
52 *Ders.*, ebd., S. 54.
53 Zur Problematik der Verbindung von Jurisprudenz und Sozialwissenschaften (v. a. hinsichtlich eines durch die Sozialwissenschaft an die Jurisprudenz herangetragenen exakt-naturwissenschaftlichen Wissenschaftsbegriffs): *Naucke*, Jurisprudenz, S. 64 ff.
54 *Kübler*, Effizienz, S. 695.
55 *Ders.*, ebd., S. 696.
56 *Posner*, Economic Analysis, aaO., S. 108.

scheidung notwendigen Daten kann nur in den seltensten Fällen vom Richter selbst durchgeführt werden, da schon bei einfachen Fallkonstellationen für eine präzise Entscheidung eine außergewöhnlich hohe Datenmenge notwendig ist.[57] Um aber die Steuerungsmechanismen der ÖAR in dieser Hinsicht nicht leerlaufen zu lassen, müsste der justizielle Apparat personell deutlich vergrößert werden. Selbst wenn die Datenerhebung an sich durch die personelle Ausstattung gesichert wäre (was einen enormen Anstieg der Personal- und damit der Entscheidungskosten mit sich führen würde), bestünde nach wie vor eine gewisse Wahrscheinlichkeit für unpräzise Entscheidungen. Diese würden dann aber, entgegen der Behauptung *Posners*, im Vergleich zur herkömmlichen Entscheidungspraxis um so schwerer wiegen, als sie in doppelter Weise ineffizient und damit ressourcenschädlich wären: Die Allokationseffizienz würde 1. verfehlt bei 2. gegenüber herkömmlicher Entscheidungspraxis gestiegenen Entscheidungskosten. Eine in dieser Weise getroffene „Fehlentscheidung" wäre also teurer und ineffizienter als eine „herkömmliche".

Der dritte Einwand zielt darauf ab, dass Rechtsökonomie auf die Stärkung der bestehenden Güterordnung angelegt sei und implizit eine Veränderung der Eigentumsrechtsordnung zugunsten der ökonomisch Stärkeren vorschlage.[58] Diese Tendenz wird gesehen; die Konsequenzen, die daraus gezogen werden, sind allerdings sehr unterschiedlich. Das reicht von offener Bekundung, dass der Begriff der sozialen Gerechtigkeit in einer Gesellschaft freier Menschen sinnlos sei,[59] bis zu Bestrebungen, die einen Ausgleich zwischen Effizienz- und Gerechtigkeitspostulaten fordern. So sieht *Kübler* diesen Ausgleich im Mitbestimmungsurteil des Bundesverfassungsgerichts erreicht, das eine Umverteilung von Entscheidungsbefugnissen in Unternehmen ermöglicht habe.[60] Genau besehen ist „die" ÖAR für den Vorwurf einer Stärkung der bestehenden Güterordnung nicht der richtige Adressat. Dass es zu einer Güterkonzentration in besagter Weise kommt, ist von den der Untersuchung und Entscheidung zugrunde liegenden Prämissen abhängig. Dieses Ergebnis ist insofern keineswegs zwingend; es hängt vor allem davon ab, welche tatsächlichen Bedingungen man als Bewertungsfaktoren in die Effizienzberechnung miteinbezieht, ob und wie man also Rechtssubjekte und Rechtsobjekte sowie rein tatsächliche Konstellationen bewertet.[61] Dieser Auswahl sind *methodologisch* keine Grenzen gesetzt; sie lässt sich jedoch normativ begrenzen (dazu unten).

1248

Der vierte Punkt besagt, dass die Erhebung des Marktes zur zentralen gesellschaftlichen Institution die moralischen Grundlagen der sozialen und politischen Ordnung bedrohe[62] sowie einen herben Verlust an tradierter Rechtskultur mit sich bringe.[63] Dieser Einwand scheint schwer zu wiegen. Zwar wird von einigen Autoren darauf verwiesen, dass die Effizienzanalyse absolute Grenzen habe.[64] Angesichts des radikalen und umfassenden Anspruchs, der von zentralen Autoren der ÖAR besonders in den USA vertreten wird, klingt es jedoch wenig überzeugend, wenn *Kübler* beispielsweise Menschenwürde und

1249

---

57   Schon hinsichtlich der wesentlich gestiegenen Anforderungen, die in diesem Fall auf den Richter zukommen, müsste man fragen, ob sie im Gerichtsalltag überhaupt zu bewältigen sind.
58   *Gotthold*, Theorie des Eigentums, S. 557.
59   *Hayek*, Atavismus, S. 23.
60   *Kübler*, Effizienz, S. 700 und BVerfGE 50, 290, 322 ff.
61   Vergl. insofern die in Fn. 7 Angeführten.
62   *Eder*, Rationalität, S. 15.
63   *Fezer*, Aspekte, S. 824; *Pawlowski*, Methodenlehre, Rz. 852, der in der Transformation aller Werte in Geld die Gefahr der Ver- und Entwertung der Werte sieht.
64   So *Kübler*, Effizienz, S. 701 f.; im Ansatz auch *Schäfer/Ott*, Lehrbuch, S. 229, wenn von unveräußerlichen liberalen Rechten gesprochen wird.

individuelle Autonomie als Rechtsgüter benennt, die sich der Bewertung durch individuelle oder kollektive Nutzenkalküle entzögen.[65] *Posner* spricht da eine andere Sprache:

> „Es ist nicht offensichtlich ineffizient, den Leuten zu erlauben, vollziehbare Selbstmordverträge abzuschließen, aus rassischen oder religiösen Gründen zu diskriminieren oder im Rettungsboot aus völliger Verzweiflung den schwächsten Passagier zu verspeisen; auch ist es nicht offensichtlich ineffizient, Abtreibungen zu erlauben, Babys gegen Entgelt zur Adoption geben zu lassen oder verurteilten Verbrechern die Wahl zwischen Gefängnis und Teilnahme an gefährlichen medizinischen Experimenten zu eröffnen. […] Die Nachfrage nach Gerechtigkeit ist zweifellos nicht unabhängig von ihrem Preis."[66]

1250   Effizienz ist der zentrale Aspekt rechtsökonomischer Überlegungen. Damit bestimmt die Effizienz Reichweite und Wert von Gerechtigkeitspostulaten. Eine Gleichsetzung von Effizienz und Gerechtigkeit ergibt sich zumindest dann, wenn sich das Gerechtigkeitsproblem „in Wirklichkeit" als Effizienproblem herausstellt.[67] *Posner* glaubt, dass diese Gleichsetzung von Gerechtigkeit mit Effizienz von den Menschen, ohne dass sie sich darüber im Klaren sind, immer schon vollzogen worden ist:

> „Wenn die Leute, wie wir neben vielen anderen Beispielen sehen werden, es als ‚ungerecht' bezeichnen, jemanden ohne Verfahren zu verurteilen, Eigentum ohne angemessene Entschädigung wegzunehmen oder von einem fahrlässigen Autofahrer keinen Schadensersatz für das Opfer seiner Nachlässigkeit zu verlangen, so können sie dahin verstanden werden, daß sie nichts Anspruchsvolleres meinen, als daß eine solche Praxis Ressourcen verschwendet."[68]

1251   Selbst wenn diese behauptete Gleichsetzung in vielfacher Hinsicht problematisch erscheint, ist eine Bewertung ethischer Positionen am Maßstab der Effizienz (bzw. der „Nützlichkeit") nicht neu und kann daher nicht überraschen. Für den Bereich autonomer Lebensgestaltung von Privatrechtssubjekten wirft diese Gleichsetzung insofern auch keine Probleme auf. Es muss jedoch gefragt werden, wie sich eine solche Bewertung darstellt, wenn sie zur Grundlage von Entscheidungen der Staatsgewalt wird; ob nämlich ökonomische Betrachtung des Rechts und Verfassung kompatibel sind und ob nicht etwa die Grundrechte die absolute Grenze rechtsstaatlich zulässiger Effizienzanalyse markieren. Das wäre allerdings nur dann zuverlässig zu entscheiden, wenn die Effizienzanalyse als tatsächlich herangezogenes Entscheidungskriterium ausgewiesen würde. Genau das wird jedoch gerade dann, wenn grundrechtlich geschützte Positionen betroffen sind, systematisch vermieden. Statt dessen werden diese als sakrosankt erklärt um dadurch ihre Unantastbarkeit deutlich zu machen. Unter diesem Deckmantel ist die Effizienzanalyse jedoch längst politische wie justizielle Realität geworden. Hier vermag das von der ÖAR bereitgestellte folgenabschätzende Instrumentarium vieles zu leisten, vorausgesetzt es besteht der politische Wille, die Bewertungen zu institutionalisieren um sie dadurch beherrschbar zu machen und der demokratischen Kontrolle zu unterwerfen. Unter dieser Voraussetzung kann die ÖAR vor allem für die Legislative ein Tableau von Entscheidungsalternativen aufzeigen, mit dessen Hilfe die Konsequenzen auch von komplexen

---

65 *Kübler*, Effizienz, S. 702.
66 *Posner*, Economic Analysis, aaO., S. 110.
67 „[…] würde es sich als die primäre Rolle der ökonomischen Analyse darstellen, gewisse Pseudo-Gerechtigkeitsprobleme aus der Welt zu schaffen, die nur auf rein intellektueller Verwirrung begründet zu sein scheinen.", *ders.*, ebd., S. 110.
68 *Ders.*, ebd., S. 109.

Entscheidungen und Regelungsalternativen absehbar werden. Wird die ÖAR insofern ihrerseits zu einem Instrument demokratischer Kontrolle, kann ihr nicht länger die Reduktion von Rationalität auf Effizienz vorgeworfen werden: Sie formuliert dann mit ihren Effizienzüberlegungen vielmehr einen unentbehrlichen *Mindeststandard* an Rationalität, der zeigt, was *möglich* ist, und nötigt damit der tatsächlich entscheidenden Instanz ein erhöhtes Maß an argumentativer Sorgfalt für die Begründung ihrer Entscheidungen auf.

VIII. Literatur

1. Zum Einstieg in die ökonomische Analyse

Nach wie vor zu empfehlen ist der Sammelband mit den amerikanischen Originaltexten von

Assmann, Heinz-Dieter; Kirchner, Christian; Schanze, Erich, Ökonomische Analyse des Rechts, Kronberg/Ts. 1978, inzwischen als UTB Nr. 1685 von 1993.
Reiche Anschauung geben jetzt *Kötz, Hein/Schäfer, Hans-Bernd*, Judex Oeconomicus. 12 höchstrichterliche Entscheidungen kommentiert aus ökonomischer Sicht, Tübingen 2003.

2. Weitere hier wichtige Literatur

Behrens, Peter, Die ökonomischen Grundlagen des Rechts, Tübingen 1986.
Bydlinski, Franz, Juristische Methodenlehre und Rechtsbegriff, 2. Auflage, Wien 1991.
Calabresi, Guido, Some Thoughts on Risk Distribution and the Law of Torts, Yale Law Journal 70, 1961, S. 499 ff.
Ders., The Decisions for Accidents: An Approach to Nonfault Allocation of Costs, Harvard Law Review 78, 1965, S. 713 ff.; deutsche Übersetzung in: Assmann/Kirchner/Schanze, S. 259–289.
Coase, Ronald, The Problem of Social Cost, Journal of Law & Economics 3, 1960, (erschienen 1962), S. 1 ff.; deutsche Übersetzung in: Assmann/Kirchner/Schanze, S. 146–202.
Eder, Klaus, Prozedurale Rationalität, ZfRSoz 1986, S. 1–30.
Fezer, Karl-Heinz, Aspekte einer Rechtskritik an der economic analysis of law und am property rights approach, JZ 1986, S. 817–824.
Frank, Jürgen, Die „Rationalität" einer ökonomischen Analyse des Rechts, ZfRSoz 1986, S. 191–211.
Gotthold, Jürgen, Zur ökonomischen „Theorie des Eigentums", ZHR 144 (1980), S. 545–562.
Hayek, Friedrich von, Der Atavismus „sozialer Gerechtigkeit", in: Drei Vorlesungen über Demokratie, Gerechtigkeit und Sozialismus, Tübingen 1977, S. 23–46.
Kirchner, Christian, „Ökonomische Analyse des Rechts" und Recht der Wettbewerbsbeschränkungen (antitrust law and economics), ZHR 1980, S. 563–588.
Köhler, Helmut, Vertragsrecht und „Property Rights" Theorie – Zur Integration ökonomischer Theorien in das Privatrecht, ZHR 1980, S. 589–609.
Kötz, Hein, Deliktsrecht, 4. Auflage, Frankfurt am Main 1988 [inzwischen Kötz/G. Wagner, 11. Aufl. 2010].
Kübler, Friedrich, Effizienz als Rechtsprinzip – Überlegungen zum rechtspraktischen Gebrauch ökonomischer Argumente, in: Festschrift für Ernst Steindorff, Berlin u. a. 1990, S. 687–704.
ders., Vergleichende Überlegungen zur rechtspraktischen Bedeutung der ökonomischen Analyse, in: Ott/Schäfer, S. 293–306.
Naucke, Wolfgang, Jurisprudenz und Sozialwissenschaften – Eine Entgegnung, Rechtstheorie 1973, S. 64–68.
Ott, Claus; Schäfer, Hans-Bernd, Allokationseffizienz in der Rechtsordnung – Beitrag zum Travemünder Symposium zur ökonomischen Analyse des Zivilrechts 23.–26. März 1988, Berlin u. a. 1989.

Pawlowski, Hans-Martin, Methodenlehre für Juristen – Theorie der Norm und des Gesetzes, 2. Auflage, Heidelberg 1991 [inzwischen 3 Aufl. 1999].

Posner, Richard, The decline of law as an autonomous discipline, Harvard Law Review 100, 1987, S. 761–780.

Ders., Economic Analysis of Law, 2. Auflage, Boston u. a. 1977 (teilübersetzt in Assmann, Kirchner, Schanze, Ökonomische Analyse).

Rawls, John, Eine Theorie der Gerechtigkeit, 5. Auflage, Frankfurt a. M. 1990 (zuerst im Amerikanischen 1971).

Rittner, Fritz, Die sogenannte wirtschaftliche Betrachtungsweise in der Rechtsprechung des Bundesgerichtshofs, Karlsruhe 1975.

Rose-Ackerman, Susan, Recht und Ökonomie: Paradigma, Politik oder Philosophie, in: Ott/Schäfer, S. 269–292.

Schäfer, Hans-Bernd; Ott, Claus, Lehrbuch der ökonomischen Analyse des Zivilrechts, Berlin u. a. 1986 (jetzt 2. Aufl. Berlin 1995) [inzwischen 4. Aufl. 2005].

Wolf, Manfred, Sachenrecht, 11. Auflage, München 1993 [inzwischen Wolf/M. Wellenhofer 26. Aufl. 2011].

Methodiken für die judikative Rechtsfortbildung im Zivilrecht: die institutionenökonomische Perspektive

von Christian Kirchner

Übersicht

I. Einführung   449
II. Zum methodischen Instrumentarium der Neuen Institutionenökonomik   457
III. Vier rechtswissenschaftliche Methodiken (Interpretationsmethoden) im Zivilrecht   459
IV. Wirkungsanalyse rechtswissenschaftlicher Methodiken im Zivilrecht   462
V. Schlussbemerkung   468
VI. Literatur   469

I. Einführung

1. Problemstellung und Eingrenzung der Untersuchung

a) Unterschiedliche Strategien als Antwort auf Defizite in der Methodik des Zivilrechts

Den im Zivilrecht zur Anwendung kommenden Methodiken werden ‚Defizite' zuge-schrieben.[1] Als Reaktion auf diese Kritik kommen vier Strategien in Betracht: (1) Man kann Methodenkritik betreiben, um die Defizite im einzelnen aufzuspüren und dingfest zu machen.[2] (2) Man kann im Rahmen rechtswissenschaftlicher Ansätze, Vorschläge zur Verbesserung der Methodik erörtern.[3] (3) Man kann Vorschläge unterbreiten, wie die rechtswissenschaftliche Methodik[4] durch die Integration von Elementen der Methodik anderer sozialwissenschaftlicher Disziplinen qualitativ verbessert werden kann.[5] (4) Man kann die Methodiken im Zivilrecht einer Analyse unterziehen und fragen, welche tat-

1252

---

1 Siehe oben die Einführung, Rn. 6 ff. *B. Rüthers/Ch. Fischer/A. Birk*, Rechtstheorie mit Juristischer Methodenlehre, 6. Aufl., München 2011, S. 477 – 484.
2 Ein gutes Beispiel ist das Werk von *Josef Esser*: Vorverständnis und Methodenwohl in der Rechtsfindung, 2. Aufl., Frankfurt/Main 1972.
3 Vgl. etwa *H.-J. Koch/H. Rüßmann*, Juristische Begründungslehre, München 1982.
4 Es wird hier von einer rechtswissenschaftlichen Methodik gesprochen, nicht von einer ‚Methodenlehre der Rechtswissenschaft'. Rüthers macht geltend, daß es bei der judikativen Rechtsfortbildung (Bildung von Richterrecht, ‚Ersatzgesetzgebung') um eine Methodik für eben diesen Zweck geht und nicht um eine Methodik der Recht*swissenschaft*. Vgl. *B. Rüthers*, Methodenlehre in Jurisprudenz und Justiz, JZ 2006, S. 53; auch: *Rüthers/ Fischer/Birk*, a.a.O. (Fn.1), S. 400; anders: *K. Larenz/C.-W. Canraris*, Methodenlehre der Rechtswissenschaft, 3. Aufl., Berlin, Heidelberg 1995 (4. Aufl. in Vorbereitung); allerdings behandelt dann Kap. 5 (S. 187 – 261) die ‚Methoden richterlicher Rechtsfortbildung'.
5 So etwa: *J.-U. Franck*, Vom Wert ökonomischer Argumente bei Gesetzesauslegung und Rechtsfindung für den Binnenmarkt, in: *K. Riesenhuber* (Hrsg.), Europäische Methodenlehre, Handbuch für Ausbildung und Praxis, 2. Aufl., Berlin, New York 2010, S. 159 – 188; *Ch. Kirchner*, Ökonomische Theorie des Rechts, Berlin 1997; *Ch. Kirchner*, Ökonomische Theorie des Rechts, beschränkte Rationalität und französischer Kündigungsschutz, in: Kritische Vierteljahresschrift für Gesetzgebung und Rechtswissenschaft, Bd. 90 (2007), S. 185 – 194; *Ch. Kirchner*, Zur konsequentialistischen Interpretationsmethode. Der Beitrag der Ökonomie zur reziproken methodischen Annäherung von Ökonomie und Rechtswissenschaft, in: *T. Eger/C. Ott/J. Bigus/G. v. Wangenheim* (Hrsg.), Internationalisierung des Rechts und seine ökonomische Analyse, Festschrift für Hans-Bernd Schäfer zum 65. Geburtstag, Wiesbaden 2008, S. 37 – 50; *Ch. Kirchner*, § 5 ökonomische Theorie, in: K. Riesenhuber, (Hrsg.), Europäische Methodenlehre, Handbuch für Ausbildung und Praxis, 2. Aufl., Berlin, New York 2010, S. 134 – 158; Ch. Kirchner/S. Koch, Norminterpretation und ökonomische Analyse des Rechts, in: Analyse & Kritik, Zeitschrift für Sozialwissenschaften, Bd. 11 (1989), S. 111 – 133; *H.-B. Schäfer/C. Ott*, Lehrbuch der ökonomischen Analyse des Zivilrechts, 4. Aufl. Berlin u.a. 2005.

sächlichen Wirkungen von unterschiedlichen Methodiken ausgehen (Wirkungsanalysen).

b) Konzentration auf Wirkungsanalysen von Methodiken im Zivilrecht

1253 Während den ersten drei Fragestellungen bereits nachgegangen worden ist, fehlen bisher **Wirkungsanalysen** von Methodiken im Zivilrecht. Das kann seinen Grund darin haben, dass diejenigen, die sich mit rechtswissenschaftlicher Methodik befassen, nicht über eine Meta-Methodik für solche Wirkungsanalysen verfügen. Umgekehrt mag es denen, die sich mit einer solchen Meta-Methodik beschäftigen, an spezifischen Kenntnissen bezüglich der rechtswissenschaftlichen Methodendiskussion ermangeln. Diese reziproke methodische Verunsicherung ist ein Beispiel für die Problematik interdisziplinären Forschens.[6] Soll sie überwunden werden, können zu Beginn nicht alle methodischen Fragen der jeweiligen Disziplinen in allen Details und Verästelungen erörtert werden. Sollen also rechtswissenschaftliche Methodiken, die im Zivilrecht zur Anwendung gelangen, mithilfe einer Meta-Methodik auf ihre tatsächlichen Wirkungen untersucht werden, können jeweils nur die Grundtypen dieser Methodiken untersucht werden. Auf dieser Grundlage ist es dann in der Folge möglich, mithilfe des hier zu entwickelnden Ansatzes auch Ausdifferenzierungen dieser Methodiken zu untersuchen.

1254 Die folgenden Überlegungen sollen also der vierten Strategie gelten, nämlich in Gestalt von Wirkungsanalysen verschiedener im Zivilrecht angewandter Methodiken ein Fundament zu legen, auf dem dann normative Überlegungen aufbauen können, wie die Methodiken verbessert werden könnten und sollten.

c) Eingrenzung der Untersuchung auf kontinentaleuropäisches Zivilrecht

1255 Unter ‚Zivilrecht' sollen die rechtlichen Regelungen verstanden werden, die auf die Rechtsbeziehungen zwischen privaten Akteuren zur Anwendung gelangen. Die Analyse soll auf das kontinentaleuropäische Recht beschränkt sein, in dem es die Aufgabe der Gerichte ist, legislativ gesetztes Recht auf konkrete Fallkonstellationen anzuwenden und es fortzuentwickeln.

2. Methodiken im Zivilrecht

a) Zwecke der Methodiken

1256 Die spezifischen Methodiken im Zivilrecht konzentrieren sich auf die methodische Anleitung der Gerichte bei der Rechtsanwendung und Rechtsfortbildung legislativ gesetzten Rechts. Es geht also nicht um eine Methodik, die zum Zwecke des Erkenntnisgewinns eingesetzt wird (heuristische Funktion der Methodik), sondern um eine Methodik, die verschiedenen Zwecken dient. Je nachdem, wie man diese Zwecke definiert, wird sich die Beurteilung der Leistungsfähigkeit unterschiedlicher Methodiken unterscheiden.

---

6 Vgl. insbes. *P. Behrens*, Über das Verhältnis der Rechtswissenschaft zur Nationalökonomie: die ökonomischen Grundlagen des Rechts, in; Jahrbuch für Neue Politische Ökonomie, 7. Band, Tübingen 1988, S. 209 – 228; *Ch. Kirchner*, Über das Verhältnis der Rechtswissenschaft zur Nationalökonomie. Die neue Institutionenökonomie und die Rechtswissenschaft, in: Jahrbuch für Neue Politische Ökonomie, 7. Band, Tübingen 1988, S. 192 – 208.

b) Methodiken im Zivilrecht in Gestalt von rechtswissenschaftlichen Interpretationsregeln für Rechtsanwendung und Rechtsfortbildung

In einem Rechtssystem mit kodifiziertem Recht, in dem das legislativ gesetzte Recht von Gerichten auf konkrete Fallgestaltungen angewandt und deshalb konkretisiert werden muss, steht die Interpretation legislativ gesetzter abstrakt-genereller Regelungen der legislativ gesetzten rechtlichen Regelungen durch die Judikative im Zentrum des wissenschaftlichen Interesses. Dabei kommt der Judikative dann, wenn die vorgegebenen Regelungen nicht vollständig sind und auch nicht vollständig sein können, die **Aufgabe der Rechtsfortbildung** zu. Obergerichte entscheiden ihnen vorgelegte Fälle zum einen mit dem Blick auf den konkreten Rechtsstreit. Sie schauen in die Vergangenheit und suchen nach einer billigen und gerechten Lösung. Zum anderen müssen sie davon ausgehen, dass sich die Regelungsadressaten der von ihnen ausgelegten und fortentwickelten rechtlichen Regelungen an eben diesen fortentwickelten Regelungen orientieren werden. Insofern schauen die Gerichte in die Zukunft. Die im Zivilrecht verwendeten rechtswissenschaftlichen Methodiken sollen beiden Zielrichtungen der gerichtlichen Entscheidungen dienen. Hier soll die zukunftsorientierte Tätigkeit der Gerichte, die von ihnen vorgenommene Rechtsfortbildung im Mittelpunkt des Interesses stehen, nicht die rechtsanwendende. Die angewandten Methodiken sollen also mit Blick auf ihre Wirkungen für die Rechtsfortbildung analysiert werden.

1257

3. Das Methodenproblem im vertragstheoretischen Paradigma

a) Das vertragstheoretische Paradigma

Aus Sicht der Bürger eines Landes, die die legislative Rechtsetzung über Wahlen und/ oder Abstimmungen legitimieren, stellt sich die Frage, wie die judikative Rechtsfortbildung legitimiert werden soll. Dem Legitimationskonzept der Legislative liegt das vertragstheoretische Paradigma zugrunde,[7] dem zufolge die Bürger den Staat konstituieren und im Prinzipal-Agent-Verhältnis[8] Entscheidungsbefugnisse an die drei Gewalten Legislative, Exekutive und Judikative delegieren. Die Legitimation der Rechtsetzung erfolgt durch das Konstrukt der kollektiven Selbstbindung.[9] Die Bürger schaffen Recht oder übertragen die Rechtsetzung einer gewählten Legislative und binden sich damit an die von ihnen geschaffenen oder legitimierten Regelungen. Die Judikative hat, soweit ihre Mitglieder nicht ihrerseits durch Wahlen legitimiert sind, in diesem Legitimationskonzept erst einmal keinen Platz. Es fragt sich dann, ob eine **indirekte Legitimation** in Betracht kommt, in der die Judikative an das von der Legislative Vorgegebene gebunden ist und insofern an der Legitimation der Legislative teilhat. Hier spielen die rechtswissenschaftlichen Interpretationsmethoden eine zentrale Rolle. Sie bestimmen, ob und wie-

1258

---

7 Vgl. für viele: *K.G. Ballestrem*, Vertragstheoretische Ansätze in der politischen Philosophie, in: Zeitschrift für Politik, Bd. 30, 1983, S. 1 – 17; *J. Buchanan*, The Domain of Constitutional Economics, in: Constitutional Political Economy, Bd. 1, 1990, S. 1 – 18; *K. Homann*, Moderne Vertragstheorie, in: *C.Engel/M. Morlock* (Hrsg.), Öffentliches Recht als Gegenstand ökonomischer Forschung. Die Begegnung der deutschen Staatsrechtslehre mit der Konstitutionellen Politischen Ökonomie, Tübingen 1998, S. 279 – 285.

8 Zum Prinzipal-Agent-Ansatz vgl. *R. Richter/E.Furubton*, Neue Institutionenökonomik, 4. Aufl., Tübingen 2011, S. 176 f.; grundlegend: *E. Fama*, Agency Problems and the Theory of the Firm, in: Journal of Political Economy, Bd 88, 1980, S. 277 – 307; *M.C.Jensen/W.H.Meckling*, Theory of the Firm: Managerial Behavior, Agency Cost and Ownership Structure, in: Journal of Financial Economics, Bd. 3, S. 305 – 360.

9 Vgl. für viele: *K. Homann*, Die Legitimation von Institutionen, in: *W. Korff u.a.* (Hrsg.), Handbuch der Wirtschaftsethik, Bd. 2, Gütersloh 1999, S. 50 – 95 (58 – 71); *V. Vanberg*, Die Akzeptanz von Institutionen, in *W. Korff u.a.* (Hrsg.), Handbuch der Wirtschaftsethik, Bd. 2, Gütersloh 1999, S. 38 – 50.

weit die Judikative an die legislativ gesetzten Vorgaben gebunden sein soll und welcher Freiraum der Judikative für die Rechtsfortbildung zugestanden werden soll.

b) Sicherung der Einflussmöglichkeit der Bürger auf die Rechtsetzung (Teilhabesicherung)

1259 Aus Sicht der Regelungsadressaten, also der Bürger, ist dann von Interesse, ob und wieweit die zur Anwendung gelangenden Methodiken bei der judikativen Rechtsfortbildung die Rückbindung dieser Art der Rechtsetzung an das von der Legislative Vorgegebene gewährleisten. Der Bürger – als Prinzipal – kann die Tätigkeit der Judikative nicht kontrollieren. Während im Prinzipal-Agent-Verhältnis zwischen Bürger und Legislative eben diese Kontrolle konstitutiv ist, würde dies im Verhältnis von Bürger und Judikative deren Unabhängigkeit gefährden. Dem Verzicht des Bürgers auf Kontrolle der Judikative entspricht dann die Bindung der Judikative an das von der Legislative Vorgegebene. Es sind dann die rechtswissenschaftlichen Interpretationsmethoden, die den indirekten Einfluss der Bürger als Prinzipale auf die judikative Rechtsfortbildung bestimmen. Diese Interpretationsmethoden wirken sich dann auf die politischen Teilhaberechte der Bürger aus. Es geht um deren Teilhabesicherung.

c) Sicherung der Vorhersehbarkeit judikativer Rechtsfortbildung (Rechtssicherheit)

1260 Aus Sicht der Bürger als Prinzipale geht es nicht nur um den Grad politischer Teilhabe an der Rechtsfortbildung. Das Konstrukt der Schaffung rechtlicher Regelungen durch kollektive Selbstbindung hat zugleich freiheitsgewährleistende Wirkung: Innerhalb der von ihm konsentierten rechtlichen Regelungen kann der Bürger seine – freien – Entscheidungen treffen. Rechtliche Regelungen setzen Anreize und legen Sanktionen fest. Sie erlauben es dem Adressaten, abweichend zu handeln, soweit er die Konsequenzen – etwa die Sanktionen – bereit ist, in Kauf zu nehmen. Die Folgen der auf sein Tun zur Anwendung gelangenden rechtlichen Regelungen sind damit ein Faktor in seinem Entscheidungskalkül. Das setzt aber die Fähigkeit des Bürgers voraus, prognostizieren zu können, wie künftige Fälle im Lichte der judikativen Rechtsfortbildung entschieden werden (**Rechtssicherheit**).

1261 Das Problem der Rechtssicherheit ist direkt mit dem der Bindung der Judikative an das von der Legislative Vorgegebene (**Gesetzesbindung**) verknüpft. Die Regelungsadressaten können bessere Prognosen aufstellen, wenn sie von einer strikten Gesetzesbindung der Judikative bei deren Rechtsetzung ausgehen können. Darin erschöpft sich das Problem der Rechtsicherheit aber nicht. Die Regelungsadressaten müssen die tatsächliche Wirkung der aus der judikativen Rechtsfortbildung hervorgegangenen Regelungen vorherbestimmen können. Des weiteren müssen sie vorhersagen können, ob und wieweit die Judikative selbst an das von ihr geschaffene Recht gebunden ist, ob sie also von Vorentscheidungen (Präzedenzfällen, *precedents*) abweichen kann und gegebenenfalls mit welchen Begründungen. In diesem dritten Aspekt der Rechtsicherheit unterscheiden sich Fallrechtsordnungen, die mit der *stare decisis*-Doktrin arbeiten, wie dies im Common Law der Fall ist,[10] und kontinentaleuropäische Rechtsordnungen. Die letzteren kennen zwar eine faktische, aber keine rechtliche Bindung der Gerichte an Vorentscheidungen. Da hier Fragen der Methodik im Zivilrecht in kontinentaleuropäischen Rechtsordnun-

---

10 Vgl. dazu *Rüthers/Fischer/Birk*, a.a.O. (Fn. 1), S. 159 f.

gen erörtert werden, ist auf die Bindung an Präzedenzfälle im Common Law nicht weiter einzugehen.

d) Sicherung der Gleichbehandlung

Schaffen Bürger auf sie anwendbare rechtliche Regelungen im Akt der kollektiven Selbstbindung, setzt dies voraus, dass gleiche Sachverhalte gleich zu regeln sind. Dies ist Voraussetzung für den konstituierenden Konsens. Das gilt dann auch für die abgeleitete Rechtsetzung, also die judikative Rechtsfortbildung.   1262

Das Gebot der Gleichbehandlung ist direkt mit der **Sicherung der Vorhersehbarkeit** judikativer Rechtsfortbildung (Rechtssicherheit) verbunden. Müssten die Regelungsadressaten davon ausgehen, dass vom Sachverhalt her gleich gelagerte Fälle ungleich behandelt werden, würde dies der Vorhersehbarkeit künftiger Entscheidungen erheblichen Abbruch tun.   1263

Wegen der engen Verbindung von Gewährleistung von Rechtssicherheit und Sicherung der Gleichbehandlung wird das letztere Ziel im Folgenden nicht besonders behandelt werden.   1264

e) Konzentration der Wirkungsanalyse auf Teilhabesicherung und Gewährleistung von Rechtssicherheit

Die Wirkungsanalyse der im Zivilrecht zur Anwendung kommenden Methodiken hat sich dann sowohl auf die Bindung der judikativen Rechtsfortbildung an das legislativ Vorgegebene (Teilhabesicherung) als auch auf die Prognosefähigkeit künftigen judikativ gesetzten Rechts (Rechtssicherheit) zu konzentrieren.   1265

4. Zum Methodenproblem in der rechtswissenschaftlichen Diskussion

a) Die parallel geführte rechtswissenschaftliche Methodendiskussion

Verschiedene Aspekte der hier im vertragstheoretischen Paradigma geführten Diskussion prägen auch die rechtswissenschaftliche Methodendiskussion. Ausgangspunkt ist die Überlegung, dass es sich bei der **Methodenwahl um ein Verfassungsproblem** handelt.[11] Die Methodiken sind in dieser Perspektive verfassungsrechtlich abzuleiten. Die Frage der Rückbindung der judikativen Rechtsfortbildung an das von der Legislative Vorgegebene wird dann als Problem der Gewaltentrennung begriffen.[12] Dann folgt die Gesetzesbindung der Judikative aus einem Verfassungsgebot.[13] Daraus werden dann als Funktionen der rechtswissenschaftlichen Methodiken das Gebot der Rechtssicherheit und das der Gleichbehandlung abgeleitet.[14]   1266

Eine so geführte rechtswissenschaftliche Diskussion entspricht weitgehend der hier geführten Argumentation im vertragstheoretischen Paradigma. Sie arbeitet aber mit aus der Verfassung abgeleiteten Funktionen der rechtswissenschaftlichen Methodik. Hierbei stößt sie aber auf ein **Methodenproblem:** Die Verfassung ist ihrerseits zu interpretieren. Dazu bedarf es methodischer Anleitungen in Gestalt von Interpretationsmethoden. Um   1267

---

11 Vgl. *Rüthers/Fischer/Birk*, a.a.O. (Fn. 1), S. 416 f.; *Rückert*, HISTORISCHER ÜBERBLICK (oben Rn. 1357 ff.).
12 *K. Riesenhuber*, § 11 Die Auslegung, in: ders., (Hrsg.), Europäische Methodenlehre, Handbuch für Ausbildung und Praxis, 2. Aufl., Berlin, New York 2010, S. 320; *Rüthers/Fischer/Birk*, a.a.O. (Fn. 1), S. 417 f.
13 *Rüthers/Fischer/Birk*, a.a.O. (Fn. 1), S. 389.
14 *Rüthers/Fischer/Birk*, a.a.O. (Fn. 1), S. 389 f.

die Funktionen der verwendeten Methodiken bestimmen zu können, bedient sich die rechtswissenschaftliche Diskussion also einer Methodik, der die Funktion zukommt, die Funktion von Methodiken zu bestimmen. Dies ist methodisch angreifbar. Diese Rückkoppelung wird in der vertragstheoretisch geführten Diskussion vermieden.

1268   Die rechtswissenschaftlich geführte Diskussion bietet den Ausgangspunkt für eine Funktionsanalyse der verschiedenen Methodiken. Eine solche erfolgt hier aber nur in Ansätzen, nämlich dort, wo aus den Funktionen der Methodiken heraus einzelne Methodiken kritisiert werden.[15] Bei der Funktion der Sicherung der Rechtssicherheit bleibt die rechtswissenschaftliche Diskussion zudem unvollständig.

b) Zur möglichen Integration von Wirkungsanalysen von Methodiken im Zivilrecht in die rechtswissenschaftliche Diskussion

1269   Setzt die rechtswissenschaftliche Diskussion an den Funktionen der Methodiken im Zivilrecht an, liegt es nahe, Funktionsanalysen durchzuführen, bevor normative Aussagen gemacht werden. Solche **Funktionsanalysen** könnten als **Wirkungsanalysen** der betreffenden Methodiken durchgeführt werden. Dann wäre es allerdings erforderlich, den Rahmen für diese Analysen vorab zu bestimmen. Dabei wäre das vertragstheoretische Paradigma sehr wohl mit einer Verfassungsinterpretation verträglich, die konsequent auf Freiheit und Selbstbestimmung abstellte. Es wären aber zusätzlich die Annahmen einzuführen, die für die Wirkungsanalysen zur Anwendung gelangen (Ressourcenknappheit, methodologischer Individualismus, eigennutzorientiertes Rationalverhalten) (dazu näher unten in Unterabschnitt I.5.c). Auch diese Annahmen wären mit einem Verfassungsverständnis verträglich, das von der Selbstbestimmung der individuellen Akteure ausgeht.

5. Anforderungen an eine Methodik zur Durchführung von Wirkungsanalysen

a) Notwendigkeit synthetisch-nomologischer Aussagen

1270   Will man Wirkungsanalysen von Methodiken im Zivilrecht durchführen, soll Wissen um die tatsächlich zu erwartenden Konsequenzen der Anwendung dieser Methodiken gewonnen werden. Es geht um **Prognosewissen**, wie dies in realwissenschaftlichen Ansätzen generiert wird. In der hier zu behandelnden Problemstellung geht es um soziale Interaktionen. Also kommen sozialwissenschaftliche Ansätze ins Spiel. Es sollen Aussagen über die Welt, wie sie ist, und nicht solche, wie sie sein soll, gemacht werden. Also kommen nicht normative, sondern positive Ansätze in Betracht. Folglich muss eine Methodik zum Zuge kommen, mit deren Hilfe synthetisch-nomologische, also allgemeine, inhaltlich gehaltvolle Aussagen generiert werden können, die der Überprüfung zugänglich sind.[16]

b) Formulierung von Hypothesen, die der Falsifizierung zugänglich sind

1271   Inhaltlich gehaltvolle Aussagen lassen sich nur in Gestalt von – falsifizierbaren – Hypothesen formulieren. Es steht dann nicht die Suche nach der Wahrheit im Vordergrund, sondern ein Versuch, sich der Wahrheit dadurch anzunähern, dass man die Hypothesen ausscheidet, die falsifiziert worden sind, um dann auf der Grundlage der – bisher – nicht falsifizierten Hypothesen zu arbeiten. Da jede Hypothese so zu formulieren ist, dass sie

---

15 Vgl. *Rüthers/Fischer/Birk*, a.a.O. (Fn. 1), S. 477 – 484 bezüglich der ‚objektiven Theorie'.

16 Zur Behandlung der Probleme der Theoriebildung in der rechtswissenschaftlichen Literatur: *Rüthers/Fischer/ Birk*, a.a.O. (Fn. 1), S. 6 – 9.

grundsätzlich falsifiziert werden kann, wird fallibles Wissen generiert (Fallibilität).[17] Es gilt dann, einen methodischen Ansatz zu finden, der verspricht, fallible, aber gehaltvolle Aussagen bezüglich der tatsächlichen Wirkungsweise von Methodiken im Zivilrecht zu generieren.

c) Notwendigkeit der Einführung der zu Grunde gelegten Annahmen

Sollen synthetisch-nomologische Aussagen erzielt werden, setzt dies voraus, dass die den Analysen zugrunde liegenden Annahmen geklärt werden. Im Vordergrund steht der heuristische Wert solcher Annahmen, ob sie also dazu beitragen, inhaltlich gehaltvolle Aussagen machen zu können. Hier werden bezüglich der Entscheidungssituation die Annahme der Ressourcenknappheit ins Spiel kommen (Entscheidungen unter Knappheitsbedingungen), bezüglich der handelnden Akteure der methodologische Individualismus sowie die Annahme der Eigennutzorientierung und der Rationalität.

1272

d) Methodiken als Meta-Regelungen

Die in der Wirkungsanalyse verwendete Methodik muss neben den genannten weitere Anforderungen erfüllen. Soll eine Methodik untersucht werden, kann dies derart geschehen, dass die methodischen Anweisungen an die Judikative als Restriktion modelliert werden. Man kann sich vorstellen, dass sich Methodiken im Zivilrecht in **sanktionsbewehrte Regelungen** umformulieren lassen. Wird von der Judikative entgegen diesen Regelungen gehandelt, kommt es zu Sanktionen. Umgekehrt ist die Befolgung der Regelungen mit Anreizen verbunden. Die Anreize können etwa in einem Reputationsgewinn gesehen werden, die Sanktionen in einer Verlangsamung oder eines Abbruchs der Karriere der in der Judikative tätigen Akteure (Richter). Geht es allerdings um Akteure in der höchsten Instanz, in der Karrieregesichtspunkte nicht mehr relevant sind, können Reputationsverluste als Folge einer öffentlichen Kritik an Entscheidungen des betreffenden Gerichts, soweit sie sich auf Methodenfragen beziehen, als Sanktionen in Betracht kommen.

1273

Die Umformulierung von Methodiken im Zivilrecht in sanktionsbewehrte Regelungen, deren Wirkungsweise es zu untersuchen gilt, legt es nahe, auf das methodische Instrumentarium der **Neuen Institutionenökonomik** zurückzugreifen. Mithilfe dieses Instrumentariums lassen sich Wirkungsanalysen rechtlicher Regelungen durchführen, die den methodischen Ansprüchen genügen, die hier formuliert worden sind.[18]

1274

e) Rechtsfortbildung als Spiel verschiedener Akteure

Die judikative Rechtsfortbildung erfolgt in einem Rahmen, in dem die Legislative die zu interpretierenden Regelungen vorgibt. Will man die tatsächliche Wirkung der von der Judikative anzuwendenden Methodiken analysieren, ist es erforderlich, das **Wechselspiel** zwischen Legislative und Judikative in die Überlegung einzubeziehen. Es geht nicht um einseitige Vorgaben der Legislative für die Judikative, sondern um ein Wechselspiel zwischen beiden. Die Legislative kann ihrerseits auf die judikative Rechtsfortbildung re-

1275

---

17 Vgl. *K. R. Popper*, Objektive Erkenntnis, Hamburg 1984, S. 82; *Rüthers/Fischer/Birk*, a.a.O. (Fn. 1), S. 9; vgl auch die sehr detaillierte Argumentation bei: *G. Radnitzky*, Theoriebegründung oder begründete Theorienpräferenz. Vom Induktionismus zum Kritizismus Karl Poppers, in: *G. Radnitzky/G. Andersson* (Hrsg.), Fortschritt und Rationalität in der Wissenschaft, Tübingen 1980 (engl. Originalausgabe „Progress and Rationality in Science", Dordrecht, Niederlande 1978), S. 317 – 370 (335 – 342).

18 Vgl. *Kirchner*, Ökonomische Theorie des Rechts, a.a.O. (Fn. 5).

agieren, etwa durch eine Änderung der legislativen Vorgaben. Darauf kann dann wiederum die Judikative reagieren. Es geht also um ein Spiel mit mehreren Spielzügen, deren Zahl nicht begrenzt ist.

1276 Die zivilrechtliche Judikative kann nur die Fälle entscheiden, die ihr seitens der Parteien eines Rechtsstreits vorgelegt werden. Ihre Möglichkeit, Rechtsfortbildung zu betreiben, ist insofern beschränkt. Es sind diese **Parteien**, die als **Initiatoren** der Rechtsfortbildung gesehen werden können. Sie können, wenn die Judikative im konkreten Fall rechtsfortbildend tätig geworden ist, ihrerseits mit neuen Spielzügen reagieren. Wenn etwa eine vom Gesetzgeber angebotene Vertragsform in einer Weise durch die Judikative fortentwickelt worden ist, die von den Regelungsadressaten als abträglich betrachtet wird, können diese versuchen, in neue Vertragsformen auszuweichen. Beispiele sind etwa der Garantievertrag, der Leasingvertrag und der Franchisevertrag. Schließlich ist es auch möglich, dass Parteien, die nicht daran interessiert sind, dass von ihnen entwickelte Regelungen durch die Judikative verworfen oder modifiziert werden, dafür Sorge tragen, dass diese nicht vor die Gerichte gebracht werden. Die Parteien können hierzu in die Schiedsgerichtsbarkeit ausweichen.[19]

1277 Im Lichte des Gesagten lässt sich ein – einfaches – **Modell der judikativen Rechtsfortbildung** im Dreieck zwischen Legislative, Initiatoren und Judikative entwickeln. Dieses Modell ließe sich fortführen, indem etwa Lobbyaktivitäten mit einbezogen werden, in denen Regelungsadressaten auf die legislative Rechtsetzung Einfluss zu nehmen versuchen. Diese Erweiterung des Modells ist für die hier zu untersuchende judikative Rechtsfortbildung nur am Rande von Interesse.

6. Vorgehensweise

1278 Im folgenden wird zuerst das methodische Instrumentarium der Neuen Institutionenökonomik[20] eingeführt, um dann zu fragen, ob es die soeben unter I.5 genannten Anforderungen an eine Methodik für die Wirkungsanalyse von Methodiken im Zivilrecht erfüllt. Im nächsten Schritt sollen vier Methodiken, die im Zivilrecht zur Anwendung kommen, kurz vorgestellt werden, nämlich die grammatikalische, die systematische, die historische und die teleologische Interpretationsmethode. Bei der teleologischen Interpretationsmethode wird zwischen ihrer subjektiven und ihrer objektiven Variante zu unterscheiden sein. Die subjektive Variante wird nicht besonders behandelt, sondern als Gestaltungsvariante der historischen Interpretationsmethode begriffen. Die Kurzdarstellungen stützen sich auf Standardwerke der rechtswissenschaftlichen Methodenlehre. Es soll auf eine Ausdifferenzierung der zu untersuchenden Interpretationsmethoden verzichtet werden. Es sollen gleichsam idealtypische Methoden herausgearbeitet werden. Im Anschluss werden die einzelnen Interpretationsmethoden jeweils einer positiven Wir-

---

19 Den Hinweis auf diese in Bezug auf judikative Rechtsfortbildung negative Rolle der Parteien verdanke ich einem Anfang Januar 2012 mit *Harald Koch* geführten Gespräch.
20 Als Standardwerke der Neuen Institutionenökonomik im deutschsprachigen Raum seien hier genannt: *M. Erlei /M. Leschke /D. Sauerland*, Neue Institutionenökonomik, 2. Aufl., Stuttgart 2007; *Richter/ Furubotn*, a.a.O. (Fn. 8); *S. Voigt*, Institutionenökonomik, 2. Aufl., Paderborn 2009; weitere Werke zur Neuen Institutionenökonomik von Interesse: *C. Mantzavinos*, Individuals, Institutions and Markets, Cambridge, England 2001; *J. Groenewegen, /A. Spithoven/A.v.d. Berg*, Institutional Economics, Basingstoke, 2010; *C. Menard/M. M. Shirley* (Hrsg.), Handbook of New Institutional Economics, Dordrecht u.a. 2005; *D. C. North*, Understanding Institutions, in: *C. Menard* (Hrsg.), Institutions, Contracts and Organizations: Perspectives from New Institutional Economics, Cheltenham 2000, S. 7 – 10; *D.C. North*, Institutions, Institutional Change and Economic Performance, New York 1990; *O.E. Williamson*, The New Institutional Economics: Taking Stock, Looking Ahead, in: Journal of Economic Literature, Bd. 38, 2000, S. 595 – 613.

kungsanalyse unterzogen werden. Dabei wird zu berücksichtigen sein, dass die Akteure der Judikative die Methoden in einem Wechselspiel mit der Legislative und den Initiatoren einsetzen.

II. Zum methodischen Instrumentarium der Neuen Institutionenökonomik

1. Annahmen des ‚ökonomischen Paradigmas' und ihre Modifizierung in der Neuen Institutionenökonomik

a) Ökonomisches Paradigma

Sollen sanktionsbewehrte, abstrakt-generelle Regelungen – also Institutionen[21] – einer positiven Wirkungsanalyse unterzogen werden, ist in einem ersten Schritt zu klären, mit welchen Annahmen gearbeitet werden soll. Ausgangspunkt ist das von der Ökonomik allgemein – und von der neoklassischen Ökonomik im besonderen – verwendete ‚ökonomische Paradigma'. Dieses beruht auf **drei Annahmen**, nämlich Ressourcenknappheit, eigennutzorientiertes Rationalverhalten und methodologischer Individualismus. Diese Annahmen beziehen sich auf die Fragestellungen der Ökonomik, in der soziale Interaktionen analysiert werden, in denen die Akteure wegen der existierenden Ressourcenknappheit Wahlentscheidungen individuell zu treffen haben. Es wird angenommen, dass sie sich dabei an ihren individuellen Präferenzen orientieren und versuchen, ihren individuellen Nutzen zu mehren. Geht man davon aus, dass sie den Erwartungsnutzen gezielt und geplant zu maximieren trachten, spricht man von vollkommener Rationalität. Vom methodologischen Individualismus[22] wird deshalb ausgegangen, da zum einen nur individuelle Akteure Präferenzen haben können und zum anderen, weil es nur so möglich ist, die Entscheidungsstrukturen von Sozialverbänden darauf hin zu untersuchen, wie Entscheidungen im Delegationsmodell (Prinzipal-Agent-Modell) oder im Verfahren der Kollektiventscheidung (*collective action*, CA) getroffen werden.

b) Kritik und Modifizierung der Annahmen des ökonomischen Paradigmas

Die im Rahmen des ‚ökonomischen Paradigmas' konsentierten Annahmen haben sich bei der Ökonomik als mikroökonomischer Handlungstheorie, in der insbesondere das Funktionieren von Märkten geklärt werden soll, durchaus bewährt. Allerdings ist auch hier zutreffend kritisiert worden, dass zwei implizite Annahmen gravierende Konsequenzen haben. Es wird von vollständiger Information ausgegangen und davon, dass Transaktionen – wie der Güteraustausch auf der Grundlage vertraglicher Einigungen – keine Kosten verursachen (Null-Transaktionskosten-Annahme). Diese Kritik galt insbesondere der ‚sonderbaren Welt kostenloser Transaktionskosten', die von Richter und Furubotn im Anschluss an die beiden bahnbrechenden Publikationen von Ronald Coase

1279

1280

---

21 Zur Definition von Institutionen nur: *Richter/Furubotn*, a.a,O. (Fn. 8), S. 7.
22 Vgl. *K. J. Arrow*, Methodological Individualism and Social Knowledge, in: American Economic Review (Papers and Proceedings), Bd. 84, 1994, S. 1 – 9; *P. Behrens*, Die ökonomischen Grundlagen des Rechts: Politische Ökonomie als rationale Jurisprudenz, Tübingen 1986, S. 34 f.; *C. Kirchner*, Ökonomische Theorie des Rechts, a.a.O. (Fn. 5) S. 18 – 20; *Mantzavinos*, a.a. O. (Fn. 20); *Richter/Furubotn*, a.a.O. (Fn. 8), S. 3; *J. A. Schumpeter*, Das Wesen und der Hauptinhalt der theoretischen Nationalökonomie, Berlin, 1908, Kap. 6; *Voigt*, a.a.O. (Fn. 20), S. 21 f.

zum Transaktionskostenproblem[23] gegeißelt worden ist.[24] Werden die Annahmen des ‚ökonomischen Paradigma' unbesehen und unmodifiziert auf eine Analyse von Institutionen, die als Handlungsbedingungen begriffen werden können, übertragen, führt dies zu erheblichen Auswirkungen auf die Brauchbarkeit der zu entwickelnden Theorien. Institutionen – als sanktionsbewehrte Regelungen – werden geschaffen, da es in einer Welt systematisch unvollständiger Informationen Transaktionskosten gibt.[25] Will man etwa die Wirkungsweise einer Unterklasse von Institutionen, nämliche sanktionsbewehrter rechtlicher Regelungen, untersuchen, ist deshalb sowohl von der Annahme systematisch unvollständiger Information, wie auch von der Existenz von Informationskosten auszugehen.

1281 Die **Modifizierung der Informationsannahme** wird unmittelbar einsichtig, wenn man sich vergegenwärtigt, dass die Legislative rechtliche Regelungen für eine ungewisse Zukunft entwirft. Deshalb hat sie der Möglichkeit noch nicht vorhersehbarer Entwicklungen Rechnung zu tragen. Das hat aber – notwendigerweise – zur Folge, dass legislativ gesetzte Regelungen unvollständig sind und sein müssen. Das schlägt sich dann etwa in der gewählten Abstraktionshöhe der Regelung nieder, in Generalklauseln, in unbestimmten Rechtsbegriffen und/oder allgemeinen Rechtssätzen. In diesem Lichte erscheint das Lückenproblem in der Interpretationsmethodendiskussion nicht als Mangel der legislativen Rechtsetzung, sondern als Folge der notwendigerweise unzureichenden Information im Zeitpunkt der Rechtsetzung.

1282 Die **Transaktionskostenannahme** ist für das rechtswissenschaftliche Methodenproblem deshalb relevant, weil es von der Art der Rechtsetzung abhängt, welche Transaktionskosten verursacht werden, und weil bei der Alternativität und Komplementarität von legislativer und judikativer Rechtsfortbildung Transaktionskosten eine erhebliche Rolle spielen.

1283 Arbeitet die herkömmliche Ökonomik mit der **Annahme vollkommener Rationalität,** unter anderem mit der Begründung, dass der Markt die Akteure dazu zwinge, kann in der Institutionenökonomik, wenn es um die Analyse der Wirkungsweise von Institutionen geht, an dieser strengen Annahme nicht festgehalten werden. Man spricht von der Annahme eingeschränkter oder beschränkter Rationalität.[26] Untersuchungen der kognitiven Psychologie haben in einer Reihe von Fällen kognitives Fehlverhalten ans Tageslicht gebracht.[27] Spieltheoretische Untersuchungen haben zu Tage gefördert, dass Spieler in einem Experiment sich nicht entsprechend der Annahme der vollkommenen Rationalität

---

23 *R. H. Coase*, The Nature of the Firm, in: Economica, Bd. 4, 1937, S. 386 – 405; ders., The Problem of Social Cost, in Journal of Law and Economics, Bd. 3, 1960, S. 1 – 44 (deutsche Übersetzung mit inhaltlicher Einführung von *Christian Kirchner*, in: *H.-D. Assmann/Ch. Kirchner/E. Schanze*, Ökonomische Analyse des Rechts, 2. Aufl., Tübingen 1992, S. 129 – 183).

24 *Richter/Furubotn*, a.a.O. (Fn. 8), S. 14 – 17.

25 Vgl. *Richter/Furubotn*, a.a.O. (Fn. 8), S. 8 – 14.

26 Vgl. *R. B. Korobkin/T. Ulen*, Law and Behavioral Science: Removing the Rationality Assumption from Law and Economics, in: California Law Review, Bd. 88, 2000, S. 1051 – 1144.

27 Vgl. für viele: *D. Kahnemann*, New Challenges to the Rationality Assumption, in: Journal of Institutional and Theoretical Economics, Bd. 150, 1994, S. 18 – 36; *D. Kahnemann*, Thinking Fast and Slow, New York 2011, insbes. S. 109 – 254; *D. Kahnemann, /A. Tversky*, Prospect Theory: An Analysis of Decision under Risk, in: Econometrica, Bd.XVLII, 1979, S. 263 – 291; *A. Tversky/D. Kahneman D.* (1974), Judgment under uncertainty: Heuristics and biases, in: Science, Bd. 185, 1974, S. 1124–1131.

Kirchner

verhalten.[28] Heute ist im Schnittfeld von Psychologie und Ökonomik eine eigenständige verhaltenswissenschaftliche Subdisziplin entstanden, deren Ergebnisse für die Ökonomik fruchtbar gemacht werden.[29] Diese Modifizierungen der strengen Rationalitätsannahme sind für die Untersuchung von Methodiken im Zivilrecht deshalb von Interesse, weil Hypothesen, die auf der Annahme vollkommener Rationalität von Richtern im Sinne der Maximierung ihres Erwartungsnutzens, schnell falsifiziert werden könnten. Dass auch Richter kognitiven Täuschungen ausgesetzt sind, zeigen die Untersuchungen zum Rückschaufehler (*hindsight bias*), insbesondere im Rahmen der zivilrechtlichen Haftung von Geschäftsleitern (Managerhaftung).[30]

2. Geeignetheit des methodischen Instrumentariums der Neuen Institutionenökonomik für Wirkungsanalysen von Methodiken im Zivilrecht

Ob die in Abschnitt I.5 erörterten Anforderungen an eine Methodik zur Durchführung von Wirkungsanalysen von Methodiken im Zivilrecht seitens der Methodik der Neuen Institutionenökonomik erfüllt sind, ist in mehreren Schritten zu prüfen: (1) Die Methodik der Institutionenökonomik steht auf dem Fundament des Fallibilismus. Es werden falsifizierbare Hypothesen formuliert, mit denen solange gearbeitet werden kann, wie sie nicht falsifiziert sind. (2) Die Annahmen, mit denen die Neue Institutionenökonomik arbeitet, tragen dem Untersuchungsgegenstand Rechnung. Das gilt für die Informationsannahme, die Transaktionskostenannahme und die Rationalitätsannahme.

1284

III. Vier rechtswissenschaftliche Methodiken (Interpretationsmethoden) im Zivilrecht

1. Vorbemerkung

In der Regel beginnt die Diskussion rechtswissenschaftlicher Interpretationsmethoden mit der grammatischen oder Wortauslegung. Diese Vorgehensweise ist nicht zwingend. Geht man von der zentralen Bedeutung des Prinzips der Gewaltentrennung für die rechtswissenschaftliche Methodik aus, scheint es durchaus sinnvoll zu sein, zuerst nach dem von der Legislative bestimmtem Normzweck zu fragen und dann daran Auslegung zu orientieren („Normzweck als Auslegungsziel').[31] Dennoch soll hier mit der Methode der Wortauslegung begonnen werden, da von der – später zu hinterfragenden – These

1285

---

28 Vgl. *W. Güth/H. Kliemt*, Perfect or Bounded Rationality?: Some Facts, Speculations and Proposals, in: Analyse und Kritik Jg. 26, S. 364 – 381; *W. Güth/H. Kliemt*, (Un)Bounded Rationality in Decision Making and Game Theory – Back to Square One?, in: Games, Bd. 1, 2010, S. 53 – 65; *P. Koellinger/M. Minniti/ Ch. Schade* (2007), "I think I can, I think I can": Overconfidence and entrepreneurial behavior, in: Journal of Economic Psychology, Bd. 28, 2007, S. 502 – 527; *S. Sandri/Ch. Schade/O. Mußhoff/ M. Odening:* Holding on for too long? – An experimental study on inertia in entrepreneurs' and non-entrepreneurs' disinvestment choices, in: Journal of Economic Behavior and Organization, Bd. 76, 2010, S. 30 – 44; *R. Selten*, Bounded Rationality, in: Journal of Institutional and Theoretical Economics, Bd. 146, 1990, S. 649 – 658; *R. Selten*, Game Theory, Experience, Rationality, in: *W. Leinfellner/E. Köhler* (Hrsg.), Game Theory, Experience, Rationality, (Yearbook of Vienna Circle Institute), Dordrecht, Boston, London 1998, S. 9 – 34.

29 Vgl. *A. v. Aaken*, „Rational Choice" in der Rechtswissenschaft, Baden-Baden 2003, S. 82 – 108; *C. F. Camerer, / G. Loewenstein/M. Rabin* (Hrsg.), Advances in Behavioural Economics, Princeton, 2004; *H. Fleischer/D. Zimmer* (Hrsg.), Beitrag der Verhaltensökonomie (Behavioral Economics) zum Handels- und Wirtschaftsrecht, in: Zeitschrift für das gesamte Handels- und Wirtschaftsrecht (ZHR) Beiheft, Band 75, 2011; *D. Fudenberg*, Advancing Beyond Advances in Behavioural Economics, in: Journal of Economic Literature. Bd, 44, 2006, S. 694 – 711; *Korobkin, /Ulen*, a.a.O. (Fn. 26).

30 Dazu ausführlich *S. Höppner*, Reconsidering the German Business Judgement Rule. Am Empircal Inquiry, Diplomarbeit, Wirtschaftswissenschaftliche Fakultät der Humboldt-Universität zu Berlin, 2011 (im Erscheinen).

31 So *Rüthers/Fischer/Birk*, a.a.O. (Fn. 1), S. 422 – 428.

ausgegangen wird, dass die Bindung an den Wortlaut der legislativ gesetzten Regelung die strikteste Vorgabe für die Judikative in Sachen Gesetzesbindung darstellt.

2. Die Methode der grammatischen oder Wortauslegung

1286   In der Methode der grammatischen oder Wortauslegung[32] bildet der Text der auszulegenden Regelung den Ausgangspunkt der Interpretation.[33] Die Anwendung der textlich gefassten Regelung setzt voraus, dass der Text ‚verstanden' wird.[34] Es ist an den Wortsinn der verwendeten Begriffe anzuknüpfen. Hier setzen verschiedene Probleme des ‚richtigen' Textverständnisses an.[35] Der Wortsinn eines Begriffes der Rechtsprache – also in der Verwendung des Begriffs in der rechtlichen Regelung – muss nicht mit dem Wortsinn desselben Begriffs in der Alltagssprache übereinstimmen.[36] Sprache als Medium der Kommunikation bildet sich in verschiedenen Zirkeln von miteinander kommunizierenden Akteuren unterschiedlich. Hinzu kommen Probleme des sich ändernden Wortsinns mit der Änderung des Kontexts, in den der Begriff eingebettet ist (Porösität der Sprache).[37] Es gibt also **oft keinen eindeutigen und konstanten Wortsinn**.[38] Die Hoffnung, im Wortlaut der zu interpretierenden rechtlichen Regelung einen festen Anhaltspunkt zu haben, ist trügerisch.

3. Die systematische Interpretation

1287   Die systematische Interpretation[39] setzt bei der Einbettung einer rechtlichen Regelung in einen Kontext an. Kann im Kontext ein ‚System' ausgemacht werden, sollen von daher Rückschlüsse auf die Interpretation der rechtlichen Regelung möglich sein. Es soll die Widerspruchsfreiheit innerhalb des Systems gewährleistet werden. Voraussetzung ist die Existenz eines Systems.[40] Die Vorgehensweise der Interpretation erfolgt dann in zwei Schritten. Zuerst wird der **systematische Zusammenhang der Norm** zu bestimmen gesucht. Im zweiten Schritt wird nach einer Interpretation gesucht, die **Inkonsistenzen** in diesem System ausschaltet oder minimiert. Damit soll erreicht werden, dass sich die judikative Rechtsfortbildung widerspruchsfrei in das existierende Recht einfügt. Die Sicherstellung der Widerspruchsfreiheit der in Frage kommenden Regelungsmaterie ist nicht Selbstzweck. Zum einen fügt sich die judikative Rechtsfortbildung in ein – existierendes oder unterstelltes – System und stellt insofern einen Nachvollzug dessen dar, was der legislative Rechtsetzer idealiter angestrebt hat. Zum anderen soll so ein Beitrag zur

---

32   Vgl. *F.C. v. Savigny*, System des heutigen römischen Rechts, Berlin 1840, Bd. I, S. 213; Bd. III. S. 244, der vom grammatischen Element der Auslegung spricht.

33   Zur grammatischen oder Wortauslegung vgl. *E. A. Kramer*, Juristische Methodenlehre, 3. Aufl., München 2010, S. 57 – 85; *Larenz/Canaris*, a.a.O. (Fn. 4), S. 141 – 149; *K.F. Röhl/H. Röhl*, Allgemeine Rechtslehre, 3. Aufl., Köln, München 2008, S. 613–616; *Rüthers/Fischer/Birk*, a.a.O. (Fn. 1), S. 431 – 438; *R. Wank*, Die Auslegung von Gesetzen, 5. Aufl., München 2011, S. 39 – 53.

34   Vgl. *Rüthers/Fischer/Birk*, a.a.O. (Fn. 1), S. 107 – 110.

35   Ausführlich: *Rüthers/Fischer/Birk*, a.a.O. (Fn. 1), S. 107 – 138.

36   Zur Möglichkeit, den Wortsinn in einer juristischen Kunstsprache zu präzisieren: *Rüthers/Fischer/Birk*, a.a.O. (Fn. 1), S. 124 – 129, 135 – 137.

37   Vgl. *Rüthers/Fischer/Birk*, a.a.O. (Fn. 1), S. 115.

38   Ausführlich: *Rüthers/Fischer/Birk*, a.a.O. (Fn. 1), S. 99 – 139.

39   Vgl. *K. Engisch*, Einführung in das juristische Denken, 11. Aufl., Stuttgart 2010, S. 139, S. 131, 142; *Kramer*, a.a.O. (Fn. 33), S. 85–116; *H.-M. Pawlowski*, Methodenlehre für Juristen, 3. Aufl., Heidelberg 1999, S. 173–175; *K.F. Röhl/H. Röhl*, a.a.O (Fn. 33), S. 622 f.; *Rüthers/Fischer/Birk*, a.a.O. (Fn. 1), S. 438 – 463; *J. Schapp*, Methodenlehre, Tübingen 1998, S. 85 – 89; *Wank*, a.a.O. (Fn. 33), S. 55 – 63; *R. Zippelius*, Juristische Methodenlehre, 10. Aufl., München 2006, S. 52 – 57.

40   Dazu ausführlich *Larenz/Canaris* (Fn. 4), S. 263 – 318.

Rechtssicherheit geleistet werden. Die Regelungsadressaten können davon ausgehen, dass eine Interpretation, die zu offenen Systembrüchen führen würde, nicht erfolgt. Der Interpretationsspielraum der Judikative wird eingeschränkt. Voraussetzung ist aber, dass eindeutig klar ist, in welches System die zu interpretierende rechtliche Regelung einzuordnen ist. Existieren hier Freiräume, kann dies den theoretisch denkbaren Gewinn an Rechtssicherheit zunichte machen oder ihn reduzieren.

4. Die historische Interpretation

Die historische Interpretation[41] – auch ‚subjektive Theorie‘[42] oder ‚subjektive teleologische Auslegung‘[43] genannt – interpretiert die rechtliche Regelung im Sinne der **Regelungsabsicht des historischen Gesetzgebers.** Die Judikative ordnet sich bei der Rechtsfortbildung dem ‚Willen des Gesetzgebers‘ unter und nimmt damit die Position im System der Gewaltentrennung ein, die ihr nach der klassischen kontinentaleuropäischen Konzeption der Gewaltentrennung zugeordnet ist. Voraussetzung ist, dass sich der Wille des Gesetzgebers bestimmen lässt.

1288

5. Die teleologische Interpretation

Entsprechend der Gewaltentrennungskonzeption, die der legislativen Rechtsetzung den Vorrang einräumt, lässt sich bei der Interpretation einer rechtlichen Regelung an den ‚Normzweck‘ anknüpfen.[44] Dann ist aber zu entscheiden, ob auf den historischen Normzweck des Gesetzgebers oder auf einen zu konstruierenden ‚objektiven‘ Normzweck abzustellen ist. Die erste Variante der teleologischen Interpretation ist deckungsgleich mit der historischen Interpretation. Soll der ‚objektive‘ Normzweck ermittelt werden, der **‚Zweck des Gesetzes‘,** losgelöst von der historischen Normsetzung, erfolgt die Interpretation in zwei Schritten. Zuerst ist dieser objektive Normzweck zu konstruieren. Sodann ist nach der Interpretation zu suchen, die am besten geeignet erscheint, diesen Normzweck zu verwirklichen (Optimierung der Interpretation). Voraussetzung für die objektiv-teleologische Interpretation[45] ist also zum einen, dass sich der objektive Normzweck zweifelsfrei ermitteln lässt und zum anderen, dass die Optimierung gelingt. Da sich diese Denkfigur als eine **Variante des Zweck-Mittel-Paradigmas** darstellt,[46] wird sich die Wirkungsanalyse der objektiv-teleologischen Interpretationsmethode auf die Implikationen des hier verwendeten Zweck-Mittel-Paradigmas konzentrieren.

1289

---

41 Vgl. *Engisch*, a.a.O. (Fn. 39), S. 144 – 146, 166 f.; *Kramer*, a.a.O. (Fn. 33), S. 118 – 140; *Larenz/Canaris*, a.a.O. (Fn. 4), S. 149 – 153; *Pawlowski*, a.a.O. (Fn. 389), S. 175 – 177; *Riesenhuber*, a.a.O. (Fn. 12), S. 320 f.; *K.F. Röhl/H. Röhl*, a.a.O (Fn. 33), S. 619 f.; *Rüthers/Fischer/Birk*, a.a.O. (Fn. 1), S. 438 – 463; *Schapp*, a.a.O. (Fn. 39), S. 85 – 89; *Wank*, a.a.O. (Fn. 33), S. 65 – 68; *Zippelius*, a.a.O. (Fn. 39), S. 44, 50 f.

42 Für viele: *Riesenhuber*, a.a.O. (Fn. 12), S. 320.

43 Vgl. für viele: *I. Puppe*, Kleine Schule des juristischen Denkens, Göttingen 2008, S. 78.

44 Vgl. *Engisch*, a.a.O. (Fn. 39), S. 162, 174, 302 f.; *Kramer*, a.a.O. (Fn. 33), S. 142 – 170; *K.F. Röhl/H. Röhl*, a.a.O (Fn. 33), S. 620 – 622; 627 – 631; *Rüthers/Fischer/Birk*, a.a.O. (Fn. 1), S. 438 – 463; *Schapp*, a.a.O. (Fn. 39), S. 85 – 89; *Wank*, a.a.O. (Fn. 33), S. 64 – 72; *Zippelius*, a.a.O. (Fn. 39), S. 49 – 52.

45 Vgl. zur objektiv-teleologischen Interpretationsmethode insbes. *Larenz/Canaris*, a.a.O. (Fn. 4), S. 137 – 141; *Riesenhuber*, a.a.O. (Fn. 12), Rn. 11; *Wank*, a.a.O. (Fn. 33), S. 64 – 72; *Zippelius*, a.a.O. (Fn. 39), S. 49 – 52; kritisch insbes. *Kirchner*, § 5 Die ökonomische Theorie, a.a.O. (Fn. 5), Rn. 24 – 30; *Rüthers/Fischer/Birk*, a.a.O. (Fn. 1), Rn. 806 – 815 a, S. 477 – 484.

46 Vgl. dazu *Kirchner*, § 5 Die ökonomische Theorie, a.a.O. (Fn. 5), Rn. 25 – 27.

IV. Wirkungsanalyse rechtswissenschaftlicher Methodiken im Zivilrecht

1. Vorbemerkung

1290 Geht es um Methodiken der judikativen Rechtsfortbildung, konzentrieren sich die Methodenfragen in kontinentaleuropäischen Rechtsordnungen auf Methoden der Interpretation legislativ gesetzten Rechts durch Gerichte. Im allgemeinen wird davon ausgegangen, dass die legislativ gesetzte Regelung dem Gericht vorgegeben ist und dieses in der Anwendung einer abstrakt-generellen Regelung auf einen konkreten Sachverhalt den legislativen Vorgaben strikt zu folgen habe, ohne dabei gegenüber der Legislative eine aktive Rolle spielen zu können. Diese Sichtweise ist die Folge einer Verengung des Blickwinkels, die nur das Tun der Judikative im Auge hat. Hier wird ein Wechselspiel der Aktivitäten von Legislative, Judikative und Initiatoren angenommen (dazu oben I.5.d). Im Wechselspiel zwischen der Judikative und Initiatoren, die judikative Rechtsfortbildung anstoßen, indem sie Streitigkeiten gerichtlich austragen, kann die **Judikative** sehr wohl **eigene Initiativen** entwickeln. Sie kann etwa die Revision gegen ein Urteil zulassen oder sich aktiv um solche Fälle bemühen, die ihr die Chance der Rechtsfortbildung geben. Im Wechselspiel zwischen Legislative und Judikative kann die Legislative in gewissem Maße den Freiraum der Judikative steuern, indem sie Generalklauseln, unbestimmte Rechtsbegriffe und/oder allgemeine Rechtssätze verwendet. Sie delegiert dann gleichsam Rechtsetzungsbefugnis an die Judikative. Diese wiederum kann, indem sie solche Freiräume aktiv nutzt, der Legislative signalisieren, dass eine solche Arbeitsteilung bei der Rechtsetzung für beide Seiten vorteilhaft sei. So kann sie die Legislative dazu veranlassen, bei der Rechtsetzung neuer Regelungsmaterien, bei der die Unsicherheit bezüglich der tatsächlichen Wirkungsweise präzise gefasster Regelungen groß ist, breite Freiräume für judikative Rechtsfortbildung zu eröffnen.

1291 Die Wechselspiele zwischen den verschiedenen direkt oder indirekt an der Rechtsfortbildung beteiligten Akteuren sind deshalb für die Analyse der tatsächlichen Wirkungen verschiedener Methodiken im Zivilrecht von Bedeutung, weil nur dann Überlegungen angestellt werden können, welches Kalkül der jeweiligen konkreten rechtsfortbildenden Aktivität zugrunde liegt. Damit lassen sich gegebenenfalls Aussagen darüber machen, welche Interpretationsmethoden von der Judikative in welchen Spielsituationen eingesetzt werden.

2. Grammatische oder Wortauslegung

1292 Lässt sich der Wortsinn nicht eindeutig bestimmen und ändert sich dieser mit dem sich ändernden Kontext, kann die Methodik der Wortauslegung auch zu Problemen der Rechtssicherheit führen. Die Möglichkeit der Regelungsadressaten, die judikative Rechtsfortbildung, die sich der Methodik der Wortauslegung bedient, prognostizieren zu können, wird daher stark eingeschränkt. Außerdem stellt sich die Frage, ob die judikative Rechtsfortbildung sich von dem legislativ Vorgegebenen dadurch ‚emanzipieren' kann, dass sie von der Legislative verwendete Begriffe anders interpretiert, als dies von der Legislative intendiert war. Dies betrifft das Problem der Gewaltentrennung. Konzentriert man den Blick allein auf die Freiräume, die sich der judikativen Rechtsfortbildung im Rahmen der Wortauslegung eröffnen, sind sowohl die Sicherung der Einflussmöglichkeiten der Bürger auf die Rechtsetzung als auch die Wahrung der **Rechtssicherheit** kritisch zu sehen.

Das Bild könnte sich ändern, wenn man auf das Wechselspiel zwischen **Legislative, Judikative und Initiatoren** abstellt. Im Wechselspiel zwischen der Legislative und der Judikative ist dann zu beachten, dass die oben angedeuteten Probleme nicht notwendigerweise der Judikative zuzuordnen sind. Sie können sehr wohl darauf zurückgeführt werden, dass die Legislative eine Festlegung vermeiden wollte, in Generalklauseln, unbestimmte Rechtsbegriffe und allgemeine Rechtsgrundsätze ausgewichen ist, um eine **unvollständige legislative Problemlösung** zu produzieren, in der dann der Judikative die Aufgabe übertragen wird, durch Rechtsprechung zu einer ,Klärung der Begriffe' beizutragen. Geht man von der Annahme eigennutzorientierten Rationalverhaltens der Mitglieder der Legislative aus, so kann die genannte Strategie ergriffen werden, um die Verantwortlichkeit dieser Akteure gegenüber den Bürgern abzuschwächen. Die Verantwortung wird so der Judikative aufgebürdet, deren Mitglieder anders als die Mitglieder der Legislative, nicht der Abwahlandrohung ausgesetzt sind.

1293

Im Lichte dieser Überlegungen erscheint die Wortauslegung in einem anderen Licht. Der Judikative wird die Aufgabe übertragen, die Begriffe zu klären und damit ein Mehr an Rechtssicherheit zu produzieren. Dies geschieht aber durch **Hintanstellung der Gewährleistung politischer Teilhaberechte der Bürger.** Die Herstellung von mehr Rechtssicherheit durch die Judikative kann ökonomisch als ,öffentliches Gut' qualifiziert werden, also ein Gut, zu dem jedermann Zugang hat und das die besondere Qualität aufweist, dass es dadurch, dass es von vielen Akteuren genutzt wird, nicht weniger wird. Diese Betrachtung klammert dann allerdings aus, dass die Rechtsfortbildung sich weitgehend der Kontrolle durch die Bürger entzieht.

1294

Ein weiteres Problem der Rechtssicherheit war darin gesehen worden, dass in kontinentaleuropäischen Rechtsordnungen die Judikative nicht rechtlich verbindlich an ihre Vorentscheidungen (*precedents*) gebunden ist. Diesem Problem kommt bei der Wortauslegung nur eine untergeordnete Bedeutung zu. Hat die Judikative im Zuge der Wortauslegung zur Klärung der Begriffe beigetragen, besteht für sie wenig Anlass, diese Vorentscheidungen in späteren Entscheidungen umzustoßen.

1295

Stellt man nunmehr auf das Wechselspiel zwischen **Judikative und Initiatoren** ab, ergibt sich ein anderes Bild der Lage. Regelungsadressaten rechtlicher Regelungen, die sich durch Generalklauseln und unbestimmte Rechtsbegriffe auszeichnen, haben ein Interesse an der Klärung der Begriffe. Das Mehr an Rechtssicherheit zahlt sich für sie in einem Mehr an Prognosefähigkeit aus. Also lohnt es sich für die Regelungsadressaten, in die Rechtsfortbildung zu investieren, die zu einer Klärung von Begriffen beiträgt. Es gibt also Anreize, bestimmte Fälle bis vor die höchsten Instanzen zu bringen, um dort eine Klärung der Begriffe herbei zu führen. Allerdings taucht hier ein sogenanntes Trittbrettfahrerproblem auf. Die Vorteile der Begriffsklärung kommen allen Regelungsadressaten zugute, nicht nur denen, die in die Rechtsfortbildung investiert haben. Also könnte es sich lohnen, nicht in Rechtsfortbildung zu investieren, wenn die Kosten allein von den Initiatoren zu tragen sind, die Vorteile aber allen zugute kommen. Es kann zur rationalen Apathie kommen. Jeder wartet, bis der andere aktiv wird. Diese Gefahr lässt sich reduzieren, wenn Verbände klagen, oder wenn die Initiatoren davon ausgehen können, dass sie zwar in einem Falle die Rechtsfortbildung initiieren und die Kosten tragen, dass in anderen Fällen aber andere die Rolle der Initiatoren übernehmen.

1296

Das **Resümee** der Überlegungen mag überraschend sein: Die Einschätzung der Wirkungsweise der Methodik der Wortauslegung im Zivilrecht ändert sich, wenn man den Blick nicht allein auf die Tätigkeit der Judikative richtet, sondern wenn man das Wech-

1297

selspiel im Dreiecksverhältnis zwischen Legislative, Judikative und Initiatoren in Rechnung stellt. Es zeigt sich, dass zwei der Akteure ein Interesse an der Klärung von Begriffen haben, nämlich die Judikative und die Initiatoren. Die ausschließliche Fokussierung auf den Aspekt der Rechtssicherheit blendet allerdings die Nebeneffekte dieser Art und Weise, Rechtssicherheit zu mehren, aus, nämlich die Einbußen an demokratischer Teilhabe.

3. Systematische Interpretation

1298   Bedient sich die Judikative bei der Rechtsfortbildung der systematischen Interpretationsmethode, stellt sich das Problem der **Rechtssicherheit** wie folgt dar: Wird in einem ersten Schritt festgestellt, in welches System die betreffende rechtliche Regelung einzuordnen ist und existiert ein Entscheidungsfreiraum, da mehrere Systeme in Betracht kommen, reduziert dies für die Regelungsadressaten die Vorhersehbarkeit der Rechtsfortbildung. Die Unsicherheit beginnt mit der Frage, um welches System es im Rahmen der systematischen Interpretation geht.[47] So kann etwa eine Regelung des Eigentümer-Besitzer-Verhältnisses im BGB (§§ 987 – 1007) in das System des Privatrechts, in das System des bürgerlichen Rechts, in das System des Sachenrechts oder in das System einer speziellen schuldrechtlichen Regelungsmaterie eingeordnet werden. So ist etwa bei den Schadensersatzregelungen im Rahmen des Eigentümer-Besitzer-Verhältnisses strittig, ob diese dem Sachenrecht zuzuordnen sind, oder ob sie in das System des Deliktsrechts einzuordnen sind. Je nachdem, wie die Systemzuordnung erfolgt, ändert sich das Ergebnis der Interpretation und damit der konkrete Akt der Rechtsfortbildung. Während in der rechtswissenschaftlichen Diskussion die Frage im Vordergrund steht, ob es Aufgabe der Judikative ist, Brüche und Inkonsistenzen im legislativen Recht mittels der systematischen Interpretation zu korrigieren, muss eine Wirkungsanalyse anders ansetzen. Hier geht es nicht um die normative Frage der möglichen Verbesserung der legislativ gesetzten rechtlichen Regelungen durch die judikative Rechtsfortbildung, sondern um die **Auswirkungen dieser Art der Rechtsfortbildung**. Unterstellt man, dass die Judikative tatsächlich die Systemkonsistenz verbessert, ist dies unter dem Aspekt der Rechtssicherheit dennoch erst einmal **ambivalent**. Die bessere Systemkonsistenz kann zur Folge haben, dass in Zukunft besser vorhergesehen werden kann, wie legislativ gesetzte rechtliche Regelungen judikativ ,verbessert' werden. Zugleich wird aber eben diese Vorhersehbarkeit verringert, da nicht sicher ist, wie die Judikative künftig das System bestimmt, in das eine rechtliche Regelung einzuordnen ist. Auch ist in einer Rechtsordnung ohne rechtliche Bindungswirkung von Vorentscheidungen (*precedents*) keineswegs gewährleistet, dass eine einmal vorgenommene Zuordnung einer rechtlichen Regelung zu einem System in Zukunft durchgehalten wird. Die Anreize der Judikative, sich auch in Zukunft an die einmal vorgenommenen Zuordnungen zu halten, scheinen hier recht groß zu sein.

1299   Die Korrekturfunktion in Bezug auf das legislativ gesetzte Recht seitens der Judikative führt zu Abstrichen bei der demokratischen Teilhabe und der Freiheitssicherung. Im Hintergrund steht die Frage, wie sich unter diesen Gesichtspunkten eine Korrektur von Systembrüchen und -inkonsistenzen durch die Legislative auswirken würde. Um dies zu untersuchen, ist auf das Wechselspiel zwischen der Legislative, der Judikative und den Initiatoren einzugehen.

1300   Systembrüche und -inkonsistenzen im legislativ gesetzten Recht sind nicht notwendigerweise Ergebnisse von Fehlern in der Gesetzgebung, die auf eine qualitativ minderwertige

---

47   Vgl. Rüthers/Fischer/Birk, a.a.O. (Fn. 1), S. 440 f.

Technik der Gesetzgebung zurückzuführen sind. Es gilt, einen **Paradigmawechsel** im Zivilrecht (kontinentaleuropäischer Rechtsordnungen) zu beachten, nämlich den vom Kodifikationsparadigma zum Paradigma der punktuellen Einzelregelung. Dieser Paradigmawechsel ist – auch – eine Folge der Europäisierung des Zivilrechts.[48] Er ist aber auch auf Gesetzgebung im demokratischen Rechtstaat zurückzuführen, in der möglicherweise konsistente Referenten- und Regierungsentwürfe eines Gesetzgebungsvorhabens im politischen Prozess der Parlamentsbeteiligung an Konsistenz verlieren. Dies ist auch der Tatsache geschuldet, dass es hier nicht den **einen** Gesetzgeber gibt, sondern Gesetzgebung im pluralistischen Wechselspiel der politischen Kräfte stattfindet. Systembrüche und -inkonsistenzen sind dann notwendige Ergebnisse dieser Art von Gesetzgebung. Hier setzt die Korrekturfunktion der Judikative an. Aus Sicht der Regelungsadressaten bedeutet dies, dass an die Stelle der demokratisch legitimierten, aber inkonsistenten legislativ gesetzten rechtlichen Regelung nunmehr eine konsistentere Regelung tritt, die nur insofern demokratisch legitimiert ist, als es der Legislative grundsätzlich frei steht, judikative Rechtsfortbildung wiederum zu korrigieren. In einer Wirkungsanalyse der Methodiken der judikativen Rechtsfortbildung ist allerdings realistischerweise davon auszugehen, dass eine solche erneute Korrektur an Kapazitätsproblemen des Gesetzgebungsapparats scheitert.

Legislativ gesetztes Recht mit Systembrüchen und -inkonsistenzen, das den pluralistischen Gesetzgebungshergang widerspiegelt, mag aus dem Blickwinkel der Regelungsadressaten nicht zufriedenstellend sein. Der **Pluralismus** in der **Gesetzgebung** kann sich nunmehr im Pluralismus unterschiedlicher Vorstöße von **Initiatoren** fortsetzen, die Streitfälle mit der Absicht vor die Gerichte bringen, die Korrekturfunktion der Judikative in Gang zu setzen. Der Prozess der Rechtsfortbildung kann dann in **drei Stufen** beschrieben werden: (1) rechtliche Regelungen werden legislativ gesetzt, (2) Initiatoren bringen Streitfälle vor Gerichte, um die Korrekturfunktion der Judikative in Gang zu setzen, (3) die Judikative wird im Rahmen der systematischen Interpretationsmethode korrigierend tätig. Dieser so skizzierte Stufenbau der Rechtsfortbildung ist selbst wieder nur ein Teilausschnitt des gesamten Rechtsfortbildungsprozesses, da die Einflussnahme auf die Gesetzgebung seitens Interessengruppen ausgeblendet ist (Lobbying). Diese Einflussnahme erfolgt sowohl auf der Ebene der Erstellung von Referenten- und Regierungsentwürfen wie auch im Rahmen des parlamentarischen Gesetzgebungsprozesses. | 1301

4. Historische Interpretation

Kommt die historische Interpretationsmethode in der judikativen Rechtsfortbildung zum Einsatz, ist der Ausgangspunkt für eine Wirkungsanalyse dieser Methodik ein anderer als bei der systematischen Interpretationsmethode. Es zeigen sich aber auch große Ähnlichkeiten. | 1302

Existiert der **eine** historische Gesetzgeber nicht, stützt die Judikative aber ihre Interpretation auf das Argument, dass die gewählte Interpretation der historischen Intention **des** Gesetzgebers entspreche, geht es wiederum um einen Ermessensspielraum der Judi- | 1303

---

48 Vgl. *S. Grundmann* (Hrsg.), Systembildung und Systemlücken in Kerngebieten des Europäischen Privatrechts – Gesellschafts-, Arbeits- und Schuldvertragsrechts, Tübingen, 2000; ders. Systemdenken und Systembildung, in: *K. Riesenhuber* (Hrsg.) Europäisches Methodenlehre, 2. Aufl., Berlin, New York, 2010, S. 285 – 314; *Ch. Kirchner*, § 7 Der punktuelle Ansatz als Leitprinzip gemeinschaftsrechtlicher Privatrechtsharmonisierung, in: *S. Grundmann/D. Medicus/W. Rolland* (Hrsg.), Europäisches Kaufgewährleistungsrecht, Reform und Internationalisierung des deutschen Schuldrechts, Köln 2002, S. 95 – 111.

kative. Indem eine der – vielen denkbaren – Positionen als die des Gesetzgebers ausgegeben wird, bestimmt die Judikative ex post die Gewichte der politischen Interessen im Gesetzgebungsprozess neu. Das tangiert sowohl den Aspekt der Rechtsicherheit als auch die Gewährleistung politischer Teilhabe. Bezüglich der detaillierten Argumentation kann auf das im Vorabschnitt Gesagte verwiesen werden. Das gilt auch für die Betrachtung des Wechselspiels zwischen Legislative, Judikative und Initiatoren.

1304   Die Zusammenhänge lassen sich an einem **Beispiel** illustrieren, in dem eine Änderung zivilrechtlicher deutscher Regelungen auf die Umsetzung einer **Richtlinie des Europäischen Unionsrechts** zurückzuführen ist. Die politische Auseinandersetzung – unter Einbezug der einflussnehmenden Interessengruppen – findet auf der europäischen Ebene sowohl in Bezug auf die Artikel der Richtlinie, in der sich die materiellrechtliche Regelung befindet, statt, als auch in Bezug auf die Erwägungsgründe. Geht man nämlich davon aus, dass die deutschen zivilrechtlichen Vorschriften später – auch – im Lichte dieser Erwägungsgründe zu interpretieren sein werden,[49] sind die Erwägungsgründe für das Ergebnis der Interpretation von erheblicher Bedeutung. Mithilfe der historischen Interpretationsmethode können nunmehr seitens der Judikative Akzente gesetzt werden, wenn etwa bestimmte Erwägungsgründe besonders gewichtet werden, um dann die entsprechenden rechtlichen Regelungen des deutschen Rechts, die das Produkt der Richtlinienumsetzung in nationales Recht darstellen, in diesem Lichte zu interpretieren. Da es hier um eine Argumentation geht, die über die historische Interpretationsmethode hinausgeht und die auf die teleologische Interpretationsmethode abstellt, ist auf diese Problematik im folgenden Abschnitt noch einmal näher einzugehen.

5. Teleologische Interpretation

1305   Die teleologische Interpretationsmethode erweitert den Spielraum der Judikative bei der Rechtsfortbildung sehr erheblich, insbesondere dann, wenn die Suche nach dem Zweck der zu interpretierenden rechtlichen Regelungen über das hinausgeht, was der historische Gesetzgeber möglicherweise intendiert hatte. Wenn nicht mehr nach diesem historischen Zweck gefragt wird, sondern nach dem ‚Zweck des Gesetzes' (objektiv-teleologische Interpretationsmethode), wird die Bindung der Judikative an das legislativ Vorgegebene erheblich gelockert. Das wirkt sich sowohl auf die Rechtssicherheit, wie auf die Sicherung demokratischer Teilhabe und der Freiheitsgewährleistung aus. Mit der objektiv-teleologischen Interpretation ‚emanzipiert' sich die Judikative von den Vorgaben der Legislative.[50] Bisher folgte die Argumentation weitgehend eher der in der rechtswissenschaftlichen Diskussion vorgebrachten Kritik an der objektiv-teleologischen Interpretationsmethode. Allerdings wird hier stärker der Aspekt der mangelnden Sicherung der politischen Teilhaberechte betont. Eine Wirkungsanalyse der objektiv-teleologischen Interpretationsmethode muss einen Schritt weiter gehen als die rechtswissenschaftliche Kritik. Sie muss das Augenmerk nicht nur auf das Problem der Bestimmung des Zwecks der auszulegenden rechtlichen Regelung durch die Judikative richten. Sie muss auch die Auswirkung des dieser Interpretationsmethode zugrunde liegenden Zweck-Mittel-Paradigmas erfassen.[51]

---

49 Vgl. *W.-H. Roth*, § 14 Die richtlinienkonforme Auslegung, in: K. Riesenhuber (Hrsg.), Europäische Methodenlehre, 2. Aufl., Berlin, New York 2010, S. 393 – 424 (412 – 414).

50 Besonders kritisch in diesem Sinne: *B. Rüthers*, Die unbegrenzte Auslegung- Zum Wandel der Privatrechtsordnung im Nationalsozialismus, 6. Aufl., Tübingen 2005; *Rüthers/Fischer/Birk*, a.a.O. (Fn. 1), S. 471 – 484.

51 Vgl. dazu bereits die Ausführungen oben in Abschnitt III.5.

Wenn im Rahmen der teleologischen Interpretationsmethode (sowohl der objektiven wie der subjektiven Variante) gefragt wird, welche Interpretation geeignet erscheint, den zuvor definierten Zweck am besten zu erfüllen, ist eine Optimierung bezüglich der Wahl der Mittel, die zur Zweckerreichung einzusetzen sind, vorzunehmen. Hier kommt das Problem nicht intendierter Nebenwirkungen beim Mitteleinsatz ins Spiel.[52] Die Wahl der Mittel wirkt auf den Zweck zurück. Die Argumentation wird tautologisch. In einer Wirkungsanalyse einer Methodik, die sich des Zweck-Mittel-Paradigmas bedient, heißt dies, dass derjenige, der tautologisch argumentiert, sich der **Nachprüfbarkeit** der von ihm gemachten Aussagen **entziehen** kann. Hier ist der zweite Aspekt der ‚Emanzipation' der Judikative, die sich der objektiv-teleologischen Interpretationsmethode bedient, festzumachen. Es kommt ein dritter hinzu: Soll bestimmt werden, welche Mittel – hier Interpretationsvarianten – sich zur Erreichung des zuvor definierten Zwecks eignen, und fehlt es der Judikative an einem methodischen Instrumentarium, in wissenschaftlich nachprüfbarer Art und Weise, die erwarteten **Wirkungen des Mitteleinsatzes** zu bestimmen, geht sie einen dritten Schritt der ‚Emanzipation'. Denn über ein derartiges Instrumentarium verfügt die rechtswissenschaftliche Methodik zurzeit – noch – nicht.[53]

1306

Das **Zwischenfazit** ist ernüchternd: Eine judikative Rechtsfortbildung, die sich der objektiv-teleologischen Interpretationsmethode bedient, führt zu erheblicher Rechtsunsicherheit und vermindert damit die Vorhersehbarkeit auf seiten der Regelungsadressaten erheblich. Zugleich werden demokratische Teilhaberechte und die Freiheitssicherung nicht unbeträchtlich geschmälert.

1307

Das Bild bleibt solange unvollständig, wie nicht das Wechselspiel von Legislative, Judikative und Initiatoren unter der Bedingung der von der Judikative eingesetzten objektiven Interpretationsmethode analysiert wird. Die Legislative hat es in der Hand, auf eine judikative Rechtsfortbildung, die sich der objektiv-teleologischen Interpretationsmethode bedient, zu reagieren, indem sie erneut rechtsetzend tätig wird. Sie kann damit den von der Judikative ‚objektivierten' Zweck des Gesetzes **zurück in ihren Kompetenzbereich** holen. Auf die hier auftretenden nicht unbeträchtlichen Kapazitätsprobleme wurde oben (Abschnitt IV.3) verwiesen. Die Legislative kann aber auch bereits im originären Gesetzgebungsverfahren tätig werden, um die Möglichkeiten der ‚Emanzipation' der Judikative einzuschränken. Sie kann etwa ihrerseits die Ziele, die sie mit einem Gesetzgebungsvorhaben anstrebt, nennen.[54] Allerdings sind dem im modernen pluralistischen Gesetzgebungsprozess, in dem es den **einen** Gesetzgeber nicht gibt, enge Grenzen gesetzt. Auf europäischer Ebene wird – wie im Vorabschnitt erwähnt – mit Erwägungsgründen gearbeitet. Aber der jeweilige Katalog von Erwägungsgründen ist in der Regel keineswegs konsistent und widerspruchsfrei.

1308

Initiatoren kommt im Rahmen einer judikativen Rechtsfortbildung, die sich der objektiv-teleologischen Interpretationsmethode bedient, eine nicht unwichtige Rolle zu. Erscheint aus Sicht der Regelungsadressaten eine Regelungsmaterie modernisierungsbedürftig, weil sich alte Zwecksetzungen im Zuge von Änderungen des gesellschaftlichen, wirtschaftlichen und technologischen Kontextes, als dysfunktional darstellen, können sie

1309

---

52 Vgl. *F.A. v. Hayek*, Freiburger Studien, Tübingen 1969, S. 69; umfassend: *K. Homann*, Die Interdependenz von Zielen und Mitteln, Tübingen 1980.

53 Vgl. aber Schritte in diese Richtung: *Ch. Kirchner*, Zur konsequentialistischen Interpretationsmethode, a.a.O. (Fn. 5).

54 *Ernst Steindorff* spricht von der ‚Politik des Gesetzes': *E. Steindorff*, Politik des Gesetzes als Auslegungsmaßstab im Wirtschaftsrecht, in: *G. Paulus* u.a. (Hrsg.), Festschrift für Karl Larenz zum 70. Geburtstag, München 1973, S. 217 – 244.

entweder versuchen, auf die Gesetzgebung Einfluss zu nehmen (Lobbying). Oder sie können Rechtsstreite vor die Gerichte bringen und geltend machen, dass die historischen Zwecksetzungen nicht mehr einschlägig seien. Damit fordern sie die Judikative auf, in ihrer Rechtsfortbildung mithilfe der objektiv-teleologischen Interpretationsmethode die Zwecksetzung neu zu bestimmen, sie aus dem historischen Kontext zu lösen und damit neu zu ‚objektivieren'. Folgt die Judikative dem, setzt sie sich an die Stelle der Legislative und rechtfertigt dies mit dem Hinweis, dass eine neue legislative Rechtsetzung nicht abgewartet werden könne. Was in der rechtswissenschaftlichen Diskussion als **Ersatzgesetzgebung** durch die Judikative diskutiert und teils auch praktiziert wird,[55] stellt sich aus Sicht einer Wirkungsanalyse schlicht als eine autonom vorgenommene Erweiterung des Handlungsspielraums der Judikative dar, möglicherweise angestoßen durch Regelungsadressaten (Iniatoren). Initiatoren haben dann die Wahl, entweder auf den Gesetzgeber qua Lobbying Einfluss zu nehmen, oder aber die Judikative zu veranlassen, im Rahmen der objektiv-teleologischen Interpretationsmethode ihren Handlungsspielraum zu erweitern. Geht man von eigennutzorientiertem Rationalverhalten nicht nur bei den Initiatoren, sondern auch bei den Mitgliedern der Judikative aus, so erscheint die Annahme plausibel, dass diese sehr wohl an einer solcher Ausweitung ihres Handlungsspielraums interessiert sein werden. Hinzu kommt, dass sie – im Unterschied zu den Mitgliedern der Legislative – politisch nicht für die Folgen ihrer judikativen Rechtsfortbildung verantwortlich gemacht werden können. Steht bei Mitgliedern der Legislative die Abwahlandrohung im Raum, erschöpft sich die Drohung bei expansiver judikativer Rechtsfortbildung in öffentlicher Kritik.

1310   Es zeigen sich also strukturelle Unterschiede zwischen legislativer und judikativer Rechtsfortbildung. Die objektiv-teleologische Interpretationsmethode ermöglicht eine Rollenverteilung zwischen Legislative und Judikative, bei der die **politischen Teilhaberechte** der Regelungsadressaten faktisch **erheblich reduziert** werden.

V. Schlussbemerkung

1311   Die Untersuchung hat gezeigt, dass von den verschiedenen rechtswissenschaftlichen Methodiken im Zivilrecht erhebliche und unterschiedliche Auswirkungen auf die Wahrung von Rechtssicherheit und die Gewährleistung politischer Teilhaberechte ausgehen. Es ist deutlich geworden, dass die stärksten Auswirkungen zugunsten einer sich von den legislativen Vorgaben emanzipierenden judikativen Rechtsfortbildung von der objektiv-teleologischen Interpretationsmethode ausgehen. Zugleich ist deutlich geworden, dass es zu kurz greift, den Blick nur auf die Tätigkeit der rechtsfortbildenden Judikative zu werfen. Erst das Wechselspiel zwischen Legislative, Judikative und Initiatoren rundet das Bild ab. Dabei konnte das Problem des Lobbying nur gestreift werden.

1312   Sollen ‚Fallen in der Methodik des Zivilrechts' ausfindig gemacht werden, dann erweist sich das methodische Instrumentarium der Neuen Institutionenökonomik, das hier zum Einsatz gekommen ist, als durchaus fruchtbar. Die herkömmliche rechtswissenschaftliche Methodendiskussion im Zivilrecht wird durch eine neue Sichtweise ergänzt. Auch Tatsachen und Zusammenhänge, die an und für sich bekannt sind, erscheinen in einem neuem Licht.

---

55 Vgl. insbesondere die Anweisung des Gesetzgebers in Art. 1 Abs. 2 des Schweizerischen Zivilgesetzbuches vom 10. Dez. 1907 (Stand 1.1.2011) an das Gericht, im Fall, dass dem Gesetz keine Vorschrift entnommen werden könne und auch Gewohnheitsrecht fehle, nach der Regel entscheiden, die es als Gesetzgeber aufstellen würde. Gemäß Abs. 3 folgt es dabei ‚bewährter Lehre und Überlieferung'.

Anfangs wurde gesagt, dass sich die hier angestellten Überlegungen auf eine positive   1313
Analyse der in die Untersuchung einbezogenen rechtswissenschaftlichen Methodiken im
Zivilrecht beschränken, ohne normative Gestaltungsvorschläge entwickeln zu wollen. Es
ist aber zumindest deutlich geworden, wo ein Handlungsbedarf für solche Gestaltungsvorschläge existiert. Erheblicher Reformbedarf besteht in der Gesetzgebung, die oftmals
die Ursachen für die hier kritisierten Phänomene der judikativen Rechtsfortbildung gesetzt hat. Das gilt sowohl hinsichtlich des Ausweichens in unbestimmte Rechtsbegriffe
als auch der Schaffung von Systembrüchen und -inkonsistenzen. Einer exzessiven judikativen Rechtsfortbildung kann auch entgegengesteuert werden, indem Gesetze auf Zeit
erlassen und einer Überprüfung ihrer tatsächlichen Auswirkungen unterworfen werden.
Aber auch bei der Judikative können Reformüberlegungen ansetzen: Die Gefahren für
die Gewaltentrennung, die insbesondere von der objektiv-teleologischen Interpretationsmethode ausgehen, sind als verfassungsrechtliches Problem ernst zu nehmen. Schließlich erscheinen Reformen dort notwendig, wo Interpretationsmethoden vermittelt werden, in der akademischen Lehre. Die ‚Juristische Methodenlehre' ist oft unterrepräsen-
tiert und unterentwickelt. Die Fälle der neueren Methodik mögen zwar gesehen werden;
die Fallen werden meist übersehen.

VI. Literatur

Zum Einstieg bieten sich an

Kirchner, Christian, Ökonomische Theorie des Rechts, Berlin 1997.
Richter, Rudolf/Furubotn, Erik, Neue Institutionenökonomik, 4. Aufl. Tübingen 2011.
Voigt, Stefan, Institutionenökonomik, 2. Aufl. Paderborn 2009.

Grundstrukturen der englischen Case Law-Methodik

von Felix Maultzsch

Übersicht

I. Einführung 470
II. Historisch-institutionelle Hintergründe der Case Law-Methodik 471
III. Der Stil der englischen Rechtsprechung 473
IV. Grundprinzipien der Case Law-Methodik 476
V. Neuere Entwicklungen in der Case Law-Methodik „The Search for Principle" 486
VI. Fazit 487
VII. Literatur 487
VIII. Anhang: Beispiel eines englischen Urteils 488

I. Einführung

1314 Als einer der klassischen Hauptunterschiede zwischen dem deutschen und dem englischen Rechtssystem gilt der Umstand, dass sich die deutsche Rechtsordnung zu großen Teilen auf kodifiziertes Gesetzesrecht stützt, während in England das Richterrecht als fallbezogen entwickeltes *case law* die zentrale Rechtsquelle bildet.

1315 Im Zuge der Entwicklung der vergangenen Jahrzehnte hat sich diese Grundunterscheidung allerdings deutlich relativiert.[1] So werden einerseits auch in England zentrale privatrechtliche Materien zunehmend von gesetzlichen Regelungen erfasst. Beispielhaft hierfür steht das Kaufrecht, das durch den Sale of Goods Act aus dem Jahr 1979[2] eine Konsolidierung erfahren hat, die diese Materie einer rein richterrechtlichen Beurteilung entzieht. Umgekehrt muss andererseits auch das deutsche Recht aufgrund der unvermeidlichen Lückenhaftigkeit des kodifizierten Gesetzesrechts, die sich im Zuge neuer gesellschaftlicher Entwicklungen stetig vergrößert, in vielen Bereichen auf richterliche Rechtsfortbildungen zurückgreifen.[3] Ein Beispiel hierfür bildet der zivilrechtliche Persönlichkeitsschutz. Dieser hat sich zwar formal auf der Grundlage des Schutzes „sonstiger Rechte" im Sinne des § 823 Abs. 1 BGB und somit im Rahmen der Kodifikation des Bürgerlichen Gesetzbuchs herausgebildet, ist aber in der Sache rein richterrechtlich entwickelt worden.[4] Vor diesem Hintergrund kann die Unterscheidung der maßgeblichen Rechtsquellen in Deutschland und England aus heutiger Sicht keine kategorische, sondern nur eine graduelle sein. Die Fortentwicklung des Rechts erscheint daher nach dem modernen Verständnis sowohl in England als auch in Deutschland als eine arbeitsteilige Gemeinschaftsaufgabe der Gesetzgebung und der Rechtsprechung.[5]

1316 Trotz dieser Konvergenzen ist der unterschiedliche Ausgangspunkt der Rechtsquellenlehre und damit auch der Rechtsmethodik in Deutschland und England aber immer noch

---

1 Siehe hierzu *Allen*, Law in the Making (Erstauflage 1927), 7. Aufl. 1964, S. 161 ff. sowie *Zweigert/Kötz*, Einführung in die Rechtsvergleichung (Erstauflage 1969/1971), 3. Aufl. 1996, S. 262 ff.

2 Sale of Goods Act 1979 c. 54.

3 Dieses Phänomen hat bereits *Dawson*, The Oracles of the Law, 1968, S. 432 ff., vortrefflich analysiert. Aus neuerer Zeit siehe *Hager*, Rechtsmethoden in Europa, 2009, 4/14 ff.

4 Umfassend MüKo-*Rixecker*, BGB, 6. Aufl. 2012, Anhang zu § 12: Das Allgemeine Persönlichkeitsrecht sowie im Überblick *Hager* (Fn. 3), 4/26 ff.

5 *Jaffe*, English and American Judges as Lawmakers, 1969, S. 20 sowie *Zeidler*, Betrachtungen über die Innovationsfähigkeit der Rechtspflege am Beispiel der preußischen Justizgeschichte, DÖV 1975, 797–804 (801).

wirkungsmächtig. Während die deutsche Methodenlehre vom Idealbild der Kodifikation ausgeht und sich den Vorwurf einer gewissen „Armut" der methodischen Bewältigung des richterlich entwickelten Fallrechts gefallen lassen muss,[6] bildet die Methodik des *case law* weiterhin das Herzstück der englischen Rechtsfindung, dem sich eine ausdifferenzierte Methodik der Gesetzesinterpretation erst Schritt für Schritt und als eine vergleichsweise jüngere Entwicklung an die Seite gestellt hat.[7]

Folglich erscheint es immer noch berechtigt, von einer spezifischen Rechtsfindungsmethodik im englischen *case law* zu sprechen, deren Grundstrukturen im Folgenden skizziert werden sollen. Zunächst werden dabei in der gebotenen Kürze einige historische und institutionelle Hintergründe der *case law*-Methodik dargestellt (unter II.). Im Anschluss an einen Überblick zum Stil der englischen Rechtsprechung (unter III.) werden sodann die klassischen Figuren und Grundprinzipien des Fallrechtsdenkens erläutert (unter IV.). Ergänzend gilt es, auf neuere Entwicklungen in der englischen Rechtsprechung hinzuweisen, die eine gewisse Transformation der *case law*-Methodik andeuten (unter V.). Nach einem abschließenden Fazit (VI.) und weiterführenden Literaturangaben (VII.) erfolgt im Anhang schließlich der Abdruck eines Urteils, das den Aufbau und die Struktur englischer Judikate veranschaulichen soll. | 1317

II. Historisch-institutionelle Hintergründe der Case Law-Methodik

Eine zentrale Besonderheit des englischen Rechts und der englischen Rechtsfindungsmethodik besteht darin, dass sich diese in einem relativ kontinuierlichen, nicht von erratischen Zäsuren durchbrochenen Prozess entwickelt haben. In viel stärkerem Maße als im deutschen Recht, das in den vergangenen Jahrhunderten vor allem im Bereich des öffentlichen Rechts, aber auch im Bereich des Privatrechts zahlreichen Umbrüchen unterworfen war, kann daher für England von einer weitgehend geschlossenen Entwicklungskette des Rechts und seiner Methoden gesprochen werden. Plastisch verdeutlicht wird dies durch eine berühmte Allegorie Sir Matthew Hales, eines bedeutenden Richters des 17. Jahrhunderts. In dieser Allegorie verglich Hale das englische Recht mit dem Schiff „Argo", mit dem sich in der griechischen Mythologie die Argonauten auf den Weg zur Eroberung des Goldenen Vlieses machten. An diesem Schiff seien im Laufe der beschwerlichen Reise der Argonauten nahezu alle Einzelteile ausgetauscht worden, so dass kaum noch ein einzelnes Stück des ursprünglichen Materials vorhanden gewesen sei. Jedoch habe es sich immer noch um dasselbe Schiff gehandelt, da es nicht grundlegend neu konstruiert, sondern nur in kleinen Schritten repariert und verbessert worden sei.[8] Gleiches gilt für das englische Recht, dessen Verständnis daher in besonderem Maße die Berücksichtigung der maßgeblichen geschichtlichen Wurzeln gebietet. | 1318

Die Ursprünge des sogenannten *common law* als eines für das gesamte englische Königreich allgemein geltenden Fallrechts reichen dabei bis zur normannischen Invasion im Jahr 1066 zurück.[9] Ab diesem Zeitpunkt wurden partikulare Normen, die in lokalen Gemeinschaften gewohnheitsmäßig gepflegt bzw. durch Lehensherren erlassen worden waren, zunehmend durch einheitliche, richterrechtlich herausgebildete Normen ver- | 1319

---

6 *Vogenauer*, Die Auslegung von Gesetzen in England und auf dem Kontinent, Band I, 2001, S. 226 f.; ähnlich *Kötz*, Über den Stil höchstrichterlicher Entscheidungen, 1973, S. 21 ff.

7 Die Entwicklung der Methoden der Gesetzesinterpretation in England hat aus rechtsvergleichender Sicht *Vogenauer* (Fn. 6), Band II, 2001, umfassend dargestellt. Aus der englischen Literatur siehe *Bennion*, Statutory Interpretation, 5. Aufl. 2008, sowie *Cross/Bell/Engle*, Statutory Interpretation, 3. Aufl. 1995.

8 *Hale*, The History of the Common Law of England (Erstauflage 1713), hrsg. von Gray, 1971, S. 40.

9 *Baker*, An Introduction to English Legal History (Erstauflage 1971), 4. Aufl. 2002, S. 12 ff.

drängt. Institutionelle Voraussetzung hierfür war die Schaffung königlicher Gerichte mit einer landesweiten Zuständigkeit.[10] Diese *common law-Gerichte* versuchten ursprünglich, ihre Rechtsfindung als eine bloß deklaratorische Nachzeichnung überlieferter Handels- und Verkehrsbräuche darzustellen, was nicht zuletzt geschah, um den Eindruck eines zu starken Einbruchs in die Rechtsprechungsprivilegien der lokalen Lehensherren zu vermeiden.[11] Der Sache nach bestand jedoch niemals ein ernsthafter Zweifel daran, dass die *common law*-Gerichte die Entwicklung des englischen Rechts nicht nur gewohnheitsorientiert nachzeichneten, sondern aktiv gestalteten und somit im Rahmen ihrer Entscheidungen ein *case law* herausbildeten.

1320   Diese Form der Normbildung wich erheblich von dem Ideal einer wissenschaftlich-systematisch orientierten Rechtsfindung ab, das sich in Deutschland auf der Grundlage der Rezeption des römischen Rechts entwickelte und im 19. Jahrhundert voll entfaltete.[12] Das *common law* erhob demgegenüber von Beginn an weniger einen wissenschaftlich-systematischen Anspruch, sondern war vielmehr als eine **praktisch orientierte Kunstfertigkeit** ausgestaltet. Zentrale Akteure dieser Kunstfertigkeit waren und sind die Berufsstände der Rechtsanwälte und der Richter.[13] Dementsprechend erfolgte die Ausbildung der englischen Juristen bis in das 19. Jahrhundert maßgeblich unter der Ägide der Rechtsanwaltskammern in den sogenannten Inns of Court, das heißt in berufsständischen Einrichtungen, die räumlich und geistig im Umfeld der *common law*-Gerichte angesiedelt waren.[14] Erst später wurde das *common law* allmählich zum Gegenstand eines universitären Studiengangs.[15] Vor diesem Hintergrund ist die englische Rechtsmethodik entscheidend durch die Perspektive anwaltlicher Praktiker geprägt. Dies nicht zuletzt auch deshalb, weil sich die Richter an den höheren englischen Gerichten, deren Urteile für die Konkretisierung und Fortentwicklung des *common law* maßgeblich sind, nahezu ausschließlich aus dem Kreis erfahrener Prozessanwälte (Barristers) rekrutieren.

1321   Aufgrund der skizzierten Entwicklung weist das *common law* eine **stark prozessual orientierte Prägung** auf.[16] Die Zuständigkeit und damit die Entscheidungsbefugnis der zentralen *common law*-Gerichte musste ursprünglich erst in Konkurrenz mit den lokalen Lehensgerichten entwickelt und von diesen abgegrenzt werden. Hierbei bediente man sich des sogenannten *writ*-Systems, das bis zum Jahr 1832 das englische Privatrecht beherrschte. Bei einem *writ* handelte es sich um ein Dokument, das der Kläger beim Lord Chancellor, einem Beamten der Krone, beantragte. Durch die Gewährung des *writs* wurde der Beklagte der Jurisdiktion der *common law*-Gerichte unterworfen, wobei sich die damit begründete Zuständigkeit der königlichen Gerichte allerdings auf einen bestimmten, in dem *writ* angegebenen Klagegrund beschränkte.[17] Die Anwendung und Entwick-

---

10 Hierzu *Baker* (Fn. 9), S. 14 ff., 37 ff.

11 Eine späte, aber sehr wirkungsmächtige systematische Ausformung fand diese so genannte declaratory theory in *Blackstones* mehrbändigem Werk „Commentaries on the Laws of England" aus den Jahren 1765–1769; siehe insbesondere Band I, 1765, S. 64 ff.

12 Im Überblick hierzu *Wieacker*, Privatrechtsgeschichte der Neuzeit (Erstauflage 1952), 2. Aufl. 1967, S. 97 ff., 348 ff.

13 *Baker* (Fn. 9), S. 155 ff.; *Zweigert/Kötz* (Fn. 1), S. 188 ff., 251 ff.

14 *Dawson* (Fn. 3), S. 34 ff.

15 *Baker* (Fn. 9), S. 170 ff.

16 *Plucknett*, A Concise History of the Common Law (Erstauflage 1929), 5. Aufl. 1956, S. 381 f. sowie *Hager* (Fn. 3), 3/2.

17 *Maitland*, The Forms of Action at Common Law (Erstauflage 1909), Nachdruck 1968, S. 17 f.; *Plucknett* (Fn. 16), S. 357.

lung des *common law* wurde somit durch die jeweils prozessual anerkannten Klagegründe, die sogenannten *forms of action*, gesteuert.[18]

Zudem erfolgte die gerichtliche Entscheidungsfindung ursprünglich im Rahmen eines   1322
streng formalisierten Verfahrens, das den Parteien bzw. ihren Prozessvertretern keinen freien Vortrag der Tatsachenbehauptungen und Rechtsauffassungen gestattete.[19] Vielmehr waren im Rahmen sogenannter *pleadings* einzelne Tatsachen- und Rechtsfragen Schritt für Schritt abzuhandeln, wobei schon geringe Ungenauigkeiten zu einem Prozessverlust führen konnten.

Die Härten, die mit dem äußerst formalen Charakter des *common law*-Prozesses verbunden waren, wurden ab dem 14. Jahrhundert allerdings durch die Herausbildung der   1323
equity-Rechtsprechung abgemildert. Hierbei handelte es sich zunächst um eine Art Petitionsrecht gegenüber Akten der öffentlichen Gewalt, zu denen auch als ungerecht empfundene Urteile der *common law*-Gerichte gerechnet wurden.[20] Später entstand hieraus eine eigenständige Gerichtsbarkeit, die dazu diente, vertretbare Ergebnisse in Rechtsstreitigkeiten sicherzustellen, in denen der strenge Formalismus des *common law* dies nicht erlaubte. Auf diesem Wege erfolgte auch eine stärkere wissenschaftliche Durchdringung des englischen Rechts, da die *equity*-Richter häufig im römischen Recht geschult waren bzw. eine philosophische oder theologische Ausbildung besaßen.[21]

Im Laufe des 19. Jahrhunderts wurden die Zweige des klassischen *common law* und der   1324
equity sowohl inhaltlich als auch institutionell zunehmend verschmolzen.[22] Hierdurch löste sich einerseits die übermäßig formale Orientierung des klassischen *common law* auf und wich einer stärker an materiellen Rechten orientierten Betrachtungsweise.[23] Hierin kann eine Durchsetzung von Grundgedanken der *equity* erblickt werden. Andererseits blieb jedoch zugleich auch der zentrale Gedanke des *common law* erhalten, dass die Herausbildung allgemeinverbindlicher Regelungen und die Entscheidung konkreter Lebenssachverhalte zwei untrennbare Seiten derselben Medaille bilden. Diese **Gleichursprünglichkeit von Fallentscheidung und Normbildung** kann als ein Unterschied zur deutschen Rechtsfindungsmethodik begriffen werden, in der rechtliche Lösungen traditionellerweise in einem ersten Schritt systematisch-normativ gefunden und erst in einem zweiten, nachfolgenden Schritt auf konkrete Fallkonstellationen angewendet werden.

III. Der Stil der englischen Rechtsprechung

Die enge Verknüpfung der Rechtsschöpfung mit der Entscheidung eines konkreten Falles   1325
spiegelt sich auch in der Stilistik englischer Urteile wider.

Hervorzuheben ist in diesem Zusammenhang zunächst die **intensive Betrachtung des zu**   1326
entscheidenden Sachverhalts, die nicht nur in den Urteilen des High Court als der ersten Instanz erfolgt, sondern auch in den Urteilen des Court of Appeal und des House of Lords bzw. jetzt des UK Supreme Court[24] als den Rechtsmittelinstanzen. Während beispiels-

---

18   Eingehend hierzu *Maitland* (Fn. 17), sowie im Überblick *Baker* (Fn. 9), S. 53 ff.
19   Näher *Baker* (Fn. 9), S. 76 ff.
20   *Baker* (Fn. 9), S. 100 ff.; *Jolowicz*, On Civil Procedure, 2000, S. 25.
21   Siehe *Baker* (Fn. 9), S. 99 ff. sowie *Zimmermann*, Der europäische Charakter des englischen Rechts: Historische Verbindungen zwischen civil law und common law, ZEuP 1993, 4–51 (27 ff.).
22   Im Überblick *Maultzsch*, Streitentscheidung und Normbildung durch den Zivilprozess, 2010, S. 139 m.w.N.
23   *Maitland* (Fn. 17), S. 66.
24   Zu den Hintergründen der Ablösung des House of Lords als oberster Rechtsprechungsinstanz durch den UK Supreme Court im Jahr 2009 siehe *Le Sueur*, From Appellate Committee to Supreme Court: A Narrative, in: Blom-Cooper/Dickson/Drewry (Hrsg.), The Judicial House of Lords 1876–2009, 2009, S. 64–94.

weise der Bundesgerichtshof den Sachverhalt typischerweise stark verknappt und anonymisiert darstellt, wird er in England in der Regel in allen seinen Nuancen geschildert. Hierbei handelt es sich nicht nur um eine äußerliche Diskrepanz, sondern um ein wesentliches Charakteristikum der englischen Rechtsprechung, das auch die inhaltliche rechtliche Beurteilung nicht selten maßgeblich beeinflusst:[25] Die Rechtsfindung erlangt auf diesem Wege ein gewisses rhetorisch-affektives Moment. Diese Eigenheit der englischen Rechtsprechung mag zwar insofern problematisch erscheinen, als eine zu starke Betonung suggestiv und emotional aufgeladener Anschauungsbeispiele den Rationalitätsanspruch der Rechtsfindung kompromittieren könnte.[26] Der Stil und die Methodik des *common law* beruhen aber auf der Grundannahme, dass eine rein abstrakt-rationale Urteilsfindung ihrerseits ein verfehltes Postulat darstellt. Vielmehr bildet aus angelsächsischer Sicht nicht der Versuch einer möglichst abstrahierenden Ausdünnung des zu entscheidenden Lebenssachverhalts das beste Mittel dagegen, dass ein emotional begründetes Vorverständnis eine zu große Rolle bei der Urteilsfindung spielt, sondern eine starke Richterpersönlichkeit. Diese unterzieht mit ihrem in langjähriger Erfahrung (her-)ausgebildeten beruflichen Ethos etwaige affektive Reaktionen einer mäßigenden Kontrolle anhand juristischer Kategorien.[27] Auf diesem Wege gestattet es die englische *case law*-Methodik, die Vielfältigkeit der Lebenssachverhalte gleichsam als eine Art „Wissensschatz" für die Rechtsschöpfung fruchtbar zu machen, ohne einen juristischen Rationalitätsanspruch preiszugeben.[28]

1327 Hieran schließt eine weitere Besonderheit des englischen Rechtsprechungsstils an, die in dem **großen Maß an Individualität** liegt, das die einzelnen Richter in die Urteile einbringen.[29] Dies gilt auch und gerade für das oberste englische Gericht, das heißt früher für das House of Lords und jetzt für den UK Supreme Court. An diesem obersten Gericht sind insgesamt zwölf Richter tätig; an einer einzelnen Entscheidung wirken jedoch in der Regel nur fünf Richter mit. Diese sind nicht auf feste Senate verteilt, sondern die Zusammensetzung der entscheidenden Richter variiert von Fall zu Fall.[30] Vor diesem Hintergrund stellen sich die höchstrichterlichen Entscheidungen in England weniger als Akte eines einheitlich verstandenen Gerichts dar, sondern vielmehr als Ausdruck des individuellen Urteils bedeutender Richterpersönlichkeiten.[31] In diesem Sinne ist es zumindest in Zivilsachen nicht üblich, dass ein gemeinsames Urteil aller beteiligten Richter ergeht, sondern diese verfassen in aller Regel eigenständige Voten (sogenannte *seriatim opinions*).[32] Ihre historische Wurzel findet dieses Vorgehen in dem ursprünglich praktizierten Urteilsmodus, nach dem jeder beteiligte Richter unmittelbar im Anschluss an die münd-

---

25 *Hager* (Fn. 3), 7/28; *Jolowicz* (Fn. 20), S. 292.
26 Generell kritisch gegenüber dem Modell des case law vor diesem Hintergrund in jüngerer Zeit *Schauer*, Do Cases Make Bad Law?, 73 U. Chi. L. Rev. 883–918 (2006).
27 Näher hierzu *Posner*, How Judges Think, 2008, S. 93 ff.
28 Eingehend zum Modell der richterlichen Normbildung als ein fallbezogenes Entdeckungsverfahren *Maultzsch* (Fn. 22), S. 252 ff.
29 *Kötz*, Über den Stil höchstrichterlicher Entscheidungen, 1973, S. 13, 17 ff.; *Robertson*, Judicial Discretion in the House of Lords, 1998, S. 15 f.
30 Die Auswahl der jeweils entscheidenden Richter folgt dabei keinen streng formalisierten Vorgaben, sondern beruht auf einem Gerichtsbrauch, nach dem die Auswahl jeweils ad hoc auf Vorschlag des Leiters der Gerichtsverwaltung (des sogenannten Judicial Office) durch die beiden dienstältesten Richter erfolgt; siehe *Dickson*, The Processing of Appeals in the House of Lords, 123 L.Q.R. 571–601, 589 ff. Ein dem deutschen Recht vergleichbares Prinzip des gesetzlichen Richters (Art. 101 Abs. 1 Satz 2 GG), nach dem die Person der Entscheidungsträger nach generell-abstrakten Kriterien vorherbestimmt sein muss, existiert in England somit nicht.
31 Siehe *Robertson* (Fn. 29), S. 22 ff.
32 *Herzog/Karlen*, Attacks on Judicial Decisions, in: Cappelletti (Hrsg.), Civil Procedure, International Encyclopedia of Comparative Law, Band XVI, Chapter 8, 1982, Rdnr. 85.

liche Verhandlung sein jeweiliges Votum kundtat und auch sogleich begründete.[33] In der gegenwärtigen Praxis dominiert eine zeitlich abgesetzte schriftliche Niederlegung der Urteilsbegründung; die Pluralität der Begründung in *seriatim opinions* ist jedoch erhalten geblieben. Dabei mag sich zwar das Votum eines oder mehrerer Richter unter Umständen auf die kurze Zustimmung zu der ausführlichen Urteilsbegründung eines anderen Richters beschränken, die dann als *leading opinion* bezeichnet wird.[34] Häufig treten jedoch auch ausführliche parallele Voten auf, die entweder abweichende Begründungslinien für ein identisches Ergebnis einschlagen oder sogar als sogenannte *dissenting opinions* im Ergebnis von der Auffassung der Richtermehrheit abweichen. Diese Pluralität der Urteilsbegründung kann es im Einzelfall erheblich erschweren, den verbindlichen rechtlichen Aussagegehalt eines Urteils zu bestimmen, der als Präjudiz auf die Entscheidung zukünftiger, vergleichbarer Fälle ausstrahlt.[35]

Schließlich beruht der englische Stil der Urteilsfindung auf dem **Idealbild des generalistisch orientierten Richters**, der seine Entscheidungen weniger aus einem technischen Spezialwissen zu einzelnen Rechtsmaterien, sondern aus allgemeinen juristischen Argumentationsfiguren und aus dem bereits vorliegenden Rechtsprechungsbestand schöpft, den er mit spezifischem Bezug zu der nun anstehenden Entscheidung aufarbeitet.[36] Eine starke Untergliederung der Rechtsprechung in verschiedene Fachgerichtsbarkeiten, wie sie in Deutschland vorherrscht und sich sogar innerhalb einzelner Gerichte durch Kammern oder Senate mit bestimmten Spezialzuständigkeiten fortsetzt, ist dem englischen Rechtswesen fremd. So wird selbst von den Richtern der obersten Instanz erwartet, dass sie einen Fall aus dem Deliktsrecht gleichermaßen bewältigen können wie einen Fall aus dem Steuerrecht. Dieses Modell eines generalistischen Richters beruht auf einem spezifisch angelsächsischen Rechtsstaats- und Justizverständnis. Nach diesem besteht die Aufgabe der (Zivil-)Rechtsprechung maßgeblich darin, einen durch die Parteien und ihre Vertreter ausgetragenen „Wettstreit" unparteiisch zu entscheiden. Der Richter nimmt in diesem Bild die durch die Parteien vorgetragenen Informationen und Argumente tendenziell eher passiv auf und führt den Rechtsstreit bzw. die ihm zugrundeliegenden Rechtsprobleme anhand allgemeiner juristischer Fertigkeiten einer schlichtenden Entscheidung zu. Demgegenüber wird die Nutzbarmachung eines Expertenwissens in einzelnen Materien, die dem Bild eines spezialisierten Richters entspricht, aus englischer Sicht weniger mit einer unabhängig und rechtsstaatlich orientierten Justiz in Verbindung gebracht, als vielmehr mit dem Gedanken einer aktiven Regulierung, die nicht für die Rechtsprechung, sondern nur für die Verwaltung typisch ist.[37]

1328

Vor diesem Hintergrund ist es auch verständlich, dass die **Verwertung rechtswissenschaftlich gewonnener Erkenntnisse** in der richterlichen Urteilsfindung in England eine wesentlich **geringere Rolle** spielt, als beispielsweise in Deutschland.[38] So stellt die umfassende Aufarbeitung des akademischen Meinungsstandes zu einer anstehenden Rechtsfrage zwar geradezu ein Wesensmerkmal des Urteilsstils des Bundesgerichtshofs dar, der in der wissenschaftlich-systematischen Einbindung der deutschen Rechtsprechung wurzelt.[39] Demgegenüber ist die Verwertung von Erkenntnissen, die rein akademisch und

1329

---

33 Vgl. *Karlen*, Appellate Courts in the United States and England, 1963, S. 98.
34 *Karlen* (Fn. 33), S. 98.
35 Dazu noch unten IV. 1. b).
36 *Devlin*, The Judge, 1979, S. 37; *Posner* (Fn. 27), S. 263 f.
37 Näher zu diesem Problemkreis *Damaska*, The Faces of Justice and State Authority, 1986, S. 136 ff.
38 *Dawson* (Fn. 3), S. 95 ff.; *Stevens*, Law & Politics, 1978, S. 194 f.
39 Siehe *Hager* (Fn. 3), 2/35 m.w.N.

nicht durch die Entscheidung konkreter Fälle gewonnen worden sind, für die englische Rechtsprechung untypisch. Bis vor nicht allzu langer Zeit galt sogar die strikte Regel, dass noch lebende Autoren in englischen Urteilen nicht zitiert werden durften.[40] Wenngleich derartige Begrenzungen heute nicht mehr gelten, besteht weiterhin eine deutliche Zurückhaltung der Gerichte gegenüber einer umfassenden Aufarbeitung rechtswissenschaftlicher Stellungnahmen. Solche Stellungnahmen entbehren vielmehr in der Regel einer hinreichenden Legitimation, um für die Rechtsfindung in einem fallbezogenen *case law*-System eine entscheidende Grundlage bilden zu können.

IV. Grundprinzipien der Case Law-Methodik

1. Präjudizienbindung: Das Prinzip des Stare Decisis

a) Grundlagen

1330   Im Zentrum der *case law*-Methodik steht der Grundsatz der Präjudizienbindung, wobei die Bindung späterer Urteile an den rechtlichen Aussagegehalt früherer Urteile mit dem Topos *„stare decisis"* (das heißt „bei dem Entschiedenen bleiben") bezeichnet wird. Der Gedanke, dass bereits vorliegende Gerichtsentscheidungen verbindliche Vorgaben für die zukünftige Rechtsprechung enthalten können, reicht dabei weit in die Geschichte des *common law* zurück.[41] Bereits im 14. Jahrhundert begann die richterliche Praxis im Zuge der aufkommenden Veröffentlichung von Urteilen in den sogenannten Year Books[42] damit, sich auf vorangegangene Urteile als autoritative Vorgaben zu beziehen. Hiermit war zum einen eine rein praktische Vereinfachung für die spätere Urteilstätigkeit verbunden, welche die ausführliche Neubegründung bereits anerkannter Regeln entbehrlich machte. Zum anderen beruhte der Rückgriff auf vorangehende Entscheidungen auf der Annahme, dass in einem Fallrechtssystem nur die Beachtung von Präjudizien die erforderliche Rechtssicherheit und Konsistenz herstellen kann.

1331   Allerdings hat der Grundsatz der Präjudizienbindung im englischen Recht im Laufe der Jahrhunderte eine dynamische Entwicklung durchlaufen, die eng mit dem jeweils vorherrschenden Verständnis von der Rolle der Rechtsprechung verknüpft war.[43] So kam nach der noch bis in das 18. Jahrhundert vorherrschenden Auffassung nicht einzelnen Urteilen, sondern nur einer konsistenten Serie vorangehender Entscheidungen eine verbindliche Wirkung für spätere Urteile zu.[44] Diese eingeschränkte Variante der Präjudizienbindung lässt sich bruchlos mit dem ursprünglich nach außen vertretenen Selbstver-

---

40   *Dawson* (Fn. 3), S. 97. Hintergrund dieser Praxis war die Befürchtung, dass ein möglicher späterer Meinungswandel eines Autors, auf dessen ursprüngliche Auffassung ein Urteil gestützt wird, die Autorität dieses Urteils nachträglich unterminieren könnte. Dieser Umstand belegt wiederum sehr schön den sprichwörtlichen praktischen Sinn der englischen Juristen.

41   Siehe hierzu *Postema*, Some Roots of our Notion of Precedent, in: Goldstein (Hrsg.), Precedent in Law, 1987, S. 9–33 sowie *Vogenauer*, Zur Geschichte des Präjudizienrechts in England, ZNR 28 (2006), 48–78.

42   Bei den Year Books, die seit der zweiten Hälfte des 13. Jahrhunderts erstellt wurden, handelt es sich um die älteste Form von Prozess- und Entscheidungsdokumentationen in England. Die Year Books wurden vermutlich durch die Mitarbeiter bzw. Auszubildenden der Prozessanwälte zusammengestellt und verfolgten somit ursprünglich in erster Linie den Zweck eines Ausbildungsmaterials für angehende Parteivertreter, während sich ihre Funktion als Entscheidungssammlung erst allmählich herausbildete. Der Begriff „Year Books" erklärt sich aus dem ursprünglichen Modus der Bandzählung, der an das jeweilige Herrschaftsjahr eines bestimmten Königs anknüpfte. Näher zu den Year Books und ihrer Bedeutung für das Präjudizienwesen *Allen* (Fn. 1), S. 190 ff.; *Baker* (Fn. 9), S. 178 ff.; *Dawson* (Fn. 3), S. 50 ff.

43   Näher *Evans*, Change in the Doctrine of Precedent in the Nineteenth Century, in: Goldstein (Hrsg.), Precedent in Law, 1987, S. 35–72 sowie *Wesley-Smith*, Theories of Adjudication and the Status of Stare Decisis, in: Goldstein (Hrsg.), Precedent in Law, 1987, S. 73–87; im Überblick *Hager* (Fn. 3), 3/2 ff.

44   *Plucknett* (Fn. 16), S. 347.

ständnis der *common law*-Gerichte vereinbaren, nach dem diese Gerichte nicht selbst Recht setzen, sondern nur bereits gewohnheitsmäßig geltenden Normen zur Anwendung verhelfen.[45] Im Rahmen einer solchen gewohnheitsorientierten Betrachtung liegt es nahe, nicht bereits einer einzelnen Entscheidung, sondern erst einer Entscheidungskette autoritative Wirkung beizumessen.

Vornehmlich im Laufe des **19. Jahrhunderts** setzte sich in England jedoch ein **institutionell-positivistisches Bild des Rechts und der Rechtsprechung** durch.[46] Insbesondere im Anschluss an die Arbeiten von Bentham und Austin[47] wich die Vorstellung, dass sich das Recht maßgeblich aus Verkehrssitten und Gewohnheiten, das heißt gleichsam ungesteuert „von unten nach oben" entwickelt, endgültig der Annahme, dass Recht das Produkt der Willensmacht eines Souveräns ist, der sich bestimmter rechtsetzender Institutionen bedient. Diese Sichtweise rückte einerseits die Gesetzgebung stärker in das Zentrum der Rechtssetzungsmacht.[48] Andererseits bedeutete es für das gesetzlich nicht geregelte *common law*, dass die Urteile der Rechtsprechung fortan weniger als Ausdruck eines organischen Überlieferungszusammenhangs verstanden wurden, sondern als bewusst-autoritative Setzungen. In einem derart institutionell-positivistisch verstandenen Rechtsprechungsprozess konnte die notwendige Rechtssicherheit nur durch ein **strenges System der Präjudizienbindung** sichergestellt werden, das sich im Laufe des 19. Jahrhunderts voll entfaltete.[49] Dementsprechend wandelte sich ab diesem Zeitpunkt die Praxis des *stare decisis* von einem allgemeinen, flexiblen Grundsatz zu einer festen Regel, nach dem bereits eine einzelne Entscheidung Bindungswirkung für zukünftige Urteile erzeugt.[50]

1332

b) Gegenstand der Präjudizienbindung: Ratio Decidendi und Obiter Dicta

Dem Gedanken der Präjudizienbindung kommt im Rahmen eines *case law*-Systems eine intuitiv sofort erfassbare Plausibilität zu. Bei näherer Betrachtung handelt es sich allerdings um ein ausdifferenziertes Regelwerk, dessen Anwendung und Durchführung in konkreten Fällen ein großes Maß an Übung und Expertise erfordert.

1333

Dies beginnt bei der Frage, welcher Gehalt eines Urteils genau mit einer Bindungswirkung ausgestattet ist. Hierbei kann es sich naturgemäß nicht um den Tenor der Entscheidung handeln, da dieser nur für die Parteien des konkreten Rechtsstreits, nicht aber für zukünftige Fälle von Bedeutung ist. Gegenstand der Bindungswirkung ist vielmehr die sogenannte *ratio decidendi*, das heißt die rechtliche Regel bzw. die rechtlichen Regeln, auf die das Gericht seine Entscheidung in dem Präjudiz gestützt hat und die als verallgemeinerbare Rechtssätze auf zukünftige Fälle übertragen werden können.[51] Was zur *ratio decidendi* gehört und damit in Bindungswirkung erwächst, wird jedoch in den einschlä-

1334

---

45 Siehe oben II.
46 Knapper Überblick bei *Maultzsch* (Fn. 22), S. 144 ff. m.w.N.
47 Zu deren Einfluss *Atiyah/Summers*, Form and Substance in Anglo-American Law, 1987, S. 222 ff.; *Postema* (Fn. 41), 13 f.
48 Eingehend zu Grund und Grenzen der Idee der „parliamentary sovereignty" *Sydow*, Parlamentssuprematie und Rule of Law, 2005.
49 *Cross/Harris*, Precedent in English Law (Erstauflage 1961), 4. Aufl. 1991, S. 24 ff.; *Zweigert/Kötz* (Fn. 1), S. 253 f.
50 Siehe zu Einzelheiten der Entwicklung im 19. Jahrhundert *Evans* (Fn. 43).
51 *Cross/Harris* (Fn. 49), S. 39 ff.; *Hager* (Fn. 3), 3/19 ff.

Maultzsch

gigen Urteilen nicht immer explizit ausgewiesen,[52] sondern kann oft nur durch ein sorg-fältiges Hin- und Herwandern des Blicks zwischen den rechtlichen Ausführungen des Gerichts und dem zu entscheidenden Sachverhalt ermittelt werden.[53] Denn präjudizielle Bedeutung kommt zumindest im strengen Sinne nur denjenigen Rechtsausführungen in einem Urteil zu, die notwendig waren, um den betreffenden Fall in der Weise zu ent-scheiden, in der er tatsächlich entschieden wurde. Hiervon abzugrenzen sind sogenannte *obiter dicta*, das heißt Rechtsausführungen, die ein Gericht zwar vornimmt, die jedoch auch hätten weggelassen werden können, ohne dass sich die Entscheidung des konkreten Falls geändert hätte.[54] Diese Unterscheidung zwischen tragenden und damit verbindli-chen Rechtsausführungen (*ratio decidendi*) und nicht-tragenden und damit unverbind-lichen Rechtsausführungen (*obiter dicta*)[55] setzt jedoch, wie dargelegt, eine sorgfältige Analyse des dem Präjudiz zugrundeliegenden Sachverhalts voraus, um wesentliche von unwesentlichen Teilen der Urteilsbegründung zu unterscheiden.

1335   Eine weitere **Verkomplizierung** erfährt die Ermittlung der bindenden *ratio decidendi* durch den oben bereits erörterten Umstand, dass englische Zivilurteile typischerweise nicht aus einem einheitlichen Votum bestehen, sondern aus **separaten Urteilsbegrün-dungen** der beteiligten Richter (*seriatim opinions*).[56] Denn je größer die Zahl der Ein-zelvoten ist, auf die sich ein Urteil stützt, desto schwieriger wird es, der Entscheidung eine einheitliche *ratio decidendi* zu entnehmen, die für zukünftige Urteile verbindlich ist.[57] Dabei können unterschiedliche Schwerpunkte oder auch nur Nuancen in den je-weiligen Begründungslinien der einzelnen Richter der Feststellung einer einheitlichen *ratio decidendi* entgegenstehen.

1336   Ein paradigmatisches **Beispiel für den relativierenden Effekt**, den separate Voten auf die Bindungswirkung englischer Gerichtsentscheidungen ausüben können, bildet der Fall *Boys v. Chaplin*[58] aus dem Jahr 1971. In diesem Urteil ging es um die haftungsrechtlichen Folgen eines Verkehrsunfalls zwischen zwei im Ausland stationierten Angehörigen der britischen Streitkräfte, der sich auf Malta ereignet hatte. Die maßgebliche Rechtsfrage war, ob dem Verletzten gegen den Schädiger ein Schmerzensgeldanspruch zustand. Ein solcher Anspruch war bei Verkehrsunfällen zwar dem englischen, nicht aber dem mal-tesischen Recht bekannt. Im Ergebnis gelangten alle fünf entscheidenden Richter des House of Lords zu dem Ergebnis, dass dem Geschädigten auf der Grundlage des engli-

---

52   Eine gewisse Orientierung zum rechtlichen Aussagegehalt einer Entscheidung bieten die so genannten headnotes, das heißt leitsatzähnliche Zusammenfassungen, die dem Urteilsabdruck in den einschlägigen Entscheidungssammlungen vorangestellt werden; vgl. *Zander*, The Law-Making Process, 6. Aufl. 2004, S. 274. Um eine verbindliche Zusammenfassung der ratio decidendi handelt es sich bei den headnotes jedoch nicht.

53   *Hager* (Fn. 3), 3/20.

54   *Cross/Harris* (Fn. 49), S. 75 ff.; *Manchester/Salter*, Exploring the Law, 4. Aufl. 2011, 1-007 ff.

55   Auch obiter dicta wirken allerdings oft prägend auf die zukünftige Rechtsprechung. Jedoch beruht diese Wirkungskraft nicht auf einer formellen Verbindlichkeit, sondern auf der inhaltlichen Überzeugungskraft der obiter dicta – an die Stelle einer formalen tritt eine materiale Legitimation: siehe *Hager* (Fn. 3), 3/29 und *Zander* (Fn. 52), S. 268.

56   Siehe oben III.

57   *Lord Hope of Craighead*, Methods and Results – the place of case law in the legal system of the UK, in: Schulze/Seif (Hrsg.), Richterrecht und Rechtsfortbildung in der Europäischen Gemeinschaft, 2003, S. 145–160 (155) und im Einzelnen *Cross/Harris* (Fn. 49), S. 84 ff.

58   [1971] A.C. 356. In der üblichen Zitierweise englischer Urteile, die in amtlichen Entscheidungssammlungen abgedruckt sind, steht an erster Stelle in eckigen Klammern das Jahr der Entscheidung, gefolgt von einer Abkürzung der betreffenden Entscheidungssammlung (hier: „A.C." für „Law Reports, Appeal Cases", der maßgeblichen Entscheidungssammlung für Urteile des House of Lords) und der Seitenangabe für den Beginn des Urteilsabdrucks.

schen Rechts ein Schmerzensgeld zu gewähren sei, obwohl sich der Unfall auf Malta ereignet hatte. Sie gaben hierfür jedoch jeweils unterschiedliche Begründungen. So wurde das Problem des Schmerzensgeldes zum Teil als eine Frage des kollisionsrechtlich anwendbaren Sachrechts angesehen,[59] zum Teil als eine prozessuale Frage der Schadensquantifizierung[60] und zum Teil als eine Frage, die nach den rechtspolitischen Interessen Maltas und Englands zu entscheiden sei.[61] Trotz der Übereinstimmung der Richter im Ergebnis lässt sich dem Urteil *Boys v. Chaplin* somit für zukünftige Rechtsstreitigkeiten, die kollisionsrechtliche Probleme des ersatzfähigen Schadens betreffen, kaum eine verbindliche, einheitliche *ratio decidendi* entnehmen.[62]

Schließlich stellt sich unter Umständen auch das Problem, ob die **Kompetenz zur Abgrenzung zwischen** einer verbindlichen *ratio decidendi* und einem nicht-bindenden *obiter dictum* dem Gericht des ersten, potenziell bindenden Urteils zukommt oder dem Gericht des nun anstehenden Urteils, um dessen potenzielle Gebundenheit es geht.[63]

1337

Ein plastisches **Beispiel für diese Problematik** bildet die berühmte Entscheidung des House of Lords in dem Fall *Hedley Byrne & Co. Ltd. v. Heller & Partners*[64] aus dem Jahr 1964, die sich mit der Haftung für reine Vermögensschäden außerhalb von Vertragsbeziehungen bei fehlerhaften Auskünften beschäftigte. In dem zugrunde liegenden Sachverhalt hatte die Klägerin, ein Dienstleistungsunternehmen, zu entscheiden, ob sie einen großen Auftrag für einen Kunden in Vorleistung erbringen sollte. Zur Absicherung dieser Entscheidung ließ die Klägerin über ihre Hausbank bei der Beklagten, der Bank des Kunden, nach dessen Kreditwürdigkeit anfragen. Die Beklagte übermittelte der Hausbank der Klägerin eine positive Einschätzung der Kreditwürdigkeit des Kunden, die bei Anwendung der erforderlichen Sorgfalt nicht gerechtfertigt gewesen wäre. Im Vertrauen auf diese Einschätzung ging die Klägerin gegenüber dem Kunden in Vorleistung, fiel mit ihrer Forderung infolge einer Insolvenz des Kunden jedoch aus und nahm daraufhin die Beklagte wegen der Falschauskunft auf Schadensersatz in Anspruch. Die fünf Lordrichter waren sich darin einig, dass eine Haftung für vermögensschädigende, fahrlässige Falschauskünfte auch außerhalb von Vertragsbeziehungen auf der Grundlage des *tort of negligence* (Fahrlässigkeitsdelikt)[65] in Betracht komme. Voraussetzung hierfür sei eine hinreichende Nähebeziehung (*„proximity"*) zwischen dem Schädiger und dem Geschädigten, weil der Schädiger dem Geschädigten dann eine sogenannte *duty of care* (Sorgfaltspflicht) schulde.[66] Dies sei insbesondere dann der Fall, wenn ein Auskunftsgeber eine spezielle Expertise für sich in Anspruch nehme und voraussehen könne, dass ein anderer im Vertrauen auf die Richtigkeit der Auskunft Dispositionen treffen werde.[67] Diese Annahme führte aber gleichwohl nicht zu einem Erfolg der Kläger in *Hedley Byrne*, da die beklagte Bank ihre Auskunft ausdrücklich *„without responsibility"* (ohne Gewähr) abgegeben hatte und dies nach Auffassung aller Lordrichter einer Haftung im

1338

---

59 So mit Unterschieden im Einzelnen Lord Hodson (a.a.O., 373 ff.) und Lord Pearson (a.a.O., 393 ff.).
60 So mit unterschiedlichen Nuancen Lord Guest (a.a.O., 380 ff.) und Lord Donovan (a.a.O., 383 ff.).
61 So Lord Wilberforce (a.a.O., 384 ff.).
62 Kritisch zu der Entscheidung daher *Blom-Cooper*, Style of Judgments, in: Blom-Cooper/Dickson/Drewry (Hrsg.), The Judicial House of Lords 1876–2009, 2009, S. 145–163 (155).
63 Eingehend hierzu *Hager* (Fn. 3), 3/22 ff. m.w.N.
64 [1964] A.C. 465.
65 Hierbei handelt es sich um einen generalklauselartigen Haftungstatbestand für fahrlässige Schädigungen, der auf den zentralen Voraussetzungen duty of care (Sorgfaltspflicht), breach of duty (Pflichtverletzung), Schaden (damage) und Zurechenbarkeit des Schadens (causation) aufbaut. Einzelheiten hierzu bei *Markesinis/Deakin/Johnston*, Tort Law, 6. Aufl. 2008, S. 113 ff. sowie *Zweigert/Kötz* (Fn. 1), S. 610 ff.
66 *Hedley Byrne & Co. Ltd. v. Heller & Partners Ltd.*, [1964] A.C. 465, 530, per Lord Devlin.
67 Siehe *Hedley Byrne & Co. Ltd. v. Heller & Partners Ltd.*, [1964] A.C. 465, 466.

Ergebnis entgegenstand. Folglich hätte die Abweisung der Klage aufgrund dieser Freizeichnungsklausel bei strenger Betrachtung bereits ohne eine Auseinandersetzung mit der grundsätzlichen Frage erfolgen können, ob bei fahrlässigen Falschauskünften außerhalb von Vertragsbeziehungen überhaupt eine Haftung für reine Vermögensschäden in Betracht kommt.[68] Dies könnte dafür sprechen, der diesbezüglichen Rechtsaussage in *Hedley Byrne* nur die Bedeutung eines *obiter dictums* beizumessen und ihr somit eine bindende Wirkung für spätere Entscheidungen zu versagen. Aus Sicht der Richter, die den Fall *Hedley Byrne* zu entscheiden hatten, war es jedoch gerade einer der Hauptzwecke des Urteils, die grundsätzliche Frage der Haftung für Falschauskünfte verbindlich zu klären und damit für die Zukunft Rechtssicherheit zu schaffen. In diesem Sinne bemerkte insbesondere Lord Devlin, dass eine Erörterung des grundsätzlichen Problems der Haftung für fahrlässige Falschauskünfte erforderlich gewesen sei, um den Streitfall *Hedley Byrne* korrekt entscheiden zu können.[69]

1339   Das House of Lords nahm in diesem Fall somit eine präjudizielle Befugnis für sich in Anspruch, die Eisenberg treffend als *„announcement approach"* charakterisiert hat.[70] Nach diesem Ansatz gehören nicht nur diejenigen Aussagen eines Urteils zu der verbindlichen *ratio decidendi*, die sich bei einer objektiven ex post-Betrachtung als notwendige Entscheidungsgründe darstellen, sondern auch solche weiteren Ausführungen, die das entscheidende Gericht erkennbar mit Verbindlichkeit ausstatten wollte. In der weiteren Wirkungsgeschichte des Urteils *Hedley Byrne* hat sich dieses Modell des *announcement approach* praktisch auch durchgesetzt. So haben spätere Entscheidungen zur Frage der Haftung für fahrlässige Falschauskünfte die Bejahung einer solchen Haftung im Fall *Hedley Byrne* nicht als bloßes, unverbindliches *obiter dictum*, sondern als verbindliche *ratio decidendi* angesehen und dementsprechend ohne Weiteres in einem gleichlautenden Sinne entschieden.[71] Allerdings bedeutet ein solches Vorgehen eine gewisse Abkehr von der Grundidee des *common law*, nach der den Gerichten nur eine fallbezogene Befugnis zur Herausbildung rechtlich verbindlicher Regelungen zukommt. Denn im Rahmen des *announcement approach* fließt die Reichweite der präjudiziellen Bindung gerade nicht mehr aus dem tatsächlichen Wechselspiel zwischen dem zu entscheidenden Sachverhalt und den richterlichen Rechtsausführungen, sondern einzig aus dem Rechtssetzungswillen des präjudiziell entscheidenden Gerichts.[72]

c) Reichweite der Präjudizienbindung: Instanzenzug und Overruling

1340   Hinsichtlich der Frage, welchen Gerichten die Kompetenz zum Erlass verbindlicher Präjudizien zukommt und welche Gerichte durch diese Präjudizien gebunden werden, besteht zunächst die Grundregel, dass die **Bindung vertikal** naturgemäß nicht für ranghöhere Gerichte gilt, sondern im Ausgangspunkt für rangniedere Gerichte. Entscheidungen der höchsten englischen Rechtsprechungsinstanz, das heißt früher des House of Lords und jetzt des UK Supreme Court, binden somit beispielsweise den Court of Appeal als Mittelinstanz und den High Court als Eingangsinstanz.[73] Demgegenüber vermag eine

---

68 Vgl. *Cross/Harris* (Fn. 49), S. 79 f.
69 *Hedley Byrne & Co. Ltd. v. Heller & Partners Ltd.*, [1964] A.C. 465, 532, per Lord Devlin.
70 *Eisenberg*, The Nature of the Common Law, 1988, S. 54 f.; ähnlich *ders.*, The Principles of Legal Reasoning in the Common Law, in: Edlin (Hrsg.), Common Law, Theory, 2007, S. 81–101 (88 f.).
71 Siehe *W.B. Anderson and Sons Ltd. v. Rhodes*, [1967] 2 All E.R. 850, 857.
72 Siehe *Maultzsch* (Fn. 22), S. 165 f.
73 Eingehend zum Instanzenzug in der englischen Zivilgerichtsbarkeit *Manchester/Salter* (Fn. 54), 2-001 ff.

Entscheidung des Court of Appeal zwar den High Court, nicht aber den UK Supreme Court zu binden.

Schwieriger und differenzierter ist die Frage zu beurteilen, inwieweit ein Gericht an die ratio decidendi aus eigenen früheren Urteilen gebunden ist, ob es also neben einer vertikalen auch eine **horizontale Präjudizienbindung** gibt. Eine solche horizontale Bindungswirkung eines Gerichts an eigene frühere Urteile kommt in Betracht, wenn es sich nicht um erstinstanzliche Urteile handelt, sondern um Urteile, die im Rahmen eines Rechtsmittelverfahrens erlassen wurden.[74] Vor diesem Hintergrund ist beispielsweise der Court of Appeal an die eigene frühere Rechtsprechung in aller Regel gebunden.[75] Schließlich hat sich für die höchste englische Rechtsprechungsinstanz seit der Entscheidung des House of Lords in dem Fall *Beamish v. Beamish* aus dem Jahr 1861 ebenfalls der Gedanke einer horizontalen Bindung an eigene frühere Präjudizien als Grundregel durchgesetzt.[76] Auch diese Grundregel ist, wie bereits der Zeitpunkt ihrer Herausbildung belegt,[77] die Konsequenz eines im Kern institutionell-positivistisch orientierten Rechtsprechungsverständnisses. Denn sobald man höchstrichterliche Urteile nicht mehr als die bloß deklaratorische Bestätigung historisch überkommener juristischer Wahrheiten begreift, sondern als eigenständige rechtssetzende Akte, muss deren Stabilität in der Zukunft abgesichert werden, indem die Präjudizien auch für die höchstrichterliche Instanz selbst eine Bindungswirkung entfalten.[78]

1341

Eine ausnahmslose Befolgung der horizontalen Präjudizienbindung würde allerdings dazu führen, dass die *rationes decidendi* von Entscheidungen des House of Lords bzw. jetzt des UK Supreme Court nicht mehr durch die Rechtsprechung selbst, sondern nur noch durch den Gesetzgeber abgeändert werden könnten, auch wenn die Rechtsprechung selbst ein Präjudiz später als eine Fehlentwicklung einstuft. Im Laufe der Zeit hat sich vor diesem Hintergrund ein Bedürfnis herausgestellt, dass die höchste Instanz ihre eigenen Präjudizien unter bestimmten, sehr engen Voraussetzungen selbst aufheben können muss, was man als ein sogenanntes *overruling* des Präjudizes bezeichnet.[79] Hierdurch soll das Spannungsverhältnis zwischen Stabilität und Flexibilität als den Eckpfeilern eines *case law*-Systems bestmöglich ausgeglichen werden: Indem ein *overruling* früherer Entscheidungen des House of Lords bzw. des UK Supreme Court nur der höchsten Rechtsprechungsinstanz selbst vorbehalten ist, das heißt nicht durch rangniedere Gerichte (z.B. den Court of Appeal) erfolgen darf und zudem nur in exzeptionellen Fällen in Betracht kommt, wird einerseits dem Bedürfnis nach Kontinuität und Rechtssicherheit entsprochen. Andererseits stellt die ausnahmsweise bestehende Befugnis der höchsten Instanz zu

1342

---

74 *Manchester/Salter* (Fn. 54), 1-021.
75 Der Court of Appeal hat diese horizontale Bindung an eigene Präjudizien in der Entscheidung *Young v. Bristol Aeroplane Co.*, [1944] K.B. 718 f., wie folgt konkretisiert: „The Court of Appeal is bound to follow its own decisions and those of courts of co-ordinate jurisdiction, and the 'full' court is in the same position in this respect as a division of the court consisting of three members. The only exceptions to this rule are: (1.) The court is entitled and bound to decide which of two conflicting decisions of its own it will follow; (2.) the court is bound to refuse to follow a decision of its own which, though not expressly overruled, cannot, in its opinion, stand with a decision of the House of Lords; (3.) the court is not bound to follow a decision of its own if it is satisfied that the decision was given per incuriam, e.g., where a statute or a rule having statutory effect which would have affected the decision was not brought to the attention of the earlier court."
76 *Beamish v. Beamish*, [1861] 11 Eng. Rep. 735, 761, per Lord Campbell.
77 Zur Entfaltung eines positivistischen Rechtsprechungsverständnisses in England im 19. Jahrhundert bereits oben IV. 1. a).
78 Siehe *Evans* (Fn. 43), 56 f.; *Stevens* (Fn. 38), S. 82 f.
79 Hierzu mit weiteren Einzelheiten und m.w.N. *Hager* (Fn. 3), 3/41 ff.

einem *self-overruling* die Entwicklungs- und Anpassungsfähigkeit des *common law* sicher und wirkt einer drohenden Versteinerung der Rechtsprechung entgegen.

1343 Ausgangspunkt der Frage, unter welchen Bedingungen ein *overruling* in Betracht kommt, ist dabei das sogenannte **Practice Statement des House of Lords** aus dem Jahr 1966. Dieses *Statement*, das Lord Gardiner als damaliger Vorsitzender des House of Lords abgab, verdeutlicht sehr schön das Bestreben, die Pole der Rechtssicherheit und der Entwicklungsoffenheit der Rechtsprechung in einen angemessenen Ausgleich zu bringen:

> „Their Lordships regard the use of precedent as an indispensable foundation upon which to decide what is the law and its application to individual cases. It provides at least some degree of certainty upon which individuals can rely in the conduct of their affairs, as well as a basis for orderly development of legal rules. Their Lordships nevertheless recognise that too rigid adherence to precedent may lead to injustice in a particular case and also unduly restrict the proper development of the law. They propose therefore, to modify their present practice and, while treating formal decisions of this house as normally binding, to depart from a previous decision when it appears to be right to do so. In this connection they will bear in mind the danger of disturbing retrospectively the basis on which contracts, settlement of property, and fiscal arrangements have been entered into and also the especial need for certainty as to the criminal law. This announcement is not intended to affect the use of precedent elsewhere than in this House."[80]

1344 Ein bekanntes **Beispiel** für die Korrektur eines eigenen Präjudizes durch das House of Lords im Wege eines overruling bildet wiederum die Entwicklung der Rechtsprechung zur *negligence*-**Haftung** für außerhalb von Vertragsbeziehungen verursachte **reine Vermögensschäden**. In diesem Zusammenhang hatte, wie oben dargelegt, die Entscheidung *Hedley Byrne* aus dem Jahr 1964 zunächst eine Haftung für die schädigenden Folgen fahrlässig erteilter Falschauskünfte grundsätzlich bejaht.[81] Die *ratio decidendi* dieses Urteils bestand darin, dass eine *duty of care* des Schädigers gegenüber dem in seinem Vermögen Geschädigten anzunehmen ist, wenn der Geschädigte auf die Expertise des Schädigers vertraut hat und sich die Beteiligten vor diesem Hintergrund in einer vertragsähnlichen Beziehung befinden. In der Entscheidung *Anns v. Merton London Borough Council*[82] aus dem Jahr 1978 wurde die außervertragliche Haftung für reine Vermögensschäden dann jedoch über die Konstellation einer vertragsähnlichen Vertrauensbeziehung hinaus wesentlich erweitert. In dem nun zu entscheidenden Fall hatten die Mieter von Wohnungen durch bautechnische Mängel der Wohnungen Vermögenseinbußen erlitten, die sie von der zuständigen Baubehörde mit dem Argument ersetzt verlangten, dass die Mängel bei einer ordnungsgemäßen behördlichen Bauüberwachung rechtzeitig entdeckt worden wären. Das House of Lords entschied zugunsten der Mieter, indem es einen Anspruch gegen die Baubehörde aus dem *tort of negligence* bejahte und dabei eine Art Generalklausel der *negligence*-Haftung für fahrlässig verursachte Vermögensschäden aufstellte.[83] Nach dieser Generalklausel sollte eine Haftung des Schädigers gegenüber dem Geschädigten prima facie bereits immer dann eingreifen, wenn der Schädiger voraussehen konnte, dass sein Verhalten eine andere Person in ihrem Vermögen schädigen könnte, da bereits in diesem Fall eine hinreichende Nähebeziehung zwischen dem Schä-

---

80 Practice Statement, [1966] 3 All E.R. 77, per Lord Gardiner L.C. Durch den Administration of Justice Act aus dem Jahr 1969 erfuhr dieses Statement später eine unmittelbare gesetzliche Anerkennung.
81 Siehe oben IV. 1. b).
82 [1978] A.C. 728.
83 *Anns v. Merton London Borough Council*, [1978] A.C. 728, 751 f., per Lord Wilberforce.

diger und dem Geschädigten bestehe, welche die Annahme einer *duty of care* typischerweise rechtfertige. Soweit ein solcher Fall einer prima facie-Haftung gegeben sei, könne die Schadensverantwortlichkeit dann nur noch ausnahmsweise aufgrund besonderer, rechtspolitisch zu beurteilender Gegengründe ausgeschlossen werden. Da die *ratio decidendi* aus dem Fall *Anns* somit im Kern nur noch die Vorhersehbarkeit des betreffenden Vermögensschadens für den Schädiger als Haftungsvoraussetzung forderte, drohte jedoch in der Folge eine viel zu weite Ausdehnung der außervertraglichen Haftung für reine Vermögensschäden. Dies nahm das House of Lords im Jahr 1991 in der Entscheidung *Murphy v. Brentwood District Council*[84] schließlich zum Anlass, das Präjudiz aus *Anns* aufzuheben. Im Fall *Murphy* ging es um die Schadensersatzklage des Erwerbers eines fehlerhaft errichteten Hauses, der aufgrund der bautechnischen Mängel des Gebäudes einen überhöhten Kaufpreis entrichtet hatte, gegen die zuständige Baubehörde. Obwohl die Behörde die Baupläne des Bauherrn trotz erkennbarer Mängel genehmigt hatte und damit eine Schädigung potenzieller Erwerber des Hauses vorhersehen konnte, lehnte das House of Lords nun eine *duty of care* der Baubehörde zum Schutz der Vermögensinteressen des Erwerbers ab und hob damit zugleich die *ratio decidendi* aus dem Fall *Anns* auf.

Wird somit das Mittel des *overruling* eingesetzt, um Präjudizien aufzuheben, die später als Fehlentwicklungen erkannt werden, greift die höchstrichterliche Rechtsprechung in England aber umgekehrt auch nicht zu großzügig zu diesem Mittel, um die Bedürfnisse nach Rechtssicherheit und Vertrauensschutz im *case law*-System zu schützen. Voraussetzung eines *overruling* sind daher in aller Regel grundlegende Defizite des aufzuhebenden Präjudizes, während die bloße Einsicht, dass das Präjudiz keine optimale Lösung der betreffenden Rechtsfrage ermöglicht, nicht ausreicht.[85]   1345

2. Einschränkung und Ausdehnung präjudizieller Wirkungen: Distinguishing und Analogy

a) Grundlagen

Vorstehend wurde skizziert, wie die *ratio decidendi* eines Präjudizes ermittelt werden   1346
kann und inwieweit sie für zukünftige, gleichgelagerte Fälle eine Bindungswirkung zeitigt. Hiermit verwandt ist die weitere Frage, welche Bedeutung einer *ratio decidendi* für spätere Fälle zukommt, die zwar in einem gewissen Maße ähnlich gelagert sind wie die präjudiziell entschiedene Konstellation, aber nicht identisch. Das Gericht, das den neuen Fall zu beurteilen hat, muss in diesem Zusammenhang entscheiden, ob die zwischen dem ursprünglichen und dem neuen Fall bestehenden Sachverhaltsunterschiede als wesentlich erscheinen oder nicht.[86] Bejaht es einen wesentlichen Unterschied, wird es ein sogenanntes *distinguishing* vornehmen und die *ratio decidendi* des Präjudizes nicht auf den neuen Fall übertragen. Nimmt es hingegen nur einen unwesentlichen Unterschied zwischen der präjudiziellen und der jetzt zu entscheidenden Konstellation an, wird es die *ratio decidendi* der vorangehenden Entscheidung im Wege einer sogenannten *analogy* auf den neuen Sachverhalt ausdehnen.

---

84 [1991] 1 A.C. 398.

85 Zu weiteren Einzelheiten siehe *Hager* (Fn. 3), 4/49 ff. sowie a.a.O., 4/244 ff. zu der denkbaren Kompromisslinie eines „prospective overruling", bei dem die ratio decidendi zwar für die Zukunft geändert wird, Altfälle aber noch nach Maßgabe des aufgehobenen Präjudizes beurteilt werden.

86 Siehe *Zander* (Fn. 52), S. 275: „The question is always the same – are there any material differences between the facts of the present case and the facts of the precedents to warrant the rule being different?"

1347   Die Wahl zwischen einem *distinguishing* und einer *analogy* mit den daran geknüpften unterschiedlichen Folgen für die Entscheidung der neuen Sachverhaltskonstellation stellt dabei niemals eine rein logisch zu bewältigende Operation dar, sondern immer einen **normativ-wertenden Vorgang.**[87] Obwohl sich dieser Vorgang an den Grundgedanken der *ratio decidendi* des in Rede stehenden Präjudizes zu orientieren, er dieses also gleichsam zu interpretieren hat, eröffnet sich dem nun entscheidenden Gericht regelmäßig ein erheblicher Spielraum bei der Beurteilung der Frage, ob die präjudizielle *ratio decidendi* auf den neuen Fall übertragbar ist. In diesem Sinne wird durch die Anwendung der Methoden des *distinguishing* und der *analogy* zugleich immer auch neues *case law* geschaffen, das die normativen Wirkungen des Präjudizes konkretisiert und neu justiert.[88] Ähnlich wie ein *overruling* betonen das *distinguishing* und die *analogy* somit das dynamische Moment des Fallrechtsdenkens.

1348   Da diese Methoden jedoch anders als ein *overruling* nicht zu einer formalen Aufhebung des Präjudizes führen, sondern nur seine Wirkungsbreite interpretieren und konkretisieren, gelten die oben geschilderten restriktiven, das heißt instanzenbezogenen und inhaltlichen, Voraussetzungen eines *overruling* für das *distinguishing* und die *analogy* nicht. So steht es beispielsweise auch dem Court of Appeal frei, ein Präjudiz des UK Supreme Court im Wege des *distinguishing* nicht auf einen neuen Fall zu übertragen, der ähnlich, aber nicht identisch wie der zuvor durch den UK Supreme Court entschiedene Sachverhalt gelagert ist; wobei die Richtigkeit dieser Differenzierung selbstverständlich wiederum durch ein Rechtsmittel zum UK Supreme Court überprüft werden kann. Umgekehrt mag es auch für den UK Supreme Court als höchste Rechtsprechungsinstanz von Interesse sein, ein eigenes früheres Präjudiz bzw. ein Präjudiz des House of Lords als seinem Vorgänger bereits aufgrund eines *distinguishing* in einer neuen Sachverhaltskonstellation unangewendet zu lassen. Denn soweit dies vertretbar erscheint, wird ein *overruling* des Präjudizes entbehrlich, das nach dem oben Gesagten nur unter sehr engen Voraussetzungen in Betracht kommt[89] und ein methodisch wesentlich einschneidenderes Mittel darstellt als ein *distinguishing*.

b) Rechtsprechungsbeispiel: Zurechenbarkeit von Schockschäden

1349   Ein gutes **Beispiel** dafür, wie die Techniken der *analogy* und des *distinguishing* zu einer dynamischen Fortentwicklung des Präjudizienbestandes eingesetzt werden können, bildet die **Rechtsprechung zur Ersatzfähigkeit fahrlässig verursachter Schockschäden.** Diese Rechtsprechung hat sich wiederum im Rahmen des *tort of negligence* entwickelt und betrifft Konstellationen, in denen der Schädiger einen Unfall verursacht, woraufhin eine Person, die selbst durch den Unfall physisch nicht verletzt wird, einen Schockschaden erleidet und für diesen Schaden einen Ersatz, in der Regel ein Schmerzensgeld, fordert. Die Konturen der Rechtsprechung zu dieser Frage wurden getreu dem Grundansatz des *case law*, Rechtsfragen nicht abstrakt, sondern fallbezogen zu lösen, nicht im Rahmen einer einzigen Entscheidung entwickelt, sondern in einer Kette von Urteilen, die sich jeweils mit unterschiedlichen Detailkonstellationen der Schockschadensfälle auseinan-

---

87   Überblick bei *Eisenberg* (1988, Fn. 70), S. 70 ff.
88   *Gardner*, Some Types of Law, in: Edlin (Hrsg.), Common Law Theory, 2007, S. 51–77 (71); *Jaffe* (Fn. 5), S. 74; *Maultzsch* (Fn. 22), S. 27.
89   Siehe oben IV. 1. c).

dergesetzt und auf diesem Wege die maßgeblichen *rationes decidendi* herausgearbeitet und konkretisiert haben.[90]

Die ursprünglichen Urteile, in denen eine Haftung für Schockschäden aus dem *tort of*   **1350** *negligence* bejaht wurde, betrafen dabei Sachverhalte, in denen sich die Person, die einen Schock erlitt, unmittelbar in der Gefahrenzone des Unfalls (*„zone of danger"*) befand, in denen also die psychisch vermittelte Schädigung die Folge einer unmittelbaren physischen Gefahr war.[91] In der wichtigen Entscheidung *McLoughlin v. O'Brian and Others*[92] aus dem Jahr 1983 stellte sich nun die Frage, ob eine Zurechnung des Schockschadens zu dem Unfallverursacher und damit eine Haftung auch in einem Fall in Betracht kommt, in denen der Schock nicht aus Sorge um die eigene physische Sicherheit eintritt, sondern dadurch, dass der Geschädigte ein naher Angehöriger eines Unfallopfers ist und von dem Unglück erfährt. So hatte in dem zugrunde liegenden Sachverhalt die Klägerin ca. zwei Stunden später erfahren, dass ihr Ehemann mit den gemeinsamen Kindern in einen durch den Beklagten fahrlässig verursachten Unfall verwickelt worden war. Im Krankenhaus wurde sie von dem Tod einer ihrer Töchter informiert, hörte die beiden anderen Kinder vor Schmerzen schreien und sah ihren Ehemann in einem apathischen und verzweifelten Zustand, woraufhin sie einen schweren Schock erlitt, für den sie mit ihrer Klage Ersatz verlangte. Die Zurechnung dieses Schockschadens zu dem Unfallverursacher und damit eine Bejahung der Haftung konnten nicht im Wege einer unmittelbaren Anwendung der vorliegenden Präjudizien erfolgen, da diese, wie dargelegt, eine Haftung in Fällen betrafen, in denen sich der Schockgeschädigte selbst in der Gefahrenzone aufgehalten hatte. Es kam jedoch eine Ausdehnung der bestehenden Präjudizien und damit eine Bejahung der Haftung im Wege einer *analogy* in Betracht, wenn der Fall einer zeitnahen Konfrontation mit der Tötung bzw. Verletzung eines nahen Angehörigen als schockauslösendes Moment wertungsmäßig mit der Konstellation eines eigenen Aufenthalts in der *zone of danger* vergleichbar war. Im Ergebnis wurden diese Frage und damit die Haftung in *McLoughlin* durch alle fünf entscheidenden Richter des House of Lords bejaht, wenngleich die einzelnen Richter durchaus unterschiedliche Begründungslinien für ihr jeweiliges Votum einschlugen.[93] Zentraler Gedanke des Urteils war, dass der Schockschaden eines Dritten für den Unfallverursacher nicht nur dann *„reasonable foreseeable"* (vernünftigerweise vorhersehbar) und diesem damit zurechenbar ist, wenn der Geschädigte selbst gefährdet ist, sondern auch dann, wenn der Schock aus einer zeitnah nach dem Unfall eintretenden und handgreiflich erlebten Sorge oder Trauer um nahe Angehörige resultiert. Die präjudiziell bereits entschiedene und die neue Fallkonstellation waren somit wertungsmäßig gleich zu behandeln, was eine Ausdehnung der haftungstragenden *ratio decidendi* gebot.

Die umgekehrte Technik, nämlich ein *distinguishing*, wurde dann in dem nachfolgenden   **1351** Fall *Alcock v. Chief Constable of South Yorkshire*[94] aus dem Jahr 1992 angewandt. Hier ging es um einen Fall, in dem in einem Fußballstadion aufgrund einer Massenpanik zahlreiche Menschen getötet wurden. Angehörige einzelner Getöteter hatten die Panik im Fernsehen verfolgt und daraufhin Schocks erlitten, für die sie von der für die Panik verantwortliche Behörde nun Schadensersatz forderten. In diesem Fall verneinte das

---

90 Näher zu dieser Rechtsprechungskette *Hager* (Fn. 3), 3/31 ff. und *Manchester/Salter* (Fn. 54), 15-001 ff.
91 Vgl. *Dulieu v. White & Sons*, [1910] 2 K.B. 669 sowie *Bourhill v. Young*, [1943] A.C. 92 (in dieser Entscheidung verneinte das House of Lords eine Haftung mangels Aufenthalts der Klägerin in der zone of danger).
92 [1983] 1 A.C. 410.
93 Siehe hierzu *Maultzsch* (Fn. 22), S. 156 f., 166 ff.
94 [1992] 1 A.C. 310.

House of Lords jedoch eine Haftung, da die Art der Verursachung des Schockschadens in *Alcock* nicht mit derjenigen in *McLoughlin* vergleichbar und somit ein *distinguishing* geboten sei. Denn anders als die Klägerin in *McLoughlin* hätten die Kläger in *Alcock* das Leid ihrer Angehörigen nicht in zeitlicher Nähe zu dem Unfall unmittelbar erlebt, sondern über das Medium des Fernsehens, das zudem nur die Massenpanik als solche und nicht das Schicksal einzelner Stadionbesucher offenbarte.[95] Daher wurde die haftungsauslösende Zurechenbarkeit des Schockschadens im Fall *Alcock* aufgrund eines *distinguishing* gegenüber der *ratio decidendi* aus *McLoughlin* verneint.

V. Neuere Entwicklungen in der Case Law-Methodik „The Search for Principle"

1352　Wurde vorstehend das enge Wechselspiel zwischen der Entscheidung konkreter Lebenssachverhalte und der dabei erfolgenden Herausbildung allgemeingültiger rechtlicher Regelungen (*rationes decidendi*) als Wesensmerkmal des englischen *case law* hervorgehoben, sollte gleichwohl nicht verkannt werden, dass sich auch in der englischen Rechtsmethodik zunehmend das Bestreben zeigt, wichtige Rechtsfragen nicht mehr ausschließlich im Wege fallbezogener „kleiner Schritte" und langer Entscheidungsketten herauszubilden. Vielmehr nimmt die Rechtsprechung zunehmend ein Bedürfnis an, solche Rechtsfragen in einer **stärker abstrakt-systematisierenden Weise** zu klären. Eine wichtige Grundlage hierfür bildet die Einsicht, dass Präjudizien im *common law* immer weniger im Sinne des Verständnisses des 19. Jahrhunderts als bloße autoritative Festlegungen begriffen werden können, die eine Summe von Regeln bilden, sondern vielmehr als Ausdruck rationaler Rechtsprinzipien verstanden werden müssen, die mit einem Systematisierungsanspruch verbunden sind.[96] Hierdurch fließen in das englische *case law* Elemente ein, die traditionellerweise eher dem kontinentaleuropäischen Recht mit seinem wissenschaftlich-systematischen Anspruch zugeschrieben werden.

1353　Eine deutliche Beschleunigung hat diese Neuausrichtung durch die Einbindung des englischen Rechts in die **Europäische Union** und die **Europäische Menschenrechtskonvention** (EMRK) erfahren. Im Rahmen dieser, in ihrem Kern durch das kontinentaleuropäische Rechtsdenken bestimmten Systeme, sieht sich die englische Rechtsprechung nicht selten gehalten, den Modus einer schrittweisen, fallorientierten Regelbildung zugunsten eines abstrakt-rationalen Anspruchs aufzugeben.[97] Nicht immer wird dies aus Sicht der englischen Richter mit Sympathie begleitet; so hat beispielsweise Lord Denning das Europarecht mit einer „hereinbrechenden Flut" (*incoming tide*) verglichen.[98]

1354　Aber auch jenseits des europarechtlichen Bezugsrahmens mehren sich in England höchstrichterliche Urteile, welche die Lösung für wichtige Rechtsfragen nicht mehr maßgeblich aus der Auseinandersetzung mit einer kontinuierlichen Reihe unterschiedlicher konkreter Fallkonstellationen entwickeln, sondern diese Rechtsfragen im Rahmen stark systematisierender, nahezu lehrbuchartiger Erwägungen abhandeln. Beispiele hierfür bilden die Ausführungen von Lord Goff zur Haftung für Schädigungen unter Grundstücksnachbarn in der Entscheidung *Cambridge Water Co. v. Eastern Counties Leather Plc.*,[99] die Ausführungen Lord Browne-Wilkinsons zum Rechtsinstitut *„undue influ-*

95　Siehe *Alcock v. Chief Constable of South Yorkshire*, [1992] 1 A.C. 310, 398, per Lord Keith.
96　Hierzu vor allem *Allen* (Fn. 1), S. 285 ff.; *Dworkin*, Law's Empire, 1986, S. 240 ff.; *Eisenberg* (1988, Fn. 70), S. 64 ff., 76 ff. und 83 ff.
97　Näher *Maultzsch* (Fn. 22), S. 179 ff.
98　*H. P. Bulmer Ltd. and Another v. J. Bollinger S.A. and Others*, [1974] Ch. 401, 418, per Lord Denning M.R.
99　[1994] 2 A.C. 264, 297 ff.

ence" in *Barclays Bank Plc. v. O'Brien and Another*[100] oder auch die Darlegungen von Lord Hoffmann zu vermögensschädigenden Delikten (*economic torts*) im Fall *OBG Limited*.[101] In derartigen Urteilen zeigt sich im Hinblick auf den Modus der richterlichen Regelbildung durchaus ein **Perspektivenwechsel**, der die konkrete Fallbetrachtung in den Hintergrund treten und eine stärkere Systemorientierung erkennen lässt. Mit anderen Worten wird das englische *case law* zunehmend von einer „Suche nach Prinzipien", einer *„search for principle"*,[102] beherrscht. Obwohl diese Neuausrichtung durchaus bedeutsam erscheint, sollten ihre konkreten Auswirkungen umgekehrt allerdings auch nicht überschätzt werden. Denn eine präjudizielle Kraft im engeren Sinne kommt weiterhin nicht den rein abstrakt-sytematisierenden Ausführungen in Urteilen zu, sondern nur den jeweiligen *rationes decidendi* als den rechtlichen Regeln, die in der Auseinandersetzung mit einer konkreten Fallkonstellation herausgearbeitet wurden.[103]

VI. Fazit

Die englische *case law*-Methodik kann auf eine lange Tradition zurückblicken, die in ihrem Ausgangspunkt mehr prozessual-praktisch als systematisch-wissenschaftlich orientiert ist. Vor diesem Hintergrund zeichnet sich das *case law* durch eine spezifische Stilistik aus, deren Kern eine enge Verknüpfung zwischen den jeweils zu entscheidenden Sachverhaltskonstellationen und den herausgearbeiteten rechtlichen Regelungen bildet. Erst dieses Wechselspiel zwischen Fall und Rechtsregel gestattet typischerweise die Konturierung von *rationes decidendi* als den präjudiziell verbindlichen Festlegungen. Verleiht die Präjudizienbindung dem Fallrechtssystem einerseits die notwendige Stabilität, so stellen andererseits die Techniken des *distinguishing* und der *analogy* sowie die unter exzeptionellen Umständen gegebene Befugnis zum *overruling* eines eigenen Präjudizes die erforderliche Flexibilität und Dynamik sicher. Neben diese klassischen Eckpfeiler des englischen *case law* tritt in jüngerer Zeit allerdings auch ein Trend zu einer stärker systematisierenden Behandlung von Rechtsfragen durch die obersten Gerichte, der zu einer gewissen Annäherung an die kontinentaleuropäische Rechtsmethodik führt.

1355

VII. Literatur

Die zentralen **historischen Grundlagen** des englischen case law vermitteln

Baker, John H., An Introduction to English Legal History, 4. Aufl. 2002 (S. 1–222);
Dawson, John P., The Oracles of the Law, 1968 (S. 1–99)

sowie im Überblick

Zweigert, Konrad/ Kötz, Hein, Einführung in die Rechtsvergleichung, 3. Aufl. 1996 (S. 177–214).

Als wichtige **methodische Literatur** sind vor allem

Cross, Rupert/ Harris, J. W., Precedent in English Law, 4. Aufl. 1991;
Eisenberg, Melvin A., The Nature of the Common Law, 1988;
Hager, Günter, Rechtsmethoden in Europa, 2009 (Kapitel 3, Rn. 2–77 und Kapitel 4, Rn. 89–164);
Manchester, Colin/ Salter, David, Exploring the Law, 4. Aufl. 2011;
Zander, Michael, The Law-Making Process, 6. Aufl. 2004 (S. 215–422)

---

100 [1994] 1 A.C. 180, 189 ff.
101 [2008] 1 A.C. 1, 18 ff.
102 So der Titel der Festschrift zu Ehren von Lord Goff: Swadling/Jones (Hrsg.), The Search for Principle: Essays in Honour of Lord Goff of Chieveley, 1999.
103 Siehe *Jolowicz* (Fn. 20), S. 291 f. und *Maultzsch* (Fn. 22), S. 158 f.

sowie die Beiträge in

Goldstein, Laurence (Hrsg.), Precedent in Law, 1987

zu nennen.

VIII. Anhang: Beispiel eines englischen Urteils

1356 Das nachfolgend abgedruckte Urteil des Court of Appeal betrifft eine schadensersatzrechtliche Problematik, nämlich die Kompensationsfähigkeit sogenannter Affektionsinteressen des Gläubigers bei Vertragsverletzungen. Die hiermit verbundenen inhaltlichen Fragen hat der Autor an anderer Stelle aus rechtsvergleichender Sicht aufgegriffen.[104] Der hier erfolgende Abdruck dient demgegenüber dem Ziel, dem Leser den Aufbau und den Duktus eines englischen Gerichtsurteils möglichst anschaulich vor Augen zu führen. Einige zentrale Elemente werden dabei in Fußnotenanmerkungen erläutert.

Ruxley Electronics and Construction Ltd. v. Forsyth[105]

Court of Appeal[106]

[1994] 1 W.L.R. 650[107]

Dillon, Staughton, and Mann L.JJ.[108]

1993 Nov. 19; Dec. 16

Damages—Contract—Breach—Contract to construct swimming pool of specified depth for diving—Completed pool not of specified depth—Defective construction not preventing diving or affecting value of property—Whether cost of rectifying defect recoverable[109]

The two plaintiffs in the consolidated actions contracted to build, respectively, a swimming pool and its enclosure for the defendant in his garden. The contract specified that the pool should have a diving area 7 feet 6 inches deep. On completion the pool was suitable for diving but the diving area was only 6 feet deep. However, there was no adverse effect on the value of the property. The estimated cost of rebuilding the pool to the specified depth was £21,560. The judge gave judgment for the plaintiffs on their claims for the outstanding balance of the contractual price, but, except for awarding the defendant £2,500 for loss of amenity, dismissed his counterclaim for breach of contract.[110]

On the defendant's appeal:[111] —

Held, allowing the appeal (Dillon L.J. dissenting), that the defendant's loss as a result of the breach of contract was the amount required to place him in the same position as he would be in if the contract had been performed; that, on the facts, that loss was the cost

---

104 *Maultzsch,* Der Schutz von Affektionsinteressen bei Leistungsstörungen im englischen und deutschen Recht, JZ 2010, 937–945.
105 Bezeichnung der Parteinamen getrennt durch „v." für das lateinische *versus* („gegen").
106 Bezeichnung des entscheidenden Gerichts, hier des Court of Appeal als erster Rechtsmittelinstanz.
107 Bezeichnung der Fundstelle des Urteils, hier in der Zeitschrift „Weekly Law Reports".
108 Auflistung der an der Entscheidung beteiligten Richter. LJ. steht für „Lord Justice of Appeal". Werden (wie hier) mehrere Richter genannt, findet das Kürzel L.JJ. Anwendung.
109 Schlagwortartige Zusammenfassung der behandelten Rechtsfragen.
110 Knappe Zusammenfassung des Sachverhalts und der bisherigen Prozessgeschichte.
111 Angabe, dass die Entscheidung aufgrund eines Rechtsmittels des Beklagten des Ausgangsverfahrens (*defendant*) ergeht.

of rebuilding the pool, even if the shortfall in depth had no effect on the value of the property; and that, accordingly, the defendant was entitled to recover the estimated cost of the rectification, whether or not rectification was to be carried out [...].[112]

[...]

Per Dillon L.J. The plaintiff has no absolute right to be awarded the cost of reinstatement. There is no reason why, if there has been no loss in value, he should automatically become entitled to the cost of reinstatement, however high [...].[113]

The following cases are referred to in the judgments:[114]

[...]

The following additional cases were cited in argument:[115]

[...]

APPEAL from Judge Diamond Q.C. sitting at Central London County Court.[116]

By an order dated 13 July 1993 Judge Diamond Q.C., sitting at Central London County Court, ordered that there be judgment for the plaintiff, Ruxley Electronics and Construction Ltd., for £3,903.73, and for the plaintiff, Laddingford Enclosures Ltd., for £36,874.40, against the defendant, Stephen Forsyth, in two consolidated actions in which the plaintiffs claimed the outstanding balance of the price of a swimming pool and its enclosure.

By a notice of appeal dated 9 August 1993 the defendant appealed on the grounds that the judge was wrong not to award the defendant damages on his counterclaim, or deduct a sum from the contract price, to reflect the cost of reconstruction of the swimming pool to make it deeper in order to conform to the contractual specification; and the judge's assessment of general damages for the shortfall in the depth of the pool at £2,500 was manifestly too low if the defendant was to receive no other compensation for the breach of contract.

The facts are stated in the judgment of Staughton L.J.[117]

William Batstone for the defendant.

Bryan McGuire for the plaintiffs.[118]

Cur. adv. vult.[119]

16 December. The following judgments were handed down.[120]

STAUGHTON L.J.[121] In 1987 Mr. Forsyth lived in a house near Cranbrook in Kent. He wished to have a swimming pool in the garden. So he obtained quotations from two

---

112 Knappe Zusammenfassung der Entscheidung der Richtermehrheit.
113 Knappe Zusammenfassung der abweichenden Auffassung (*dissenting opinion*) des Richters Dillon.
114 Auflistung aller Präjudizien, auf die in dem Urteil Bezug genommen wird (vom Abdruck der Liste wird hier abgesehen).
115 Auflistung aller weiteren Präjudizien, auf welche die Parteivertreter Bezug genommen haben (vom Abdruck wird hier abgesehen).
116 Bezeichnung des erstinstanzlich entscheidenden Richters und Gerichts.
117 Bezugnahme auf das weiter unten folgende Votum des Richters Staughton für Einzelheiten des Sachverhalts.
118 Bezeichnung der Parteivertreter.
119 *Curiam advisari vult* (lat.): „Das Gericht will die Sache bedenken (wörtlich: will beraten werden)."
120 Überleitung zu den Voten der beteiligten Richter.
121 Votum des Richters Staughton, das die maßgeblichen Erwägungen der Mehrheitsauffassung und vorab den Sachverhalt des Rechtsstreits sowie Auszüge aus der bisherigen Prozessgeschichte darlegt.

companies, Ruxley Electronics and Construction Ltd. and Laddingford Enclosures Ltd. One was for the pool itself, from Ruxley; the other was for a building to enclose it, largely of transparent material, from Laddingford. Both those companies were controlled and substantially owned by Mr. Philip Hall. The contract for the pool was concluded by 4 June 1987 in the sum of £38,564.77 with extras. There have been sums paid on account and agreed credits, after which Ruxley sue in this action for the balance of the price amounting to £9,113.38. It was an express term of the contract that the maximum depth of water should be 7 feet 6 inches. The contract for the enclosure was concluded on 14 October 1987 for the sum of £31,613.97. After certain agreed credits the balance claimed in the action is £29,959.47.

The progress of the works was anything but smooth. When the pool was first completed by subcontractors whom Ruxley had engaged, a crack appeared across the bottom of it. It appeared that this was caused by defective reinforcement of the concrete. Eventually Mr. Hall agreed that the existing pool would be renewed and replaced with a completely new pool, free of charge. That work was finished around the end of June 1988. Various defects were asserted by Mr. Forsyth, such as water leaks from pipework and fittings and the absence of a main drain at the bottom. Some but not all were remedied. There were also defects alleged in the enclosure. Then in March 1989 Mr. Forsyth, who had not previously spent a great deal of time at the house, discovered that the maximum depth of water in the pool was not 7 feet 6 inches but only 6 feet 9 inches. What is more, that maximum was exactly at one end of the pool. For diving purposes the desired depth should not be at the end, since nobody dives vertically at that point, but some 6 to 7 feet away from the end. In Mr. Forsyth's pool the maximum depth, where it was most needed, was only 6 feet.

The contract for the pool, as originally written, had been amended, following a conversation between Mr. Forsyth and Mr. Hall. Mr. Forsyth had asked for an increase in the maximum depth to 7 feet 6 inches, saying that he was a big man and would feel safer when diving and more comfortable with a greater depth of water. Since diving was mentioned as the reason for the increase, clearly the depth required should have been provided at a place where diving was practicable. It is now accepted that the failure to provide the required depth was a breach of contract on the part of Ruxley. But at the trial before the judge Mr. Forsyth on his counterclaim recovered no damages for that breach, save only for the sum of £2,500, which the judge described as general damages for the loss of pleasure and amenity he had suffered and would continue to suffer by reason of the lack of depth.

There were many other issues at the trial. In the end the judge, after setting items in the counterclaim which succeeded against the balance of the contractual price to the extent that it was found to be due, gave judgment for Ruxley against Mr. Forsyth (£2,568.38), and for Laddingford against Mr. Forsyth (£24,917.37). There was also an award of interest, which was roughly equal to 50 per cent. of the principal sums, and costs.

Mr. Forsyth at first appealed on a number of grounds. But he now pursues only two points. First, it is said that there should have been a substantial sum awarded as special damages in respect of the breach in providing less than the required depth of water. Secondly, the general damages of £2,500 should have been larger.

What was the effect of the reduced depth of water? This was dealt with by the judge with great clarity as follows:

"the pool as constructed is perfectly safe to dive into. A depth of 6 feet is adequate even for a beginner and there is an adequate area of 6 feet depth extending about 7 feet out from the deep end wall. The I.B.R.M. (Institute of Baths and Recreational Management) handbook states that diving should not be permitted into water with a vertical depth of less than 5 feet. There was, of course, a greater depth of water than this for quite a reasonable part of the deep end of the pool. The I.B.R.M. handbook is directed to supervised dives in public pools. Flat racing dives can, of course, be made in shallower water. Much depends on the skill of the diver.

"There was much discussion at the trial as to whether, if the contractual depth of water had been provided, this would have enabled a diving board to be fitted. If the contract had required the fitting of a diving board, then a contractor such as Ruxley, which was a member of S.P.A.T.A. (the Swimming Pool and Allied Trades Association) would have been obliged under the rules of that association to follow the dimensions for a 'cage of safety' as set out in the S.P.A.T.A. standards, and the precise dimensions of the cage of safety would have depended on the type and height of the diving board to be provided. The pool as contracted for did not include, as I have said, any provision for a diving board. It contemplated that any diving would be from the side of the pool. In these circumstances there was no contractual requirement to provide a S.P.A.T.A. cage of safety for two reasons: first, because the contract did not make any reference at all to S.P.A.T.A. standards; secondly, because in my judgment the cage of safety dimensions only apply to pools fitted with diving boards.

"The question, however, remains, in so far as it is relevant, whether the shortfall in the depth of water has had any impact on the ability of Mr. Forsyth or another owner of the pool to fit a diving board in the future should he desire to do so. As far as Mr. Forsyth is concerned I do not consider that he has formed any intention or wish to fit a diving board, or is likely to do so in the future, and the question is, I think, wholly or mainly academic. The position, however, as it seems to me, is that with the pool as built no contractor who is a member of S.P.A.T.A. will be willing to fit a diving board and the inference must be that it would not be safe to do so. If, on the other hand, the pool had been built with a maximum depth of 7 feet 6 inches of water at a point 6 to 7 feet out from the deep end wall, then Mr. Braid's drawing and the S.P.A.T.A. dimensions show that it would probably have been safe to fit a 0.5 metre semi-rigid diving board at the deep end.

"I return in the light of these findings to the significance in the shortfall in the depth of water. The only real significance, as it seems to me, is that pool users are confined to shallower dives from the side of the pool of not more than 6 feet in depth. One might add that perhaps nervous or unskilled divers may not have the comfort of knowing that there is a greater depth of water. If deeper dives are made from the deep end wall, then the diver could come into contact with the upward slope of the pool floor. Mr. Forsyth told me that he dived on one occasion in February 1989 and did not feel safe. It is, I think, a perfectly reasonable requirement to wish to make deeper dives or to have a greater depth of water and one can sympathise with any pool owner who makes a legitimate request for a specified depth of water and does not get the depth he contracted for. There is, accordingly, a lack of amenity brought about by the shortfall in the depth of water, but this lack of amenity is not easy to quantify. I do not accept, however, that the breach of contract has deprived Mr. Forsyth of the opportunity to fit a diving board since, as I said before, I do not think that he has ever formed any desire to fit one or would be likely to do so in the future."

Mr. McGuire, on behalf of Ruxley, submits that the pool as contracted for would not have allowed a diving board. But the judge found otherwise, and it has not been demonstrated that his conclusion was wrong.

What then were the financial consequences? One view advanced is that the court should take the difference in value of the pool as built and the pool as contracted for. On that topic the judge said:

> "Finally, there was no evidence before me that the shortfall in the depth has decreased the value of the pool and [the plaintiffs' expert] gave evidence that the value of the pool would be the same whether the maximum water depth was 7 feet 6 inches or the present depth. Consequently, it would not be right for me to attach weight to the possibility that if a 7 feet 6 inches maximum depth of water had been provided a prospective future owner of the pool might wish to fit a diving board."

I am slightly surprised by that finding as I would have expected there to be some difference in value that was not insignificant. But there is no material to fault the judge's conclusion, nor is it now challenged.

Alternatively, there is the cost of rectification. One method would be to break out the bottom of the pool and make it deeper. That would cost £5,000 to £10,000. But the judge seems to have accepted the evidence that joining new concrete to old in the construction of a swimming pool is unacceptable. The only other possible course considered at the trial was the removal of the pool, further excavation, and the construction of a new pool. That would have cost £21,560. The judge held that, in order to recover such a sum, Mr. Forsyth must show that he intended to carry out reinstatement work and that it was reasonable to do so. As to that the judge said:

> "not only am I not satisfied that Mr. Forsyth intends to build a new pool at a cost of £21,560, but in addition it seems to me that this cost would be wholly disproportionate to the disadvantage of having a pool whose maximum depth is 6 feet as opposed to 7 feet 6 inches. In those circumstances I find that it would be unreasonable for Mr. Forsyth to carry out this work at such a cost."

The judge did, however, award £2,500 as general damages for loss of amenity.

In any case of damage to a building or a chattel, or of breach of contract whereby it does not have the characteristics specified, there are potentially two available methods of measuring the loss. In each case, the object is to place the injured party in the same position as if the contract had been performed, or no wrong done to him, in so far as money can achieve that result. The two methods are (i) the difference in value and (ii) the cost of restoration.

The difference in value method is available, and will often be appropriate, when the building or chattel which has been damaged, or which does not answer to the contract, is of a kind that is commonly available. In such a case the cheapest way to make good the loss will often be to sell the building or chattel in question and buy another which, as the case may be, is not damaged or does answer the specification in the contract. The difference in value method seeks to reflect the financial consequences of such a notional transaction. Hence the rules as to damages when there is a contract for the sale of a marketable commodity. I say that the transaction is notional because the loser is not obliged to sell his building or chattel and purchase another; I have never heard it suggested that he is. He merely recovers damages measured on the loss that he would have suffered if he had done so. An example of the difference in value method in the context of the present case is *Munnelly v. Calcon Ltd.* [1978] I.R. 387. There an auctioneer carried on business at premises in Dublin. The building was damaged by his neighbour's negligence. It was held that he could not recover more than the difference in value, since there were plenty of other houses in Dublin which would suit him just as well.

By contrast, the difference in value method may be inadequate when the loser's building or chattel has some unique quality and so cannot be replaced. Thus, in *Hollebone v. Midhurst and Fernhurst Builders Ltd.* [1968] 1 Lloyd's Rep. 38, a house had been damaged by fire. Judge Norman Richards Q.C. said, at p. 39:

> "by reason of its size, its position, its features, its seclusion and the area in which it is located the property is properly termed unique or of a nature that comparable properties are few and far between, and come into the market so rarely that if Mr. and Mrs. Hollebone were to move it would have to be right out of the area and away from their local friends and acquaintances and they would have to start building up a local social life anew."

They received the cost of reinstatement, which was more than the difference in value before and after the fire. The same doctrine was applied to commercial premises destroyed by fire in *Harbutt's "Plasticine" Ltd. v. Wayne Tank and Pump Co. Ltd.* [1970] 1 Q.B. 447.

We have no evidence to show that Mr. Forsyth's house at Cranbrook is unique although, to judge from the photographs, it is unusual. Nor is there evidence that Mr. Forsyth has a particular need to live at Cranbrook rather than anywhere else that a similar house can be found with a proper swimming pool. So it might be thought that his claim is for the difference in value under *Munnelly's* case rather than the cost of rectification in accordance with *Hollebone's* case. But it is clear, and accepted by Mr. McGuire, that the cost of moving house alone must exceed the sum of £21,560 which would be needed to replace the swimming pool. By the time that Mr. Forsyth has paid estate agents, furniture movers and solicitors, and his furniture has suffered the wear and tear that a move inevitably entails, I am confident that it would be cheaper to rebuild the pool.

That, it may be thought, is enough to enable him to recover the cost of a new pool. But it is said that there are two further requirements before he can recover that, or any amount at all, as special damages for the pool's lack of depth. It is said that he must show at trial (1) that he intends to rebuild the pool and (2) that it is reasonable for him to do so. The judge did not believe him when he said that he had a definite intention to rebuild; and he found or held that it would not be reasonable to do so. I have some doubt as to whether either of those conclusions can be sustained. On point (1), why should Mr. Forsyth not have intended to rebuild if in law such an intention was essential to enable him to recover £21,560 and, perhaps, the costs of the action? What motive can there have been for him not to intend it? Disruption during rebuilding would surely be a small price to pay. Furthermore, he now offers to this court an undertaking that he will spend the money on rebuilding if it is awarded to him. I shall return to the facts on point (2) later.

There is a good deal of authority to support those two requirements: see *Keating on Building Contracts*, 5th ed. (1991), p. 202: the plaintiff in such a case has to show that he intends to carry out reinstatement and that it is reasonable to do so. To the same effect are *McGregor on Damages*, 15th ed. (1988), pp. 675–676, paras. 1091–1092 and dicta in *Imodco Ltd. v. Wimpey Major Projects Ltd. and Taylor Woodrow International*

Ltd. (1987) 40 B.L.R. 1, 19, 25. In particular, Slade L.J. said, at p. 25, that the court "would in my judgment have to be satisfied that (a) [the appellants] actually intended to do the work, and (b) it was a reasonable thing for them to do. ..." There is also a dictum of Lord Griffiths in *Linden Gardens Trust Ltd. v. Lenesta Sludge Disposals Ltd.* [1994] A.C. 85, 97G, that "the court will ... wish to be satisfied that the repairs have been or are likely to be carried out." We were told that there was no argument on the point.

In *C. R. Taylor (Wholesale) Ltd. v. Hepworths Ltd.* [1977] 1 W.L.R. 659 the plaintiffs' billiard hall was destroyed by fire through the defendants' negligence. It was held that the plaintiffs could not recover the cost of rebuilding, or anything more than remedial and safety work that was immediately necessary. The facts were that the billiard hall had not been occupied for some years and its only potential was for redevelopment. The defendants had almost done the plaintiffs a favour by burning it down. It may be that the decision of May J. in that case was based on the absence of the two requirements I have mentioned, that the plaintiff should intend to reinstate and that it should be reasonable for him to do so. But for reasons that will appear later, I cannot believe that the actual intentions of the plaintiff are relevant. In my judgment the case was not one for the reinstatement measure of damages in the first place. There was nothing unique about the site which compelled reinstatement. The difference in value of the site before and after the fire was the appropriate measure of damages, plus the immediate expenses.

What a plaintiff does with his damages is not, in general, any concern of a defendant. If someone steals my watch I am not obliged to buy another before I can sue him in damages for conversion; nor need I intend to do so. I might, for example, decide to make do without a watch for the future and invest the damages in Premium Bonds instead. That is my choice and nothing to do with the defendant. Insurance companies sometimes resist paying claims until there has been replacement. They are entitled to take that line if the policy so provides, or the Fires Prevention (Metropolis) Act 1774 (14 Geo. 3, c. 78) applies, but not otherwise. Another example is to be found in *Daly v. General Steam Navigation Co. Ltd.* [1981] 1 W.L.R. 120, where a woman injured in an accident claimed damages based in part on the estimated cost of housekeeping assistance in the future. Bridge L.J., held, at p. 127, that she did not have to show a firm intention to employ a housekeeper. She could recover damages whether or not that was her intention. See, also, *Sealace Shipping Co. Ltd. v. Oceanvoice Ltd.* [1991] 1 Lloyd's Rep. 120, 123, by Neill L.J.

That was evidently the view taken by one member of this court in *Dean v. Ainley* [1987] 1 W.L.R. 1729. There the defendant agreed to sell a house to the plaintiff and to execute some damp-proofing works prior to completion. Evidently the topic of intention to repair was not essential to the decision, since two Lords Justices reached different conclusions and the third expressed no opinion. Glidewell L.J. considered that an intention by the plaintiff to carry out the work was an essential condition if he was to recover substantial damages; the plaintiff had given an undertaking to carry it out at the trial. Kerr L.J. thought that unneccessary, at pp. 1737–1738:

> "It would have made no difference if he had said that he intended to sell the property or that it was uncertain whether he would do so or not. Nor would it make any difference if, having recovered £7,500 on this appeal, he were now to change his mind and decide — for whatever reason — not to spend anything on the improvement of the cellar."

I am of the same opinion as Kerr L.J.

Mr. Forsyth has now offered an undertaking to renew the pool if he recovers damages based on the cost of doing so. But, in my judgment, that is unnecessary. There could be circumstances where that was not the appropriate measure of damages, for example, if the entire site were about to be developed as an industrial estate. The case would then be like *C. R. Taylor (Wholesale) Ltd. v. Hepworths Ltd.* [1977] 1 W.L.R. 659. But in general an intention to repair or reinstate is immaterial.

Next, I turn to the supposed requirement that it must be reasonable for the plaintiff to require the work to be done. The difficulty here is to determine the hypothesis upon which reasonableness is to be judged. Is the question whether a reasonable plaintiff would spend the money on repair or reinstatement, if that were a condition of his being paid damages by the defendant? In such a case the answer must almost invariably be "Yes," except perhaps when the building was due to be demolished, as in *C. R. Taylor (Wholesale) Ltd. v. Hepworths Ltd.* Or does one ask whether the plaintiff would do the work if he were spending his own money on it? Then the answer might depend on the pecuniosity — if there is such a word — of the plaintiff: a poor plaintiff would not do the work, a rich one would.

In my judgment the answer is to be found in the leading case of *Radford v. De Froberville* [1977] 1 W.L.R. 1262. There the defendant had agreed to build a wall on his land so as to divide it from the adjoining property of the plaintiff but had failed to do so. The diminution in value method would have produced only nominal damages. It was held that the plaintiff could recover the cost of building a wall on his own land. There is a great deal in the judgment of Oliver J. which is relevant to the present problem, and I must be somewhat selective. First, he quotes the general rule (stated by Parke B. in *Robinson v. Harman* (1848) 1 Ex. 850, 855), at p. 1268:

> "where a party sustains a loss by reason of a breach of contract, he is, so far as money can do it, to be placed in the same situation, with respect to damages, as if the contract had been performed."

Then he said, at p. 1270:

> "Now, it may be that, viewed objectively, it is not to the plaintiff's financial advantage to be supplied with the article or service which he has stipulated. It may be that another person might say that what the plaintiff has stipulated for will not serve his commercial interests so well as some other scheme or course of action. And that may be quite right. But that, surely, must be for the plaintiff to judge. Pacta sunt servanda. If he contracts for the supply of that which he thinks serves his interests — be they commercial, aesthetic or merely eccentric — then if that which is contracted for is not supplied by the other contracting party I do not see why, in principle, he should not be compensated by being provided with the cost of supplying it through someone else or in a different way, subject to the proviso, of course, that he is seeking compensation for a genuine loss and not merely using a technical breach to secure an uncovenanted profit."

Later he said, at p. 1272:

> "No doubt the measure of damages and the plaintiff's duty and ability to mitigate are logically distinct concepts (see for instance, the speech of Lord Wright in *Liesbosch (Dredger) v. S. S. Edison (Owners)* [1933] A.C. 449, 456–469). But to some extent, at least, they are mirror images, particularly in cases of damages for breach of contract: for the measure

of damages can be, very frequently, arrived at only by postulating and answering the question, what can this particular plaintiff reasonably do to alleviate his loss …?"

He said, at p. 1283E, that there were three questions which he had to answer. The first was whether the plaintiff had a genuine and serious intention of doing the work; the second, whether it was a reasonable thing for the plaintiff to do; the third question was peculiar to that case and of no general application. In answer to the first question the judge mentioned that the plaintiff had offered an undertaking; furthermore, he does not appear to have regarded an intention by the plaintiff to do the work as an absolute requirement. He continued, at p. 1284E: "That brings me to the second question, which is really one of mitigation." It was submitted that a prefabricated fence would do just as well as a wall. He answered that

> "it was not what the plaintiff stipulated for and what, in effect, he paid for when he sold the plot. I know of no principle of damages which would dictate that a plaintiff who has stipulated for an article of a certain quality should be fobbed off with an inferior substitute merely because it is cheaper for a defendant who has broken his contract to supply it… A plaintiff may be willing to accept a less expensive method of performance but I see nothing unreasonable in his wishing to adhere to the contract specification."

In the present case Mr. Forsyth has without question suffered a loss; he has a swimming pool which is less well suited to diving than the one he contracted for. What money will place him "in the same situation… as if the contract had been performed?" The answer, on the facts of this case, is the cost of replacing the pool. Otherwise a builder of swimming pools need never perform his contract. He can always argue that 5 feet in depth is enough for diving, even if the purchaser has stipulated for 6, 7 or 8 feet, and pay no damages. In my judgment the key lies in the proposition of Oliver J. that reasonableness is a matter of mitigation. It is unreasonable of a plaintiff to claim an expensive remedy if there is some cheaper alternative which would make good his loss. Thus he cannot claim the cost of reinstatement if the difference in value would make good his loss by enabling him to purchase the building or chattel that he requires elsewhere. But if there is no alternative course which will provide what he requires, or none which will cost less, he is entitled to the cost of repair or reinstatement even if that is very expensive. Suppose that I booked a hotel room in York during race week and the hotelier later told me that he was full and I could not come. It transpires that only one other hotel has room which is the local equivalent of the Ritz and very expensive. Otherwise I must go and stay in Manchester and will miss the first race. It is nothing to the point that a man spending his own money would rather miss one race than pay the cost of staying at the Ritz Hotel. Since there is no other alternative which will provide that which he has contracted for, he is entitled to incur that expense and charge it to the defendant.

In *Minscombe Properties Ltd. v. Sir Alfred McAlpine & Sons Ltd.* (1986) 2 Const. L. J. 303, 309, O'Connor L.J. said: "it may be unreasonable to insist on precise restoration where some other solution is equally effective and serviceable." That is not this case. We were told that the only case where a plaintiff's proposal has been held to be unreasonable is *George Stow & Co. Ltd. v. Walter Lawrence Construction Ltd.* (unreported), 6 August 1992.

I would therefore award £21,560 as damages to Mr. Forsyth against Ruxley to be deducted from the balance of the price. But I would set aside the existing award of £2,500 general damages which was the judge's compensation for loss of pleasure and amenity by reason of the lack of depth. That has now been dealt with.

We heard an interesting argument as to whether general damages were in any event properly awarded in this case. That was in answer to Mr. Forsyth's claim that the sum of £2,500 should be increased. As it is, the point does not arise and I say nothing about it.

MANN L.J.[122] I have had the advantage of reading in draft the judgment of Staughton L.J. and I gratefully adopt his statement of the facts which give rise to this appeal. Upon the facts two matters are to be observed. First, Mr. Forsyth did not secure that for which he had contracted, and, second, the pool was safe for diving. It is also to be observed that there was no finding to the effect that the shortage of depth had any effect upon the value of the estate.

The question is whether Mr. Forsyth has to be content with a sum for the loss of this amenity of diving into a 6 feet 9 inches pool rather than an entitlement to the cost of that for which he contracted, a 7 feet 6 inches pool. This simple question attracted interesting arguments which went to the foundation of the measure of damages for breach of contract. The foundation is found in the judgment of Parke B. in *Robinson v. Harman*, 1 Ex. 850, 855, where he said:

> "The rule of the common law is, that where a party sustains a loss by reason of a breach of contract, he is, so far as money can do it, to be placed in the same situation, with respect to damages, as if the contract had been performed."

This very general principle is shadowed by another, which is that the damages should reflect a reasonable culmination of the relationship which has occurred between the parties. Thus damages will not reflect an unreasonable failure to mitigate loss. However, here we are not concerned with any failure to mitigate but rather with disappointment at the unfulfilled bargain. Before the judge there was no intent to reconstruct the pool. Now an undertaking to rebuild has been given. I regard the gift as unimportant and unnecessary: see *Dean v. Ainley* [1987] 1 W.L.R. 1729, 1737H, by Kerr L.J. What a plaintiff intends to do, or does, with his damages is not material.

I think that this appeal is answered by Oliver J. in *Radford v. De Froberville* [1977] 1 W.L.R. 1262, 1270, when he said:

> "Pacta sunt servanda. If he contracts for the supply of that which he thinks serves his interests — be they commercial, aesthetic or merely eccentric — then if that which is contracted for is not supplied by the other contracting party I do not see why, in principle, he should not be compensated by being provided with the cost of supplying it through someone else or in a different way, subject to the proviso, of course, that he is seeking compensation for a genuine loss and not merely using a technical breach to secure an uncovenanted profit."

Mr. Forsyth did not secure what served his interests and for which he had bargained. The only way in which his interest can be served is by the construction of a new pool which I do not think is an unreasonable adventure. There can be instances where the cost of rectifying a failed project is not reasonable, as, for example, where no personal

---

122 Votum des Richters Mann, das auf das Votum des Richters Staughton Bezug nimmt, mit diesem im Ergebnis übereinstimmt und einige zusätzliche Aspekte für die Entscheidung anführt.

preference is served or where there is no preference and the value of the estate is undiminished. In my judgment this is not such a case. The bargain was for a personal preference. I would accordingly allow this appeal and award the sum of £21,560 against Ruxley. The award of general damages should consequently be set aside.

Dillon L.J.[123] Mr. Forsyth stipulated in his agreement with Mr. Hall that the pool to be constructed for him should have a maximum water depth of 7 feet 6 inches. But the pool as actually constructed has a maximum depth at its deepest point of only 6 feet 9 inches. Therefore Mr. Forsyth claims damages, and claims in particular the cost of making good the defect, i.e., providing a pool of the maximum depth of 7 feet 6 inches. But, on the judge's findings of fact which are not challenged, the only satisfactory way the defect can be made good would be to strip out the whole of the existing pool, excavate further to the required depth and then construct a completely new pool. The judge held that the cost of doing that would be £21,560, and Mr. Forsyth accordingly claims that sum as damages instead of the mere £2,500 for loss of amenity which the judge awarded him.

Two other facts found by the judge must be mentioned. The first is that the pool as constructed is still deep enough to be perfectly safe to dive into. The second is that there was no evidence that the shortfall in the depth had decreased the value of the pool. On the contrary, the evidence which the judge accepted was that the value of the pool would be the same whether the maximum water depth was 7 feet 6 inches or the present depth. But Mr. Forsyth had given instructions which Mr. Hall accepted, that the depth should be 7 feet 6 inches, and at that stage, before work began, those were reasonable instructions.

The judge took the relevant law from a passage in *Keating on Building Contracts*, 5th ed., p. 202:

> "Where there has been substantial completion the measure of damages is the amount which the work is worth less by reason of the defects and omissions, and is normally calculated by the cost of making them good, i.e. the cost of reinstatement. The plaintiff, in such a case has to show that he intends to carry out reinstatement works and that it is reasonable to do so."

There are statements to a similar effect in *McGregor on Damages*, 15th ed. paras. 1091–1092. This formulation of the law was accepted by Glidewell and Slade L.JJ. in *Imodco Ltd. v. Wimpey Major Projects Ltd. and Taylor Woodrow International Ltd.*, 40 B.L.R. 1, 19, 25. The judge held in the present case that he was not satisfied that Mr. Forsyth intended to build a new pool at a cost of £21,560 if awarded that sum. That consideration, however, I lay on one side since in this court Mr. Forsyth has offered an undertaking to the court that he will carry out the work if awarded the money. The judge also held, however, that an award of £21,560 would be wholly disproportionate to the disadvantage of having a pool whose maximum depth is 6 feet at the relevant point, as opposed to 7 feet 6 inches, and that it would be unreasonable for Mr. Forsyth to carry out the work of replacing the existing one with a new, deeper, pool at such a cost. That is a crux of this appeal.

The requirement that it must be reasonable to carry out the works of reinstatement is derived in particular from the judgment of Oliver J. in *Radford v. De Froberville* [1977] 1 W.L.R. 1262, which has been approved in this court. In *Radford v. De Froberville*,

---

123 *Dissenting opinion* des Richters Dillon, die von der Mehrheitsauffassung abweicht.

however, the merits were the other way round. It was the defendant in default who was unreasonably asserting that the plaintiff would be adequately compensated by the cost of a prefabricated fence instead of the cost of constructing a brick wall which the defendant had agreed to build along the plaintiff's boundary. The plaintiff wanted to build the wall for which he had stipulated and it was reasonable that he should be awarded the money to enable him to do so.

It is submitted on the present appeal that the requirement that reinstatement should be reasonable if the cost of reinstatement is sought as damages only arises in the context of mitigation of damages. Therefore it is submitted that the requirement is irrelevant in the present case where there is no alternative course by way of mitigation and the choice is between full reinstatement at the cost of £21,560 and leaving Mr. Forsyth (subject to the judge's award of damages for loss of amenity) with the inferior pool which Mr. Hall, in breach of contract, constructed for him. It is, of course, true that reasonableness lies at the heart of the doctrine of mitigation of damages. But that is not, in my judgment, the only impact of the concept of reasonableness on the law of damages.

If the evidence had been that the value of the pool as constructed was less than the value of a pool with a depth of 7 feet 6 inches as contracted for, but that the loss of value was substantially less than the £21,560 cost of reinstatement, then, given the finding that the pool as constructed is still deep enough to be perfectly safe to dive into, the obvious course would have been to award Mr. Forsyth the loss of value. The basis of that would have been reasonableness. He has no absolute right to be awarded the cost of reinstatement. I see no reason, therefore, why if there has been no loss in value, he should automatically become entitled to the cost of reinstatement, however high. That would be a wholly unreasonable conclusion in law. Accordingly I agree with the judge's approach and would dismiss this appeal.

A possible parallel, which I mentioned in the course of the argument but could not then remember the name of the case or trace the reference, is the decision of the majority of this court in *Cotton v. Wallis* [1955] 1 W.L.R. 1168, where it was held that it was reasonable that a building owner should be required to accept results below the standard required by the building contract.

Appeal allowed with costs.[124]

Judge's order varied.[125]

Leave to appeal refused.[126]

---

124 Angabe, dass dem Rechtsmittel mit entsprechender Kostenfolge stattgegeben wurde.

125 Angabe, dass der Tenor des erstinstanzlichen Urteils abgeändert wurde.

126 Versagung eines weiteren Rechtsmittels zum House of Lords. Dies schließt jedoch nicht aus, dass die unterlegene Partei die Zulassung eines solchen Rechtsmittels erneut und direkt bei dem obersten Gericht beantragt. Einem solchen Antrag wurde in dem konkreten Rechtsstreit auch stattgegeben, woraufhin das House of Lords abschließend über den Fall entschied und dabei von dem Urteil des Court of Appeal abwich; siehe dazu *Maultzsch* (Fn. 104), S. 939.

IV. Die Schlachtrufe im Methodenkampf – ein historischer Überblick

von Joachim Rückert

Übersicht

I.	Mitreden	501
II.	Prinzipienjurisprudenz, nicht Begriffsjurisprudenz	502
III.	Freirecht und Interessenjurisprudenz	515
IV.	Freirechtsbewegung	517
V.	Interessenjurisprudenz	519
VI.	NS-Jurisprudenz	521
VII.	Wertungsjurisprudenz nach 1945	524
VIII.	Kritisch-politische Jurisprudenz	530
IX.	Ökonomische Analyse des Rechts und Institutionenökonomie	532
X.	Abwägungsjurisprudenz	533
XI.	Argumentationsjurisprudenz	539
XII.	Neuestes	542
XIII.	Was zu merken bleibt und was stimmt	544
XIV.	Studium	547

„Die Geschichte der juristischen Methodenlehre führt hier, wie ich meine, weiter als die unhistorische moderne systematische Methodologie"[1] – das ist ebenso lapidar gesagt wie treffend. Wenn die einheitlichen Weltanschauungen zerfallen, wenn sie übergehen in einen allgemeinen normativen Pluralismus, dann verlieren die systematischen Erklärungen aus der Einheit eines Rechts an Erkenntniswert, die Systeme stürzen und die geschichtlichen Einsichten aus den Bedingungen der Vielfalt gewinnen entscheidende Bedeutung. Versuchen wir, den aktuellen Methodennebel auf diese Weise aufzulösen.   1357

I. Mitreden

Mitreden möchte man doch gerne. Um in Sachen juristische Methode mitreden zu können, muss man die **klassisch gewordenen Schlachtrufe** verstehen: *Begriffsjurisprudenz* oder besser *Prinzipienjurisprudenz, Freirecht, Interessenjurisprudenz, NS-Jurisprudenz, Wertungsjurisprudenz nach 1945, kritisch-politische Jurisprudenz, Abwägungsjurisprudenz* und *Argumentationstheorie*[2] – es sind **acht Schlagworte**, nur acht, für die immerhin zweihundert Jahre der juristischen Moderne seit 1789. In ihnen konzentriert sich, wie man sich Recht dachte und es umsetzen wollte. Unter ihrem Banner schlug man die Methodenschlachten. In ihnen versammelte sich die jeweilige Juristenelite. Versteht man sie, so versteht man die ganze Spanne unserer grundsätzlich neuen ‚modernen' Rechtskultur seit ca. 1800. Neuere Schlagworte wie *Topik, Rechtsgewinnung, Fallnormdenken, praktische Konkordanz* bezeichnen nachgeordnete Fragen, die dann leicht verständlich sind. Umfassend spricht man dagegen seit ca. 40 Jahren von *Argumentationstheorie*. Dieses   1358

---

1 *Jan Schröder*, Zur Geschichte der juristischen Methodenlehre zwischen 1850-1933, in: Rechtsgeschichte 13 (2008) S. 160-175, 174.
2 Schlagworte, Kurzzitate von Stichworten und Titel stehen ohne Anführungszeichen kursiv im Text.

Stichwort gehört also zu den acht Phasen von mehr oder weniger herrschenden juristischen Methodenkonzepten. Eine Übersicht zu alledem fehlt bisher.

1359   Am schwersten zu erklären ist der Anfang, die sog. **Begriffsjurisprudenz**. Das liegt nicht am Gegenstand. Dass Jurisprudenz mit Begriffen zu tun hat, also mit präzisierten Worten, ist klar. Unser ganzes neuzeitliches Recht präsentiert sich in vertexteten Worten und Begriffen. Dass dies seinen guten Sinn hat, ist auch klar, so sehr man Wortglaube und Begriffswesen übertreiben kann. Jeder hat Beispiele für unverständliche Gesetze. Aber unsere Rechtsregeln verlangen immerhin strikte Beachtung und ermöglichen schmerzliche Sanktionen. Und die Regeln verwalten Menschen. Die Regeln sollten also möglichst wenig Raum lassen für Willkür. Deswegen auch juristische Methode, d.h. Regeln für die Anwendung der Regeln. Dass feste Begriffe, selbst etwas starre und trockene, hier durchaus zweckmäßig sind, und es weniger auf Poesie und Klang oder Tiefe und Paradoxie ankommt, leuchtet also ein. So weit ganz einfach: Jurisprudenz braucht Begriffe, sie sind sogar ihr Hauptwerkzeug.

1360   Schwierig an *Begriffsjurisprudenz* ist also nicht so sehr der Gegenstand. Er ist nur nach allen Seiten so **polemisch vermint**, dass mit den Auskünften der Lehrbücher keine Klarheit zu gewinnen ist. Die wäre aber unverzichtbar wichtig, da sich alle späteren Strömungen mehr oder weniger kritisch darauf beziehen. Wer hätte nicht schon mal „Begriffsjurist!" als schweren Vorwurf gehört? Ohne diesen Anfang versteht man also auch das Ende nicht. Man muss hinter die Kulissen der Polemik schauen, um zu verstehen. Dann stößt man auf dauerhaft lehrreiche, originale Gestalten und Debatten.

1361   Das bedarf freilich einiger Erklärung und eines Blickes hinter die bald 150 Jahre Polemik zurück, zunächst zum Schlagwort *Begriffsjurisprudenz* und dann zu ihrem **positiven Kern**, der *Prinzipienjurisprudenz.* Einige wenige Originaltexte der größten Juristen werden uns sehr helfen. Sie sollen hinführen zu den von den nachgeborenen Stimmen übertönten Originalen. Die Originale allein gewähren verlässliche Einsicht gegenüber so vielen Behauptungen über sie. Übergreifende Belehrung bis heute wird dabei ein steter Blick auf die verfassungspolitischen Prämissen der scheinbar so irreal abstrakten Methodendebatten ermöglichen. Angemerkt werden nur unmittelbare Belege, weiterführende Hinweise finden sich hier am Ende.

II. Prinzipienjurisprudenz, nicht Begriffsjurisprudenz

1362   Das Wort *Begriffsjurisprudenz* wurde 1884 geprägt, halb im Scherz, halb im Ernst. Das war zu Weihnachten 1884 in dem Buch *Scherz und Ernst in der Jurisprudenz. Eine Weihnachtsgabe für das juristische Publikum.*[3] Erfunden hatte es der große Jurist und flotte Schreiber *Rudolf Jhering,* später persönlich geadelt zu *von Jhering.* Das Wort diente ihm zur polemischen Belustigung und Besinnung über einige extrem philologische und pseudo-logische Beiträge in der Literatur des bis 1900, bis zum BGB, noch geltenden, im Mittelalter rezipierten römischen Privatrechts. Diese Wissenschaft, heute Romanistik genannt, damals sich Pandektenwissenschaft nennend, hatte als die juristische Leitwissenschaft der Zeit entscheidenden Einfluss auch auf die allgemeinen, grundlegenden Rechtslehren. Jhering sah sie auf Abwegen.

1363   Zu dem Schlagwort *Begriffsjurisprudenz* fallen meist **zwei bis drei Namen:** Puchta, Windscheid und Savigny; manchmal auch ,Jhering I' statt II, wenn man ihm sein „Damaskus", seine Bekehrung vom Begriffsjuristen zum Zweckjuristen glaubt. Diese Namen

---

3 Identischer Neudruck Darmstadt 1964.

füllen ein ganzes Jahrhundert. Denn die Lebensläufe und Werke der drei umspannen das 19. Jahrhundert zur Gänze: Savigny 1779–1861, Puchta 1798–1846, Windscheid 1817–1892, Jhering 1818–1892. Wir lassen es jetzt bei den Daten, denn alle vier werden in diesem Buch genauer vorgestellt.

Außer der **Richtung der Polemik** erklärt das Wort *Begriffsjurisprudenz* allerdings nichts. Es führte massiv in die Irre – um so schlimmer verwirrend die Wirkung seiner gewaltigen Konjunktur bis heute. Nichtssagend und populär wie es verwendet wurde, taugte es, wie sein Brüderchen *formalistisch,* trefflich zu immer neuer Polemik gegen alles Mögliche, was irgendwie zu begrifflich, zu abstrakt, zu lebensfremd oder ähnlich unliebsam erschien. Es transportierte immer neue Allerweltsvorwürfe, vor 1914 gegen das angeblich zu abstrakte BGB und gegen eine volksfremde Klassenjustiz, nach 1920 gegen lebensfremdes Zivilrecht ohne Industrierecht und Arbeitsrecht, nach 1933 gegen das angeblich volksfremde, formalistische und bloß individualistische, kurz: bürgerliche Recht überhaupt, ebenso nach 1945 im deutschen realen Sozialismus jenseits der Elbe, und nach 1968 wieder gegen das angeblich wirklichkeitsfremde, zu individualistische Zivilrecht – usw. usw., in immer gleich leichten, leeren und luftigen Vorwürfen, an denen immer auch etwas dran war. Denn irgendetwas Abstraktes, Weltfremdes, Volksfremdes, Wirklichkeitsfremdes, auch Bürgerliches, findet sich immer im modernen Recht. Ja es scheint sogar zu seiner Funktion zu gehören, dass es etwas allgemein-abstrakt, etwas interessenfern-neutral und etwas technisch-präzise gestaltet ist. Wie sollte man sonst, ohne Ansehen der Person, gleichmäßig und gerecht, entscheiden können. Und das „Bürgerliche" war auch nicht immer exklusiv und klassenideologisch. **1364**

Jhering hatte die *Begriffsjurisprudenz* als Meister amüsanter Übertreibungen erfunden. Doch hat er damit denen, die die Späße nicht mehr recht verstanden, eine **Nebelwand** hinterlassen. Seine ironische Schilderung einiger begrifflicher und philologischer Wagestücke von vor 1884 liest sich immer noch recht amüsant. „Im juristischen Begriffshimmel. Ein Phantasiebild", werden wir herumgeführt, so die Überschrift zur 3. Abteilung seines Scherz-Buches. Gehen wir ein Stück mit (S. 247 ff.): **1365**

Es beginnt mit der „Palästra"-Halle zur Erholung, wenn man „vom Anschauen der Begriffe ermüdet" ist, dann gehts zur „Haarspaltemaschine", mit der man fürs Examen „ein Haar in 99999 ganz akkurat gleiche Teilchen zerlegen" kann, zur „Kletterstange der schwierigen juristischen Probleme", so glatt, „daß ein Sonnenstrahl, wenn der hier [d.h. im Himmel] möglich wäre, daran abgleiten würde", zur „Begriffshalle", in der man „die reinen, d.h. lediglich sich selber lebenden und aller Beziehung zum Leben enthobenen erschauen" kann, dann zum „Begriffskabinett" mit den „Mißbildungen und Verrenkungen, welchen die juristischen Begriffe in der wirklichen Welt ausgesetzt gewesen" sind, zum „Fiktionsapparat", zum „Konstruktionsapparat", zur „Interpretationspresse", zur „dialektischen Bohrmaschine" und zuletzt zur „Schwindelwand" zur Übung gegen die *„Abgründe der Vernunft",* usw. **1366**

Dieses halbernste Spiel ist mit zahllosen Anspielungen und kleinen Beispielen versetzt, deren Erklärung hier viel zu weit führen würde. Ein Beispiel aus der Führung für den **Begriffshimmelbesucher** muss genügen. Der Besucher fragt: **1367**

> „Ich bemerke unter den Begriffen einen erheblichen Unterschied in Bezug auf die Größe; ist das Zufall oder hat es einen Grund?" Er hört: „Bei uns ist nichts Zufall! Du hättest Dir die Frage selber beantworten können: die Größe der Begriffe richtet sich nach ihrer Bedeutung. Durch dieses Kennzeichen heben sich z.B. die generellen Begriffe von den speciellen ab. Du hast hier unmittelbar unter Dir [d.h. im Begriffshimmel] das Beispiel vor Augen: da unter-

hält sich augenblicklich der Vertrag [als allgemeiner Begriff] mit dem Darlehn und dem Commodat [d.h. mit der Leihe]. Häufig ist diese Unterhaltung der generellen mit den speciellen nicht, ihre Beziehungen sind geregelt und geben kaum zu Streitigkeiten Anlass. Auch die der speciellen unter sich bieten nur selten den Stoff zu einer Differenz; nur das precarium und commodatum [d.h. die sog. Bittleihe und die einfache Leihe] sind bis auf den heutigen Tag über ihre Erkennungsmerkmale nicht einig geworden. Umso mehr aber haben die generellen Begriffe miteinander zu schaffen. Manche ihrer Streitigkeiten datieren erst aus jüngster Zeit; sie sind durch einige neu eingetroffene [d.h. im Begriffshimmel] Theoretiker angezettelt worden. Da siehst du zum Beispiel die Nichtigkeit und Anfechtbarkeit im heftigsten Gespräch miteinander; früher vertrugen sie sich aufs beste miteinander, seit kurzer Zeit aber sind sie sich in die Haare geraten [d.h. als zwei, bis heute, abzugrenzende Arten von Unwirksamkeit]. Womöglich noch schlimmer steht es mit der Korreal- und Solidarobligation; des Zankens unter ihnen ist gar kein Ende, jeden Tag beginnt es von neuem! [d.h. wegen der schwierigen Bestimmung der heute sog. Gesamtschuld] Früher lebten sie im friedlichsten Verhältnis miteinander, aber ein vor einiger Zeit angelangter Jurist hat sie gegeneinander aufgehetzt;[4] seit der Zeit ist es mit den Frieden vorbei, sie leben auf höchst gespanntem Fuß miteinander, sagen sich die bittersten Dinge, und alle Versöhnungsversuche erweisen sich als fruchtlos. Ich meinerseits bin dieses Haders längst müde und beteilige mich gar nicht mehr dabei." (280 f.)

Der Besucher: „Aber ein Zanken sollte doch eigentlich in eurem Himmel gar nicht stattfinden?" Die Antwort: „Tor, der Du bist! Der Streit ist die wahre Würze der Wissenschaft, ohne ihn wäre es in unserm Himmel vor Langeweile gar nicht auszuhalten, das ewige *Anschauen der Begriffe* bekommt selbst unsereiner auf die Dauer satt; nur der Streit und das Eintreffen neuer Ankömmlinge bringen etwas Leben und Abwechslung hinein." (281 f.)

1368   Es ging um **aktuelle Abgrenzungs-Streitfragen,** die Jhering 1884 als zu theoretisch erschienen, obgleich dabei stets praktische Rechtsfolgen anstanden, das heißt die Frage, welche Rechtsbegriffe und Tatbestände welche Rechtsfolgen auslösen sollten. In der BGB-Kommission suchte man gerade nach Klarheit dazu. Der erste Entwurf wurde 1874 bis 1888 beraten – gründlich genug – und blieb Fundament.

1369   Jherings Text war hochamüsant für seine logisch und philosophisch geübten Leser von 1884, die wussten, dass das *Anschauen der Begriffe* wie die *Abgründe der Vernunft* **Zentralbegriffe des philosophischen Idealismus seit Kant** wie auch von maßgebenden Juristen wie eben Savigny oder Puchta oder Windscheid waren; Leser, die wussten, wie ernst die *systematische* Abgrenzung, Bestimmung und Verbindung von Rechtsbegriffen für den Aufbau eines deutlichen und präzisen, möglichst freiheitlich geordneten und ordnenden Rechtssystems genommen worden war, etwa zu Privatrecht und öffentlichem Recht oder Schuldrecht und Sachenrecht, oder Vertrag schuldrechtlich und dinglich, usw. Jherings Leser wussten als Zeitgenossen der großen Kodifikationsperiode seit um 1800 in Europa auch, dass „reine", und d.h. hier dauerhafte, politikstabile Rechtsbegriffe zu finden eine große fachwissenschaftliche Anstrengung seit Kant gewesen war. Man denke an **folgenreiche neue Rechtsbegriffe** wie „Besitz" – welche Rechte soll der besitzende Nichteigentümer haben, auch der Dieb? Oder „Rechtsverhältnis" – bedeutet es immer auch Rechte *und* Pflichten oder nicht? Oder „subjektives Recht" – soll es erste

---

4 Anspielung wohl auf *Joseph Ungers* Aufsatz, Passive Correalität und Solidarität im römischen und heutigen Rechte, in Jherings Jbb. 22 (1884) S. 207-298; zum Ganzen jetzt *Sonja Meier*, §§ 420–432 I, in Historisch-kritischer Kommentar zum BGB, hg. von M. Schmoeckel, J. Rückert u. R. Zimmermann, Bd. II 2, Tübingen 2007.

Grundlage sein, Anfang allen Rechts und Regel oder nur Statusrecht je nach zugewiesenem Status? Oder „Obligation" bzw. „Verpflichtung" – soll sie zulässig sein auch für Selbstverkauf und Lebensbindung oder nicht? Oder „Stellvertretung" – soll sie zugelassen sein als höchst praktische ‚Willenserweiterung' oder verboten als undenkbare, gefährliche Entpersonalisierung und Verunklarung der Haftungen? An wen darf man sich dann halten? Oder ein schwierigeres Beispiel, die „Gesamtschuld" – soll sie kumulierte Pflicht und Haftung sein oder nur unpraktisch anteilig geteilte oder sogar solidarische Außenhaftung je eines Schuldners für alle mit bloßem Innenregress? Mit welchem Insolvenzrisiko und bei wem? Offensichtlich geht es um die rechtlichen Instrumente für ein dynamisches, einfallsreiches, möglichst freies Wirtschaften, um die so unvorstellbar ökonomisch segensreich gewordene, produktive statt zerstörerische Koordination der gleichen Freiheiten.

Jherings Leser kannten die entsprechenden dogmatischen und legislativen Streitfragen. Uns erscheinen die meisten dieser Scherze wohl eher schal, wir können das Vergnügen daran kaum noch ermessen. Denn nicht nur fehlen uns die zeitgenössischen Assoziationen, sondern ganz allgemein ist unsere logisch-philosophische Bildung und Begriffsschärfe als Juristen so viel schlichter geworden. Jhering schrieb damals wortgewaltig gegen „die Scholastik in der heutigen romanistischen Wissenschaft" (Scherz S. 337ff.), gegen einen „Kultus des Logischen" (339), für das „reale Interesse der Gegenwart" (340), gegen den „Wahn von einer Mathematik des Rechts" (342), für die Behandlung der Rechtsfragen als „Zweckmäßigkeitsfragen", nicht „Wesensfragen" (342 f., 360). Das „praktische Resultat" habe „das Korrektiv des theoretischen Denkens abzugeben"(347). **1370**

Aber: Am Ende charakterisiert er die von ihm sog. Begriffsjurisprudenz doch sehr vorsichtig nur als einseitige „Verirrung" einer bisweilen „nur" logischen Evolution. Hören wir sein Fazit: **1371**

> „Damit habe ich den Punkt berührt, der die Signatur der heutigen Begriffsjurisprudenz, wie ich sie nenne, in sich schließt. Jede Jurisprudenz operiert mit Begriffen, juristisches und begriffliches Denken ist gleichbedeutend, in diesem Sinne ist also jede Jurisprudenz Begriffsjurisprudenz, die römische in erster Linie; eben darum braucht der Zusatz nicht erst hinzugefügt zu werden. Wenn dies hier meinerseits gleichwohl geschieht, so ist damit jene Verirrung unserer heutigen Jurisprudenz gemeint, welche, den praktischen Endzweck und die Bedingungen der Anwendbarkeit des Rechts außer Acht lassend, in demselben nur einen Gegenstand erblickt, an dem das sich selber überlassene, seinen Reiz und Zweck in sich selber tragende logische Denken sich erproben kann, – eine Arena für logische Evolution und, für die Gymnastik des Geistes, in der dem größten Denkvirtuosen die Palme zufällt." (347)

Einseitige *Verirrung* in *Logik* und *Begriffe* – die Lage hat sich seitdem geradezu verkehrt. *Denkvirtuosen* sind nicht unsere Lieblinge. Die Einseitigkeiten liegen umgekehrt. Damals, so berichtet Jhering, gehörte die „Vorlage von Rechtsfällen im ersten Examen ... zu den Seltenheiten" (369), heute ist das fast immer so. Verkehrte Welten. Heute würde Jhering wohl ebenso fulminant eine Kritik zu unserer Einzelfallorientierung, der Abwägungskasuistik der Höchstgerichte und der Prinzipien- und Begriffsschwäche der Rechtswissenschaft schreiben. Unsere Jurisprudenz kontrastiert zur damals für Jhering zu starren Begriffs- und Systemwelt der Pandektistik, wie man sie nun abschätzig nennt, mehr als deutlich. Eine sehr politische „Zweckmäßigkeits"-Kultur des Rechts wurde hervorgebracht, die er sich kaum hätte träumen lassen, als er „Zweckmäßigkeits"-Argumente **1372** neben begrifflichen und systematischen Argumenten einforderte. Im Gegenteil pries er ja die schulmäßige, begriffliche Ausbildung der kontinentalen Rechtskultur etwa im Vergleich zu England (*Scherz* S. 352) und hielt daran fest, dass „wenn auf irgendeinem Gebiet das begriffliche und begriffsbildende und in strenger Konsequenz fortschreitende Denken am Platz ist, so ist es auf dem des Rechts." (362)

1373 Aber wie war das so heftig geforderte, engere Verhältnis zwischen Logik und Leben, zwischen **Theorie und Praxis**, genauer zu bestimmen? Dazu lesen wir nur, „sie sind beide zu vereinigen" (355 f.) – irgendwie, also eine Sache des Takts, wie man sagte, der Begabung, der Person, für deren Förderung Jhering im übrigen sinnreiche Juristen-Ausbildungsvorschläge macht (365ff.). Ausbildungsvorschläge sind also schon lange ein konsequenter Lieblingstummelplatz der Methodenkämpfer. Aber Jhering gehört in eine andere juristische Epoche, obwohl er 1884 schrieb. Denn dass spätestens seit 1871 im neuen Deutschen Reich Verfassungsrechtsprobleme in der gebotenen Rechtsanwendung stecken könnten, die auch die Methodenfrage prägen müssten, kommt ihm nicht in den Sinn. Immerhin hatte § 1 *Gerichtsverfassungsgesetz* gerade 1877 den neu erkämpften, in der Sache verfassungsrechtlichen Satz fixiert:

> „Die richterliche Gewalt wird durch unabhängige, nur dem Gesetz unterworfene Gerichte ausgeübt."

– ein Satz, der bis heute gilt und den Art. 97 I *Grundgesetz* 1949 fast wörtlich wiederholt.

1374 Den **Verfassungsbezug** zu sehen, das war, in merkwürdiger Verkehrung unserer Ahnenreihen seines Freundes **Windscheid** Sache gewesen, den man so lange einseitig als bloßen Begriffsjuristen bekämpfte wie man seinen besten Freund Jhering ebenso einseitig als Zweckjuristen verehrte.

1375 Jherings berühmte Satire trifft also einige der immer wiederkehrenden, unsinnigen Einseitigkeiten juristischer Methodenkonzepte und -realitäten. Er selbst rekonstruiert die lange Methodengeschichte seit Rom als eine der jeweils *zu* praktischen oder *zu* theoretischen Einseitigkeiten (*Scherz* 354 f.). Seine Satire trifft jedoch nicht den methodischen Kern irgendeiner modernen Jurisprudenz, die sich von Verfassungswegen als parlamentarisch-demokratisch gebundene Gesetzes- und Gesetzesanwendungskultur verstehen muss und nicht mehr als vor allem die Sache eines klugen Juristenstandes. Scheinlogiken und Lebensfremdheiten sind Rhetoriken und Missbräuche, die stets vorkommen, aber auch zu Jherings Zeit nicht etwa dominant waren, wie er selbst einräumt. Der ausgewogenere Windscheid wusste noch sehr gut, dass Jherings Angriffe vor allem „als Warnung dienen" sollten und konnten, nicht als verlässliche Beschreibung einer herrschenden Methode.[5] Was aber war dann der tragfähige methodische Kern der sog. *Begriffsjurisprudenz*?

1376 Rund zwanzig Jahre lang lasen viele in Jherings Satire auf scheinlogische, lebensfremde Einseitigkeiten unrichtig eine methodische Generalabrechnung hinein. Konsequent hatten dann die Freirechtler und ein jüngerer Hauptkritiker wie *Philipp Heck* (1858–1943) Mühe, zu erklären, was sie eigentlich an der *Begriffsjurisprudenz* methodisch kritisieren wollten. Als Hauptmatador der bald siegreichen *Interessenjurisprudenz* seit ca. 1905 musste Heck seine Absage an die alte *Begriffsjurisprudenz* begründen. Er nannte das Fehlerhafte daran schließlich „Inversionsverfahren" – und meinte das Zauberkunststück mit dem Hasen im Zylinder, der immer schon hineingesteckt war, wenn er heraus ge-

---

5 Siehe *Windscheid*, Pandekten I, 8.A. 1900, § 10 Fn. 4 a.

zaubert wird. Heck schrieb eigens einen Aufsatz zu der Frage *Was ist diejenige Begriffs-jurisprudenz, die wir bekämpfen?*[6] und nannte sie „technische Begriffsjurisprudenz". Was das heißen sollte, kann wieder am besten ein längeres – erstes Verstehen geht hier nicht kurz ab – Originalzitat klarmachen:

> „Wir verstehen unter ihr diejenige Richtung der Jurisprudenz, welche die allgemeinen Ge-botsbegriffe als Grundlage derselben Rechtssätze behandelt, durch deren Zusammenfas-sung sie tatsächlich entstanden sind. Diese Richtung wird von ihren Gegnern auch ‚kon-struktive' oder ‚scholastische' Jurisprudenz, von ihren Anhängern gelegentlich ‚höhere' ge-nannt. Man könnte sie vielleicht am deutlichsten als *Inversionsverfahren* bezeichnen. Denn bei ihr wird die wirkliche Beziehung zwischen den Rechtssätzen und den zusammenfassen-den Depots begriffen umgekehrt. Es findet eine *Inversion* statt. Die Vertauschung der Rollen wird gerade von *Sohm*[7] sehr anschaulich geschildert: der Gebotsbegriff, zum Beispiel der Begriff des Eigentums, wird nach *Sohm* tatsächlich aus den positiven Rechtssätzen durch Zusammenfassung gewonnen. Aber ‚*die Wissenschaft leitet*', wie Sohm sagt, ‚*aus dem Be-griff des Eigentums, aus dem Begriff der Tradition* [d.h. Übergabe der Sache] *usw. die ein-zelnen positiven Rechtssätze ab*. Dieselben Rechtssätze welche sie vorher in jene Begriffe hinein getan hat.' Sie verfährt so, ‚als ob sie jene Rechtssätze aus gewissen allgemeinen Prinzipien frei hervorbrächte'. In entsprechender Weise werden die spezielleren Gebotsbe-griffe aus immer allgemeineren abgeleitet, so daß das ganze System einen logisch-deduktiven Charakter erhält, bis ‚die ganze Masse des Rechts als die freie Entfaltung des einzigen Be-griffs, des Begriffs des Rechts zur Anschauung gelangt.' … Für die Rechtsprechung wird die Inversion in der Weise verwertet, dass man bei zweifelhaften Fragen die vorhandenen Rechtsbegriffe zu einem Begriffe [d.h. Oberbegriff] zusammenfasst, den Begriff genau for-muliert (Konstruktion) und dann aus der Formulierung die Entscheidung ableitet (Rechts-findung durch Konstruktion. Formelverwertung)."[8]

Diese Kritik traf ins Schwarze, aber sie traf nur eine ziemlich banale Sache, den in der Tat immer verführerischen, scheinlogischen Umgang mit Wort- und Begriffsargumenten, genauer: die Erschleichung von dann auslegbaren Begriffsinhalten durch falsche Be-griffsbildung. So etwas war nie als juristische Methode ernst genommen worden, schon gar nicht von Savigny, Puchta, Windscheid oder Sohm, auch wenn sich Beispiele für Scheinlogik finden ließen.   1377

In Wahrheit ist gegen zutreffende Verallgemeinerungen bei der Begriffsbildung nichts zu sagen, im Gegenteil. So wurde etwa *Rechtsgeschäft* als Oberbegriff zu *Vertrag* oder *Willenserklärung* als Oberbegriff zu *Rechtsgeschäft* entwickelt, wobei jeweils wesentli-che Merkmale erhalten blieben. Wenn es dann z.B. um *Gefälligkeitshandlungen* geht, ist damit schnell klar, dass es darauf ankommt, ob sie im wesentlichen Punkt die Qualität von Willenserklärungen haben, da in der Regel nur so freie, rechtsgeschäftliche, Rechts-bindung eintreten darf. Auf diese Weise wird in fachlich abgekürzter, begrifflicher Weise die Lebenswelt juristisch erfasst und geordnet. Wenn dann trotz fehlender Willenserklä-rung Rechtsbindung eintreten soll, so ist dies zugleich als Besonderheit gegenüber dem geltenden, begrifflich präzisierten Recht ausgewiesen und besonders zu begründen. Was daran erschlichen, falsch, gefährlich, lebensfremd, wirklichkeitsfremd und juristisch un-   1378

---

6 In: Deutsche Juristen-Zeitung 1909, Sp. 1457-1461; auch bei *Andreas Gängel* u. *Karl Mollnau* (Hg.), Die Gesetzes-bindung und Richterfreiheit. Texte zur Methodendebatte 1900-1914, Freiburg 1992, S. 124-131.
7 Gemeint ist das berühmte Einführungsbuch von *Rudolf Sohm*, Institutionen. Geschichte und System des Pri-vatrechts, 4. Auflage 1889, § 8 am Ende.
8 *Heck* bei Mollnau/Gängel (wie Fn. 6) 125 f.

brauchbar oder unredlich sein soll, alles Vorwürfe gegen die *Begriffsjurisprudenz*, bleibt unverständlich. Es ist tägliches Brot einigermaßen rationaler Jurisprudenz. Scheinlogik muss davon unterschieden werden. Nur dafür trifft die Kritik Jherings wie Hecks.

1379   Aber wann handelt es sich um Scheinlogik? Heck beklagt vor allem Vernachlässigung der *Lebens*-Interessen in der Begriffsarbeit. Aber die von ihm angegriffene ‚**Scheinlogik'** **der Inversion** konnte ebenso gut „das Leben" berücksichtigen wie seine offene „Interessenabwägung" nach den gesetzlichen Wertungen – wenn nur die Begriffe passend gebildet waren. Bleibt die juristische Begriffsarbeit in ihren leicht erkennbaren Grenzen als bloße Abstraktion von bestimmten Lagen, so wird durch sie „das Leben" keineswegs gehindert, relevant zu werden. Freilich: Im Verfassungsstaat der Neuzeit muss „das Leben" durch das kompetente Gesetz wirken. Oft wird angenommen, „das Leben" werde lebendig quasi durch ‚sich selbst', von Fall zu Fall, oder wenigstens durch lebensnahe Juristen. Aber damit wird das Problem nur vernebelt. Was eigentlich das *richtige* Leben ausmacht, denn darum geht es rechtlich, liegt immer in menschlichen Händen, bei Vertragsparteien, Konfliktparteien, Juristen aller Art. Es kommt also darauf an, wer es in Händen hat. Wer soll hier welche Kompetenz haben? Das war die Verfassungsfrage daran. Grundbegriffe wie Rechtsquellenlehre, Privatautonomie, Sozialautonomie, Demokratie („Alle Staatsgewalt geht vom Volke aus", Art. 20 Abs. 2 S. 1 GG) geben darauf Antworten.

1380   Hecks Kritik hatte also zwar für manche Beispiele von Scheinlogik recht, aber gerade nicht im ganzen, im **bloßen Verweis auf ‚Leben'**. Positiv hielt er sich denn auch gar nicht daran, sondern zeitgemäß an die gesetzgeberische Interessenentscheidung. Es musste viel Distanz gewonnen werden, um zu sehen, gegen welche ernstzunehmende Methode man nun ab 1905 mit den neuen Schlagworten *Interessenjurisprudenz* und *Freirecht* eigentlich anzurennen begann. Jhering hatte dazu Scherzhaftes und Ernsthaftes offenbar ziemlich unentwirrbar vermischt. Das gilt es also zu entwirren. Umstandslos hatte er in schnell berühmten, wortgewaltigen Antithesen das *Leben* gegen die *Logik* beschworen. „Das Leben ist nicht der Begriffe, sondern die Begriffe sind des Lebens wegen da." (*Geist* III 1 [1865], 4.A. 1884, 320). Das war im damaligen Kontext klar als Warnung zu verstehen, aber als generelle neue Kompetenzklärung natürlich, wie gezeigt, viel zu simpel. Jhering hatte auch die „legislative Gestaltung" (*Scherz* 338, 358) von der rechtswissenschaftlichen und rechtsanwendenden Juristenrolle nicht so klar getrennt, wie es dem sachlichen Unterschied der Aufgaben und vor allem den nun verfassungsgebotenen Kompetenzgrenzen für die praktische Jurisprudenz entsprach. Hier setzte Heck positiv und zukunftsträchtig an. Aber einiges Ernste über die Einseitigkeitssatire hinaus findet sich natürlich doch bei Jhering und erst recht bei den Hauptbeschuldigten, seinem Freund Windscheid, seinem Lehrer Puchta und dessen Lehrer Savigny. Heck tut das ab und konzentriert sich auf die von ihm sog. technische Begriffsjurisprudenz mit dem Inversionsverfahren – wie gezeigt, aber zu eng.

1381   Auch mitten in der heftigsten Polemik um *Freirecht* und *Interessenjurisprudenz* war das Problem einigen noch sehr klar, etwa dem Altmeister Rudolf Sohm. Er mischte sich 1910 noch einmal ein mit einem aufschlussreichen Beitrag *Über Begriffsjurisprudenz*.[9] Man müsse unterscheiden zwischen der *Begriffsbildung* zum positiven Recht und der *Darstellung* des positiven Rechts in seinen Begriffen. Wesentlich sei die **Arbeitsteilung** dabei, zumal ihr verfassungspolitischer Sinn. Sohm wusste, wovon er sprach – er war rechts-

---

9 In: Deutsche Juristen-Zeitung 1910, Sp. 114-118, erneut in dem Sammelband von *W. Krawietz* (Hg.), Theorie und Technik der Begriffsjurisprudenz, Darmstadt 1976, S. 179-185.

politisch versiert und beteiligt gewesen an der BGB-Gesetzgebung, ebenso wie Windscheid, übrigens im Gegensatz zu Jhering.

Eine besonders deutliche Darstellung zum Thema **Begriffsbildung und -darstellung** findet man ausgerechnet erneut bei Jhering, aber ziemlich versteckt in seinem unvollendeten und unübersichtlichen, rechtsphilosophisch gemeinten Großwerk *Der Zweck im Recht* von 1877 und 1883. Sie gilt nicht unmittelbar der Jurisprudenz, wo es ihm wohl selbstverständlich schien, sondern der insoweit ähnlich gelagerten Ethik. Die Parallele zieht er selbst. Hören wir noch einmal Jhering mit dieser wichtigen Stelle, deren Würdigung so viel nutzlose Polemik hätte ersparen können. Und stören wir uns nicht an seinem nicht ganz einfachen Satzbau:

> „In derselben Weise, wie die Jurisprudenz aus Gründen, die nicht hierher gehören, die ursprüngliche Form, in der das Recht historisch zur Erscheinung gelangt: *die imperativische* des Gebots und Verbots mit einer anderen: der *begrifflichen* vertauscht hat, hat es auch die Ethik mit den sittlichen Imperativen getan. An die Stelle des *Solls der Norm* hat sie das *Sein des Begriffs* (des sittlichen Gutes, der Tugend, der Pflicht, des sittlichen Menschen) gesetzt, die Normen streifen ihre imperativische Form ab und schlagen nieder zu Begriffen. Die ganze Darstellung nimmt auf diese Weise den Charakter der Beschreibung einer geistigen Welt an, der sich die Wissenschaft gerade so gegenüberstellt, wie der Naturforscher der Natur: sie gibt nicht an, was sein *soll*, was von Seiten der Person *geschehen soll*, sondern sie stellt dar, was *ist*, sie *schildert, beschreibt, entwickelt*. ... *allein, von der Darstellung ist die Untersuchung und Forschung wohl zu unterscheiden*, für letztere aber ist die Rückkehr zu der natürlichen und ursprünglichen Form des Imperativs meines Erachtens unerläßlich. Als ausschließliche Betrachtungsform des Sittlichen schließt jede begriffliche Auffassung für die Ethik eine Gefahr in sich, deren ich bei der Jurisprudenz aus eigner und fremder Erfahrung längst inne geworden bin: die, über dem *Begriff* den *Zweck* außer Acht zu lassen. Bei dem Begriff entschlägt man sich nur zu leicht der Frage nach dem Zweck. Er [d.h. der Begriff] tritt uns entgegen in dem Gewande einer für sich seienden, in sich ruhenden, abgeschlossenen Existenz, er ist da, ganz so gut wie die Dinge der Natur. Wozu noch erst seine Existenzberechtigung in Frage stellen? Sie ist mit ihm selber gegeben, seine Existenz überhebt ihn dieses Nachweises. Bei dem Imperativ dagegen fragt jeder denkende Mensch sofort nach dem Warum, und diese Frage führt ihn zum letzten Grund der Sache zurück, der bei allen praktischen Dingen im Zwecke besteht. Die begriffliche Form dagegen lenkt ihn von dieser Frage nach der Quelle ab und verlockt ihn in die Bahn einer Dialektik, welche ihm vorspiegelt, er könne mithilfe rein formaler Operationen (Konsequenz – Konstruktion – Spekulation) die Wahrheit gewinnen ...“ (*Zweck* II, Ausgabe 1903, S. 77 f., früher S. 99 f.)

An der Parallele zur Ethik, dieser ebenfalls praktisch normativen Disziplin, macht Jhering endlich deutlich, dass **Begriffsbildungs- und Darstellungszusammenhang** gerade bei der Begriffs- und dieser Prinzipienjurisprudenz zu unterscheiden sind. Darin lag eine wesentliche und sinnvolle **Arbeitsteilung zwischen Politik und Recht,** die nicht polemisch aufgelöst werden darf. Die Bildung der maßgebenden Rechtsbegriffe durch Rechtswissenschaft, Gesetzgebung, Richterrecht und andere rechtsbildende Faktoren muss natürlich die Zwecke stets berücksichtigen. Der *rechtsbildende* Gesetzgeber soll und darf anders als der das positive Recht *darstellende* Jurist nie zum „Juristen als solchen" werden. Er darf also ethische, politische, volkswirtschaftliche u.a. nicht juristische Überlegungen einmischen, um das geflügelte Wort Windscheids, ebenfalls von 1884, zu verwenden;[10]

1382

1383

---

10 Siehe zu dieser berühmt-berüchtigten Sentenz oben bei Windscheid Rn. 313.

Rückert

und umgekehrt darf der Jurist als solcher nicht zum Gesetzgeber werden und solche Überlegungen rechtsbildend in sein Darstellen einmischen. Die Gesetzgebung sollte daher ihre Regeln in möglichst feste Formen gießen und nicht durch allgemeine Zweckformeln steuern. Denn dadurch relativiert sie selbst den in aller Regel verlässlicheren Buchstaben und öffnet ihn für illoyales Auslegen. Die **Darstellung** eines positiven Rechts in streng begrifflicher Form wollte daher nur zeigen „wie es ist", kurz, fachlich und knapp. Sie räsoniert nicht. Je mehr sie dies will, desto mehr wird sie die Zweckfragen, den Zweck ihrer regelnden Begriffe oder Worte mitbedenken, sonst nicht. Wir haben nun mal vor allem die Worte. Das ist alles ganz einfach und klar und hat seinen guten verfassungspolitischen Sinn.

1384   Wie viel *Begriff* und wie viel *Zweck* das rechte juristische Methodenmaß voll machen, bleibt freilich eine weitere Frage. Methode soll weder Begriffe bilden, noch sie darstellen, sondern den Umsetzungsweg weisen. Das **Begriffs- und Zweckmaß** dabei hängt also zunächst von den Umsetzungsnormen ab. Es lässt sich gewiss nicht einheitlich fixieren. Es fällt jedenfalls sehr verschieden aus für den Recht schaffenden Gesetzgeber (er ist ‚nur' verfassungsgebunden), für den die Rechtmäßigkeit kontrollierenden Richter (er ist „dem Gesetz unterworfen", 97 GG), wieder anders für den planenden Verwalter (diese Gesetze lassen ihm viel „Abwägung") und erst recht für die normativ ganz freie Rechtswissenschaft, wenn sie nicht zugleich Rechtspraxis sein will, um nur die Hauptfälle zu bedenken. Die Regel heißt also: Je freier, desto zweckoffener, je gebundener, desto begrifflicher.

1385   Jherings Zutrauen zu Begriffen, ob nun vor (wie im *Geist*-Buch) oder nach seiner angeblichen Wende (wie im *Zweck*-Buch), hatte freilich eine tieferen **philosophischen Grund**, seine **evolutionistische Begriffsontologie**. Er glaubte nämlich geradezu enthusiastisch an eine erforschbare und feste, sittliche und juristische Begriffswelt, an ein „sittliches Planetensystem mit derselben Ordnung und Harmonie ... wie das Planetensystem des Himmels" (*Geist* I[1] 1852, § 5, S. 54 f., [4]1878, S. 62).[11] Obwohl zentrale Prämisse und Forschungsleitlinie Jherings, wurde das kaum thematisiert. Sein idealistischer Forschungsglaube und seine empirisch immer weiter suchende Forschungspraxis müssten genauer gewürdigt werden; jedenfalls gelang es ihm je länger je weniger, beides in Harmonie zu halten.

1386   *Begriffsjurisprudenz* ist also teils Banalität, teils Phantom, teils problematische Philosophie, teils berechtigte Darstellungs- und abgekürzt fachliche juristische Arbeitsweise. Dies zu wissen ist wichtig, es genügt aber auch. Viel wichtiger für heute ist es, den wirklichen Gegner in diesen Debatten zu kennen, und das war die damalige *Prinzipienjurisprudenz*.

Prinzipienjurisprudenz

1387   Der wirkliche Gegner der Zweck-, Interessen-, Freirechts-, Lebens- und Wertprediger war nicht die sog. *Begriffsjurisprudenz*, auch nicht die Hecksche „technische", sondern etwas, was man *Prinzipienjurisprudenz* nennen muss. Ein positiver Name dafür erschien zunächst unnötig und später überwog schon die Polemik. Vor allem Savigny, Puchta und Windscheid hatten diese Prinzipienjurisprudenz ausgestaltet und durchgesetzt. Das kam so:

---

11   Und Jhering fügt enthusiastisch hinzu: „die wahre Poesie des Rechts liegt in der Erhabenheit seines Problems und in seiner an Majestät und Gesetzmäßigkeit dem Laufe der Gestirne vergleichbaren Bewegung" – d.h. Evolution und zwar „gesetzmäßige"; als Problem bleibt also nur deren Erkenntnis; daher sein berühmtes optimistisches Werk über „Geist des römischen Rechts auf den verschiedenen Stufen seiner Entwicklung" (unvollendet, 1852-1865) – über die gesetzmäßigen Stufen zur aktuellen rechtlichen Wahrheit.

Der erste Blick muss auf die **Verfassungslage** gehen. Denn juristische Methodenfragen   1388
reflektieren auf Verfassungslagen. Die großen Kodifikationen des späten 18. und des 19.
Jahrhunderts (als *ALR, Code civil, ABGB, Sächs. BGB, BGB, ZGB* – gleich etwas mehr
dazu) hatten eine gewaltige Umbildung der Rechtswelt unternommen, die noch unsere
Gegenwart bestimmt. Diese Kodifikationen fassten erstmals auch das Privatrecht abschließend und exklusiv zusammen und konstituierten es so als autonomen Bereich. Sie
beseitigten damit die jahrhundertealte Rechtsvielfalt von Edikten, Ordnungen, Statuten,
Erlassen, Befehlen, Herkommen, rezipiertem Recht usw. Nur die Kodifikation hatte ab
sofort zu gelten. Ihre allgemeinen und vollständig gemeinten Sätze dienten als Panier für
die Durchsetzung von Freiheit und Gleichheit, genauer: von gleicher Freiheit. Ihre Sätze
hatten in der Sache Verfassungscharakter, zumal es im deutschen Raum nur teilweise
förmliche Verfassungen gab. Privatrechtskodifikation war hier Verfassungsersatz (D.
Grimm).

Zugleich hatte eine ebenso gewaltige Zentralisierung des Rechtswesens eingesetzt. Ein   1389
juristischer Leviathan, das biblische Machtungeheuer, war neu erstanden, dessen Kräfte
deutlich weiterreichten als es Thomas Hobbes je gedacht und die absolutistischen Herr-
scher jemals hatten durchsetzen können. Denn sie hatten immer den Adel und den Klerus
als kraft Geburt und Institution mitherrschende Stände neben sich. Aber seit 1776
und 1789 sollte nur noch das „Volk" herrschen, in welcher Brechung auch immer. Eine
allgemeine Bürger-, dann Staatsbürgergesellschaft stand nun einem allmächtigen Rechts-
souverän ‚Volk' gegenüber. Diesen neuen Leviathan galt es zugleich zu bewahren und
zu bändigen – zu bewahren als demokratische Volkssouveränität von gleich Freien – zu
bändigen als Tyrannei des ‚Volkes', die entstehen konnte. Frankreich hatte das Beispiel
gegeben für beides, hier mit der Nationalversammlung und dort mit der Guillotine; die
U.S.A. behielten die Tyrannei der Ungleichheit durch Sklaverei lange nach 1776 bei.
Rechtsmethodisch sollte nun *La Loi*, das Rechtssymbol der Revolution, vor Tyrannei
sichern. Gemeint war das allgemeine Gesetz, so allgemein wie die alterkämpfte englische
rule of law seit 1215. Und dazu musste das Gesetz auch irgendwie vollständig sein, um
nicht wieder in seinen Lücken der Willkür Raum zu lassen. Es musste Kodifikation werden und wurde es um 1800 in fast ganz Europa.

In diesem spannungsreichen **Modernisierungskontext** stehen auch die neuen juristischen   1390
Methodenansätze nach 1800. Es geht um die **Rechtsbindung** der neu ermächtigten staat-
lichen Gewalten. Die alte sog. Kontroversen-Gesetzgebung war dazu untauglich, die nur
konkrete, streitige Fragen entschieden hatte, wie z.B. die Sächsischen *Konstitutionen* von
1572. Das letzte große Muster war unter englischer Regie ein Hannoversch-Englischer
Entwurf eines *Codex Georgianus* von um 1770.[12] Dieser Codex enthielt einen längeren
Einführungstitel mit 44 Paragrafen zu „Von Gesetzen und Gewohnheiten, Statuten,
Ordnungen und Privilegien". Das spiegelte noch einmal die alte Rechtsvielfalt und versuchte nun, sie einigermaßen für die Rechtsanwendung zu bändigen. Der *Codex* wurde
nicht Gesetz. Uns zeigt er einen höchst aufschlussreichen Versuch, in einem ganz anderen,
vormodernen Verfassungskontext der Vielfalt diese Vielfalt zu bändigen.[13]

---

12 Siehe die Edition von *Wilhelm Ebel* (Hg.), Friedrich Esajas Pufendorfs Entwurf eines hannoverschen Landrechts
    (vom Jahre 1772), Hildesheim 1970, aber gerade nicht ein *Landrecht*, wie es hier heißt.
13 Vertiefende Informationen unter Pufendorf im Handwörterbuch zur deutschen Rechtsgeschichte, und bei *J.
    Rückert* u. *J. Vortmann* (Hg.), Niedersächsische Juristen. Ein historisches Lexikon mit landesgeschichtlicher
    Einführung und Bibliographie, Göttingen 2003.

1391   Später sah man ein, dass eine halbwegs sichere **konkrete Vollständigkeit der Gesetzessätze Illusion** war. Weder mit immer mehr Kasuistik war sie zu erreichen, noch mit schroffen Auslegungs- und Kommentierverboten, also nicht so, wie es 1794 das preußische *Allgemeine Landrecht* mit seinen fast 20.000 Paragrafen versucht hatte. Daher hatten schon der französische *Code civil* von 1804 und das kaiserlich-österreichische *Allgemeine Bürgerliche Gesetzbuch* von 1811 auf eine **andere Art von Vollständigkeit** gesetzt, mit Savigny 1814 (s. sogleich), um die Bindung an das allgemeine Gesetz zu sichern. Man sieht es schon am viel kleineren Umfang von je rund 2300 Paragrafen. Diese andere Art von Vollständigkeit schien durch eine Kombination von allgemeinen Prinzipien und konkreteren Sätzen erreichbar. Man kombinierte also solche allgemeinen Prinzipien- oder Grundsatznormen mit konkreteren Rechtssätzen. So begnügt sich der *Code civil* im Deliktsrecht mit seiner berühmten Generalnorm Art. 1382:

> „Jede Handlung eines Menschen, von welcher Art sie auch sei, die einem anderen Schaden verursacht, verbindet denjenigen, durch dessen Verschulden der Schaden entstanden ist, denselben zu ersetzen."

1392   Das wurde dann durch konkretere Normen ergänzt und durch die Rechtsprechung in Fallgruppen weiter gesichtet und geordnet. Das *BGB* hat daraus gelernt und in den §§ 823 bis 852, also seinem Deliktsrecht, eine wesentlich präzisere **Mischung von Generalnormen und Einzelbestimmungen** geschaffen, siehe nur §§ 823 I und II, also die ‚große' und die ‚kleine' Allgemeinbestimmung. Jedenfalls war damit eine neue Gesetzestechnik gefunden, die den neuen, rechtsstaatlich-freiheitlichen und demokratisch-parlamentarischen Zielen angemessen zu sein schien. Die leitende Idee war also, dass immer dann, wenn der konkrete Rechtssatz mit Tatbestand und Rechtsfolge nicht unmittelbar passte, die Prinzipiennorm dem Richter die maßgebende Richtung angeben sollte. Er war also dann ermächtigt zu etwas freierer Entscheidung, blieb aber doch rückgebunden an die allgemeine Zielsetzung.

1393   Das zeigte **Wirkung auf die Methoden**. In Frankreich und Österreich entstand die sog. exegetische, d.h. auslegende, Schule, die sich streng an den Gesetzeswortlauten zu orientieren versuchte. In Deutschland dominierte im Zivilrecht die *geschichtliche Schule*, die entgegen manchen Legenden ebenfalls sehr viel Wert auf Normstrenge und Normtreue legte, übrigens ebenso wie ihre mehr *praktisch-dogmatischen* Gegner. Das zeigt sich bei Savigny, Puchta und noch Windscheid, die in diesem Buch näher vorgestellt werden. Im Strafrecht schritt man, mit Savignys Billigung, zur politischen Tat, also zu einer Welle von Kodifikationen, die nun genaueste Beachtung nach dem Grundsatz *nulla poena sine lege* forderten, ganz anders als die bis dahin wichtige alte *Peinlich Gerichtsordnung* (sog. *Carolina*) des alten Reiches von 1532. Aus ähnlichen Gründen rechtsstaatlicher Bindung sollen z.B. Verordnungen heute auf Gesetzesermächtigungen beruhen gem. Art. 80 GG. Auch diese Unterscheidung von Verordnungen und Gesetzen wurde im 19. Jahrhundert neu entwickelt. Sie diente der rechtsstaatlich gebundenen Verteilung der Rechtsetzungskompetenzen zwischen Monarch/Exekutive und Ständevertretungen bzw. Parlamenten.

1394   Diesen Ideen und dieser Technik entsprach diese *Prinzipienjurisprudenz*. Sie so zu nennen, trifft gerade diesen ihren, aus heutiger methodengeschichtlicher und methodentheoretischer Sicht wichtigen Kern. Vor allem **Savigny** hatte sie in seinem *System des heutigen Römischen Rechts* (8 Bände, 1840–49) begründet und durchgestaltet, freilich ohne ein solches Schlagwort zu verwenden. Das passende Wort findet sich aber in einer berühmten Passage seiner wiederum bis heute wesentlichen Schrift *Über den Beruf unserer Zeit für Gesetzgebung und Rechtswissenschaft* von 1814. Sie greift das Problem der Vollständigkeit von Recht und Gesetz auf, das eben durch noch so viel Kasuistik nicht zu lösen sei, und zieht den vielberühmten, seit Leibniz beliebten Geometrievergleich:

> „Allein es gibt allerdings eine solche Vollständigkeit in anderer Art, wie sich durch einen Kunstausdruck der Geometrie klarmachen lässt. In jedem Dreyeck nämlich giebt es gewisse Bestimmungen, aus deren Verbindung zugleich alle übrige mit Nothwendigkeit folgen: durch diese, z.B. durch zwey Seiten und den zwischenliegenden Winkel, ist das Dreyeck *gegeben*. Auf ähnliche Weise hat jeder Teil unseres Rechts solche Stücke, wodurch die übrigen gegeben sind: wir können sie die leitenden Grundsätze nennen. Diese heraus zu fühlen, und von ihnen ausgehend den innern Zusammenhang und die Art der Verwandtschaft aller juristischen Begriffe und Sätze zu erkennen, gehört eben zu den schwersten Aufgaben unsrer Wissenschaft, ja ist eigentlich dasjenige, was unsrer Arbeit den wissenschaftlichen Charakter gibt." (S. 22)

Diese Passage hat viel Polemik auf sich gezogen, zumal das verführerische Wort vom **„Rechnen mit Begriffen"** fiel, das auch Windscheid seit 1862 festhielt.[14] Sie sei Beleg für lebensfremden, ja mathematischen Formalismus, zeige vernunftrechtlich-deduktivistische Ideale, sei eben ein Zeichen für *Begriffsjurisprudenz* im schlechten Sinne. In Wahrheit benutzt Savigny einen Vergleich ohne Gleichsetzung. Er beansprucht keinerlei begriffliche Vollständigkeit und steuert lediglich eine möglichst hohe Sicherheit der Rechtsanwendung an. Wichtiger ist sein Instrument: die „leitenden Grundsätze", die man „herausfühlen" soll, also die leitenden Prinzipien, in Verbindung mit einer systematischen Durcharbeitung der juristischen Begriffe und Sätze. Das soll die Rechtsgestaltung und Rechtsanwendung kontrolliert und kontrollierbar machen, kurz: bändigen. Diese Idee war keineswegs illusionär, sondern höchst nötig und fruchtbar im werdenden Rechtsstaat. Alle modernen Gesetzgebungen bedienen sich inzwischen dieser Technik. Und wenn sie es, wie etwa im Europarecht, nicht tun, ist die allgemeine Klage über Rechtsungewissheit groß und berechtigt.

Prinzipienjurisprudenz bedeutete also sehr viel: eine bestimmte Auffassung von Recht, Rechtsquellen, System, Auslegung, Rechtsanwendung, subjektivem Recht usw. Sie betraf nahezu alle Grundfragen und -begriffe der modernen Jurisprudenz, also Fragen, die wir heute als Verfassungsfragen bezeichnen. Von hier aus führt übrigens eine strukturelle, nicht auch genetische, Brücke zur modernen Prinzipienjurisprudenz bei Dworkin, Alexy und Canaris.

Diese *Prinzipienjurisprudenz* hatte eine inhaltliche und eine methodische Seite. **Inhaltlich** wollte sie die **gleiche Freiheit** sichern, wenigstens im Privatrecht. Denn das öffentliche Recht war trotz mancher Verfassungen noch ganz ineffektiv vor Gericht, es war kaum einmal einklagbar, und schon damit rechtlich und politisch noch viel ungleicher und unfreier als das Privatrecht. Als privatrechtliche Grundbegriffe mit Verfassungssubstanz wurden nun z.B. entwickelt: die allgemeine natürliche Rechtsfähigkeit, die allgemeine und gleiche Freiheit als erster Grundsatz und konkreter etwa die Vertrags-, Eigentums-, Eheeingehungs- und Vererbungsfreiheit, das Verschuldensprinzip, also die Zurechnung *nur* an den freien Willen (über Willenserklärung oder verschuldeten Pflichtverstoß), die

---

14 *Savigny*, Beruf, 1814, S. 29; *Bernhard Windscheid*, Lehrbuch der Pandekten, § 24, in allen Auflagen im gleichen Wortlaut: [1]1862, S. 56; [5]1879, S. 64; [8]1900, S. 94; [9]1906, S. 111.

1395

1396

1397

Unzulässigkeit einer Selbstveräußerung und damit einer vollständigen Unterwerfung unter fremden Willen zum Beispiel in umfassenden Dienstverträgen, die Grundsatzunterscheidung öffentliches Recht als hoheitlich und Privatrecht als freiheitlich, die wenigstens das Privatrecht absichern sollte, usw. – so viele uns vertraute Grundbegriffe.

1398   Methodisch setzte man auf System. Was war daran so interessant? System diente als Willkürabwehr, nicht einfach nur als Summe von Ordnungsfächern. Willkür wurde schwerer, wenn man nur *einen* Grundbegriff an die Spitze stellte, eben als Prinzip, alles übrige möglichst konsequent abgrenzte und verknüpfte und in möglichst präzise Begriffe goss. In diesem Sinne, nicht als Ordnungsspielerei, unternahm man es, den gesamten Rechts- und Begriffsvorrat durchzuarbeiten. Im Privatrecht also auf den Grundbegriff ‚gleiche Freiheit‘ hin und auf die Wahrung der Voraussetzungen und Entfaltungsbedingungen dieser Freiheit bis hinein in die einzelnen Rechtsinstitute. Schwer zu verstehen? Mit dieser dogmatischen Rechtsarbeit ordnete man das Recht auch schon ohne Kodifikation, durch ‚wissenschaftliche‘ Rechtsreform, längst vor 1848 und 1900. Auf diesem neuen und bemerkenswert tragfähigen inhaltlichen und methodischen Fundament konnte dann eine umfassende Kodifikation wie das BGB geleistet werden. Das BGB von 1900 ist eine Frucht dieser Arbeit, z.B. durch die Erfordernisse von Geschäftsfähigkeit und Irrtumsfreiheit bei Erklärungen (§§ 105 ff., 116 ff.) „Frei, ernst und zuverlässig" mussten die Erklärungen sein, nur dann galt die Rechtsbindung. Das BGB verbot, sein Vermögen vollständig wegzuverfügen oder dinglich zu belasten und sich so lebenslang zu knebeln (§§ 311 a.F./311 b n.F. 2002). Es schuf den sog. Numerus Clausus der Sachenrechte, kanalisierte also die Rechte am begrenzten Vorrat der Sachen, um eine möglichst effektive und freie Nutzung durch möglichst viele zu ermöglichen. Es schuf die Eheeingehungs- und Güterrechtsfreiheit, die Testier- und Erbvertragsfreiheit, usw.[15]

1399   Unser BGB, das seit 1874 entstanden war, war vollständig von diesem inhaltlichen und methodischen Ideal geprägt. Aber es wurde ein Gesetzbuch ohne Chance. Die Verhältnisse – sie wurden nach 1900 bei weitem nicht so günstig für gleiche rechtliche Freiheit, wie man es in der rasanten Wohlfahrtsentwicklung nach ca. 1880 mit gutem Grund hatte erwarten können. Es genügen die bedrückenden Daten nach 1900: 1914 Krieg, 1923 Inflationsmaximum, 1929 Weltwirtschaftskrise und Massenarbeitslosigkeit, 1933 Völkisches Recht und Planwirtschaft, 1939 Krieg, 1945 massive Krise, Erholung erst bis um 1960. Das Mietrecht z.B. spiegelt das im Auf und Ab des Regulierens bis in die 1960er Jahre genau. Das alles war schmerzlich für so viele, aber es hatte nichts zu tun mit *Begriffsjurisprudenz* oder *Formalismus* oder auch *Positivismus,* eher im Gegenteil. Deren Grundideen oder Prinzipien hatten keinen bewaffneten Krieg ausgelöst oder befördert oder auch nur eine innere Kollektivierung zu einer ‚Gemeinschaft‘. Oder sollen die Ideen der gleichen Freiheit, der individuellen Verfügungsrechte, der rechtstaatlichen Gewaltenteilung, der Gesetzesbindung aller Staatsgewalt, insbes. auch der Bindung der Juristen durch Gesetze und Methode, und zuletzt des Rechtsetzungsmonopols des demokratischen Parlaments die sehr realen Weltkriege bewirkt haben?

1400   Ein anderes und weiteres Problem sind die philosophischen und wissenschaftstheoretischen Grundlagen dieser Prinzipienjurisprudenz. Ohne eine größere oder kleinere Philosophie kommt niemand aus und schon gar nicht die so wertbezogene Jurisprudenz. Das ist wenigstens anzudeuten. Das BGB wich der zwischen Idealismus und Realismus

---

15 Einen Einblick in diese prinzipiellen Zusammenhänge gebe ich in: Das BGB und seine Prinzipien: Aufgabe, Lösung, Erfolg, in Historisch-kritischem Kommentar zum BGB, Bd. I: Allgemeiner Teil, Tübingen 2003, vor § 1, S. 34-122.

schwankenden Philosophie seines Jahrhunderts aus, indem es seine Grundsätze als damals allgemein anerkannt betrachtete.[16] Savigny begründete 1840 in ähnlicher Weise, etwa mit dem Hinweis auf die „christliche Lebensansicht", die nicht nur als „Regel des Lebens anzuerkennen" sei, sondern „in der Tat die Welt umgewandelt habe",[17] oder mit dem lapidaren Satz, „Jeder einzelne Mensch, und nur der einzelne Mensch, ist rechtsfähig", das sei der „ursprüngliche Begriff der Person oder des Rechtssubjekts".[18] Mit dem Wörtchen „ursprünglich" deutete er eine zusätzliche Philosophie an, mit der er seine Wertungen über die allgemeine Anerkennung hinaus zusätzlich stützte. Es war die Philosophie des objektiven Idealismus nach und gegen Kant, die im recht verstandenen Sein auch ein Sollen, eine gültige Wertung, zu erkennen verstand.[19] Aus Einsicht in die „innere Notwendigkeit" eines geschichtlichen Seins ergaben sich hier die maßgebenden Wertungen. Aus einem sichtbaren Sein wird also kraft besonderer Einsicht auf ein nicht weiter sichtbares Sollen geschlossen. Diese Begründung setzt eine entsprechende Metaphysik voraus, eine Lehre über die ,Physik' hinaus. Die Struktur kehrt bis heute in ähnlichen Begründungen wieder, auch wenn es sich nicht um systematisch ausgearbeitete idealistische Positionen wie bei Fichte, Hegel und Schelling handelt. In der Jurisprudenz betrifft das von den hier Behandelten etwa Jhering (mindestens den frühen), Larenz, teilweise Coing und offenbar auch Canaris.[20] Wenn von *Prinzipienjurisprudenz* die Rede ist, kommt je nach Status der Prinzipien eine solche Philosophie hinzu. Anders steht es z.B., wenn nicht ,erste' Prinzipien, sondern empirische Gesetzmäßigkeiten (z.B. Ebbe und Flut; Gefährlichkeit von Bürgschaftserklärungen), positiv gesetzte Prinzipien (z.B. Formzwang bei gefährlichen Erklärungen; Privatautonomie) oder logische Strukturen (z.B. Allgemeiner Teil; Vorrang der Verfassung) gemeint sind.

Begriffsjurisprudenz und *Prinzipienjurisprudenz* sind jedenfalls nur zwei Seiten derselben methodischen und inhaltlichen Richtung, *Begriffsjurisprudenz* benennt die polemisch verwirrende Seite, *Prinzipienjurisprudenz* den sachlich bis heute relevanten Kern. Die polemischen Irrungen und Verwirrungen sollten nun entschlüsselt sein, der tragfähige Kern geklärt, die jeweiligen Verfassungsvoraussetzungen einsichtig gemacht. Damit sind nun die weiteren Verwicklungen der Methodengeschichte relativ leicht verständlich und beurteilbar. Verwicklungen freilich blieben es, denn polemische Fehlverständnisse hatten sich teils festgesetzt, teils wurden sie immer neu je nach aktuellem Interesse produziert. Besonders polemisch führte man vor 1914 einen „Kampf um die Rechtswissenschaft", der zugleich ein Methoden-, Ausbildungs-, Justiz- und vor allem Verfassungskampf war. Die neuen Stichworte waren *Freirecht* und *Interessenjurisprudenz*. 1401

III. Freirecht und Interessenjurisprudenz

Sie haben viel gemeinsam. Denn beides sind Reformbewegungen nach 1900, die zu fast gleicher Zeit und aus gemeinsamen Erfahrungen entspringen. Die Erfahrungen mit dem hochaktiven realen Gesetzgebungsstaat mit dem Reichstag seit 1871 erschütterten das Vertrauen in die Leistungskraft der *Prinzipienjurisprudenz*. Fin de siècle auch hier. Mo- 1402

---

16 In den „Motiven zu dem Entwurfe eines bürgerlichen Gesetzbuches für das Deutsche Reich" zu dem i.w. maßgebenden 1. Entwurf von 1888, heißt es in Bd. 1, Berlin 1888, S. 25 zu § 1 über die Rechtsfähigkeit: „bezeugt der gesamte Inhalt des Entwurfs diese von dem Rechtsbewußtsein der Gegenwart geforderte und als selbstverständlich betrachtete Anerkennung".
17 *F.C. von Savigny*, System des heutigen Rechts, Bd. 1, Berlin 1840, § 15, S. 53 f.
18 *Savigny*, Bd. 2, § 60, S. 2.
19 Dazu oben. *Rückert* über Savigny, unter III. 8 u. 9 (Rn. 115 ff. u. 118 ff.).
20 Dazu jeweils unten die Einzelartikel.

derne Gesetze besetzten die Rechtslandschaften. Das muss eine elektrisierende und erschütternde Erfahrung gewesen sein, die wir nur schwer noch nachvollziehen können; in staunenswerter Fülle wurden vor allem das Wirtschafts- und Privatrecht kodifiziert. Eine kleine **Gesetzgebungsliste** kann schon genügen: ADHGB 1861/1870, UrhG und MusterschutzG 1870/1876, StGB 1871, GVG 1871, HaftpflichtG 1871, MarkenschutzG 1874, PatentG 1877, ZPO 1877, StPO 1877, KO 1877 (Nov. 1879, 1898), AktienR-Nov. 1884, GewerbeO 1869/71 (Nov. 1878, 1891), Sozialversicherungsgesetze 1883–89 (Unfall, Krankheit, Rente), GewerbeGerG 1890, GmbHG 1892, UWG 1896 (Nov. 1909), HGB 1897/1900, BGB 1896/1900, GrundbuchO 1900, usw.) – alles noch aktuell, die Abkürzungen müssten jedem Juristen geläufig sein.[21]

1403   Außer der bloßen Fülle kamen auch schwierige **grundsätzliche Reformprobleme** auf durch einige zentrale Vorgänge; auch dazu wenigstens einige Stichworte: Wie sollte man z.B. reagieren auf die schweren ökonomischen Krisen nach 1878 (sog. Gründerkrach; mehr Wettbewerb oder mehr Intervention? Oder ein dritter Weg?); oder auf die sozialen Erschütterungen durch ökonomisch wie sozial ungekannt massive Streiks (Bergarbeiter 1889; mehr Koalitionsfreiheit oder weniger? Mehr Arbeiterschutz oder nicht?); oder auf die Wahrnehmung proletarischer Armut in den explodierenden Städten („Soziale Frage"; Zwangswohnungsrecht? Zwangsversicherungen? Mehr Sozialhilfe? Progressives Steuerrecht?); oder umgekehrt auf die stark ungleiche Verteilung der im ganzen großartigen Wohlfahrtsgewinne (Mitbestimmung? Gewinnbeteiligung? Mindestlohn? Sozialhilfe?); und wie auf die erstmals voll zentralisierte, sehr gestärkte Justiz (Reichsgericht 1877; ein neuer Konkurrent ums richtige Recht?); und auf die erstmalige, volle Gesetzesbindung der Privatrechtsjurisprudenz seit 1900 (BGB).

1404   Je mehr nun die Prinzipien aus den Gesetzen selbst flossen und je mehr zugleich die Grundsätze ins Schwanken gerieten, desto politischer und instabiler wurden die Prinzipien und Begriffe, womöglich schon mit der jeweils nächsten Wahl und Novelle. Man kam erstaunt an in der uns vertrauten, ziemlich beweglichen Gesetzesflut und Prinzipienskepsis. Und die schöne neue Justiz mit ihrem frischen Riesenpalast in Leipzig (erbaut 1884–1895) erschien nicht selten überfordert. Diese Erschütterungen ergriffen auch die Methodenfrage.

1405   Methodisch verwarf man wieder sehr den Gedanken, überhaupt exakte, logisch zwingende Fallanwendungen aus allgemeineren Prinzipien gewinnen zu können. Das war freilich nicht neu und auch gar nicht die verfassungspolitische Absicht bei der Gesetzesbindung gewesen. Schon die alte Schlusslogik seit Aristoteles wusste genau um ihre Prämissen. Vermutlich war auch das spezifische Ergebnis aus Kants *Kritik der Urteilskraft* von 1790 und erneut 1799 schon Allgemeingut: dass die „Urteilskraft", die Allgemeines und Besonderes verknüpfen müsse, sich nicht abschließend auf inhaltlich fixierende Regeln bringen lasse. Der Versuch führt in einen infiniten Regress, eine Dauerschleife. Denn es müsste für jede Anwendungsfrage immer eine weitere Regel gegeben werden. Auch die konkreten juristischen Gängelungsversuche der absolutistischen Gesetzgeber hatte man aufgegeben. Der *Prinzipienjurisprudenz* ging es ohne große Illusionen nur um die einigermaßen klare Bindung durch eine allgemeine Vorgabe überhaupt.

1406   Wichtiger als diese mehr logische und technische Kritik gegen die Vorstellung von „Gesetzesautomaten" und juristischen „Denkmaschinen", die freilich einen großen Raum

---

21   Die weniger deutlichen sind wohl: ADHGB – Allgemeines Deutsches Handelsgesetzbuch, UrhG- Urheberrechtsschutzgesetz, GVG – Gerichtsverfassungsgesetz, KO – Konkursordnung, GewO – Gewerbeordnung, UWG – Gesetz gegen den unlauteren Wettbewerb.

einnahm, wurde aber eine **politisch-soziale Tendenzwende von Verfassungsbedeutung**. Denn rechtspolitisch schien nun weniger die Organisation der gemeinsamen gleichen Freiheit wichtig als die Verteilung der Teilhaberechte in der neuen Wohlfahrt im späten Kaiserreich nach 1900. Die sog. Arbeiter- und soziale Frage drängten. Man war reiche Weltmacht geworden und musste wohl auch Sozialstaat werden. Aber wer sollte die Hilfe bestimmen, die Anteile verteilen, die Konkurrenzkämpfe begrenzen? Nur die Parlamente, vom Reichstag bis in die Landtage der Bundesstaaten? Oder mehr die Regierungen? Oder eben die Richter und der Juristenstand, als Sozialingenieure? Die Parlamente und Regierungen waren überwiegend in der Hand der sozialkonservativen Kräfte. Professoren oder gar Richter gab es in der sonst erstarkten SPD des Kaiserreichs so gut wie nicht. Auch im Juristenstand waren Reformkräfte nicht gerade dominant. Dennoch setzten nun manche gerade auf die Richter große Reformhoffnungen und wollten sie zu Richterkönigen statt, wie man sagte, Gesetzesknechten befördern. Die Methodenfrage kam so ins Zentrum. Die neuen Antworten lauteten *Freirechtsbewegung* und *Interessenjurisprudenz*. Beide gehören zum Methodenvorrat bis heute, bewusst und unbewusst. Ähnlich dicht wie bei der *Begriffsjurisprudenz* sind jedoch die wirklichen Absichten und Einsichten beider Richtungen von Polemik und Legenden, besonders beim Freirecht, und Umdeutungen, besonders bei der Interessenjurisprudenz, verstellt. Wieder kommt es darauf an, die inhaltliche und methodische Tendenz im Kontext zu verstehen, das in größere Linien einzuordnen und dazu die prominentesten Namen und Schriften kennen zu lernen.

IV. Freirechtsbewegung

„Freirechtler!" wird immer noch gern gerufen. Das kann großes Lob oder massive Kritik bedeuten, je nachdem: Lob für Lebensnähe, Realismus, theoretische Aufgeklärtheit, materiales Denken, Gerechtigkeitssinn; Kritik für Gesetzesferne, Richtermacht, Entscheidungswillkür, Subjektivismus. Diese Ambivalenz prägt schon die Anfänge der Bewegung. **Drei bekannte Namen und ein vergessener** müssen hier fallen: Eugen Ehrlich, Hermann Ulrich Kantorowicz, Ernst Fuchs und Ernst Stampe. Geboren 1862, 1877, 1859, 1856 – eine schon dem Alter nach etwas inhomogene Gruppe also. Wirklich inhomogen waren ihre Milieus. Das muss betont werden, denn eine hartnäckige Legende spricht irreführend von einer Schule, während es sich um eine **lockere Kritikergruppierung** seit etwa 1903 handelt, die circa ab 1909 breiter in die Diskussion kommt. Der weltoffene, ,multikulturelle' und reformsozialistische Altösterreicher, Römischrechtler und Rechtstheoretiker Ehrlich steht nämlich neben dem jungen großbürgerlichen, linksliberalen, strafrechtlich und rechtshistorisch arbeitenden, philosophisch neukantianisch gebildeten Freiburger Privatdozenten Kantorowicz, dem badischen Kaufmannssohn, Karlsruher Rechtsanwalt, praxisbewegten, wenig theoretischen, linksliberalen Freidenker Fuchs und neben dem mecklenburgischen Gutspächtersohn, preußischen Infanterieoffizier, patriarchal-sozialen und politisch konservativen preußischen Zivilrechtsordinarius, ja ,Sozialingenieur' aus Greifswald, Stampe. Eine gar nicht homogene Gruppierung also, keine gefestigte und weitreichende Schule mit ausgearbeiteter juristischer Methodenpraxis.

Das Schlagwort „Freirecht" entstand erst auf dem **Höhepunkt der rechtspolitischen Debatte um 1910**. Veranlasst wurde es durch die berühmte Wiener Programmschrift **Eugen Ehrlichs** von 1903 *Freie Rechtsfindung und freie Rechtswissenschaft*. Ehrlich bezog sich dabei ausdrücklich auf die große Methodenkritik des Franzosen Gény an der exegetischen Schule zum Code civil von 1899 und dessen Eintreten für „libre recherche scientifique". Wissenschaftliche Rechtsfindung war sein Programm. Stampe empfahl dagegen

1407

1408

„selbstschöpferische Rechtsfindung" (1905) und meinte vor allem die Justiz. Der **Kantorowicz** begann 1906 seinen berühmten *Kampf um die Rechtswissenschaft*, vorsichtshalber noch pseudonym als „Gnaeus Flavius".[22] Ihm gelang damit die meistverbreitete und bis heute nachgedruckte Flugschrift der Bewegung. Brillant und brisant plädierte er darin für „freies" Recht, und das hieß **„nichtstaatliches" Recht.** Fuchs agierte mehr rechtspolitisch und theoretisch etwas verworren in Schriften wie *Schreibjustiz und Richterkönigtum* (1907) und mit Stichworten wie „freies Rechtsmeer" (1925). Die wichtigsten Texte sind damit genannt. Ihre Daten und die Schlagwortvarianten zeigen zweierlei: Die strengste Kritik entsteht unmittelbar nach 1900, als Reaktion vor allem auf die deutsche Privatrechtskodifikation. Sie war der Abschluss der erwähnten großen Kodifikationswelle im Reich seit 1871 und schien erneut die Richterposition zu verengen, zumal im an sich freieren Privatrecht. Gefordert wird entsprechend zweierlei: freies, nichtstaatliches Recht und konsequent freies Richtertum. Aber was sollte „nichtstaatliches" Recht um 1910 sein? Womöglich die damals stark aufkommenden Tarifverträge und Geschäftsbedingungen?

1409   Positiv verband die Vier am Ende recht wenig. Es kam zu **keiner Schule** in Form einer gemeinsamen Zeitschrift (trotz Planungen), Lehrbuchreihe, Kommentierung oder einer ähnlichen Umsetzung des Programms in methodische Praxis, wie es etwa nach 1933 massiv geschah. Gemeinsam war den Freirechtlern und ihren Mitstreitern für eine recht kurze Spanne die scharfe Kritik an der „herrschenden" Methode. Für sie waren das die *Begriffsjurisprudenz*, der *Buchstabenglaube*, der *Formalismus, Konstruktivismus, Positivismus*, die *rein technische Rechtsfindung*, die *rein logische Geheim-Technik*, kurz: die für sie juristische Illusionswelt der *Prinzipienjurisprudenz*. Ganz auf der Linie von Jherings Polemik für „Zweck" und „Leben", die wir bereits kennen, und angereichert mit neuen Aspekten wie „soziologisch", „psychologisch", „modernistisch", „freidenkerisch", gingen sie erneut mit ihr, besser: mit dem was sie dafür benannten, scharf ins Gericht.

1410   Lassen wir alle Legenden über eine positive Schulbildung dieser nur lockeren Gruppierung, über eine angeblich allgemeine Freirechts-Bewegung vor 1914, einen Sieg nach 1919, den nur Ernst Fuchs selbst ausrief, usw., beiseite, und konzentrieren wir uns wieder auf die Verfassungsperspektive. Diesmal war sie den Hauptmatadoren bewusst. „Wer ist für den Verfasser ... Gesetzgeber? Kaiser und Reich, oder die Interessenlage?" fragte ein prominenter Kritiker in Kritik an Stampe 1905[23] und traf damit ins Schwarze. Er hätte hinzufügen können, wie es andere dann taten, „oder der Richterkönig?" Die Aufgeregtheit der Debatte bestätigt die Vermutung, dass man weniger um Methodenfragen rang, als um verfassungspolitische Kompetenzen und zeitgemäß sozialkritische Reformwege.

1411   **Was bleibt?** Die Schrift von Kantorowicz wird immer lehrreich und unterhaltsam bleiben als brillant geschriebene Attacke gegen Rationalitätsillusionen der Juristen. Aber ganz wie Jherings Scherz-Kritik schießt sie in satirischer Absicht weit über die sachlich berechtigte Kritik hinaus. Und mehr als bei diesem bleiben die methodischen Vorschläge vage. Nur Ehrlich schrieb 1918 noch eine bedeutende *Juristische Logik*, die aber kaum noch wirkte. Ernst Fuchs schrieb zahllose kurze, oft scharfe Urteilskritiken. Aber sie

---

22 Das war eine beziehungsreiche Anspielung auf die römische Erzählung von einem Schreiber Gnaeus Flavius, der den Priestern die Prozessformulare entwendet haben soll, sie veröffentlichte und so das Rechtswesen aus Geheimkunde und Priesterherrschaft befreite – zugunsten der nun entstehenden Juristen.
23 *Ernst Landsberg*, Das entgegengesetzte Extrem?, in Deutsche Juristen-Zeitung 1905, Sp. 921–925, 925.

beweisen mehr sein Engagement als eine bessere Methode. Auch seine Idee juristischer „Kliniken" blieb methodisch vage. Stampe gab den konservativen Auftakt zum juristischen Sozialingenieur.

Die Freirechtsbewegung darf also als lehrreich kritisch verbucht werden, als Gewissensschärfung. Das ist gewiss immer wieder nötig, etwa nach 1925 in der republikanischen Zeitschrift *Die Justiz* oder in den 1960er Jahren als kritisch-politische Jurisprudenz, wie sie hier mit Wiethölter vorgestellt wird (oben Rn. 878 ff.). Ein tragfähiges **neues Methodenkonzept** hat die Freirechtsbewegung **nicht** gebracht. So gehört sie zwar sehr in diesen Überblick, eine Darstellung ihres Zivilrechtsbegriffs und ihrer Methodik anhand einer ihrer Koryphäen erschien jedoch verzichtbar. Sie müsste anknüpfen an Stampes unvollendeten Versuch eines ganz neuartigen Lehrbuchs, an seine *Einführung in das bürgerliche Recht – Ein kurzes Lehrbuch nach neuem System und neuer Lehrmethode*, 1920. 1412

V. Interessenjurisprudenz

Was der Freirechtsbewegung an **Methodenpraxis** fehlte, hat die Interessenjurisprudenz in reichem Maße vorgelegt. Sie blieb bis heute damit lebendig. Immer noch höchst lehrreich sind die beiden Lehrbücher ihres Hauptmatadors Philipp Heck, der *Grundriss des Schuldrechts* von 1929, Neudruck 1958, und der *Grundriss des Sachenrechts* von 1930, Neudruck 1960. Dem damals längst sehr erfahrenen, 71jährigen Heck (1858–1943) gelang darin eine besonders glückliche **Mischung von Begriffs- und Zweckbetrachtung.** Er nennt das treffend „Interessenforschung". Methodengeschichtlich und -theoretisch aufschlussreich sind schon die Vorworte und ebenso der Methodenanhang des Schuldrechts. Überhaupt gehört Heck zu den Autoren die von Anfang an, d.h. seit den 1890er Jahren, zur Methodentheorie systematisch und höchst hilfreich beigetragen haben. 1413

Hecks Konzeption von Zivilrecht und Methode wird in diesem Buch eigens vorgestellt. An dieser Stelle sollen daher nur **drei wesentliche Punkte** akzentuiert werden, die im Zusammenhang von Bedeutung sind: 1414

Heck und seine Tübinger Schule der Interessenjurisprudenz halten die **Kritik** an der „alten Begriffsjurisprudenz" **als lebensfremd und formalistisch (1929, 482)** ausdrücklich fest. Gleich im Vorwort erfährt „der Student", er müsse „wissen, dass er sein Augenmerk stets auf den Zusammenhang zwischen *Recht und Leben* zu richten hat. Er muss die Überzeugung gewinnen, dass ein Rechtssatz erst dann verstanden ist, wenn seine Tragweite für die Lebensinteressen klar liegt..." (1930, III f.). 1415

Die Interessenjurisprudenz will eine „**Methodenlehre für die praktische Rechtswissenschaft**" sein, zumal für die Justiz. Sie will „die Grundsätze feststellen, die der Richter bei seiner Fallentscheidung befolgen soll und die deshalb auch für den Forscher, der die Arbeit des Richters vorbereiten will, maßgebend sind." Sie will keine Lebensphilosophie und keine Rechtsphilosophie sein. Das heißt damals freilich nicht, dass sie philosophiefrei gewesen wäre. Das soll hier aber auf sich beruhen. 1416

Der **Verfassungszusammenhang** wird nun betont. Im Dezember 1932 fasst Heck das in einer Frankfurter Gastvorlesung über *Interessenjurisprudenz* so zusammen: Die erste von zwei ihm wesentlichen Einsichten gehe davon aus, „daß nach unserer Verfassung der Richter an das Gesetz gebunden ist." Auch der Richter habe wie der Gesetzgeber freilich Interessen abzugrenzen, Interessenkonflikte zu entscheiden. „Aber die Abwägung, die der *Gesetzgeber* vollzogen hat, geht der Eigenwertung des Richters vor und ist für den Richter maßgebend." Die zweite Einsicht gehe dahin, „dass unsere Gesetze im Verhältnis 1417 zu der *Lebensfülle* mangelhaft sind, unvollständig und nicht frei von Widersprüchen. Der moderne Gesetzgeber ist sich dieser Unzulänglichkeit bewusst und erwartet daher vom Richter nicht buchstäblichen, sondern *interessemäßigen Gehorsam*, nicht nur die logische Subsumtion unter Gesetzesgebote, sondern auch die Ergänzung fehlender und die Berichtigung mangelhafter Gebote". Der Richter habe also auch die Aufgabe der Lückenergänzung und solle auch dabei die gesetzlichen Werturteile anwenden. Doch könne er am Ende in die Lage kommen „den Konflikt nach seiner eigenen Wertung der Lebensinteressen zu entscheiden", zum Beispiel bei Widersprüchen, gesetzlichen Verweisen auf seine Wertung oder „Versagen" der gesetzlichen Wertung.

1418 Wie immer diese Methodenempfehlungen im Einzelnen wirken mögen, das Bewusstsein der normativen Bindungen ist klar. Für Heck ist die Methodenfrage durchaus **Verfassungsfrage**. Das hatte freilich eine überraschend **herbe Folge im Nationalsozialismus**. Denn 1936 anerkannte er in prämissenblinder Konsequenz den nationalsozialistischen Souverän als die Spitze der maßgebenden Verfassungsbindung. Die rechtsstaatlichen, demokratisch-parlamentarischen und liberalen Prämissen seiner eigenen Methodenlehre vor 1933 stellte Heck damit beiseite. Die Gründe für diese beklemmende Pseudokonsequenz liegen jedoch nicht im Bereich der Methodengeschichte und -theorie, sondern der Lebensgeschichte und der politischen Wünsche.

1419 Was bleibt? Die Interessenjurisprudenz Hecks und seiner Tübinger Mitstreiter wie Rümelin und Stoll brachte die **wohl folgenreichste Neuorientierung** der neueren Methodengeschichte. Auch im öffentlichen Recht fand sie mit Heinrich Triepel (1868–1946) und anderen bald einen prominenten Platz. Sie stellte die Methodentheorie bewusst und treffend um auf die seit 1871 und erst recht seit 1919 veränderten, mehr und mehr parlamentarischen, gewaltenteilenden Verfassungslagen. Das war überfällig. Überfällig war auch die Konzentration auf die immer relevantere justizielle Praxis in der immer mehr verrechtlichten Welt. Die umfassend-exklusiven Kodifikationen des Handelsrechts (1861/1896), Strafrechts (1871), Prozessrechts (1877) und Bürgerlichen Rechts (1900) hatten die juristischen Bedingungen verändert. *Prinzipienjurisprudenz* erschien nun verzichtbar, obwohl der Gesetzgeber sie selbst ausdrücklich festgehalten hatte. Das BGB „sucht für jede Materie das beherrschende Prinzip auf und prägt dasselbe in Rechtssätzen aus."[24] Die Interessenjurisprudenz fand den bleibend wertvollen Analyseansatz der **gesetzesorientierten Interessenforschung**. Sie fand darin einen produktiven dritten Weg zwischen der Illusion stets bloßer Subsumtion, polemisch *Begriffsjurisprudenz*, und der allzumenschlichen Versuchung unmittelbarer Lebensgerechtigkeit von Fall zu Fall, polemisch *Freirechtlerei*. Sie überwand damit die funktions- und sinnwidrige juristische Versuchung, die Instrumente *Begriff, Buchstabe, Form* und *Dauer* grundsätzlich auszuspielen gegen *Zweck, Geist, Offenheit* und *Beweglichkeit*. Die Aufgabe einer Rechtskultur muss gerade sein, Stabilität und Elastizität, Dauer und Wandel, Recht und Politik produktiv miteinander zu verknüpfen – *pax et iustitia*.

1420 Eben das leistet die moderne verfassungsgebotene **Arbeitsteilung von Parlament und Justiz** bisher offenbar am besten. Die Aufgabe des Juristenstandes ist es, sich dieser Arbeitsteilung zu stellen und nicht, sie standesegoistisch zu verschleiern und zu eigenen Gunsten zu verwischen. Verfassungsbewusstsein, Blickerweiterung und Blickschärfung für die Interessenlagen und nicht zuletzt bewusste dogmatische Methodenpraxis und

---

24 Prägnant und grundlegend einer der wesentlichen Väter des BGB, *Gottlieb Planck*, in *ders.* (Hg.), Bürgerliches Gesetzbuch, erläutert von G. Planck (u.a.), Bd. 1, 1.A. 1897, Einleitung unter „Technische Behandlung des Stoffs", hier S. 20 f.; ebenso in den weiteren drei Auflagen bis 1913.

theoretische Durchformung bleiben die bedeutende Erbschaft der Interessenjurisprudenz. Nicht zuletzt klärte sie nach 1933 unwillentlich auf über die Gefahren einer Methodentheorie, die ihre Verfassungsprämissen vergisst. Auch in anderer Hinsicht gibt es eine bemerkenswerte Kontinuität. Schon in der Interessenjurisprudenz war nämlich immer mehr der **Wertungsakt** beim Entscheiden hervorgehoben worden. Bereits 1931 diskutierte man auch das uns so unschuldig modern erscheinende Stichwort *Wertungsjurisprudenz*.[25] Genau dieses Stichwort wurde dann 1936 beklemmend passend verwendet, um die nun ganz neuen Wertungen methodisch in den Mittelpunkt zu rücken. Damit kam Methode in eine fatale Gefahrenzone. Das verdient besondere Aufmerksamkeit.

VI. NS-Jurisprudenz

Diese Phase ist weniger von Polemik und Missverständnis entstellt, sondern durch Schweigen, Beschönigung und Bagatellisierung. Für die Akteure selbst versteht sich das leicht. Zu Unrecht bagatellisiert wird die NS-Jurisprudenz aber, wenn ihr methodische Bedeutung abgesprochen wird, da es sich nur um weltanschaulich bedingte, zusammenhanglos eklektische Theorien und Praktiken handle. Verwirrenderweise tun das Beschöniger wie Kritiker gleichermaßen. Sollte man also diese ,hässliche Zeit' nicht schlicht übergehen? Nun, sie ist einfach **besonders lehrreich**, aus zwei Gründen: Man hat sich damals intensiv, produktiv und folgenreich um Methodentheorie bemüht. Und: Die traditionellen juristischen Methoden, wie wir sie kennen gelernt haben, scheinen keinerlei hemmende Wirkungen entfaltet zu haben – das eine so rätselhaft, wie das andere enttäuschend. | 1421

Dass die neuen **Methodentheorien mitschuldig** wurden, dass sie also dem realen totalitären und vielfach mit den Mitteln des Rechts verbrecherischen Nationalsozialismus geholfen haben, ist fraglich. Dies war kaum nötig. Denn die Macht lag nicht bei der Theorie. Aber delegitimiert haben sie die neue Ideologie jedenfalls nicht, im Gegenteil. Legitimierend war es, dass sich überhaupt so viele prominente ältere und so brillante jüngere Stimmen so angestrengt bemüht haben, der völkisch-rassischen Weltanschauung eine ,seriöse' juristische Methode zu vermitteln. Dadurch entstand wichtige Hilfe im Meinungskampf: eine beachtliche Fassade, eine lockende Verführung und ein einschüchternder Meinungsdruck. Wieder wichtiger aber: Diese Effekte wurden durch eine ganz neue, intensive organisatorische und hierarchische Durchdringung des Juristenstandes vertieft, z. B. mit dem neuen ,,Bund Nationalsozialistischer Deutscher Juristen", kurz Rechtswahrerbund, auf besonderen Juristentagen wie 1936 in Leipzig oder in der hochbegehrten und -dotierten, neuen Münchner ,,Akademie für deutsches Recht" (seit Herbst 1933) und erst recht durch die schnelle und massive Vereinheitlichung und Kontrolle des juristischen Zeitschriften- und Publikationswesens. | 1422

,,NS-Jurisprudenz" heißt dieser Abschnitt, denn auch hier gab es methodisch **belangvolle Fraktionen**. Müsste man vielleicht schwächer von ,,Jurisprudenz in der NS-Zeit" sprechen? Die NS-Prägung der Jurisprudenz, der praktischen wie noch mehr der theoretischen, war aber durchgehend so stark, dass die Zusammenfassung als NS-Jurisprudenz gerechtfertigt erscheint. Nicht nur die eigentlichen Parteijuristen taten sich hervor. Das bedeutet andererseits, dass es Unterschiede gegeben hat. Wir wissen inzwischen genauer, | 1423

---

25 Dazu *J. Rückert*, Vom ,,Freirecht" zur freien ,,Wertungsjurisprudenz" – eine Geschichte voller Legenden, in Zs. der Savigny-Stiftung für Rechtsgeschichte. Germanistische Abt. 125 (2008) S. 199-255, 230.

dass insbesondere zwei Fraktionen von Bedeutung waren, die auch unterschiedliche methodische Vorstellungen entwickelt haben.

1424 **Drei Namen und Schlagworte** müssen dazu fallen. Die Schlagworte sind *konkrete Ordnung und Gestaltung, völkisches Denken* und *Wertungsjurisprudenz,* als Name Carl Schmitt zuerst. Mit dem schon etablierten Staatsrechtler Carl **Schmitt,** 1888–1985, profilierte sich erstmals ein Vertreter dieses Fachs dezidiert generell in Methodenfragen. Daneben führten zwei junge Zivilrechtler die an sich vorherrschende Methodentradition dieses Fachs eindrucksvoll fort: **Karl Larenz,** 1903–1993, und Heinrich **Lange,** 1900–1977. Beide werden in diesem Buch eigens vorgestellt und daher hier wieder nur kurz akzentuiert und in den größeren Zusammenhang gestellt.

1425 **Carl Schmitt** reagierte am schnellsten und erfindungsreichsten. Er war bereits bedeutender Staatsrechtler, etwa mit seiner *Verfassungslehre* von 1928. Schon Ende Februar und Anfang März 1934 hielt er zwei Vorträge in Berlin, noch im Mai 1934 schrieb er den so fulminanten wie aggressiv zusammenfassenden Aufsatz *Nationalsozialistisches Rechtsdenken* in dem nun wichtigen Juristenblatt „Deutsches Recht. Zentral-Organ des Bundes Nationalsozialistischer Deutscher Juristen". Das alles beruhte schon auf seiner etwas längeren Abhandlung *Über die drei Arten des rechtswissenschaftlichen Denkens,* ebenfalls von 1934, wie er selbst hier vermerkt (S. 6). Auf 67 Seiten schied er dort die ganze juristische Denkgeschichte seit Rom recht faszinierend in drei Typen. In diesem Zugriff war er Meister, wie schon seine berühmte *Verfassungslehre* von 1928 bewiesen hatte. Nun fand er den Regel-, den Entscheidungs- und den Ordnungstyp (S. 11). Auf der Methodenebene sah er entsprechend ein Gesetzesdenken, auch Normativismus, ein Entscheidungsdenken, auch Dezisionismus, und ein konkretes Ordnungs- und Gestaltungsdenken (S. 8). Den letzten Typ pries er als neu und zeitgemäß und echt deutsch, nur ihm gab er keinen hässlichen ismus-Namen. Dieses „konkrete Ordnungsdenken" (ohne Gestaltung) propagierte er dann im Mai 1934 breitenwirksam als neues „Nationalsozialistisches Rechtsdenken" gegen den verblichenen, undeutsch individualistischen und liberalen „Normativismus", „Dezisionismus" und auch „Positivismus".

1426 Diese juristische Methode war eine brillante ideologisch-theoretische Erfindung. *Gestalten und Ordnen* flossen nun in eins, Politik und Recht wurden untrennbar. Mit der Maßgeblichkeit von *konkreter Ordnung,* nahm Schmitt dem Gesetz seinen normativen Vorrang. Mit dem *Gestalten* aus konkreten Ordnungen statt dem Entscheiden nach Gesetzen oder gemäß richterlicher Entscheidungsmacht, nahm er dem Gesetz wie dem Richter seinen praktischen Vorrang. Alles hing also von diesen *konkreten Ordnungen* ab. Diese trugen nun angeblich „ihr inneres Recht mit sich", schienen also immer schon fertig und da zu sein und keiner Regelung zu bedürfen. Es gab also gar keinen Bedarf für die nun verhasste parlamentarische Rechtssetzungstätigkeit. Allerdings bedurften diese schon so *konkreten Ordnungen* doch nach wie vor einer gewissen Gestaltung. Sie waren offenbar oft nicht konkret genug. In Wahrheit wurde nun unter dieser Flagge **nicht einfach bewahrt, sondern sehr kräftig gestaltet:** zum Beispiel das Kulturschaffen im *Reichskulturkammergesetz* (1933), die Ordnung der Arbeit und der Betriebe im *Gesetz zur Ordnung der nationalen Arbeit* (1934), die „Erbhofordnung" für die Bauern (*Reichserbhofgesetz* 1934), die „Gemeindeordnung" für das Gemeindeleben (Gesetz 1935), die Bürger-Ordnung für die Bürgerrechte (Gesetz 1935), die Beamtenordnung für die Staatsdiener (Gesetz 1937), das Eherecht gemäß der Familienordnung (Gesetz 1938), das Testamentsgesetz gemäß der Erbordnung (Gesetz 1938), usw. Und diese *Gestaltung,* also nicht eigentlich Rechts-Setzung, war natürlich den nun *für* das „Volk", nicht *vom* Volk.

berufenen Gestaltern anzuvertrauen, also dem Führer, der Partei und den Juristen, die es verstanden, diese Ordnungen richtig zu erkennen. Die entscheidende Ordnungs- und Gestaltungsmacht lag damit ganz in diesen ‚berufenen‘ und wohlorganisierten Händen. Ideologisch wie theoretisch perfekt erschien so als bloße *Rechtswahrung* für das Volk, was in Wahrheit die Rechtswelt in kürzester Frist so umwälzte wie die schärfsten Gesetze der französischen Revolution.

Im Dunkel dieser Theorie der Ordnungen dämmerte freilich die Frage, was daran **wirklich Ordnung** beanspruchen durfte. Denn darüber war nicht mehr zu diskutieren. Der Schritt von der konkreten Ordnung zu gesollten Ordnung lag verborgen im Nebel des völkischen Denkens. Diesen Nebel lichteten auch weder Larenz noch Lange. Er war einfach politisch-ideologische Funktionsbedingung der neuen Methode. Beide führten Schmitt weiter. Der bemerkenswert junge **Karl Larenz**, geb. 1903, und philosophisch versierter Kenner der Positionen seit Kant, empfahl sich schon 1935 mit seiner gegenüber 1931 passend aktualisierten Schrift *Rechts- und Staatsphilosophie der Gegenwart* (2. Auflage 1935). Darin stellte er „die geistesgeschichtlichen und die politisch-weltanschaulichen Zusammenhänge … überall in den Vordergrund" (S. VII) – klar gezielt also. Endgültig als juristischer Vordenker trat er 1938 auf mit der kleinen Programmschrift *Über Gegenstand und Methode des völkischen Denkens*, die im Beitrag zu Larenz näher analysiert ist. Das hatte auch konkrete Folgen z.B. von der Rechtsfähigkeit zur erst zuerkannten Rechtsstellung oder vom Konsensualvertrag zum „Vertrag als Gestaltungsmittel der völkischen Ordnung" oder vom perplexen Verhalten zum faktischen Vertragsverhältnis.[26]

Der schnell mehr rechtspolitisch profilierte Zivilrechtler **Heinrich Lange** schrieb 1936 aus der Position eines führenden Mitglieds der neuen und mächtigen „Akademie für deutsches Recht" einen recht selbstgewissen Artikel über *Mittel und Ziel der Rechtsfindung im Zivilrecht*, der ebenfalls im Beitrag zu Lange näher analysiert wird. Der Übergang vom alten Sein zum neuen Sollen erfolgt hier etwas nüchterner und ungeschminkter. Lange benannte den Nationalsozialismus als die **Weltanschauung**, die endlich „Stetigkeit" und damit „**Festigkeit**" in die „**Grundwertungen**" gebracht habe. Endlich sei so „im heutigen Rechtsleben … die einheitliche Führung der Arten der Rechtsfindung ermöglicht und erleichtert" worden (1936, 924). In diesem Sinne konnte er dann auch, wie schon aufgegriffen, von *Wertungsjurisprudenz* als angemessener Methode sprechen. Dennoch tritt Heinrich Lange dann besonders stark für ein neues *Volksgesetzbuch* (Entwurfsarbeiten seit 1937) ein, also für eine deutliche Verrechtlichung. Er gerät damit in Spannungen mit der volksunmittelbareren Rechtsideologie der bekannten Kieler Schule und hier besonders Karl Larenz. Die völkisch-rassische Gemeinschaftsideologie und rechtliche Kollektivierung vertreten beide. Bei Lange sollte sie jedoch immerhin „**normgestützt**" erfolgen. Mit dieser Unterscheidung versteht man viele Methodenäußerungen der NS-Zeit wesentlich besser.[27] Ob dieser Unterschied damals über die Fraktionskämpfe in der NS-Zeit hinaus etwas Relevantes bedeutete, bleibt fraglich. Der Volksgesetzbuch-

26 Dazu unten *Frassek*, Rn. 614 ff.; zum Vertrag das Lehrbuch von *Larenz*, Vertrag und Unrecht I, Hamburg 1936, § 3, S. 31, dort das Zitat als Überschrift und die Klarstellung, die Gemeinschaft könne es „ihren Mitgliedern nicht freistellen, beliebige Verträge zu schließen", „Jeder Vertrag muss sich daher, um nachgültig zu sein, positiv *in die völkische Ordnung einfügen*" (Hervorh. im Original), es sei auch „Aufgabe der Gerichte, „Bestimmungen, die dem Gemeinschaftsgedanken und Treu und Glauben widerstreiten, die Wirkung zu versagen und sie durch eine angemessene Regelung zu ersetzen" (alles S. 33), also nicht nur Nichtigkeitsfolge wie etwa §§ 134, 138 BGB, sondern positive Eingliederung.
27 Grundlegend dafür die Arbeit von *Wilhelm Wolf*, Vom alten zum neuen Privatrecht. Das Konzept der normgestützten Kollektivierung in den zivilrechtlichen Arbeiten Heinrich Langes (1900-1977), Tübingen 1998.

entwurf von 1942 schuf jedenfalls eine sehr elastische Mischung von sog. Grundregeln und konkreten Rechtssätzen, die parteiischer Umsetzung hinreichenden Raum ließ.

1429   Der unbestreitbare Wertungsakt beim praktischen juristischen Arbeiten, den Interessen-jurisprudenz und mehr noch Freirechtsbewegung erstmals so stark betont hatten, während ihn die Prinzipienjurisprudenz klein zu halten suchte, machte also nach 1933 deutlicher den Kern der Methode aus als je. Der Bezugspunkt des Wertens hatte sich freilich höchst relevant verschoben: vom Gesetzgeber und dem mitdenkenden gehorsamen Richter in der Prinzipien- und Interessenjurisprudenz zum „freien Recht" und „Richterkönig" in der Freirechtsbewegung bis zum angeblich bloß eine schon gegebene (völkische) Ordnung wahrenden „Rechtswahrer" in der NS-Zeit.

1430   Diese Bewahrungs-Konstruktion passte dann auch vorzüglich zum nationalsozialistischen Verfassungszustand. Ideologisch schien ja das Volk zu entscheiden als maßgebende Rechtsquelle, praktisch hatten aber der Führer und die von ihm Ermächtigten auch die juristische Führung. Mit makabrer Konsequenz befleißigte man sich sogar im Strafrecht der neuen „Wertjurisprudenz" und stellte das unter den Titel *Der Durchbruch der materiellen Gerechtigkeit im Strafrecht (Eine Entwicklungsskizze)* – so aus dem Reichsjustizministerium der später als Strafverteidiger auch in den Nürnberger Prozessen bekannte Erich Schmidt-Leichner (1910–1983).[28] Mit dem Satz „Das Gesetz gehört so sehr zum Rechtswahrer wie die Waffe zum Soldaten" (S. 18) war das freilich kaum zu vereinbaren.

1431   Nur Carl Schmitt musste nach 1945 aus der aktiven Hochschulposition auf dem Berliner Gipfel ausscheiden. Larenz war 1946–1950 in Kiel suspendiert, blieb dann dort im Amt, wechselte 1960 nach München und wurde zum Schuldrechtslöwen und Methodenfürsten. Lange wurde 1945 in München entlassen, wirkte dann seit 1953 in Würzburg und zog sich mehr auf konkrete Dogmatik zurück. Er nahm aber keineswegs vollen Abschied von seiner Methodenhaltung. Strukturell und theoretisch unschwer ließ sich nun ja auch der Wertbezug des juristischen Wertens umstellen auf die neue Ordnung. Die Hohlheit einer Methode, die durch einfachen Wechsel der Vorzeichen den neuen Herren dienen konnte, fiel offenbar nicht auf. Von den rechtsstaatlich-liberalen und demokratisch-parlamentarischen Prämissen juristischer Methodenregeln unter dem Grundgesetz von 1949 war keine Rede.

VII. Wertungsjurisprudenz nach 1945

1432   Ging es also einfach weiter mit dem Werten? Gewissermaßen Ja. Im neuen Anfang häufte sich wieder viel. Es kam zu merkwürdigen Kontinuitäten und paradoxen Fronten. Die an sich nicht besonders ‚schuldige' Interessenjurisprudenz, die von den nationalsozialistischen Methodenkoryphäen ausgesprochen verunglimpft worden war, galt z.B. Larenz weiter als zu naturalistisch und individualistisch. Carl Schmitt meldete sich schon Ende 1944 zurück mit einem dann 1950 gedruckten vollmundigen Vortrag unter dem bombastischen Titel *Die Lage der europäischen Rechtswissenschaft.* In seinem etwas scheinheiligen Katzenjammer schrieb er als Schlusskapitel: „Die Rechtswissenschaft als letztes Asyl des Rechtsbewusstseins" (Schluss, S. 29–32) – gerade noch hatte er diese an vorderster Front willfährig gemacht. Schmitt kämpfte nun gegen einen „leeren, legalitären Technizismus" und nach wie vor gegen die „Aufspaltung des Rechts in Legalität und Legitimität" (32). Bis hinunter zu der Frage einer neuen juristischen Methode gegenüber dem von ihm so kräftig propagierten *konkreten Ordnungs- und Gestaltungsdenken,* ließ

---

28 In: Deutsches Strafrecht 9 (1942) S. 2-18, *Wertjurisprudenz* auf S. 9 u. 15.

er sich jedoch nicht herab. Irgendwie durchtrieben hilflos beschwor er lieber eine „geheimnisvolle Krypta" für eine neue „Rechtswissenschaft" (32) – *Krypta*, welches Bild: die Rechtswissenschaft im Asyl in einer unterirdischen Kirchengrabanlage, in die er selbst sie hineingetrieben hatte.

Die Entwicklung verlief anders. In merkwürdiger Allianz stellten sich drei recht **unterschiedliche Methodenströmungen** einfach unter die als ganz neu und unschuldig gehandhabte Parole *Wertungsjurisprudenz*. Teils nahm man sie einfach als Fortsetzung der wirklichen Interessenjurisprudenz, dann ging es wieder um die *gesetzlichen* Wertungen. Teils stellte man weiter das Werten überhaupt ins Zentrum und meinte damit den viel freieren Bezug auf die *Rechtsidee*. Teils bezog man sich dezidiert auf das neue Wertsystem im *Grundgesetz* und achtete nun seine rechtsstaatlich-liberalen und demokratisch-parlamentarischen Prämissen als Prämissen auch der juristischen Methode. Diese **dreifachen, verwirrenden Variationen** recht unterschiedlicher Wertungsjurisprudenz wurden erst neuerdings durchforscht und entschlüsselt.[29]   1433

Die erste Variante verband sich mit den Namen von Harry Westermann in Münster und teilweise Helmut Coing in Frankfurt für den Akzent auf erneuerter Interessenjurisprudenz, bei der freilich die gesetzgeberische Wertung teilweise viel weniger im Zentrum stand als bei Heck, etwa bei Josef Esser. Den Bezug auf die Rechtsidee vertrat Karl Larenz und relativierte so nach wie vor den Gesetzesgehorsam. Für den ausdrücklichen Bezug auf das Grundgesetz standen drittens Hans Carl Nipperdey in Köln, später auch Coing in Frankfurt und sehr auch Westermann. Die Positionen von Larenz, Wieacker und Esser werden in diesem Buch genauer vorgestellt. Westermann war kaum weniger wichtig und erhält einen Platz immerhin hier im Zusammenhang.   1434

Der gegenüber der NS-Führungsgruppe etwas ältere **Hans Carl Nipperdey, 1896–1968,** hatte schon 1931 das klassische Werk zum *Allgemeinen Teil des bürgerlichen Rechts* von Enneccerus (seit 1898) weitergeführt. Diese Bücher zum Allgemeinen Teil enthielten damals noch die maßgebenden Erklärungen auch zu Rechtsbegriff und Methodik. 1952 und 1959 in der vierzehnten und fünfzehnten Auflage baute Nipperdey die Methodendogmen und vor allem den **Verfassungsbezug** kräftig aus. Sehr originär engagierte er sich zugleich direkt im Verfassungsrecht. Wie schon in Weimar handelte und schrieb er an vorderster Stelle zur der juristischen Erfassung der neuen Grundrechte. Denn er war Mitherausgeber und Autor von *Die Grundrechte. Handbuch der Theorie und Praxis der Grundrechte*. Sein großer Einfluss beruhte auch auf einem grundlegenden Handbuch zum *Arbeitsrecht*, auf Großkommentierungen im *Staudinger* und nicht zuletzt auf der ersten Präsidentschaft am neuen Bundesarbeitsgericht von 1954/55 bis 1963. Für dieses bemerkenswert breite Feld wurde ihm die Verfassung nun zum „Allgemeinen Teil" des Rechts (Hollstein).[30] Für Nipperdey muss im Rahmen der klassischen Interpretationsmethoden „bei der Rechtsfindung die Entscheidung aus dem Geist, den Wertungen und Interessenabwägungen des Normensystems gefunden werden" – das positivrechtliche *Normensystem* war die methodische Leitlinie. Und an dessen Spitze stellte er ausdrücklich das Grundgesetz.   1435

---

29 Siehe die wesentliche Arbeit von *Ilka Kauhausen*, Nach der ‚Stunde Null'. Prinzipiendiskussionen im Privatrecht nach 1945, 2007.

30 Siehe die vorzügliche Arbeit von *Thorsten Hollstein*, Die Verfassung als „Allgemeiner Teil". Privatrechtsmethode und Privatrechtskonzeption bei Hans Carl Nipperdey (1895-1968), 2007 und oben Rn. 493.

1436   1909 geboren, gehört der als Sachenrechtler bekannte **Harry Westermann**[31] zur Gruppe der jungen Erfolgsjuristen der NS-Zeit neben Larenz, Lange, Wieacker und Esser, im öffentlichen Recht E.R. Huber u.a., im Strafrecht Schaffstein u.a. In Methodenfragen gern zitiert wird Westermanns Münsteraner Rektoratsvortrag von 1955 über *Wesen und Grenzen der richterlichen Streitentscheidung im Zivilrecht.* Er nimmt sofort den verfassungspolitischen Zusammenhang der **Richterstellung** auf (S. 5). In den Mittelpunkt stellt er zunächst die Klärung der *gesetzlichen* „Interessenbewertung", setzt aber daneben eine „tiefere Schicht ... die Bezugnahme auf die Gerechtigkeitsidee"(15 f.). In dieser Tiefe findet er die Grundrechte als „normiertes Naturrecht" und „letzten Wertmaßstab" (S. 28). Zugleich mahnt er für die Lückenfüllung wieder, es ergebe sich als

> „wesensgemäße Grenze der richterlichen Streitentscheidung, dass sie grundsätzlich Anwendung gesetzlicher Wertungen ist; eigene Grundsatzwertungen sollte die Rechtsprechung nur dann treffen müssen, wenn die nicht vermeidbare Unvollständigkeit gesetzlicher Regelung zu Lückenfüllung und zur Rechtsfortbildung zwingt." (S. 36)

1437   Die Tendenz geht also auf Bindung, doch werden die **Grenzen nur vage** gezogen – denn wann dürfte man hier von *müssen* und *zwingt* reden? Die Sachintensität entspricht nicht der Wortintensität. Verglichen etwa mit Nipperdey und erst recht Coing lässt Westermann die konkreten Wertungsfragen im Dunkeln. Nicht ausdrücklich, aber in der Sache greift er die Interessenjurisprudenz auf, verwässert sie aber in Richtung allgemeiner Wertungen mit Verfassungsbezug.

1438   Zu den wichtigsten Methodenstimmen zählt nun der eindrucksvoll universalgelehrte Rechtshistoriker, Zivilrechtler und Rechtsphilosoph **Helmut Coing**, 1912–2000.[32] Der etwas jüngere Coing hielt sich von den NS-Versuchungen fern. Er hatte als Göttinger Student in der NS-Zeit den brutalen braunen Fanatismus der Vorlesungsstörungen fürchten gelernt. Nach 1945 gehörte er von Frankfurt aus auch ohne politische Ämter und Parteibuch zu den einflussreichsten Juristen. Schon 1950, abgeschlossen am „9. März 1949", also fast zwei Monate vor dem Grundgesetz (29. Mai), legte er als einer der ersten eine mutige Neuvermessung der Grundlagen der Jurisprudenz vor, seine *Grundzüge der Rechtsphilosophie.* Er hat sie bis zur fünften Auflage 1993 weitergeführt. Hören wir die Signale im Vorwort: Um das „Wesen und die Entstehungsbedingungen des Rechts zu klären", öffnete Coing dort seine Jurisprudenz **weit für die anderen Wissenschaften vom Sozialen**: zuerst für die „grundlegenden Erkenntnisse der Nationalökonomie" als „Schwesterwissenschaft", gemeint sind die heute sog. Ordoliberalen Walter Eucken (1891–1950) und Wilhelm Röpke (1899–1966). Die zweite große Öffnung gilt den „neueren philosophischen Forschungen auf dem Gebiet der Ethik", gemeint sind die Ontologie und Wertethik von Max Scheler (1874–1928) und Nicolai Hartmann (1882–1950), die Phänomenologie Husserls (1859–1938) sowie die wissenschaftshistorischen Untersuchungen von Erich Rothacker (1888–1965). Hinzu kommen die „moderne Soziologie" und „die soziologischen Bedingungen des Rechts", gemeint sind Ferdinand Tönnies (1855–1936) und Max Weber (1864–1920). Es handelt sich durchweg um Gewährsleute hoher Qualität, zumal 1949. Zuletzt öffnet sich Coing ausdrücklich für eine explizite wissenschaftliche Klärung „politischer Fragen", dies ein Feld fast ohne Vorbild. So betonte er das im Vorwort der ersten Auflage. Das Meiste löste er ein. Man kann Coings Beitrag nicht verstehen, wenn man die Weite seines Blicks nicht wenigstens er-

---

31   Nicht zu verwechseln mit seinem Sohn Harm Peter Westermann.
32   Über ihn *Foljanty,* oben Rn. 810 ff.

ahnt. Deswegen erlaubte ich mir soeben ein gewisses Name-Dropping. Die Namen können leicht nachgeschlagen werden und sollen hier nur als Hinweis und Merkposten dienen.

Coings Darstellung beeindruckt immer noch und vielleicht wieder mehr. Denn sie gelingt sprachlich wie sachlich, klar und souverän im Überblick, klug informierend und vergleichend über die engen deutschen Grenzen hinaus und sachlich und ausgewogen im Bericht und Urteil. Noch und besonders 1976 in der dritten Auflage legt er Wert auf klare „Redlichkeit gegenüber meinen Lesern, … die es erforderlich macht, die eigene weltanschauliche Position klar zu umreißen" (Vorwort 1976). Er wies sich aus durch Erkenntnis, nicht nur durch Bekenntnis – wie es später als kritische Tat im intersubjektiven Diskurs gefeiert und gefordert wurde. 1439

Auf diesem Fundament enthält seine *Rechtsphilosophie* auch einen Schlussabschnitt über „Aufgabe und Methode", konkreter „Die Methode der Rechtswissenschaft" (¹260–279). In der zweiten Auflage 1969 hat er dies auf das Dreifache ausgebaut zu einem großen Kapitel über „Das juristische Denken" (S. 291–346 in der 3.A.).[33] Es ist nach wie vor vielen anderen, oft so bewusst oder verdeckt selektiven, Darstellungen überlegen. Zum Beispiel finden sich dort vierzehn spannende Seiten über „Historische Typen juristischen Denkens", d.h. die Römer, die Scholastik, die deutsche Pandektistik, die französische exegetische Schule und die anglo-amerikanischen Juristen. Sie werden nicht wie in anderen berühmten Überblicken auf *Formalismus* versus *Naturalismus* (so Wieacker 1982) oder „Finalismus und Formalismus" (so Kantorowicz 1914)[34] zurückgeschnitten. So dezidiert mehr über das juristische Denken schrieb Coing 1969 gewiss nicht ohne zeithistorischen Anlass, zumal aus seinem kritisch-politisch umkämpften Frankfurter Kontext. Er betonte nun in seinem typisch weiten Zugriff, d.h. historisch, philosophisch-theoretisch und rechtspolitisch, die für ihn **unverzichtbaren Verfassungspostulate** Rechtsstaat, Gewaltenteilung, parlamentarische Demokratie und damit Gesetz und Gesetzesbindung für Freiheit und Sicherheit, noch mehr als vorher. Sein Text von 1969 erschien 1972 als eigene *Juristische Methodenlehre*, ergänzt um ein kurzes Vorwort zu seinem „Standpunkt" und erneut umgeformt im Gewande der Einleitung zum großen *Staudinger*-Kommentar zum BGB in dessen zwölfter und dreizehnter Auflage 1974 und 1978. Der Text gehört aber in den Zusammenhang seiner *Rechtsphilosophie*. 1440

Coing erweiterte das Fundament der juristischen Methode also zwar um Hermeneutik und Topik, das heißt die allgemeine Hermeneutik seit Schleiermacher (1768–1834) und Savigny (1779–1861) bis Emilio Betti (1890–1968) sowie die 1953 durch eine kleine Abhandlung Theodor Viehwegs (1907–1988) prominent gewordene Topik. Auch nennt er seine Methode insgesamt teils „**geisteswissenschaftlich**", so schon 1947 in *Die obersten Grundsätze des Rechts* (143 f.; näher 1972, 4), teils „teleologisch" (so 1976, 329), also nicht interessenjuristisch und auch nicht wertungsjuristisch.[35] In der Sache hält er die treu verstandene Forderung denkenden Gehorsams seitens der Interessenjurisprudenz streng fest. Dieser Zusammenhang ist hier bereits vertraut. Coing lässt sich aber auch nicht ein, und das ist wichtig gegenüber Missverständnissen, auf eine viel unschärfere *geisteswissenschaftliche* Methode im Sinne des Staatsrechtlers Rudolf Smend, wie sie seit 1441

---

33 Verwendet wird die 3.A. 1976, i. w. identisch mit der 2.A. 1969, und in Sachen Methode auch mit der 4. und 5. A.

34 In: Die Epochen der Rechtswissenschaft (1914), in: *ders.*, Rechtshistorische Schriften, hg. von H. Coing und G. Immel, 1970.

35 Hinweis von *Kauhausen* (Fn. 24), 48, dort S. 29–50 und 238–240 die beste vergleichende Verortung Coings.

dem berühmten staatsrechtlichen Methodenstreit der späten 1920er Jahre und besonders nach 1945 erstarkte. Ebenso verwirft er die „**objektive Teleologie**" im Sinne von Adolf Wach (1843–1926) und Josef Kohler (1849–1919), die seit 1885/86 gegen das werdende BGB mobilisiert wurde, und von vielen Neueren fortgeführt wird. Er behauptet vielmehr, nur die Verwendung einer richtig verstandenen „geisteswissenschaftlichen Methode" könne

> „dem Richter die Wertungen an die Hand geben, die er braucht, um im Gehorsam gegen den *Geist* des Gesetzes zu handeln; nur sie kann ihm das ‚Nacherleben' der Entscheidung des Gesetzgebers ermöglichen; nur diese Auffassung läßt ihm die Freiheit zu willensmäßiger Entscheidung, ohne den Gehorsam gegen das Gesetz aufzuheben. Nur sie macht das eigenartige Verhältnis, das zwischen dem Gesetz und dem Gehorsam des Richters besteht, deutlich. Weit entfernt, eine andere Methode notwendig zu machen, fordert also gerade die Aufgabe der Rechtsanwendung die geisteswissenschaftliche Analyse des Rechts." (1947, 143 f.)[36]

1442 Coing ist sich also schon 1947 der verfassungspolitischen Problematik sehr bewusst und versucht, sie ausgewogen zu lösen, wenn auch mit etwas anderen Stichworten, als den bis dahin vorherrschenden oder heute vertrauten. Er legt den Akzent zuerst ganz klassisch auf *Gehorsam*, also die unmittelbare Gesetzestreue der Auslegung, dann bringt er als „Hermeneutik" den ganzen Sinnentfaltungsreichtum aller übrigen Zugriffe ein, einschließlich des Bezugs auf die gern beschworene „Natur der Sache" und übergreifende Wertideen, aber zuletzt verweist er wieder mahnend zurück auf die „**Grundfunktionen des Rechts selbst**" (1976, 292 f.), zu denen das juristische Denken in unmittelbarer Beziehung stehe. Dies letzte hält er als Leitlinie fest. Hören wir seine längere Zusammenfassung dazu – es lohnt nach wie vor, seine Sprache ist zudem willkommen verständlich: Die Aufgabe des Rechts und seiner Organe sei,

> „Friede, Sicherheit sowie Gleichheit zu gewährleisten. Die rechtliche Norm ist häufig das Ergebnis weltanschaulicher oder interessenmäßig bedingter politischer Auseinandersetzungen; ähnlich der Vertrag das Resultat mehr oder weniger ‚harter Verhandlungen'. Die Norm soll diesen Streit beenden; sie soll – und wenn auch vielleicht nur auf Zeit – die Auseinandersetzung abschließen. Dafür aber ist es wichtig, daß sie nun, so weit wie möglich, aus sich selbst heraus verstanden und ausgelegt wird, nicht erneut in Anwendung und Auslegung zum Gegenstand politischer Entscheidung gemacht wird. Man hat gesagt, alle juristische Auslegung sei letzten Endes doch Willensentscheidung und damit Politik; aber das scheint mir ein grundsätzliches Mißverständnis der *Funktion des Rechts* als Friedensordnung zu sein. Gerade weil und wenn eine rechtliche Regelung aus politischen oder wirtschaftlichen Kämpfen hervorgeht, soll sie den Kampf beenden: die einmal erreichte und akzeptierte Ordnung soll jetzt gelten; diese Funktion verlangt, daß der Jurist, der sie praktisch anzuwenden hat, so weit wie möglich mit rationalen Methoden die Bedeutung der Norm herausarbeitet und zur Geltung bringt. Dieses Bestreben trifft auf Grenzen; aber deshalb darf es nicht von vornherein sinnlos abgewiesen werden: der Jurist muss den Versuch machen, dem *Recht* zu dienen, dessen Entscheidungen zu vollziehen und nicht seine eigene an die Stelle zu setzen. Das kann er aber nur, wenn er sein Denken methodischen Grundsätzen unterordnet. Auch hier gilt es – ähnlich wie bei der Ethik – den Versuch rationalen, methodischen Verfahrens so lange zu unternehmen wie irgend möglich und nicht vorzeitig

---

36 Dazu gut *Kauhausen* (Fn. 24) S. 35 f.

Rückert

abzubrechen, weil er nicht in allen Fällen zum Erfolg führen kann." (1976, 293, auch 327; Hervorhebung zu *Funktion* hinzugefügt)

Coing verkündet also keine scheinrationalen Erlösungsformeln, er hält sich frei von verfassungspolitischen Einseitigkeiten, er bringt die reichen Erfahrungen mit Methodentheorie und Methodenpraxis fair ein und macht die für eine juristische Methodenlehre im Verfassungsstaat der Neuzeit entscheidenden Gesichtspunkte klar. In seiner Erklärung der Rechtsfunktion steckt natürlich zugleich ein **Verfassungsbezug**, der dem Grundgesetz durchaus entspricht. So ausdrücklich wie Nipperdey betont ihn Coing freilich nicht, auch tritt dieser Bezug bei ihm erst allmählich deutlicher hervor. | **1443**

Im Ganzen kann man erkennen, wie nach 1949 der **Verfassungsbezug** implizit oder explizit mehr und mehr eine Rolle spielt. Dies gilt freilich auch für die **Abwehr der neuen Bindungen**. Sie beruft sich zunächst erneut, wie die Freirechtsbewegung, die soziologische Schule und ihre Weiterdenker, auf Realismus. Esser z.b. wendet seinen methodischen „**Realismus**" auch gegen die Verfassungsnormen. Ihm ist die Gewaltenteilung Verfassungsideologie, die vor der unumgehbaren, dominanten „Realität" von Richterrecht verblasse (dazu oben Rn. 784). Weniger scharf und ähnlich „realistisch" sucht Wieacker einen „mittleren Weg". Beim für ihn stets notwendigen Werten will er auch die nötigen „außergesetzlichen Wertungspläne" einbeziehen (dazu oben Rn. 685). Sein spannungsreicher, offener Formelreichtum dazu lässt das meiste in der Schwebe. Auch wenn der Verfassungsbezug angesprochen wird, zeigen sich vielfach zugleich Reserven. Bei der *erneuerten Interessenjurisprudenz* Westermanns bleibt der Verfassungsbezug sehr vage, da er den Rahmen des Zivilrechts nicht klar überschreitet, nur sehr allgemein die Grundrechte heranzieht und diese auch noch als ein „normiertes Naturrecht". Bei Larenz' Bezug auf die *Rechtsidee* verschwindet der Verfassungsbezug ebenfalls in undeutlichen Relativierungen (dazu oben Rn. 607 f.). Später berührt Larenz in der *Methodenlehre* auch die Frage „verfassungsmäßig" (5.A. 1993, 353) und feiert nicht mehr in seltenem Enthusiasmus wie 1960 „die nun erreichte freiere Stellung der Gerichte gegenüber dem Gesetz … (als) vielleicht den bedeutendsten … Fortschritt der Rechtsentwicklung … seit dem Abschluss der ‚Kodifikation'", also seit 1900 (1.A. 1960, 278). | **1444**

Nur von einer **Minderheit** wie Nipperdey und zunehmend auch Coing wird der Verfassungsbezug dagegen klarer thematisiert und juristisch ausgearbeitet. Coing begründet ihn aus den „Funktionsbedingungen" von Recht. Die Juristen stellten sich also mehr und mehr dem Verfassungstext. Freilich umgingen sie meist schweigend Art. 97 mit seiner strengen Gesetzesbindung und beruhigten sich gerne bei der leicht ambivalent deutbaren Formel „Gesetz und Recht" in Art. 20 III. | **1445**

Für die jüngste Periode seit den 1960er Jahren muss man hauptsächlich **drei gleichzeitige Methodenströmungen** nennen: die kritisch-politische Jurisprudenz, die Abwägungsjurisprudenz und die Argumentationsjurisprudenz. Letztere nennt sich zwar Argumentationstheorie, nimmt aber ebenfalls die Stelle einer Methodentheorie für die gesamte Jurisprudenz ein. Sie alle reagierten auf dynamische Zeiten mit viel Wandel und Bewegung: Eine Art Flucht nach vorn unternehmen die ersten beiden: dort in die Kritik und politische Theorie, hier in ein allgemeines Abwägen statt Anwenden der Normen. Umgekehrt reduziert die Argumentationsjurisprudenz die Anforderungen an Methode auf Verfahrensgebote und Begründungsregeln. | **1446**

VIII. Kritisch-politische Jurisprudenz

1447   Inwiefern fand hier eine Flucht nach vorn statt? Vorn bedeutet Zukunft, in diesem Falle bessere Zukunft. Zum einen schien das Bedürfnis nach kritischer Reform oder auch Revolution der Verhältnisse auf dem Wege der parlamentarischen Gesetzgebung nicht oder zu wenig oder in die falsche Richtung voranzukommen. Die Alternative war der Aufbau einer kritischen Jurisprudenz und Justiz **gegen das etablierte Selbstverständnis**, in der Jurisprudenz als **gesellschaftstheoretische Kritik**, in der Politik als APO (d.h. außerparlamentarische Opposition) gegen das Parlament. Das geschah dezidiert seit Mitte der 1960er Jahre. Methode wurde nun Methodenkritik. Die alten Argumente wurden radikalisiert: Methode müsse illusionslos realistisch sein, positiv wirklichkeitsnah und den gesellschaftlichen Wandel nachvollziehen. Illusionär erschien *jede* rechtliche Bindung der Normanwendung. Juristisch-inhaltlich berief man sich auf die Verfassung, freilich eine anders gefüllte. Aus diesem kritischen Realismus mit bewegend großen Idealen wurde später bisweilen ein wirklicher *Methodenzynismus.*

1448   Für die kritisch-politische Strömung wurden **zwei Namen** besonders wichtig und prominent: Rudolf Wiethölter, geb. 1929, der Frankfurter Zivilrechts-Professor, und Rudolf Wassermann, geb. 1925, der Braunschweiger Oberlandesgerichtspräsident. Wiethölter hielt 1967 für den hessischen Rundfunk sein berühmtes Funk-Kolleg *Rechtswissenschaft,* das 1968 als Buch erschien. Wassermann beteiligte sich viel an der praktischen Umsetzung und fasste das 1972 in dem Büchlein *Der politische Richter* zusammen.

1449   **Wiethölters** geschichtlich ziemlich wirksame damalige Konzeption wird in diesem Buch genauer vorgestellt. Für ihn existierte jedenfalls, mit einer radikal-kurzen Formel, „ein Rechtssystem nicht mehr und eine Rechtswissenschaft noch nicht" (1968, S. 3) – das hieß **vor allem Abschied**: Prinzipienjurisprudenz ade, aber auch Freirecht, Interessenjurisprudenz und Wertungsjurisprudenz ade. Es ging nicht um „Unterweisung", sondern erst mal um „Aufklärung" (ebd.), genauer: „Ohne politische Rechtstheorie ... gelangen wir nicht auf die Höhe unserer Zeit" (S. 10). Höhen und Tiefen sind hier bemerkenswert klar verteilt. „Höhe" hieß „Gesellschaftstheorie" (ebd.). Dazu unternahm Wiethölter im wesentlichen einen eindringlichen **historischen Beweisgang** für den legitimen **Niedergang des bloß bürgerlichen Rechts**, zurück bis zum ersten großen Sünder Kant. Alle bekannten Angriffe gegen *Formalismus, Begriffswesen* und *Entfremdung* werden hier sozialkritisch versammelt. Eine juristische Methode für den herrschenden oder kommenden Anwendungs- oder auch Abwägungsbetrieb sollte und konnte daraus nicht werden.

1450   Der Verfassungsbezug wurde sehr beschworen, aber er mutierte von der rechtstaatlichen Gesetzesbindung zur befreienden, demokratisch-sozialstaatlichen **Rechts- und Gesellschaftsbesserung** (1968, 74 f.). In der Tat fand man im Grundgesetz inzwischen ein doppeltes Leitbild, hier individuell freiheitlich, dort sozialstaatlich. Dass diese Doppelung weder grundgesetzlich, noch historisch, noch sachlich angemessen war, geriet ins Dunkel des Vergessens.[37] Liest man das Grundgesetz einfach mal von vorneweg, Artikel für Artikel, so begegnet zuerst die *Menschenwürde,* dann als erstes Grundrecht die für *Jeden ... freie Entfaltung seiner Persönlichkeit* als allgemeines Freiheitsgrundrecht, dann die *Gleichheit,* dann zwei Freiheitsrechte, dann Ehe und Familie und Schulwesen, dann sieben Freiheitsrechte (ohne Art. 12 a gezählt), dann der Sozialisierungsartikel 15, die Garantie der Staatsangehörigkeit, das Asylrecht, das Petitionsrecht, die Verwirkung und der Sicherungsartikel 19 – kein Wort von *sozial* und *Sozialstaat.* Diese begegnen in Art. 20

---

37   Dazu zuletzt *Joachim Rückert,* „Frei und sozial" als Rechtsprinzip, 2006.

in der Bezeichnung der Bundesrepublik („ist ein demokratischer und sozialer Bundesstaat") und noch einmal in Art. 28 als die Anforderung eines „sozialen Rechtsstaates"
für die verfassungsmäßige Ordnung in den Ländern. Ein doppeltes Leitbild ist das nicht.
Das Grundgesetz sollte irgendwie „sozial" sein, aber gewiss nicht auf Kosten der vorrangig und umfänglich garantierten gleichen Freiheitsrechte. Anderes hätte auch seinem
Entstehungskontext gegen die NS-Diktatur nicht entsprochen – ein klarer Fall loyaler
historischer Auslegung.

Auch **Wassermann**, 1925–2008, verschrieb sich der grundlegenden Erneuerung von Jus-   1451
tiz, Recht und Gesellschaft. Der Richter sei schon „durch sein Amt eine politische Persönlichkeit", freilich nicht eine parteipolitische (S. 107). Er müsse „wie jedes Staatsorgan
– an der Entwicklung teilnehmen und im Rahmen seiner Bindung an Recht und Verfassung auch Beiträge zur Veränderung des Status quo leisten" (S. 56) – also Bindung, aber
Recht vor *Verfassung*? Welches Recht? Und *Veränderung*, wohin, mit welchem Recht?
Verfassung bedeutete vor allem *Demokratisierung* (S. 17), Veränderung blieb vage. Eine
juristische Methode sollte und konnte auch daraus nicht werden.

Aussichtsreicher schien es, die Menschen zu ändern. Konsequent mündeten die Anstren-   1452
gungen hier wie bei Wiethölter in **Programme für „neue Juristen"**, für eine Ausbildung
gegen die *Erziehung zum Establishment* (Wassermann u.a., 1969). 1971 wurde die sog.
Experimentierklausel im deutschen Richtergesetz für eine besondere Juristenausbildung
erreicht. Umgesetzt wurde sie in der sog. einstufigen Juristenausbildung mit nur einem
Gesamtexamen (zum Beispiel in Bremen, Bielefeld, Hannover, Augsburg). Wesentlich
waren dabei die bewusste Einbeziehung der *Sozialwissenschaften*, oft mit entsprechenden Lehrstühlen, und die *Integration von Theorie und Praxis* in der Lehre, oft im Co-
Teaching. Und dies alles bei traumhaften Betreuungsrelationen von 1 zu 50 und weniger.
Die Modelle waren an sich erfolgreich, aber zu teuer um sie zu verallgemeinern und am
Ende auch unter neuen Verhältnissen politisch unbequem. 1984 wurden sie nach rund
zehn Jahren von der neuen Politik per Federstrich beendet.[38] Die gesellschaftstheoreti-
schen, juristischen und methodischen Ideale haben sich trotz vieler wichtiger Veränderungen nach 1968 nicht durchgesetzt.

Das begünstigte einen heute bisweilen stark und höchst polemisch vertretenen **Metho-**   1453
denzynismus. Aus der realistischen Erkenntnis, die Idee einer einzig richtigen Rechtsentscheidung baue ebenso auf Illusion wie die einer streng logischen Subsumtion wird
scharfsinnig gefolgert, es gebe kein Recht und keine Rechtsordnung, es gebe nur Richter.
Methode erübrige sich also ebenso wie ein genauerer Rechtsbegriff und Rechtsquellenbegriff. Mit diesem kritischen Bade ausgeschüttet werden Recht und Methode und Verfassungsstaat. Rechtswissenschaftlich steht das frei, rechtspraktisch aber nicht. Der ‚realistische' Schluss geht offensichtlich zu weit – eine realistic fallacy. Ob Geld oder Frei-
heitsentzug oder Verwarnung fällig sind, ist in den meisten Fällen so klar wie meist auch
die Steuerschuld oder die Kompetenz oder die Gerichtszuständigkeit oder ein Vertragsschluss oder ein Eigentumsschaden, auch viele Grundrechtsverstöße, usw. Die Analyse,
dass nichts einzig Richtiges aus Subsumtion folgt, dass Prämissen in Obersatz und Untersatz gesetzt werden müssen, dass die Normtatbestände nicht selten faktisch oder
rechtlich unpräzise sind und dass Recht nicht einfach voll autonom und rational funktioniert – dies alles erweist keineswegs alles Recht und alle Methode als illusionär. Die
praktisch relativ sicheren Bestände überwiegen sogar vermutlich. Messungen dazu stehen

---

38   Die beste Übersicht dazu findet sich bei *Alfred Rinken*, Einführung in das juristische Studium, 2.A. München
     1991, § 15, tw. knapper in den späteren Auflagen.

aus. Die hier oft beschworenen eigenen Juristen-Erfahrungen sind fast immer sehr standesbezogen und taugen empirisch nicht viel, weder pro noch contra. Der ‚realistische‘ Blick geht auch viel zu einseitig auf die Fälle und Lösungen der Höchstgerichte, in denen gerade die schwierig streitigen Reste oder die massiven Lobbyisten der Musterprozesse erscheinen.

1454 Rechtspraktisch und rechtsethisch haben Juristen jedenfalls die Aufgabe, nicht selbst die möglichste Klarheit und Sicherheit ihrer Werkzeuge zu sabotieren. Rechtspraktisch, also für die Bindung aller staatlichen Gewalt also (Art. 1 III und 20 III GG), kommt viel auf Darstellungs- und Begründungsregeln an, wie sie die *Argumentationstheorie* (s. sogleich unter 11.) festhält. Die **Unterscheidung Wissenschaft – Praxis** ist hier zentral und wichtig: empirisch wegen der unterschiedlichen Institutionen und Arbeitsweisen, wissenschaftlich wegen der anderen Maßstäbe, praktisch-normativ wegen Freiheit hier (Art. 5 GG) und Bindung dort (Art. 1 und 20, und 97). Ohne diese Unterscheidung gehen Methode und Recht in Verwirrungen auf. Profiteur der Vermischung ist der Juristenstand. Aber auf ihn allein darf es im demokratischen Verfassungsstaat nicht ankommen. Genau das hatte Windscheid 1884 betont, als er dem *Juristen als solchen* eine bevorzugte Stimme in der Gesetzgebung absprach – immer noch meist irreführend polemisch zitiert. Dieser Unterschied gebundene Praxis – freie Wissenschaft wird daher in der Sache und in den Texten in unserem Band ernst genommen (s. die Einführung).

1455 Inzwischen hatten **staatsrechtliche Probleme und Lösungen** begonnen, die Aufmerksamkeit in Rechtstheorie und Methodenlehre zu fesseln. Das wird in diesem Buch nicht ebenfalls an den wichtigsten Repräsentanten vorgestellt, gewiss ein Defizit, das schmerzt. Es zeigt aber nur, dass es immer noch nicht leicht ist, die Grenzen der juristischen Disziplinen zu überspringen, während heute schon in jeder größeren Evaluation ganz Fachfremde zum besonders objektiven Miturteilen eingeladen werden. Vor allem jedoch fehlt es von öffentlich-rechtlicher Seite an entsprechenden historisch-kritischen Studien zu Methoden und Grundbegriffen – man weiß einfach nicht genug Bescheid. Das Thema Abwägung z.B. ist viel diskutiert, aber nicht historisch-kritisch. In diesen Überblick wird daher die staats- und öffentlichrechtliche Abwägungsjurisprudenz einbezogen, sozusagen auf eigene Faust und mit recht überraschenden Einsichten.[39] Zuvor aber ein Wort zur ökonomischen Analyse.

IX. Ökonomische Analyse des Rechts und Institutionenökonomie

1456 Diese Strömung stellte sich seit den 1970er Jahren neben die klassischen juristischen Methoden. Sie wollte diese nicht ersetzen und entwickelte keine juristischen Methodenregeln. Mit ihren Instrumenten lassen sich aber die Effekte vieler Regeln, besonders solcher des Privatrechts, besser verstehen. Das kann zu sinnvoller Auslegung beitragen, besonders, wenn es auf generalisierende Folgenerwägung ankommt.Die Entscheidung, welche Faktoren und Folgen maßgebend sein dürfen, hat jedoch juristisch gemäß dem geltenden Recht zu fallen. Das wird in diesem Buch näher vorgestellt (dazu hier Rn. 1210 ff.). Eine **eigenständige verfassungsrechtliche oder- politische Bedeutung** hat diese Methodenströmung in unserem Rechtssystem zunächst nicht. Je freier freilich von den Juristen die Methodenregeln gefasst werden, je mehr Argumente also zugelassen werden, desto eher ist der Richter aufgefordert, auch diese Analysemethode zu beachten.

---

39 Das heißt auf der Basis *meiner* Studie: Abwägung – die juristische Karriere eines unjuristischen Begriffs, oder: Normenstrenge und Abwägung im Funktionswandel in: JZ 66 (2011), 913–923..

Im Planungsrecht z.B. wird gesetzlich zur *Abwägung* der Folgen aufgefordert. Auch dabei dürfen aber die ökonomischen Folgen nicht per se privilegiert werden.

X. Abwägungsjurisprudenz

Abwägung ist ein sehr altes **Konzept der praktischen Philosophie**, also der Ethik und Moral, später auch der politischen Philosophie. Der gewaltige Erfolg dieses Konzepts nach 1945 zeigt die juristische Karriere eines unjuristischen Begriffs. Sie begann 1900 mit der von der Interessenjurisprudenz in den Mittelpunkt gestellten Analyse der gesetzlichen Interessen*abwägung*. Dabei war, wie oben gezeigt, klar, dass man eine **politische Abwägung des Gesetzgebers loyal nachvollziehen** wollte, wie realistisch auch immer das war. Schon dem konservativen preußischen Sozial-Freirechtler Stampe ging es aber viel weiter greifend um generelle *Rechtsfindung durch Interessenwägung* (Dt.Jur.Ztg 1905, 713–719),[40] insbesondere durch einen neuen, viel freieren Richter. Die Justiz sollte so „Sozialjurisprudenz" (1904, 66 f.)[41] werden, mit einer „sozial brauchbaren Methode der Gesetzes*ergänzung* und Gesetzes*änderung*" (Dt.Jur.Ztg 1905, 1019). Politisch war das, wie man treffend sagt, ‚staatssozialistisch‘ gedacht im Sinne der von Bismarck nach 1878 umgesetzten berühmten Pionierpolitik der Fürsorge durch Zwangsversicherungen – die heutigen Unfall-, Krankheits-, Invaliditäts- und Rentenversicherungen. Man wollte sozial sein ohne sozialistisch zu werden wie die Konkurrenz von ‚links‘, also von den ebenfalls methodenkritischen Marxisten und Sozialisten, Stichwort „Klassenjustiz". Zukunftsträchtig wurde der Unterschied zur Interessenjurisprudenz. Die Wege trennten sich schon zu Beginn. Hier denkender Gehorsam für die gesetzliche Abwägung, dort frei abwägende Sozialjurisprudenz. Zwei verfassungspolitisch und methodenpolitisch ziemlich **unterschiedliche Wege in Sachen** *Abwägung* waren also angelegt.

1457

Die freiere Abwägung kam zunächst kaum zur Blüte. Die Verfassungsbedingungen mussten sich erst deutlich wandeln. Bis in die 1950er Jahre dominierte die **begrenzte Verwendung von** *Abwägung* **als Nachvollzug** der Gesetz gewordenen politischen Abwägungen. Nur im Strafrecht gab es 1927 eine Aufsehen erregende „Güterabwägung" zur medizinischen Indikation bei der Abtreibung zugunsten des Mutterlebens, zuerst in RGSt v. 11.3.1927 (E 61, 242ff., 254 f.). Dogmatisch verstand man dies jedoch als absolute Ausnahme, als sog. „übergesetzlichen Notstand". Daneben wurde Abwägung sehr propagiert durch den nach 1945 einflussreichen Staatsrechtler Smend im erwähnten[42] staatsrechtlichen Methodenstreit von 1927 – zunächst ziemlich folgenlos. In der NS-Jurisprudenz stellte sich das Methodenproblem dank ‚sicherer‘ Werte wie gezeigt ganz anders.

1458

Das änderte sich nach 1945 gründlich zugunsten **freierer Abwägung**. In Sachen Abwägung wurde die Judikatur des **Bundesverfassungsgerichts** seit 1958 entscheidend – langsam, aber bis heute fundamental. Der Problemantrieb kam aus der neu gestellten Frage, ob und wie die Grundrechte auch im Privatrecht, das heißt für die Bürger untereinander, wirken sollten. Das war nicht ihre klassische Funktion der Eingriffsabwehr gegenüber dem Staat. Es ging vielmehr um die bald sogenannte **Drittwirkung der Grundrechte** im Privatrecht. 1958 im berühmten Lüth-Urteil kam die Entscheidung. Wegen des schädigenden Boykotts eines Kinobetriebs waren zwei ‚Bürger‘ in Konflikt geraten, mit Kino-Eigentum hier und Meinungsäußerungsfreiheit dort. Der zivilrechtliche Weg des De-

1459

---

40 Neudruck in: Interessenjurisprudenz, Darmstadt 1974, 24–31.
41 Zum Zitat und Zusammenhang *Rückert*, Freirecht (Fn. 25) 238.
42 S. oben Rn. 1441

liktsrechts, also die Frage einer ausnahmsweisen Eingriffsrechtfertigung wegen Meinungsfreiheit im Rahmen von § 823, z.b. über das damals vieldiskutierte Argument „Sozialadäquanz" als Rechtfertigung, wurde verlassen zugunsten direkter *Abwägung* von Grundrechtspositionen. Das war ein **neuer Entscheidungsstil**, der das Problem als Güterkollision der Bürger und die Entscheidung als Abwägung darstellte. Zunächst klang das wie eine Fortsetzung der vielgestaltigen Wertungsjurisprudenz vor und nach 1945, ja wie eine erneuerte Interessenjurisprudenz, wenn es etwa hieß:

> „Die – so verstandene – Meinungsäußerung ist als solche, das heißt in ihrer reinen geistigen Wirkung, frei; wenn aber durch sie ein gesetzlich geschütztes Rechtsgut eines anderen beeinträchtigt wird, dessen Schutz gegenüber der Meinungsfreiheit den Vorrang verdient, so wird dieser Eingriff nicht dadurch erlaubt, dass er mittels einer Meinungsäußerung begangen wird. Es wird deshalb eine ‚Güterabwägung' erforderlich: Das Recht zur Meinungsäußerung muß zurücktreten, wenn schutzwürdige Interessen eines anderen von höherem Rang durch die Betätigung der Meinungsfreiheit verletzt würden. Ob solche überwiegenden Interessen anderer vorliegen, ist aufgrund aller Umstände des Falles zu ermitteln." (BVerfG v. 15.1 158, E. 7, 198–230, 205).

1460   – also *Güterabwägung*, wie 1927 zwischen Mutter und Kind; dabei *Vorrang*, aber nur ein *verdienter*; *zurücktreten* muss ein Recht gegenüber *höherem Rang;* aber nur bei höherem Rang von schon *schutzwürdigen* Interessen und *überwiegenden*. Diese Formeln geben nur Relationen, keine inhaltlich gefüllten Entscheidungskriterien oder Tatbestandsmerkmale. Das Ergebnis muss daher ermittelt werden aufgrund aller *Umstände des Falles*, also am Einzelfall. Diese natürlich immer treffende Anleitung für sorgfältiges Entscheiden wurde damit zu einer Rückzugsformel für generell **nicht weiter kontrollierbare Wertungsvorgänge**. Die Entscheidung wird also dargestellt als eine am und aus dem Einzelfall. Es soll gerade kein allgemeines *höher* oder *vorrangig* oder *überwiegend* schutzwürdig geben. Legte man das Problem so an, so war es in der Tat mit dem auslegenden Blick auf Tatbestandsmerkmale, Rechtfertigungsgründe usw., also mit Subsumtion, nicht zu lösen. Es musste dann gelöst werden wie ein politisches, ethisches oder moralisches Problem ohne strenge Normbindung.

1461   In dieser Perspektive waren gesetzlich **ungelöste Norm- und Wertkollisionen** zu lösen. Das stellte methodisch frei. Zivilrechtlich ging und geht es um § 823 I und die ausnahmsweise Rechtfertigung von Eingriffen in sog. absolute Rechtsgüter – methodisch einfach ein Problem von Regel und Ausnahme, womit eine erste eine entscheidende Bändigung der Fallgruppe erfolgt. Denn die Ausnahme ist dann als besonderer Fall im Verhältnis zur Regel zu begründen. Damit ist eine methodische Linie gezogen. Weniger einfach freilich ist es dann, diese inhaltlich zu füllen. Schon im Zivilrecht erklang hier eine neue Tendenz. „Sozialadäquanz", d.h. alles was im „Rahmen der geschichtlich gewordenen sozial-ethischen Ordnungen" lag, sollte gerechtfertigt sein. Das war eine vor „Lüth" stark diskutierte Zauberformel Nipperdeys von 1955 gegen das wieder und noch als „allzu individualistisch" und „liberal" sehr kritisch gesehene BGB-Deliktsrecht.[43] Ein Blick in Nipperdeys Vorauflage von 1931 belehrt drastisch über den **Wandel der Einstellung** beim an sich, wie gezeigt, so verfassungstreuen Nipperdey. Ganz trocken und begriffsklar, ohne die massive Relativierung der Rechtswidrigkeit durch die Umstellung

---

43   Siehe *Enneccerus/Nipperdey*, Allgemeiner Teil des BGB, 14.A. 1955, §§ 208 und 209 II, Zitat S. 918. Siehe zur Einschätzung im Zusammenhang die wichtige Untersuchung von *Uta Mohnhaupt*, Deliktsrecht und Rechtspolitik. Der Entwurf einer deutschen Schadensordnung (1940/1942) im Kontext der Reformdiskussion über die Konzeption des Deliktrechts im zwanzigsten Jahrhundert, 2004.

auf *sozialadäquat*, wurde hier noch das Deliktsrecht vorgestellt. Die neue Formel und Lehre hat sich zwar nicht durchgesetzt, der Vorgang veranschaulicht aber gut die Bewegung, in der man sich und zu der man sich berechtigt sah.

Im Lüth-Urteil wurde an einem klassischen Deliktsfall ein erheblicher **Funktionswandel des Abwägens** klar. Während die Wertungsjurisprudenz, wenigstens in der Form der zivilrechtlichen Interessenjurisprudenz, sich streng an der gesetzgeberischen Wertung zu orientieren versuchte (*denkender Gehorsam*), entfiel genau dieser Aspekt bei der neuen Abwägung ebenso wie schon bei der offenen Wertungsjurisprudenz der 1930er und 1950er Jahre. Das schien einen guten normtechnischen Grund zu haben. In der Tat unterschieden sich die rechtlichen Bezugspunkte. Die Normformulierungen der Grundrechtsnormen im Grundgesetz, und nicht nur in dieser Verfassung, sondern paradoxerweise auch in den Direktiven der Jahre nach 1933, etwa in den *Grundregeln* des *Volksgesetzbuch*-Entwurfs von 1942, unterscheiden sich offensichtlich von den meisten zivil-, straf- oder gar steuerrechtlichen Normen. Sie sind weit weniger bestimmt und konkret. Sie unterscheiden nicht so genau zwischen Tatbestand und Rechtsfolge. Vielfach fehlen sogar unmittelbare Rechtsfolgeanordnungen wie etwa die Gewährung oder Versagung eines Rechts oder Anspruchs. Das ist zwar keineswegs ein juristisches Novum, wie schon die sog. Generalklauseln seit je zeigen. Deren grundrechtliche Verwandte werden inzwischen *Prinzipien* in einem neuen Sinne genannt. Prinzipien gelten dabei als bloße Optimierungsgebote, ohne Entweder-Oder-Folgen, also anders als *Rechtssätze* im herkömmlichen Sinn von Tatbestand mit Rechtsfolge, seien diese auch durchaus ziemlich allgemein gehalten. | 1462

Dieser **Unterschied der Normobjekte** scheint einen Unterschied der Methode zu fordern. Ungeeignet erscheinen daher herkömmliche Verfahren wie die *Zur rechtstheoretischen Präzisierung des § 242* (F. Wieacker)[44] oder zur Präzisierung der Verkehrssicherungspflichten in § 823 I, man schlage einen beliebigen BGB-Kommentar auf, anhand von Fallgruppenbildung mit genaueren Untertatbeständen und Rechtsfolgen. Die neue Abwägungsjurisprudenz nimmt daher bewusst Abschied von der nun sog. Subsumtionsjurisprudenz, die sich an Tatbestände und Rechtsfolgen band – ein offensichtlich dramatischer Funktionswandel von nachvollziehender zu freier *Abwägung*. | 1463

Ob dieser **Abschied notwendig und sinnvoll** war und ist, darum wird nach wie vor sehr gestritten. Die Diskussion ist nicht nur schwer überschaubar, sondern stark verfassungspolitisch aufgeladen, also auch schwer durchschaubar. Man muss mehr als sonst stets historisch-kritisch beachten, wer wann und wo in welchem Kontext und für und gegen wen spricht. Der Streit hat mindestens **zwei Dimensionen**: eine analytisch-wissenschaftstheoretische und eine normativ-verfassungsrechtliche. Wissenschaftstheoretisch geht es um das Erkennen und mehr noch das ‚Anwenden' von allgemeinen normativen Sätzen, verfassungsrechtlich geht es mindestens um die Gewaltenteilung, das Demokratieprinzip, die Parlamentskompetenz, das Rechtsstaatsprinzip und die richterliche Gesetzesbindung. | 1464

Gerichte halten sich den theoretischen Rücken frei. Sie begründen ihre Methoden gar nicht oder von Fall zu Fall und machen daraus keine geschlossene Theorie. Diese Rationalisierung übernimmt die Wissenschaft. *Ein Buch und Name erscheinen für die* **neue staatsrechtliche Methodik und Darstellungsweise** besonders aufschlussreich, die *Grundzüge des Verfassungsrechts der Bundesrepublik Deutschland* von Konrad Hesse, 1919–2005. Das Buch erschien bald ‚nach Lüth' in 1. Auflage 1966 bis zur 20. Auflage 1995 | 1465

---

44 *Wieacker*, Tübingen 1956, auch in *ders.*, Ausgewählte Schriften II, 1983.

und noch einmal als Nachdruck 1999. Hesse spricht zwar kaum oder sogar kritisch von Abwägung, aber sein methodisches Prinzip der *praktischen Konkordanz* ist damit in der Sache und der Funktion im wesentlichen identisch. Er erläutert es in § 2: *Verfassungs-interpretation* so, nach Ausgangspunkt und Funktion:

> „Wenn die Verfassung wie gezeigt, kein abgeschlossenes und einheitliches – logisch-axio-matisches oder werthierarchisches – System enthält und die Interpretation ihrer Normen nicht nur im Nachvollziehen von etwas Vorgegebenem bestehen kann, so erfordert sie ein Verfahren der Konkretisierung, das diesem Tatbestand entspricht ... In engem Zusammen-hang damit steht das Prinzip *praktischer Konkordanz*: verfassungsrechtlich geschützte Rechtsgüter müssen in der Problemlösung so einander zugeordnet werden, dass jedes von ihnen Wirklichkeit gewinnt. Wo Kollisionen entstehen, darf nicht in vorschneller ‚Güter-abwägung‘ oder gar abstrakter ‚Wertabwägung‘ eines auf Kosten des anderen realisiert werden. Vielmehr stellt das Prinzip der Einheit der Verfassung die Aufgabe einer Optimie-rung: beiden Gütern müssen Grenzen gezogen werden, damit beide zu optimaler Wirksam-keit gelangen können ...“ (20.Aufl., S. 26)

1466   – eine Verfassung, d.h. eigentlich ein Grundrechtsteil, ohne *System*, ohne Regeln, die *Nachvollziehbares vorgeben*, stellt in der Tat einen etwas anderen Ausgangspunkt dar als Tatbestände mit Rechtsfolgen. Die neue Vorstellung vom Normgegenstand führt na-türlich wieder auf einen neuen Umsetzungsweg. *Optimierung* und *praktische Konkor-danz* erscheinen dafür so konsequent wie *Abwägung*, die ja auch optimieren will. Ein Vergleich mit dem bis dahin etablierten Buch *Das Staatsrecht der Bundesrepublik Deutschland* von Theodor Maunz, zuerst 1951 und derzeit in von Zippelius und Wür-tenberger fortgeführter 32. Auflage 2008, ist lehrreich. Schnell erkennt man den freieren Zugriff bei Hesse gegenüber dem eher nüchtern begrifflichen und dogmatischen, ‚posi-tivistischen‘ Stil bei Maunz. Allerdings kommt dies in der eigentlichen Dogmatikdarstel-lung Hesses dann kaum zum Tragen, sondern eher in den Methodensätzen und in Fall-diskussionen. Die neue Methode dient also offenbar weniger der Dogmatik als der theo-retischen Rechtfertigung des neuen Stils der Judikatur.

1467   Konrad Hesse, geb. 1919, gehört zum ‚Denkkollektiv‘ der nach 1945 einflussreichen Göttinger **Rudolf Smend-Schule** der 1950er Jahre, die sich im Gegensatz zur fortwir-kenden Carl Schmitt-Schule sah (F. Günther). Sie nannte sich „geisteswissenschaftlich“, aber wie gesehen anders als bei Coing[45], und sah sich einer enger juristisch am Normtext orientierten Richtung gegenüber. Hesse gehört zu der Weltkriegsgeneration, die erst nach Kriegsende zum Studium kam und teils besonders nüchtern, teils besonders idealistisch antrat. In Göttingen hatte philosophisch eher ein idealistisches Klima geherrscht im Ge-folge des für Coing schon erwähnten bedeutenden Wertphilosophen Nicolai Hartmann. In Göttingen promovierte Hesse 1950 bei Smend über *Der Gleichheitssatz im Staats-recht*,[46] 1955 folgten die Habilitation über *Der Rechtsschutz durch staatliche Gerichte im kirchlichen Bereich* und die ordentliche Professur in Freiburg. 1975 bis 1987 war Hesse einflussreicher Richter am Bundesverfassungsgericht. Sein Methodenkonzept der *praktischen Konkordanz* ist besonders im Lehrbuch ausgeführt. Daneben ist die größere Tendenz von zeitgeschichtlichem Interesse: Sie ging, kurz gesagt, auf einen **gesellschaft-lichen Bezug der Jurisprudenz durch „geisteswissenschaftliche“ Öffnung** (bei Smend: Integrationslehre) der bloß ‚positivistischen‘ Methoden. Das hieß nach 1949 Pluralisie-

---

45 S. oben bei Fn. 36.
46 Gedruckt in Archiv des öffentlichen Rechts 1951/52, S. 167-224.

rung, Politisierung und methodische Offenheit über die Normwortlaute hinaus. In welche methodische und politische Richtung genau die Offenheit auszuprägen war, war freilich weniger klar. Gesellschaftliche Öffnung als Anliegen hatten wir auch beim Freirecht und bei der kritisch-politischen Jurisprudenz der späten 1960er Jahre kennen gelernt – das Anliegen ist offenbar sehr verschieden ausfüllbar.

Hesse selbst äußerte sich zwar durchaus kritisch gegen „‚vorschnelle' Güterabwägung", er bevorzugt Stichworte wie „Konkretisierung", „topisches Verfahren"[47] und mahnt auch die „Grenzen" des Interpretierens an. Doch geht es ihm nur um „vorschnell", und er räumt ein, dass ein recht verstandenes Güterabwägungsprinzip dem Prinzip praktischer Konkordanz „nahe" komme (7.A. S. 28 in der Fn., dto. 20.A.). So ist es.　1468

Das **Lüth-Urteil von 1958** zeigt genau die Aufnahme und neue Umsetzung des **Abwägens im Grundrechtsbereich**. Man knüpft an die zivilrechtliche Interessenabwägung Philipp Hecks an, wendet sich aber zugleich entscheidend davon ab. Wir haben gesehen, dass die Interessenjurisprudenz nach 1945 vielfach zu einer wesentlich freieren Wertungsjurisprudenz umgedeutet worden war. Das lag auf der erwähnten (oben unter 4.) Linie von Stampe, des Kollegen, Zeitgenossen und ursprünglichen Mitstreiters von Heck, und bestätigt die wesentliche Linie: Aus einem Instrument der Gesetzesauslegung war eines der Einzelfallwertung geworden. Aus einer *Güterabwägung* in eng begrenzten Sonderfällen wie dem strafrechtlichen „übergesetzlichen(!) Notstand" bei Abtreibung wegen medizinischer Indikation von 1927 (oben unter 10.) wurde ein allgemeines Abwägen in für ungeregelt gehaltenen Normkollisionen. Wie schon bei den sog. Gesetzeslücken lässt sich schwer kontrollieren, ob solche Normkollisionen überhaupt vorliegen, wenn sie richterlich bejaht wurden. Der Start der Abwägung hängt also selbst ab von der Auslegung eines **Konflikts als Normkollision**.[48] Ist sie gestartet, lässt sie sich rational viel schwerer kontrollieren als eine Lösung im Anwendungsstil. Das bestätigt sich, wenn man die Anleitungen für die Abwägungsschritte nachsieht: Anwendungsbereich klären, Vollständigkeit, Verhältnismäßigkeit/Proportionalität, Schutzwürdigkeit[49] – Verfahrensformeln, keine Tatbestände, eben Abwägungslogik. Die genauer historische, nicht vor allem aktuell interessierte Bestandsaufnahme dieser so höchst folgenreichen Verfassungsgerichtsrechtsprechung hat gerade erst begonnen.[50]　1469

Der Wandel ist deutlich. Blickt man weiter zurück auf die Anfänge der juristischen Moderne, so erkennt man seine volle Dramatik. Die **Lage** hat sich seit 1804 **verkehrt**. Während der in Sachen Gericht revolutionär-moderne *Code civil* 1804 noch paradigmatisch den Richtern verboten hatte, unter dem Vorwand der Unklarheit des Gesetzes *nicht* zu entscheiden (Art. 4), entschieden sie nun kraft eigener Einsicht mit dem Argument der Lücke oder der Normkollision zu viel – das sehr alte Problem der Justizbändigung.　1470

Neuestens kann man **zwei bemerkenswerte Tendenzen** erkennen, eine Universalisierung und eine Relativierung der Abwägungsmethode. Für die **Universalisierung** steht eine große Abhandlung von Lothar Michael über *Methodenfragen der Abwägungslehre. Eine Problemskizze im Lichte von Rechtsphilosophie und Rechtsdogmatik*.[51] Im Lichte un-　1471

47　Siehe 7.A. 1974, § 2, S. 28, 25, 27 , i.w. wörtlich ebenso 20.A. 1995, ND 1999, S. 28, 24, 26.
48　Dazu wesentlich *Amado* 2009, s. die Hinweise unten am Ende.
49　Siehe statt vieler die besonders eingehende Studien-Darstellung bei *Joachim Vogel,* Juristische Methodik, 1999, 150-156.
50　Hilfreich ist nun zum Beispiel der Band von *Thomas Henne* und *Arne Riedlinger* (Hg.), Das Lüth-Urteil aus (rechts-) historischer Sicht, 2005, der freilich weniger die Methodengeschichte thematisiert als die politischen Faktoren.
51　In: Jahrbuch des öffentlichen Rechts der Gegenwart, 48 (2000) S. 169-203.

serer Übersicht erkennt man schnell einige exemplarische Probleme – versuchen Sie es selbst.[52] Verdienstvoll, weil selten genug, werden auch verfassungsrechtliche und rechtspolitische Probleme des Abwägens diskutiert, die Bedenken jedoch zu leicht genommen (S. 202 f.). Die zweite Tendenz, die Relativierung durch Amado 2009, wird weiter unten im Ausblick erklärt.

1472   Bei der Abwägungsjurisprudenz geht es also um wesentlich mehr als um Methode und juristische Methode. Das war mit dem Hinweis angesprochen, dass u.a. Rechtsstaat, Demokratie, Parlamentskompetenz, Gesetzesbindung der Justiz und Verwaltung, Rechtsgewissheit und Rechtssicherheit betroffen seien, also gewissermaßen die gesamte Rechtskultur in ihren Fundamenten. Bei genauerer historischer Aufklärung zeigte sich, dass das **Konzept der Abwägung** aus der praktischen Philosophie, das heißt der Ethik und Moral und der politisch-legislatorischen Entscheidungswelt stammt. Es hat dort einen legitimen Ort, da diese Entscheidungen nicht allgemein verbindlich juristisch wirken und daher keiner besonderen rechtlichen Kontrolle, Verlässlichkeit und Dauerhaftigkeit bedürfen. In der juristischen Welt bedeutet dieses Konzept jedoch eine **Ermächtigung für die jeweiligen Entscheider,** die problematisch erscheint und so generell gewiss nicht vom Grundgesetz gemeint war. Es wollte gewiss nicht den soeben noch nationalsozialistisch kontaminierten Juristenstand privilegieren.

1473   Die Gründe, es besser zu wissen wollen und eine **generelle neue Methode** zu kreieren, überzeugen eher nicht. Die Methodengeister scheiden sich offenbar recht pauschal in Beweger und Bewahrer. Unser verfassungsgeprägtes Rechtssystem seit 1949 gibt jedoch differenzierte Antworten. Die umzusetzenden Normen unterscheiden sich erheblich, von den Grundrechtsartikeln bis zum Steuerrecht. Entsprechend müssen die Umsetzungsmethoden differenziert werden nach den Gegenständen und den dafür passenden Methoden. Das ändert jedoch nichts an den Anforderungen von Rechtsstaat, Gewaltenteilung, Demokratie, Parlamentsvorrang, Gesetzesbindung und Richterbindung. Man wird sie nicht ernsthaft leugnen können. Und ganz ‚unrealistisch' sind sie, wie erwogen (oben nach Fn. 39) keineswegs. Merkwürdig unberührt bleiben in all diesen Methodensätzen der Juristen auch genauere **positivrechtliche Anordnungen** wie § 137 *Gerichtsverfassungsgesetz* von 1935 mit seinen bezeichnenden Änderungen bis 1992. Der Gesetzgeber lässt Rechtsfortbildung zu, kanalisiert sie aber in besondere gerichtliche Institutionen. Das war keine neue, aber eine bewährte, das Problem entschärfende Lösung. 1935 hieß es:

> „Der erkennende Senat hat in einer Frage von grundsätzlicher Bedeutung die Entscheidung des Großen Senats herbeizuführen, wenn nach seiner Auffassung die Fortbildung des Rechts oder die Sicherung einer einheitlichen Rechtsprechung es erfordert."

1474   Aus „hat … herbeizuführen" wurde 1992 „kann … vorlegen" – auch der Gesetzgeber lockerte also die **Bedingungen für Rechtsfortbildung.** Die Höchstrichter hatten das Ver-

---

52 Hier einige Hilfe: *Historisch* werden zum Beispiel die rechtskritischen und gerade nicht rechtsmethodischen Kontexte bei Aristoteles verkannt (173); *Gadamers* kritische Hermeneutik wird zu Unrecht zum Zeugen für Wertung überall und damit auch Abwägung (173); die *Typuslehre* von Hempel und Oppenheim will gerade graduelle Ordnung schaffen und nicht abwägen (174). *Empirisch* werden sog. Je-desto- Strukturen des Rechts, also wieder eine besondere Gegenstandsart von Recht, als gegebenes Faktum behauptet. Aber sie sind Ergebnis kontingenten legislatorischen Schaffens und rechtswissenschaftlichen Deutens. *Theoretisch* genügt die Leitunterscheidung subsumtiv versus komparativ nicht, da es auf die unmittelbare Verknüpfung der Tatbestände mit Rechtsfolgen ankommt. Es folgen *falsche Schubladen*, so trifft § 254 als zivilrechtliches Beispiel für „komparativ" nicht, denn die Norm bestimmt eindeutige Rechtsfolgen, die lediglich an graduelle Unterscheidungen anknüpfen.

fahren ohnehin meist vermieden, daher das Wort vom *horror pleni*, der Angst vor dem Richterplenum im Großen oder Vereinigten Senat der obersten Gerichte. Dennoch erweist sich im GVG immer noch die kritische Besonderheit eines freieren Vorgehens, das schon seit Savigny *Rechtsfortbildung* genannt wird. Beim Bundesverfassungsgericht hat der Gesetzgeber auch auf diese Unterscheidung verzichtet. Er ordnet nur eine Plenarentscheidung an, wenn „ein Senat in einer Rechtsfrage von der in einer Entscheidung des anderen Senats enthaltenen Rechtsauffassung abweichen" „will" (§ 16 Abs. 1 BVerfGG).

Diese Normen verweisen natürlich nicht auf eine bestimmte Methodenvorstellung. Aber sie zeigen doch wichtige **Differenzierungen im Verfahren** und damit das Bewusstsein, dass die Rechtsbereiche und Rechtsgegenstände der Gerichte auch Differenzierungen der Rechtsbindung und der Methodik bedingen. Im Verfassungsstaat führt das für das oberste Verfassungsgericht zu speziellen Problemen, wenn etwa ein „Zivilrechtsfall" oder „Strafrechtsfall" zu entscheiden ist. Die Bereichsmethode im Zivilrecht oder Strafrecht wird dann überlagert von einer ‚obersten' Abwägungs-Methode. Das Problem wird unter dem Stichwort Abgrenzung der Gerichtsbarkeiten sehr kontrovers erörtert. Unsere Übersicht macht klar, dass es zu einem nicht geringen Teil mit der Etablierung einer eigenen Abwägungsjurisprudenz erst geschaffen wurde. Inzwischen gibt es dafür die wohlklingende Formel von der Konstitutionalisierung unseres Rechts. Nach 50 Jahren scheint die Abwägung aus einer wohltätigen Aktualisierung der Freiheitsgrundrechte zu einer sehr ambivalenten Verteilung von Freiheiten von Verfassungswegen geworden zu sein. **1475**

XI. Argumentationsjurisprudenz

Die *Argumentationsjurisprudenz* nennt sich bescheiden *Argumentationstheorie*. Funktional und historisch tritt sie jedoch an die Stelle der methodischen Vorstellungen von Jurisprudenz überhaupt. Ihre Bescheidenheit hat Grund. Denn sie **reduziert die juristische Methode** auf Argumentieren, also auf **Verfahrensregeln**. Sie wahrt damit die Bindung wenigstens an Begründungsregeln im Darstellungszusammenhang, auch an einen Vorrang der historisch-subjektiven Begründung in der gesetzgeberischen Entscheidung. Sie ist noch regelorientiert, aber nicht mehr wahrheitsorientiert. Sie beansprucht nicht mehr eine Methode für inhaltliche Richtigkeit, auch nicht für den sog. Herstellungszusammenhang der Entscheidung und für die Vermeidung jeder dezisionistischen Willkür. Sie hält aber die Forderung des praktischen, juristischen **Begründens nach Regeln** fest und damit einen entscheidenden Unterschied zu sozialwissenschaftlichen, informationstechnologischen, methodenzynischen und rein richterrechtlichen Methodenrezepten. In den Worten von Neumann 2001:[53] **1476**

> „Wichtig ist aber, dass man das Problem des Umgangs mit Rechtsfragen als Problem der *vernünftigen Argumentation* – und nicht der richtigen Erkenntnis – formuliert. Die letale Schwäche der juristischen Methodenlehre dürfte im wesentlichen darauf zurückzuführen sein, dass sie diesem Erkenntnisanspruch niemals glaubwürdig abgeschworen hat. Die Methodenlehre basiert weithin auf nicht einlösbaren kognitiven Ansprüchen, und damit auf einem schwankenden rechtstheoretischen Fundament. ..." (241)

---

53 *Ulfrid Neumann*, Juristische Methodenlehre und Theorie der juristischen Argumentation, in: Rechtstheorie 32 (2001) S. 139–257, hier 241; *ders.*, Theorie der juristischen Argumentation, in: Einführung in Rechtsphilosophie und Rechtstheorie der Gegenwart, hg. von A. Kaufmann, W. Hassemer und U. Neumann, 7.A. 2004, Kapitel 9, S. 333–347.

1477 Ein typisches juristisches Buch, wie es die meisten Methodenkonzeptionen programm-
gemäß zu liefern unternahmen, also Puchta, Windscheid, Heck, Larenz und auch Alexy,
und sei es als große Kritik wie bei Kantorowicz und Wiethölter, bietet die *Argumentationsjurisprudenz* nicht. Denn das müsste darauf hinauslaufen, entweder nur Argumentation darzustellen, also ohne die Darstellung eines positiven Rechts, oder die positivrechtliche Dogmatik als Argumentationsverlauf zu begreifen und darzustellen. Das Erstere liegt vor mit den Titeln zur Argumentationstheorie selbst, die wir sofort kennen
lernen werden. Das Letztere scheint noch nicht unternommen zu sein.

1478 Aus den gleichen Gründen ist es hier vergeblich, typische Rechtsprechung zu benennen.
Andererseits lässt sich gewissermaßen jede Entscheidung als Argumentation lesen und
insofern als Beispiel für Argumentationsjurisprudenz, sei es mehr im Stile des Subsumie-
rens, sei es im Stile des Abwägens. Es kommt dann darauf an, die Argumente zu klassi-
fizieren, zu koordinieren, gegebenenfalls Hierarchien zu bilden und dies alles kritisch auf
logische und normative Stimmigkeit zu beleuchten. Besonders lehrreiche Entscheidungsanalysen in diesem Sinne werden uns noch im Ausblick auf Amado (unten bei Fn. 61)
begegnen.

1479 Die Argumentationsjurisprudenz will also als **Theorie** gelesen werden, nicht als Dogmatik oder Politik und auch nicht als Methodenlehre. Doch unter Theorie kann man viel
verstehen. Man muss sich an die Wortführer halten. Es sind zwei: Robert Alexy und
Ulfrid Neumann. Beide sind Kinder der sog. skeptischen Generation (H. Schelsky), das
heißt, 1945 beziehungsweise 1947 geboren, Ende der 1960er Jahre im Studium, keine
wirklichen „68er", aber doch in diesen Kontexten mitgeprägt und erfahren.

1480 **Robert Alexy** studierte Jura und Philosophie im damals stark von kritischen Studenten
bewegten Göttingen, insbesondere bei dem Staatsrechtler und Rechtsphilosophen Ralf
Dreier (geb. 1931) und dem Philosophen Günther Patzig (geb. 1926). Beide lehrten eher
kritisch-analytische, nicht neoidealistische oder marxistische Philosophie. Alexy promovierte 1976 mit dem sehr bekannt gewordenen Buch *Theorie der juristischen Argumentation. Die Theorie des rationalen Diskurses als Theorie der rationalen Begründung* (gedruckt 1978) und habilitierte 1984 mit *Theorie der Grundrechte*, beides grundlegende
und richtungsweisende Untersuchungen. Inspiriert hat ihn die allgemeine *Diskurstheorie* des Philosophen Habermas. Alexy wirkt seit 1986 als Professor in Kiel. 1994 bis 1998
war er Präsident der Deutschen Sektion für Rechts- und Sozialphilosophie, was nicht
zuletzt seine hohe Anerkennung im Fach belegt.

1481 Sein Nachfolger im Präsidentenamt war 1998 bis 2006 nicht zufällig **Ulfrid Neumann**,
ebenfalls ein nicht nur in Deutschland besonders anerkannter Rechtstheoretiker. Nach
dem Studium in Tübingen und München hat er 1978 promoviert und 1983 habilitiert
im Kreis des Rechtsphilosophen und Strafrechtlers Arthur Kaufmann (1923–2001) in
München. Kaufmann neigte einer Rechtsontologie zu, also einer Seinslehre des Rechts,
war jedoch für analytische, moderne Strömungen großzügig aufgeschlossen. Neumann
promovierte über *Rechtsontologie und juristische Argumentation* (gedruckt 1979) und
habilitierte über *Zurechnung und „Vorverschulden". Vorstudien zu einem dialogischen
Modell strafrechtlicher Zurechnung* (gedruckt 1986). Er wirkte seit 1984 und erneut seit
1994 in Frankfurt am Main. Mehr als Alexy widmete er sich der modernen Wissenschaftstheorie und der juristischen Logik, außerdem auch sehr der strafrechtlichen Dogmatik.

1482 Beide Autoren haben schon lebensgeschichtlich die kritisch-politische Jurisprudenz der
1960er und 70er Jahre aus der Nähe miterlebt und produktiv verarbeitet. Prägungslinien

kommen auch aus der Topik-Diskussion der Fünfzigerjahre (Th. Viewweg)[54] und der sog. Rehabilitierung der praktischen Philosophie (M. Riedel)[55] in den siebziger Jahren. Das führte vor allem zu **drei verbesserten Positionen:**

- Die wesentlichen Einwände zur **Rationalität** der juristischen Entscheidungen sind berücksichtigt und eine zurückhaltendere Theorie entworfen. Der Rationalitätsanspruch der Jurisprudenz ist aber nicht ganz verworfen.   1483

- Die **verfassungsgebotene Normativität** und die Bindung an rechtstaatlich und demokratisch-parlamentarisch positivierte Regeln werden dezidiert festgehalten.   1484

- Die **metaphysisch-philosophischen Prämissen** früherer Methodenlehren und die inhaltlich-methodisch viel optimistischeren Hoffnungen der Interessen-, Wertungs- und auch noch der Abwägungsjurisprudenz werden aufgegeben.   1485

So gesehen erscheint die Argumentationstheorie auch als eine konsequente methodische Reaktion auf den verfassungsrechtlich verankerten Pluralismus der neuen Gesellschaften nach 1945, und nicht nur der deutschen.   1486

Die Gegenprobe liefern **antipluralistische Positionen.** Sie vertreten gegenläufige juristische Methoden, mit denen sie nach wie vor *den* methodisch regelbaren Weg zu richtigen Inhalten meinen bestimmen zu können. Die **NS-Jurisprudenz** war sich in ihren beiden oben geschilderten Varianten, dem konkreten Ordnungsdenken und der Wertungsjurisprudenz, ihrer Methoden und Ergebnisse ganz sicher. Entsprechend sicher gab man sich in der **ehemaligen DDR.** Die juristische Konsequenz stalinistisch-weltanschaulicher Selbstsicherheit hieß dort „sozialistische Gesetzlichkeit". Konkreter erläuterte die Justizministerin Hilde Benjamin 1954, gefordert sei „die Einheit von strikter Einhaltung der Gesetze und Parteilichkeit ihrer Anwendung".[56] Die Gesetze gingen dabei freilich von der Partei aus und wurden zudem immer mehr zu bloßen Zielformeln, die ohnehin einer rechtsstaatlichen methodischen Anwendung kaum zugänglich waren. „Strikte Einhaltung" bedeutete daher eine starke Bindung, aber eine ganz andere als die Gesetzesbindung im Rechtsstaat. Entsprechend war auch, wie oben erwähnt, der *Entwurf eines Volksgesetzbuchs* von 1942 gestaltet.   1487

Unter diametral gegenläufigen inhaltlichen Vorzeichen, aber in strukturell ähnlichem Wertoptimismus, versuchen **idealistische Positionen,** sichere Rechtsmethoden zu begründen. **Larenz** z.B. drückt sich in seiner klassischen Methodenlehre vorsichtig aus. Schon in der Einleitung geht er aber davon aus, dass „nicht alles am Recht ... so wandelbar (sc. ist) wie ein einzelnes Gesetz, eine ‚herrschende' Lehre oder Rechtsprechung". „Hinter dem Gesetz und seiner wechselhaften Auslegung" stehe „der Rechtsgedanke", dem „es (sc. das Gesetz) Ausdruck gibt, das Rechtsinstitut, dem es dient ..." (1960, 5). Dieses nicht Wandelbare hat eine Wahrheit in der Substanz „Rechtsgedanke", dem das Gesetz nur „Ausdruck" gibt – das ist nur verständlich, wenn man es als durch und durch idealistisches Sprachspiel erkennt. Es gibt danach etwas Dauerhaftes im Wandel, man nennt es Substanz in der Erscheinung, die Erscheinung gibt der Substanz Ausdruck, die Substanz ist erkennbar als Wahrheit. Konsequent kommt es also juristisch darauf an, „dass der Richter nur das als seine Entscheidung aussprechen – und damit zur Geltung bringen – *soll,* was er zuvor, in der *Anwendung* der Norm auf den von ihm zu beurtei-   1488

---

54 Siehe dessen Studie „Topik und Jurisprudenz", 1953 und öfter, erwähnt oben bei Coing.
55 Siehe seinen Sammelband dieses Titels, Freiburg, 2 Bände 1972.1974.
56 Dazu immer noch bes. präzise und knapp *K. Kroeschell,* Rechtsgeschichte Deutschlands im 20. Jahrhundert, Göttingen 1992, S. 158 f.

lenden Sachverhalt, als durch die Norm gefordert, als ‚rechtens' *erkannt* hat". In diesem „Erkenntnisakt" liegt dann auch, „jedenfalls unter dem methodologischen Blickpunkt, der Schwerpunkt der ‚Rechtsanwendung'‚" (1960, 195 f.). Trotz aller Zugeständnisse auch an ein Willenselement und einiger distanzierender Anführungszeichen hält Larenz an Rechtsanwendung als Erkenntnis einer Wahrheit fest.

1489   Es gibt auch eindrucksvolle **aktuelle Beispiele**. „Der Gedanke des Rechts" wird 2006 von Johann Braun als Untertitel seiner ebenfalls idealistisch geprägten *Einführung in die Rechtsphilosophie. Der Gedanke des Rechts* ins Zentrum gestellt. Trotz mancher Vorbehalte und anderer sprachlicher Fassung wird auch hier „der Gedanke selbst" praktisch entscheidend. Das wird etwas langwierig ausgeführt: Der in der Rechtsprechung maßgebende Sinn einer Norm, heißt es,

> „liegt dabei (d.h. bei der „sinnvollen Kanalisierung des rechtlichen Diskurses") nicht allein ‚in der Norm selbst' – das wäre ein viel zu enger Blickwinkel –, sondern bestimmt sich auch nach der Rückinformation aus dem vorgestellten Auslegungsergebnis, letztlich also nach der *Beziehung der in der Norm für zulässig oder unzulässig erklärten Argumente zu dem Bild einer gerechten Ordnung*, das entfernt dahinter aufscheint und in allen Anwendungsfällen unterschwellig präsent ist. Die objektive Auslegung vermittelt das Gesetz nicht mit den politischen Zielen des Gesetzgebers, die für das Verständnis der Norm als Recht gleichgültig und oft sogar hinderlich sind, sondern mit dem Gedanken des Rechts selbst bzw. – weniger hoch gegriffen – mit einer Ordnung, die beanspruchen kann, den Leitbildern des Rechts in angemessener Weise Rechnung zu tragen. Grundlage der Rechtsanwendung muss danach ‚die Besinnung auf die *Wertungen* sein, auf denen unsere Rechtsordnung beruht.'" (2006, 385 f. Hervorhebungen wie Original).

1490   Konsequent obliegt dem Richter „Rechtserkenntnis" (S. 390).

1491   Das Wort **„objektive Auslegung"** fällt hier nicht zufällig. Es hat eine längere Geschichte seit um 1890, die hier nicht dargestellt werden muss. Objektive Auslegung läuft jedenfalls darauf hinaus, etwas **Wahres außerhalb des Gesetzestextes** in den Mittelpunkt zu stellen und gegebenenfalls gegen das Gesetz zu verwenden. Im Strafrecht sieht man den Effekt objektiver Auslegung, die die Rechtsprechung sehr liebt, am schärfsten. Naucke hat den Effekt an einem erstrangigen Beispiel benannt. Zu „Keine Strafe ohne Gesetz" (Art. 103 Abs. 2 GG) schreibt er anhand der Rechtsprechung des Bundesverfassungsgerichts unübertroffen klar und unerschrocken: „Die Gesetzesbindung im Strafrecht mit allen Präzisierungen wird für notwendig, aber im Detail für praktisch undurchführbar gehalten".[57] Instrumente, die dies fördern, haben in unserer Rechtsordnung keinen Methodenrang.

XII. Neuestes

1492   Wir haben wieder eine recht lebendige, **plurale juristische Wissenschaftsszene**. Daher wäre es erstaunlich, wenn es nicht auch ganz *Neue Theorien des Rechts*[58] gäbe. Schlägt man den eigens dafür geschaffenen Reader auf, so findet man 2009 nicht weniger als zwanzig neue Rechtstheorien vorgestellt, darunter auch eine „Theorie der Interpretation". Damit ist Donald Davidsons philosophische Sprachtheorie gemeint, wie er sie 1984 in einer Aufsatzserie unter dem Buchtitel *Inquiries into Truth and Interpretation* vor-

---

57   *W. Naucke*, Strafrecht. Eine Einführung, 5.A. 1987, 89.
58   Hg. von S. Buckel, R. Christensen u. A. Fischer-Lescano, 2006: 18 Theorien, 2.A. 2009: 20.

legte.[59] Eine juristische Methodenlehre müsste daraus erst noch entwickelt werden. Also sucht man weiteren Aufschluss über das Sachregister. Das gelingt auf Anhieb. Ein Stichwort *Methode* kommt dort nicht vor, nur das Stichwort *Methodenkritik* mit einem Verweis auf eine solche bei der sog. Dekonstruktion durch Nietzsche und Derrida (S. 33),[60] und einem auf die Methodenkritik der amerikanischen *Critical Legal Studies* (S. 114).

Das ist kein Fehler des Registers und kein Zufall. Alle diese neuen Theorien interessieren sich für **Rechtstheorie**. Was heißt hier Theorie? „Theorie", die „es ernst meint", sagt die *Einleitung*, „beleuchtet ... die blinden Flecke der Dogmatik und verweist auf konzeptionelle Kontingenzen." Sie „reagiert auf gesellschaftliche Herausforderungen", hier natürlich „neue" (Einleitung, VII). Solche Theorien schaffen sich immer zuerst ihren Gegenstand, um dann gegebenenfalls einige Methodenkonsequenzen anzufügen, die hier als sekundär keinen Registernachweis verdienten. Dabei spielen sie doch das alte Lied von der **Verfassungspolitik**. Z.B. werden für den als „Prozedurale Rechtstheorie" neu angeeigneten, sozusagen runderneuerten Wiethölter, „Folgen für einen juridischen Denkstil" behauptet (S. 90), die auf einen vollständigen Abschied von Methodenregeln hinauslaufen.[61] In der Sache geht es um die alte Verfassungspolitik der 1960er Jahre. Das klingt nun so: Nötig sei eine „neue Gewichtung der traditionell etatistischen Rechtsquellenlehre" und eine „Abwertung des politisch-legislativen Rechts (sowie) ... gleichzeitige Aufwertung plural-gesellschaftlicher Rechte als Resultat innergesellschaftlicher Konflikte und eine Aufwertung des Richterrechts als Sensorium für gesellschaftliche Normativitäten" (ebda.). Verfassungsstaat klingt also wie *etatistisch*, das heißt, wie eine mit Recht ungeliebte Staats- und Gesetzesvergottung; die politische *Legislative*, also das Parlament, verdient *Abwertung*, Kursverlust; die *gesellschaftlichen Rechte* werden kurzerhand zum *Resultat* erklärt und erleben *Aufwertung*, Kursgewinn; das *Richterrecht* wird erneut zum *Sensorium*, also zur Messinstanz für *gesellschaftlich* als schon gegeben behauptete Normativitäten.

Nach unserem Methodendurchgang erkennt man darin leicht die immer neu variierte **Botschaft der verfassungskritischen Rechtstheorien und Methodenlehren seit 1900:** Nichtstaatlich, gesellschaftlich, richterrechtlich wünscht man sich die Juristenwelt. Alle Veränderungen der Verfassungen und Wirklichkeiten seit über 100 Jahren, vom Kaiserreich bis in die Bundesrepublik, haben an diesem Prinzip der permanenten Totalkritik nichts geändert. Es hat offenbar überzeitlichen Rang, ergibt aber keine Methode.

Ganz neue Ausblicke auf Methoden eröffnet soeben die brillante, ganz unabhängige Analyse von Juan **Antonio Garcia Amado** über *Abwägung versus normative Auslegung? Kritik der Anwendung des Verhältnismäßigkeitsprinzips als Mittel juristischer Methodik*.[62] Amado vergleicht endlich einmal geschickt konkret die richterlichen Begründungsmethoden und ihre Prämissen. Das ist ebenso naheliegend wie klärend für den längst unfruchtbar schwelenden, teils philosophischen, teils dogmatischen, teils verfassungspolitischen, verwirrenden Streit. Dem sehr ernst zu nehmenden Ergebnis nach kann *jede Falllösung* (!) sowohl als Konfliktfall zwischen Prinzipien oder als Subsumtion unter Normen *dargestellt* werden (S. 41). Die unterschiedlichen Methoden wären also zunächst

1493

1494

1495

---

59 Deutsche Übersetzung 1986 unter dem Titel: Wahrheit und Interpretation.
60 Zitiert nach 1.A. 2006.
61 Siehe *Rohls*, Rn. 878 ff..Was Wiethölter betrifft, handelt es sich nun um einen anders gesehenen Wiethölter, der früher keineswegs missverstanden wurde. In unserem Buch hier wird der frühere vorgestellt, weil er nach 1968 historisch wichtig geworden ist und bleibt.
62 In: Rechtstheorie 40 (2009) S. 1–42.

gleich ‚geeignet', wohlgemerkt trotz der Unterschiede der Normformulierungen etwa in Grundrechten und BGB. Nun ist der ‚innere' Herstellungsprozess einer Entscheidung ohnehin nicht kontrollierbar und rational vergleichbar. Mit gutem Grund berechtigen daher die Motive beim Motivirrtum nicht zur Anfechtung (§ 119 BGB). Entscheidend wird, welche *Darstellungsmethode* vorzugswürdig ist, *rechtlich* vorzugswürdig. Hier spricht, so Amado, viel für die **Darstellung als Subsumtion**. Sie erscheint als *„weniger irreführend"* (S. 22, 34); sie hält den Gesetzgeber (auch diesen!) wie den Richter zu *bestimmterer* Begriffsbildung und Terminologie, zu Fallgruppenbildung und -vergleich, zu bewusster Analogie oder Gegenschluss usw. an. Sie schafft so vermutlich eher Nachvollziehbarkeit und damit Rechtsgewissheit im Interesse aller, nicht nur der Juristen – alles gute komparative Argumente. Empirische Studien über Rechtszufriedenheit insoweit wären dazu hilfreich, sind aber nicht ersichtlich. Jedenfalls sind Transaktionskosten für Rechtsaktionen, sei es Gestaltungsberatung oder Streit, bei klarem Recht wesentlich geringer.

1496   Bei weitem nicht so neu sind Behauptungen, es gebe eigenständige **europarechtliche Methoden.** Sie haben ihr Fundament in der etwas anderen Verfassungsposition des Europäischen Gerichtshofes, im oft weniger präzisen Charakter des Gemeinschaftsrechts und in abweichenden Begründungsstilen anderer Justiztraditionen. Der europäische Gerichtshof ist weniger in klarer Gewaltenteilung verankert, er versteht sich als Motor der Integration, verwendet konsequent häufig eine teleologische Methode, begründet eher im deduktiven französischen Stil, sieht sich nicht an Rechtsfortbildung gehindert und nimmt damit eine selbstständigere Rolle in Anspruch. Das ergibt den Eindruck einer besonderen Methode. Sie ist in der Tat sichtbar und gründet in den etwas anderen verfassungspolitischen Bedingungen dieses Gerichtshofs, die er auch noch ganz allein im sog. Auslegungsmonopol interpretiert.[63]

XIII. Was zu merken bleibt und was stimmt

1497   Unser Gang durch die bekanntesten juristischen Methodenkonzepte seit dem Beginn unserer juristischen Moderne bedarf einer **Zusammenfassung.** Ziehen wir also Bilanz und pressen wir die acht Schlachtrufe in eine handliche, schematischere Form. Und klären wir dabei die verfassungspolitische Frage, wer König in diesen Juristenreichen ist. Endlich können dabei die fünf **Standardthemen der Methodendiskussion** mitgeklärt werden, die von den Grundkonzeptionen abhängen, nämlich das Lückenproblem, das Rangproblem, das Objektiv-Subjektiv-Problem, das Teleologie- oder Zweckproblem und der jeweilige Rechtsbegriff:

1498   (1) *Begriffsjurisprudenz* war eine rein **polemische Etikettierung** (Jhering), sie verwirrt immer noch. Unstreitig war, dass Jurisprudenz ohne Begriffe nicht funktioniert und dass formale Logik nicht genügt. Treffend für das Konzept ist daher nur die Bezeichnung *Prinzipienjurisprudenz* (Savigny, Puchta, Windscheid). Mit allgemeinen Rechtssätzen soll das Recht im Interesse von Gleichbehandlung und optimaler individueller Sicherheit gesteuert werden, ohne dass man jeden einzelnen Fall regeln müsste, was bekanntlich dysfunktional wird. Natürlich kommt es dann auf die Prinzipien an und deren loyale Umsetzung. Diese Konzeption wurde gleich zu Beginn unserer Epoche, also etwa seit 1800, entwickelt. Als moderne **Antwort auf den ständischen Obrigkeitsstaat** zählt sie

---

63 Schnelle und aktuelle Orientierung dazu geben die Artikel zu *Auslegung* im: Handwörterbuch des europäischen Privatrechts, hg. von J. Basedow, K.J. Hopt u. R..Zimmermann, Bd. 1, Tübingen 2009; weiteres unten in der Bibliografie unter II. 8.

nach wie vor zu den Bedingungen des Verfassungsstaates der Neuzeit. Verfassungspolitisch begünstigte sie einen lebensnahen, aber wissenschaftlich professionell arbeitenden und zugleich gesetzestreuen Juristenstand, der am liebsten alleine herrschen sollte. Darin stecken freilich Ambivalenzen, denn diese Juristen konnten und mussten unterschiedlichen Herren dienen, vom König bis zum Volk und den Parlamenten. Die Rechtslücken werden hier von den Prinzipien aufgefangen. Ein Rangproblem entsteht nicht, da die Prinzipien selbst systematisch und hierarchisch geordnet sind. Die Frage, ob objektive oder subjektive Auslegung gelten soll, entsteht nicht, da ohnehin nicht der Gesetzgeber im Mittelpunkt steht. Zweckauslegung über den Buchstaben hinaus soll möglichst nicht stattfinden, die Prinzipiennormen sollen diese leicht illoyal missbrauchbare Technik abfangen.

(2) Die *Freirechtsbewegung* (Ehrlich, Kantorowicz, Fuchs, Stampe) will das Recht befreien und damit auch die Juristen. Sie setzt dafür auf **nichtstaatliches, sozial brauchbares** Recht, modern: *gesellschaftliches* Recht, und ermächtigt für die Umsetzung den Richter zum König. Das Parlament stört eigentlich. Was dabei für das Befreien herauskommt, hängt von der Justiz ab. Das freie Recht besteht gewissermaßen nur aus Lücken. Ein Rangproblem entsteht ebenso wenig wie ein Objektiv-Subjektiv-Problem. Zweckauslegung ist durchaus willkommen. Der Rechtsbegriff ist so weit wie das freie, gesellschaftliche „Meer" bei Fuchs. Politisch ist das freie Recht ambivalent, denn es hängt ganz davon ab, was aus dem Juristenstand und insbesondere die Richter daraus machen.   1499

(3) Die *Interessenjurisprudenz* (Heck) ist vorsichtiger und rechtsstaatlicher. Sie will die wertenden Interessenentscheidungen des **Gesetzgebers loyal nachvollziehen**, daher *denkender Gehorsam*. Verfassungspolitisch ist der Gesetzgeber König, freilich stark vertreten von den wissenschaftlichen Juristen, die die Interessenentscheidungen analysieren. Der Rechtsbegriff ist genauer differenziert. Neben dem Gesetz gibt es Gewohnheitsrecht und vor allem Regelungslücken. Diese sind präzisiert auf ungeplante Entscheidungsdefizite im Gesetz. Sie sollen möglichst loyal aus dem *Geist der Rechtsordnung* gefüllt werden, erst am Ende und zur Not aus richterlicher *Eigenwertung*. Vorrang hat konsequent die sog. **subjektiv-historische Auslegung** nach der authentischen Wertentscheidung der kompetenten Gesetzgebungsinstanzen. Demgegenüber erscheinen die objektive und die Zweckauslegung als verdächtig eigenmächtig.   1500

(4) Die *NS-Jurisprudenz* tritt in zwei Varianten auf. Die *normgestützte* Variante (das war Heinrich Lange) hält immerhin das geschriebene Gesetz, konkret das werdende *Volksgesetzbuch*, als Stütze fest, stellt sich aber als *Wertungsjurisprudenz* bewusst unter die herrschenden NS-Wertungen. Das *konkrete Ordnung- und Gestaltungsdenken* (Schmitt und Larenz) will sich ganz den schon gelebten Ordnungen unterordnen. Der Jurist soll nur *Rechtswahrer* sein. Die Ordnungen müssen jedoch in vielem erst genauer ausgestaltet werden. Beide Varianten beziehen sich entscheidend auf die **neuen kollektiven, völkischen, rassischen und nationalen Rechtswertungen**. Verfassungspolitisch stehen die Partei und ihr Führer im Zentrum, denn sie deuten im Zweifel, was als gelebte Ordnung maßgebend ist. Jede Umsetzung einer Rechtsnorm steht unter Führer-Vorbehalt. Die klassischen Probleme entfallen alle: keine Lücken, klarer Vorrang der Partei, nichts Subjektives oder Objektives, Zwecksteuerung immer dabei, etwa in den verbreiteten Präambeln, d.h. Vorsprüchen. Der Rechtsbegriff ist weit, aber doch doppelbödig rückgebunden an die politischen Instanzen und damit doch wieder eng.   1501

(5) *Wertungsjurisprudenz* wird 1945 ziemlich paradox zum verbreitet prominenten Stichwort. Man zog sich auf den **juristischen Wertungsakt als solchen** zurück. Das er-   1502

schien offenbar am wenigsten verfänglich und theoretisch sogar besonders redlich und ideologiefreier. Am Anfang des juristischen Wertens stand überall wieder mehr das Gesetz. Aber einige stellten es unter den Vorbehalt der höheren *Rechtsidee* (Larenz), eines *Realismus* (Esser, ähnlich Wieacker) oder einer *tieferen Schicht* mit der *Gerechtigkeitsidee* (Westermann), andere unter historisch gefestigte *Grundwerte* (Coing), wieder andere primär unter die nun geltende *Verfassung* mit ihren stark werthaltigen Grundrechten (Nipperdey). Verfassungspolitisch machte das deutliche Unterschiede. Die *Rechtsidee* und *Gerechtigkeitsidee* war Sache des deutenden Juristenstandes, ja eigentlich der Juristen als Ethik-Wissenschaftler. Ähnlich lag es mit den historisch gefestigten *Grundwerten*, die die Geschichtskundigen begünstigten. *Realismus* war eine immer nützliche, aber sehr schwankende und dynamische Empfehlung ohne Begriffe, die wiederum die ,realistischen' Juristen sehr ermächtigte. Für die Grundrechte der *Verfassung* waren zunächst alle Juristen, dann die Verfassungsjuristen und schließlich nur noch das Verfassungsgericht maßgebend. Für die *Rechtsidee* gab es kein wirkliches Lücken-, Rang-, Objektivitäts- und Teleologieproblem. Bei der Orientierung an der *geschriebenen Verfassung* kehrten diese Probleme konsequent wieder. Der Rechtsbegriff war mit der *Rechtsidee* ethisch-philosophisch erweitert. Bei der *Verfassungsorientierung* erhält der Rechtsbegriff eine weitere, juristisch höchste und vorrangige Ebene. Auf dem Wege der Drittwirkung erstreckt sich dieser Vorrang auf die gesamte Rechtsordnung. Wir sehen also mehrere Könige in verschiedenen Reichen.

1503 (6) Die *kritisch-politische Jurisprudenz* stellt alle diese Konzeptionen in Frage, als Illusion, Verfremdung, Ideologie, kurz: *bürgerlich* (Wiethölter, Wassermann). Sie sucht eine neue **Rechtstheorie auf dem Wege der Gesellschaftstheorie**. Neue Methodenregeln sind dabei vorerst kein Thema. Die Verfassung nimmt diese Jurisprudenz zwar in Bezug, aber in einem neuen Verständnis als vor allem demokratisch, nicht nur parlamentarisch, und sozialstaatlich. Die klassischen Methodenprobleme verschwinden auch hier. Der Rechtsbegriff wird weit gezogen, eben aus der ,wirklichen' Gesellschaft selbst. König in diesem Reich ist der kritische Jurist als Gesellschaftstheoretiker und Sozialingenieur.

1504 Der illusionslose und ideallose Abkömmling der kritisch-politischen Jurisprudenz ist der neuere *Methodenzynismus*.

1505 (7) Die *Abwägungsjurisprudenz* nimmt einen anderen Argumentationsweg (Lüth-Urteil, K. Hesse). Entscheidend sind am Ende nicht Tatbestandsmerkmale, prinzipielle Rechtssätze, Ausnahme-Regel-Verhältnisse und Normhierarchien, sondern Schutz-Güter auf der *Abwägungs*-Waage oder in der *praktischen Konkordanz*-Bemühung. Mit welchem Gewicht die Güter hineingelegt werden oder wann Diskordanz vorliegt, weiß man immer erst hinterher, auch wenn sich mit der Zeit manche Fallgruppen festigen. Dieser Vorgang lässt sich noch viel weniger in Regeln fassen als das Subsumieren. Die **klassischen Methodenprobleme werden darin unsichtbar**. Der Rechtsbegriff wird erweitert, denn diese Entscheidungen können das positiv entschiedene Recht leichter modifizieren. König in diesem Reich sind die Abwäger, also immer die Juristen. Verfassungspolitisch macht sich damit die Justiz zu einer zwar nachgeordneten, aber doch bemerkenswert selbstständig ordnenden Gewalt.

1506 (8) Die *Argumentationstheorie* will die alten Probleme vermeiden. Dazu nimmt sie die Richtigkeitsgewähr der Methodenregeln zurück und reduziert die **Regeln auf Begründungsregeln**. Die Methodenregeln regeln hier nicht den Weg zur richtigen Entscheidung, sondern illusionslos nur den zur richtigen **Darstellung der Begründung**. Sie regeln damit nur die Entscheidungsbegründung ,nach außen', nicht die Herstellung der Entscheidung.

Verfassungspolitisch wird dabei die Gesetzesbindung festgehalten. Die Entscheidung muss ihre Gesetzesbindung aufzeigen. Konsequent ergibt sich ein grundsätzlicher Vorrang der subjektiv-historischen Auslegung, der allerdings mit *vernünftigen* Gründen ausnahmsweise überwunden werden kann.

Die jüngste Untersuchung von Amado[64] fügt dem eine wichtige Einsicht hinzu: Er vergleicht die **Begründungsdarstellungen** und zeigt ihre **Gleichwertigkeit**. Man muss nicht abwägen, wie gerne behauptet wird. Das Abwägen folgt erst aus der selbstgeschaffenen Kollisions-Problemstellung. Es bleibt also Raum für die guten Verfassungsgründe, die immer schon für den Subsumtionsstil sprachen. Diese Darstellung kann besser rational kontrolliert werden an den Gründen, die sie nennen muss, besonders der aus dem Gesetz entnommenen. Die dunkle Werkstatt der Motivation interessiert normativ nicht. Es genügt die subsumierende Darstellung. Denn diese Form schafft offenbar mehr intersubjektive Klarheit und Kontrollierbarkeit.   1507

Und **was stimmt** nun? Der Gang durch die hauptsächlichen juristischen Methodenströmungen unserer langen Epoche beweist keine überzeitliche, endlich erkannte Wahrheit. Weder evolutionistisch, als geschichtliche Gesetzmäßigkeit, noch metaphysisch aus Natur, Vernunft, Rechtsidee oder sonst, noch pseudo-realistisch gemäß der ‚wahren‘ oder gesellschaftlichen Wirklichkeit, ist *die* juristische Methode vorgegeben. Wir sehen deutlich ihre je andere, historische Verankerung und Aufgegebenheit. Vor allem unser Blick auf ihre verfassungspolitischen und -rechtlichen Kontexte, ja Bedingungen, lehrt das. Geschichte und Zeitgeschichte werden damit zum unverzichtbaren Erkenntnisinstrument. Es kommt darauf an, die Kontexte und Bedingungen der eigenen Zeit zu ermitteln, zu würdigen und sinnvoll zu gestalten, im eigenen und im vergleichenden Rahmen.[65] Damit grenzt die Methodenlehre doch wieder an Rechtsphilosophie und Rechtstheorie.   1508

XIV. Studium

Studieren heißt sich **bemühen** um einen Gegenstand. Unser Thema lebt in Quellen- und Sekundärliteratur. Ein eigener Abschnitt in diesem Buch bietet daher einen ziemlich vollständigen kommentierten Literaturüberblick, auch zur Methoden- und Theoriegeschichte (Rn. 1567 ff.). Hier kommt es daher nur auf einige speziellere Hinweise zu dieser Übersicht an, die die Forschung etwa der letzten 30 Jahre zugänglich machen. Denn diese hat sich endlich kritisch gelöst von den sonst fast überall dominanten, **antifreiheitlich befangenen Perspektiven** der 1930er und 1950er Jahre, repräsentiert durch G. Boehmer, Wieacker, Larenz und noch A. Kaufmann[66]. Die Originale wurden neu erschlossen, gelesen und verarbeitet. Das neue Haus unserer Methodengeschichte hat schon einige Etagen. Es sieht sehr anders aus als bisher, der Bau ist jedoch nicht vollendet. Gesamtdarstellungen fehlen noch. Der Überblick hier und auch das Resümee wollen daher die wichtigsten Ergebnisse zugänglich machen, die für alle neuen Diskussionen und Würdigungen wesentlich erscheinen.   1509

Der historische Überblick hier schließt an die Einzeluntersuchungen in diesem Buch an, wobei natürlich die Nachweise zu den hier genauer vorgestellten Autoren (Savigny, Puchta, Jhering, Windscheid, Heck, Lange, Larenz, Wieacker, Coing, Esser, Wiethölter, Canaris, Müller, Teubner) **nicht wiederholt** werden und ebensowenig die Hinweise auf   1510

---

64 Siehe oben im Ausblick bei Fn. 61.
65 In diesem Sinne auch *Neumann* in Einführung (wie Fn. 53) 346 f.: Historische und kulturelle Relativität von Argumentationsstandards.
66 Siehe dazu die Einführung Rn. 8.

wichtige Literatur in der Einführung und im Resümee. Diese müssen bitte dort nachgeschlagen werden. Hier stehen knappe Hinweise auf die neuere Einzelforschung im Zentrum. Dies schon deswegen, weil wir nach dem treffenden Urteil eines der besten Kenner über „keine brauchbare Darstellung der Rechtsquellen- und Methodenlehre im späten 19. und frühen 20. Jahrhundert verfügen":[67]

1. Übergreifendes

■ Die jüngste Untersuchung für ca. 1900 bis 1960 mit Nachweisen bei *Joachim Rückert*, Vom „Freirecht" zur freien „Wertungsjurisprudenz" – eine Geschichte voller Legenden, in Zs. der Savigny-Stiftung für Rechtsgeschichte. Germanistische Abt. 125 (2008) S. 199–255.

■ Für 1850–1933 wichtig *Jan Schröder*, Zur Geschichte der juristischen Methodenlehre zwischen 1850–1933, in: Rechtsgeschichte 13 (2008) S. 160–175. Anders als der Titel nahelegt, geht es hier vor allem um den auf der Gegenstandsebene entscheidenden Umbau zu einem „voluntaristischen" Rechtsbegriff vom Willen her – gewiss zutreffend. Die Diskussion um *objektive* oder *subjektive* Auslegung seit ca. 1885 wird als Konsequenz gesehen (S. 172ff.). Soeben auch *ders.*, Recht als Wissenschaft, 2. Auflage, 2012.

2. Zur Begriffs- bzw. Prinzipienjurisprudenz

■ Dazu zuletzt präzise lexikalisch *Hans-Peter Haferkamp*, Begriffsjurisprudenz, in: Enzyklopädie der Neuzeit, Bd. 1, 2006, 1150–1152;

■ Ebenso *Jan Schröder*, Begriffsjurisprudenz, in: Handwörterbuch zur deutschen Rechtsgeschichte Bd. 1, 2.A. 2006, Sp. 500–502.

3. Zur Freirechtsbewegung

■ Jüngste Übersicht bei *Joachim Rückert*, Freirechtsbewegung, in: Handwörterbuch zur deutschen Rechtsgeschichte, Bd. 1, Lieferung 8, 2.A. 2008, Sp. 1772–1777.

4. Zur Interessenjurisprudenz

■ Dazu und zu ihrer Wirkung neuen Grund legend *Heinrich Schoppmeyer*, Juristische Methode als Lebensaufgabe. Leben, Werk und Wirkungsgeschichte Philipp Hecks, 2001.

■ Wertvoll dazu aus der Position von Heinrich Lehmann, ebenfalls einem der führenden Zivilisten, *André Depping*, Das BGB als Durchgangspunkt. Privatrechtsmethode und Privatrechtsleitbilder bei Heinrich Lehmann (1876–1963), 2002.

■ Zum öffentlichen Recht erste Übersicht bei *Michael Stolleis*, Geschichte des öffentlichen Rechts, Bd.2, München 1999, S. 172 f.

---

[67] *Jan Schröder* (wie Fn. 1) 160 (1. Satz).

5. Zur NS-Jurisprudenz

■ Wertvoll nun für eine breitere Kenntnis zunächst die Untersuchungen von *Depping* (s.o.) und *Hollstein* (s.u.)

■ Außerdem die Arbeit zu dem besonders beim *Volksgesetzbuch-Entwurf* führenden Zivilisten Justus Wilhelm Hedemann von *Christine Wegerich*, Die Flucht in die Grenzenlosigkeit. Justus Wilhelm Hedemann (1878–1963), 2004.

■ Generell *Joachim Rückert*, Das „gesunde Volksempfinden" – eine Erbschaft Savignys?, In: Zeitschrift der Savigny-Stiftung für Rechtsgeschichte 103 (1986) S. 199–247.

6. Zur Wertungsjurisprudenz nach 1945

■ Generell grundlegend nun *Ilka Kauhausen*, Nach der ‚Stunde Null'. Prinzipiendiskussionen im Privatrecht nach 1945, 2007.

■ Wertvoll dazu aus der Position von Nipperdey *Thorsten Hollstein*, Die Verfassung als „Allgemeiner Teil". Privatrechtsmethode und Privatrechtskonzeption bei Hans Carl Nipperdey (1895–1968), 2007.

■ Ebenso wertvoll aus der Nachkriegsposition von Lehmann *Depping* 2002 (s.o.); aus der einflussreichen Position eines, wenn nicht *des*, führenden Richters *Daniel Herbe*, Hermann Weinkauff (1894–1981). Der erste Präsident des Bundesgerichtshofs, 2008.

■ Zum Jurastudium und den Hauptpositionen nach 1945 *J. Rückert*, Abbau und Aufbau der Rechtswissenschaft nach 1945, in: Neue Juristische Wochenschrift 48 (1995) S. 1151–1159.

7. Zur Kritisch-Politischen Jurisprudenz

■ Eine kritisch-historische Analyse fehlt bisher.

8. Zur ökonomischen Analyse und Institutionenökonomie

■ Eine kritisch-historische Analyse fehlt bisher.

9. Zur Abwägungsjurisprudenz

■ Ein erster Versuch, die größeren **Zusammenhänge** aufzuklären, bei *Joachim Rückert*, Abwägung – die juristische Karriere eines unjuristischen Begriffs, oder: Normenstrenge und Abwägung im Funktionswandel, in: JZ 66 (2011), 913–923.

■ Eine relativ besonders klare **Erklärung** des Abwägens bei *Joachim Vogel*, Juristische Methodik, München 1999, 150–159.

■ Zur Entwicklung der **Staatsrechtslehre** nach 1945, leider ohne genauere Aufmerksamkeit für die Methodenfragen, allgemein vorzüglich *Frieder Günther*, Denken vom Staat her. Die bundesdeutsche Staatsrechtslehre zwischen Dezision und Integration. 1949–1970, München 2004; ein spannender Blick hinter die Kulissen der Texte mithilfe auch von etlichen Nachlässen und Briefen.

■ Zum **Lüth-Urteil** sehr hilfreich jetzt der Band von Thomas Henne und Arne Riedlinger (Hg.), Das Lüth-Urteil aus (rechts-)historischer Sicht, 2005, der freilich weniger die Methodengeschichte thematisiert als die politischen Faktoren.

■ Ein exemplarischer **Übungstext?** Es gibt einen höchst lehrreichen Einstieg über das Zivilrecht. Gemeint sind die historisch gut kontextualisierten Entscheidungsanalysen von *Roland Dubischar*, Prozesse, die Geschichte machten. Zehn aufsehenerregende Zivilprozesse aus 25 Jahren Bundesrepublik, München 1997, ohnehin ein unverzichtbares Buch über unser *law in action*. Die methodische Analyse kommt darin zwar eher zu kurz. Aber sehr geeignet und leicht für eigene Analyse sind die berichteten Begründungen z.B. in Kapitel 7 zum Fall Wallraff-Bild-Zeitung-Springerverlag, in dem ganze Juristenkohorten gegeneinander entschieden: der BGH (20.1.1981, NJW 81, 1366 und 1089), das Bundesverfassungsgericht (25.1.1984, E 66, 116), die Literatur, d.h. erst drei Öffentlichrechtler (Bettermann, Schmitt-Glaeser, Roellecke) und ein Strafrechtler (Geerds), später noch ein Zivilrechtler (Canaris contra BVerfG), alles in entlarvend gegensätzlicher *Abwägung*. Auch die *praktische Konkordanz* wurde mobilisiert (s. S. 177) – ein großartiges juristisches Hin und Her, und alles ganz ,*methodisch‘*. Das Rechtsproblem war und ist, wie oben erwähnt, zivilrechtlich § 823 I und die Möglichkeit ausnahmsweiser Rechtfertigung rechtswidriger Eingriffe als gerechtfertigt – eigentlich methodisch recht einfach ein Problem von Regel und Ausnahme, womit schon eine entscheidende methodische Bändigung erfolgt. Denn die Ausnahme ist als besonderer Fall im Verhältnis zur Regel zu begründen. Verfassungsrechtlich wird daraus nun die *Abwägung* der *Drittwirkung* zweier Grundrechte, ohne Ausnahme, Regel, Hierarchie oder ähnliche Bändigungen. Dafür hat die Verfassung auch kaum Tatbestände gebildet (s. aber Art. 9 III GG), weil an eine solche generelle Grundrechtswirkung einfach nicht gedacht war.

10. Zur Argumentationstheorie

■ Eine kritisch-historische Analyse fehlt bisher.

11. Zu Neuestes

■ Da ist ,naturgemäß‘ noch nichts durchforscht.

V. RESÜMEE

von *Frank Laudenklos*, *Michael Rohls* und *Wilhelm Wolf*
mit Ergänzungen von *Joachim Rückert* und *Ralf Seinecke*

Übersicht

I. Methode 551
II. Privatrecht und Verfassung 559
III. Bleibendes? 567

I. Methode

Eine zusammenfassende Würdigung der dargestellten Konzeptionen juristischer Methodik scheint zunächst kaum möglich: „Reconstruction des dem Gesetze inwohnenden Gedankens",[1] Auslegung aus dem „Rechtssystem"[2] und aus dem Gesetz durch den „Juristen als solchen",[3] Auslegung als ein Element einer „Constructions"-Jurisprudenz,[4] Auslegung in „denkendem Gehorsam",[5] Rechtsanwendung als Vollzug von Politik,[6] verbindliche Wertungen des Grundgesetzes,[7] Auslegung nach Telos und Rechtsidee,[8] hermeneutische Auslegung im „Ordnungsinteresse",[9] juristischer Negativismus und soziologisch bereicherte Jurisprudenz,[10] „bewegliches System" und Prinzipien,[11] Effizienzanalyse und streng empirische Institutionenanalyse[12] bis hin zu einer „Strukturierenden Rechtslehre"[13] – das alles setzt unterschiedlich an. Die Voraussetzungen der methodischen Konzepte scheinen sich nicht mehr aufeinander zu beziehen. Streckenweise ist nur Polemik zu finden.[14] Seit dem am Ende schlechten „Scherz" von Jhering (1884) besteht Einigkeit lediglich darüber, was abzulehnen ist: die sog. gesetzespositivistische Begriffsjurisprudenz. Positiv gewendet bedeutet das bereits für das ausgehende 19. Jahrhundert das Streben nach methodologischer Erneuerung angesichts einer Methode, die den tatsächlichen Bedingungen und Erfordernissen praktischer Rechtsarbeit immer weniger angemessen erschien. Für die Achse Norm–Wirklichkeit stellt der moderne Verfassungsstaat Begründungsanforderungen, die mit dem Instrumentarium der sog. Begriffsjurisprudenz offenbar nicht mehr erfüllt werden können.

1511

---

1 Oben *Rückert* zu Savigny, Rn. 76 ff.
2 Oben *Haferkamp* zu Puchta, Rn. 213 ff.
3 Oben *Rückert* zu Windscheid, Rn. 280 ff.
4 Oben *Seinecke* zum frühen Jhering, Rn. 352 ff.
5 Oben *Manegold* zu Heck, Rn. 428 ff., und *Pierson* zu Rüthers, Rn. 929 ff.
6 Oben *Wolf* zu Heinrich Lange, Rn. 536 ff.
7 Für Wieacker oben *Träger*, Rn. 656 ff., u. für den noch deutlicheren Nipperdey oben *Hollstein*, Rn. 493 ff.
8 Oben *Frassek* zu Larenz, Rn. 580 ff.
9 Oben *Schäfer* zu Esser, Rn. 755 ff., und *Foljanty* zu Coing, Rn. 810 ff.
10 Oben *Rohls* zu Wiethölter, Rn. 878 ff., und *Sahm* zu Teubner, Rn. 1136 ff.
11 Oben *Seinecke* zu Canaris, Rn. 991 ff.
12 Oben *Laudenklos* zur ökonomischen Analyse des Rechts, Rn. 1210 ff., und *Kirchner* zur Institutionenökonomik, Rn. 1252 ff.
13 Oben *Laudenklos* zu Friedrich Müller, Rn. 1181 ff.
14 Vgl. die Kritik an Wiethölter bei *Bydlinski*, Juristische Methodenlehre und Rechtsbegriff, Wien u. New York 1992, S. 158: seine Konzeption führe ins „methodologisch-praktische Nichts"; und die deutliche Drohung Krieles an die Adresse der Studenten, von der Anwendung der Müllerschen Methodik abzusehen, denn „die Arbeit wäre unbrauchbar und könnte nur mit ‚mangelhaft' bewertet werden", *Kriele*, Recht und praktische Vernunft, Göttingen 1979, S. 95.

1512   In ihrer Stereotypizität erzeugt die verbreitete **polemische Allianz** allerdings Misstrauen: Was ist damit gewonnen bzw. wem ist eigentlich damit gedient, wenn man die sog. Begriffsjurisprudenz fast einvernehmlich und teilweise pauschal verwirft? Birgt sie denn wirklich die Gefahr, dass die elementarste Rechtsvernunft nicht mehr beachtet wird?[15] Wessen Interessen werden eigentlich vertreten, wenn die „Abkehr von einer lebensfremden sog. Begriffsjurisprudenz[16] gefordert wird? Inzwischen weiß man mehr. Historisch ging es um Prinzipienjurisprudenz als ein Mittel zu möglichst umfassender Steuerung durch positives menschliches Recht. Darin lag eine entscheidende Abkehr von metaphysisch in Gott, Natur, Geschichte oder Vernunft verankertem Recht. In dieser Linie erwuchs im späten 19. Jahrhundert die betont rechtsstaatliche Orientierung der sog. Begriffsjurisprudenz.

1513   Es fällt auf, dass die Kritik bei dem Autor, der „Zeitzeuge" ist, *Philipp Heck*, am differenziertesten ist.[17] Sie richtet sich nicht gegen „Begriffsjurisprudenz" als bloße Wortklauberei oder notwendige Begriffsarbeit, sondern gegen das sog. Inversionsverfahren und dessen metaphysische Vorausetzungen. Diese Metaphysik setzt eine wohlgeordnete Welt voraus, die nur erkannt und auf Begriffe gebracht werden müsse. *Heck* setzt direkt an dieser Begriffskonzeption an und stellt sie als **Begriffsidealismus** in Frage. In der praktischen Rechtsarbeit und bei der Verwirklichung einer vom Gesetzgeber im Gesetz niedergelegten Interessenbewertung funktioniere sie nicht. Er setzt dem ein „begriffsrealistisches" Konzept entgegen. Es bleibt damit bei Rechtsbegriffen und der Absicht über diese eine starke Bindung des Richters an das Gesetz zu vermitteln.[18] In der Tat eröffnet dieser Begriffsrealismus eine wesentlich stärkere Bezugnahme auf das den Begriffen Zugrundeliegende: die Sachen selbst, und für den Prozess juristischen Entscheidens dann das noch reichere ‚Leben'. Die Bezugnahme auf das ‚volle Leben' nimmt das kritische Zweck-Motiv des späten *Jhering* auf. *Heck* übersetzt dabei das phänomenologische Programm – ‚zu den Sachen selbst' – ins Juristische. Hier wie dort vollzieht man also eine Abgrenzung gegenüber begriffslogischen Denkfiguren – für die Rechtswissenschaft mit, wie sich zeigen wird, im weiteren Verlauf nicht absehbaren Konsequenzen.

1514   Konkret bedeutet dieser **Methodenwechsel** einen bewusst und grundsätzlich erweiterten Entscheidungsspielraum für den Richter. Spielräume gab es notwendigerweise immer. Erst jetzt aber kann die Lückenhaftigkeit der Rechtsordnung in Form der „Wertungslücke" erstmals in einem methodischen Rahmen gedacht und begrifflich ausgewiesen werden. Das Dogma eines lückenlosen Rechts-„Systems" ist brüchig geworden. Der Richter kann nach *Heck* aus eigener Kenntnis und Lebenserfahrung kraft seines Richteramtes Interessen für schutzwürdig erklären.[19] Das ist für Heck allerdings ein Ausnahmefall. Kennzeichnend ist für ihn vielmehr eine möglichst strikte Beachtung der Gesetzesbindung und eine starke Betonung des Wortlauts der Normen. Intendiert ist demnach, der durch den historisch fassbaren Gesetzgeber getroffenen und in Rechtstexten niedergelegten Interessenbewertung über ihre Analyse durch den Richter für den zu entscheidenden Fall möglichst unmittelbare Normativität zukommen zu lassen. Folgerichtig ist die **historische Interpretation** im Rahmen dieser Konzeption das zentrale methodische Element. Die Hecksche Interessenjurisprudenz ist im Normalfall dazu aufgerufen, die gesetzgeberischen Wertungen möglichst neutral, d. h. ohne Hinzunahme autonomer richterlicher

---

15 So *Wieacker*, vgl. oben *Träger*, Rn. 672.
16 So *Larenz*, vgl. oben *Frassek*, Rn. 593
17 Oben *Manegold*, Rn. 438 f.
18 Die Gesetzesbindung ist für *Heck* „unabdingbare Notwendigkeit", *Manegold*, Rn. 447.
19 Oben *Manegold*, Rn. 460.

Entscheidungen oder Wertungen, zu verwirklichen. Sie respektiert damit die Bewertungs- und Normsetzungsbefugnis des Gesetzgebers und ist Baustein einer funktionierenden Gewaltenteilung.

Heck nimmt also eine zu Beginn des 20. Jahrhunderts virulente **geisteswissenschaftliche** **Strömung** auf und führt die Lebensbedürfnisse und ihre Wertungen – vermittelt durch die gesetzgeberische Bewertung derselben in Gebotsbegriffen und Rechtssätzen – methodisch beherrschbar der richterlichen Fallentscheidung zu. Er entwickelt ein Theoriemodell, das ein fraglich gewordenes Begriffsverständnis überwindet und zugleich die durch die Prinzipien- und Begriffsjurisprudenz erreichten rechtsstaatlichen Standards zu wahren versucht. 1515

Welche Entwicklung durch die starke **Akzentuierung der ‚vollen Lebenswirklichkeit'**[20] in Gang gesetzt wurde, zeigt sich wenig später bei *Larenz*: Er gibt die Disziplinierung des Faktischen durch gesetzgeberische Interessenbewertung auf, das Faktische kann unmittelbar normativ werden, ‚das Leben selbst ordnet zu'. Das bedeutet eine enorme Konzentration der Entscheidungsbefugnisse beim Richter, der nun Sachwalter der Grundsätze des Gemeinschaftslebens ist.[21] Das richtet sich unmittelbar gegen die in § 1 GVG von 1871 und Art. 102 WRV von 1919[22] normierte Bindung des Richters an das Gesetz. Sie wurde inzwischen als lästig empfunden, weil sie die „revolutionären" Veränderungen nach 1919 und nach 1933 zu bremsen schien. Die wichtige, weil oftmals fallentscheidende Frage, *ob* denn gewisse Fakten den Fall entscheiden *dürfen*, die Frage nach der Normativität also, musste natürlich weiterhin entschieden werden – nur fand nun diese Entscheidung nur noch sekundär in Auseinandersetzung mit relativ fest umrissenen, textlich objektivierten Maßstäben wie der Interessenbewertung des historischen Gesetzgebers statt, die auf der Grundlage einer vom Gesetzgeber erlassenen Rechtsnorm erforscht werden kann. Die Struktur der Normativität wurde radikal verändert: Rechtsbegriffe werden nunmehr als gegenüber den „Bedürfnissen des Lebens" zu „starr" empfunden, in Urteilsgründen finden sich immer häufiger Bezugnahmen auf konkret normative Lebensverhältnisse. Diese Entwicklung zielt – unter nunmehr veränderten politischen Rahmenbedingungen – auf die Ermöglichung flexiblen, „situativen" Rechts.[23] Dabei lässt sich die Entscheidung, ob und welche Fakten normativ werden dürfen, bei *Larenz* methodisch kaum noch beherrschen. Gesetzesbindung wird zur rhetorischen Rechtfertigungsfigur, ein verfassungspolitischer Kontext ist kaum noch gewährleistet. 1516

Die machtpolitisch ausgerichtete erfolgsbezogene „Methode" *Heinrich Langes* geht noch einen Schritt weiter. Er lässt den Richter durch eine „erfolgsbestimmte" „Wertungsju- 1517

---

20 Zum Problem der Lebensbezüglichkeit und eines dadurch beeinflussten Rechtsbegriffs *Rückert*, Der Rechtsbegriff der Deutschen Rechtsgeschichte in der NS-Zeit: der Sieg des „Lebens" und des konkreten Ordnungsdenkens …, in: Die Deutsche Rechtsgeschichte in der NS-Zeit, hrsg. von Joachim Rückert und Dietmar Willoweit, Tübingen 1995, S. 177–240. *Haferkamp*, Der Jurist, das Recht und das Leben, in: Verein zur Förderung der Rechtswissenschaft (Hrsg.), Fakultätsspiegel n.F. Bd. 3, Köln 2005, S. 83–98; *ders.*, Lebensbezüge in der Zivilrechtsdogmatik des 19. und 20. Jahrhunderts, in: Gedächtnisschrift für Valtazar Bogisic Band 1, Belgrad 2011, S. 301–313.
21 Oben *Frassek*, Rn. 597.
22 Diese Vorschriften waren während der gesamten nationalsozialistischen Epoche in Geltung.
23 Vgl. zu diesem „Modernisierungsschub" *Ingeborg Maus*, Juristische Methodik und Justizfunktion im Nationalsozialismus, in: Recht, Rechtsphilosophie und Nationalsozialismus, hrsg. von Hubert Rottleuthner, ARSP Beiheft Nr. 18, Wiesbaden 1983, S. 176–196 und näher *Rückert*, Zu Kontinuitäten und Diskontinuitäten in der juristischen Methodendiskussion nach 1945, in: Erkenntnisgewinne, Erkenntnisverluste, Stuttgart 1997, S. 113–165, bes. 140 ff.; sowie im historischen Überblick unter 6.

risprudenz" gestalten,[24] wobei der Richter in seiner Gestaltungsfreiheit an den Willen des „Führers" gebunden ist. Kommt im anzuwendenden Gesetz die (aktuelle) Führerentscheidung korrekt zum Ausdruck, so ist es anzuwenden – andernfalls ist es bedeutungslos. Die ursprüngliche rechtsstaatliche Funktion des allgemeinen Gesetzes zur Bindung öffentlicher Gewalt ist aufgegeben. Es ist nicht mehr selbstständige Entscheidungsgrundlage für Rechtsfälle, sondern stets an außerrechtliche Wertungen, an faktisches Wollen rechts- und staatsbeherrschender Personen gebunden. Hier ist ein erster Endpunkt erreicht: Es gibt nur noch „Leben", nur noch Faktisches, nur noch „Sein". „Sollen" ist nicht mehr in Rechtssätzen aktualisiert, sondern kraft unmittelbarer Durchsetzungsmöglichkeit politischer Entscheidungen nur noch als „Sein" – das allgemeine Gesetz ist verschwunden. Die juristische Methode hat ihren bisherigen Gegenstand verloren und außerhalb des Politischen keine Funktion mehr. Jenseits ihrer Erfolgsbezogenheit sind die Unterschiede der methodischen Richtungen bedeutungslos und damit letztlich „indifferent".[25]

1518 Auch nach dem 2. Weltkrieg ist eine Rückkehr zum rechtsstaatlichen Rechtspositivismus angesichts der Vorgänge zwischen 1933 und 1945 überwiegend nicht gewollt. Man macht ihn statt dessen ohne nähere Untersuchung zum Sündenbock der ‚Rechtsperversion' durch den NS.[26] Die Formel von den „gebundenen Händen" des Richters macht die Runde. Dass von einer effektiven „Bindung" an *Rechtssätze*, und darum ging es dem rechtsstaatlichen Gesetzespositivismus in erster Linie, gerade in der NS-Zeit nicht mehr viel übrig geblieben war, wird vor allem an den Beiträgen über *Larenz* und *Lange* deutlich.[27] Kritische Stimmen zu dieser bestenfalls problematisch zu nennenden und inzwischen als widerlegt anzusehenden Sicht auf die Rechtsprechung im Nationalsozialismus tauchen – zumal in der unmittelbaren Nachkriegsperiode – nur sehr verhalten und an wenig prominenter Stelle auf.[28]

1519 Das ermöglichte es auf der anderen Seite, den „Modernisierungsschub", d. h. die Modifikationen der Struktur der Rechtsnorm und der Struktur von Normativität, aufzunehmen. Zunächst steht allerdings die Frage nach dem richtigen „Verstehen" von Rechtsnormen im Vordergrund. Wiederum wird, wie schon zuvor bei *Heck* gesehen, eine außerjuristische Strömung, die „**hermeneutische Methode**", für die Behandlung von Normtexten herangezogen. Für *Larenz* liegt das nahe, beschreibt doch die Hermeneutik eine zwischen zwei Positionen sich ereignende, gegenseitige Angleichung herbeiführende, Bewegung und ist damit nichts anderes als eine auf das Moment des Verstehens kon-

---

24 *Lange*, Justizreform und der deutsche Richter. Deutscher Juristentag 1933, S. 181–189, hier 185 u. *ders.*, Mittel und Ziel der Rechtsfindung, in: ZsAkadfDtR 1936, S. 922 ff.

25 Oben *Wolf*, Rn. 554.

26 Dieses Rechtfertigungsmuster kann inzwischen als widerlegt gelten; vgl. dazu z. B. die Beiträge in Recht, Rechtsphilosophie und Nationalsozialismus (wie Fn. 18) und bes. *Manfred Walther*, Hat der juristische Positivismus die deutschen Juristen wehrlos gemacht?, in: Recht und Justiz im „Dritten Reich", hrsg. von Ralf Dreier und Wolfgang Sellert, Frankfurt 1989, S. 323–354; auch schon *J. Rückert*, Das „gesunde Volksempfinden" – eine Erbschaft Savignys?, in: ZSGerm 103 (1986) S. 199–247, hier 208 mit weiteren Nwn.

27 Vgl. dazu oben *Frassek* und *Wolf*; auch *Manfred Walther*, wie Fn. 21. Unter Rückgriff auf eine Vielzahl von Urteilen, allerdings mit nicht ganz unproblematischen Schlussfolgerungen zu Grenzen und Leistungsfähigkeit juristischer Methode: *Bernd Rüthers*, Die unbegrenzte Auslegung. Zum Wandel der Privatrechtsordnung im Nationalsozialismus, 1. Auflage Tübingen 1968, jetzt 6. Auflage, Tübingen 2005 (mit dazu weiterentwickelter Analyse in § 22); zitiert wird im Folgenden die 4. Auflage von 1991. Zu alledem jetzt oben *Pierson*, Rn. 922 ff.

28 Vgl. die Bemerkung *Gustav Radbruchs* in einem Brief an *Erik Wolf* aus dem Jahr 1939: „Und *jetzt* will mir der Positivismus sogar als ein Ideal wieder erscheinen, das uns bitter not tut.", Hervorhebung von *Radbruch* in: Briefe II (Bd. 18 der Gesamtausgabe), Heidelberg 1995, Brief Nr. 166, S. 153, 154.

kretisierte Verarbeitung Hegelscher Erkenntnistheorie. Deren Voraussetzungen liegen auch dem *Larenz*'schen „Typus" zugrunde. Die hermeneutische Methode avancierte schnell zum Standard „kritischen" Textverstehens, was ihre Rezeption in der Jurisprudenz sicherlich gefördert hat. Von den hier vorgestellten Autoren knüpfen immerhin *Larenz, Wieacker, Esser* und *Coing* der Sache nach, *Müller* terminologisch an dieses Modell an.[29] Zusammenfassend kann gesagt werden, dass die Gemeinsamkeit im wesentlichen darin besteht, über das Reflektieren des „Vorverständnisses" (Esser) bisher unbewusst bzw. unbenannt gebliebene Wertungen in ihrer Bedeutung für die Fallentscheidung auszuweisen. Die hermeneutische Methode dient also vor allem einer Rationalisierung der Bedingungen des jeweiligen Textverständnisses eines Interpreten und teilweise auch einer Operationalisierung des Verstehensmomentes im Ablauf juristischen Entscheidens.

Damit werden zugleich ihre **Grenzen für eine Rationalisierung** des Entscheidungsprozesses insgesamt deutlich: Hermeneutik kann zwar den Prozess des Verstehens reflektieren. Sie kann jedoch für die Behandlung der vor dem Hintergrund der nationalsozialistischen Rechtsanwendung offen und brisant gebliebenen Frage, unter welchen Voraussetzungen Faktisches („Lebensverhältnisse", „konkrete Ordnungen" usw.) normativ werden darf, bzw. wie eine Entscheidung darüber gesteuert und gebunden werden soll und kann, nur mittelbar und im Ergebnis sehr bedingt etwas leisten. Erkannt wird das vor allem von *Esser*, der darauf hinweist, dass das juristische Interesse nicht primär ein *Verstehensinteresse*, sondern in erster Linie ein **Ordnungsinteresse** sei.[30] Das aber ist hier entscheidend: Ein an rechtliche Normativität anknüpfendes Ordnungsinteresse, das die Ordnungsmaßstäbe über eine reflektierte, hermeneutische Arbeit mit Rechtstexten zu gewinnen versucht, findet zu den Problemen von Lebenssachverhalten, die mit den Regelungen des BGB scheinbar nicht zu lösen sind, einen ganz anderen Zugang als Larenz. Larenz ist aufgrund seiner Begriffskonzeption viel eher bereit, das In-Gang-Kommen einer „Bewegung" zwischen Begriff und Gegenstand anzunehmen, in dessen Verlauf die Normativität rechtlicher Regelungen zugunsten einer normativen konkreten Ordnung überspielt werden kann.[31] Da diese „Bewegung" durch das Faktische ausgelöst wird, korrespondiert dem eine deutlich höhere Bereitschaft, Regelungslücken festzustellen. Das Faktische bleibt damit oftmals das Bestimmende und zwingt dem Recht seine als Sollen behauptete „Notwendigkeit" auf. Für Esser hingegen ist das soziale Phänomen grundsätzlich keine *Autorität*, sondern *Objekt der Rechtskritik* und dient somit der Verbesserung der Tatbestandsbildung ohne Preisgabe des rechtlich Errungenen.[32] Die Konsequenzen sind an den von *Frassek* und *Schäfer* gewählten Beispielen deutlich zu erkennen: Während *Larenz* für Verträge, die unter bestimmten Umständen „zustandekommen", das Willensprinzip aufgibt, ist das Willensprinzip als Ausdruck rechtsgeschäftlicher Privatautonomie für *Esser* gerade das Errungene, das er nicht leicht verabschieden will. Der Blick ins Faktische führt zu einer Überprüfung und Verfeinerung der Nichtigkeitslehre –

1520

---

29 Das Wort „Hermeneutik" wird von *Friedrich Müller* mit einer vom üblichen Sprachgebrauch stark abweichenden Bedeutung gebraucht; vgl. nur *dens.*, Juristische Methodik[6], S. 27: „Hermeneutik' meint hier nicht die traditionelle rhetorische Kunstlehre in ihrer Anwendung auf die Rechtswissenschaft, sondern die Untersuchung der Struktur rechtlicher Normativität und der grundsätzlichen Bedingungen rechtlicher Konkretisierung".

30 Oben *Schäfer*, Rn. 789..

31 Die Probleme werden teilweise lediglich behauptet, ohne dass sie in Auseinandersetzung mit den rechtlichen Konstruktionen schlüssig dargelegt würden, vgl. *Frassek*, Rn. 633 f..

32 Oben *Schäfer*, Rn. 800; auch hier kommt also eine Bewegung zwischen der rechtlichen Regelung und dem sozialen Faktum in Gang, allerdings gesteuert über das primäre, normativ-rechtliche Ordnungsinteresse.

der Anerkennung neuer Tatbestände bedarf es hier nicht. Auch *Coing* und *Nipperdey* halten in diesem Sinne am Vorrang des Rechtlichen fest.

1521 Die Tendenz zu einer Rationalisierung juristischen Entscheidens wird bei *Wiethölter*, *Friedrich Müller* und in der ökonomischen Analyse des Rechts radikalisiert, allerdings unter je eigenen Voraussetzungen. Die Institutionenökonomik lässt zudem die Handlungs- und Wirkungsbedingungen schärfer erkennen.[33] *Wiethölter* nimmt die bereits 1937 von *Horkheimer* analysierte Defizienz eines Theoriebegriffs[34] für die Rechtswissenschaft auf, der seine eigenen gesellschaftlichen Voraussetzungen nicht reflektiere: Das Recht müsse in seinen sozialen Implikationen und nicht als isoliertes Begriffsgebäude gesehen werden.[35] In seiner Kritik, Recht werde traditionell in verdeckter Weise politisch genutzt, klingt das alte Problem einer gruppenspezifischen Interessen dienenden, durch die Justiz als ‚Klassenjustiz' vermittelten und dadurch nur schwer kontrollierbaren staatlichen Macht an. Es bleibt jedoch fraglich, ob diese Analyse eine tragfähige Grundlage für die rechtstheoretische Präzisierung des Problems ist. Entscheidend ist die Frage, ob und wie der Punkt bestimmt werden kann, an dem die Entscheidung von legitim konkretisierter, staatlich vermittelter Macht in lediglich politisch motivierte, unvermittelte „bloße Gewalt" umschlägt. Die Bestimmung dieser Differenz wäre nötig, um rechtspraktische Konsequenzen ziehen zu können. Den Versuch, das Problem rechtspraktisch anzugehen, unternimmt *Wiethölter* nicht. Die griffige Behauptung, der Jurist wisse nicht, was er tue, bleibt gerade vor dem Hintergrund der hier dargestellten methodischen Konzepte, besonders der bewusst machtpolitisch-erfolgsbezogenen Methode *Langes*, mehr als fragwürdig. Es scheint vielmehr, dass die Richter und Juristen die jeweils beanspruchten Entscheidungsspielräume ganz bewusst zu nutzen wussten und wissen.[36]

1522 Auch die **ökonomische Analyse des Rechts** versucht mit der Effizienzanalyse einen objektivierten Entscheidungsmaßstab bereitzustellen, um so den Entscheidungsprozess zu rationalisieren. Damit kann sie die Effizienz einzelner rechtlicher Regelungen bestimmen. Sie funktioniert also als folgenabschätzendes Kontrollinstrument; ein geschlossenes rechtsmethodisches Konzept stellt sie jedoch nicht dar. Auch die **Institutionenökonomik** liefert wesentliche analytische Bereicherungen. Ein juristisches Methodenkonzept ist jedoch nicht ihr Anliegen.

1523 *Wiethölter*, die ökonomische Analyse des Rechts und die Institutionenökonomie stellen insgesamt Ausnahmepositionen dar: Für juristische Ohren wird hier eine andere Sprache gesprochen, Gesetz, Rechtsnorm, Normativität sind Begriffe, die hier in grundsätzlich

---

33 Oben *Kirchner*, Rn. 1252 ff.

34 „Die traditionelle Vorstellung der Theorie ist aus dem wissenschaftlichen Betrieb abstrahiert, wie er sich innerhalb der Arbeitsteilung auf einer gegebenen Stufe vollzieht. Sie entspricht der Tätigkeit des Gelehrten, wie sie neben allen übrigen Tätigkeiten in der Gesellschaft verrichtet wird, ohne daß der Zusammenhang zwischen den einzelnen Tätigkeiten unmittelbar durchsichtig wird." *Max Horkheimer*, Traditionelle und Kritische Theorie (1937), Sonderausgabe bei Fischer, Frankfurt 1992, S. 205–259, S. 214; dem wird das Kritische Denken gegenübergestellt; dieses hat „bewußt ein bestimmtes Individuum in seinen wirklichen Beziehungen mit anderen Individuen und Gruppen, in seiner Auseinandersetzung mit einer bestimmten Klasse und schließlich in der so vermittelten Verflechtung mit dem gesellschaftlichen Ganzen und der Natur zum Subjekt.", ebda S. 227.

35 Oben *Rohls*, Rn. 917.

36 Für den Nationalsozialismus hat das *Rüthers*, wie Fn. 28, gezeigt (vgl. dort z. B. S. 170: Auslegungsoperationen werden im Rahmen der Urteilsbegründungen unterschiedlichen methodischen Elementen zugerechnet; oder S. 167 f.: die sehr „freie" Behandlung des gesetzlichen Tatbestands des § 2 MietSchG). Für Weimar vgl. *Rückert*, Richtertum als Organ des Rechtsgeistes: die Weimarer Erfüllung einer alten Versuchung, in: Geisteswissenschaften zwischen Kaiserreich und Republik, hrsg. von K. W. Nörr, B. Schefold und F. Tenbruck, Stuttgart 1994, S. 267–313, hier S. 281–294 unter genauer Analyse der Urteilsbegründungen.

verändertem Funktionszusammenhang stehen. Einen eigenständigen Ansatz verfolgt auch *Teubner*. Soziologische Bereicherung führt er nun ganz konkret und fruchtbar durch.[37] Derart produktiv lassen sich alle diese Positionen verstehen und nutzen.

Anders *Friedrich Müller*. Er greift diese Begriffe und die Kritik an den Defiziten der sog. Begriffsjurisprudenz, richtiger: Prinzipienjurisprudenz, sehr differenziert auf. Seine Kritik an diesem Modell richtet sich nun aber nicht mehr gegen dessen angebliche Unfähigkeit, Lebensphänomene angemessen zu verarbeiten; vielmehr ist dieses Modell für ihn nicht in der Lage, die tatsächlichen Vorgänge praktischer Rechtsarbeit – also vor allem richterlicher Fallentscheidung – unter Berücksichtigung der aktuellen verfassungsrechtlichen Standards zu beschreiben. Es verdecke vielmehr massive richterliche Wertungen hinter der rhetorischen Fassade einer behaupteten Rechts*erkenntnis*. In der richterlichen Entscheidung aktualisiere sich tatächlich oftmals unausgewiesen und damit methodisch nicht beherrschbar nicht etwa gesellschaftlich legitimierte *Macht*, sondern schlichte *Rechtsgewalt*.   1524

Dem stellt Müller eine **Rechtsnormtheorie** gegenüber, die den Begriff der Normativität neu fasst. Normativität ist nicht mehr eine Eigenschaft von Texten, wie es nach *Müller* der Positivismus hat glauben machen wollen, sondern ein vom Richter herzustellendes Arbeitsergebnis: die Rechtsnorm. Sie setzt sich gleichermaßen zusammen aus Elementen der (Norm-)Textbearbeitung *und* der Auswahl von Faktischem. Hauptziel der juristischen Methodik *Müllers* ist es daher vor allem, diesen Prozess der *Herstellung von Normativität* methodisch beherrschbar zu machen. Die Textbearbeitung durch den Richter wird im so beschriebenen Arbeitsprozess nicht mehr nur als ein Verständlichmachen gefasst. Die Parteien streiten vielmehr um die *Durchsetzung* verschiedener Bedeutungen. Sie stehen in einem *semantischen Kampf*. Juristische Methodik hat dafür zu sorgen, dass er mit gleichen, rechtsstaatlichen Mitteln ausgetragen werden kann. Argument für eine bestimmte Referenzfixierung können daher niemals bloße Fakten sein. Vielmehr können diese nur dann zum Bestandteil der Rechtsnorm werden, wenn es der konkretisierte Normtext erlaubt: Dieser, vom parlamentarischen Gesetzgeber erlassene Text, ist Ausgangspunkt des Entscheidungsprozesses. Mithin bestimmt er mittelbar (d. h. in seiner bearbeiteten Form des Normprogramms) anhand der Frage „relevant/vereinbar", ob und welche Fakten normativ werden *dürfen* – Normativität muss einem Faktum im Einzelfall also immer (durch aktive Handlungen des *entscheidenden* und nicht bloß *erkennenden* Richters) zugesprochen werden. Eine der je einzelnen Entscheidung vorausliegende „Normativität des Faktischen" kann es in dieser Rechtsordnung, d. h. unter der Geltung des Bonner Grundgesetzes, nicht geben.   1525

Der **verfassungstheoretische Bezug** und die Bedeutung der Überlegung, was im Rahmen von „Textinterpretation" überhaupt möglich ist, wird durch einen Vergleich mit den klassischen methodischen Elementen *Savignys*, der am Anfang unseres Gangs durch die verschiedenen methodologischen Positionen steht,[38] deutlich. Die von ihm formulierten „canones" waren gedacht für den Umgang mit Gesetzen in „gesundem Zustand" und für deren volle Entfaltung. Dabei standen also dem Schluss auf den „Gedanken" des Gesetzes und somit auf dessen „wahren Inhalt" keine wesentlichen Hindernisse entgegen. Innerhalb der Kanones besteht für *Savigny* daher keine Rangregel. Zwischen Textarten und deren jeweiliger politischer Legitimität wird nicht unterschieden. Die Ausle-   1526

---

37 Oben *Sahm*, Rn. 1136 ff.
38 Oben *Rückert*, Rn. 76 ff.

gung geht auf das Ganze und sucht den einheitlichen Gegenstand.[39] Demgegenüber wird das heute von den „canones" Übriggebliebene gerade auch für die Auslegung „mangelhafter" Gesetze benutzt. Dazu aber bildet auch Savigny eine ‚weiche' Hierarchie der Argumente und hier auch mit dem sonst vermissten Zweck-Argument. Für den „methodologischen Konflikt" gibt dann *Müller* ausdrücklich eine Rangregel an.[40] Denn Rechtskonkretisierung fügt sich bei ihm in eine verfassungsrechtliche Funktionenlehre ein, geht also nicht auf das „Ganze", sucht weniger die „einheitliche Schöpfung"[41] als vielmehr den konkreten Teil im Rahmen des Ganzen legitim zu entscheiden.

1527   Der Rückbezug auf den verfassungstheoretischen Kontext wird auch bei der **Bearbeitung der Texte** deutlich. *Savigny* unterscheidet zwischen *Ausdruck* und *Gedanke* des Gesetzes. Auslegung ist für ihn die „Reconstruction des dem Gesetze inewohnenden Gedankens".[42] Das rekonstruierende Verfahren wird zur „freyen Tätigkeit": Wissenschaft und Kunst im Sinne *Savignys* „schöpfen eine verlorene Schöpfung nach".[43] Die Wendung von der „verlorenen Schöpfung" bezeichnet präzise das Dilemma eines sich auf Texte stützenden Gesetzgebers, dem ein „Sagen-Wollen" in der Form abstrakter „Gesetzes-Texte" nicht gelingen kann. Um das „Nachschöpfen" jedoch im Rahmen der Verfassungsvorgaben zu binden, muss auch und gerade bei mangelhaften Gesetzen auf dasjenige Instrumentarium zurückgegriffen werden, mit dessen Hilfe an das Medium dieses „Sagen-Wollens" spezifische Fragen gestellt werden können, d.h. also auf die textbezogenen Konkretisierungselemente. Denn nur die Nähe zum „Ausdruck" (den Textzeichen) des Gesetzes kann im Rahmen des Möglichen die Konkretisierung an gesetzgeberische Vorgaben binden. Eine Relativierung des Textes auf seinen „Gedanken" wäre zu leicht geeignet, den Text gegen den Autor zu wenden.[44]

1528   Die juristische Methodik *Friedrich Müllers* hat unter den hier vorgestellten Konzepten den **deutlichsten verfassungstheoretischen Bezug**. Die radikale Kritik an den traditionellen Konzepten von Normativität, Rechtsnorm, Konkretisierung usw. führt an einen Punkt, von dem aus auf zentrale methodische Probleme völlig neue Antworten gegeben werden müssen. Vor dem Hintergrund, dass die amtlichen Normtexte eben noch nicht normativ sind, wird bereits die Frage, woran der Richter im Rahmen des Art. 97 I GG überhaupt gebunden ist („Gesetz"), zum Problem. Hier Klarheit zu schaffen, ist aber Voraussetzung, die Frage problemadäquat neu stellen zu können. Nur unter dieser Voraussetzung kann das deterministische Modell einer vorgegebenen Bedeutung aufgegeben werden. Damit arbeiten letztlich auch die hermeneutischen Varianten, denn das ‚verstehende Eindringen in den Sinn' setzt die Präexistenz eben dieses Sinns unabhängig von der Tätigkeit des Richters bereits voraus. Aus dieser, auf der Grundlage der Beobachtung der Rechtspraxis gewonnenen Perspektive, werden die tatsächlichen Spielräume der richterlichen Bedeutungsfixierung deutlich. Und erst wenn diese Spielräume in ihrem ganzen (erheblichen) Ausmaß erkannt werden, können sie wirksam gebunden werden. Die grundsätzliche Frage nach den Bedingungen der Möglichkeit richterlicher Bindung

---

39 *Rückert* oben Rn. 101 u. 111, *ders.*, Idealismus, Jurisprudenz und Politik bei Friedrich Carl von Savigny. Ebelsbach 1984, S. 352.
40 *Savigny* löst diesen Konflikt institutionell, d. h. über einen in diesem Fall anzurufenden Gerichtshof, vgl. oben *Rückert*, Rn. 154 f.
41 Vgl. *Rückert*, Savigny (Fn. 40), S. 352.
42 Vgl. ebda.
43 Ebda.
44 *Rückert*, Savigny (Fn. 40), S. 356.

kehrt zurück: Das Terrain wird neu gesichtet, Unhaltbares aufgegeben, Verbleibendes und Hinzugewonnenes um so präziser gefasst.

Für das **Zivilrecht** ist hervorzuheben, dass der verfassungstheoretische Kontext der Müllerschen Methodik diese keineswegs auf das Verfassungsrecht beschränkt. Das methodische Konzept findet, der Rechtsnormtheorie entsprechend, in jedem Rechtsgebiet Anwendung, das Normtexte an den Anfangspunkt der Rechtskonkretisierung stellen muss. Art. 97 I GG differenziert nicht nach einzelnen Rechtsgebieten. In ihrer Sensibilität für die verfassungstheoretischen Funktionsbedingungen der geteilten staatlichen Gewalt ist diese Methodik, im Gegensatz zu den meisten anderen der hier vorgestellten Konzepte geeignet, das aufgrund privatautonomer Vereinbarung zwischen den Parteien für Recht Gesetzte zu respektieren und von richterlichen Eingriffen in Form quasigesetzgeberischer Tätigkeit freizuhalten.[45] In dieser Form, staatliche Rechtsmacht kritisch zu reflektieren *und* in einem Strukturkonzept methodisch zu binden, kann die Strukturierende Rechtslehre Baustein für eine neu zu denkende Privatrechtstheorie sein.

1529

II. Privatrecht und Verfassung

Methode steht stets im Verhältnis zu einem Gegenstand. Daher wurde hier der Zivilrechtsbegriff mitbedacht. Eine privatrechtstheoretische Neuorientierung setzt eine entsprechende Analyse der oben angeführten Methodenkonzepte voraus, um deren konstitutive Bedeutung für den Gegenstand Privatrecht und seine Stellung in unserem Verfassungsgefüge zu bestimmen.

1530

Zumindest als Ausgangsthese lässt sich formulieren, dass alle hier vorgestellten zivilistischen Methoden auch **außergesetzlicher Wertmaßstäbe** bedürfen. Die Wertmaßstäbe dienen der Orientierung und Ausrichtung auf dem Weg von der Rechtsgestaltung bis zur Rechtsfindung. Gestützt wird diese These z.B. durch die wertende Gebotsbildung bei *Philipp Heck*,[46] die Funktion des Rechtsgefühls bei *Heinrich Lange*,[47] die Wertung anhand praktischer Vernunftgründe bei *Franz Wieacker*,[48] die Anerkennung einer überpositiven Rechtsidee bei *Karl Larenz*,[49] das volitive Element in der Rechtsfindung bei *Josef Esser*,[50] die offene politische Wertung bei *Rudolf Wiethölter*,[51] das „bewegliche System" der Prinzipien bei *Claus-Wilhelm Canaris*,[52] die schöpferische Herstellung von Normativität bei *Friedrich Müller*[53], die soziologische Bereicherung bei *Teubner*[54] und die effizienzorientierte Wertung der ökonomischen Analyse des Rechts.[55] Mangels Kodifikation stellte sich diese Frage für Savigny, Puchta, Windscheid und Jhering weniger scharf. Ihre Dogmatik ging aus von den Fragmenten der Digesten und formte diese zum „System". In dieser Umformung steckten auch die neuen Wertungen. Die Vorstellung einer solchen Kontinuität der Methodenlehre jedenfalls von Heck bis zur ökonomischen Analyse bleibt jedoch ohne Differenzierungen zu allgemein und angreifbar. Sie kann

1531

---

45 Z.B. durch die Gewährung vertraglicher Anspruchsgrundlagen ohne Vertrag, durch freie Aufwertungen oder durch direkt intervenierende Korrektur der vertraglichen Vereinbarungen.
46 Oben *Manegold*, Rn. 457.
47 Oben *Wolf*, Rn. 556.
48 Oben *Träger*, Rn. 712.
49 Oben *Frassek*, Rn. 601.
50 Oben *Schäfer*, Rn. 790.
51 Oben *Rohls*, Rn. 889 f.
52 Oben *Seinecke*, 1034 ff.
53 Oben *Laudenklos*, Rn. 1119.
54 Oben *Sahm*, Rn. 1202 ff.
55 Oben *Laudenklos*, 1210 f.

nicht erklären, warum etwa *Larenz* und *Heck* Mitte der 1930er Jahre über Wert und Unwert ihrer Methoden vor dem Hintergrund des politischen Regimes des Nationalsozialismus stritten. Sie schweigt auf die Frage, warum die Arbeiten von *Esser* und *Wiethölter* als epochale Durchbrüche angesehen wurden, sie bietet nichts für die Analyse der außerhalb engerer Fachkreise weitgehend unterbliebenen Rezeption von *Friedrich Müller*, der ökonomischen Analyse des Rechts und der Institutionenökonomie.

1532   Nähere Situierung zeigt: Für *Larenz* und *Heck* ebenso für *Wieacker* und *Lange* bietet sich als Kriterium der Zeitgebundenheit ihrer methodischen Arbeiten der **historisch-verfassungspolitische Rahmen** an, in dem sich ihre Rechtsgestaltungs- und Rechtsfindungstechniken konstituierten. Diesen Erklärungsaspekt betont auch durchgehend der HISTORISCHE ÜBERBLICK in diesem Band. Sie bewegten sich von 1933 bis 1945 in einem totalitären System, das in allen Bereichen staatlichen Lebens die Umsetzung der politischen Wert- und Ordnungsvorstellungen der Nationalsozialisten verlangte. Dass die „Einheitlichkeit" dieser Wertordnung eine einheitliche zivilistische Methode etwa der „konkreten Ordnung und Gestaltung" bedingt hätte, muss als Legende bezeichnet werden. Die tatsächlichen Angebote unterscheiden sich deutlich. Während *Heck* die Interessenjurisprudenz gegen den Angriff, sie sei als weltanschaulich neutrale Methode nicht geeignet,[56] für die Durchsetzung der nationalsozialistischen Wertordnung zu sorgen, mit dem Argument verteidigte, gerade durch die einheitliche Wertausrichtung gestalte sich die Interessenforschung um so effektiver,[57] erstrebte *Larenz* in gleichgerichteter Kritik an der „lebensfremden sog. Begriffsjurisprudenz"[58] die Erweiterung der Rechtsquellen um die „gesunde Volksüberzeugung" zur unmittelbaren Implementation nationalsozialistischer Wertüberzeugungen.[59] Beide Methodenkonzepte wären weitestgehend ohne neue Gesetze ausgekommen.

1533   Anderes hingegen konzipierte *Lange*, der in völliger **Methodenindifferenz** zur Umsetzung der neuen Wertvorstellungen eine methodische Doppelstrategie verfolgte, die er Wertungsjurisprudenz nannte. Sowohl die Neuformulierung der Gesetze als „Führungsmittel des Staates"[60] im Wege der Rechtsgestaltung als auch die unmittelbare Ausrichtung der Rechtssprechung an der entpluralisierten Wertordnung des Nationalsozialismus[61] sollten die Rechtserneuerung bestimmen. Bestritten war die Kompatibilität mit der nationalsozialistischen Rechtspolitik. Festzuhalten ist, dass die Zielsetzung in diesen Methodenmodellen übereinstimmte: Aufgegeben wird die Konzeption cincs am Individuum, seiner rechtlichen Freiheit und rechtlichen Gleichheit ausgerichteten Privatrechts und öffentlichen Rechts, zugunsten einer Zweckbindung der Rechtsfindung an die politischen Vorgaben eines totalitären Staates. Ein Politikvorbehalt ist maßgebend.[62]

1534   Der Gegenstand der zivilistischen Methode wurde also zeitgemäß neu bestimmt. 1942 brachte *Walther Hallstein* das auf den Begriff: „Die Sozialisierung des Privatrechts"[63] stelle das Recht der Gleichen und Freien in den Dienst des Staates. Diese Ausrichtung der Methoden ermöglichte und garantierte bei der Rechtsanwendung den maßgebenden

---

56   Eine ausführliche Darstellung der Angriffe gegen die Interessenjurisprudenz findet sich bei *Rüthers*, Die unbegrenzte Auslegung, wie Fn. 28, S. 271–275.
57   Siehe oben *Manegold*, Rn. 491.
58   *Larenz*, Über Gegenstand und Methode des völkischen Rechtsdenkens (1938), S. 8.
59   Siehe oben *Frassek*, Rn. 593 ff.; *Rückert*, Volksempfinden (Fn. 27).
60   Siehe oben *Wolf*, Rn. 553 f.
61   Am deutlichsten *Lange* selbst, in: Mittel und Ziel de Rechtsfindung, ZsAkadfDtR 1936, S. 922 ff., 924.
62   Dafür am Beispiel des Strafrechts *Rückert*, Strafrechtliche Zeitgeschichten – Vermutungen und Widerlegungen, in: Kritische Vierteljahresschrift 84 (2001), S. 223–264.
63   ZgStW 102 (1942), S. 530–554.

Einfluss der politischen Wertvorgaben, der den bürgerlichrechtlichen Grundsatz der Privatautonomie seiner prinzipiellen und konstitutiven Verfassungsbedeutung beraubte und ihm lediglich das Schattendasein subsidiärer Geltung bei Nichtkollision überließ.

Das so vom illiberalen Staat und seinen Interessen her gedachte Privatrecht verlor damit seine Autonomie, die Abgrenzung vom öffentlichen Recht hatte nur noch pragmatische Bedeutung als Kriterium für den Rechtsweg oder die Stoffbereichsbezeichnung, prinzipielle Unterschiede waren nicht auszumachen.   1535

Die explizit politische Wertorientierung der Methodenkonzepte von *Lange* und *Larenz* sowie die Offenheit der Interessenjurisprudenz *Heck*scher Prägung für den nationalsozialistischen Wertekanon ermöglichten damit nicht nur eine Politisierung der Rechtsgestaltung und der Rechtsfindung, sondern eine völlige Umformung des Privatrechts und einen Verlust seiner verfassungsrelevanten Autonomie.   1536

Nach 1945 wechselte der verfassungspolitische Rahmen für juristische Methode. Volk, Rasse, Gemeinschaft und Führertum[64] waren nicht nur als politische Leitprinzipien diskreditiert, sondern durch das 1949 in Geltung gesetzte Grundgesetz jeglicher Bedeutung für die juristische Methode enthoben. Mit dem Grundgesetz bot sich ein neuer, in seinen Fundamenten juristisch definierter, Bezugsrahmen zivilistischer Methode an, dessen Wertungen nicht nur für *Wieacker*, *Nipperdey* und *Coing* den Charakter verbindlichster Maßstäbe[65] annahmen. Hinter dieser funktionellen Indienstnahme des Grundgesetzes als Wertmaßstab stand zugleich die verzweifelte Suche nach übergesetzlichen, schlechthin geltenden Rechtsgrundsätzen. Ausgangspunkt war die in der Krise fast Gemeingut gewordene Überzeugung, dass nur eine an die ‚obersten Grundsätze' einer materialen Gerechtigkeit gebundene Rechtssetzung und Rechtsanwendung als angemessene Reaktion auf die rechtsfeindliche Zweck- und Machthaltung der vorausgegangenen NS-Zeit gelten könne.[66] Dass man mit der These, gerade der „Positivismus" habe die Juristen wehrlos gemacht,[67] irrte[68] und so fälschlich die Opfer nationalsozialistischer Rechtsideologie wie Kelsen als Täter diffamierte, ändert nichts an dem schon von *Wieacker* 1952 beschriebenen Tatbestand des Aufblühens materialer Wertethik.[69] Vergleicht man indes die Methodenkonzeptionen von *Wieacker*, *Lange*, *Nipperdey*, *Coing* und *Larenz* in der Phase der frühen Bundesrepublik wird deutlich, dass auch die ethischen Maßstäbe durchaus differieren konnten. So stand für *Wieacker* neben der starken Betonung von Rechtssicherheit und Willkürfreiheit jeder juristischen Methode der bloß auf die „ausdrücklichen Wertungen des Grundgesetzes"[70] erlaubte Rückgriff im Bereitschaftsraum rechtsstaatlicher Rechtsfindung, während *Lange*, ohne von seinem schon im Nationalsozialismus propagierten „Rechtsgefühl" als Kontrollinstrument bei der Rechtsanwen-   1537

---

64 *O. Lepsius*, Die gegensatzaufhebende Begriffsbildung, München 1994, S. 13–100, untersucht in exemplarischer Analyse diese vier Begriffe in ihrer Verwendung von der Weimarer Republik bis 1945 als elementare Termini der juristischen Diskussion.

65 Siehe oben *Träger*, Rn. 706, *Hollstein*, Rn. 518 ff. u. *Foljanty*, Rn. 856.

66 So *Wieacker* selbst in seiner Privatrechtsgeschichte der Neuzeit, 2. A. Göttingen 1967, S. 604; zu alledem wesentlich *Lena Foljanty*, Recht oder Gesetz. Juristische Identität und Autorität in den Naturrechtsdebatten der Nachkriegszeit, Tübingen 2012.

67 *G. Radbruch*, Gesetzliches Unrecht und übergesetzliches Recht (1946), in: Gustav Radbruch Gesamtausgabe, hrsg. von Arthur Kaufmann (1987ff.), Bd. 1 (Rechtsphilosophie), S. 83–93; Ähnlich *H. Schorn*, Der Richter im Dritten Reich (1963); *H. Weinkauff*, Die deutsche Justiz und der Nationalsozialismus (1968).

68 Spätestens durch *Rüthers*, Die unbegrenzte Auslegung (1968) klar erkannt. Methode sei ohnehin Umdeutungsbremse, dazu oben *Pierson*.

69 Parallel das wirkungsreiche Buch von *Hans Welzel*, Naturrecht und materiale Gerechtigkeit, zuerst Göttingen 1951, zuletzt 4. Aufl 1962.

70 Oben *Träger*, Rn. 697.

dung zu lassen, die Vertiefung der Pflichtbindung der Vertragsgenossen nun am besten aus der Verstärkung der „ethischen Anforderungen" an das Rechtsleben und die Rechtsfindung rechtfertigen wollte, da der Gedanke der Volksgemeinschaft durch die politische Entwicklung entwertet sei.[71] Hier kommt es auf jedes Wort an: Der Rückgriff auf die „ausdrücklichen Wertungen des Grundgesetzes" gibt in der Kontrastierung zu den „ethischen Anforderungen" an das Rechtsleben bei *Wieacker* einen verhältnismäßig eindeutigen Gerechtigkeitsmaßstab, umgekehrt liegt bei *Langes* Formulierung der Verdacht näher, lediglich den einen Begriff gegen den anderen ausgetauscht zu haben, ohne damit einen neuen Inhalt vermitteln zu wollen. Auch *Larenz* operiert wenig deutlich mit einer objektiven Rechtsidee.

1538 Offensichtlich wird jedenfalls das klassische Problem der Ausrichtung von juristischer Methode an **übergesetzlichen Wertmaßstäben**. Es fehlt eine Klärung ihres Geltungsgrundes und der „Höhenlage ihrer rechtsethischen Anforderungen".[72] Anders ausgedrückt: Kann das Grundgesetz die letzte Instanz der Wertungen sein oder wölbt sich über ihm der Himmel einer vermeintlich erkennbaren, aber nicht formulierten ewigen Ethik? Das Problem gewann an Brisanz mit der Auslegung des Grundgesetzes durch das Bundesverfassungsgericht. Denn die Einordnung des Grundgesetzes als seinerseits wertgebundene Ordnung[73] erschütterte den vermeintlich sicheren Halt, den die neue rechtsstaatliche Verfassung als abschließender Wertmaßstab jeder juristischen Methode hätte bieten können. Das Grundgesetz wurde damit selbst zum Gegenstand von durchaus umstrittenen Wertungen.[74]

1539 Nur konsequent erscheint darum die 1960 vorgenommene letzte Ausrichtung der juristischen Methode am Maßstab der sehr weit verstandenen geltenden Rechtsordnung und Verfassung[75] durch *Larenz*. Ob damit der unmittelbare Rückgriff auf übergesetzliche Wertmaßstäbe im Sinne von überverfassungsmäßigen Rechtsgrundsätzen nur geschickter formuliert wurde, kann letztlich dahingestellt bleiben. Auffallend ist jedoch die immer stärker werdende Betonung der richterlichen Verantwortlichkeit als momentum decidendi jeder Rechtsanwendung.[76]

1540 Für das hinter der Suche nach den die Methode leitenden Wertvorstellungen stehende **Privatrechtsverständnis** erwies sich wiederum die Auslegung der Verfassung als zentral. Wurde die Verfassung nicht mehr allein im Sinne der liberalen Grundrechtstheorie als Kanon der Abwehrrechte des Individuums gegen den Staat verstanden, sondern auch als Teilhabeordnung, dann musste es entscheidend auf die Konkretisierung der im Grundgesetz erkannten Werteordnung ankommen.

---

71 *Lange*, Ausgangspunkte, Wege und Mittel zur Berücksichtigung der Geschäftsgrundlage, in: Festschrift für Paul Gieseke, Karlsruhe 1958, S. 21–58, hier 36. Hierzu oben *Wolf*, Rn. 1537.

72 *Wieacker*, wie Fn 67, S. 605.

73 BVerfGE 2, 1, 12; BVerfGE 6, 32, 40.

74 *Horst Dreier*, Dimensionen der Grundrechte, Hannover 1993, S. 18 f. faßt die Kritik an dem Verständnis des GG als objektiver Wertordnung zusammen: „Es reicht die Einsicht, daß diese Richtung als ‚Basistheorie für rechtliche Wertungen' (*Adalbert Podlech*, Recht und Moral, in: Rechtstheorie 3 (1972), S. 129ff., 136) ungeeignet ist. Denn für das zentrale Problem einer modernen, entwickelten komplexen Gesellschaft, nämlich das ‚Faktum des Pluralismus' (John Rawls) und die daraus resultierende hochgradige Unterschiedlichkeit, ja Widersprüchlichkeit der Werterfahrungen und Werthaltungen von Individuen und Gruppen hat die materiale Wertethik weder eine einleuchtende Erklärung noch eine zuträgliche Lösung parat.".

75 Oben *Frassek*, Rn. 612.

76 Für *Larenz* vgl. oben *Frassek*, Rn. 612; Auch *Wieacker* gesteht den Richtern einen Bewertungsspielraum zu, hierzu oben *Träger*, Rn. 695.

V. Resümee

Es würde den Rahmen dieser kurzen Würdigung nicht nur sprengen, wollte man die   1541
möglichen **Konkretisierungen dieser Werteordnung im Bereich des Privatrechts** abschließend analysieren, sondern auch Forschungsergebnisse geben, wo Fragestellungen erst
entwickelt werden.[77] Die Vielfältigkeit der materialen Privatrechtskonzeptionen unter
dem Grundgesetz kann aber durch Stichworte ansatzweise begriffen werden. Neben der
ordoliberalen Privatrechtstheorie[78] sind das soziale Privatrecht *Ludwig Raisers* und das
sozialethische Privatrecht *Franz Wieackers* jüngst explizit angeführt worden.[79] Bei
stärkster Reduktion dieser Modelle lässt sich die eigentliche Alternative der Konzepte
herauskristallisieren: Es ging um ein prinzipiell liberales oder prinzipiell soziales Privatrecht.[80] Wer aber prinzipiell sozial konstruiert, der ist gezwungen, in der Spitze der neuen
Normhierarchie Elemente des prinzipiell Sozialen zu finden. Ein Grundrechtsverständnis, das eine objektive Wertordnung betont, wird hier leichter fündig werden, eine juristische Methode, die sich in dieser Richtung orientiert, wird hier eher das prinzipiell
soziale Moment in der konkreten Rechtsanwendung zum Entscheidenden werden lassen.
Diese theoretische Überlegung rechtfertigt die Vermutung,[81] dass mit dem methodischen
Rückgriff auf die objektive Wertordnung des Grundgesetzes eine prinzipiell soziale Privatrechtstheorie[82] verbunden war. Dogmatisch kann dies einen Niederschlag finden wie
bei *Lange*[83] in der Betonung der verstärkten Pflicht zur Rücksichtnahme der Vertragsgenossen im Schuldrecht, bei *Larenz*[84] in der Ersetzung der Willenserklärung durch sozialtypisches Verhalten im Vertragsrecht oder bei *Canaris* im Ausbau der Vertrauenshaftung zum „immanenten" Prinzip. Dass diese Prinzipien dem positiven Recht immanent seien, hat freilich metaphysische Prämissen. In diesen Exempeln jedenfalls wurde
methodisch wiederum auf übergesetzliche Prinzipien zurückgegriffen, um die autonome
privatrechtliche Kompetenz des Individuums zu überformen.

Mit *Josef Esser* erfuhr diese Richtung juristischer Methode eine kritische Analyse.[85] Die   1542
Herausarbeitung des Vorverständnisses bei der Methodenwahl stellte klar, dass subjek-
tive Wertungen durch vielfältige Faktoren bedingt die Rechtsanwendung schon bei dem
Verstehen und damit erst recht bei der Anwendung eines Normtextes auf einen Lebens-

---

77 Solche finden sich etwa bei *Christian Joerges*, Die Wissenschaft vom Privatrecht und der Nationalstaat, in: D.
    Simon (Hg.), Rechtswissenschaft in der Bonner Republik, Frankfurt am Main 1994, S. 311–363, hier 332–334 und
    C.-W. Canaris, Verfassungs- und europarechtliche Aspekte der Vertragsfreiheit in der Privatrechtsgesell-
    schafft, in: Festschrift für Peter Lerche, München 1993, S. 873–891; siehe für die Ausgangsmodelle um 1900
    und die heutigen Vorurteile und Fehlerfahrungen dazu *Rückert*, Frei und sozial ..., in: ZfA 23 (1992), S. 225–
    294, bes. 243 ff., 281 ff.; u. *ders*, Das Bürgerliche Gesetzbuch – ein Gesetzbuch ohne Chance?, in: JZ 2003,
    S. 749–760.
78 Um auch hier einige Namen zu nennen, die in der jüngeren Juristengeneration überwiegend in Vergessenheit
    geraten zu sein scheinen, sei hingewiesen auf: *Franz Böhm, Walter Eucken, Walther Hallstein, Alexander
    Rüstow, Ernst Joachim Mestmäcker* und nicht zuletzt *Friedrich August von Hayek*.
79 Bei *Joerges*, wie Fn. 77, S. 324–332.
80 Dazu jetzt *Rückert*, „Frei und sozial" als Rechtsprinzip, Baden-Baden 2007; für nach 1945 grundlegend *Ilka
    Kauhausen*, Nach der ‚Stunde Null'. Prinzipiendiskussionen im Privatrecht nach 1945, Tübingen 2007. Sehr
    lehrreich auch die Vorgeschichte, dazu *Sibylle Hofer*, Freiheit ohne Grenzen? Privatrechtstheoretische Dis-
    kussionen im 19. Jahrhundert, Tübingen 2001.
81 Der Beitrag von *Joerges*, wie Fn. 77, S. 319–334 bietet hier keine Klärung.
82 Ansatzweise deutlich wird dies bei *G. Boehmer*, Grundlagen der bürgerlichen Rechtsordnung, 2. Buch, 1. Ab-
    teilung, Tübingen 1951, S. 194 ff., 219 ff.; näher *Rückert*, Kontinuitäten (Fn. 23).
83 Siehe oben *Wolf*, Rn. 570.
84 Siehe oben *Frassek*, Rn. 648 f.
85 Besonders plastisch in seiner Rezension des Buchs von *Larenz*, Geschäftsgrundlage und Vertragserfüllung
    unter dem Titel: Fortschritte und Grenzen der Theorie von der Geschäftsgrundlage bei Larenz, JZ 1958, S. 113–
    116, S. 115 f., in der er *Larenz* Psychologismen vorwirft.

sachverhalt beeinflussten.[86] Gleichzeitig fanden damit die Erkenntnisse der Hermeneutik Eingang in die juristische Methodenlehre. Bei aller Hochachtung vor diesem Verdienst wird jedoch mitunter übersehen, dass auch *Esser* trotz seiner Sicherungen über die Figuren der Richtigkeits- und Stimmigkeitskontrolle[87] die entscheidenden letzten Wertungen, oder in seiner Terminologie: das rechtlich bindende Vorverständnis, nicht zu benennen vermochte. Die progressive Forderung nach Transparenz und rationaler Plausibilität des richterlichen Urteils konnte diesen Mangel nicht beheben.

1543 Nicht viel anders stellt sich die **Kritik *Wiethölters*** an der überkommenen Methodenlehre dar. Zwar gelang es ihm zu zeigen, dass Recht in seinem gesamten sozialen Kontext mit allen seinen sozialen Implikationen und nicht als prädisponiertes Begriffsgebäude zu verstehen ist.[88] Wie aber diese soziale Komplexität des Rechts unter Berücksichtigung der richterlichen Bindung an das Gesetz gemäß Art. 97 I GG ohne die übergesetzlichen Wertungen in konkrete Rechtsprechung umzusetzen ist, blieb offen. Die Konstruktion neuer, dezidiert politischer Wertungen bedeutete keinen methodischen Fortschritt. Es konnte lediglich ein Wechsel in den Ergebnissen, nicht aber ein solcher des Weges dorthin erzielt werden, indem man mit einer fundamentaldemokratischen Auslegung des Grundgesetzes[89] operierte.

1544 Die **Zeitbedingtheit dieser kritischen Methodenansätze** liegt aus heutiger Perspektive auf der Hand. Sie fügen sich beinahe zu einfach in die von Studentenunruhen, wirtschaftlicher Rezession, der Suche nach neuen wirtschaftlichen Steuerungsmechanismen und der Philosophie der Frankfurter Schule geprägten Reformbewegung der späten 1960er und frühen 1970er Jahre ein. Spezifischer juristisch ließe sich diese Periode mit Stichworten belegen, die für epochale Veränderungen in ihrem jeweiligen Kontext stehen: die Reform des juristischen Studiums, der Beginn der genaueren kritischen Auseinandersetzung mit dem Recht des Nationalsozialismus,[90] die sozialwissenschaftliche Interdisziplinarität der Jurisprudenz und der Verlust einer konsistenten Privatrechtstheorie. Denn den Ordoliberalismus, juristisch vertreten durch seine Vordenker *Franz Böhm*[91] und *Ernst-Joachim Mestmäcker*,[92] zur vorherrschenden Denkschule dieser Phase in der Privatrechtstheorie zu deklarieren,[93] kann nicht überzeugen. Dies schon deswegen nicht, weil diese Einschätzung kaum mit der außergewöhnlichen Wirkungskraft[94] der Methodenkonzepte von *Wiethölter* zu vereinbaren ist, dessen Arbeiten von anderen Vertretern der Rechtswissenschaft in die Nähe des Neomarxismus gerückt,[95] kaum aber mit ordoliberalen

---

86 Siehe oben *Schäfer*, Rn. 786 ff.
87 Zur methodischen Bedeutung dieser Figuren siehe oben *Schäfer*, Rn. 794 ff.
88 Siehe oben *Rohls*, Rn. 914 f.
89 Oben *Rohls*, Rn. 914 f.; s. auch im Historischen Überblick unter VIII., Rn. 1447 ff.
90 Initiiert vor allem durch *Bernd Rüthers*, Unbegrenzte Auslegung (1968), vgl. Fn. 27, und *Michael Stolleis*, Gemeinwohlformeln im nationalsozialistischen Recht, München 1974. Die erste kritische Welle mit Ernst Fraenkel, Otto Kirchheimer und Franz Neumann war bis dahin in Deutschland ohne Echo geblieben, siehe dazu *J. Rückert*, Geschichte des Privatrechts als Apologie des Juristen – Franz Wieacker zum Gedächtnis, in: Quaderni fiorentini per la storia del pensiero giuridico moderno 24 (1995), S. 531–562, hier 540.
91 Als paradigmatisch wird seine Schrift: Privatrechtsgesellschaft und Marktwirtschaft, in: Ordo 17 (1966), S. 75–151 bezeichnet.
92 Vor allem: Macht-Recht-Wirtschaftsverfassung (1972), in seinem Sammelband Recht und ökonomisches Gesetz (1978), S. 11 ff.
93 So aber *Joerges*, wie Fn. 77, S. 343.
94 Als Beleg mag der Hinweis genügen, dass das fundamentale Werk „Rechtswissenschaft" von 1968 bis 1976 eine Auflage von 50.000 Stück im Taschenbuch erreichte. Auch die Einschätzungen von *Habermas*, *Simon* und *Fikentscher* zu diesem Werk sind bezeichnend: „legendär", „Wenn Juristen Kultbücher hätten, ...", „grundstürzende Wirkung". Dazu oben *Rohls*, Rn. 878, Fn. 2.
95 Vgl. oben *Rohls*, Rn. 880.

Vorstellungen assoziiert wurden. Auch die beeindruckende Resonanz auf *Essers* Methodenkritik und -konzept, das keine spezifisch ordoliberalen Überzeugungen erkennen ließ, spricht nicht für eine Vorherrschaft dieser Privatrechtstheorie. Gänzlich zweifelhaft wird diese These endlich mit dem Blick auf die fast schon blühende privatrechtliche Reformgesetzgebung vor allem im Verbraucherschutzrecht,[96] die sich in ihrer Gesamtheit wohl kaum auf ordoliberale Ansätze stützte.[97]

Vielmehr sprechen gerade die methodischen Arbeiten *Wiethölters* und *Essers* für eine **gezielte Infragestellung** nicht nur übergesetzlicher Wertungen, sondern auch geschlossener privatrechtstheoretischer Modelle. Denn durch Transparenz und Diskurs entscheidungserheblicher Wertungen wird auch die Diskussion über die sich hinter diesen Wertungen verbergenden Privatrechtsmodelle eröffnet. Fehlen überzeugende und überwiegend konsentierte neue Modelle,[98] so öffnet sich die ursprünglich juristische Diskussion endgültig dem politisch-pragmaischen Gestaltungsspielraum.[99] Er konnte dann umso beherzter genutzt werden, als sich bald eine neue politische Mehrheit, wie mit Beginn der sozialliberalen Koalition (1969), die Reformierung der Gesellschaft auf die Fahnen schrieb. Dass diese Gestaltungsmächte ohnehin in keiner Weise gezwungen sind, sich juristischen Privatrechtskonzepten zu unterwerfen, könnte der Ansatz für ein salomonisches Urteil der Zeitgeschichte in dem Streit sein, ob es sich bei den Reformgesetzen der 1970er Jahre um eine Bedrohung der Einheit des Privatrechts und systemsprengende Postulate[100] oder um die teilweise Verwirklichung wichtigster Anliegen eines sozialen Privatrechts[101] handelte. Inzwischen bewegt man sich primär im Bereich der Reflexion der methodischen Verfahren. **Abwägungsjurisprudenz** und **Argumentationstheorie** haben das Methodenfeld besetzt. Daneben wahren „Neue Theorien des Rechts"[102] das kritische Erbe – freilich ohne Folgen für die juristische Methode.[103]

Wie fügt sich die ebenfalls in den 1960er Jahren in den U. S.A. entwickelte, in Deutschland jedoch erst wesentlich später rezipierte[104] **ökonomische Analyse des Rechts** in dieses Bild ein? In der Forderung nach einem rationaleren Umgang mit Rechtsregeln[105] trifft sich diese von Ökonomen angeregte Methode mit der Kritik an der Intransparenz juristischer Entscheidungsfindung und ihrer Kriterien. Diese Alternative geht in zwei wesentlichen Punkten über *Esser, Wiethölter, Teubner* und Andere hinaus, in dem einen scheinbar, in dem anderen tatsächlich. Auf der Suche nach der rationalen wissenschaftlichen Begründung, die die Rechtsanwendung disziplinieren kann, findet sie in der Ökonomie das Kriterium der effizienten Ressourcenallokation.[106] Sie bietet damit eine Wertung an, die nicht nur über die bloß negative Position *Wiethölters* hinausgeht und die soziologische Erweiterung bei Teubner, sondern *Wiethölters* gescheitertes Politisierungskonzept

---

96 Die knappste und prägnanteste Darstellung findet sich bei *Kroeschell*, Rechtsgeschichte Deutschlands im 20. Jahrhundert (1992), S. 211 f.; wesentlich jetzt Historisch-kritischer Komentar zum BGB, hg. von M. Schmoeckel, J. Rückert u. R. Zimmermann, Bd. 1, Tübingen 2007, *Duve* zu §§ 1–14/Rn. 66 ff. und Bd. 2, 2007, *Schmoeckel* vor §§ 312 ff.
97 So *Joerges*, wie Fn. 77, S. 345, selbst.
98 Daß *Wiethölter* mit seinem eigenen Modell selbst scheitert, scheint er zuzugestehen, hierzu oben *Rohls*, S. 251.
99 Die multipel geforderte Politisierung des Rechts weist in diese Richtung, siehe oben *Rohls*, S. 244.
100 *M. Lieb*, Grundfragen einer Schuldrechtsreform, AcP 183 (1983), S. 327, 349.
101 *N. Reich*, Zivilrechtstheorie, Sozialwissenschaft und Verbraucherschutz, ZRP 1974, S. 187 ff.
102 Siehe *Buckel/Christensen/Fischer-Lescano*, 1. Aufl. 2004, 2. Aufl. 2007.
103 Zu alledem oben der historische Überblick, Kap. 10–12.
104 Siehe oben *Laudenklos*, Rn. 1212 ff.
105 Siehe oben *Laudenklos*, Rn. 1214.
106 Siehe oben *Laudenklos*, Rn. 1215.

durch einen objektivierten ökonomischen Maßstab ersetzt, der Politisierung geradezu ausschließt. Mit den Begriffen von *Esser* wird hier nicht nur das Vorverständnis offen gelegt, sondern die wissenschaftlich fundierten Vorgaben desselben. Hierin liegt jedoch gleichzeitig der nur scheinbare Fortschritt der ökonomischen Analyse. Denn die Rationalität, die das Effizienzkriterium auf dem Gebiet der Rechtsanwendung und Rechtsgestaltung garantieren kann, ändert nichts daran, dass sie mit übergesetzlichen Wertungen operiert, deren Setzung kaum weniger begründungsbedürftig erscheint als die Ableitung von Rechtsprinzipien aus einer objektiven Wertordnung des Grundgesetzes. Ein Bemühen um eine Legitimation des Kriteriums der Effizienz findet im Gegensatz zur materialen Wertethik noch nicht einmal im Ansatz statt.[107]

1547   Das deutlich spürbare Bestreben der **ökonomischen Analyse**, einen Beitrag zur Rationalisierung des Rechtsfindungs- und Rechtsgestaltungsprozesses zu leisten, kann auch nicht darüber hinwegtäuschen, dass ihre Auswirkungen auf die deutsche juristische Methodenlehre und ihre Privatrechtskonzeption begrenzt blieben.[108] Die gegen sie vorgebrachte Kritik mag ihren Teil dazu beigetragen haben, auch wenn begründete Zweifel an deren Stichhaltigkeit bestehen.[109] Dagegen beschränkt sich die moderne **Institutionenökonomie** auf analytisch-empirische Aufklärung der juristischen Arbeitsbedingungen. Sie ermittelt damit neue tragfähigere Faktengrundlagen für die Methodendiskussion, die der normativen Verarbeitung harren.[110]

1548   In ihrer Wirkung ähnlich bescheiden arbeitet die **Methodik** *Friedrich Müllers*. Dennoch interessiert sie auch im Kontext mit Privatrecht, lenkt man die Aufmerksamkeit auf die durch Art. 97 I GG statuierte strikte Bindung der Rechtsprechung an das „Gesetz" und „nur" dieses. Indem *Müller* die Gesetzesbindung des rechtsschöpferisch tätigen Richters darauf erstreckt, dass der Richter zur **methodischen Darlegung** darüber gezwungen sein soll, dass die von ihm erlassene Entscheidung der Rechtsnorm, auf die er sich beruft, und diese wiederum dem Normtext, von dem er ausgegangen ist, zuzurechnen ist,[111] rückt er das klassische Problem der Gewaltenkontrolle und hier speziell der Rechtssicherheit und der Rechtsgewissheit durch Bindung der Rechtsprechung an das Gesetz in den Mittelpunkt des Interesses. Vielleicht darf man den Ursprung dieser auf rechtsstaatliche Rechtssicherheit bedachten Methodik aus dem Ende der 1960er Jahre in einer kritischen Reflexion der rechtspolitischen Diskussion um die damalige Notstandsgesetzgebung vermuten.

1549   Im Rückblick ergibt sich die Erkenntnis, dass bei aller Einigkeit der hier untersuchten Methodenkonzepte in der Gegnerschaft zur sog. Begriffsjurisprudenz kein Ansatz für eine juristische Methode der Rechtsfindung und Rechtsgestaltung gefunden werden konnte, die ohne außer- oder übergesetzliche Wertungen – welcher Provenienz auch immer – auskommen könnte. Hierin ist paradoxerweise ein Moment der **Kontinuität** der zivilistischen Methoden des 20. Jahrhunderts zu erblicken. Es wirkt auch in den immer wieder aufflammenden Polemiken über Richterrecht.

1550   Schon die Analyse der mit diesen Methodenkonzepten verbundenen Privatrechtsmodelle hat aber ergeben, dass die Abhängigkeit von übergesetzlichen Wertungen in der Methode noch nicht zu spezifischen **Privatrechtsvorstellungen** führen muss. Am besten lässt sich

---

107   Siehe oben *Laudenklos*, Rn. 1223 ff.
108   Oben *Laudenklos*, Rn. 1244 ff.
109   Oben *Laudenklos*, Rn. 1244 ff., zeigt die Argumentationsdefizite der Kritiker auf.
110   Dazu die Hinweise oben bei *Kirchner*, Rn. 1269 ff.
111   Zur Terminologie oben *Laudenklos*, Rn. 1101.

das an der Beobachtung zeigen, dass die *Hecksche* Interessenjurisprudenz den rechtspolitischen Vorstellungen der Nationalsozialisten ebenso zu dienen in der Lage war, wie den im Grundgesetz verankerten Werten. Der **verfassungspolitische Rahmen von Methode** hat mithin entscheidende Bedeutung für ihre Konsequenzen nicht nur in der konkreten Rechtsfindung, sondern auch in der Privatrechtstheorie. Dass die Privatrechtskonzeptionen immer unsicherer und umstrittener werden, je weiter man sich von 1945 in Richtung Gegenwart bewegt, mag für ein pluralistisches Rechts- und Staatswesen nichts besonderes sein, spiegelt sich aber in der Methodenlehre wieder. Man erkennt das Problem übergesetzlicher Wertungen, plädiert für Transparenz und Diskurs, findet aber keine tragfähigen und überzeugenden Alternativen. Diese relative Hilflosigkeit zeigt sich im Verlust jeder konzisen modernen Privatrechtstheorie. Freilich erscheinen dabei die **klassischen Postulate** der individuellen Freiheit, der möglichst gleichen Freiheit und der brüderlichen, sozialen Stützung der Emanzipation der Schwachen schon als selbstverständlich vorausgesetzt. Dies bedürfte einer kräftigen Erinnerung.

Die Gefahr, dass ohne diese Erinnerung dann auch eine entsprechend konzeptionslose Rechtspolitik das Privatrecht zum Spielball pragmatischer Überlegungen degradiert, liegt nahe. Die Autonomie des Privatrechts wäre damit ebenso endgültig verloren, wie die analoge freiheitliche Grundlage im Verfassungsrecht, die die bisherigen Unterschiede zwischen öffentlichem Recht und Privatrecht auf neue Weise relativiert. **1551**

III. Bleibendes?

> *Belehren Sie uns von dem, was nun zu glauben ist.*
> *Können oder wollen Sie dieses nicht:*
> *So wecken Sie uns von unseren süßen und glücklichen Träumen nicht auf!*
> (Rudolf Anton Weyel, 1789)

Was bleibt? *Eine* Möglichkeit wäre es, sich weiter „den süßen und glücklichen Träumen" der reinen Subsumtion hinzugeben – eine Möglichkeit, kein Weg. Umgekehrt bedeutet der Weg der Abwägung als allgemeiner juristischer Methode eine Minderung der möglichen Rationalität praktischen Entscheidens. Die neuere Argumentationstheorie rationalisiert das juristische Entscheidungsverfahren deutlich, aber eben nur bis auf den hier problematischen „Rest".[112] Andere Wege wie in England und im *common law* setzen wieder andere institutionelle Entwicklungen voraus.[113] Sie werden für eine mehr europäische juristische Zukunft wichtig sein.[114] Als kontinentaler Weg bietet es sich an, die Kriterien, die eine Entscheidung methodisch absichern können, genauer auszuweisen und auf- und zueinander abzustimmen. Hier fällt der Blick zunächst auf **Folgenbetrachtungen** zu juristischen Entscheidungen, wie sie beispielsweise die ökonomische Analyse des Rechts vornimmt. Es stellt sich dann das Problem, Folgen wirklich konsistent abzuschätzen. Insoweit bedürfte die ökonomische Analyse des Rechts gerade in Deutschland noch weiterer Ausformung, um so vielleicht zu einem geeigneteren und verfeinerten Instrument zu werden. Grundsätzlich ist durch eine Folgenabschätzung, die dem entscheidenden Richter aufgegeben wird, nur etwas gewonnen, wenn dieser ein gesetzlich vorgegebenes Instrumentarium hätte, zwischen den Folgen seiner Entscheidungsmöglichkeiten zu wählen. Des weiteren beruhen Folgenabschätzungen in der Regel auf ihrerseits **1552**

---

112 Dazu oben im historischen Überblick unter X. u. XI., Rn. 1457 ff. u. 1476 ff.
113 Oben *Maultzsch,* Rn. 1314 ff.
114 Siehe die Hinweise zur Literatur in Bibliografisches unter II 8, Rn. 1574 f.

nicht verifizierbaren Annahmen und Einschätzungen zukünftigen menschlichen Verhaltens, eben auf einem gewissen Menschenbild, welches es weiter zu hinterfragen gilt.[115]

1553   Einige Ansätze scheinen vielversprechend, indem sie das Problem nicht mehr nur aus der traditionellen Sicht von Regel und Subsumtion bearbeiten. Auch *Müllers* treffende Analyse der Normherstellung führt nicht zwingend zu einer Entscheidung. Vielmehr könnte man von *Müllers* Rechtslehre über die vielfältigen, oben beschriebenen Methodenkonzepte einen Faden bis zu einer wichtigen Einsicht *Savignys* zurückreichen lassen. Man muss seinen Blick nur darauf lenken, dass juristische Entscheidungen eben nicht restlos abgesichert, sondern nur flankierend methodisch eingerahmt werden können. Dann gilt es, den **institutionalisierten Entscheidungsrahmen** – vom Instanzenzug mit höchsten Gerichten bis zu einer wirklichen Rechtswissenschaft – wie ihn schon *Savigny* für kritische Fälle betont[116] und wie er im Sinne *Hayeks* das Feld ist, in dem sich spontane Ordnungen entwickeln,[117] zu beachten. Das Bundesverfassungsgericht hat diese Rolle recht erfolgreich ausgefüllt, auch wenn seine Abwägungsmethode gerade als juristische Methode nicht überzeugen kann.[118]

1554   Der **Rechtswissenschaft** scheint angesichts der unauflösbaren Unsicherheiten eine kritische Vorarbeit und Nachbetrachtung zu gerichtlichen Entscheidungen genauso angeraten wie eine solide Ausbildung in Grundlagenfächern. Beides kann erst das Handwerkszeug mitgeben, mit intersubjektiv nicht eindeutigen Entscheidungen hinreichend aufmerksam und rational zu arbeiten und das rechtsstaatliche Niveau zu wahren und zu mehren, auch wenn man eine solche „weiche" Methode, die eben ohne in letzter Instanz gefestigte Werte verfahren und mit Unsicherheiten und einem Überfluss an Möglichkeiten leben muss, als ‚postmodern' kennzeichnen könnte. Sie ist doch zugleich nichts anderes als das, was Savigny schon zu seiner Zeit betonte: eine „Kunst"-Lehre mit mehren produktiven „Elementen" in einem immer zeitbedingten institutionellen Rahmen.

1555   Einen Weg sollten wir aber auf keinen Fall einschlagen. Die fatalistische Methodenskepsis, die jede Regel- und Rechtsbindung für illusionär erklärt, bietet möglicherweise eine Diagnose und Warnung, aber sicher keinen juristischen Weg. Diese Skepsis darf nicht zur Regel werden. Kant hat dieses Problem als Problem der Urteilskraft behandelt.[119] Wittgenstein erklärt es uns in seinen Philosophischen Untersuchungen so:

> „Ich sagte von der Anwendung eines Wortes: sie sei nicht überall von Regeln begrenzt. Aber wie schaut denn ein Spiel aus, das überall von Regeln begrenzt ist? dessen Regeln keine Zweifel eindringen lassen; ihm alle Löcher verstopfen. – Können wir uns nicht eine Regel denken, die die Anwendung der Regel regelt? Und einen Zweifel, den *jene* Regel behebt – und so fort?

> Aber das sagt nicht, daß wir zweifeln, weil wir uns einen Zweifel *denken* können. Ich kann mir sehr wohl denken, daß jemand jedesmal vor dem Öffnen seiner Haustür zweifelt, ob sich hinter ihr nicht ein Abgrund aufgetan hat, und daß er sich darüber vergewissert, eh' er durch die Tür tritt (und es kann sich einmal erweisen, daß er recht hatte) – aber deswegen zweifle ich im gleichen Falle doch nicht." (§ 84)

---

115   Zur Problematik von Folgenbetrachtungen immer noch wertvoll *Koch/ Rüssmann*, Juristische Begründungslehre, München 1982, S. 227 ff.
116   Oben *Rückert*, Rn. 154.
117   Oben *Rückert*, Rn. 177.
118   Dazu *Rückert*, Abwägung – die juristische Karriere eines unjuristischen Begriffs, in: JZ 66 (2011), S. 913–923.
119   Siehe dazu oben den historischen Überblick unter III, Rn. 1402 ff.

Einen juristischen Weg mit Regeln für die unvermeidlichen Zweifel sollen unsere   1556
ZWÖLF METHODENREGEN FÜR DEN ERNSTFALL öffnen – auch wenn weitere Zweifel stets angebracht bleiben.

VI. Bibliographisches und Lektürempfehlungen

von Joachim Rückert

Übersicht

I. Vorbemerkung   571
II. Lektüreempfehlungen   572

I. Vorbemerkung

Eine **selbstständige Beschäftigung** mit der Thematik „Methode und Zivilrecht" kann   1557
ganz verschiedenem Interesse entspringen. Ganz verschiedene Lektüre kommt also in
Betracht. Als Findmittel benutzt man die Hinweise der Bibliographien, vom großen Bü-
chergrab der umfassenden Bücherkunden über die Zusammenstellungen der Spezial-
handbücher bis zur knappen Auswahl der Lehrbücher und zur kleinen Fußnotenentde-
ckung in Aufsätzen.

Die folgenden Hinweise sollen zu **zehn Hauptfragen** weiterhelfen. Sie sollen Ihnen helfen,   1558
wenn Sie wissen wollen:

- warum hier **keine (Auswahl-)Bibliographie** gegeben wird, wie sonst meist (dazu unten
  II 1.),
- welches heute die **gängigsten** Lehrbücher, Handbücher und Überblicke sind – zum
  Mitarbeiten (dazu II 2.),
- wie man die bisherigen Leistungen möglichst **vollständig** wissen könnte – zum Mit-
  forschen (dazu II 3.),
- welches die wohl **wesentlichen** Strömungen sind – zum Mitdenken (dazu II 4.),
- wie man sich einen ganz **kurzen** Überblick der Strömungen verschaffen kann – zum
  Mitreden (dazu II 5.),
- was mit den „**üblichen**" juristischen **Auslegungstechniken** gemeint ist – auch zum
  Mitreden (dazu II 6.),
- wie man sich in diesen praktischen Künsten **üben** könnte – zum Mitauslegen (dazu II
  7.),
- welche Besonderheiten eine **zivilrechtliche** Methodik erfordern könnte – auch zum
  Mitdenken (II 8.),
- wie man eigentlich auslegen **darf** und wie nicht – zum Mitstreiten (dazu II 9.),
- was die **neuesten Tendenzen** sind – auch zum Mitdenken oder auch zum Mitreden
  (dazu II 10.) und
- welche **besonderen Tipps** wir haben (dazu unter II 11.).

Leider sind einige Titel längst vergriffen – die Empfehlung gilt natürlich trotzdem. In-   1559
zwischen ist oft ist das Neueste nicht das Beste (dazu unter II 2. und 11.). Die Auswahl
geht von einem möglichst vollständigen Überblick aus. Wenn Ihre persönlichen „Ge-
heimtipps" nicht genannt sind, dürfte das Gründe haben. Man sollte dann zumindest
das Empfohlene ernsthaft vergleichen. Im Folgenden sind unter II 2. und II 3. die Titel
voll angegeben, danach nur noch mit den Autoren oder erneut voll, wenn es sich um

noch nicht erwähnte Titel handelt. Ergänzende oder kritische Hinweise sind willkommen (rueckert@jur.uni-frankfurt.de).

II. Lektüreempfehlungen

1. Warum keine Bibliographie?

1560 Ohne **Bücherkunde** keine Wissenschaft – aber eine **Bibliographie** zum Thema „Methode und Zivilrecht" ergäbe eine ziemlich große und verwirrende Titelsammlung, da die Abgrenzungen zwischen Technik, Methode, Dogmatik, Logik, Theorie und Philosophie der Jurisprudenz schwer fallen und auch „Zivilrecht" mehr und mehr schwankt; man denke an Handelsrecht, Wirtschaftsrecht, Arbeitsrecht, Verbraucherrecht usw. Mehr oder weniger kleine Zusammenstellungen des derzeit Üblichsten enthalten die Lehrbücher. Die speziellere Literatur findet sich jeweils oben bei den einzelnen Abhandlungen. Eine Bibliographie ist daher hier verzichtbar.

2. Das Gängigste – zum Mitarbeiten

1561 Wer sich aktuell orientieren will, findet die **gängigen Lehrbücher, Handbücher und Überblicke** mit ihren unterschiedlichen Schwerpunkten oben in der EINFÜHRUNG im Zusammenhang fast alle kritisch benutzt, also:[1]

Engisch, Einführung in das juristische Denken, 1956, fortgeführt von *Th. Würtenberger* u. *D. Otto,* 11.A. Stuttgart 2010,

Larenz, Methodenlehre der Rechtswissenschaft, Berlin 1960, 6. A. Berlin 1991 mit *Canaris,*

Kaufmann/Hassemer (Hg.), Einführung in die Rechtsphilosophie und Rechtstheorie der Gegenwart, Heidelberg 1976, 8. A. 2011 mit *Neumann,*

Alexy, Theorie der juristischen Argumentation, Frankfurt 1978, 3. A. 1996,

Adomeit, Rechtstheorie für Studenten, Heidelberg 1979, 6. A. 2012 (mit *Hähnchen*),

Pawlowski, Methodenlehre für Juristen. Theorie der Norm und des Gesetzes, Heidelberg 1981, 3. A. 1999,

Zippelius, Juristische Methodenlehre, München 1990, 10. A. 2006,

Koller Theorie des Rechts, Wien 1992, 2. A. 1997,

Müller, F., Juristische Methodik, Berlin 1993, 6. A. 1995, fortgeführt mit *R. Christensen,* Bd. 1: Grundlagen, 10.A. 2009, Bd.2: Europarecht, 2003, 2.A. 2007,

Seelmann, Rechtsphilosophie, München 1994, 5. A. 2010,

Röhl, Allgemeine Rechtslehre, Köln 1995, 3. A. 2008,

Horn, Einführung in die Rechtswissenschaft und Rechtsphilosophie, Heidelberg 1996, 4. A. 2007, Kapitel 2,

Wank, Die Auslegung von Gesetzen, Köln 1997, 5. A. 2011,

Vogel, J., Juristische Methodik, München 1998,

Kramer, Juristische Methodenlehre, Bern/München/Wien 1998, 2.A. 2005,

Rüthers, Rechtstheorie, München 1999, 6. Aufl. 2011 mit *Chr. Fischer* u. *A. Birk,*

Bydlinski, Grundzüge der juristischen Methodenlehre, Wien 2005,

Vesting, Rechtstheorie, München 2007.

1562 Daneben stehen noch eine Reihe etwas **älterer Titel,** die nicht selten noch verwendet werden und manchmal nach wie vor Besseres bieten. Sie sind daher hier zusammengestellt und im Übrigen miterklärt und -verwendet:

Boehmer, Grundlagen der bürgerlichen Rechtsordnung, 2. Buch 1. Abteilung: Dogmengeschichtliche Grundlagen [aber i.w. Methodengeschichte], Tübingen 1951,

---

1 Und zwar chronologisch nach der Erstauflage. Mit Vornamen nur bei Verwechslungsgefahr.

Coing, Juristische Methodenlehre, Berlin 1972,
Fikentscher, Methoden des Rechts in vergleichender Darstellung, Tübingen 1975–1977,
Rinken, Einführung in das juristische Studium, München 1977, 3. A. 1996,
Herberger/Simon, Wissenschaftstheorie für Juristen, Frankfurt 1980,
Bydlinski, F., Juristische Methodenlehre und Rechtsbegriff, Wien 1982, 2. A. 1991,
Koch/Rüßmann, Juristische Begründungslehre, München 1982,
Neumann, Juristische Argumentationslehre, Darmstadt 1986,
Smid, Einführung in die Philosophie des Rechts, München 1991,
Raisch, Juristische Methoden. Vom antiken Rom bis zur Gegenwart, Heidelberg 1995,
Looschelders/D. Roth, Juristische Methodik im Prozess der Rechtsanwendung, Berlin 1996.

Die Literaturangaben all dieser Bücher – echte Auswahlempfehlungen sind es nicht – schwanken ebenso stark wie die Konzeptionen, dazu sogleich. Zur mehr formalen juristischen Logik greift man zu *Klug,* Juristische Logik, Berlin 1951 (4. A. 1982), und zu dem Überblick von *Neumann* in *Kaufmann/Hassemer/Neumann.* Daneben jetzt sehr klar und beispielsreich *Puppe,* Kleine Schule des juristischen Denkens, Göttingen 2008 (= UTB 3053).

1563

3. Für ‚Vollständigkeit' – zum Mitforschen

Ohne eine gewisse **Vollständigkeit** keine Wissenschaft, Auswahl ist der zweite Schritt – aber Vollständigkeit ist ein hartes Geschäft. Einen Eindruck davon, was eine gewisse Vollständigkeit bedeuten würde, geben die sich gut ergänzenden Zusammenstellungen bei

1564

*Maihofer (*Hg.), Naturrecht oder Rechtspositivismus?, Darmstadt 1962, S. 580-623: Bibliographie 1945-60,
Kaufmann (Hg.) Die ontologische Begründung des Rechts, Darmstadt 1965, S. 664-742: Bibliographie von *Hassemer,* alphabethisch u. systematisch,
Maihofer (Hg.), Begriff und Wesen des Rechts, Darmstadt 1973, S. 459-490: Bibliographie (ca. 1830-1945),
Ellscheid/Hassemer (Hg.), Interessenjurisprudenz, Darmstadt 1974, S. 463-490: Bibliographie,
Fikentscher, Methoden des Rechts, Bd. 5, Tübingen 1977, S. 65-286: Literaturverzeichnis,
Roellecke (Hg.), Zur Problematik der höchstrichterlichen Entscheidung, Darmstadt 1982, S. 403-416: Auswahlbibliographie,
Roellecke (Hg.), Rechtsphilosophie oder Rechtstheorie?, Darmstadt 1988, S. 379-400: Auswahlbibliographie,
Gängel/Mollnau (Hg.), Gesetzesbindung und Richterfreiheit: Texte zur Methodendebatte 1900-1914, Freiburg 1992,
F. Müller, Juristische Methodik, Bd. I, Abschnitt 7: Literatur, in der 9. Aufl. 546-621, alphabetisch und nach Sachgebieten.

Die Fülle ist erstaunlich. Und offenbar gehen die Uhren der Methodenlehre etwas langsamer – kein Wunder bei so grundsätzlicheren Themen. Besonders nützlich ist die Übersicht bei *F. Müller,* die auch nach Sachgebieten ordnet; seine kleine Zusammenstellung zur „Methodik des Zivilrechts" (332) geriet aber offensichtlich etwas klein.

1565

Selbstverständlich müsste man sich wirkliche Vollständigkeit über die großen Allgemein- oder Spezialbibliographien erarbeiten – zu viel für ein erstes Studium und einen gewissen Überblick. Die Arbeitsweise beim selbstständigen Suchen nach einschlägigen Titeln – d.h. beim „Bibliographieren" – kann hier nur angedeutet werden. Die wichtigsten **Allgemeinbibliographien** (wie unser ganzer Bücherhorizont an Nachschlagewerken) werden am besten bei den Historikern erklärt, handlich und gut etwa in den Taschenbüchern von *Baumgart,* Bücherverzeichnis zur deutschen Geschichte, 17. A. Stuttgart 2010 oder

1566

Peter/Schröder, Einführung in das Studium der Zeitgeschichte, Paderborn 1994 (= UTB 1742), hier S. 127ff.: „Wege zur … Literatur". Unter Juristen werden diese Selbstverständlichkeiten einer gründlichen und erst recht einer wissenschaftlichen Arbeitsweise gegenüber dem forensisch geprägten Argumentationsalltag stark vernachlässigt; umfassend ist nur die „Karlsruher Juristische Bibliographie", seit 1961. Erste Hilfe gab knapp und gut *Rinken* (Einführung in das juristische Studium, 2. A. 1991, S. 315-320 – fehlt leider in der 3. A. 1996); recht nützlich jetzt *Hirte*, Der Zugang zu Rechtsquellen und Rechtsliteratur Köln 1991, hier S. 105-110; liebloser und weniger treffsicher *Tettinger/ Mann*, Einführung in die juristische Arbeitstechnik (1992), 2.A. München 2009, hier S. 84 f. Juristisch hilft als Spezialbibliographie auch *G. Hoffmann*, Bibliographie der deutschen Rechtsbibliographien. Sachlich geordnet und mit kurzen Anmerkungen und Standortangabe versehen, Schifferstadt 1994. Die Grundlagenfächer werden hier freilich überall recht ignorant behandelt. Die neuesten Stimmen muss man sich natürlich über die Fachzeitschriften erschließen, hier also besonders über *Archiv für Rechts- und Sozialphilosophie* (1907ff.), *Rechtstheorie* (1970ff.) und neuestens *Rechtswissenschaft* (2010ff.).

4. Für ‚Selbstständigkeit' – zum Mitdenken

1567 Ohne eine gewisse **Selbstständigkeit** und Beherrschung des Wesentlichen keine Wissenschaft. Die großen Schwankungen schon der Literaturangaben zeigen: Fach und Interesse der Autoren spielen auf diesem weiten Feld „Methode" eine besondere Rolle. Man muss hier also mehr darauf achten, wen man liest, als in stärker vereinheitlichten und dogmatisierten Fächern. Man braucht mehr Überblick, was überhaupt **wesentliche Strömungen und Probleme** wären. Da die Uhren in diesem Grundsatzbereich etwas langsamer gehen und die aktuellen Texte meist recht einseitig ausfallen, hilft man sich am besten mit Überblicken zur **Methodengeschichte** der Jurisprudenz.

1568 Nötig wäre ein selbstständiger neuer Überblick, da die Forschung seit langem vieles anders sieht. Die fast schon klassische Darstellung von *Jan Schröder*, Recht als Wissenschaft. Geschichte der juristischen Methode vom Humanismus bis zur historischen Schule, München 2001 reicht leider nur bis 1850. Einige Fortführungen finden sich in *ders*, Rechtswissenschaft in der Neuzeit. Geschichte. Theorie. Methode. Ausgewählte Aufsätze 1976–2009, Tübingen 2010. Eine neue Gesamtdarstellung seit 1850 fehlt jedoch. Benutzt werden daher immer noch Klassiker wie *Wieacker*, Privatrechtsgeschichte der Neuzeit, Göttingen 1952, 2. A. 1967) und *Larenz*, Methodenlehre der Rechtswissenschaft, Berlin 1960, 6. A. 1991, Teil 1 – beide glänzend geschrieben, teilweise auch *Boehmer*, Grundlagen (II 1, 1951). Moderner, knapp und übersichtlich ist *Schlosser*, Grundzüge der neueren Privatrechtsgeschichte Heidelberg 1975, 10. A. 2005, wieder sehr ausführlich *Kaufmann u.a.* (Hg.), Teil B, und sehr speziell *Raisch* (siehe oben unter 2.). Besonders für *Wieacker*, *Larenz* und *Boehmer*, aber auch für die stark auf ihnen fußenden späteren Darstellungen gilt aber dreifache Vorsicht: (1) Hier wie sonst wirken mehr oder weniger massive Vorverständnisse der prägenden Klassiker Wieacker und Larenz, die eben in den 30er bzw. 40er/50er Jahren ihre Linien konzipierten. (2) Es werden zwei Ebenen zu sehr vermischt: die Geschichte der mehr praktischen und der mehr rechtsphilosophisch-rechtswissenschaftlichen Methodendogmen. (3) Schließlich wird das alte Entwicklungsschema Begriffsjurisprudenz – Freirechtsbewegung – konkretes Ordnungsdenken (wenn erwähnt) – Interessenjurisprudenz – Wertungsjurisprudenz viel zu starr und einseitig verwendet. Diese Probleme sind oben unter I. in der Einführung näher erklärt (nach Fn. 19). Das Resümee im vorliegenden Band (Rn. 1511 ff.) bietet daneben eine sehr klare Würdigung, die die Zeitbedingtheiten von Methoden beachtet und produktiv verarbeitet.

Zu kurz kommt meist die praktisch und aktuell so wichtige **Justizseite** (Richterrecht!) der Methodenfragen, die hier eigens unterschieden wurde (s. Einführung unter III., Rn. 23 ff.). Eine engagierte, relativ knappe und sehr lehrreiche Übersicht dazu findet man unter einem Titel, wo man dies nicht sucht, bei *Simon*, Die Unabhängigkeit des Richters, Darmstadt 1975, freilich ohne Fazit.   **1569**

Wie neu erarbeitete Perspektiven aussehen konnten, zeigten schon die Ergebnisse bei *Neumann*, Rechtsphilosophie in Deutschland seit 1945, in: Simon (Hg.) Rechtswissenschaft in der Bonner Republik. Studien zur Wissenschaftsgeschichte der Jurisprudenz 1994, S. 145-187 und *Rückert*, Zu Kontinuitäten und Diskontinuitäten in der juristischen Methodendiskussion nach 1945, in: Acham (Hg.) Erkenntnisgewinne, Erkenntnisverluste. Kontinuitäten und Diskontinuitäten in den Wirtschafts-, Rechts- und Sozialwissenschaften zwischen den 20er und 50er Jahren, Stuttgart 1997, S. 113-165 Unser zusätzlicher Historischer Überblick in Teil IV, Rn. 1457 ff. zieht jetzt die wichtigsten Linien neu.   **1570**

5. Für einen ersten Überblick – zum Mitreden

Dafür empfiehlt sich eine schlichte, handliche Übersicht, möglichst knapp und unkompliziert. Aus dem oben unter 2. Genannten passen dafür wohl vor allem *Zippelius*, Juristische Methodenlehre, *Horn*, Einführung, hier Kapitel 2, und *Wank*, Auslegung. Weniger klar ist *Pawlowski*, Einführung in die juristische Methodenlehre, 1986 (2.A. 2000). In unseren 12 Methodenregeln, oben unter II., bieten wir jetzt ein konzentriertes Minimum.   **1571**

6. Für die Auslegungstechniken – auch zum Mitreden

Sie werden fast überall erwähnt unter dem Stichwort *canones*, also grammatisch, logisch, historisch, systematisch, daneben auch teleologisch. Das legendäre Original findet sich bei Savigny (s.o. Rn. 76), leider wird er meist aus aktuellem Interesse missverstanden und zu „teleologisch" geradezu verzerrt (s.o. Rn. 145 ff.). Knapp und anschaulich plädiert dafür *Raisch*, Vom Nutzen der überkommenen Auslegungskanones für die praktische Rechtsanwendung, 1988. Beispielsreich, aber leider in vielem problemverkürzend, ist die Darstellung von *Schmalz*, Methodenlehre für das juristische Studium, 4.A. Baden-Baden 1998. Bei einem auch nur oberflächlichen Vergleich mit den Beiträgen im hier vorliegenden Band müsste klar werden, wie begrenzt dieser technische Ansatz ist und wie wenig diese Begrenzung wirklich die Problembeherrschung verbessert. Sie lohnt nur scheinbar.   **1572**

7. Für eigenes Üben – zum Mitanwenden

Außer einer kleinen Erinnerung an die Standard-Argumente wie die canones, die Analogie und etwa die Schlüsse e contrario, a maiore und a minore, braucht man hier vor allem Vorbilder zum Nacharbeiten. Anspruchsvoll-Lehrreiches dazu bietet *F. Müller*, Fallanalysen zur juristischen Methodik, 2. A. 1989 – man sollte sich dem einmal stellen. Erholen kann man sich dann an der Anleitung für die einfachsten Schritte bei *Adomeit/ Hähnchen*, Rechtstheorie für Studenten, 5. A. 2008 (Kap. II 2: Methodenlehre für Jura-   **1573**

Studenten) oder an unseren zwölf Methodenregeln (oben Teil 2, Rn. 32 ff.). Zwei ganze Bücher als Exempel für methodische „Interessenjurisprudenz" schrieb der große Zivilist *Heck*. Sein „Grundriß des Schuldrechts" (zuerst 1929, Neudruck 1958) und „Grundriß des Sachenrechts" (zuerst 1930, Neudruck 1960) sind immer noch brillante und didaktisch geschickte Beispiele. Man lese etwa im Schuldrecht §§ 30ff. zur Unmöglichkeitslehre und lasse sich zum Blättern und Weiterlesen verführen, trotz der Frakturschrift, etwa im „Anhang" oder in §§ 3, 17 im Sachenrecht zum Besitz, vielleicht auch mit dem „Exkurs" (S. 485ff.) – unübertroffen! Aus der rechtsstaatlich schärferen strafrechtlichen Erfahrung jetzt gut *Puppe*, Kleine Schule des juristischen Denkens, Göttingen 2008. Und schön konkret zur neueren Richterrechtsdiskussion G. *Duttge*, Gesetzesuntreue unter der Maske strafgerichtlicher Auslegung, in: Festschrift für V. Krey zum 70. Geburtstag, hg. v. K. Amelung u.a., Stuttgart 2010, S. 39–69.

8. Für die zivilrechtliche Methodik speziell – zum Mitdenken

1574   „Die juristische Methode ist für alle Rechtsgebiete gleich" (*Schmalz*, s.o. unter 6., 3. A. S. 5) – eine wenig hilfreiche Vereinfachung. Schon wegen der Korrespondenz von Methode und Gegenstand gibt es deutliche Divergenzen. Diese Bereichsebene von Methode findet zu wenig Aufmerksamkeit. Es ist klar, dass die Aufgaben etwa von Strafrecht und Zivilrecht unterschiedlich sind, und damit auch die methodischen Umsetzungsmittel. In einem sehr wenig bekannten größeren Sammelwerk findet man sehr instruktive Abhandlungen eigens zu Methodik in Zivilrecht (*Esser*), Strafrecht (*Engisch*), Kriminologie (*Würtenberger*), Verfassungsrecht (*F. Müller*) und Prozessrecht (*Bruns*), siehe die „Enzyklopädie der geisteswissenschaftlichen Arbeitsmethoden", hg. von M. *Thiel*, hier 11. Lieferung: Methoden der Rechtswissenschaft, Teil 1, München 1972 – bes. aufschlussreich ist dabei „Altmeister" *Engisch*. Zum Zivilrecht jetzt betont und weitgespannt: *Schapp* Methodenlehre des Zivilrechts, Tübingen 1998. In unserem Buch wird das Bereichsproblem durchgehend beachtet. Sehr prägnant und lehrreich ist nun der Blick aufs BGB von der gutachtlichen Fallbearbeitung her bei D. *Leenen*, Anspruchsaufbau und Gesetz: Wie die Methodik der Fallbearbeitung hilft, das Gesetz leichter zu verstehen, in: JURA 2011, S. 723-729.

1575   Eine neue, eigenwillige Ebene eröffnen die Europarechtler und Rechtsvergleicher, siehe etwa W. *Buerstedde*, Juristische Methodik des Europäischen Gemeinschaftsrechts: ein Leitfaden, Baden-Baden 2006; G. *Hager*, Rechtsmethoden in Europa, Tübingen 2009; Th. *Henniger*, Europäisches Privatrecht und Methode. Entwurf einer rechtsvergleichend gewonnenen Methode, Tübingen 2009; *Riesenhuber*, Europäische Methodenlehre. Handbuch für Ausbildung und Praxis, 2. Aufl. Berlin 2010; zurückhaltender Überblick dazu bei W. *Kilian*, Europäisches Wirtschaftsrecht, 4. A. München 2011, Rz. 347 ff. Kritisch zur Rechtsprechung soeben St. *Pötters/R. Christensen*, Richtlinienkonforme Rechtsfortbildung und Wortlautgrenze, in: JZ 66 (2011), S. 387-394.

9. Für das richtige Auslegen und Unterlegen – zum Mitstreiten, über das, was man darf

1576   Die normativen Probleme der Methodenlehre, d. h. ihr Zusammenhang mit den Postulaten des demokratischen Verfassungsstaats der Neuzeit und den anderen juristischen Grundbegriffen wie Rechtsbegriff, Rechtsquellenlehre, Rechtsfortbildung usw., werden oft nicht hinreichend deutlich. Die gründlichste aktuelle Übersicht und Diskussion dazu bietet F. *Müller*, Juristische Methodik (s.o. unter 2.) – eine freilich nicht ganz leichte Lektüre. Einen ersten Zugriff bieten etwa *Koller*, Theorie des Rechts (s.o. unter 2.),

S. 217 f, und 224 f., oder *R. Dreier*, Zum Selbstverständnis der Jurisprudenz als Wissenschaft (1971), in *ders.*, Recht – Moral – Ideologie, Frankfurt 1981, S. 48-69, 51ff. Immer noch erfrischend und lehrreich lesen sich zu alledem ebenso das zielklare Plädoyer von *Franssen*, Positivismus als juristische Strategie, in JZ 1969, 766-779, wie die hochkomplexen Vermutungen über den vielleicht gar nicht so wichtigen „künftigen Richter" bei *Simon* (1976, s.o. unter 4.), S. 167ff. und die nachdenklichen Erwägungen bei *Viehweg*, Was heißt Rechtspositivismus? (1968), in: *ders.*, Rechtsphilosophie und Rhetorische Rechtstheorie, Baden-Baden 1995, S. 166-175. Zu der sehr prominent gewordenen Methode „Abwägung" jetzt *J. Rückert*, Abwägung. Zur juristischen Karriere eines unjuristischen Begriffs, in: JZ 66 (2011), S. 913-923.

Einen knappen einfachen Einblick mit Beispielen zur Gesetzesbindung gibt *Schroth* bei *Kaufmann/Hassemer/Neumann* (2011). Für eine bisweilen verwirrende Redeweise ist lehrreich F.C. Schröder, Die normative Auslegung, in: JZ 66 (2011), S. 187-194 (nicht nur zum Strafrecht). Darüber hinaus kann man sich am besten durch Vergleich der großen Modelle in ihren verfassungspolitischen Grundlagen und an anschaulichen Beispielen klar machen, worum es geht. Dabei hilft der vorliegende Band durchweg, da er den roten Faden des Verfassungskontextes festhält.

1577

10. Für besondere Neugier – auch zum Mitdenken

Die Methodenlehre befindet sich seit längerem in starker Bewegung. Die Stichworte lauten: Sprachphilosophie und Recht (früher Sprachanalytik), Rechtslinguistik, Folgenbetrachtung, Rhetorische Rechtstheorie und Funktionalismus oder einfach „Neue Theorien des Rechts" (*Buckel* u.a. (Hg.) 2.A. 2009) – achtzehn neue werden hier geboten, aber fast nichts zu Methode (s. oben im HISTORISCHEN ÜBERBLICK, Rn. 1492 ff.). Offensichtlich schlagen sich hier vor allem neue Vorstellungen vom Gegenstand Recht nieder. Mit solcher Neugier entfernt man sich von der hier betonten Fragestellung. Als genauerer Einstieg für solche Neugier empfiehlt sich für **Sprachphilosophie und Recht** ein Blick in *Hilgendorf*, Argumentation in der Jurisprudenz, Berlin 1991, und daneben *Koch/Rüßmann*, Juristische Begründungslehre, München 1982; für die **Rechtslinguistik** *F. Müller*, Untersuchungen zur Rechtslinguistik, Berlin 1989, und *ders./Christensen/Sokolowski*, Rechtstext und Textarbeit, Berlin 1997; *Busse*, Juristische Semantik Berlin 1993 (2. A. 2010); speziell für das Zivilrecht *Schiffauer*, Wortbedeutung und Rechtserkenntnis, Berlin 1979; für die **Folgenbetrachtung** ebenfalls *Koch/Rüßmann* 1982 (s.o. unter 2.) und daneben *Schäfer/Ott*, Lehrbuch der ökonomischen Analyse des Zivilrechts, 4. A. Berlin 2005, S. 15ff., 23ff., sowie neuestens *G. Teubner* (Hg.), Entscheidungsfolgen als Rechtsgründe – folgenorientiertes Argumentieren in rechtsvergleichender Sicht, Baden-Baden 1995; für die **Rhetorische Rechtstheorie** *Gast*, Juristische Rhetorik. Auslegung. Begründung. Subsumtion (1988), 4.A. Heidelberg 2006, aber auch noch „Altmeister" *Viehweg*. Berühmt wurde seine kleine Schrift „Topik und Jurisprudenz", 1953 (zuletzt 1975); lehrreicher ist jetzt *ders.*, Rechtsphilosophie und Rhetorische Rechtstheorie, Baden-Baden 1995; reichhaltig, freilich bis zur Verwirrung, jetzt *Soudry* (Hg.), Rhetorik. Eine interdisziplinäre Einführung in die rhetorische Praxis, 2.A. Heidelberg 2005, in der Sache nur zur Rhetorik in der juristischen Praxis; ein eigenes Modell entwirft *K. Gräfin von Schlieffen*, Wie Juristen begründen. Entwurf eines rhetorischen Argumentationsmodells für die Rechtswissenschaft, in: JZ 66 (2011), S. 109–116; für den **Funktionalismus** (auch Systemtheorie und Institutionalismus) gibt es eine sehr gut lesbare, lehrreiche Durchführung an einem für jeden Juristen wohlvertrauten Beispiel von *Drosdeck*, Die herrschende

1578

Meinung. – Autorität als Rechtsquelle – Funktionen einer juristischen Argumentationsfigur, Berlin 1989. Zur Logik und Wissenschaftstheorie greift man zu *Herberger/ Simon* (1980) u. J. C. Joerden, Logik im Recht, 2. Aufl. Berlin 2009.

11. Der besondere Tipp

1579   Der **besondere Tipp** gilt zuletzt drei Juwelen im Methodendickicht: dem glänzenden, sehr klärenden Aufsatz über das vielbeschworene und vielmissbrauchte **Wertungselement** in Recht und Rechtsanwendung: *Podlech*, Wertungen und Werte im Recht, in: Archiv des öff. Rechts 95 (1970) S. 185-223, der inzwischen in Vergessenheit geratenen, sehr eindringlichen „Juristische **Begründungslehre**" von *Koch/Rüßmann* von 1982, und dem unüberholt wertvollen, überall grundlegenden, besonders übersichtlichen und informativen **Standardwerk** des ungarisch-deutschen Gelehrten *Felix Somló*, Juristische Grundlehre, Leipzig 1917, 2. unveränderte Auflage 1927. Dieses Buch gibt einen Eindruck von dem Reichtum und der hohen Qualität der älteren Diskussionen, der neben unserer flachen Überblickskenntnis (s.o. unter 4. u. 5.) jeden überraschen wird. Das kann auch unser neuer HISTORISCHER ÜBERBLICK (unter Rn. 1357 ff.) nicht ersetzen.

Die Autorinnen und Autoren

Dr. **Lena Foljanty** war Mitarbeiterin am Lehrstuhl Rückert.

Dr. **Ralf Frassek** ist Privatdozent für Bürgerliches Recht, deutsche und europäische Rechtsgeschichte an der Martin-Luther-Universität Halle-Wittenberg.

Dr. **Thorsten Hollstein** war Mitarbeiter am Lehrstuhl Rückert.

Dr. **Hans-Peter Haferkamp** ist Professor für Bürgerliches Recht, Neuere Privatrechtsgeschichte und Deutsche Rechtsgeschichte an der Universität zu Köln.

Dr. Dr. Dr. h.c. **Christian Kirchner**, LL.M. (Harvard) war Professor für deutsches, europäisches und internationales Zivil- und Wirtschaftsrecht und Institutionenökonomik an der Humboldt-Universität zu Berlin und ist derzeit Senior Research Fellow am Wittenberg-Zentrum für globale Ethik.

Dr. **Frank Laudenklos** war Mitarbeiter am Lehrstuhl Rückert und beteiligt an der Konzeption der ersten Auflage.

Jutta C. Manegold (geb. Oldag) nahm teil am Seminar zur „Neueren Methodik des Zivilrechts" im Sommer 1994.

Dr. **Felix Maultzsch**, LL.M. (NYU) ist Professor für Zivilrecht, Zivilprozessrecht, Internationales Privatrecht und Rechtsvergleichung an der Goethe-Universität Frankfurt am Main.

Thomas Pierson, M.A. war Mitarbeiter am Lehrstuhl Rückert.

Dr. **Michael Rohls**, LL.M. (Berkeley) war Mitarbeiter am Lehrstuhl Rückert und beteiligt an der Konzeption der ersten Auflage.

Dr. **Joachim Rückert** war Professor für Neuere Rechtsgeschichte, Juristische Zeitgeschichte, Zivilrecht und Rechtsphilosophie an der Goethe-Universität Frankfurt am Main.

Philipp Sahm war Mitarbeiter am Lehrstuhl von Prof. Dr. Brigitte Haar und ist derzeit Researcher am Europäischen Hochschulinstitut in Florenz.

Birgit Schäfer wirkte im Sommer 1994 mit am ersten Seminar zur „Neueren Methodik des Zivilrechts".

Ralf Seinecke, M.A. war Mitarbeiter am Lehrstuhl Rückert und ist derzeit Mitarbeiter am Lehrstuhl von Prof. Dr. Felix Maultzsch und im Exzellenzcluster „Normative Orders" bei Prof. Dr. Klaus Günther.

Dr. **Marion Träger** wirkte im Sommer 1994 mit am Seminar zur „Neueren Methodik des Zivilrechts".

Dr. **Wilhelm Wolf** war Mitarbeiter am Lehrstuhl Rückert und beteiligt an der Konzeption der ersten Auflage.

Personenregister

Die Zahlen verweisen auf die Randnummern.

Amado, Juan Antonio Garcia 1471, 1479, 1495
Alexy, Robert 1396, 1477ff.
Apel, Karl-Otto 15
Arndts, Ludwig 293
Arnim, Achim von 121
Arnold, Wilhelm 265
Austin, John 100

Bachofen, Johann Jakob 289 f.
Badura, Peter 114
Baron, Julius 293
Bekker, Ernst Immanuel 3, 9
Benjamin, Hilde 1487
Bennigsen, Rudolf von 288
Bentham, Jeremy 35
Beseler, Georg 162, 164 f., 231
Betti, Emilio 1441
Binder, Julius 9, 585
Bismarck, Otto von 306
Böckenförde, Ernst-Wolfgang 116
Böhm, Franz 931, 1544
Braun, Johann 1489
Brentano, Clemens 90
Brentano, Lujo 290 f.
Brinz, Alois von 293
Browne-Wilkinson Lord 1354
Brox, Hans 923
Bydlinski, Franz 3, 880

Calabresi, Guido 1210ff.
Canaris, Claus-Wilhelm 3, **991ff.**, 1396, 1400, 1531, 1541
Coase, Ronald 1210ff., 1280
Coing, Helmut 3, 18, 536, **810ff.**, 1400, 1434ff., 1444 f., 1467, 1502, 1519 f., 1537

Dahlmann, Friedrich Christoph 238
Dahm, Georg 318
Davidson, Donald 1492
Denning, Lord 1353
Dernburg, Heinrich 3
Derrida, Jacques 1139, 1143, 1492
Dilthey, Wilhelm 825, 837 f.
Dreier, Ralf 1480
Dworkin, Ronald 14, 1396

Ehrlich, Eugen 3, 9, 615, 1407ff., 1499
Eisenberg, Melvin 1339

Endemann, Friedrich 3
Engels, Friedrich 280
Engisch, Karl 119
Enneccerus, Ludwig 9, 502ff.
Esser, Josef 18, 26, 29, 40, 73, 353, 536, 570, 699ff., **755ff.**, 861, 884, 1149, 1434, 1444, 1502, 1519 f., 1531, 1542ff.
Eucken, Walter 1438

Feuerbach, Anselm von 90
Fichte, Johann Gottlieb 125, 179, 1400
Fikentscher, Wolfgang 3, 880, 1137
Flume, Werner 592, 634
Fontane, Theodor 288
Forsthoff, Ernst 923
Frank, Hans 947
Friedrich, Carl Joachim 20
Fuchs, Ernst 1407, 1410 f., 1499
Fuller, Lon 959
Furubotn, Eirik 1280

Gadamer, Hans-Georg 839
Gans, Eduard 116, 132, 215
Gardiner, Lord 1343
Gärtner, Gustav Friedrich 88
Gény, François
Gerber, Karl von 9, 354
Gierke, Otto von 314, 615
Glück, Christian Friedrich 295
Goethe, Johann Wolfgang von 428
Goff, Lord 1354
Gorbatschow, Michail 955
Grimm, Jacob 79, 121
Grimm, Dieter 1388
Guardini, Romano 15

Habermas, Jürgen 15, 1480
Hallstein, Walter 17, 1534
Hale, Sir Matthew 1318
Hart, Herbert L. A. 14
Hartmann, Nicolai 9, 1438, 1467
Hasse, Johann Christian 184
Hassemer, Winfried 949
Haupt, Georg 614, 619, 635
Hayek, Friedrich August von 1553

Heck, Philipp 9, 24ff., 42, 59, 263, 353, **428ff.**, 602, 604, 680, 761, 847, 861, 935, 942, 947, 956, 960, 968, 1376ff., 1413ff., 1434, 1469, 1477, 1500, 1513ff, 1531ff., 1550

Hedemann, Justus Wilhelm 3, 495

Hegel, Georg Wilhelm Friedrich 9, 15, 115f., 125, 132, 179, 215, 218, 255, 279, 359, 409, 1000, 1047, 1400, 1519

Heidegger, Martin 15

Henrich, Dieter 115

Herschel, Wilhelm 980

Hesse, Konrad 1081, 1465ff., 1503

Hirsch, Günter 949

Hobbes, Thomas 1231, 1389

Hoffman, Lord 1354

Hölderlin, Friedrich 115, 121

Hollstein, Thorsten 1435

Holmes, Oliver Wendell 963

Horkheimer, Max 1521

Huber, Ernst Rudolf 1436

Hugo, Gustav 22, 117, 127, 176ff., 224

Hume, David 176ff, 195

Humboldt, Wilhelm von 87

Husserl, Edmund 1438

Husserl, Gerhart 9, 587

Immermann, Karl 288

Jaspers, Karl 15, 660

Jhering Rudolf von 3, 9, 11, 32, 99, 188 f., 264 f., 280ff., **352ff.**, 430, 490, 942, 956, 1362ff., 1498, 1511 f., 1531

Justinian 97, 150 f., 167, 270

Kant, Immanuel 9 f., 15, 112 f., 115, 197, 199, 291, 335, 359, 1000, 1369, 1400, 1405, 1449, 1555

Kantorowicz, Hermann 9, 919, 1407ff., 1477, 1498

Kaufmann, Arthur 12, 15, 1481

Keller, Friedrich Ludwig 293

Kelsen, Hans 775, 1008, 1537

Kipp, Theodor 292

Klerulff, Johann Friedrich 231

Kohler, Josef 950, 1441

Kondylis, Panajotis 115

Krafft, Christian 216

Kriele, Martin 20

Krupp, Alfred 288

Kübler, Friedrich 1248 f.

Kuntze, Johannes Emil 290, 294, 310

Laband, Paul 314

Landsberg, Ernst 264

Lange, Heinrich 10, 26, **536ff.**, 1424ff., 1501, 1516ff., 1531ff.

Larenz, Karl 8ff., 18, 25ff., 318, 353, 536, 570, **580ff.**, 861, 1047, 1060 f., 1123, 1400, 1424ff., 1444, 1477, 1488, 1501 f., 1516ff., 1531ff.

Lassalle, Ferdinand 288

Lehmann, Heinrich 3, 495,

Leibniz, Gottfried Wilhelm 1394

Leonhard, Rudolf 290, 294, 306

Loewenfeld, Theodor 306

Lotmar, Philipp 3, 9, 306

Luhmann, Niklas 15, 1139ff.

Luig, Klaus 42, 987

Marx, Karl 88, 132, 280, 956

Maunz, Theodor 1466

Medicus, Dieter 1047 f.

Merkel, Adolf 10

Mestmäcker, Ernst-Joachim 1544

Michael, Lothar 1471

Modestinus 269, 274

Mörike, Eduard 1079

Möser, Justus 177

Mühlenbruch, Christian Friedrich 267, 273

Müller, Friedrich 20, 26 f., **1081ff.**, 1207, 1519ff., 1531, 1548, 1553

Müller-Erzbach, Rudolf 541

Naucke, Wolfgang 1491

Neumann, Ulfrid 1479ff.

Nietzsche, Friedrich 1492

Nipperdey, Hans Carl 3, **493ff.**, 861, 1434, 1443ff., 1461, 1502, 1537

Oertmann, Paul 3, 9, 311, 586

Patzig, Günther 1480

Pawlowski, Hans-Martin 3, 880

Posner, Richard 1210ff.

Puchta, Georg Friedrich 3, 9, **213ff.**, 280, 293, 314, 323, 354, 1363ff., 1477, 1498, 1531

Pringsheim, Fritz 659

Radbruch, Gustav 32

Raiser, Ludwig 17, 1541

Rawls, John 14

Reifner, Udo 985

Reinach, Adolf 9

Reyscher, August Ludwig 88

Richter, Rudolf 1280

Riedel, Manfred 1482
Rittner, Fritz 1245
Röpke, Wilhelm 1438
Rothacker, Erich 1438
Rothenberger, Curt 599
Rotteck, Karl von 126
Rudorff, Adolf August Friedrich 265, 314
Rümelin, Max 293, 431, 1419
Rüthers, Bernd 3, 11, 42, **922ff.**

Savigny, Friedrich Carl von 3ff., **76ff.**, 217,
   225ff., 268ff., 279, 280, 289, 295, 323,
   329, 334 f., 354ff., 836, 945, 965, 1363ff.,
   1474, 1498, 1526 f., 1531, 1553 f.
Schaffstein, Friedrich 1436
Scheler, Max 9, 817, 1438
Schelling, Friedrich Wilhelm 115, 179, 218,
   254, 279, 1400
Schelsky, Helmut 1479
Schleiermacher, Friedrich 149, 837, 1441
Schlegel, Friedrich 87, 115
Schlegelberger, Franz 17
Schmidt-Leichner, Erich 1430
Schmidt-Rimpler, Walther 570
Schmitt, Carl 318, 602, 618, 923, 945,
   1424ff., 1467, 1501
Schönfeld, Walther 318
Schott, Richard 539
Schröter, August Wilhelm 264
Seuffert, Johann Adam von 293 f.
Siebert, Wolfgang 615
Simon, Dieter 949
Sinzheimer, Hugo 9
Smend, Rudolf 1441, 1458, 1467
Smith, Adam 179
Sohm, Rudolf 319, 1377, 1381
Somló, Felix 10
Stahl, Friedrich Julius 229
Stammler, Rudolf 9

Stampe, Ernst 1407, 1410, 1457, 1469, 1499
Stein, Lorenz von 956
Stoll, Heinrich 431, 1419

Tasche, Friedrich 635
Teubner, Gunther 3, **1136ff.**, 1523, 1531,
   1546
Thibaut, Anton Friedrich Justus 79, 97, 120,
   164, 293, 303
Tönnies, Ferdinand 1438
Triepel, Heinrich 1419
Tuhr, Andreas von 615

Viehweg, Theodor 9, 861, 1037, 1441, 1482

Wach, Adolf 1441
Wassermann, Rudolf 1448, 1503
Weber, Max 306, 1438
Welcker, Carl Theodor 88
Welzel, Hans 9
Wesenberg, Gerhard, 17, 79
Westermann, Harry 3, 923, 1434ff., 1444,
   1502
Weyel, Rudolf Anton 1552
Wieacker, Franz 8ff., 318, 536, **656ff.**, 861,
   1434ff., 1444, 1463, 1502, 1531ff.
Wiethölter, Rudolf 25 f., 39, **878ff.**, 1024,
   1139, 1412, 1448, 1477, 1493, 1503,
   1521ff., 1531, 1543ff.
Wilhelm, Jan 1072 f.
Windscheid, Bernhard 3, 9, 103, **280ff,**. 354,
   357, 992, 1363ff., 1454, 1477, 1498, 1531
Wittgenstein, Ludwig 950, 1555
Wolf, Erik 318
Wolff, Christian 191
Wolff, Martin 3
Würtenberger, Thomas 1466

Zippelius, Reinhold 1466

Stichwortverzeichnis

Die Zahlen verweisen auf die Randnummern.

Abhängigkeit
- richterliche 162

Abstraktionsprinzip 1052

Abwägung 19, 59 ff., 68 ff.
- eindeutige 894
- Flucht in die 1001
- konzeptuelle Herkunft 1472
- Maßstab für die 1017
- Maßstab von 71
- philosophische 1457
- politische 1457
- vorschnelle 1468

Abwägungsjurisprudenz 42, 289, 1001, 1372, 1457 ff.
- Übersicht zur 1505

AGB 307

Ähnlichkeitsurteil 716

Aktenversendungsverfahren 239

Allgemeines Bürgerliches Gesetzbuch 1391

Allgemeinheit
- des Gesetzes 15

Analogie 153, 261 ff.
- strafrechtliches Analogieverbot 66

analogy 1346 ff., 1355

Ancien Regime 21, 316

Angehörigenbürgschaft
- Vertragsfreiheit, BGH 1193 ff.

Angemessenheit
- „praktisch" 672

announcement approach 1339

Anweisung
- im Kondiktionsrecht 1049 ff.

Anwendung 90
- allgemeiner Regeln 670 f.
- als Rechtssetzung 886
- als Wertentscheidung 834
- des Rechts 944, 1204
- des Rechts als Kunst 149
- unpolitische 893
- Vorrang der 1132

Argumentation
- juristische 1148 ff.
- Performativität der 1156 f., 1161 f.
- plausible 996 ff.
- Topoi der 1170 ff.

Argumentationsjurisprudenz 1476 ff.;
  s. Argumentationstheorie
- Übersicht zur 1506 ff.; s. Argumentationstheorie

Argumentationstheorie 1476 ff.
- Übersicht zur 1506 ff.

Argumente
- soziologische 1179 ff.

argumentum
- a maiore 65
- a minore 65
- a simile 65
- e contrario 65
- e principio 65

Aufklärung 881

Aufwertungsurteil 478
- Fortbildungsinteresse 485
- Stabilitätsinteresse 485
- Währungsgesetze 483

Auslegung 32, 59 ff., 99, 160 ff., 182, 242 ff.
- als Darlegung 323 ff.
- als Kunst 323 ff., 335 ff.
- Architektonik der 137 ff.
- bei „gesundem Zustand" des Gesetzestextes 143 ff.
- bei „mangelhaftem Zustand" des Gesetzestextes 145 ff.
- der Gesetze 78, 222
- des Gesetzes 135 ff.
- des Rechtsgedanken 1488
- Dogmen der 137 ff.
- Dreistufenmodell 969 f.
- durch Interpretation 1101
- Gefahr der willkürlichen 853
- genetische 1111
- gerechtigkeitskonforme 860
- grammatische 76, 326, 1111
- Grenzen der 62, 1128
- historische 52 ff., 76, 326, 781, 968 ff., 988, 1514
- „individualistisch-freiheitliche" 168
- interessengemäße 455
- interessengliedernde 454
- logische 76, 326
- mechanische 151
- objektive 141, 190, 810, 949 ff., 1491
- Probleme der 137

- richtlinienkonforme 1010
- subjektive 141, 190, 810
- „subjektiv-historische" 451, 845
- systematische 76, 1111 f.
- teleologische 58, 77, 328
- „unbegrenzte" 973, 982, 985; s. 923
- und Rechtsfortbildung 834
- verfassungskonforme 1007 ff.
- von Gesetzen 366
- von Willenserklärungen 365
- „wahre" 187, 192
- zivilrechtliche 1018 ff.
- zur Legitimation des Ergebnisses 786 ff.

Auslegungskanon 15, 142, 148, 157, 836 ff.,
  995 ff., 1526; s. canones
- hierarchiefreier 998
- normativer 840
- Rangproblem des 1206

Auslegungsmethoden 44; s. canones

Auslegungsverbot 150 f., 1391

Autologik 1144

Autonomie 9, 118 ff.
- der Rechtsgemeinschaft 463
- der Rechtswissenschaft 410, 1244 ff.
- des Rechtssystems 398
- und allokative Effizienz 1196

Barrister 1320

Bedeutung
- gegen sprachliche Eleganz 298

Begehrungsdispositionen 437

Begriff
- Entwicklung des 331
- scharfer 300
- und Zweck 1384
- Zeichenwert des 1099
- Zerteilung des 332

Begriffsbildung 296
- durch Verallgemeinerung 1378
- zum positiven Recht 1381 ff.

Begriffshimmel 387, 410

Begriffshof 59

Begriffsjurisprudenz 15, 42, 264, 278,
  280 ff., 334, 352 ff., 758, 1359 ff.
- Abschied von der 411 ff.
- als notwendige Begriffsarbeit 1513
- als Prinzipienjurisprudenz 1401; s. Prinzi-
    pienjurisprudenz
- als Regelfall 568
- als Willkürabwehr 1398
- gesetzespositivistische 1511

- Kampf gegen die 476
- Kritik der 300
- normative Orientierung der 292
- notwendige 1369
- Übersicht zur 1498
- unreflektierte 1048
- Wertungsdefizit der 554

Begriffskern 59

Begriffsrealismus
- metaphysischer 319

Besitz 269 ff.

Bestimmtheit
- des Rechts 160

Bewusstsein
- allgemeines 172

BGB 297, 315, 321, 341 ff., 676, 1398 ff.
- Entstehung des 284
- Kommission 1368
- „Soziale Frage" 1403

BGH 1058

Billigkeit
- Erwägung von 346
- individuelle 828
- richterliche 700, 736

Bindungswirkung 954

bona fides 340; s. Guter Glaube

Bundesverfassungsgericht
- Judikatur des 1459

Bürgschaft
- „ruinöse" 1192 ff.

canones 44 ff., 76 ff., 142, 148, 189, 193 f.,
  199, 368, 836 ff., 995 ff., 1526; s. Auslegungskanon
- als Argumente 999, 1018
- Vorrang des telos 1019

case law
- Geschichte 1330 ff.
- Geschichte des 1318 ff.
- Grundprinzipien 1330 ff.
- im englischen Recht 1314 ff.
- neuere Entwicklungen 1352 ff.

Charakter 290

Checks & Balances 861

Code civil 1391

cognitio ex datis 115

cognitio ex principiis 115

common law 1210 ff., 1319 ff., 1552; s. case
  law

contra legem 733

Corpus Iuris 94, 119, 139, 284, 358, 396, 410

Court of Appeal 1340 ff., 1348, 1356

culpa in contrahendo 338 ff.

Culpalehre 26, 182 ff.

Darstellung 1476
– Offenheit der 1495

Deduktion 708

Demokratie 33
– pluralistische 316
– repräsentative 9

Demokratiegebot 39

Deutung
– der Wirklichkeit 111

Dezisionismus 1132, 1151
– bei Carl Schmitt 1425

Dialektik
– im Recht 1036 ff.

Digesten 96, 284, 358

Diskurstheorie 1151

dissenting opinion 1327, 1356

distinguishing 1346 ff., 1355

dogmata 36

Dogmatik 182, 664
– als Konstruktion 368 ff.
– als Philosophie 407 f.
– als Rechtsfortbildung 804
– Argumente der 1168 f.
– Aufgaben der 667
– bewusste 1420
– der Rechtsfindung 785 ff.
– des Bürgerlichen Rechts 536
– Ergänzung der 1038
– Kritik der 1214
– Regellosigkeit der 1046
– Selbstkontrolle durch 760
– Stabilität durch 808 f.
– Stimmigkeit durch 808 f.
– Stimmigkeitskontrolle durch 794
– und Methode 993 ff.
– Wert von 342

Drittwirkung 531 ff., 1199 ff.
– grundrechtliche 70
– mittelbare 1015 ff.
– unmittelbare 519

Drittwirkung von Grundrechten 1459

Durchgangserwerb 267 ff.

Effizienz 1210
– als Wert an sich 1546
– bei unfreiwilligem Austausch 1226

Eigentum
– und Naturzustand 1231

Einheit 115 ff.
– der Rechtsordnung 376, 737 f.
– des Rechts 152
– durch Moral und Geschichte 827 ff.
– innere 113
– natürliche 132
– von Recht und Gesetz 553

Einlegung 958

Einsicht
– apriorische 820

Entfremdung 1449

Entscheidbarkeit
– als Regel 1453

Entscheidung 29 f., 69, 292
– als Topik 832
– Bestimmungsgründe der 712
– des Einzelfalls 1460 f.
– Endpunkt der 1131
– Folgenberechnung einer 1210
– gerechte 568
– gesetzgeberische 1476
– Illusion der richtigen 1453
– institutionalisierter Rahmen von 1553
– Kriterien für die 688 ff.
– Maßstab 695
– „normfreie" 795
– persönliche 679
– Rationalität der 1552
– richterliche 446, 688 ff.
– „sittliche" 847 f.
– Spielraum des Richters 1514
– Vorhersehbarkeit der 694
– Willenselement der 846

Entscheidungsbindung
– durch Methode 301

Entscheidungsnorm 1118, 1124

Entwicklung 103

Equal Justice under Law 861

equity-Rechtsprechung 1323 f.

Erkenntnis
– kognitive 679

Erkenntnisinteresse 34

Erkenntnisprobleme 143

Erkenntnisquelle
– Analogie keine 764

Ermessen
– richterliches 576
Erweckungsbewegung 216
EuGH
– Motor der Integration 1496
Europäische Menschenrechtskonvention
1353
Europäische Union 1353
exceptio doli 735 ff.
Expertenhaftung 1180

„faktischer Vertrag" 26, 798 ff., 1427;
s. Vertrag
Fehler, Hauptstichwort fehlt 445
– soziologisch bereicherte 1202
Fin de siècle 1402
Fleetfall 1109 ff.
Folgenabschätzung 1552
– Probleme der 1244 ff.
Folgenberücksichtigung 1202
Form 11, 144
Formalismus 15, 88, 1395, 1399
– begriffsjuristischer 281
– des bürgerlichen Rechts 1364
– im common law 1323
– juristischer 690
– Kritik 1449
forms of action 1321
Fortschritt
– Träger von 316
Fortschrittsglaube
– bei Jhering 1385
Fragment 135, 160, 396
Frankfurter Schule 880, 889, 1544
Frau
– Rechtsstellung der 292
Freiheit 165 f., 195 f., 215 f., 239, 255 ff.
– der Gerichte 14
– durch Berechenbarkeit 547 f.
– gleiche 1397
– offene 166
– Pluralität von Gerechtigkeit 937
– Recht als Mittel zur 177
– schützende 166
– und Bindung 375, 772
– und Gleichheit 931
– und Wertmaßstab 916
– von Widersprüchen 1084
Freirechtsbewegung 15, 42, 318

Freirechtsschule 477, 617, 919, 1088, 1376,
1380 f., 1402 ff.
– Kritik der 709
– Maßstabsdefizit der 554
– Übersicht zur 1499

Ganzheit 4
– Blick für 111
– Idee der 119 f.
– und Einzelheit 139, 200
– und Einzelnes 128
Gebotsbildung
– wertende 457
Gefährdungshaftung 1232 ff.
Gehorsam
– denkender 687, 761, 847, 959 ff., 986,
1462, 1500
– interessenmäßiger 450, 1417
– richterlicher 1441 f.
Geist 174
– der Gesetze 1441
– des Rechts 385 ff., 410
– und Buchstabe 422
Geliebtentestament 865 ff.
Geltung 1101
Gemeines Recht 224
Gemeines Römisches Recht 284
Gemeinschaftsverhältnis
– personenrechtliches 980
Generalklausel 563, 570, 723 ff., 765,
864 ff., 893, 945, 1137
– Auffüllung einer 664
– rechtsändernde Funktion 981
– richterrechtliche 976
– und Wertentscheidung 914
– § 812 BGB als 1061
Gerechtigkeit 72 ff.
– als Höchstwert 815
– außergesetzliche 690
– „belebte" 833
– bewusste 292
– des Einzelfalls 672, 718
– ganzheitliche 548
– „gemeinschaftsbestimmt" 545
– im Nationalsozialismus 550 f.
– im Recht 1167 f.
– juristische 1190
– normativer Gehalt von 72
– Sinn für 284
– und Argumentation 1186 ff.
– und Effizienz 1248 ff.

– unmittelbare 1419

Gerichte
– im englischen Recht 1340 ff.

Geschäftsgrundlage 289, 311, 569 ff.

Geschichtslosigkeit 954

Geschlossenheit
– systemische 1089

Gesellschaftsordnung 281

Gesetz
– als Text 842
– „ästhetisches" 375
– Buchstabe des 145
– Festigkeit des 309
– Geist des 145
– „logisches" 375 f.
– positives 375
– Rechts-Gedanke 80
– und materielle Werte 826
– und Moralvorstellung 868
– ungerechtes 684
– Wille des 950

Gesetzesanwendung
– „bloße" 549
– und Lückenfüllung 764

Gesetzesbegriff
– materieller 823

Gesetzesbindung 858 f., 935, 964, 986, 989 f., 1119 f.
– Abschied von der 1517
– offene 831
– relative 815, 877
– richterliche 39, 781 ff.
– teleologische 860
– unverzichtbare 823

Gesetzesflut 1404

Gesetzesherrschaft 677

Gesetzesinterpretation
– im englischen Recht 1316

Gesetzeslücken 962 f.

Gesetzesmaterialien 52

Gesetzesrecht 763 ff.

Gesetzgeber 302
– willkürlicher 813

Gesetzgebung 97, 1210
– politische 564 ff.
– Rolle der 781 f.
– zur Rechtserneuerung 560 ff.

„gesundes Volksempfinden" 554

Gewaltenteilung 151, 322, 344, 781 ff., 1126, 1514

Gewerbeordnung 315, 321

Gewohnheit 1319
– im englischen Recht 1331

Gewohnheitsrecht 146, 231 f., 242 ff., 259, 278, 309, 601, 779

Gleichbehandlung 33, 669 ff., 685

Gleichheit
– als Illusion des Liberalismus 550
– Kritik der 549

Gott 216, 255 f., 279

Göttinger Sieben 238

Grundgesetz 519 ff., 531 ff., 697, 1194
– als Wertordnung 1433
– Doppelorientierung des 1450
– und Wertbezug 1538 f.

Grundrechte 519 ff., 531 f.

Gründungsparadoxie 1144

Grundwerte
– Unverzichtbarkeit der 972

gun-man-Modell 100, 198

Güterabwägung 42

Guter Glaube 340

Güterkollision 1459 ff.

h.M. 53

Haftung
– Fragen der 338
– im Netzwerk 1174
– objektive 341

Handlungsfreiheit
– allgemeine 520, 533, 1194

Handlungslogik
– konfligierende 1197 f.

Hermeneutik 221 f., 603, 612, 759, 1519 f.
– allgemeine 837 ff.
– der Rechtsfindung 785 ff.
– geisteswissenschaftliche 149
– juristische 15, 99, 1441 f.
– textliche 193

Hierarchie 80

Hierarchisierung 224

High Court 1340

Historische Rechtsschule 359

Historische Schule 88

House of Lords 1327, 1340 ff., 1348; s. Supreme Court, UK

Humanität 821

Idealismus 128, 1488
- begrifflicher 1513
- eigentlicher Gedanke 329 f.
- philosophischer 1369
„Idee und Wirklichkeit" 128, 197
Individualismus 167 ff.
Individuum
- freiheitliches 308
Induktion 709 f.
Infiniter Regress 1405
Instanzenzug
- im englischen Recht 1340 ff.
Institutionen
- bei Puchta 264 ff., 274 f.
Interessen
- Erforschung von 450
Interessenjurisprudenz 42, 428 ff., 617, 710,
   761, 846 ff., 956, 1088, 1207, 1376,
   1380 f., 1402 ff., 1457, 1514
- jüngere 680
- Maßstabsdefizit der 554
- Methodenlehre der 1413 ff.
- Übersicht zur 1500
- Wertungsmaßstab der 694
Interessentheorie
- genetische 437 ff.
Interpretation 90, 102 f., 229 ff., 259
- authentische 137
- Bestimmtheitsdefizit der 1214
- objektive 837
- topische 843
- und Sachverhaltsbezug 1101
- usuelle 137
Interventionsrecht 21
Inversionsmethode 439, 465
ius commune 284, 725, 735; s. Gemeines
   Römisches Recht
- Zeitlosigkeit des 743 f.
iustitia 90

Jedem das Seine 546 ff., 550
judicial legislation
- Unvermeidlichkeit der 784
Jurisprudenz
- als autonome Wissenschaft 1085
- als Kunstfertigkeit 1320
- Festigkeit der 828
- kritisch-politische 1447 ff.
- politische 878 ff.
- soziologische 1142
- Übersicht zur kritisch-politischen 1503
- „wahre" 1060
„Jurist als solcher" 103, 313, 315, 319, 885,
   1023, 1383
- falsche Polemik 1454
Juristenausbildung
- einstufige 1452
Justiz 238 ff.
Justizbändigung 1470

Kaldor-Hicks-Theorem 1223 f., 1235
Kampfklausel 987
Kasuistik 293, 698
- als Richtschnur 776
- als Wertsystem 556
- Arbeit mit 778
- bestimmt Inhalt der Gesetze 768
- Kritik der 1394
„Kauf bricht nicht Miete" 307
Kieler Schule 537, 589
Kodifikationen
- des 18. und 19 Jahrhunderts 1388 ff.
Kollision
- von Normen 1469
Kombinatorik 1141
Kommentierungsverbot 1391
Kommentierverbot 151
Kommunikation 777
- von Recht und Moral 774
Konflikt
- Lösung von 198
- Vermeidung von 198
Konfliktstheorie 440
- Entscheidungsinteressen 442
„konkrete Ordnung" 1520
- bei Carl Schmitt 1425 ff.
Konkretes Ordnungsdenken 618
Konstruktion
- juristische 369 ff.
Kontingenzkontrolle
- durch Prinzipienbildung 717
Korrektur
- wertende 1059
Korruption
- strukturelle 1181
Kosten-Nutzen-Rechnung 1223 f.
Kreativität 1155

Kritik
- Gesetzeskritik 133
- und Ausblick 140
Kultur
- „Cultur" 121
Kündigungsschutz 973 ff.

Laiengerichte 162
„law in action" 768
leading opinion 1327
Lebenspartnerschaftsgesetz 988
Legaldefinition 48
legal realism 1151
legal reasoning 772
lex ante casum 1093 f.
lex contractus 927
Liberalismus 287
- Antiliberalismus 318
- emanzipatorisch-sozialer 321
- juristischer 9
- klassischer 291
- und Eigennutz 548
- Wertungsdefizit im 548
libre recherche 772, 1408
Logik
- formelle und inhaltliche 363
Lücken 4
- der Rechtsordnung 448
- Füllung von 258 ff., 278
Lüth-Urteil 1469

Maßstab
- Praxis als 1000
Mauerschützenprozess 74
Menschenrechte
- Geschichtlichkeit der 321
Menschenwürde 519, 521 f.
- und Effizienz 1249
Metaphysik 389
- des Rechts 928
- im Recht 1034 ff.
- juristische 1079
- pragmatische 404 f.
- spekulative 374 f.
- und Rechtspraxis 399 ff.
Methode 181, 280 ff.
- aus dem Einzelfall 1047 ff.
- begrenzte 346
- der Kollisionsregeln 895
- Ehrlichkeit der 951, 995

- Festigkeit durch 298
- Grenzen der 1080
- historische 94
- Inversion der 263
- keine zwingende 717
- klassisch-juristisch 17
- Mitschuld der 1422
- „naturhistorische" 410
- neue 17 ff.
- normatives Element 28
- Rang der 326
- teleologische 1496
- Verfahrensregeln als 1476
- Vorrang der Rechtspolitik 559
- „wahrhaft-historische" 109 ff.
- „weiche" 1554
- wertkritische 844
- Wert von 11
- wissenschaftliche 102 ff.
Methodefragen als Verfassungsfragen
- bei Nipperdey 1435
Methoden
- Programm der 254
Methodenehrlichkeit 1078
Methodenfragen 323 ff.
Methodenfragen als Verfassungsfragen 2, 20, 38 ff., 148 ff., 282, 720, 938, 957, 959, 984, 1104 f., 1120, 1379, 1388, 1406, 1418
- Kompetenzzuweisung 1410
Methodengeschichte
- als Erkenntnisinstrument 1508
Methodenkritik 941 ff., 1447
Methodenlehre 33 ff., 206 ff., 220 ff.
- Abschied von der 1493
- als Begründungslehre 986
- als Disziplinierung 1131 f.
- als Umdeutungsbremse 987
- als Wertungsproblematik 759
- dualistische 815
- Einseitigkeiten der 1375 f.
- Formale Verwirklichung von Wertentscheidungen 938
- Geschichte der 41 ff., 1393
- im Nationalsozialismus 544 ff.
- im NS 1532
- interessenjuristische 432
- keine bestimmte Rangfolge 705
- Kontinuitäten in der 537
- Kritik an der 757 ff.
- nach 1945 567 f.
- nachpositivistische 1083 ff.

- neuer Bezugsrahmen nach 1945 1537 ff.
- Politikvorbehalt in der 1533
- pragmatische 811, 877
- rechtstaatliche 1455
- und Sozialwissenschaft 1438
- verfassungstreue 935
- Wertneutralität 948

Methodenproblem 224

Methodenregeln 32 ff.
- historisch-kritische 38

Methodenwahl
- im Dienst der Rechtspolitik 554, 568
- Schwerpunkte bei der 1005

Methodik
- im englischen Recht 1314 ff.

Minderjährigenschutz 807

Mythologie 255

Nachfragegesetz 1216 ff.

Nationalsozialismus 536 ff.

Natur 121

Naturalismus
- Sackgasse 172

„Natur der Sache" 372, 701, 725 f., 770, 777, 819, 840 f., 957, 1028, 1442
- und Gewaltenteilung 829

Naturrecht 105, 117, 153, 229, 258, 267, 309, 359, 520 f., 534, 696, 760, 856, 952
- aus Erfahrung 821
- Elemente des 775 ff.
- Neubegründung des 813
- normiertes 1436
- Renaissance des 119, 571
- und Anerkennung 869
- und Kulturrecht 810 ff.
- unmittelbare Wirkung des 824

Negativismus
- juristischer 878 ff.

Norm
- Gewinnung einer 468
- übergesetzliche 817

Normativismus
- bei Carl Schmitt 1425

Normativität
- der Gesetze 1091 ff.
- „des Faktischen" 1525
- des Rechts 841
- dynamische 1115
- konkrete 1516
- produzierte 1102, 1106 ff.
- sachbestimmte 1115

- schöpferische 1119

Normbildung
- im case law 1324, 1339

Normdurchsetzung 1010 f.

Normensystem 509

Normerhaltung 1010 f.

Normerzeugung 1159

Normsystem 516 ff., 535

Normtexthypothese 1113 f.

Normzweck 965 ff., 988

Notwendigkeit 215

NS-Jurisprudenz 42, 1421 ff.
- Übersicht zur 1501

nulla poene sine lege 1393

Nutzenkalkül 1244

obiter dicta 1333 ff.

Öffentliches Recht 120 ff.

Öffentlichkeit
- der Verhandlung 162

Ökonomische Analyse des Rechts 27, 179, 1210 ff., 1456, 1522
- Rezeption der 1546 f.

Ontologie 389, 1099

opinio communis 770, 777

Oppositionelle Haltung 430

Ordnung
- innere 819
- „konkrete" 42
- kontrollierbare 862 f.
- „spontane" 167 ff., 177

Ordnungsbegriff 473

Ordnungsdenken 1425 ff.

Ordnungsinteresse 1520

outlaw 1062

overruling 1347 f., 1355
- im englischen Recht 1340 ff.

pacta sunt servanda
- Unzumutbarkeit 570

Pandekten 96 f., 248, 264 ff., 284, 358, 413, 1362
- als positives Recht 292 f.
- bei Windscheid 280

Paradoxien 1143 ff.
- Lösung von 1154 f.

Parlamentarismus
- Antiparlamentarismus 318

pater familias 96
Paternalismus 1195
Persönlichkeitsrecht
– und Unternehmerpersönlichkeit 901
Phänomenologie 1513
Philosophie
– negative 218, 255, 257
– positive 218, 255, 257
Plausibilität 1018
Plausibilitätskontrolle
– teleologische 1002 ff.
Pluralismus
– der Auslegungsmethoden 843 f.
– der Rechtsquellen 396, 841
– der Sprachspiele 399
– der Werte 933 ff.
– gesellschaftlicher 1486
– methodischer 1467
– normativer 1357
– Quellenpluralismus 199
– rechtlicher 1550
Politik
– Recht als geronnene 928
Positivismus 88, 105, 158, 204, 360, 1132, 1399
– als „Gesetzesknechtschaft" 12 f.
– bei Carl Schmitt 1425
– der Gesetze 281
– des Rechts 1083 ff.
– Gesetzespositivismus 953
– gesetzlicher, wissenschaftlicher 318
– „hohler" 549
– institutioneller 1332
– Kritik des 758 ff.
– „leerer" 562
– Lob und Kritik 708
– Normverständnis des 1121
– Probleme des 672 ff.
– progressiver 316
– rechtlicher 346
– rechtswissenschaftlicher 953
– Rückkehr zum 1518
– und Idealismus 815
– und Naturrecht 1087
– Verdienste des 776
– Verfassungspositivismus 953
Practice Statement 1343
praeter legem 733
Präjudizienbindung
– horizontale 1341

– im englischen Recht 1327, 1330 ff., 1340 ff.
– vertikale 1340
Praktische Konkordanz 1358, 1465 ff.
Praxis 214
– Vorrang der 756
Preußen 287
Preußisches Allgemeines Landrecht 284, 1391
Prinzipien
– durch Abstraktion 378
– im Recht 246
– im System 278 f.
– Konkretisierungsbedürftigkeit von 1030
– Rechtsgestaltung durch 1462
– Regelung durch 1030 ff.
– und Wertung 1040 ff.
– zum Rechtsverständnis 825
Prinzipienbildung 339 ff., 343, 348
Prinzipienjurisprudenz 1361 ff., 1387 ff.
– als Begriffsjurisprudenz 1401; s. Begriffsjurisprudenz
– Übersicht zur 1498
Privatautonomie 21, 125, 632, 639, 646, 648 ff., 929 f.
– Angriff auf die 1534 ff.
– Preisgabe von 800 ff.
– Willenselement der 800
Privatrecht 8, 120 ff.
– als Verfassung 359
– canones als Hüter des 1020
– Dienst- und Abwehrfunktion 929 ff.
– Kritik am 1545
– Metatheorie des 27
– Richtungen des 1541
– Theorieverlust des 1550
– und politisches System 930
– und Verfassung 1014 ff., 1530 ff.
Problemlösung
– „paradigmatische" 1040 ff.
Prognose 978 f.
Prozess
– im englischen Recht 1355
Rang 46
– von Gesetz und Recht 553 ff.
ratio decidendi 1333 ff., 1346, 1352, 1355
Rationalität 1078 f.
– als Konsensfähigkeit 791 f.
– des Rechts 995, 1001
– duplike 254

- Einwände gegen 1483
- Grenzen der 1520
- juristische 1018 ff.
- Konflikte im System 1189
- ökonomische 1227

rationes decidendi 725

Realismus
- begrifflicher 1513

„realistic fallacy" 1453

rebus sic stantibus 311; s. *Geschäftsgrundlage*

„Rechnen mit Begriffen" 147, 180, 333, 1395

Recht
- als Entscheidungsprodukt 823
- als Friedensordnung 828 ff., 1442
- als geronnene Politik 565
- als geschichtliches Produkt 397
- als Gestaltungsmittel 931
- als Ideologie 927 f.
- als letzte Autorität 883
- als Recht durch Recht 1024
- als soziale Praxis 1521
- als Steuerungsinstrument 553
- als Verwirklichung von Gerechtigkeit 669
- Aporien im 1039 ff.
- Befriedungsfunktion 932
- der Dogmatik 384
- der Gesetze 232, 245, 259
- der Professoren 239
- der Wissenschaft 232, 245, 259, 278
- Differenzierung durch 1090
- Doppelnatur des 105 ff., 112
- Einbruch der Geschichtlichkeit ins 747
- Entstehung des 225 ff.
- flexibles 322
- Funktionen von 927
- Gegensteuerung durch 1183 ff.
- Geist des 361 ff.
- Geltung von 106 f.
- gewachsenes 81
- im Recht 381 ff.
- innere Moralität des 960
- innere Natur des 384
- Irrationalität im 1145 ff.
- kanonisches 146
- Logik des 299
- Natur von 107 f.
- nichtsstaatliches 1408
- Ökologisierung des 1167 f.
- Paradox des 881
- Politisierung des 888

- positives 256, 601
- „richtiges" 995, 1034, 1077
- römisches 284, 292
- Selbstreferenz im 1144
- situatives 1516
- soziologische Bereicherung des 1208 ff.
- soziologisches Wissen im 1182 f.
- Stabilisierung durch 1090
- Steuerung durch 1090
- subjektives 309, 1369
- Tautologie von 1024
- übergesetzliches 818 ff.
- überpositives 673 f., 1027
- Umsetzung von 23
- und Gewalt 1105
- und Politik 294
- und Prognose 1182 f.
- und Wertphilosophie 813
- völkisches 319
- Vorrang des materiellen 310
- „wahrhaftes" 388
- Wertbezug des 926 ff.
- wertungsorientiertes 1040 ff.
- Wesen des 819
- „wirkliches" 161, 172, 177, 181, 192 f., 202, 281, 397
- wirklichkeitsfremdes 885

Rechtfertigung 257
- rationale 255

Rechtmäßigkeit 39

Rechts
- Systemsprache des 1158 ff.
- Werturteile des Normgebers 927

Rechtsanalyse 23

Rechtsanwendung 23, 935
- als punktuelle Rechtsfortbildung 681
- als Wertungsfrage 675 ff.
- als Wertungsprozess 715, 724, 750
- Dialektik der 1123
- im Dienst der Rechtspolitik 537
- kontrollierbare 1395
- Politisierung der 1534 ff.
- richterliche 664, 667 ff.
- unpolitische 971
- vergleichende 335
- Vorrang der 301 ff.
- Wertungsspielraum 686

Rechtsauslegung
- Konkretisierungsfunktion 733

Rechtsbegriff 251, 298
- Abgrenzung 1369
- immanente Logik 773

– konturloser 775
– Offenheit des 170
– unbestimmter 945
Rechtsbewusstsein 242 f.
Rechtsbindung 39
– des Staats 1390
Rechtsdogmatik 36, 114 ff.
– als Wissenschaftsproblem 119
– stabilisierende 780
Rechtseinheit 21
Rechtserkenntnis 1093 ff., 1488 ff.
– zeitlose 1036
Rechtserneuerung
– nationalsozialistische 516 f., 535
– Probleme der 564
Rechtserzeugung
– reflektierte 1103
Rechtsfestigkeit 334 ff.
Rechtsfindung 707 ff.
– Anschein von Legalität 795
– bei Nipperdey 1435
– richterliche 770
Rechtsform
– und Rechtsfunktion 905
Rechtsfortbildung 32, 46, 51, 59 ff., 64 ff.,
    151, 158, 187, 222, 231, 232 f., 243,
    258 ff., 278, 343, 1022 ff., 1043 ff., 1205,
    1473 f.
– Abgrenzung zur Auslegung 733
– contra legem 857
– offene 339, 1061
– praeter legem 1023
– richterliche 758, 764 ff., 887, 961 ff.
– und Auslegung 834
– Verbot der 1006
– Vertragsverbund 1173 ff.
– Voraussetzungen der 854 ff.
Rechtsfriede 742
Rechtsgedanke 1488 f.
Rechtsgefühl 299, 416, 422 f., 551 f., 556 ff.,
    568, 850, 1245, 1537
– Kritik des 693
– richterliches 557
Rechtsgemeinschaft 739 ff..
Rechtsgeschichte 662
Rechtsgrund
– „eigentlicher" 426
Rechtsidee 820, 1024 ff., 1433, 1502
– als Geltungsgrund 828
– ungreifbare 1031 f.

Rechtskatastrophe 941
– Denken von der R. her 922
Rechtskritik 23, 824, 879, 1158 ff., 1204
Rechtslogik 725
Rechtsnatur 401
Rechtsnorm
– abstrakt-generelle 1116
– bei Friedrich Müller 1524 f.
Rechtsordnung
– Umwertung der 939, 955
– Unzulänglichkeit der 448
Rechtsperversion 1518
Rechtsphilosophie
– Wesensargumente in der 873
Rechtspluralismus
– historischer 1390
Rechtspolitik 29, 60, 137, 139, 150, 199, 281
– des Bürgerlichen Rechts 536
– freie 35
– soziale 307
– Streitpunkte der 315
Rechtspraxis 29, 37, 240, 940
Rechtsprechung s. equity-Rechtsprechung
– im englischen Recht 1331, 1343
– und Lehre 702
Rechtsprinzipien 770 ff., 1022 ff.
– allgemeine 1028 ff.
– Kasuistik der 771
– nicht naturrechtliche 771
– Positivierung durch Anerkennung 775 f.
– wandlungsoffen 778
Rechtsquelle 101, 118 ff., 136, 153, 164
– außerrechtliche 758
– dezisionistische 767
– Dogmatik als 804
– eigentliche 601
– ergänzende 259
– Führerwille als 601, 612
– gemeines Recht als 358
– legalistische 767
– Lehre der 223 ff.
– positives Recht als 309
– Rechtsgewinnung ohne 394
– Richterrecht als 852
– römische 338
– römisches Recht als 358
– System als 372
– überpositive 595
– Verkehrsbedürfnis keine 301
– Volk als 205
– Volks als 1430

– Wissenschaft als 858 ff.
– Zweck als 423
Rechtsquellenlehre 217
Rechtssatz 258 ff.
– frei entstandener 252 f.
Rechtsschöpfung
– richterliche 429, 745 ff., 781
Rechtssetzung
– durch Anwendung 886
– parlamentarische 1426
Rechtssicherheit 159 ff., 167, 185, 194, 292, 669, 685, 708 ff., 718
– durch Hierarchie 191
– durch Präzision 191, 334
– im englischen Recht 1343, 1345
– „leere" 562
– und Flexibilität 778 ff.
Rechtsstaat 9, 33, 64 ff., 314
– als Schutz 308
– Juristenbindung 297
– pluraler und demokratischer 933
Rechtssymbol 1389
Rechtstaat 1126 f.
– Verheißungen des 883
Rechtsumbildung
– im Systembruch 943 ff.
Rechtsverbesserung 193
Rechtsvergleichung 836
Rechtsverhältnis 97, 227 ff.
Rechtsverständnis 93 ff., 133
Rechtsverweigerungsverbot 1470
Rechtsweisheit
– richterliche 556
Rechtswissenschaft
– Geschichtlichkeit der 890
– gesellschaftswissenschaftliche 956
– im englischen Recht 1329
– Rolle der 1554
Reflexion
– theoretische 29
Regelungsfolgen 1212
Reichsgericht 899
Reichspogromnacht 923
Re-Import 14
Relativismus
– pragmatischer 937
Repräsentation
– sprachliche 1098

Revolution 90
Richter 303
– Aufgabe des 545
– Orientierung an Norm und Wirklichkeit 716
– Stellung des 596, 601
– Verantwortung des 612
Richterbild
– im englischen Recht 1328
Richterbindung 447, 710, 790, 1126, 1417
– durch Urteilskunst 704
– grundsätzliche 683 f.
– Lockerung der 552 ff., 556 ff.
– und Darstellung 1548
– und Wertentscheidung 848
– „zu starre" 1516
Richterkönig 962, 1410
– weitschauender 477
Richterpersönlichkeit
– im englischen Recht 1327
Richterrecht 158, 577, 763 ff., 779, 1124 ff.
– generalisierte Reziprozität 1176
– Soziologisierung des Rechts 1207
Richterstaat 949
Romanistik
– Textkritik 661
Römisches Recht
– heutiges 224, 226
Sachgerechtigkeit 632
Sachverhalt
– im case law 1326, 1339
Scheinlogik 1377 ff.
Schlussverfahren
– reduktives 716 ff.
Schweinemästerfall 1232
„Sein und Sollen" 128, 202, 691 f., 1085 ff., 1122, 1400, 1517
– Übergang 1428
Selbständigkeit
– juristischer Begriffe 774
Selbstreferenz 15, 1160 f.
seriatim opinions 1327, 1335 ff.
Sicherheit
– Kritik weltanschaulicher 1487
Sinn
– ontologischer 1528
Sinnzusammenhang 1129
Sittenwidrigkeit 865

Sittlichkeit 117, 124, 131, 179, 747
- bei Jhering 1382

sozial 510, 523 ff., 530, 533

Sozialadäquanz 1461

Sozialautonomie 21

„soziale Kosten" 1213 f.

Sozialforschung
- empirische 1137

Sozialstaat 1406, 1450

Sozialstaatsprinzip 1194

Sozialversicherung 321

Soziologie 1523
- Bildadäquanz, 1166 ff.
- Umweltadäquanz

„spontane Ordnung" 195

Sprachspiel 1113

Staat 120 ff.

stare decisis 1330 ff.

Stellvertretung 267 ff.

Steuerung durch Recht 1182

Stil
- des common law 1325 ff.

Strafrecht 165

Streik
- und Verfassung 923

Streikrecht 908

Stromdiebstahl 61

Subsumtion 1084 ff., 1495
- bloße 1419
- Kritik der 846
- syllogistische 1084

Subsumtionsautomat 962

Subsumtionsjurisprudenz
- Abschied von der 1463

Supreme Court, UK 1327, 1340 ff., 1348;
s. *House of Lords*

suum cuique 72, 550; s. *Jedem das Seine*
- gegen idem cuique 546 ff.

Syllogismus 44

Synthese 105
- Kraft zur 199

System 49 ff., 103, 178, 181, 200, 205, 227,
232 ff., 245 ff., 266, 345 f., 967, 1369
- Aufbau des 234 ff.
- äußeren 50
- äußeres 474
- bewegliches 995, 1017 ff., 1030, 1034 ff.,
1077 f.
- Blindheit des 1157, 1189
- durchgeformtes 295 ff.
- Geschlossenheit des 1157
- im englischen Recht 1352, 1355
- inneres 50 f., 475, 1025
- Logik des 372
- lückenloses 1084
- mit Totalitätsanspruch 758
- Transzendenz und Immanenz
- und Autonomie 1188
- und Imperialismus 1188
- und Methode 367 ff.
- Vielfalt des 1199 ff.

Systemtheorie 1140

Teleologie
- Primat der 844

telos 56 ff., 1061
- Vorrang des 1005 f.

tertium comparationis 1042

Testierfreiheit 864 ff.

Topik 1358, 1441
- der Rechtsfindung 785 ff.
- juristische 711 ff.
- und Systemdenken 810

Transaktionskosten 1228 ff.

Transparenz 1546

Treu und Glauben 563
- Subsumierbarkeit von 722 ff.

Umweltsensibilität 1191

Unabhängigkeit
- richterliche 1373

Unentscheidbarkeit 1148 ff.
- und Entscheidbarkeit 1162

Unternehmensrecht 899 ff.
- als Leerformel 913 ff.
- Legende vom 899 ff.

Urteilsbegründung
- im englischen Recht 1335 ff.; s. *seriatim
opinions*
- Pluralität der 1327

Urteilsbildung
- richterliche 682 ff.

Urteilskraft 335, 1405

venire contra factum proprium 700, 736

Verbraucherschutz 321

Verfahren
- im englischen Recht 1322

Verfassung 15, 150, 154, 238 f., 510, 519 ff.,
   534 f., 612, 620
Verfassungsgericht 158, 1194
Verhältnismäßigkeit
– Prinzip der 977 ff.
Verkehrssitte 53, 299, 643, 723, 730
Vermittlung
– sprachliche 1105
Vernunft 215, 232, 255
– geheime 994, 1043
Vernunftrecht 309
Verrechtlichung
– und Inkompatibilität 1198
Verschuldensprinzip
– haftungsrechtliches 342
Vertrag 1171
– faktischer 43, 614 ff., 642, 654, 798 ff.
Vertragsauflösung 573
Vertragsfreiheit 533
Vertragsgenossen 570
Vertragskorrektur 574
Vertragslehre
– des Staates 123
Vertrauensschutz
– im englischen Recht 1345
Volk 9, 88, 117, 121, 130, 149, 173 f., 177,
   198, 297
– Bewusstsein im 228
– „natürliches" 164
– Ordnung des 598
– und Volksgeist 226, 231 ff., 278 f.
– Volksgeist 243
Volksgeist 217
Volksgesetzbuch 529
– Entwurf eines 1428
Vollständigkeit
– der Rechtssätze 1391
– von Recht und Gesetz 1394
Vorstellungen
– Erforschung von 450
Vorverständnis 29, 678, 786 ff., 884, 1003,
   1519
– Freilegung des 712
– und Methodenwahl 1542
Wahrheit
– keine überzeitliche 1508
Weimarer Verfassung 510, 526 ff., 535

Weltanschauung
– einheitliche 1357
– richterliche 669
– völkisch-rassisch 1422
Weltgeschichte 179
Weltrecht 279
Wert
– als „moralische Entdeckung" 817
– eines Menschen 1240
– objektiv vorgegebener 946
– Produkte von Begehrensvorstellungen 936
Werte
– konventionelle 699
Wertethik 1537
Wertfreiheit
– „notwendig ideologieanfällig" 792
Wertjurisprudenz 1517
Wertmaßstab
– außergesetzlicher 1531
– übergesetzlicher 1538
Wertneutralität 958
Wertordnung
– objektive 576, 697, 1541
– überindividuelle 575
Wertphilosophie 532, 534
– materiale 521
Wertprinzipien
– außerrechtliche 765
Wertsubjektivismus 933 ff., 988 f.
Wertung 170, 201, 1023
– als Methodenkern 1429
– außergesetzliche 689
– der Verfassung 706
– des Gesetzgebers 728 f., 733
– Ergebnisoffenheit von 1075
– freie 795
– gerechte 747
– gesetzgeberische 1462
– gesetzliche 1417, 1433
– Grundlage von 680
– im englischen Recht 1347
– im Kondiktionsrecht 1046 ff.
– keine Freiheit von 1549 f.
– Maßstab 691
– Maßstabsprobleme der 919
– offene 895
– richterliche 759
– und Begriffsjurisprudenz 415
– und Gegenwerte 1074
– verborgene 1121

– Widersprüche 51

Wertungen
– Abhängigkeit von 575
– feste 554
– philosophische 1400
– übergeordnete 559

Wertungsjurisprudenz 9, 42, 511 f., 518 ff.,
554, 680, 850, 956, 1420
– im Strafrecht 1430
– Münsteraner Schule 923
– nach 1945 1432 ff.
– Parteilichkeit der 1077
– Übersicht zur 1502

Wertungsmaßstab 578

Wertvorstellungen
– Bestimmung der geltenden 934

Wesen und Erscheinung 362

Widerspruchsfreiheit 376

Willenserklärung
– beim „faktischen Vertrag" 803

Willkürfreiheit 669 ff.

Willkürverbot
– im Kündigungsschutzgesetz 975

„wirkliches Recht" 102 ff.

Wirklichkeit 215
– ausgeblendete 1097 ff.
– Doppelnatur der 115

Wortlaut 47 f.
– normativer

Wortlautauslegung
– Wandel der 53

Wortlautgrenze 966, 1128 ff.

Wortsinn
– möglicher 1044

writ 1321

Würde
– des Menschen 321

Zeitgeist 7 f., 80 f., 202, 336, 357, 699, 747,
1544

Zession 267 ff.

Zivilgesetzbuch 855

Zivilrecht 280 ff.; s. Privatrecht
– Relativierung des 8; s. Privatrecht

Zurechnung
– im Kondiktionsrecht 1052 ff.

Zusammenhang
– stimmiger 51

Zweck
– als Rechtsquelle 423
– Fixierung auf 1372
– gesetzlicher 57
– im Recht 280, 420 ff.
– Selbstzweck 126
– und Begriff 1384

Zweckmäßigkeit 137

Zweifel 1555

Zynismus 29 ff., 32, 75, 335, 1001, 1447,
1504
– gegen Methode 1453